Alexander Hetzel

WordPress 4

Galileo Press

Liebe Leserin, lieber Leser,

WordPress: diese Software muss ich Ihnen nicht vorstellen. Längst hat sich herumge-sprochen, dass die meistgenutzte Blogsoftware der Welt auch ein hochwertiges Content-Management-System ist. Einfach, flexibel und voller Features wie z. B. Responsive Webdesign also eine gute Wahl für Ihr erfolgreiches Webprojekt.

Zur WordPress-Version 4 erscheint nun unser Handbuch vollständig aktualisiert und so umfassend wie noch nie zuvor. Für Sie ist dabei egal, wieviel Vorwissen Sie jetzt noch besitzen. Denn Alexander Hetzel beherrscht auch in diesem Medium spielend den Spagat zwischen *Content* und *Presentation*. Er arbeitet seit vielen Jahren aus Überzeugung mit WordPress und leitet Sie mit viel Fachwissen und einer Prise Humor um jede Klippe.

Ein persönlicher Tipp von mir: Werfen Sie doch einmal einen Blick auf die direkt ein-setzbaren Praxislösungen im letzten Teil des Buchs. Hier finden Sie bestimmt auch etwas für Ihre Bedürfnisse und kommen so besonders schnell ans Ziel.

Abschließend noch ein Hinweis in eigener Sache: Dieses Buch wurde mit großer Sorgfalt lektoriert und produziert. Sollten Sie dennoch Fehler finden oder inhaltliche Anregungen haben, scheuen Sie sich nicht, mit uns Kontakt aufzunehmen. Ihre Fra-gen und Änderungswünsche sind uns jederzeit herzlich willkommen. Wir freuen uns auf den Dialog mit Ihnen.

Viel Vergnügen beim Lesen wünscht Ihnen

Ihr Stephan Mattescheck
Lektorat Galileo Computing

stephan.mattescheck@galileo-press.de
www.galileocomputing.de
Galileo Press · Rheinwerkallee 4 · 53227 Bonn

Auf einen Blick

Wir hoffen sehr, dass Ihnen dieses Buch gefallen hat. Bitte teilen Sie uns doch Ihre Meinung mit. Eine E-Mail mit Ihrem Lob oder Tadel senden Sie direkt an den Lektor des Buches: *stephan.mattescheck@galileo-press.de*. Im Falle einer Reklamation steht Ihnen gerne unser Leserservice zur Verfügung: *service@galileo-press.de*. Informationen über Rezensions- und Schulungsexemplare erhalten Sie von: *britta.behrens@galileo-press.de*.

Informationen zum Verlag und weitere Kontaktmöglichkeiten finden Sie auf unserer Verlagswebsite *www.galileo-press.de*. Dort können Sie sich auch umfassend und aus erster Hand über unser aktuelles Verlagsprogramm informieren und alle unsere Bücher versandkostenfrei bestellen.

An diesem Buch haben viele mitgewirkt, insbesondere:

Lektorat Stephan Mattescheck, Jan Hohlmann
Korrektorat Marita Böhm, München
Herstellung Martin Pätzold
Typografie und Layout Vera Brauner
Einbandgestaltung Barbara Thoben, Köln
Satz Typographie & Computer, Krefeld
Druck und Bindung C. H. Beck, Nördlingen

Dieses Buch wurde gesetzt aus der TheAntiquaB (9,35/13,25 pt) in FrameMaker. Gedruckt wurde es auf chlorfrei gebleichtem Offsetpapier (90 g/m²).

Der Name Galileo Press geht auf den italienischen Mathematiker und Philosophen Galileo Galilei (1564–1642) zurück. Er gilt als Gründungsfigur der neuzeitlichen Wissenschaft und wurde berühmt als Verfechter des modernen, heliozentrischen Weltbilds. Legendär ist sein Ausspruch *Eppur si muove* (Und sie bewegt sich doch). Das Emblem von Galileo Press ist der Jupiter, umkreist von den vier Galileischen Monden. Galilei entdeckte die nach ihm benannten Monde 1610.

Bibliografische Information der Deutschen Nationalbibliothek
Die Deutsche Nationalbibliothek verzeichnet diese Publikation in der Deutschen Nationalbibliografie; detaillierte bibliografische Daten sind im Internet über *http://dnb.d-nb.de* abrufbar.

ISBN 978-3-8362-3042-1
© Galileo Press, Bonn 2015
4., aktualisierte und erweiterte Auflage 2015

Inhalt

4   Schnell und einfach: fertige Themes   189

5   HTML und CSS für WordPress

6   Ein eigenes Theme programmieren   289

7   Responsive Webdesign mit WordPress   373

8 Seitentypen

9 Plugins

10   Plugins & Widgets selbst programmieren   495

11   Internationalisierung von Plugins und Themes   519

12   WordPress sicherer machen

13 WordPress-Wartung

14 30 WordPress-Probleme und ihre Lösungen

15   Suchmaschinenoptimierung

17   Marketing und Tracking

18   WordPress für Blogger   695

19   Autor sein: 30 Tipps für bessere Blogartikel   717

20 Netzwerken mit WordPress Multisite 727

21 Praxisbeispiele 743

A   Verwendete Themes, Plugins & Codebeispiele   923

Leane, Sabrina, Irma, Udo.
Danke

Vorwort zur 4. Auflage

Ich freue mich aus zwei Gründen: zum einen, weil Sie dieses Buch in Ihren Händen halten, zum anderen, weil Sie ein Vorwort lesen. Ich sehe, wir sind auf der gleichen Wellenlänge.

Ist WordPress etwas für mich?

WordPress ist wirklich eine fantastische Software. Kein anderes Content-Management-System hat mir in den vergangenen Jahren so viel Freude bereitet wie dieses. Das liegt wohl daran, dass es so vielfältig und dabei trotzdem so einfach zu erlernen ist.

Dabei ist WordPress nicht nur für diejenigen geeignet, die ihre selbst erstellten Websites mit einem Motor versorgen wollen. Sie können mit WordPress sogar ganz ohne Vorwissen Ihre eigene Website erstellen. WordPress ist also sowohl die derzeit beste Blogging-Plattform als auch eines der besten und meistverwendeten Content-Management-Systeme und sogar ein Website- oder Blogbaukasten für Anfänger.

Wenn Sie also gerade im Buchladen sitzen (oder auf der Couch im Amazon-Lager) und sich fragen, ob WordPress wirklich das Richtige für Sie ist, dann werde ich versuchen, Ihnen mit einer kurzen und prägnanten Antwort weiterzuhelfen: Ja! Sie können mit WordPress praktisch jedes Webprojekt umsetzen, da WordPress unendlich erweiterbar ist und bereits so viele Erweiterungen existieren, dass kaum Wünsche offen bleiben.

Welches Buch soll ich bloß kaufen?

Vielleicht haben Sie sich aber auch bereits für WordPress entschieden und sind nun nur noch unschlüssig, zu welchem Buch Sie greifen wollen. Das ist in der Tat eine schwierige Frage, und ich will nun nicht so plump sein und Sie zum Kauf dieses Buches anstiften. Stattdessen helfe ich Ihnen gerne, die für Sie beste Entscheidung zu treffen. Denn Sie tun weder sich noch mir einen Gefallen, wenn Sie ein Buch kaufen, mit dem Sie nicht zufrieden sind.

An wen richtet sich dieses Buch?

Verlag und Autor haben sich bemüht, mit diesem Buch eine möglichst breite Zielgruppe zu erreichen. Auch als Einsteiger haben Sie schnell Ihre erste Website oder Ihr erstes Blog erstellt und finden viele Hinweise, wie Sie später Ihre Webpräsenz ausbauen und erweitern können. Doch auch Fortgeschrittene und Profis sollen von diesem Buch profitieren, daher finden sich auch einige Themen, die eher für den anspruchsvollen Anwender von Interesse sind, wie die Umsetzung eigens programmierter Websites in das System von WordPress oder auch die Programmierung eigener Plugins.

Für Einsteiger geeignet

Ich habe mir die allergrößte Mühe gegeben, diesem Gedanken zu folgen. Die ersten Kapitel dieses Buches sind daher an all diejenigen gerichtet, die mit WordPress bisher nur wenig oder gar nichts zu tun hatten. Ich setze am Anfang nur voraus, dass Sie einen Computer einschalten können (ausschalten ist nicht so wichtig). Ich erkläre Ihnen ganz genau, wie Sie WordPress zunächst auf Ihrem heimischen PC ans Laufen bringen, und gehe mit Ihnen gemeinsam die Administrationsoberfläche Schritt für Schritt durch. Ich habe mich bemüht, möglichst viele Screenshots zu machen, sodass Sie das Buch theoretisch sogar abends im Bett lesen können, ohne in der Nähe des Computers zu sein.

Zielgruppe ist hier zum einen die Gruppe derjenigen, die sich ohne Vorkenntnisse in Sprachen wie HTML oder CSS eine Website selbst bauen möchten. Mit WordPress können Sie einfach, schnell und kostenlos Ihre erste eigene Website oder Ihr erstes eigenes Blog erstellen, indem Sie eines der vielen kostenlosen oder kostenpflichtigen Themes verwenden. Zur Anfängerzielgruppe zähle ich zum anderen aber auch diejenigen, denen WordPress von einem Webdesigner eingerichtet worden ist und die nun irgendwie damit klarkommen müssen. Das Buch dient also auch als Handbuch.

Fortgeschrittene werden ebenfalls ihren Spaß haben

Die Kapitel werden nach und nach immer anspruchsvoller. Das bedeutet allerdings nicht, dass Anfänger hoffnungslos verloren wären. Ich habe stets versucht, alles so einfach wie möglich zu erklären. Ich hoffe, dass ich immer eine gute Mischung für alle Leser finden konnte. Sollte mir dies einmal nicht gelungen sein, bitte ich Sie, mir das nachzusehen und an die Leser zu denken, die vielleicht noch nicht so erfahren sind wie Sie.

Fortgeschrittene lernen z. B., wie sie aus ihrer eigenen HTML-Vorlage ein ganz eigenes WordPress-Theme entwickeln, also eine eigene Website auf Basis von WordPress erstellen können. Zielgruppe sind also alle Webdesigner dort draußen. Das *Theming* ist in WordPress übrigens nicht besonders schwer, wenn man erst einmal weiß, wie es geht. Meine persönliche Meinung ist, dass es im Vergleich zu vielen anderen Content-Management-Systemen wirklich leicht zu erlernen und sehr intelligent konzipiert ist. Am Ende des Buches finden Sie sogar ein sehr umfangreiches Praxiskapitel, in dem ich Ihnen an verschiedenen Beispielen zeige, wie Sie eine Website mit unterschiedlichen Anforderungen auf WordPress-Basis erstellen. Das dürfte ein besonderes Merkmal dieses Buches sein.

Selbst Profis wird nicht langweilig

Wenn Sie gar nicht genug von WordPress bekommen können, dann lernen Sie in diesem Buch sogar, ein erstes eigenes Plugin zu programmieren und wie Sie Themes und Plugins internationalisieren. Dafür sind dann allerdings schon ein paar PHP-Kenntnisse erforderlich. Sie können diese Kapitel aber getrost überspringen, wenn sie Sie nicht interessieren oder wenn sie Ihnen zu schwierig erscheinen.

Wie lese ich dieses Buch am besten?

Das Buch folgt keinem zwingenden Aufbau, sodass Sie einfach dort einsteigen können, wo es Ihnen gefällt. Allerdings rate ich Ihnen, dennoch ganz vorn zu beginnen, selbst wenn Sie schon etwas Erfahrung mit WordPress gesammelt haben. So können Sie möglichst lückenlos alle weiteren Kapitel angehen und laufen nicht Gefahr, zurückblättern zu müssen.

Das bereits erwähnte Praxiskapitel am Ende des Buches ist in mehrfacher Hinsicht etwas Besonderes. Ich weiß aus eigener Erfahrung, dass man sich bei einem neuen Thema nicht in die trockene Theorie stürzen möchte. Ich kann daher jeden verstehen, der darauf brennt, seine eigenen Ideen mit WordPress umzusetzen. Daher habe ich das Praxiskapitel so geschrieben, dass Sie direkt damit einsteigen können. Im ersten Beispiel wird sogar in aller Kürze eine Turboinstallation von WordPress erklärt, sodass Sie nach dem Vorwort direkt dort einsteigen können.

Für Anfänger ist es empfehlenswert, sich insbesondere Kapitel 2 anzuschauen. Die erklären Ihnen nämlich, wie Sie WordPress auf Ihrem PC bzw. auf dem Server installieren. Danach lege ich Ihnen Kapitel 3 ans Herz, das Ihnen die Administrationsoberfläche Schritt für Schritt erklärt und vor allem auch zeigt, wie Sie eines der vielen verfügbaren Themes ganz leicht integrieren können. Übrigens: Auch wenn Sie keinerlei Interesse daran haben, eigene Themes zu programmieren, schadet es nicht, Kapitel 6 dennoch einmal querzulesen. Viele Tipps können Sie auf bestehende Themes anwenden und an ihnen Änderungen vornehmen, wenn etwas einmal nicht nach Ihren Wünschen ist.

An einigen Stellen erwähne ich die Buch-Website. Dort können Sie sämtliche Codebeispiele und vieles mehr herunterladen. Sie finden die Downloads auf der Seite *https://www.galileocomputing.de/3704*, unten »Materialien zum Buch«.

Feedback und Fragen

Ein Buch kann immer besser sein. Und so freue ich mich über jedes Feedback, das Sie mir an *wordpress@alexanderhetzel.de* senden. Dabei freue ich mich genauso sehr über positive wie über negative Rückmeldungen. (Vergessen Sie aber bitte die positiven nicht!) Auch wenn Sie Fragen zum Buch haben, scheuen Sie sich nicht, sich bei mir zu melden. Ich werde versuchen, Ihnen mit Rat und Tat zur Seite zu stehen. Vielleicht werde ich diesen Satz irgendwann noch einmal bereuen. Für diesen Fall möchte ich mich im Vorfeld schon entschuldigen, wenn ich ein paar E-Mails nicht in der Ausführlichkeit beantworten kann, die ihnen gebührt. Ich verspreche Ihnen aber, mein Bestes zu geben.

Was vom Tage übrig bleibt

Es bleibt mir nur, Ihnen viel Spaß bei der Lektüre dieses Buches zu wünschen und viel Erfolg für Ihre Projekte mit WordPress. Diese Software wird Ihnen mit Sicherheit viel Spaß bereiten, und ich hoffe, dass mein Buch einen Teil dazu beiträgt.

WordPress-Version im Buch

Dieses Buch behandelt WordPress in der Version 4.0. Da die WordPress-Entwickler sehr schnell neue Versionen veröffentlichen, kann es gut sein, dass bereits eine neue Version erhältlich ist, wenn Sie dieses Buch in den Händen halten. Das ist aber in der Regel nicht schlimm, da meistens nur etwas Neues hinzukommt, sich aber nicht viel Grundlegendes ändert.

Neues in der 4. Auflage

In dieser Auflage hat sich einiges verändert. Natürlich sind die Kapitel aktualisiert und an die neue WordPress-Version angepasst worden. Allerdings ist auch einiges hinzugekommen. Für alle, die bislang keine eigenen Themes programmieren oder fremde anpassen konnten, gibt es nun ein eigenes Kapitel, das Grundlagen in HTML und CSS vermittelt. Die Kapitelanordnung hat sich zudem deutlich verändert, und nun finden Sie auch Sammlungen von allgemeinen WordPress-Tipps und eine Auflistung der häufigsten Probleme samt Lösung. Wer Responsive Websites entwickeln möchte, findet auch hierzu ein eigenes Kapitel, das auf WordPress zugeschnittene Lösungen darstellt. Und Sie werden noch einiges mehr entdecken. Ich wünsche Ihnen viel Spaß dabei und so viel Erfolg wie nur möglich bei all Ihren WordPress-Projekten.

Kapitel 1

WordPress verstehen

WordPress – was ist das eigentlich? Um ehrlich zu sein, es ist nichts anderes als TYPO3, Joomla! oder Drupal. WordPress wird Ihnen nur weitaus besser gefallen.

WordPress ist fantastisch. Mit dieser kostenfreien Software können Sie nicht nur ein professionelles Blog aufsetzen, sondern vielmehr sogar eine ganze Website betreiben. Mittlerweile ist WordPress zu einem vollwertigen Content-Management-System herangewachsen. Und es wächst und wächst ...

1.1 Was ist WordPress?

Im Jahre 2003 erblickte WordPress das Licht der Welt, um das alltägliche Schreiben von Artikeln leichter zu machen. Zunächst nutzte nur eine Handvoll Anwender die Software, da sie in ihrem Funktionsumfang noch stark eingeschränkt war. Doch von Version zu Version wurde WordPress immer ausgefeilter und umfangreicher, bis es irgendwann zur weltberühmten Blogging-Plattform avancierte.

Heute ist WordPress der Spitzenreiter auf dem Markt für Blogging-Software. Das Interesse an Blogs steigt von Tag zu Tag – genau wie die Anzahl dieser modernen Internettagebücher. Millionen von Blogs vertrauen schon heute auf WordPress und würden es vermutlich für kein Geld aus der Hand geben.

Heute ist WordPress viel mehr als nur eine Blogging-Software. Sie können damit nahezu jede Form von Website betreiben, von dem privaten Portfolio über die professionelle Unternehmens-Website bis hin zu Community-Websites.

Aber was macht diese Software eigentlich so besonders?

1.1.1 Schnell, einfach und flexibel

Zunächst einmal ist WordPress unglaublich schnell und einfach installiert. Etwas überspitzt könnte man behaupten: Wenn Sie eine Kaffeemaschine in Betrieb nehmen können, dann auch diese Software. Natürlich sollten Sie in der Lage sein, Webspace oder einen Server zu mieten, eine Domain einzurichten und dort mithilfe des Webinterfaces eine Datenbank zu erstellen. Das machen die modernen Websites heutiger Anbieter Ihnen übrigens so leicht wie die Bestellung eines Toasters über einen Onlineshop. Berührungsängste mit Webspace, Servern und Domains müssen Sie keine haben.

Das Aussehen von WordPress kann durch sogenannte *Themes* beliebig erweitert werden. Sie dienen als eine Art Schablone, die über den ausgegebenen Daten liegt. Sie können ganz leicht das Aussehen Ihres Blogs verändern, ohne die Daten editieren zu müssen. Sie ziehen WordPress praktisch nur ein neues Kleid an – der Körper bleibt derselbe. Aktuell können Sie aus über 2.700 kostenlosen Themes wählen (allein von der offiziellen Website *wordpress.org*) oder einfach ein eigenes kreieren. Wie das funktioniert, erfahren Sie selbstverständlich in diesem Buch.

WordPress bringt von Haus aus schon sehr viele nützliche Funktionen mit. Die Programmierer wollten die Software aber nie überfrachten, denn nicht jeder Nutzer kann jede Funktion gleichermaßen gut gebrauchen. Daher beschränkt sich WordPress auf die wesentlichen Grundfunktionen, kann aber durch minimalen Aufwand fast unbegrenzt erweitert werden. Das Team selbst spricht davon, dass WordPress nur durch unsere Vorstellungskraft begrenzt ist. Da ist etwas Wahres dran. Die Erweiterungen werden *Plugins* genannt und können einfach über die Administrationsoberfläche mit wenigen Klicks installiert und konfiguriert werden. Sie stammen in der Regel von engagierten Nutzern, denen selbst eine Funktion fehlte und die sie kurzerhand nachgerüstet haben. Mittlerweile gibt es fast 33.500 kostenfreie Plugins allein auf der offiziellen Website, derer Sie sich frei bedienen können. Und Sie werden es sicher schon geahnt haben: Wie Sie eigene Plugins programmieren, erfahren Sie ebenfalls in diesem Buch. Doch keine Angst, Sie müssen das jetzt noch nicht tun.

1.1.2   Jeder kann Kommentare schreiben

Üblicherweise führt man Blogs nicht (nur) für sich selbst, sondern für eine Gemeinschaft. Diese kann aus Bekannten und Verwandten, aber auch aus vollkommen Fremden bestehen. Ein wesentliches Merkmal heutiger Blogs ist die Möglichkeit, mit diesen Menschen zu kommunizieren. Also nicht nur seine eigenen Gedanken in Beiträgen zu formulieren, sondern der Gemeinschaft die Möglichkeit zu bieten, diese Beiträge zu kommentieren. Auch diese Funktion bietet Ihnen WordPress natürlich. Mittlerweile können Nutzer sogar kleine Profilbilder – sogenannte *Gravatare* – neben ihren Kommentaren anzeigen lassen. Dadurch wird eine stärkere Personalisierung erreicht, die Besucher eher zur Beteiligung motiviert. Auch verschachtelte Kommentare, wie man sie z. B. aus Foren kennt, sind heute fester Bestandteil von WordPress. Es wird also viel getan, um die Kommunikation auf Blogs zu fördern und möglichst komfortabel zu machen.

1.1.3   Kategorisieren, taggen und archivieren Sie Ihre Beiträge

Eine weitere Eigenschaft von Blogs ist die Einteilung in Kategorien sowie Stich- oder Schlagwörter, auch *Tags* genannt. Ohne diese Strukturierung wäre ein Blog nur eine schier endlose Auflistung von Beiträgen. Was bei zehn bis 20 Artikeln noch übersichtlich erscheint, wird bei 500 oder mehr schon zu einer Geduldsprobe. Daher bietet WordPress seinen Nutzern die Möglichkeit, ihre Artikel in Kategorien einzusortieren und diese mit Tags zu versehen. Besucher können sich dann nur die Artikel einer Kategorie anzeigen lassen oder nur diejenigen, die mit einem bestimmten Tag versehen sind.

Einhergehend mit der Kategorisierung ermöglicht WordPress auch eine Archivierung aller Beiträge. Besucher können sich auf diese Weise alle Artikel eines bestimmten Tages, Monats oder Jahres anzeigen lassen. Dies ist ebenfalls typisch für Blogs.

1.1.4   Trackbacks – oder wie man den Weg zu Ihrem Blog findet

Haben Sie schon einmal etwas von *Trackbacks* (oder *Pingbacks*) gehört? Stellen Sie sich vor, Sie lesen einen Beitrag mit dem Thema »Die neun besten WordPress-Plugins«. Der Artikel gefällt Ihnen, auch der Auswahl der Erweiterungen können Sie absolut beipflichten. Doch Ihr Lieblings-Plugin fehlt noch auf der Liste, und wer kommt überhaupt auf die Idee, so eine krumme Zahl wie die Neun zu verwenden? Langer Rede kurzer Sinn: Sie möchten gerne selbst einen Beitrag schreiben, der sich auf den von Ihnen gelesenen Artikel bezieht. Sie möchten Ihr Lieblings-Plugin gerne ergänzen und dazu beitragen, die zehn vollzubekommen. Doch wie erfährt nun der andere Autor, dass Sie eine Ergänzung zu seinem Artikel verfasst haben? Sie müssen ihm keine E-Mail schreiben. Dazu gibt es die Trackbacks. Sie füttern WordPress einfach mit der Adresse des Artikels, auf den Sie sich beziehen, und unversehens wird das andere Blog über Ihren Beitrag informiert. Normalerweise erscheint dieser Trackback mit einem Link zu Ihrem Beitrag dann auch in Form eines Kommentars direkt unter dem fremden Blogbeitrag; so können dessen Besucher ganz einfach auf Ihre Ergänzung klicken, und Sie erhalten einige Zugriffe und vielleicht ein paar Stammleser mehr.

1.1.5   Multi-Autoren-Fähigkeit

Sie möchten Ihre Beiträge gerne gemeinsam mit anderen Autoren veröffentlichen? Nichts leichter als das. WordPress bietet Ihnen selbstverständlich die Möglichkeit, ein Blog mit mehreren Autoren zu betreiben. Sie können sogar mit anderen an denselben Beiträgen arbeiten oder eine eigene kleine Redaktion gründen, indem Sie den einzelnen Personen unterschiedliche Rechte einräumen. Die einen schreiben, die anderen redigieren und veröffentlichen.

1.1.6 RSS-Feeds und vieles mehr

Zu den weiteren Funktionen von WordPress zählen unter anderem der professionelle Editor und die automatische Erstellung von *RSS-Feeds*. RSS-Feeds können von den Besuchern Ihres Blogs abonniert werden. Diese können sich verschiedene RSS-Feeds samt ihren Beiträgen gemeinsam in einem sogenannten *RSS-Reader* anzeigen lassen. So müssen Sie die einzelnen Websites nicht ständig besuchen und wissen sofort, wenn es etwas Neues gibt. Auch wenn so auf den ersten Blick die Anzahl der Zugriffe auf Ihr Blog sinken mag: Besucher erwarten heutzutage, dass Sie ein RSS-Feed anbieten. Tun Sie das nicht, kommen diese womöglich ohnehin nicht wieder. So haben Sie aber die Chance, dass die Besucher wenigstens regelmäßig Ihre Artikel lesen. Keine Sorge, Werbung können Sie auch in RSS-Feeds einbinden.

Sie sehen, WordPress bietet von Haus aus schon ganz schön viele Funktionen. Und jetzt überlegen Sie einmal, wie individuell Ihr Blog noch durch die zahllosen Plugins und Themes werden kann! Diese Software bietet jedem Interessierten die Möglichkeit, sich nach Belieben auszutoben. Manche Erweiterungen sind besser und manche wiederum schlechter als andere. Aber glücklicherweise steht es Ihnen ja vollkommen frei, aus welchen Modulen Sie Ihr Blog zusammensetzen. Und damit Sie nicht ganz allein im Regen stehen, bietet Ihnen dieses Buch einen großen Schirm, der Sie auch durch den einen oder anderen Sturm sicher begleiten wird.

1.2 Eignet sich WordPress für mich?

Jedes CMS hat seine eigene Zielgruppe. Nehmen wir als Beispiel *TYPO3*. Diese mächtige Software kann wahrscheinlich jedes beliebige Webprojekt antreiben, ganz egal, worum es sich handelt. Dieser Vorteil erwächst ihr aber auch zum Nachteil, wenn es um Benutzerfreundlichkeit geht. Sie werden nur wenige Menschen finden, die behaupten, TYPO3 sei schnell und leicht zu erlernen. Nicht umsonst werden dafür umfangreiche Schulungen angeboten. Übrigens nicht nur für die Programmierer, sondern auch für die späteren Redakteure. Den Geist von TYPO3 muss man erst einmal durchdrungen haben, bevor man mit der Software sinnvoll umgehen kann. Der Aufwand ist sowohl für die Entwickler als auch für die Anwender recht groß. Es würde sich vermutlich nicht lohnen, TYPO3 in kleinere Websites einzubauen – nicht, wenn es dafür effizientere Lösungen gibt.

Bei WordPress ist es ähnlich. Nicht jede Website sollte mit WordPress betrieben werden. Ich werde Ihnen an dieser Stelle kurz aufzeigen, für welche Zielgruppen WordPress die besten Dienste leistet.

1.2.1   Blogger & Privatpersonen ohne Vorkenntnisse

Für Blogger führt an WordPress derzeit kein Weg vorbei. Auch Privatpersonen sind gut beraten, ihre Website von einem System antreiben zu lassen, das nicht zu komplex ist und keine besonderen Vorkenntnisse verlangt. Wenn ich schreibe, dass Sie keine Vorkenntnisse benötigen, bezieht sich das auf die Nutzung bereits fertiger Themes, die überall im Netz sowohl kostenfrei als auch kostenpflichtig angeboten werden. Sie können sich aus Tausenden eines aussuchen, es mit wenigen Klicks installieren und einrichten. Die Programmierung eigener Themes setzt selbstverständlich Kenntnisse voraus. Aber der WordPress-Markt bietet ja zum Glück genügend Themes an, derer Sie sich bedienen dürfen.

1.2.2   Webdesign-Einsteiger

Für Einsteiger in den Bereich des Webdesigns geht es vor allem darum, ihr erstes CMS auszuwählen. Das kann bei der Auswahl mitunter recht schwierig werden. Man möchte gerne von Anfang an Erfolge erzielen und nicht erst monatelang lernen müssen. Außerdem sollte die Software für fast alle künftigen Webprojekte, die man in Angriff nimmt, ausreichend sein. Und man sollte auch gerne damit arbeiten wollen. WordPress vereint alle drei Aspekte auf wunderbare Weise. Für Einsteiger ist diese Software besonders gut geeignet, weil sie sehr schnell zu erlernen und so leicht zu bedienen ist. Schnell stellen sich die ersten Erfolge ein. Anfangs kann man noch an fremden Themes herumbasteln, um sich ein wenig daran zu gewöhnen. Schon bald steht das erste eigene Theme in den Startlöchern. Durch Plugins und die Möglichkeit, im Zweifel eine Erweiterung selbst zu programmieren, haben Sie nahezu grenzenlose Optionen. Wahrscheinlich wird Ihnen so bald kein Projekt begegnen, das Sie nicht mit WordPress umsetzen könnten.

1.2.3   Webdesigner und Agenturen

Wenn WordPress für Einsteiger geeignet ist, fragt man sich verständlicherweise, ob die Software überhaupt für den professionellen Einsatz taugt. Die Antwortet lautet: Ja, sie ist auch für Profis geeignet. Um ehrlich zu sein, setzen Agenturen WordPress zunehmend sehr erfolgreich ein. Dabei geht es nicht nur um Kundenblogs. Von einigen wenigen Agenturen mal abgesehen, ist das tägliche Brot der meisten Webdesigner in Deutschland die Erstellung einer kleinen bis mittelgroßen Website. Mit den wirklich großen Projekten für die landesweiten Topunternehmen setzt sich hierzulande nur eine Handvoll Agenturen auseinander. Warum sollte man also seine Kunden mit einer Software wie TYPO3 »quälen«? Verstehen Sie mich nicht falsch, TYPO3 ist eine wirklich gute Software. Ihr Kunde wird das allerdings nicht so sehen, wenn er sich noch wochenlang darin einarbeiten muss und dafür eben keinen Mitarbeiter abstellen kann. WordPress hingegen empfinden die Kunden meistens als sehr benutzerfreundlich. Sie arbeiten nach einiger Zeit sogar sehr gerne damit und hätten vorher oft gar nicht gedacht, dass Website-Administration so einfach sein kann.

Als Freiberufler oder Agentur lohnt es sich also, WordPress zumindest in das eigene Repertoire aufzunehmen, wenn man es schon nicht ausschließlich einsetzen möchte. Für die Entwickler verläuft die Erstellung einer Website mit WordPress zudem auch schneller und leichter als mit manch anderen Systemen.

Grundsätzlich können Sie natürlich jede Website mit WordPress umsetzen. Aber möchten Sie wirklich eine Website für die Deutsche Bank mit WordPress verwirklichen? Oder für Audi? Technisch wäre es möglich, aber nicht unbedingt sinnvoll. Hier kommen einfach andere Systeme zum Einsatz, mit denen sich WordPress gar nicht messen möchte. Das ist zum einen das bereits angesprochene TYPO3, zum anderen aber auch oftmals ein eigens für diese Unternehmen programmiertes System. Nicht zu vergessen, dass es auch noch zahlreiche hochwertige kommerzielle CMS gibt, mit denen man eine kostenfreie Software aber niemals vergleichen sollte.

1.2.4   Shopbetreiber

Die problematischste Gruppe ist die der Shopbetreiber. Also nicht generell, sondern nur, was WordPress anbelangt. Ich tue mich schwer damit, Ihnen diese Software anzuraten, wenn Sie vorhaben, damit einen Onlineshop zu betreiben. Es funktioniert, keine Frage, aber es ist nicht die Königslösung. Zunächst einmal bietet WordPress von Haus aus keine Shoplösung an, diese muss also nachgerüstet werden. Die gesetzlichen Regelungen für Onlineshops in Deutschland sind sehr viel strenger als in anderen Ländern. Sie können also nicht einfach auf eines der amerikanischen Plugins setzen, die dafür gar nicht ausgelegt sind. Demnach dürfen Sie nur auf Shop-Plugins zurückgreifen, die den deutschen Markt berücksichtigen. Viel einfacher erscheint es da, gleich auf eines der sehr ausgereiften, getesteten und vielfach auch in Deutschland verwendeten Shopsysteme zu setzen, wie beispielsweise *Magento*. Das heißt aber nicht, dass Sie auf WordPress ganz verzichten müssen. Sie können es beispielsweise nutzen, um den Rest der Website außerhalb des Shops oder das passende Blog zu betreiben. Jede Software hat ihre Stärken. Die Stärken von WordPress stecken derzeit leider noch nicht im E-Commerce.

Wer WordPress trotzdem mit einem Shopsystem ausstatten möchte, kann mal einen Blick auf *WooCommerce* (und zwar auf die *German Market*-Edition) werfen oder *wpShopGermany* ausprobieren. Komplett kostenlos sind jedoch beide Lösungen nicht.

Ob Sie WordPress nun privat oder beruflich einsetzen möchten, spielt im Prinzip keine Rolle. Für beide Bereiche bietet die Software mehr als genug Möglichkeiten und Vorteile. Ich möchte einmal die These aufstellen, dass (fast) jeder, der überlegt, ob er sich dieses Buch kauft, auch mit WordPress etwas anfangen kann. Also legen Sie die

Bücher zu Drupal, Joomla! und TYPO3 wieder in das Regal zurück und beginnen Sie ein neues Onlineleben mit WordPress. Sie werden es nicht bereuen.

> **Achtung**
>
> Ganz gleich ob Sie WordPress nutzen oder jede andere Software, um Ihren Shop zu betreiben: Keine Software ersetzt die anwaltliche Prüfung Ihrer Website, bevor Sie diese online stellen! Das Abmahnungsrisiko ist absolut reell und sollte keinesfalls unterschätzt werden.

1.3 Vom Blog zum CMS und wieder zurück

Sie wissen nun, dass WordPress perfekt dazu geeignet ist, ein Blog einzurichten. Was aber tun Sie, wenn Sie nicht nur ein Blog, sondern eine ganze Website betreiben möchten? Dann benötigen Sie ein sogenanntes *Content-Management-System* (CMS). Damit ist es möglich, alle Daten einer Website dynamisch anzulegen und zu verändern, ohne in die Programmierung eingreifen zu müssen.

1.3.1 Wie ein CMS, nur einfacher

Auch wenn WordPress ursprünglich nur als Blogging-Plattform gedacht war, so ist es heute als vollwertiges CMS anzusehen. Der Vorteil gegenüber anderen Systemen: Es ist immer noch kinderleicht zu bedienen und fast unbegrenzt erweiterbar. Vor allem aufgrund der leichten Bedienung wird WordPress heute von vielen Agenturen in Kunden-Websites integriert, da die Kunden WordPress erfahrungsgemäß deutlich schneller bedienen können als die Konkurrenzsoftware. Wochenlange Schulungen fallen damit weg.

Bislang haben Sie WordPress allerdings noch als Software gesehen, mit der Sie Beiträge veröffentlichen und diskutieren können und die Ihnen so hilfreiche Funktionen wie Kategorisierung, Tags, Archivierung, Trackbacks, RSS-Feeds und vieles mehr zur Verfügung stellt. Um nun verstehen zu können, wie WordPress als CMS verwendet wird, stellen Sie sich einfach Folgendes vor:

Eine handelsübliche Website ist gar nicht so viel mehr als ein Blog. Sie hat zusätzlich nur noch ein paar statische Seiten, wie z. B. Startseite, Unternehmen, Produkte, Kontakt, Impressum, gefolgt von einigen Unterseiten. Wenn Sie ein Blog mit WordPress betreiben, dann ist Ihre ganze Website lediglich dieses Blog, auf der Startseite finden Sie also eine Auflistung der Beiträge. Verwenden Sie WordPress hingegen als CMS, dann ist die Blogfunktion nur ein Teil dieser Website, z. B. unter einem eigenen Menüpunkt namens »Aktuelles« oder »Blog« versteckt. Mit WordPress können Sie statische Seiten genauso einfach erstellen wie Blogbeiträge, die Eingabemaske ist sogar fast identisch. Diese Seiten dürfen Sie auch beliebig tief verschachteln, sodass

Sie auch eine mehrere Tausend Seiten starke Website basteln können. Die Grenzen von WordPress liegen nur in unserer Vorstellungskraft.

Das ist das Grundprinzip. Es soll Ihnen nur veranschaulichen, dass WordPress nicht nur in der Lage ist, Blogbeiträge zu veröffentlichen, sondern auch für das ganze Drumherum zu sorgen, das Ihre Website benötigt.

1.3.2 Bauen Sie Ihr CMS beliebig aus

Es gibt übrigens nicht nur Plugins für die Blogfunktion, sondern auch darüber hinaus. Sie können also auch die CMS-Funktionalität von WordPress beliebig erweitern, z. B. mit Kontaktformularen, einem Eventkalender, Portfolio, Gästebuch oder was Ihnen sonst noch einfällt. Mit sehr großer Wahrscheinlichkeit hat ein Mitglied der Community schon das programmiert, was Sie gerade brauchen. Das ist das Faszinierende an WordPress. Selbst wenn Sie glauben, Ihr Problem oder Bedürfnis sei viel zu speziell, als dass es dafür schon eine Lösung geben könne, hat irgendein findiger Programmierer oftmals bereits das Gegenteil bewiesen.

1.3.3 WordPress sorgt schon allein dafür, dass Sie gefunden werden

WordPress ist übrigens von Anfang an recht gut für Suchmaschinen optimiert. Dies ist nicht nur bei Blogs wichtig, sondern vor allem bei vollständigen Websites. Diese werden nämlich viel häufiger als Blogs kommerziell genutzt; der Gewinn hängt also unmittelbar oder mittelbar von den Zugriffen ab. Daher ist es wichtig, dass die Website gut von Suchmaschinen erreicht und indexiert werden kann. WordPress ist hier sehr vorbildlich, da der ausgegebene Code konform zu den strengen Richtlinien des *World Wide Web Consortium* (W3C) ist und damit der Suchmaschine keine technische Barriere in den Weg stellt. Außerdem sind die einzelnen Beiträge durch Kategorisierung und Archivierung sehr gut miteinander verlinkt. Die *Permalinks* runden das Optimierungspaket schließlich ab. Diese sorgen dafür, dass Ihre URLs nicht aussehen wie Kraut und Rüben, sondern eine lesefreundliche Struktur haben. Ein kleines Beispiel soll dies verdeutlichen:

www.mein-blumenversand.de/?p=231239
www.mein-blumenversand.de/produkte/schnittblumen/rosen.html

Welche URL ist einfacher zu lesen? Welche enthält schon einige wichtige Keywords, die sich positiv auf Ihre Suchergebnispositionen auswirken können? Richtig, die zweite. WordPress unterstützt beide Varianten, Sie sind also herzlich eingeladen, die lesefreundlichere zu wählen. Das lässt sich übrigens mit nur einem Klick umstellen. Nehmen Sie die Umstellung am besten gleich zu Anfang vor, damit Google Ihre Unterseiten auch unter der korrekten URL indexiert.

1.3.4   Sie können auch ganz eigene Seitentypen kreieren

Das klingt ja alles sehr gut, aber was machen Sie, wenn Ihnen statische Seiten und Blogbeiträge nicht mehr reichen? Sie möchten z. B. zusätzlich noch Fachartikel für Ihre Kunden anbieten. Oder Sie sind Webdesigner und möchten ein Portfolio Ihrer besten Arbeiten erstellen. Oder Sie möchten gerne einen Bereich mit häufig gestellten Fragen (FAQ) einrichten. Das ließe sich zwar über statische Seiten realisieren, wäre aber etwas umständlich. Mit Version 3.0 hat WordPress hier nachgebessert. Neu sind die *Custom Post Types* (CPT), mit denen Sie ganz eigene Seitentypen definieren können. Erstellen Sie nach Belieben Seitentypen wie etwa »Fachartikel«, »Portfolios«, »FAQ-Beiträge« und viele mehr. Sie können der Eingabemaske für diese Seiten sogar ganz eigene Felder hinzufügen oder eine ganz neue Kategorisierung entwerfen. Fachartikel können Sie z. B. ähnlich wie ein Blog kategorisieren. Für die Seiten Ihres Portfolios könnten Sie eigene Eingabefelder für ein Bild und einen Link zu der von Ihnen gestalteten Website einfügen. Die FAQ-Beiträge lassen sich in Frage und Antwort gliedern und ebenfalls in Kategorien unterteilen. Durch Seitentypen sind die Möglichkeiten von WordPress als CMS nun praktisch unendlich. Später in diesem Buch erfahren Sie noch, wie Sie Seitentypen ganz leicht selbst entwerfen können.

1.3.5   WordPress eignet sich nicht nur für Blogs und kleine Websites

Auch größere Websites lassen sich problemlos mit WordPress umsetzen. Sie haben die Möglichkeit, Mitarbeiter hinzuzufügen und diesen bestimmte Rechte zuzuweisen, die mithilfe von Plugins sogar ganz exakt festgelegt werden können. Sie können also einen eigenen Workflow einrichten, nach dem die Mitarbeiter unterschiedlichen Teilen Ihrer Website zugeordnet werden, ähnlich wie Sie ein Blog mit mehreren Autoren betreiben können.

Für Community-Websites bietet WordPress auch die Möglichkeit der Nutzerregistrierung an. Jeder Besucher der Website kann sich dann ein eigenes Profil erstellen und weitere Funktionen wahrnehmen, die ebenfalls durch Plugins nachgerüstet werden können.

1.3.6   Gibt es noch irgendeinen Grund, der gegen WordPress spricht?

Dies und vieles mehr macht WordPress zu einem vollwertigen CMS, mit dem Sie nicht nur Blogs, sondern selbst umfangreiche Websites betreiben können. Da auch das WordPress-Team das Ziel hat, die CMS-Funktionalität in Zukunft weiter hervorzuheben, und ständig neue Plugins von der Community entwickelt werden, wird WordPress von Tag zu Tag und von Version zu Version umfangreicher und komfortabler. Wenn Sie also vor der Wahl stehen, für welches CMS Sie sich entscheiden: Wählen Sie WordPress, wenn Sie eine leicht zu erlernende Alternative zu komplexer Software wie TYPO3 suchen, die deren Möglichkeiten aber in (fast) nichts nachsteht.

1.4   Welche Vorkenntnisse benötige ich?

Bei der Frage nach den Vorkenntnissen, die Sie für WordPress benötigen, müssen wir unbedingt differenzieren, was Sie damit vorhaben.

Wenn Sie für sich oder Ihr Unternehmen eine kleine Website bzw. ein Blog erstellen möchten, geht das ohne Vorkenntnisse. WordPress mietet keinen Webspace für Sie und sucht auch nicht die Domain aus. Das ist aber bei den gängigen Providern mittlerweile so einfach, dass es nicht ernsthaft zu den Vorkenntnissen zählen sollte. **Sofern Sie bei der Erstellung Ihrer Website auf eines der fertigen Themes setzen, sind keine besonderen Vorkenntnisse erforderlich.** Sie installieren das Theme, passen vielleicht ein paar Farben an, und die Website steht. Wer etwas HTML und CSS kann, der kann natürlich noch ein paar mehr Änderungen vornehmen, diese sind aber nicht zwingend nötig. Wer das nicht kann, muss sich einfach mit dem Ergebnis größtenteils zufriedengeben oder andere fragen, die sich damit auskennen. Wer das richtige Theme aussucht, muss normalerweise aber nicht viel ändern.

Vorkenntnisse in HTML und CSS benötigen Sie erst dann, wenn Sie eigene Themes gestalten und programmieren möchten. Denn WordPress erstellt nicht wie durch Zauberhand aus einem Bild ein funktionsfähiges Theme. Sie sollten in der Lage sein, eine Website komplett eigenständig zu programmieren. Das ist Grundvoraussetzung, um diese Website zu einem Theme für WordPress zu machen.

Ideal sind PHP-Kenntnisse, sie sind aber nicht nötig. Sie kommen nicht umhin, bei der Erstellung eigener Themes ein wenig PHP-Code einzubinden. Der ist aber größtenteils von WordPress vorgegeben und wird im Buch erläutert. Möchten Sie hingegen mehr Einfluss darauf nehmen, schaden rudimentäre PHP-Kenntnisse nicht. Für die Programmierung eigener Plugins sind sie als Einziges wirklich erforderlich.

Lassen Sie sich also als Anfänger nicht von den ganzen Kapiteln mit dem vielen Code abschrecken. Wenn Sie ein fertiges Theme installieren möchten, können Sie diese Kapitel überspringen – außer Sie möchten vielleicht trotzdem verstehen, wie das Theme funktioniert, das Sie da gerade installiert haben.

1.5   WordPress.com oder WordPress.org?

Für etwas Verwirrung sorgt häufiger, dass es neben wordpress.org auch noch die Website wordpress.com gibt, und in der Tat war es zumindest aus Nutzersicht vielleicht nicht die klügste Entscheidung, beide Websites gleich zu benennen. Denn es gibt einen ganz wesentlichen Unterschied: Bei wordpress.org dreht sich alles um die Software WordPress, dort können Sie sie herunterladen, dort finden Sie alle Erweite-

1

rungen und zahlreiche Informationen. Bei wordpress.com hingegen können Sie sich ohne Umwege ein Blog erstellen, ohne eine Software zu installieren. Das ist so ähnlich wie bei Tumblr oder auch Blogger. Bedenken Sie bitte, dass dieses Buch für diejenigen geschrieben ist, die die Software selbst installieren und nicht auf wordpress.com zurückgreifen möchten. Das heißt nicht, dass Sie hier nichts für Ihr wordpress.com-Blog lernen könnten – vieles ist sehr ähnlich, schließlich handelt es sich um dieselbe Software. Es kann aber jederzeit vorkommen, dass ich eine Funktion beschreibe, die Sie dort nicht finden. wordpress.com ist sehr eingeschränkt, weshalb ich es wirklich nur denjenigen empfehlen kann, die lediglich einen Platz suchen, um ihre persönlichen Gedanken irgendwo festzuhalten. Für Portfolios, Unternehmens-Websites oder halbwegs professionelle Blogs ist wordpress.com jedoch keine ernst zu nehmende Alternative, es wirkt auf Besucher leider immer ein Stück weit unprofessionell und nicht besonders individuell.

1.6   Die WordPress-Website

Die WordPress-Website ist, wie die Software selbst, sehr übersichtlich. Sie erreichen sie unter *http://www.wordpress.org*. Am oberen Rand befindet sich die Seitennavigation. Darunter finden Sie eine kurze Einführung zur Software sowie einen blauen Button, um diese herunterzuladen (die deutsche Version können Sie genauso leicht unter *http://de.wordpress.org* herunterladen). Im unteren Teil der Website finden Sie weitere Informationen, z. B. über aktuelle WordPress-Bücher, was es Aktuelles in dem eigenen Blog der Entwickler gibt und wer WordPress sonst noch einsetzt. Hier lesen Sie dann so bekannte Namen wie die New York Times oder CNN.

1.6.1   Informationen über das Projekt

Wenn Sie der Hintergrund von WordPress etwas näher interessiert, dann sei Ihnen der Menüpunkt ABOUT auf *wordpress.org* nahegelegt. Dort finden Sie alles, was Sie über das Projekt WordPress wissen müssen – z. B. so hilfreiche Informationen wie eine erweiterte Einführung in WordPress samt Vorstellung des Teams (INTRO).

Übrigens: Die Erfinder und Entwickler erster Stunde sind Matt Mullenweg und Mike Little. Sie haben aufbauend auf der b2-Codebasis von Michel Valdrighi die erste Version von WordPress entwickelt. Im Jahre 2005 gründete Mullenweg gemeinsam mit einigen anderen Entwicklern die Firma Automattic für eine bessere Koordination des Projekts. Automattic bietet unter anderem das Tool *Akismet* an, um die eigenen Blogkommentare frei von Spam zu halten. Daneben verwaltet Automattic auch den bekannten Avatar-Service *Gravatar* sowie die Plattform *wordpress.com*, auf der jeder kostenfrei sein eigenes Blog erstellen kann. Und obwohl so viele Entwickler Tag für Tag daran arbeiten, WordPress noch besser zu machen, sticht Mullenweg aus der Gruppe hervor. Nicht umsonst wurde er 2007 von der PC World auf Platz 16 der »50 wichtigsten Leute im Web« gewählt; nur eine von vielen Auszeichnungen des jungen Texaners.

Auf der Website finden Sie auch die technischen Voraussetzungen, um ein Word-Press-Blog auf dem eigenen Server betreiben zu können (REQUIREMENTS). Die FEATURES finden Sie unter dem gleichnamigen Menüpunkt ebenfalls in der Seiten-navigation.

Wichtig könnte für Sie noch die Lizenz sein, unter der WordPress steht. Der Menü-punkt GNU PUBLIC LICENSE verrät schon den offiziellen Namen der verwendeten Lizenz. Ihre Vor- und Nachteile sollten Sie sich insbesondere dann anschauen, wenn Sie vorhaben, eigene Themes und Plugins für WordPress zu entwickeln. Auf der Web-site finden Sie auch einige aktuelle Links, die Ihnen die Fakten näher erläutern.

1.6.2   Was haben andere schon auf Basis von WordPress kreiert?

Gerade wenn man sich in ein neues CMS (oder auch in das erste) hineinarbeiten möchte, ist man sich nie sicher, ob es wirklich das richtige ist. Schließlich möchten Sie sichergehen, dass Sie alle zukünftigen Webprojekte mit dieser Software realisie-ren können. Eine wunderbare Möglichkeit, um das Potenzial von WordPress von Anfang an beurteilen zu können, ist das SHOWCASE auf der offiziellen Website. Dort finden Sie viele Hundert Websites, die bereits mit WordPress realisiert worden sind. Sie können sich auch nur die Websites anzeigen lassen, die WordPress nicht lediglich als Blog, sondern auch als CMS eingesetzt haben, wenn Sie in der linken Seitenleiste unter POPULAR TAGS auf CMS klicken.

1.6.3   WordPress erweitern

Sobald Sie sich ein wenig mit WordPress auseinandergesetzt haben, werden Sie ver-mutlich die Themes und Plugins am meisten interessieren. Zu diesen gelangen Sie, wenn Sie in der Hauptnavigation auf die gleichnamigen Menüpunkte klicken. Dort finden Sie zahlreiche Erweiterungen, mit denen Sie WordPress schöner und vor allem auch funktionsreicher machen können.

Es gibt übrigens noch viele andere Websites, die ebenfalls Themes und Plugins für WordPress anbieten. Da sich die meisten davon jedoch auf der offiziellen Website von WordPress befinden und daher viele dieser Portale bereits wieder geschlossen wurden, verzichte ich an dieser Stelle lieber auf eine Aufzählung und verweise Sie an Google. Ihre erste Anlaufstelle sollte aber *http://www.wordpress.org* sein, da deren Umfang, Aktualität und Pflege bislang unerreicht sind.

1.6.4   Hilfe bei WordPress

Ich möchte Ihnen nicht vormachen, dass Sie niemals Probleme mit WordPress haben werden. Das ist vollkommen utopisch – übrigens bei fast jeder Software. Bei derartig vielen Funktionen, die WordPress Ihnen bietet, wird also zwangsläufig mal etwas nicht gleich so funktionieren, wie Sie es gerne hätten.

Schlimm wäre das nur, wenn man Sie damit alleinlassen würde. Ich kann Sie aber beruhigen: Es gibt genügend Hilfe. Neben diesem Buch (und weiteren Büchern) gibt es drei zusätzliche Anlaufstellen, die Sie bei Problemen immer aufsuchen sollten.

Die Dokumentation als Enzyklopädie

Die Dokumentation (in der Hauptnavigation unter SUPPORT • DOCUMENTATION) stellt die umfangreichste WordPress-Ressource dar. Beinahe enzyklopädisch erklärt sie dem Leser ganz genau, wie WordPress und dessen einzelne Bestandteile funktionieren. Ideal eignet sich die Dokumentation immer dann, wenn Sie wissen möchten, wie bestimmte Funktionen innerhalb der Software funktionieren. Relevant wird sie also vor allem bei der Entwicklung von Themes und Plugins.

Aber auch Themen wie Installation, Upgrades, Einsteigerhilfen sowie eine Frage-und-Antwort-Sektion sind dort zu finden. An einem langen verregneten Nachmittag ist die Dokumentation – auch *Codex* genannt – mit Sicherheit ein Stöbern wert, auch wenn Sie vielleicht noch nichts Spezielles suchen.

Das Forum für Fragen jeder Art

Das Forum (unter SUPPORT • FORUMS im Hauptmenü) bietet Ihnen für fast alle Fragen kompetente Nutzer, die Ihnen weiterhelfen können und werden. Die Foren sind recht gut gepflegt, und man erhält fast immer sehr schnell eine Antwort. Meistens hilft einem diese auch schon, sein Problem zu lösen.

Wie überall im Leben gilt: Eine Hand wäscht die andere. Wenn Sie gute Erfahrungen im Forum gemacht haben oder der Community einfach gerne helfen möchten, dann antworten Sie doch auf die Themen im Forum, bei denen Sie möglicherweise anderen weiterhelfen können. Auf diese Weise bleibt immer sichergestellt, dass Projekte wie Foren auch in Zukunft funktionieren.

Doch nun geht es erst einmal nur um Sie. Zögern Sie nicht, sich bei komplizierten Fragen an das Forum zu wenden. Ein Tipp, der für praktisch jedes Forum Anwendung finden sollte: Nutzen Sie zuerst die Suchfunktion. Oft hat die eigene Frage bereits andere umgetrieben, und die Community hat schon eine Lösung diskutiert. So ersparen Sie sich mitunter unfreundliche und genervte Hinweise anderer Forumsmitglieder auf die Suchfunktion.

Google für spezielle Probleme

Die Lösung der meisten WordPress-Probleme bietet aber immer noch Google. Schließlich ist das WordPress-Forum nicht das einzige, in dem Fragen und Probleme zu dieser Software diskutiert werden. Hinzu kommen noch die ganzen Blogbeiträge, die – zu Recht – voller Stolz eine Lösung zu einem Problem präsentieren, das Ihnen gerade selbst noch Kopfschmerzen bereitete. Je spezieller also Ihr Problem mit Word-Press ist, desto eher wird Google Ihnen bei der Lösung helfen können. Im Zweifel zeigt Google Ihnen auch bereitwillig einen entsprechenden Eintrag im offiziellen Codex an. Wenn Sie zusätzlich noch in englischer Sprache suchen, erweitern Sie den Kreis der Lösungsansätze enorm. Achten Sie aber darauf, dass einige WordPress-Begriffe eingedeutscht sind und entsprechende Originaltermini existieren.

1.7   Die Community

Bei der Frage nach dem optimalen CMS berücksichtigt man einen wichtigen Faktor oftmals nicht: die Community. Nur wenn hinter einer Software eine starke Community steht, können Sie aus mehreren Gründen unbesorgt sein.

1.7.1   Die Software scheint nicht schlecht zu sein

Was viele gut finden, kann nicht schlecht sein (für Touristenrestaurants gilt das nicht unbedingt ...). Wenn hinter einer Software eine große Community steht, dann bürgt diese automatisch für deren Qualität.

WordPress hat eine sehr große Community; doch das war nicht immer so. Als die Software mit kaum mehr als zehn bis 20 Nutzern startete, hatte man eine derart große Gemeinschaft wahrscheinlich noch nicht für möglich gehalten. Doch je besser und umfangreicher WordPress wurde, desto mehr Menschen gesellten sich zu den anderen Begeisterten. Das ist übrigens bis heute so.

1.7.2   Sie bekommen gute und schnelle Hilfe

Dokumentation, Foren, Blogs und andere Websites bieten Ihnen zahlreiche Informationen und Problemlösungen. Das »Schöne« an Problemen ist, dass meist viele Menschen gleichermaßen über sie stolpern. Einer von ihnen wird schon eine Lösung haben und diese auch gerne veröffentlichen. Das ist das Prinzip einer guten Community. Der eine hilft dem anderen, ohne dafür eine Gegenleistung zu verlangen.

1.7.3   Es gibt zahlreiche Erweiterungen

WordPress strotzt nur so vor zusätzlichen Themes und Plugins, die Sie nach Herzenslust installieren können. Die meisten davon sind kostenlos erhältlich und sogar richtig gut.

Gäbe es keine Community, gäbe es auch keine (kostenlosen) Erweiterungen. Je mehr davon aber vorhanden sind, desto einfacher können Sie WordPress Ihren Wünschen anpassen. Sie müssen also nicht dem Tag entgegenzittern, an dem der »Lieferumfang« nicht mehr genügt. Entweder jemand hat bereits eine passende Erweiterung veröffentlicht, oder Sie programmieren sie in Zukunft sogar eigenhändig. Die Community wird sich freuen.

1.7.4   Man gehört dazu

Nun gut, das klingt vielleicht für den einen oder anderen etwas pathetisch: Aber Sie gehören nun auch zur WordPress-Community. Man braucht diese Gemeinschaft mehr, als man zu Anfang denken mag, auch wenn man sich möglicherweise nie wirklich aktiv an ihr beteiligen wird. Bei Problemen im Job können Sie mit Arbeitskollegen eine Lösung erarbeiten. Bei privaten Problemen steht Ihnen meist die Familie mit Rat und Tat zur Seite. Aber wer hilft Ihnen bei WordPress? Genau: die anderen Nutzer. Sie dürfen sich also ruhig dazugehörig fühlen, hier beißt (fast) niemand, und alle sind herzlich eingeladen, mitzumachen.

1.8   Showcase: 10 Beispiele für WordPress-Websites

Sie haben nun viele Gründe gelesen, weshalb WordPress das Richtige für Sie sein könnte. Jetzt möchte ich Ihnen zum Abschluss aber gerne noch zeigen, was andere mit WordPress schon alles umgesetzt haben. Hier eine kleine Auswahl der Projekte, die mir persönlich gefallen haben.

1.8.1   cameronreynoldsflatt.com

Cameronreynoldsflatt.com spielt nicht nur mit unterschiedlichen Texturen, sondern auch mit starken Kontrasten. Der Slider ist mittlerweile ein Standardelement moderner Websites geworden (Abbildung 1.1).

Abbildung 1.1 Quelle: cameronreynoldsflatt.com

1.8.2 derrenbrown.co.uk

Viel Bild, wenig Text: Die Website von Derren Brown setzt auf große und sehr aufmerksamkeitserregende Bilder, um das Interesse der Besucher für die spärlichen
Informationen zu gewinnen. Es funktioniert.

Abbildung 1.2 Quelle: derrenbrown.co.uk

1.8.3   getyourprettyon.com

Getyourprettyon.com ist ein schönes Beispiel dafür, wie verspielt Websites und vor allem Blogs heute gestaltet sind. Leser finden so eine entspannteren Zugang als bei auf Hochglanz polierten Magazinwebsites, auch die Umgangssprache ist meist eine persönlichere.

Abbildung 1.3 Quelle: getyourprettyon.com

1.8.4   greatlengthshair.co.uk

Das interessanteste Element auf der Website von Great Lengths ist definitiv der Slider oben rechts. Dieser wird nämlich vom Inhalt der linken Seite zum Teil überdeckt und sticht so aus dem Slidereinerlei heraus, das sich mittlerweile auf den meisten Websites wiederfindet. Man muss das Rad nicht immer neu erfinden, manchmal genügt der kreative Umgang mit bereits vorhandenen Elementen vollkommen (Abbildung 1.4).

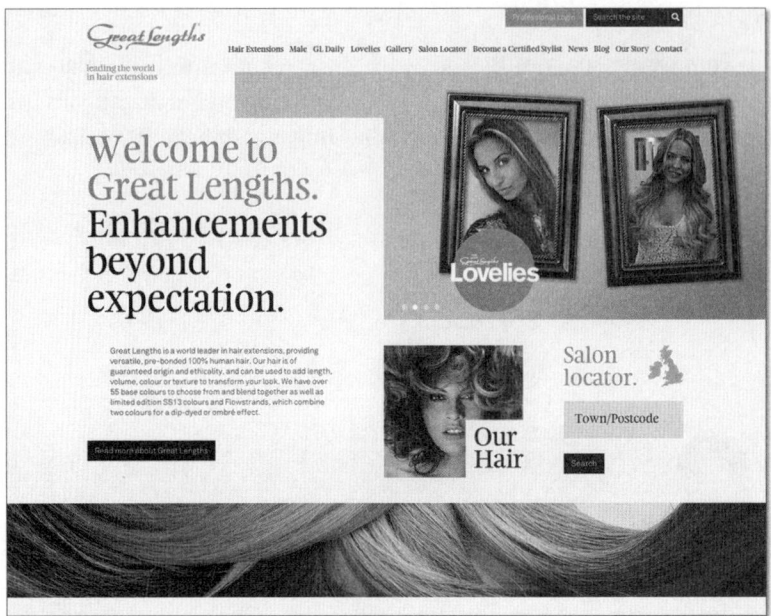

Abbildung 1.4 Quelle: greatlengthshair.co.uk

1.8.5   grindspaces.com

Große Hintergrundgrafiken sind immer noch in Mode. Sie bedeuten zwar eine längere Ladezeit und sollten daher vor allem für mobile Geräte reduziert oder entfernt werden, aber auf großen Desktops und Notebooks sorgen sie für eine einmalige Atmosphäre. Sie werden zum Teil auch durch riesige Videoanimationen ersetzt, die allerdings Geschmackssache und nicht für jede Zielgruppe geeignet sind.

Abbildung 1.5 Quelle: grindspaces.com

1.8.6   gv.com

Google setzt für seine Ventures-Website, über die es verschiedene Projekte unterstützt, ebenfalls WordPress ein. Der klare, minimalistische Aufbau ist gespickt mit einigen Grafiken, die nicht viel Platz einnehmen, aber dennoch die Aufmerksamkeit auf sich ziehen.

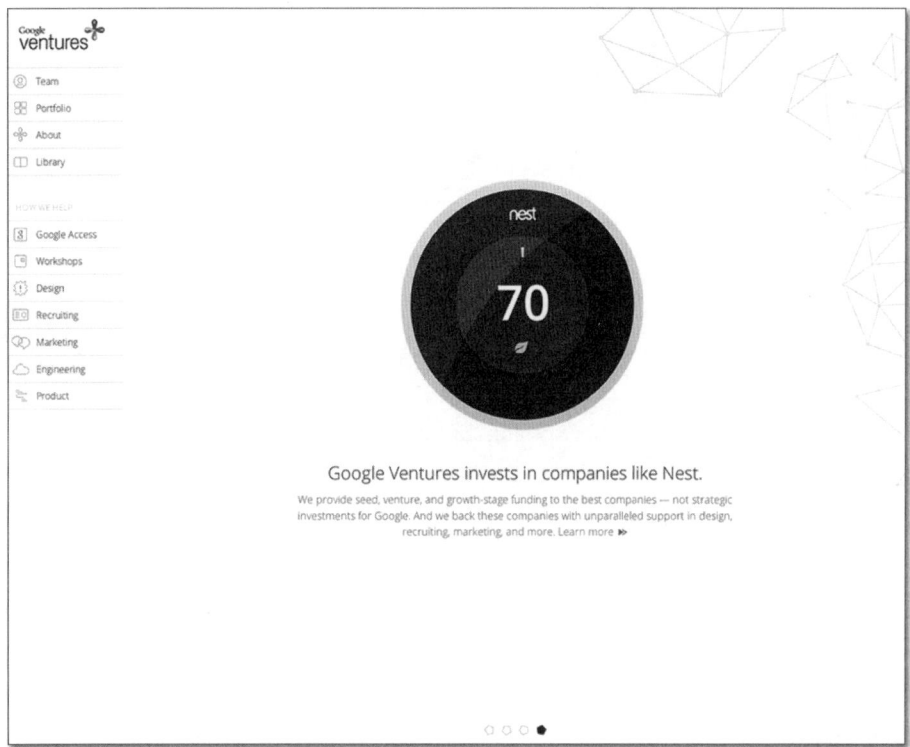

Abbildung 1.6 Quelle: gv.com

1.8.7   judithhobbyclothing.com

Eine typische Mode-Website ist judithhobbyclothing.com. Oben ein Aufmerksamkeit erregender Slider mit auffälliger Schrift, darunter im typischen Grid-Design (Gitter-Design) eine Auflistung der einzelnen Produkte (Abbildung 1.7).

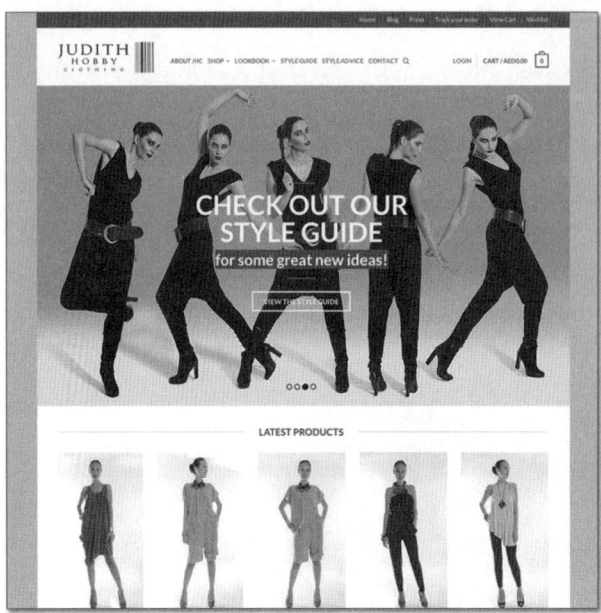

Abbildung 1.7 Quelle: judithhobbyclothing.com

1.8.8   learnlakenona.com

Die Website von Lake Nona ist ein beeindruckendes Beispiel, wie realistisch Websites anmuten können. Durch die Kombination aus Fotografien und Whitespace (leerer Fläche) entsteht eine Dreidimensionalität, die sich über das ganze Design fortsetzt. Man glaubt, sich mitten in der Website zu befinden.

Abbildung 1.8 Quelle: learnlakenona.com

1

1.8.9   newyorker.com

Wenn ein so ehrwürdiges und bekanntes Magazin wie The New Yorker WordPress verwendet, dann zeigt das auch, mit was für einer Selbstverständlichkeit diese Software mittlerweile eingesetzt wird.

Abbildung 1.9 Quelle: newyorker.com

1.8.10   zync.ca

Die Website zync.ca zeigt, dass Bilder auch heute nicht überpräsent sein müssen. Die auffälligsten Effekte erzielt diese Website durch ihre interessante Typographie (Abbildung 1.10).

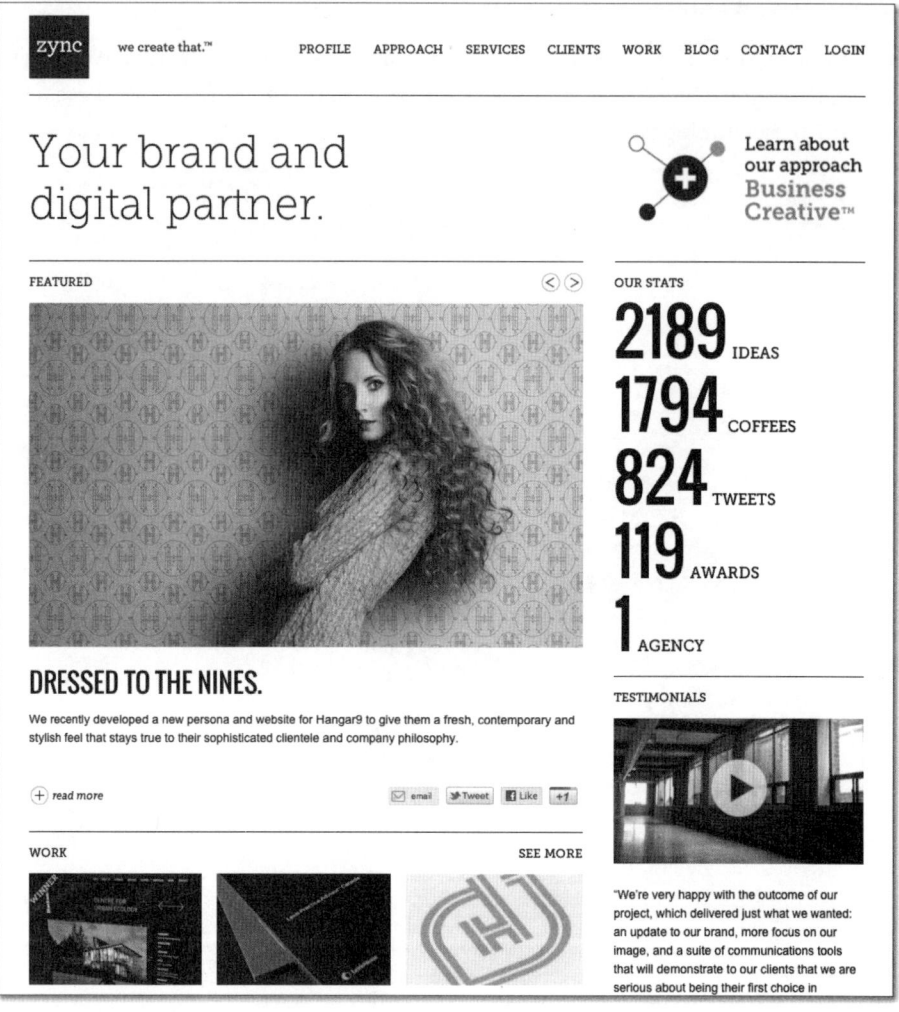

Abbildung 1.10 Quelle: zync.ca

1.9 Die Dateistruktur

WordPress besteht aus über 1.000 Dateien. Aber nur mit einem Bruchteil werden Sie sich im Rahmen dieses Buches beschäftigen müssen. Damit Sie schon einmal wissen, welche das sind, wo Sie sie finden und welche Logik hinter der Dateistruktur von WordPress steckt, gebe ich Ihnen an dieser Stelle eine kurze Einführung in die wichtigsten Dateien. Dieses Wissen ist für das Verständnis des Buches nicht zwingend nötig, da Sie das meiste auf dem Weg mitbekommen werden. Wer sich aber gerne gründlich vorbereitet, sollte nun weiterlesen.

Wenn Sie das WordPress-Archiv von *wordpress.org* herunterladen und entpacken, finden Sie ein Verzeichnis vor, das sich schlicht und einfach *wordpress* nennt. Hierin sind alle WordPress-Dateien enthalten.

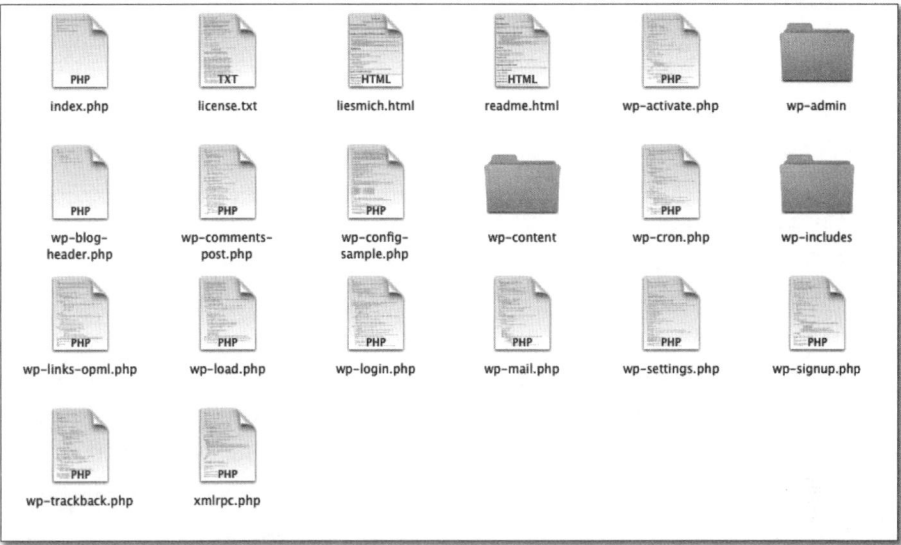

Abbildung 1.11 So sieht der Inhalt des WordPress-Archivs nach dem Herunterladen aus.

Hinweis

Wenn Sie die Dateien später auf Ihren Server hochladen, macht es einen großen Unterschied, ob Sie einfach den Ordner vollständig hochladen, also quasi »mit Ordner«, oder ob Sie alle im *wordpress*-Ordner befindlichen Dateien und Unterverzeichnisse hochladen. Das entscheidet darüber, ob Ihre Website später unter *http:// www.ihredomain.de* erreichbar ist oder unter *http://www.ihredomain.de/wordpress/*. Letzeres ist wahrscheinlich nur in seltenen Fällen gewünscht, weshalb Sie idealerweise den *wordpress*-Ordner selbst nicht mit hochladen, sondern nur die darin befindlichen Verzeichnisse und Dateien in das Root-Verzeichnis Ihrer Domain hochladen.

Im *wordpress*-Verzeichnis befinden sich drei Unterverzeichnisse und mindestens 17 Dateien. Mindestens deshalb, weil am Anfang z. B. noch die *.htaccess*-Datei fehlt, die später erstellt wird, ähnlich wie die *wp-config.php*. Bei einer bereits vollständig eingerichteten Seite können auch noch eine Verifizierungsdatei der *Google Webmaster Tools* oder ein *Favicon* hinzukommen. Lassen Sie sich also nicht beunruhigen, wenn Sie eine WordPress-Installation mit mehr als 17 Dateien im Hauptverzeichnis vorfinden; die sind jetzt noch nicht relevant.

Von diesen 17 Dateien ist allerdings nur eine einzige relevant für Sie: die *wp-config-sample.php*. WordPress muss an irgendeiner Stelle speichern, wie z. B. die Zugangsdaten für Ihre Datenbank sind oder welche Sprache Sie verwenden möchten. All diese Konfigurationsvariablen werden in der *wp-config.php* hinterlegt. Damit Sie allerdings wissen, wie die Datei aufgebaut sein muss, gibt es die *wp-config-sample.php*. Diese können Sie einfach umbenennen, indem Sie das »-sample« streichen und im Innern die einzelnen Werte an Ihre Bedürfnisse anpassen. Das gilt aber nur für den Fall, dass WordPress während der Installation die *wp-config.php* nicht selbst erstellen kann, weil es keine ausreichenden Schreibrechte für das Verzeichnis besitzt. Doch egal welchen Weg Sie beschreiten, ob Sie WordPress die Datei erstellen lassen oder ob Sie die bestehende Sample-Datei umbenennen: Am Ende benötigt WordPress auf jeden Fall eine *wp-config.php*, sonst kann es nicht leben. Auf diese Datei werden wir immer mal wieder zu sprechen kommen, denn hier können auch später noch wichtige Konfigurationen vorgenommen werden.

Die Namen der drei Verzeichnisse lauten *wp-admin*, *wp-content* und *wp-includes*. Das einzige Verzeichnis, das für Sie relevant sein wird, ist *wp-content*. Die anderen beiden enthalten nämlich lediglich *WordPress-Core-Dateien*, also Dateien, die die Software selbst darstellen, und sollten von Ihnen idealerweise nicht angefasst werden.

Wichtig

Ändern Sie niemals Core-Dateien. Spätestens beim nächsten Update würden die Änderungen ohnehin überschrieben werden. Der einzige Weg, an WordPress etwas zu verändern, führt über ein Plugin.

Das Verzeichnis *wp-content* enthält hingegen überwiegend Dateien, die Sie anpassen können. Es ist ein Verzeichnis Ihrer eigenen Inhalte. Im Unterverzeichnis *languages* können Sie eigene Sprachdateien hinterlegen, die Verzeichnisse *plugins* und *themes* enthalten genau das, was ihre Namen vermuten lassen: Erweiterungen und Designs. Üblicherweise hat jedes einzelne Plugin einen eigenen Unterordner im Verzeichnis *plugins*. In jedem Fall hat aber jedes Theme einen eigenen Unterordner im Verzeichnis *themes*.

Ein Plugin besteht mindestens aus einer Datei, fast immer aber aus einem ganzen Verzeichnis. Die weiteren Dateien sind von Plugin zu Plugin äußerst verschieden und abhängig von den Aufgaben, die es erfüllen muss. Es gibt hier also keinen festen Bausatz an Dateien.

Ganz anders die Themes. Sie bestehen weit überwiegend aus einem vorgegebenen Satz an Dateien, von denen ein paar auch zwingend erforderlich sind. Auf andere können Sie verzichten. Welches die typischen Dateien eines Themes sind, erfahren Sie später noch in Kapitel 6, wenn ich Ihnen zeige, wie man ein eigenes programmiert. Für den Moment soll es genügen, dass Sie Folgendes wissen: Ein Theme braucht unbedingt eine *style.css* – hierhin sind alle CSS-Angaben enthalten. Darüber hinaus gibt es oft eine *header.php*, eine *sidebar.php* und eine *footer.php*, die jeweils den Kopfbereich, die Seitenleiste und den Fußbereich Ihrer Website enthalten. Die meisten anderen Dateien sind nur dafür da, die jeweiligen Inhalte anzuzeigen, also eine Auflistung der neuesten Blogartikel (*index.php*), den Inhalt eines einzelnen Artikels (*single.php*) oder den Inhalt einer statischen Seite (*page.php*). Die letzte nicht ganz unwichtige Datei ist die *functions.php*. Sie ist eine etwas mächtigere Version der *wp-config.php*, nur steuert sie nicht WordPress, sondern das Theme. Hier können zahlreiche Anweisungen hinein, die für das ganze Theme gelten sollen. Sogar auf WordPress selbst können die Anweisungen Einfluss haben, solange das Theme aktiviert ist.

Zum Abschluss gebe ich Ihnen noch eine schematische Auflistung der oben angesprochenen Dateien und Verzeichnisse mit auf den Weg:

- /wp-admin /
- **/wp-content/**
  - /languages/
  - **/plugins/**
    - ▷ /einzelnes-plugin-verzeichnis/
    - ▷ /einzelnes-plugin-verzeichnis/
    - ▷ /einzelnes-plugin-verzeichnis/
    - ▷ (...)
  - **/themes/**
    - ▷ **/einzelnes-theme-verzeichnis/**
      - **header.php**
      - **index.php**
      - **footer.php**
      - **functions.php**
      - **page.php**
      - **sidebar.php**
      - **single.php**
      - **style.css**
      - (...)
    - ▷ /einzelnes-theme-verzeichnis/
    - ▷ /einzelnes-theme-verzeichnis/
    - ▷ (...)
- /wp-includes/
- **wp-config.php**
- wp-config-sample.php
- (...)

1.10   Die Datenbankstruktur

Weitaus weniger Bedeutung hat im alltäglichen Umgang mit WordPress die Datenbankstruktur. In einer MySQL-Datenbank werden nicht nur viele WordPress-spezifische Steuerungswerte hinterlegt, sondern insbesondere Ihre Inhalte. Seien es Ihre Beiträge, Kategorien, Seiten oder die Kommentare Ihrer Besucher. Alles findet Platz in der Datenbank (Abbildung 1.12).

Die Struktur zu verstehen ist insbesondere für die Fälle nötig, in denen es entweder Probleme mit bestimmten Daten gibt oder Sie Plugins programmieren wollen. Es genügt, später auf diesen Abschnitt zurückzukommen, wenn Sie sich vielleicht tatsächlich mit der Datenbank auseinandersetzen müssen.

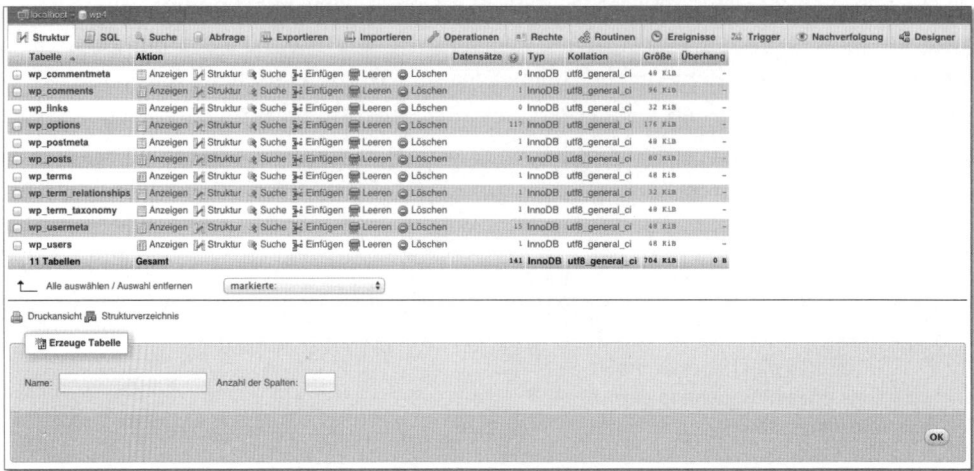

Abbildung 1.12 So sieht eine frische WordPress-Datenbank aus.

Die Tabellen einer WordPress-Datenbank sind:

Tabelle	Beschreibung
wp_commentmeta	Enthält die Metadaten zu den Kommentaren.
wp_comments	Enthält die Kommentare.
wp_links	Enthält Einträge unter Links (Funktion nicht mehr standardmäßig in WordPress vorhanden, muss durch Plugin reaktiviert werden).
wp_options	Enthält alle Einstellungen, die Sie über die Administrationsoberfläche festlegen.
wp_postmeta	Enthält die Metadaten zu Ihren Einträgen (= Beiträge, Seiten, Bilder, andere Medieninhalte).
wp_posts	Enthält Ihre Einträge.
wp_terms	Enthält die Kategorien und Tags.
wp_term_relationships	Enthält die Verknüpfungen zwischen Beiträgen und Kategorien bzw. Tags.

Tabelle 1.1 Tabellen einer WordPress-Datenbank

Tabelle	Beschreibung
wp_term_taxonomy	Enthält nähere Informationen zu Kategorien und Tags.
wp_usermeta	Enthält die Metadaten zu allen Benutzern.
wp_users	Enthält alle Benutzer.

Tabelle 1.1 Tabellen einer WordPress-Datenbank (Forts.)

Diese Auflistung soll als Orientierung dienen, wo Sie gegebenenfalls bestimmte Daten finden könnten. Es kann auch noch andere Tabellen geben, nämlich solche, die durch Plugins hinzugefügt wurden. Es gibt auch Plugins, die nicht Tabellen hinzufügen, sondern innerhalb der Tabelle neue Spalten anlegen, um dort Informationen zu sichern. Je mehr Plugins Sie installieren, desto weiter wird Ihre Datenbank unter Umständen aufgebläht.

Wichtig

Editieren Sie nicht einfach Daten in der Datenbank, ohne zu wissen, was Sie tun. Von jetzt auf gleich könnte das Ihre ganze WordPress-Installation ruinieren. Bevor Sie sich an die Daten machen, sollten Sie ein Backup der gesamten Datenbank anlegen. Wenn Sie Einträge über die Administrationsoberfläche ändern können, dann nutzen Sie diese, anstatt direkt in die Datenbank einzugreifen. Das sollte wirklich dem Notfall vorbehalten bleiben.

1.11   Berechtigungen und Rollen

Kein Content-Management-System kommt ohne Benutzerverwaltung aus. Damit kein Chaos entsteht, muss es eine Möglichkeit geben, diesen Benutzern Rechte zuzuweisen und ihnen andere zu verweigern. WordPress bietet hierfür ein zugegebenermaßen rudimentäres Rollensystem, das für viele Websites und Blogs aber vollkommen ausreichend ist. Das System ist so aufgebaut, dass der in der Hierarchie über einem Stehende dieselben Rechte hat wie man selbst plus weitere eigene. Die untere Position steckt also immer vollständig in der Position darüber und so weiter.

Die folgenden Rollen können einem Benutzer zugeteilt werden (jeweils nur eine pro Account):

Rolle	Beschreibung
Administrator	Kann alles. Sollte nur an die vertrauenswürdigsten Personen vergeben werden, idealerweise nur an eine. Jede weitere ist ein Sicherheitsrisiko.
Redakteur	Der Redakteur hat neben dem Administrator die umfangreichsten Rechte. Er kann alle Inhalte, also z. B. Seiten, Beiträge usw., anlegen, editieren und löschen. Das gilt auch für Inhalte anderer Benutzer sowie für Kategorien und Tags. Er kann auch Kommentare moderieren und private Seiten oder Beiträge anzeigen.
Autor	Der Autor kann lediglich seine eigenen Beiträge editieren und löschen, das gilt auch für bereits veröffentlichte. Er kann seine Beiträge zudem eigenständig veröffentlichen und Dateien hochladen.
Mitarbeiter	Der Mitarbeiter kann nur noch seine eigenen Beiträge löschen und bearbeiten, jedoch nicht eigenständig veröffentlichen. Er kann außerdem keine Dateien hochladen.
Abonnent	Der Abonnent kann lediglich lesen, hat also grundsätzlich nahezu keine Vorteile gegenüber dem nicht registrierten Besucher. Er wird je nach Einstellungen aber vielleicht beim Kommentieren bevorzugt.

Tabelle 1.2 Unterschiedliche Rollen für Benutzer

Der Administrator sind idealerweise nur Sie selbst. Für Autoren, die nur schreiben und nicht eigenständig veröffentlichen sollen und bei denen es Ihnen lieber ist, wenn sie keine Dateien hochladen können, bietet sich der Mitarbeiter-Status an. Wem Sie beim Veröffentlichen seiner eigenen Inhalte freie Hand gewähren, der darf Autor sein. Und wer alle Autoren und Mitarbeiter überwachen soll, ist grundsätzlich Redakteur.

Nun sind diese Rollen wirklich nur rudimentär voneinander abgegrenzt, sie genügen für manche Teams aber dennoch. Größere oder spezielle Redaktionen kommen damit allerdings nicht weit. Jedoch lässt sich das Rollensystem mithilfe von Plugins erweitern. Eines davon ist der *User Role Editor* von Vladimir Garagulya. Damit ist es möglich, die Rechte der einzelnen Rollen eigenhändig anzupassen, aber auch neue Rollen mit speziellen Rechten zu erstellen. Wer einem bestimmten Nutzer einzelne Rechte zugestehen möchte, die dessen Rolle ihm normalerweise nicht gewährt, kann das auch über dieses Plugin festlegen. Natürlich können Sie auch das Gegenteil davon machen und einem Benutzer Rechte entziehen, die eigentlich in seiner Rolle enthalten wären.

Kapitel 2
WordPress installieren

WordPress braucht nicht viel, um glücklich seinen Dienst zu verrichten.
Lernen Sie hier, wie Sie WordPress innerhalb kürzester Zeit ans Laufen
bringen.

WordPress selbst ist kinderleicht zu installieren. Allerdings müssen wir dafür erst
einmal die Voraussetzungen schaffen, und die hängen maßgeblich davon ab, ob Sie
mit WordPress lieber zunächst auf Ihrem Rechner oder gleich auf einem Server arbeiten möchten.

2.1   Soll ich WordPress auf dem Rechner oder auf dem Server/Webspace installieren?

Beides hat Vor- und Nachteile:

Installation auf Rechner	Installation auf Server
benötigt Entwicklungsumgebung (Server kann später bestellt werden).	benötigt sofort Webspace oder Server
extrem schnelle Zugriffszeiten	langsamere Zugriffszeiten
kostenlos	kostenpflichtig
Die Website muss später auf den Server hochgeladen werden.	Der Upload der fertigen Seite entfällt, weil sie bereits online ist.
Die Website ist durch Fremde nicht erreichbar.	Die Website muss vor fremden Blicken und Zugriffen geschützt werden.

Tabelle 2.1 Gegenüberstellung: Rechner- vs. Serverinstallation

Bei der Entscheidung, ob Sie WordPress auf dem Rechner oder direkt auf dem Server
installieren, würde ich vor allem danach gehen, was Sie vorhaben: Möchten Sie Ihre
Website möglichst schnell fertigstellen, also quasi WordPress und ein fertiges Theme
installieren, die Inhalte anlegen und alles online stellen? Dann sparen Sie sich den
Umweg und installieren Sie WordPress direkt auf dem Server bzw. Webspace. Achten

Sie darauf, die Website z. B. durch ein Plugin wie Maintenance Mode vor fremden Blicken zu schützen.

Wenn Sie jedoch eher in die Kategorie Webdesigner fallen und ein eigenes Theme entwickeln möchten, d. h. ständig Dateien editieren und im Browser aktualisieren, um sich Ihrem Ergebnis zu nähern, dann wählen Sie besser die Variante, WordPress auf dem eigenen Rechner zu installieren. Zugegeben, es ist ein kleiner Umweg, aber dafür entschädigen die entfallenden Wartezeiten für ständige Datei-Uploads und Zugriffe auf die Administrationsoberfläche.

2.2 Welchen Webspace oder Server benötige ich?

Ganz egal, für welchen Weg Sie sich oben entschieden haben, irgendwann ist Ihre Website fertig, und spätestens dann muss sie auf einen Server oder auf Webspace hochgeladen werden, andernfalls wäre sie für niemanden erreichbar.

Allerdings gibt es auf dem Markt sehr viele Anbieter und noch mehr Produktpakete, da verliert man schnell den Überblick. Wir unterteilen grob in drei verschiedene Produktkategorien: Webspace, virtueller Server, dedizierter Server.

- ▶ **Webspace**: Der günstigste Weg, seine Website ins Netz zu bringen, ist handelsüblicher Webspace. Dieser ist schon für wenige Euro pro Monat erhältlich, bringt dann aber auch eine entsprechende Leistung mit sich. WordPress ist relativ ressourcenhungrig, das sollten Sie bei der Wahl des Pakets berücksichtigen. Achten Sie nicht nur auf die üblichen Verkaufsargumente, wie die Anzahl an enthaltenen Domains, die Größe des Speicherplatzes und allen voran die Anzahl der Subdomains. Das spielt oft alles keine große Rolle. Domains können Sie einzeln hinzubuchen. Speicherplatz ist heutzutage sehr günstig und wird in rauen Mengen verteilt. Und Subdomains? Die nutzt kaum noch jemand, und wenn, dann nicht zu Hunderten. Achten Sie lieber darauf, dass möglichst wenig andere Kunden mit Ihnen gemeinsam auf einem Server sind. Idealerweise sichert man Ihnen auch eine bestimmte Serverleistung (in Form von Arbeitsspeicher, CPU-Kernen usw.) zu, die Ihnen stets zur Verfügung stehen.

- ▶ **Virtueller Server**: Der virtuelle Server ist kein eigenständiges Gerät in einem Rechenzentrum, sondern ähnlich wie der Webspace ein auf mehrere Kunden aufgeteilter Server. Nur dass jeder dieser Teile virtuell als eigener Server gilt. Üblicherweise sind auf einem virtuellen Server deutlich weniger Kunden untergebracht als bei Webspacepaketen, was sich natürlich auch im Preis niederschlägt. Das hängt aber vom Anbieter ab.

- ▶ **Dedizierter Server**: Die Königsklasse ist dann der dedizierte Server, also ein ganz eigenes Gerät im Rechenzentrum nur für Sie allein. Das bringt einiges an Leistung mit sich, aber eben auch deutlich höhere Kosten.

Alle Verwirrung zum Trotz gibt es für virtuelle und dedizierte Server noch ein weiteres Unterscheidungsmerkmal: Managed oder nicht? Wenn ein Server als *Managed Server* bezeichnet wird, bedeutet das schlichtweg, dass die Einrichtung und Administration vom Provider übernommen werden. Für Sie hat das den großen Vorteil, dass Sie sich weder mit Serveradministration auskennen noch den Server selbst absichern müssen. Glauben Sie mir, das ist nichts, was man sich an einem Nachmittag bei einer Tasse Kaffee anliest. Das ist ein eigenständiger Beruf, und wenn Sie dieses Wissen nicht mitbringen und niemanden in Ihrem Unternehmen haben, der sich damit gut auskennt, lassen Sie das lieber Ihren Provider machen. Allerdings kostet das, Sie haben es sich bereits gedacht, natürlich mehr Geld. Als Leitsatz kann Ihnen helfen: Wenn Sie gerade genau wissen, wie Sie mit einem dedizierten Server umgehen müssen, ist das eine Möglichkeit. Wenn nicht, dann kommt immer nur die Managed-Variante in Betracht. Ich warne Sie deshalb so eindringlich davor, damit Sie nicht einen regulären dedizierten Server bestellen, nach einiger Zeit merken, dass das überhaupt nicht funktioniert, und dann vielleicht per 12-Monats-Vertrag fest gebunden sind.

Machen Sie die Entscheidung am besten abhängig davon, welche Art von Website Sie betreiben möchten und wie viele Besucher Sie realistischerweise erwarten können. Das bedeutet: Für ein kleines privates Blog genügt in der Regel ein normales Webspacepaket. Es wird keine Geschwindigkeitsrekorde brechen, aber es ist preiswert und ausreichend. Sobald Ihre Website aber in irgendeiner Form kommerziell genutzt wird, sei es als Unternehmens-Website, Shop oder professionelles Blog, rate ich persönlich Ihnen von Webspacepaketen ab. Zum einen muss eine Website, mit der man Geld verdienen möchte, blitzschnell für die Zielgruppe aufrufbar sein, sonst verliert sie die Geduld. Zum anderen ist dort, wo Geld verdient wird, auch eher ein Budget vorhanden, um ein paar Euro mehr in die Serverkosten zu investieren. Es muss übrigens nicht gleich der dedizierte Server sein. Ein virtueller Server (oder ein sehr professionelles Webhostingpaket), der Ihnen eine gewisse Leistung unabhängig von den täglichen Leistungsspitzen zusichert, ist absolut ausreichend.

Beziehen Sie in Ihre Überlegungen auch ein, dass ein Upgrade nicht immer ganz simpel bzw. preiswert ist. Während man bei vielen Anbietern noch recht schnell von Webspacepaket A zu B wechseln kann, wird es oftmals schwieriger, wenn Sie von Webspace auf virtuellen Server wechseln möchten. Dann gibt es in der Regel zum einen Probleme mit den Vertragslaufzeiten, und zum anderen muss den Umzug auch jemand durchführen. Wenn Sie das nicht selbst machen wollen, lassen sich die Provider das meist recht gut bezahlen. Denken Sie daher von Anfang an darüber nach, was für Pläne Sie mit Ihrer Website haben und ob nicht vielleicht in 4 bis 5 Monaten ohnehin mehr Serverleistung bereitstehen muss.

2.3 Entwicklungsumgebung auf dem Rechner einrichten

Nur wenn Sie WordPress zunächst auf Ihrem Rechner installieren möchten, benötigen Sie eine Entwicklungsumgebung, die PHP und MySQL unterstützt. Unter Windows ist *XAMPP* sehr gut geeignet, unter Mac OS X funktioniert *MAMP* etwas einfacher – XAMPP ist aber auch auf dem Mac eine Alternative.

Wenn Sie WordPress direkt auf dem Server installieren möchten ...

... dann überspringen Sie diesen Abschnitt und machen Sie direkt weiter bei Abschnitt 2.4.

2.3.1 XAMPP unter Windows installieren

XAMPP ist eine kostenfreie Entwicklungsumgebung, die unter anderem aktuelle Versionen von PHP und MySQL enthält. Ohne einen Webserver könnten Sie auf Ihrem eigenen PC gar keinen PHP-Code ausführen lassen. Dafür gibt es XAMPP. Die Software bringt alles mit, was Sie für einen Betrieb von WordPress auf Ihrem PC benötigen.

Zunächst benötigen Sie natürlich eine aktuelle Version der Software. Diese erhalten Sie unter *http://www.apachefriends.org/de/xampp-windows.html*. Dort sehen Sie, wenn Sie ein wenig herunterscrollen, verschiedene Download-Möglichkeiten. Die für Sie relevante Datei finden Sie unter der Überschrift XAMPP FÜR WINDOWS X.Y.Z (wobei x.y.z. für die aktuelle Versionsnummer steht) oder unter der entsprechenden Überschrift für das von Ihnen verwendete Betriebssystem. Laden Sie sich hier das INSTALLER-PAKET in Form der EXE-Datei herunter. Der Download kann abhängig von Ihrer Verbindungsgeschwindigkeit einige Minuten dauern, da das Paket aktuell eine Größe von über 100 MB aufweist.

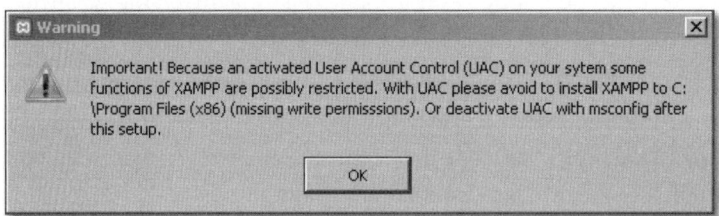

Abbildung 2.1 Unter Umständen erscheint nun ein Warndialog, den Sie getrost ignorieren und wegklicken können.

Nun beginnt die Installation erst richtig (siehe Abbildung 2.2); klicken Sie zum Starten auf NEXT >. Im folgenden Fenster (siehe Abbildung 2.3) dürfen Sie auswählen, welche einzelnen Komponenten installiert werden sollen. Wenn Sie nicht schon von vornherein die Nutzung gewisser Pakete ausschließen wollen, installieren Sie ruhig alle. Das ist im Zweifel einfacher, als später einige nachzuinstallieren.

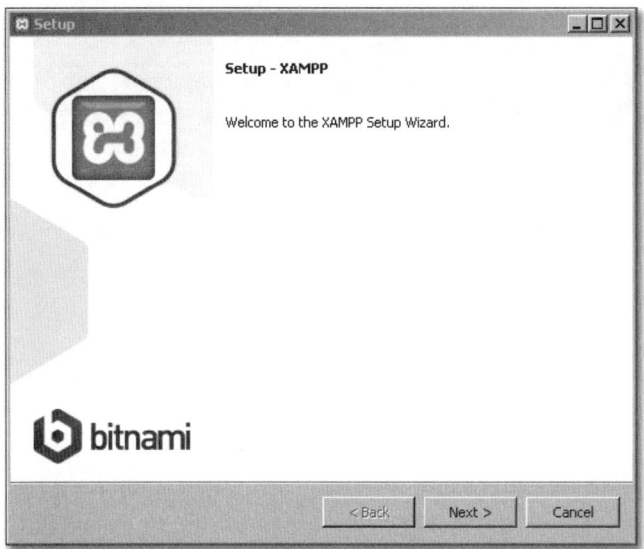

Abbildung 2.2 Los geht's: Installieren Sie XAMPP auf Ihrem PC.

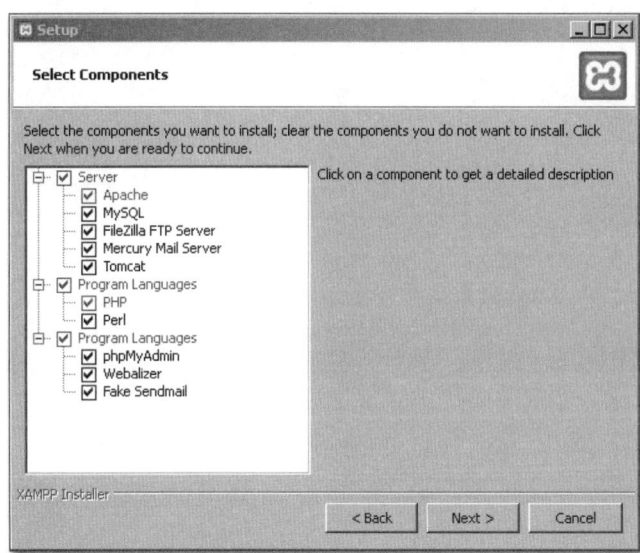

Abbildung 2.3 Hier können Sie Anpassungen vornehmen, welche
Komponenten mit XAMPP installiert werden sollen. Die Standardeinstellung
»alle« können Sie grundsätzlich so lassen.

Sie gelangen daraufhin zur Auswahl des Installationsortes (siehe Abbildung 2.4).
Wählen Sie hier am besten die Grundeinstellung *C:\xampp* aus, dann haben Sie auch
keine Probleme hinsichtlich der zuvor erwähnten Warnung.

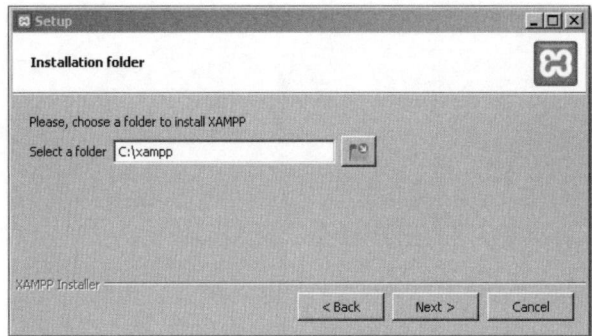

Abbildung 2.4 Wählen Sie als Zielverzeichnis am besten »C:\xampp« aus,
so ersparen Sie sich ein Problem mit der Benutzerkontensteuerung.

Im folgenden Fenster erhalten Sie einige Hinweise zu *Bitnami* (siehe Abbildung 2.5).
Dieses ermöglicht Ihnen, Software wie WordPress oder Drupal direkt zu installieren.
Da Sie das aber selbst können, deaktivieren Sie hier einfach das Häkchen für die weiteren Informationen und klicken anschließend auf NEXT >.

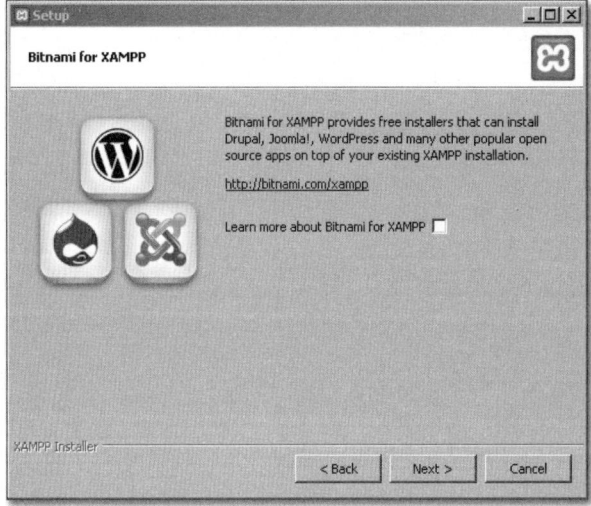

Abbildung 2.5 Und noch etwas Werbung für Bitnami, das wir nicht benötigen.

Im nächsten Fenster klicken Sie noch einmal auf NEXT >, um die Installation zu starten (siehe Abbildung 2.6).

Während der Installation bietet sich Ihnen der obligatorische Ladebalken (siehe
Abbildung 2.7). Ein weiteres und letztes Fenster benachrichtigt Sie nun noch über die
erfolgreiche Installation von XAMPP (siehe Abbildung 2.8) und wird Sie – sofern Sie
das Häkchen nicht entfernt haben – auch unmittelbar zum *Control Panel* weiterleiten
(siehe Abbildung 2.9).

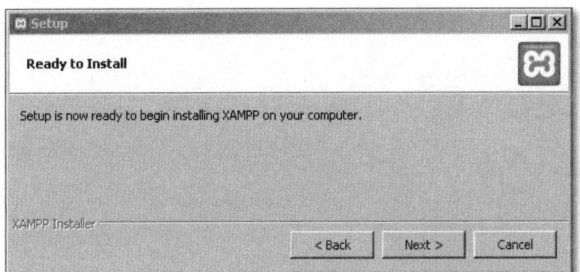

Abbildung 2.6 Nach unnötig vielen Schritten kann die Installation endlich beginnen.

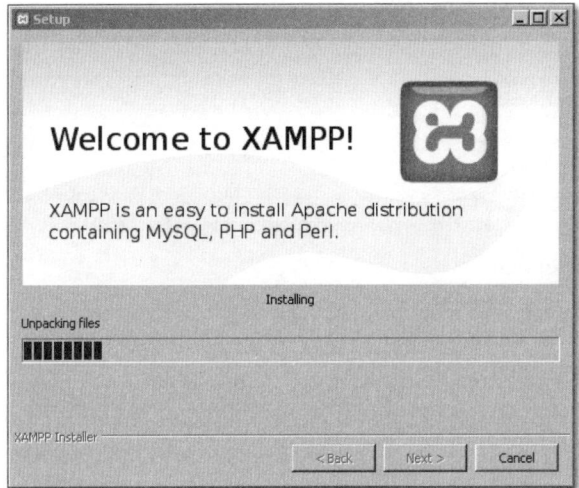

Abbildung 2.7 Ein schöner Ladebalken kann auch entzücken.

Abbildung 2.8 Herzlichen Glückwunsch!

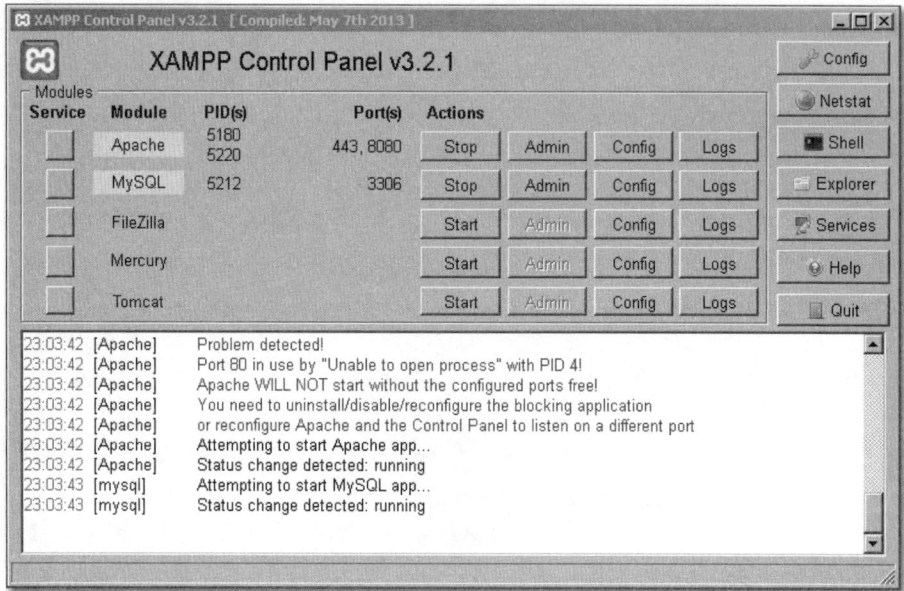

Abbildung 2.9 Das Control Panel von XAMPP

Alternativ erreichen Sie das Control Panel übrigens auch über *C:\xampp\xampp-control.exe* (bitte an Installationspfad anpassen).

Im Control Panel sollten Sie sich zunächst mit der Frage beschäftigen, ob es für Sie nicht möglicherweise sinnvoll wäre, Apache und MySQL gleich mit Ihrem PC zu starten. XAMPP als Dienst einzurichten kann mitunter Vorteile haben, wenn Sie häufiger damit bzw. mit WordPress arbeiten wollen. Wenn Sie Apache und MySQL als Dienst installieren, dann steht Ihnen mit dem Hochfahren Ihres Betriebssystems bereits ein voll funktionsfähiger Webserver zur Verfügung. Natürlich kann man dem entgegenhalten, dass jeder zusätzlich installierte Dienst die Kapazität des Rechners ein klein wenig mehr beansprucht. Ist Ihr PC aber halbwegs modern, sollten Sie davon rein gar nichts mitbekommen. Entscheiden Sie daher selbst, wie oft Sie XAMPP bzw. WordPress auf Ihrem PC nutzen werden, und wägen Sie Komfort gegen etwaige Nachteile ab. Ich persönlich habe die Dienste aktiviert und spare mir gerne die unnötigen Klicks über das Control Panel. Um Apache und MySQL als Dienste einzurichten, setzen Sie einfach ein Häkchen links in das Kästchen neben den beiden Modulen (siehe Abbildung 2.9). In jedem Fall klicken Sie anschließend neben APACHE und MYSQL auf START.

Hinweis

Beim Starten des Apache-Servers kann es mitunter zu Problemen führen, wenn auf Port 80 Ihres Systems noch eine andere Software läuft (z. B. Skype), die diesen Port verwendet. Wenn Sie den Server starten, bevor die andere Software gestartet wird, ist das meist unproblematisch, da sich die andere Software in der Regel automatisch einen anderen Port reserviert (so auch Skype). Sollte dies aber nicht funktionieren, bleibt Ihnen nichts anderes übrig, als für den Apache-Server einfach einen anderen Port festzulegen (z. B. 8080). Diese Einstellung nehmen Sie in der Datei *httpd.conf* vor, die Sie im Verzeichnis *xampp\apache\conf* finden. Etwa um die Zeile 47 herum finden Sie einen Eintrag namens Listen 80. Diesen ändern Sie dann einfach ab, z. B. in Listen 8080, und speichern ab. Übrigens: Zeilen, die mit einer Raute # beginnen, können Sie getrost ignorieren, hier müssen Sie keine Anpassung vornehmen. Rauten leiten nämlich einen Kommentar ein, der von der Software vollständig ignoriert wird. Suchen Sie also nach der Listen-Zeile, die unkommentiert – also ohne Raute – ist. Falls das Starten des Apache-Servers im Vorfeld bereits geklappt hat, Sie aber trotzdem den Port ändern möchten, müssen Sie Apache danach noch einmal neu starten, damit die Änderungen wirksam werden.

Ihr Webserver ist prinzipiell bereits einsatzfähig. Es empfiehlt sich aber dennoch, einige Einstellungen vorzunehmen – vor allem, um die Sicherheit zu erhöhen.

Nachdem Sie Apache und MySQL gestartet haben, klicken Sie im Control Panel auf den Button ADMIN rechts neben APACHE. Es öffnet sich nun Ihr Browser mit der XAMPP-Seite (siehe Abbildung 2.10) – dies beweist übrigens, dass Ihr Webserver funktioniert, denn die aufgerufene Datei ist eine PHP-Datei. Wählen Sie Ihre Sprache aus, und schon kann es losgehen (siehe Abbildung 2.11).

Abbildung 2.10 Wählen Sie eine Sprache.

Klicken Sie als Erstes links in der Navigationsleiste auf STATUS. Dort können Sie schon einmal sehen, welche Dienste bereits funktionieren und welche vielleicht noch nicht. Bis auf SMTP-SERVER, FTP-SERVER und TOMCAT-SERVER sollte eigentlich alles bereits aktiviert sein (siehe Abbildung 2.12). In diesem Fall ist alles so, wie es auch sein sollte.

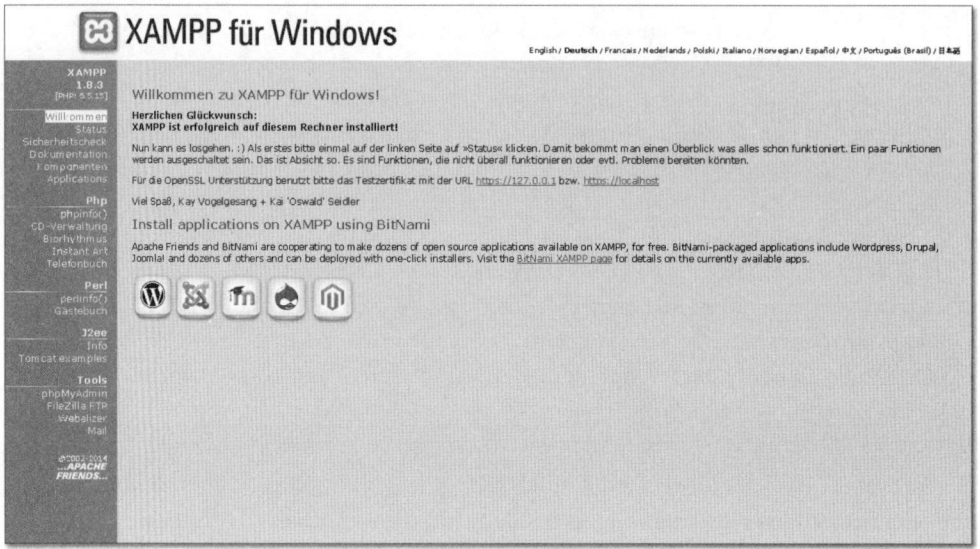

Abbildung 2.11 Die Administration von XAMPP

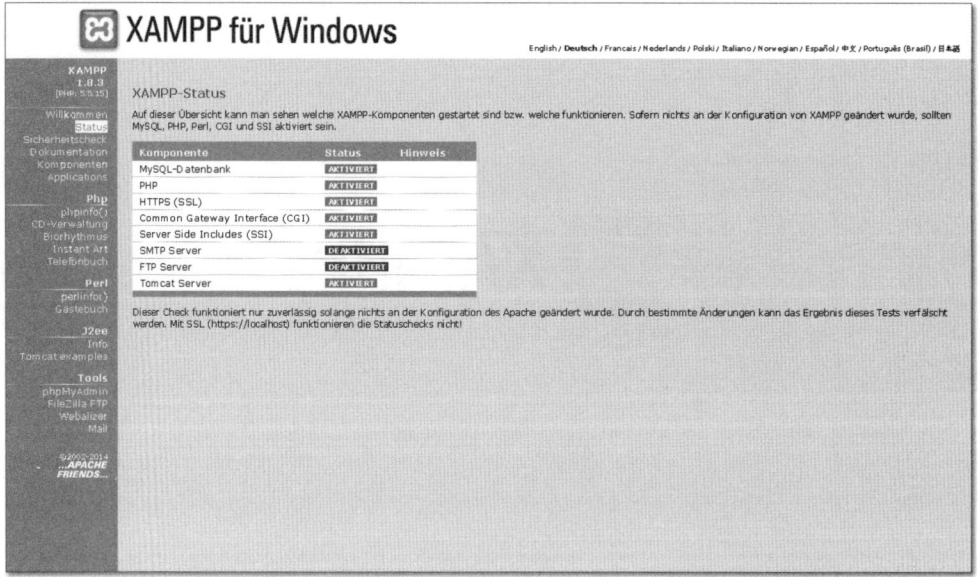

Abbildung 2.12 Hier sehen Sie den aktuellen Status Ihrer XAMPP-Installation.

Als Nächstes klicken Sie auf SICHERHEITSCHECK. Sie werden auf der nächsten Seite freundlich begrüßt und auf offenbar kritische Sicherheitslücken hingewiesen (siehe Abbildung 2.13). Keine Sorge, so sieht der Check am Anfang immer aus. Um die Lücken zu schließen, klicken Sie auf den weiter unten angegebenen Link zu *http://*

localhost/security/xamppsecurity.php. Dort können Sie die Sicherheitslücken schließen (siehe Abbildung 2.14).

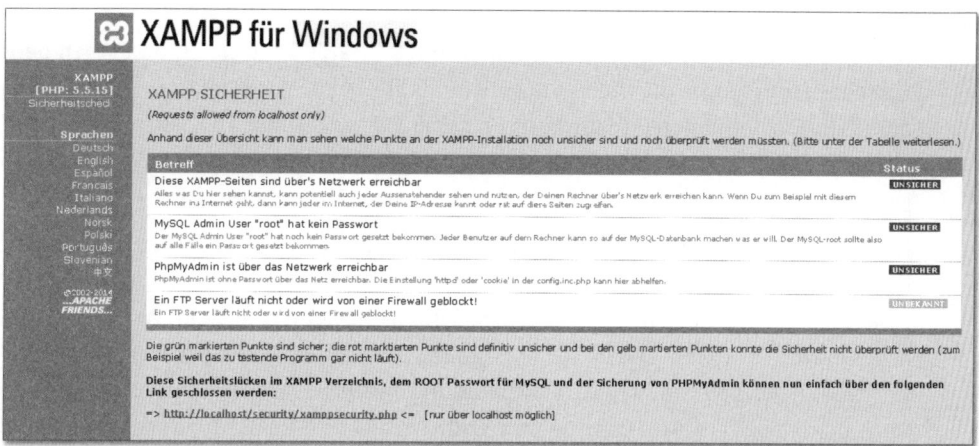

Abbildung 2.13 Der XAMPP-Sicherheitscheck zeigt Ihnen die wichtigsten Sicherheitslücken ...

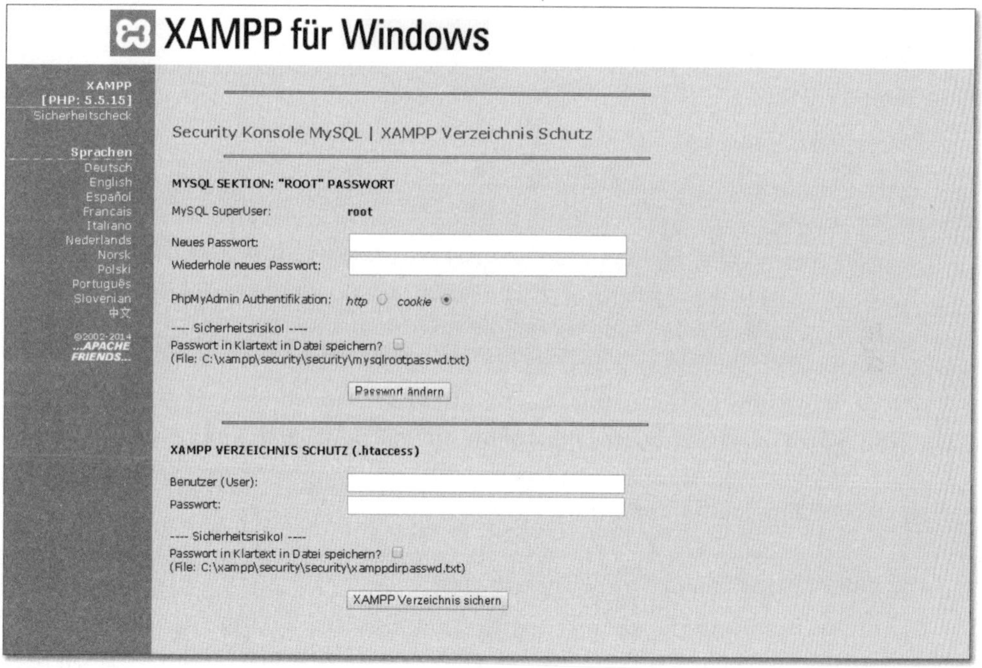

Abbildung 2.14 ... und hilft Ihnen, diese zu schließen.

Ob Sie für MySQL und Apache ein gemeinsames Passwort festlegen, bleibt Ihnen überlassen. Aber beachten Sie: Nur weil sich die Dateien auf Ihrem eigenen PC befinden, bedeutet das nicht, dass diese nicht über das Internet erreichbar wären. Je nach

Einstellungen Ihrer Firewall ist der Webserver unter Umständen über Ihre IP-Adresse für jeden erreichbar. Es empfiehlt sich also, sowohl MySQL als auch Apache vorsichtshalber per Zugangsdaten zu sichern.

Die restlichen Einstellungen können Sie standardmäßig so übernehmen. Nach dem Speichern müssen Sie die Dienste gegebenenfalls über das Control Panel neu starten, damit die Einstellungen ihre Wirkung entfalten. Wenn Sie möchten, können Sie noch einmal unter SICHERHEITSCHECK schauen, ob XAMPP nun ein Stückchen sicherer geworden ist.

Dass Sie Ihren Webserver nun installiert und gestartet haben, bedeutet leider nicht, dass Sie nun PHP-Dateien in jedem beliebigen Ordner aufrufen können. Es gibt innerhalb von XAMPP ein spezielles Verzeichnis für Dateien, die vom Webserver verarbeitet werden sollen. Dieses lautet *C:\xampp\htdocs* (passen Sie den Pfad gegebenenfalls an den von Ihnen bei der Installation gewählten Zielordner an). Dort können Sie nun für jedes Projekt einen eigenen Ordner anlegen. Tun Sie das doch einfach mal und nennen Sie ihn »wordpress«. Hierhin installieren Sie später WordPress, wie Sie sich sicher schon gedacht haben. Die Dateien in diesem Ordner sind nun über folgende Adresse in Ihrem Browser erreichbar:

http://localhost/wordpress/

oder:

http://127.0.0.1/wordpress/

Hinweis

Wenn Sie im Vorfeld den Port für den Apache-Server bei XAMPP geändert haben, z. B. auf 8080, dann müssen Sie diesen beim Aufruf von *localhost* mit einem Doppelpunkt getrennt anhängen. Das funktioniert so: *http://localhost:8080/*.

Doch wie gelangen Sie eigentlich zu der Administration Ihrer MySQL-Datenbanken? Geben Sie einfach *http://localhost/phpmyadmin* in die Adresszeile ein, und schon sind Sie da. Loggen Sie sich gegebenenfalls ein (Benutzername: »root«), und Sie gelangen zum Startbildschirm.

XAMPP, Apache und MySQL-Datenbanken?

Zugegeben: Ich werfe hier mit Begriffen um mich wie XAMPP, Apache oder auch MySQL. Für WordPress benötigen Sie gewisse Voraussetzungen. Ein Server bringt diese von Natur aus (meistens) mit – Ihr PC allerdings nicht. Und so kommen Sie nicht umhin, einige Dinge zu installieren und einzurichten. WordPress benötigt in jedem Fall einen Webserver (das ist Apache). Der ist erforderlich, damit die PHP-Dateien, aus denen WordPress besteht, überhaupt auf Ihrem Rechner interpretiert werden können. Außerdem benötigt WordPress auch zwingend eine MySQL-Datenbank. Hier werden

---

2

alle Daten, die Sie anlegen, gespeichert, also z. B. Ihre Einstellungen, Seiten und Beiträge. Und um diese beiden Dinge auf Ihrem Rechner zu installieren, gibt es die benutzerfreundliche Software XAMPP. Ohne sie wäre das alles um einiges schwieriger.

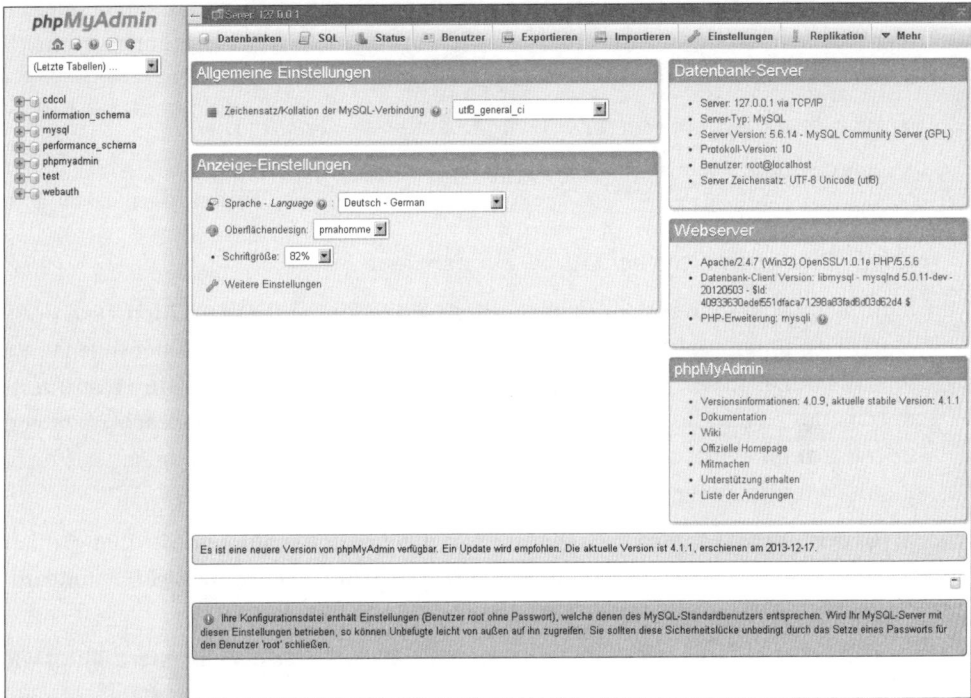

Abbildung 2.15 Die Administrationsoberfläche von phpMyAdmin

Direkt auf der Startseite können Sie unter dem Menüpunkt DATENBANKEN eine neue Datenbank anlegen (siehe Abbildung 2.15 und Abbildung 2.16). Ich habe ihr einfach mal den kreativen Namen »db_wordpress« gegeben. Daneben wählen Sie bitte noch die Kollation UTF8_GENERAL_CI aus, so wie sie auch bereits eingetragen sein müsste. Dann sollten Sie keine Probleme mit der Verwendung von Sonderzeichen haben. Mit einem Klick auf ANLEGEN wird die Datenbank erzeugt.

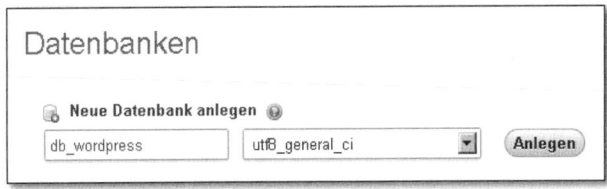

Abbildung 2.16 Legen Sie Ihre erste Datenbank an.

Herzlichen Glückwunsch, Sie haben Ihre Entwicklungsumgebung samt MySQL-Datenbank nun erfolgreich eingerichtet!

Die Installation von XAMPP habe ich bewusst nur für Windows-Nutzer erklärt. Das liegt nicht daran, dass ich diese in irgendeiner Form lieber mag. Die Installation verläuft nur schlichtweg auf allen Betriebssystemen sehr ähnlich. Sollten Sie einmal betriebssystemspezifische Probleme bei der Installation von XAMPP haben, kann ich Ihnen folgende offizielle Anleitungen nahelegen:

▶ Mac: *http://www.apachefriends.org/de/xampp-macosx.html*

▶ Linux: *http://www.apachefriends.org/de/xampp-linux.html*

2.3.2   Besonderheiten bei XAMPP auf dem Mac

Eine Kleinigkeit sollten Mac-Nutzer bei der XAMPP-Einrichtung beachten. Da XAMPP von vielen unter *Applications* installiert wird, befindet sich dort auch der sogenannte *htdocs*-Ordner, in den Sie später Ihre Dateien legen, also praktisch all Ihre WordPress-Installationen oder sonstigen Websites. Um Probleme mit den Dateirechten zu vermeiden, empfiehlt es sich, den *htdocs*-Ordner zu verschieben, und zwar am besten in Ihren Benutzerordner. Wie das funktioniert, zeige ich Ihnen kurz:

1. Gehen Sie zu *Applications/XAMPP/xamppfiles* und kopieren Sie den Ordner *htdocs* z. B. nach */User/<IHR_BENUTZERNAME>/Documents/* (das ist Ihr standardmäßig vom Mac angelegter Dokumente-Ordner).

2. Öffnen Sie nun die Datei */Applications/XAMPP/etc/httpd.conf* in einem Editor wie z. B. TextEdit. Diese Datei muss nun an drei Stellen abgeändert werden.

3. Die erste Zeile, die Sie (z. B. per cmd + F) suchen können, lautet:

    ```
    DocumentRoot "/Applications/XAMPP/xamppfiles/htdocs"
    ```

    Passen Sie hier den Pfad entsprechend an:

    ```
    DocumentRoot "/Users/<IHR_BENUTZERNAME>/Documents/htdocs"
    ```

4. Nun suchen Sie nach der Zeile

    ```
    <Directory "/Applications/XAMPP/xamppfiles/htdocs">
    ```

    und passen diese ebenfalls an:

    ```
    <Directory "/Users/<IHR_BENUTZERNAME>/Documents/htdocs">
    ```

5. Suchen Sie anschließend nach folgenden Zeilen:

    ```
    User daemon
    Group daemon
    ```

6. Passen Sie dort den Benutzernamen daemon an Ihren eigenen an:

```
User <IHR_BENUTZERNAME>
Group daemon
```

7. Speichern Sie die Datei und starten Sie über das Control Panel Ihren Apache-Server neu. Nun sollte alles funktionieren. Fortan können Sie all Ihre Websites und Word-Press-Installationen in den *htdocs*-Ordner Ihres Dokumente-Ordners legen, ohne später Probleme bei der Rechtevergabe zu bekommen.

2.3.3   MAMP auf dem Mac installieren

Jeder Mac ist anders. Vor allem im Vergleich zu einem Windows-PC. Darum ist es durchaus sinnvoll, sich mal nach alternativer Software umzuschauen. Auch wenn es eine XAMPP-Version für den Mac gibt, funktioniert diese vielleicht nicht bei jedem gleich tadellos. Zum Glück gibt es MAMP, eine Entwicklungsumgebung speziell für den Mac. (Sie ist zwar mittlerweile auch für Windows erhältlich, aber man merkt trotz allem, dass ihre wahre Zielgruppe die Mac-Nutzer sind.)

Sie können die über 200 MB große Software unter *http://www.mamp.info/de/down-loads/* herunterladen. Klicken Sie doppelt auf die heruntergeladene Datei, und die Installationsroutine beginnt.

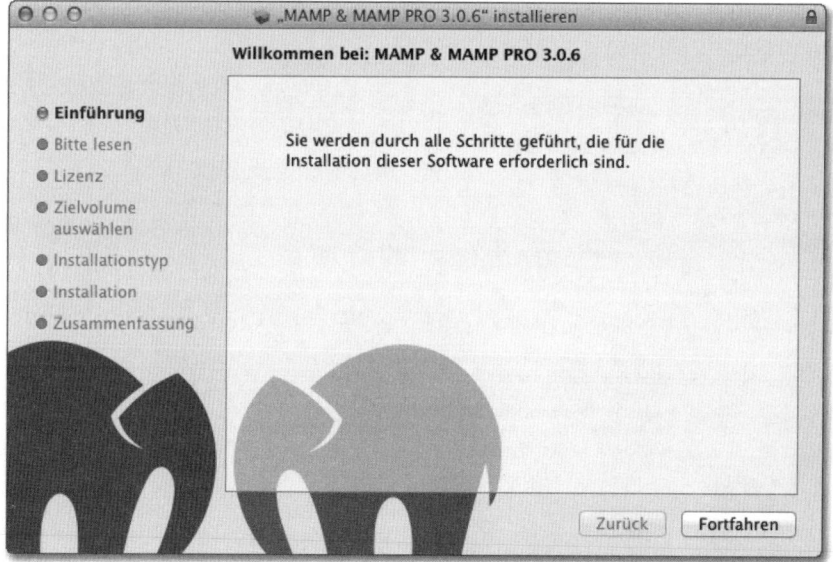

Abbildung 2.17 Zunächst die obligatorische Einführung, die Sie überspringen können

Bevor die Installation beginnen kann, müssen Sie sich zunächst ein paarmal durch-klicken. Die Einführung (siehe Abbildung 2.17) und die Bitte-lesen-Warnung (siehe Abbildung 2.18) können Sie überspringen. Letztere besagt nur, dass die Verzeichnisse

MAMP und *MAMP PRO* nach ihrer Installation niemals verschoben oder umbenannt werden dürfen. Hierfür dürfte es auch keinen Anlass geben.

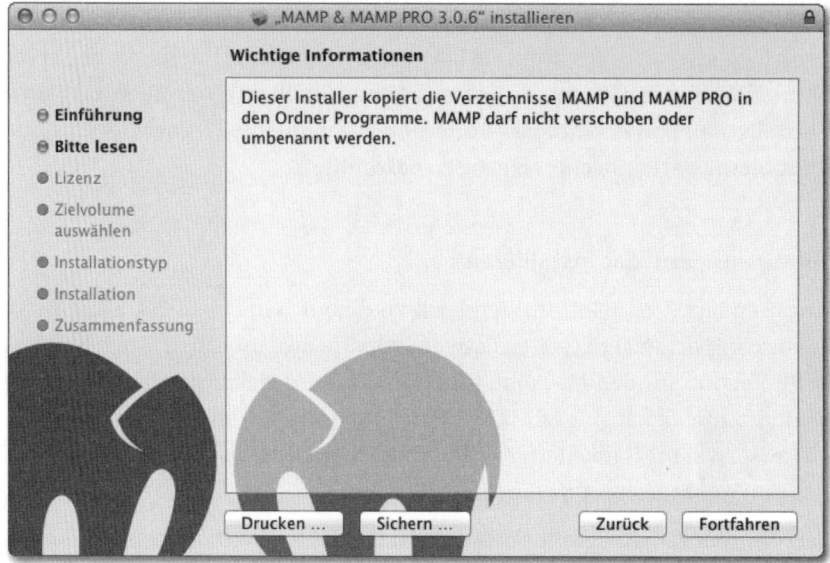

Abbildung 2.18 Eine Warnung darf nicht fehlen ...

Der Lizenzvertrag (siehe Abbildung 2.19) muss akzeptiert werden, bevor die Installation durchgeführt werden kann.

Abbildung 2.19 ... ebenso wenig wie der Lizenzvertrag.

Nach FORTFAHREN müssen Sie also zusätzlich noch in einem weiteren Fenster auf
AKZEPTIEREN klicken (siehe Abbildung 2.20).

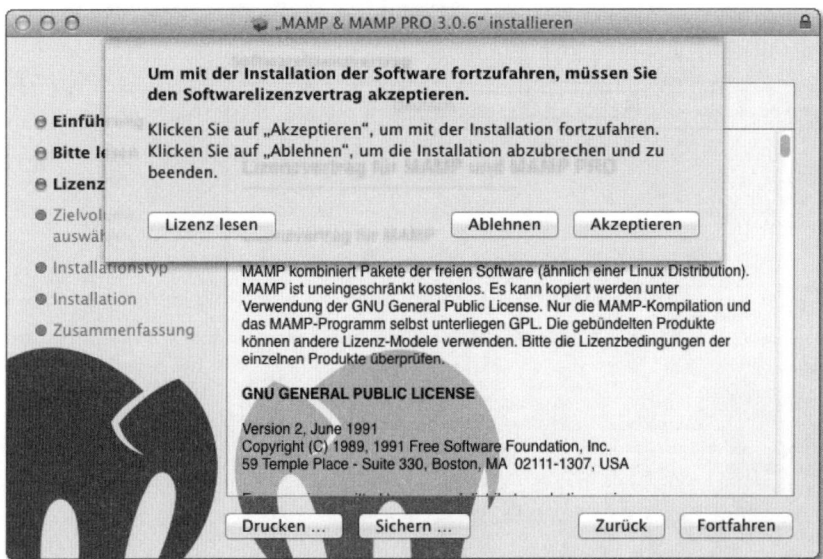

Abbildung 2.20 Um fortzufahren, müssen Sie diesen akzeptieren. Und natürlich lesen.
Wer tut das nicht?

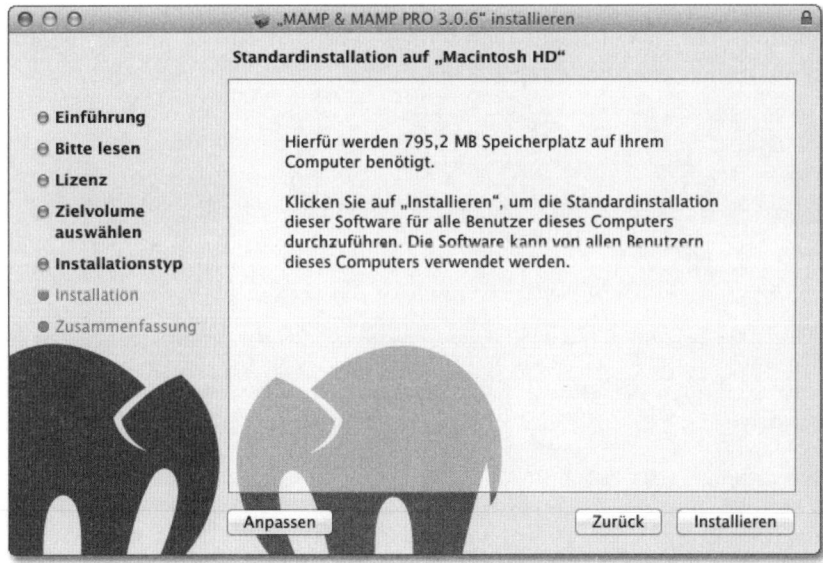

Abbildung 2.21 Insgesamt werden fast 800 MB Speicherplatz benötigt.

Natürlich wird Ihnen auch noch angezeigt, wie viel Speicherplatz Sie dieser Spaß kosten wird (siehe Abbildung 2.21). Mit 800 MB ist man hier zwar nicht gierig – sparsam

sieht aber auch anders aus. Dennoch sollte das bei den heutigen Festplattenkapazitä-
ten eher eine untergeordnete Rolle spielen.

Endlich sehen wir den Ladebalken (siehe Abbildung 2.22) – der eindeutige Beweis,
dass die Installation der Software begonnen hat.

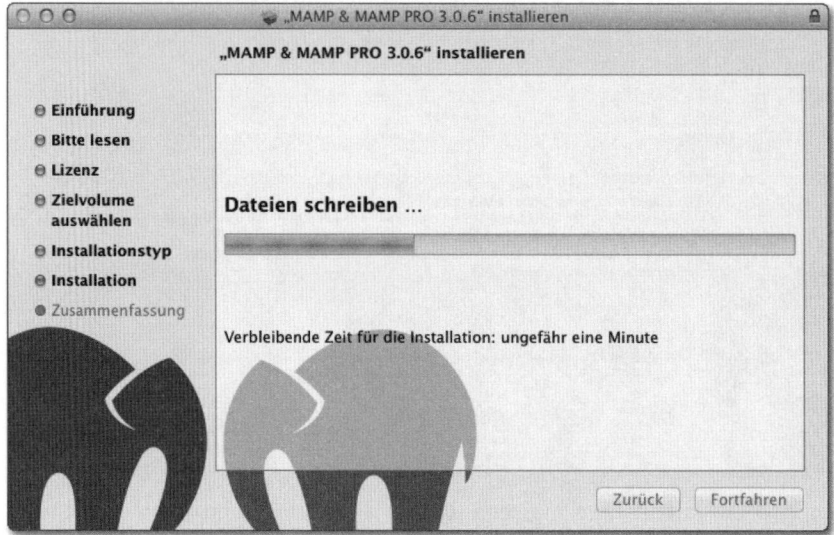

Abbildung 2.22 Die Installation kann nun endlich beginnen.

Die Installation geht in der Regel sehr schnell. Beenden Sie sie, indem Sie auf
SCHLIESSEN klicken (siehe Abbildung 2.23).

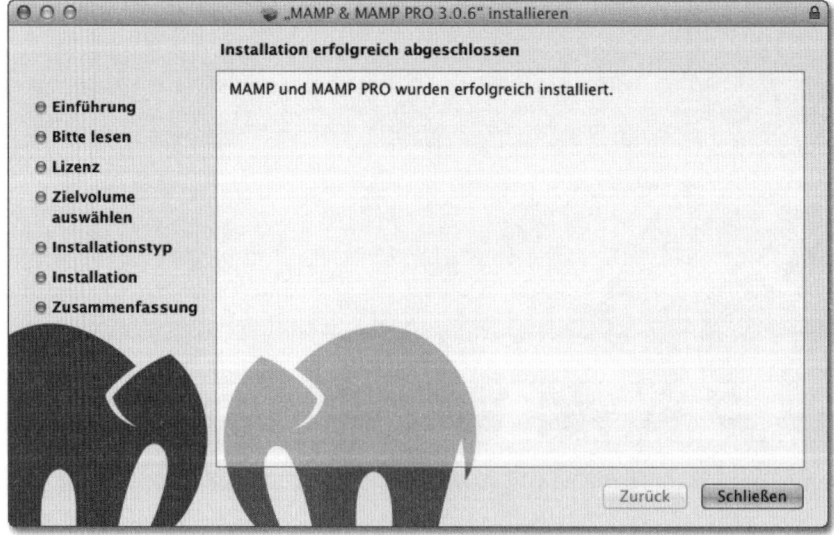

Abbildung 2.23 Klicken Sie auf »Schließen«, um die Installation zu beenden.

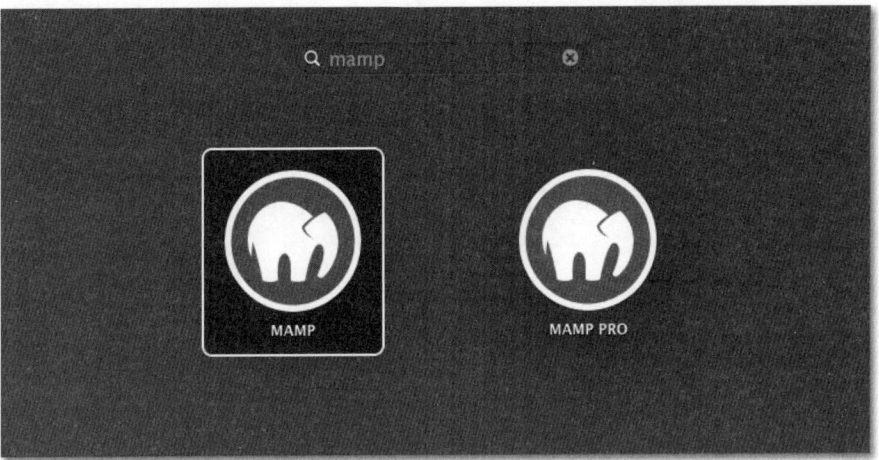

Abbildung 2.24 Am einfachsten starten Sie die Software wie gewohnt über Ihr Launchpad.

Im Gegensatz zu Windows wird auf dem Mac kein typisches Desktop-Shortcut erstellt. Sie finden auch MAMP wie gewohnt in Ihrem Launchpad, das Sie auch über Ihre Tastatur mit F4 oder (je nach Einstellung) über fn + F4 aufrufen können.

Hinweis zu MAMP PRO

Mit MAMP wird auch automatisch MAMP PRO installiert. Das ist eine kostenpflichtige Variante, die allerdings für unsere Zwecke nicht erforderlich ist. Da die Entwickler natürlich etwas Geld verdienen möchten, wird eine Testversion gleich mitinstalliert. Zudem werden Sie an zahlreichen Stellen an die Möglichkeit erinnert, zu MAMP PRO zu wechseln. Das ist vielleicht penetrant, aber leider der Preis, den wir heute für manch kostenfreie Software zahlen müssen.

Ich rate Ihnen – wenn für Sie der Kauf der PRO-Version nicht in Frage kommen sollte –, nur MAMP zu starten. Dann müssen Sie sich nach der Testphase nicht unnötig umgewöhnen.

Abbildung 2.25 Nicht der letzte »versteckte« Hinweis, doch lieber die PRO-Version zu kaufen.

Sollten Sie auf MAMP PRO keinen Wert legen, starten Sie besser gleich nur MAMP (siehe Abbildung 2.25).

Die Kommandozentrale von MAMP ist wirklich übersichtlich (siehe Abbildung 2.26); das kennen wir von XAMPP etwas anders. Der Server lässt sich durch einen Klick starten, und die wichtigsten Einstellungen lassen sich ebenfalls über einen Klick auf den gleichnamigen Button starten, ohne Konfigurationsdateien per Hand editieren zu müssen.

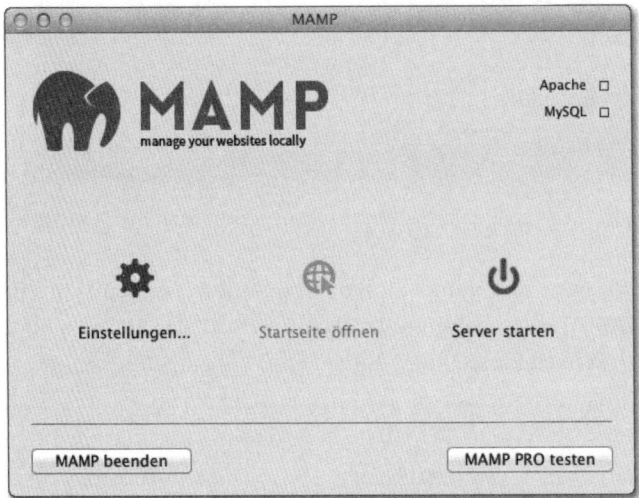

Abbildung 2.26 Die Kommandozentrale von MAMP ist im positiven Sinne sehr übersichtlich.

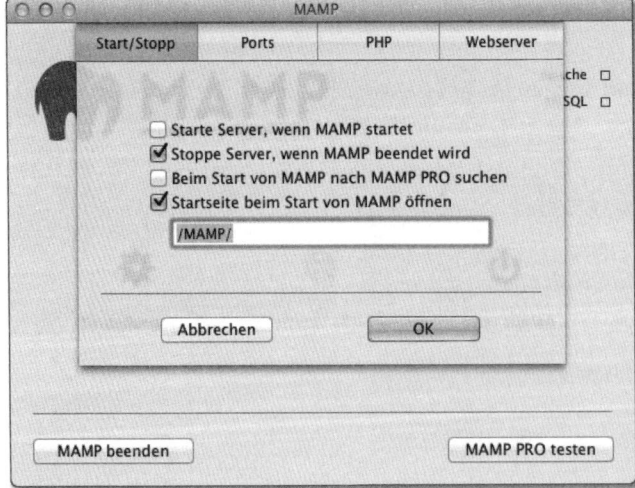

Abbildung 2.27 Die wichtigsten Einstellungen können Sie direkt über das Interface vornehmen.

Nach einem Klick auf EINSTELLUNGEN fährt ein Fenster herunter (siehe Abbildung 2.27), das mittels vier Registerreiter aufgeteilt wird. Unter START/STOPP können Sie einige grundlegende Einstellungen vornehmen, z. B. dass der Server direkt gestartet wird, sobald Sie MAMP öffnen, und dass er beim Schließen von MAMP ebenfalls geschlossen wird. Das Häkchen bei BEIM START VON MAMP NACH MAMP PRO SUCHEN können Sie getrost entfernen, wenn für Sie die kostenpflichtige Variante nicht in Frage kommt. Ich würde zunächst das letzte Häkchen – STARTSEITE BEIM START VON MAMP ÖFFNEN – noch beibehalten. Sie werden gleich sehen, dass diese Seite brauchbare Informationen enthält.

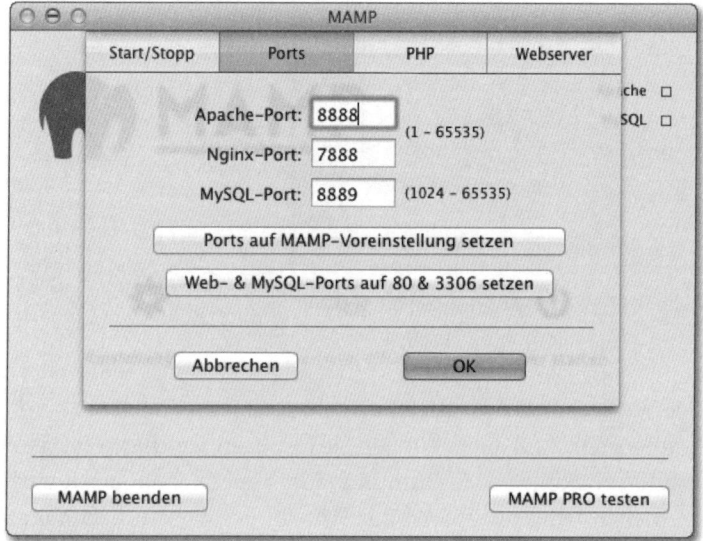

Abbildung 2.28 Die Ports können ebenfalls angepasst werden, wenn es Konflikte geben sollte.

Über den Registerreiter PORTS können Sie, wie der Name schon vermuten lässt, die Ports anpassen (siehe Abbildung 2.28), die MAMP verwendet. Belassen Sie hierbei alles, wie es ist, sofern keine Probleme auftreten. Es kann allerdings mal vorkommen, dass bestimmte Ports von anderer Software blockiert werden. Der Server könnte dann nicht gestartet und verwendet werden. Wählen Sie in diesem Fall einfach eine andere Zahl aus – der mögliche Zahlenbereich steht jeweils dahinter in Klammern. Es sollte also eine Zahl dazwischen sein.

Über PHP können Sie die PHP-Version auswählen, die MAMP bzw. Ihr Server verwenden soll (siehe Abbildung 2.29). Hier empfiehlt es sich, stets die aktuellste Version auszuwählen. Wenn Sie die aktuellste Version von WordPress verwenden, sollte das Zusammenspiel in aller Regel funktionieren. Da WordPress sehr häufig aktualisiert wird, kommt es normalerweise auch gut mit aktuellen PHP-Versionen zurecht. Den Cache können Sie übrigens ausgeschaltet lassen. Andernfalls könnte es passieren, dass Änderungen an Ihren PHP-Dateien nicht sofort greifen, weil auf die gespeicherte Vorversion im Cache zurückgegriffen wird. Das ist zwar effizient, aber für den Einsatz auf dem heimischen Rechner überhaupt nicht erforderlich.

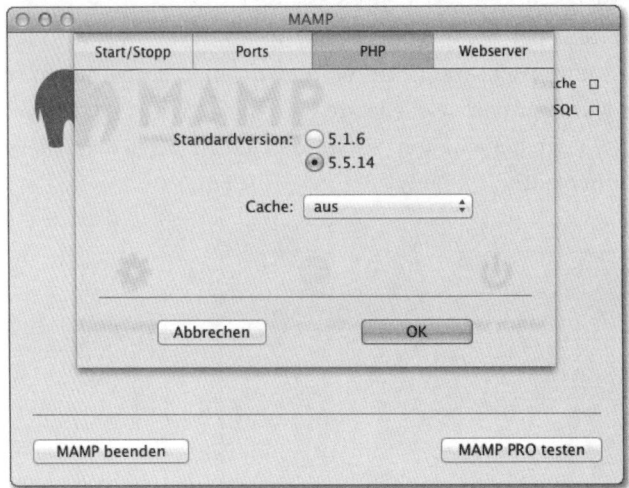

Abbildung 2.29 Sogar die PHP-Version können Sie bestimmen (und weitere benötigte nachinstallieren).

Schließlich können Sie noch ein paar wichtige Einstellungen zum WEBSERVER vornehmen (siehe Abbildung 2.30). Zum einen können Sie festlegen, welcher Webserver verwendet wird (Apache ist vollkommen in Ordnung), zum anderen können Sie auch das Verzeichnis verschieben, welches später Ihre WordPress-Websites enthalten wird.

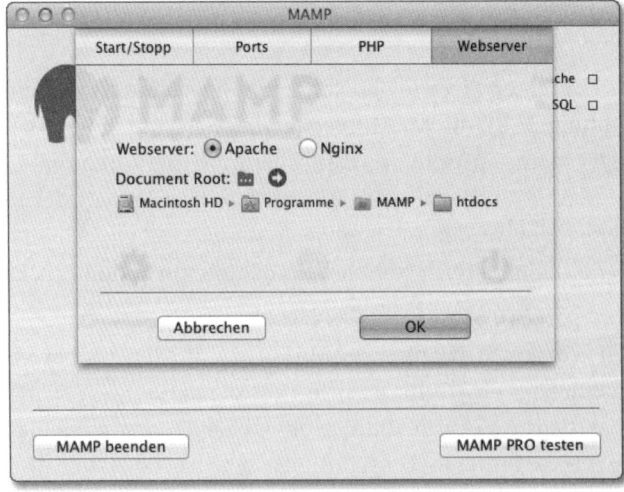

Abbildung 2.30 Der Dokumente-Ordner kann ebenfalls verschoben werden.

Zu Letzterem würde ich Ihnen raten. Denn standardmäßig legt MAMP das Dokumentenverzeichnis in einem Unterverzeichnis Ihres Programme-Ordners an. Der Mac ist aber ein wenig speziell bezüglich dieses Verzeichnisses, was zu diversen Rechteproblemen bei der Nutzung von WordPress führen kann. Um dem Problem von Anfang an aus dem Weg zu gehen, bietet es sich daher an, den Ordner zu verschieben, am besten den Dokumente-Ordner in Ihr Benutzerverzeichnis.

Neben dem Titel DOCUMENT ROOT in den Einstellungen (siehe Abbildung 2.31) befinden sich zwei Symbole: ein Ordner und ein Pfeil. Wenn Sie auf den Pfeil drücken, wird Ihr aktuelles Document-Root-Verzeichnis geöffnet. Ein Klick auf den Ordner hingegen ermöglicht es, ein anderes Verzeichnis auszuwählen. Und genau das möchten wir ja.

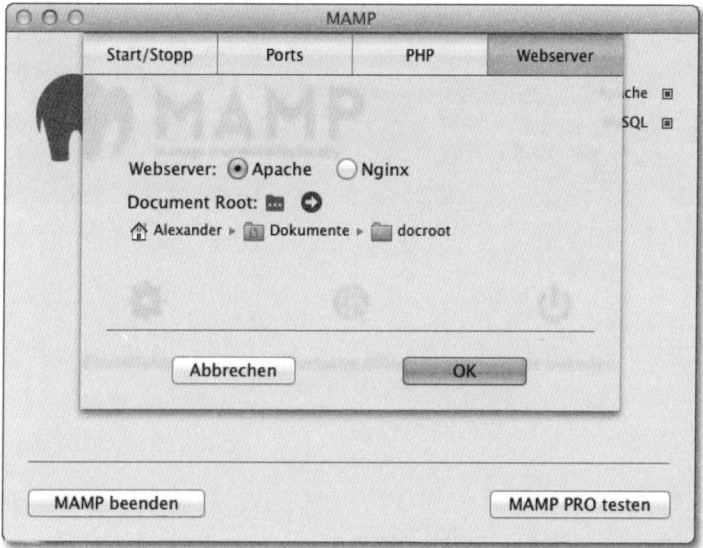

Abbildung 2.31 Um Rechteproblemen vorzubeugen, rate ich Ihnen, den Dokumente-Ordner direkt zu verschieben, z. B. nach »<Benutzerordner>/Dokumente/docroot/«.

Übrigens ...

Den Namen des Verzeichnisses können Sie frei wählen und z. B. auch *htdocs* beibehalten. Ich habe ihn lediglich deshalb »docroot« genannt, weil ich durch eine XAMPP-Installation in diesem Verzeichnis schon einen *htdocs*-Ordner habe.

Schließen Sie die Einstellungen mit einem Klick auf OK und starten Sie den Server. Üblicherweise wird Ihnen nun eine kleine Warnung angezeigt, denn *mysqld* möchte auf Ihre Netzwerkverbindungen zugreifen. Damit MAMP seinen Dienst verrichten kann, müssen Sie das erlauben (Abbildung 2.32).

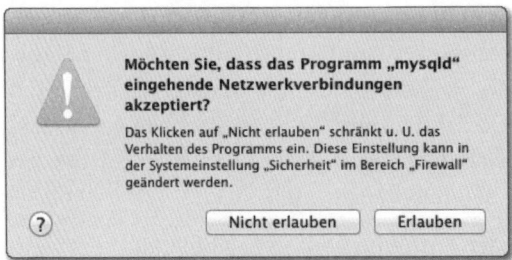

Abbildung 2.32 Nach dem Starten des Servers erscheint diese kleine Warnung. Dieser Vorgang muss erlaubt werden, damit MAMP funktioniert.

Abbildung 2.33 So sieht die Startseite aus, die üblicherweise nach dem Start des Servers direkt aufgerufen wird.

Wenn Sie die entsprechende Einstellung nicht geändert haben, wird Ihnen nach dem Start des Servers die MAMP-Startseite angezeigt (siehe Abbildung 2.33). Diese ist nicht unwichtig, enthält sie doch wichtige Informationen, wie z. B. die Zugangsdaten zu Ihrer MySQL-Datenbank (die benötigen Sie gleich bei der WordPress-Installation).

Auch ein Link zu *phpMyAdmin* ist enthalten, darüber können Sie Ihre Datenbanken administrieren, also auch neue hinzufügen.

Falls Sie die Startseite oder phpMyAdmin manuell öffnen möchten, geben Sie die folgenden URLs in die Adresszeile Ihres Browsers ein:

MAMP-Startseite:

http://localhost:8888/MAMP/?language=German

phpMyAdmin:

http://localhost:8888/MAMP/index.php?page=phpmyadmin&language=German

> **Achtung**
>
> Wenn Sie statt 8888 einen anderen Port eingestellt haben, müssen Sie diese Zahl natürlich in den obigen Links ersetzen.

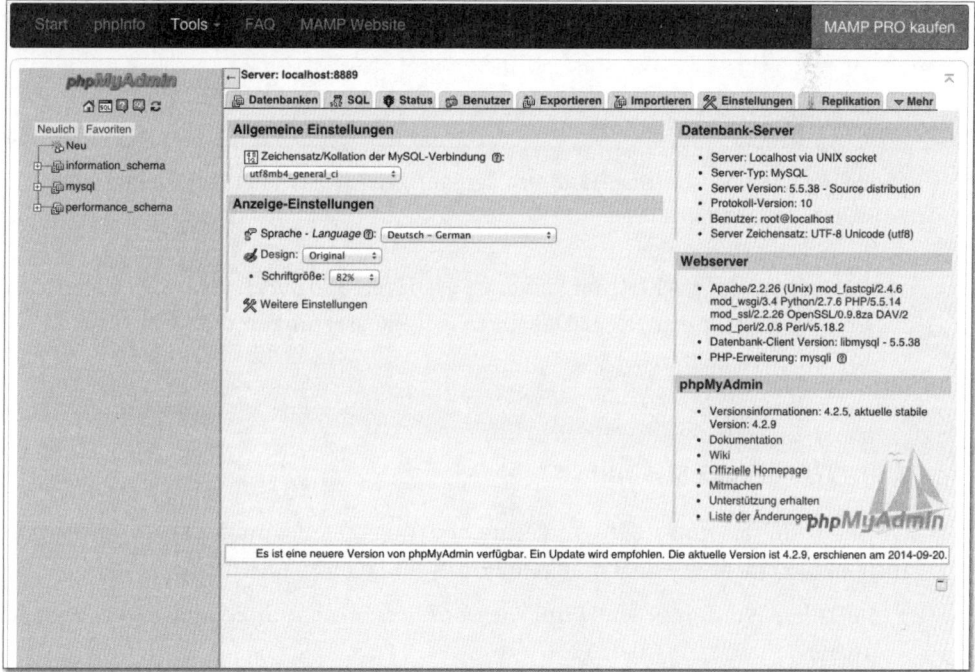

Abbildung 2.34 Darüber gelangen Sie auch unkompliziert zu phpMyAdmin, worüber Sie Ihre Datenbank administrieren können.

Die Administrationsoberfläche von phpMyAdmin (siehe Abbildung 2.34) wirkt vielleicht zunächst etwas veraltet und unübersichtlich, Sie werden hier aber nicht viel Zeit verbringen müssen.

Legen Sie am besten gleich eine neue Datenbank an, die benötigen Sie ohnehin gleich für Ihre WordPress-Installation. Klicken Sie dazu auf den Registerreiter DATENBAN-KEN. Unter NEUE DATENBANK ANLEGEN geben Sie zunächst einen Namen ein (hier testweise: »db_wordpress«), wählen Sie UTF8_GENERAL_CI aus und klicken Sie anschließend auf ANLEGEN (siehe Abbildung 2.35).

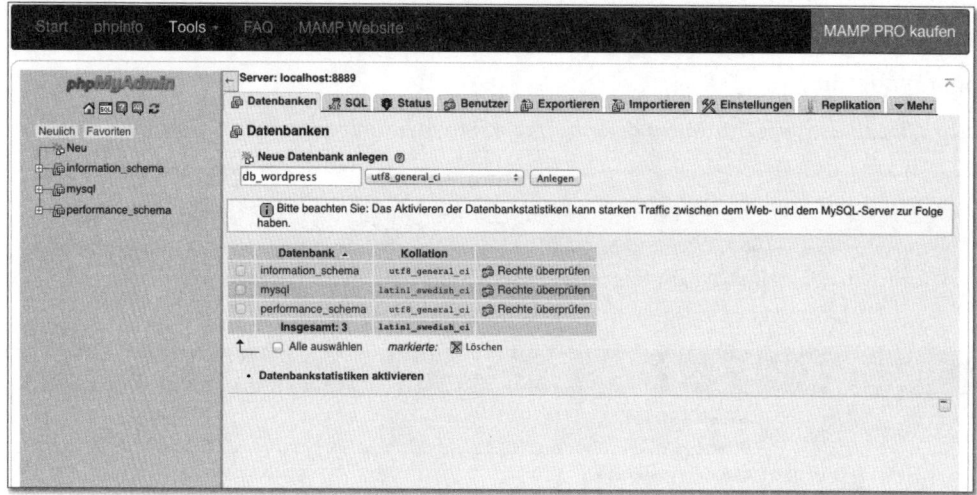

Abbildung 2.35 Ebenso schnell lässt sich dort auch gleich die Datenbank für Ihre erste WordPress-Installation anlegen.

MAMP ist nun eingerichtet, der Server ist gestartet, und die erste MySQL-Datenbank haben Sie auch schon angelegt. Das sind alle Voraussetzungen, die Sie benötigen, um WordPress zu installieren.

2.4 WordPress installieren

Ob Sie WordPress nun auf Ihrem Rechner oder direkt auf dem Webspace bzw. Server installieren möchten – die Voraussetzungen sind nahezu identisch:

1. Sie laden WordPress von *http://de.wordpress.org* herunter und entpacken das Archiv.

2. Sie kopieren alle im *wordpress*-Ordner befindlichen Dateien und Verzeichnisse entweder in einen neuen Ordner des *htdocs*-Verzeichnisses Ihrer Entwicklungsumgebung oder laden sie per FTP in das Hauptverzeichnis Ihrer Domain.

3. Sie erstellen entweder lokal oder auf Ihrem Server eine neue MySQL-Datenbank.

Nach diesen Schritten sind Sie nun bereit, die WordPress-Installation zu starten.

Hinweis für die Installation der englischen Originalversion

Wenn Sie WordPress nicht von der deutschen Distribution, sondern von der englischen Website heruntergeladen haben, dann ist das gar kein Problem. Denn seit Version 4.0 wird bei der Installation die gewünschte Sprache abgefragt. Sollten Sie sich dann erst für Deutsch entscheiden, werden die benötigten Sprachpakete einfach im Hintergrund heruntergeladen und installiert.

Um die Installation zu starten, rufen Sie einfach das WordPress-Verzeichnis oder Ihre Domain auf. Angenommen, Sie betreiben WordPress zunächst auf Ihrem Rechner und haben die Dateien in einen Ordner namens *zimmerpflanzenblog* in Ihrem *htdocs*-Ordner kopiert. Dann ist WordPress unter *http://localhost/zimmerpflanzenblog/* erreichbar (ergänzen Sie in der URL eventuell den Port, falls nötig). Haben Sie hingegen eine Domain gemietet und möchten WordPress direkt auf dem Server installieren, dann erreichen Sie WordPress z. B. unter *http://www.zimmerpflanzenblog.de*, sofern Sie die Dateien in das Verzeichnis für genau diese Domain hochgeladen haben. Näheres erfahren Sie bitte bei Ihrem Provider.

Es ist also nicht nötig, eine bestimmte Datei aufzurufen, das macht WordPress von allein. Wenn Sie die richtige URL eingegeben haben, dann öffnet sich ein Splash-Screen, der Sie in die Installation einführt (siehe Abbildung 2.36). Klicken Sie auf LOS GEHT'S!.

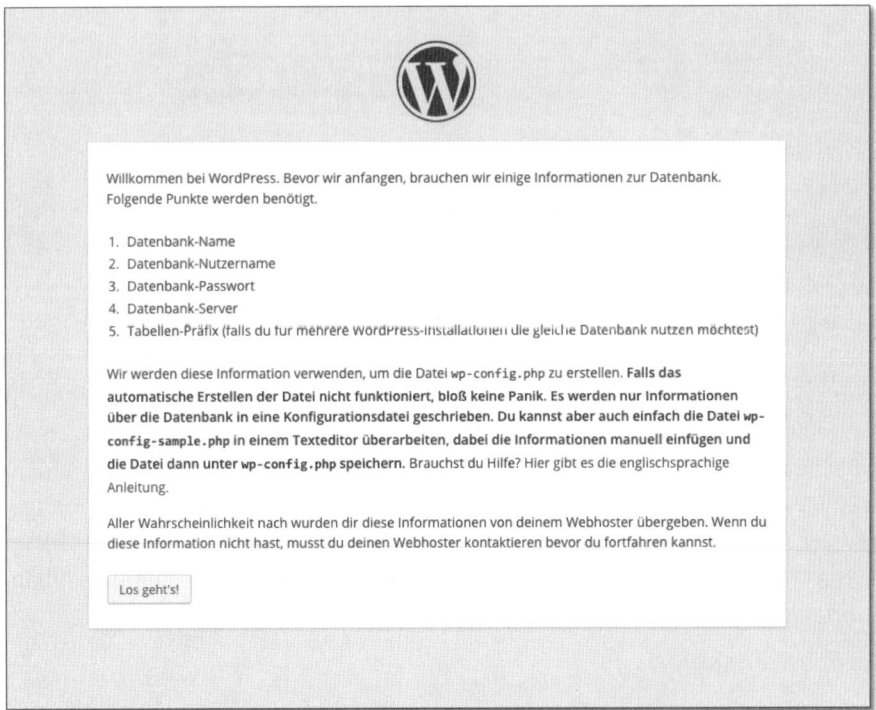

Abbildung 2.36 Hier sind Sie richtig: Die WordPress-Installation kann beginnen.

Bevor die Installation beginnen kann, benötigt WordPress von Ihnen noch Informationen zu Ihrer Datenbank (siehe Abbildung 2.37), also den Namen sowie Benutzername und Kennwort. Bei XAMPP ist der Benutzername in der Regel »root«, und das Passwortfeld lassen Sie leer. Bei MAMP hingegen sind sowohl Benutzername als auch Passwort »root«. Alles unter der Voraussetzung, dass Sie die Standardeinstellungen nicht verändert haben. Der Datenbankhost kann bei LOCALHOST bleiben, und das Tabellenpräfix können Sie grundsätzlich so lassen.

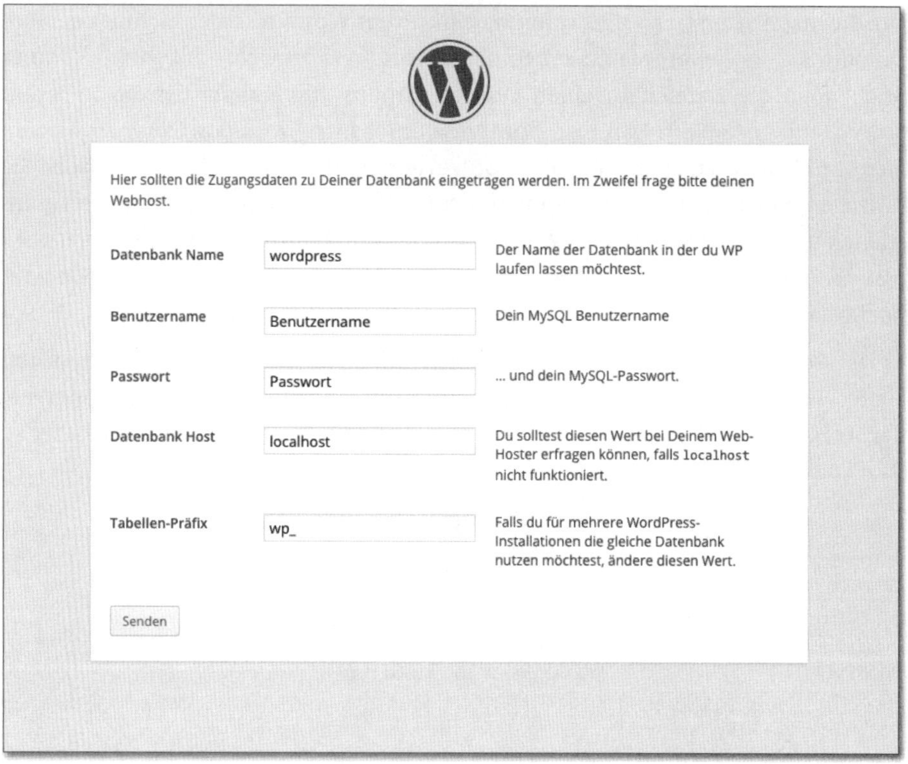

Abbildung 2.37 Geben Sie die wichtigsten Infos zu Ihrer Datenbank an.

Möchten Sie WordPress auf Ihrem Server installieren, kann ich Ihnen leider nicht mehr sagen als: Fragen Sie Ihren Provider nach den Daten. Üblicherweise legen Sie diese selbst fest. Sie erstellen über das Webinterface eine Datenbank mit einem Namen und einem Passwort. Normalerweise wird dort auch ein Benutzername angezeigt oder festgelegt. Der Datenbankhost ist auch ganz oft LOCALHOST, das hängt aber von Leistung und Provider ab. Das Tabellenpräfix hingegen ist davon unabhängig und kann grundsätzlich so bleiben.

Klicken Sie auf SENDEN.

2

WordPress benötigt von Ihnen jetzt noch einen zumindest vorübergehenden Namen für Ihre Website oder Ihr Blog sowie einen von Ihnen gewünschten Benutzernamen und ein Passwort, mit denen Sie sich später einloggen können (siehe Abbildung 2.38).

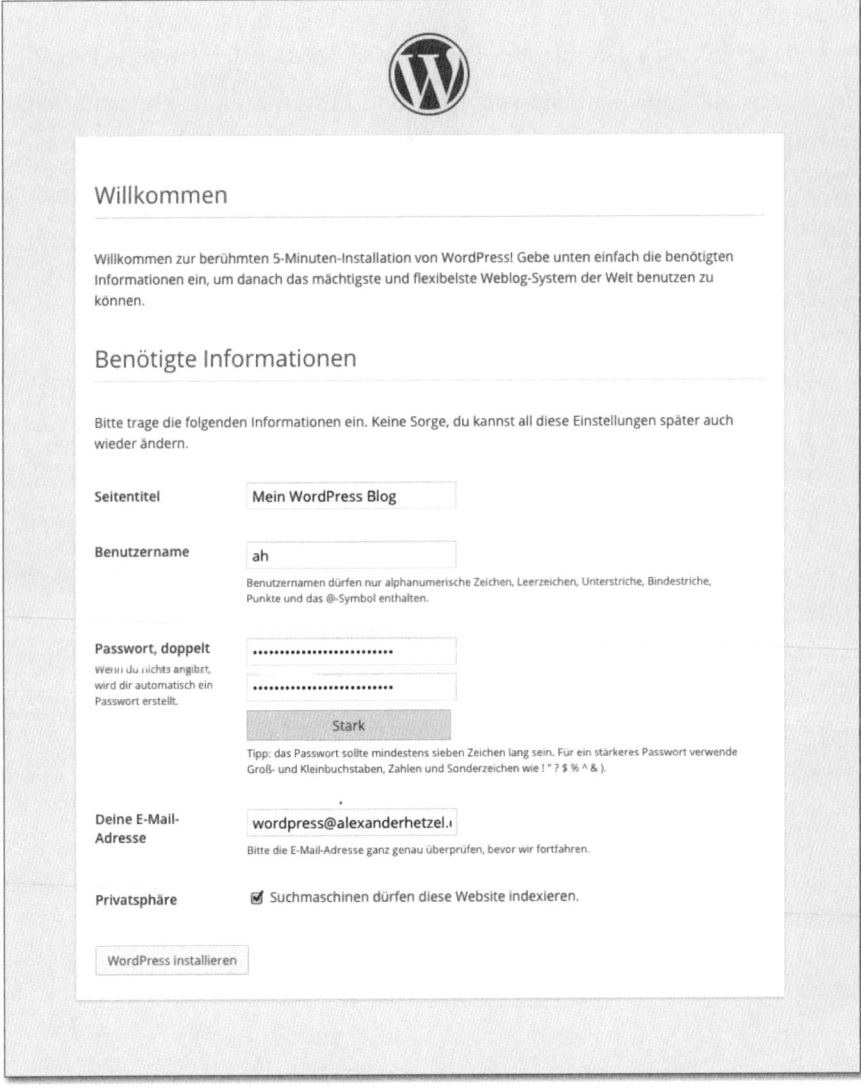

Abbildung 2.38 Legen Sie Titel des Blogs und Ihren Benutzer-Account fest.

Beachten Sie bitte, dass die Zugangsdaten zu einem Administrator-Account gehören, also zu einem Account mit sämtlichen Berechtigungen. Das bedeutet zugleich, dass diese Zugangsdaten sehr gut gesichert werden müssen. Das beginnt schon damit, beide so auszuwählen, dass sie niemand erraten oder anderweitig ermitteln kann. Passwörter sollten heutzutage mindestens aus 12 Zeichen bestehen, wenigstens aus Großbuchstaben, Kleinbuchstaben, Ziffern und einigen Sonderzeichen. Um sich das zu merken, gibt es genügend hervorragende Passwortmanager. Einen einleuchtenden Grund, unsichere Passwörter zu verwenden, gibt es nicht.

Geben Sie anschließend noch eine E-Mail-Adresse an, die mit dieser Website verknüpft werden soll (hierhin werden z. B. E-Mails über neue Kommentare auf Ihrem Blog gesendet). Ob Suchmaschinen die Website indexieren dürfen, liegt an Ihnen: Möchten Sie über Google gefunden werden, oder ist das hier alles streng geheim?

Nun ist die Installation abgeschlossen. Über den Button ANMELDEN (siehe Abbildung 2.39) gelangen Sie zum Login-Formular (siehe Abbildung 2.40).

Abbildung 2.39 Die Installation von WordPress ist abgeschlossen.

Geben Sie Ihren soeben erstellten Benutzernamen und das Passwort ein – schon kann es endlich losgehen.

Abbildung 2.40 Loggen Sie sich zum ersten Mal ein.

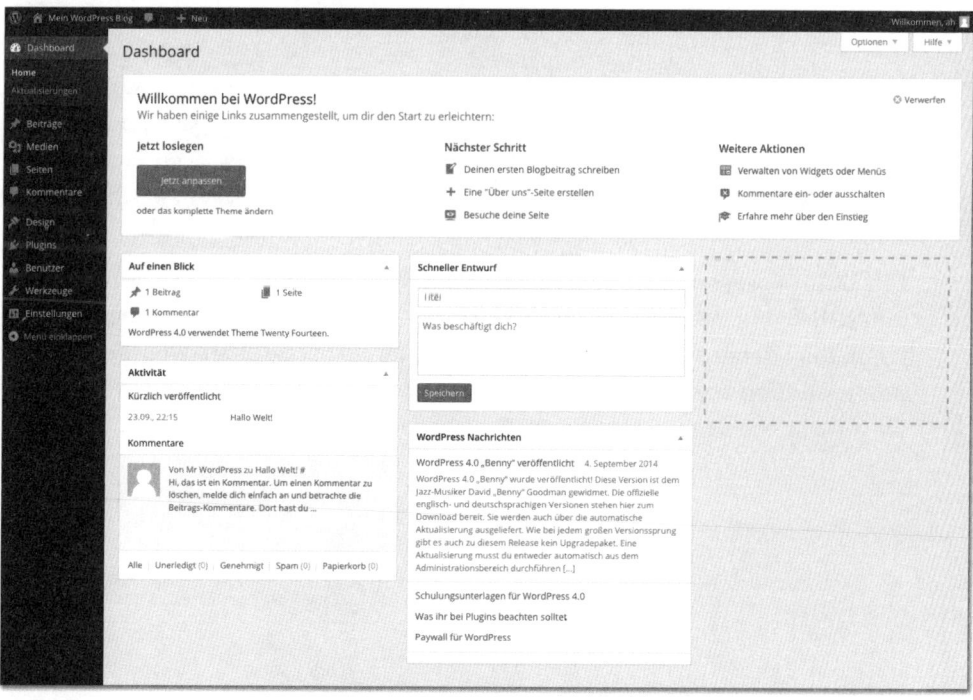

Abbildung 2.41 So sieht die Administrationsoberfläche zum ersten Mal aus.

Sie gelangen daraufhin zu Ihrem Dashboard, das allerdings noch von einer Einblendung für Erstbenutzer eingeleitet wird (siehe Abbildung 2.41).

Ein Klick auf VERWERFEN oben rechts zeigt Ihnen, wie Ihr Dashboard in Wirklichkeit und nun jeden Tag aussehen wird (siehe Abbildung 2.42).

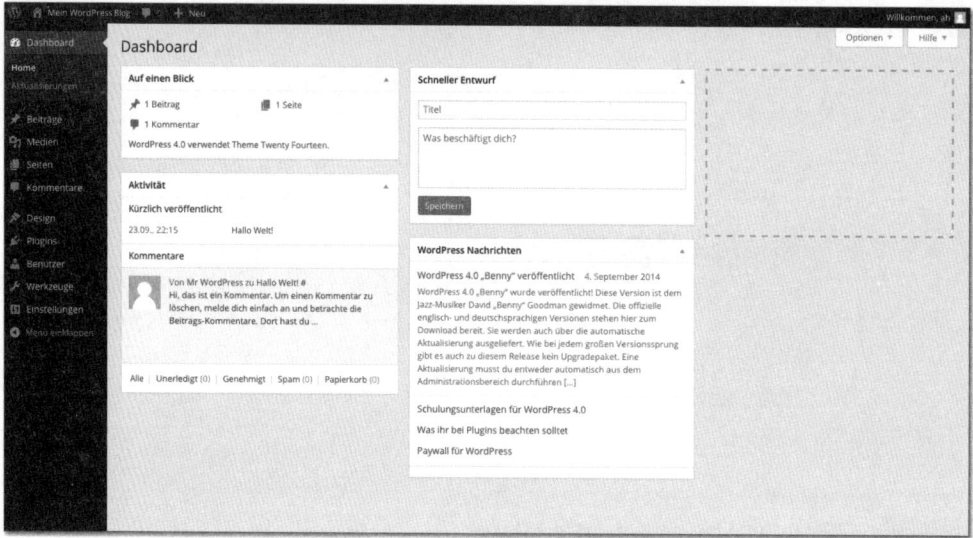

Abbildung 2.42 Sie können den Splash-Screen mit den Informationen für die »Erstis« wegklicken und bekommen das wahre Dashboard zu Gesicht.

Auch WordPress hat sich weiterentwickelt. Mittlerweile ist die ganze Administrationsoberfläche *responsive*. Das bedeutet, das ganze Design passt sich an die Größe Ihres Bildschirms an. So ist es möglich, die Administrationsoberfläche auch über ein Tablet oder Smartphone zu bedienen, und zwar unabhängig davon, welches Modell Sie verwenden (siehe Abbildung 2.43).

Es gibt in WordPress aber noch mehr als nur die Administrationsoberfläche. Wir unterscheiden generell zwischen *Backend* und *Frontend*. Das Backend haben Sie eben schon kurz kennengelernt, das ist alles »hinter« (»back«) Ihrer Website, also die Administration, das Dashboard. Das Frontend ist alles, was vorne ist (»front«), also die Ansicht, wie sie Ihre Besucher zu Gesicht bekommen.

Abbildung 2.43 WordPress ist sogar responsive: Es passt sich der Größe Ihres Geräts an, ganz gleich ob Monitor, Tablet oder Smartphone.

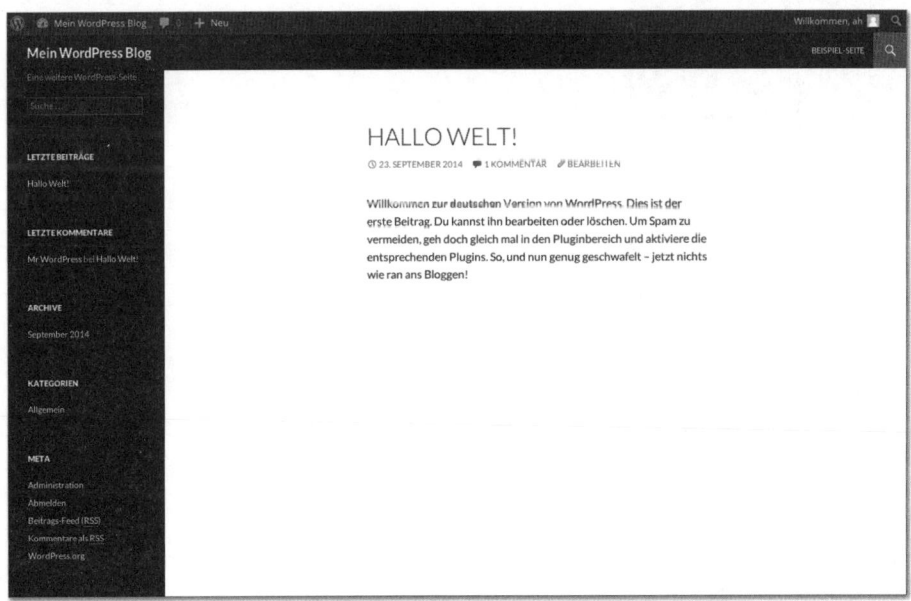

Abbildung 2.44 So sieht das Frontend von WordPress standardmäßig aus.

Um das Frontend zu gestalten, bringt WordPress eigene Themes mit, und jedes Jahr gibt es ein neues. Aktuell ist dies *Twenty Fourteen* (siehe Abbildung 2.44). Ich bin wirklich bis ins kleinste Detail begeistert von dieser Software, aber das Design dieses Jahres ist aus meiner Sicht kein Meilenstein. Das ist nicht despektierlich gemeint, ich sage Ihnen das nur, damit Sie sich davon nicht abschrecken lassen. Es ist fast nie zu empfehlen, eines der Standard-Themes zu verwenden. Zum einen wirkt es unprofessionell (das gilt nicht nur für WordPress) und zum anderen wenig individuell. WordPress bietet Ihnen Tausende von kostenlosen Themes an, zudem gibt es noch einige sehr gute kostenpflichtige – es bleibt einfach kein Grund, das Standard-Theme beizubehalten. Grenzen Sie sich von anderen Websites ab, das gilt umso mehr, je eher Ihre Website in einem professionellen oder sogar kommerziellen Kontext stehen soll. Das wissen auch die WordPress-Entwickler. Darum ergibt es wenig Sinn, viele Monate in ein perfekt durchdachtes Design zu investieren, das am Ende ohnehin nur als Platzhalter dient. Die Zeit ist besser investiert in eine solide Programmierung der Software selbst.

Abbildung 2.45 Das ist die responsive Ansicht Ihres Frontends, z. B. auf einem Smartphone.

Das Twenty-Fourteen-Theme ist übrigens sogar responsive, aber das dient eher Demonstrationszwecken. Die meisten Themes haben heutzutage diese Eigenschaft.

WordPress ist nun vollständig installiert. Wenn Sie erst noch eine Entwicklungsumgebung einrichten oder sehr viel an Ihrem Webspace oder Server anpassen mussten, kann ich Sie zumindest insoweit beruhigen, als sich diese Vorgänge eher durch ihre Einmaligkeit auszeichnen. Wenn Sie in Zukunft noch eine weitere WordPress-Installation anlegen möchten, genügt es, die Dateien in den richtigen Ordner zu kopieren und eine MySQL-Datenbank anzulegen. Schon können Sie die Installation starten und sind in wenigen Minuten auf Ihrer neuen Website.

Wenn Sie in Zukunft Frontend und Backend aufrufen möchten, gelingt das über ein ganz einfaches Prinzip und hängt nur davon ab, ob Sie WordPress auf Ihrem Rechner oder auf dem Server installiert haben.

Beispiel für Installation auf dem Rechner:

Frontend: *http://localhost/zimmerpflanzenblog/*

Backend: *http://localhost/zimmerpflanzenblog/wp-admin/*

Beispiel für Installation auf dem Server:

Frontend: *http://www.zimmerpflanzenblog.de*

Backend: *http://www.zimmerpflanzenblog.de/wp-admin/*

Sie sehen, der einzige Unterschied zwischen Frontend und Backend ist, dass Sie hinten an die URL »/wp-admin/« anfügen. So gelangen Sie immer und bequem zu Ihrer Administrationsoberfläche.

Tipp: Die Website vor fremden Blicken schützen

Wenn Sie Ihre Website direkt auf dem Server installiert haben, müssen Sie diese ja zunächst noch einrichten, bevor Sie sie Ihren Besuchern präsentieren können. Damit noch niemand anderes als Sie Zugriff auf die Website erhält, bietet es sich an, ein Plugin wie *WP Maintenance Mode* von *Designmodo* zu installieren. Sie können dann festlegen, welcher Nutzerkreis Ihre Website schon sehen darf und was alle anderen zu Gesicht bekommen.

2.5   WordPress vom Rechner auf den Server hochladen

Wenn Sie sich an meinen Rat gehalten und WordPress erst mal auf Ihrem Rechner installiert haben, damit Sie entspannt und in Ruhe daran arbeiten können, muss die Installation am Ende aber irgendwie auf Ihren Webspace bzw. Server hochgeladen werden, damit andere sie auch besuchen können.

Da man hier ein klein wenig anders vorgeht als bei der Installation direkt auf dem Server, werde ich Ihnen die Schritte kurz erklären.

Ihre WordPress-Installation besteht grob gesagt aus zwei Teilen: zum einen aus den Dateien und Verzeichnissen in Ihrem *htdocs*-Ordner. Und zum anderen aus der MySQL-Datenbank, die die Inhalte und Einstellungen enthält. Beide Teile müssen den Weg auf Ihren Server finden.

Die Dateien sind das Leichteste. Diese laden Sie einfach über eine FTP-Software in das Hauptverzeichnis Ihrer Domain (siehe Abbildung 2.46). Empfehlenswerte FTP-Software sind z. B. *FileZilla* (kostenfrei) oder *Transmit* (nur Mac; kostenpflichtig).

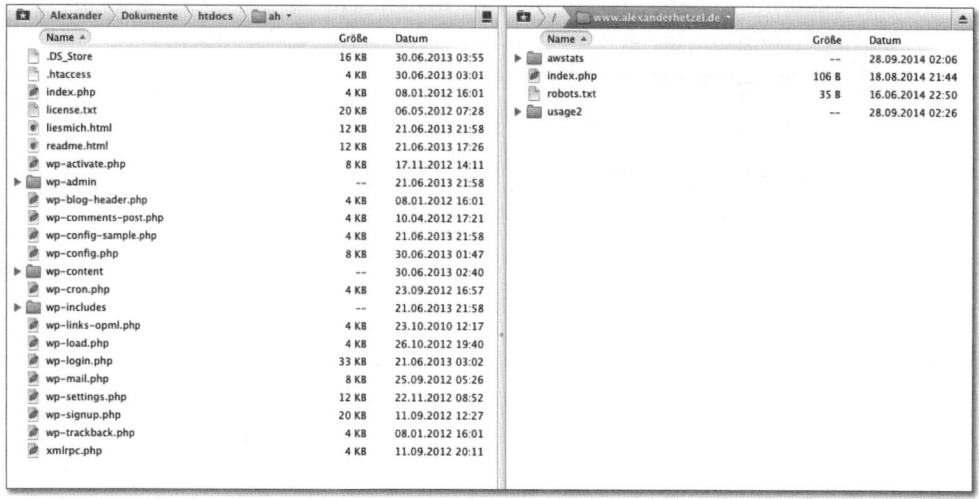

Abbildung 2.46 So sieht ein FTP-Programm in der Regel aus.

Ein paar Worte zum Grundprinzip von FTP-Software: Sie tragen die Daten Ihres Servers ein (also IP, Benutzername, Passwort) und verbinden sich mit ihm. Rechts befindet sich dann in der Regel das Fenster, das die Inhalte Ihres Servers abbildet und links ist ein Fenster mit Ihren lokalen Dateien. Sie können die WordPress-Dateien nun entweder darüber suchen und dann von links nach rechts ziehen – oder Sie öffnen einfach das Verzeichnis über Explorer bzw. Finder und ziehen die Dateien von dort in das rechte Fenster. Wählen Sie zuvor aber das passende Verzeichnis aus. In der Regel gibt es ein eigenes für jede Domain, die Sie gemietet haben.

Nun müssen Sie noch irgendwie die Daten aus Ihrer lokalen Datenbank in die Ihres Servers bekommen. Auch das ist allerdings nicht so schwierig, wie es vielleicht klingen mag.

Öffnen Sie zunächst phpMyAdmin (wie das geht, habe ich Ihnen bereits bei der Einrichtung der Entwicklungsumgebung erklärt). Dort navigieren Sie als Erstes über die linke Seitenleiste zu der Datenbank, die Sie nun exportieren möchten.

Klicken Sie dann, wenn Ihnen der Inhalt der Datenbank angezeigt wird, oben auf den Reiter EXPORTIEREN (siehe Abbildung 2.47).

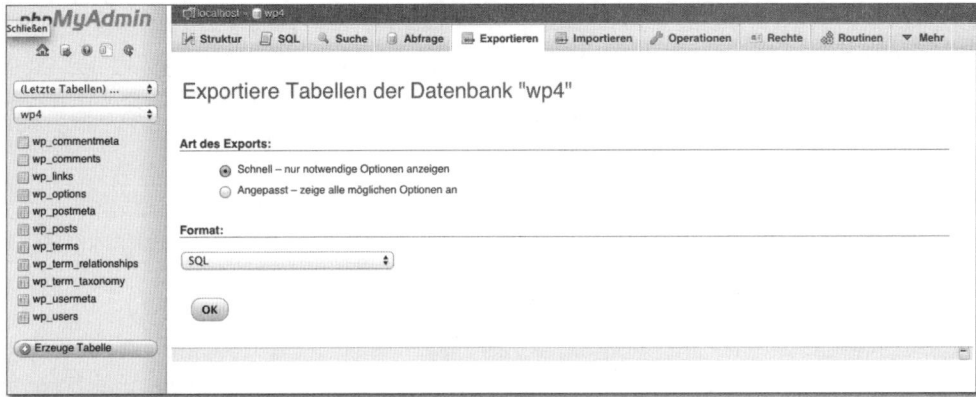

Abbildung 2.47 Exportieren Sie die Datenbank von phpMyAdmin.

Achtung

Der Reiter EXPORTIEREN existiert auch schon, bevor Sie die Datenbank ausgewählt haben. Dann werden aber alle Datenbanken exportiert. Wir benötigen nur diese eine, weshalb es erforderlich ist, dass Sie diese zuerst auswählen und erst dann auf EXPORTIEREN klicken.

Sie können den schnellen Export und das Format SQL beibehalten. Klicken Sie auf OK, und der Download wird gestartet.

Nun das gleiche Spiel, nur umgekehrt: Nachdem Sie eine MySQL-Datenbank auf Ihrem Server installiert haben (die meisten Provider lassen Sie das nicht über php-MyAdmin machen, sondern nur über ihr eigenes Interface), müssen Sie die alten Daten nur noch importieren.

Rufen Sie also das phpMyAdmin Ihres Servers (!) auf und wahlen Sie links die Daten-bank aus. Klicken Sie nun auf IMPORTIEREN und wählen Sie dort die Datei auf Ihrem Rechner aus, die Sie soeben beim Export heruntergeladen haben (siehe Abbildung 2.48).

Achten Sie dabei vor allem darauf, dass als Zeichencodierung UTF-8 und als Format SQL ausgewählt sind. Klicken Sie anschließend auf OK, um den Import zu starten.

Das Wichtigste ist damit getan, aber leider noch nicht alles. Denn würden Sie nun Ihre WordPress-Installation online aufrufen, bekämen Sie Probleme bei der Verbin-dung mit der Datenbank. Denn WordPress kennt bisher nur die Zugangsdaten zu Ihrer lokalen Datenbank, aber nicht zu der auf Ihrem Server. Das müssen wir ändern.

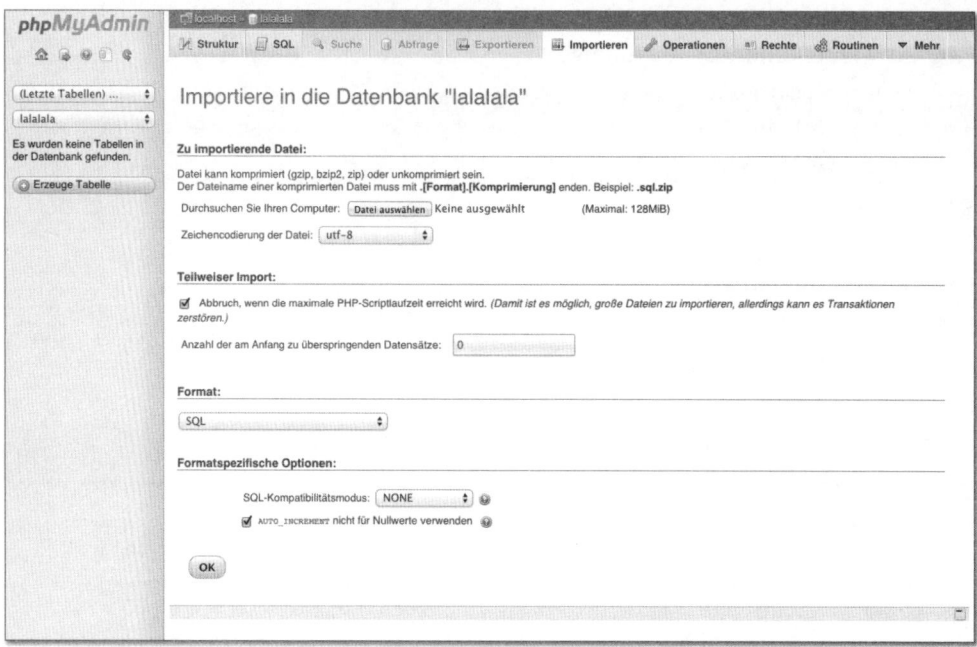

Abbildung 2.48 Importieren Sie nun die zuvor heruntergeladene Datenbank.

Suchen Sie daher die *wp-config.php* im Hauptverzeichnis Ihrer lokalen WordPress-Installation. Duplizieren Sie diese Datei und nennen Sie sie z. B. »wp-config-server.php«. Öffnen Sie sie mit einem Textverarbeitungsprogramm und passen Sie die Datenbankverbindung an.

Dort finden Sie einige Zeilen, die wie folgt aussehen:

```
/**  MySQL Einstellungen - diese Angaben bekommst du von deinem Webhoster. */
/**  Ersetze database_name_here mit dem Namen der Datenbank, die du verwenden
möchtest. */
define('DB_NAME', 'db_wordpress');

/** Ersetze username_here mit deinem MySQL-Datenbank-Benutzernamen */
define('DB_USER', 'root');

/** Ersetze password_here mit deinem MySQL-Passwort */
define('DB_PASSWORD', '');

/** Ersetze localhost mit der MySQL-Serveradresse */
define('DB_HOST', 'localhost');
```

Listing 2.1 Ein Ausschnitt Ihrer wp-config-server.php

Sie sehen dort vor allem Kommentare (eingeleitet durch /**), die von WordPress ignoriert werden und nur der Erläuterung dienen. Übrig bleiben nur 4 Zeilen, die jeweils mit define beginnen. In der dahinter stehenden Klammer befinden sich zwei Werte, die jeweils in einfache Anführungszeichen gesetzt sind. Sie ersetzen nun jeweils den zweiten Wert durch die Zugangsdaten zu der MySQL-Datenbank auf Ihrem Server.

Aus define('DB_NAME', 'db_wordpress'); wird also beispielsweise define('DB_NAME', 'db_5938583'); und so weiter, abhängig davon, welche Vorgaben für Ihre neue Datenbank gelten. Normalerweise werden Ihnen diese Daten in dem Interface angezeigt, das Ihr Provider Ihnen für Ihren Server zur Verfügung stellt. Sollten Sie diese Daten allerdings nicht parat haben, können Sie Ihren Provider einfach nach Ihren »MySQL-Zugangsdaten« fragen.

Eine weitere Änderung an der *wp-config-server.php* bietet sich noch an. Da sich ja die URL zu Ihrer Website nun ändert, muss diese auch WordPress mitgeteilt werden. Sie könnten jetzt natürlich umständlich die Datenbank durchsuchen und die beiden Einträge anpassen. Es geht aber auch schneller. Fügen Sie folgende Zeilen zu Ihrer *wp-config-server.php* hinzu (z. B. oberhalb der MySQL-Zugangsdaten, direkt nach (...) @package WordPress */):

```
define('WP_HOME', 'http://www.zimmerpflanzenblog.de');
define('WP_SITEURL', 'http://www.zimmerpflanzenblog.de');
```

Listing 2.2 Fügen Sie diese beiden Zeilen zu Ihrer »wp-config-server.php« hinzu.

Natürlich ersetzen Sie dabei die Domain mit Ihrer eigenen. So können Sie sich das Durchforsten der Datenbank sparen, und WordPress weiß ab jetzt genau, unter welcher URL Ihre Website erreichbar ist.

Laden Sie nun auch die neue *wp-config-server.php* auf Ihren Server hoch. Bennen Sie die bereits hochgeladene *wp-config.php* in *wp-config-local.php* um und die *wp-config-server.php* in *wp-config.php*.

Ab jetzt sollte Ihre Website auch online funktionieren. Rufen Sie nun testweise zuerst das Backend *(.../wp-admin/)* auf. Gehen Sie dann im Backend als Erstes zu EINSTELLUNGEN • PERMALINKS und speichern Sie die dortigen Einstellungen einfach ab. Das setzt die Pfade richtig und behebt gegebenenfalls Navigationsprobleme. Probieren Sie nun, ob auch das Frontend funktioniert.

Kapitel 3
Die Administrationsoberfläche

Ein erster Blick auf die Administrationsoberfläche verrät: WordPress ist ziemlich durchschaubar. Wie sie genau funktioniert, erfahren Sie in diesem Kapitel.

Wenn Nutzer das erste Mal die Administrationsoberfläche eines neuen Tools oder einer Software zu Gesicht bekommen, wird zunächst das ein oder andere Navigationselement angeklickt, um sich zurechtzufinden. Bei *Content-Management-Systemen* (CMS) stoßen die meisten hier schnell an ihre Grenzen, zu undurchsichtig ist das Ganze, zu wenig Bekanntes findet sich dort wieder. Das liegt daran, dass derartige Systeme eine unglaubliche Optionsfülle hinter ihren verschlossenen Türen unterbringen müssen.

WordPress hingegen setzt auf Einfachheit und Bestimmtheit. Das, was sich hinter den Menüpunkten verbirgt, ist auch meistens das, was der Nutzer erwartet hatte. Er kann sich sofort denken, wie er eine neue Seite anlegt, einen Blogartikel schreibt oder wo er die Kommentare verwalten kann. Das liegt daran, dass die Zielgruppe von WordPress zunächst eine andere war als z. B. die von *TYPO3*, *Drupal*, *Joomla!* oder *Contao* – um nur einige zu nennen.

Während andere CM-Systeme vornehmlich die professionelle Nutzerlandschaft bedienten, wusste das Team um WordPress von Anfang an, dass seine Zielgruppe jedermann ist. Jedermann, der gerne ein eigenes Blog betreiben möchte. Und die meisten Blogbetreiber sind wahrlich keine Webentwickler, oder sie wollen sich auch keine Agentur leisten, die ihnen ein Blog einrichtet. Sie sind Menschen mit unterschiedlichsten Interessen und Berufen, die auf ganz alltägliche Weise mit einem PC und dem Internet umgehen können. Und eben auch mit WordPress. Aus dieser erzwungenen Einfachheit heraus konnte sich ein CMS entwickeln, das ebenfalls für alle Menschen nachvollziehbar aufgebaut ist.

Gehen Sie nun zunächst ins Backend von WordPress. Sie gelangen dort z. B. über *http://localhost/wordpress/wp-admin/* oder auch *http://www.ihre-domain.de/wordpress/wp-admin/* hin. Sie nehmen also einfach die Domain, unter der Ihre WordPress-Website erreichbar ist, und hängen hinten »/wp-admin/« an. Beim ersten Besuch begrüßt Sie der Willkommensbildschirm von WordPress (siehe Abbildung 3.1), der sich oberhalb des Dashboards befindet. Er kann und sollte geschlossen werden (klicken Sie oben rechts auf VERWERFEN) und erscheint dann erst wieder, wenn eine neue Version von WordPress installiert wird. Dann informiert er Sie nämlich über die wichtigsten neuen Features und Tweaks.

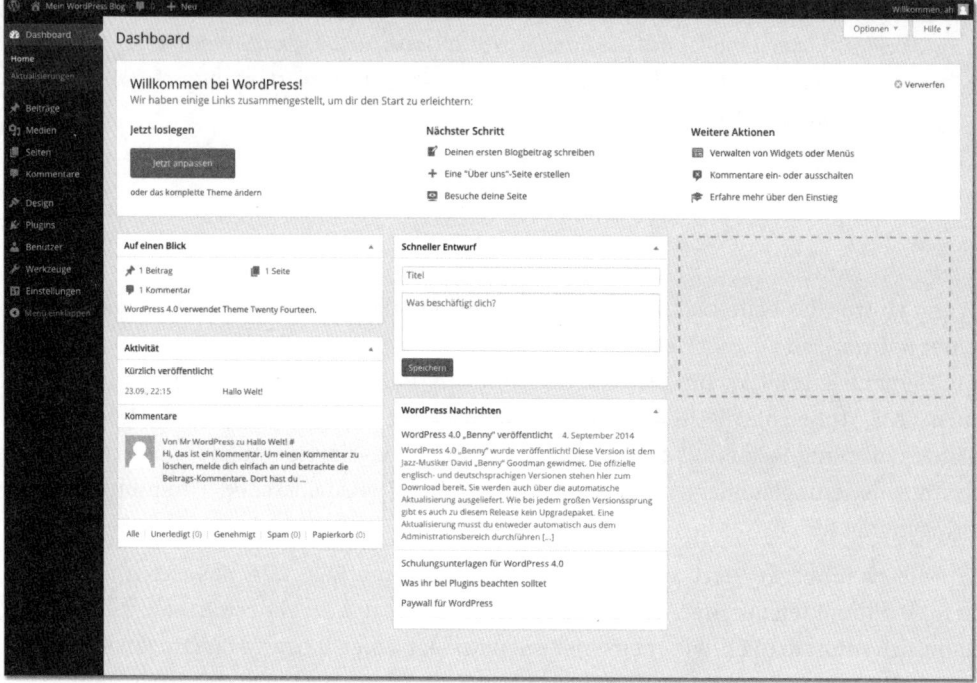

Abbildung 3.1 Willkommen bei WordPress, willkommen im Backend!

Seit WordPress 3.8 ist auch die Administrationsoberfläche *responsive*, d. h., sie reagiert auf die Bildschirmgröße des anzeigenden Geräts. So wie in Abbildung 3.2 sieht z. B. eine Smartphone-Ansicht des Dashboards aus. Probieren Sie es aus – machen Sie das Browserfenster immer etwas schmaler und beobachten Sie, wie WordPress darauf reagiert. Daneben ist die Administrationsoberfläche auch *retina-ready*, das bedeutet, auf besonders hochauflösenden Bildschirmen wie denen des iPhone oder des neuen MacBook Pro werden alle Elemente gestochen scharf dargestellt.

In Abbildung 3.2 können Sie sehr gut sehen, wie WordPress nicht einfach zusammengestaucht oder wie Ihnen nicht einfach nur ein Ausschnitt der Administrationsoberfläche präsentiert wird. Es bleiben alle Funktionen erhalten, sie werden aber in einer für mobile Endgeräte optimierten Fassung dargestellt.

Abbildung 3.2 WordPress nun mit Responsive Design

3.1   Der Aufbau

Bevor wir uns den einzelnen Seiten der Administration zuwenden, werde ich mit ein paar kurzen Erläuterungen zum Aufbau beginnen, die für alle Seiten gleichermaßen gelten.

Oben links befindet sich recht prominent der Name Ihres Blogs. Durch einen Klick darauf gelangen Sie unmittelbar zu Ihrem *Frontend* – also zu Ihrer Website oder Ihrem Blog, so wie Sie bzw. Ihre Besucher es sehen (siehe Abbildung 3.3).

Abbildung 3.3 Über den Titel Ihres Blogs kommen
Sie von überall ganz schnell zu Ihrem Frontend.

Die linke Seitenleiste stellt die Navigation dar. Fahren Sie mit der Maus über einen Hauptmenüpunkt, klappen seitlich alle darunter liegenden Menüpunkte auf (siehe Abbildung 3.4). Dieses Submenü bietet Ihnen schnell einen Überblick über die möglichen Funktionen. Zu diesem gelangen Sie übrigens auch durch einen Klick auf den jeweiligen Menüpunkt.

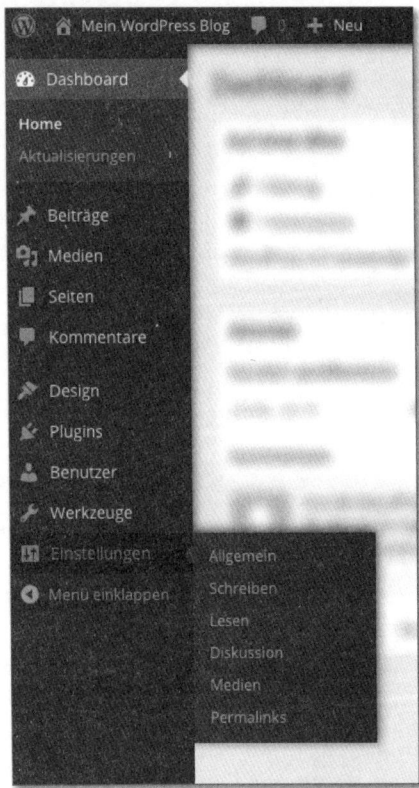

Abbildung 3.4 Hinter den Menüpunkten versteckt sich mehr, als man
anfangs vermuten mag. Lernen Sie das Menü erst einmal kennen.

Oben rechts steht Ihr Benutzername, über einen Klick darauf gelangen Sie zur Bearbeitung Ihres Profils.

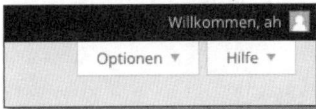

3

Abbildung 3.5 Um WordPress ein wenig aufzuräumen, ist vor allem das Einblenden von »Optionen« sehr wirkungsvoll.

Eine kleine Besonderheit befindet sich unmittelbar unterhalb Ihres Benutzernamens: OPTIONEN (siehe Abbildung 3.5). Damit können Sie der Optionsflut von WordPress Herr werden, indem Sie gezielt einzelne Module aktivieren oder deaktivieren – ganz nach Ihrem eigenen Bedarf. Durch einen Klick auf diese Schaltfläche können Sie so gut wie überall im Backend Informationen und Optionen zu- und wegschalten. Nutzen Sie WordPress, um eine Website für Kunden zu erstellen, bietet sich dieses Feature besonders an, um diesen den Einstieg in ihre eigene Website etwas leichter zu machen. Dazu müssen Sie sich aber mit dem Account des jeweiligen Nutzers einloggen, da diese Optionen jeder Nutzer individuell festlegt.

In den Anzeigeoptionen werden oft (auch durch Plugins) einige Optionen versteckt – behalten Sie sie immer im Hinterkopf (siehe Abbildung 3.6).

Abbildung 3.6 Versteckte Optionen in den Anzeigeoptionen

Direkt neben den Anzeigeoptionen befindet sich noch eine kleine HILFE, die Ihnen, soweit nötig, einzelne Elemente der Administrationsoberfläche erklärt. Diese werden Sie aber mit Sicherheit vernachlässigen können, nachdem Sie dieses Buch gelesen haben.

Es wird Ihnen bereits aufgefallen sein, dass in WordPress offenbar alle gleichartigen Dinge modular zu eigenen Abschnitten (Kästen) zusammengefasst sind. Diese lassen sich nicht nur, wie bereits oben beschrieben, entfernen, sondern auch nach Belieben per Drag & Drop verschieben (siehe Abbildung 3.7).

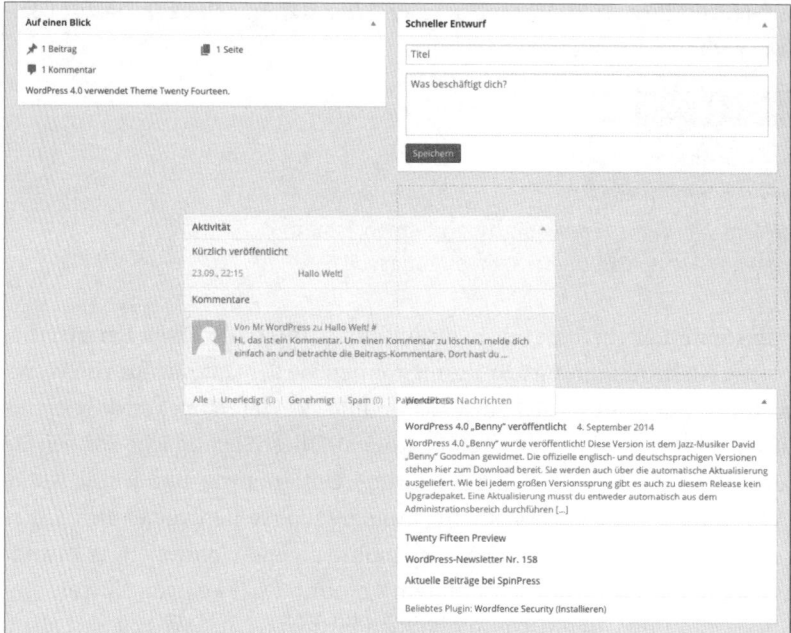

Abbildung 3.7 Verschieben Sie die Abschnitte nach Ihren Wünschen, indem Sie mit gedrückter Maustaste an der Titelzeile ziehen.

3.2 Das Dashboard

Ganz gleich, ob Sie die deutsche oder die englische Version von WordPress verwenden: Das *Dashboard* (siehe Abbildung 3.8) heißt überall gleich.

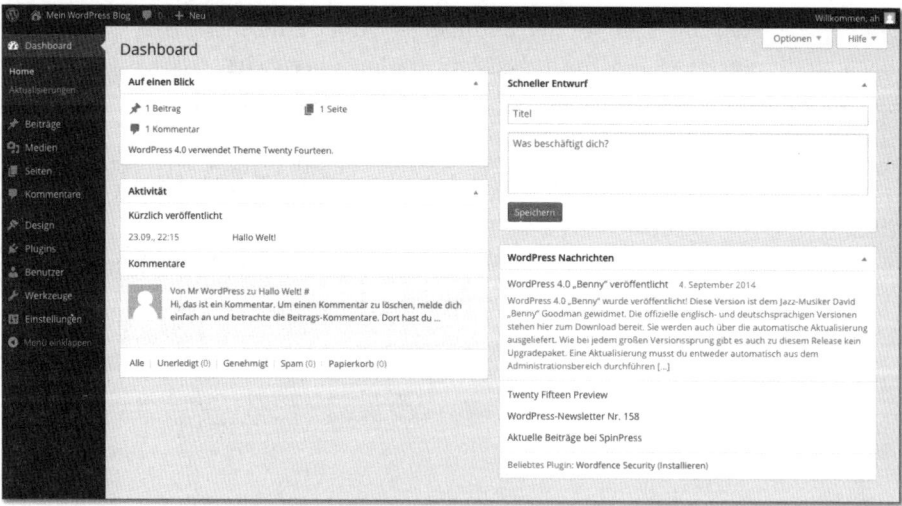

Abbildung 3.8 Die Kommandozentrale Ihrer WordPress-Administration: das Dashboard

Ich erwähne das, da in früheren WordPress-Versionen das Dashboard noch etwas unbeholfen mit »Tellerrand« übersetzt worden ist. Das wurde (zum Glück) mittlerweile geändert; falls Sie hingegen noch eine ältere WordPress-Version verwenden sollten, dann achten Sie auf die teilweise unterschiedlichen Formulierungen, die letztlich aber alle dasselbe meinen.

3.2.1   Dashboard – Ihr persönliches Informationsnetzwerk

Das DASHBOARD ist Ihre Startseite und Schaltzentrale. Es bietet Ihnen einen recht ausführlichen Überblick über Ihr Blog bzw. über Ihre Website. Es soll Sie gleich zu Beginn über neue Kommentare Ihrer Besucher informieren oder auf Aktuelles aus der WordPress-Welt hinweisen – seien es neue Plugins oder Neuigkeiten aus dem WordPress-Blog.

AUF EINEN BLICK zeigt Ihnen – sozusagen auf einen Blick – eine kurze Statistik Ihres Blogs an. Während die Anzahl der Artikel, Seiten, Kategorien und *Tags* (Schlagwörter) anfangs vielleicht noch etwas unbedeutend wirkt, sehen Sie dort ebenfalls die Anzahl der bislang auf Ihrer Website abgegebenen Kommentare. Der Kommentar unter 1 WIRD MODERIERT muss zuerst noch von Ihnen genehmigt werden, bevor er auf Ihrer Website erscheint. Wann und ob ein Kommentar in diese Kategorie einsortiert wird, werden Sie gleich noch in den EINSTELLUNGEN festlegen. Zunächst müssen Sie nur wissen, dass Kommentare nicht unmittelbar veröffentlicht werden, sofern Sie dies nicht wünschen. Über Erweiterungen können Sie Ihre Kommentarfunktion zudem vor Spam schützen: Diese Plugins verschieben zwielichtige Kommentare direkt in die Kategorie SPAM, Sie können sie daraus aber notfalls wieder rehabilitieren.

AKTIVITÄT bietet Ihnen einen Überblick über kürzlich veröffentlichte Beiträge sowie die letzten Kommentare auf Ihrer Website. Alle wichtigen Bearbeitungsoptionen, wie z. B. ZURÜCKWEISEN, ANTWORTEN, BEARBEITEN, als SPAM markieren oder in den PAPIERKORB verschieben, können Sie direkt hier verwenden.

SCHNELLER ENTWURF ist vor allem für Blogger interessant, die schnell und kurz etwas schreiben möchten. Direkt aus dem Dashboard können Sie hier Titel, Inhalt und Tags bestimmen sowie Medien einbinden. Ich persönlich bin kein Fan dieser Option und habe sie üblicherweise – auch für meine Kunden – entfernt. Das hat den Grund, dass sie zu wenige Einstellungsmöglichkeiten bietet. Zum schnellen Anlegen von Artikelideen eignet sich diese Funktion allerdings hervorragend: Tippen Sie einfach die Titel und vielleicht schon eine kurze Zusammenfassung ein. Um die so erstellte *Artikel-To-do-Liste* können Sie sich dann später kümmern und die Beiträge nach dem eigentlichen Verfassen publizieren. Keine Angst: Die Beiträge, die Sie hier anlegen, werden nur als Entwurf gespeichert und nicht gleich veröffentlicht. Unterhalb des Formulars finden Sie übrigens noch eine Auflistung der letzten Entwürfe.

WORDPRESS NACHRICHTEN liefert Ihnen die neuesten Artikel aus dem hauseigenen Blog der Entwickler. Stempeln Sie es gerne als Werbung ab, Sie werden dort jedoch eine Vielzahl interessanter Beiträge finden. Haben Sie die deutsche Version von WordPress installiert, finden Sie an dieser Stelle übrigens die Beiträge aus dem Blog von *http://www.wpde.org* – was die Qualität jedoch keinesfalls mindert. Unterhalb der Nachrichten wird Ihnen noch ein aktuell beliebtes Plugin angezeigt, durch das Sie WordPress in seinem Funktionsumfang erweitern können.

3.2.2   Aktualisierungen – immer auf dem neuesten Stand

Über den Untermenüpunkt AKTUALISIERUNGEN können Sie sich schnell über aktuelle Updates von WordPress, der Übersetzungsdateien, Ihrer Themes oder der von Ihnen verwendeten Plugins informieren. Sobald ein Update erschienen ist, können Sie es von dort aus bequem per Klick installieren (siehe Abbildung 3.9).

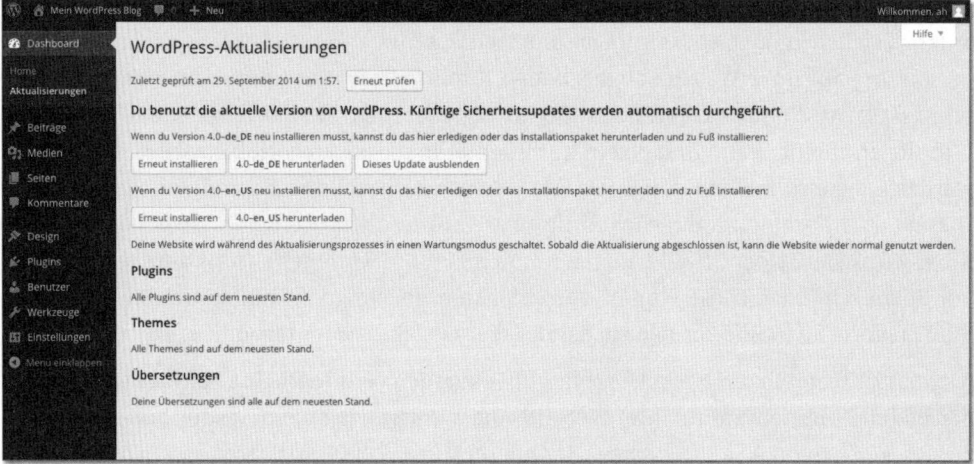

Abbildung 3.9 Bislang ist noch alles auf dem neuesten Stand.

Seit WordPress 3.7 werden kleinere Updates sowie Sicherheitspatches automatisch installiert, damit Sie nicht jedes kleine Update von Hand einspielen müssen. So ist Ihre Website bestens geschützt, auch wenn Sie gerade einmal nicht daran denken. Doch keine Sorge, dieses Verhalten können Sie anpassen, und zwar in der Datei *wp-config.php* in Ihrem WordPress-Hauptverzeichnis.

Um sämtliche Auto-Updates auszuschalten, fügen Sie die folgende Zeile Ihrer *wp-config.php* hinzu:

```
define( 'WP_AUTO_UPDATE_CORE', false );
```

Es ist aber grundsätzlich ratsam, das Auto-Update eingeschaltet zu lassen, da kleinere Releases Ihrer Installation eigentlich nicht wehtun dürften. Dennoch sollten Sie von Zeit zu Zeit kontrollieren, ob Ihre Website und alle wichtigen Funktionen noch hundertprozentig funktionieren – dieser Rat gilt aber auch fernab von Auto-Updates.

Wenn Sie Ihr Superheldenkostüm ohnehin schon anhaben und nur so vor Mut sprühen, können Sie das Auto-Update sogar für sämtliche Updates aktivieren, also auch für die großen Releases:

```
define( 'WP_AUTO_UPDATE_CORE', true );
```

Wie Sie an meiner Formulierung aber schon gemerkt haben dürften, ist das in den meisten Fällen nicht ratsam. Denn größere Releases bringen meist auch größere Änderungen mit sich, und Sie wollen sicher nicht, dass Ihre Website oder wenigstens wichtige Funktionen den Geist aufgeben, während Sie gerade mit etwas ganz anderem beschäftigt sind.

Die Standardeinstellung, dass kleinere und Sicherheitsupdates automatisch eingespielt werden, lässt sich übrigens wie folgt wiederherstellen:

```
define( 'WP_AUTO_UPDATE_CORE', 'minor' );
```

Hinweis

Falls Sie die deutsche Version von WordPress verwenden, ist ein kleiner Hinweis angebracht: Sehen Sie lieber davon ab, die englische Version über die deutsche Version zu installieren. Es kommt vor, dass ein Update zunächst in der englischen Sprache verfügbar ist, bevor es eingedeutscht wurde. Widerstehen Sie, wenn möglich, dem Drang, das Update sofort einzuspielen, und warten Sie lieber ein paar Stunden auf die deutsche Version. Es kann sonst unter Umständen zu Beschädigungen Ihrer WordPress-Installation kommen. Möchten Sie die neuen Features hingegen sofort ausprobieren, empfiehlt sich ein Backup oder eine separate Testinstallation.

Sie dürften nun einen guten Überblick über die Kommandozentrale Ihrer Administrationsoberfläche bekommen haben: das Dashboard. Vermutlich werden Sie es schon bald mit einem kurzen Blick abtun und sich Ihrer eigentlichen Aufgabe zuwenden. Vergessen Sie aber nicht, dass sich hier viele nützliche Informationen versteckt halten, die Sie schnell über den aktuellen Status Ihrer Website auf den neuesten Stand bringen.

3.3 Die Beiträge

WordPress unterscheidet in der Veröffentlichung von *Content* grundsätzlich zwischen (statischen) Seiten und Beiträgen (früher »Artikel«). Erstere stellen feste Unterseiten Ihrer Website dar, wie z. B. »Über uns«, »Kontakt« oder »Impressum«. Bei den Beiträgen hingegen handelt es sich um die Blogartikel Ihrer Website – und die schauen wir uns nun etwas genauer an.

Das Beitragsmenü auf der linken Seite bietet Ihnen vier Auswahlmöglichkeiten (siehe Abbildung 3.10). Über ALLE BEITRÄGE können Sie sich alle bisher verfassten Blogartikel anzeigen lassen – ganz gleich, ob sich diese noch im Entwurfsstadium befinden oder bereits veröffentlicht worden sind. ERSTELLEN bietet Ihnen die Möglichkeit, einen neuen Blogartikel zu schreiben. Unter KATEGORIEN und SCHLAGWORTE können Sie diese verwalten.

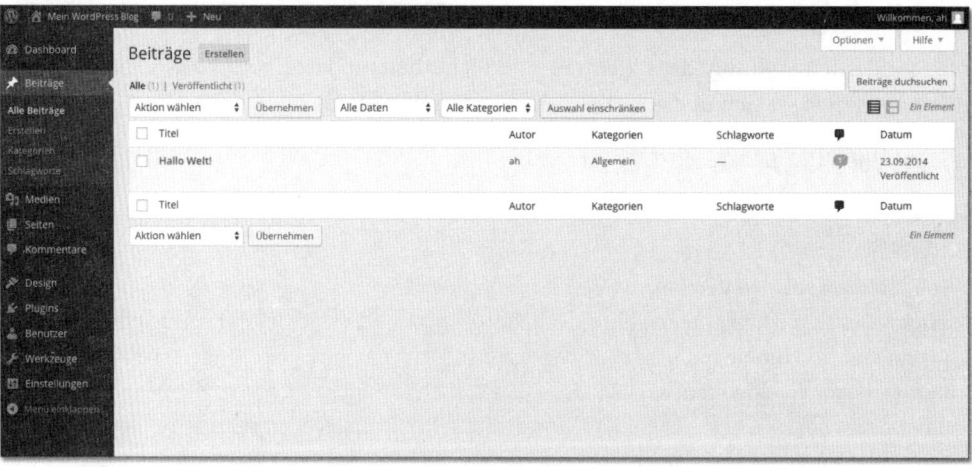

Abbildung 3.10 Hier können Sie all Ihre veröffentlichten Beiträge und Entwürfe einsehen – noch wirkt alles sehr übersichtlich …

3.3.1 Alle Beiträge

Die Beitragsübersicht ist praktisch selbsterklärend wie vieles in WordPress. Es wird Ihnen jeweils der Titel eines Beitrags angezeigt samt Autor, Kategorien, Tags (Schlagwörtern), Anzahl der Kommentare und Datum. Klicken Sie auf den Titel, gelangen Sie direkt in den Bearbeitungsmodus des jeweiligen Artikels. Ein Klick auf den Autor zeigt Ihnen nur die Einträge dieser speziellen Person an. Ähnlich verfährt ein Klick auf die Kategorien oder Tags. Über die Kommentarsprechblase erhalten Sie die Möglichkeit, die bislang verfassten Kommentare zu diesem Blogartikel zu bearbeiten.

»WordPress ist sehr übersichtlich« – an einer Stelle muss ich diese Aussage korrigieren. Überall dort, wo es lange Auflistungen gibt, leidet die Übersichtlichkeit ein wenig. Das wird Ihnen anfangs noch nicht auffallen, schließlich kann eine Liste mit wenigen Einträgen prinzipiell schon nicht unübersichtlich sein. Idealerweise werden Sie aber über die kommenden Jahre einige Hundert Blogartikel verfassen. Hier noch den Überblick zu behalten wird sehr, sehr schwer. Um doch die Oberhand über die Informationsflut zu gewinnen, bietet Ihnen WordPress allerdings ein paar Optionen an, die die Auflistung ein wenig eingrenzen können.

WordPress stellt Ihnen direkt über der Beitragstabelle einige Eingrenzungsmethoden zur Verfügung. Damit können Sie die Artikel schon einmal nach Datum bzw. Kategorie sortieren (siehe Abbildung 3.11). Nur die Blogartikel eines bestimmten Zeitraums anzeigen zu lassen kann die Liste schon enorm entschlacken. Ein wesentlich schnellerer und einfacherer Weg führt zumeist über die Suchfunktion rechts oben (siehe Abbildung 3.12) – vorausgesetzt, Sie erinnern sich zumindest an einen Teil des Titels.

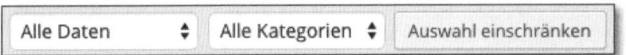

Abbildung 3.11 Zeigen Sie nur Artikel eines Zeitraums an oder sortieren Sie sie nach Kategorien.

Abbildung 3.12 Über die Artikelsuche finden Sie Ihr Ziel meist am schnellsten.

Falls Sie die Liste lieber noch ein klein wenig chaotischer hätten, empfiehlt sich anstelle der *Listenansicht* die *Kurzfassung* (siehe Abbildung 3.13). Diese bewirkt lediglich, dass unter dem Titel noch ein kurzes Exzerpt Ihres Blogartikels angezeigt wird. Gerade wenn Sie schon sehr viele Artikel zu einem ähnlichen Thema verfasst haben, kann Ihnen diese Ansicht helfen, schnell den genauen Inhalt herauszufinden, ohne jeden Artikel aufrufen zu müssen. Nach Möglichkeit sollten Sie aus Gründen der Übersichtlichkeit aber lieber auf die Listenansicht zurückgreifen. Abbildung 3.14 zeigt Ihnen die etwas ausführlichere Kurzfassungsansicht.

Abbildung 3.13 Über diese beiden Buttons können Sie zwischen der Listenansicht (links) und der Kurzfassung (rechts) wechseln.

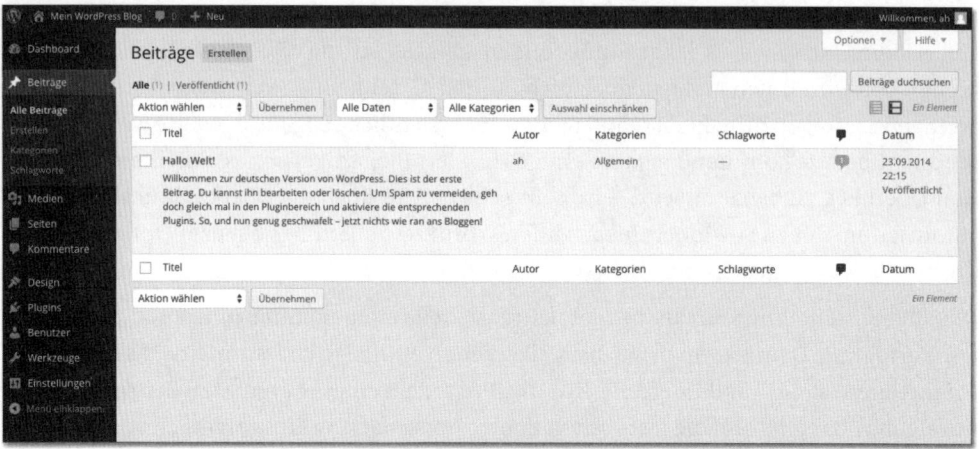

Abbildung 3.14 Die Kurzfassung nimmt schon bedeutend mehr Raum ein, kann aber bei vielen gleichartigen Artikeln wertvolle Dienste leisten.

3.3.2 Erstellen

Kommen wir nun zur wichtigsten Funktion von WordPress, dem Erstellen eines neuen Beitrags (siehe Abbildung 3.15). Sie ist deshalb so wichtig, weil diese Eingabemaske bereits zum »Kompliziertesten« gehört, was Sie in WordPress ausfüllen müssen; und weil Sie sie so oft benötigen werden. Außerdem verhält sich das Veröffentlichen einer statischen Seite – bis auf kleine Ausnahmen – fast genauso. Haben Sie also einmal durchschaut, wie man einen Beitrag veröffentlicht, können Sie auch problemlos statische Seiten verfassen und damit Ihre Website um alle wesentlichen Inhalte erweitern. Wie einfach das ist, erfahren Sie schon auf den folgenden Seiten.

Wie alles in WordPress ist auch die Seite zur Erstellung eines neuen Beitrags in verschiedene Module unterteilt. Das Schöne daran ist: Diese können Sie zum Teil über OPTIONEN (ganz oben rechts) auch deaktivieren und so vor allem Ihre Kunden vor einem Herzinfarkt bewahren. Falls Sie einige Module also standardmäßig noch nicht sehen können, schalten Sie sie über OPTIONEN frei.

Die Option TITELFORM können Sie allerdings gut und gerne deaktiviert lassen. Diese dient nur dazu, den Permalink in einem eigenen Feld darzustellen. Wie Sie gleich sehen werden, bringt Ihnen das aber keinerlei Vorteile. Alles andere sollte aber während der Lernphase noch aktiviert bleiben, damit Sie die Erläuterungen einfacher nachvollziehen können.

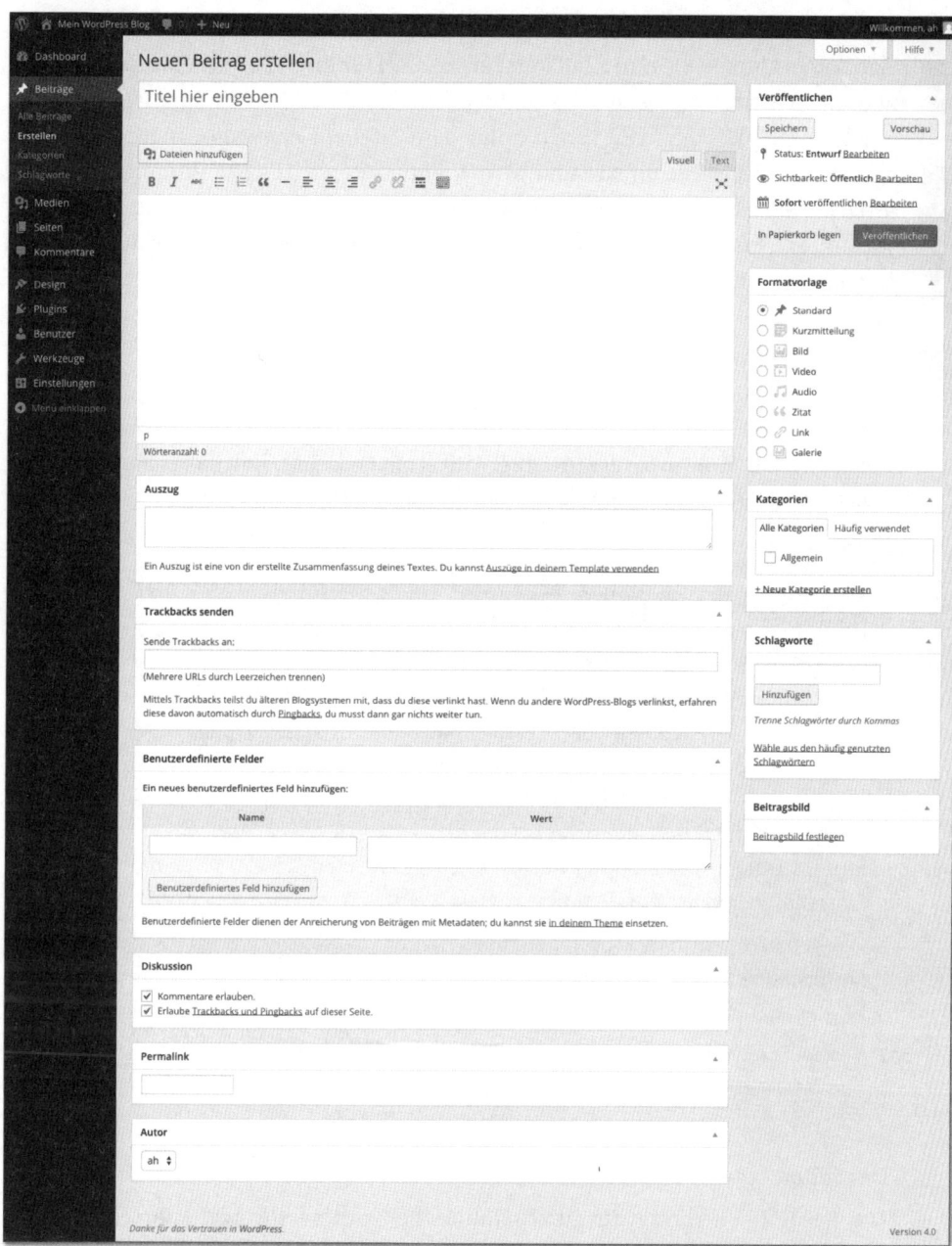

Abbildung 3.15 Auch wenn das Erstellen eines neuen Beitrags anfangs noch verwirrend anmuten mag; wir gehen nun alles Schritt für Schritt gemeinsam durch.

Der Titel

Ganz oben können Sie nun zuallererst einen Titel für Ihren Beitrag eingeben. Es wäre aber nicht WordPress, wenn das schon alles wäre. Sobald Sie beispielsweise in den Editorbereich klicken, wird Ihnen unter dem Titel ein *Permalink* angezeigt (Abbildung 3.16). Das ist die direkte und permanente Adresse (*URL*) zu Ihrem neuen Blogartikel. Dieser lässt sich über die Schaltfläche BEARBEITEN nach Belieben anpassen, was unter Umständen auch durchaus sinnvoll sein kann (z. B. für die Suchmaschinenoptimierung).

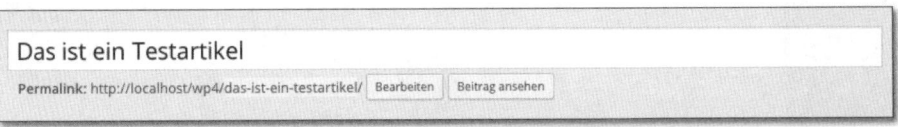

Abbildung 3.16 Wählen Sie die Titel Ihrer Artikel mit Bedacht, damit Ihre Zielgruppe Sie über Suchmaschinen gut finden kann. Die Abbildung hier geht mit schlechtem Beispiel voran.

Hinweis

Wenn Sie WordPress gerade frisch in Betrieb genommen haben, wird der Permalink unter Ihrem Titel etwas anders aussehen, etwa wie folgt: *http://localhost/wordpress/ ?p=15*. Dass es in meinem Beispiel anders aussieht, ist kein Fehler, sondern liegt einfach daran, dass ich kurz vor dem Erstellen des Artikels aus didaktischen Gründen bereits eine kleine Einstellung in WordPress vorgenommen habe. Damit auch Sie diese lesefreundlichen Links angezeigt bekommen, klicken Sie in der Navigation einfach auf EINSTELLUNGEN und darunter auf PERMALINKS. Wählen Sie hier am einfachsten die Einstellung BEITRAGSNAME.

Wie genau die Permalink-Optionen funktionieren und welche weiteren Möglichkeiten Sie hier haben, erkläre ich Ihnen etwas später in diesem Kapitel. Ich ziehe diese Einstellung ausnahmsweise etwas vor.

Klicken Sie nun auf ÄNDERUNGEN ÜBERNEHMEN. Nun können Sie zu Ihrem angefangenen Artikel zurückkehren – Sie finden ihn in der Beitragsübersicht.

Der Editor

Die meiste Zeit verbringt der durchschnittliche WordPress-Nutzer wahrscheinlich im *Editor* (siehe Abbildung 3.17). Die Bedienung erinnert sehr an ein älteres Microsoft Word oder ähnliche Textverarbeitungssoftware. Wer damit halbwegs zurechtkommt, wird auch mit dem WordPress-Editor keine Probleme haben.

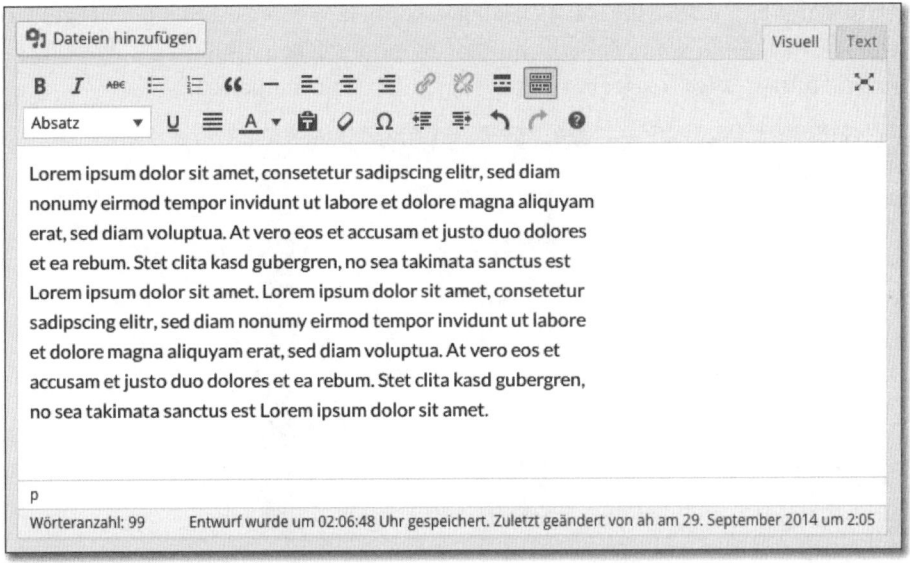

Abbildung 3.17 Der Editor bringt praktisch alles mit, was Sie für erfolgreiches Texten benötigen – nur leider keinen Autor.

Der Editor kann nicht mehr manuell in seiner Größe angepasst werden. Diese Aufgabe übernimmt WordPress nun automatisch für Sie. Abhängig davon, wie groß die Inhalte werden, wird auch der Editor größer oder kleiner. Die Bearbeitungsleiste bleibt allerdings dauerhaft sichtbar.

Die *Bearbeitungsleiste* besteht aus zwei Zeilen. Sollte es bei Ihnen nur eine sein, dann klicken Sie doch in dieser Zeile einmal auf das Symbol ganz rechts. Das schaltet die zweite Zeile frei, die freilich nicht optional ist, auch wenn dies den Eindruck erweckt. In der oberen Zeile finden Sie vor allem typische Textverarbeitungsfunktionen – etwa Fettdruck, Listen und Textausrichtung.

Interessant sind in erster Linie die vier bis fünf letzten Icons der ersten Zeile: Damit können Sie einen Link hinzufügen und entfernen (siehe Abbildung 3.18) oder ein sogenanntes *More-Tag* setzen (siehe Abbildung 3.20).

Abbildung 3.18 Fügen Sie einen Link hinzu (links) oder entfernen Sie ihn wieder (rechts).

Die beiden Buttons aus Abbildung 3.18 sind vermutlich noch grau hinterlegt. Diese lassen sich erst anklicken, sobald Sie ein Wort bzw. einen Textteil markiert haben. Dann erst können Sie damit einen Link setzen (siehe Abbildung 3.19) und ihn auch wieder entfernen. Ein Klick auf das linke Symbol öffnet ein separates Fenster, in dem

Sie die näheren Details eines Links festlegen können. Wenn Sie einen bereits gesetzten Link markieren und ebenfalls auf das Symbol klicken, öffnet sich das gleiche Fenster, lässt Sie dieses Mal aber den bestehenden Link bearbeiten.

Abbildung 3.19 Fügen Sie ganz leicht einen neuen Link hinzu.

In das Feld URL kommt – selbstverständlich – die Ziel-URL Ihres Links. Der TITEL lässt sich nutzen, um weitere Informationen über den Link zu verstecken, die erst beim Darüberfahren mit der Maus angezeigt werden und auch für Suchmaschinen interessant sind. Auf Wunsch können Sie den Link auch automatisch in einem neuen Fenster bzw. Tab öffnen lassen, sobald ein Besucher darauf klickt. Anstatt eine URL anzugeben, können Sie im unteren Teil auch einfach eine Unterseite oder einen anderen Blogartikel auswählen, auf den Sie verlinken möchten. Dazu steht sogar eine eigene Suchfunktion zur Verfügung. Das ist ungemein praktisch und noch relativ neu in WordPress.

SEO-Tipp: Linktexte

Wählen Sie Link-Text und Link-Titel bei all Ihren Links sehr sorgsam aus, denn Suchmaschinen legen sehr viel Wert darauf. Verwenden Sie in Text und Titel Keywords, die gut die Inhalte der verlinkten Seite wiedergeben. Das gilt übrigens nicht nur für Links zu Ihren eigenen Seiten: Auch andere Websites freuen sich über einen wertvollen Link und sind dann selbst eher bereit, es Ihnen mit einem ebenfalls hochwertigen Link zu danken. Eine Win-win-Situation also.

Das dritte Symbol in dieser Reihe setzt ein More-Tag (siehe Abbildung 3.20). In Ihrem Blog werden Ihre Blogartikel später – je nach Theme – vermutlich einfach samt einem Textausschnitt untereinander aufgelistet. Damit nicht der gesamte Artikel dort ausgegeben wird, können Sie einen solchen Textausschnitt mit dem More-Tag festlegen. Klicken Sie einfach an die Stelle, wo der Text abgeschnitten werden soll – z. B. nach den ersten ein oder zwei Absätzen –, und klicken Sie anschließend auf das More-Tag-Symbol. WordPress fügt später an dieser Stelle dann einen entsprechenden Link ein, wie z. B. »Weiterlesen ...«, und schneidet den Text danach automatisch ab (siehe Abbildung 3.21).

Abbildung 3.20 Mit diesem Button fügen Sie ein sogenanntes More-Tag in den Text ein und trennen damit den Einleitungstext vom restlichen Inhalt.

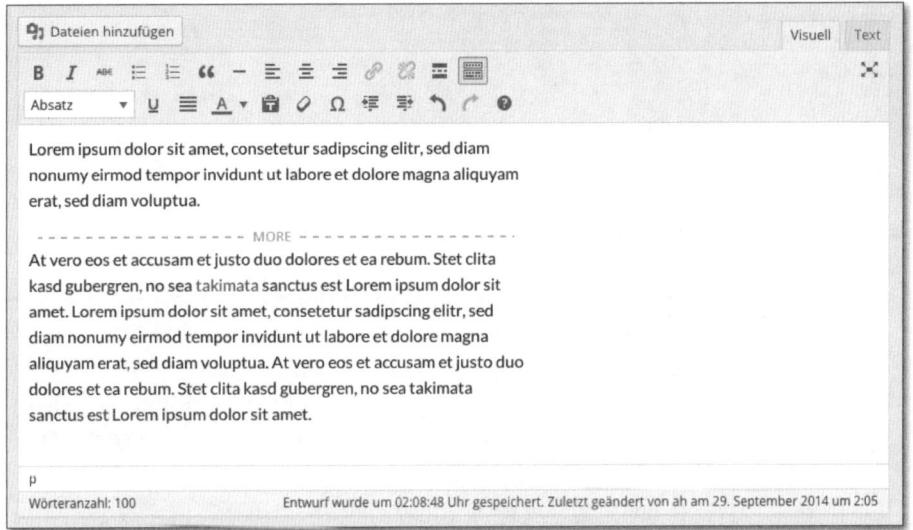

Abbildung 3.21 Im Frontend wird die Linie durch einen Link auf den vollständigen Beitrag ersetzt und der Text danach abgeschnitten.

Recht neu in WordPress ist der sogenannte *freie Schreibmodus* (siehe Abbildung 3.22). Dieser wird auch gerne *Zen-Mode* genannt, denn er ermöglicht weitgehend ablenkungsfreies Schreiben (Sie finden ihn nicht bei den anderen Buttons, sondern ganz rechts unterhalb der Umstellung von VISUELL auf TEXT). Wenn Sie den Browser zusätzlich noch mit der Taste F11 in den Vollbildmodus schicken, dürfte Sie außer vielleicht Straßenlärm gar nichts mehr vom Schreiben abhalten (siehe Abbildung 3.23).

Abbildung 3.22 Der freie Schreibmodus – auch Zen-Mode genannt

Abbildung 3.23 Der Zen-Mode in Aktion – auf das Wesentliche beschränkt

---

SEO-Tipp: Weiterlesen-Tag einsetzen

Machen Sie vom More-Tag in so vielen Artikeln wie möglich Gebrauch. Einerseits wirkt Ihr Blog dadurch viel benutzerfreundlicher, schließlich müssen sich Ihre Besucher nicht durch ellenlange Texte quälen, um einen Überblick über Ihre aktuellen Artikel zu bekommen. Andererseits umgehen Sie so die *Duplicate-Content-Problematik*: Google sieht es nicht gern, wenn ein und derselbe Inhalt auf mehreren Websites oder Unterseiten auftaucht, und kann die Seiten entsprechend abstrafen. Würden Sie kein More-Tag einfügen, könnte der vollständige Text auf sehr vielen Unterseiten auftauchen, u. a. in der Blogansicht, der Einzelansicht und in all Ihren Archiven. Der erste Absatz genügt meistens, um den Leser vom Inhalt zu überzeugen.

Die zweite Zeile der Bearbeitungsleiste hält auch viel Altbekanntes bereit. So können Sie das Textformat anpassen (siehe Abbildung 3.24), eine andere Textfarbe wählen oder einen Einzug erzeugen. Ein paar Funktionen dürften aber unter Umständen nicht gleich verständlich sein.

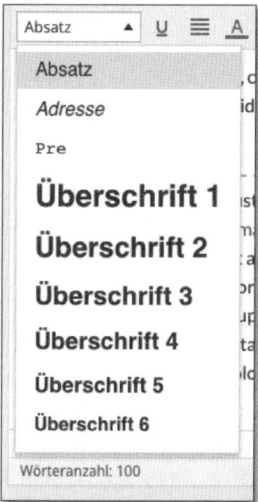

Abbildung 3.24 Unterschiedliche Formatvorlagen
ermöglichen eine semantisch korrekte Strukturierung des Textes.

> **Tipp**
>
> Ich erlebe es immer wieder, dass manche Autoren falsch mit den Überschriften umge-
> hen, daher hier eine wichtige Information für die Gliederung Ihrer Texte. Üblicher-
> weise wird der Titel eines Beitrags automatisch durch das Theme ausgegeben – Sie
> müssen diesen also nicht in Ihrem Beitrag wiederholen. Außerdem wird dieser in aller
> Regel bereits als Überschrift erster Ordnung erzeugt. Eine Überschrift erster Ordnung
> kann es in diesem Fall pro Dokument selbstverständlich nur ein einziges Mal geben.
> Für Sie bedeutet das, dass die erste Überschriftenebene, die Sie zum Gliedern des Tex-
> tes verwenden, die Überschrift zweiter Ordnung ist. Das ist übrigens nicht nur für
> Semantik-Fanatiker wichtig. Denken Sie an Menschen mit Sehbehinderung, die eine
> Software verwenden, die ihnen die Texte vorliest. Diese sollte anhand der semanti-
> schen Struktur eindeutig erkennen können, auf welcher Textebene sie sich befindet.
> Außerdem ist es für die Indexierung von Suchmaschinen wichtig, da z. B. Google das
> »Spammen« mit Überschriften der ersten Ordnung durchaus auch mal abstraft. Selbst
> wenn das eher selten ist, sollten Sie daran interessiert sein, dass die Suchmaschinen
> die einzelnen Ebenen Ihrer Texte korrekt auseinanderhalten können.

Über das Reißbrettsymbol in Abbildung 3.25 entfernen Sie unnötige Formatierungen
aus kopierten Texten. Nicht immer ist es sehr angenehm, im WordPress-Editor zu
schreiben. Längere Artikel verfasst man gern in einem übersichtlichen Word-Doku-
ment und fügt diese später in den Editor ein. Das kann aber zu erheblichen Problemen führen, wenn man sich einfach auf Copy & Paste verlässt. Word hat seine ganz
eigenen Formatierungen, die WordPress einfach übernehmen würde: Ein zerstörtes

Design ist vorprogrammiert. Damit das nicht passiert, bietet Ihnen der Editor die Möglichkeit, den Text ohne die störenden und unnötigen Formatierungselemente (rechtes Symbol) einzufügen.

Abbildung 3.25 Mithilfe dieses Buttons können Sie Text gänzlich unformatiert oder aus einer Word-Datei einfügen.

Hinweis

Leider funktioniert nicht immer alles so, wie wir uns das wünschen. Das gilt auch für das Einfügen von Texten aus Word. In Tests ist es immer wieder vorgekommen, dass es bei den einen Autoren wunderbar funktioniert, bei anderen hingegen überhaupt nicht. Daher gebe ich Ihnen einen Rat: Schreiben Sie die Texte direkt im Editor. Gerade mit dem neuen Zen-Mode können Sie sich hier voll auf das Schreiben konzentrieren. Korrekt formatieren müssen Sie den Text ohnehin noch einmal in WordPress. Warum also nicht gleich hier schreiben? Sie ersparen sich und Ihren Autoren unter Umständen sehr viel Frust.

Doch der WordPress-Editor bietet weitaus mehr als nur die Bearbeitungsleiste. Darüber finden Sie noch die *Medienleiste* (siehe Abbildung 3.26). Diese lässt Sie Bilder, Videos, Audiodateien oder sonstige Dateien hochladen und Ihrem Beitrag hinzufügen. Mit wenigen Klicks können Sie über einen komfortablen *Uploader* Ihre Artikel so um visuelle Elemente bereichern.

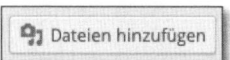

Abbildung 3.26 Bilder, Videos, Audiodateien oder andere Dateien hochladen und einfügen

Fügen Sie Ihrem ersten Blogartikel beispielhaft ein Bild hinzu. Da die Vorgehensweise bei allen Medientypen sehr ähnlich ist, soll das Bild exemplarisch auch für Videos und Audiodateien gelten. Klicken Sie dazu auf den Button mit der Aufschrift DATEIEN HINZUFÜGEN; es wird sich nun ein separates Fenster öffnen (siehe Abbildung 3.27). Alternativ können Sie das Bild übrigens auch direkt in den Editor hineinziehen. Beides funktioniert gleichermaßen.

Um ein Bild hochzuladen, können Sie aber auch weiterhin ganz traditionell auf den Button klicken und es auf die große freie Fläche ziehen bzw. auf den Button DATEIEN AUSWÄHLEN klicken. Sie können auch einfach mehrere Dateien gleichzeitig auf die Fläche ziehen. Sobald Sie die Datei(en) dorthin ziehen, färbt diese sich blau (siehe Abbildung 3.28) – das Zeichen, dass die Funktion grundsätzlich funktioniert und WordPress bereit für den Upload ist. Lassen Sie sie nun einfach los.

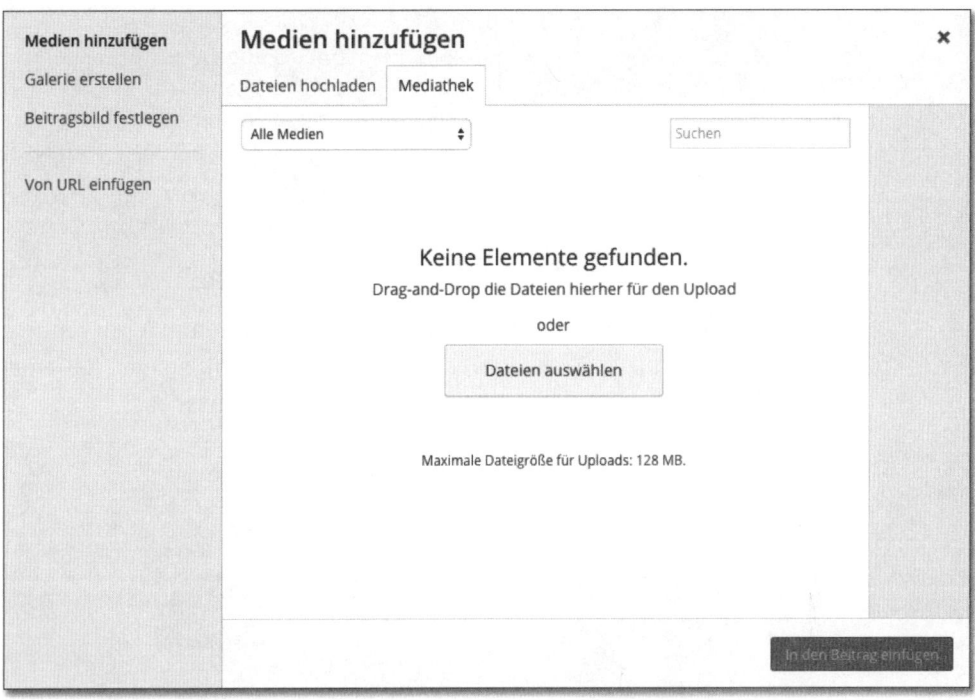

Abbildung 3.27 Ziehen Sie die gewünschte Datei einfach auf die große freie Fläche, der Upload beginnt unmittelbar nach dem Loslassen.

Abbildung 3.28 Das Bild wird hochgeladen, sobald Sie die linke Maustaste loslassen; dies kann je nach Größe des Bildes und Schnelligkeit der Verbindung ein wenig dauern.

Tipp

Über die Funktion GALERIE ERSTELLEN (siehe Abbildung 3.27) können Sie Ihren Beiträgen, sofern vom Theme unterstützt, auch eine ganze Fotogalerie hinzufügen. Klicken Sie einfach alle infrage kommenden Bilder an und anschließend auf ERSTELLE EINE NEUE GALERIE. Im nächsten Fenster können Sie noch die Reihenfolge verändern und auch die Anzahl der Spalten anpassen. Mit einem Klick auf GALERIE EINFÜGEN wird die Galerie Ihrem Beitrag hinzugefügt.

Nach dem Upload befindet sich das Bild in der Mediathek, die automatisch geöffnet wird. Das Bild lässt sich jetzt noch ein wenig bearbeiten, z. B. mit einem Titel, einer Beschriftung, einem Alternativtext sowie einer Beschreibung versehen.

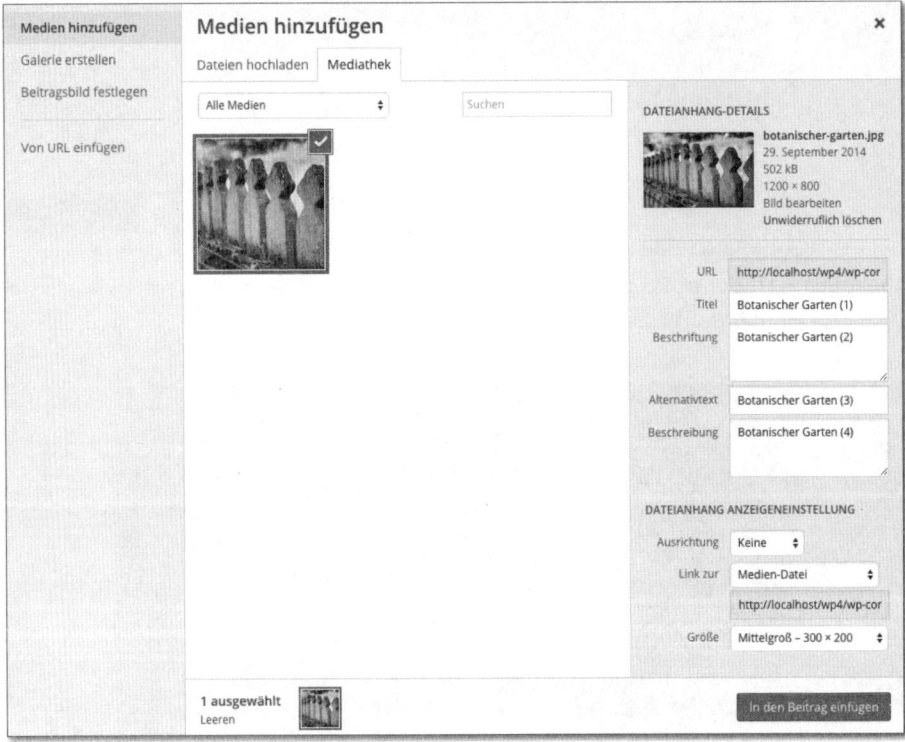

Abbildung 3.29 Prinzipiell können Sie das Bild gleich einfügen; ein paar Einstellungen vorzunehmen und Titel zu ergänzen kann aber nicht schaden.

SEO-Tipp

Für Suchmaschinen sind vor allem der Titel, die Beschriftung und der Alternativtext von Bedeutung. Zwar sind die großen Suchmaschinen bereits in der Lage, Text auf Bildern recht gut zu entziffern. Dass sie hingegen die Abbildung als solche zuverlässig erkennen, ist noch Zukunftsmusik. Die Suchmaschine weiß also nur durch diese Extraangaben, was auf dem Bild zu sehen ist. Sie tun damit auch Menschen einen großen Gefallen, die aufgrund einer Behinderung oder ihres Alters nicht in der Lage sind, sich die Bilder anzuschauen. Ein aussagekräftiger Titel hilft diesen Menschen schon ein großes Stück weiter.

Nicht alle Optionen wirken sich unmittelbar sichtbar auf das angezeigte Bild aus. Der TITEL ist für Besucher nicht sichtbar, sondern wird nur für die Verwaltung Ihrer Mediathek benötigt, und der ALTERNATIVTEXT verschwindet klammheimlich im Quelltext und stellt den Inhalt des alt-Attributs dar – es ist also aus Sicht der Suchmaschinenoptimierung nicht zu vernachlässigen. Auch für Menschen mit Screenreader ist diese Angabe wichtig. Wirklich sichtbar ist aber erst die BESCHRIFTUNG, sofern Sie eine angeben. Denn auf diese Weise wird eine Bildunterschrift erzeugt. Wichtig dabei ist, dass das von Ihnen gewählte oder selbst programmierte Theme auch mit derartigen Bildunterschriften umgehen kann. Das Standard-Theme kann es. Eine (zweite) BESCHREIBUNG können Sie hinzufügen, wenn Sie später gerne eine eigene Unterseite hätten, auf der man nähere Informationen zum Bild abrufen kann; dort kommt diese Beschreibung nämlich zum Zuge.

Bei AUSRICHTUNG können Sie festlegen, wie sich das Bild im Verhältnis zum Text verhalten soll (dazu gleich mehr). Unter LINK ZUR bestimmen Sie, wohin ein Nutzer nach einem Klick auf das Bild gelangt. Wählen Sie hier MEDIEN-DATEI, öffnet sich einfach nur das Originalbild. Entscheiden Sie sich für ANHANG-SEITE, wird eine separate Unterseite geöffnet, deren Inhalt die Datei ist. Die Ausgabe dieser Datei steuern Sie über die *attachment.php* in Ihrem Theme-Ordner. Sie können auch festlegen, dass es überhaupt nicht anklickbar ist. Alternativ können Sie auch noch eine BENUTZER-DEFINIERTE URL auswählen oder festlegen, dass das Bild gar nicht anklickbar sein soll (KEINE). Über die GRÖSSE bestimmen Sie, wie Sie sich sicher schon gedacht haben, die angezeigte Größe des Bildes. In der Regel empfiehlt es sich, ein Bild vor dem Upload bereits auf die richtige Größe zuzuschneiden, weil so weniger Last auf dem Server pro Besucher entsteht und das Bild schneller lädt. Klicken Sie abschließend auf den Button IN DEN BEITRAG EINFÜGEN, um den Vorgang abzuschließen. Nun haben Sie Ihr erstes Bild in Ihren Blogartikel eingefügt (siehe Abbildung 3.30).

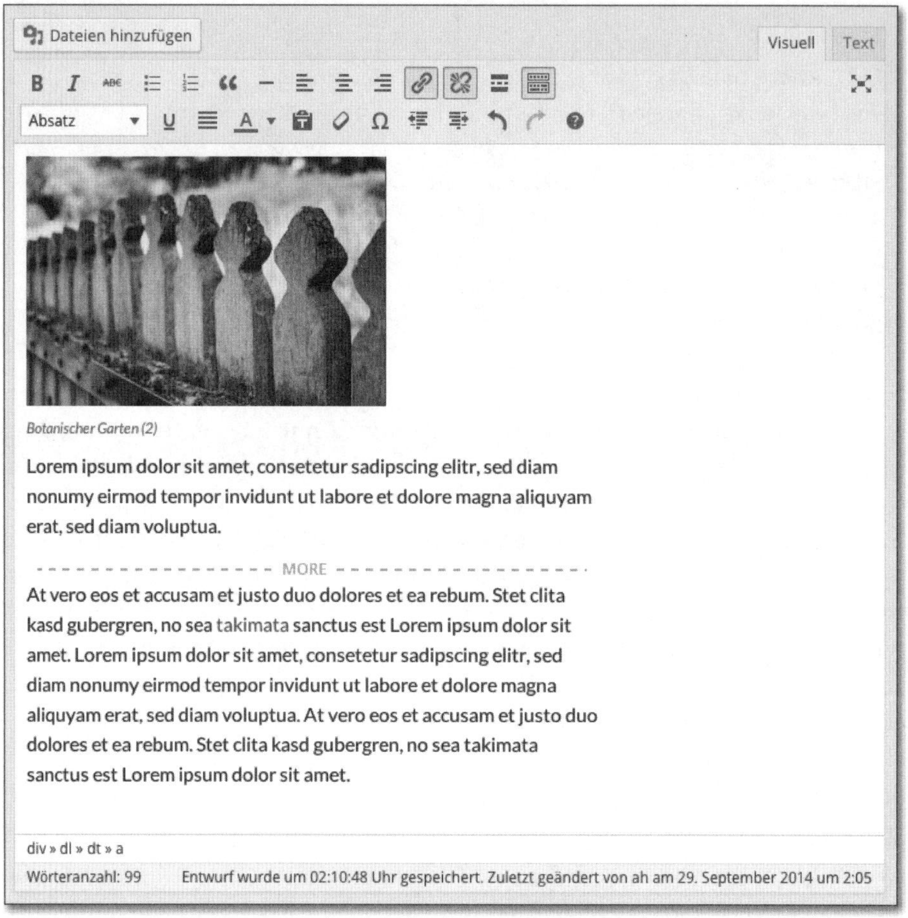

Abbildung 3.30 So sieht das eingefügte Bild nun im Editor aus.

Hinweis

An dieser Stelle möchte ich erwähnen, dass der Editor von WordPress zwar als ein *WYSIWYG-Editor* (**W**hat **Y**ou **S**ee **I**s **W**hat **Y**ou **G**et) bezeichnet wird, das aber nur bedingt stimmt. Zwar können Sie den Text wie in einem Textverarbeitungsprogramm auszeichnen und auch Bilder einfügen – das Layout dafür übernimmt aber schließlich Ihr Theme. Fast niemals wird Ihr Text tatsächlich die gleiche Schriftgröße aufweisen, das Fenster die gleiche Breite wie der *Content-Bereich* Ihres Themes haben, und das Bild wird einfach herrenlos über dem Text schweben. Machen Sie sich also keine Sorgen, wenn Ihr Artikel im Editor noch nicht ganz so schön aussieht, ein gutes Theme erledigt stets den Rest.

Neu

Im Feld BESCHRIFTUNG können Sie seit Version 3.4 nun endlich auch HTML-Code verwenden! Das ist insbesondere dann nötig, wenn Sie Links einfügen möchten, z. B. zur Quelle des Bildes.

Aber irgendwie, das müssen Sie zugeben, sieht dieses Bild jetzt in der Zusammenschau mit dem Text nicht so schön aus, so einsam wie es da oben an der linken Ecke klebt. Zum Glück können Sie das noch ändern und das Bild bearbeiten. Klicken Sie dazu einfach mit der Maus über das Bild und Sie erhalten weitere Optionen (siehe Abbildung 3.31). Sie können das Bild nun entweder bearbeiten, entfernen oder über die 8 Anknüpfungspunkte am Rahmen in die gewünschte Größe ziehen.

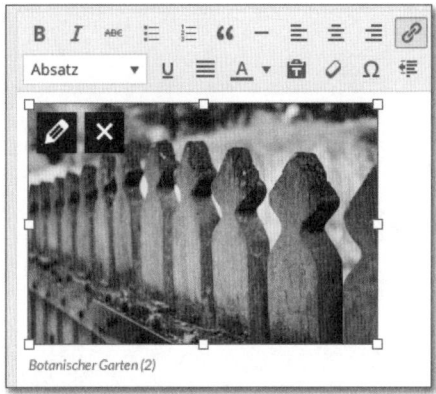

Abbildung 3.31 Durch einen Klick auf das Symbol rechts wird das Bild entfernt, ein Klick auf das Symbol zu seiner Linken öffnet weitere Optionen.

Klicken Sie einmal auf das Icon mit dem Bleistift, damit schalten Sie weitere Optionen frei. Das Fenster, das sich nun öffnet, besteht aus zwei Teilen, die über die dargestellten Registerreiter angesteuert werden. Wir beginnen zunächst mit dem oberen Abschnitt unter BILD-DETAILS (siehe Abbildung 3.32).

Hier können Sie nun die BESCHRIFTUNG sowie den ALTERNATIVEN TEXT anpassen, die AUSRICHTUNG verändern und die angezeigte GRÖSSE anpassen. Letzteres sorgt auch endlich dafür, dass Bild und Text harmonisch wirken. Wählen Sie z. B. die Option AUSRICHTUNG LINKS, wenn Sie es mir gleichtun wollen. Sie können auch bestimmen, womit das Bild verlinkt werden soll:

▶ **Medien-Datei**: Ein Klick auf das Bild führt den Besucher direkt zum Originalbild in voller Größe.

▶ **Anhang-Seite**: Der Besucher wird auf eine eigene Unterseite geführt, auf der das Bild eingebunden ist und auf der die Beschreibung angezeigt wird (muss vom Theme unterstützt werden).

- **Benutzerdefinierte URL**: Legen Sie eine individuelle URL fest, auf die das Bild verweisen soll.

- **Keine**: Entfernen Sie den Link um das Bild.

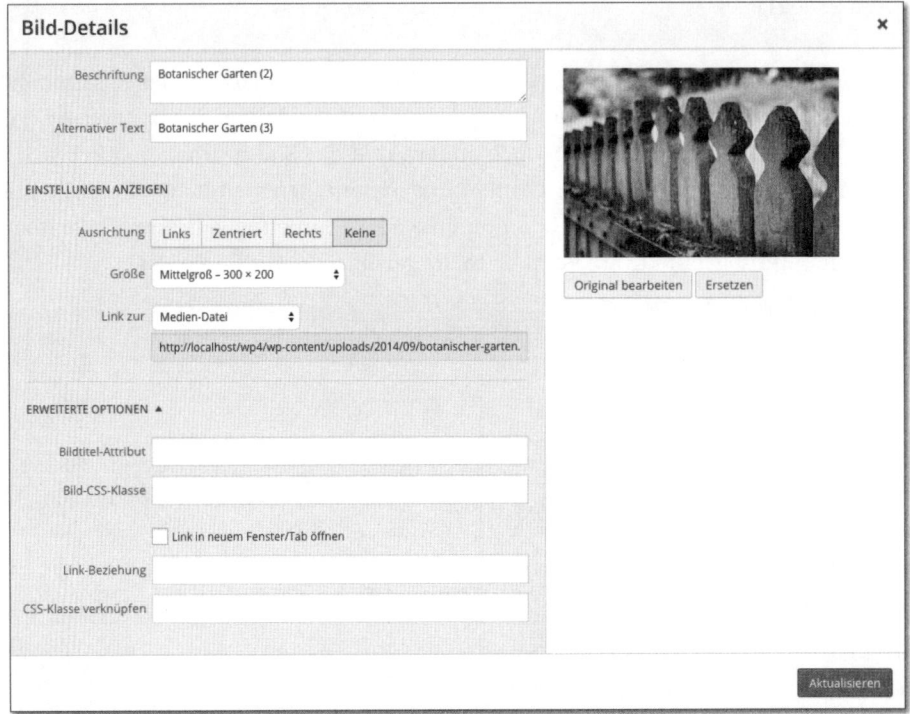

Abbildung 3.32 Die wesentlichsten Einstellungen finden Sie unter »Bild bearbeiten«.

Etwas weiter unten können Sie noch die ERWEITERTEN OPTIONEN aufklappen, im Rahmen derer Sie etwas detailliertere Einstellungen vornehmen dürfen. Hier haben Sie die Möglichkeit, ein gesondertes BILDTITEL-ATTRIBUT festzulegen (in HTML wird damit ein `title`-Attribut für das Bild angelegt) oder auch dem Bild eine eigene CSS-KLASSE zuzuweisen. Bestimmen Sie selbst, ob ein eventueller Link vom Bild aus in einem neuen Fenster bzw. Tab geöffnet werden soll. Darüber hinaus können Sie sogar den Link um das Bild noch exakter anpassen. Legen Sie beispielsweise eine LINK-BEZIEHUNG fest (diese entspricht dem rel-Tag in HTML) oder fügen Sie dem Link ebenfalls eine eigene CSS-KLASSE hinzu. Die Optionen unter ERWEITERTE EINSTELLUNGEN richten sich an erfahrene Nutzer. Für den üblichen Gebrauch von Bilddateien in WordPress sind sie überwiegend irrelevant.

Sie können nun entweder über den Button AKTUALISIEREN abspeichern oder weitermachen. Denn hinter dem Button ORIGINAL BEARBEITEN verstecken sich weitere Anpassungsmöglichkeiten.

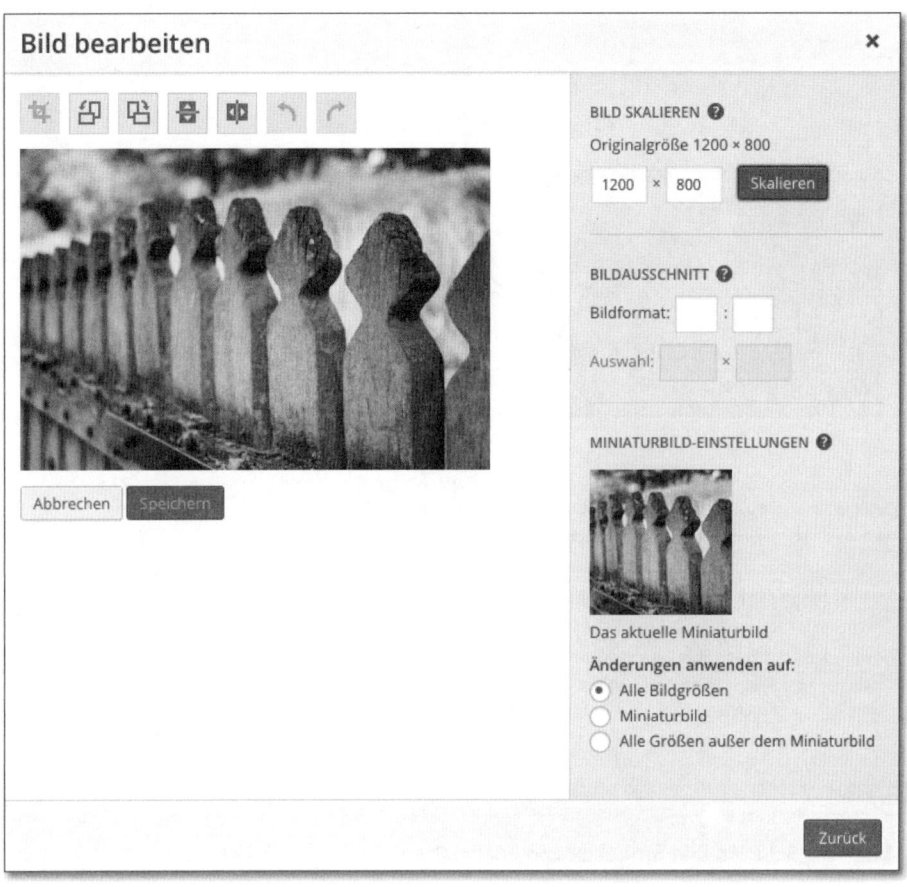

Abbildung 3.33 Die »Bild bearbeiten«-Optionen

Sie haben über die BILD BEARBEITEN-Funktion (siehe Abbildung 3.33) Zugriff auf verschiedene Werkzeuge, um das Bild weiter an Ihre Wünsche anzupassen. Sie können es nicht nur drehen, spiegeln oder beschneiden, sondern auch skalieren oder den Bildausschnitt anpassen. Ich möchte Sie an dieser Stelle auf meine Ausführung in Abschnitt 3.4 verweisen. Dort zeige ich Ihnen ganz genau, was Sie mit diesen Funktionen machen können.

Über den Button ZURÜCK gelangen Sie zurück zu den Bilddetails, die Sie spätestens jetzt abspeichern können. Das Ergebnis zeigt sich im Editor: Eingewickelt in eine Text-Decke wirkt das Foto vom Zaun doch gleich viel stimmiger (siehe Abbildung 3.34).

Eine weitere, äußerst nützliche Funktion des WordPress-Editors befindet sich in der oberen rechten Bildschirmecke: Dort können Sie zwischen der *Text-Ansicht* und der *visuellen Ansicht* hin- und herwechseln (siehe Abbildung 3.35).

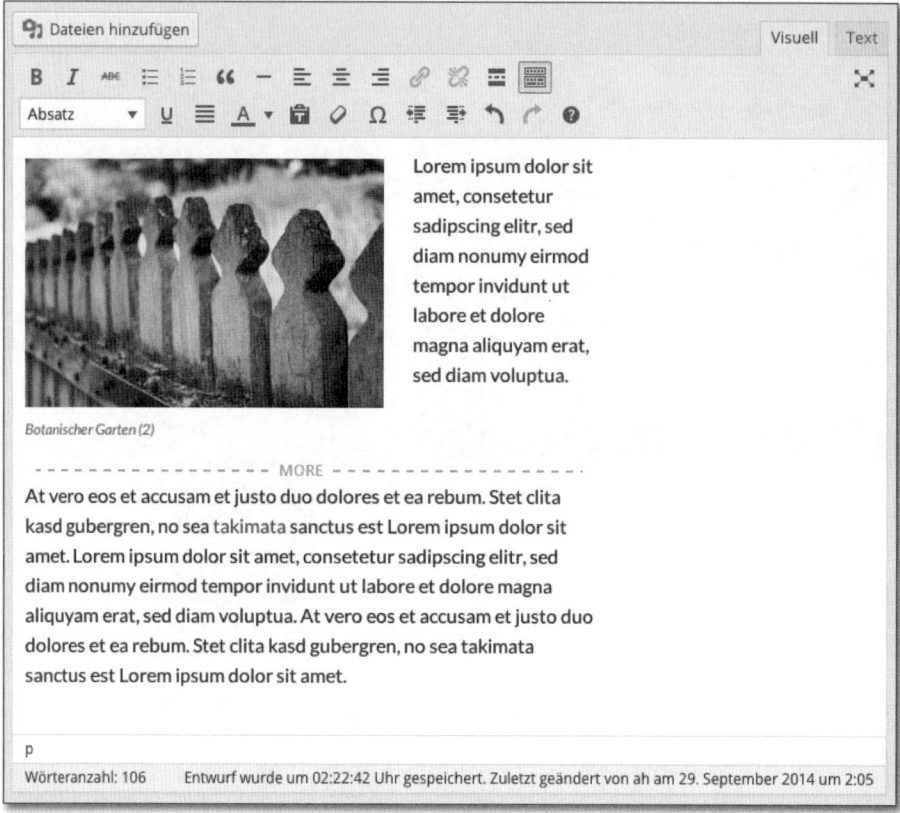

Abbildung 3.34 Ein Bild umgeben von Buchstaben

Abbildung 3.35 Visuell oder Text – was hätten Sie gern?

Die Text-Ansicht (siehe Abbildung 3.36) ist vor allem dann unverzichtbar, wenn Sie bestimmte HTML-Elemente in Ihren Blogartikel einfügen möchten, die der Editor ausnahmsweise nicht per Button zur Verfügung stellt. Es kann auch schon einmal vorkommen, dass der visuelle Editor nicht ganz so möchte wie Sie. Dann können Sie über die Text-Ansicht schnell nachbessern, und alles ist wieder in Ordnung. Absätze werden dort übrigens nicht mittels <p>...</p> dargestellt, sondern einfach durch eine leere Zeile; das erhöht die Übersichtlichkeit, schränkt aber auch die Möglichkeiten ein.

Abbildung 3.36 So sieht ein Beitrag in der Text-Ansicht aus. Die Icons sind insgesamt auch ein wenig langweiliger geworden.

Auszug

Wenn Sie möchten, können Sie Ihrem Blogartikel ein kleines *Exzerpt*, also einen Auszug, hinzufügen (siehe Abbildung 3.37). Dieses wird vor allem in Ihrem RSS-Feed dazu verwendet, einen Einleitungstext anzuzeigen. Es kann später aber genauso gut in Ihr Theme integriert werden.

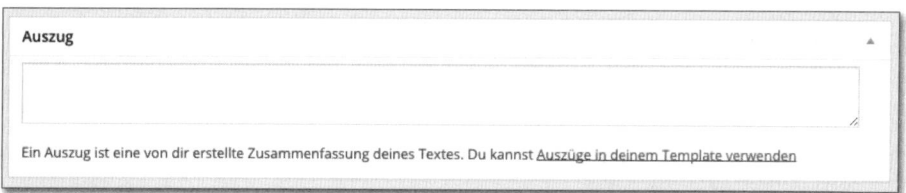

Abbildung 3.37 Der Auszug ist nicht mehr als ein Exzerpt Ihres Textes, kann aber vielseitig verwendet werden.

Trackbacks senden

Trackbacks sind eine tolle Erfindung des Blogzeitalters. Jedes Mal, wenn Sie einen Artikel schreiben, der sich auf einen anderen Blogartikel irgendwo auf irgendeine Weise bezieht, können Sie die URL zum Artikel einfach in dieses Feld eingeben (siehe Abbildung 3.38). Sobald Sie Ihren Artikel veröffentlichen, wird das fremde Blog darüber informiert. Üblicherweise erscheint dann auch ein Link zu Ihrem Blog – als Trackback gekennzeichnet – unter dem entsprechenden Artikel des verlinkten Autors.

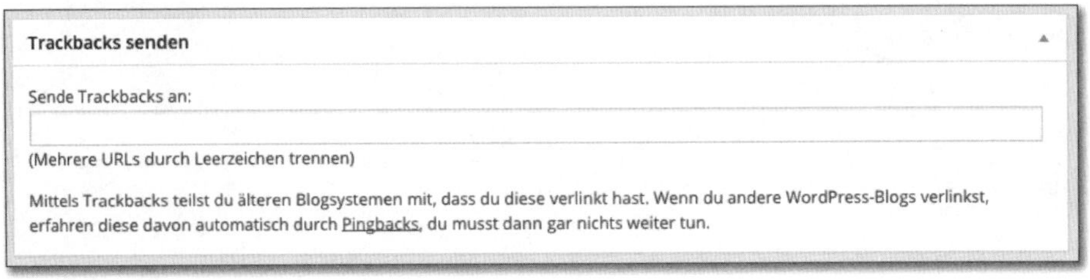

Trackbacks senden   ▲

Sende Trackbacks an:

_____

(Mehrere URLs durch Leerzeichen trennen)

Mittels Trackbacks teilst du älteren Blogsystemen mit, dass du diese verlinkt hast. Wenn du andere WordPress-Blogs verlinkst,
erfahren diese davon automatisch durch Pingbacks, du musst dann gar nichts weiter tun.

Abbildung 3.38 Trackbacks vernetzen Blogs untereinander.

Sie können also einerseits hoffen, dass der Autor auf Ihr Blog aufmerksam wird und möglicherweise in einem eigenen Eintrag auf Ihr Blog hinweist. Andererseits besteht durch so einen Trackback natürlich auch immer die Möglichkeit, interessierte Leser des anderen Blogs für sich zu gewinnen. Das funktioniert übrigens besser, wenn das verlinkte Blog nicht gerade zu den Top Ten der deutschen Blogs zählt. Denn dann finden sich unter den meisten Artikeln bereits so viele Trackbacks anderer Blogs, dass Sie dort kaum noch auffallen werden. Eine recht übersichtliche und von den regulären Kommentaren getrennte Ansicht zeigt Ihnen Abbildung 3.39.

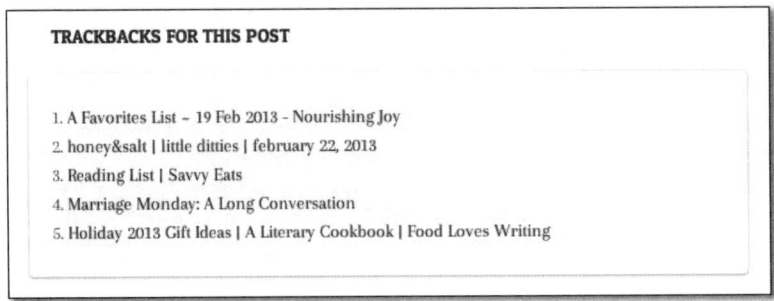

TRACKBACKS FOR THIS POST

1. A Favorites List – 19 Feb 2013 - Nourishing Joy
2. honey&salt | little ditties | february 22, 2013
3. Reading List | Savvy Eats
4. Marriage Monday: A Long Conversation
5. Holiday 2013 Gift Ideas | A Literary Cookbook | Food Loves Writing

Abbildung 3.39 Bei lediglich fünf Trackbacks besteht wenigstens eine realistische Chance, wahrgenommen zu werden.

Benutzerdefinierte Felder

BENUTZERDEFINIERTE FELDER – auch _Custom Fields_ genannt – spielten vor allem in früheren Versionen noch eine größere Rolle. Damals war es nicht möglich, eigene Artikeltypen (sogenannte _Custom Post Types_) mit eigenen Eingabefeldern zu erstellen. Die Problematik wurde früher über die benutzerdefinierten Felder gelöst (siehe Abbildung 3.40).

Mittels dieser Felder können Sie dem Blogbeitrag weitere Daten hinzufügen, für die kein Feld vorgesehen worden ist – z. B. _Meta-Descriptions_. Im Feld NAME geben Sie in diesem Fall einfach so etwas wie »meta_description« ein, in das Feld WERT die Kurzbeschreibung für diesen speziellen Blogartikel. Im Theme können Sie dann mithilfe der Funktion get_post_meta(<ID-des-Beitrags>, 'meta_description ') auf diesen

Wert zugreifen und im Meta-Tag description die Beschreibung automatisch ausgeben lassen.

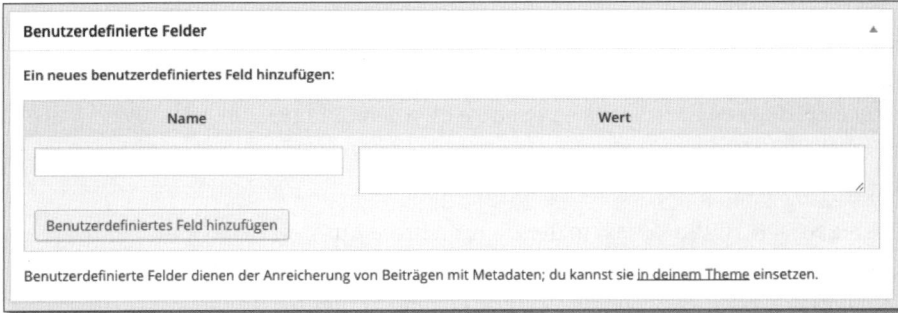

Abbildung 3.40 Mit benutzerdefinierten Feldern fügen Sie Ihren Blogartikeln zusätzliche Informationen hinzu.

Diskussion

Natürlich müssen Sie auf Ihrem eigenen Blog nicht erlauben, dass jeder Mensch seinen Senf zu Ihren Beiträgen abgeben kann. Das können Sie in den EINSTELLUNGEN unter DISKUSSION sogar gänzlich verbieten oder an bestimmte Voraussetzungen knüpfen. Sie haben jedoch auch die Möglichkeit, Kommentare und Trackbacks nur für bestimmte Beiträge zu deaktivieren (siehe Abbildung 3.41).

Abbildung 3.41 Aktivieren oder deaktivieren Sie Kommentare und Trackbacks pro Blogbeitrag.

Permalink

Wenn Sie über die OPTIONEN am oberen rechten Bildschirmrand die Anzeige des Permalinks freigeschaltet haben, finden Sie noch einen weiteren Abschnitt auf Ihrer Beitragsseite. Dieses Feld ist anfangs noch leer und wird später beim Speichern mit dem Permalink des Beitrags gefüllt. Diese beiden Dinge sind identisch. Ob Sie den Link weiter oben unter PERMALINK anpassen oder im separaten Feld weiter unten, ist egal. Das Ändern des einen ändert auch den anderen. Sie können die Ansicht der Titelform also getrost deaktiviert lassen.

Abbildung 3.42 Dieses Eingabefeld ist überflüssig, da Sie den Permalink auch direkt unter dem Titel anpassen können. Lassen Sie es in den Optionen ruhig deaktiviert.

Autor

Wie Sie wissen, ist WordPress in der Lage, mehrere Autoren zu beschäftigen. Um festzulegen, welcher Autor welchen Beitrag geschrieben hat, wählen Sie diesen einfach in dem entsprechenden Dropdown-Feld aus (siehe Abbildung 3.43).

Abbildung 3.43 Ändern Sie den Autor des jeweiligen Blogbeitrags. Leider gibt es hier nur einen. Schade.

Revisionen

WordPress speichert Ihre Beiträge regelmäßig und automatisch. Es legt Ihre erneuten Speicherungen aber auch separat ab, und zwar unter REVISIONEN (siehe Abbildung 3.44). Sobald Sie Ihren Artikel erneut speichern, erscheint dort eine weitere Revision. So können Sie einen älteren Zustand wiederherstellen, falls Sie sich einmal verklickt, verschrieben oder aus Versehen etwas gelöscht haben. Diese Funktion kann Ihnen unter Umständen viele Stunden voller Arbeit und Ärger ersparen, erinnern Sie sich beizeiten an ihre Existenz.

Abbildung 3.44 Die Revisionen im Überblick

Autosave und Post Locking

Seit WordPress 3.6 gibt es eine neue sogenannte *Heartbeat API*. Diese ermöglicht eine viel zuverlässigere automatische Speicherung Ihrer Beiträge (alle 15 Sekunden, wenn das Fenster aktiv ist und Sie etwas tun; wenn es z. B. nicht aktiv ist, wird nach fünf Minuten auf ein 2-Minuten-Intervall umgeschaltet). Außerdem wird stetig überprüft, ob sich gerade jemand anders an dem Artikel zu schaffen macht, den Sie gerade bearbeiten. In diesem Fall wird Ihnen nach spätestens 15 Sekunden eine Meldung angezeigt. Wenn Sie selbst einen Beitrag editieren, den schon ein anderer geöffnet hat, wird Ihnen diese Meldung ebenfalls angezeigt, aber mit der Option, die Bearbeitung zu übernehmen. Der andere Nutzer wird darüber natürlich informiert – ein spannendes Feature vor allem für Chefredakteure.

Veröffentlichen

In WordPress können Sie die Veröffentlichung Ihrer Blogbeiträge sehr genau steuern (siehe Abbildung 3.45).

Abbildung 3.45 Über diesen Bereich steuern Sie alle Optionen für die Veröffentlichung Ihres Beitrags.

Sie können Beiträge zunächst als Entwürfe SPEICHERN oder – empfehlenswert bei einem größeren Redaktionsteam – den STATUS von ENTWURF auf AUSSTEHENDER REVIEW setzen, wenn dieser noch redigiert werden muss (siehe Abbildung 3.46).

Abbildung 3.46 Sie haben die Wahl zwischen »Entwurf« und »Ausstehender Review«.

Darüber hinaus können Sie auch die Sichtbarkeit beeinflussen, also ob der Artikel öffentlich oder zunächst nur privat sichtbar sein soll (siehe Abbildung 3.47). Auch ein Passwortschutz lässt sich hier implementieren. Oder setzen Sie den Beitrag doch einfach als *Sticky Post* auf Ihre Startseite (DIESEN BEITRAG AUF DER STARTSEITE), damit neue Beiträge ihn nicht von der Spitze verdrängen.

Wenn Sie neben REVISIONEN (siehe Abbildung 3.45) auf ANZEIGEN klicken, zeigt sich Ihnen ein etwas seltsam anmutendes Bild wie in Abbildung 3.48.

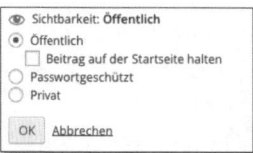

Abbildung 3.47 Passen Sie hier die Sichtbarkeit des Beitrags an.

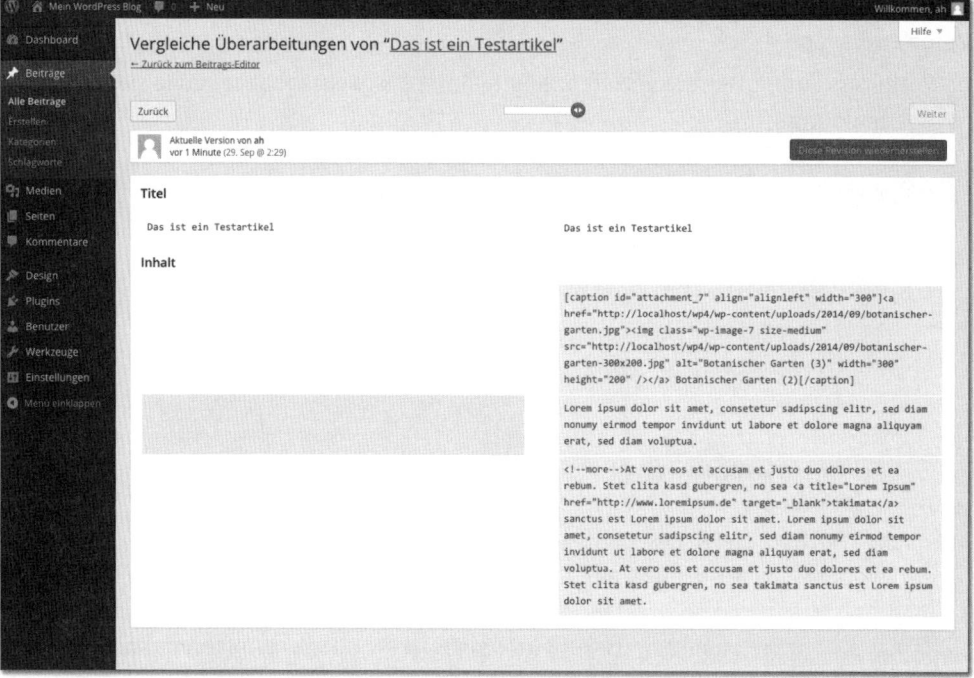

Abbildung 3.48 Der Revisionen-Monitor. Hier finden Sie ganz schnell die gewünschte Revision Ihres Artikels.

Über den Revisionen-Monitor können Sie die Überarbeitungen Ihres Beitrags vergleichen und sich für eine entscheiden. Durch intelligente optische Hervorhebungen dürften Sie sehr schnell die Unterschiede feststellen können. Über die gleichnamige Funktion oben rechts können Sie auch zwei beliebige Revisionen vergleichen (siehe Abbildung 3.49).

Empfehlenswert ist vor allem die Datierungsfunktion (siehe Abbildung 3.50). Damit können Sie ein Veröffentlichungsdatum für den Beitrag festlegen, ohne dass Sie sich zu dem Zeitpunkt selbst an Ihrem PC befinden müssten. WordPress veröffentlicht den Beitrag vollautomatisch zu der angegebenen Zeit. Das ist besonders nützlich, wenn Sie Artikel vorschreiben (das haben wir uns alle schon einmal vorgenommen). Sie müssen sich dann nicht mehr darum kümmern, regelmäßig die Beiträge freizuschalten, sondern delegieren die Aufgabe einfach an Ihre treue Software.

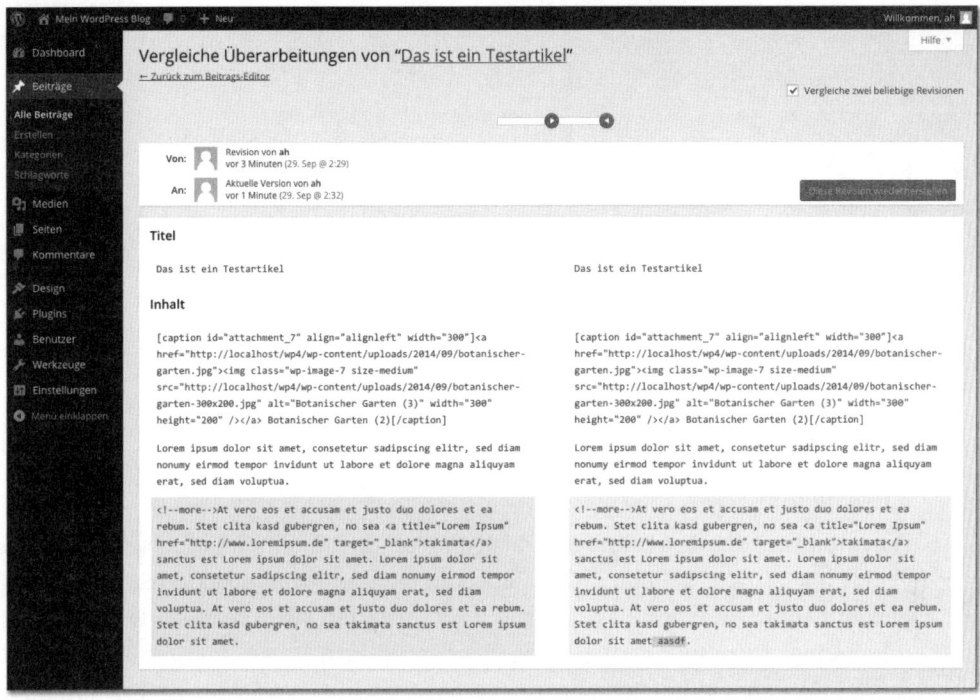

Abbildung 3.49 Vergleichen Sie zwei beliebige Revisionen, nicht nur die aufeinanderfolgenden.

Abbildung 3.50 Veröffentlichen Sie Ihren Artikel sofort oder später vollautomatisch.

Formatvorlagen

Formatvorlagen dienen dazu, verschiedene Beitragstypen zu definieren und diese auf unterschiedliche Art und Weise in Ihr Theme einzubauen (siehe Abbildung 3.51). So können Sie z. B. eine KURZMITTEILUNG, ein ZITAT oder einen LINK einfügen und diese Ausgabe in Ihrem Theme abhängig von der Formatvorlage formatieren. Manche von Ihnen kennen diese Vorgehensweise unter Umständen von der Seite *Tumblr* (*http://www.tumblr.com*).

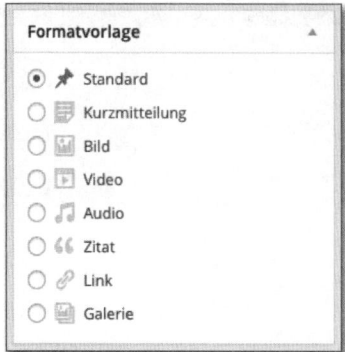

Abbildung 3.51 Verschiedene Formatvorlagen stehen
Ihnen im Standard-Theme zur Auswahl.

Kategorien

Die Anzahl der Beiträge kann schon bald überhandnehmen. Für Besucher ist es nicht gerade übersichtlich, Hunderte von Blogbeiträgen in einer langen Liste angezeigt zu bekommen. Die Chance, dass jemand zu den älteren, aber dennoch lesenswerten durchdringt, ist äußerst gering. Kategorisieren Sie die Beiträge hingegen (siehe Abbildung 3.52), können Ihre Besucher durch die Kategorien navigieren und sich nur die entsprechenden Artikel ihrer jeweiligen Lieblingskategorie anzeigen lassen. So gelangen auch vermeintlich verstaubte Veröffentlichungen wieder ans Tageslicht.

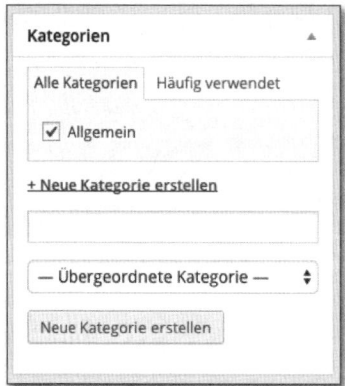

Abbildung 3.52 Die Kategorie »Allgemein« dient als Auffangbecken für alle
kategorielosen Beiträge. Gönnen Sie sich ruhig ein paar aussagekräftigere
Kategorien über »Neue Kategorie erstellen«.

Schlagwörter

Sie mögen Kategorien nicht? Die sind so unflexibel und starr? Keine Sorge, dafür gibt es ja *Tags* (sprich: *tägs*; dt.: Schlagwörter). Ich weigere mich, ausschließlich von Schlagwörtern in diesem Buch zu sprechen. Sprechen Sie einmal mit anderen

Blogautoren und verwenden Sie die Bezeichnung Schlagwörter – Sie werden in überwiegend skeptische Gesichter schauen. Manche englischen Begriffe haben sich einfach eingebürgert, und Tags sind schon fast zu einer Philosophie avanciert.

Durch die Tags können Sie Ihre Blogbeiträge aber genauso gut – wenn nicht sogar besser – strukturieren. Besucher Ihres Blogs haben auch hier die Möglichkeit, sich nur Beiträge einzelner Tags anzeigen zu lassen. Die Idee hinter diesen ist aber, dem Beitrag eher viele als wenige davon hinzuzufügen. Alle Schlagwörter Ihres Textes können und sollten Sie als Tags hinzufügen, Ihre Besucher werden es Ihnen danken (siehe Abbildung 3.53).

Tags und Kategorien schließen sich übrigens nicht zwangsläufig aus. Es bietet sich an, Beiträge grob nach Kategorien zu sortieren und Tags eher für die Feinstrukturierung zu verwenden.

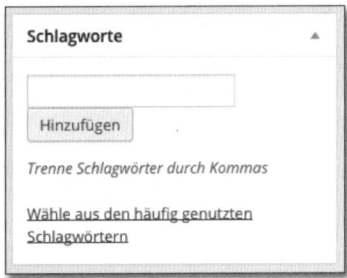

Abbildung 3.53 Mit Tags lassen sich Beiträge viel detaillierter sortieren, als dies mit Kategorien möglich oder sinnvoll wäre.

Beitragsbild

Zu guter Letzt bietet WordPress auch die Möglichkeit, jedem Beitrag ein eigenes Bild zu spendieren. Wenn Sie einige gute Blogs kennen, werden Sie vermutlich schon festgestellt haben, dass jeder Beitrag meist von einem Bild eingeleitet wird – entweder eingebettet in den Text oder direkt darüber. Das ist auch durchaus empfehlenswert, da (aussagekräftige) Bilder für den Leser stets einen guten Einstieg in den Text bieten. Die Beitragsbild-Funktion ermöglicht es Ihnen, ein solches Bild festzulegen (siehe Abbildung 3.54).

Dazu muss in Ihrem Theme allerdings ein Bereich definiert sein, in dem das Bild schließlich angezeigt wird. Diese Funktion nützt Ihnen also nur etwas, wenn an einer bestimmten Stelle regelmäßig ein Platz für Bilder vorgesehen ist; andernfalls lässt sich ein Bild meist genauso gut über die Medienfunktionen einbinden. Wie Sie Ihr Theme »beitragsbildfähig« machen, erfahren Sie in Kapitel 4, »Schnell und einfach: fertige Themes«, noch ganz genau.

Abbildung 3.54 Das Beitragsbild können Sie sowohl in dem Beitrag selbst als auch in Archiven auf unterschiedliche Arten anzeigen lassen, das macht das Feature so mächtig.

Abbildung 3.55 Ein Klick auf »Beitragsbild festlegen« genügt, um das Bild als solches zu deklarieren.

Nachdem Sie auf BEITRAGSBILD FESTLEGEN geklickt haben, öffnet sich die Mediathek. Dort haben Sie natürlich wieder die Wahl, ein Bild hochzuladen (DATEIEN HOCHLADEN) oder ein bereits hochgeladenes Bild aus Ihrer Mediathek auszuwählen. In jedem Fall müssen Sie anschließend auf den Button BEITRAGSBILD FESTLEGEN klicken (siehe Abbildung 3.55), ganz gleich, für welche Variante Sie sich entscheiden. Erst dann gilt dieses Bild als Beitragsbild, wie Sie es in Abbildung 3.56 sehen.

Sie wissen nun alles, was Sie zum Verfassen eines neuen Beitrags wissen müssen. Spielen Sie ruhig ein wenig mit den einzelnen Optionen herum, um sie besser kennenzulernen.

Abbildung 3.56 So sieht Ihr fertiges Beitragsbild aus

3.3.3   Kategorien

Kategorien können Sie nicht nur aus Ihren Blogbeiträgen heraus erstellen, sondern auch separat. Unter BEITRÄGE • KATEGORIEN stehen auch alle bislang erstellten Kategorien zur Verwaltung bereit.

Möchten Sie eine neue Kategorie anlegen, füllen Sie einfach das in Abbildung 3.57 angezeigte Formular aus. NAME ist die Kategoriebezeichnung, wie sie auch Ihren Besuchern angezeigt wird. SLUG ist üblicherweise der Kategoriename, aber übersetzt in ein URL-kompatibles Format. Das bedeutet, dass die Wörter kleingeschrieben und Leerzeichen durch Bindestriche ersetzt werden. Durch gezieltes Anpassen des Slugs können Sie die Adresse zum jeweiligen Kategoriearchiv beeinflussen.

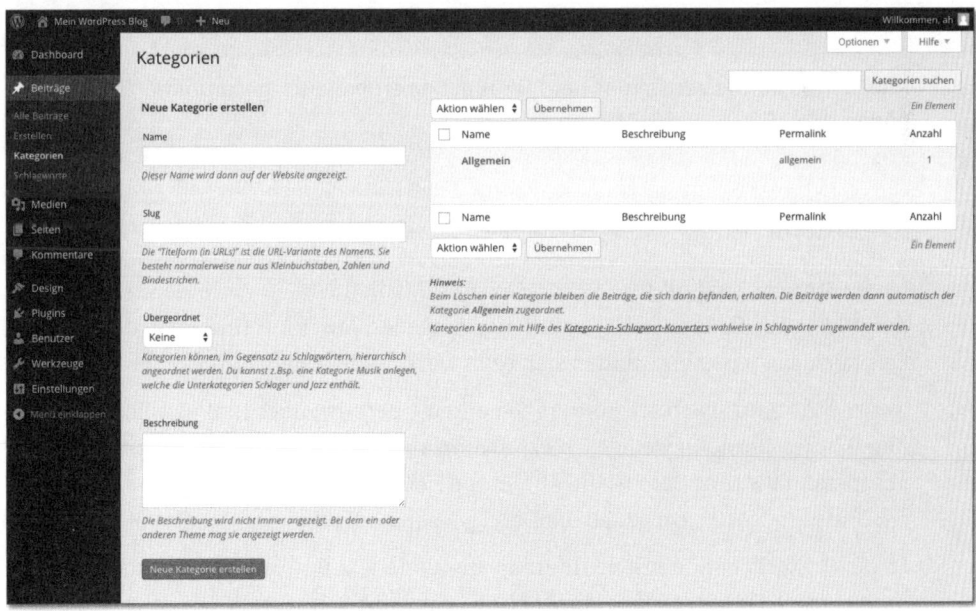

Abbildung 3.57 Verwalten Sie Ihre Kategorien oder fügen Sie neue hinzu.

Über das Auswahlmenü ÜBERGEORDNET können Sie die Kategorie einer anderen Kategorie unterordnen, also eine Hierarchie erstellen. Eine BESCHREIBUNG ist wie üblich optional, kann aber wahlweise später in Ihrem Kategoriearchiv angezeigt werden und sich daher durchaus als nützlich erweisen.

3.3.4   Schlagworte

Die Verwaltung von Tags verhält sich genauso wie die von Kategorien; Sie finden sie unter BEITRÄGE • SCHLAGWORTE (siehe Abbildung 3.58). Bis auf die Tatsache, dass Sie Tags nicht hierarchisch anordnen können, sind die beiden Formen identisch.

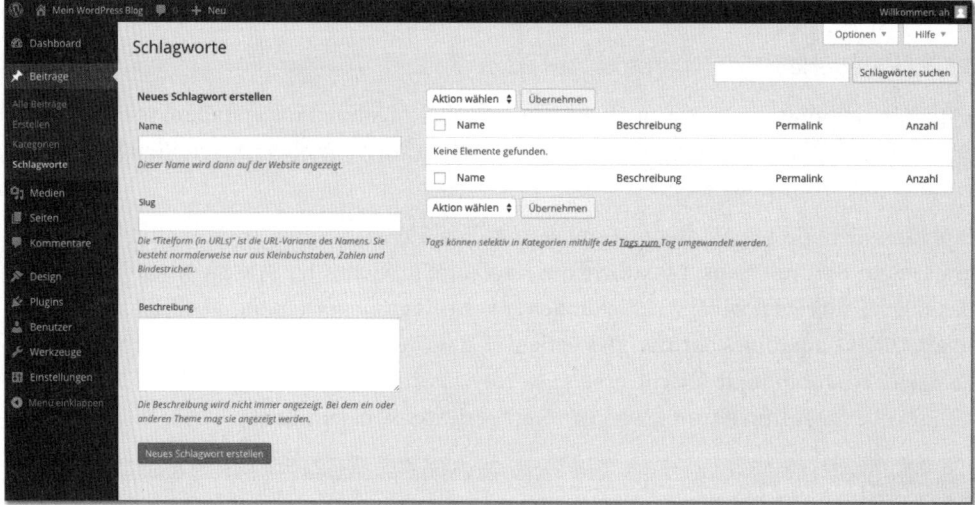

Abbildung 3.58 Die Verwaltung der Tags funktioniert praktisch genauso wie die der Kategorien.

3.4   Medien

Unter MEDIEN sind all Ihre hochgeladenen Mediendateien zu finden (siehe Abbildung 3.59). Die Bilder, die Sie im vorangegangenen Abschnitt innerhalb des Blogartikels hochgeladen haben, finden sich selbstverständlich auch dort wieder.

In der MEDIENÜBERSICHT können Sie einen Überblick über Ihre Mediathek gewinnen. Klicken Sie das jeweilige Objekt an, um sich seine Details anzuschauen oder sie gegebenenfalls zu ändern (siehe Abbildung 3.60). Hilfreich ist das auch, wenn Sie herausfinden möchten, wo genau die Datei gespeichert ist.

Etwas versteckt befindet sich unterhalb des Bildes ein Button mit der Aufschrift BILD BEARBEITEN. Dieser schaltet eine Vielzahl von Funktionen frei.

Abbildung 3.59 Alle Mediendateien finden Sie in der Mediathek übersichtlich zusammen-gestellt.

Abbildung 3.60 Sie können an dieser Stelle Ihre hinzugefügten Medien noch einmal nachträglich bearbeiten.

Die Funktionen (siehe Abbildung 3.61) gleichen einer sehr einfachen Bildbearbeitungssoftware. Sie haben diese Ansicht bereits kurz in Abschnitt 3.3.2 kennengelernt. Schauen wir uns gemeinsam die einzelnen Buttons an.

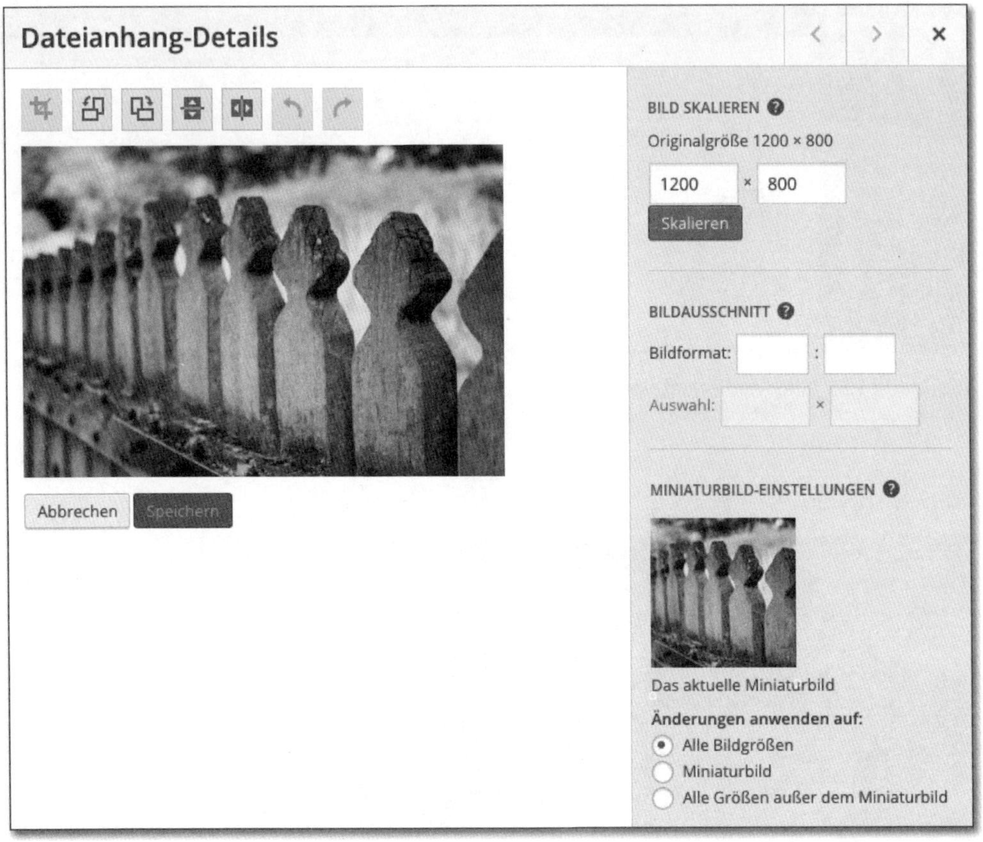

Dateianhang-Details   < > ✕

BILD SKALIEREN ❓

Originalgröße 1200 × 800

| 1200 | × | 800 |

Skalieren

BILDAUSSCHNITT ❓

Bildformat: :

Auswahl: ×

Abbrechen   Speichern

MINIATURBILD-EINSTELLUNGEN ❓

Das aktuelle Miniaturbild

Änderungen anwenden auf:
- ⦿ Alle Bildgrößen
- ○ Miniaturbild
- ○ Alle Größen außer dem Miniaturbild

Abbildung 3.61 In WordPress befindet sich ein Mini-Photoshop. Na gut, Mini-Mini-Photoshop.

Abbildung 3.62 Über das Crop-Symbol können Sie einen Bereich aus dem Bild ausschneiden.

Der sogenannte *Crop*-Button (siehe Abbildung 3.62) ermöglicht Ihnen das Ausschneiden eines Bildteils. Wenn der Hintergrund stört, können Sie so das Motiv besser fokussieren. Wichtig ist, dass Sie zuerst mit der Maus den Teil des Bildes markieren, der ausgeschnitten werden soll (siehe Abbildung 3.63). Das muss nicht beim ersten Versuch klappen, Sie können die entstandene Auswahl größer und kleiner ziehen und verschieben. Erst nach der Auswahl dieses Bereichs wird das Symbol anklickbar und lässt Sie die Auswahl speichern.

Abbildung 3.63 Ziehen Sie zuerst mit der linken Maustaste ein Feld über das Bild, erst danach wird der Button oben links aktiv und ermöglicht das Ausschneiden.

Mit den beiden Buttons aus Abbildung 3.64 können Sie das Bild drehen, mit den Buttons aus Abbildung 3.65 vertikal und horizontal spiegeln. Die beiden Buttons aus Abbildung 3.66 machen etwaige Schritte entweder rückgängig oder wiederholen sie. So können Sie zwischen verschiedene Stadien der Bearbeitung hin- und herschalten.

Abbildung 3.64 Mit diesen Buttons können Sie das Bild entgegen dem oder im Uhrzeigersinn drehen.

Abbildung 3.65 Diese Buttons ermöglichen Ihnen, das Bild vertikal bzw. horizontal zu spiegeln.

Abbildung 3.66 Hiermit können Sie gegebenenfalls einen Schritt zurück- oder vorwärtsgehen, wenn Sie sich bei der Bearbeitung einmal vertun sollten.

Abbildung 3.67 Wenn Sie die Pixelgröße Ihres Bildes anpassen möchten, können Sie das über »Bild skalieren« tun (Breite × Höhe).

Es gibt auch die Möglichkeit, das Bild zu skalieren, also die Größe in Pixeln proportional zu verändern (siehe Abbildung 3.67). Wenn Ihnen das Bild zu groß ist, machen Sie einfach einen der beiden Werte kleiner, und der zweite wird automatisch angepasst. So treten keine Verzerrungen auf.

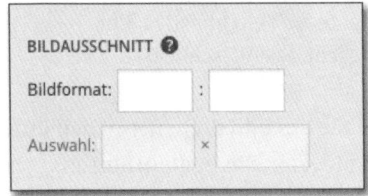

Abbildung 3.68 Wenn Sie lieber mit genauen Werten beim Bildausschnitt arbeiten, können Sie hier exakte Werte oder ein Bildformat festlegen.

Die Bildauswahl, die Sie mit dem oben angesprochenen Crop-Symbol ausschneiden können, lässt sich auch genauer definieren (siehe Abbildung 3.68). Wenn Sie ein BILDFORMAT angeben (z. B. 16:9), wird die Auswahl auf dem Foto entsprechend angepasst. Ähnlich verhält es sich mit dem Bereich AUSWAHL. Hier können Sie pixelgenau die Größe (Breite × Höhe) des Auswahlbereichs anpassen. Im Gegensatz zum Skalieren wird hier nicht das komplette Bild geschrumpft oder vergrößert, sondern es wird gegebenenfalls etwas abgeschnitten.

Zum Schluss können Sie auch noch bestimmen, ob die Änderungen auf alle Bildgrößen angewandt werden sollen oder vielleicht nur auf das Miniaturbild oder auch alle Größen außer dem Miniaturbild (siehe Abbildung 3.69). Speichern Sie anschließend ab.

Der Vollständigkeit halber sei noch erwähnt, dass Sie über den Menüpunkt DATEI HINZUFÜGEN Ihre Medien natürlich auch global hochladen können, ohne über einen Beitrag oder eine Seite gehen zu müssen (siehe Abbildung 3.70).

Abbildung 3.69 Legen Sie anschließend noch fest,
auf welche Bildgrößen sich Ihre Änderungen beziehen sollen.

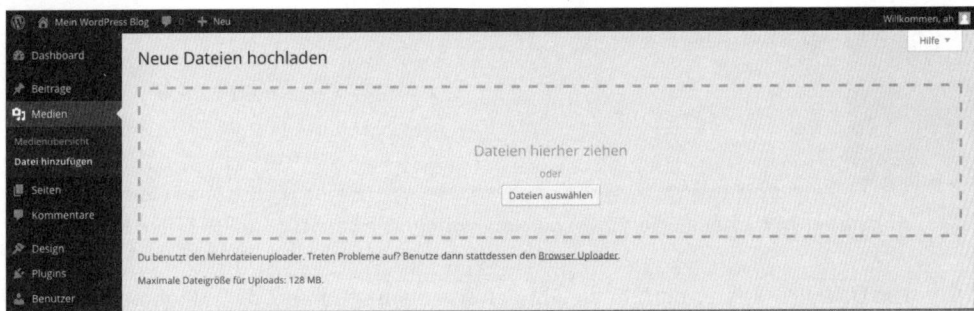

Abbildung 3.70 Der Uploader funktioniert genauso, wie Sie ihn schon weiter oben kennengelernt haben.

Sollte Ihnen der Uploader Probleme bereiten, weil Sie z. B. einen veralteten Browser verwenden müssen, dann gibt es stattdessen einen einfacher gestrickten, den Sie über den Link BROWSER UPLOADER (zu sehen unten in Abbildung 3.70) erreichen.

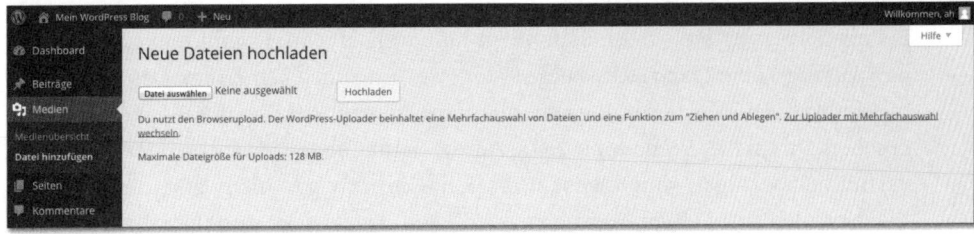

Abbildung 3.71 Ein klassischer Uploader für die archaischen Browser

3.5 Seiten

Seiten sind nicht nur eine Ergänzung zu Ihren Blogartikeln, sondern bilden das Gerüst Ihrer Website. Man könnte sagen, dass in WordPress alles, was kein Blogartikel ist, eine statische Seite darstellt. (Seit die Seitentypen hinzugekommen sind, gilt das allerdings nur eingeschränkt; dazu aber später mehr.) Wenn Sie eine Website umsetzen, wird diese oft nicht nur aus einem Blog bestehen, sondern enthält auch eine Startseite, vielleicht noch eine Produktübersicht, eine Seite zur Kontaktaufnahme und – nicht zu vergessen – den liebsten Abmahngrund erfolgloser Wettbewerber: das Impressum. Alle diese Inhalte werden in WordPress mittels statischer Seiten realisiert. Und zu Ihrem Glück funktionieren die fast genauso wie Blogartikel.

Abbildung 3.72 Über die Seitenverwaltung können Sie bereits erstellte Seiten bearbeiten.

Die Übersichtsseite zeigt Ihnen, ähnlich wie auch schon bei den Blogbeiträgen, eine Auflistung Ihrer bislang erstellten Seiten an (siehe Abbildung 3.72). Sie können entweder diese bearbeiten oder über den Menüpunkt ERSTELLEN eine neue Seite erzeugen (siehe Abbildung 3.73). Wie bereits angesprochen, funktioniert das Erstellen einer Seite prinzipiell wie das Erstellen eines Blogartikels. Daher werde ich an dieser Stelle nur die wenigen wesentlichen Unterschiede deutlich machen und näher erläutern.

Auf den ersten Blick ist Ihnen wahrscheinlich aufgefallen, dass im Vergleich zum Erstellen eines Artikels beim Seitenformular einiges fehlt. Es gibt hier nämlich keinen Auszug, keine Trackbacks, keine Kategorien und auch keine Tags. Das ist auch gar nicht nötig, weil alle diese Dinge vor allem im Zusammenhang mit Blogartikeln Sinn ergeben. Da ein RSS-Feed für einzelne Seiten, deren Inhalt sich kaum oder nie ändert, vermutlich weniger sinnvoll ist, brauchen Sie sich gar nicht erst die Mühe zu machen, sich extra einen Auszug auszudenken. Trackbacks sind ihrer Natur nach ja schon etwas Blogeigenes. Und die Sortierung von Seiten erfolgt üblicherweise auch nicht mithilfe von Kategorien oder Tags, sondern in Form eines Menüs. Sie sehen, die Entwickler haben sich etwas dabei gedacht.

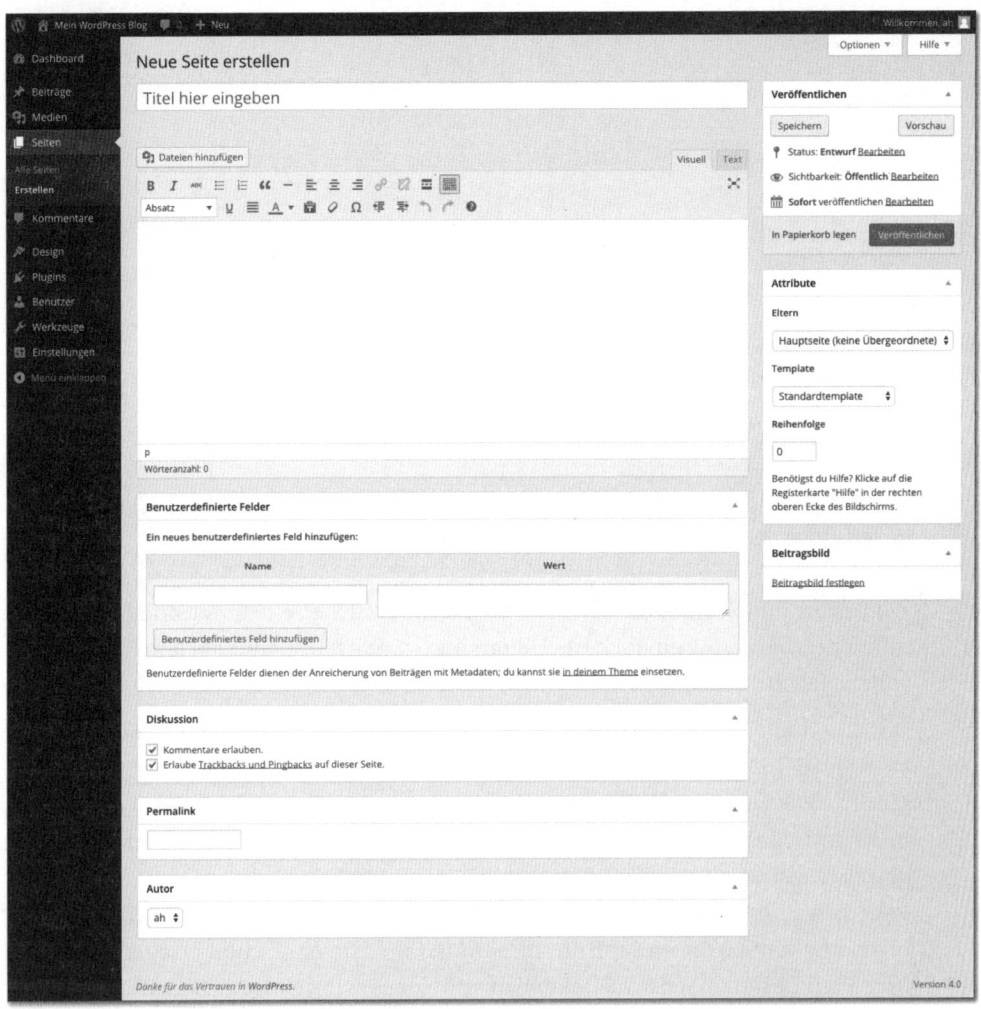

Abbildung 3.73 Sieht dem Hinzufügen eines Blogartikels zum Verwechseln ähnlich

Es ist aber auch etwas Neues hinzugekommen, was Sie bisher noch nicht kannten. Der Abschnitt ATTRIBUTE ist nun mit an Bord – standardmäßig auf der rechten Seite in der Mitte angeordnet. Die dort angebotenen Funktionen sind übrigens wirklich hilfreich für Ihre Seiten, Sie werden sehen (siehe Abbildung 3.74).

Das Auswahlfeld ELTERN hilft Ihnen dabei, eine übergeordnete Seite festzulegen (ähnlich wie bei Kategorien). Nehmen wir an, Sie haben auf Ihrer Website bereits eine Seite, die sich »Leistungsspektrum« nennt. Dort bieten Sie z. B. »Webdesign«, »Suchmaschinenoptimierung« und »Klassisches Marketing« an. Für diese einzelnen Gebiete hätten Sie nun natürlich auch gerne jeweils eine eigene Unterseite, die aber selbstverständlich dem Leistungsspektrum untergeordnet sein soll. Hier kommt nun das Auswahlfeld ELTERN ins Spiel.

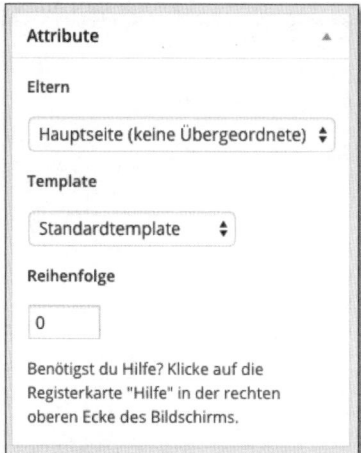

Abbildung 3.74 Drei Funktionen, die für die meisten Websites unabdingbar sind, helfen Ihnen bei der Strukturierung Ihrer Seiten.

Wählen Sie dort einfach die Seite aus, der Sie die aktuelle Seite unterordnen möchten, und schon haben Sie eine schöne Hierarchie – die sich übrigens auch in Ihrem Menü widerspiegeln sollte.

Das Auswahlfeld TEMPLATE lässt Sie ein eigenes Seitendesign für diese spezielle Seite auswählen. In WordPress ist es üblich, ein einziges Design für alle Seiten anzulegen; genauso wie Sie eines für Blogartikel anlegen. Nicht jede Seite soll aber vom Aufbau her identisch sein. Es mag durchaus mal eine Seite geben, die vom üblichen Einerlei abweichen und ein wenig Abwechslung in die Website bringen soll. Auch daran haben die Entwickler von WordPress gedacht: Erstellen Sie einfach ein eigenes Template, und wählen Sie es dann aus dieser Auswahlliste aus. Schon erscheint die Seite im neuen Design. Wie Sie das anstellen, müssen Sie übrigens noch nicht wissen; das erfahren Sie später in Kapitel 4, »Schnell und einfach: fertige Themes«. Versprochen.

Über die REIHENFOLGE können Sie Seiten derselben Ebene sortieren. Kommen wir zu unserem Beispiel mit dem Leistungsspektrum und seinen Unterseiten zurück. Sie haben nun in folgender Reihenfolge die Seiten erstellt: zuerst »Suchmaschinenoptimierung«, danach »Webdesign« und dann »Klassisches Marketing«. In dieser Reihenfolge erscheint das Ganze dann wahrscheinlich auch in Ihrem Menü, wenn Sie es nicht alphabetisch sortiert haben. Sie können Menüeinträge aber auch anhand ihrer Reihenfolge sortieren lassen, und genau diese legen Sie hier fest. Um wieder Ordnung in das Chaos zu bringen, weisen Sie einfach der Seite »Suchmaschinenoptimierung« die »2« zu, der Seite »Webdesign« die »1« und der Seite »Klassisches Marketing« die »3«.

Tipp zur Reihenfolge

Welche Zahlen Sie bei der Reihenfolge wählen, bleibt Ihnen überlassen. Sie können auch 54, 55, 56 wählen, wenn Ihnen der Sinn danach steht. Ob die Seiten 1 bis 53 bestehen, spielt dabei keine Rolle. Ich gebe Ihnen aber einen Tipp, wie Sie die Reihenfolge möglichst zukunftssicher gestalten – denn Sie wissen ja nie, ob nicht vielleicht mal eine Seite hinzukommt. Und schon müssten Sie alle Zahlen neu sortieren. Gehen Sie einfach in Zehnerschritten vor. Die erste Seite bekommt den Wert »10«, die zweite »20«, die dritte »30« etc. Kommt eine Seite hinzu, ordnen Sie sie einfach genau in der Mitte ein. Soll Ihre neue Seite z. B. zwischen den Seiten 1 und 2 stehen, geben Sie ihr einfach den Wert »15«. So haben Sie immer noch Spielraum, selbst wenn später noch eine Seite dazwischen passen muss.

3.6 Kommentare

Kommentare sind *das* Mittel in WordPress, um sich über Beiträge auszutauschen. Leider sind nicht alle Kommentare so beschaffen, dass man sie gerne auf seiner Website anzeigt. Ich spreche nicht von angemessener Kritik, sondern eher von rüden Beschimpfungen oder gar Spam. Jeder Blogbetreiber hat mindestens mit einem dieser beiden Problemfälle schon Bekanntschaft gemacht. Die ersten Spam-Kommentare stellen sich meist schon nach kürzester Zeit ein. Zuerst hat man noch die Hoffnung, es würde sich tatsächlich jemand für das interessieren, was man dort von sich gibt. Dann die nüchterne Wahrheit: Es war nur ein Script, kein neuer Freund, Fan oder Follower.

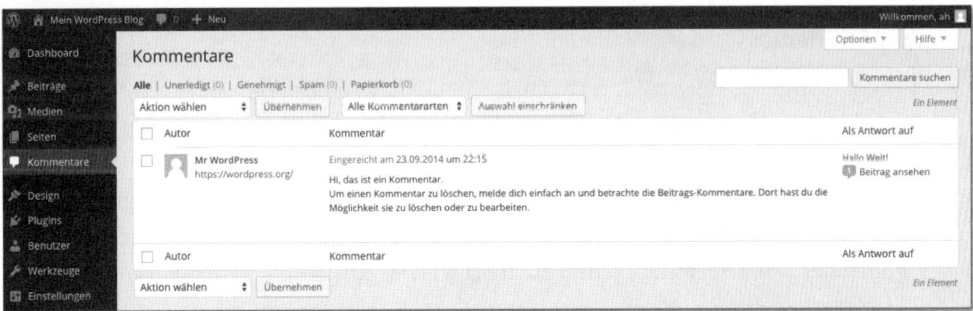

Abbildung 3.75 Machen Sie Spammern und anderen Nervensägen den Garaus, indem Sie ihre Kommentare einfach in den Papierkorb verfrachten.

Damit Sie sich derartiger Kommentare entledigen können, gibt es die Kommentarübersicht. Dort können Sie Kommentare entweder als Spam markieren oder am besten gleich in den Papierkorb werfen (siehe Abbildung 3.75). Wenn Sie später ein Plugin, wie z. B. *Akismet*, installieren, übernimmt dieses für Sie bereits einen Großteil der Arbeit. Kommentare, die offensichtlich aus Spammer-Hand kommen, werden automatisch als Spam deklariert. Diese können Sie sich dann beizeiten anschauen und eventuell falsche Deklarierungen wieder rückgängig machen. Die Kommentare sind aber zumindest erst einmal aus dem Verkehr gezogen.

Spam erkennen

Die Kommentare, mit denen Spammer Blogs überfluten, werden übrigens immer besser. Das soll kein Lob für diese äußerst zweifelhafte »Berufsgruppe« sein, sondern eher ein Hinweis an Sie. Manchmal passen die abgegebenen Kommentare einfach durch Zufall so gut, dass man meint, es handele sich tatsächlich um den Kommentar eines echten Menschen. Zumindest wenn man noch neu im Bloggeschäft ist. Solche Scharlatane erkennen Sie aber schnell an der angegebenen URL: Links zu Glücksspielen, Viagra o. Ä. deuten auf schwarze Schafe hin. Die können Sie getrost löschen. Auch wahllos erscheinende E-Mail-Adressen oder viele Beiträge von ein und derselben IP-Adresse können unter Umständen auf Spam hindeuten.

3.7   Design

So langsam nähern wir uns der Individualisierung Ihres Blogs bzw. Ihrer Website. Der Menüpunkt DESIGN ermöglicht Ihnen eine sehr flexible und leichte Art und Weise, das Design Ihrer Website zu verändern. Hier können Sie Ihr Theme wechseln oder auch direkt ein neues suchen und installieren. Sie können auch Änderungen daran vornehmen oder Ihre Menüs verwalten.

3.7.1   Themes

Themes sind das Gewand Ihrer Website. In den Theme-Dateien stecken alle Informationen über das Design, also das HTML-Gerüst, die CSS-Dateien, etwaige JavaScript-Dateien und natürlich die Bilder. Über den Menüpunkt THEMES gelangen Sie zur Theme-Verwaltung (siehe Abbildung 3.76). Dort können Sie zwischen allen installierten Themes wechseln, was direkt nach der Installation von WordPress ziemlich genau der Zahl Drei entsprechen dürfte (TWENTY FOURTEEN, TWENTY THIRTEEN und TWENTY TWELVE).

Ein Theme installieren

Das ist aber nicht schlimm, schließlich können Sie über den Link HINZUFÜGEN am oberen Bildschirmrand sehr detailliert nach weiteren Themes suchen und diese prompt installieren (siehe Abbildung 3.77).

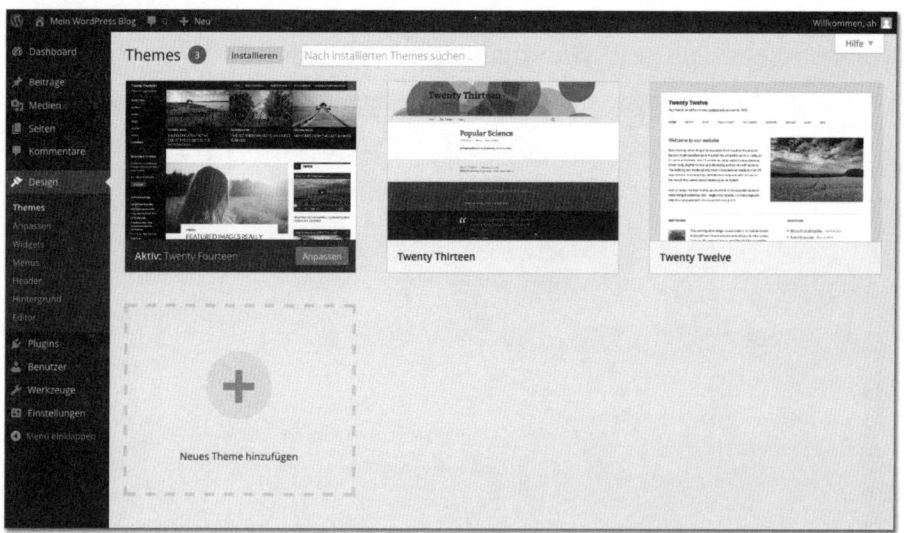

Abbildung 3.76 Bislang befinden sich hier nur drei Themes, das können Sie allerdings schnell ändern.

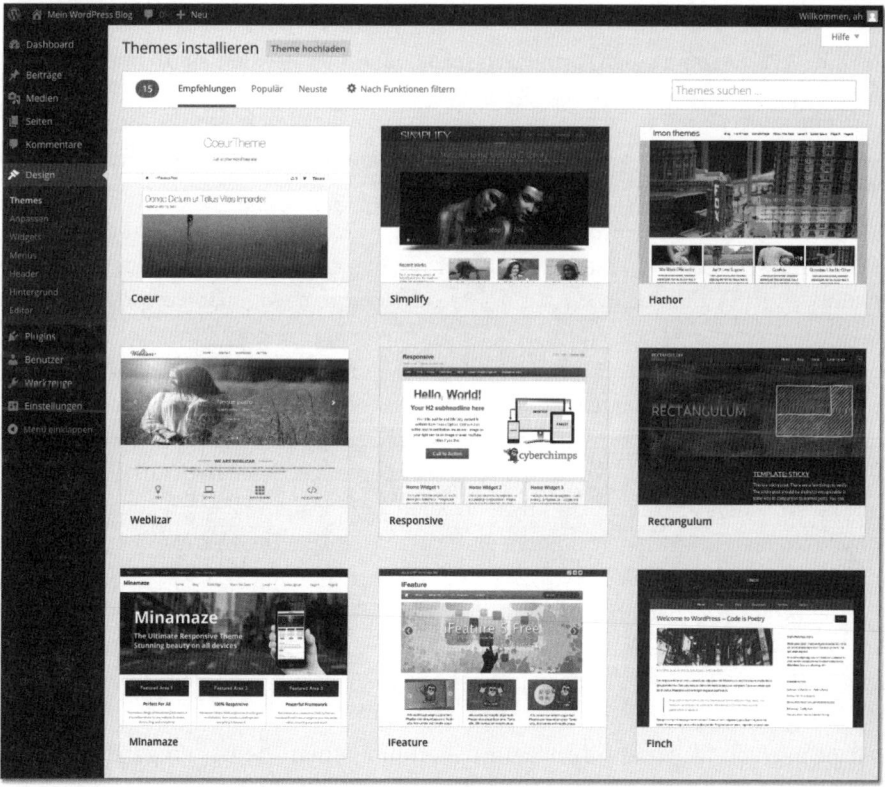

Abbildung 3.77 So finden auch Sie das passende Theme für Ihre Website.

Lassen Sie sich z. B. empfohlene, populäre oder neue Themes anzeigen. Oder nutzen Sie einfach die detaillierte Filterfunktion (siehe Abbildung 3.78).

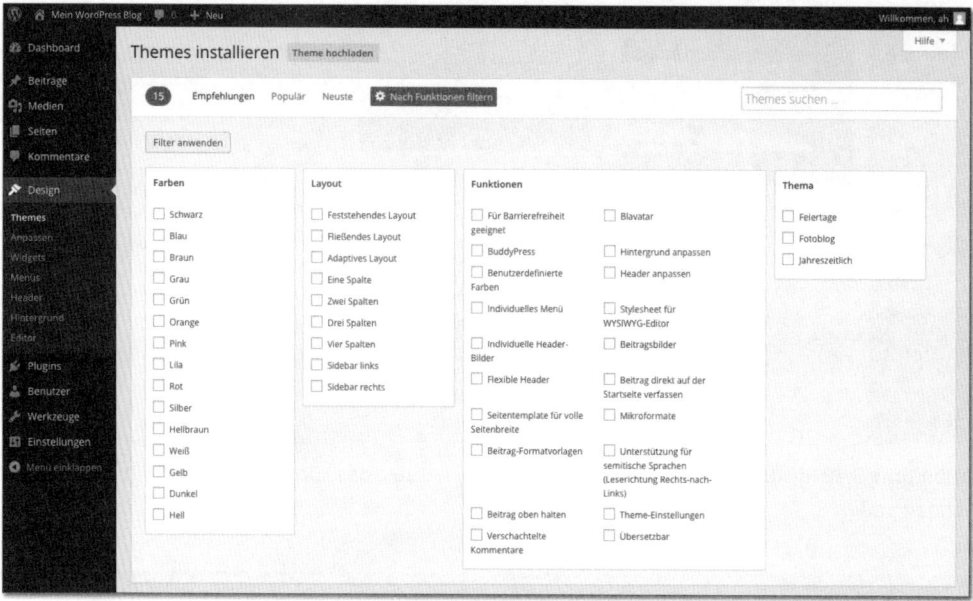

Abbildung 3.78 Besser als jede Partnerbörse: So finden Sie garantiert ein Theme, das zu Ihnen passt.

WordPress als Baukastensystem?

WordPress ist eigentlich ein (professionelles) Content-Management-System und richtet sich in erster Linie an Entwickler, die eine Website oder ein Blog damit betreiben wollen. WordPress ist insofern kein klassisches Baukastensystem, wie man es vielleicht von diversen Internet- oder Serverprovidern her kennt. Dennoch eignet sich WordPress aufgrund der zahlreichen kostenlosen und auch kostenpflichtigen Themes hervorragend selbst für all diejenigen, deren HTML- und CSS-Kenntnisse ein wenig eingerostet sind (oder für die, die sich sicher sind, diese beiden Abkürzungen schon einmal irgendwo im Palandt gelesen zu haben). Wenn ich im Buch behaupte, dass **jeder** mit WordPress seine eigene Website und sein eigenes Blog erstellen kann, dann meine ich genau diesen Abschnitt, diesen Teil von WordPress: das Installieren von Themes. Mit nur wenigen Klicks haben Sie eine voll funktionsfähige Website. Und das Beste: Die WordPress-Theme-Designer sind üblicherweise richtig begabt. Die Qualität der Themes übersteigt die Qualität der meisten Baukastensysteme um Längen. Und dann wird es ja auch noch angetrieben vom besten Content-Management-System – was will man mehr?

Ich habe mich einfach mal auf der Seite der empfohlenen Themes umgeschaut – und siehe da, ich bin auch recht schnell fündig geworden. Das Theme *Coeur* finde ich für den Anfang schon einmal nicht schlecht (siehe Abbildung 3.79).

Abbildung 3.79 Das Theme »Coeur« wirkt modern, zeitlos und nicht zu überfrachtet.

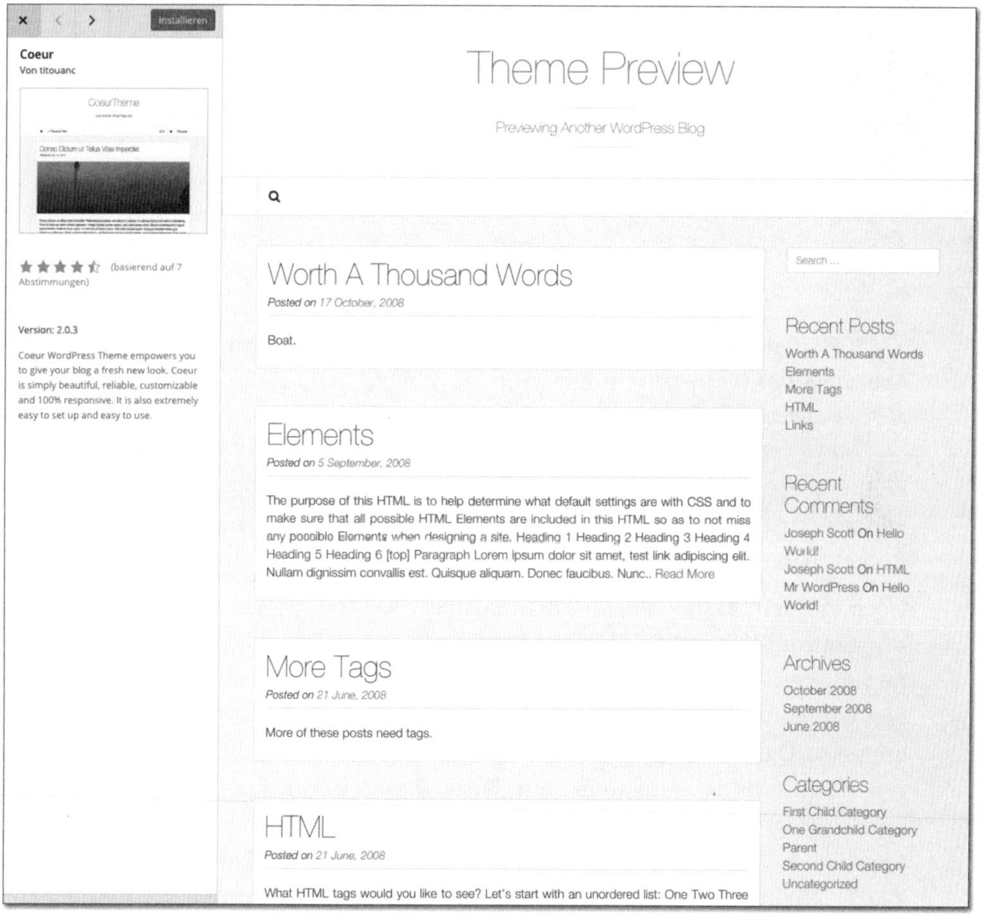

Abbildung 3.80 Die Vorschau des Themes kann Sie durchaus vor der einen oder anderen Fehlinstallation bewahren.

Damit Sie nicht die Katze im Sack installieren, können Sie sich schon einmal eine VORSCHAU anzeigen lassen. Diese zeigt Ihnen mehr Details als das kleine Bildchen über dem Titel (siehe Abbildung 3.80). Das hier ausgewählte Theme ist ein gutes Beispiel: Was über das kleine Thumbnail-Bildchen noch vielversprechend aussah, entpuppt sich plötzlich als sehr ernüchternd. Wenn Sie genau hinschauen, werden Sie aber sehen, dass dies vor allem an einer fehlenden Kopfgrafik liegt. Die Vorschau zeigt Ihnen also: Wenn ich das Theme vernünftig nutzen möchte, muss ich mich selbst um eine Kopfgrafik bemühen.

Ein Klick auf INSTALLATION lädt das Theme herunter und installiert es auch gleich für Sie (siehe Abbildung 3.81). Aktiviert ist es übrigens aus Sicherheitsgründen noch nicht. Das müssen Sie explizit selbst machen (siehe Abbildung 3.82).

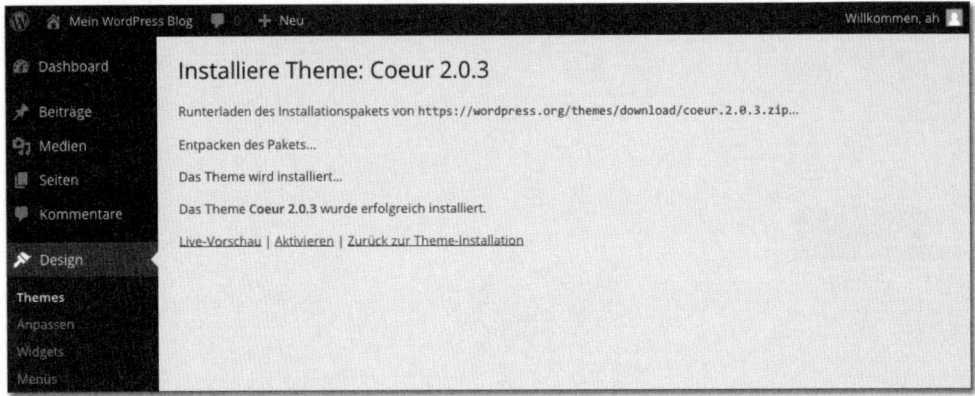

Abbildung 3.81 Die Installation eines Themes geht recht schnell. Sie können es von hier gleich aktivieren.

Wenn Sie erst einmal verschiedene Themes herunterladen oder das neue Theme aus anderen Gründen noch nicht sofort aktivieren möchten, können Sie dies auch immer später über DESIGN • THEMES tun.

Doch mit dem Aktivieren des Themes ist es meist noch nicht getan. Viele Themes bringen von Haus aus eine äußerst detaillierte und meist auch komfortable Konfigurationsoberfläche mit. Dort können Sie nach Herzenslust die wichtigsten Einstellungen vornehmen, wie z. B. Ihr eigenes Logo einfügen oder Farben Ihren Wünschen anpassen. Das funktioniert alles ein wenig nach dem Trial-and-Error-Prinzip: Probieren Sie einfach die Funktionen aus, jedes Theme ist einzigartig und bietet Ihnen andere Möglichkeiten. Die erweiterten Konfigurationsoptionen finden Sie in der Regel auch unterhalb des Menüpunkts DESIGN (z. B. als »Theme Options« o. Ä.). Dieses Theme hingegen beschränkt sich auf die von WordPress vorgegebenen Anpassungsmöglichkeiten.

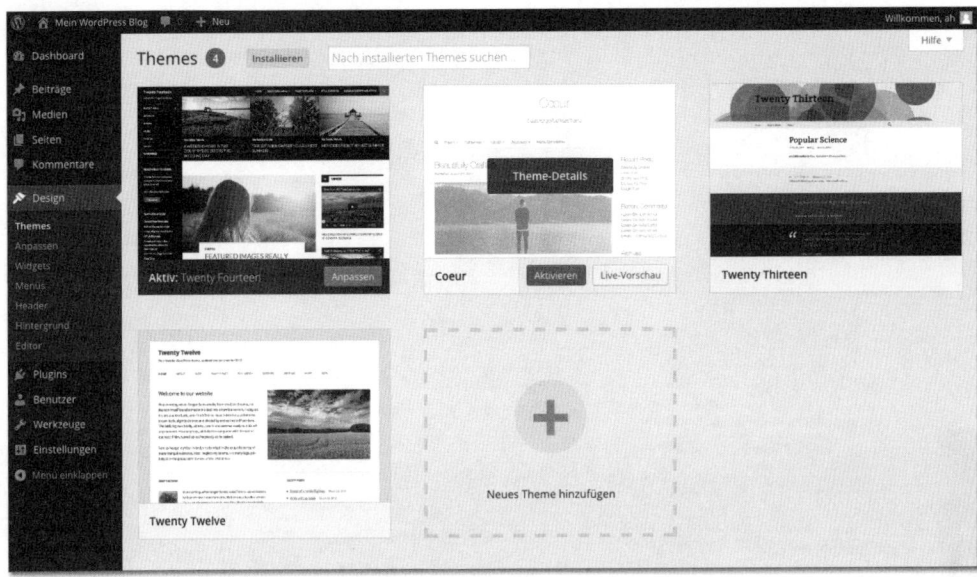

Abbildung 3.82 Das Theme ist nun auch in Ihrer Theme-Verwaltung zu sehen und kann von dort aus ebenfalls aktiviert und bei Bedarf auch deaktiviert werden.

Wenn Sie einen Blick auf Ihr Theme und auch auf etwaige Änderungen, die Sie vorgenommen haben, werfen möchten, dann klicken Sie einfach oben links auf den Titel Ihres Blogs. Über diesen Link gelangen Sie von überall aus immer zu Ihrem Frontend (siehe Abbildung 3.83).

Die Auswahl der WordPress-Themes ist riesengroß. Dabei gibt es nicht nur diejenigen des offiziellen *WordPress Repository*, sondern auch unzählige Websites mit kostenpflichtigen Themes, sogenannten *Premium Themes*. Der Name ist allerdings ein wenig irreführend. »Premium« bedeutet dabei nicht unbedingt außerordentlich gut, sondern lediglich kostenpflichtig. Es gibt viele herausragende Themes, die keinen Cent kosten. Auch gibt es sicher einige kostenpflichtige, von denen man besser die Finger lassen sollte. Lassen Sie sich also von der Bezeichnung nicht verunsichern und bewerten Sie die Themes anhand ihrer Optik, ihres Funktionsumfangs und der Frage, inwieweit Ihr Projekt von der Nutzung gerade dieses Themes profitieren kann.

Hinweis

Das gerade installierte Theme habe ich der Übersichtlichkeit halber wieder deaktiviert. Es sollte nur als Beispiel dienen. Im Buch geht es nun wie vorher weiter mit dem Standard-Theme *Twenty Fourteen*, um nicht diejenigen Leser auszuschließen, die das andere Theme nicht installiert haben.

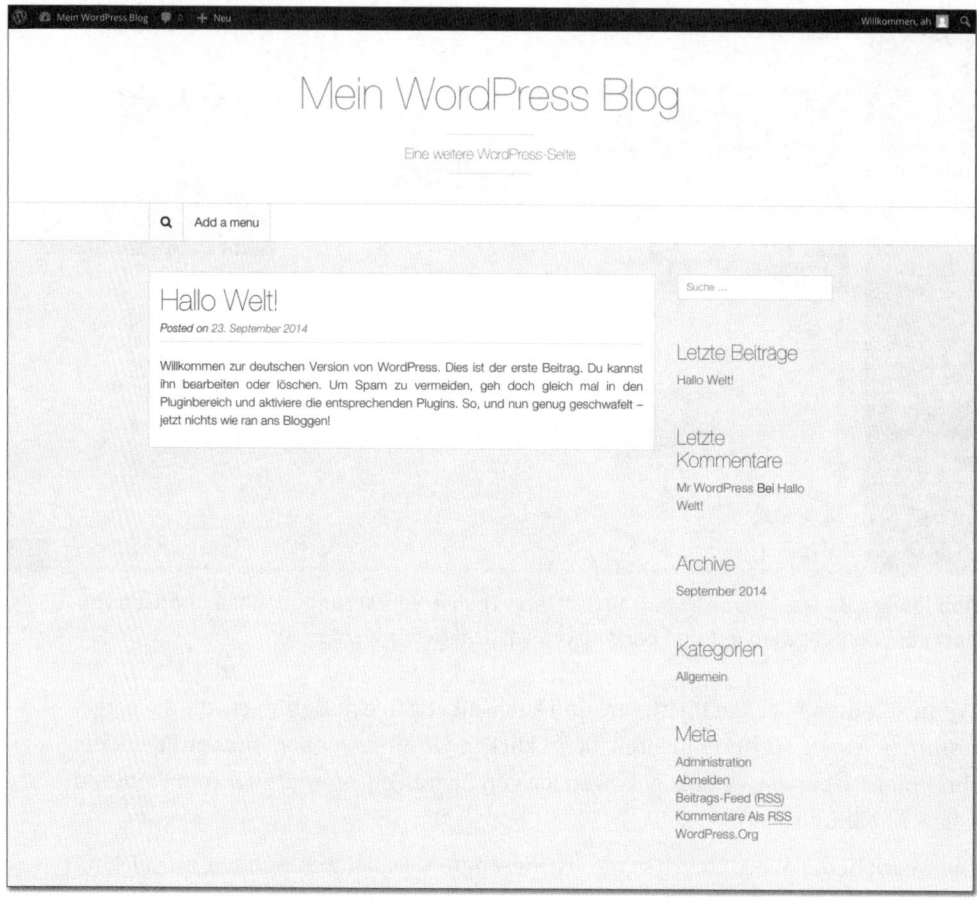

Abbildung 3.83 Das neue Frontend: Es wirkt noch etwas nüchtern ohne Grafiken und Inhalte.

Das Theme live anpassen

In WordPress 3.4 ist eine neue Funktion hinzugekommen, mit der Sie Ihr Theme »live« anpassen können. Ihre Änderungen werden also unmittelbar in einem Vorschaufenster sichtbar. Um dorthin zu gelangen, klicken Sie auf der Theme-Übersicht (DESIGN • THEMES) auf ANPASSEN (siehe Abbildung 3.84). Das Theme muss aktiviert sein, damit diese Option freigeschaltet ist.

Nach dem Klick gelangen Sie unmittelbar zur Live-Ansicht, die Ihnen je nach Theme mitunter zahlreiche Möglichkeiten eröffnet (siehe Abbildung 3.85).

Abbildung 3.84 So passen Sie das Theme in der Live-Ansicht an.

Abbildung 3.85 In der Sidebar nehmen Sie die Änderungen vor; rechts im Vorschaufenster können Sie die dadurch bewirkte Veränderung sofort sehen.

Unter SEITENTITEL UND UNTERTITEL können Sie logischerweise selbige bearbeiten. Dort sehen Sie, dass es nicht nötig ist, die Änderungen zu speichern, damit sie sichtbar werden (siehe Abbildung 3.86).

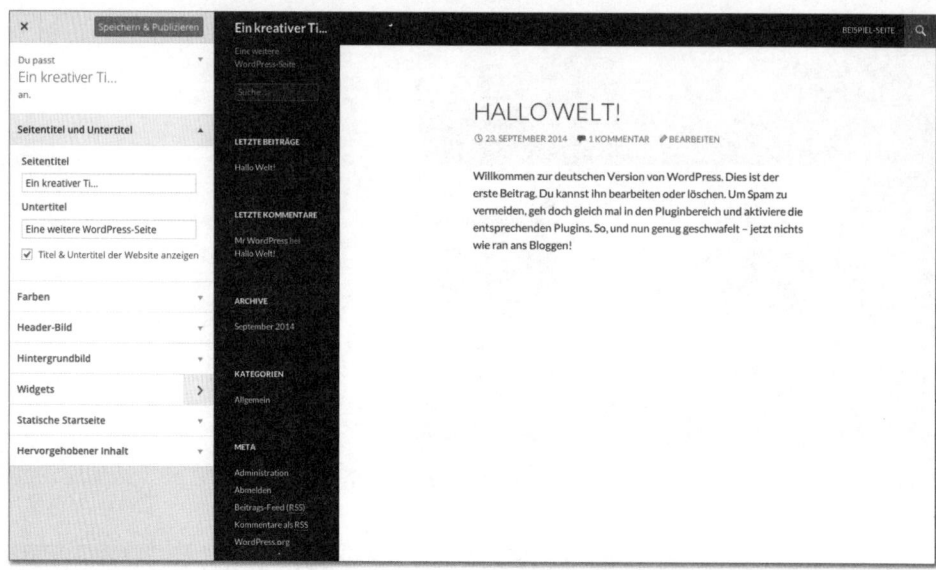

Abbildung 3.86 Die Änderungen werden sofort sichtbar, ohne dass sie gespeichert wurden.

Im nächsten Abschnitt FARBEN können Sie bei *Twenty Fourteen* zwischen einem hellen und einem dunklen Farbschema wechseln, die Textfarbe in der Kopfzeile anpassen sowie eine andere Hintergrundfarbe festlegen (siehe Abbildung 3.87).

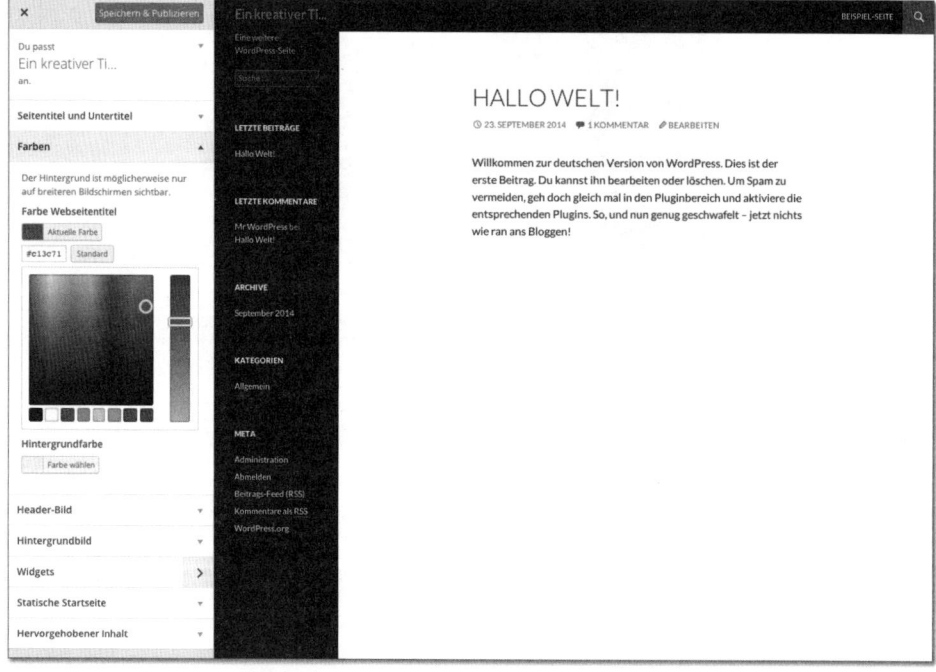

Abbildung 3.87 Ein kräftiger Titel für blasse Inhalte

Wenn Sie ein HEADER-BILD hinzufügen möchten, können Sie das auch direkt über die Anpassen-Oberfläche tun (siehe Abbildung 3.88). Achten Sie auf die Größenangabe im Infotext, damit Ihr Bild auch richtig gut in das Design hineinpasst.

Abbildung 3.88 Das Header-Bild können Sie ebenfalls ganz schnell hinzufügen.

Im Bereich HINTERGRUNDBILD können Sie ganz leicht per Drag & Drop ein Hintergrundbild einfügen (siehe Abbildung 3.89).

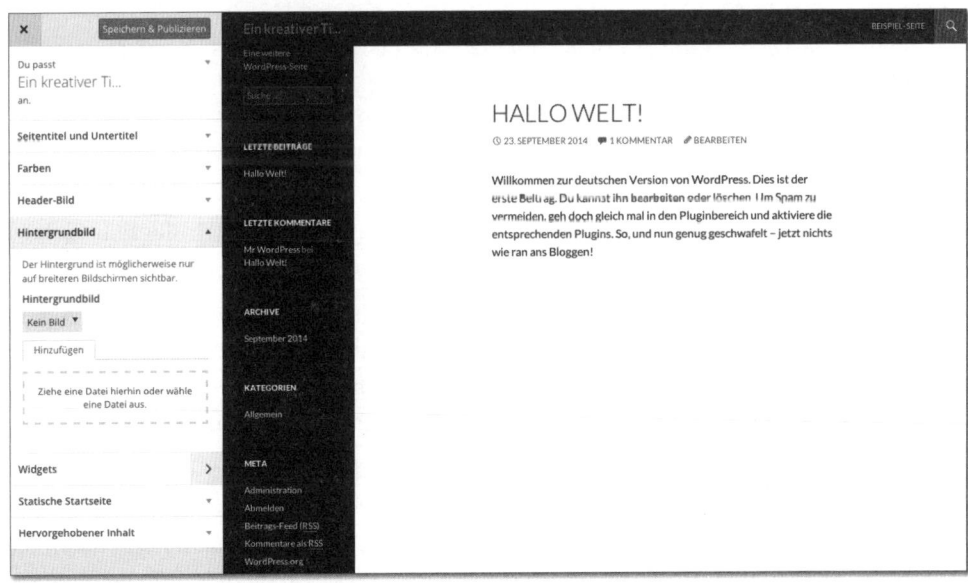

Abbildung 3.89 Ein neues Hintergrundbild gefällig?

Ein Klick auf WIDGETS führt Sie zu einer ganz eigenen Unterseite, auf der Sie die Widgets für das Theme anpassen können (siehe Abbildung 3.90). Hier können Sie die Widgets hinzufügen, umsortieren, bearbeiten oder entfernen. Das ist sehr komfortabel, da Sie die Änderungen sofort sehen können. Die Live-Ansicht zahlt sich hier, meiner Meinung nach, am meisten aus.

Abbildung 3.90 Sie können sogar die Widgets für das Theme in der Anpassen-Ansicht bestimmen.

Wenn das Theme eine statische Startseite unterstützt – alternativ zur klassischen Blogansicht –, dann können Sie unter STATISCHE STARTSEITE einstellen, dass eine solche verwendet werden soll (siehe Abbildung 3.91). Bedenken Sie, dass Sie in diesem Fall mindestens zwei statische Seiten angelegt haben müssen: die Startseite und eine Blogseite. Diese müssen aber keine besondere Form und auch keinen Inhalt haben, legen Sie einfach zwei leere Seiten an. Achten Sie bei der Blogseite darauf, einen passenden Permalink zu wählen, wie z. B. »/blog/«.

Diese Einstellung ist dieselbe, die Sie auch unter EINSTELLUNGEN • LESEN vornehmen können. Sie sorgt im Prinzip dafür, dass Sie anstatt der typischen Blogansicht, bei der die Startseite die neuesten Beiträge zeigt, eine Website-Ansicht verwenden, bei der die Startseite eher statische Informationen enthält (z. B. einen Begrüßungstext).

Twenty Fourteen hat eine weitere Funktion namens HERVORGEHOBENER INHALT. Über diese können Sie bestimmen, auf welche Weise im Rahmen des Themes besonders hervorgehobene Inhalte dargestellt werden sollen. Diese Inhalte definieren Sie manuell, indem Sie ihnen ein bestimmtes Tag zuweisen, das Sie dort in den Einstellungen auch ändern können (siehe Abbildung 3.92).

Abbildung 3.91 Sie möchten eine statische Startseite verwenden? Das trifft sich gut, »Twenty Fourteen« unterstützt Sie dabei.

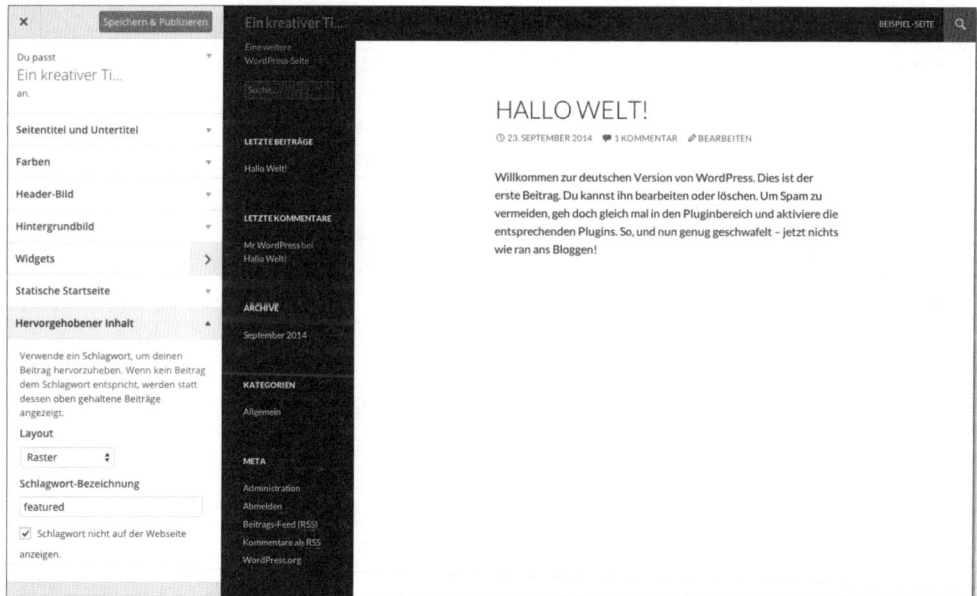

Abbildung 3.92 Wie sollen Inhalte auf der Startseite hervorgehoben werden?

Wenn Sie fertig sind, klicken Sie einfach auf SPEICHERN & PUBLIZIEREN. Oder auf ABBRECHEN, wenn Sie sich ähnliche gestalterische Fehleinschätzungen geleistet haben wie ich im obigen Beispiel.

3.7.2   Widgets

Widgets sind kleinere und größere Bausteine, mit denen Sie Ihre WordPress-Website bestücken können. Erst sie machen es möglich, dass die Website wirklich selbstständig über die Administrationsplattform verändert werden kann. Typische Widgets sind z. B. ein Menü, ein Kalender oder auch eine sogenannte *Tag-Wolke* – die Tags werden in unterschiedlichen Schriftgrößen, gemessen an der Häufigkeit ihrer Verwendung, eingeblendet, und ihr Umriss ähnelt manchmal dem einer Wolke.

Damit Sie Widgets verwenden können, muss Ihr Theme widget-fähig sein (wie das funktioniert, erfahren Sie in Abschnitt 6.4.4, »Das Theme widget-fähig machen«). Ist diese Voraussetzung allerdings erfüllt, ist das Hinzufügen und Entfernen von Widgets wirklich ein Kinderspiel (siehe Abbildung 3.93).

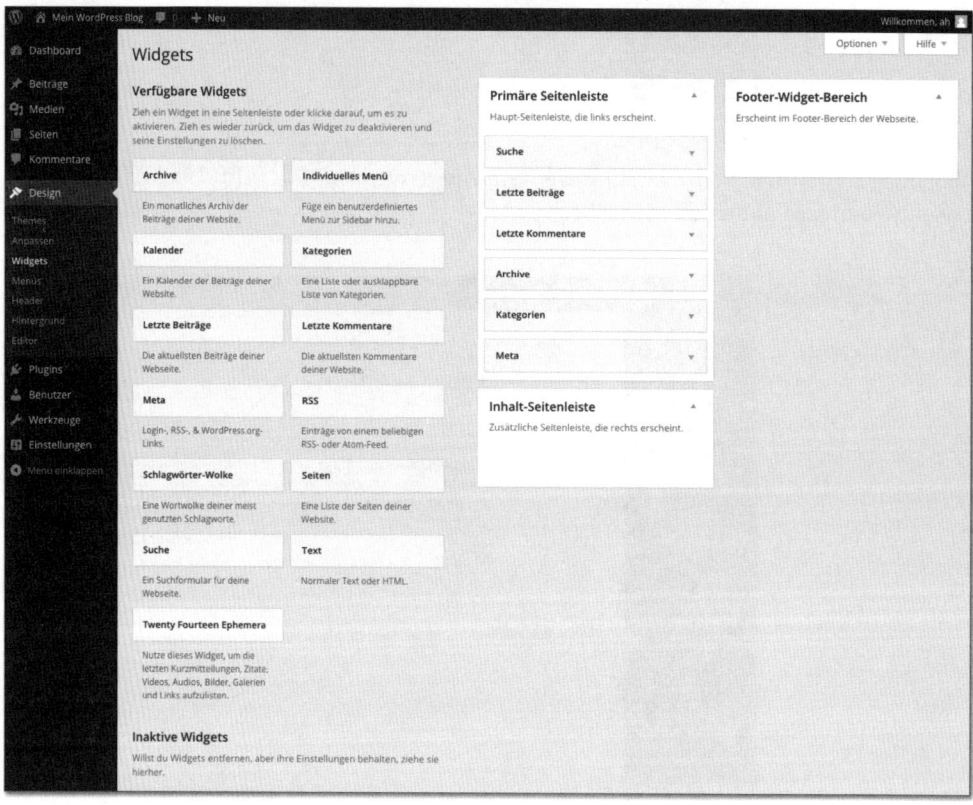

Abbildung 3.93 Fügen Sie Widgets hinzu, indem Sie sie vom linken Bereich in eine der rechten Widget-Bereiche ziehen.

Im linken Fenster VERFÜGBARE WIDGETS der Widgets-Übersicht finden Sie alle derzeit implementierbaren Widgets. Derzeit deshalb, weil Sie stets in der Lage sind, die Auswahl über Erweiterungen zu ergänzen. Das heißt: Plugins können Widgets hinzufügen und bieten Ihnen die komfortable Möglichkeit, ihre Position und Anzeige auf diese Weise zu verändern.

Indem Sie die einzelnen Widgets per Drag & Drop z. B. in die PRIMÄRE SEITENLEISTE schieben, fügen Sie sie dieser hinzu. Das funktioniert natürlich auch andersherum: Möchten Sie Widgets entfernen, ziehen Sie diese einfach aus dem Widget-Bereich heraus. Möchten Sie die Einstellungen behalten, sollten Sie das Widget allerdings in den Bereich INAKTIVE WIDGETS ziehen. Im Widget-Bereich selbst können Sie durch einen Klick auf den Pfeil rechts neben dem Widget weitere Optionen freischalten (siehe Abbildung 3.94).

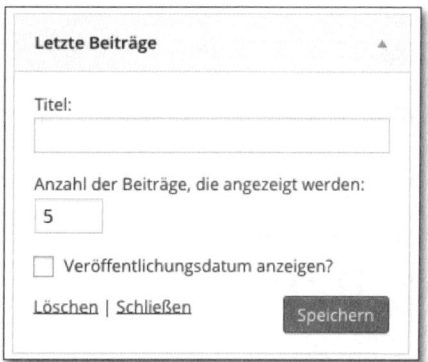

Abbildung 3.94 Über den Pfeil rechts neben dem Widget schalten Sie weitere nützliche Optionen frei.

Ein Theme kann mehrere Widget-Bereiche haben. Wenn Sie bei der Programmierung eines Themes konsequent auf die Einbindung von Widget-Bereichen achten, können Sie fast alle Elemente Ihrer Website auf diese Weise ordnen. So könnten Sie z. B. eine horizontale Leiste haben, in der sich das Menü befindet; auf der rechten Seite könnte sich noch eine Sidebar befinden, und ganz unten – natürlich – wäre auch noch ein *Footer*. Dann könnten Sie aus drei Widget-Bereichen wählen und diese unabhängig voneinander mit Widgets bestücken.

Hinweis

Bitte bedenken Sie, dass WordPress neuerdings die Widgets auch bei einem Theme-Wechsel speichert. Wenn Sie also ein neues (oder Ihr eigenes) Theme installieren und alles so aussieht, als hätte eine Bombe eingeschlagen, dann kehren Sie noch einmal zur Widgets-Sektion zurück und werfen alles raus, was hier nicht hingehört.

3.7.3 Menüs

Ist Ihnen im vorangegangenen Abschnitt schon das Widget INDIVIDUELLES MENÜ aufgefallen? Selbstverständlich können Sie in WordPress auch eigene Menüs einbinden und bearbeiten. So selbstverständlich ist das übrigens gar nicht, richtig einfach ist das erst seit WordPress 3.0. Das Styling des Menüs erfolgt übrigens nicht in WordPress selbst. Die Software gibt das Menü lediglich in einer ganz spartanischen HTML-Liste aus, immer auf die gleiche Art und Weise. Die unterschiedliche Beschaffenheit des Menüs kontrollieren Sie ganz allein über CSS-Styling, ganz gleich, ob Sie nun ein horizontales, vertikales, verschachteltes oder auf andere Weise kreatives Menü erstellen wollen. Manchmal ist es dafür erforderlich, dass Sie mehrere einzelne erstellen, etwa bei besonders umfangreichen Menüs, die mehrere Kategorien abbilden und die sofort einen vollständigen Überblick über die Website gewähren sollen. Das Styling findet aber weiterhin nur in CSS statt, nicht in WordPress. Wenn Sie ein fertiges Theme verwenden, müssen Sie sich darum aber natürlich keine Gedanken machen.

Um ein neues Menü anzulegen, geben Sie zunächst einen Namen für das Menü ein und klicken dann auf MENÜ ERSTELLEN (Abbildung 3.95). Danach werden auch die noch inaktiven Kästchen auf der linken Seite zum Leben erweckt (siehe Abbildung 3.96).

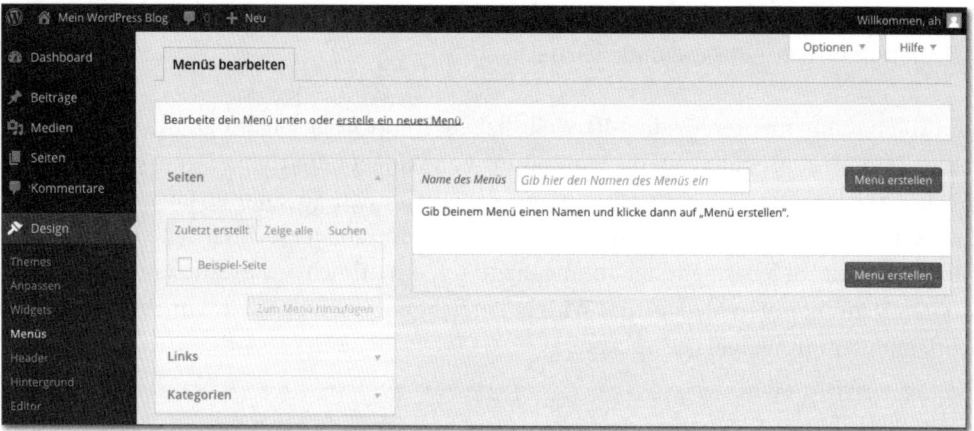

Abbildung 3.95 Menüs zu bearbeiten, ist in WordPress 3.8 noch einfacher geworden.

Unter dem Punkt MENÜ EINSTELLUNGEN finden Sie ein paar grundlegende Konfigurationsmöglichkeiten (siehe Abbildung 3.97). Wenn Sie möchten, dass alle Seiten auf Top-Level-Ebene – also Seiten, die keiner anderen untergeordnet sind – zu diesem Menü automatisch hinzugefügt werden, dann setzen Sie ein Häkchen beim Punkt NEUE SEITEN DER ERSTEN EBENE AUTOMATISCH ZUM MENÜ HINZUFÜGEN. Die

Option darunter lässt Sie dann auch gleich festlegen, zu welchem Menü diese Seiten automatisch hinzugefügt werden sollen.

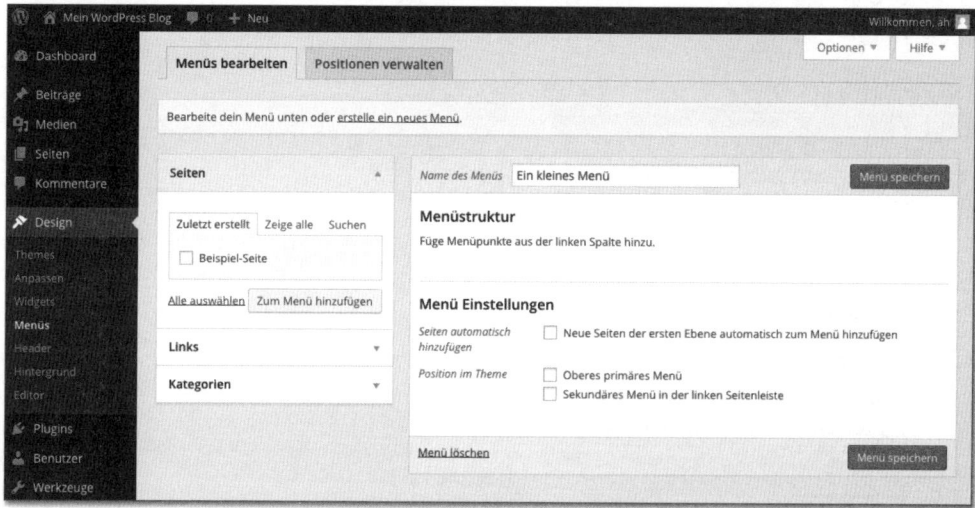

Abbildung 3.96 Nach dem Speichern des Menüs kommen weitere Optionen hinzu.

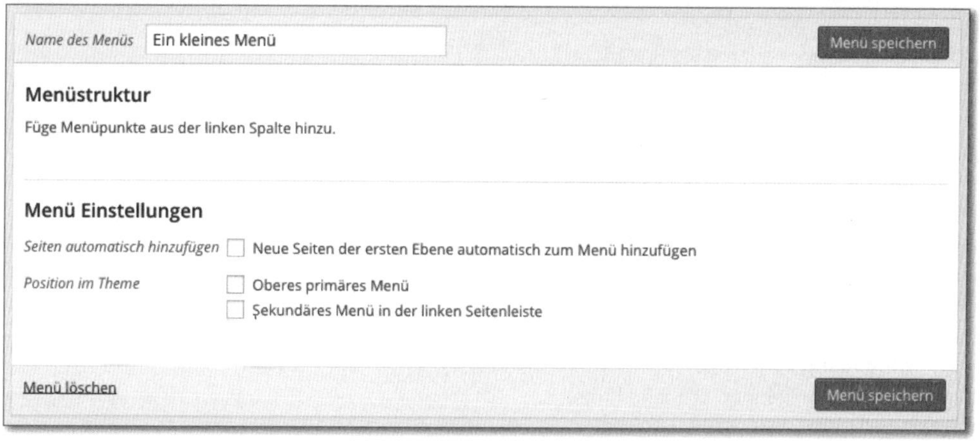

Abbildung 3.97 Hier legen Sie einige grundlegende Einstellungen für das Menü fest.

Die übrigen Kästchen – SEITEN (siehe Abbildung 3.98), LINKS (siehe Abbildung 3.99) und KATEGORIEN (siehe Abbildung 3.100) – stellen die einzelnen Elemente dar, die Sie Ihrem Menü hinzufügen können. Über SEITEN können Sie jede statische Seite Ihrer Website dem Menü hinzufügen, über das Kästchen LINKS fügen Sie Ihrem Menü typischerweise einen externen Link hinzu; geben Sie dazu einfach die Adresse und einen beliebigen Namen ein, unter dem der Link später erscheinen soll. Über KATEGORIEN fügen Sie dementsprechend einen Link zu einer Kategorie Ihres Blogs hinzu.

Abbildung 3.98 Mehr Seiten hat die Website leider noch nicht, es wird also ein kleines Menü.

Abbildung 3.99 Fügen Sie Ihrem Menü einen Link zu einer beliebigen Website hinzu.

Vergessen Sie bitte nicht, am Ende auf MENÜ SPEICHERN zu klicken, damit die Mühe nicht umsonst war.

Doch es gibt noch einen weiteren Registerreiter, der auf keinen Fall vernachlässigt werden sollte: POSITIONEN VERWALTEN (siehe Abbildung 3.101). Wenn es in Ihrem Theme mehrere mögliche Positionen für ein Menü gibt, können Sie hier festlegen, welches wo erscheinen soll.

3

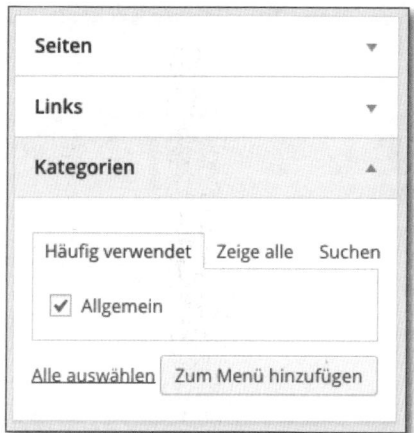

Abbildung 3.100 Sie können ganz leicht auch
Blogkategorien zu Ihrem Menü hinzufügen.

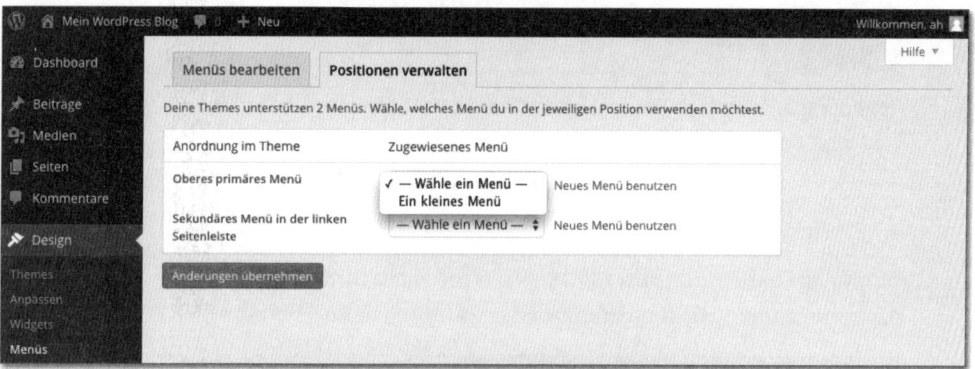

Abbildung 3.101 Welches Menü soll an welcher Position angezeigt werden?

3.7.4   Header

Die Optionen des HEADER (siehe Abbildung 3.102) gehören ebenfalls zum Word-
Press-Standard-Theme.

Sie können an dieser Stelle ein eigenes Bild hochladen, und zwar im Abschnitt BILD
WÄHLEN. Sollte das Bild nicht exakt 1.260 × 240 Pixel groß sein, ist das übrigens nicht
weiter schlimm. Sie können das Bild im nächsten Schritt noch zuschneiden.

Außerdem können Sie wählen, ob ein Text angezeigt werden soll und – wenn ja –
welche Farbe Sie sich dafür wünschen.

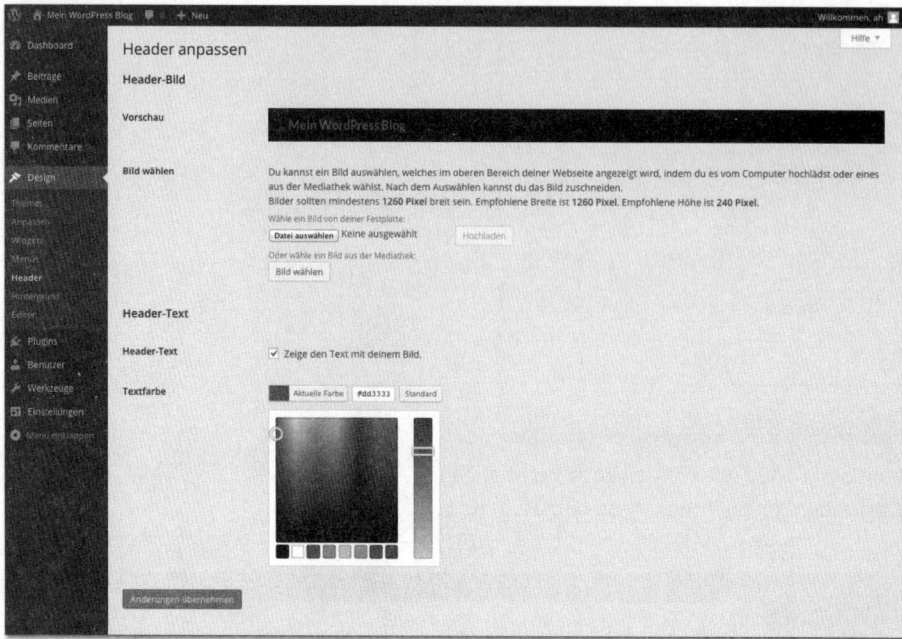

Abbildung 3.102 Laden Sie ein Header-Bild hoch und legen Sie fest, ob und wie ein Header-Text angezeigt werden soll.

3.7.5   Hintergrund

Der Navigationspunkt HINTERGRUND ermöglicht Ihnen, einen anderen Hintergrund bzw. eine andere Hintergrundfarbe festzulegen (siehe Abbildung 3.103).

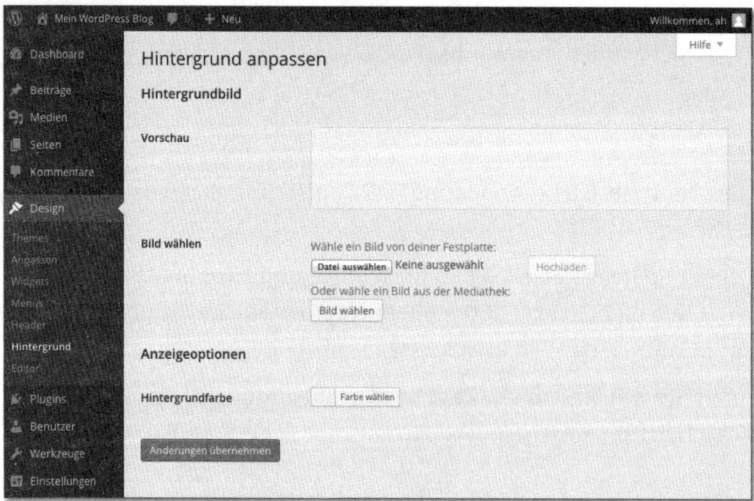

Abbildung 3.103 Bestimmen Sie einen Hintergrund, z. B. ein grelles Pink, um Besucher von Ihrer Website dauerhaft fernzuhalten.

Wählen Sie entweder ein Hintergrundbild von Ihrer Festplatte aus und laden Sie es hoch, wählen Sie ein Bild aus der Mediathek aus oder legen Sie einfach nur eine andere Farbe fest.

3.7.6   Editor

Nützlicherweise bietet Ihnen WordPress auch gleich einen Editor an, mit dem Sie die einzelnen Theme-Dateien bearbeiten können. Dass dafür dann doch entsprechende HTML- und CSS-Kenntnisse nötig sind, muss ich Ihnen vermutlich nicht sagen, das werden Sie sehr schnell sehen (siehe Abbildung 3.104).

Im Hauptfenster wird Ihnen der Dateiinhalt angezeigt. Oben rechts können Sie aus einem Auswahlfeld das zu bearbeitende Theme wählen, falls Sie mehrere installiert haben. Darunter finden Sie dann eine Auflistung aller Theme-Dateien, die Sie durch einen Klick öffnen und dann bearbeiten können.

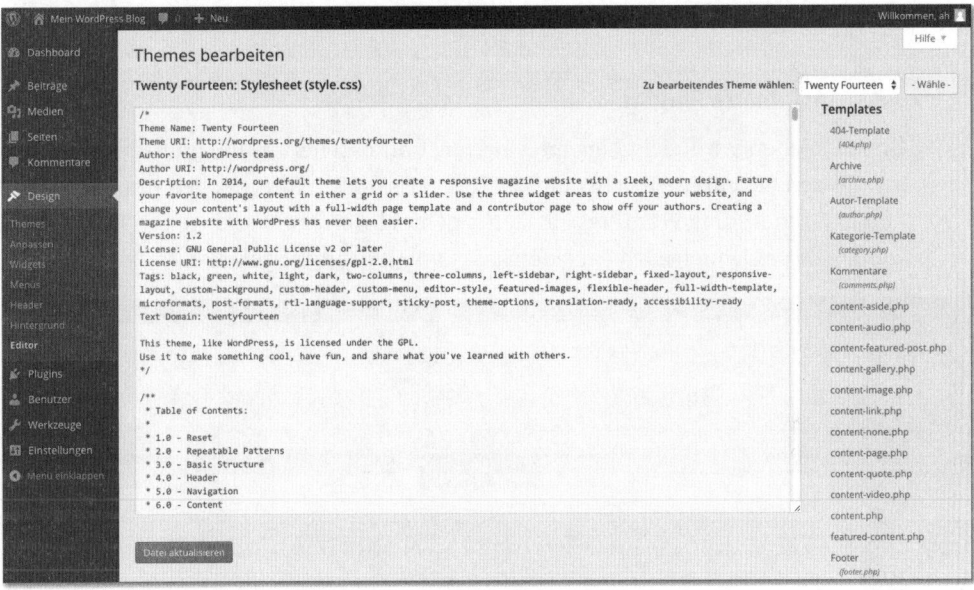

Abbildung 3.104 Im Editor können Sie schnell etwas am Theme-Code ändern.

Hinweis

Eines möchte ich zum Theme-Editor gerne loswerden. Es ist natürlich sehr einfach, dort »mal schnell« etwas anzupassen. Dafür existiert er ja schließlich auch. Bedenken Sie aber immer, dass sich dieser kurzfristige Vorteil später rächen kann. Gerade wenn Sie eigene Themes bearbeiten, die Sie eigentlich auf Ihrer Festplatte verwalten, ist die Version des Themes dann auf dem Server aktueller als auf Ihrem PC, wenn Sie den Editor verwenden. Sie müssten dann die entsprechenden Dateien erst wieder vom

> Server herunterladen, um die Aktualität auf Ihrem PC zu gewährleisten. Wenn Sie ein fremdes Theme einfach so ändern, kann es sein, dass diese Änderungen beim nächsten Update ohne Vorwarnung überschrieben werden. Einfacher erscheint es hier, von vornherein die Theme-Dateien auf der Festplatte zu bearbeiten und im Anschluss hochzuladen und bei fremden Themes ohnehin auf ein sogenanntes *Child-Theme* zu setzen (später mehr dazu). So können Sie die Änderungen auch erst einmal problemlos in Ihrer Entwicklungsumgebung testen.

3.8   Weitere Funktionen mit Plugins

Mithilfe von Plugins können Sie WordPress um weitere Funktionen erweitern. Plugins und Themes werden auch häufig unter dem Sammelbegriff *Erweiterungen* zusammengefasst. Plugins sind überwiegend kostenfrei und können sogar direkt über die Administrationsoberfläche ausgesucht und installiert werden.

3.8.1   Installierte Plugins

Unterschieden wird zwischen installierten und aktivierten Plugins. Ein Plugin zu installieren bedeutet zunächst einmal nur, dass die entsprechenden Dateien in den Plugin-Ordner Ihres WordPress-Systems gehievt werden. Erst durch das Aktivieren werden diese Dateien auch bei jedem Start von WordPress geladen.

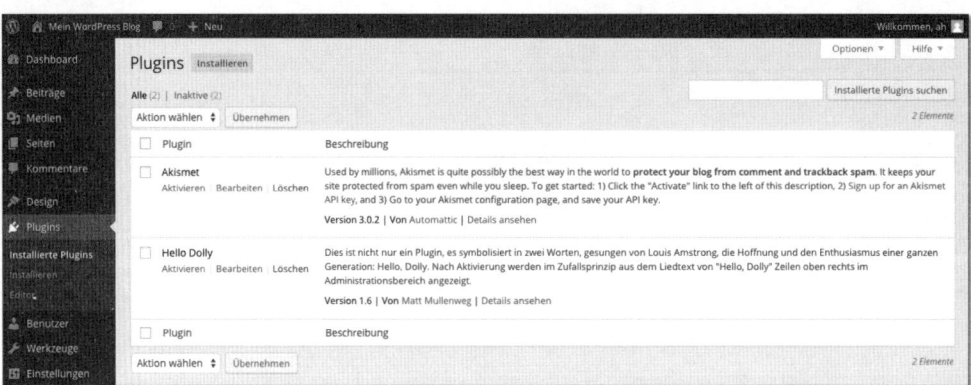

Abbildung 3.105 Zwei Plugins sind von Anfang an mit dabei.

Zum Start bringt WordPress schon einmal zwei Plugins mit (siehe Abbildung 3.105): *Akismet* und *Hello Dolly*, wobei Sie Letzteres nicht unbedingt ernst nehmen müssen. Es zeigt im Adminbereich verschiedene Strophen des Liedes *Hello Dolly* von Louis Armstrong an und wird schon seit etlichen WordPress-Versionen aus nostalgischen Gründen immer wieder mit installiert. Es steht Ihnen selbstverständlich frei, dieses

Plugin zu löschen, falls Sie kein Fan von Herrn Armstrong sind. Solange es nicht aktiviert ist, stört es allerdings auch nicht.

Akismet hingegen ist sogar äußerst nützlich. Es kümmert sich nämlich darum, Ihre Blogkommentare frei von Spam zu halten. Dazu vergleicht es die Kommentare mit seiner riesigen Datenbank, um Spammer ausfindig zu machen. Das klappt in der Regel auch sehr gut, weshalb eine Software wie Akismet grundsätzlich empfehlenswert ist – besonders zu Anfang, wo Sie vermutlich noch kein alternatives Plugin in der Hinterhand haben, können Sie stets auf die solide Leistung von Akismet vertrauen. Bedenken Sie aber, dass Akismet derzeit nur für den privaten Bereich kostenfrei ist. Betreiber kommerzieller Projekte sollten sich unter *http://akismet.com/* über entsprechende Kosten informieren.

Akismet und Datenschutz

Akismet in Deutschland zu verwenden ist rechtlich nicht ganz unproblematisch. Durch das Verwenden von Akismet wird jeder abgegebene Kommentar samt den Daten des Nutzers an einen Server in den USA gesendet, wo dieser (automatisch) auf Spam überprüft wird. In Deutschland ist zumindest eine Einwilligung des Nutzers zu dieser Aktion vor dem Absenden des Kommentars notwendig. Sollten Sie sich nicht sicher sein, ob Ihre Implementation von Akismet den rechtlichen Anforderungen genügt, ist es ratsam, im Zweifel auf eine Installation zu verzichten. Weitere Informationen zur rechtlichen Lage in Deutschland erhalten Sie von Ihrem Rechtsanwalt und aus dem folgenden Artikel aus dem WordPress-Deutschland-Blog:

http://blog.wordpress-deutschland.org/2011/04/20/akismet-und-datenschutz-einwilligung-per-opt-in-notwendig.html

Um ein bereits installiertes Plugin zu aktivieren, klicken Sie einfach auf den entsprechenden Link AKTIVIEREN. Bei manchen Plugins ist die Arbeit damit auch schon getan. Die meisten benötigen hingegen noch eine etwas umfassendere Anpassung an die eigenen Wünsche oder bieten diese zumindest optional an. Es kann mitunter schon einmal schwierig erscheinen, die Konfigurationsoptionen eines Plugins zu finden. Entwickler können diese nämlich praktisch überall im Menü »verstecken«. Nützlicherweise befindet sich heutzutage schon des Öfteren ein Link zur Konfiguration in der Beschreibung des einzelnen Plugins auf der Plugin-Übersichtsseite. Ist dies nicht der Fall, müssen Sie entweder suchen oder in den Erläuterungen zu dem jeweiligen Plugin nachschauen. Meistens wird ein Untermenüpunkt zu EINSTELLUNGEN vom Plugin erzeugt, das hat sich allgemein so eingebürgert.

3.8.2   Installieren

Wenn Sie neugierig sind, welche Plugins der Markt noch zu bieten hat, klicken Sie zunächst auf den Navigationspunkt INSTALLIEREN. Dort haben Sie eine Vielzahl von Möglichkeiten, neue Plugins zu installieren (Abbildung 3.106).

Über SUCHEN können Sie nach Ihnen bekannten Plugin-Titeln oder einfach nach Begriffen, wie z. B. »Spam«, suchen, um sich die entsprechenden Plugins anzeigen zu lassen.

Natürlich können Sie Plugins auch über eine Website herunterladen, z. B. unter *http://wordpress.org/extend/plugins/*. Ein so heruntergeladenes Plugin können Sie nun entpacken und die Dateien per Hand auf Ihren Server laden. Diese gehören in den Ordner */wp-content/plugins/*. Viel einfacher geht das aber, wenn Sie auf Ihrer Administrationsoberfläche unter INSTALLIEREN einfach auf HOCHLADEN klicken. Dort können Sie das heruntergeladene ZIP-Archiv ganz leicht installieren.

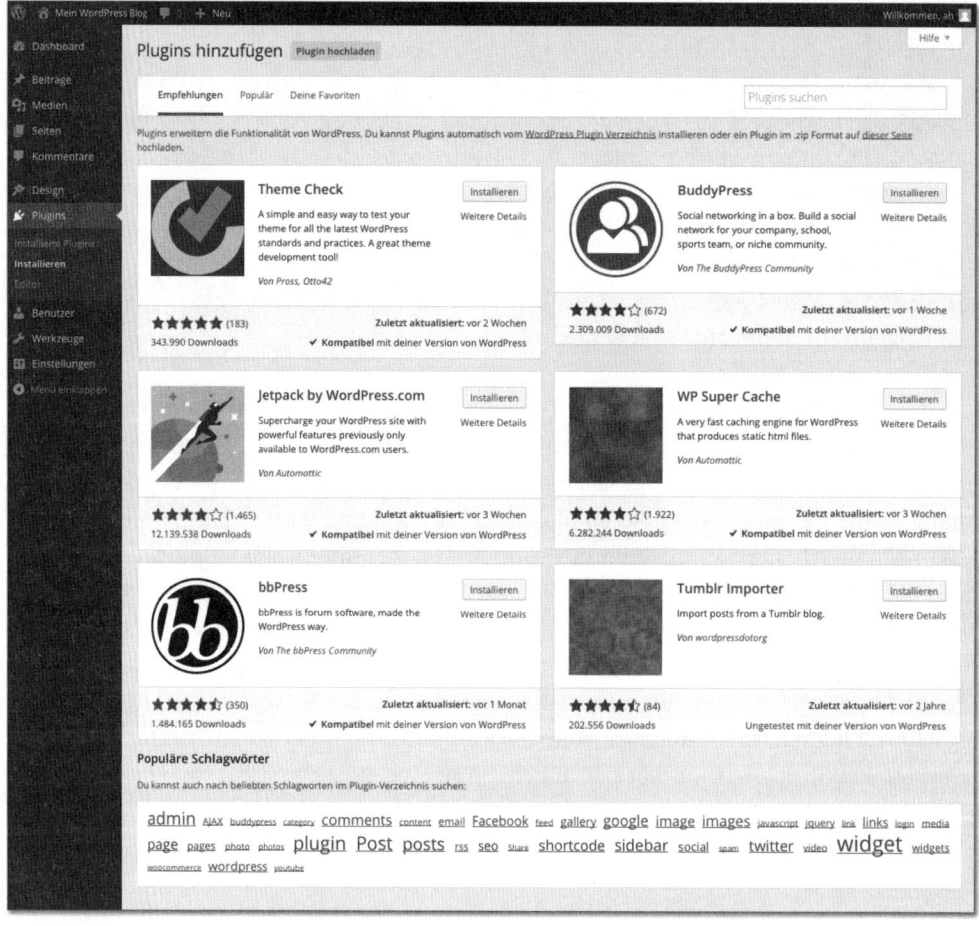

Abbildung 3.106 Wählen Sie aus Tausenden von kostenlosen Plugins.

Zusätzlich können Sie noch unter EMPFOHLEN, POPULÄR oder NEUSTE stöbern, was sich vor allem zu Anfang empfiehlt, um einen Blick für die gängigsten und wichtigsten Plugins zu bekommen. Tun Sie sich keinen Zwang an und installieren Sie ruhig einige davon in Ihrer lokalen Testumgebung. Probieren geht hier wie so oft über Studieren.

Zu Testzwecken habe ich mir unter den populären Plugins einfach mal das Plugin *Google XML Sitemaps* von Arne Brachhold ausgesucht (siehe Abbildung 3.107). Als ambitionierter Website-Betreiber kommen Sie wahrscheinlich um dieses nützliche Plugin ohnehin kaum herum. Es erstellt automatisch eine standardkonforme Sitemap-Datei, die Links zu all Ihren Unterseiten enthält. Über diese Datei informiert das Plugin schließlich noch alle gängigen Suchdienste. So ist gewährleistet, dass diese alle Ihre Unterseiten finden, auch wenn sie einmal nicht direkt auf Ihrer Website verlinkt sein sollten.

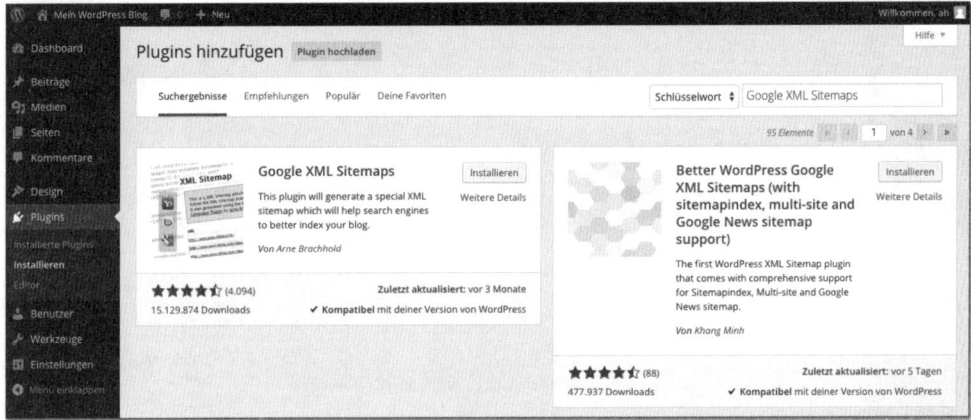

Abbildung 3.107 Google XML Sitemaps ist äußerst nützlich, wenn es um eine grundsätzliche Suchmaschinenoptimierung Ihrer Website geht.

Um es zu installieren, klicken Sie einfach nur auf JETZT INSTALLIEREN, und WordPress übernimmt den Rest (siehe Abbildung 3.108).

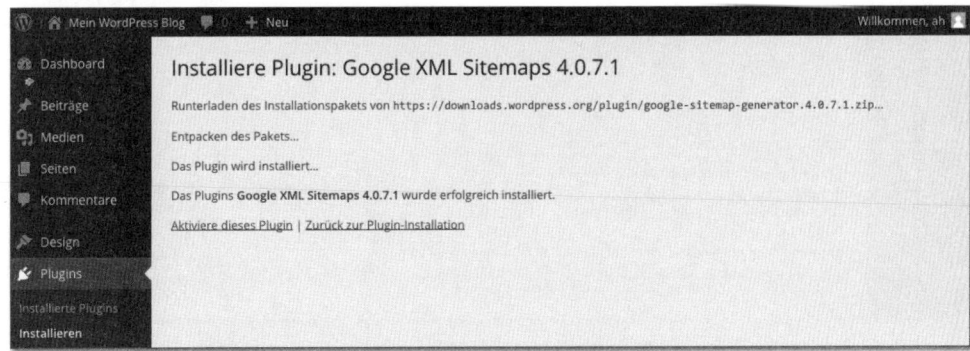

Abbildung 3.108 WordPress installiert ein neues Plugin ganz automatisch für Sie.

Natürlich bringt ein nur installiertes Plugin noch nicht allzu viel. So aktiviert man es üblicherweise auch direkt über den Link unter der Installationsroutine: AKTIVIERE DIESES PLUGIN. Das können Sie aber natürlich auch später noch über die Plugin-Übersichtsseite machen.

Die Konfigurationsoptionen zu diesem Plugin finden Sie übrigens unter EINSTEL-LUNGEN • XML-SITEMAP. Dort haben Sie die Möglichkeit, Ihre Sitemap genau zu konfigurieren und diese das erste Mal zu veröffentlichen (siehe Abbildung 3.109).

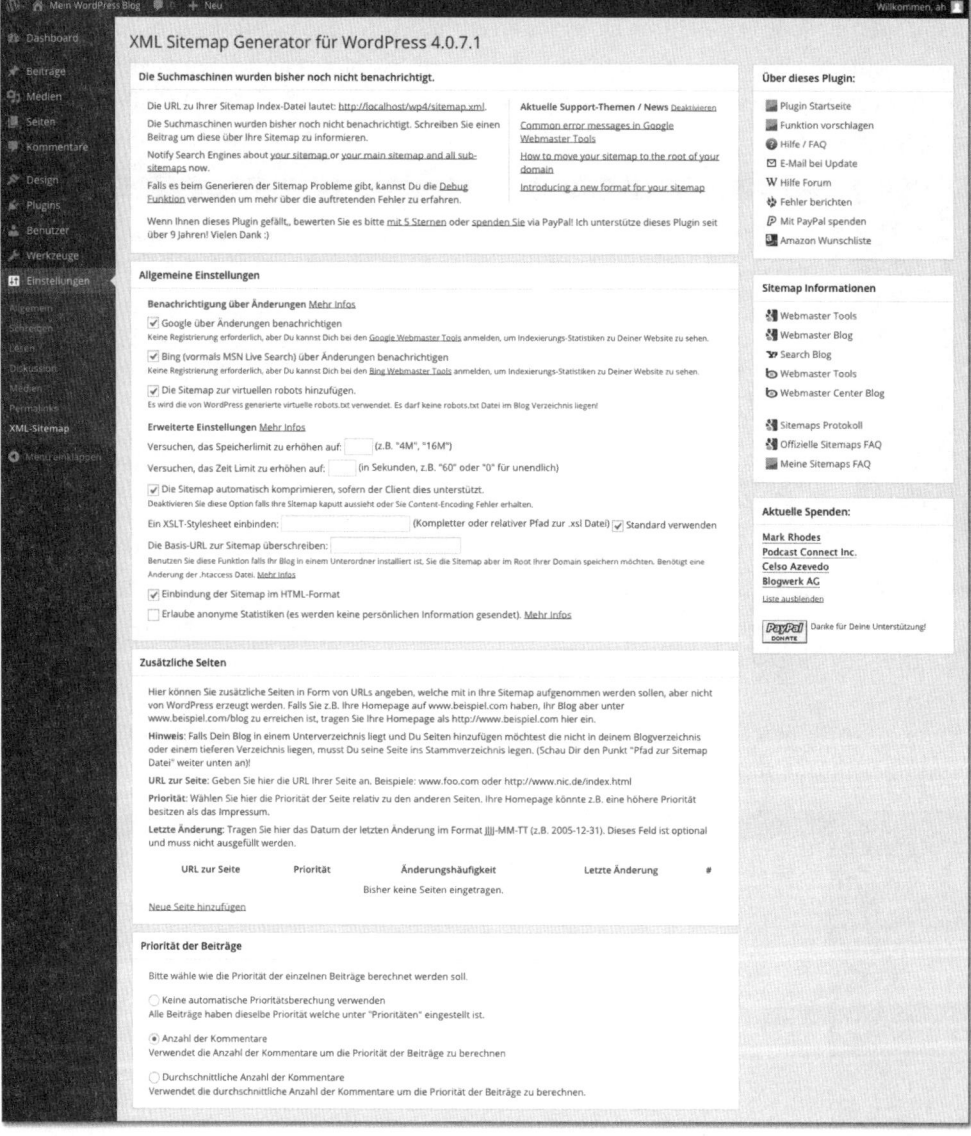

Abbildung 3.109 Es ist nicht unüblich, dass Ihnen ein Plugin derart viele Optionsmöglichkeiten bietet. Manche kommen aber sogar ohne eine einzige aus.

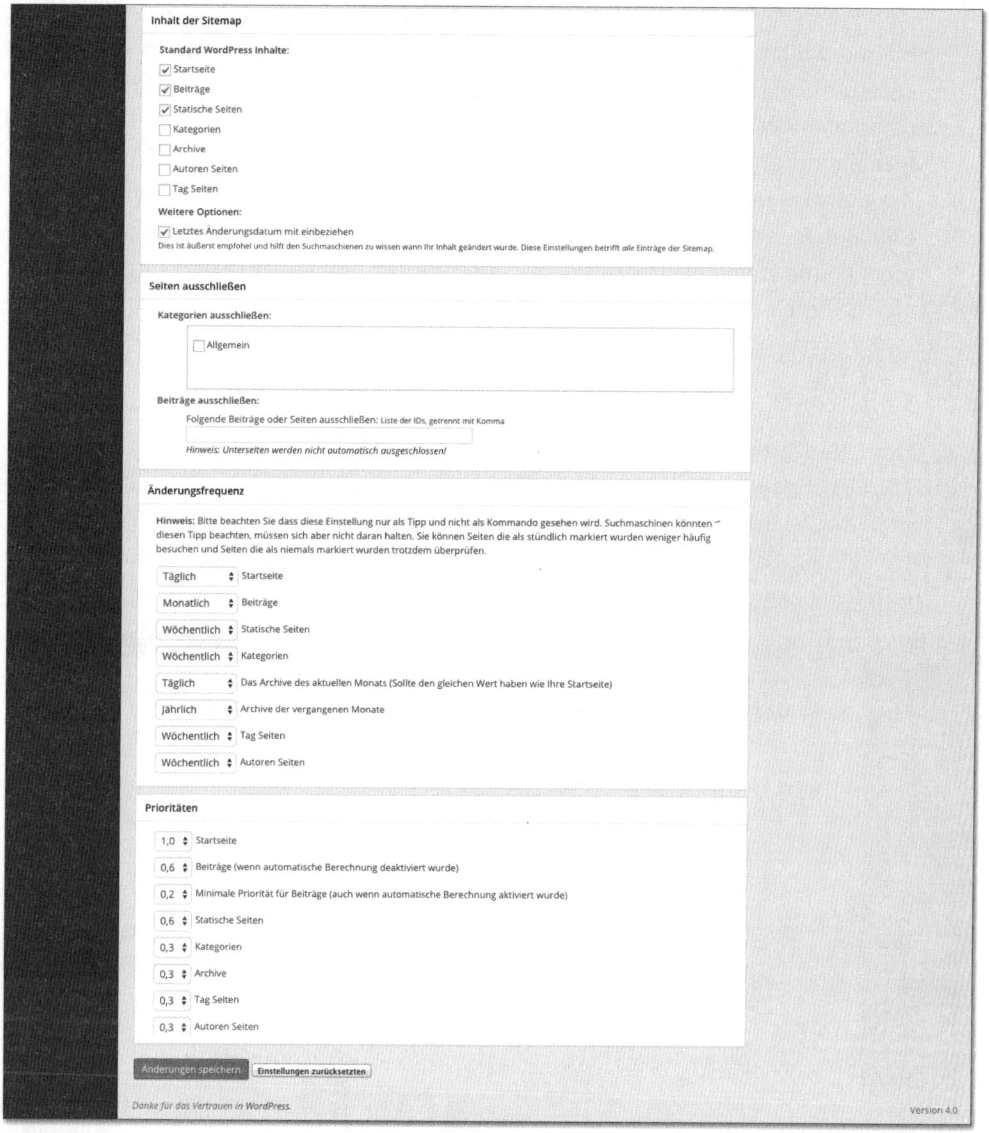

Abbildung 3.109 Es ist nicht unüblich, dass Ihnen ein Plugin derart viele Optionsmöglichkeiten bietet. Manche kommen aber sogar ohne eine einzige aus (Forts.).

Keine Sorge, auf die Konfiguration der besten und empfehlenswertesten Plugins
gehe ich in Kapitel 7, »Responsive Webdesign mit WordPress«, noch ausführlicher
ein, übrigens auch auf Google XML Sitemaps. Mehr verrate ich hier aber noch nicht.

Lassen Sie sich aber bitte nicht durch teilweise sehr umfangreiche Optionen verunsichern oder demotivieren. Es kann passieren, dass man »nur mal schnell« ein Plugin
installiert, um einen gewünschten Effekt zu erzielen, und sich dann plötzlich

Hunderten von Optionen gegenübersieht. In aller Regel hat der Plugin-Autor bereits die aus seiner Sicht empfehlenswerten Einstellungen vorausgewählt. Sie müssen also nur noch das anpassen, was Sie gegebenenfalls anders lösen möchten. Außerdem haben Sie ja auch bei den meisten Plugins die Möglichkeit, sich schon vor der Installation über den Funktionsumfang zu informieren. Bietet das Plugin für Ihre Zwecke zu viele Funktionen (das können Sie an Funktionslisten oder eventuell verfügbaren Screenshots oftmals schnell erkennen), suchen Sie vielleicht besser nach einer kompakteren Alternative. Bei WordPress gibt es meist mehrere Plugins, die das gleiche Problem auf unterschiedliche Arten zu lösen versuchen.

3.8.3   Editor

Der Editor für Plugins funktioniert ähnlich wie der Editor für Themes. Oben rechts können Sie aus dem Auswahlfeld das Plugin auswählen, dessen Code Sie editieren möchten (siehe Abbildung 3.110). Darunter finden Sie dann eine Auflistung sämtlicher Plugin-Dateien. Bevor Sie ein Plugin bearbeiten und Ihren Wünschen anpassen, empfiehlt es sich, es zu deaktivieren.

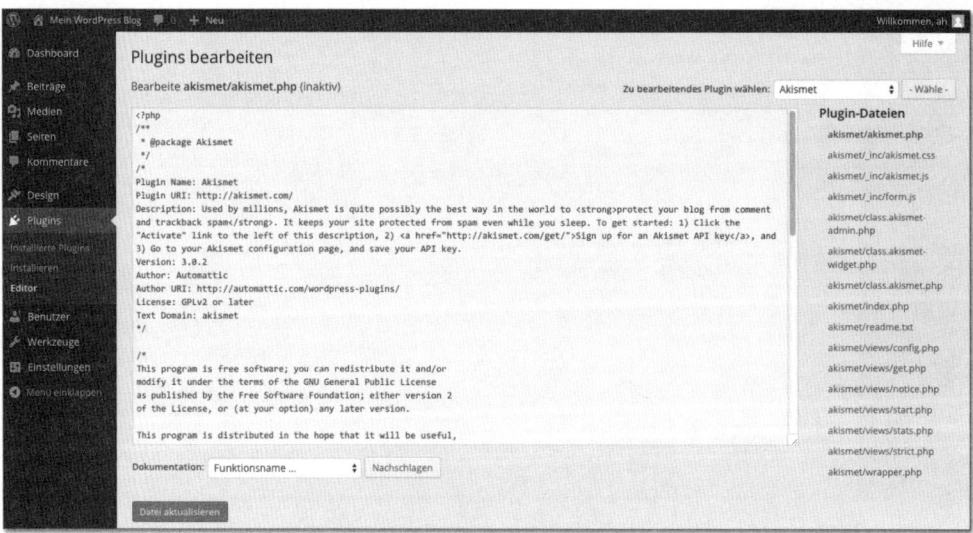

Abbildung 3.110 Das Editieren von Plugin-Code ist natürlich nur ratsam, wenn Sie wissen, was Sie tun. PHP-Kenntnisse lohnen sich also.

Falls Sie sich fragen, wann man den Code eines Plugins bearbeiten muss, kann ich Sie beruhigen: grundsätzlich gar nicht. Es kann allerdings schon einmal vorkommen, dass Ihnen z. B. eine Ausgabe, die durch ein Plugin generiert wird, aus irgendeinem Grund nicht passt. Viele Autoren lassen Sie die Ausgabe mittlerweile über die Optionen genau anpassen, manche verzichten aber darauf und wählen einfach ihren eigenen Weg. Zum Beispiel nutzt ein Plugin möglicherweise HTML-Tabellen, während

Ihnen eine Liste viel lieber wäre. Dann können Sie das unter Umständen im Plugin-Code selbst ändern. Aber Vorsicht: Dafür übernehmen Sie ganz allein die Verantwortung. Ein weiterhin funktionsfähiges Plugin kann nicht gewährleistet werden. Bedenken Sie außerdem, dass diese Dateien voraussichtlich beim nächsten Update wieder überschrieben werden und Sie die Anpassungen dann erneut vornehmen müssen.

3.9   Benutzer

Wie bei jedem guten CMS können Sie natürlich auch bei WordPress Ihre Benutzer verwalten (siehe Abbildung 3.111). *Benutzer* ist dabei ein Sammelbegriff sowohl für die Administratoren und Mitarbeiter Ihrer Website als auch für alle anderen angemeldeten Besucher. WordPress unterscheidet diese Gruppen nicht und zeigt allen grundsätzlich die gleiche Administrationsoberfläche an; dem Administrator mehr, dem normalen Benutzer weniger Optionen.

Sie können WordPress so einrichten, dass jeder Besucher sich registrieren kann. Außer der Möglichkeit, sich ein Profil anzulegen, bietet einem so eine Registrierung allerdings noch nicht so viel. Glücklicherweise kann auch diese Funktion später nachgerüstet werden, sodass Sie mit WordPress tatsächlich in der Lage sind, eine Community aufzubauen. Schauen Sie sich einfach in dem reichhaltigen Plugin-Archiv auf der WordPress-Website nach einer passenden Erweiterung für Ihre Website um.

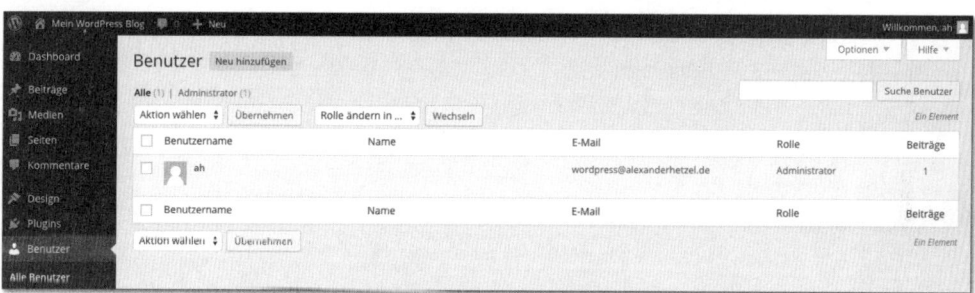

Abbildung 3.111 Der Anblick ist ernüchternd: erst ein Benutzer!

3.9.1   Hinzufügen

Wenn Sie WordPress frisch installiert und die entsprechende Einstellung nicht vorgenommen haben, weist WordPress Sie beim Anlegen eines neuen Benutzers kurz darauf hin, dass sich Besucher aktuell nicht selbst registrieren können. Dort wird Ihnen aber auch schon ein Link zu der Option angezeigt, die dieses Problem für Sie beheben kann, sofern Sie das möchten.

Andernfalls haben Sie natürlich die Möglichkeit, eigene Benutzer anzulegen (siehe Abbildung 3.112). Erforderlich für eine Registrierung sind prinzipiell nur BENUTZER-

NAME, EMAIL und PASSWORT. Auf Wunsch wird der neue Benutzer auch gleich mit seinen Benutzerdaten per E-Mail versorgt.

Sie können dem neuen Benutzer auch eine sogenannte ROLLE zuweisen. Vorausgewählt ist ABONNENT, der erst einmal so gut wie gar keine Rechte hat. Maximum ist der ADMINISTRATOR, der unbeschränkten Zugriff auf die WordPress-Installation hat. Das Wörtchen »unbeschränkt« sollte Warnung genug sein, diesen Titel nur sehr überlegt zu vergeben.

Es bietet sich im Übrigen an, nur einen Administrator-Account anzulegen und diesen nur für diese Zwecke zu nutzen. Zum Schreiben sollte jeder, auch der eigentliche Betreiber der Website, einen Redakteurs- oder gar Autoren-Account besitzen.

So können Sie die einzelnen Rollen voneinander abgrenzen (in absteigender Reihenfolge der Fähigkeiten):

▶ **Administrator**: Kann alle Funktionen uneingeschränkt nutzen.

▶ **Redakteur**: Kann alle Seiten und Beiträge aller Benutzer erstellen, editieren, löschen und veröffentlichen.

▶ **Autor**: Kann nur eigene Beiträge erstellen, editieren, löschen und veröffentlichen.

▶ **Mitarbeiter**: Kann eigene Beiträge nur erstellen, editieren und löschen, aber nicht selbstständig veröffentlichen.

▶ **Abonnent**: Kann nur sein eigenes Profil anpassen.

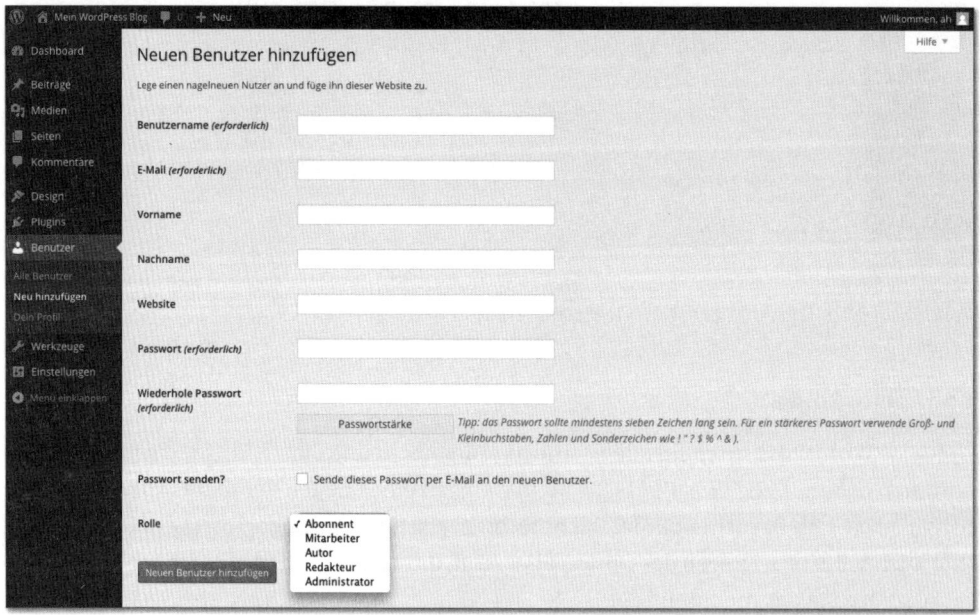

Abbildung 3.112 Benutzer können Sie auch schnell und komfortabel selbst hinzufügen.

3.9.2   Dein Profil

Unter dem Menüpunkt DEIN PROFIL können Sie Ihre eigenen Daten ändern und sogar um einige Punkte erweitern, die bei der Registrierung noch nicht verfügbar waren (siehe Abbildung 3.113).

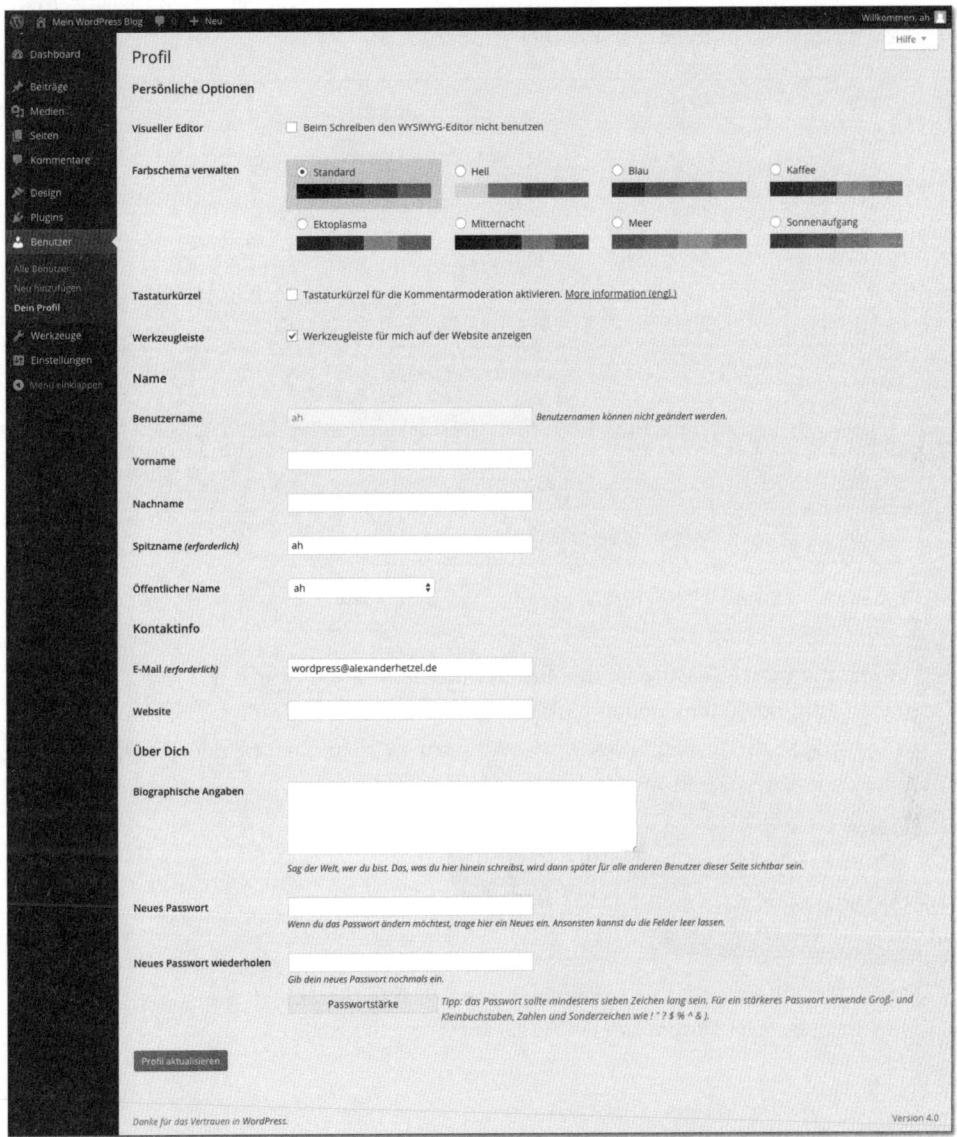

Abbildung 3.113 Indem Sie Ihr Profil bearbeiten, können Sie bislang noch versteckte Optionen freischalten.

So können Sie z. B. festlegen, dass Sie den *WYSIWYG-Editor* nicht verwenden möchten, den WordPress Ihnen standardmäßig beim Verfassen von Seiten und Beiträgen

173

anzeigt. Mittlerweile können Sie die Administrationsoberfläche auch Ihren farblichen Vorlieben anpassen, indem Sie ein FARBSCHEMA auswählen, oder Sie aktivieren TASTATURKÜRZEL FÜR DIE KOMMENTARMODERATION (siehe Tabelle 3.1).

Letzteres ist vor allem dann sinnvoll, wenn Sie stets sehr viele Kommentare zu Ihren Beiträgen erhalten. Dann können Sie auf diese Weise schneller durch die Kommentare navigieren und diese schließlich moderieren.

Taste	Aktion
J	einen Kommentar weiter nach unten markieren
K	einen Kommentar weiter nach oben markieren
A	markierten Kommentar genehmigen
S	markierten Kommentar als Spam bezeichnen
D	markierten Kommentar löschen
U	markierten Kommentar zurückweisen (Warteschlange)
R	auf markierten Kommentar antworten (Abbruch durch Esc)
Q	Kommentar direkt bearbeiten

Tabelle 3.1 Tastaturkürzel für die Kommentarmoderation

Ein relativ neues Feature ist die *Admin-Bar* (siehe Abbildung 3.114). Diese wird standardmäßig bei jedem neuen Nutzer auf der Website angezeigt. Hier haben Sie die Möglichkeit, diese Admin-Bar entweder ganz zu deaktivieren oder für die Website bzw. den Administrationsbereich anzuzeigen.

Abbildung 3.114 Die Admin-Bar finde ich persönlich sehr praktisch. Sie ist aber Geschmackssache. Darum können Sie sie auf Wunsch deaktivieren.

3.10 Werkzeuge

Der kleine Werkzeugkasten von WordPress dient vor allem als Sammelstelle für Funktionen, die sonst nirgendwo hinpassen. Es kann also auch passieren, dass Sie WordPress jahrelang nutzen, ohne diesen jemals zu Gesicht zu bekommen, auch wenn manche Funktionen unter Umständen recht nützlich sein können.

3.10.1   »Press This«

Sie bloggen üblicherweise über Themen, zu denen Sie auf anderen Websites inspiriert werden? Dann lohnt sich vielleicht der Einsatz von *Press This* (siehe Abbildung 3.115), einem sogenannten *Bookmarklet*. Ein Bookmarklet ist prinzipiell nicht mehr als ein Lesezeichen in Ihrem Browser, jedoch mit einer weiteren Funktion. Es öffnet auf Knopfdruck ein kleines Fenster, mit dem Sie sofort über den aktuellen Seiteninhalt bloggen können. In diesem Fenster ist dann bereits der Titel vorausgefüllt, und auch ein Link zur entsprechenden Website ist im Editor hinterlegt (siehe Abbildung 3.116). Es spart also ein wenig Zeit – aber nur ein wenig.

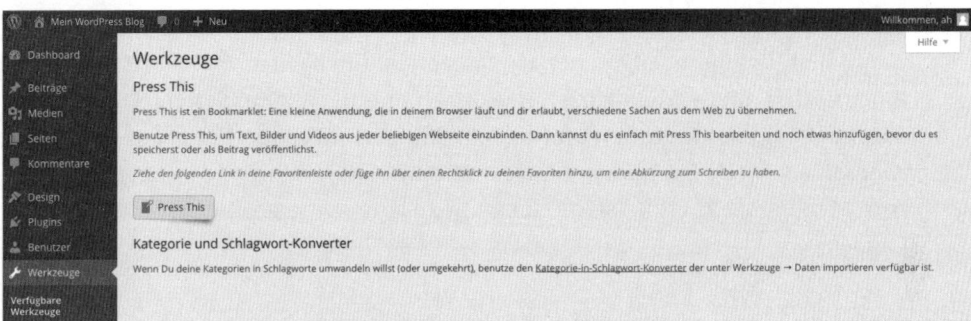

Abbildung 3.115 Bookmarklet oder Konverter, was hätten Sie gerne?

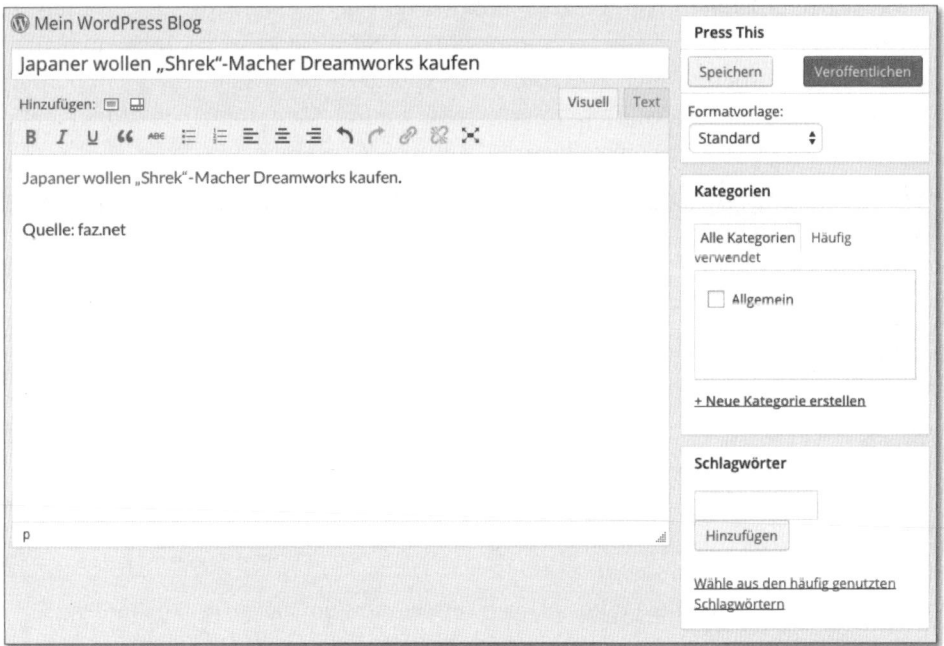

Abbildung 3.116 Ob »Press This« Sie wirklich produktiver macht, müssen Sie selbst entscheiden.

Um das Bookmarklet hinzuzufügen, können Sie entweder den Button mit der Maus in Ihre Lesezeichenleiste ziehen oder Sie klicken mit der rechten Maustaste auf den Button, dann öffnet sich ein Textfeld mit einigem Code. Erstellen Sie in Ihrem Browser einen neuen Lesezeicheneintrag und kopieren Sie anschließend diesen Code dort hinein. Ich schätze, das Hineinziehen in die Lesezeichenleiste geht schneller.

3.10.2   Kategorie- und Schlagwort-Konverter

Es kann schon einmal vorkommen, dass man sein ganzes System infrage stellt. Zum Beispiel hat man so viele Kategorien erstellt, dass man diese eigentlich eher als Tags bezeichnen könnte. Oder es fällt einem auf, dass fünf Tags vielleicht doch etwas zu wenig sind und diese daher eher als Kategorien durchgehen. Welches Szenario bei Ihnen auch immer vorhanden ist, Sie können mithilfe des Konverters Kategorien in Tags oder Tags in Kategorien umwandeln. Klingt nicht sonderlich spannend, erfüllt aber seinen Zweck. Ein Klick auf KATEGORIE-IN-SCHLAGWORT-KONVERTER führt Sie zum Menüpunkt DATEN IMPORTIEREN, wo Sie u. a. diesen Konverter installieren können.

3.10.3   Daten importieren

Gerade Blogger, die von einer anderen Plattform umsteigen, profitieren von der Möglichkeit, Daten in WordPress zu importieren (siehe Abbildung 3.117). Hatten Sie vorher z. B. ein Blog bei *Blogger.com*, so können Sie die dort verfassten Artikel über ein Tool importieren. Auch aus WordPress exportierte Daten können hier importiert werden. Nicht dort aufgelistete Import-Tools können Sie natürlich über das Plugin-Verzeichnis beliebig nachinstallieren.

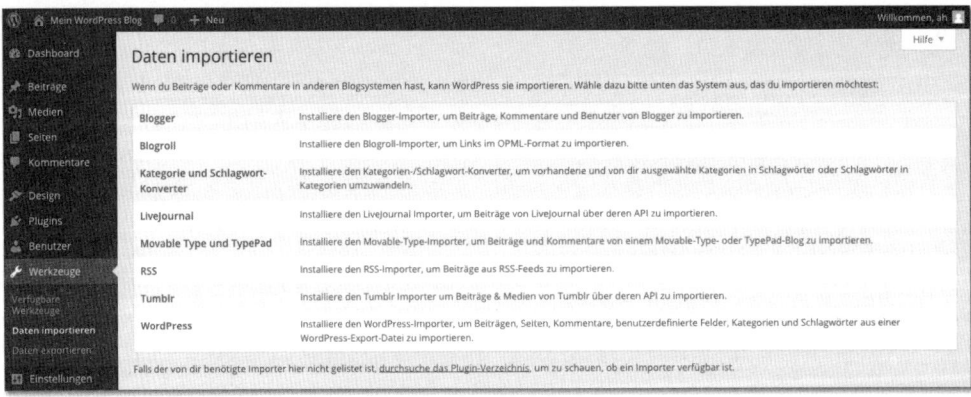

Abbildung 3.117 Importieren Sie Daten aus verschiedensten Quellen in Ihre WordPress-Installation.

3.10.4   Daten exportieren

Im vorangegangenen Abschnitt habe ich Ihnen gezeigt, dass Sie Daten in WordPress importieren können, u. a. auch die einer bestehenden WordPress-Installation. Doch wie im echten Leben auch muss vor dem Importieren etwas exportiert werden.

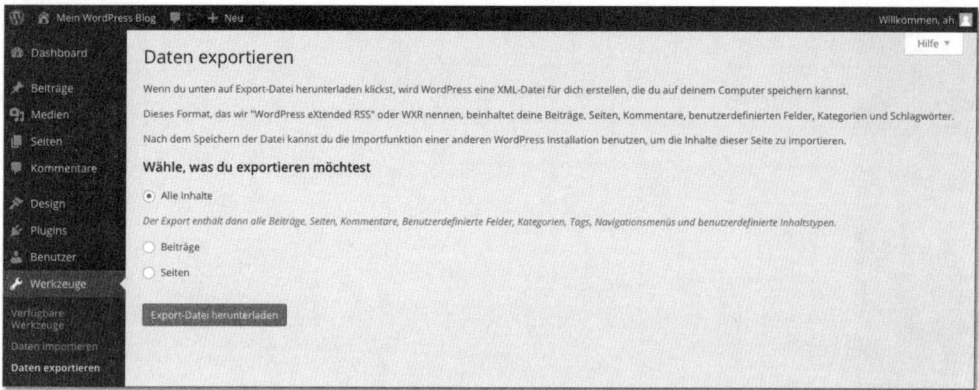

Abbildung 3.118 Exportieren Sie all Ihre Beiträge und vieles mehr bequem in eine WXR-Datei.

Unter DATEN EXPORTIEREN können Sie die Inhalte Ihres WordPress-Blogs in eine *XML-Datei* schreiben lassen (siehe Abbildung 3.118) und später wieder importieren. Es besteht übrigens ein Unterschied zwischen der Exportfunktion und einem Backup. Die Exportfunktion sollten Sie dann nutzen, wenn Sie ein ganz anderes Blog aufsetzen und manche oder alle Ihre bisherigen Artikel dort weiterverwenden möchten. Ein richtiges Backup hingegen bietet sich immer dann an, wenn Sie Ihre aktuelle WordPress-Installation vollständig sichern möchten (inklusive aller Einstellungen), um diese im Notfall wiederherstellen zu können; der Export reicht dafür nicht aus. Der Export ist optional, das Backup obligatorisch.

3.11   Einstellungen

WordPress lässt sich sehr flexibel konfigurieren. Unter dem Menüpunkt EINSTEL-LUNGEN finden Sie zahlreiche Optionen, mit denen Sie WordPress Ihren Wünschen anpassen können.

3.11.1   Allgemein

Alle Grundeinstellungen können Sie unter dem Menüpunkt ALLGEMEIN vornehmen (siehe Abbildung 3.119). Vom BLOGTITEL über die URL bis hin zur ZEITZONE finden Sie hier alle grundlegenden Einstellungen.

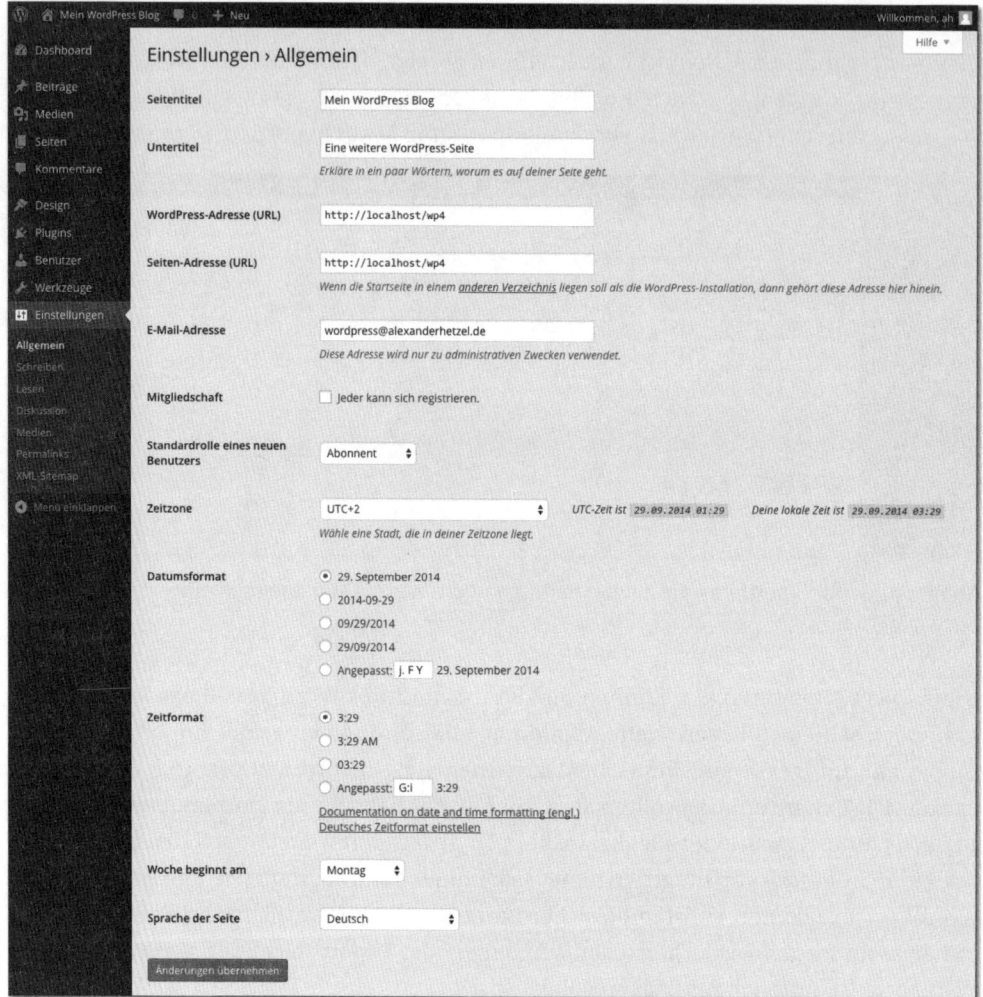

Abbildung 3.119 Diese Einstellungen sollten Sie zuerst auf ihre Richtigkeit hin überprüfen.

Der UNTERTITEL ergänzt Ihren Blogtitel um eine Kurzbeschreibung, die in vielen Themes unter dem Titel angezeigt wird. Danach folgen die WORDPRESS-ADRESSE und die SEITEN-ADRESSE. In den meisten Fällen sind diese beiden URLs identisch. Aber mal angenommen, Sie möchten Ihre Website *http://www.beispiel.de* mit Word-Press betreiben, WordPress selbst aber der Übersichtlichkeit wegen in einem Unterordner installieren, z. B. *http://www.beispiel.de/wordpress/*. Die Website soll inklusive WordPress unter *http://www.beispiel.de* erreichbar sein, lediglich die Dateien sollen also in den Unterordner wandern. Die WORDPRESS-ADRESSE ist dann der direkte Pfad zum Unterordner – hier also *http://www.beispiel.de/wordpress/* –, und die SEITEN-ADRESSE ist der Pfad zur Hauptdomain – hier *http://www.beispiel.de*.

Nur wenn Sie hier unterschiedliche Adressen angeben, ist es nötig, dass Sie auch die *index.php* in Ihrem WordPress-Hauptverzeichnis anpassen. Ändern Sie hier die Zeile

```
require('./wp-blog-header.php');
```

in

```
require('./wordpress/wp-blog-header.php');
```

und beachten Sie, dass wordpress dann durch den entsprechenden Namen des Unterordners ersetzt werden muss, sollte dieser anderslautend sein. Falls es dabei Probleme gibt, bietet es sich an, die Permalinks unter EINSTELLUNGEN • PERMALINKS zu aktualisieren.

Neben E-MAIL-ADRESSE und STANDARDROLLE können Sie in den Grundeinstellungen auch noch alle Zeiteinstellungen vornehmen.

Neu in WordPress 4.0 ist die Möglichkeit, die Sprache von WordPress nachträglich über die Einstellungen zu ändern. Sie finden die Option ganz unten auf der Seite.

3.11.2 Schreiben

Alle EINSTELLUNGEN, die sich mit dem Verfassen Ihrer Inhalte beschäftigen, finden Sie logischerweise unter dem Menüpunkt SCHREIBEN (Abbildung 3.120). Dort können Sie einerseits den Editor anpassen, (ebenfalls) das Bookmarklet Press This installieren, Einstellungen für das E-Mail-Bloggen treffen, Möglichkeiten des Fernpublizierens schaffen und Ping-Dienste eintragen.

Legen Sie fest, ob Smileys wie J in Grafiken umgewandelt werden oder Textzeichen bleiben sollen oder ob WordPress falsch verschachteltes XHTML automatisch korrigieren soll. Eine Standardkategorie für Artikel lässt sich ebenso festlegen wie eine für Links. Dort werden dann Artikel bzw. Links einsortiert, für die Sie beim Publizieren vergessen haben, etwas Spezifischeres festzulegen. Press This habe ich bereits in Abschnitt 3.10.1, »›Press This‹«, ausführlich besprochen.

Sie können Blogbeiträge auch VIA E-MAIL SCHREIBEN. Ob Sie diese Funktion benötigen, hängt von Ihrem Einsatzgebiet ab. In Zeiten von Smartphone-Apps dürfte die Wichtigkeit dieser Funktion aber stark abgenommen haben. Falls Sie keine andere Möglichkeit zum Bloggen außer über das Schreiben von E-Mails haben, ist sie aber natürlich Gold wert.

Um die Funktion nutzen zu können, müssen Sie zuvor ein geheimes *POP3-E-Mail-Konto* einrichten. Die Daten tragen Sie im entsprechenden Formular ein und legen noch eine Standardkategorie für die darüber zu veröffentlichenden Artikel fest. Jede E-Mail, die Sie fortan an diese Adresse senden, wird nun automatisch in Ihrem Blog veröffentlicht.

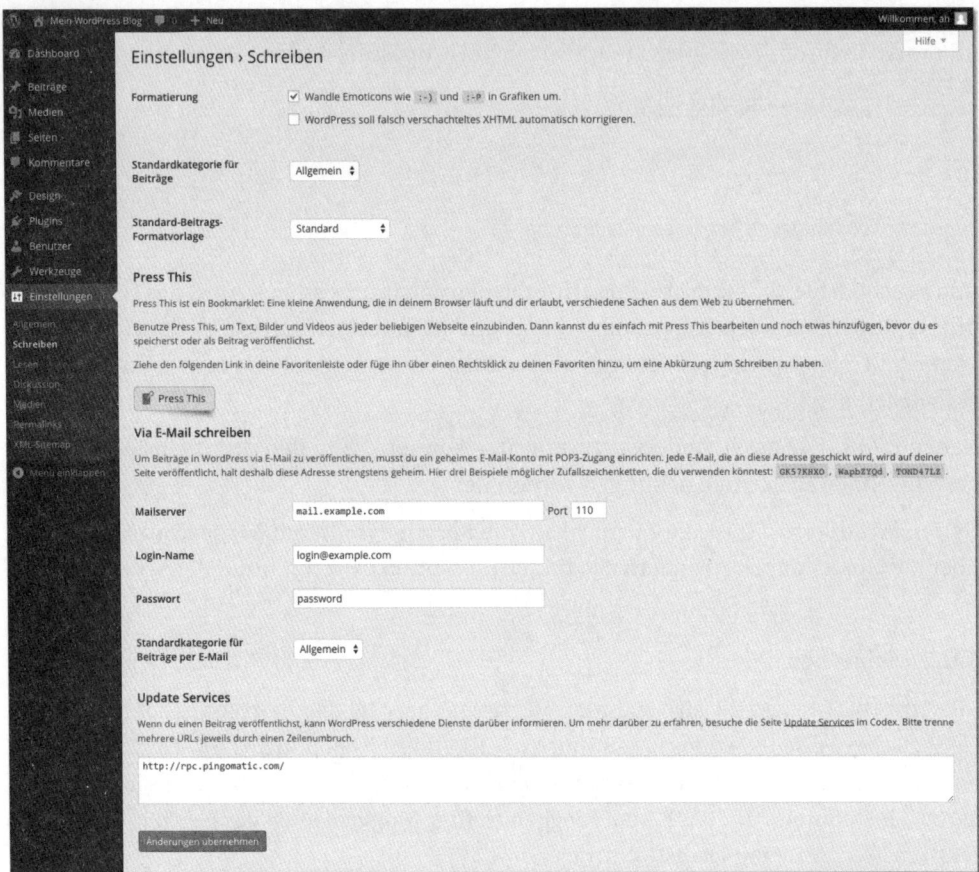

Abbildung 3.120 Alles, was Sie zum Schreiben brauchen, können Sie hier bequem anpassen. Nur, was macht hier eigentlich »Press This« schon wieder?

Die UPDATE SERVICES – auch *Ping-Dienste* genannt – sind wohl das Interessanteste auf dieser EINSTELLUNGEN-Seite. Jedes Mal, wenn Sie einen Blogbeitrag schreiben, können Sie nämlich externe Dienste über eben dieses grandiose Ereignis informieren. Diese wiederum veröffentlichen einen Link zu diesem Artikel entweder selbst oder informieren einfach weitere Ping-Dienste über Ihre Publikation. Das kann schon einmal sinnvoll sein, wenn Sie gern ein paar Besucher mehr hätten. Es gibt – vor allem im englischsprachigen Raum – einige Nutzer dieser Plattformen, die sich darüber über interessante Artikel auf dem Laufenden halten. Es kann also nicht schaden, dort die wichtigsten Dienste einzutragen. Über Google finden Sie für Ihren Zweck viele Listen geeigneter Ping-Dienste. Eine Aufzählung in diesem Buch wäre wohl bei der Veröffentlichung schon wieder veraltet, und eine verstaubte Liste möchte ich Ihnen nur ungern anbieten.

3.11.3 Lesen

Unter LESEN finden Sie alle Einstellungen, die sich auf die Anzeige Ihrer Blogbeiträge beziehen (siehe Abbildung 3.121).

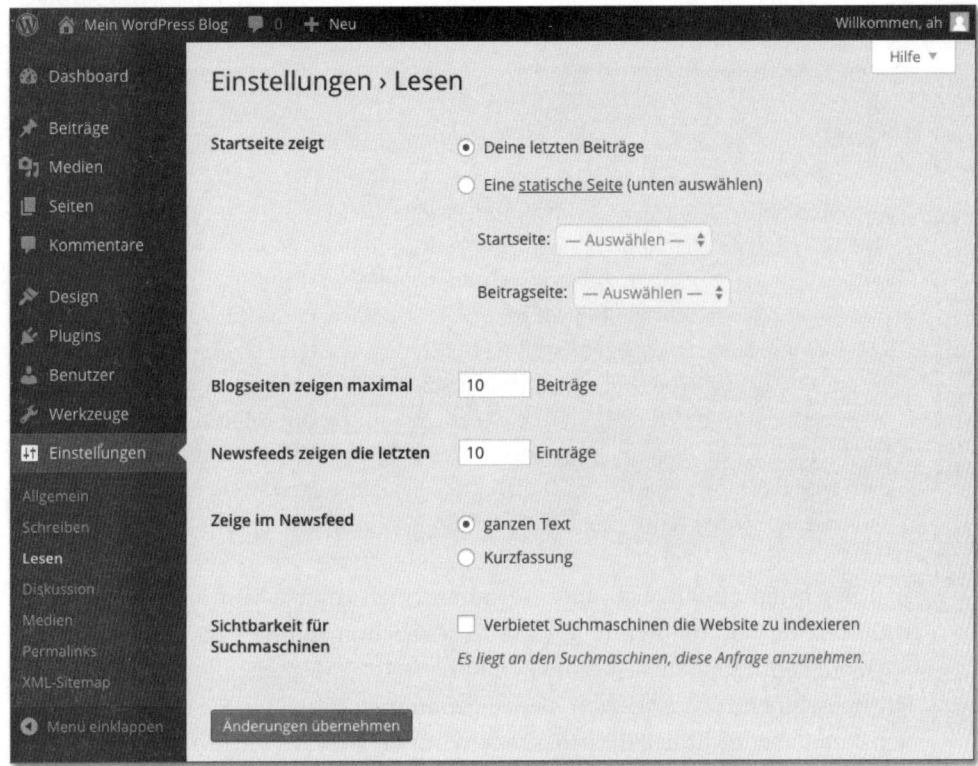

Abbildung 3.121 Die Einstellungsmöglichkeiten für das Lesen Ihrer Artikel

Die STARTSEITE legt fest, ob Ihre Internetpräsenz eine Website mit Blog ist oder ein Blog mit Website. Bislang wurde WordPress überwiegend für ganz normale Blogs eingesetzt, auf deren Startseite einfach die aktuellsten Artikel gelistet waren. Für diesen Zweck ist die Option DEIN LETZTER BEITRAG die richtige. Zunehmend wird WordPress aber auch für »richtige« Websites in Form eines Content-Management-Systems (CMS) verwendet, selbst wenn für diese nicht einmal ein Blog vorgesehen ist. In dem Fall kommt die zweite Option zum Zug. Legen Sie zuallererst zwei neue statische Seiten an, bevor Sie diese Option verwenden. Ganz gleich, wie Sie diese auch nennen, sollte die eine Ihre (statische) Startseite darstellen und die andere einfach nur eine leere Seite für Ihre (dynamischen) Blogartikel sein, sozusagen als Platzhalter. Sie benötigt keinen Inhalt. Danach kehren Sie zu dieser EINSTELLUNGEN-Seite zurück und aktivieren die Option EINE STATISCHE SEITE. Wählen Sie dort unter STARTSEITE und BEITRAGSEITE die beiden entsprechenden, soeben erstellten Seiten aus.

Zudem können Sie noch festlegen, wie viele Blogeinträge maximal auf einer Seite angezeigt werden sollen oder wie viele Einträge Ihr *Newsfeed* umfassen soll. Für den Newsfeed können Sie darüber hinaus noch bestimmen, ob Sie Ihren Abonnenten den gesamten Beitrag bereitstellen oder lediglich eine Kurzfassung. Der Zeichensatz lässt sich ebenfalls exakt benennen.

Tipp

Es gibt einen viel diskutierten Streit darüber, ob man im Newsfeed nun den ganzen Text oder nur eine Kurzfassung anzeigen sollte. Der volle Text bietet den Vorteil, dass Ihre Abonnenten ganz bequem über ihren Feedreader all Ihre Texte lesen können. Der Nachteil ist, dass sie dadurch auch nicht zwingend Ihre Website besuchen müssen, um weiterlesen zu können. Außerdem können andere Websites Ihre Beiträge so ganz leicht einlesen und selbst (als ihre eigenen) veröffentlichen. Die Kurzfassung hingegen kann Leser wiederum verärgern, weil sie es von den meisten Blogs gewohnt sind, den gesamten Text geliefert zu bekommen. Sie gönnen Ihnen dann ihre Klicks nicht. Der benutzerfreundliche Weg liegt aber eindeutig darin, den gesamten Text im Newsfeed zu veröffentlichen. Und im Mittelpunkt Ihres Blogs oder Ihrer Website sollte immer der Benutzer stehen – nicht die Statistik und auch nicht irgendwelche Content-Diebe. Dann werden Sie am Ende mehr Klicks ernten, als Sie zuvor dachten.

Schließlich dürfen Sie auch noch Suchmaschinen explizit von Ihrer Website ausschließen – z. B. dann, wenn die Website zwar schon »online« ist, die Adresse aber niemand kennt und Sie erst einmal in Ruhe testen möchten, ohne es sich mit den Suchmaschinen zu verscherzen. Genau genommen, verbieten Sie den Suchmaschinen damit aber nicht den Besuch, sondern nur die Indexierung Ihrer Seiten. Und da sich Maschinen nicht nur in düsteren Dystopien nicht alles sagen lassen, hängt es von der Suchmaschine ab, ob sie diese Anweisung befolgt oder ignoriert.

3.11.4   Diskussion

Im Folgenden werde ich nur einige Einstellungen der Optionsseite DISKUSSION (siehe Abbildung 3.122) herausgreifen und erklären, die für Blogeinsteiger nicht unbedingt selbsterklärend sind. Was es bedeutet, eine E-Mail zu erhalten, sobald jemand einen Kommentar schreibt, wird sich wohl (hoffentlich) keiner meiner Leser fragen. WordPress hat hier schon sehr gute Arbeit geleistet, indem die meisten Optionen allein durch ihre Bezeichnung bereits sehr verständlich sind.

3

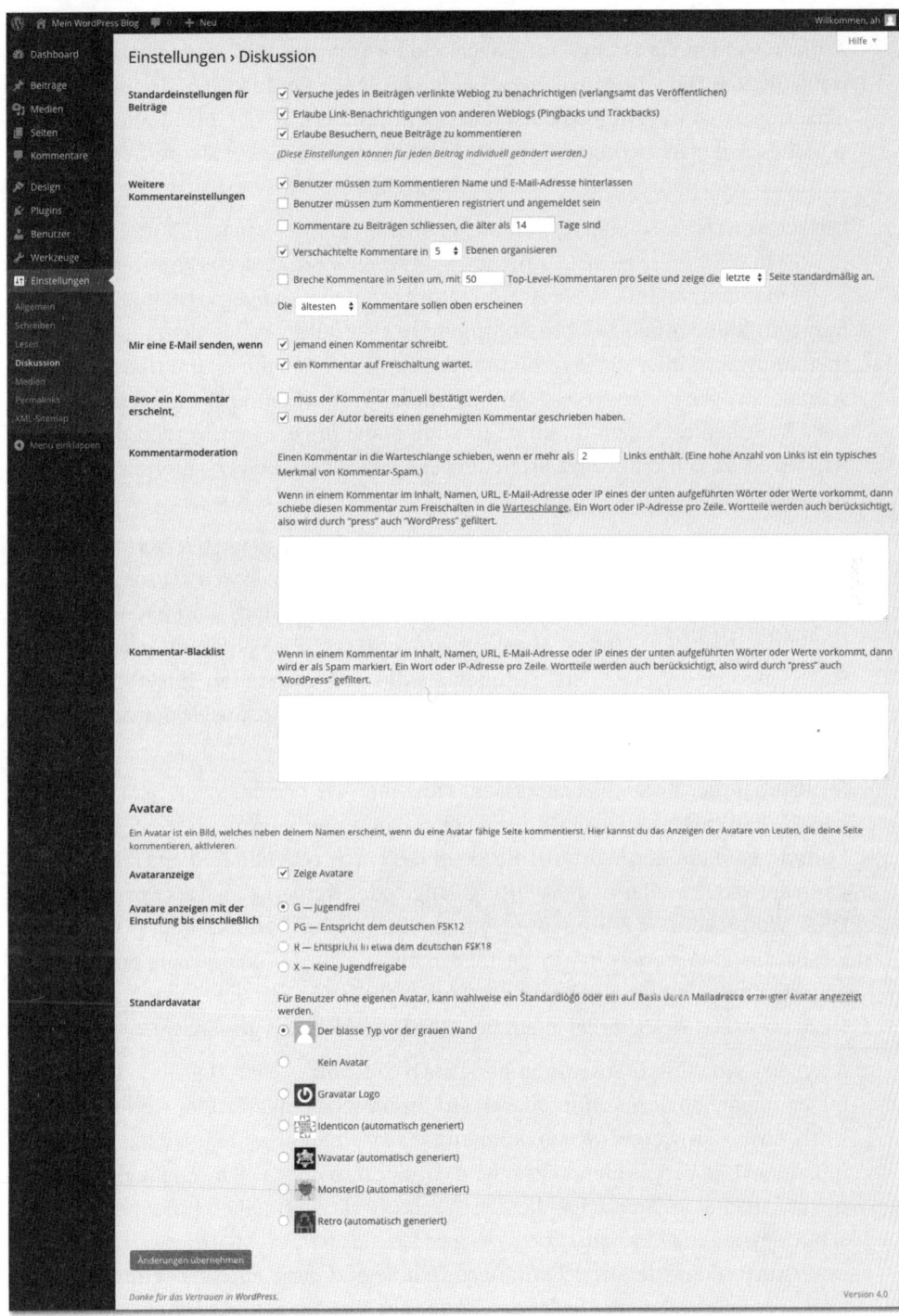

Abbildung 3.122 Die Diskussion auf Ihrem Blog können Sie wirklich sehr detailliert steuern. Das ist aber auch nötig.

VERSUCHE JEDES IN BEITRÄGEN VERLINKTE WEBLOG ZU BENACHRICHTIGEN: In Ihren Artikeln werden Sie zwangsläufig auch andere Websites und Blogs verlinken. Auch wenn Sie natürlich die Möglichkeit haben, für jeden Beitrag gesonderte Trackbacks einzutragen, kann es unter Umständen komfortabler sein, einfach alle verlinkten Websites zu benachrichtigen. Diese Option kann je nach Link-Aufkommen das Veröffentlichen von Beiträgen aber stark verlangsamen.

VERSCHACHTELTE KOMMENTARE IN [X] EBENEN ORGANISIEREN: Mittlerweile können Sie in WordPress auch Kommentare kommentieren. Gut, das konnten Sie prinzipiell schon immer, indem Sie sich inhaltlich auf den vorangegangenen Kommentar bezogen. Nun können Sie Ihre Kommentare aber auch optisch dem anderen Kommentar unterordnen (siehe Abbildung 3.123). Sie kennen diese Funktion vermutlich schon aus vielen anderen Blogs. Mithilfe dieser Option können Sie nun festlegen, wie viele Kommentarebenen maximal untereinander angeordnet werden dürfen. Dies ist wichtig, da sich kaum ein Design um beliebig viele Ebenen erweitern lässt. Ein grafischer Ausbruch wird so vermieden.

BRECHE KOMMENTARE IN SEITEN UM, MIT [X] TOP-LEVEL-KOMMENTAREN PRO SEITE UND ZEIGE DIE [Y] SEITE STANDARDMÄSSIG AN. DIE [Z] KOMMENTARE SOLLEN OBEN ERSCHEINEN: Viel besuchte und viel kommentierte Blogs können ganz schön unübersichtlich sein. Darum bietet Ihnen WordPress an, Kommentare auf mehrere Unterseiten zu verteilen. Hier nehmen Sie die entsprechenden Einstellungen dazu vor. Top-Level-Kommentare sind dabei alle Kommentare exklusive der verschachtelten Kommentare.

Im Rahmen der KOMMENTARMODERATION und der KOMMENTAR-BLACKLIST können Sie verschiedene Regeln für die Behandlung von Kommentaren festlegen. Die Kommentare mit den Wörtern, die Sie in das entsprechende Feld eintragen, landen dann entweder wieder in der Warteschlange oder werden gleich als Spam markiert. Diese Wörter können z. B. Inhalte, Namen, URLs, E-Mail-Adressen oder IPs sein. Seien Sie bei IPs aber vorsichtig. Denn oft versteckt sich die Belegschaft eines ganzen Unternehmens hinter einer einzigen IP-Adresse. Schließen Sie einen aus, schließen Sie alle aus. Das ist sicherlich nicht bei allen Unternehmen gewünscht.

AVATARE – in diesem Zusammenhang auch *Gravatare* genannt – sind kleine Profilbilder, die neben den Kommentaren auf Ihrem Blog eingeblendet werden können. Unter *http://www.gravatar.com* können Sie sich einen Account erstellen und diesen mit einem Bild verknüpfen. Dieser wird dann fortan neben all Ihren Blogkommentaren auf allen Blogs angezeigt, die dieses Feature aktiviert haben (und deren Jugendschutzeinstellungen es entspricht). Legen Sie hier fest, ob Sie Gravatare überhaupt unterstützen möchten, welchem Jugendschutzgrad diese entsprechen müssen, um angezeigt zu werden, und welches Icon für alle Kommentatoren ohne einen Gravatar-Account verwendet werden soll.

Abbildung 3.123 Ein Beispiel für verschachtelte Kommentare.

3.11.5   Mediathek

Die MEDIATHEK haben Sie ja bereits kennengelernt. Auch hier können Sie einige Standardeinstellungen festlegen, die den Umgang mit der Mediathek erleichtern können (siehe Abbildung 3.124).

Die Einstellungen der Mediathek erreichen Sie über EINSTELLUNGEN • MEDIEN.

Bilder können Sie über die Mediathek in verschiedenen Größen einfügen. Hier stellen Sie unter BILDGRÖSSE die einzelnen Breiten und Höhen für Miniaturbilder (*Thumbnails*) und mittelgroße Bilder ein. Auch die maximale Bildgröße können Sie hier festlegen, vorzugsweise damit kein unkundiger Autor einfach das Design Ihres sorgsam gestalteten Blogs mit einem riesigen Bild sprengt.

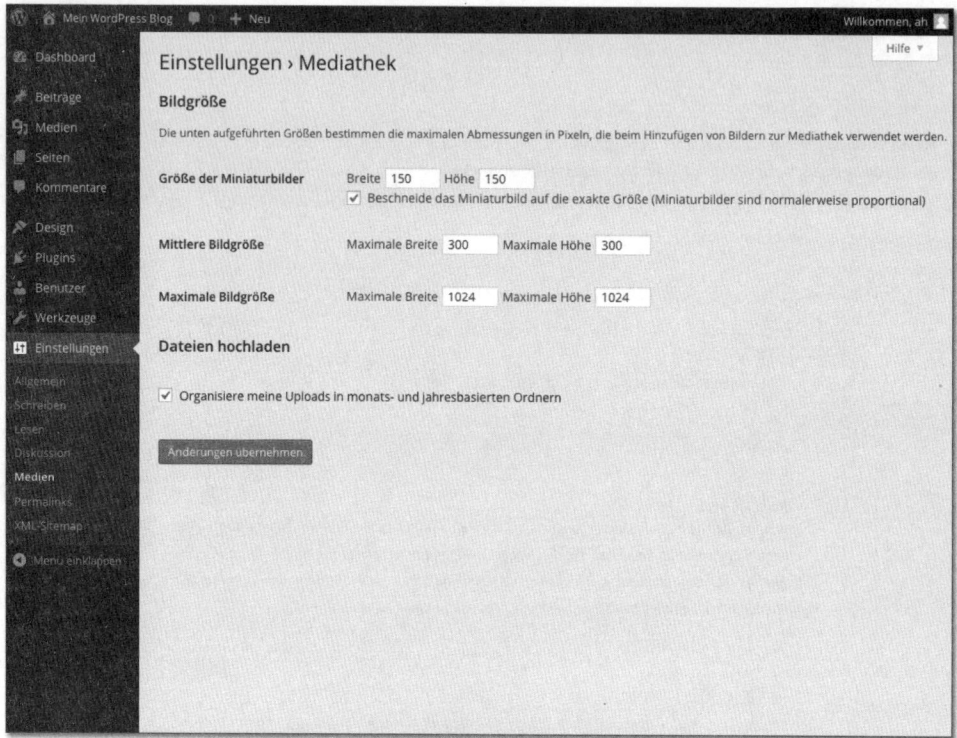

Abbildung 3.124 Auch die Verwendung der Mediathek können Sie Ihren Vorstellungen anpassen.

Bedenken Sie, dass das lediglich Maximalgrößen sind. Ein Bild wird also nicht einfach von WordPress in die Breite oder Höhe gezogen, nur um den Vorgaben zu entsprechen, während das Originalbild bedeutend kleiner ist. Das würde schließlich zu sehr unscharfen Bildern führen. Nur wenn das Bild wenigstens eine der Größen übersteigt, wird es gestaucht. Setzen Sie unten ein Häkchen, wenn Sie nicht möchten, dass alle Bilder in einen unsortierten Ordner geworfen, sondern nach Monaten und Jahren sortiert werden.

3.11.6   Permalinks

Die PERMALINKS sind vor allem aus Sicht der Suchmaschinenoptimierung äußerst interessant. Darunter versteht man direkte Links zu einer Seite oder einem Artikel Ihrer Website. Die Struktur dieser URLs können Sie hier festlegen (siehe Abbildung 3.125).

Grundsätzlich können Sie aus verschiedenen vorgefertigten Optionen wählen. Die erste standardmäßige Option empfiehlt sich nicht gerade:

http://www.ihre-website.de/?p=123

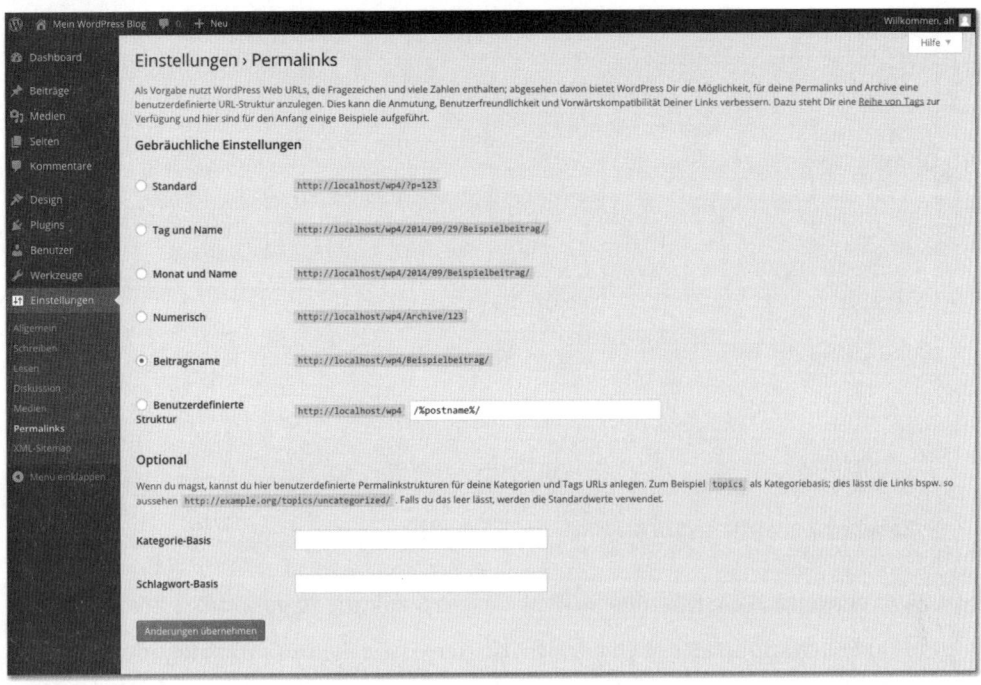

Abbildung 3.125 Permalinks können Ihre Suchmaschinenoptimierung drastisch verbessern.

Die URL ist kryptisch, mit ihr können weder Besucher noch Suchmaschinen etwas anfangen. Sie sollten also auf jeden Fall eine der Optionen wählen, die zumindest auch den Seiten- oder Artikelnamen mit in die URL aufnimmt. Relevante Keywords im Titel werden von Suchmaschinen wohlwollend berücksichtigt. Für das Testblog habe ich den Beitragsnamen als Struktur gewählt. Sie können aber auch die eindeutige *ID* des Beitrags dem Titel desselben voranstellen. Oder das Datum des Beitrags. Ihren Ideen sind keine Grenzen gesetzt. Beachten Sie, die Struktur immer mit einem Slash zu beginnen und abzuschließen, also z. B. so:

/%post_id%/%postname%/

Sie können aber auch mithilfe der Platzhalter in Tabelle 3.2 ganz eigene Strukturen erfinden.

Platzhalter	Bedeutung
%year%	Erscheinungsjahr des Beitrags
%monthnum%	Erscheinungsmonat als Zahl
%day%	Erscheinungstag als Zahl

Tabelle 3.2 Platzhalter für die URL-Struktur

Platzhalter	Bedeutung
%hour%	Erscheinungsstunde als Zahl
%minute%	Erscheinungsminute als Zahl
%second%	Erscheinungssekunde als Zahl
%postname%	Titel (bzw. dessen Kurzform) des Beitrags
%post_id%	eindeutige ID des Beitrags
%category%	Kategorie (bzw. deren Kurzform) des Beitrags
%tag%	Tag (bzw. dessen Kurzform) des Beitrags
%author%	Autor des Beitrags

Tabelle 3.2 Platzhalter für die URL-Struktur (Forts.)

Wir verwenden die folgende recht klassische Struktur: /%post_id%/%postname%/.

Schließlich können Sie auch noch spezifizieren, wie die URLs zu Kategorien und Tags gestaltet werden sollen. Ihre Besucher können sich alle Beiträge einer Kategorie oder eines Tags anzeigen lassen, indem sie darauf klicken. Diese Seiten benötigen natürlich auch eine Adresse. Hier legen Sie fest, welche Bezeichnung vor dem Kategorie- oder Tag-Namen stehen soll.

Ein Beispiel:

http://www.ihre-website.de/kategorien/allgemein/

oder auch:

http://www.ihre-website.de/tags/cindy-crawford/

Kapitel 4
Schnell und einfach: fertige Themes

Man muss nicht programmieren können, um mit WordPress schöne
Websites zu erstellen. Es genügt, das richtige Theme zu finden. Und
davon gibt es eine Menge.

Die einfachste und schnellste Art, seine eigene WordPress-Website zu erstellen, sind fertige Themes. Sie müssen dann keine HTML- und CSS-Vorkenntnisse mitbringen, um die Vorlage erst einmal zu erstellen, und Sie müssen auch nicht die ganzen Kapitel zur Theme-Erstellung wälzen. Es gibt so viele komplett fertige und einsatzbereite Themes, dass die Auswahl manchmal schwerfallen kann. Ich werde Ihnen in diesem Kapitel zeigen, wo die Möglichkeiten von fertigen Themes liegen, wie Sie diese finden, auswählen, einrichten und an Ihre eigenen Wünsche anpassen.

4.1 Individuelles oder fertiges Theme?

Im Kopf nagt allerdings schon das schlechte Gewissen: Bin ich mit einem fertigen Theme überhaupt noch individuell genug? Muss ich mich nicht von der Masse abgrenzen? Einzigartig sein?

Ja, das stimmt. Aber wer ist schon wirklich einzigartig mit jeder Pore seines Körpers? Individuelle Themes haben ihren Vorteil, und es gibt gewisse Menschen, denen ich ausschließlich dazu rate. Das sind in der Regel Unternehmer, die mit ihrer Website Geld verdienen müssen. Bei denen es aber auch immanent wichtig ist, dass sie absolut individuell sind. Stellen Sie sich mal vor, Apple würde für seine Website ein Standard-Theme verwenden. Wie würde das wohl auf die Kunden wirken, die Exklusivität gewohnt sind? Aber nicht nur Weltmarktführer wie Apple sind mit einem individuellen Design besser bedient, auch mittelgroße Unternehmen und Kanzleien tun oftmals besser daran, sich durch Individualität auszuzeichnen.

Auch wenn das nach einer vollständigen Auflistung aller Unternehmer aussieht, so hat sie viele Lücken. All die Kleinunternehmer, Freiberufler, kleinen Kanzleien und professionellen Blogger sind noch übrig. Sie verdienen ebenfalls Geld mit ihrer Website, man nimmt es ihnen für gewöhnlich aber auch nicht krumm, wenn man ihre Website irgendwo einmal so ähnlich schon gesehen hat.

Das ist natürlich alles Ansichtssache und absolutes Schubladendenken. Zu jeder Regel gibt es Ausnahmen. Selbst der gerade am Anfang seiner Laufbahn stehende Webdesigner ohne einen Auftrag kann es sich nicht leisten, seine Website nicht selbst zu designen (das wäre ja, als würde ein Kfz-Mechaniker sein Auto lieber von der Konkurrenz reparieren lassen). Ich kenne aber auch große Rechtsanwaltskanzleien, die zumindest in Teilbereichen sehr erfolgreich fertige Themes einsetzen. Am Ende müssen Sie selbst entscheiden, ob für Ihre Zwecke ein individuelles Design nötig ist oder ob ein Theme auch reicht. Denn das muss ja längst nicht aussehen wie bei allen anderen, sondern kann ganz individuell an das eigene Profil angepasst werden. Die einen mehr, die anderen weniger. Der entscheidende Vorteil ist aber: Das fertige Theme kann man an einem verregneten Wochenende ohne weitere Vorkenntnisse selbst einrichten. Für die individuelle Website muss man sich, wenn man viel Zeit und Vorkenntnisse nicht mitbringt, professionelle und eben kostenpflichtige Unterstützung holen.

4.2   Quellen für kostenlose Themes

Der große Vorteil von WordPress ist die riesige Community. Dadurch, dass die Software selbst kostenfrei ist, sind es auch viele Themes, die von Community-Mitgliedern mit viel Zeit und Aufopferung gestaltet werden. Ja, zugegeben, nicht jedes ist auf Hochglanz poliert, aber die Anzahl von wirklich professionell gestalteten Themes zum Nulltarif ist erstaunlich.

Eine Quelle für kostenlose Themes ist wie so oft Google. Mit Suchbegriffen wie »kostenlose wordpress themes« oder »free wordpress themes«, aber auch »die besten wordpress themes« oder »best wordpress themes« werden Sie eine große Menge guter Blogbeiträge finden, die genau diese Themes zur Schau stellen. Fast immer werden diese Themes aber auf eine andere Quelle zurückzuführen sein: *wordpress.org*.

WordPress selbst bietet das größte Archiv an kostenfreien Themes an. Für Entwickler gibt es kaum Gründe, ihr Theme dort nicht einzustellen. Denn wenn es ohnehin kostenfrei ist, sollte man es dem Nutzer so einfach wie möglich machen, es zu finden. Das WordPress-Archiv ist gut besucht, und die Installation jedes der dortigen Themes ist extrem einfach. Den Nutzern kommt außerdem zugute, dass die Qualitätsrichtlinien für die Aufnahme recht streng sind. Das lässt hoffen, dass die Qualität auch weiterhin so hoch bleibt wie bisher.

Sie können natürlich einfach die Website *https://wordpress.org/themes/* besuchen und dort ein wenig stöbern. Noch etwas einfacher ist es aber, einfach direkt über Ihre WordPress-Installation nach einem Theme zu suchen. Im Backend finden Sie unter DESIGN • THEMES • INSTALLIEREN dieselbe Auswahl, aber ein schöneres Interface (Abbildung 4.1). Zudem können Sie die Themes dort mit einem Klick sofort installieren oder sich eine Vorschau anzeigen lassen.

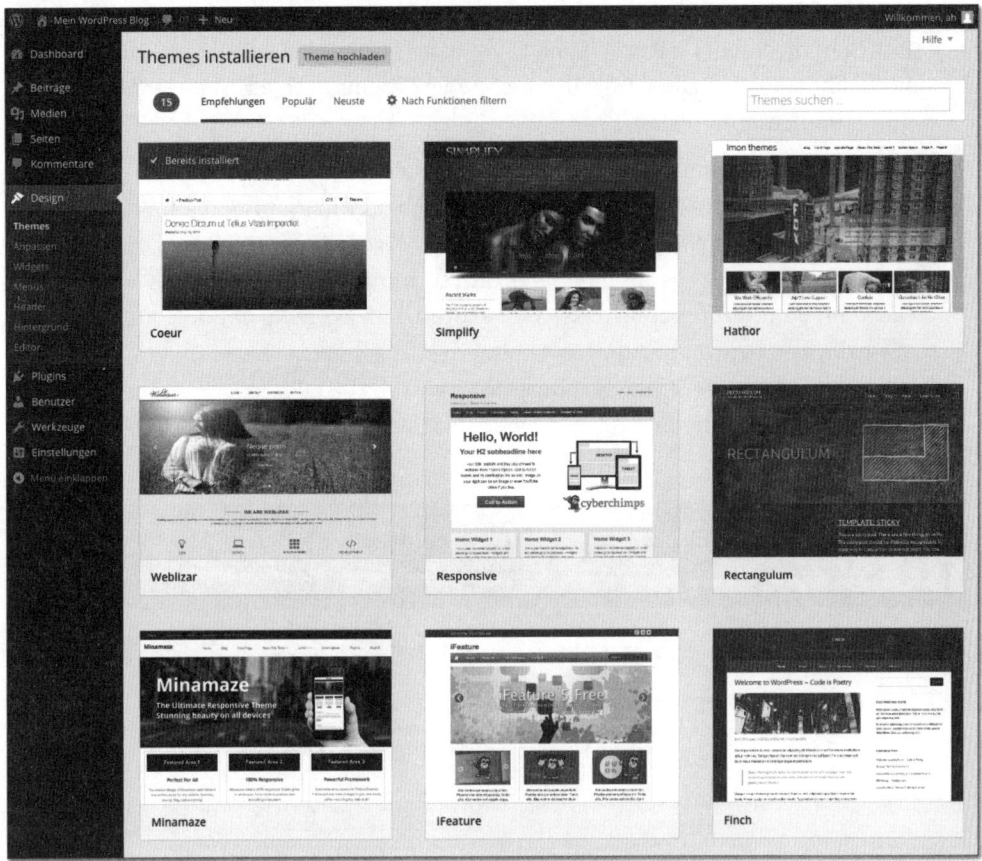

Abbildung 4.1 Die Themes sind sehr übersichtlich und ansprechend aufgelistet.

4.3 Quellen für kommerzielle Themes

Kommerzielle Themes sind schon ein wenig schwieriger zu finden. Vielen fallen jetzt vielleicht erst einmal Quellen wie *ThemeForest.net* ein. Dort gibt es auch wirklich eine große Auswahl unterschiedlichster Themes, die absolut ansprechend und professionell gestaltet sind. Sie bringen aber zumindest derzeit einen Nachteil mit sich: Ihr Funktionsumfang geht teilweise deutlich über WordPress hinaus. Will heißen, sie implementieren Funktionen, die WordPress selbst oder ein Plugin ihnen gar nicht bietet. Da diese fest mit dem Theme verwoben sind, hat man später möglicherweise Probleme, zu einem anderen Theme zu wechseln. Ein Beispiel ist das Rating-System. Viele Websites setzen heute auf eigene Rating-Systeme, wie Amazon sie für Rezensionen anbietet. Dann können Nutzer über die Qualität von Beiträgen oder Produkten entscheiden. So weit, so gut – wenn das System allerdings direkt in das Theme integriert wird, dann können Sie später mit all diesen Daten nichts anfangen, sollten

Sie zu einem anderen Theme wechseln. Überlegen Sie sich also genau, ob Sie sich so festlegen möchten. Überprüfen Sie Themes auf Funktionen, die nicht Teil von Word-Press sind und die in dem Fall auch nicht über Plugins nachgerüstet werden, sondern direkt implementiert sind.

Sie müssen allerdings nicht verzweifeln ob solcher Anbieter. Denn das Team von WordPress hat extra für Sie eine Liste mit Anbietern zusammengestellt, denen Sie vertrauen können. Sie finden sie unter *https://wordpress.org/themes/commercial/*. Die Liste ist keineswegs abschließend, und so würde ich auch nicht zu viel in die Tat-sache hineininterpretieren, dass ThemeForest z. B. aktuell nicht dort aufgelistet ist. Wenn Sie bei den dort genannten Anbietern ein passendes Theme finden, können Sie es aber möglicherweise etwas ruhigeren Gewissens installieren. Übrigens: Auch dort nicht gelistete Anbieter sind nicht per se schlecht, halten Sie aber die Augen ein wenig offen.

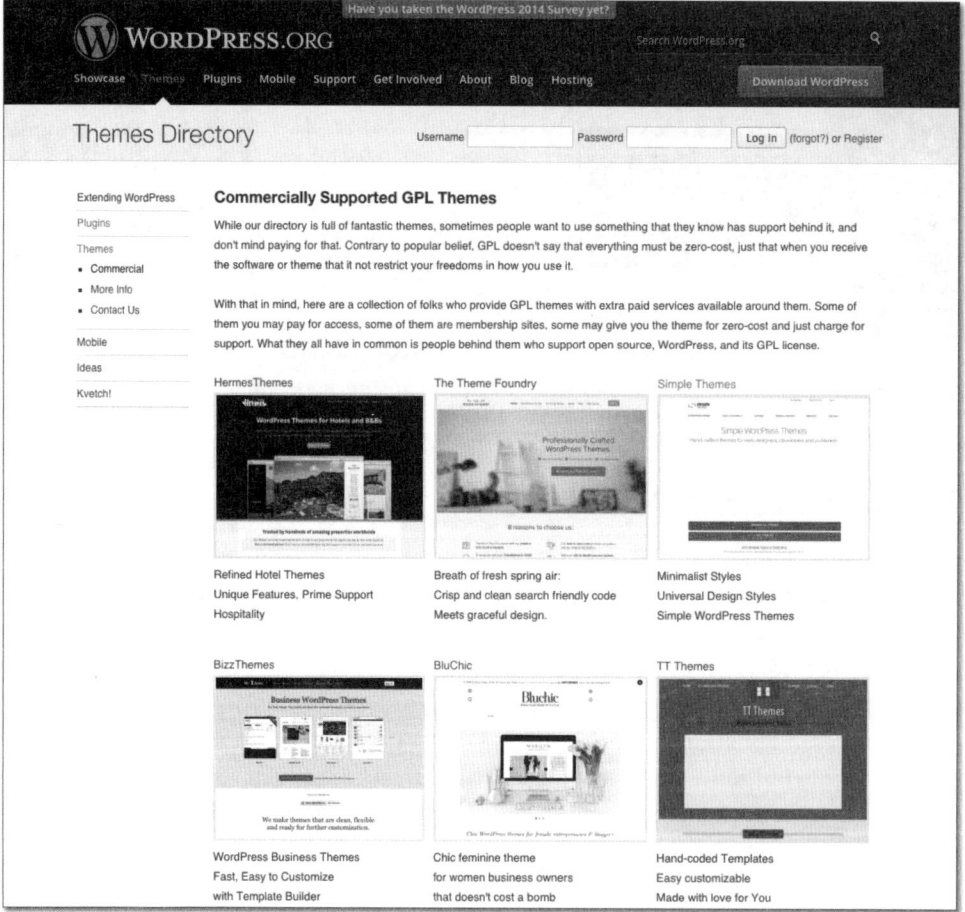

Abbildung 4.2 »wordpress.org« bietet Ihnen eine Auswahl an vertrauenswürdigen Drittanbietern.

4.4   Das Theme installieren und einrichten

Es gibt im Prinzip drei Wege, ein Theme zu installieren. Ein bisschen hängt es davon ab, woher Sie es heruntergeladen haben.

Die kostenlosen WordPress-Themes von *wordpress.org* sind am einfachsten zu installieren. Navigieren Sie einfach über Ihr Backend zu dem gewünschten Theme (DESIGN • THEMES • INSTALLIEREN) und klicken Sie auf INSTALLIEREN.

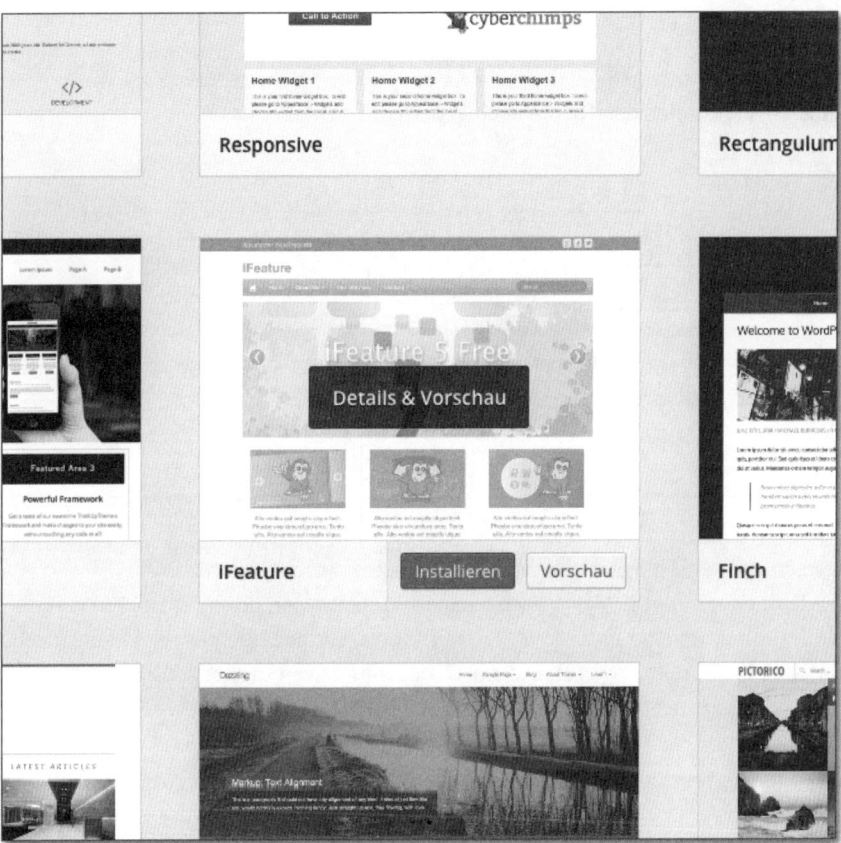

Abbildung 4.3 Mit einem Klick auf »Installieren« ist das Theme nun Ihres.

Wenn Sie ein Theme von einer externen Quelle heruntergeladen haben, steht die Chance gut, dass Sie eine ZIP-Datei vor sich liegen haben. Diese können Sie über DESIGN • THEMES • INSTALLIEREN • THEME HOCHLADEN zu Ihrer WordPress-Installation hinzufügen (Abbildung 4.4).

Sollte das alles nicht helfen, bleibt immer noch der manuelle Weg. Gehen Sie entweder zu Ihrem lokalen WordPress-Verzeichnis oder via FTP zu dem auf Ihrem Server und navigieren Sie dort zu dem Unterordner */wp-content/themes/*. Kopieren Sie hier nun den entpackten Theme-Ordner hin (Abbildung 4.5).

193

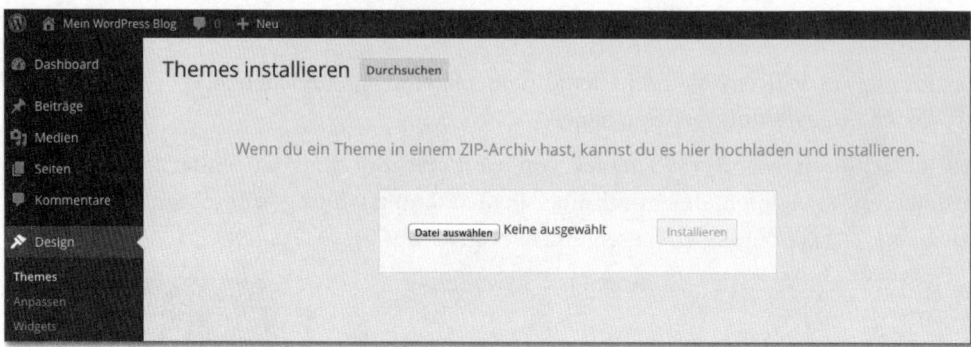

Abbildung 4.4 Sie können das Theme auch in der ZIP-Datei über das Webinterface hochladen.

Abbildung 4.5 So oder so ähnlich sieht ihr Theme-Verzeichnis aus. Fügen Sie einfach den neuen Ordner hinzu.

Achtung

Manche Themes sind eingepackt wie in dreißig Lagen Geschenkpapier, der eigentliche Theme-Ordner befindet sich also noch in einem Unterordner, der sich in einem weiteren Unterordner befindet und so weiter. Den Theme-Ordner erkennen Sie daran, dass sich in ihm eine Datei namens *style.css* befindet. Nur diesen Ordner kopieren Sie bitte in das *themes*-Verzeichnis.

Nachdem Sie das Theme installiert haben, gehen Sie bitte in Ihrer Administrationsoberfläche zu Design • Themes. Dort sollte das neue Theme bereits zu finden sein und kann von Ihnen aktiviert werden.

Die Einrichtung des Themes ist oft ganz verschieden, deshalb gibt es hierfür kein allgemeingültiges Rezept. Sie hängt sehr stark vom Autor des Themes ab.

In aller Regel finden Sie sämtliche Theme-Optionen unterhalb des Menüpunkts Design im Backend. Viele Themes verwenden dort auch nur die üblichen Verdächtigen wie Anpassen, Header und Hintergrund. Es gibt allerdings auch eine beträchtliche Anzahl von Themes, die noch ein ganz eigenes Paket an Einstellungen und Funktionen mit sich bringen. Diese verbergen sich oft hinter einem Menüpunkt wie »Theme Options« oder ähnlich, wie Abbildung 4.6 exemplarisch zeigt.

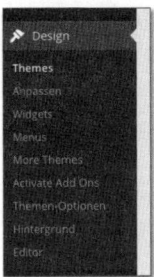

Abbildung 4.6 »More Themes«, »Activate Add Ons«, »Themen-Optionen« – all diese Menüpunkte waren vor der Installation des Themes noch nicht da.

Manche dieser Seiten haben sogar noch viele Unterseiten mit weiteren Optionen. Die Installation eines Themes bringt also immer einen kleinen Wundertüteneffekt mit sich. Manche sind spartanisch und funktionieren aus sich heraus, andere möchten stundenlang eingerichtet werden. Eines ist aber fast allen ihnen gemeinsam: Auch ohne viele Einstellungen vorzunehmen, funktionieren sie. Es ist dann eben nur eine Frage des persönlichen Geschmacks, wie weit man Anpassungen vornehmen möchte.

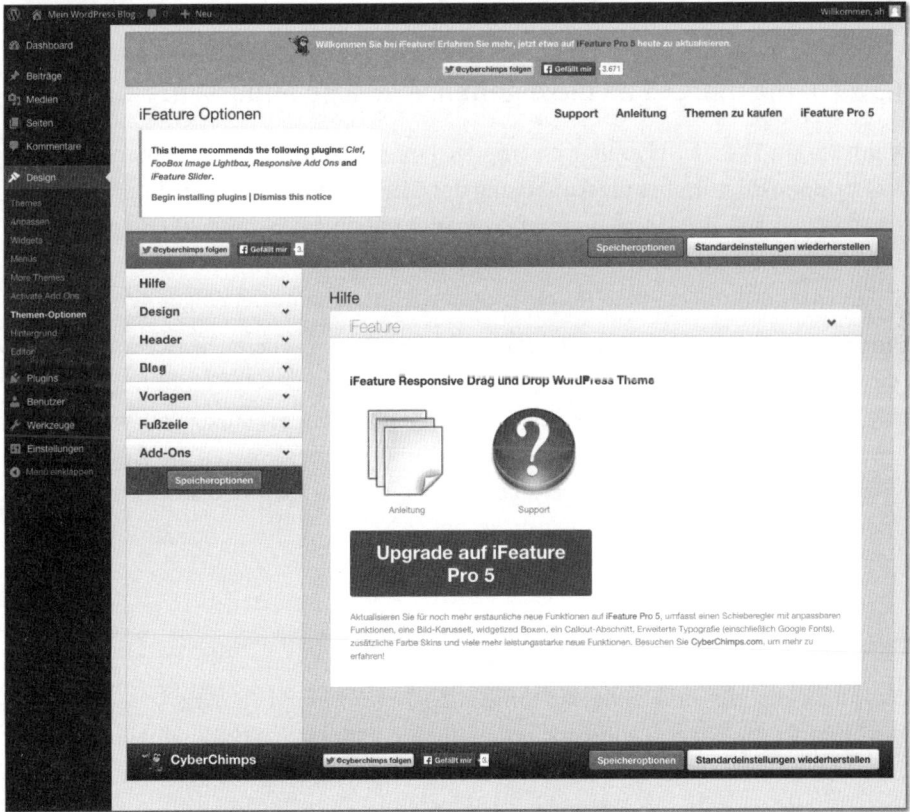

Abbildung 4.7 Hier einmal die sehr umfangreichen Optionen des Themes »iFeature«.

Manche Themes funktionieren allerdings erst, nachdem Sie zumindest einige Grundeinstellungen vorgenommen haben. Oder nachdem Sie bestimmte Plugins nachinstalliert haben. Dieser Bitte müssen Sie dann wohl oder übel nachkommen.

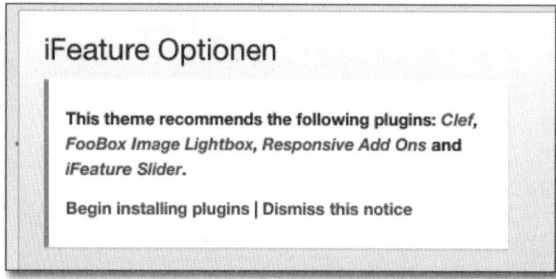

Abbildung 4.8 Ein paar Plugins müssen es dann doch noch sein, bevor es losgehen kann.

Doch nicht alle Plugins sind immer unbedingt erforderlich. Manche werden einfach nur empfohlen. Schauen Sie also genau, was Sie wirklich benötigen, und lassen Sie den Rest gegebenenfalls weg. Denn jedes weitere Plugin ist Ballast, auf den Sie verzichten können.

4.5   Theme mit CSS an die eigenen Wünsche anpassen

Wenn Sie ein Theme tief greifend verändern möchten, führt der Weg mangels anderer Optionen oft nur über die Anpassung der CSS-Angaben. Das ist nicht erforderlich, um ein Theme in Betrieb zu nehmen, wer aber maximale Individualität will, kommt manchmal nicht drum herum. Für ein paar spezielle Fälle zeige ich Ihnen in den folgenden Abschnitten ein paar Rezepte. Generell gilt aber immer Folgendes:

Die CSS-Angaben finden Sie in der *style.css* Ihres Theme-Verzeichnisses, also z. B. in */wp-content/themes/twentyfourteen/*. Allerdings sollten Dateien eines fremden Themes nie direkt bearbeitet werden. Besser ist, ein Child-Theme anzulegen, wie ich es in Abschnitt 6.4.6 erkläre. An der *style.css* des Child-Themes können Sie dann beliebig herumeditieren, ohne Gefahr zu laufen, dass das Grund-Theme zerstört wird oder ein Update davon Ihre Änderungen zurücksetzt.

4.6   Das Logo anpassen

Die Änderung, die üblicherweise am häufigsten an einem Theme vorgenommen wird, betrifft das Logo. Das ist sozusagen das kleinste Maß an Individualität, das wir einem neuen Theme verleihen können. Die Umsetzung ist allerdings nicht immer so einfach, wie wir es uns wünschen würden.

Mittlerweile sind viele Themes so weit, dass sie die integrierten Funktionen von WordPress auf alternative Weise nutzen. Sie können dann beispielsweise über DESIGN • HEADER bzw. DESIGN • ANPASSEN • HEADER-BILD ein Logo festlegen. Das führt aber zumindest dann zu Problemen, wenn das Header-Bild nicht das Logo repräsentieren soll, sondern eine dieser Kopfgrafiken, wie sie auf vielen Websites üblich sind und meist unterhalb des Logos angebracht sind (Abbildung 4.9). Dafür ist die Funktion schließlich auch in erster Linie gedacht.

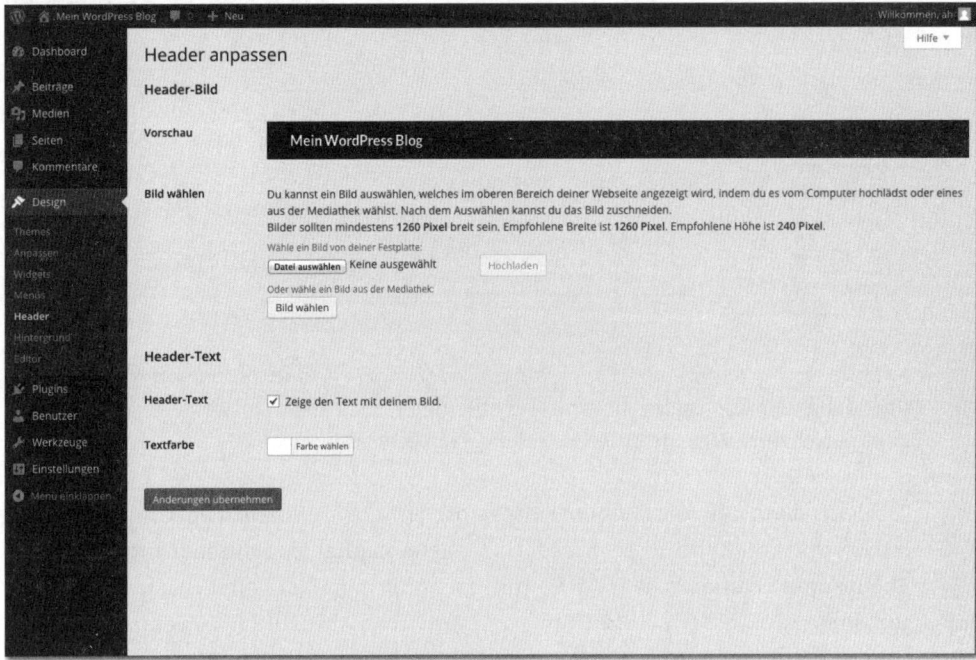

Abbildung 4.9 Die Header-Bild-Funktion des Standard-Themes »Twenty Fourteen«. Hier geht es allerdings weniger um ein Logo, sondern vielmehr um eine Kopfgrafik.

Nun gibt es die Möglichkeit, dies in eigenen Theme-Optionen zu hinterlegen. Wie ich oben bereits schrieb, bringen manche Themes solche Extraoptionen auf einer eigenen Unterseite mit, auf der meist nicht nur das Logo, sondern noch viel, viel mehr angepasst werden kann (Abbildung 4.10). Die Lösung ist für den Anwender genauso simpel zu bedienen wie die des Header-Bildes.

Bietet das Theme hingegen keine Möglichkeit, ein Logo auszutauschen – weil es vielleicht gar kein Logo, sondern nur einen textbasierten Seitentitel vorsieht –, dann werden die Optionen dünn. Natürlich besteht immer noch die Möglichkeit, sich ein anderes Theme auszusuchen, das diese Grundfunktion mit sich bringt. Aber gerade wenn das Theme ansonsten alle Wünsche erfüllt, fällt dieser Schritt schwer.

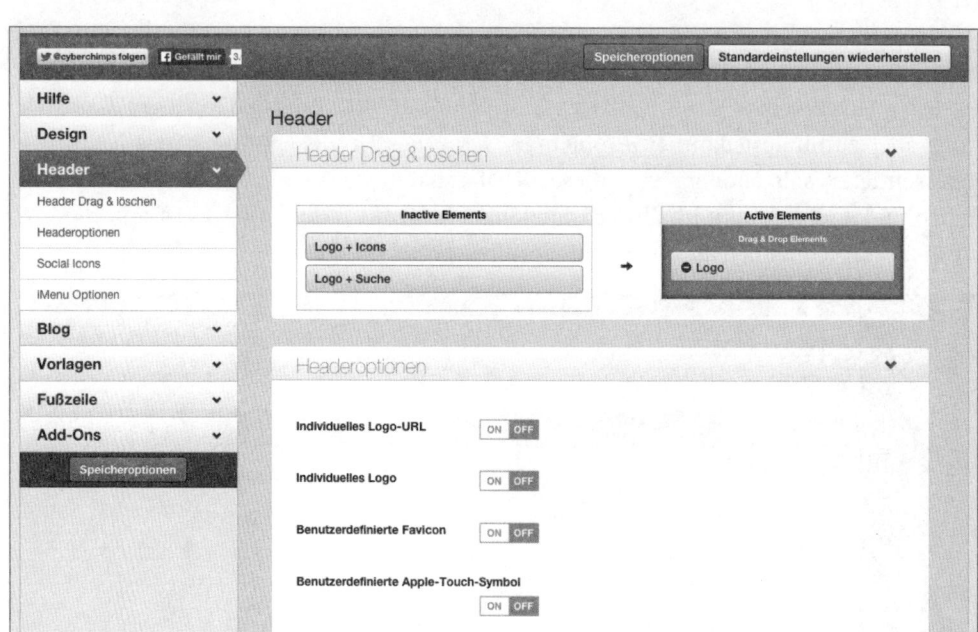

Abbildung 4.10 Das Theme »iFeature« bietet Ihnen eine eigene Optionsseite an, wo der Kopfbereich Ihrer Website differenzierter gestaltet werden kann.

Es bleibt dann nur die Möglichkeit, selbst ein Logo einzubauen. Und dafür sind HTML- und CSS-Kenntnisse erforderlich (siehe Kapitel 5), denn hier muss man das Theme direkt editieren. Wer die Kenntnisse mitbringt oder bereit ist, sie sich anzulesen, sollte zunächst ein Child-Theme anlegen (siehe Abschnitt 6.4.6), damit die Änderungen nicht bei einem Theme-Update überschrieben werden. Der nächste Schritt besteht darin, die *header.php* aus dem Theme-Verzeichnis zu bearbeiten, in der sich der Kopfbereich der Website befindet. Dieser ist fast immer auch eine geeignete Stelle, um das eigene Logo zu platzieren. Die CSS-Angaben dazu gehören in die *style.css*.

4.7   Andere Schriftarten & Google Web Fonts

Manchmal gefällt einem ein Theme, aber die Schriftarten wirken unpassend oder sind für den gewünschten Zweck nicht seriös genug. Vielleicht sind sie aber zu langweilig, weil man schon so viele Websites in Arial gesehen hat. Kurzum: Man möchte die Schriftart ein wenig anpassen.

Bis vor einiger Zeit standen dem Webdesigner nur eine Handvoll Schriftarten zur Verfügung. Denn es war erforderlich, dass diese auf dem Betriebssystem des Nutzers vorhanden waren. Betriebssystemübergreifend sind das nur wenige. Das ist auch der

Grund, warum sich gerade in Bezug auf die Typografie früher viele Websites ähnelten wie ein Ei dem anderen. Und weshalb ganz oft Bilder mit Text eingefügt wurden. Das ist zum Glück Vergangenheit.

Heute kann jeder über das kostenlose *Google Web Fonts* (oder diverse kostenpflichtige Dienste) auf ein großes Archiv verschiedenster Schriftarten zurückgreifen, auch wenn diese vorher nicht auf dem Rechner installiert waren. Dazu ist es nur nötig, einen kleinen Codeschnipsel in das Theme zu integrieren – schon können Sie in der CSS-Datei einfach auf die Schriftart verweisen.

»CSS-Datei« – das hört sich jetzt natürlich wieder nach dem verbotenen Thema, nach Programmieren, an. Ganz ohne ist es aber leider auch nicht möglich. Nicht viele Themes bieten eine eigene Option an, um die Schriftart anzupassen. Allerdings sind hierfür wirklich keine vertieften CSS-Kenntnisse nötig, sondern nur das, was ich Ihnen in den folgenden Sätzen verständlich machen werde.

Alle CSS-Angaben eines Themes befinden sich üblicherweise in der *style.css*-Datei im jeweiligen Theme-Verzeichnis. Diese muss mit einem Textprogramm (nicht Microsoft Word, sondern eher Notepad oder Textedit) geöffnet werden. Legen Sie am besten erst ein Child-Theme an (siehe Abschnitt 6.4.6) und editieren Sie die *style.css* darin. Dort werden Sie zwangsläufig auf Zeilen stoßen, die mit font-family: (...) beginnen und mit einem Semikolon enden. Davon gibt es wahrscheinlich mehrere, gerade wenn mit unterschiedlichen Schriftarten für die verschiedenen Elemente der Website gearbeitet wird.

In dieser Zeile sehen Sie schon einige Schriftarten, manchmal auch nur eine. Mehrere werden nur angelegt, falls man befürchtet, dass die Hauptschriftart (die erste in der Aufzählung) möglicherweise nicht verfügbar ist. Ein typisches Beispiel ist Helvetica. Diese ist auf Macs vorinstalliert, aber nicht auf PCs. Viele Webdesigner, mich eingeschlossen, finden sie attraktiver als Arial – aber die Website soll eben auch für diejenigen angezeigt werden, die einen Windows-PC nutzen und die Schriftart nicht gekauft haben. Also wird alternativ noch Arial hinterlegt. Das sieht dann so aus:

```
font-family: Helvetica, Arial, sans-serif;
```

Es bedeutet: Zeige Helvetica an, notfalls Arial, und wenn beide nicht da sind, irgendeine serifenlose Schriftart. Um die Schriftart zu ändern, tauschen Sie einfach die Elemente aus – mindestens das erste. Wenn Sie plötzlich von einer serifenlosen auf eine Serifenschriftart wie z. B. Georgia umsteigen möchten, dann ist es besser, alle Werte anzupassen oder zumindest die serifenlosen Backup-Werte zu löschen. Aus sansserif dürfen Sie dann auch gern ein serif machen (oder ein cursive, fantasy oder monospace – abhängig davon, welcher Familie Ihre gewünschte Schriftart angehört).

Aus Helvetica und Arial werden so ganz schnell Palatino Linotype und Georgia:

```
font-family: 'Palatino Linotype', Georgia, serif;
```

Bezeichnungen mit Leerzeichen setzen Sie in Anführungszeichen.

Alles schön und gut, aber welche dieser 75 Schriftartzeilen in der *style.css* muss ich nun bearbeiten? Leider kann es vorkommen, dass Sie auf ganz viele solcher font-family-Zeilen stoßen. Jede behandelt ein anderes Website-Element, und allein aus der vorstehenden Bezeichnung in der CSS-Datei ist nicht immer ersichtlich, worum es sich handelt. Es gibt aber einen relativ einfachen Weg, herauszufinden, wie das Element heißt, das Sie verändern möchten. Danach können Sie dann in der CSS-Datei suchen.

Um das herauszufinden, eignen sich zwei Browser sehr gut: zum einen Google Chrome, zum anderen Firefox. Chrome hat ein solches Inspektionstool bereits vorinstalliert, während Sie bei Firefox die kostenfreie Erweiterung *Firebug* installieren müssen. In Chrome können Sie einfach ein Element auf der Website markieren, mit der rechten Maustaste darauf klicken und ELEMENT UNTERSUCHEN auswählen (Abbildung 4.11).

Abbildung 4.11 Rechtsklick und »Element untersuchen« – so einfach ist die Untersuchung in Google Chrome.

Anschließend öffnet sich unten ein integriertes Fenster (Abbildung 4.12), das Ihnen den HTML-Code der Website links und den passenden CSS-Code zum jeweiligen Element rechts anzeigt. Das Pendant zum Element, das Sie zuvor ausgewählt haben, ist in der Code-Ansicht bereits ausgewählt.

Abbildung 4.12 Chrome zeigt Ihnen anschließend die Zeile im Code an, die Sie zuvor markiert und ausgewählt haben.

Im Beispielsfall handelt es sich um ein p-Tag, da ich einen Absatz ausgewählt habe und dieser nahezu immer in ein p-Tag eingekleidet wird. Fast ganz unten am Fensterrand finden Sie eine Zeile, in der der genaue »Pfad« zu diesem Element angezeigt wird (Abbildung 4.13). Wenn Sie in der CSS-Datei also ein neues Element anlegen möchten, können Sie sich hieran orientieren. In der Regel ist es aber einfacher, bestehende Elemente zu editieren. Dafür ist die rechte Spalte hilfreicher.

```
        ▶ <p>…</p>
          <h3>Kanzlerin Merkel hält die Festrede</h3>
        ▶ <p>…</p>
html   body.softbranding.ndr1niedersachsen   div#page   div.pagepadding   article.w66   div.modulepadding.copytext   p
```

Abbildung 4.13 Hier sehen Sie den vollständigen »Pfad« zum HTML-Element.

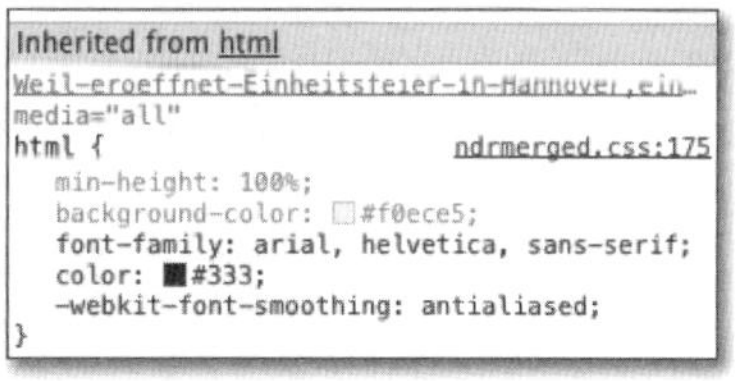

```
Inherited from html
Weil-eroeffnet-Einheitsfeier-in-Hannover,ein-
media="all"
html {                              ndrmerged.css:175
    min-height: 100%;
    background-color: ☐#f0ece5;
    font-family: arial, helvetica, sans-serif;
    color: ■#333;
    -webkit-font-smoothing: antialiased;
}
```

Abbildung 4.14 In der rechten Seitenleiste befinden sich diverse CSS-Angaben. Dieser Ausschnitt zeigt die gesuchte »font-family«.

Es ist nun erforderlich, dass Sie rechts nach font-family suchen. An mancher Stelle wird die Angabe möglicherweise durchgestrichen sein, diese können Sie dann überspringen. Suchen Sie den Abschnitt, wo es nicht durchgestrichen ist (Abbildung 4.14); das ist die Angabe, die aktiv gilt. Im Beispiel sehen Sie, dass sich die font-family-Angabe auf das HTML-Element html bezieht, denn das steht vor der geöffneten geschweiften Klammer ({). Hier könnte genauso gut body stehen, aber auch p, span oder auch etwas wie `#site #content p`. Wichtig ist nur, dass Sie diese Angabe unmittelbar vor der geöffneten geschweiften Klammer identifizieren. Denn genau danach müssen Sie nun in der *style.css* in Ihrem Theme-Verzeichnis suchen. Wenn Sie es gefunden haben, werden Sie sehen, dass sich auch dort das `font-family`-Attribut wiederfinden lässt. Wenn Sie dies nun anpassen, passen Sie damit auch das Element an, das Sie zuvor im Browser markiert haben, und alle anderen Elemente, auf die die Beschreibung zutrifft. Das bedeutet: Nicht nur der eine Absatz, den Sie markiert haben, wird verändert, sondern vermutlich auch alle anderen, sofern diese nicht mit anderweitigen Eigenschaften versehen sind.

Wenn Sie CSS beherrschen, erzähle ich Ihnen hier nichts Neues, und Sie werden die obigen Ausführungen schon vor Langeweile übersprungen haben. Für alle anderen ist das hier aber nicht ganz leicht, zumindest beim ersten Mal. Das kann bedeuten, dass Sie manchmal nach der Trial-and-Error-Methode vorgehen müssen, bis Sie zu dem Ergebnis gelangen, das Sie ursprünglich im Kopf hatten. Glücklicherweise kann man in einer Software die Schritte wieder rückgängig machen.

> **Tipp**
>
> Wenn Sie erst einmal wissen möchten, ob das von Ihnen gefundene Element wirklich das richtige ist, können Sie das auch herausfinden, ohne mühsam in der *style.css* danach zu suchen, sozusagen in Form eines kleinen Vorabtests. Die CSS-Angaben, die Ihnen Chrome oder Firebug rechts anzeigen, können Sie auch editieren. Haben Sie also das `font-family`-Element gefunden, ändern Sie einfach direkt die Werte ab und schauen, ob Ihnen die Änderungen gefallen. Bedenken Sie aber, dass diese nur temporär sind, also Ihre Website nicht dauerhaft verändern. Schließen Sie den Browser oder laden Sie die Seite neu, ist alles weg. Daher dient das nur als Test – die Angaben in der *style.css* müssen auf jeden Fall angepasst werden.

Wenn Sie ausschließlich websichere Schriftarten verwenden wollen, die in der Regel auf allen Betriebssystemen vorinstalliert sind oder zum freien Download bereitstehen, wählen Sie am besten eine der folgenden:

- Arial
- Arial Black
- Arial Narrow
- Book Antiqua
- Bookman Old Style
- Century Gothic
- Comic Sans MS (bitte nicht!)
- Courier New
- Franklin Gothic Medium

- ▶ Garamond
- ▶ Georgia
- ▶ Impact
- ▶ Lucida Console
- ▶ Lucida Sans Unicode
- ▶ Microsoft Sans Serif
- ▶ Palatino Linotype
- ▶ Tahoma
- ▶ Times New Roman
- ▶ Trebuchet MS
- ▶ Verdana

Diese Vorschläge sind allerdings keine Garantie. Hinterlegen Sie daher immer Alternativschriftarten, um auf Nummer sicher zu gehen.

Da diese Schriftarten aber mittlerweile etwas langweilig geworden sind, gibt es, wie oben beschrieben, auch noch Google Web Fonts. Unter *https://www.google.com/fonts* können Sie auf eine Vielzahl kostenfreier Schriftarten zurückgreifen (Abbildung 4.15). Sie haben die Möglichkeit, die Schriftarten auf der Website nach Ihren Wünschen vorzusortieren und auch einen eigenen Vorschautext anzugeben, damit Sie das Ergebnis besser einschätzen können.

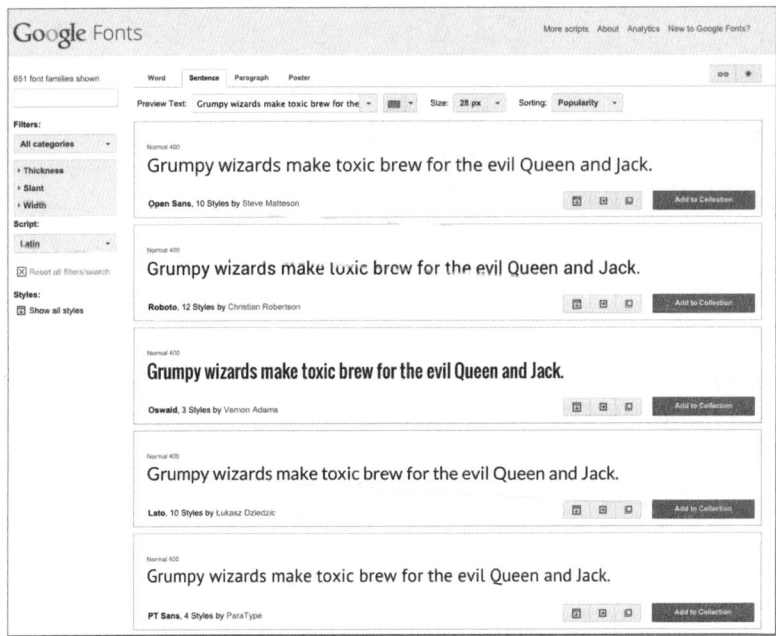

Abbildung 4.15 Die Startseite von Google Web Fonts listet zunächst die populärsten Schriftarten auf.

Zu jeder Schriftart finden Sie einen Satz Buttons (Abbildung 4.16), rechts einen blauen ADD TO COLLECTION-Button, links daneben einen Dreisatz grauer Buttons. Klicken Sie auf den in der Mitte, um zu erfahren, wie Sie die Schriftart einbinden können.

Abbildung 4.16 Der mittlere der drei linken Buttons ist der Schlüssel zum Tor.

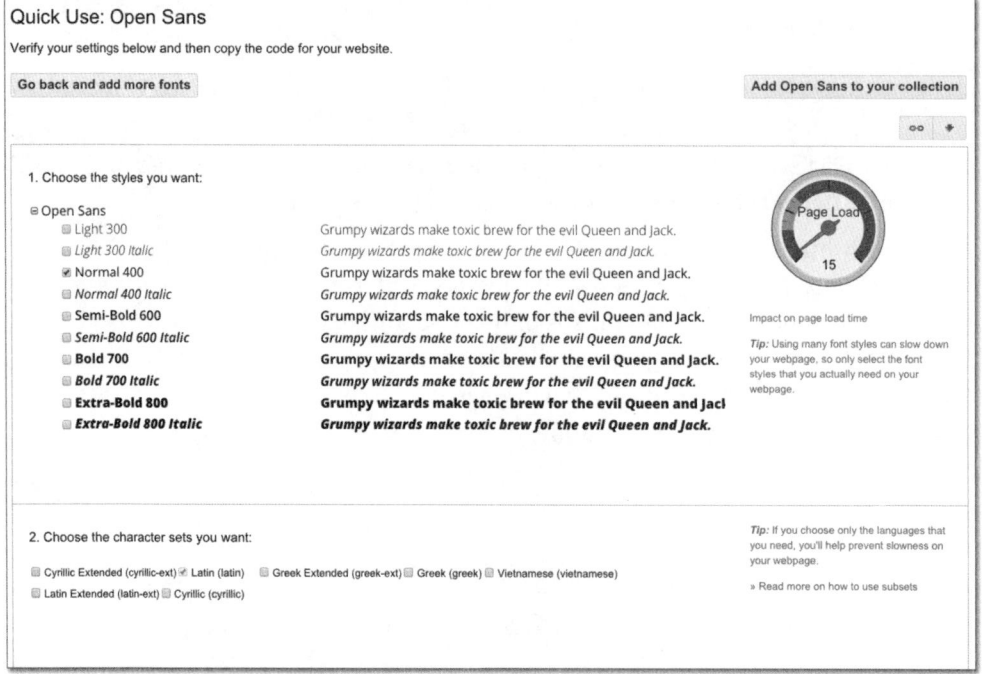

Abbildung 4.17 Sie können festlegen, welche Varianten Sie verwenden möchten. Das wirkt sich gegebenenfalls auf die Ladezeit Ihrer Website aus.

Auf der folgenden Seite (Abbildung 4.17) können Sie zunächst einige Angaben machen, welche Pakete der Schriftart Sie verwenden möchten. Das sollten so wenig wie möglich sein, da sich das andernfalls negativ auf die Ladezeit Ihrer Website auswirken kann. Wenn Sie schon wissen, welche Schriftstärken Sie benötigen, wählen Sie also nur die in Frage kommenden aus. Die Standardgröße ist bereits vorausgewählt. Als *Character Set* sollte LATIN genügen.

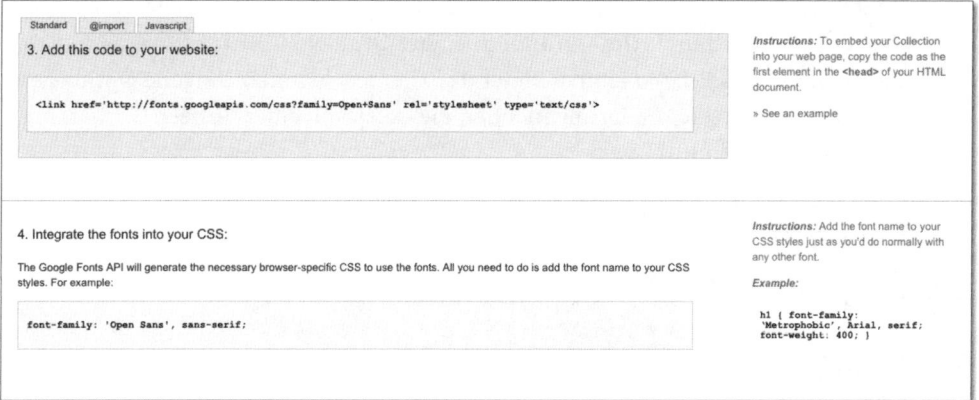

Abbildung 4.18 So binden Sie die Schriftart ein.

Anschließend erklärt Ihnen die Google-Website ganz genau, wie Sie die Schriftart implementieren (Abbildung 4.18). Das geht z. B. über einen HTML-Code, der in den Kopfbereich Ihrer Website eingefügt werden muss. Kopieren Sie diesen einfach und fügen Sie ihn in die *header.php* in Ihrem Theme-Verzeichnis ein – und zwar am besten als erstes Element nach <head>. Also beispielsweise:

```
<html>
<head>
<link href='http://fonts.googleapis.com/css?family=Open+Sans' rel='stylesheet'
type='text/css'>
(...)
</head>
(...)
```

Listing 4.1 Beispielcode header.php

Anschließend können Sie die Schriftart in Ihrer *style.css* genauso verwenden wie auch Arial oder Verdana. Google gibt Ihnen sogar für jede Schriftart auf der Website ganz genau an, wie der Aufruf in CSS zu erfolgen hat.

4.8   Farben anpassen

Auch bei Farben ist die Anpassung uneinheitlich. Es gibt wieder die Themes, die mit verschiedenen Farbschemata kommen oder zumindest der Möglichkeit, einzelne Farben auszutauschen – oder es wird Ihnen eine bestimmte Farbe aufgezwungen, die über die Oberfläche zumindest nicht änderbar ist.

Bringt das Theme solche Optionen mit, ist die Anpassung leicht. Manchmal können Header-Text-Farbe und Hintergrundfarbe über DESIGN • ANPASSEN verändert werden (Abbildung 4.19). Manchmal bietet das Theme wieder eine eigene Optionsseite an, die detailliertere Änderungen oder die Auswahl eines ganzen Farbschemas ermöglicht (Abbildung 4.20).

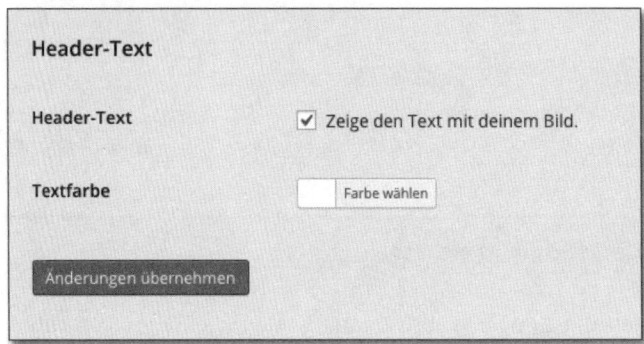

Abbildung 4.19 Manche Farben können Sie über die WordPress-eigenen Theme-Funktionen anpassen.

Abbildung 4.20 Für andere Farben bieten einige Themes (hier: iFeature) gesonderte Optionen. In manchen Übersetzungen wird aus »Hauptfarbe« allerdings schnell »Hautfarbe«.

Sind derartige Anpassungsmöglichkeiten nicht vorhanden, bleibt leider wieder nur der Weg über Anpassungen in der *style.css* Ihres Theme-Verzeichnisses. Diese funktionieren allerdings nach dem gleichen Prinzip wie schon die Änderung der Schriftart in Abschnitt 4.7. Auch hier gilt: Legen Sie besser zunächst ein Child-Theme an (siehe Abschnitt 6.4.6). Suchen Sie dann in der *style.css* allerdings nicht nach font-family, sondern entweder nach background-color bzw. background oder nur nach color. Die Eigenschaft background-color (manchmal zusammengefasst unter background) bezieht sich auf die Hintergrundfarbe eines Elements oder der ganzen Website, die Eigenschaft color immer auf die Textfarbe. Hier gilt es, über Chrome oder Firefox mit Firebug herauszufinden, wo genau in der CSS-Datei die Farbe für das Element, das Sie verändern möchten, festgelegt ist.

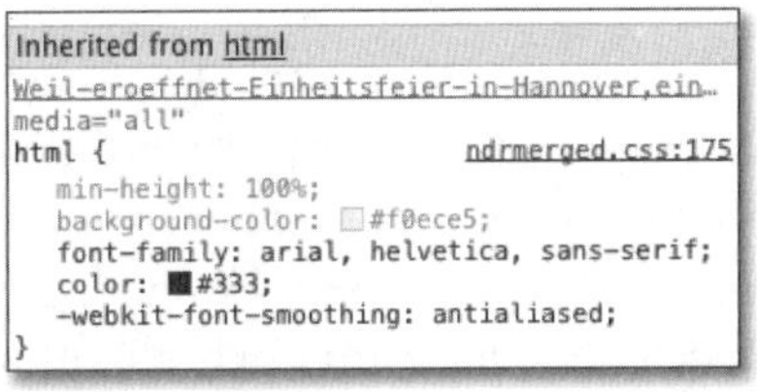

Abbildung 4.21 Im »html«-Element wurde nicht nur die Standardschriftart festgelegt, sondern auch eine Standardschriftfarbe, die immer dann verwendet wird, wenn nichts Besonderes festgelegt wurde.

In aller Regel wird die Farbe als Hexadezimalcode notiert (Abbildung 4.21), sie sollte also beginnend mit einer Raute (#) aus sechs Ziffern bzw. Buchstaben bestehen. Manchmal wird auch eine verkürzte Variante aus drei Zeichen verwendet, diese können Sie aber getrost durch die Variante mit sechs Zeichen ersetzen. Im Beispielsfall ist es #333, also eigentlich #333333, das einem ganz dunklen Grau, fast einem Schwarz entspricht. Schwarz wäre #000 oder #000000 und deutlich härter als die dunkelgraue Variante, die etwas angenehmer für die Augen ist. Um die Hexadezimalzahl Ihrer Wunschfarbe herauszufinden, gibt es viele Wege. Einer führt über Bildbearbeitungsprogramme wie Photoshop, in denen so ein *Colorpicker* integriert ist. Sie finden so etwas aber auch im Web, z. B. unter *https://kuler.adobe.com/de/create/color-wheel* oder *http://www.sessions.edu/color-calculator*. Beide bieten auch die Möglichkeit, gleich weitere passende Farben für ein mögliches Schema zu finden.

Haben Sie herausgefunden, wo die Farbe in der *style.css* definiert ist und wie Ihre Wunschfarbe im hexadezimalen System lautet, können Sie den Wert einfach ersetzen. Auch hier gilt: Wem CSS neu ist, hilft am Anfang nur ein bisschen Trial and Error.

4.9   Eigene Icons mit Font Awesome

Visuelle Elemente wie Icons erleichtern dem Betrachter das Erfassen einer Website und unterstützen den Lesefluss, wenn sie maßvoll und richtig eingesetzt werden. Nun gibt es zwar eine große Menge Icons zum Download aus dem Netz, aber nicht alle passen zum Design Ihrer Website, andere sind kommerziell nicht ohne Weiteres nutzbar, und wieder andere bieten nicht die richtigen Icons. Eine Lösung für all diese Probleme bietet *Font Awesome*. Und es ist dabei leichter zu implementieren als alles andere.

Font Awesome ist eine Sammlung von dezenten, stilvollen Icons, derzeit 479 an der Zahl (stetig steigend), die Ihnen sowohl privat als auch kommerziell kostenfrei zur Verfügung stehen (seit Version 3.0 ist ein Hinweis auf Ihrer Website, woher die Icons stammen, nicht mehr erforderlich, aber natürlich gern gesehen). Es handelt sich um Vector-Icons, die von winzig klein bis riesengroß ohne Qualitätsverlust skaliert werden können. Sie müssen sich nicht einmal besonders mit CSS auskennen, um die Icons richtig in Szene zu setzen – das hat das Team von Font Awesome schon für Sie übernommen. Dafür brauchen Sie nicht einmal JavaScript, und selbst um hochauflösende Retina-Displays müssen Sie sich nicht sorgen.

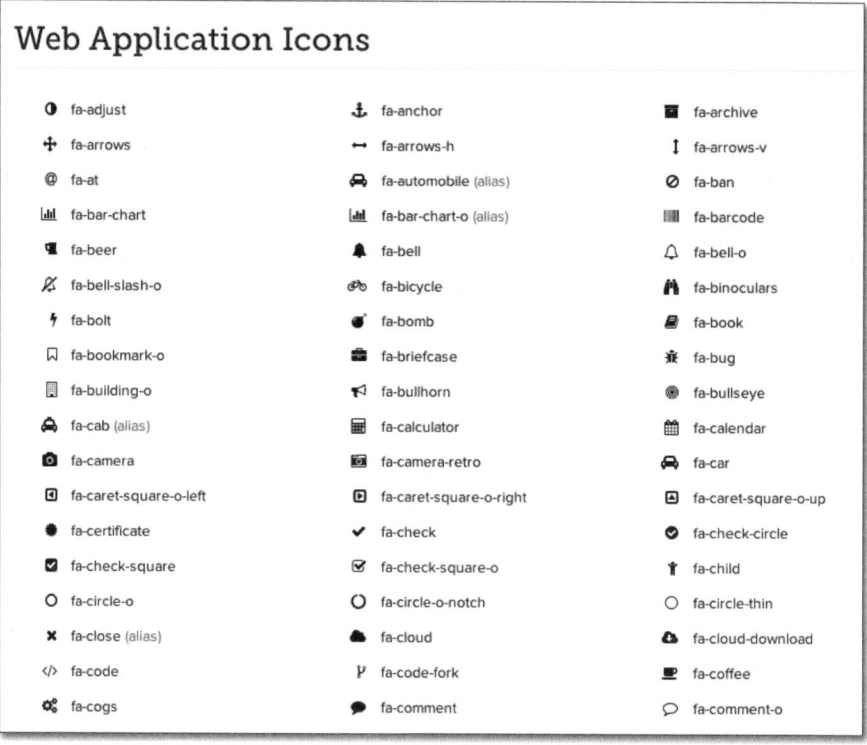

Abbildung 4.22 Nur ein winziger Ausschnitt aus Hunderten von Icons, die Ihnen Font Awesome kostenlos zur Verfügung stellt.

Es gibt viele, aber vor allem zwei empfehlenswerte Wege, Font Awesome zu installieren. Die eine Variante führt über ein CDN (*Content Delivery Network*), Sie müssen die Dateien also nicht auf Ihrem eigenen Server zur Verfügung stellen. Die andere Variante bedeutet genau das Gegenteil – Sie laden die Dateien selbst hoch und sind von fremden Serverausfällen nicht betroffen. Beide Möglichkeiten sind einfach zu implementieren.

4.9.1   Font Awesome über CDN nutzen

Am einfachsten nutzen Sie Font Awesome über MaxCDN (bzw. BootstrapCDN). Dort wird das aktuelle Icon-Archiv kostenfrei zur Verfügung gestellt, Ihre Website (und Ihre Besucher) können sich einfach bedienen. Es ist nicht erforderlich, die Dateien selbst hochzuladen.

Öffnen Sie die *header.php* in Ihrem Theme-Verzeichnis und fügen Sie folgende Zeile zwischen <head> und </head> hinzu:

```
<link href="//maxcdn.bootstrapcdn.com/font-awesome/4.2.0/css/font-
awesome.min.css" rel="stylesheet">
```

Fertig. Passen Sie gegebenenfalls die Versionsnummer an, falls bereits ein neues Paket zur Verfügung steht. Bedenken Sie aber, dass es kurz dauern kann, bis nach dem Release der Version genau diese auch auf dem CDN zur Verfügung steht.

4.9.2   Font Awesome selbst hosten

Natürlich können Sie Font Awesome auch auf Ihrem eigenen Server hosten. Der Vorteil: Sie sind von fremden Serverausfällen nicht betroffen. Der Nachteil: Es laufen alle Benutzer-Downloads über Ihre Bandbreite (gegebenenfalls ein ganz klein wenig langsamer). Die Installation ist nur unwesentlich schwieriger, aber immer noch leicht. Es ist nämlich nicht nur erforderlich, die CSS-Datei zu verlinken, sondern die Dateien müssen noch hochgeladen werden.

Laden Sie zunächst die Icons von *http://fortawesome.github.io/Font-Awesome/* herunter. Entpacken Sie das Archiv und laden Sie den Ordner in Ihr Theme-Verzeichnis hoch (*/wp-content/themes/twentyfourteen/*, wenn Sie Twenty Fourteen verwenden). Fügen Sie anschließend die folgende Zeile zwischen <head> und </head> in Ihre *header.php* (ebenfalls in Ihrem Theme-Verzeichnis) ein:

```
<link rel="stylesheet" href="<?php echo get_stylesheet_directory_uri() ?>/
font-awesome-4.2.0/css/font-awesome.min.css">
```

209

Versionsnummer im Listing beachten

Wenn Sie dieses Buch in den Händen halten, wurden wahrscheinlich schon weitere Icons hinzugefügt, und die Versionsnummer hat sich geändert. Ersetzen Sie daher im obigen Code unbedingt die 4.2.0 durch die Versionsnummer des von Ihnen heruntergeladenen Ordners.

4.9.3   Die Icons verwenden

Nachdem Font Awesome nun also »installiert« ist, können Sie sofort mit der Verwendung der Icons anfangen. Das funktioniert immer auf die gleiche Weise, ganz gleich ob Sie diese direkt im Code Ihrer Website verwenden oder in einen Beitrag oder eine Seite einbinden möchten.

Um beispielsweise das Kamera-Icon einzubinden, verwenden Sie folgenden Code:

```
<i class="fa fa-camera-retro"></i>
```

Hinweis

Wenn Sie den Code in einen Beitrag oder eine Seite einfügen möchten, dann wählen Sie beim Editor unbedingt die Text-Ansicht und keinesfalls die visuelle. Anderenfalls würde nicht das Icon erscheinen, sondern einfach der Code.

Sie können auch die Größe dieser Icons anpassen, indem Sie die CSS-Klasse ein wenig verändern. Es gibt folgende Möglichkeiten (prozentual an der Standardgröße gemessen):

```
133 %: <i class="fa fa-camera-retro fa-lg"></i>
200 %: <i class="fa fa-camera-retro fa-2x"></i>
300 %: <i class="fa fa-camera-retro fa-3x"></i>
400 %: <i class="fa fa-camera-retro fa-4x"></i>
500 %: <i class="fa fa-camera-retro fa-5x"></i>
```

Hinweis

Beachten Sie, dass bei größeren Icons gegebenenfalls auch die Zeilenhöhe angepasst werden muss. Die können Sie auf ähnliche Weise ändern wie die Schriftart in Abschnitt 4.7 mit dem Unterschied, dass Sie in Ihrer *style.css* nicht nach font-family, sondern nach line-height suchen.

Wenn Sie möchten, dass alle Icons eine feste Breite haben (weil sonst z. B. Ihre Navigation uneinheitlich wäre), hängen Sie ein »-fw« an, also beispielsweise so:

```
<i class="fa fa-camera-retro fa-fw"></i>
```

Oder Sie möchten, dass sich das Icon dreht (es gibt ein paar Lade-Icons, die sich dafür etwas besser eignen als beispielsweise die Kamera), dann hängen Sie ein »-spin« an. In etwa so:

```
<i class="fa fa-spinner fa-spin"></i>
```

Sie können noch so viel mehr machen: Icons mit Rahmen versehen, Icons drehen oder spiegeln, mehrere Icons übereinanderlegen. Ich verweise Sie dafür auf die Website mit den Beispielen: *http://fortawesome.github.io/Font-Awesome/examples*. Zum einen, weil das doch eher spezielle Fälle sind. Zum anderen, weil dort sicher immer wieder ein paar Beispiele hinzukommen werden.

Jetzt müssen Sie nur noch wissen, wie die einzelnen Icons heißen. Um das herauszufinden, ist ein Besuch der Website *http://fortawesome.github.io/Font-Awesome/icons* der einfachste Weg. Dort sind sämtliche Icons aufgelistet und mit ihrer Bezeichnung versehen. Außerdem sind sie sortiert und die aktuellsten Neuerscheinungen zudem hervorgehoben.

4.10   Favicon hinterlegen

Es sind meist die kleinen Dinge, die man übersieht und vergisst. Eines dieser Dinge sind die kleinen *Favicons*, die im Browser in der Titelzeile und bei den Favoriten angezeigt werden (Abbildung 4.23). Sie erleichtern es uns, zwischen den einzelnen Tabs hin- und herzuwechseln, ohne die Übersicht komplett zu verlieren. Allerdings sind sie es auch, an die man bei der Erstellung seiner Website oft zuletzt denkt.

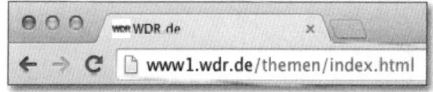

Abbildung 4.23 So sieht das Favicon des WDR aus.

Wenn Sie ein Theme in Betrieb nehmen, bringt dieses ab und an sogar ein Favicon mit. Damit Ihre Website aber von anderen unterschieden werden kann, sollten Sie immer ein einzigartiges Favicon hinterlegen.

Der Browser sucht grundsätzlich zuerst nach einer Datei namens *favicon.ico* im Hauptverzeichnis Ihrer Website (dort, wo sich bei Ihnen wahrscheinlich auch der Ordner */wp-content/* befinden wird). Allerdings gibt es die Möglichkeit, im Code zu hinterlegen, dass das Favicon an einer anderen Stelle zu finden ist. Manche Theme-Autoren nutzen diese Anweisung, um ein eigenes Favicon mitzuliefern. Da diese ja keinen Zugriff auf Ihr Hauptverzeichnis haben und es umständlich wäre, Sie zu bitten, es dort zu platzieren, ändern sie einfach den Pfad und liefern es im Theme-Verzeichnis mit.

Für Sie macht es das im Zweifel etwas schwieriger, das Favicon zu ersetzen, aber auch diese Schwierigkeit hält sich in Grenzen. Gehen Sie am besten wie folgt vor, um herauszufinden, ob Ihr Favicon ersetzt wurde.

Rufen Sie zunächst Ihre Website über das Frontend auf, so wie Ihre Besucher sie sehen würden. Lassen Sie in Ihrem Browser den Quelltext anzeigen und durchsuchen Sie den Text mit Strg + F bzw. cmd + F nach dem Begriff »Shortcut Icon«. Sollte ein solcher Eintrag existieren, finden Sie daneben einen Pfad, der Sie zum Favicon-Verzeichnis führt. Dieses können Sie mit Ihrem Icon ersetzen.

Finden Sie nichts, können Sie das Favicon in das Hauptverzeichnis Ihrer Website kopieren. Zur Sicherheit bietet sich das aber auch zusätzlich an.

Um das Favicon zu testen, müssen Sie nur die Startseite Ihrer Website aufrufen. Es sollte dann in der Titelzeile Ihres Browsertabs angezeigt werden. Ist das nicht der Fall oder wird eine Änderung am Icon nicht gleich angezeigt, kann Folgendes helfen: Rufen Sie im Browser das Favicon direkt auf, also mit der vollen URL bis zum Verzeichnis (z. B. *www.ihredomain.de/favicon.ico* oder *www.ihredomain.de/wp-content/themes/ihrtheme/images/favicon.ico*) und laden Sie es mit Strg + R bzw. cmd + R neu. Anschließend sollte es funktionieren. Und auf diese Weise müssen Sie nicht Ihren ganzen Cache leeren.

Wie erstellt man überhaupt ein Favicon?

Vielleicht fragen Sie sich, wie man so ein Favicon überhaupt erstellt. Sie benötigen dafür im besten Fall irgendeine Form von Grafiksoftware wie Photoshop oder das kostenlose GIMP. Als Grundlage können Sie z. B. Ihr Firmenlogo oder den ersten Buchstaben des Website-Namens verwenden – für ganze Wörter oder Texte wäre die Fläche viel zu klein. Verkleinern Sie das Logo zunächst auf 64 × 64 Pixel. Vergrößern Sie dann Ihre Arbeitsfläche so weit wie möglich, sodass jeder einzelne Pixel deutlich sichtbar ist. Arbeiten Sie sich dann mit dem Buntstift-Tool oder einem anderen Werkzeug, das Pixel für Pixel ersetzen kann, zum gewünschten Ergebnis vor. Denn ein einfach nur heruntergerechnetes Logo hat auf dieser Größe leider keine scharfen Kanten. Für die muss man mühsam selbst sorgen, indem man Pixel für Pixel anpasst, es dabei immer wieder verkleinert, um sich das Ergebnis anzuschauen. Das braucht etwas Übung und vor allem Zeit, lohnt sich aber. Wenn Ihnen die 64-Pixel-Variante gefällt, erstellen Sie auf die gleiche Weise davon eine 32 × 32-Pixel-Version und dann noch eine Version mit 24 × 24 und 16 × 16 Pixel (Letztere wird vor allem von Browsern verwendet). Speichern Sie diese als PNG-Datei ab und verwenden Sie dann z. B. ein Onlinetool, um diese 4 PNG-Dateien zu einer einzigen Datei im ICO-Format zusammenzufassen. Hierfür hat sich z. B. *http://www.xiconeditor.com/* bewährt.

Übrigens: Wenn Sie mit Grafikerstellung nicht viel am Hut haben, hört sich das nicht nur kompliziert an, dann ist es das auch. Natürlich lohnt sich der (Lern-)Aufwand trotzdem, aber falls es schnell gehen muss, würde ich einfach den Anfangsbuchstaben oder ein anderes charakteristisches Zeichen Ihrer Website nehmen (vielleicht auch zwei) und dieses vielleicht noch kontrastreich auf eine interessante Hintergrundfarbe setzen. Selbst weißer Text auf einem angenehm roten, grünen, blauen, orangefarbenen, violetten oder grauen Hintergrund bewirkt manchmal mehr als ein nicht sauber heruntergerechnetes Logo. Und es dauert nicht lange, es zu erstellen.

4

4.11 Häufige Probleme beim Wechsel eines Themes

Da wechselt man sein Theme, und alles geht schief. Das ist zwar nicht der Alltag, aber es kommt natürlich vor. Und auch wenn manche Probleme ganz individuell sind, gibt es einige, die immer wiederkehren. Wenigstens dafür gebe ich Ihnen ein paar Lösungsvorschläge an die Hand.

4.11.1 Das Stylesheet fehlt/Theme kann nicht aktiviert werden

Ohne eine *style.css* in Ihrem Theme-Verzeichnis kann das Theme nicht funktionieren. Es kann daher helfen, das Theme nicht automatisch zu installieren, sondern den Ordner herunterzuladen und manuell in Ihr Theme-Verzeichnis *(/wp-content/themes/)* upzuloaden. Achten Sie darauf, dass das auch wirklich der Theme-Ordner ist und nicht einer, der darumliegt. Den Theme-Ordner erkennen Sie daran, dass sich direkt in ihm die *style.css* befindet und nicht erst in einem Unterordner.

4.11.2 Außer der Startseite kann ich keine andere Unterseite aufrufen

Bei derartigen Problemen hilft es ganz oft, einfach in der Administrationsoberfläche über EINSTELLUNGEN • PERMALINKS eben jene Optionen neu abzuspeichern. Üblicherweise funktioniert danach alles wieder.

4.11.3 Das Theme sieht nicht so aus, wie es aussehen sollte

Dieses Problem kann vielerlei Ursprungs sein. Zum einen kann es helfen, Ihren Browsercache zu leeren. Falls das nicht hilft, sollten Sie einmal überprüfen, ob Sie Ihr Theme auch genauso eingerichtet haben wie in der Vorschau. Haben Sie Bilder und Beiträge hinterlegt? Stimmt die Seitenstruktur? Manche Themes arbeiten mit einem Homepage-Template, Sie müssen dann die statische Seite Ihrer Startseite editieren und ein anderes Template auswählen. Manchmal liegt es auch daran, dass Sie unter

EINSTELLUNGEN • LESEN die falsche Option gewählt haben. Wenn Sie derzeit ein Bloglayout sehen, die Startseite aber eher statisch ist, dann ist es erforderlich, festzulegen, dass die Startseite eine statische Seite zeigt und nicht die letzten Beiträge.

4.11.4   Plugins funktionieren nicht mehr

Vorher war die Welt noch in Ordnung, und jetzt funktionieren einzelne Plugins nicht mehr? Deaktivieren Sie erst einmal alle anderen Plugins und schauen Sie, ob diese inkompatibel sind, das gilt natürlich insbesondere für alle neu dazugekommenen. Reaktivieren Sie diese dann Schritt für Schritt, um den Übeltäter zu finden. Lässt sich die Quelle des Problems dadurch nicht ausfindig machen, setzen Sie das Theme auf das Standard-Theme (derzeit Twenty Fourteen) zurück. Wenn das Plugin nun funktioniert, liegt es definitiv am Theme. Wenden Sie sich notfalls an den Autor des Themes. Gerade wenn Sie dafür bezahlen mussten, sollten Sie auf eine Lösung bestehen.

4.11.5   Die Website lädt jetzt langsamer

Ein neues Theme kann durchaus verursachen, dass die Website länger lädt. Wenn Sie vorher ein schlankes Theme hatten und das nun nicht mehr der Fall ist, kann dieses allein für die Ladezeit verantwortlich sein. Schuld daran können aber auch neue (zwingende) Plugins sein, die Sie für das Theme installieren mussten. Schauen Sie einmal, wie zwingend erforderlich diese wirklich sind. Oder ob Sie sich von alten Plugins trennen können, z. B. weil das Theme jetzt von Haus aus gewisse Funktionen mitbringt, für die früher ein Plugin nötig war. Bei Plugins gilt: so viele wie nötig, so wenig wie möglich. Achten Sie auch darauf, dass Ihre Bilder stets gut komprimiert sind. Die Bildgröße sollte nur so groß sein,wie für das Internet erforderlich, und das gilt auch für die Dateigröße. 500 KB sind okay, 3,5 MB definitiv ein No-Go.

4.11.6   Manche Funktionen des neuen Themes sind nicht verfügbar

Es gibt Themes, für deren reibungslosen Einsatz es erforderlich ist, separate Plugins zu installieren. Darauf weist Sie entweder ein Vermerk in Ihrer Administrationsoberfläche hin oder die Installationsanleitung Ihres Themes. Installieren Sie die Plugins gegebenenfalls nach.

4.11.7   Das neue Theme erfordert Beitragsbilder, aber bei vielen alten Beiträgen habe ich solche nie definiert

Sehr viele Themes setzen heute verstärkt auf Beitragsbilder, aber bei vielen alten Themes war das nicht der Fall. Beim Umstieg steht man dann vor einem Berg von Hunderten Artikeln, die man alle per Hand editieren müsste. Müsste deshalb, weil das auch ganz bequem per Plugin geht. Mit dem Plugin *Easy Add Thumbnail* von Samuel Aguilera (nicht zu verwechseln mit Christina) können Sie für alle Beiträge automatisch ein Beitragsbild festlegen lassen. Es wird automatisch das erste für diesen Beitrag hochgeladene Bild verwendet. Bei Beiträgen, bei denen das nicht so gut passt oder die gar keine Bilder beinhalten, müssen Sie leider weiterhin per Hand vorgehen.

4.11.8   Der Theme-Wechsel dauert länger als erwartet

Bei jeder Änderung an der Website sollte ein Wartungsmodus zwischengeschaltet werden, der es Ihnen erlaubt, die Website ganz normal zu verwenden, allen anderen aber eine Wartungsseite anzeigt. Hierfür eignet sich z. B. das Plugin *WP Maintenance Mode* von Designmodo.

4.11.9   Funktionen des alten Themes sind plötzlich weg

Haben Sie am alten Theme vielleicht Änderungen vorgenommen, die Sie zwischenzeitlich vergessen haben? Manchmal schreibt man spezielle Anweisungen direkt in die Dateien, heiße Kandidaten hierfür sind *header.php*, *footer.php*, *sidebar.php*, *function.php* und *style.css*. Durchforsten Sie diese Dateien nach Änderungen, die Sie vorgenommen haben, und übertragen Sie diese gegebenenfalls auf Ihr neues Theme.

Möglicherweise hatte Ihr altes Theme aber auch Funktionen fest integriert, die das neue Theme nun nicht zur Verfügung hat. Darum rate ich grundsätzlich dazu, solche Themes nicht zu installieren, da sie Sie quasi an sich selbst binden. Das ist ganz oft bei Rating-Systemen der Fall, die Themes lieber selbst integrieren, als auf bewährte Plugin-Lösungen zu setzen. Das Plugin hätten Sie aber nun nach dem Theme-Wechsel zu 99 % weiterverwenden können – die integrierte Funktion nicht. Es spricht übrigens nichts dagegen, Themes zu verwenden, die spezielle integrierte Funktionen haben: solange Sie sie entweder bewusst nutzen – oder gar nicht.

4.11.10   Die Widgets sind weg oder funktionieren nicht mehr

Sie hatten vorher Widgets, die nun nicht mehr angezeigt werden? Das kann daran liegen, dass Ihr neues Theme keine Widgets unterstützt. Das ist zwar heute extrem selten, aber es gibt sie noch. Suchen Sie sich lieber ein Theme, das diese Funktion mitbringt, das erspart Ihnen viel Arbeit. Es kann aber auch sein, dass das Theme einfach andere Widget-Bereiche verwendet als Ihr voriges. Schauen Sie einmal unter DESIGN • WIDGETS nach, ob sich dort Widget-Bereiche befinden und ob die früher von Ihnen verwendeten auch richtig zugewiesen sind.

4.11.11   Hilfe, bei meinem Theme sind ganz viele Widgets, die da nicht hingehören!

WordPress speichert die Widgets, auch wenn Sie Ihr Theme wechseln. Vielen kommt das vor allem spanisch vor, wenn sie WordPress das erste Mal in Betrieb nehmen und ihr erstes Theme installieren. Gehen Sie im Backend einfach auf DESIGN • WIDGETS und entfernen Sie alle, die dort nicht hingehören.

4.11.12   Die Besucher werden nicht mehr gezählt

Eine Tracking-Software wie *Google Analytics* oder *Piwik* basiert darauf, dass Sie in Ihre Website einen Code integrieren, oftmals in der *header.php* oder der *footer.php*, manchmal auch in der *functions.php*, über eine Optionsseite des Themes oder ein Plugin. Bei einem Plugin müssen Sie sich keine Sorgen machen, sofern Sie es weiterhin verwenden. Alle anderen Orte gehen aber verloren, sobald Sie das Theme wechseln. Integrieren Sie den Tracking-Code also am besten erneut nach Anleitung des Anbieters – aber Vorsicht: nicht doppelt!

4.11.13   Die RSS-Abonnenten werden nicht korrekt ermittelt

Wenn Sie einen Service wie *Feedburner* oder *Feedpress* einsetzen, müssen Sie darauf achten, dass das Feed weiterhin korrekt weitergeleitet wird. Am besten benutzen Sie dafür ein WordPress-Plugin des jeweiligen Anbieters, dann bleibt die Funktion auch nach dem Theme-Wechsel erhalten.

4.12   Tipps für die Theme-Auswahl

Wenn man die einschlägigen Theme-Archive durchstöbert, fragt man sich, wie man bei der Auswahl überhaupt Fehler machen kann: Die meisten sehen hervorragend aus und bringen eine Menge Funktionen mit. Oft sind sie kostenlos, aber selbst die Preise für kostenpflichtige halten sich absolut im Rahmen – vor allem verglichen mit individuellem Webdesign.

Es gibt aber einige Dinge, die man beachten sollte, bevor man sich blindlings am Angebot bedient. Denn nicht alles ist so, wie es scheint.

Das ist auch schon der wichtigste Grundsatz, den man beachten sollte: Nicht alles ist so, wie es scheint. Sie glauben gar nicht, welchen Unterschied es machen kann, wenn die ganzen schönen Stockfotos, die das Theme in der Vorschau verwendet hat, plötzlich weg sind. Denn die sind fast nie im Preis enthalten, und das wäre ja auch nicht sinnvoll. Es genügt ja, dass das Layout vieler Seiten sich ähnelt, aber bitte nicht auch noch identische Bilder. Das ist also im Sinne des Kunden.

Was nicht im Sinne des Kunden ist: Designs, die so voll sind mit den schönsten und professionellsten Bildern, dass sie ohne diese ihren Charme völlig verlieren. Natürlich ersetzt man sie später, aber oft ist es nicht dasselbe. Die Fotos sind auf Hochglanz poliert und gezielt ausgesucht, um das Theme attraktiver wirken zu lassen. Das ist nicht einmal wirklich verwerflich – wer poliert sein Auto nicht, bevor er es verkauft? Aber für potenzielle Kunden macht es die ganze Sache um einiges schwieriger. Sich die Bilder wegzudenken ist nicht so einfach, wie es sich anhört. Schnell fällt man auf manches Theme herein.

Achten Sie darauf vor allem bei solchen Themes, die nur so vor auf Hochglanz polierten Bildern strotzen. Beachten Sie außerdem, ob die Bilder nur deshalb so harmonisch mit dem Theme zusammenwirken, weil sie alle einen ganz speziellen Stil haben oder weil ein besonderer Filter angewendet wurde (oft bei Vintage-Aufnahmen der Fall). Es kann sonst passieren, dass Sie ein Theme haben, für das Sie alle Bilder vor der Verwendung mit einem Filter belegen müssen, damit das Design nicht unruhig wirkt. Und was machen Sie, wenn Sie das Theme einmal wechseln möchten? Dann brauchen Sie wieder eins, das zu dem Filter passt. Am besten sind Designs, die mit natürlichen, klaren Fotografien wirken und nicht auf stark bearbeitete Fotos angewiesen sind.

Des Öfteren habe ich erwähnt, dass es besser ist, wenn die Theme-Funktionen entweder solche sind, die WordPress selbst mitbringt, oder solche, die per Plugin nachgerüstet werden. Ansonsten könnten Sie einmal vor dem Problem stehen, dass Sie bei einem Theme-Wechsel auf dringend benötigte Features nicht mehr zugreifen können, weil sie fest mit dem alten Theme verbunden waren. Es spricht nichts Generelles dagegen, solche Themes einzusetzen. Sie sollten sich nur vorher erkundigen, welche der Funktionen fest integriert sind, und das Theme dann entweder trotzdem nutzen und sich der kommenden Probleme bewusst sein oder diese Funktionen gezielt nicht verwenden. Wenn ein Theme ein eigenes Sterne-Rating-System für Beiträge und Produkte mitbringt, es Ihnen aber ansonsten gefällt und Sie die Funktion nicht benötigen – dann spricht nichts gegen den Einsatz. Und wenn Sie das Theme niemals wechseln möchten, ohnehin nicht.

Sollte Ihre Website in irgendeiner Form mit E-Commerce verknüpft sein, also beispielsweise ein Shopsystem anbieten, ist absolute Vorsicht geboten. Die gesetzlichen Regelungen hier sind in Deutschland sehr streng. Ausländische Produkte erfüllen diese in aller Regel nicht. Setzen Sie daher nur auf solche Shop-Plugins, die auch für den deutschen Mark geeignet sind. Und lassen Sie alles von einem Rechtsanwalt gegenchecken.

Nicht alle Themes sind auf Deutsch übersetzt. Manche bieten fertige Lokalisierungen an, andere bieten zwar die Möglichkeit dazu, müssen aber eigenhändig übersetzt werden, und wieder andere sind z. B. nur auf Englisch verfügbar. Nun beschränkt sich das bei einem WordPress-Theme ohnehin nur auf wenige Elemente, aber bei einer kommerziellen Website würde das unprofessionell wirken. Bei einem privaten Blog hingegen wäre es vielleicht egal. Wichtig ist nur, dass Sie wissen: Die Sprache von WordPress selbst spiegelt nicht unbedingt die Sprache des verwendeten Themes wider.

Machen Sie sich vorher klar, ob Sie eine typische Website oder ein Blog oder beides betreiben möchten. Soll es nur eine klassische Website sein, dann ist das Bloglayout irrelevant. Spielt das Blog hingegen die Hauptrolle, sind vor allem seine Funktionen in Augenschein zu nehmen.

Bei kommerziellen Websites bietet es sich zudem an, auch eine Konkurrenzanalyse zu machen. Wenn schon ein Konkurrent dasselbe oder ein ähnliches Design einsetzt, sehen Sie lieber von der Nutzung ab.

Schließlich sollten Themes heute einige Grundfunktionen mitbringen: Idealerweise sind sie nicht nur widget-fähig, sondern auch responsive – passen sich also an die Größe des verwendeten Geräts automatisch an. Sie sollten zudem für Suchmaschinen optimiert sein (fragen Sie notfalls nach, das ist vielleicht der wichtigste Aspekt von allen) und ein benutzerfreundliches Design mitbringen. Das modernste One-Page-Design bringt Ihnen nichts, wenn Ihre Zielgruppe damit nicht umzugehen weiß.

Und wenn Sie mal ein Theme in den Sand gesetzt haben? Dann war es im Idealfall kostenlos oder günstig. Ich habe auch schon kostenpflichtige Themes angeschafft, die danach im Mülleimer gelandet sind. Das passiert.

4.13   Zehn kostenlose WordPress-Themes

Um Ihnen den Einstieg in die Welt der Themes ein wenig zu erleichtern, habe ich schon einmal einige ausgewählt, die Sie zumindest zur Inspiration nutzen können. Sie sind alle kostenlos erhältlich, unterscheiden sich aber teilweise im Funktionsumfang.

Die Theme-Beschreibungen sind Ausschnitte der Informationen auf der Website und heben bestimmte Teilaspekte hervor. Für eine genaue und ganz aktuelle Auflistung der Funktionen besuchen Sie bitte die Website des jeweiligen Themes.

Minamaze

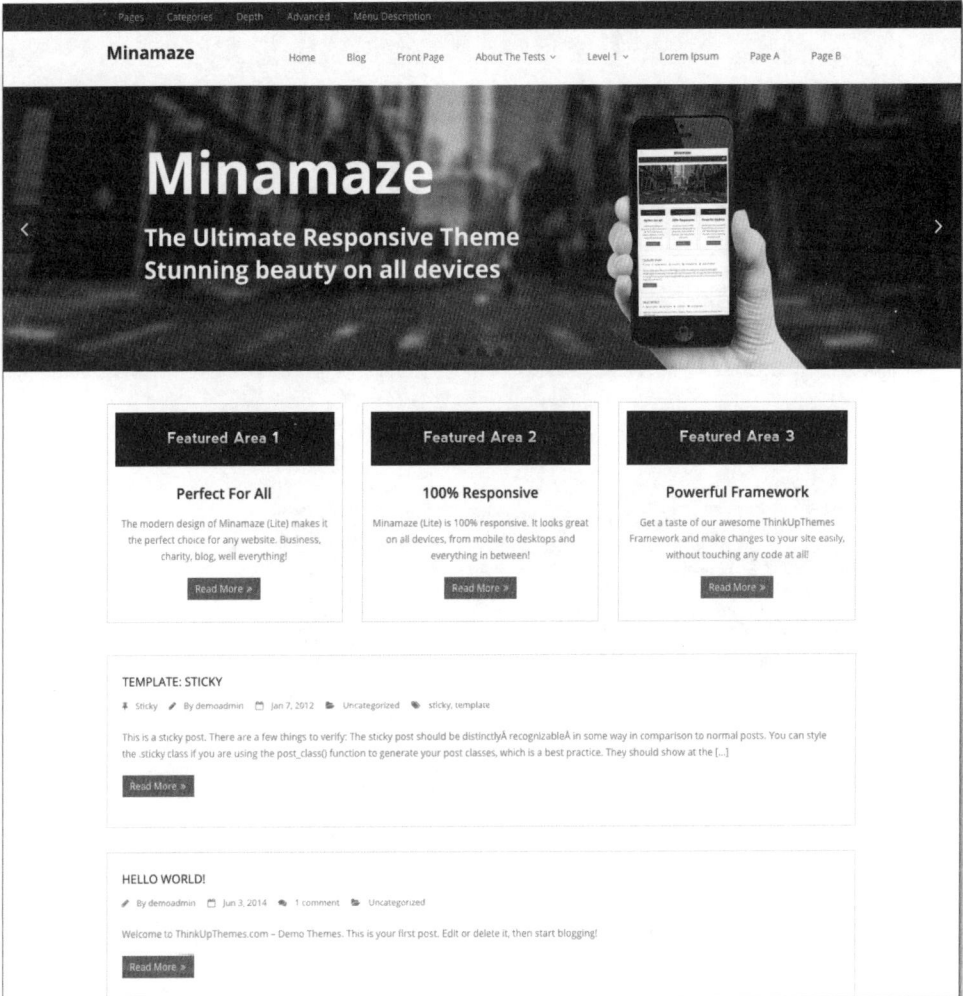

Abbildung 4.24 Minamaze

URL: *http://www.thinkupthemes.com/free/minamaze-free/*

Das Theme Minamaze bietet Ihnen Retina-Grafiken und ein Responsive Design, zusätzlich eine Verknüpfung mit Google Web Fonts sowie zehn eigene Widgets.

Sparkling

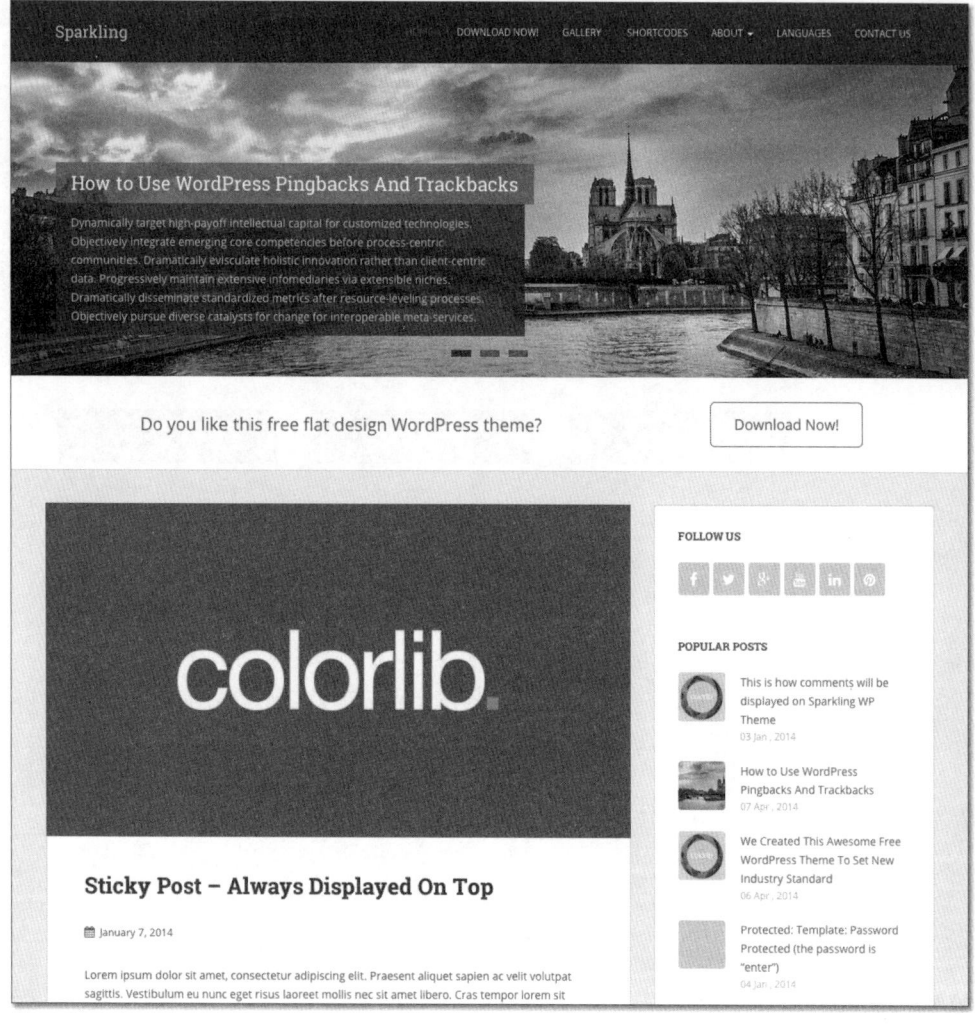

Abbildung 4.25 Sparkling

URL: *http://colorlib.com/wp/themes/sparkling/*

Sparkling ist ebenfalls für Retina-Grafiken optimiert und hat auch ein Responsive Design. Es bietet einen Slider, endloses Scrollen (ohne Seitenwechsel) und hat die Font-Awesome-Icons schon vorinstalliert. Außerdem bietet es unendlich viele Farboptionen.

Oxygen

Abbildung 4.26 Oxygen

URL: *http://alienwp.com/themes/oxygen/*

Oxygen ist ein Responsive Design, hat einen Content-Slider sowie Platz für drei Menüs. Zudem hat es fünf flexible Widget-Bereiche, eine Brotkrumennavigation, eine Lightbox direkt integriert und einen frei definierbaren Hintergrund.

Origin

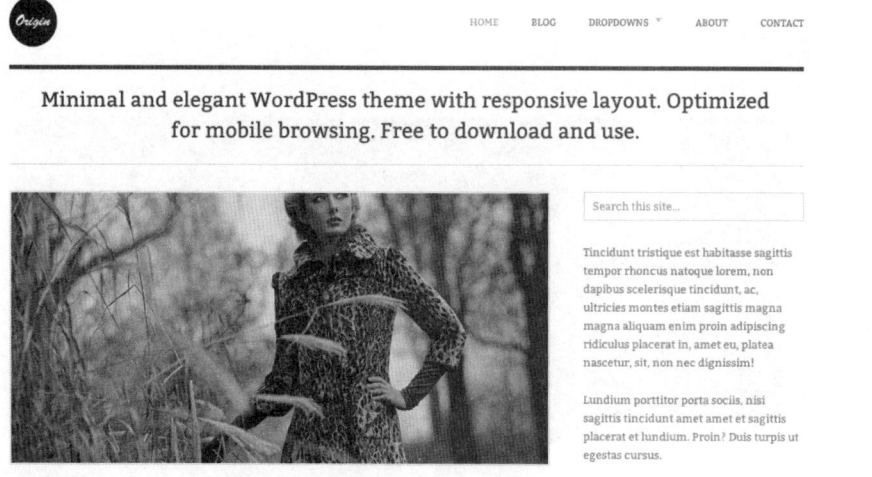

Abbildung 4.27 Origin

URL: *http://alienwp.com/themes/origin/*

Origin ist responsive und bietet ebenfalls eine Brotkrumennavigation, einen anpassbaren Hintergrund, eine prominent sichtbare Tagline (die Textzeile als Eyecatcher am oberen Rand) sowie ein Lightbox-Feature.

Time

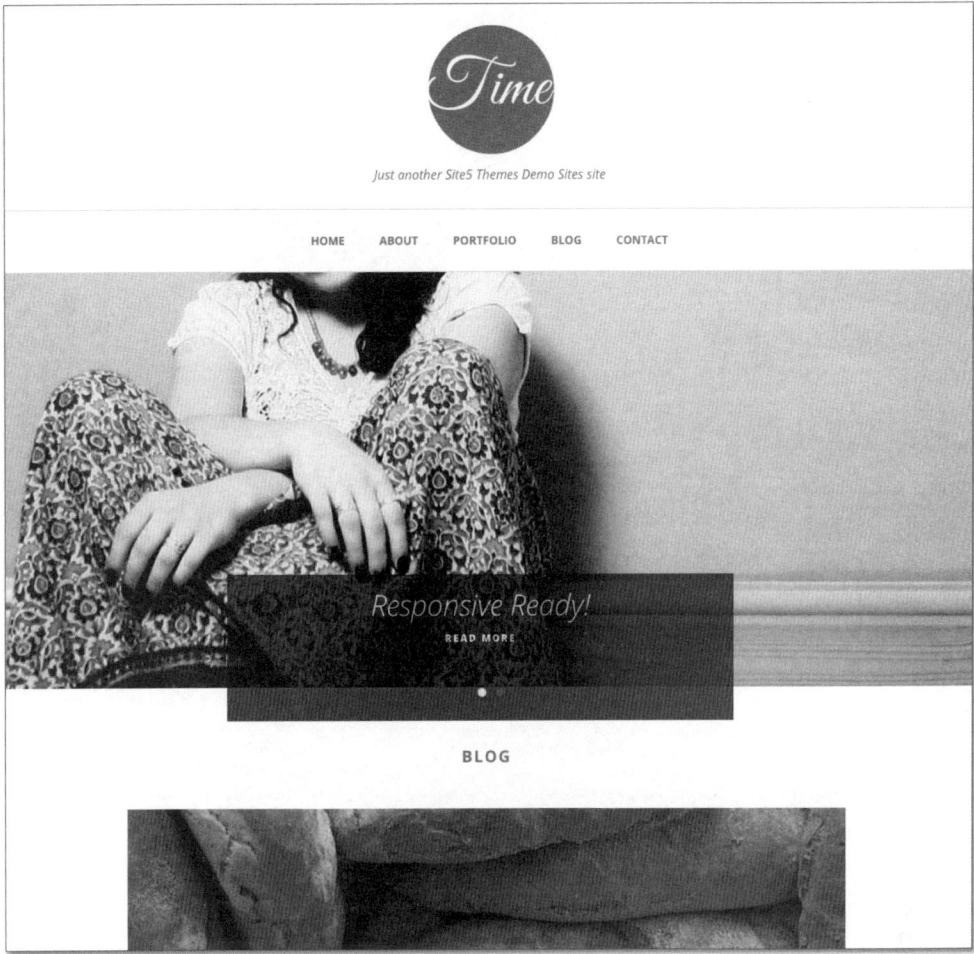

Abbildung 4.28 Time

URL: *http://www.s5themes.com/theme/time/*

Time hat einen Slider, ist responsive und vor allem für private Blogs sehr interessant.

Interstellar

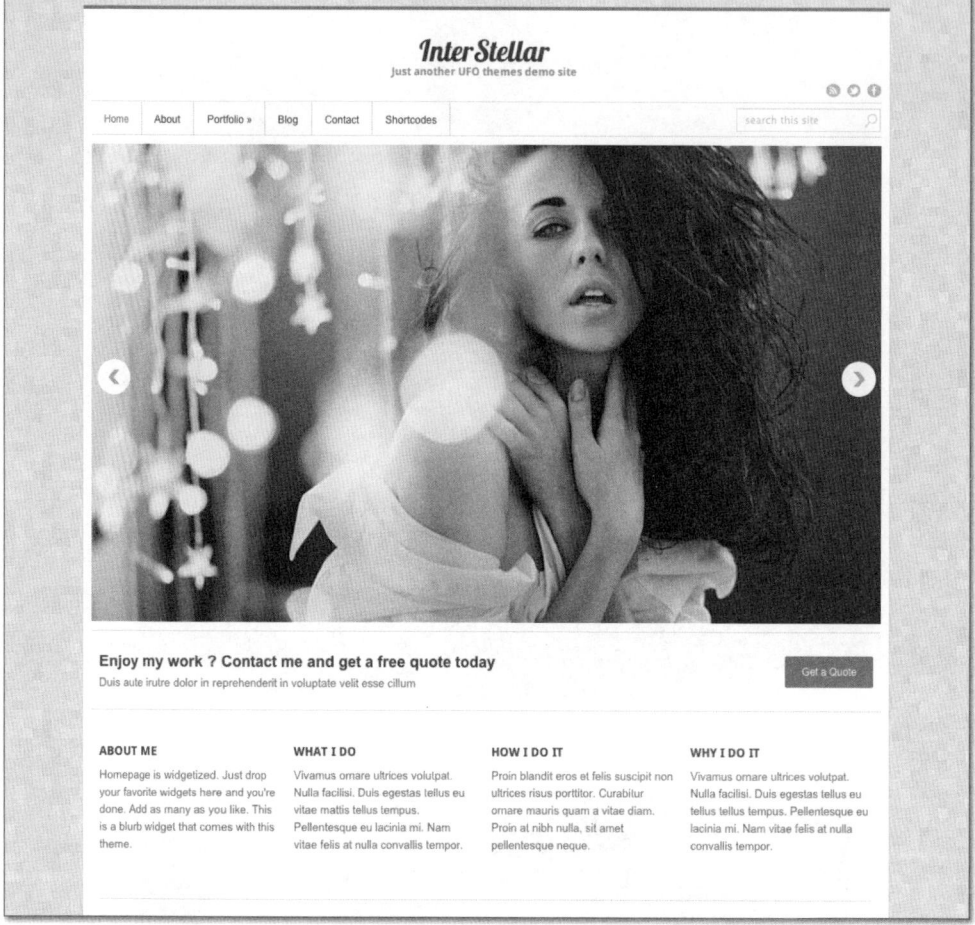

Abbildung 4.29 Interstellar

URL: *http://ufothemes.com/themes/interstellar/*

Interstellar bietet neben einem Responsive Design einen Customizer, über den Sie das Theme anpassen können, und viele weitere Optionen. Außerdem können Sie mit dem Theme Ihr eigenes Portfolio verwalten. Es sind verschiedene Shortcodes und spezielle Widgets vorinstalliert.

Arcade Basic

Abbildung 4.30 Arcade Basic

URL: *https://wordpress.org/themes/arcade-basic*

Arcade Basic ist responsive und kann sehr stark an die eigenen Bedürfnisse angepasst werden. Es unterstützt verschiedene Beitragsformate und ist kompatibel mit *bbPress* und *BuddyPress*.

Editor

Abbildung 4.31 Editor

URL: *https://array.is/themes/editor-wordpress-theme/*

Editor ist ein Responsive Design mit einem Customizer, über den Sie das Design anpassen können, und einer flexibel einsetzbaren Seitenleiste. Vor allem als privates Blog oder externes Unternehmensblog sehr gut geeignet.

Grid Theme Responsive

Abbildung 4.32 Grid Theme Responsive

URL: *http://dessign.net/grid-theme-responsive/*

Grid Theme Responsive ist, wie der Name schon sagt, auch responsive und kommt in einem interessanten Grid-Layout daher. Es bringt auch einige Social-Media-Icons direkt mit.

Moesia

Abbildung 4.33 Moesia

URL: *http://athemes.com/theme/moesia/*

Moesia ist natürlich auch responsive, bietet viele Theme-Optionen und bringt eigene Widgets mit. Es ist ein One-Page-Layout und wirkt durch Parallax-Effekte modern und interessant.

4.14   Zehn kostenpflichtige WordPress-Themes

Die kostenfreien WordPress-Themes sind schon sehr gut, keine Frage. Die Entwickler geben sich die größte Mühe und die Anforderungen, im WordPress-Archiv aufgenommen zu werden, sind nicht niedrig. Aber manche kostenpflichtige Themes sind ab und an noch ein kleines bisschen professioneller ausgestattet. Und in der Regel kann man auch eher auf Support bestehen, als wenn der Entwickler ohnehin schon alles kostenlos macht. Ich habe mal ein paar Themes von Quellen ausgesucht, die laut *wordpress.org* vertrauenswürdig sind.

Bitte beachten Sie, dass die Preise teilweise in Euro und teilweise in Dollar notiert sind. Da Wechselkurse schwanken, habe ich darauf verzichtet, sie einheitlich in Euro zu beziffern. Die Preisangaben sind unverbindlich und können sich natürlich jederzeit ändern. Die Theme-Beschreibungen beziehen sich auf die Informationen auf der Website des Themes, sind aber jeweils nur Ausschnitte und nicht vollständig. Die Theme-Websites bieten hierüber einen viel besseren und aktuelleren Überblick, da gerade kostenpflichtige Themes auch des Öfteren aktualisiert und erweitert werden.

Zuki

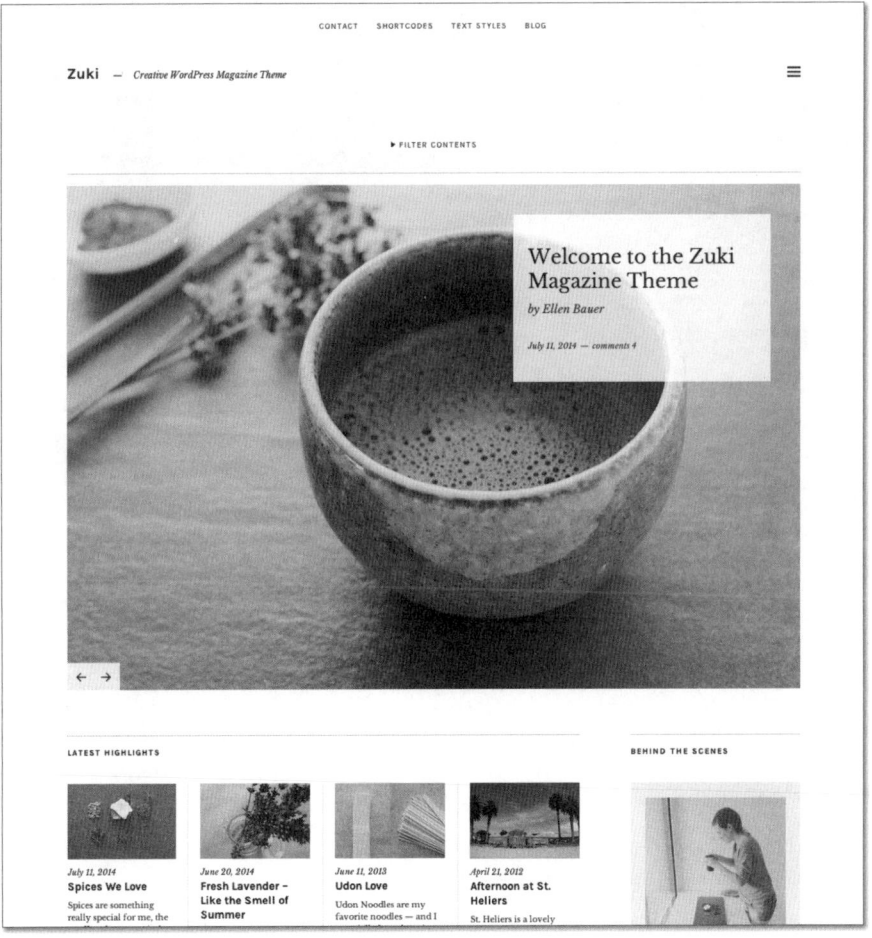

Abbildung 4.34 Zuki

URL: *http://www.elmastudio.de/en/themes/zuki/*

Zuki ist das günstigste Theme in dieser Vorstellung und kommt aus dem deutschen Hause Elmastudio. Es kostet 18 € und ist natürlich responsive. Zudem beinhaltet es diverse Theme-Optionen und das spezielle Startseitenlayout.

Lookbook

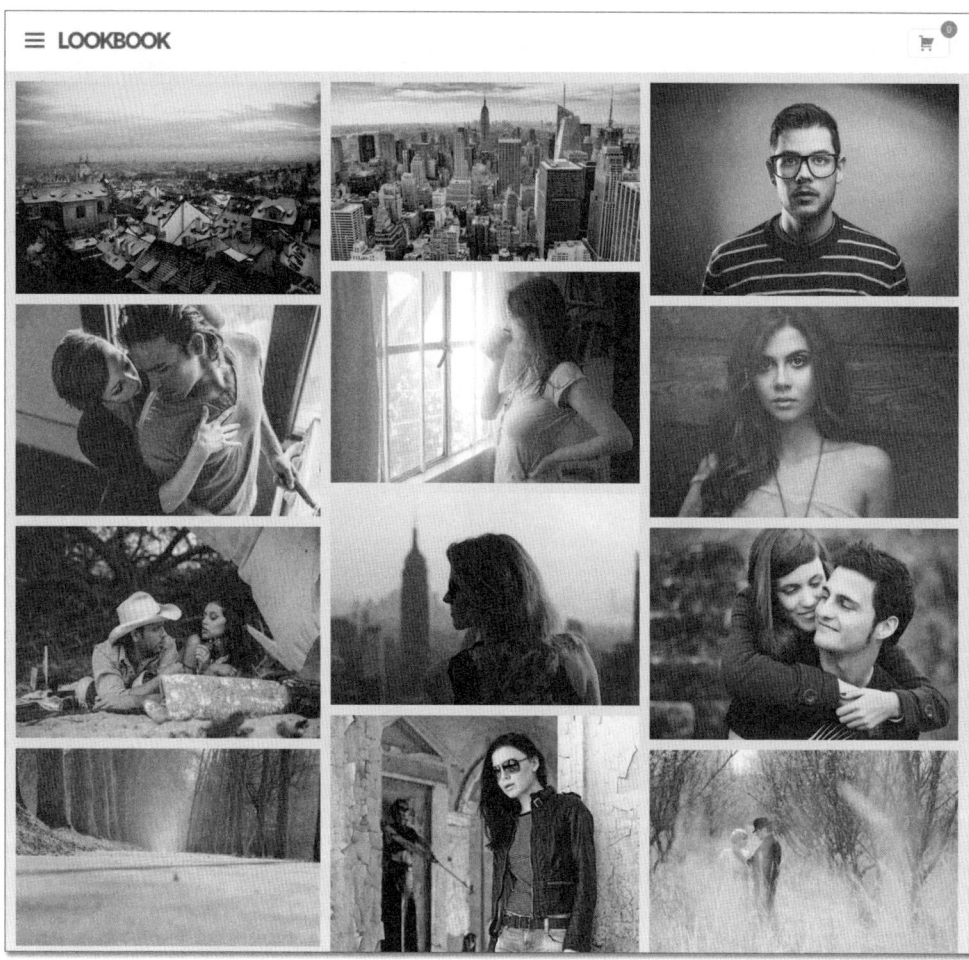

Abbildung 4.35 Lookbook

URL: *http://graphpaperpress.com/themes/lookbook/*

Lookbook liegt bei stolzen 79 $ und bietet Ihnen ein Responsive Design, viele Theme-Optionen, aber auch Slideshows, Beitragsformate und sogar eine E-Commerce-Integration. Hier ist allerdings Vorsicht geboten, da diese nicht zwangsläufig mit deutschem Recht vereinbar sein muss.

Full Frame

Abbildung 4.36 Full Frame

URL: *http://graphpaperpress.com/themes/full-frame/*

Full Frame liegt bei 79 $ und ist sowohl responsive als auch einfach an die eigenen Wünsche anzupassen. Es bringt zudem Beitragsformate mit und ein One-Page-Layout.

Swell

Abbildung 4.37 Swell

URL: *http://themetrust.com/themes/swell/*

Swell kostet 59 $, bietet Ihnen neben einem Responsive Layout auch noch einen Voll-bild-Videohintergrund, Shortcodes, eigene Widgets, Seitentemplates und kommt mit einigen Theme-Einstellungen.

Customizable

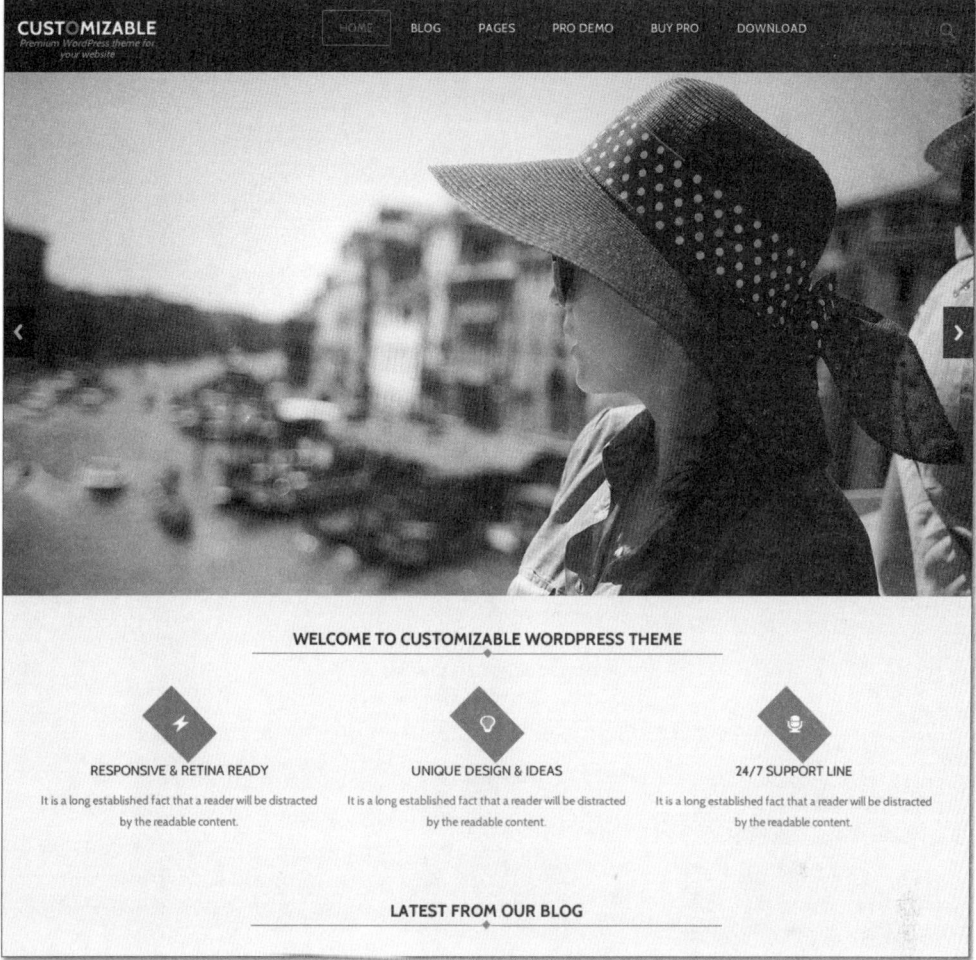

Abbildung 4.38 Customizable

URL: *http://fasterthemes.com/wordpress-themes/Customizable*

Customizable liegt bei 25 $ und bringt natürlich wieder ein Responsive Layout und sogar sechs Farbschemata mit. Es ist geeignet für Retina-Bildschirme und laut Autor auch mit bester Suchmaschinenoptimierung ausgestattet.

Classique

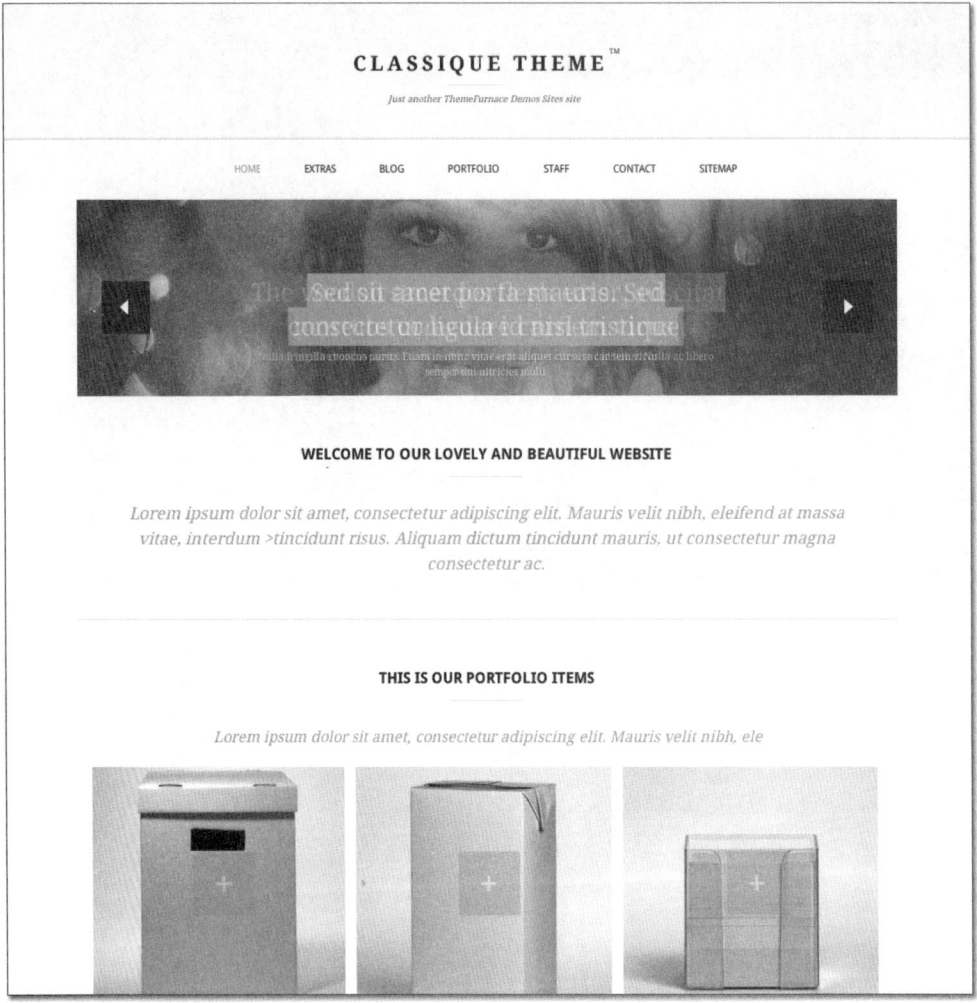

Abbildung 4.39 Classique

URL: *http://themefurnace.com/classique-theme/*

Classique gibt es leider nur im Abo zu 49 $ pro Jahr. Man kann das Theme auch nach einem Jahr ohne Bezahlung weiternutzen, allerdings erhält man keine Updates. Für die 49 $ erhält man allerdings auch gleich alle 13 Themes und alle weiteren Themes, die in der Zeit hinzugefügt werden. Das Theme bietet einige Anpassungsmöglichkeiten, unterstützt Google Web Fonts und bringt eigene Widgets mit. Responsive ist es natürlich auch.

Paeon

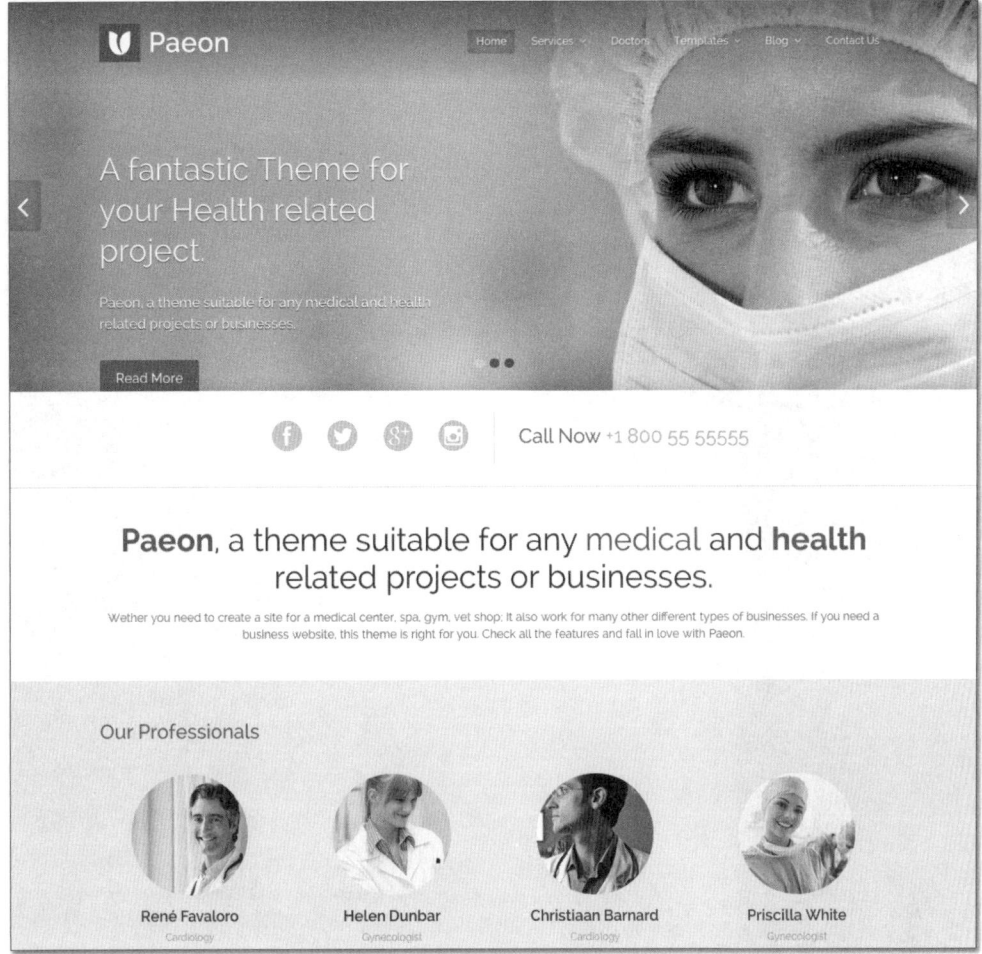

Abbildung 4.40 Paeon

URL: *http://nicethemes.com/theme/paeon/*

Paeon kostet 49 $ und bietet Ihnen unendlich viele Farbvariationen, eigene Widgets, Seitentemplates sowie einige Anpassungsmöglichkeiten. Es ist laut Autor suchmaschinenoptimiert und mehrsprachig.

Umami

Abbildung 4.41 Umami

URL: *http://www.organizedthemes.com/themes/umami/*

Umami liegt preislich bei 59 $ und ist ein Theme speziell für Restaurants. Es ist natürlich responsive, bietet ein Design über die gesamte Browserfläche, automatische Theme-Updates und eine integrierte Lightbox.

Passenger

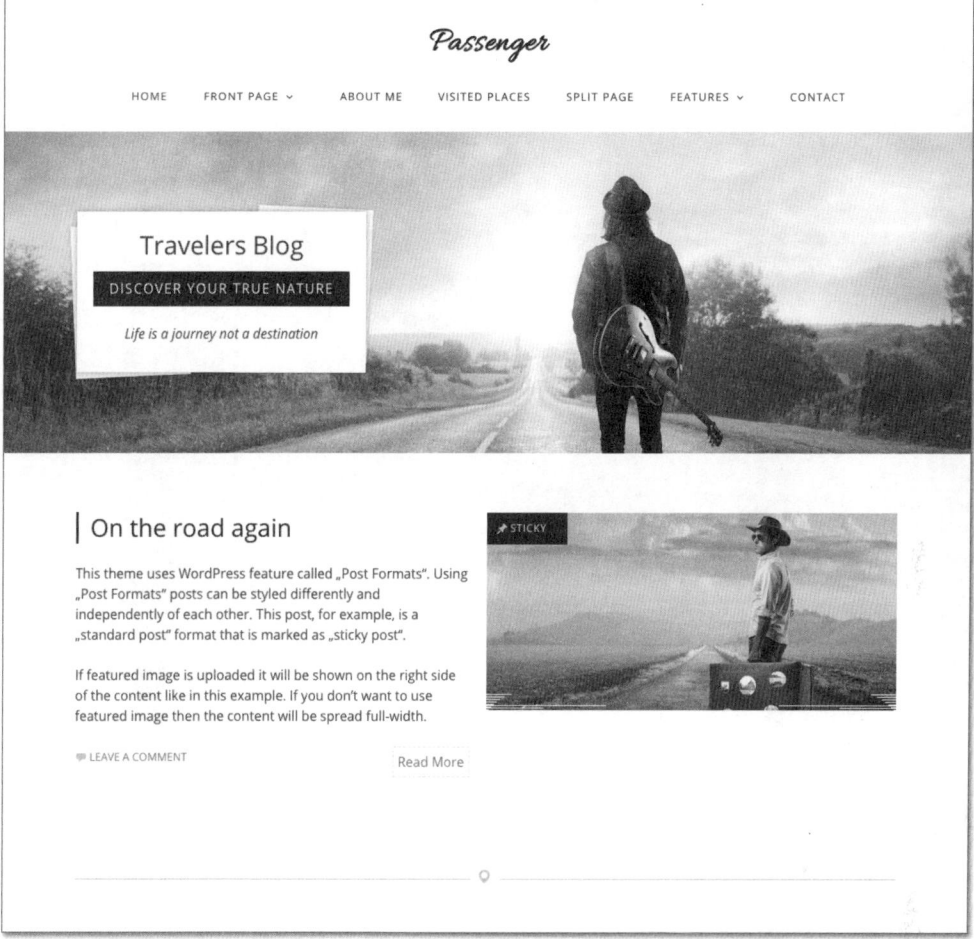

Abbildung 4.42 Passenger

URL: *http://www.anarieldesign.com/themes/travelers-wordpress-theme/*

Passenger gibt es leider auch nur im Abo für 49 $ pro Jahr. Es kann auch darüber hinaus genutzt werden, allerdings bekommt man für den Preis nur ein Jahr Updates, dafür aber auch alle aktuellen und neuen Themes in diesem Zeitraum. Das Theme selbst ist responsive und kommt mit Seitentemplates, einem Slider, Beitragsformaten sowie vielen Anpassungsmöglichkeiten.

Ushuaia

Abbildung 4.43 Ushuaia

URL: *http://wpcasa.com/theme/ushuaia/*

Ushuaia gehört zu WPCasa, einem speziellen Framework für Makler. WPCasa ist zwingend erforderlich, damit das Theme läuft. Der Preis für Theme und Framework inklusive liegt bei 69 €. Wenn Sie das Framework bereits haben, kostet das Theme allein noch 19 €. Das Theme zeichnet sich natürlich durch das direkt auf Makler zugeschnittene Framework aus und bringt alle entsprechend nötigen Funktionen mit. Darüber hinaus ist es natürlich auch responsive.

4.15   Frameworks: Genesis, Thesis & Co.

Neben reinen Themes gibt es auch einige Frameworks für WordPress. Da gibt es zum einen allgemeine Frameworks wie *Genesis* oder *Thesis*, aber auch spezielle wie WPCasa für Makler. Ein Framework ist im Prinzip auch ein Theme (denn alle Themes eines Frameworks sind in Wahrheit Child-Themes dieses Haupt-Themes), aber sie bieten in der Regel nur ein sehr grundlegendes Design. Sie sind eher struktureller Natur und bieten oft ein sehr gutes Grundgerüst, auf dem sich so immer wieder aufbauen lässt. Im Grunde sind Frameworks nur Arbeitserleichterungen: Man steckt all das, was grundlegend ist und überall gut funktioniert, in das Fundament und passt über die Child-Themes nur das an, was individuell nötig ist.

Man sollte sich vorher allerdings gut überlegen, ob das Framework für einen geeignet ist: Ist es in der gewünschten Sprache erhältlich? Finde ich schon jetzt genügend Themes, die für mich interessant sind? Bringt es alle nötigen Funktionen mit, oder muss ich viel nachrüsten? Hat das Framework überhaupt einen Mehrwert oder tut es nur so?

Ich setze seit einiger Zeit Genesis für diverse private Websites ein und bin persönlich sehr zufrieden damit. Es ist hervorragend für Suchmaschinen optimiert und bietet eine absolut solide Architektur. Ich habe mich aber nicht zuletzt dafür entschieden, weil es dafür einige sehr attraktive Themes auf dem Markt gibt, nicht zuletzt von den Entwicklern selbst.

Man muss sich in so ein Framework aber immer etwas hineinfinden. Man kommt um einige Anpassungen im Code nicht herum. Soll das Beitragsbild über oder unter die Titelzeile? Das ist eine Frage, die zumindest bei Genesis über einen Code in der *functions.php* gelöst werden muss. Und von dessen Existenz muss man auch erst einmal wissen. Die Dokumentationen sind in der Regel gut, man muss aber auch bereit sein, sie zu lesen.

Hier mal ein paar Frameworks zum Reinlesen und Ausprobieren:

▶ Genesis (*http://www.studiopress.com/features*)
▶ Thesis (*http://diythemes.com*)
▶ WooFrameWork & Canvas (*http://www.woothemes.com/products/canvas*)
▶ Gantry (*http://gantry-framework.org*)
▶ Bones (*http://themble.com/bones*)
▶ Skeleton (*http://themes.simplethemes.com/skeleton*)
▶ UpThemes (*https://upthemes.com/upthemes-framework*)
▶ Headway (*http://headwaythemes.com*)
▶ ElegantThemes (*http://www.elegantthemes.com*)
▶ Themify (*http://themify.me*)
▶ PageLines (*http://www.pagelines.com*)

Nicht alle sind eigenständig als Framework erhältlich, sondern nur in Verbindung mit Themes. Und es gibt weitaus mehr, als diese Liste tragen kann oder soll. Aber von dort aus können Sie vielleicht ein paar Frameworks kennenlernen und herausfinden, ob diese für Sie geeignet sind oder ob es lieber ein eigenständiges Theme sein soll.

4.16   Mein Theme macht Probleme: Was soll ich tun?

Es gibt einige Probleme, die bei Themes immer wieder einmal auftreten. Die häufigsten und wichtigsten werde ich Ihnen kurz erläutern und Ihnen dafür auch eine Problemlösung mit an die Hand geben. Manche davon überschneiden sich zwangsläufig mit den Problemen, die beim Theme-Wechsel auftreten können, sollen hier aber auch noch einmal kurz der Vollständigkeit halber erwähnt werden.

4.16.1   Das Stylesheet fehlt

Ist in Ihrem Theme-Ordner eine *style.css*? Wenn nicht, laden Sie das ganze Theme neu hoch in Ihren Theme-Ordner (*/wp-content/themes/*). Achten Sie darauf, dass sich in dem Ordner auch direkt eine *style.css* befindet und nicht erst in einem Unterordner. Denn dann ist der Unterordner erst der eigene Theme-Ordner.

4.16.2   Seite nicht gefunden

Wenn Ihre Startseite zwar funktioniert, aber die anderen Unterseiten nicht, speichern Sie im Backend einfach mal die Permalinks-Einstellungen (EINSTELLUNGEN • PERMALINKS) ab. Das bewirkt bei derartigen Problemen oft Wunder.

4.16.3   Die URLs sehen unansehnlich aus

Wenn Ihre URLs nicht besonders attraktiv aussehen (*?p=12345*), dann wird es Zeit, die Permalink-Einstellungen (EINSTELLUNGEN • PERMALINKS) im Backend anzupassen. Wählen Sie zumindest die Option BEITRAGSNAME aus, um angenehm lesbare URLs zu bekommen, die auch für die Suchmaschinenoptimierung immanent wichtig sind. Sie können aber auch ein alternatives Muster wählen, der Beitragstitel sollte aber in jedem Fall darin vorkommen, und zwar so weit vorn wie möglich.

4.16.4   Das Theme sieht nicht aus wie im Prospekt

Das kann zum einen daran liegen, dass es für den Verkauf auf Hochglanz poliert wurde, dass es also überwiegend wegen der netten Grafiken und Fotos so schön wirkte, und jetzt, wo keine da sind oder diese vielleicht nicht so professionell gemacht sind, wirkt es nicht mehr. Das ist ein typisches Problem beim Theme-Erwerb.

Liegt es nicht daran, sondern eher an der Struktur, schauen Sie einmal nach, ob das Theme möglicherweise Seitentemplates einsetzt. Das können Sie sehen, indem Sie einmal eine statische Seite bearbeiten und dann unter TEMPLATES schauen, was dort vorhanden ist. Viele Themes haben ein eigenes Homepage-Template für die Startseite. Nur darüber erreichen Sie das Aussehen.

Eventuell müssen Sie auch zunächst die Optionen unter EINSTELLUNGEN · LESEN dahingehend anpassen, ob das Theme eine Blogstartseite oder eine statische Seite als Startseite verwendet.

4.16.5   Slides & Co. funktionieren nicht

Wenn Ihr Theme auf JavaScript setzt, also z. B. Slides, Tabs, Akkordeons und Ähnliches zur Strukturierung der Inhalte einsetzt, kann es manchmal Konflikte mit anderen Plugins geben. Deaktivieren Sie einmal alle und schauen Sie, ob das Problem noch besteht. Reaktivieren Sie sie dann Stück für Stück, um das Problem-Plugin ausfindig zu machen.

4.16.6   Im Theme ist ein Menü integriert, aber ich sehe es nicht

Das ist üblich so. Denn Sie müssen zunächst unter DESIGN · MENÜS ein Menü anlegen und es der Menüposition zuweisen, sonst kann es nicht angezeigt werden.

4.16.7   CSS-Änderungen werden nicht übernommen

Wenn Sie Änderungen am Theme selbst vornehmen, z. B. in der *style.css*, dann kann es passieren, dass die Änderungen nicht sichtbar sind. Löschen Sie Ihren Browsercache und laden Sie die Seite erneut. Nun sollte alles funktionieren.

4.16.8   Das Theme-Update hat alle Änderungen zerstört

Führen Sie Änderungen am Theme grundsätzlich nur über ein Child-Theme durch wie in Abschnitt 6.4.6 erklärt. Anderenfalls werden Ihre Änderungen beim nächsten Theme-Update überschrieben. Lösen können Sie dieses Problem nun leider nur noch, wenn Sie ein Backup haben.

4.16.9   Widgets werden nicht angezeigt oder funktionieren nicht

Achten Sie bei der Theme-Auswahl stets darauf, dass das Theme widget-fähig ist. Das sollte heute zwar Standard sein, aber es gibt solche Themes immer noch.

4.16.10   Es werden ein Haufen Widgets angezeigt, die ich nie aktiviert habe

WordPress speichert Widgets unabhängig vom Theme. Wenn Sie WordPress zum ersten Mal mit einem Theme betreiben, werden alle Standard-Widgets aktiv bleiben. Gehen Sie im Backend zu DESIGN • WIDGETS und werfen Sie alles raus, was Sie nicht gebrauchen können.

Kapitel 5
HTML und CSS für WordPress

HTML und CSS sind die Stoffe, aus denen Websites gemacht sind. Kenntnisse in diesen Sprachen sind nicht nur wichtig, um eigene Websites zu erstellen, sondern auch, um bestehende an die eigenen Wünsche anzupassen.

Nachdem in einigen Kapiteln immer wieder von HTML und CSS die Rede ist, werde ich nun den Mythos lüften. HTML ist eine Auszeichnungssprache, CSS eine Gestaltungssprache. Das bedeutet: In HTML wird das ganze Grundgerüst einer Website angelegt, und einzelne Elemente werden spezifisch bezeichnet. Mit CSS werden genau diese Strukturen und Elemente angesprochen und gestaltet. Deshalb finden Sie in HTML keinerlei Angaben zu Positionen oder Schriftfarben – alles, was gestaltet, gehört in CSS.

Man könnte geneigt sein, die beiden Sprachen mit dem Bau eines Hauses zu vergleichen. Es beginnt mit dem Fundament und den Grundmauern, das wäre der Part von HTML, und geht weiter über die Details wie Fenster, Farben und Vorhänge. Dieser Vergleich würde jedoch hinken. CSS ist mehr als nur Details. CSS kann auch das ganze Haus drei Stockwerke größer machen. Oder das Fundament 100 Meter breiter.

Weil man aber immer nur von HTML hört, denkt man, dass das meiste in dieser Sprache stattfindet. Aber das stimmt nicht. Sie legt lediglich ein ganz grobes Gerüst fest, das erst mit CSS zum Leben erweckt wird. Denn egal wie viel Sie auch in HTML auszeichnen: Ohne CSS wären es ein paar aneinandergereihte Absätze in schwarzer Times New Roman auf weißem Hintergrund in der derselben Schriftgröße. Die Bilder klebten lieblos am Bildschirmrand. Erst mit CSS ist man in der Lage, diese wirren Fetzen von Text und Bildern zu einem Meisterwerk zu formen. Und das Pixel für Pixel.

Dieses Kapitel kann Ihnen HTML und CSS nicht vollständig beibringen. Nicht umsonst füllen diese beiden Themen Bücher ganz eigenständig. Ich werde Ihnen stattdessen eine Einführung in diese beiden Sprachen vermitteln. Eine Einführung, mit der Sie hoffentlich die von Ihnen gewünschten Änderungen an Ihrem Word-Press-Theme durchführen können. Oder die idealerweise dazu führt, dass Sie Spaß daran bekommen und weitere Bücher zu diesen spannenden Themen lesen.

5.1   Benötige ich HTML und CSS für WordPress?

Wenn Sie keine eigenen Themes programmieren möchten, sondern stattdessen auf eines der vielen fertigen Themes setzen, die es für WordPress gibt, haben Sie nichts zu befürchten. Sie müssen diese Sprachen nicht können. Möchten Sie aber etwas an einem Theme ändern, das über die mitgelieferten Optionen nicht möglich ist, dann müssen Sie entweder darauf verzichten, einen netten Menschen mit Kenntnissen in diesen Sprachen fragen – oder die folgenden Abschnitte lesen. Sehen Sie dieses Kapitel also vielmehr als Erweiterung Ihrer Möglichkeiten mit WordPress, nicht als Voraussetzung dafür.

5.2   Texteditoren

Eigentlich benötigen Sie fast gar nichts, um HTML- oder CSS-Dateien anzulegen und zu bearbeiten. Das können Sie mit Notepad in Windows oder TextEdit auf dem Mac machen, beide Programme sind standardmäßig installiert. Allerdings hat spezielle Software Vorteile. Statt eines riesigen Wustes von schwarzem Text sehen Sie bunten. Das nennt sich *Syntax-Highlighting* und hilft Ihnen, die verschiedenen Elemente beider Sprachen schnell voneinander zu unterscheiden. Auch wenn Sie am Anfang noch nicht sicher sind, ob Sie sie brauchen werden: Installieren Sie eine solche Software trotzdem. Sonst werden Sie später sehr verärgert sein, dass Sie den viel mühsameren Weg gegangen sind.

Für Windows kann ich Ihnen *Notepad++* (*http://notepad-plus-plus.org*) empfehlen. Es bringt besagtes Syntax-Highlighting mit (das Wichtigste für den Anfang) und ist vor allem sehr schlank. Für diese beiden Sprachen brauchen Sie keine Software, deren Ladezeit drei Minuten beträgt. Es soll schnell gehen und einfach. Dafür ist Notepad++ perfekt. Und sogar kostenlos. Ich rate Ihnen von Software wie *Dreamweaver* ab. Für WordPress bringt Ihnen das ohnehin nichts, da so eine Art von Software besser mit Websites umgehen kann, die vollständig in einer Datei vorliegen. In Theme-Dateien sind aber immer nur Teile vorhanden, und dann hilft die Darstellungskraft von Dreamweaver wenig. Zudem ist es auch besser, beispielsweise Tabellen nicht durch bloßes Drag & Drop an die gewünschte Stelle zu ziehen – sondern zu lernen, wie sie funktionieren. Das ist wie im Lateinunterricht: Die Übersetzung für die Hausaufgaben im Internet nachzuschlagen hilft in der Klausur rein gar nichts. Glauben Sie jemandem, der das immer und immer wieder probiert hat.

Für Mac können Sie einmal einen Blick auf *Brackets* (*http://brackets.io*) werfen. Dieser Editor ist sehr minimalistisch und auf das Wesentliche reduziert. Zudem sieht er – auch wenn das vielleicht nicht oberste Priorität hat – erstaunlich gut aus. Es gibt natürlich auch Software wie z. B. *Coda 2*; es ist aber absolut nicht nötig, für die Umsetzung der Inhalte dieser Abschnitte 65 € auszugeben. Sollten Sie später Gefallen am

Programmieren finden, können Sie ja noch einmal darauf zurückkommen. Ich wollte diese Software nur nicht unerwähnt lassen.

5.3   Schwachstelle: Browser

Bevor wir richtig anfangen, möchte ich gerne noch einen Hinweis loswerden, der zum Glück von Jahr zu Jahr weniger nötig wird: Browser stellen Websites zum Teil uneinheitlich dar. Das war vor Jahren noch viel schlimmer und eine reine Qual verglichen mit heute. Wenn Sie aber eine Website für eine Zielgruppe anbieten, die noch alte Browser verwendet (das sollte niemand jemals tun!), müssen Sie gegebenenfalls besonders viel Rücksicht darauf nehmen. Die Probleme verursacht weniger HTML als CSS. Denn die Angaben werden gerade von älteren Browsern (angeführt vom Oberschurken Internet Explorer) teilweise anders interpretiert.

Das naheliegende Mittel, um dem entgegenzuwirken: Testen Sie die Website in den verschiedenen Browsern. Das sollten Sie auf jeden Fall in den aktuellen Versionen von Chrome, Firefox, Safari und Internet Explorer machen. Ob Sie auch ältere hinzuziehen, hängt, wie gesagt, von Ihrer Zielgruppe ab. Es ist gut vertretbar, darauf zu verzichten, da moderne Browser mittlerweile verbreitet sind. Wer auf Nummer sicher gehen will, dem kann allerdings ein Onlinetool wie *Browserstack.com* helfen. Es lässt Sie Ihre Website auch in älteren Browsern betrachten und nach Fehlern suchen, ohne die Browser selbst installieren zu müssen.

Wenn Sie Darstellungsfehler finden (und wenn Sie nur lange genug suchen, werden Sie das), müssen Sie sich entscheiden, ob es sich lohnt, sie zu beheben. Sind sie unauffällig und unwichtig, kann man schon mal darauf verzichten. Aber manchmal werden Websites von alten Browsern komplett auseinandergerissen. Dann bedeutet das viel Arbeit und Auseinandersetzung mit der unterschiedlichen Interpretation von Browsern.

Es wird jedoch alles nicht so heiß gegessen, wie es gekocht wird. Die oben genannten Hinweise sind vor allem für diejenigen relevant, die ihre Websites von Grund auf selbst programmieren möchten. Wer nur ein paar Dinge an seinem Theme ändern möchte, wird eher nicht in Schwierigkeiten geraten, dann hat ja schon jemand anders (hoffentlich) dafür gesorgt, dass das Design wasserdicht ist. Und wenn es in den aktuellen Browserversionen läuft, dürfte die überwiegende Mehrheit Ihrer Besucher normalerweise auch keine Probleme mit der Darstellung Ihrer Website haben. Sehen Sie meine Worte also lieber nur als Hinweis darauf, dass vor allem alte Browser vieles falsch darstellen und dass das nicht unbedingt an Ihnen liegt.

5.4   HTML-Grundlagen

Fangen wir an. HTML ist, wie gesagt, eine Auszeichnungssprache. Wir legen in ihr also nur fest, was sich auf der Website alles befindet – aber noch nicht, wie es angeordnet wird oder wie es aussehen soll.

5.4.1   Das Grundgerüst einer Website

Ein HTML-Dokument ist nicht mehr als eine Textdatei mit der Endung *.htm* oder *.html*. Es enthält, grob gesagt, einen Kopfbereich (head) und einen Hauptbereich (body). Ersterer enthält Angaben, die für den Besucher nur im Quelltext, aber nicht auf Ihrer Website direkt sichtbar sind. Doch was im Hauptbereich steht, wird ihm angezeigt.

Ein normales HTML-Dokument ist wie folgt aufgebaut:

```
01    <!DOCTYPE html>
02    <html>
03    <head>
04        <title>Der Titel Ihrer Website</title>
05    </head>
06    <body>
07    </body>
08    </html>
```

Listing 5.1 Ein HTML-Grundgerüst

In Zeile 1 sehen Sie den doctype. Seit HTML5 ist dieser sehr vereinfacht worden. Sie müssen sich mit dem Doctype nicht näher auseinandersetzen. Es genügt, zu wissen, dass er dem Browser nur sagt, welchem Standard und welchen Regeln man bei der Erstellung der Website folgt, ähnlich einer Rechtschreibreform.

Danach folgen ausschließlich *Tags* (»tägs« ausgeprochen). Tags, das sind HTML-Elemente, sie definieren Inhalte. Ein ganz einfaches Beispiel finden Sie in Zeile 04: <title> und </title>. Dieses Tag sagt: Alles, was zwischen meinem Anfang und meinem Ende steht, ist der Titel der Website. Der wird übrigens nicht auf der Website selbst angezeigt, sondern nur in der Titelzeile oben auf dem Tab.

Die meisten Tags sind umschließend, bestehen also aus einem öffnenden Tag (<title>) und einem schließenden Tag (</title>). Wie Sie sicher schon gemerkt haben, zeichnet sich das schließende dadurch aus, dass es nach der spitzen Klammer mit einem Schrägstrich (/) beginnt. Es gibt übrigens auch Tags, die Inhalte nicht umschließen: z. B.
. Es erzeugt einen Zeilenumbruch und wird nicht geschlossen, man spricht auch von einem leeren Tag.

Sie sehen, dass alle anderen verwendeten Tags im Listing ebenfalls schließend sind: <html> aus Zeile 02 wird in Zeile 08 geschlossen. Es umfasst das ganze HTML-Dokument und legt einfach nur Anfang und Ende fest. Das Tag <head> wird in Zeile 03 geöffnet und in Zeile 05 geschlossen. Es enthält den Kopfbereich der Seite mit Angaben, die vor allem vom Browser interpretiert werden sollen und für den Besucher uninteressant sind.

Und dann gibt es noch <body>. Es beginnt in Zeile 06 und endet in Zeile 07. Das liegt daran, dass wir für den Hauptbereich noch keine Inhalte festgelegt haben. Später erscheint hier das Gerüst Ihrer gesamten Website. Angefangen beim Logo über den Text bis hin zur Fußzeile liegt alles zwischen <body> und </body>, denn das allein ist der für Ihre Besucher sichtbare Bereich.

5.4.2 Tags schachteln

Natürlich können Sie Tags auch schachteln. Achten Sie nur auf die richtige Reihenfolge beim Schließen:

```
<a href="test.html"><strong>Link</strong></a>
```

5.4.3 Texte definieren

Prinzipiell können Sie in den body-Bereich einfach Text schreiben. Dieser wird im Browser angezeigt, probieren Sie es ruhig einmal aus. Kopieren Sie das Grundgerüst in eine Textdatei, schreiben Sie etwas zwischen <body> und </body>, speichern Sie die Datei mit der Endung .html ab und öffnen Sie sie in Ihrem Browser. Schwarzer Text, wahrscheinlich in Times New Roman, auf weißem Hintergrund. Nichts Atemberaubendes, aber ein erster Erfolg (Abbildung 5.1).

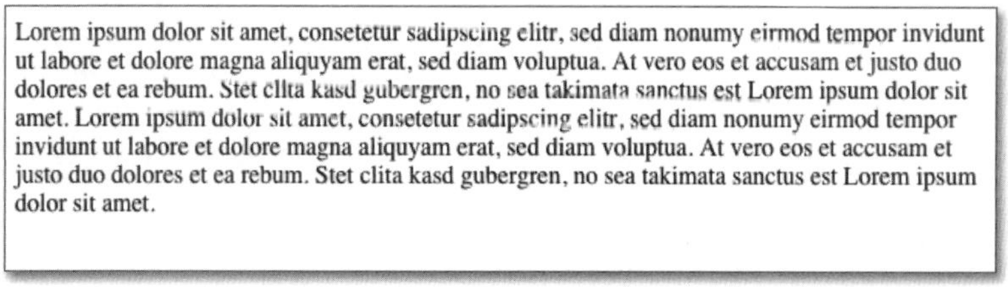

Lorem ipsum dolor sit amet, consetetur sadipscing elitr, sed diam nonumy eirmod tempor invidunt ut labore et dolore magna aliquyam erat, sed diam voluptua. At vero eos et accusam et justo duo dolores et ea rebum. Stet clita kasd gubergren, no sea takimata sanctus est Lorem ipsum dolor sit amet. Lorem ipsum dolor sit amet, consetetur sadipscing elitr, sed diam nonumy eirmod tempor invidunt ut labore et dolore magna aliquyam erat, sed diam voluptua. At vero eos et accusam et justo duo dolores et ea rebum. Stet clita kasd gubergren, no sea takimata sanctus est Lorem ipsum dolor sit amet.

Abbildung 5.1 Nicht schön, aber ein Anfang

Tipp

Solange Sie nur üben, müssen Sie die HTML-Dateien übrigens nicht in den *htdocs*-Ordner Ihrer Entwicklungsumgebung kopieren und über localhost aufrufen. Da Sie nur HTML und CSS verwenden und kein PHP, können Sie die Datei einfach auf Ihrem Desktop erstellen und durch Doppelklick in Ihrem Browser aufrufen.

Nun kann man Texte aber noch genauer definieren und sollte dies auch tun. Denn über CSS möchten Sie diese Texte ja später gestalten, und CSS knüpft immer an die HTML-Elemente an. Sie können den Text im body-Bereich nur per CSS ansprechen, weil es ein body-Tag gibt. Aber dann würde Ihr ganzer Text gleich aussehen. Es gäbe keine Überschriften, keine Absätze, rein gar nichts – denn der Browser kann nicht Ihre Gedanken lesen, um zu unterscheiden, was nun Überschrift und was ein Absatz sein soll. Sie müssen es ihm sagen, diese Elemente als solche auszuzeichnen. Deshalb nennt man HTML eine Auszeichnungssprache. HTML macht nichts anderes, als Dinge festzulegen und zuzuordnen.

Da wir uns nun einig sind, dass Sie Ihre Texte strukturieren möchten, zeige ich Ihnen ein paar HTML-Elemente, die dafür hilfreich sind.

Überschriften

Wenn Sie Überschriften definieren möchten, verwenden Sie dafür das h-Tag. Dieses Tag kommt allerdings immer nur in Verbindung mit einer Zahl zum Einsatz. Also <h1>, <h2>, <h3> bis <h6>. Und dementsprechend auch </h1>, </h2> usw. Sie haben das Prinzip sicher verstanden. Alles, was dazwischen steht, wird als Überschrift aufgefasst.

Die Ziffern haben auch eine Bedeutung: Sie legen fest, welcher Ordnung die Überschrift ist. So bezeichnet <h1> eine Überschrift erster Ordnung und <h2> eine Überschrift zweiter Ordnung. Achten Sie darauf, Ihre Dokumente richtig zu strukturieren. Nein, mehrere <h1> untereinander ergeben keinen Sinn. Denn <h1> ist für den Dokumenten- oder wenigstens den Abschnittstitel gedacht. Und auf derselben Ebene kann es nicht immer wieder Überschriften geben. Merken Sie sich also: Die erste Überschrift ist <h1>, die zweite ist <h2>. Und solange Sie auf der Ebene von <h2> bleiben, sind auch die folgenden Überschriften <h2>. Erst wenn Sie eine Unterüberschrift zu <h2> definieren wollen, greifen Sie zu <h3>.

```
<h1>Überschrift</h1>
    <h2>Überschrift</h2>
    <h2>Überschrift</h2>
        <h3>Überschrift</h3>
        <h3>Überschrift</h3>
    <h2>Überschrift</h2>
```

Listing 5.2 Eine typische Vernestelung von Überschriften

Absätze

Jeder Absatz wird in ein p-Element (<p>) eingeschlossen, das durch </p> wieder geschlossen wird. Sie können später über CSS das p-Element ansprechen und diesem beispielsweise einen bestimmten Zeilenabstand zuweisen oder auch einen Abstand zum nächsten Absatz bzw. Element festlegen, damit sie nicht alle aneinanderkleben.

```
<h1>Überschrift</h1>
<p>Lorem ipsum dolor sit amet, consetetur sadipscing elitr, sed diam nonumy eir
mod tempor invidunt ut labore et dolore magna aliquyam erat, sed diam voluptua.
 At vero eos et accusam et justo duo dolores et ea rebum. Stet clita kasd guber
gren, no sea takimata sanctus est Lorem ipsum dolor sit amet.</p>
```

Listing 5.3 So sieht ein Absatz in HTML aus.

Links

Ein Link beginnt mit <a> und endet mit </a>. Allerdings wird dieses Tag noch durch
weitere Informationen erweitert. Denn der Browser will schließlich mindestens
wissen, wohin der Link führen soll. Und idealerweise möchte er zusätzlich noch die
Gewissheit, ob das Ziel in einem neuen Tab bzw. Fenster geöffnet werden soll oder in
dem aktuellen.

<a href=""> ist das erweiterte Tag. Das href bezeichnet die URL, danach folgt ein
Gleichheitszeichen gefolgt von Anführungszeichen. So funktioniert das immer,
wenn man einem Tag Attribute hinzufügt. Zwischen die Anführungszeichen schreiben Sie die URL. Also z. B.:

```
<a href="http://www.galileocomputing.de">Galileo-Website</a>
```

Im Beispiel sehen Sie auch gleich, wo der Linktext hingehört: nämlich zwischen <a>
und </a>. Das ist der Text, der dem Besucher (meistens unterstrichen) angezeigt wird,
auf den er klicken kann. Die URL sieht er so erst einmal nicht.

Nun können Sie dem Browser sogar sagen, wie er sich beim Öffnen des Links verhalten soll. Möchten Sie, dass der Link in einem neuen Tab oder Fenster geöffnet wird?
Dann wählen Sie folgendes Attribut:

```
<a href="http://www.galileocomputing.de" target="_blank">Galileo-Website</a>
```

Durch target="_blank" geben Sie dem Browser genau diese Anweisung. Lassen Sie
das Attribut weg, öffnet er den Link im aktuell geöffneten Fenster.

Fett, kursiv und unterstrichen

Um Texte lesbarer zu machen, können Sie bestimmte Textstellen hervorheben. In
Word ist das ganz leicht, Sie klicken einfach auf die entsprechenden Schaltflächen **F**,
K, **U** für fett, kursiv oder unterstrichen. In HTML ist das nicht unbedingt schwieriger.
Sie benötigen nur das richtige Tag:

```
<strong>fettgedruckt</strong>
<em>kursiv</em>
<u>unterstrichen</u>
```

Listing 5.4 Fett, kursiv und unterstrichen

Listen

Es gibt zwei Arten von Listen: die nummerierten und die nicht nummerierten bzw. die geordneten und die ungeordneten. Daran können Sie sich die Tags auch am besten merken: <ol> leitet eine geordnete Liste (*ordered*) ein, <ul> eine ungeordnete (*unordered*). Eine geordnete Liste wird üblicherweise nach dem Schema 1., 2., 3. durchnummeriert, eine ungeordnete Liste zeigt stattdessen nur Listenpunkte (•).

Die einzelnen Listenelemente werden in <li> und </li> verpackt. Das sieht dann so aus bei einer geordneten Liste:

```
<ol>
    <li>Ein Listenpunkt</li>
    <li>Ein Listenpunkt</li>
    <li>Ein Listenpunkt</li>
</ol>
```

Listing 5.5 Eine geordnete Liste

Oder so in einer ungeordneten Liste:

```
<ul>
    <li>Ein Listenpunkt</li>
    <li>Ein Listenpunkt</li>
    <li>Ein Listenpunkt</li>
</ul>
```

Listing 5.6 Eine ungeordnete Liste

Sie können also zwischen diesen beiden Listentypen ganz schnell hin- und herwechseln, ohne die Einträge anfassen zu müssen, indem Sie ul durch ol ersetzen oder umgekehrt.

Tabellen

Jetzt kommt der erste etwas kompliziertere Abschnitt. Ich versuche, das Thema Tabellen aber so einfach wie möglich zu halten. Weglassen werde ich es jedoch nicht, weil WordPress selbst aktuell keine Funktion anbietet, um Tabellen in die Texte einzufügen, und Sie das leider in HTML machen müssen, wenn Sie kein Plugin installieren möchten. Beginnen wir mit einer normalen Tabelle (Abbildung 5.2).

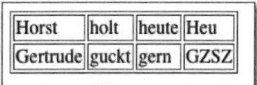

Abbildung 5.2 Eine simple HTML-Tabelle

So sieht eine herkömmliche Tabelle in HTML aus:

5

```
<table>
    <tr>
        <td>Horst</td>
        <td>holt</td>
        <td>heute</td>
        <td>Heu</td>
    </tr>
    <tr>
        <td>Gertrude</td>
        <td>guckt</td>
        <td>gern</td>
        <td>GZSZ</td>
    </tr>
</table>
```

Listing 5.7 Eine typische HTML-Tabelle

> **Hinweis**
>
> Zu Demonstrationszwecken habe ich dem Tag `<table>` noch das Attribut `border="1"` mitgegeben, damit ein ganz simpler Rahmen angezeigt wird und Sie die Zellen besser sehen können. Im Beispielcode taucht dieses Attribut nicht auf, um Sie nicht unnötig zu verwirren. Schönere Rahmen können Sie ohnehin besser über CSS kreieren.

Das sieht vielleicht erst einmal kompliziert aus, es lässt sich aber erklären: `<table>` leitet die Tabelle ein und `</table>` beendet sie. Das allein führt aber zu keinerlei Darstellung. Erst die `<tr>` und `<td>` strukturieren diese.

`<tr>` bedeutet *table row*, also Tabellenreihe bzw. Tabellenzeile. Sie enthält eine oder mehr Zellen. Diese werden durch `<td>` für *table data* definiert.

Nun gibt es aber nicht nur normale Zeilen, sondern auch solche, die als Kopf der Tabelle fungieren (Abbildung 5.3). Denn ohne Kopf keine Tabelle. Diese sind genauso aufgebaut wie normale Zeilen, allerdings ersetzen Sie dabei einfach `<td>` durch `<th>`:

```
<table>
    <tr>
        <th>Subjekt</th>
        <th>Verb</th>
        <th>Adverb</th>
        <th>Objekt</th>
    </tr>
    <tr>
        <td>Gertrude</td>
        <td>guckt</td>
        <td>gern</td>
        <td>GZSZ</td>
    </tr>
</table>
```

Listing 5.8 Eine HTML-Tabelle mit Tabellenkopf

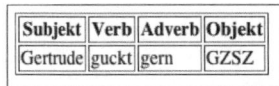

Abbildung 5.3 Die Tabelle hat nun eine Kopfzeile.

Ja, Sie könnten auch einfach nur <td> verwenden und den Text des Kopfes zusätzlich fett machen. Aber erstens wäre das falsch. Zweitens haben Sie dann später keine Möglichkeit, den Kopf über CSS unabhängig von den anderen Zeilen anzusprechen und zu gestalten. Und selbst wenn Ihnen das alles egal ist, legt spätestens Google Wert darauf, wenn es Ihre Inhalte korrekt indexieren möchte. Daher lohnt es sich, die Syntax einzuhalten.

Wer es gern noch etwas komplizierter möchte, der liest nun weiter. Der Rest überspringt die folgenden Sätze bitte, denn jetzt geht es um spezielle Tabellengestaltungen. Manchmal kommt es vor, dass eine Zelle sich über mehrere Spalten oder Zeilen erstrecken soll. Meist geschieht das nur aus Übersichtlichkeitsgründen.

Dafür müssen Sie der Zelle, die sich strecken soll, ein besonderes Attribut mitgeben: Das ist entweder colspan oder rowspan (oder beide). colspan gibt an, über wie viele Spalten sich die Zelle erstrecken soll, rowspan hingegen, über wie viele Zeilen sich die Spalte erstrecken soll. Mit anderen Worten: colspan sagt, wie viele Zellen rechts von ihr dazugehören sollen, und rowspan, wie viele Zellen unter ihr eingenommen werden. Dabei ist es wichtig, dass Sie die Anzahl der <td> auch um die jeweilige Anzahl zusätzlicher Zellen reduzieren. colspan und rowspan übergeben Sie immer die Gesamtanzahl der Zellen, die nun zu einer zusammengefasst werden sollen.

```
<table>
    <tr>
        <td>Horst</td>
        <td colspan="2">holt</td>

        <td>Heu</td>
    </tr>
    <tr>
        <td>Gertrude</td>
        <td>guckt</td>
        <td>gern</td>
        <td>GZSZ</td>
    </tr>
</table>
```

Listing 5.9 Eine Tabelle mit »colspan«

Die Zelle mit dem Inhalt holt erstreckt sich jetzt auch über die rechte Nachbarzelle. Deshalb mussten wir die Zelle, die eigentlich das Wort heute enthalten sollte, streichen. Dort klafft jetzt eine Lücke, die im Browser aber vollkommen richtig dargestellt wird (Abbildung 5.4).

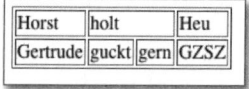

| Horst | holt | | Heu |
| Gertrude | guckt | gern | GZSZ |

Abbildung 5.4 Eine Tabelle mit »colspan«

Bei rowspan sieht das etwas anders aus:

```
<table>
    <tr>
        <td>Horst</td>
        <td>holt</td>
        <td rowspan="2">heute</td>
        <td>Heu</td>
    </tr>
    <tr>
        <td>Gertrude</td>
        <td>guckt</td>

        <td>GZSZ</td>
    </tr>
</table>
```

Listing 5.10 Eine Tabelle mit »rowspan«

Hier entfernen wir nun nicht die nächste Zelle in derselben Zeile, sondern die parallele Zelle in der nächsten Zeile. Denn das Wort heute in Zeile 1 ist direkt über dem Wort gern in Zeile 2 der Tabelle. Da sich aber heute auch auf die darunter liegende Zeile erstrecken soll, müssen wir die Zelle mit dem Inhalt gern entfernen. Im Browser wird das deutlicher (Abbildung 5.5):

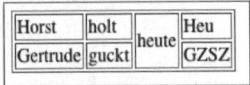

Abbildung 5.5 Nun eine Tabelle mit »rowspan«

Mit diesem Wissen sollten Sie nun die wichtigsten Tabellenarten bewältigen können.

5.4.4 Bilder einfügen

Bilder können zwar später auch über CSS als Hintergrund definiert werden, aber das macht man dann üblicherweise nur bei solchen, die Teile des Designs Ihrer Website enthalten. Bilder, wie sie beispielsweise in Texte eingebunden werden, die möglicherweise auch noch drum herum fließen sollen, werden direkt in HTML eingefügt. Genau genommen werden sie zwar nicht eingefügt, sondern verlinkt, aber das stempeln Sie jetzt erst einmal unter Haarspalterei ab. Definiert werden sie mithilfe des img-Tags:

```
<img src="" alt="" width="" height="">
```

Das Attribut src enthält den direkten Pfad zu Ihrem Bild, alt einen Alternativtext, falls das Bild nicht geladen werden kann (auch wichtig für Google und Screenreader), width und height enthalten die Breite und Höhe. Das könnte dann so aussehen:

```
<img src="logo.jpg" alt="Logo" width="200" height="100">
```

Der Pfad kann relativ oder absolut sein. Ein relativer Pfad ist der Pfad von dem HTML-Dokument zur Datei. Befinden sich diese in demselben Ordner, genügt der Dateiname samt Endung. Ist die Datei in einem Unterordner, müssen Sie diesen mit einem Slash (/) getrennt voranstellen. Ein absoluter Pfad wäre die vollständige URL beginnend mit *http://*.

Breite und Höhe werden in Pixeln festgelegt, jedoch ohne nähere Bezeichnung – einfach nur als absolute Zahl.

Positioniert wird das Bild erst später in CSS. Da können Sie dann auch festlegen, ob es z. B. von Text umflossen werden soll oder wie viel Abstand Sie sich zum Text wünschen.

5.4.5 Formulare erstellen

Ein wichtiger Teil von HTML sind Formulare. Auch WordPress macht sie sich zunutze. Die ganze Administrationsoberfläche ist voll von Eingabefeldern. Und jeder, der einen Kommentar auf Ihrer Website hinterlassen möchte, muss sich erst durch ein Formular arbeiten.

Ein Formular wird mit <form> eingeleitet und mit </form> geschlossen. Es enthält vor allem Eingabefelder, Textbereiche, Auswahllisten, Checkboxen und Radiobuttons sowie auch Buttons.

Das form-Element selbst enthält in der Regel zwei Attribute: action und method. action legt fest, wohin das Formular gesendet werden soll (üblicherweise an eine PHP-Seite, die die Informationen verarbeitet). method legt fest, ob es über die GET- oder POST-Methode übertragen werden soll. GET bedeutet, dass die Informationen einfach an die URL angehängt werden:

http://www.ihre-domain.de/verarbeitung.php?name=justus&beruf=jurist

Das ist allerdings extrem unsicher und wird deshalb selten verwendet. Normalerweise kommt die POST-Methode zum Einsatz, die die Inhalte im Hintergrund überträgt.

```
<form action="verarbeitung.php" method="post">...</form>
```

Eingabefelder, Checkboxen, Radiobuttons, Passwortfelder

Eingabefelder (Abbildung 5.6) werden nicht geschlossen, sie werden durch das input-Tag definiert und enthalten einige Attribute. Die wichtigsten Attribute sind type und name, die die Art des Eingabefelds und dessen Namen festlegen.

```
<input type="text" name="vorname">
```

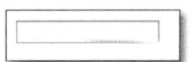

Abbildung 5.6 Ein Input-Feld in HTML

Um aus einem Textfeld ein Passwortfeld zu machen, ersetzen Sie text durch password. Dann wird die Eingabe automatisch verdeckt:

```
<input type="password" name="vorname">
```

Wenn Sie aus dem Eingabefeld nun Checkboxen (Abbildung 5.7) machen möchten, gehen Sie wie folgt vor:

```
<input type="checkbox" name="hobbies" value="fischen"> Fischen
<input type="checkbox" name="hobbies" value="tanzen"> Tanzen
<input type="checkbox" name="hobbies" value="lesen"> Lesen
```

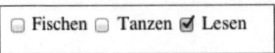

Abbildung 5.7 Checkboxen in HTML

Sie ersetzen einfach text durch checkbox und schon haben Sie ein Checkboxfeld. Wenn die Checkboxen zusammengehören, geben Sie ihnen allen denselben Namen (name), aber unterschiedliche Werte (value). Rechts neben das input-Tag schreiben Sie die Bezeichnung für die jeweilige Checkbox, die sich so ähnlich auch im value wiederfinden sollte.

Radiobuttons (Abbildung 5.8) funktionieren genauso. Ersetzen Sie einfach checkbox durch radio:

```
<input type="radio" name="geschlecht" value="m"> Mann
<input type="radio" name="geschlecht" value="w"> Frau
```

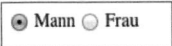

Abbildung 5.8 Radiobuttons in HTML

Sie ändern also einfach das type-Attribut entsprechend ab, und schon ändert sich die Art des Felds. Der Unterschied zwischen Checkbox und Radiobutton ist übrigens, dass Sie bei einer Gruppe Radiobuttons nur ein Element auswählen können und bei Checkboxen mehrere.

Buttons

Auch wenn Buttons (Abbildung 5.9) üblicherweise erst ganz am Ende eines Formulars stehen, werde ich sie vorziehen, denn sie funktionieren ähnlich wie Eingabefelder. Sie werden wie folgt definiert:

```
<input type="submit" name="senden" value="Absenden">
```

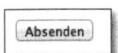

Abbildung 5.9 Ein Absenden-Button in HTML

Als type wählen Sie einfach button aus und erweitern das Attributeangebot noch um das Attribut value. Denn jeder Button braucht eine Beschriftung, diese können Sie hierüber festlegen.

Auswahllisten

Auswahllisten (Abbildung 5.10) sind diese kleinen Felder, die nach einem Klick aufklappen und weitere Optionen freigeben. Sie funktionieren etwas anders als die Eingabefelder:

```
<select name="anrede">
    <option value="herr">Herr</option>
    <option value="frau">Frau</option>
    <option value="dr">Dr.</option>
</select>
```

Abbildung 5.10 Eine Auswahlliste in HTML, die sich aufklappen lässt

Das select-Element umschließt die einzelnen Optionen der Auswahlliste. Dem select-Tag geben Sie einen Namen (name), den Optionen jeweils einen individuellen Wert (value).

Beschriftungen

Felder sollten beschriftet werden, um dem Benutzer die Eingabe zu erleichtern. Ein Etikett können Sie mit dem Tag <label> hinzufügen, das mit </label> wieder geschlossen wird. Dazwischen befindet sich dann die Beschreibung des Felds:

```
<label>Vorname:</label>
<input type="text" name="vorname">
```

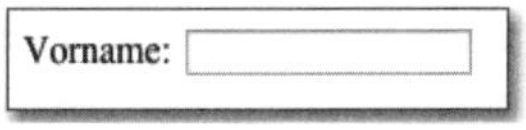

Abbildung 5.11 Eine Beschriftung zum Eingabefeld

Das Label (Abbildung 5.11) kann dann auch wieder über CSS angesprochen und gestaltet werden. Sie können es auch so positionieren, dass es nicht neben, sondern über dem Feld steht.

5.4.6   Kommentare kennzeichnen

In einer HTML-Datei können Sie auch ganz leicht Bereiche anlegen, die vom Browser ignoriert und damit auch nicht angezeigt werden. Aber Vorsicht: Jeder Besucher kann sich Ihren Quelltext anzeigen lassen und die Informationen dort lesen! Das ist also kein Platz für vertrauliche Dinge wie Passwörter. Das ist alles schon vorgekommen …

Ein Kommentar in HTML beginnt mit <!-- und endet mit -->. Alles, was dazwischen steht, wird vom Browser schlichtweg ignoriert.

5.4.7   Die Website strukturieren und Klassen/IDs vergeben

Nicht nur die Texte müssen strukturiert werden, auch die Website selbst benötigt eine gewisse Ordnung. Denn nur wenn Sie Ihre Website in viele verschiedene Bereiche einteilen, können Sie diese per CSS ansprechen und sowohl positionieren als auch gestalten. Ohne das sähe Ihre Website aus wie eine zusammengestürzte Burg aus Bauklötzen. Lassen Sie uns zunächst die Bauklötze definieren und später in CSS anmalen und aufstellen.

Die einfachste Möglichkeit, um einen Bereich in HTML zu deklarieren, bietet Ihnen das Tag <div>. Es macht von sich aus relativ wenig und hat auch keine besondere Bedeutung, kann aber später in CSS angesprochen werden. Sie können das ganze Gerüst Ihrer Website in diese <div>-Tags einteilen. Mal ein ganz grobes Beispiel:

```
<div>Logo</div>
<div>Inhalte</div>
<div>Seitenleiste</div>
<div>Fußbereich</div>
```

Das geht natürlich noch viel differenzierter und kleinschrittiger. Aber im Prinzip wird so eine Website eingeteilt. Wenn Sie nun in CSS aber das div-Element ansprechen, würde sich das ja auf alle beziehen. Darum können Sie nicht nur bei div-Elementen, sondern bei allen Tags in HTML sowohl eine Klasse als auch eine ID definieren und darauf später ganz gezielt per CSS zugreifen.

Eine ID ist nur für die Elemente geeignet, die einzigartig sind, also eine eigene Identität haben. Sie darf nur einmal pro Seite vergeben werden. Bei Klassen ist das anders. Ein und dieselbe Klasse kann mehreren Elementen zugewiesen werden. Das geht übrigens ganz einfach (mehrere IDs und Klassen werden übrigens durch Leerzeichen getrennt):

```
<div id="logo">Logo</div>
<div class="inhalt">Inhalt<div>
```

Nun gibt es seit HTML5 endlich noch weitere Elemente, die Sie zur Strukturierung Ihrer Website verwenden können. Ersetzen Sie einfach das <div> durch das genauere Tag. Sie sparen sich bei gezieltem Einsatz die Definition einiger IDs und Klassen und geben vor allem dem Dokument eine nachvollziehbarere Struktur. Wenn Sie einem div-Tag die ID »header« zuweisen, weiß Google nicht, was Sie damit meinen (denn anstatt »header« könnten Sie auch »pellkartoffel« hineinschreiben, das macht technisch keinen Unterschied). Ersetzen Sie aber <div> durch das spezielle Tag <header>, dann weiß Google genau, welcher Teil Ihrer Website das ist, und kann die Informationen besser verarbeiten.

Insbesondere folgende Elemente stehen Ihnen zur Verfügung:

Tag	Beschreibung
`<article>...</article>`	Definiert den Bereich, in dem der Inhalt eines Artikels oder Beitrags steht.
`<aside>...</aside>`	Definiert einen Bereich, der nicht direkt zum Inhalt gehört (z. B. eine Seitenleiste).
`<footer>...</footer>`	Definiert den Fußbereich Ihrer Webseite oder eines Bereichs.
`<header>...</header>`	Definiert den Kopfbereich Ihrer Webseite oder eines Bereichs.
`<main>...</main>`	Definiert den Hauptbereich Ihrer Webseite.
`<nav>...</nav>`	Definiert die Navigation Ihrer Webseite.
`<section>...</section>`	Definiert einen Bereich Ihrer Webseite.
`<time>...</time>`	Definiert Datum und Zeit.

Tabelle 5.1 HTML-Elemente zur Strukturierung Ihrer Website

Ich möchte an dieser Stelle bewusst nicht auf diese neuen Elemente eingehen. Die meisten Websites kommen derzeit noch ohne aus, da sie relativ neu sind. Mir ist nur wichtig, dass Sie verstehen, was sie bezeichnen und bedeuten, falls diese Ihnen in einem Theme begegnen. Der genaue und sinnvolle Einsatz dieser neuen Elemente ist aber eher etwas für ein HTML5-Buch.

5.5 CSS-Grundlagen

Nach der Pflicht folgt die Kür. Das, was wir in HTML gelernt haben, erweitern wir nun durch CSS. Sie lernen die wichtigsten Eigenschaften und Werte kennen, denn aus nichts anderem besteht CSS: Eigenschaften und Werten.

5.5.1 CSS-Angaben in HTML einbinden

CSS-Angaben können Sie direkt in der HTML-Datei unterbringen. Dafür gibt es sogar mehrere Wege. Der eine besteht darin, einen ganzen Anweisungsblock im Kopfbereich der Website zu hinterlegen. Das würde so aussehen:

```
<html>
<head>
<title>Titel</title>
```

```
<style type="text/css">
(...)
</style>
</head>
<body>
</body>
</html>
```

Listing 5.11 CSS in ein HTML-Grundgerüst integriert

Sie beginnen also mit dem style-Tag und erweitern es um das Attribut type, dem Sie den Wert "text/css" zuweisen, und schließen das Tag nach den CSS-Angaben wieder.

Sie können auch gezielt einzelne Elemente in Ihrer HTML-Datei ansprechen, indem Sie die CSS-Angaben direkt darin hinterlegen:

```
<p style="color:red;">Lorem Ipsum...</p>
```

Das ist über das Attribut style möglich. Hier hinterlegen Sie einfach alle CSS-Angaben hintereinander.

Beide Vorgehensweisen sind nicht empfehlenswert. Sie sind unübersichtlich und blähen das HTML-Dokument unnötig auf. Darum werden CSS-Angaben fast immer in eine separate Datei geschrieben, die auf *.css* endet. Bei WordPress finden Sie diese Angaben immer in der *style.css* im jeweiligen Theme-Verzeichnis. Diese Datei muss dann nur noch in der HTML-Datei verlinkt werden, damit der Browser auch weiß, dass es sie gibt und dass sie angewandt werden soll:

```
<link rel="stylesheet" type="text/css" href="style.css">
```

Diese Zeile gehört ebenso zwischen <head> und </head>, als würden Sie die Angaben dort direkt hinterlegen. Nur dass in diesem Fall das style-Tag wegfällt und durch ein link-Tag ersetzt wird, das lediglich auf die Datei verweist.

5.5.2   Aufbau einer CSS-Anweisung

Der Aufbau einer CSS-Anweisung läuft fast immer nach demselben Schema ab und ist sehr einfach nachzuvollziehen:

```
Selektor {
    Eigenschaft: Wert;
    Eigenschaft: Wert;
    Eigenschaft: Wert;
}
```

Listing 5.12 Der schematische Aufbau einer CSS-Anweisung

Übersetzt in ein Beispiel hieße das für einen Absatz Folgendes:

```
p {
    color: #333333;
    font-size: 12px;
    line-height: 18px;
}
```

Listing 5.13 Beispiel einer CSS-Anweisung aus dem echten Leben

Der Selektor ist immer das HTML-Element, das angesprochen werden soll. Sie haben im vorangegangenen Abschnitt ganz viele davon kennengelernt: h1, h2, p, strong, em, u, a, ol, ul, li, table, tr, th, td, img, div und viele mehr. Das p können Sie also einfach durch irgendeines dieser Elemente ersetzen und dafür Eigenschaften und Werte festlegen.

Hinweis

Nach dem Selektor folgt eine geöffnete geschweifte Klammer, die nach Auflistung von Eigenschaften und Werten wieder geschlossen wird. Jede Zuweisung eines Werts zu einer Eigenschaft muss mit einem Semikolon abgeschlossen werden.

Wie gesagt, sind Eigenschaften und Werte das Wichtigste in CSS. Es gibt eine Vielzahl von Eigenschaften, denen Sie bestimmte Werte zuweisen können. Eine ist color, das die Schriftfarbe festlegt. Dieser Eigenschaft können Sie nun z. B. einen Hexadezimalwert zuweisen (wie #333333 für ein Dunkelgrau) oder einfach "red" für Rot. font-size bezeichnet die Schriftgröße und kann nicht nur in Pixeln festgelegt werden, sondern z. B. auch in Punkt oder Prozent. Die line-height ist die Zeilenhöhe und kann ebenfalls mittels verschiedener Werte, wie z. B. px, pt oder auch Prozent festgelegt werden.

Sie können diese Anweisungen beliebig kombinieren, nicht immer wird dies aber zum gewünschten Erfolg führen. Hier hilft Trial & Error oft mehr, als nachzuschauen, denn mit CSS können Sie nichts kaputt machen. Funktioniert es nicht, können Sie die Zeile ja wieder löschen.

Tipp

CSS-Anweisungen werden von oben nach unten abgearbeitet. Wenn weiter unten etwas steht, was einer Eigenschaft weiter oben widerspricht, dann gilt die untere. Wenn Sie unabhängig von Hierarchien einem Wert den Vorrang gewähren wollen, hängen Sie ein !important hinten an:

```
p {
    font-weight: bold !important;
}
```

Nun hatten wir aber schon bei HTML bemerkt, dass man nicht immer alle gleichartigen Elemente ansprechen möchte. Vielleicht möchten Sie einen besonderen Absatz integrieren, z. B. ein Fazit, dann würden Sie diesem in HTML entweder eine ID (wenn es nur eines pro Seite gibt) oder eine Klasse zuweisen (wenn es mehrere geben kann). Beispielsweise so:

```
<p id="fazit">...</p>
<p class="fazit">...</p>
```

Beides lässt sich über CSS direkt ansprechen. Für die ID verwenden wir zur Kennzeichnung eine Raute (#), für Klassen einen Punkt (.). Für das Beispiel sähe das so aus:

```
#fazit { ... }
.fazit { ... }
```

Ja, Sie können das eigentliche HTML-Element dann weglassen. Es spricht aber auch nichts dagegen, es zusätzlich zu erwähnen. Sie können es einfach davorsetzen, dürfen dabei aber auf keinen Fall ein Leerzeichen dazwischen setzen:

```
p#fazit { ... }
p.fazit { ... }
```

Würden Sie ein Leerzeichen setzen, hätte das für den Browser plötzlich eine ganz andere Bedeutung. Er würde nicht nach einem p-Tag suchen, dessen ID oder Klasse fazit lautet, sondern er würde nach einem Tag innerhalb des p-Tags suchen, das eine solche ID oder Klasse hat.

```
p #fazit { ... }
p .fazit { ... }
```

Würden Sie den Selektor auf diese Weise notieren, würde der Browser die Anweisungen nicht auf ein p-Element mit der ID/Klasse fazit anwenden. Er würde vielmehr nach so etwas suchen:

```
<p> ... <span id="fazit"> ... </span> ... </p>
<p> ... <span class="fazit"> ... </span> ... </p>
```

Also nach einem verschachtelten Element, wobei sich die ID bzw. Klasse auf die innere Schachtel bezieht. Sie können das Spielchen immer weitertreiben:

```
body div p strong { ... }
```

Dieses Beispiel bedeutet, dass die folgenden Angaben nur für strong-Tags gelten sollen, die sich innerhalb eines p-Tags befinden, die sich wiederum in einem div-Tag befinden müssen, das sich selbst im body-Tag befinden muss. Auch wenn das am

Ende wahrscheinlich ganz oft zutreffen wird, zeigt es dennoch, welche Verschachtelungsmöglichkeiten CSS Ihnen bietet. Diese haben den Vorteil, dass Sie möglicherweise nicht jede Kleinigkeit mit einer ID oder Klasse definieren müssen. Oft können Sie über solche Konstruktionen genau auf ein ganz bestimmtes Element zugreifen, weil es nur eines gibt, das genau diese Anforderungen des Selektors erfüllt.

Sie können übrigens auch mehrere Selektoren gleichzeitig ansprechen, indem Sie sie gruppieren. Dafür genügt es, sie mit einem Komma zu trennen:

```
h1, h2, h3 { ... }
```

Schon werden alle Anweisungen nicht nur auf h1 angewandt, sondern auch auf h2 oder h3.

5.5.3 Eltern-, Kind-, Inline- und Block-Elemente

CSS arbeitet mit Hierarchien. Die Elemente können sowohl Eltern- als auch Kind-Elemente haben, also übergeordnete und untergeordnete. Es ist am besten, Sie stellen sich die ganzen HTML-Elemente wie eine Baumstruktur vor.

```
<div>
    <p>
        <span></span>
    </p>
</div>
```

Das p-Element ist ein Kindelement von div – d. h., div ist das Elternelement von p. Und span ist das Kindelement von p, also ist p selbst auch Elternelement. Bei CSS kommt es manchmal auf über- oder untergeordnete Elemente an. Beispielsweise bei der Positionierung: Nicht alle Elemente können direkt am Browserrand kleben, sie würden alle übereinanderliegen. Das p-Tag im oberen Beispiel liegt in HTML innerhalb des div-Tags – und würde sich damit an dessen Fläche orientieren. Das div-Tag ist die große Schachtel, in der die kleine Schachtel p liegt, in der eine noch kleinere Schachtel span liegt.

Daneben gibt es noch eine Unterscheidung zwischen Block- und Inline-Elementen. Die Unterscheidung ist recht simpel: Block-Elemente erzeugen eine neue Zeile durch sich selbst, Inline-Elemente tun das nicht. Block-Elemente sind im Dokumentenfluss untereinander angeordnet, Inline-Elemente nebeneinander (außer sie sind zu breit für die Fläche, dann wird natürlich eine neue Zeile erzeugt).

Typische Block-Elemente sind div, h1–h6, p, table, ol, ul.

Bei Inline-Elementen wird noch zwischen zwei Arten unterschieden: den ersetzenden und den nicht ersetzenden Elementen. Für ersetzende Elemente (z. B. img) können Sie sowohl Breite als auch Höhe festlegen, bei nicht ersetzenden (z. B. span) hingegen hat das keine Wirkung.

Typische Inline-Elemente sind a, strong, em, u, img, input, label, select, span.

Sie können Elemente allerdings umpolen. So können Sie aus einem Block-Element ein Inline-Element machen und umgekehrt. Sogar ein Inline-Block-Element ist möglich, also eine Art Hybrid: Das Element ist insofern Block-Element, als dass Sie Breite, Höhe und Abstände definieren können, aber insofern Inline-Element, als dass es keine neue Zeile erzeugt.

Die Umwandlung passiert über die Eigenschaft display. Sie können ihr block, inline oder inline-block zuweisen, um den gewünschten Effekt zu erhalten. Weisen Sie ihr none zu, wird das ganze Element komplett ausgeblendet, als wäre es nicht da.

5.5.4 Text-Eigenschaften anpassen

CSS bietet zahlreiche Möglichkeiten, um Text das gewünschte Aussehen zu verpassen. Der Einfachheit halber gehen wir im Folgenden davon aus, dass wir den Text aller Absätze verändern möchten. Wie Sie spezielle Absätze oder andere Elemente ansprechen, haben Sie ja gerade schon gelernt.

Im Folgenden sehen Sie eine Auflistung der wichtigsten Text-Eigenschaften in CSS. Gibt es einen Standardwert, wird dieser zuerst genannt:

Eigenschaft	Wert	Beschreibung
color	#ff0000 red rgb(255,0,0) rgba(250,0,0,1.0) hsl(0, 100%, 50%)	Schriftfarbe. Wird am einfachsten als Hexadezimalzahl hinterlegt, aber auch ein vordefinierter Farbname, RGB, RGBA (mit Transparenzangabe) oder HSL sind möglich.
letter-spacing	normal 3px -3px	Abstand zwischen den einzelnen Zeichen, kann sowohl positiv als auch negativ sein und wird in Pixeln festgelegt.
line-height	normal 18px 18pt 150%	Zeilenhöhe. Kann ganz exakt in Pixeln oder Punkt festgelegt werden, aber auch prozentual gemessen an der aktuellen Schriftgröße.

Tabelle 5.2 Wichtige Text-Eigenschaften in CSS

Eigenschaft	Wert	Beschreibung
text-align	left right center justify	Textausrichtung. Neben linksbündig, rechtsbündig und zentriert gibt es auch noch justify, um Blocksatz zu erzeugen.
text-decoration	none underline overline line-through	Um unterstrichenen, überstrichenen oder durchgestrichenen Text zu definieren, verwenden Sie text-decoration. Nur Links sollten unterstrichen sein.
text-indent	0 50px 15%	Einschub der ersten Zeile eines Textblocks. Standardmäßig 0, kann z. B. in Pixel oder Prozent festgelegt werden.
text-shadow	none 2px 2px 8px #000000	Textschatten. Besteht aus vier Werten: Die ersten beiden bezeichnen die horizontale bzw. vertikale Position des Schattens in Pixeln, der dritte die Distanz (also den Weichzeichnungseffekt) und der letzte schließlich die Farbe.
text-transform	none capitalize uppercase lowercase	capitalize macht den ersten Buchstaben jedes Wortes groß, uppercase und lowercase wandeln ihn in ausschließlich Groß- bzw. Kleinbuchstaben um (im Quelltext ändert sich der Text nicht).
white-space	normal nowrap pre pre-line pre-wrap	Bestimmt, wie mit Zeilenumbrüchen umgegangen wird. nowrap bedeutet, Zeilenumbrüche werden vom Browser nicht vorgenommen, solange sie nicht durch br herbeigeführt werden. pre bedeutet, dass der Text so dargestellt wird, wie er im Quelltext steht (inkl. aller Leerzeichen und Zeilenumbrüche). pre-line ist das gleiche, nur dass mehrere Leerzeichen zu einem zusammengefasst werden. pre-wrap ist wie pre, nur dass auch dann ein Zeilenumbruch erfolgt, wenn nicht genügend Platz da ist.

Tabelle 5.2 Wichtige Text-Eigenschaften in CSS (Forts.)

Eigenschaft	Wert	Beschreibung
word-spacing	normal 30px 30pt -30px	Abstand zwischen Wörtern. Kann z. B. in Pixeln oder Punkt festgelegt werden. Auch negative Werte sind möglich.

Tabelle 5.2 Wichtige Text-Eigenschaften in CSS (Forts.)

Wenn wir nun also einen Absatz in der Schriftfarbe #FF0000, ausschließlich Groß-buchstaben und in Blocksatz anlegen möchten, bietet sich dafür folgende Notierung an:

```
p {
    color: #FF0000;
    text-transform: uppercase;
    text-align: justify;
}
```

5.5.5   Schrift-Eigenschaften anpassen

Text und Schrift werden in CSS streng unterschieden. Alles, was die Schrift betrifft, wird über verschiedene font-Eigenschaften deklariert. Es gibt diese hier:

Eigenschaft	Wert	Beschreibung
font-family	Schriftfamilie Schriftgattung	Schriftart. Zuerst wird die gewünschte Schriftart wie z. B. Arial notiert. Danach folgen, durch Kommata getrennt, soge-nannte *Fallback-Schriftarten*, falls die zuerst gewünschte nicht installiert ist. Am Ende wird die Schriftgattung defi-niert, also serif, sans-serif, cursive, fantasy oder monospace. Kommen in der Bezeichnung Leerzeichen vor, wird sie komplett in Anführungszeichen gesetzt.

Tabelle 5.3 Font-Eigenschaften in CSS

Eigenschaft	Wert	Beschreibung
font-size	medium, xx-small, x-small, small, large, x-large, xx-large, smaller, larger 12px 12pt 150%	Schriftgröße. Kann entweder über vordefinierte Werte festgelegt werden, wie medium oder small, aber insbesondere auch über feste Werte wie Pixel oder Punkt. Bei der Prozentangabe bezieht sich der Browser im Verhältnis auf die Schriftgröße des Elternelements.
font-style	normal italic oblique	Schriftstil. Kann echt kursiv (italic) oder schräg gestellt (oblique) sein.
font-variant	normal small-caps	Schrift wird in Kapitälchen dargestellt: Alle Buchstaben sind groß, aber echte Großbuchstaben erhalten eine etwas größere Schriftgröße.
font-weight	normal bold bolder lighter 100, 200, 300, ..., 900	Bestimmt, wie dick oder dünn die Zeichen sein sollen. Kann auch mit Hunderterwerten festgelegt werden von dünn nach dick.

Tabelle 5.3 Font-Eigenschaften in CSS (Forts.)

Möchten wir also einem Text die Schriftart Helvetica zuweisen, sicherheitshalber aber noch Arial für all die Windows-Nutzer, sowie die Schriftgröße 12px und Fettdruck, wäre dies hier eine Möglichkeit:

```
p {
    font-family: Helvetica, Arial, sans-serif;
    font-size: 12px;
    font-weight: bold;
}
```

Achtung: Es ist möglich, diese ganzen Angaben im Rahmen einer zusammengefassten Eigenschaft zu verkürzen, z. B. so:

```
p {
    font: bold 12px Helvetica, Arial, sans-serif;
}
```

Die Reihenfolge lautet: `<font-style>` `<font-variant>` `<font-weight>` `<font-size/line-height>` (z. B. 12px/18px) `<font-family>`.

5.5.6   Hintergründe anpassen

Ein wichtiges Element der Website-Gestaltung ist schon seit jeher der Hintergrund. Dabei geht es nicht nur um die großen, seitenfüllenden Hintergrundbilder, wie sie heute gern verwendet werden, sondern auch um Hintergründe für kleine Teilbereiche der Website.

CSS bietet einige Mittel an, um Hintergrundbilder festzulegen und ihr Verhalten zu beeinflussen.

Eigenschaft	Wert	Beschreibung
background-attachment	scroll fixed local	Legt fest, ob das Hintergrundbild mitscrollen soll (scroll), ob es fest fixiert ist (fixed) oder ob es nur mit dem Inhalt des Elements mitscrollt (local).
background-color	transparent #ff0000 red rgb(255,0,0) rgba(250,0,0,1.0) hsl(0, 100%, 50%)	Sie können auch eine Farbe als Hintergrund definieren (auch zusätzlich zum Bild). Hier können wieder wie üblich eine Hexadezimalzahl, ein vorgegebener Name oder die RGB-, RGBA- bzw. HSL-Werte angegeben werden.
background-image	none url('...')	Das Hintergrundbild legen Sie über url('...')fest, wobei Sie innerhalb der Anführungszeichen den Pfad zum Bild angeben. Grundsätzlich beginnt ein Bild immer links oben im Element und wird notfalls sowohl horizontal als auch vertikal wiederholt, bis es die ganze Fläche ausfüllt.

Tabelle 5.4 Hintergründe anpassen in CSS

Eigenschaft	Wert	Beschreibung
background-position	left top left center left bottom right top right center right bottom center top center center center bottom 5% 5% 5px 5px	Sie können die Position des Hintergrundbildes genau festlegen. Das geschieht über zwei Werte – der erste ist die horizontale Position, der andere die vertikale. Das kann alternativ auch über Prozentzahlen geschehen, wobei diese Zahl angibt, wie weit das Bild prozentual von der linken bzw. oberen Kante entfernt sein soll. Sie können den Abstand auch exakt angeben, z. B. in Pixeln. 5px 5px bedeutet dann: 5 Pixel von links und 5 Pixel von oben.
background-repeat	repeat repeat-x repeat-y no-repeat	Bestimmt, ob und wie das Hintergrundbild wiederholt werden soll, wenn seine Größe nicht ausreicht, die Fläche abzudecken. Bei repeat-x wird das Bild nur horizontal, bei repeat-y nur vertikal wiederholt.

Tabelle 5.4 Hintergründe anpassen in CSS (Forts.)

Möchten wir einem div-Bereich nun das Hintergrundbild *bg.jpg* zuweisen, das nicht wiederholt (gekachelt) werden und sich in der Mitte befinden soll, würden wir das so bewerkstelligen:

```
div {
    background-image: url('bg.jpg');
    background-repeat: no-repeat;
    background-position: center center;
}
```

Üblicherweise werden diese Eigenschaften nicht alle einzeln aufgelistet, sondern im Rahmen der background-Eigenschaft zusammengefasst, z. B. so:

```
div {
    background: url('bg.jpg') no-repeat center center;
}
```

5.5.7 Link-Eigenschaften anpassen

Links sind eine sensible Sache. Da Suchmaschinen ihnen eine nicht unwesentliche Bedeutung zumessen und sie Websites erst zu Websites machen, ist es wichtig, korrekt mit ihnen umzugehen. Im Rahmen von CSS betrifft das in erster Linie die Benutzerfreundlichkeit. Sie selbst werden es sicher auch seit vielen Jahren gewohnt sein, dass Links unterstrichen sind. Das müssen sie nicht sein, das ist kein Naturgesetz, aber wir haben uns daran gewöhnt. Wenn wir jetzt per CSS die Unterstreichung entfernen, kann das je nach Zielgruppe zu Problemen führen. Es gibt nicht wenige, die einen Link vor allem an der Unterstreichung erkennen. Darum gleich zu Anfang ein Rat: Wenn es optisch erträglich ist, belassen Sie es dabei, dass der Link unterstrichen wird.

Wir können aber noch mehr ändern und anpassen. Links sind eine Besonderheit, denn sie haben mehrere Stadien. Es gibt gerade angeklickte Links (active), bereits besuchte Links (visited), noch nicht besuchte Links (link) und Links, über die gerade mit der Maus gefahren wird (hover). Gut, das ist eigentlich immer derselbe Link, aber er durchläuft dabei unterschiedliche Stadien. Diese können separat umgestaltet werden.

```
a:link {
    color: red;
    text-decoration: underline;
}

a:visited {
    color: blue;
    text-decoration: underline;
}

a:hover {
    color: orange;
    text-decoration: underline;
}

a:active {
    color: darkred;
    text-decoration: underline;
}
```

Sie können allen Stadien dieselben Werte zuweisen. Es bietet sich aber aus Gesichtspunkten der Benutzerfreundlichkeit an, diese Stadien unterschiedlich zu kennzeichnen. Für manche kann es nützlich sein, zu erkennen, worauf sie früher schon einmal geklickt haben. Für andere ist es vorteilhaft, ein Feedback zu bekommen, sobald der Link angeklickt wurde – damit sie wissen, dass sie ihn erwischt haben. Das sind Kleinigkeiten, aber sie können das Erlebnis auf Ihrer Website positiv beeinflussen.

5.5.8 Rahmen, Außenabstand und Innenabstand

Beschäftigen wir uns nun mit allem, was sich am Rand des Elements befindet. Dazu gehört einerseits der Rahmen, dessen Aussehen Sie bestimmen können, dazu gehören aber genauso Abstände. Es gibt den Innenabstand, der Inhalte des Elements von dessen Außenkante fernhält, und den Außenabstand, der das Element von anderen Elementen abgrenzt.

```
div {
    border: 1px solid #FF0000;
    margin: 20px;
    padding: 5px;
}
```

border bestimmt, ob es einen Rahmen um das Element geben soll und – wenn ja – wie dieser auszusehen hat. margin legt den Außenabstand des Elements fest, padding den Innenabstand.

Wenn Sie alle vier Seiten des Rahmens identisch aussehen lassen möchten, bietet sich die border-Eigenschaft an. Alle Werte, die Sie ihr zuweisen, beziehen sich auf alle vier Seiten. Sie können auf die gleiche Weise aber auch die Seiten einzeln ansprechen, und zwar über border-bottom (unten), border-left (links), border-right (rechts) und border-top (oben).

Die Notierung der Werte erfolgt immer gleich, ganz egal ob Sie sich auf alle vier Seiten oder nur auf eine beziehen:

Sie legen immer zuerst die Dicke des Rahmens fest, danach den Stil und anschließend die Farbe. Die Dicke wird üblicherweise in Pixeln festgelegt, der Stil kann variieren zwischen dotted (gepunktet), dashed (gestrichelt), solid (durchgängig, normal), double (doppelt), groove (3D-Effekt), ridge (3D-Effekt), inset (Tiefprägung) oder outset (Hochprägung).

```
div {
    border-left: 1px dashed #000000;
}
```

Das obige Beispiel ergibt einen 1 Pixel breiten Rahmen an der linken Seite, der gestrichelt und schwarz angestrichen ist.

Der Außenabstand – margin – kann wie border für alle Seiten gelten oder über margin-top, margin-right, margin-bottom, margin-left für jede Seite anders sein. Wenn Sie bei margin nur einen Wert angeben, sind alle Seiten gleichermaßen gemeint. Geben Sie hingegen vier an, werden diese in der Reihenfolge oben, rechts, unten, links abgearbeitet, also von oben im Uhrzeigersinn:

```
p {
    margin: 5px 10px 5px 10px;
}
```

Im Beispiel erhalten wir oben und unten einen Abstand von 5 Pixeln, links und rechts hingegen 10 Pixel Abstand.

padding funktioniert exakt nach demselben Prinzip wie margin, nur dass es den Innenabstand festlegt (also alles zwischen Inhalt des Elements und sichtbarem oder unsichtbarem border). Hinterlegen Sie die Werte entweder alle bei padding oder einzeln bei padding-top, padding-right, padding-bottom, padding-left.

> **Hinweis**
>
> Es gibt für margin und padding auch noch eine etwas irreführendere Schreibweise, auf die Sie aber vielleicht stoßen könnten. Man kann ihnen nämlich auch nur zwei oder drei Werte übergeben.
>
> Zwei Werte sind einfach: Der erste bezieht sich auf oben und unten, der zweite auf rechts und links. Werden hingegen drei Werte angegeben, dann bezieht sich der erste auf oben, der zweite auf rechts und links, der dritte auf unten.
>
> Ich kann Ihnen aus Gründen der Übersichtlichkeit nicht zu der Variante mit drei Werten raten, aber so verstehen Sie nun, die Werte zu deuten, wenn sie jemand anders einmal verwendet.

5.5.9   Listen-Eigenschaften anpassen

Sortierte Listen werden üblicherweise durch arabische Ziffern (1., 2., 3.) ausgezeichnet, unsortierte Listen durch Listenpunkte (·). Diese können Sie jedoch anpassen und sogar ein eigenes Bild verwenden.

Eigenschaft	Wert	Beschreibung
list-style-image	url('...')	Wie schon beim Hintergrund können Sie auch hier über url('...') ein Bild festlegen, indem Sie den Pfad zwischen den Anführungszeichen notieren.

Tabelle 5.5 Die Eigenschaften von Listen anpassen

Eigenschaft	Wert	Beschreibung
list-style-position	outside inside	Soll das Listensymbol außerhalb oder innerhalb des Textflusses angezeigt werden?
list-style-type	disc circle square decimal decimal-leading-zero lower-latin lower-roman upper-latin upper-roman none	Es gibt sehr viele verschiedene Werte, die Sie für das Listensymbol bzw. die Listennummerierung wählen können. Hier ist eine Auswahl. disc ist ein gefüllter Kreis, circle ein nicht gefüllter Kreis, square ein Quadrat. decimal ist eine arabische Zahl, die gibt es auch mit vorgestellter 0 (decimal-leading-zero), latin bedeutet A, B, C und roman römische Ziffern I, II, III. Das lower steht jeweils für kleine Buchstaben, das upper für große.

Tabelle 5.5 Die Eigenschaften von Listen anpassen (Forts.)

Diese Werte können Sie dem ul- oder ol-Element direkt zuweisen. Bedenken Sie nur bei list-style-type, dass manche Werte nur für sortierte und manche nur für unsortierte Listen gelten.

```
ol {
    list-style-type: upper-roman;
}

ul {
    list-style-type: square;
}
```

Die Beispiele ergeben eine geordnete Liste mit großen römischen Ziffern und eine ungeordnete Liste mit Quadraten.

5.5.10   Elemente positionieren

Der spannendste Teil in CSS beschäftigt sich nicht mit der Gestaltung von Text- oder Link-Eigenschaften. Die Königsdisziplin ist das Zusammensetzen einer Website. Die einzelnen Elemente liegen in HTML vor, würden ohne CSS aber einfach untereinanderkleben. Ihre Aufgabe ist es, allen eine Position zuzuweisen und sie zu gestalten.

Aber auch abseits eines Website-Gerüsts müssen Elemente positioniert werden. Allein das Bild, das in den Beitrag eingefügt wird und das vom Text umflossen werden soll, benötigt hierfür genaue Angaben.

Box-Model

Das Box-Model (Abbildung 5.12) besagt eigentlich nur, dass alle HTML-Elemente Boxen sind. Boxen, die einen Innenabstand, einen Rahmen und einen Außenabstand haben können. Boxen in unterschiedlicher Breite und Höhe. Boxen, die fest stehen oder fließen können. Boxen, die ihre Größe behalten oder verändern können.

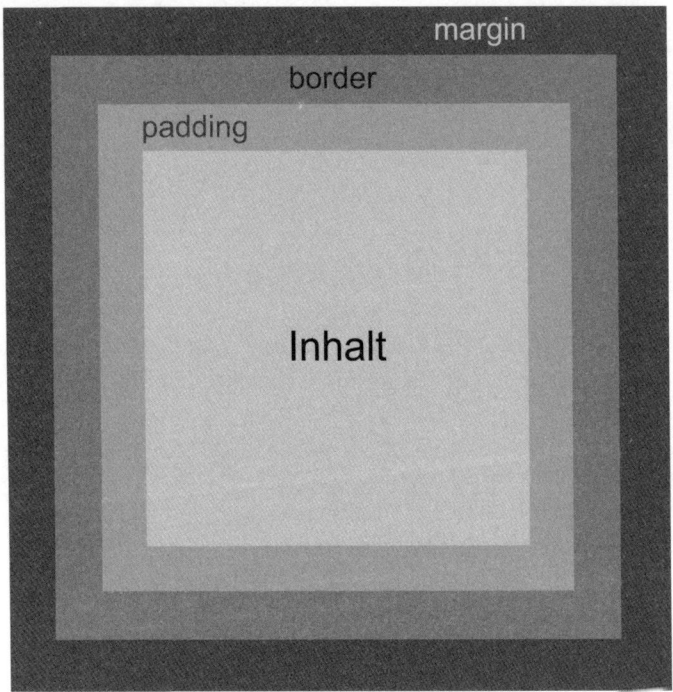

Abbildung 5.12 Das Box-Model in CSS

Wichtig ist, dass Sie wissen, wie die Größe dieser Boxen berechnet wird. Denn nur weil Sie eine Breite von 250 Pixeln festlegen, heißt das noch lange nicht, dass die Box mit allem Drum und Dran auch wirklich nur 250 Pixel Platz einnimmt. Sie müssen Innenabstände, Rahmen und Außenabstände hinzurechnen.

Ein relativ einfaches Beispiel:

```
div {
    width: 250px;
    border: 5px solid #333333;
    padding: 10px;
    margin: 20px;
}
```

Die Breite ist mit 250 Pixeln festgelegt. Dazu kommt aber noch der Rahmen, der an jeder Seite 5 Pixel beträgt, also insgesamt 10 Pixel in der Breite (links + rechts). Dann wurde noch ein Innenabstand von 10 Pixeln an jeder Seite festgelegt, das ergibt eine zusätzliche Breite von 20 Pixeln (links + rechts). Das gleiche Spiel noch mal beim Außenabstand, der 20 Pixel je Seite betragen soll. Damit kommen wir auf zusätzliche 40 Pixel Außenabstand in der Breite (links + rechts).

Das Ganze ergibt folgende Summe: 250 + 10 + 20 + 40 = 320 Pixel.

Aus einem harmlosen Kasten der Breite 250 sind plötzlich ganze 70 Pixel mehr entwachsen. Bei der Gestaltung mit CSS ist das ein riesiger Unterschied, der darüber entscheiden kann und wird, ob Ihr Vorhaben funktioniert. Wenn Sie in der Breite 750 Pixel Platz haben und drei Elemente nebeneinander unterbringen wollen, dürften diese jeweils maximal 250 Pixel Platz einnehmen. Im obigen Beispiel würden die 320 Pixel den Rahmen sprengen, eine der Boxen würde zwangsläufig nach unten rutschen. Sie müssten die Breite der Kästen jeweils um 70 Pixel reduzieren, damit die Gesamtbreite der Kästen jeweils wieder auf 250 kommt. Dann passt alles.

Positionierung

Die Positionierung einzelner Elemente mit CSS ist nicht ganz leicht. Wenn es Ihnen nicht auf Anhieb gelingen oder einleuchten sollte, sind Sie nicht allein. Aber probieren Sie etwas mit den Eigenschaften und Werten herum, nach einiger Zeit bekommt man ein Gefühl dafür, ganz sicher.

Eigenschaft	Wert	Beschreibung
position	static absolute fixed relative	Positionierungsart. Bei static werden die Elemente so positioniert, wie sie auch im Dokument vorkommen (normales Verhalten). Bei absolute können Sie eine absolute Position bestimmen (gemessen am letzten übergeordneten Element, das nicht als static positioniert wurde.) fixed heißt, das Element wird in einer ganz bestimmten Ausrichtung zum Browserfenster positioniert. relative bedeutet, das Element wird relativ zu seiner normalen Position gesetzt.

Tabelle 5.6 Die Position der Elemente mit CSS anpassen

Eigenschaft	Wert	Beschreibung
overflow	visible hidden scroll auto	Was soll passieren, wenn der Inhalt über die Grenzen der Box hinausfließen würde, also zu groß ist? Normalerweise (visible) wird der Überschuss einfach angezeigt. Bei hidden wird alles, was zu viel ist, einfach abgeschnitten. Wählen Sie scroll, wird eine Scrollleiste hinzugefügt.
z-index	1, 2, 3, ... auto	Stellen Sie sich HTML-Elemente wie Bierdeckel vor. Sollen sie in einem Stapel übereinanderliegen, müssen Sie die Reihenfolge festlegen. Genau das macht z-index. Übergeben Sie der Eigenschaft einen Zahlwert, und die Elemente werden danach sortiert. Ein Element mit 3 liegt unter einem Element mit einer 6.
bottom left right top	auto 20px 10%	Die Eigenschaften bottom, left, right und top werden nur bei absoluter und relativer Positionierung relevant. Dann bestimmen Sie den Abstand zur jeweiligen Seite.

Tabelle 5.6 Die Position der Elemente mit CSS anpassen (Forts.)

Wenn Sie ein Element positionieren möchten, legen Sie zunächst fest, welche Art der Positionierung Sie bevorzugen. Sie setzen position also auf static, absolute, fixed oder relative. Haben Sie eine absolute oder relative Positionierung gewählt, können Sie über top, right, left, bottom die Abstände zu der jeweiligen Seite bestimmen.

Wichtig ist der Unterschied zwischen absolute und relative. Wählen Sie relative, überlappen die Elemente nicht, sondern richten sich aneinander aus. Der normale Fluss wird beibehalten, aber zusätzlich durch die Angaben top, right, bottom, left modifiziert. Bei absolute hingegen wird das Element quasi aus seinem gewohnten Fluss herausgerissen. Die top-, right-, bottom-, left-Angaben beziehen sich dann auf das letzte übergeordnete Element, das selbst positioniert worden ist, also nicht den Standardwert static aufweist.

Um das besser zu verstehen, machen Sie bitte ein Experiment mit mir. Legen Sie in einer ganz normalen HTML-Datei folgenden Inhalt an:

```
<div id="c">
    <div id="a"></div>
    <div id="b"></div>
</div>
```

Dort haben wir zwei Boxen, A und B, die sich in einem Container namens C befinden. Das CSS-Setup dazu sieht wie folgt aus:

```css
#a, #b, #c {
    width: 250px;
    height: 100px;
    border: 1px solid #333333;
}

#a {
    background: #FF0000;
}

#b {
    background: #999999;
}

#c {
    position: absolute;
    width: 600px;
    height: 250px;
    background: #E8E8E8;
    margin: 20px;
}
```

Das führt zu einer großen hellgrauen Box, in der zwei kleine Boxen sind (A und B), die eine ist rot, die andere dunkelgrau. Es geht nun darum, herauszufinden, wie sich die Boxen A und B zueinander verhalten, aber auch zu C und zum Rand des Browserfensters.

Abbildung 5.13 Beide Boxen kleben aneinander.

Sowohl A als auch B sind in dieser Standardeinstellung ohne position-Angabe, d. h., diese steht standardmäßig auf static. Das wiederum heißt: Die Elemente sind so angeordnet, wie es dem normalen Dokumentenfluss entspricht. Sie sind also direkt untereinander (Abbildung 5.13).

Um es nun zu schaffen, dass B einen Abstand von 20 Pixeln zu A einhält, müssen wir position auf relative setzen, damit wir mit top arbeiten können:

```
#b {
    position: relative;
    top: 20px;
    background: #999999;
}
```

Und siehe da: B entfernt sich genau 20 Pixel von A (Abbildung 5.14).

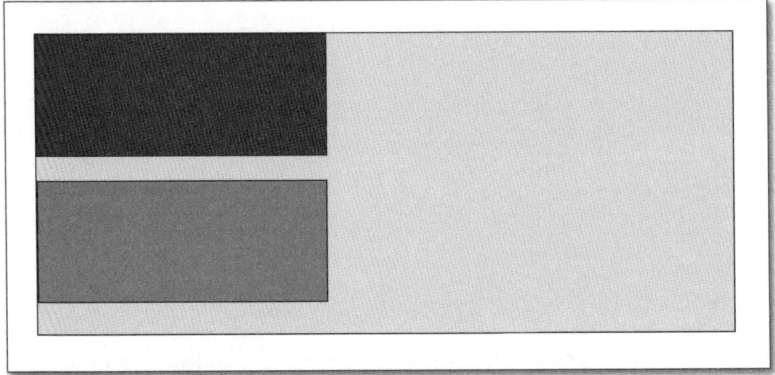

Abbildung 5.14 B hat sich von A nun um 20 Pixel entfernt.

Nun ändern wir relative aber gleich mal in absolute. Denn wir wissen ja: Auch bei absolut kann man die Angabe top verwenden.

```
#b {
    position: absolute;
    top: 20px;
    background: #999999;
}
```

Mal schauen, was passiert.

Jetzt überlappt B plötzlich A, lässt aber ein Stück frei (Abbildung 5.15), genau 20 Pixel. Aber nicht zu A, sondern zu C. Denn bei absolute wird jetzt keinen Wert mehr auf den normalen Dokumentenfluss gelegt, da werden andere Saiten aufgezogen. B orientiert sich jetzt nicht mehr an A, sondern am übergeordneten C. A ist traurig. B ist es egal.

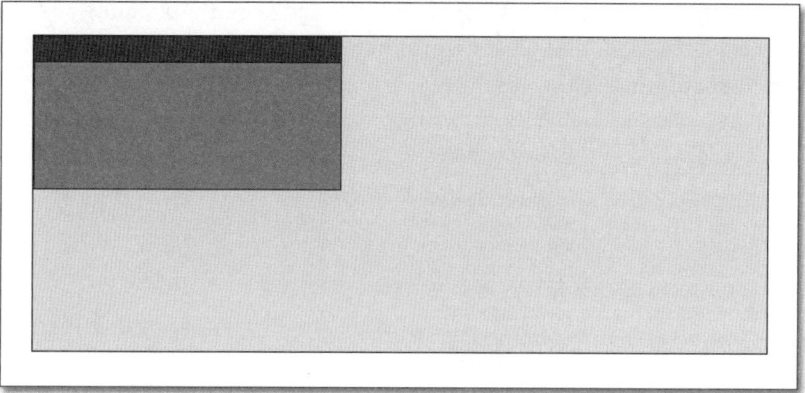

Abbildung 5.15 Plötzlich überlappen die beiden Elemente.

Probieren Sie verschiedene Werte für position aus und arbeiten Sie mit top, right, bottom und left. Je mehr Sie ausprobieren, desto schneller bekommen Sie ein Gefühl dafür, was die Änderungen bewirken.

Fließen

Als ob das noch nicht genug wäre, können Elemente auch noch fließen. Und das ist eine der wichtigsten Eigenschaften in CSS überhaupt. Denn wenn die Elemente ihrem Dokumentenfluss folgen, dann sind sie alle untereinander (Abbildung 5.16). Aber man muss Elemente so oft nebeneinander ausrichten. Und dafür gibt es die Eigenschaft float. Diese ist standardmäßig auf none gesetzt, kann aber auch den Wert left oder right bekommen.

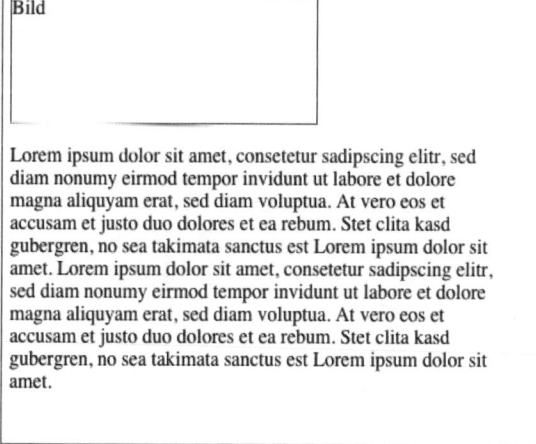

Abbildung 5.16 Standardmäßig sind Bild und Text einfach nur untereinander angeordnet.

Stellen Sie sich vor, Sie möchten Text um ein Bild fließen lassen (Abbildung 5.17). In diesem Fall würden Sie dem Bild float: left; zuweisen. Denn dann fließt das Bild links und der Text automatisch rechts.

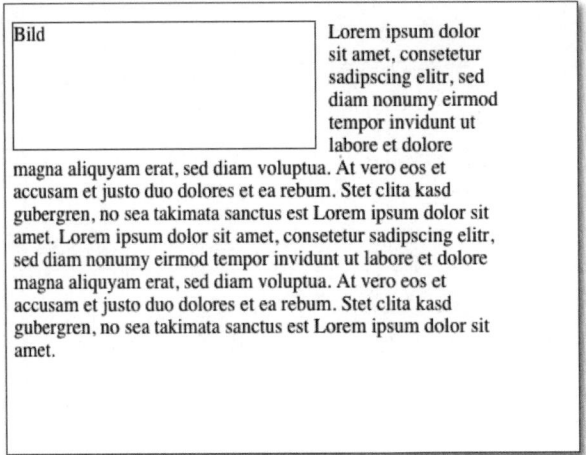

Abbildung 5.17 Nun ist das Bild genau so, wie wir es haben wollen.

Bis jemand Stopp! sagt. Dieses »Stopp!« nennt sich übrigens clear. Es kann ebenfalls die Werte left oder right erhalten, aber auch both. Mit Letzterem heben Sie das Fließen in beide Richtungen auf, sozusagen ein Universal-Clear. Aus Faulheit wird das auch fast immer so verwendet.

Das Fließen ist nur eine kleine Funktion, aber sie kommt sehr oft zum Einsatz. Auch für das große Ganze, für das Website-Gerüst, kommt die Technik zum Einsatz. Denken Sie einmal an eine typische Website. Sie hat einen Inhaltsbereich und eine Seitenleiste. Das sind letztlich auch nur zwei HTML-Elemente, die nebeneinanderfließen.

5.5.11   Weitere nützliche Eigenschaften finden

Wenn Sie sich wirklich für CSS interessieren oder wenn Sie eine bestimmte Eigenschaft suchen, dann empfehle ich Ihnen in erster Linie die englischsprachige Seite *http://www.w3schools.com/css* oder alternativ auch die deutschsprachige Seite *http://www.css4you.de.*

5.6   Gute alte Werte: reset.css

Browser sind zickig und inkonsistent. Deshalb bietet es sich an, alle Elemente einmal komplett zurückzusetzen. Dann können Sie bei null starten und werden nicht dadurch frustriert, dass sich irgendein Element nicht so verhält, wie Sie es wollen. Es ist daher fast zwingend, zu Beginn einer CSS-Datei folgende Reset-Angaben einzufügen. Ihre eigenen Angaben sollten erst danach folgen.

```
/**
 * Eric Meyer's Reset CSS v2.0 (http://meyerweb.com/eric/tools/css/reset/)
 * http://cssreset.com
 */
html, body, div, span, applet, object, iframe,
h1, h2, h3, h4, h5, h6, p, blockquote, pre,
a, abbr, acronym, address, big, cite, code,
del, dfn, em, img, ins, kbd, q, s, samp,
small, strike, strong, sub, sup, tt, var,
b, u, i, center,
dl, dt, dd, ol, ul, li,
fieldset, form, label, legend,
table, caption, tbody, tfoot, thead, tr, th, td,
article, aside, canvas, details, embed,
figure, figcaption, footer, header, hgroup,
menu, nav, output, ruby, section, summary,
time, mark, audio, video {
    margin: 0;
    padding: 0;
    border: 0;
    font-size: 100%;
    font: inherit;
    vertical-align: baseline;
}
/* HTML5 display-role reset for older browsers */
article, aside, details, figcaption, figure,
footer, header, hgroup, menu, nav, section {
    display: block;
}
body {
    line-height: 1;
}
ol, ul {
    list-style: none;
}
blockquote, q {
    quotes: none;
}
blockquote:before, blockquote:after,
```

```
q:before, q:after {
    content: '';
    content: none;
}
table {
    border-collapse: collapse;
    border-spacing: 0;
}
```

Listing 5.14 Reset-Stylesheet. Quellen: http://meyerweb.com/eric/tools/css/reset und http://www.cssreset.com

5.7   WordPress-Themes mit HTML & CSS anpassen

Bevor Sie ein WordPress-Theme anpassen, sollten Sie davon unbedingt ein Child-Theme anlegen (wie das geht, erkläre ich Ihnen in Abschnitt 6.4.6). Setzen Sie ein Framework wie *Genesis* ein, dann sind alle dafür erhältlichen Themes selbst bereits Child-Themes – und Child-Themes von Child-Themes lassen sich derzeit noch nicht erstellen. Sie haben dann nur die Möglichkeit, die Dateien des Themes direkt zu editieren, und müssen dafür sorgen, dass etwaige Auto-Updates für die Themes ausgeschaltet sind.

Wirft man einen Blick in den Theme-Ordner (z. B. */wp-content/themes/twentyfourteen*), wird man erst einmal erschlagen mit Dateien. Das liegt daran, dass die verschiedenen Elemente der Website auf viele kleine Dateien verteilt sind. Das gilt allein schon für das Grundgerüst der Website:

Der Kopfbereich befindet sich in der *header.php*, die Seitenleiste in der *sidebar.php* und der Fußbereich in der *footer.php*. Dazwischen wird dann immer irgendeine Inhaltsdatei eingebunden, z. B. *index.php* für die Blogstartseite (also die Auflistung der neuesten Blogartikel) oder *page.php* für die Anzeige einer statischen Seite oder Startseite. Daneben gibt es aber auch noch die *single.php*, die die Einzelansicht eines Blogartikels steuert. Oder *category.php*, die alle Beiträge einer bestimmten Kategorie anzeigt. Sie sehen also: Fast alle anderen Dateien dienen nur dazu, in dieses Gerüst aus *header.php*, *sidebar.php* und *footer.php* eingebunden zu werden.

Die am häufigsten verwendeten Theme-Dateien sind die folgenden:

Theme-Datei	Beschreibung
404.php	Wird angezeigt, wenn die vom Besucher angeforderte Seite nicht gefunden werden konnte.

Tabelle 5.7 Übersicht der wichtigsten Theme-Dateien

Theme-Datei	Beschreibung
archive.php	Wird ein Archiv angefordert (Datum, Autor, Kategorie o. Ä.), dann wird diese Seite aufgerufen, wenn keine speziellere vorliegt (z. B. *category.php*).
attachment.php	Wird verwendet, wenn eine angehängte Datei, z. B. ein Bild, auf einer Detailseite angezeigt werden soll.
author.php	Zeigt alle Beiträge eines Autors an.
category.php	Zeigt alle Beiträge einer Kategorie an.
comments.php	Anzeige der Kommentare
content-{post-format}.php	Für jede Beitrags-Formatvorlage kann ein eigenes Design erstellt werden, dabei wird eine Datei mit der Bezeichnung *content*, gefolgt von der Bezeichnung der jeweiligen Formatvorlage, erstellt, also z. B. *content-gallery.php*.
content.php	Wird für die Anzeige eines verkürzten Blogbeitrags (z. B. auf der Blogstartseite) verwendet, wenn es keine spezielle Datei für die jeweilige Formatvorlage gibt.
date.php	Für die Anzeige von datumsbasierten Archiven, hat Vorrang vor *archive.php*.
front-page.php	Anzeige der Startseite, wenn diese eine statische Seite ist
functions.php	Enthält verschiedenste Funktionen, die für das gesamte Theme gelten sollen. Können auch die Administrationsoberfläche beeinflussen, werden aber nur geladen, wenn auch das jeweilige Theme aktiv ist.
home.php	Wird als Blogstartseite verwendet, wenn keine statische Seite als Startseite festgelegt ist. Geht *index.php* vor.
image.php	Anzeige einer separaten Seite für ein angehängtes Bild. Geht *attachment.php* vor.
index.php	Eigentlich Anzeige der Beiträge auf der Blogstartseite. Jedoch hauptsächlich Fallback-Datei für alle Anfragen, wenn keine speziellere Datei gefunden werden konnte. Unbedingt notwendig für jedes Theme.

Tabelle 5.7 Übersicht der wichtigsten Theme-Dateien (Forts.)

Theme-Datei	Beschreibung
page.php	Anzeige einer einzelnen statischen Seite
rtl.css	Stylesheet für Websites mit Textrichtung rechts-nach-links
search.php	Anzeige der Suchergebnisse
single-{post-type}.php	Wenn Seitentypen (Custom Post Types) verwendet werden, z. B. für ein FAQ, kann nach diesem Schema eine spezielle Datei für die Einzelansicht eines Eintrags erstellt werden, z. B. single-faq.php.
single.php	Anzeige der Einzelansicht eines Blogbeitrags
style.css	Haupt-Stylesheet. Jedes Theme muss eine solche zwingend haben. Enthält auch Informationen über das Theme selbst.
tag.php	Anzeige eines einzelnen Schlagworts/Tags
taxonomy.php	Wird angezeigt, wenn Sie eine eigene Kategorisierung erstellt haben.

Tabelle 5.7 Übersicht der wichtigsten Theme-Dateien (Forts.)

Theme-Autoren können selbst entscheiden, ob sie diese Dateien einbinden. Eine Ausnahme besteht nur für die *index.php* und die *style.css*, aus diesen beiden Dateien muss ein Theme mindestens bestehen. Allerdings können Autoren auch noch ganz andere Dateien erstellen, diese werden nur nicht automatisch von WordPress berücksichtigt, sondern müssen per Hand eingebunden werden.

Wenn Sie nun Ihr Theme anpassen möchten, müssen Sie zuerst herausfinden, in welcher Datei Sie suchen müssen. Den obersten Teil der Website (z. B. Titel und Logo) sowie alle Kopfdaten finden Sie in der Regel in der *header.php*, ebenso wie Sie das Fußende in der *footer.php* finden. Gibt es eine Seitenleiste, die Sie bearbeiten möchten, editieren Sie die *sidebar.php*.

Geht es um die Inhalte, müssen Sie eine der Inhaltsdateien editieren, z. B. die *single.php* für die Einzelansicht eines Blogartikels, die *page.php* für die Einzelansicht einer statischen Seite oder die *category.php* für die Anzeige einer Kategorie.

Alle CSS-Angaben gehören grundsätzlich in die *style.css*, außer der Theme-Ersteller verwendet verschiedene Stylesheets, die er in die *style.css* einbindet. Das ist allerdings nicht der Standard. Denken Sie daran, dass CSS-Angaben von oben nach unten interpretiert werden. Wenn Sie vorherige Angaben überschreiben und nicht ersetzen

möchten, dann müssen Ihre Anweisungen darunter stehen – oder Sie müssen auf
!important zurückgreifen.

Machen Sie immer eine Sicherungskopie der Dateien, die Sie verändern. So können
Sie diese im Notfall schnell wiederherstellen.

5.8   Die WordPress-CSS-Klasse zum Element finden

Nicht nur bei der Anpassung eines bestehenden, sondern auch bei der Erstellung
eines neuen Themes ist es immer wieder nötig, die Klasse oder ID herauszufinden,
die einem speziellen Element zugewiesen ist. Es gibt eine ganze Menge CSS-Klassen,
die durch WordPress selbst angelegt werden, z. B. für die einzelnen Felder des Kommentarformulars oder auch für ein Widget. Diese ganzen Elemente können Sie
gezielt mit CSS ansprechen. Bearbeiten Sie ein Theme, dann möchten Sie vielleicht
herausfinden, wo die Angaben notiert sind, die Sie ändern möchten. Dafür gibt es
einen ziemlich einfachen Weg.

In Chrome ist ein sogenannter *Web-Inspektor* bereits vorinstalliert, bei Firefox müssen Sie die Erweiterung *Firebug* installieren und bei Safari die Webinformationenan-
zeige über die Entwicklerwerkzeuge freischalten (EINSTELLUNGEN • ERWEITERT in
Safari). Da diese Web-Inspektoren überall sehr ähnlich funktionieren und Chrome
keine weitere Vorbereitung benötigt, erkläre ich Ihnen die Nutzung exemplarisch an
diesem Browser.

Rufen Sie zunächst Ihre Website in Chrome auf, dabei spielt es keine Rolle, ob lokal
auf Ihrem Rechner oder im Internet. Suchen Sie das Element, das Sie anpassen oder
über das Sie mehr erfahren möchten. Klicken Sie dann mit der rechten Maustaste
darauf und wählen Sie ELEMENT UNTERSUCHEN aus (Abbildung 5.18).

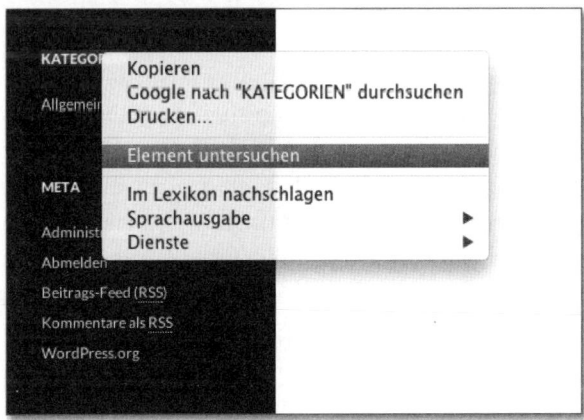

Abbildung 5.18 Wählen Sie »Element untersuchen« aus, um es im Quelltext zu betrachten.

Anschließend klappt unten ein Fenster hoch, das Ihnen sehr viele Informationen anzeigt (Abbildung 5.19). Im linken Bereich finden Sie die HTML-Version Ihrer Website, das im Browser markierte Element ist dort im Quelltext ebenfalls markiert. Sie können auch gleich sehen, welche Elemente sich drum herum befinden, welche diesem Element also vielleicht übergeordnet sind.

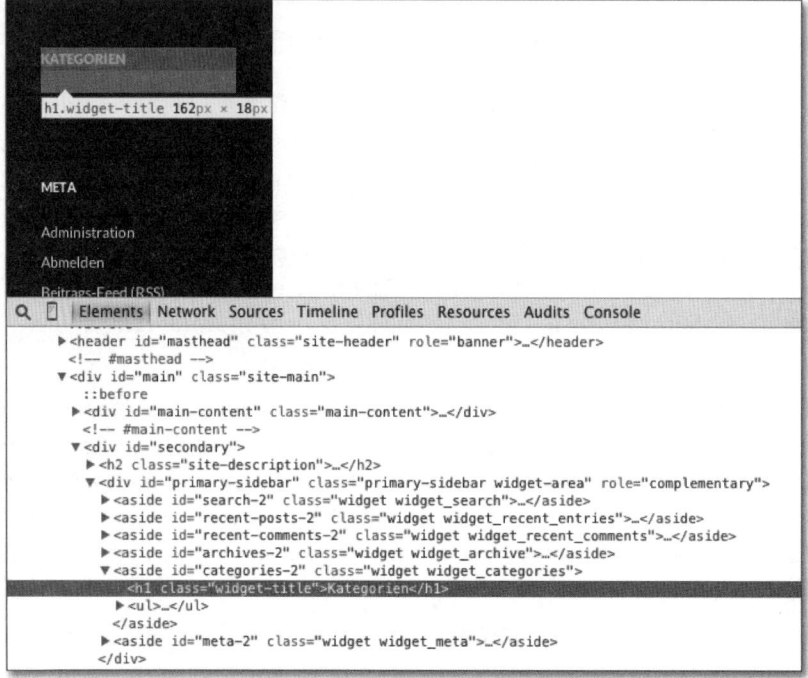

Abbildung 5.19 Nun wird Ihnen der Quelltext angezeigt, das Element ist bereits markiert.

Sie können im Beispiel sehen, dass ich das Kategorien-Widget in der Seitenleiste von *Twenty Fourteen* ausgewählt habe. Im Quelltext sehen Sie, dass der Titel des Widgets in Form eines h1-Tags angewählt ist. WordPress hat diesem die Klasse widget-title zugewiesen – die können Sie nun in WordPress gezielt ansprechen. Allerdings ist das nicht das ganze Widget. Darunter befindet sich eine Liste, und das gesamte Widget ist (eine Zeile darüber) in ein aside-Element eingefasst, das selbst auch die genaue Bezeichnung des Widgets (widget_categories) als Klasse enthält. Wenn Sie also nun nur die h1-Überschrift dieses speziellen Widgets über CSS ansprechen wollten, würde Ihnen der Selektor h1.widget-title nicht viel bringen, da der auf alle Widget-Titel zutrifft. Aber .widget_categories h1 oder .widget_categories h1.widget-title ließe Sie ausschließlich den Titel des Kategorien-Widgets ansprechen. Ich will damit sagen: Suchen Sie auch immer um das ausgewählte Element herum nach nützlichen Informationen.

Styles Computed Event Listeners »
element.style {
}
media="all" localhost/
@media screen and (min-width: 1008px) style.css?ver=4.0:3689
.footer-sidebar .widget style.css?ver=4.0:3908
.widget-title, .primary-sidebar .widget
.widget-title {
font-size: 11px;
font-weight: 900;
line-height: 1.6363636363;
margin-bottom: 18px;
}
media="all" localhost/
@media screen and (min-width: 1008px) style.css?ver=4.0:3689
.footer-sidebar .widget style.css?ver=4.0:3827
h1, .primary-sidebar .widget h1 {
font-size: 20px;
line-height: 1.2;
}
media="all" localhost/
.widget .widget-title { style.css?ver=4.0:2379
font-size: 14px;
font-weight: 700;
line-height: 1.7142857142;
margin: ▶0 0 24px 0;
text-transform: uppercase;
}
media="all" localhost/
.widget h1 { style.css?ver=4.0:2225
Find in Styles

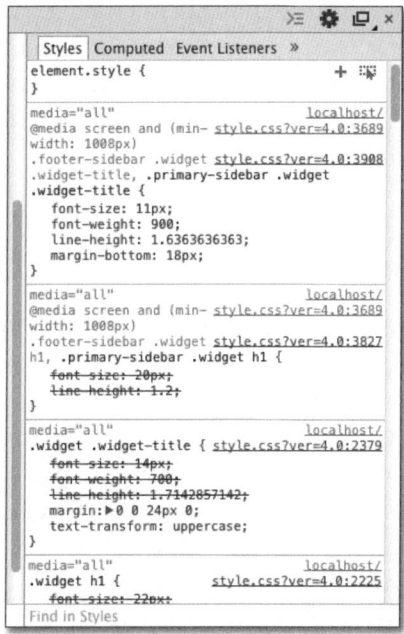

Abbildung 5.20 Sie sehen verschiedene Abschnitte, die alle verschiedenen Selektoren zugewiesen sind, samt ihren Eigenschaften und Werten.

Auf der rechten Seite des Inspektor-Fensters finden Sie die passenden CSS-Angaben zum ausgewählten Element (Abbildung 5.20). Wählen Sie im Quelltext ein anderes Element aus, ändern sich diese entsprechend. Suchen Sie in der Seitenleiste also nach Angaben, die Sie ändern möchten, z. B. Schriftart, Schriftgröße oder Textfarbe. Suchen Sie nach Angaben, die nicht durchgestrichen sind, denn die durchgestrichenen sind an anderer Stelle überschrieben worden und bringen Ihnen nicht viel.

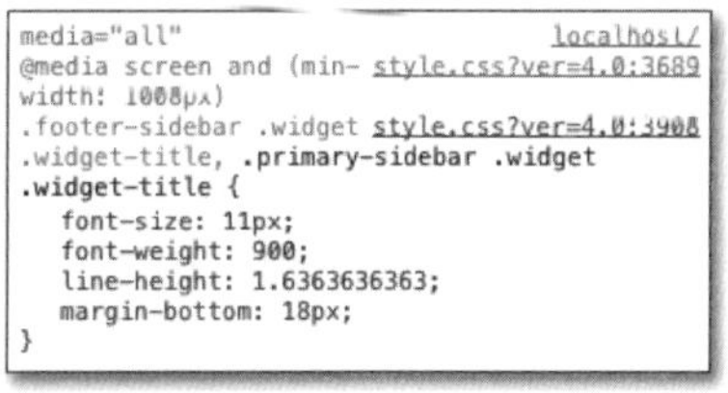
media="all" localhost/
@media screen and (min-width: 1008px) style.css?ver=4.0:3689
.footer-sidebar .widget style.css?ver=4.0:3908
.widget-title, .primary-sidebar .widget
.widget-title {
font-size: 11px;
font-weight: 900;
line-height: 1.6363636363;
margin-bottom: 18px;
}

Abbildung 5.21 Da ist die Definition der Schriftgröße, die wir ändern möchten. Der Selektor steht vor der geschweiften Klammer.

Wenn Sie den Abschnitt gefunden haben, in dem Ihre gewünschten Angaben stehen (z. B. die Schriftgröße), dann sehen Sie oberhalb der Eigenschaften und Werte auch den (manchmal recht langen) Selektor (Abbildung 5.21). Nach diesem Selektor müssen Sie nun in der *style.css* suchen. Dort finden sich auch genau die Eigenschaften und Werte wieder, die Sie gerade in der Seitenleiste sehen.

Sie können die Werte übrigens auch direkt in der Seitenleiste anpassen und sogar neue Eigenschaften hinzufügen. Das ist aber nur temporär und wird nicht in der *style.css* gespeichert! Sobald Sie die Seite neu laden oder schließen, sind die Änderungen weg. Es ist aber ein guter Weg, um zu testen, ob die Änderungen überhaupt so funktionieren und aussehen, wie Sie sich das wünschen.

5.9 Quellen: HTML und CSS richtig lernen

Das war eine kurze Einführung in HTML und CSS. Das Schwierige an kurzen Einführungen ist, dass sie am Ende doch länger werden, als man geplant hatte, aber nie alles enthalten können, was man möchte. Mein Ziel war es, Ihnen die Grundlagen beider Sprache beizubringen und Ihnen zu zeigen, wie Sie dieses Wissen bei der Anpassung von Themes in WordPress nutzen können. Vielleicht hat es sogar den Grundstein dafür gelegt, dass Sie nun eigene Themes programmieren. In jedem Fall sollten Sie aber wissen, dass die oben gemachten Schilderungen nur einen Teil beider Sprachen abbilden, den ich ganz subjektiv ausgewählt habe. Die Ausführungen ersetzen also beileibe kein eigenes Buch zu den Themen oder die ausführliche Recherche im Internet. Man kommt ohnehin nicht um die Internetrecherche herum, denn nur dort finden Sie Auflistungen aller HTML-Elemente und CSS-Eigenschaften inklusive Beschreibungen und Anwendungsbeispielen. Das alles würde dieses Buch zum Thema WordPress vollkommen sprengen.

Es gibt verschiedene Quellen, die ich Ihnen ans Herz lege, um Ihre Kenntnisse in HTML und CSS zu erweitern. Darunter sind sowohl Bücher als auch Websites:

▶ »Einstieg in CSS« von Peter Müller
▶ »Flexible Boxes« von Peter Müller
▶ »Webseiten erstellen für Einsteiger« von Jens Jacobsen und Matthias Gidda
▶ »CSS: Das umfassende Handbuch« von Kai Laborenz
▶ *http://www.w3schools.com/html/default.asp* (engl.)
▶ *http://www.w3schools.com/css/default.asp* (engl.)
▶ *http://www.css4you.de*
▶ *http://de.selfhtml.org/html/index.htm*
▶ *http://de.selfhtml.org/css/*

Kapitel 6
Ein eigenes Theme programmieren

Eine der Königsdisziplinen in WordPress ist das Erstellen eines eigenen
Themes. Dass das gar nicht so schwer ist, wissen Sie am Ende dieses
Kapitels.

Wenn Sie sich ein Buch zum Thema WordPress kaufen, ist die Chance sehr groß, dass Sie die Software selbst in Ihre Websites einbinden möchten. Daher ist das *Theming* die Königsdisziplin in WordPress. In diesem Kapitel lernen Sie alle Grundlagen für die Erstellung eigener Themes auf Basis einer HTML-Vorlage.

Für dieses Kapitel benötigen Sie also zunächst eine HTML-Vorlage. Die kann sich an dem Layout der in diesem Kapitel behandelten HTML-Vorlage orientieren, aber auch gänzlich Ihrer Fantasie entspringen. Mit WordPress können Sie schließlich so gut wie jede Website umsetzen. Dennoch möchte ich Ihnen raten, ein Design zu entwickeln, das zumindest die Elemente dieses Beispiels beinhaltet. So lernen Sie am einfachsten und schnellsten, wie die Theme-Entwicklung funktioniert, und müssen nicht immer gedanklich zwischen Ihrem Design und dem im Buch vorgestellten unterscheiden.

Alternativ finden Sie die HTML-Vorlage auch auf der Buch-Website. Sie haben also die Möglichkeit, die folgende Website originalgetreu nachzubauen, was sich für das erste eigene Theme auch wirklich empfiehlt. In Kapitel 21, »Praxisbeispiele«, werden Sie noch viele andere Beispiele für Websites kennenlernen, die Sie unter Anleitung dieses Buches umzusetzen lernen. Wenn Sie gleich ein bestimmtes Projekt verwirklichen möchten, können Sie auch direkt in Kapitel 21 einsteigen. Es ist so konzipiert, dass Sie kaum Vorkenntnisse benötigen. Wenn Sie allerdings das Theming von Grund auf lernen möchten, beginnen Sie am besten genau hier.

Wichtiger Hinweis für Nutzer von WordPress 3.3 oder neuer

Mit WordPress 3.3 hat eine neue Funktion Einzug gehalten, die mitunter für Verwirrung bei der Nutzung von Themes sorgen kann. Wenn Sie nun das Theme Ihrer Website wechseln, bleiben die Widgets erhalten. Wenn Sie also z. B. ein Menü als Widget eingebunden hatten und möglicherweise auch noch eine Ansicht der »letzten Kommentare« auf Ihrem Blog, dann werden diese nicht wie früher durch einen Wechsel des Themes deaktiviert. Das hat den Vorteil, dass Sie etwa nach dem Wechsel zu einem »Wartungs-Theme« die Widgets nicht wieder alle einzeln hinzufügen müssen. Das hat aber auch einen entscheidenden Nachteil: Wenn Sie nun ein gänzlich neues

---

Theme aktivieren (also z. B. eines der Beispiele aus diesem Buch), dann bleiben die Widgets ebenfalls erhalten. Das gilt auch für eine frische WordPress-Installation. Hier werden dann die Standard-Widgets des Ausgangs-Themes weiterverwendet.

Das bedeutet, dass die Themes, die Sie verwenden, gegebenenfalls etwas »zerstört« aussehen können, sobald Sie diese aktivieren. In diesem Fall sollten Sie unbedingt alle Widgets aus den jeweiligen Widget-Bereichen im Backend unter Design • Widgets entfernen.

Dies sollte aber nur problematisch sein, wenn Sie ein neues Theme aktivieren, das Widget-Bereiche verwendet. In jedem Fall lohnt es sich aber, die alten Widgets, wie oben beschrieben, zu entfernen, sobald Sie mit einem neuen Theme durchstarten möchten.

6.1   Erforderliche Vorkenntnisse

Für dieses Kapitel benötigen Sie Vorkenntnisse in HTML und CSS, denn Sie müssen in der Lage sein, eine Website komplett zu programmieren, die dann als Grundlage für unser WordPress-Theme dient. Es gibt keinen Weg, das abzukürzen, außer dass Sie gleich eines der vielen fertigen Themes verwenden, die es für WordPress gibt. Wenn Sie hingegen ein eigenes Theme in WordPress programmieren möchten, sind wenigstens HTML- und CSS-Kenntnisse erforderlich.

In diesem Buch gibt es dafür ein eigenes Kapitel. In Kapitel 5 erkläre ich Ihnen die Grundlagen von HTML und CSS. Damit sind Sie grundsätzlich in der Lage, eine eigene HTML-Vorlage zu erstellen, die Sie dann mit der Anleitung in diesem Kapitel und auch denen in Kapitel 21 zu einem WordPress-Theme umwandeln können.

Sollten Sie sich für HTML und CSS nicht interessieren, so können Kapitel wie dieses und auch Kapitel 21 dazu dienen, Ihnen die Zusammenhänge der Theme-Programmierung zu erläutern. Wenn Sie mal etwas anpassen müssen, können Sie auf diese Weise einfacher und schneller eine Lösung finden, weil Sie wissen, wo Sie suchen müssen.

6.2   Der Aufbau von Themes in WordPress

Am Ende dieses Kapitels werden Sie vermutlich sagen: »So schwer war das gar nicht.« WordPress macht es Ihnen wirklich leicht, eigene Themes zu programmieren. Sie müssen keine eigene »Theme-Sprache« erlernen, stattdessen wird auf ein ganz simples System gesetzt, das ich Ihnen nun kurz darstellen möchte.

Themes bestehen natürlich aus verschiedenen Dateien. Ihre HTML-Vorlage setzen Sie grundsätzlich erst einmal mit lediglich vier verschiedenen Dateien um. Bei den meisten Blogs ist der Aufbau immer der gleiche: Sie haben einen Kopfbereich (*Header*), einen Inhaltsbereich (*Content*), eine Seitenleiste (*Sidebar*) und einen Fußbereich (*Footer*). Und genau das sind auch Ihre vier Dateien, die Sie für das Grundgerüst benötigen: *header.php*, *index.php*, *sidebar.php* und *footer.php*. Sie haben keine Seitenleiste in Ihrem Blog? Kein Problem, dann lassen Sie die *sidebar.php* einfach weg. So einfach ist WordPress.

Die *index.php* ist eine sogenannte Inhaltsdatei. Sie bestimmt das Aussehen einer ganz bestimmten Art von Seite, die auf Ihrer Website eingebunden wird. Im Fall der *index.php* ist es die Startseite des Blogs. Üblicherweise findet man dort lediglich eine Auflistung der letzten fünf bis zehn Artikel des Blogs. Wenn Sie auf den Titel eines dieser Beiträge klicken, gelangen Sie zur Einzelansicht des Beitrags. Deren Aussehen regelt die *single.php*. Genauso verhält es sich bei echten statischen Unterseiten, dafür ist die *page.php* zuständig. Für die Anzeige der Suchergebnisse gibt es die *search.php*. Sie sehen, wie das Spiel gespielt wird. Jeder Abschnitt Ihrer Website wird durch eine bestimmte Datei im Theme-Ordner repräsentiert.

In Abbildung 6.1 können Sie die einzelnen Dateien in der Übersicht sehen. Sie benötigen nicht immer alle davon. Wenn Sie z. B. eine Website ohne Blog- oder News-Funktion planen, können Sie vollständig auf die sieben Dateien verzichten, die unter *Blog-Funktion* aufgeführt sind. Und das ist schon eine ganze Menge Holz. Eine klassische Website können Sie so in kürzester Zeit umsetzen.

> **Hinweis**
>
> Dass Sie die Dateien unter *Blog-Funktion* in Abbildung 6.1 nicht benötigen, wenn Sie eine Website ohne Blog umsetzen, stimmt nicht ganz. WordPress verlangt zumindest die Existenz einer *index.php*, um das Theme als solches anzuerkennen. Dafür genügt aber eine leere Datei. Wenn Sie Ihr Theme also später aktivieren möchten und es von WordPress nicht zur Auswahl angezeigt wird, denken Sie unbedingt an diese Infobox!

Eine Sonderrolle spielt die *functions.php*, die Sie ebenfalls nicht zwingend benötigen. Hier gehören alle PHP-Funktionen hinein, die Sie ausschließlich für dieses Theme verwenden möchten. Sie stehen automatisch im ganzen Theme zur Verfügung. Die *functions.php* wird also praktisch vor die Klammer gezogen. Außerdem ist eine *style.css* zwingend erforderlich. Sie haben zwar die Möglichkeit, Ihre CSS-Dateien auch anders zu nennen oder gar auf mehrere aufzuteilen, WordPress benötigt aber dennoch die *style.css*, sodass Sie dort die anderen CSS-Dateien einfach per @import-Funktion einbinden sollten.

Doch wie wird die HTML-Vorlage nun auf die einzelnen Dateien – *header.php*, *index.php*, *sidebar.php* und *footer.php* – aufgeteilt? Schauen Sie sich dazu zunächst Abbildung 6.2 an.

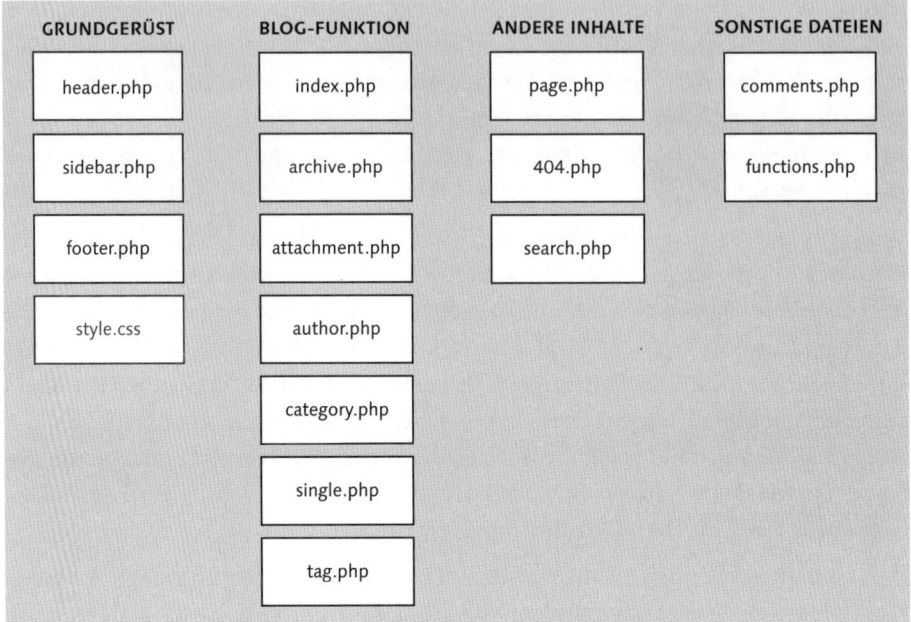

Abbildung 6.1 Die wichtigsten Theme-Dateien in der schematischen Übersicht

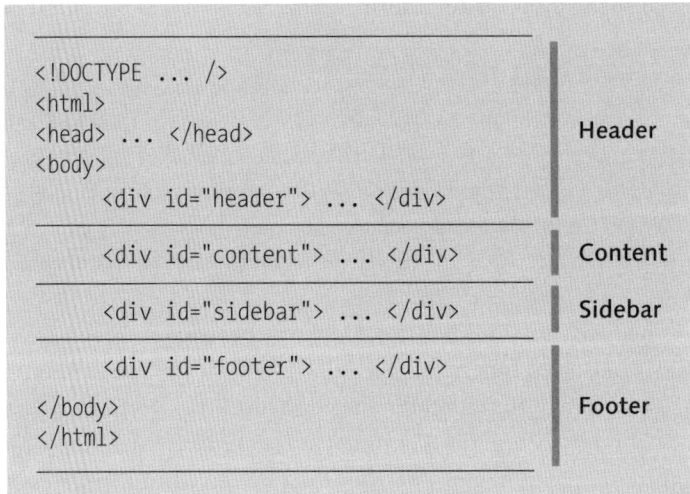

Abbildung 6.2 Das Grundgerüst Ihrer Website

Sie sehen dort eine mögliche Variante, die HTML-Vorlage einzuteilen. Idealerweise sollten Sie dies bereits bei der Erstellung der Vorlage berücksichtigen. Alles bis zum Inhaltsbereich gehört grundsätzlich in die *header.php*. Hier kommt alles hinein, was auf jeder Seite wiederholt werden soll. Das hat den Vorteil, dass Sie etwaige Änderungen später nicht in jeder Datei vornehmen müssen, sondern dazu nur die Anpassung an einer zentralen *header.php*-Datei nötig ist. Der Content sollte so wenig HTML wie möglich enthalten. In Abbildung 6.2 sehen Sie, dass das umschließende <div>-Tag mit in den Content-Bereich gelangt ist. Das ist nicht zwingend nötig. Sie können das öffnende <div>-Element auch in die *header.php* verschieben und das schließende in die *sidebar.php*. So haben Sie idealerweise keinen HTML-Code, den Sie unnötigerweise in jeder der folgenden Inhaltsdateien wiederholen müssten. Die Regel lautet also: So wenig Code wie möglich in den Inhaltsbereich verfrachten.

Die Sidebar und der Footer sind dann die logische Konsequenz. Hier müssen Sie den Code nicht so trennscharf voneinander abgrenzen. Beide Dateien gibt es nämlich üblicherweise nur in einer Ausführung, sodass eine unnötige Codeverdopplung ausgeschlossen ist.

6.3   Die Vorbereitung

Voraussetzung ist zunächst einmal ein installiertes WordPress. Den Theme-Ordner finden Sie im Verzeichnis */wp-content/themes/*. Hier erstellen Sie einfach einen neuen Ordner für Ihr Theme; in diesem Beispiel heißt er *fc*. Sie können eine Abkürzung – wie hier – verwenden oder den Namen Ihrer Website ausschreiben. Ein paar kleine Tipps sollten Sie aber nach Möglichkeit beherzigen: nur Kleinschreibung, keine Leer- oder Sonderzeichen. Wenden Sie bei der Namensvergabe des Ordners alle Regeln an, die Sie auch schon von der Erstellung einer HTTP-Adresse her kennen. Anstelle von »Mein erstes Theme« beschränken Sie sich also besser auf »mein-erstes-theme«.

In WordPress selbst müssen Sie zunächst keine weiteren Einstellungen treffen. Am besten verwenden Sie eine ganz frische WordPress-Installation. Wenn Sie die Möglichkeit haben, empfiehlt sich aber frühzeitig eine korrekte Einstellung der Permalinks. Diese nehmen Sie bekanntermaßen im Backend unter EINSTELLUNGEN • PERMALINKS vor. Wählen Sie der Einfachheit halber BEITRAGSNAME aus oder legen Sie eine BENUTZERDEFINIERTE STRUKTUR fest, z. B.:

```
/%post_id%/%postname%/
```

Sie können Ihrer Kreativität aber natürlich freien Lauf lassen. Eine detaillierte Anleitung zur Erstellung einer Permalink-Struktur finden Sie übrigens in Abschnitt 3.11.6, »Permalinks«, und Abschnitt 15.3.5, »Permalinks«. Als Nächstes teilen Sie Ihre HTML-Vorlage entsprechend ein. Ich zeige Ihnen nun zunächst das Design, an dem ich Ihnen in diesem Kapitel das Theming näherbringen möchte. Danach werfen Sie einen Blick in den HTML-Code, und ich zeige Ihnen, wo Sie in diesem Fall die Einschnitte setzen sollten – so bekommen Sie schon mal ein Gefühl dafür.

Das Beispiel ist, wie Sie in Abbildung 6.3 sehen können, schon relativ gut bestückt. Sie könnten damit praktisch gleich online gehen. Das war mir im Rahmen dieses

Kapitels auch wichtig. Es soll nicht weit über die Grundlagen hinausgehen; es sollte Sie aber trotzdem dadurch motivieren, dass am Ende eine verwertbare Website dabei herauskommt.

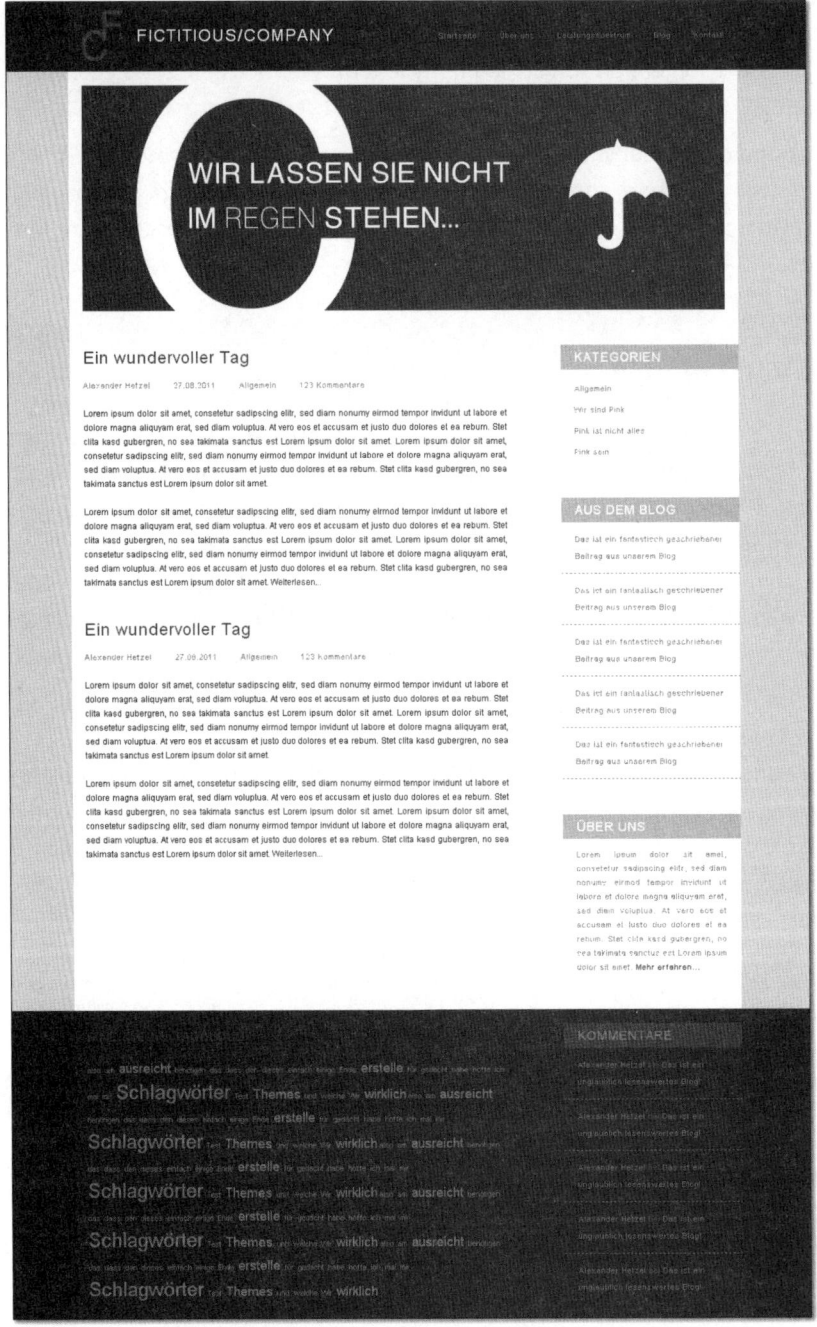

Abbildung 6.3 So soll das Endprodukt dieses Kapitels einmal aussehen.

Sie können die einzelnen Teile des Themes auch später noch beliebig austauschen. Verwenden Sie es doch einfach als Grundlage für Ihre eigenen Ideen und stellen Sie die Module ein wenig um, passen Sie Schriftarten an, tauschen Sie gegebenenfalls Bilder aus bzw. fügen Sie neue hinzu. So haben Sie ein solides Grundkonzept, das Sie trotzdem effektiv und kreativ nach Ihren eigenen Vorstellungen erweitern und anpassen können.

Sie werden lernen, ein Menü wie in Abbildung 6.4 zu erstellen. Dieses wird dynamisch eingebunden, sodass Sie oder Ihr Kunde es später ganz leicht im Backend von WordPress nach Belieben verändern können. Anhand der Menüpunkte können Sie schon erkennen, dass dies kein reines Blog, sondern eine echte Website mit Blogfunktion wird. Da aber nicht jeder immer eine komplette Website umsetzen möchte, sondern oft »nur« ein Blog, wird dieser Schritt erst ganz am Ende dieses Kapitels vorgenommen. Das heißt, zunächst lernen Sie anhand des Beispiels die Erstellung eines klassischen Blogs. Dies wird – wenn Sie möchten – in einem nächsten Schritt CMS-fähig gemacht und in eine »echte« Website verwandelt.

Abbildung 6.4 Das Menü der Beispiel-Website

Abbildung 6.5 Auflistung der Blogartikel

Außerdem zeige ich Ihnen natürlich, wie Sie die Ausgabe von Blogartikeln (Abbildung 6.5) steuern. Auf der Startseite des Blogs erscheinen diese mit Nennung des Autors, des Datums, der Kategorie und der Anzahl der abgegebenen Kommentare.

Die Sidebar beginnt mit der Auflistung der Blogkategorien (Abbildung 6.6). Diese wird später, wenn ich Ihnen zeige, wie Sie die Website CMS-fähig machen, einem Submenü auf den statischen Seiten weichen.

Abbildung 6.6 Kategorieauflistung in der Sidebar

In die Sidebar gehört natürlich auch noch die Anzeige der aktuellsten Blogartikel (Abbildung 6.7). So können Ihre Besucher von jeder Seite aus auf Ihre neuesten Beiträge mit nur einem Klick zugreifen.

Abbildung 6.7 Anzeige der letzten Blogartikel

An das Ende der Sidebar kommt noch ein kleiner Text, der dem unbedarften Besucher einen kurzen Überblick gibt, was er hier eigentlich findet (Abbildung 6.8). Dieser Text kann später ganz leicht aus dem Backend angepasst werden.

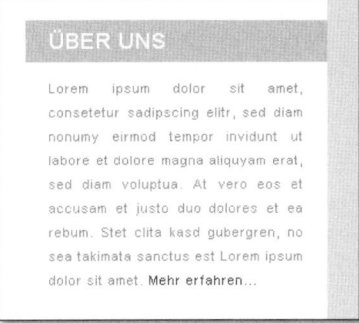

Abbildung 6.8 Ein kleiner Infotext rundet die Sidebar ab.

Es wäre zu schade, den *Footer* lediglich mit einem Copyright-Hinweis zu versehen. Hier können noch viele interessante Funktionen versteckt werden, z. B. eine Tag-Cloud, wie Sie sie in Abbildung 6.9 sehen können. Im Rahmen einer Tag-Cloud werden alle Tags, die Sie in Ihrem Blog verwenden, alphabetisch aufgelistet. Je häufiger ein bestimmtes Tag verwendet wurde, desto größer ist die Schrift, in der es dargestellt wird. Durch diese Ungleichmäßigkeit sieht das Ergebnis oft einer Wolke ähnlich.

Abbildung 6.9 Der Footer beginnt mit einer Tag-Cloud.

Um auch den restlichen Platz des Footers noch auszunutzen, wird dort eine Auflistung der letzten abgegebenen Kommentare platziert (Abbildung 6.10). Manche Blogs verwenden eine solche Auflistung, um den Besuchern zu zeigen, dass hier kräftig diskutiert wird und die Besucher herzlich eingeladen sind, daran teilzunehmen.

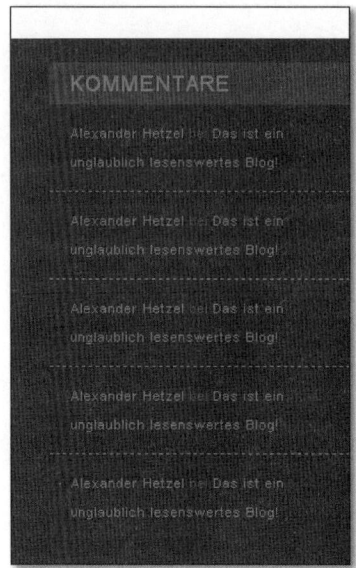

Abbildung 6.10 Die letzten Kommentare im Footer

Darf ich das Theme verwenden?

Vielleicht stellt sich Ihnen die Frage, ob Sie das hier verwendete Theme so einfach für Ihre eigenen Zwecke gebrauchen dürfen oder ob Sie es am Ende wieder ordentlich zurück in seine Verpackung legen und zurückschicken müssen. Keine Sorge, verwenden Sie das Theme ruhig für Ihre eigenen, privaten oder kommerziellen Projekte, wenn es Ihnen gefällt. Nur versprechen Sie mir, dass Sie nicht plötzlich anfangen, es an irgendein Theme-Repository als Ihr eigenes zu verkaufen.

Bedenken Sie aber, dass das Theme noch ein paar Anpassungen benötigen wird. Je nachdem, welche Art von Beiträgen Sie veröffentlichen möchten, müssen Sie die Stylesheets noch stark erweitern, damit es Ihren Ansprüchen gerecht wird, z. B. um Listenformatierungen, weitere Überschriftenebenen oder die Darstellung von Zitaten.

Der Code dieser HTML-Vorlage sieht wie in Listing 6.1 aus:

```
01   <!DOCTYPE html PUBLIC "-//W3C//DTD XHTML 1.0
     Transitional//EN" "http://www.w3.org/TR/xhtml1/DTD/xhtml1-
     transitional.dtd">
02   <html xmlns="http://www.w3.org/1999/xhtml">
03   <head>
04   <title></title>
05   <meta http-equiv="Content-Type" content="text/html;
     charset=utf-8" />
06   <link rel="Stylesheet" type="text/css" href="reset.css" />
```

```
07   <link rel="Stylesheet" type="text/css" href="style.css" />
08   </head>
09   <body>
10   <div id="header-bar"></div>
11   <div id="page">
12       <div id="header">
13           <img src="images/logo.gif" width="61" height="73"
             alt="Fictitious Company">
14           <span>Fictitious/Company</span>
15           <ul>
16               <li><a href="">Startseite</a></li>
17               <li>(...)</li>
18           </ul>
19       </div>
20       <div id="main">
21           <div id="banner">
22               <img src="images/banner.gif" width="940"
                 height="320" alt="Wir lassen Sie nicht im Regen
                 stehen ..." />
23           </div>
24           <div id="content">
25   <!-- ENDE: header.php -->
26               <div class="entry">
27                   <h2><a href="">Ein wundervoller Tag</a></h2>
28                   <p class="blogmeta"><a href="">Alexander
                     Hetzel</a> <a href="">27.08.2011</a> <a
                     href="">Allgemein</a> <a href="">
                     123 Kommentare</a></p>
29                   <p>Lorem ipsum (...)p>
30                   <p>Lorem ipsum (...)
                     <a href="">Weiterlesen ...</a></p>
31               </div>
32   <!-- ENDE: Content -->
33           </div>
34           <div id="sidebar">
35           <div class="widget">
36               <h6>Kategorien</h6>
37               <ul class="submenu">
38                   <li><a href="">Allgemein</a></li>
39                   <li>(...)</li>
40               </ul>
41           </div>
42           <div class="widget">
```

6

```
43              <h6>Aus dem Blog</h6>
44              <ul class="articles">
45                  <li><a href="">Das ist ein fantastisch
                    geschriebener Beitrag aus unserem
                    Blog</a></li>
46                  <li>(...)</li>
47              </ul>
48          </div>
49          <div class="widget">
50              <h6>Über uns</h6>
51              <p class="about-us">Lorem ipsum (...)
                <a href="">Mehr erfahren...</a></p>
52          </div>
53          </div>
54    <!-- ENDE: Sidebar -->
55          <div class="clear"></div>
56      </div>
57  </div>
58  <div id="footer-bar">
59      <div id="footer">
60          <div id="tagcloud">
61              <h6>Eine kleine Tag-Cloud</h6>
62              <a href="" style="font-size: 8pt;">also</a>,
63              <a href="">(...)</a>,
64          </div>
65          <div id="last-comments">
66              <h6>Kommentare</h6>
67              <ul>
68                  <li><a href="">Alexander Hetzel</a> bei
                    <a href="">Das ist ein unglaublich
                    lesenswertes Blog!</a></li>
69                  <li>(...)</li>
70              </ul>
71          </div>
72          <div class="clear"></div>
73      </div>
74  </div>
75  </body>
76  </html>
77    <!-- ENDE: footer.php -->
```

Listing 6.1 Die vollständige HTML-Vorlage

Okay, ich gebe zu, die Vorlage ist lang. Aber die Länge ist realistisch, wenn Sie die Vorlage wirklich bis ins Detail vorbereiten. Sie sehen anhand der HTML-Kommentare in den Zeilen 25, 32, 54 und 77, welcher Code jeweils in welche Datei gehört. Wie gesagt, können Sie hier natürlich variieren; dies entspricht einfach meiner Empfehlung für diese spezielle Vorlage. In den Zeilen 24/25 können Sie außerdem gut sehen, dass der <div>-Container, der den Content-Bereich trägt, noch mit in die *header.php* gezogen wird. Das schließende Element (Zeile 33) muss dann entsprechend in die *sidebar.php* eingefügt werden. So bleibt der Content-Bereich schön leer und aufgeräumt. Der Rest kommt dann einfach in die *footer.php*.

Wie genau die einzelnen Teile nun für die Dateien aufgeteilt und optimiert werden, erfahren Sie im nächsten Abschnitt. Dieser Abschnitt sollte Ihnen nur einen ersten Überblick liefern über das, was gleich noch kommt.

6.4   Von der HTML-Vorlage zum fertigen Theme

Wenn Sie noch keinen Unterordner in Ihrem Theme-Verzeichnis erstellt haben, dann holen Sie dies bitte spätestens jetzt nach. Im Folgenden zeige ich Ihnen zuerst, wie Sie Ihre HTML-Vorlage 1:1 in das Grundgerüst Ihres WordPress-Themes verwandeln. Danach können Sie das Theme bereits testweise das erste Mal aktivieren, um zu schauen, ob die Vorlage richtig funktioniert. Im Anschluss bringe ich Ihnen bei, wie Sie die weiteren Inhaltsseiten Ihren Wünschen entsprechend so anpassen, dass sie mit der Vorlage konform gehen. Nachher machen wir aus dem Blog noch gemeinsam eine »richtige« Website, wir verwandeln WordPress also in ein echtes CMS. Danach folgen noch ein paar Tipps für die weitere Theme-Entwicklung.

Hinweis für Leser ohne PHP-Kenntnisse

Wie gesagt, sind PHP-Kenntnisse bei der Erstellung von Themes von Vorteil; sie sind aber nicht zwingend. Damit Sie es etwas leichter haben, hier ein paar Tipps. PHP-Code kann in HTML einfach eingebettet werden und wird durch <?php eingeleitet und mit ?> abgeschlossen; alles, was dazwischensteht, wird als PHP-Code behandelt. Ein Funktionsaufruf in PHP hat stets den Aufbau funktionsname().

Innerhalb der Klammer können dieser Funktion vorher festgelegte Parameter, mit Komma voneinander getrennt, übergeben werden, üblicherweise in Anführungszeichen. Abgeschlossen wird ein Befehl (z. B. ein Funktionsaufruf) mit einem Semikolon. Bei WordPress-Themes ist es üblich, zwischen zwei verschiedenen Arten des Funktionsaufrufs zu unterscheiden, die ich Ihnen gerne an der Funktion the_title() deutlich machen möchte. Wenn Sie diese Funktion einfach so aufrufen, dann wird der Titel des Beitrags direkt ausgegeben. Das ist aber nicht immer gewünscht. Manchmal möchte man diesen in einer Variablen speichern und später ausgeben. Dann schreibt man vor diese Funktion ein get, woraus dann in diesem Beispiel get_the_title()

wird. Das funktioniert mit sehr vielen Funktionen in WordPress, aber eben nicht mit allen. Dieses Verhalten hat übrigens mit PHP selbst nicht viel zu tun, sondern ist Word-Press eigen. Wenn Sie Interesse am Erlernen von PHP haben – was immer sinnvoll ist –, dann gibt es bei Galileo Computing sehr viel gute Literatur zu diesem Thema, z. B. »Einstieg in PHP 5.6 und MySQL 5.6« von Thomas Theis.

6.4.1   Einbinden der HTML-Vorlage

Erstellen Sie in Ihrem Theme-Unterverzeichnis die vier Dateien *header.php*, *index.php*, *sidebar.php* und *footer.php*. In dieser Reihenfolge erkläre ich Ihnen auch die inhaltliche Zusammensetzung dieser Dateien. Alle Dateien, die wir in diesem Kapitel erstellen, gehören übrigens in diesen Ordner. Falls dies einmal nicht so sein sollte, weise ich Sie gesondert darauf hin.

»header.php« – der Kopfbereich Ihrer Website

Kopieren Sie den vollständigen Kopfbereich Ihrer HTML-Vorlage in die *header.php* genau bis zu dem Einschnitt, an dem der Content-Bereich beginnt. Entfernen Sie dann eventuell vorhandene Beispieltexte und setzen Sie dafür nach Wunsch einen Platzhalter in Form eines HTML-Kommentars. In diesem Beispiel sieht der Header-Bereich nun wie in Listing 6.2 aus:

```
01   <!DOCTYPE html PUBLIC "-//W3C//DTD XHTML 1.0
     Transitional//EN" "http://www.w3.org/TR/xhtml1/DTD/xhtml1-
     transitional.dtd">
02   <html xmlns="http://www.w3.org/1999/xhtml">
03   <head>
04   <title></title>
05   <meta http-equiv="Content-Type" content="text/html;
     charset=utf-8" />
06   <link rel="Stylesheet" type="text/css" href="reset.css" />
07   <link rel="Stylesheet" type="text/css" href="style.css" />
08   </head>
09   <body>
10   <div id="header-bar"></div>
11   <div id="page">
12      <div id="header">
13          <img src="images/logo.gif" width="61" height="73"
            alt="Fictitious Company">
14          <span>Fictitious/Company</span>
15          <div class="widget">
16              <!-- Menü -->
```

```
17              </div>
18          </div>
19          <div id="main">
20              <div id="banner">
21                  <img src="images/banner.gif" width="940"
                     height="320" alt="Wir lassen Sie nicht im Regen
                     stehen ..." />
22              </div>
23              <div id="content">
```

Listing 6.2 Die vollständige »header.php«

Die *header.php* ist damit aber noch nicht fertig. Der Vorlage fehlen noch einige dynamische Elemente. In Zeile 04 können Sie sehen, dass das <title>-Tag noch leer ist. Um es dynamisch durch WordPress befüllen zu lassen, bieten sich insbesondere zwei Funktionen an: Die Funktion bloginfo('name') gibt den Namen Ihrer Website aus, wie Sie ihn unter EINSTELLUNGEN • ALLGEMEIN im Backend festgelegt haben. Die Funktion wp_title() gibt den Titel der aktuellen Seite aus. Dieser können drei Parameter übergeben werden: Der erste legt fest, welcher Separator, also welches Trennzeichen, neben dem Titel ausgegeben werden soll. Der dritte Parameter bestimmt, ob das Zeichen rechts oder links (left, right) ausgegeben werden soll. Der zweite Parameter kann 1 oder 0 sein und bestimmt, ob der Titel ausgegeben werden soll oder ob Sie ihn z. B. nur in einer Variablen speichern möchten (in diesem Fall natürlich 1). So sieht das Ganze dann in Aktion aus (Listing 6.3):

```
<title><?php wp_title('|', 1, 'right'); ?> <?php bloginfo('name'); ?></title>
```

Listing 6.3 Die Formatierung des <title>-Tags in der »header.php«

In den Zeilen 06 und 07 von Listing 6.2 befinden sich Referenzen auf die Stylesheets. Die relative URL, die im Rahmen der Vorlage noch funktioniert hat, klappt unter WordPress allerdings nicht mehr. Warum ist das so? Als Sie Ihre Vorlage entwickelt haben, da haben Sie vermutlich alle Dateien im selben Ordner untergebracht: *index.html*, *style.css* etc. Zwar liegen nun *header.php* und *style.css* immer noch im selben Verzeichnis, allerdings wird die *header.php* nicht direkt aufgerufen, sondern nur eingebunden. Wenn Ihre Website unter *http://www.example.com* zu erreichen ist, befindet sich Ihre *style.css* ja eben nicht unter *http://www.example.com/style.css*, sondern vielmehr unter *http://www.example.com/wp-content/themes/themename/ style.css*. Das müssen Sie bei jeder Referenz berücksichtigen. Eine Möglichkeit besteht nun darin, diesen Link einfach »hart zu codieren«, sprich die Adresse direkt einzugeben. Wenn Sie die Website allerdings erst lokal auf Ihrem PC entwickeln und später online stellen möchten, ist das nur unnötig viel Arbeit. Sie müssten am Ende alle URLs updaten. Einfacher ist es, Sie nehmen eine Funktion in WordPress, die immer den absoluten Pfad zum Stylesheet-Verzeichnis ausgibt, nämlich get_stylesheet_directory_uri(). Diese Funktion – vergessen Sie nicht das echo davor – gibt den Pfad zu dem Ordner aus, in dem sich die *style.css* befindet, also den Pfad zum Theme-Verzeichnis. Wie Sie gleich sehen werden, können Sie sich diese Funktion auch woanders noch zunutze machen. Passen Sie die Pfade zu Ihren Stylesheet-Dateien wie in Listing 6.4 an:

```
01   <link rel="Stylesheet" type="text/css" href="<?php echo
     get_stylesheet_directory_uri(); ?>/reset.css" />
02   <link rel="Stylesheet" type="text/css" href="<?php echo
     get_stylesheet_directory_uri(); ?>/style.css" />
```

Listing 6.4 Anpassung der Stylesheet-URLs in der »header.php«

Im Beispiel habe ich die *reset.css* und die *style.css* einzeln in die *header.php* eingebunden. Wie gesagt, können Sie auch einfach alle weiteren CSS-Dateien per @import in die *style.css* einbinden, das ist Geschmackssache.

Hinweis

Jedes Mal, wenn Sie eine Funktion wie get_stylesheet_directory_uri() verwenden, wird eine Abfrage gestartet, die nach der entsprechenden URL sucht. Das mag Ihnen für eine so simple Sache wie den Pfad zu einer Stylesheet-Datei etwas aufwendig erscheinen, zumal sich dieser ja nicht gerade oft ändert. Sie können alternativ in Ihrer *wp-config.php* auch einfach eine Konstante definieren und dieser den Pfad zu Ihrem Theme-Verzeichnis zuweisen, entweder über die obige Funktion oder per Hand.

Im letzteren Fall müssten Sie die Konstante zwar trotzdem anpassen, wenn sich die URL ändert, aber eben nur bei einer einzigen Konstanten, und Sie sparen sich selbst die eigentlich unnötige einmalige Abfrage per get_stylesheet_directory_uri(). Eine Konstante definieren Sie z. B. wie folgt:

```
<?php define( 'PATH_TO_THEME' , get_stylesheet_directory_uri() ); ?>
```

oder:

```
<?php define('PATH_TO_THEME', 'http://www.example.com/wp-content/themes/
themename' ); ?>
```

Die Ausgabe im Theme erfolgt dann über <?php echo PATH_TO_THEME; ?>/style.css (es hat sich eingebürgert, dass Konstanten in Großbuchstaben geschrieben werden, um sie von Variablen abzugrenzen). Das Ganze spart Ihnen nun u. U. ein paar Millisekunden beim Seitenaufbau – und die addieren sich schnell zu ein paar Sekunden, wenn Sie auch weiterhin auf derartige »Fallstricke« achten.

Ähnlich verfahren Sie nun auch noch mit den URLs zu dem Logo in Zeile 13 und zum Bild in Zeile 21. Wenn Sie den Namen des Blogs in Zeile 14 noch durch die Funktion `<?php bloginfo('name'); ?>` ersetzen, dann können Sie diesen später einfach über das Backend unter EINSTELLUNGEN • ALLGEMEIN ändern. Außerdem können Sie sowohl um das Bild als auch um den Text noch einen Link auf die Startseite setzen; das erleichtert die Navigation für die Nutzer erheblich. Zudem sollten Sie noch die Pfade zur Verwaltung der Pingbacks und zum RSS-Feed der Vollständigkeit halber hinzufügen, am besten direkt unter die Stylesheet-Angaben (Listing 6.5):

```
01   <link rel="pingback" href="<?php bloginfo('wpurl'); ?>
     /xmlrpc.php" />
02   <link rel="alternate" type="application/rss+xml"
     title="RSS-Feed" href="<?php bloginfo('wpurl'); ?>/feed/" />
```

Listing 6.5 Die Pfade zu »xmlrpc.php« und zum RSS-Feed

Darüber hinaus fehlt noch ein Hook, den Sie in jedes Theme integrieren sollten: wp_head(). Nur dann ist sichergestellt, dass es auch mit etwaigen Plugins bzw. mit WordPress selbst korrekt funktioniert. Über diese Schnittstelle ist es WordPress nämlich möglich, eigenen Code in Ihr <head>-Tag einzubinden. Fügen Sie diesen Hook am besten direkt vor das schließende </head>-Tag ein.

Hooks

Hooks werden Ihnen überall in WordPress begegnen. Sie ermöglichen Ihnen die einfache Einbindung von Funktionen an der gewünschten Stelle des Systems. Wenn im Rahmen eines Themes also ein Hook aufgerufen wird, dann »hakt« sich dieser an der ausgewählten Stelle ein (hier im Head) und gibt dort die entsprechenden Anweisungen aus, die WordPress für den Head-Bereich vorsieht. In der Plugin-Programmierung können Sie Hooks später umgekehrt dazu nutzen, um eine Ihrer Funktionen in den Kern-Programmiercode von WordPress an einer Stelle einzuhaken.

Wenn Sie also z. B. den Text eines Blogartikels bearbeiten, ihn etwa fett drucken möchten, dann muss logischerweise diese »Fettdruck-Funktion« aufgerufen werden, bevor der Text ausgegeben wird – also an einer ganz bestimmten Stelle. Dafür sind die Hooks gedacht.

In Listing 6.6 sehen Sie nun das Ergebnis dieser kleinen Optimierung und können schauen, ob Sie alles richtig gemacht haben (die Zeilen mit Änderungen sind fett markiert):

```
01   <!DOCTYPE html PUBLIC "-//W3C//DTD XHTML 1.0
     Transitional//EN" "http://www.w3.org/TR/xhtml1/DTD/xhtml1-
     transitional.dtd">
02   <html xmlns="http://www.w3.org/1999/xhtml">
```

```
03    <head>
04    <title><?php wp_title('|', 1, 'right'); ?> <?php
      bloginfo('name'); ?></title>
05    <meta http-equiv="Content-Type" content="text/html;
      charset=utf-8" />
06    <link rel="Stylesheet" type="text/css" href="<?php
      echo get_stylesheet_directory_uri(); ?>/reset.css" />
07    <link rel="Stylesheet" type="text/css" href="<?php
      echo get_stylesheet_directory_uri(); ?>/style.css" />
08    <link rel="pingback" href="<?php bloginfo('wpurl');
      ?>/xmlrpc.php" />
09    <link rel="alternate" type="application/rss+xml"
      title="RSS-Feed" href="<?php bloginfo('wpurl'); ?>
      /feed/" />
10    <?php wp_head(); ?>
11    </head>
12    <body>
13    <div id="header-bar"></div>
14    <div id="page">
15        <div id="header">
16            <a href="<?php bloginfo('url'); ?>">
                <img src="<?php echo
                get_stylesheet_directory_uri(); ?>
                /images/logo.gif" width="61" height="73"
                alt="Fictitious Company"></a>
17            <span><a href="<?php bloginfo('url'); ?>">
                <?php bloginfo('name'); ?></a></span>
18            <div class="widget">
19                <!-- Menü -->
20            </div>
21        </div>
22        <div id="main">
23            <div id="banner">
24                <img src="<?php echo
                    get_stylesheet_directory_uri();
                    ?>/images/banner.gif" width="940"
                    height="320" alt="Wir lassen Sie nicht im
                    Regen stehen ..." />
25            </div>
26            <div id="content">
```

Listing 6.6 Die vollständige und optimierte »header.php«

Das Menü fehlt noch, sagen Sie? Dazu kommen wir noch in Abschnitt 6.4.4, »Das Theme widget-fähig machen«.

»index.php« – die Startseite Ihres Blogs

Die *index.php* ist die Datei, die WordPress einbindet, wenn es die Startseite Ihres Blogs anzeigen möchte. Üblicherweise werden hier die letzten Blogbeiträge chronologisch absteigend aufgelistet. Buttons für die vorangegangene bzw. die nächste Seite ermöglichen es dem Nutzer, auch ältere Artikel ans Tageslicht zu bringen. In jeder Inhaltsdatei – so auch in der *index.php* – müssen sowohl Header, Sidebar als auch Footer manuell eingebunden werden. In Listing 6.7 sehen Sie, was ich meine:

```
01   <?php get_header(); ?>
02   <h1 class="archive">Fictitious Company Blog</h1>
03   <?php if ( have_posts() ) :
     while ( have_posts() ) : the_post(); ?>
04   <div class="entry">
05       <h2><a href="<?php the_permalink(); ?>" title="Lesen Sie
         &quot;<?php the_title(); ?>&quot;
         vollständig"><?php the_title(); ?></a></h2>
06       <p class="blogmeta"><?php the_author_posts_link(); ?>
         <a href="<?php bloginfo('url'); ?>/archiv/">
         <?php the_time("d.m.Y"); ?></a>
         <?php the_category(', '); ?>
         <?php comments_popup_link('Keine Kommentare',
         '1 Kommentar','% Kommentare','','Kommentare geschlossen'); ?></p>
07       <?php the_content('Weiterlesen ...'); ?>
08   </div>
07   <?php endwhile; else: ?>
10   <p>Es wurden leider keine Beiträge gefunden.</p>
11   <?php endif; ?>
12   <p><?php posts_nav_link(' | ','&laquo; Ältere Artikel',
     'Neuere Artikel &raquo;'); ?></p>
13   <?php get_sidebar(); ?>
14   <?php get_footer(); ?>
```

Listing 6.7 Die vollständige »index.php«

Die Dateien des Grundgerüsts werden über get_header(), get_sidebar() und get_footer() in den Zeilen 01, 13 und 14 eingebunden. Wenn diese Dateien in einer anderen Reihenfolge eingebunden werden sollen, tun Sie sich keinen Zwang an. Ist die Sidebar bei Ihnen auf der linken Seite, muss get_sidebar() logischerweise vor dem Code der *index.php*, aber nach dem Aufruf von get_header() eingebunden werden.

In Zeile 03 sehen Sie eine Abfrage, man nennt diese gemeinhin auch *Loop*. Sie fragt ab, ob überhaupt Beiträge existieren, und, wenn ja, gibt sie diese so lange aus, bis das Limit erreicht ist. Das Limit ist festgelegt durch die Option BLOGSEITEN ZEIGEN MAXIMAL [X] BEITRÄGE, die Sie im Backend unter EINSTELLUNGEN • LESEN finden. Diese Loop wird auf der *single.php* oder der *page.php* ganz genauso eingebunden – auch wenn dort das Limit natürlich bei 1 liegt. Alles, was nach dieser Abfrage folgt, bestimmt, wie die Blogartikel aussehen werden. Da es sich hier um eine while-Schleife handelt, wird der folgende Code für jeden einzelnen auszugebenden Blogbeitrag wiederholt, bis die Schleife in Zeile 09 beendet wird.

Hinweis für Leser ohne PHP-Kenntnisse

Bei Themes bekommen Sie es unweigerlich mit etwas PHP-Code zu tun. Sie müssen PHP dafür nicht unbedingt gänzlich verstehen, denn diese »Codeschnipsel«, die im Rahmen der Themes verwendet werden, sind immer die gleichen. Es genügt also, zu wissen, welche Aufgabe sie haben und an welche Stelle sie gehören.

In Zeile 03 von Listing 6.7 bekommen Sie es schon gleich mit der Loop zu tun, die die Ausgabe der Blogartikel steuert:

```
<?php if ( have_posts() ) :
while ( have_posts() ) : the_post(); ?>
(...)
<?php endwhile; else: ?>
(...)
<?php endif; ?>
```

Zunächst beginnt dieses Konstrukt mit einer if-Abfrage, also einer WENN-Klausel. Wenn die Bedingung erfüllt ist, die dahinter in Klammern steht – also die Funktion have_posts() positiv zurückgegeben wird –, nur dann soll der Rest ausgeführt werden. Mit anderen Worten: Nur wenn Beiträge da sind, können diese auch ausgegeben werden, denn nur dann wird die Funktion have_posts() eine positive Rückmeldung erzeugen.

Ist die Rückmeldung positiv, geht es im nächsten Schritt zur while-Schleife: Solange das, was in den runden Klammern steht, erfüllt ist, rufe die Funktion the_post() auf. Diese gibt nämlich jeweils einen Beitrag aus nach dem Schema, das Sie danach festlegen können (hier dargestellt durch die erste Auslassung).

Durch endwhile wird die while-Schleife beendet. Aber natürlich wird der obige Code vorher so lange (while) wiederholt, wie die Bedingung noch zutreffend ist (also noch Beiträge vorhanden sind). Die if-Schleife wird an dieser Stelle noch nicht beendet, stattdessen wird ein else-Argument angefügt. Hier wird also festgelegt, was zu tun ist, wenn schon die if-Abfrage am Anfang gescheitert ist, wenn also keine Blogartikel vorhanden sind.

Für diesen Fall können Sie z. B. die Meldung ausgeben lassen, dass keine Blogartikel gefunden wurden (hier gekennzeichnet durch die Auslassung). Aber auch die if-Schleife muss beendet werden, und das geschieht ganz zum Schluss mit endif.

Die while-Schleife hat mit der if-Abfrage rein gar nichts zu tun, das sind zwei vollkommen unterschiedliche Paar Schuhe. Sie sind hier nur kombiniert worden. Wenn die if-Abfrage positiv ist, wird die while-Schleife in Gang gesetzt. Wenn die if-Abfrage negativ ist, passiert das, was im else-Argument festgelegt worden ist.

Von Zeile 04 bis Zeile 08 findet also das Layouten des einzelnen Blogartikels statt. Der Titel des Beitrags (Zeile 05) wird in ein <h2>-Tag gekleidet. Er wird über die Funktion the_title() ausgegeben. Im Link-Tag machen wir uns die Funktion the_permalink() zunutze, die den direkten Link zum Blogbeitrag ausgibt.

In Zeile 06 folgen einige Details zum Artikel wie Autor, Datum, Kategorie und Anzahl der Kommentare. Jedes dieser Elemente verlinkt auf eine separate Seite. Ein Klick auf den Autor führt den Besucher auf eine Seite, die alle Artikel eben jenes Autors anzeigt. Ein Klick aufs Datum führt ins Archiv, über die Kategorie kommt man zu allen Artikeln jener Kategorie, und über einen Klick auf die Kommentare gelangt der Nutzer eben genau dorthin. Diese Seiten müssen wir später noch gestalten. Der Autor wird samt Link zum Autorenarchiv über die Funktion the_author_posts_link() ausgegeben. Die Funktion the_time("d.m.Y") gibt das Datum in der Form aus, wie es als Parameter übergeben wurde, in diesem Fall also »Tag.Monat.Jahr«. Die Funktion the_category(', ') gibt die Kategorie aus, in die der Blogbeitrag einsortiert worden ist. Sind es mehrere, werden diese durch das als Parameter übergebene Trennzeichen – hier ein Komma – voneinander getrennt. comments_popup_link('Keine Kommentare', '1 Kommentar', '% Kommentare', '', 'Kommentare geschlossen') gibt die Anzahl der Kommentare als Link aus. Die ersten drei Parameter legen fest, was ausgegeben werden soll, wenn 1. kein Kommentar, 2. ein Kommentar oder 3. mehr als ein Kommentar vorhanden ist. Der vierte Parameter ist eine optionale CSS-Klasse für den Link (hier leer), der fünfte Parameter bestimmt die Ausgabe für den Fall, dass die Kommentare geschlossen sind. Um die Anzahl der Kommentare auszugeben, können Sie sich im Rahmen der Parameter dieser Funktion des Prozentzeichens bedienen.

Die Ausgabe des Inhalts folgt unmittelbar in Zeile 07 über die Funktion the_content('Weiterlesen ...'), der Sie einen Parameter übergeben können, der den Titel des Weiterlesen-Links trägt.

In Zeile 09 endet die while-Schleife. Wenn keine Beiträge gefunden wurden, wird ein alternativer Text in Zeile 09 festgelegt, der dem Besucher in dem Fall angezeigt wird.

Zeile 12 sorgt schließlich dafür, dass Ihre Besucher auch zwischen den Seiten navigieren können, wenn mehr Blogartikel existieren, als auf einer Seite dargestellt werden können. Die Funktion posts_nav_link(' | ', '« Ältere Artikel', 'Neuere

Artikel »') erhält dafür drei Parameter. Der erste ist das Trennzeichen, der zweite das, was als Label für die »vorangegangene Seite« angezeigt werden soll, und der dritte ist schließlich das Label für die »nächste Seite«. Sie können hier gerne HTML verwenden. Die kleine Navigation sieht in diesem Beispiel aus wie in Abbildung 6.11.

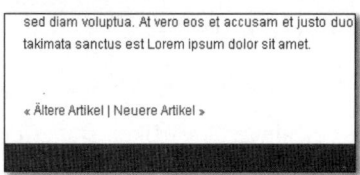

Abbildung 6.11 Links für die vorangegangene und die nächste Seite

»sidebar.php« – die Seitenleiste

Die Sidebar haben Sie ja gerade schon in die *index.php* eingebunden. Nun müssen Sie noch dafür sorgen, dass darin auch etwas angezeigt wird. Der Code des Beispiels für die *sidebar.php* sieht aus wie in Listing 6.8:

```
01          </div>
02          <div id="sidebar">
03          <div class="widget">
04              <h6>Kategorien</h6>
05              <ul class="submenu">
06                  <!-- Kategorien -->
07              </ul>
08          </div>
09          <div class="widget">
10              <h6>Aus dem Blog</h6>
11              <ul class="articles">
12                  <!-- Letzte Artikel -->
13              </ul>
14          </div>
15          <div class="widget">
16              <h6>Über uns</h6>
17              <!-- Über uns -->
18          </div>
19          </div>
```

Listing 6.8 Die vollständige »sidebar.php« (wird später erweitert)

Der Code sieht noch ein wenig roh aus. Die Beispieltexte habe ich, wie in der *header.php*, durch Platzhalter ersetzt. So kann man während der Theme-Programmierung die ganze Zeit sehen, wo noch etwas fehlt, und wird nicht durch *Dummytexte* fehlgeleitet. Die Kategorieauflistung, die letzten Artikel und der Über-uns-Text werden später mittels eines Widgets eingefügt. Das erkläre ich Ihnen in Abschnitt 6.4.4, »Das Theme widget-fähig machen«. Belassen Sie es für den Anfang bei diesem groben HTML-Gerüst.

»footer.php« – der Fußbereich Ihrer Website

Den Abschluss des Grundgerüsts bildet die *footer.php*. Sie enthält all den abschließenden Code, den wir noch nirgendwo unterbringen konnten. Er sieht aus wie in Listing 6.9:

```
01              <div class="clear"></div>
02          </div>
03      </div>
04      <div id="footer-bar">
05          <div id="footer">
06              <div id="tagcloud">
07                  <h6>Eine kleine Tag-Cloud</h6>
08                  <!-- Tagcloud -->
09              </div>
10              <div id="last-comments">
11                  <h6>Kommentare</h6>
12                  <ul>
13                      <!-- Letzte Kommentare -->
14                  </ul>
15              </div>
16              <div class="clear"></div>
17          </div>
18      </div>
19      <?php wp_footer(); ?>
20      </body>
21      </html>
```

Listing 6.9 Die vollständige »footer.php« (wird später erweitert)

Beim Footer fügen Sie einfach nur die Funktion wp_footer() wie in Zeile 19 hinzu, damit WordPress diesen eigenständig erweitern kann. Die Platzhalter in den Zeilen 08 und 13 werden auch hier später noch durch die entsprechenden Widgets ersetzt. Überprüfen Sie nun noch einmal, ob Sie den gesamten notwendigen Code der HTML-Vorlage verwenden und nicht irgendwo ein schließendes </div>-Element oder Ähnliches vergessen haben.

Hinweis

Wenn Sie möchten, können Sie natürlich auch schon jetzt beginnen, die Widgets für Header, Sidebar und Footer einzubauen. Springen Sie dazu einfach zu Abschnitt 6.4.4, »Das Theme widget-fähig machen«, und ziehen Sie diesen vor. Sie können dann später an dieser Stelle weitermachen.

»style.css« – das Design in einer Datei

Die *style.css* enthält die gesamten Style-Angaben Ihrer Website und ist zwingende Voraussetzung für ein funktionierendes Theme. Wie gesagt, können Sie auch noch weitere CSS-Dateien in Ihren Code einbinden oder direkt per @import in Ihre *style.css*. Sie benötigen die *style.css* aber auf jeden Fall. Außerdem ist es empfehlenswert, der Datei einen PHP-Kommentar des folgenden Aufbaus in Listing 6.10 voranzustellen:

```
/**
 * Theme Name:     Fictitious Company Theme
 * Theme URI:      http://www.fcompany.com
 * Description:    Theme der ersten Generation für Fictitious Company.
 * Author:         Alexander Hetzel
 * Author URI:     http://www.galileocomputing.de
 * Version:        1.0
 */
```

Listing 6.10 Dieser Code gehört an den Anfang Ihrer »style.css«.

Über diesen Code haben Sie die Möglichkeit, Ihrem Theme einige Informationen mitzugeben und es zu kennzeichnen. Die Informationen erscheinen dann später auf der Aktivierungsseite für das Theme. So ist es unter vielen leichter zu identifizieren.

Hinweis

Die *style.css* wird weder für dieses Kapitel noch für die Beispiele in Kapitel 21, »Praxisbeispiele«, mit abgedruckt. Das liegt ganz einfach daran, dass diese viel zu lang ist und keinerlei erläuternden Wert hat. (Das wäre natürlich ganz anders, wäre dies ein HTML- und CSS-Buch.) Da Sie sicherlich wenig Drang verspürt hätten, die seitenlangen Anweisungen abzutippen, finden Sie alle *style.css*-Dateien auf der Buch-Website. Sollten Sie also vorhaben, die Beispiele aus dem Buch nachzubauen, können Sie die *style.css* (und wenn Sie möchten, auch die anderen Theme-Dateien) einfach von dort herunterladen.

»reset.css« – alles auf Normalzustand

Die *reset.css* ist nicht zwingender Bestandteil eines WordPress-Themes, auch wenn Sie dieser Datei im Laufe dieses Buches immer wieder am Rande begegnen werden. Meiner Meinung nach ist Webdesign ohne eine solche Datei gar nicht möglich. Sie setzt nämlich alle CSS-Werte zurück, die ja bekanntlich jeder Browser ein klein wenig anders behandelt. So haben Sie zumindest grundlegend eine ebene Basis, auf der Sie aufbauen können. Binden Sie sie entweder (wie hier) in die *header.php* mit ein oder per @import an den Anfang der *style.css*. Sie sollte allerdings vor dem restlichen Stylesheet-Code geladen werden. Eine gute *reset.css* finden Sie mehr oder weniger regelmäßig aktualisiert unter *http://meyerweb.com/eric/tools/css/* des CSS-Meisters Eric Meyer. Oder Sie nehmen einfach die von der Buch-Website.

»screenshot.png« – um alles abzurunden

Bevor Sie das Theme im nächsten Schritt aktivieren, können Sie schon einmal einen Screenshot Ihrer HTML-Vorlage in der Größe 880 × 660 Pixel und im PNG-Format anfertigen. Diesen speichern Sie dann ebenfalls in Ihrem Theme-Unterverzeichnis unter dem Dateinamen *screenshot.png* ab. Dieser Schritt ist weder notwendig, noch müssen Sie ihn zwingend an dieser Stelle machen. Sie können die Website auch später »fotografieren« und den Screenshot der Vollständigkeit halber am Ende einfügen. Der einzige Zweck, den er hat, ist, die Seite im Backend, auf der Sie das Theme aktivieren, ein wenig schöner zu gestalten. Ein solcher Screenshot macht sich also insbesondere dann gut, wenn Sie die Website für einen Kunden entwerfen oder Ihr Theme später einmal verkaufen möchten.

Aktivieren Sie das Theme

Damit Sie im Folgenden die Programmierung des Themes besser nachvollziehen können, sollten Sie das Theme nun schon einmal aktivieren. Das »Herumklicken« wird allerdings noch nicht funktionieren, da bislang ja lediglich die Startseite des Blogs fertig ist. Sie können das Puzzle aber nun besser wachsen sehen. Gehen Sie dazu im Backend einfach auf DESIGN • THEME und klicken Sie bei Ihrem Theme auf AKTIVIEREN (siehe auch Abbildung 6.12).

Danach kommt der Moment der Wahrheit: Haben Sie alles richtig eingebunden, oder fehlt doch ein </div>? Oder hat alles funktioniert wie in Abbildung 6.13?

Abbildung 6.12 Aktivieren Sie Ihr neues Theme.

Abbildung 6.13 Das Grundgerüst live

Das Grundgerüst ist nun fertig und das Theme aktiviert. Jetzt zeige ich Ihnen, wie Sie es vervollständigen, wie Sie also die restlichen Inhaltsdateien programmieren.

6.4.2   Layout der restlichen Inhaltsdateien

Glücklicherweise hat WordPress noch ein wenig mehr zu bieten als nur eine Auflistung der letzten Blogartikel. Das möchte alles aber natürlich vernünftig programmiert werden. In den folgenden Abschnitten werde ich Ihnen zeigen, wie Sie alle weiteren Inhaltsdateien programmieren können. Dabei geht es z. B. um die Darstellung statischer Seiten, einzelner Blogartikel, von Kategorie- bzw. Tag-Archiven oder auch Suchergebnisseiten. Sie werden feststellen, dass hier viel Copy & Paste im Spiel sein wird. Der Aufbau ist einfach häufig so ähnlich, dass es nicht lohnen würde, alles von der ersten Zeile an neu zu schreiben. Oft müssen nur geringfügige Änderungen – etwa eine neue Überschrift – vorgenommen werden. Das liegt auch daran, dass WordPress ein sehr intelligentes Theme-System hat.

Nehmen Sie als Beispiel die Seite für Suchergebnisse. Diese können Sie individuell gestalten. Müssen Sie aber nicht. Existiert keine *search.php*, verwendet WordPress einfach die *index.php*. Und wenn wir mal ehrlich sind, gibt es zwischen diesen beiden Darstellungen ja auch keinen besonders großen Unterschied. Beide stellen eine gewisse Anzahl an Blogartikeln dar; die eine die letzten, die andere die Ergebnisse einer Suche. Aber sehen Sie selbst.

»page.php« – das Layout für die statischen Seiten

Als Erstes ist das Design für die statischen Seiten dran. Das brauchen Sie nicht nur, wenn Sie eine voll funktionsfähige Website erstellen und WordPress als CMS nutzen möchten. Bedenken Sie, dass Sie auch als Blogbetreiber in Deutschland ein Impressum benötigen, wenn Sie nicht ganz viele Briefe vom Anwalt bekommen möchten (für Menschen mit wenig Post vielleicht eine Überlegung wert, aber sicherlich nicht jedermanns Sache). Außerdem bietet es sich für ein Blog auch an, eine kleine Über-uns-Seite zu veröffentlichen oder eine Kontaktseite zu erstellen. Um die *page.php* kommen Sie also zumeist nicht herum. Und so wie in Listing 6.11 sieht sie aus:

```
01    <?php get_header(); ?>

02    <?php if ( have_posts() ) :
      while ( have_posts() ) : the_post(); ?>
03    <div class="entry">
04        <h1><?php the_title(); ?></h1>
05        <?php the_content('Weiterlesen ...'); ?>
06    </div>
07    <?php endwhile; endif; ?>

08    <?php get_sidebar(); ?>
09    <?php get_footer(); ?>
```

Listing 6.11 Die vollständige »page.php«

Die *page.php* ist eine Abwandlung der *index.php*. Aber was ist genau anders? Die Einbindung von Header, Sidebar, Footer sowie die Abfrage in Zeile 02 sind geblieben. Die Ausgabe der Seite in den Zeilen 03 bis 06 ist ein wenig geschrumpft. So habe ich die Zeile mit den Metadaten entfernt, da diese auf einer statischen Seite meist nicht besonders interessieren. Die Ausgabe ist also sehr entschlackt und bietet nun nur noch einen (nicht verlinkten) Titel, dieses Mal im <h1>-Format, sowie den Inhalt. Dieses Mal ist in Zeile 07 die Abfrage auch komplett beendet. Es wird kein Alternativtext angeboten, wenn die Seite nicht gefunden wurde – dafür gibt es ja später die *404.php*, die immer dann aufgerufen wird, wenn eine Seite nicht existiert. Die *404.php* ist übrigens auch die einzige Inhaltsdatei, die die *page.php* an Einfachheit noch einmal unterbietet, aber das werden Sie gleich noch sehen.

WordPress bietet Ihnen an, statische Seiten auf mehrere Einzelseiten aufzuteilen, also eine sogenannte *Paginierung*. Falls Sie diese benötigen, können Sie sie ganz einfach in Ihr Theme integrieren, indem Sie den folgenden Code aus Listing 6.12 an geeigneter Stelle in Ihre *page.php* aufnehmen. Fügen Sie diesen Code z. B. direkt nach der Formatierung der Ausgabe ein (nach Zeile 06) oder wo immer es Ihnen beliebt – Hauptsache, innerhalb der Loop.

```
01    <?php $args = array(
02        'before'           => '<p>' . __('Seiten:'),
03        'after'            => '</p>',
04        'link_before'      => '',
05        'link_after'       => '',
06        'next_or_number'   => 'number',
07        'nextpagelink'     => 'Nächste Seite',
08        'previouspagelink' => 'Vorangegangene Seite',
09        'pagelink'         => '%',
10        'more_file'        => '',
11        'echo'             => 1 ); ?>
12    <?php wp_link_pages( $args ); ?>
```

Listing 6.12 Paginierung für die »page.php«

Die Funktion für die Ausgabe der Paginierung steht ausschließlich in Zeile 12 von Listing 6.12: wp_link_pages(). Um die Übergabe der Parameter aber ein wenig übersichtlicher zu gestalten, wird dieser Funktion einfach ein Array übergeben, das wir zuvor in den Zeilen 01 bis 11 definieren. Tabelle 6.1 soll Ihnen veranschaulichen, was die einzelnen Parameter bedeuten. Sie sind immer nach dem Schema Schlüssel => Wert aufgebaut.

Schlüssel	Wert
before	(HTML-)Ausgabe *vor* der Ausgabe der Seiten
after	(HTML-)Ausgabe *nach* der Ausgabe der Seiten
link_before	(HTML-)Ausgabe *vor* jedem einzelnen Link
link_after	(HTML-)Ausgabe *nach* jedem einzelnen Link
next_or_number	Sollen Seitenzahlen oder eine Schaltfläche »nächste Seite« angezeigt werden? Mögliche Werte sind next oder number.
nextpagelink	Wie soll der Link-Text für die »nächste Seite« lauten?
previouspagelink	Wie soll der Link-Text für die »vorangegangene Seite« lauten?
pagelink	Wie soll die Beschriftung der Seitenzahlen lauten? Sie können hier das Prozentzeichen % als Platzhalter für die jeweilige Seitenzahl verwenden, also z. B. Seite % für »Seite 3«.
more_file	Seite, auf die die Links verweisen sollen. Standard ist hier die aktuelle Seite.
echo	Soll die Paginierung auch tatsächlich ausgegeben werden, oder möchten Sie sie vielleicht nur in einer Variablen speichern? Standardwert ist hier 1.

Tabelle 6.1 Bedeutung der Paginierungsparameter

Nun haben Sie die Möglichkeit, Ihre statischen Seiten auf mehrere Seiten zu verteilen. Über die gerade eingeflochtene Paginierung können Sie dann zwischen den Seiten hin- und hernavigieren. Jetzt bleibt noch eine Frage offen: Wie macht man eigentlich mehrseitige Unterseiten? Das funktioniert über ein sogenanntes *Quicktag*: <!--nextpage-->. Fügen Sie dies in der Text-Ansicht (!) Ihres Editors in Ihren Seitentext an den Stellen ein, an denen Sie sich einen Seitenumbruch wünschen. Beispielhaft sehen Sie dies in Abbildung 6.14.

Wenn Sie dann in die visuelle Ansicht zurückwechseln, werden Sie sehen, dass WordPress genau weiß, was Sie mit dem Quicktag gemeint haben (siehe Abbildung 6.15).

Testen Sie die Paginierung ruhig, indem Sie eine neue statische Seite anlegen (siehe Abbildung 6.16). Da bislang noch kein Menü existiert, müssten Sie diese aber testweise per Direkt-URL in Ihrem Browser aufrufen.

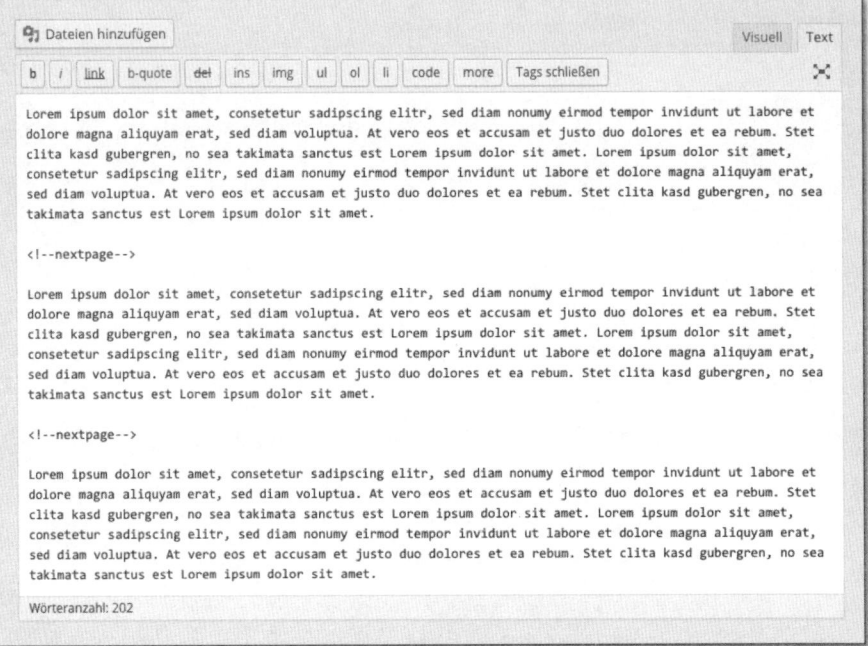

Abbildung 6.14 Fügen Sie das Quicktag in der Text-Ansicht in Ihren Editor ein.

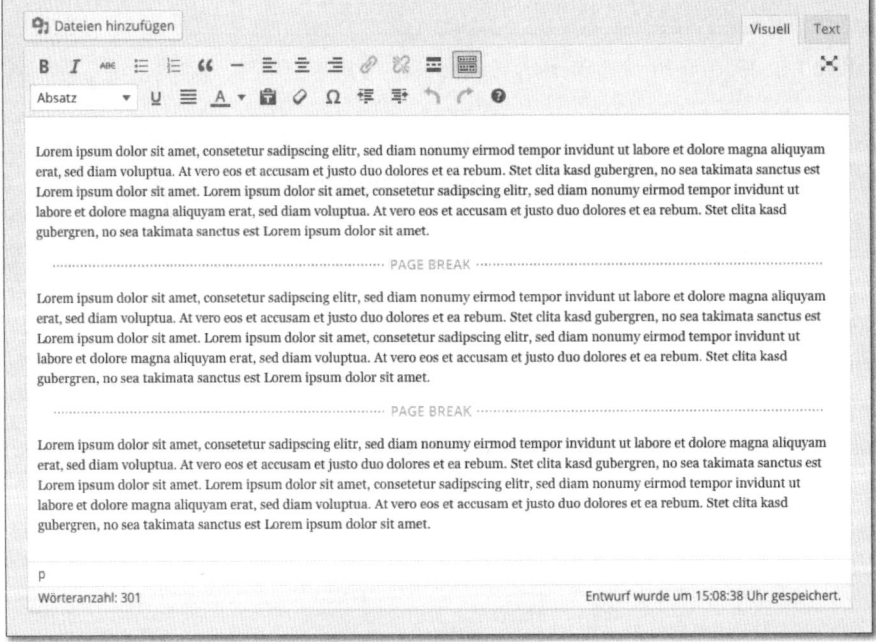

Abbildung 6.15 In der visuellen Ansicht wurden die Quicktags durch grafische Platzhalter ersetzt – ein Zeichen, dass es funktioniert hat.

Abbildung 6.16 Die statische Seite samt Paginierung

»single.php« – die Einzelansicht Ihrer Blogbeiträge

Die Einzelansicht eines Blogartikels ist eine Mischung aus der *index.php* und der *page.php*. Es ist nur nötig, einen einzigen Beitrag anzuzeigen. Dieser enthält aber üblicherweise etwas mehr Informationen als eine statische Seite. In dem Beispiel in Listing 6.13 übernehme ich die Zeile mit den Metainformationen über den Artikel mit in die Einzelansicht. Hinzu kommt noch eine Anzeige der Tags.

```
01    <?php get_header(); ?>

02    <?php if ( have_posts() ) :
      while ( have_posts() ) : the_post(); ?>
03    <div class="entry">
04        <h1><?php the_title(); ?></h1>
05        <p class="blogmeta"><?php the_author_posts_link(); ?>
          <a href="<?php bloginfo('url'); ?>/archiv/">
          <?php the_time("d.m.Y"); ?></a>
          <?php the_category(', '); ?>
          <?php comments_popup_link('Keine Kommentare','1 Kommentar',
```

319

```
         '% Kommentare','','Kommentare geschlossen'); ?></p>
06       <?php the_content('Weiterlesen ...'); ?>
07       <p class="tags">Tags:
         <?php the_tags( '', ' &bull; ', '' ); ?>
08   </div>
09       <?php $args = array(
10          'before'                => '<p>' . __('Seiten:'),
11          'after'                 => '</p>',
12          'link_before'           => '',
13          'link_after'            => '',
14          'next_or_number'        => 'number',
15          'nextpagelink'          => 'Nächste Seite',
16          'previouspagelink' => 'Vorangegangene Seite',
17          'pagelink'              => '%',
18          'more_file'             => '',
19          'echo'                  => 1 ); ?>
20       <?php wp_link_pages( $args ); ?>

21   <?php endwhile; endif; ?>
22   <!-- Kommentarfunktion -->
23   <?php get_sidebar(); ?>
24   <?php get_footer(); ?>
```

Listing 6.13 Die vollständige »single.php« (wird später erweitert)

Die Zeilen 03 bis 07 sind, wie angekündigt, ein klein wenig angepasst. Der Beitrags-titel ist im Gegensatz zur *index.php* nun linkfrei und in ein <h1>-Tag eingekleidet. Die Artikelmetadaten sind erhalten geblieben. Hinzugekommen ist in Zeile 07 die Aus-gabe der zum Artikel gehörigen Tags. Dies geschieht über die Funktion the_tags('', ' • ', ''), die drei Parameter übergeben bekommt. Der erste bestimmt, was vor dem Tags-Bereich ausgegeben werden soll, der dritte, was danach stehen soll. Der zweite Parameter legt das Trennzeichen fest (siehe auch Abbildung 6.17).

In den Zeilen 09 bis 20 finden Sie die von der *page.php* bekannte Paginierung, falls Sie mehrseitige Artikel planen. Für nähere Informationen verweise ich Sie an dieser Stelle auf die Erläuterungen zur *page.php* weiter vorne in diesem Abschnitt. In Zeile 22 zeigt Ihnen ein Platzhalter, wo später noch die Kommentarfunktion ihren Platz finden soll. Das Ergebnis sieht dann so aus wie in Abbildung 6.18.

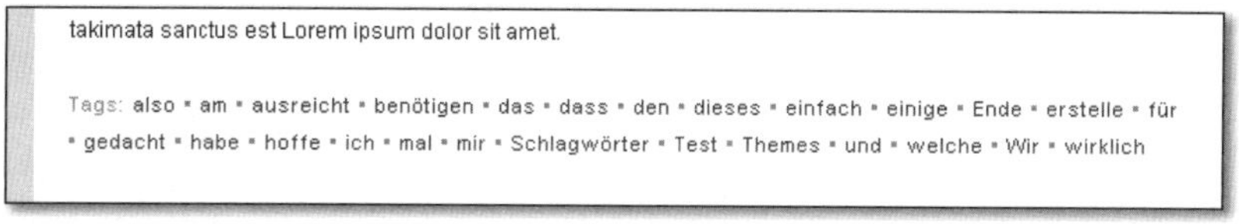

takimata sanctus est Lorem ipsum dolor sit amet.

Tags: also • am • ausreicht • benötigen • das • dass • den • dieses • einfach • einige • Ende • erstelle • für • gedacht • habe • hoffe • ich • mal • mir • Schlagwörter • Test • Themes • und • welche • Wir • wirklich

Abbildung 6.17 Die Tag-Funktion. Aufgabe: Bilden Sie einen sinnvollen Satz aus den oben dargestellten Stichworten.

Abbildung 6.18 Die »single.php« in Aktion

»404.php« – wenn mal eine Seite fehlt

Ich hatte Ihnen etwas früher in diesem Kapitel versprochen, dass die *404.php* die *page.php* an Schlichtheit noch überbieten würde. Sehen Sie selbst (Listing 6.14):

```
01    <?php get_header(); ?>

02    <div class="entry">
03        <h1>404 - Seite nicht gefunden</h1>
04        <p>Leider konnte die von Ihnen angeforderte Seite nicht
          gefunden werden.</p>
05    </div>
```

```
06    <?php get_sidebar(); ?>
07    <?php get_footer(); ?>
```

Listing 6.14 Die vollständige »404.php«

Sie ist so einfach, weil sie – abgesehen von der Einbindung des HTML-Gerüsts – keinerlei dynamische Elemente benötigt. Sowohl Titel als auch Text können Sie getrost direkt in den Quelltext schreiben. Allerdings haben Sie die Möglichkeit, die Seite nicht ganz so trostlos wie in meinem Beispiel in Abbildung 6.19 zu gestalten. Bieten Sie Ihren Besuchern doch einfach ein paar Links als Alternative zur nicht gefundenen Seite an. So stellen Sie sicher, dass die meisten Besucher nicht sofort wieder das Weite suchen.

Abbildung 6.19 Die 404-Fehlerseite steht in interessantem Kontrast zu dem Slogan auf dem darüber prangenden Banner ...

»archive.php« und »archives.php« – ein Archiv für die verstaubten Artikel

Wenn der Archivinhalt eines bestimmten Zeitraums angezeigt werden soll, dann bindet WordPress die Datei *archive.php* ein. Im Rahmen dieses Beispiels wird aber eine weitere Datei benötigt, die zunächst einmal die verschiedenen Monate auflistet, in denen überhaupt Artikel geschrieben worden sind. Diese können Sie, daran angelehnt, einfach *archives.php* nennen oder ihr einen Namen Ihrer Wahl geben. Sie wird als Template fungieren, das Sie in einem späteren Schritt einer statischen Seite zuweisen werden.

Entwerfen Sie zunächst die *archives.php*, also die Template-Datei. Denn als Erstes benötigen Sie schließlich eine Auflistung der Monate, die Sie dann anschließend anklicken können, um zur Darstellung der *archive.php* zu gelangen. In Listing 6.15 sehen Sie ihren Aufbau:

```
01   <?php
02   /*
03   Template Name: Archiv
04   */
05   ?>
06   <?php get_header(); ?>

07   <?php if ( have_posts() ) :
     while ( have_posts() ) : the_post(); ?>
08   <div class="entry">
09       <h1>Archiv</h1>
10       <ul class="archiv">
11           <?php wp_get_archives('type=monthly'); ?>
12       </ul>
13   </div>
14   <?php endwhile; endif; ?>

15   <?php get_sidebar(); ?>
16   <?php get_footer(); ?>
```

Listing 6.15 Die vollständige »archives.php«

Am Anfang der *archives.php* steht ein PHP-Kommentar, der unabdingbar ist. Er leitet nämlich das Template ein und macht es für WordPress als solches erkennbar. Welchen Namen Sie dem Template geben, ist letztlich aber Ihre Sache. Wichtig ist die Auflistung der Monate, die die Funktion wp_get_archives('type=monthly') in Zeile 11 übernimmt. Sie können den Parameter aber auch nach Wunsch in yearly, weekly oder auch daily abändern, wenn das besser zu Ihrem Blog passt. Durch die Funktion werden alle Monate, in denen ein Blogartikel veröffentlicht worden ist, im Listenformat ausgegeben.

Dieses Template müssen Sie aber nun noch einer statischen Seite zuweisen, damit Sie es auch aufrufen können. Gehen Sie dazu ins Backend, erstellen Sie eine neue Seite namens »Archiv« und wählen Sie die gerade erstellte Datei als Template aus (siehe Abbildung 6.20).

Abbildung 6.20 Wählen Sie das Template »Archiv« aus.

Erstellen Sie am besten gleich ein paar Blogartikel älteren Datums, um das Ganze zu testen. Es sollte dann etwa so aussehen wie in Abbildung 6.21.

Nun zur *archive.php* (ohne »s«). Sie wird immer dann eingebunden, wenn jemand auf einen der Monate in Abbildung 6.21 klickt. Sie sieht wie in Listing 6.16 aus:

```
01   <?php get_header(); ?>

02   <h1 class="archive">Archiv:
     <?php single_month_title( ' ', true ); ?></h1>

03   <?php if ( have_posts() ) :
     while ( have_posts() ) : the_post(); ?>
04   <div class="entry">
05       <h2><a href="<?php the_permalink(); ?>" title="Lesen Sie
         &quot;<?php the_title(); ?>&quot;
         vollständig"><?php the_title(); ?></a></h2>
06       <p class="blogmeta"><?php the_author_posts_link(); ?>
         <a href="<?php bloginfo('url'); ?>/archiv/">
         <?php the_time("d.m.Y"); ?></a>
         <?php the_category(', '); ?>
         <?php comments_popup_link('Keine Kommentare',
         '1 Kommentar','% Kommentare','',
         'Kommentare geschlossen'); ?></p>
07       <?php the_content('Weiterlesen ...'); ?>
08   </div>
```

```
09    <?php endwhile; else: ?>
10    <p>Es wurden leider keine Beiträge gefunden.</p>
11    <?php endif; ?>
12    <p><?php posts_nav_link(' | ','&laquo; Ältere Artikel',
      'Neuere Artikel &raquo;'); ?></p>
13    <?php get_sidebar(); ?>
14    <?php get_footer(); ?>
```

Listing 6.16 Die vollständige »archive.php«

Abbildung 6.21 Die Darstellung des Archivs in der »archives.php«

In Zeile 02 wird zunächst der Monat des Archivs ausgegeben, das gerade angezeigt wird. Dies regelt die Funktion single_month_title(' ', true). Der erste Parameter ist das Trennzeichen, das sowohl vor dem Namen des Monats als auch vor der Jahreszahl eingebunden wird. Der zweite Parameter legt fest, ob der Titel ausgegeben werden soll. Es folgt eine Loop, wie Sie sie von der *index.php* schon kennen. Das Resultat sehen Sie in Abbildung 6.22.

Abbildung 6.22 Nun werden nur die Artikel des jeweiligen Monats angezeigt.

> **Tipp**
>
> Sie können sich die zusätzliche Template-Datei *archives.php* sparen, wenn Sie die Auf-
> listung der Monate z. B. in Ihre Sidebar oder Ihren Footer integrieren. Das funktioniert
> genauso wie in der *archives.php* mit der Funktion wp_get_archives().

»attachment.php« – wenn eine Datei angezeigt werden soll

Eine der am seltensten genutzten Dateien ist zugegebenermaßen die *attach-ment.php*. Sie ist dafür da, ein einzelnes Bild oder eine andere eingebundene Datei in irgendeiner Form darzustellen. Darauf können Sie in den meisten Fällen zwar ver-zichten, zeigen möchte ich sie Ihnen aber trotzdem. Ihr Aufbau ist nicht ganz so ein-fach wie bei anderen Dateien, wie Sie in Listing 6.17 sehen:

```
01   <?php get_header(); ?>

02   <?php if ( have_posts() ) :
     while ( have_posts() ) : the_post(); ?>
03   <div class="entry">
04       <h1><?php the_title(); ?></h1>
05       <?php the_content('Weiterlesen ...'); ?>

06       <?php
07           $metadata = wp_get_attachment_metadata();

08           // Datei ist ein Bild
09           if ( wp_attachment_is_image() ) {
10           $content_width = 620; // Maximale Breite des
             Content-Bereichs in Pixeln
11           if ($metadata['width'] <= $content_width) {
12           $image_width = $metadata['width']; }
13           else { $image_width - $content_width; }
14           echo "<p><img src='" . wp_get_attachment_url() . "'
             width='" . $image_width . "' /></p>";
15           echo "<p>Das Originalbild hat die Größe
16           <a href=" . wp_get_attachment_url() . "
             title='Originalbild &quot;" . get_the_title() .
             "&quot;'>" . $metadata['width'] . " x " .
             $metadata['height'] . "</a> Pixel.</p>";
17           // Datei ist kein Bild
18           } else {
19           echo "Hier geht es zum Download der Datei &raquo; <a
```

```
              href='" . wp_get_attachment_url() . "'
              title='Download &quot;" . get_the_title() .
              "&quot;'>" .
20            get_the_title() . "</a>.";
21            }
22       ?>
23    </div>


24    <?php endwhile; endif; ?>

25    <?php get_sidebar(); ?>
26    <?php get_footer(); ?>
```

Listing 6.17 Die vollständige »attachment.php«

Das Script von Zeile 06 bis 22 holt sich zunächst alle Informationen über die Datei, die nun angezeigt werden soll (das geschieht über die Funktion wp_get_attachment_ metadata() in Zeile 07). Ist es ein Bild, wird der Code von Zeile 08 bis 16 ausgeführt, andernfalls der Code von Zeile 17 bis 21.

Das Einzige, was Sie an diesem Script anpassen müssen, ist die Zeile 10. Wenn Sie ein eigenes Theme entwickeln, legen Sie hier die Größe des Content-Bereichs in Pixeln fest. Denn das ist automatisch die maximale Breite des Bildes in der vergrößerten Ansicht. Daraufhin wird das Bild dann in der entsprechenden Größe angezeigt. Darunter wird noch ein Link zum Originalbild platziert, der auch die Maße des Original- bildes enthält. Ist die Datei kein Bild, wird ein einfacher Download-Link angeboten.

Um die Funktion zu testen, müssen Sie natürlich zunächst einmal ein Bild in einen Artikel einbinden. Achten Sie darauf, bei der URL die Anhang-Seite zu wählen (wie in Abbildung 6.23 zu sehen ist).

Abbildung 6.23 Wählen Sie die Anhang-Seite aus, wenn Sie möchten, dass die »attachment.php« bei einem Klick auf das Bild aufgerufen wird.

Eine derartige Einbindung des Bildes sieht dann aus wie in Abbildung 6.24.

Abbildung 6.24 Wenn Sie auf das Bild im Artikel klicken, gelangen Sie zur Anzeige der »attachment.php«.

Durch einen Klick auf das Bild erscheint die Seite, die Sie in Abbildung 6.25 sehen.

Wie gesagt ist diese *attachment.php* wirklich optional, weshalb Sie nicht allzu viel Zeit darauf verwenden sollten. Wenn man Dateien zum Download anbietet, setzt man ohnehin auf ein richtiges Download-Archiv. Und wenn man für Bilder eine Zoom-funktion anbieten will, gibt es dafür auch bessere Plugins, z. B. *Lightbox Plus* (*http://wordpress.org/extend/plugins/lightbox-plus*).

Abbildung 6.25 Das Bild wird nun so groß dargestellt, wie es der Content-Bereich noch ermöglicht. Darunter finden Sie einen Link zum Originalbild.

»author.php« – nur die Beiträge eines Autors anzeigen

In WordPress gibt es verschiedene Arten von Archiven. Je mehr Sie davon Ihren Besuchern zur Verfügung stellen, auf desto mehr Wegen können Ihre Artikel von diesen auch gefunden werden. Eines dieser Archive ist das Autorenarchiv. Darüber können sich die Besucher die Artikel nur eines bestimmten Autors anzeigen lassen. So etwas

werden Sie nun programmieren (Listing 6.18). Außerdem wird dort auch ein kleiner
Text über den Autor zu finden sein.

```
01   <?php get_header(); ?>

02   <?php $curauth = (isset($_GET['author_name'])) ?
     get_user_by('slug', $author_name) :
     get_userdata(intval($author)); ?>
03   <h1 class="archive">Autor:
     <?php echo $curauth->display_name; ?></h1>
04   <p><em><?php echo $curauth->description; ?></em></p>

05   <?php if ( have_posts() ) :
     while ( have_posts() ) : the_post(); ?>

06   <div class="entry">
07       <h2><a href="<?php the_permalink(); ?>" title="Lesen Sie
         &quot;<?php the_title(); ?>&quot;
         vollständig"><?php the_title(); ?></a></h2>
08       <p class="blogmeta"><?php the_author_posts_link(); ?>
         <a href="<?php bloginfo('url'); ?>/archiv/">
         <?php the_time("d.m.Y"); ?></a>
         <?php the_category(', '); ?>
         <?php comments_popup_link('Keine Kommentare',
         '1 Kommentar','% Kommentare','',
         'Kommentare geschlossen'); ?></p>
09       <?php the_content('Weiterlesen ...'); ?>
10   </div>
11   <?php endwhile; else: ?>
12   <p>Es wurden leider keine Beiträge gefunden.</p>
13   <?php endif; ?>
14   <p><?php posts_nav_link(' | ','&laquo; Ältere Artikel',
     'Neuere Artikel &raquo;'); ?></p>
15   <?php get_sidebar(); ?>
16   <?php get_footer(); ?>
```

Listing 6.18 Die vollständige »author.php«

Die *author.php* beginnt in Zeile 02 mit einer Abfrage über die Daten desjenigen
Autors, dessen Archivseite gerade aufgerufen worden ist. All diese Daten werden als
Objekt in $curauth angelegt.

Die Funktion get_user_by() ist sehr nützlich, um auf verschiedenen Wegen an die Daten eines Nutzers zu kommen. Sie können – wie hier im Beispiel – mittels des Nutzer-Slugs (slug, einer Kurzform des Namens) auf die Daten zugreifen, aber auch mittels der E-Mail-Adresse (email) oder des Benutzernamens (login). Dazu muss aber natürlich eine dieser Informationen bekannt sein. Sollte dies nicht der Fall sein, wird alternativ über die Funktion get_userdata() mittels der ID auf die Daten zugegriffen.

Die eingeschobene PHP-Funktion intval() sorgt übrigens nur dafür, dass auch wirklich ein sogenannter *Integer-Wert*, also eine reine Ganzzahl (keine Fließkommazahl oder gar Buchstaben oder Zeichen), übergeben wird, und hat lediglich Sicherheitsgründe.

Sie können dieses Objekt nun nutzen, um z. B. in Zeile 03 den Namen des Autors ($curauth->display_name) oder in Zeile 04 dessen Kurzbiografie ($curauth->description) anzeigen zu lassen. Das Objekt $curauth enthält aber noch wesentlich mehr Informationen. Die brauchbarsten davon finden Sie in Tabelle 6.2.

Eigenschaften des Objekts	Bedeutung
$curauth->ID	ID des Autors
$curauth->user_email	E-Mail-Adresse des Autors
$curauth->user_url	Webadresse des Autors
$curauth->display_name	Anzeigename des Autors
$curauth->first_name	Vorname des Autors
$curauth->last_name	Nachname des Autors
$curauth->nickname	Spitzname des Autors
$curauth->description	Biografie des Autors
$curauth->aim	Instant-Messenger-Kontakt »AIM« des Autors
$curauth->yim	Instant-Messenger-Kontakt »Yahoo IM« des Autors
$curauth->jabber	Instant-Messenger-Kontakt »Jabber/Google Talk« des Autors

Tabelle 6.2 Informationen des Objekts »$curauth«

Wenn es fertig ist, sieht das Ganze aus wie in Abbildung 6.26.

Abbildung 6.26 Das Autorenarchiv inklusive Kurzbeschreibung

»category.php« – das Kategoriearchiv

Das Kategoriearchiv ist nichts anderes als das Autorenarchiv, nur dass eben nach Kategorien sortiert wird. Auch hier soll unter dem Titel der Kategorie noch eine kleine Beschreibung Platz finden (Listing 6.19).

```
01    <?php get_header(); ?>
02    <h1 class="archive">Kategorie:
      <?php single_cat_title(); ?></h1>
03    <?php echo category_description(); ?>

04    <?php if ( have_posts() ) :
      while ( have_posts() ) : the_post(); ?>
```

333

```
05    <div class="entry">
06        <h2><a href="<?php the_permalink(); ?>" title="Lesen Sie
          &quot;<?php the_title(); ?>&quot;
          vollständig"><?php the_title(); ?></a></h2>
07        <p class="blogmeta"><?php the_author_posts_link(); ?>
          <a href="<?php bloginfo('url'); ?>/archiv/">
          <?php the_time("d.m.Y"); ?></a>
          <?php the_category(', '); ?>
          <?php comments_popup_link('Keine Kommentare',
          '1 Kommentar','% Kommentare','',
          'Kommentare geschlossen'); ?></p>
08        <?php the_content('Weiterlesen ...'); ?>
09    </div>
10    <?php endwhile; else: ?>
11    <p>Es wurden leider keine Beiträge gefunden.</p>
12    <?php endif; ?>
13    <p><?php posts_nav_link(' | ','&laquo; Ältere Artikel',
      'Neuere Artikel &raquo;'); ?></p>
14    <?php get_sidebar(); ?>
15    <?php get_footer(); ?>
```

Listing 6.19 Die vollständige »category.php«

Den Titel der aktuellen Kategorie können Sie direkt über die Funktion single_cat_title() ausgeben lassen. Für die Kategoriebeschreibung gibt es das Äquivalent in Form von category_description(). Diese gibt allerdings automatisch schon einen HTML-Absatz mit aus, sodass Sie kaum Möglichkeiten haben, diesen gezielt über eine Klasse zu formatieren. Binden Sie ihn dafür z. B. in einen <div>-Bereich ein und sprechen Sie den Absatz dann als untergeordnetes Element darüber an, wenn Sie die Formatierung anpassen möchten.

Der Rest des Codes kommt Ihnen vermutlich schon bekannt vor und wahrscheinlich zu den Ohren heraus. Aber ich hatte Sie gewarnt: Es gibt viel Copy & Paste ...

Das Ganze sieht dann so aus wie in Abbildung 6.27.

Optisch sind die ganzen Archive in WordPress oft nur durch die Überschriften zu unterscheiden. Für den Anfang ist das eine einfache Form der Strukturierung. Es kann aber auch sehr spannend sein, die einzelnen Archive jeweils vollkommen anders zu gestalten.

Abbildung 6.27 Das Kategoriearchiv für die Kategorie »Allgemein«

»tag.php« – das Stichwortarchiv

Das Tag-Archiv ist praktisch das Kategoriearchiv in Grün. Sie können die *category.php* hier gut kopieren und in *tag.php* umbenennen. Passen Sie ein paar Kleinigkeiten an, und schon ist sie fertig (Listing 6.20):

```
01   <?php get_header(); ?>
02   <h1 class="archive">Tag: <?php single_tag_title(); ?></h1>
03   <?php echo tag_description(); ?>

04   <?php if ( have_posts() ) :
     while ( have_posts() ) : the_post(); ?>
05   <div class="entry">
06      <h2><a href="<?php the_permalink(); ?>" title="Lesen Sie
```

```
       &quot;<?php the_title(); ?>&quot;
       vollständig"><?php the_title(); ?></a></h2>
07     <p class="blogmeta"><?php the_author_posts_link(); ?>
       <a href="<?php bloginfo('url'); ?>/archiv/">
       <?php the_time("d.m.Y"); ?></a>
       <?php the_category(', '); ?>
       <?php comments_popup_link('Keine Kommentare',
       '1 Kommentar','% Kommentare','',
       'Kommentare geschlossen'); ?></p>
08     <?php the_content('Weiterlesen ...'); ?>
09  </div>
10  <?php endwhile; else: ?>
11  <p>Es wurden leider keine Beiträge gefunden.</p>
12  <?php endif; ?>
13  <p><?php posts_nav_link(' | ','&laquo; Ältere Artikel',
    'Neuere Artikel &raquo;'); ?></p>

14  <?php get_sidebar(); ?>
15  <?php get_footer(); ?>
```

Listing 6.20 Die vollständige »tag.php«

Zeilen 02 und 03: Aus single_cat_title() wird single_tag_title(), und aus category_description() wird tag_description(). Mehr müssen Sie im Prinzip nicht tun, um aus dem Kategoriearchiv ein Tag-Archiv zu machen. Und so wie in Abbildung 6.28 sieht es aus.

Dass Sie die Kategorie- und die Tag-Seite gleich gestalten können, heißt übrigens nicht, dass Sie es müssen. Deshalb gibt es in WordPress ja gerade zwei Dateien dafür. Es ist nur einfach so, dass man aufgrund der großen inhaltlichen Ähnlichkeit zwischen Kategorien und Tags hier oftmals auf das gleiche Layout setzt. Seien Sie hier aber ruhig kreativ. Stellen Sie sich die Frage: Wenn ich nach Beiträgen einer Kategorie suche, wie könnte ich mein Ziel am einfachsten erreichen? Und wenn ich nach Beiträgen zu einem Tag suche, könnte mir da eine andere Darstellung möglicherweise hilfreicher sein? Ein Anknüpfungspunkt an dieser Stelle wäre z. B., dass man durch eine auffallend andere Gestaltung als Nutzer sofort wüsste, ob man sich gerade in der Kategorie »Suchmaschinenoptimierung« befindet oder bei dem Tag (denn das kann ja mitunter unterschiedliche Ergebnisse oder Erwartungen hervorrufen).

Abbildung 6.28 Das Tag-Archiv am Beispiel des Stichworts »Themes«

»search.php« – die Suchergebnisse anzeigen

Die Suchfunktion in WordPress besteht logischerweise aus zwei Teilen: dem Suchfeld und der Suchergebnisseite. Damit Besucher auf der Beispiel-Website überhaupt suchen können, muss dort zunächst ein Suchfeld integriert werden. Dieses Feld muss bestimmte Anforderungen erfüllen.

Dazu öffnen Sie noch einmal die *sidebar.php*, um ihr über den Code aus Listing 6.21 ein Suchfeld hinzuzufügen:

```
01    <div class="widget">
02        <h6>Suche</h6>
03        <form role="search" method="get" id="searchform"
          action="<?php bloginfo('url'); ?>">
```

```
04              <input type="text" name="s" id="search-field" />
05              <input type="submit" value="suchen"
                id="search-button" />
06              <div class="clear"></div>
07          </form>
08      </div>
```

Listing 6.21 Die Suchfunktion in der »sidebar.php«

Für dieses Theme habe ich das Suchfeld noch in einen <div>-Bereich eingekleidet, wie er auch später für die Widgets verwendet wird. Das können Sie bei Ihrem eigenen Theme natürlich gerne weglassen. Ein echtes Widget ist die Suchfunktion in diesem Fall nämlich nicht.

Das <form>-Tag benötigt ein paar Elemente. Zum einen sollte das Attribut action auf <?php bloginfo('url'); ?> gesetzt werden, also auf die Startseite des Blogs. Zum anderen sollten Sie als method nur get verwenden. Das <input>-Eingabefeld muss außerdem den Namen s tragen. Bei dem Rest können Sie Ihrer Kreativität freien Lauf lassen.

Das Formular könnte dann mit ein wenig CSS so aussehen wie in Abbildung 6.29.

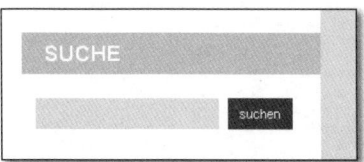

Abbildung 6.29 Das Suchformular in der Sidebar

Die Suchergebnisseite programmieren Sie in der *search.php*. Wenn diese nicht vorhanden ist, nimmt WordPress aber auch gerne die *index.php* als Alternative. Beides funktioniert, aber über die *search.php* können Sie die Ausgabe noch besser Ihren Wünschen anpassen, z. B. wie in Listing 6.22:

```
01  <?php get_header(); ?>
02  <h1 class="archive">Ihre Suche nach:
    &quot;<?php echo get_search_query(); ?>&quot;</h1>
03  <?php if ( have_posts() ) :
    while ( have_posts() ) : the_post(); ?>
04  <div class="entry">
05      <h2><a href="<?php the_permalink(); ?>" title="Lesen Sie
        &quot;<?php the_title(); ?>&quot;
        vollständig"><?php the_title(); ?></a></h2>
06      <p class="blogmeta"><?php the_author_posts_link(); ?>
        <a href="<?php bloginfo('url'); ?>/archiv/">
```

```
      <?php the_time("d.m.Y"); ?></a>
      <?php the_category(', '); ?>
      <?php comments_popup_link('Keine Kommentare',
      '1 Kommentar','% Kommentare','',
      'Kommentare geschlossen'); ?></p>
07    <?php the_content('Weiterlesen ...'); ?>
08  </div>
09  <?php endwhile; else: ?>
10  <p>Es wurden leider keine Beiträge gefunden.</p>
11  <?php endif; ?>
12  <p><?php posts_nav_link(' | ','&laquo; Ältere Artikel',
      'Neuere Artikel &raquo;'); ?></p>
13  <?php get_sidebar(); ?>
14  <?php get_footer(); ?>
```

Listing 6.22 Die vollständige »search.php«

Gut, die Anpassung der *search.php* im Vergleich zur *index.php* ist marginal, aber nicht ganz unwichtig. In Zeile 02 wird der vom Besucher eingegebene Suchbegriff über die Funktion get_search_query() noch einmal ausgegeben. So kann er sehen, ob er sich z. B. vertippt hat.

Sie können die Seite natürlich noch ganz individuell Ihren Wünschen anpassen. Wie wäre es z. B. mit einem Text, der vor oder nach den Suchergebnissen angezeigt wird, für den Fall, dass der Besucher nichts Interessantes unter den Ergebnissen findet? Fügen Sie diesen einfach vor oder nach der Loop in die *search.php* ein.

> **Tipp**
>
> Sie können ganz leicht dafür sorgen, dass der eingegebene Suchbegriff nach dem Absenden im Suchfeld stehen bleibt (Okay, streng genommen, wird er erneut einge-fügt.). Bedienen Sie sich dabei einfach der Funktion get_search_query() und fügen Sie dem Suchfeld folgendes Attribut in der *sidebar.php* hinzu:
>
> (...) value="<?php echo get_search_query(); ?>" (...)

So wie in Abbildung 6.30 könnte die Suchergebnisseite schließlich aussehen.

Sie haben es fast geschafft. Alle Inhaltstypen sind nun eigens für das Theme program-miert worden. Was noch fehlt, sind eine Kommentarfunktion sowie die Widgets für Header, Sidebar und Footer.

Abbildung 6.30 Die Suche nach »Hallo« ergibt immerhin einen Treffer.

6.4.3 Die Kommentarfunktion einbauen

Die Kommentarfunktion integrieren Sie in Ihr WordPress-Theme in drei Schritten. Zunächst müssen Sie in der *single.php* den Kommentarbereich einbinden. Näher ausgestalten können Sie diesen Bereich in der *comments.php*. Dort können Sie auch das Layout des Kommentarformulars anpassen. Um das Layout der Kommentare zu verändern, benötigen Sie eine eigene Funktion in der *functions.php*.

Anpassen der »single.php«

Um die Kommentarfunktion in die *single.php* einzubinden, entfernen Sie dort den Platzhalter (sofern Sie einen gesetzt haben) und fügen Folgendes am Ende der Datei ein – vor der Einbindung der Sidebar bzw. des Footers, aber nach der Loop:

```
<?php comments_template(); ?>
```

Das war es schon: Die Funktion `comments_template()` erledigt erst einmal alles Übrige. Die Kommentarfunktion ist nun für die Einzelansicht aller Artikel eingebunden. Das Gleiche können Sie übrigens auch in der *page.php* machen, wenn Sie denn Seiten kommentierbar machen möchten.

Die Kommentarfunktion anpassen in der »comments.php«

Als Nächstes erstellen Sie die Datei *comments.php* und fügen den folgenden, zugegebenermaßen nicht ganz kurzen Code aus Listing 6.23 dort ein:

```
01   <div id="comments">
02   <?php if ( post_password_required() ) : ?>
03   <p class="nopassword">
     Bitte geben Sie das Passwort ein, um Kommentare zu lesen.</p>
04   </div>
05   <?php return; endif; ?>
06   <div id="content-form">
07   <?php
08   $fields =  array(

09       'author' => '<p class="comment-form-author">
10       <label for="author">Ihr Name
         <em>(erforderlich)</em></label>
11       <input id="author" name="author" type="text" value="' .
         esc_attr( $commenter['comment_author'] ) . '" size="30"
         ' . $aria_req . ' /></p>',

12       'email'  => '<p class="comment-form-email">
13       <label for="email">Ihre E-Mail-Adresse
         <em>(erforderlich, wird aber nicht
         veröffentlicht)</em></label>
14       <input id="email" name="email" type="text" value="' .
         esc_attr(  $commenter['comment_author_email'] ) . '"
         size="30"' . $aria_req . ' /></p>',
15       'url'    => '<p class="comment-form-url">
16       <label for="url">Ihre Website</label>
17       <input id="url" name="url" type="text" value="' .
         esc_attr( $commenter['comment_author_url'] ) . '"
         size="30" /></p>',
18   );
19   comment_form( array(
20       'fields' => apply_filters(
```

```
21                      'comment_form_default_fields', $fields ),
22          'label_submit' => 'Beitrag kommentieren',
23          'title_reply' => '<h6>Beitrag kommentieren</h6>',
24          'comment_notes_before' => '',
25          'comment_notes_after' => ''
26          ) );

27    ?>
28    </div>
29    <?php if ( have_comments() ) : ?>

30    <?php if ( get_comment_pages_count() > 1 &&
      get_option( 'page_comments' ) ) : ?>
31    <div class="navigation">
32    <div class="nav-previous">
      <?php previous_comments_link( '&laquo; Ältere
      Kommentare' ); ?></div>
33    <div class="nav-next">
      <?php next_comments_link( 'Neuere Kommentare &raquo;' ); ?>
      </div>
34    </div>
35    <?php endif; ?>
36    <div id="content-comments">
37        <h6>Alle Kommentare</h6>
38        <ul>
39        <?php
          wp_list_comments('type=all&callback=callback_comment');
          ?>
40        </ul>
41    </div>
42    <?php if ( ! comments_open() ) : ?>
43    <p class="nocomments">Die Kommentarfunktion ist leider
      deaktiviert.</p>
44    <?php endif; ?>

45    <?php endif; ?>
46    </div>
```

Listing 6.23 Die vollständige »comments.php«

Der Code der *comments.php* ist bei Weitem nicht so kompliziert, wie er auf den ersten Blick aussieht. In den Zeilen 02 bis 05 wird lediglich eine Vorkehrung für den Fall getroffen, dass der Beitrag passwortgeschützt ist und daher auch keine Kommentare ohne Passworteingabe angezeigt werden dürfen.

In den Zeilen 08 bis 18 wird ein $fields-Array erstellt, das gleich dazu benutzt wird, das Aussehen des Kommentarformulars anzupassen. Sie weisen dem Array immer erst den Schlüssel in Form des Feldnamens des Kommentarformulars zu. Dann weisen Sie diesem Schlüssel einen Wert zu, der den HTML-Code des Feldes enthält. Zur Auswahl stehen die Felder author, email und url.

```
'author' => '<p class="comment-form-author">

            <label for="author">Ihr Name
            <em>(erforderlich)</em></label>

            <input id="author" name="author"
            type="text" value="' .
            esc_attr( $commenter['comment_author'] ) . '"
            size="30" ' . $aria_req . ' /></p>'
```

Es ist hier maximal nötig, <label> ein wenig anzupassen. Alles andere lässt sich hervorragend mit CSS lösen. Von Zeile 19 bis 26 wird die Funktion comment_form() aufgerufen, die – Sie dachten es sich sicher schon – das Kommentarformular ausgibt. Vorher übergeben Sie dieser Funktion aber noch ein Array mit Parametern. Zunächst wird das soeben erstellte $labels-Array per Filter übergeben:

```
'fields' => apply_filters(
            'comment_form_default_fields', $fields )
```

Durch diesen Filter werden die Standardfelder des Formulars mit Ihren neuen überschrieben. Danach folgen noch ein paar weitere Parameter, die ebenfalls die Formularausgabe beeinflussen:

```
'label_submit' => 'Beitrag kommentieren',
'title_reply' => '<h6>Beitrag kommentieren</h6>',
'comment_notes_before' => '',
'comment_notes_after' => ''
```

Über label_submit bestimmen Sie, was auf dem Absenden-Button stehen soll. Die Überschrift des Formulars passen Sie über title_reply an. Üblicherweise gibt Word-

Press vor dem Formular noch einen Hinweis aus, dass die E-Mail-Adresse nicht veröffentlicht wird, und nach dem Formular, welcher HTML-Code verwendet werden darf. Wenn Sie, wie ich, finden, dass das unnötig ist und das Formular nur aufbläht, oder wenn Sie bessere Ideen für Texte haben, dann können Sie diese über comment_notes_before und comment_notes_after anpassen.

In Zeile 30 kommt dann endlich die Abfrage, ob überhaupt Kommentare für diesen Beitrag zur Verfügung stehen. Auf dem Fuße folgt die (optionale) Navigation für den Fall, dass Sie im Backend die Kommentare auf mehrere Seiten aufgeteilt haben:

```php
<?php if ( get_comment_pages_count() > 1 &&
    get_option( 'page_comments' ) ) : ?>
<div class="navigation">
<div class="nav-previous">
    <?php previous_comments_link( '&laquo; Ältere
    Kommentare' ); ?></div>
<div class="nav-next">
    <?php next_comments_link( 'Neuere Kommentare &raquo;' ); ?>
    </div>
</div>
<?php endif; ?>
```

Erst ab Zeile 36 von Listing 6.23 – um genau zu sein, in Zeile 39 – werden tatsächlich die Kommentare ausgegeben, und zwar über die Funktion:

```php
wp_list_comments('type=all&callback=callback_comment')
```

Der wp_list_comments() übergeben Sie zum einen den Parameter type und setzen diesen auf all, damit nicht nur Kommentare, sondern auch Trackbacks angezeigt werden. Wichtig ist, dass Sie noch eine Callback-Funktion angeben. Denn nur so können Sie die Darstellung eines Kommentars auch selbst beeinflussen – nämlich ganz leicht, indem Sie in der *functions.php* einfach eine Funktion mit dem Namen eben jenes Callbacks erstellen.

Am Ende der *comments.php* finden Sie noch eine Abfrage, ob Kommentare deaktiviert worden sind. Dies wird dem Besucher dann entsprechend ausgegeben.

Abbildung 6.31 vermittelt Ihnen einen Eindruck, wie ein Kommentarformular aussehen könnte.

Abbildung 6.31 Sieht doch ganz schick aus, das Kommentarformular.

Die Darstellung der einzelnen Kommentare verändern

Um die Darstellung der einzelnen Kommentare anzupassen, erstellen Sie nun die Datei *functions.php* in Ihrem Theme-Unterverzeichnis (sofern Sie dies nicht schon getan haben) und fügen dort den folgenden Code aus Listing 6.24 als Grundgerüst ein, den Sie später noch Ihren Wünschen anpassen können:

```
01   <?php
02   function callback_comment( $comment, $args, $depth ) {
03       $GLOBALS['comment'] = $comment; ?>
04       <li <?php comment_class(); ?>
         id="li-comment-<?php comment_ID() ?>">

05           <?php echo get_avatar( $comment, $size='64' ); ?>
06           <p class="comment-author">
             <?php echo get_comment_author_link(); ?></p>
07           <p class="comment-meta">
             <?php echo get_comment_date("d.m.Y"); ?>,
             <?php echo get_comment_time(); ?> Uhr</p>
08           <?php comment_text(); ?>
```

```
09              <div class="clear"></div>
10    <?php
11                    }
12    ?>
```

Listing 6.24 Der Code für die Kommentarausgabe in der »functions.php«

Sie erstellen also zunächst wie in Zeile 02 eine sogenannte *Callback-Funktion*, die Sie ja zuvor in der *comments.php* schon eingebunden haben. Dieser müssen Sie die folgenden Parameterangaben gestatten: $comment, $args, $depth.

Die Kommentare werden als Listen-Item ausgegeben. In Zeile 05 konfigurieren Sie die Darstellung der Gravatare mittels der Funktion get_avatar(). Hier können Sie über den Parameter size noch die Größe in Pixeln festlegen. Wenn Sie keine Gravatare wünschen und diese im Backend deaktiviert haben, können Sie diese Zeile getrost löschen.

Der Name des Autors wird über die Funktion get_comment_author_link() ausgegeben. Er wird automatisch mit der angegebenen Webadresse verlinkt. Die Funktion get_comment_date("d.m.Y") gibt das Datum, die Funktion get_comment_time() die Uhrzeit des Kommentars aus. Die Ausgabe des Kommentartextes erledigt comment_text() für Sie.

Dieser Code wird nun immer dann verwendet, wenn ein Kommentar auf Ihrem Blog ausgegeben werden soll. Wenn Sie die Callback-Funktion weglassen (dann aber bitte auch aus der *comments.php* den entsprechenden Parameter entfernen), wird Word-Press seine eigene Standardausgabe verwenden. Die Ausgabe, wie der Nutzer sie sieht, zeigt Abbildung 6.32.

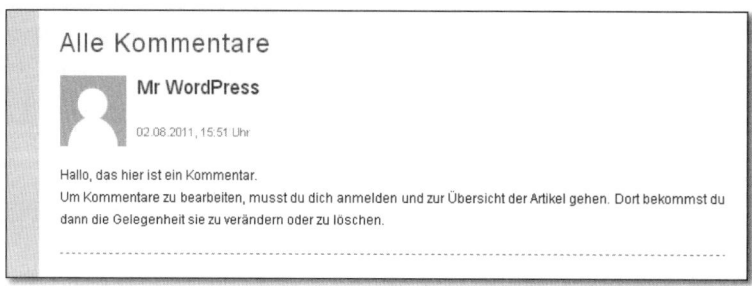

Abbildung 6.32 Ein einzelner Kommentar, ein wenig mit CSS gestaltet

Die Gesamtkomposition aus Beitrag, Formular und Kommentar sieht in diesem Beispiel dann aus wie in Abbildung 6.33.

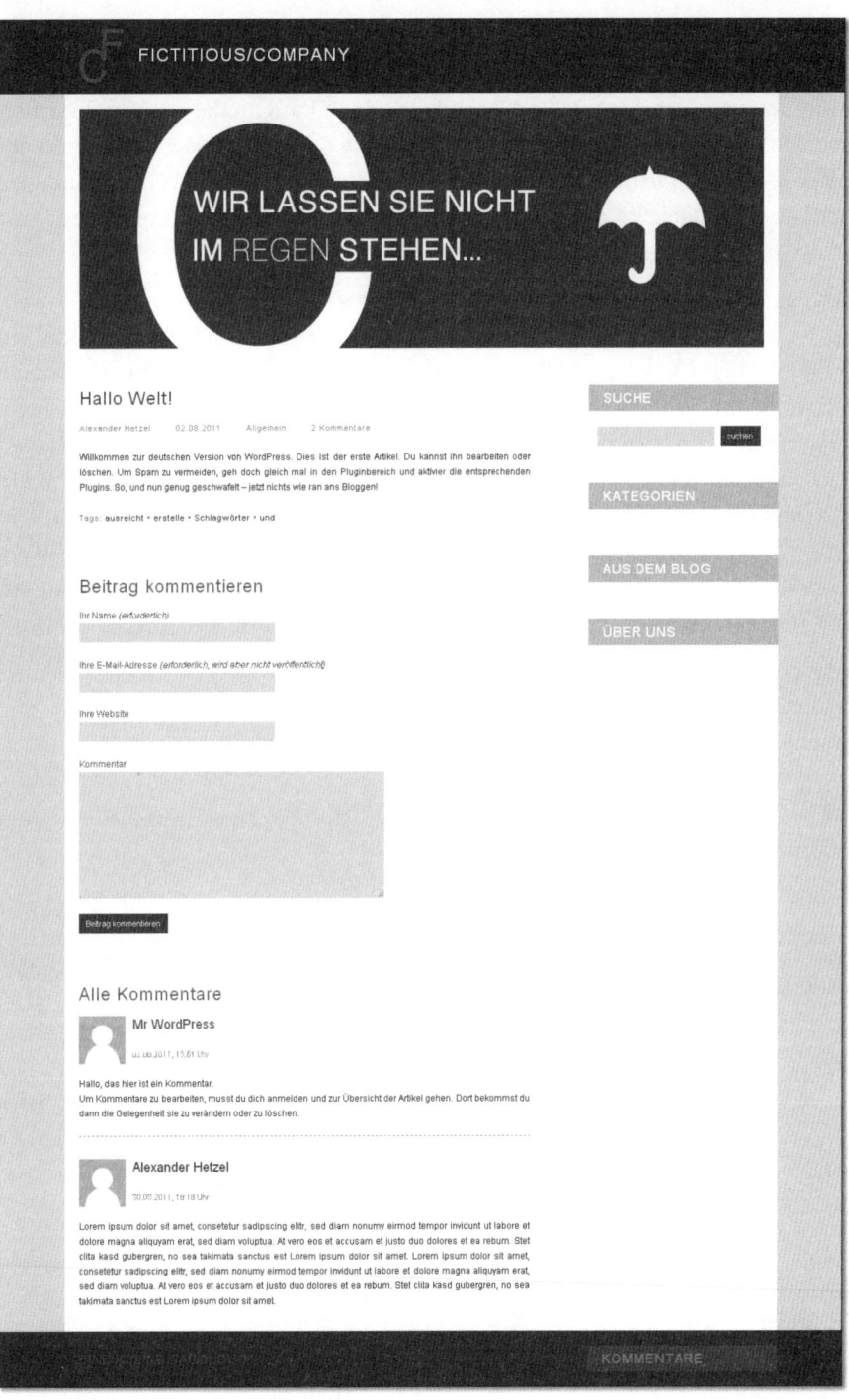

Abbildung 6.33 Die komplette Ansicht eines Beitrags mit Kommentarfunktion

6.4.4   Das Theme widget-fähig machen

Bislang hat Ihr Blog noch kein Menü, keine Auflistung der Kategorien, der letzten Beiträge, der letzten Kommentare und noch keine Tag-Cloud. In diesem Abschnitt lernen Sie, wie Sie genau das ändern können. Der Reihe nach werden Sie die Widgets zur *header.php*, *sidebar.php* und *footer.php* hinzufügen und so Ihr Blog vervollständigen. Das Schöne an Widgets ist, dass Sie sie, sofern Sie sie einmal eingerichtet haben, ganz leicht aus dem Backend heraus anpassen können.

Insofern sind Widgets immer dann besonders gut geeignet, wenn jemand die Website später bedienen soll, der nicht so versiert ist wie Sie – also z. B. ein Kunde oder ein Käufer Ihres Themes. Diesen Aufwand geht man für sich selbst oft nicht ein, da man ja auch weiß, dass Widgets die Website stärker verlangsamen, als wenn man die einzelnen Abfragen direkt in den Code schreiben würde. Aber seien wir ehrlich: Haben Sie nach zwei Jahren noch Lust, alten Code zu durchforsten, um eine Anpassung in Ihrer Sidebar vorzunehmen? Genau, vermutlich nicht. Deshalb sollten Sie den Einsatz von Widgets ruhig auch dann berücksichtigen, wenn Sie das Blog oder die Website nur für sich selbst aufsetzen. Die Geschwindigkeitseinbußen muss dann eben ein schnellerer Server wieder reinholen – oder eine ganze Serverfarm.

Sie müssen die Widget-Bereiche zunächst in der *functions.php* Ihres Themes deklarieren. Für dieses Beispiel-Theme benötigen Sie die Bereiche »Menu«, »Sidebar« und »Footer«. Legen Sie diese in der *functions.php* wie in Listing 6.25 an:

```
01    <?php

02    if ( function_exists('register_sidebar') ) {

03    register_sidebar(array( 'name' => 'Menu',
04                            'description' => '',
05                            'before_widget' =>
                              '<div class="widget">',
06                            'after_widget' => '</div>',
07                            'after_title' => '</h6>'));

08    register_sidebar(array( 'name' => 'Sidebar',
09                            'description' => '',
10                            'before_widget' =>
                              '<div class="widget">',
11                            'after_widget' => '</div>',
12                            'before_title' => '<h6>',
13                            'after_title' => '</h6>'));
14    register_sidebar(array( 'name' => 'Footer',
15                            'description' => '',
```

```
16                          'before_widget' =>
                            '<div class="widget">',
17                          'after_widget' => '</div>',
18                          'before_title' => '<h6>',
19                          'after_title' => '</h6>'));
20   }
21   ?>
```

Listing 6.25 Hinzufügen von Widget-Bereichen in der »functions.php«

Über die Funktion register_sidebar() werden alle drei Widget-Bereiche angelegt. Sie können dieser Funktion weitere Parameter als Array übergeben. Diese werde ich Ihnen kurz in Tabelle 6.3 vorstellen.

Schlüssel	Wert
name	Name des Widgets (diesen benötigen Sie später noch, wenn Sie den registrierten Widget-Bereich in Ihr Theme an der entsprechenden Stelle einbauen möchten)
description	eine optionale Beschreibung des Widget-Bereichs, die später im Backend angezeigt wird
before_widget	HTML-Code, der *vor* jedem Widget eingebunden werden soll
after_widget	HTML-Code, der *nach* jedem Widget eingebunden werden soll
before_title	HTML-Code, der *vor* dem Titel eines jeden Widgets eingebunden werden soll
after_title	HTML-Code, der *nach* dem Titel eines jeden Widgets eingebunden werden soll

Tabelle 6.3 Parameter für die Registrierung von Widget-Bereichen

Erst wenn Sie den obigen Code in Ihre *functions.php* eingefügt haben, steht Ihnen im Backend unter DESIGN • WIDGETS eben dieser Bereich zur Verfügung. Zuvor erhalten Sie eine Fehlermeldung, dass keine Widgets in Ihrem Theme aktiviert seien. Damit etwaige Widgets aber auch angezeigt werden, müssen Sie zuvor noch die gerade registrierten Bereiche in Ihrem Theme verankern. WordPress weiß zwar nun, welche Bereiche Sie registriert haben, aber nicht, wo diese ihren Platz im Theme haben.

Das Menü einbinden

In der *header.php* befindet sich schon ein Platzhalter dort, wo das Menü vorgesehen ist. Wenn Sie in der *functions.php* den umliegenden HTML-Code für das Widget bereits mit registriert haben, dann benötigen Sie diesen in der *header.php* nun nicht mehr. Fügen Sie an der Stelle, an der das Menü erscheinen soll, einfach den Code aus Listing 6.26 ein:

```
01   <?php if ( !function_exists('dynamic_sidebar') ||
     dynamic_sidebar('Menu') ) : ?>
02   <?php endif; ?>
```

Listing 6.26 Der Widget-Bereich »Menü« in der »header.php«

Diesen Code können Sie immer überall dort verwenden, wo ein registrierter Widget-Bereich Ihrem Theme zugeordnet werden soll. Tauschen Sie dann einfach am Ende von Zeile 01 von der Funktion dynamic_sidebar() den Parameterwert 'Menu' durch den Namen des registrierten Widgets aus. Am Beispiel dieses Themes sieht der eingebundene Code dann so aus wie in Listing 6.27:

```
01   (...)
02   <div id="header">
03       <a href="<?php bloginfo('url'); ?>">
         <img src="<?php echo get_stylesheet_directory_uri(); ?>
         /images/logo.gif" width="61" height="73"
         alt="Fictitious Company"></a>
04       <span><a href="<?php bloginfo('url'); ?>">
         <?php bloginfo('name'); ?></a></span>

05       <?php if ( !function_exists('dynamic_sidebar') ||
         dynamic_sidebar('Menu') ) : ?>
06       <?php endif; ?>
07   </div>
08   (...)
```

Listing 6.27 Der <div>-Bereich »header« in der »header.php« mit eingefügtem Widget-Bereich

Nun erstellen Sie ein paar statische Seiten im Backend, mit denen Sie das Menü gleich füllen können. Hier bieten sich z. B. die Seiten »Fictitious Company« (als Über-uns-Seite) und »Kontakt« an.

Wechseln Sie jetzt im Backend zu DESIGN • MENÜS. Erstellen Sie dort nun zunächst ein neues Menü, wie Sie es in Abbildung 6.34 sehen.

Danach fügen Sie alle Seiten hinzu, die Sie im Hauptmenü haben möchten (Abbildung 6.35).

Abbildung 6.34 Ein neues Menü

Abbildung 6.35 Hinzufügen der Unterseiten

Um einen Link in die Startseite des Blogs einzufügen, können Sie einen Link zum Menü hinzufügen (siehe Abbildung 6.36). Diesen müssen Sie allerdings entsprechend anpassen, wenn Ihr Blog später online geht.

Abbildung 6.36 Hinzufügen der Startseite des Blogs

Zu guter Letzt bringen Sie die Menüeinträge, wenn nötig, noch in die richtige Reihenfolge und speichern das Ganze ab (Abbildung 6.37).

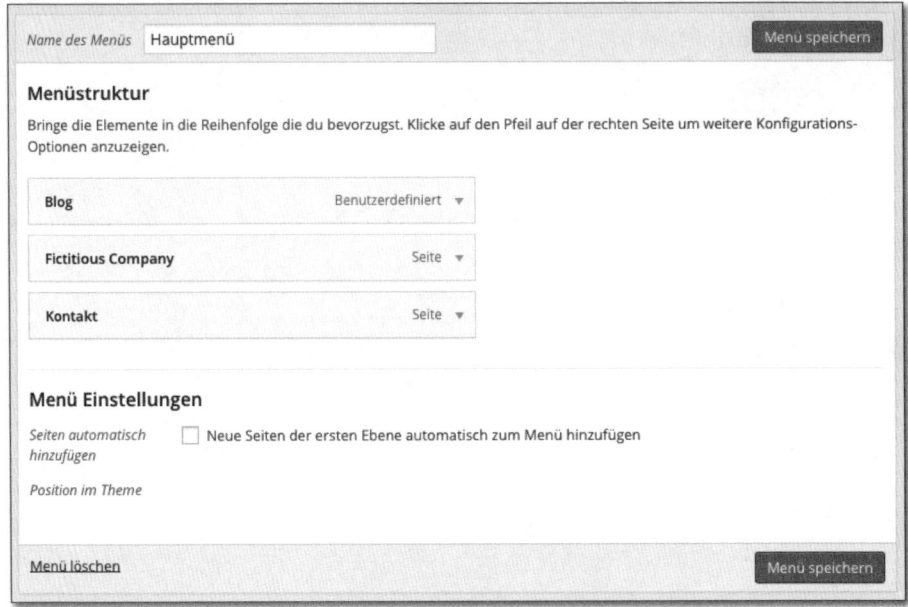

Abbildung 6.37 Schnell noch die Reihenfolge anpassen und abspeichern

Damit dieses Menü nun in Ihren Widget-Bereich eingebunden wird, gehen Sie bitte zunächst zu DESIGN • WIDGETS. Fügen Sie dort Ihrem Widget-Bereich MENÜ das sogenannte INDIVIDUELLE MENÜ hinzu. Lassen Sie den Titel einfach leer, wählen Sie das gerade erstellte Menü aus der Dropdown-Liste aus und speichern Sie ab (Abbildung 6.38).

Abbildung 6.38 Das Menü zum Widget-Bereich hinzufügen

Durch einen Blick auf Ihr Blog im Frontend werden Sie sofort sehen, dass das Einbinden des Menüs hervorragend geklappt hat (Abbildung 6.39).

Abbildung 6.39 Das Menü lebt!

Die Sidebar anpassen

Die Sidebar soll schon ein paar mehr Widgets aufweisen als der Header. Aber trotzdem bleibt die Vorgehensweise nahezu gleich. Den Widget-Bereich haben Sie ja bereits in der *functions.php* registriert. Nun ist es erforderlich, auch diesen im Theme zu verankern, natürlich in der *sidebar.php*.

Falls Sie dieses Theme nachbauen, dann entfernen Sie dort nun alle zuvor erstellten Widget-Bereiche (ausgenommen die Suchfunktion) und ersetzen sie durch den folgenden Code aus Listing 6.28:

```
01   <?php if ( !function_exists('dynamic_sidebar') ||
     dynamic_sidebar('Sidebar') ) : ?>
02   <?php endif; ?>
```

Listing 6.28 Code, um den Widget-Bereich in der »sidebar.php« zu markieren

Zusammengefügt sieht die *sidebar.php* dann so aus wie in Listing 6.29:

```
01      </div>
02      <div id="sidebar">
03      <div class="widget">
04          <h6>Suche</h6>
05          <form role="search" method="get" id="searchform"
            action="<?php bloginfo('url'); ?>">
06              <input type="text" name="s"
                id="search-field" value="<?php
                echo get_search_query(); ?>" />
07              <input type="submit" value="suchen"
                id="search-button" />
08              <div class="clear"></div>
09          </form>
10      </div>
11      <?php if ( !function_exists('dynamic_sidebar') ||
        dynamic_sidebar('Sidebar') ) : ?>
```

```
14      <?php endif; ?>
13      </div>
```

Listing 6.29 Die vollständige »sidebar.php«

Danach wechseln Sie im Backend wieder zu DESIGN • WIDGETS, um die Sidebar nach Ihren Wünschen auszugestalten. Um das geplante Theme-Design zu realisieren, benötigen Sie eine Auflistung der Kategorien, der letzten Artikel sowie einen kleinen individuellen Text. Diesen fügen Sie nun der Reihe nach dem Widget-Bereich SIDE-BAR hinzu.

Fügen Sie zunächst das Widget KATEGORIEN in die Sidebar ein (Abbildung 6.40).

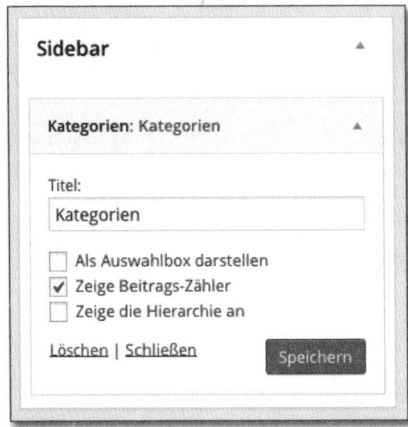

Abbildung 6.40 Das Kategorien-Widget hinzufügen

Als Titel genügt das Wörtchen »Kategorien«, außerdem können Sie wahlweise noch den BEITRAGS-ZÄHLER aktivieren, denn dann wird neben jeder Kategorie die Anzahl der darin enthaltenen Beiträge angezeigt. Die anderen beiden Optionen sind für dieses Design eher weniger zu gebrauchen.

Speichern Sie ab und schauen Sie im Frontend, ob alles geklappt hat (wie in Abbildung 6.41).

Abbildung 6.41 Die Anzeige der Kategorien im Frontend

Im nächsten Schritt fügen Sie das Widget LETZTE BEITRÄGE der Sidebar hinzu. Geben Sie diesem einen Titel – z. B. »Aus dem Blog« – und legen Sie die Anzahl der anzuzeigenden Blogartikel fest, z. B. wie in Abbildung 6.42.

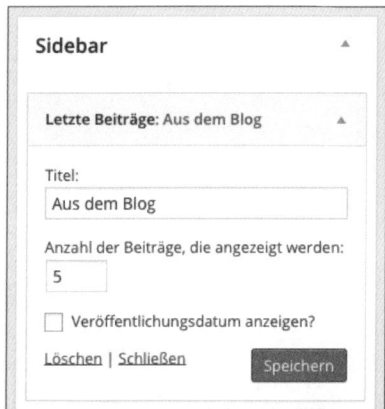

Abbildung 6.42 Die letzten Artikel als Widget hinzufügen

Ein Blick auf das Frontend verrät: Alles hat wunderbar geklappt (Abbildung 6.43).

Abbildung 6.43 Anzeige der letzten Blogbeiträge in der Sidebar

Als letztes Widget fehlt nun nur noch die Textbox mit dem kleinen Intro-Text. Fügen Sie dazu das Widget TEXT der Sidebar hinzu (Abbildung 6.44).

Wie Sie in Abbildung 6.44 sehen können, dürfen Sie hier auch gerne mit HTML arbeiten. Der eingebundene Link funktioniert z. B. einwandfrei. Auch der Rest wurde ordentlich umgesetzt (Abbildung 6.45).

Nun haben Sie die Sidebar endlich fertig eingerichtet. Sie können von nun an die Widgets nach Belieben austauschen und verändern, ohne dass dazu ein erneuter Eingriff in den Code nötig wäre.

Abbildung 6.44 Ein Text-Widget zur Sidebar hinzufügen

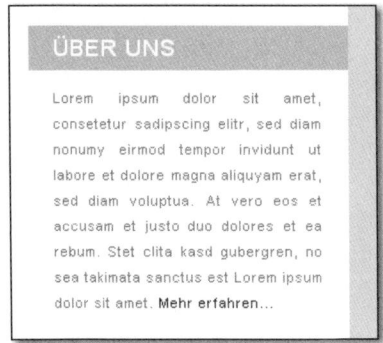

Abbildung 6.45 Das Text-Widget in Aktion

Den Footer mit Widgets bestücken

Schließlich muss auch der Footer noch »fit gemacht« werden. Ihm fehlen noch eine Tag-Cloud und eine Auflistung der letzten Kommentare, die im Blog abgegeben worden sind. Genau wie beim Menü und der Sidebar verankern Sie zunächst den Widget-Bereich im Theme, indem Sie den folgenden Code aus Listing 6.30 an die gewünschte Stelle in der *footer.php* einfügen:

```
01    <?php if ( !function_exists('dynamic_sidebar') ||
      dynamic_sidebar('Footer') ) : ?>
02    <?php endif; ?>
```

Listing 6.30 Widget-Code für die »footer.php«

Die vollständige *footer.php* sieht danach wie in Listing 6.31 aus:

```
01              <div class="clear"></div>
02          </div>
03      </div>
04  <div id="footer-bar">
05  <div id="footer">
06      <?php if ( !function_exists('dynamic_sidebar') ||
            dynamic_sidebar('Footer') ) : ?>
07      <?php endif; ?>
08      <div class="clear"></div>
09  </div>
10  </div>
11  </body>
12  </html>
```

Listing 6.31 Die vollständige »footer.php«

Wechseln Sie nun ein letztes Mal ins Backend zu DESIGN • WIDGETS. Bauen Sie in den Widget-Bereich FOOTER nun zunächst das Widget SCHLAGWÖRTER-WOLKE ein (siehe Abbildung 6.46).

Abbildung 6.46 Die Tag-Cloud als Widget

Ergänzen Sie anschließend Ihre Beiträge testweise noch durch einige Tags, um zu sehen, ob die Einbindung geklappt hat (Abbildung 6.47).

Schließlich fügen Sie dem Footer noch das Widget LETZTE KOMMENTARE hinzu (Abbildung 6.48).

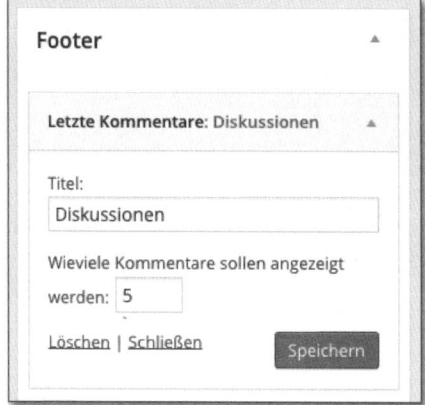

Abbildung 6.47 Die Tag-Cloud in Aktion

Abbildung 6.48 Das Widget »Letzte Kommentare«

Die Ansicht der letzten Kommentare könnte dann so aussehen wie in Abbildung 6.49.

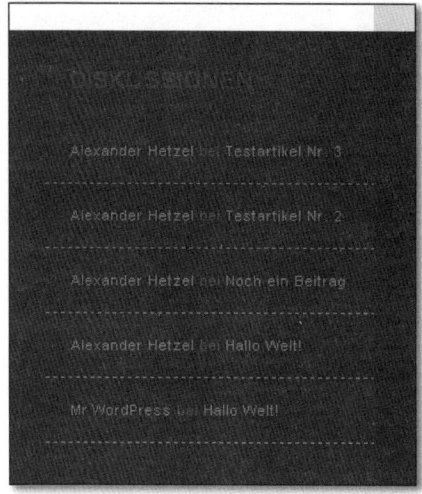

Abbildung 6.49 Die letzten Kommentare

> **Hinweis**
>
> Wahrscheinlich werden sich die Widgets nicht so verhalten, wie Sie das in der HTML-Vorlage geplant haben. Es wird also nötig sein, die Stylesheets entsprechend an das eingebundene Widget anzupassen. Schauen Sie dazu im Quelltext nach, wie WordPress bei dem jeweiligen Widget die Ausgabe formatiert, und berücksichtigen Sie dies in Ihrer *style.css*.

Sie haben nun alle Widgets in Ihr Blog eingefügt und es damit vervollständigt.

6.4.5   Aus dem Blog eine Website machen

Um nun aus dem simplen Blog eine »richtige« Website zu machen, müssen Sie WordPress in ein CMS verwandeln. Das ist nicht besonders schwer, die meiste Arbeit haben Sie bereits hinter sich. Für eine vollständige Website benötigen Sie noch ein paar Unterseiten mehr. Außerdem sollte die Sidebar in der Lage sein, ein Submenü darzustellen.

Weitere Seiten hinzufügen

Legen Sie zunächst einige Seiten an. Sie benötigen in jedem Fall eine Startseite und eine Seite namens »Blog«. Fügen Sie zudem noch eine weitere Seite hinzu (hier »Leistungsspektrum«), der Sie einige Unterseiten zuweisen. Das Ganze sollte ungefähr so aussehen wie in Abbildung 6.50.

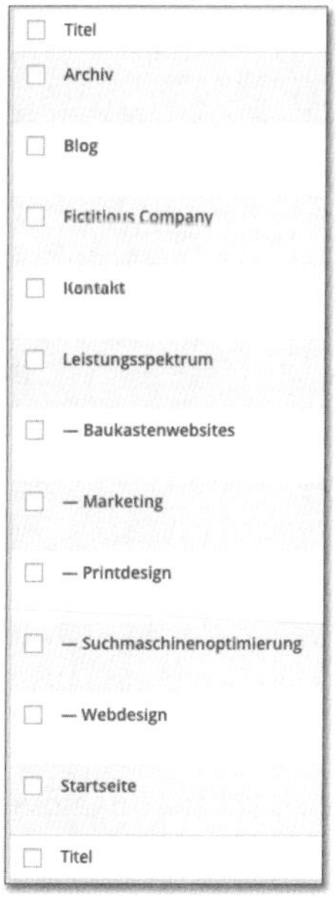

Abbildung 6.50 Alle Seiten sind angelegt.

Machen Sie WordPress zum CMS

Wechseln Sie nun im Backend zu EINSTELLUNGEN • LESEN. Dort aktivieren Sie die Option EINE STATISCHE SEITE ALS STARTSEITE NUTZEN. Wählen Sie als STARTSEITE Ihre Startseite und als BEITRAGSSEITE die Seite »Blog« aus. Speichern Sie ab. Das war es schon. Mehr ist nicht nötig, um aus WordPress ein CMS zu machen. Wir wollen aber noch ein wenig mehr aus der Website herausholen.

Das Menü anpassen

Als Nächstes sollten Sie dafür sorgen, dass die frisch angelegten Seiten auch im Menü erscheinen. Gehen Sie dafür zu DESIGN • MENÜS im Backend und fügen Sie die fehlenden Seiten (Startseite, Blog und Leistungsspektrum) Ihrem Hauptmenü hinzu. Die »Blog«-Seite, die Sie vorhin angelegt haben, können Sie nun löschen. Das sollte dann so aussehen wie in Abbildung 6.51.

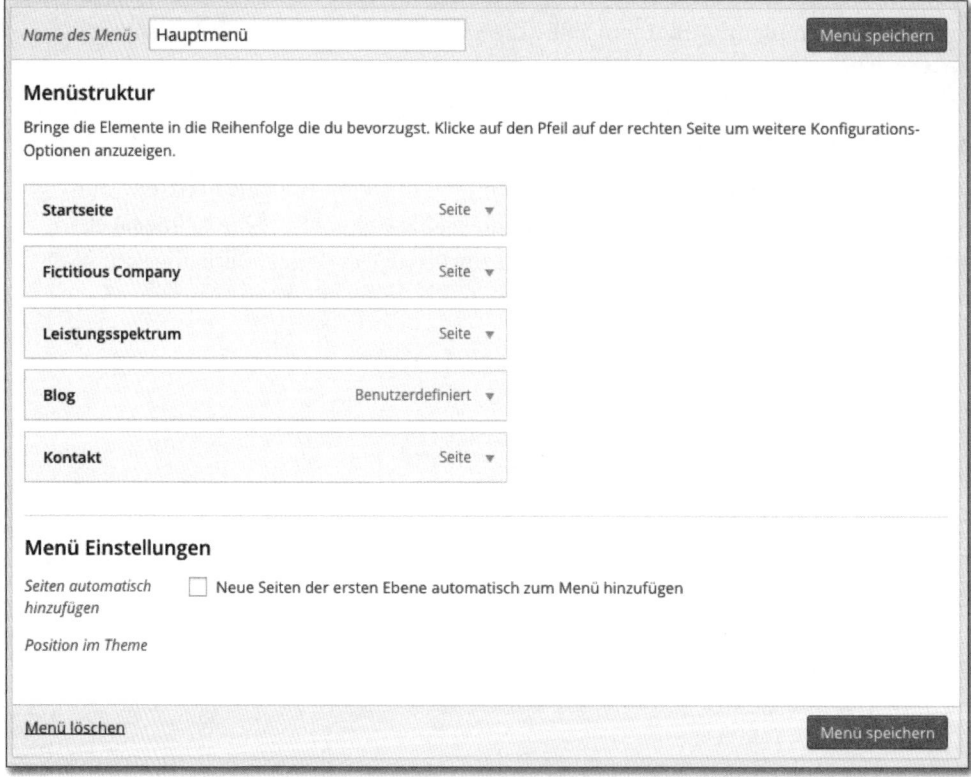

Abbildung 6.51 Das verbesserte Menü

Das neue Menü (Abbildung 6.52) sieht doch schon viel mehr nach echter Business-Website aus, finden Sie nicht?

Achten Sie bei der Anpassung Ihrer Menüs immer auf das Design. Gerade Hauptme-
nüs sind oft Beschränkungen des Designs unterworfen, weil sie prominent sind und
entsprechend aufwendig gestaltet werden. Ein Menüpunkt zu viel und das ganze
Design bricht zusammen. Zumindest für Submenüs bietet es sich daher schon bei
der Planung der Website an, dafür zu sorgen, dass genügend Platz vorhanden ist.

Abbildung 6.52 Das neue Menü in Aktion; das Blog wirkt nun ein wenig untergeordnet.

Die Sidebar umgestalten

Eines stört bei dieser Website noch: die Sidebar. Sie zeigt immer noch diese ganzen
Widgets an, die irgendwie noch nicht zum neuen Businessprofil der Website passen.
Den Widget-Bereich, den Sie eben erstellt haben, beschränken Sie nun auf alle Seiten
des Blogs – oder einfacher: auf alle Seiten, die nicht statisch sind. An deren Stelle tritt
auf allen statischen Seiten dann ein kleines Submenü.

Dazu ist eine Anpassung der *sidebar.php* nötig. Tauschen Sie dort den eingefügten
Widget-Bereich durch folgenden Code aus Listing 6.32 aus:

```
01    <?php
02    if ( is_page() ) {
03        if($post->post_parent)
04            $children =
              wp_list_pages("title_li=&child_of=".
              $post->posl_parent."&echo=0");
05        clse
06            $children =
              wp_list_pages("title_li=&child_of=".
              $post->ID."&echo=0");
07        if ($children) {
08        echo "<h6>Submenü</h6>";
09        echo "<ul id='submenu'>";
10        echo $children;
11        echo "</ul>";
12        }
13    } else {
14        if ( !function_exists('dynamic_sidebar') ||
```

```
        dynamic_sidebar('Sidebar') ) :
15      endif;
16   } ?>
```

Listing 6.32 Der neue Widget-Bereich in der »sidebar.php«

In Zeile 02 des Codes wird zunächst abgefragt, ob sich der Besucher gerade auf einer statischen Seite befindet. Wenn ja, geht es in Zeile 03 weiter, wenn nicht, in Zeile 14. Mit anderen Worten: Auf einer statischen Seite wird ein Submenü angezeigt, auf einer nicht statischen Seite der Widget-Bereich.

Um das Submenü korrekt darzustellen, folgt in Zeile 03 eine weitere Abfrage, die überprüft, ob die aktuelle Seite eine Elternseite hat. Wenn das so ist, werden in die Variable $children alle Unterseiten der Elternseite mithilfe der Funktion wp_list_pages() geladen, andernfalls alle Unterseiten der aktuellen Seite.

Wenn dann – auf welchem Wege auch immer – Unterseiten geladen werden konnten (Zeile 07), wird das Submenü einfach ausgegeben. Hat die Abfrage am Anfang jedoch ergeben, dass der Besucher sich gar nicht auf einer statischen Seite befindet, kommt eben der Code aus den Zeilen 14 und 15 zum Zug.

Wenn Sie also nun z. B. auf die Seite »Leistungsspektrum« wechseln, sieht das Ganze so aus wie in Abbildung 6.53.

Abbildung 6.53 Die neue Sidebar für statische Seiten

Damit haben Sie in wenigen Minuten aus dem ehemaligen Stand-alone-Blog eine voll funktionsfähige Website mit eingebautem Blog gemacht.

6.4.6   Was Sie sonst noch über Themes wissen sollten

Sie sind nun in der Lage, aus Ihrer HTML-Vorlage eine vollwertige WordPress-Website zu erstellen. Der Bereich Theming ist aber so umfangreich, dass man problemlos ein eigenes Buch darüber schreiben könnte. Ein paar Kleinigkeiten, die häufig im Zusammenhang mit Themes auftauchen, werde ich Ihnen deshalb noch vorstellen. So lernen Sie in diesem Abschnitt noch, wie man benutzerdefinierte Felder und auch Beitragsbilder in das Theme integriert und wie man mit Templates arbeitet.

Ich bin Anfänger und möchte mein fertiges Theme anpassen

Mit HTML und CSS haben Sie nicht viel am Hut? Sie haben ein fertiges Theme installiert und möchten nun wissen, wie Sie geringfügige Anpassungen vornehmen können, weil Ihnen z. B. eine Textfarbe nicht passt? Kein Problem. Alle Style-Informationen befinden sich üblicherweise in der *style.css*-Datei eines jeden Themes, die Sie im Verzeichnis */wp-content/themes/xyz/* finden (»xyz« steht dabei für den Namen des Themes). Es kann sein, dass dort per @import-Funktion weitere Style-Dateien eingebunden sind; die erkennen Sie jeweils an der Endung *.css* und können sie mithilfe des darin angegebenen Pfades ganz leicht ausfindig machen. Üblicherweise gibt es aber, wie gesagt, nur eine *style.css*.

Hier kommen Sie ganz ohne CSS-Kenntnisse allerdings nicht sehr weit. Als Hilfe können Sie z. B. in *Google Chrome* mit der rechten Maustaste auf das Element klicken, das Sie gerne verändern möchten, und dann im Kontextmenü auf ELEMENT UNTERSUCHEN. Es öffnet sich eine HTML/CSS-Ansicht, die Ihnen zumindest schon einmal zeigt, wo genau sich das besagte Element im Quelltext befindet und welche Style-Angaben darauf angewandt werden. Diese können Sie sogar zum Test live verändern (sie werden allerdings nicht gespeichert). Für *Firefox* können Sie eine solche Funktion über die Erweiterung *Firebug (https://addons.mozilla.org/de/firefox/addon/firebug)* nachrüsten.

> **Hinweis für Vorsichtige**
>
> Das Editieren von Dateien eines Themes ist immer so eine Sache. Sobald ein Update erscheint und Sie es installieren, werden Ihre sorgfältig gemachten Änderungen überschrieben. Damit das nicht passieren kann, gibt es seit WordPress 3.0 sogenannte *Child-Themes*. Dadurch können Sie ein Basis-Theme als Ausgangsbasis verwenden und weitere Änderungen in einem separaten Ordner unterbringen. Wie das funktioniert, erfahren Sie im folgenden Abschnitt.

Auch wenn Sie Anfänger sind, lohnt es sich dennoch, einmal dieses Kapitel zu lesen. Lassen Sie sich nicht von den Anforderungen abschrecken. Selbst wenn Sie vielleicht nicht alles verstehen, bekommen Sie dennoch einen Einblick, wie die einzelnen Theme-Dateien bei WordPress zusammenspielen. Der Aufbau ist nämlich bei allen

Themes gleich, und so können Sie auch bei Ihrem Theme unter Umständen notwendige Anpassungen vornehmen.

Erst mal klein anfangen – Child-Themes für Anfänger

Die Child-Themes sind eine Errungenschaft aus Version 3.0. Sie ermöglichen, ein bestehendes Theme anzupassen, ohne es selbst zu verändern. Mit anderen Worten: Sie erstellen für das Theme, das Sie verändern wollen, einen eigenen Ordner, dort kommen dann nur die Dinge hinein, die geändert werden sollen, und WordPress ist so intelligent, die richtige Mischung aus beidem zu finden.

Diese Funktion bietet sich immer dann an, wenn das ursprüngliche Theme unangetastet bleiben soll, Sie aber dennoch Änderungen vornehmen möchten, die nur über die Theme-Basis möglich sind (für die also keine Option im Rahmen des Backends vorhanden ist). Dann wird ein Child-Theme praktisch, da die originalen Dateien nicht überschrieben werden müssen. So macht ein Update des Original-Themes Ihre Arbeit nicht plötzlich zunichte. Für Anfänger ist es interessant, da sie beim ursprünglichen Theme auf diese Weise nichts kaputt machen können. Klappen die Änderungen nicht, deaktiviert man einfach das Child-Theme und reaktiviert das Original-Theme. Schon ist alles wieder in Ordnung.

Um ein Child-Theme zu erstellen, legen Sie zunächst einen neuen Ordner in Ihrem Theme-Ordner an, also unter */wp-content/themes/*. Ich möchte ein Child-Theme zu Twenty Fourteen machen und nenne das Verzeichnis *mein-twenty-fourteen* (die Namensgebung spielt zunächst keine Rolle).

Als Erstes müssen Sie eine *style.css* in diesem Ordner anlegen – die ist zwingend erforderlich. Sie muss auch folgenden Kopf beinhalten (Listing 6.33):

```
/**
 * Theme Name:    Mein TwentyFourteen
 * Theme URI:     http://www.galileocomputing.de
 * Description:   Child-Theme von TwentyFourteen
 * Author:        Alexander Hetzel
 * Author URI:    http://www.galileocomputing.de
 * Template:      twentyfourteen
 * Version:       1.0.0
 */
@import url('../twentyfourteen/style.css');
```

Listing 6.33 Der Kopf der neuen »style.css«

Der Wert von Template ist unabdingbar. Hier muss der exakte Ordnername des Themes stehen, zu dem Sie ein Child-Theme anlegen möchten.

Nun können Sie nach Belieben neue Theme-Dateien anlegen, und WordPress wird stets die neuen verwenden. Sollte eine Datei nicht vorhanden sein, greift WordPress einfach auf das Basis-Theme zurück, sodass Sie nur die Dateien neu anlegen müssen, die Sie ändern möchten. Bei der *style.css* werden durch die @import-Anweisung die Styles des Basis-Themes geladen.

Wenn Sie gänzlich darauf verzichten müssen, entfernen Sie die Anweisung einfach. Dann haben Sie wieder ein »weißes Blatt«.

Sie können das Child-Theme ganz normal im Backend über DESIGN • THEMES aktivieren (Abbildung 6.54).

Abbildung 6.54 Aktivieren des Child-Themes

Bislang sieht der Titel des *Twenty Fourteen*-Themes aus wie in Abbildung 6.55.

Abbildung 6.55 So sieht der Titel bei Twenty Fourteen standardmäßig aus.

In diesem Beispiel habe ich einfach weitere CSS-Angaben zur *style.css* hinzugefügt (Listing 6.34):

```
...
01   h1 {
02       font-family: Georgia;
03       text-transform: uppercase;
04   }
...
```

Listing 6.34 Weitere Angaben in »/wp-content/themes/mein-twenty-fourteen/style.css«

Nach dieser geringfügigen Änderung – im Child-Theme-Ordner ist, wie gesagt, lediglich eine *style.css* mit dem oben genannten Kopf und den im vorangegangenen

Listing hinzugefügten Erweiterungen erstellt worden – sieht die Überschrift nun aus wie in Abbildung 6.56.

So können Sie nun mit den anderen Theme-Dateien ebenfalls verfahren.

Abbildung 6.56 Das veränderte Twenty Fourteen

Benutzerdefinierte Felder (Custom Fields) in das Theme einbauen

Benutzerdefinierte Felder sind eine tolle Möglichkeit, einem Beitrag oder einer Seite zusätzliche Informationen beizufügen. Wie man diese »befüllt«, haben Sie bereits in Kapitel 3, »Die Administrationsoberfläche«, gelernt. Nun werde ich Ihnen zeigen, wie Sie die entsprechenden Daten abrufen, das ist nämlich ganz leicht.

Man unterscheidet bei benutzerdefinierten Feldern grundsätzlich zwischen *Key* und *Value*. Der Key ist der Name (oder Schlüssel) des Feldes, während Value den Wert darstellt. Um einen Wert auszulesen, greifen Sie zu folgender Funktion:

```
get_post_meta($post_id, $key, $single);
```

`$post_id` ist dabei natürlich die ID des Beitrags oder der Seite. Hier können Sie in der Regel `$post->ID` eingeben, um die ID automatisch einsetzen zu lassen.

`$key` ist der Name Ihres Feldes.

`$single` kann entweder `true` oder `false` sein. Bei `true` wird ein einzelner Wert als *String* zurückgegeben, bei `false` (oder falls Sie es weglassen) ein *Array*. Hier ein Beispiel, mit dem Sie den Wert des Feldes »mein-erstes-feld« ausgeben können:

```
<?php echo get_post_meta($post->ID, 'mein-erstes-feld', true); ?>
```

Beitragsbilder in das Theme einbinden

Außerdem haben Sie in Kapitel 3 gelernt, wie Sie einem Beitrag ein Beitragsbild hinzufügen. Diese Funktion wird aber nicht von jedem Theme unterstützt, von diesem Beispiel-Theme bislang auch nicht. Deshalb würden Sie nun, wenn Sie einen neuen Beitrag erstellen wollten, dort keine Möglichkeit finden, ein solches Beitragsbild hinzuzufügen.

Um WordPress mitzuteilen, dass Ihr Theme Beitragsbilder unterstützen soll, öffnen Sie die *functions.php* und fügen dort den folgenden Code aus Listing 6.35 ein:

```
01   <?php
02   if ( function_exists('add_theme_support')) {
03   add_theme_support('post-thumbnails');
```

```
04   }
?>
```

Listing 6.35 Code zur Aktivierung der Beitragsbilder für die »functions.php«

Über die Funktion add_theme_support() wird die Unterstützung für die Beitragsbild-ausgabe für Ihr Theme aktiviert.

Um das Bild schließlich auszugeben, müssen Sie ebenfalls einen Codeschnipsel den Dateien hinzufügen, die es anzeigen sollen. Das könnten z. B. die *single.php* und die *index.php* sein, aber auch die Archivdateien oder die Suchergebnisse kommen dafür infrage. Am Beispiel der *single.php* fügen Sie das Beitragsbild am besten direkt vor der Ausgabe des Inhalts ein (Listing 6.36):

```
01   <h2><?php the_title(); ?></h2>
02   <?php
03   if ( function_exists('has_post_thumbnail') &&
     has_post_thumbnail() ) {
04   the_post_thumbnail();
05   }
06   ?>
07   <?php the_content(); ?>
```

Listing 6.36 Auszug aus der »single.php« mit integriertem Beitragsbild
(Änderungen in Fettdruck)

Zunächst wird mittels der Funktion has_post_thumbnail() überprüft, ob überhaupt ein Beitragsbild für den Beitrag gesetzt wurde. Wenn ja, wird es im Anschluss mit the_post_thumbnail() ausgegeben.

Templates richtig einsetzen

In diesem Kapitel haben wir bereits ein *Template* eingesetzt, und zwar bei der Darstellung des Archivs (*archive.php*). Ein Template ermöglicht es Ihnen, für eine spezielle statische Seite ein eigenes Design festzulegen. Dazu müssen Sie nur eine neue Datei in Ihrem Theme-Ordner erstellen, deren Dateiname nach Möglichkeit von den Namen der Standard-Theme-Dateien abweicht. So könnten Sie z. B. als Webdesigner oder Künstler – ja, Sie haben recht, das ist das Gleiche – eine Datei namens *portfolio.php* anlegen. Dort hinein kommt zuallererst ein Kommentar, an dem WordPress das Template als solches erkennt (Listing 6.37):

```
<?php /* Template Name: Portfolio */ ?>
```

Listing 6.37 Die erste Zeile der »portfolio.php«

Von nun an können Sie dieses Template bei jeder statischen Seite über Ihre Administrationsoberfläche auswählen und es der jeweiligen Seite zuweisen. Unterhalb des Kommentars kann dann nach Belieben die Ausgabe der Datei gestaltet werden.

Templates bieten sich immer dann an, wenn das Design einer Seite vom üblichen Design (der *page.php*) abweichen soll. Auf diese Weise haben Sie einfach mehr Gestaltungsspielraum und können vor allem all die vielen WordPress-Funktionen im Quelltext nutzen. Selbst ein eigener Widget-Bereich nur für diese Datei ist denkbar. Sie sehen, die Möglichkeiten sind praktisch grenzenlos.

> **Tipp**
>
> Sie müssen Templates nicht zwingend auf diese Weise einbinden. Es gibt noch eine etwas einfachere Methode. Angenommen, Sie möchten eine statische Seite anders gestalten als die anderen. Dann suchen Sie sich einfach die ID dieser Seite heraus (im Backend mit dem Mauszeiger über den Titel der Seite fahren, die ID wird in der Statusleiste angezeigt) und nennen die Template-Datei z. B. *page-81.php*.
>
> Dieses Schema funktioniert bei vielen anderen Dateien auch, z. B. *category-4.php* oder *single-995.php*.

Das Theme durch Formatvorlagen individualisieren

Seit WordPress 3.1 gibt es die Möglichkeit, eigene Blogbeiträge durch Formatvorlagen (*Post Formats*) etwas individueller zu gestalten. Kennen Sie *Tumblr* (*http://www.tumblr.com*)? Dann kennen Sie auch die verschiedenen Formate, in denen Sie einen Beitrag dort ablegen können: Foto, Zitat, Link etc.

Das Gleiche bietet Ihnen nun auch WordPress. Mit relativ wenig Aufwand können Sie Formatvorlagen in Ihrem Theme nachrüsten. Dazu sind drei Schritte nötig. Zunächst müssen Sie in der *functions.php* überhaupt erst einmal die Möglichkeit freischalten, Formatvorlagen zu verwenden. Dies tun Sie mit dem Code aus Listing 6.38:

```php
<?php
add_theme_support( 'post-
formats', array( 'aside', 'gallery', 'link', 'quote', 'video', 'image',
'status', 'chat', 'audio' ) );
?>
```

Listing 6.38 Dieser Code muss in die »functions.php«.

Dort sehen Sie auch bereits die verschiedenen Formate, die zur Auswahl stehen (fett markiert). Entfernen Sie einfach diejenigen aus der Liste, die Sie nicht interessieren (das macht es später übersichtlicher). Sobald Sie diesen Code hinzugefügt haben, erscheint bei jedem Blogbeitrag auch schon die Auswahl (Abbildung 6.57).

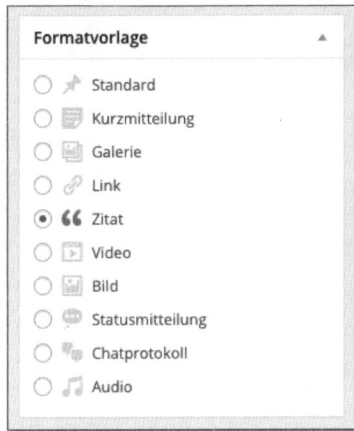

Abbildung 6.57 Die unterschiedlichen Formatvorlagen

Im Folgenden sehen Sie eine kurze Liste mit allen zur Verfügung stehenden Formaten samt ihrem *Shorttag*, das Sie nicht nur für den Code in der *functions.php* brauchen werden:

▶ Standard

▶ Kurzmitteilung (aside)

▶ Galerie (gallery)

▶ Link (link)

▶ Zitat (quote)

▶ Video (video)

▶ Bild (image)

▶ Statusmitteilung (status)

▶ Chatprotokoll (chat)

▶ Audio (audio)

Nun kommt der Trick. Sie müssen die *index.php* anpassen und damit auch alle gleichartigen Dateien, die eine Auflistung der Blogbeiträge beinhalten, wie z. B. die *search.php*, *category.php*, *tag.php*, *author.php* oder *archive.php*. Das Folgende gilt also für alle diese Dateien gleichermaßen.

Bislang stand in der *index.php* der Code für die Ausgestaltung des Beitrags (Listing 6.39):

```
01    <?php if ( have_posts() ) :
02    while ( have_posts() ) : the_post(); ?>
03    <div class="entry">
04        <h2><a href="<?php the_permalink(); ?>"
          title="Lesen Sie &quot;<?php the_title(); ?>
```

```
        &quot; vollständig"><?php the_title(); ?>
        </a></h2>
05      <p class="blogmeta">
        <?php the_author_posts_link(); ?>
        <a href="<?php bloginfo('url'); ?>/archiv/">
        <?php the_time("d.m.Y"); ?></a>
        <?php the_category(', '); ?>
        <?php comments_popup_link('Keine Kommentare',
        '1 Kommentar','% Kommentare','','Kommentare
        geschlossen'); ?></p>
06      <?php the_content('Weiterlesen ...'); ?>
07  </div>

08  <?php endwhile; else: ?>
```

Listing 6.39 Ausschnitt aus der »index.php«

Den fett gedruckten Code – also aus den Zeilen 03 bis 07 – müssen Sie nun ausschneiden und in eine neue Datei einfügen: *content.php*. Anstelle des Codes in der
index.php (und den anderen oben gelisteten Dateien) kommt an die Stelle nun ein
anderer Code (Listing 6.40):

```
01  <?php if ( have_posts() ) :
    while ( have_posts() ) : the_post(); ?>

02      <?php get_template_part( 'content',
        get_post_format() ); ?>

03  <?php endwhile; else: ?>
```

Listing 6.40 Der neue Codeabschnitt für die »index.php«

Sie ersetzen also die Zeilen 03 bis 07 der alten *index.php* durch die Zeile 02 der neuen
index.php. Der Code der alten *index.php* wandert dabei in die *content.php*.

So viel zum Grundprinzip. Nun ist alles wie vorher, denn die *content.php* wird aufgerufen, wenn keine bestimmte Formatvorlage ausgewählt worden ist oder keine
Formatierung dafür zur Verfügung steht.

Nun müssen aber noch die gewünschten Formatvorlagen gestaltet werden. Dazu
erstellen Sie für jede Formatvorlage eine eigene Datei nach dem Schema *content-*
shorttag.*php* (die Shorttags finden Sie oben in der Liste).

Wenn Sie also z. B. eine Formatvorlage für Zitate erstellen wollen, dann lautet das Shorttag quote und die zugehörige Datei *content-quote.php* etc.

In die neue Datei können Sie nun prinzipiell erst einmal den Code aus der *content.php* kopieren und ihn dann Ihren Wünschen anpassen. Sie können dort natürlich auch eigene CSS-Klassen verwenden. Ich habe das beispielhaft einmal für die Zitate gemacht (Listing 6.41):

```
01    <div class="entry quote">
02        <blockquote>
03            <?php the_content('Weiterlesen ...'); ?>
04        </blockquote>
05        <p>Zitat von: <a href="<?php the_permalink(); ?>"
           title="Lesen Sie &quot;<?php the_title(); ?>&quot;
           vollständig"><?php the_title(); ?></a></p>
06    </div>
```

Listing 6.41 Die vollständige »content-quote.php«

In die *content*-Dateien kommt wirklich reiner HTML-Code. Es ist kein weiterer PHP-Code nötig. Im Beispiel habe ich den Beitrag mit dem Zitat in <blockquote> beginnen und den Titel in Form des Autors erst am Ende einblenden lassen (Abbildung 6.58 und Abbildung 6.59).

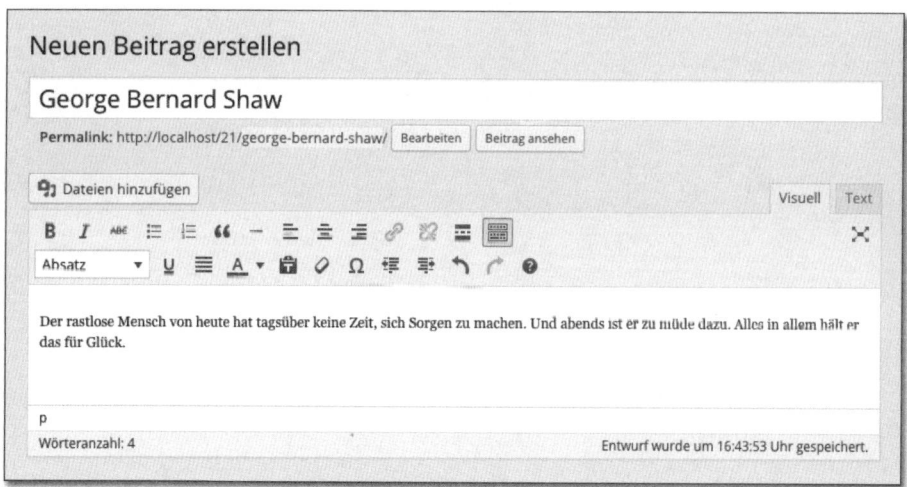

Abbildung 6.58 So sieht das Zitat im Backend aus ...

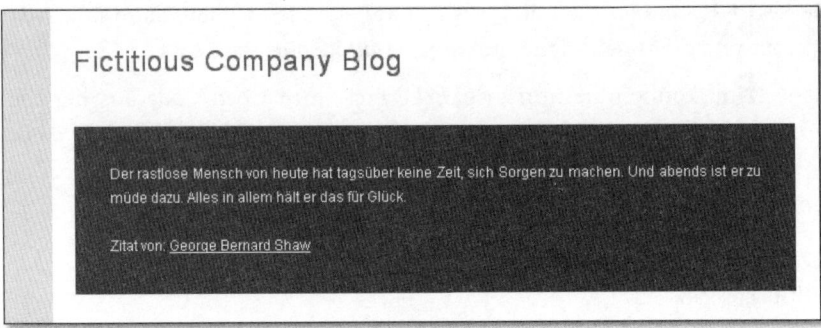

Abbildung 6.59 ... und so auf der Startseite des Blogs.

Sie sehen im obigen Code, dass ich dem äußeren div eine weitere CSS-Klasse hinzugefügt habe, über die ich das komplette Zitat stylen konnte. Das hätte man sicher besser, schöner und intelligenter machen können – aber das ist nun Ihre Aufgabe. Denken Sie sich interessante Formatvorlagen aus und setzen Sie sie um. Nach dem gleichen Prinzip können Sie alle weiteren Formatvorlagen Ihren Wünschen anpassen.

Kapitel 7
Responsive Webdesign mit WordPress

Responsive Webdesign ist ebenso wenig ein vorübergehender Trend wie das Internet. Je mehr Geräte unterschiedlicher Größe internet-fähig werden, desto mehr benötigen wir Lösungen wie Responsive Design.

Es scheint, als habe jede Webdesign-Ära so ihre eigenen Probleme zu lösen. Waren es damals noch die Tabellenlayouts, die semantisch vollkommen inkorrekt waren, so waren es später die Browser (ist »Internet Explorer« überhaupt Mehrzahl?), die mit der standardkonformen Auslegung von CSS-Angaben, gelinde gesagt, »Probleme« hatten.

Heute haben wir andere Probleme. Im Monatsrhythmus kommen neue Smartphones und Tablets auf den Markt, dazwischen noch ein paar Phablets, Smartwatches und auch Kühlschränke und Autos wollen natürlich auf das Internet zugreifen. Kurzum: Die Zeit, in der wir Websites vornehmlich für Desktop-Rechner und Notebooks entworfen haben, gehört längst der Vergangenheit an.

Die Gegenwart sind bereits Designs, die sich flexibel an die Größe des Bildschirms anpassen. Die Gegenwart ist Responsive Webdesign.

7.1 Was ist Responsive Webdesign?

Responsive Webdesign bedeutet dabei nichts anderes als »reagierendes Webdesign«. Es ist ein Design, das auf die Displaygröße reagiert. Dabei macht es aber nicht den Fehler, sich auf bestimmte feste Größen festzulegen, sondern nur auf grobe Größenbereiche. Das heißt, wir entwickeln nicht ein Design für das iPhone 4, eins für das iPhone 5 und eins für das iPhone 6, sondern eine für Größen im Smartphone-Bereich.

Möglich ist das nur, wenn wir mit flexiblen statt mit starren Werten arbeiten. Wir sagen Pixeln auf Wiedersehen und heißen *em* und Prozent willkommen. Denn diese sind flexibel einsetzbar. Ein Website, die 90 % breit ist, wird auf einem kleineren Smartphone genauso gut aussehen wie auf einem etwas größeren. Wir müssen nicht befürchten, dass die Website auf dem einen Smartphone den ganzen und auf dem anderen nur den halben Bildschirm ausfüllt, eben weil es 90 % und nicht 90 Pixel sind.

Dabei ist es unabdingbar, sich über verschiedene Anordnungen der Elemente einer Website Gedanken zu machen. Wir haben Responsive Webdesign ja gerade deshalb, weil der Aufbau einer klassischen Website nicht auf ein mobiles Gerät passt und wir zoomen müssten, um die einzelnen Bereiche ansteuern zu können. Die Lösung besteht darin, eben nicht nur aus Pixeln Prozente zu machen, sondern auch, dafür zu sorgen, dass die Elemente sich anders anordnen. Die Seitenleiste ist dann eben nicht mehr an der Seite, sondern unterhalb des Inhaltsbereichs. Beide erstrecken sich gleichermaßen über die gesamte Breite. Streng genommen machen wir also aus der Seitenleiste einen weiteren Inhaltsbereich.

Wir müssen auch dafür sorgen, dass Bilder und Text weiterhin in einem sinnvollen Verhältnis stehen. Stellen wir uns einen typischen Text vor, der um ein Bild fließt. Das Bild ist dabei in der Desktop-Ansicht schon nur so groß wie eine Streichholzschachtel. Wenn wir das jetzt gleichmäßig verkleinern würden, wäre das Bild irgendwann nur noch so groß wie ein 20-Cent-Stück. Wir müssen also umdenken. Während wir den Text verkleinern, verkleinern wir das Bild vielleicht nur ein wenig oder gar nicht und lassen den Text nicht mehr herumfließen, sondern wechseln ein Bild über die volle Breite ab mit Text über die volle Breite.

Wir müssen also nicht nur ein Konzept entwerfen, sondern zwei, drei oder noch mehr.

7.2   Mobile First vs. Desktop First

Die Frage ist nur: Womit fangen wir an? Es gibt unterschiedliche Ansätze, man kann fast von Bewegungen sprechen. Es gibt die, die weiterhin das Desktop-Konzept zuerst entwerfen und davon die mobilen Ansichten ableiten, das Design also reduzieren. Und es gibt diejenigen, die genau andersherum vorgehen: Sie beginnen mit der mobilen Ansicht und erweitern diese Stück für Stück, je größer das Display wird.

Und auch wenn jede Seite ihre Argumente hat, warum sie selbst das Nonplusultra darstellt, sollte man sich wohl nicht zu sehr einer dieser Bewegungen verschreiben. Wir sollten uns niemals an Denkmustern orientieren, sondern immer nur an Projekten. Haben wir ein Projekt, dessen mobile Website im Vordergrund steht, spricht nichts dagegen, mit dieser Ansicht zu beginnen. Aber ist unser Projekt vor allem auf Desktops ausgerichtet, könnte es passieren, dass wir uns mit einer Mobile-First-Strategie zu sehr einschränken. Auf einem großen Bogen Papier lassen sich komplexere Gedanken entwickeln als auf einem Bierdeckel.

Am Ende zählt immer der Benutzer. Wer ist die Zielgruppe? Welche Geräte nutzt die Zielgruppe? Wie gut kennt sie sich bereits mit mobilen Websites aus? Wie gut ist die

Zielgruppe in der Lage, vom bekannten Desktop-Design auf das mobile zu schließen und umgekehrt? Das alles müssen wir bei der Konzeption berücksichtigen.

7.3   Technischer Hintergrund

Responsive Webdesign findet überwiegend in CSS statt. Wir bauen nicht einfach drei Websites und stellen sie unter verschiedenen Subdomains zur Verfügung. Wir bauen eine Website, und der Browser entscheidet anhand der Displaygröße, welche CSS-Styles er anwendet. Es wird nur eine Website, ein Stylesheet ausgeliefert. Aber in der CSS-Datei befinden sich sogenannte *Media Queries*. Diese können Sie sich als Wenn-Dann-Abfragen vorstellen: Wenn eine bestimmte Displaygröße unterschritten wird, wende folgende Stile an. Wenn diese oder jene Displaygröße überschritten wird, wende diese Stile an. Abhängig ist das davon, ob Sie sich für Mobile First oder Desktop First entscheiden.

Bei Desktop First programmieren Sie die Website zunächst ganz klassisch und legen dann mittels Media Queries die einzelnen Abstufungen fest: Was soll sich beim Tablet ändern? Was bei Smartphones? Das Webdesign wird Stück für Stück reduziert.

Bei Mobile First hingegen programmieren Sie erst einmal ausschließlich die Smartphone-Ansicht. Dann fächern Sie die Website immer weiter auf, indem Sie über Media Queries festlegen, wie sich das Design auf Tablets und wie es sich auf Desktops verhalten soll.

Bedenken Sie, dass ältere Browser nicht unbedingt CSS-Media-Queries unterstützen. Um auch diese zu berücksichtigen, müssen Sie ein *Polyfill* installieren, wie z. B. *respond.js* (*https://github.com/scottjehl/Respond*).

> **Hinweis**
>
> Das Thema Responsive Webdesign ist extrem komplex. Es wäre vermessen, Ihnen in einem Kapitel alle technischen Details erklären zu wollen, nicht umsonst füllt das Thema ganze Bücher. Möchten Sie das Erstellen flexibler Websites lernen, kann ich Ihnen das Buch »Flexible Boxes« von Peter Müller sehr ans Herz legen.

7.4   Responsive Grids

Wenn Sie nun ein Responsive Theme für WordPress entwickeln möchten, bietet es sich an, gleich auf ein Grid zu setzen. *Grids* sind Gitter, an denen die Website-Elemente ausgerichtet werden. Die gab es auch schon vor dem Responsive Webdesign und sie wurden rege genutzt. An Responsive Grids ist anders, dass sie bereits dahingehend optimiert sind, sich an die unterschiedlichen Displaygrößen anzupassen. Ich werde Ihnen in den folgenden Abschnitten einige bewährte Grids vorstellen, unter denen Sie hoffentlich das richtige für Ihre Projekte finden.

getskeleton.com

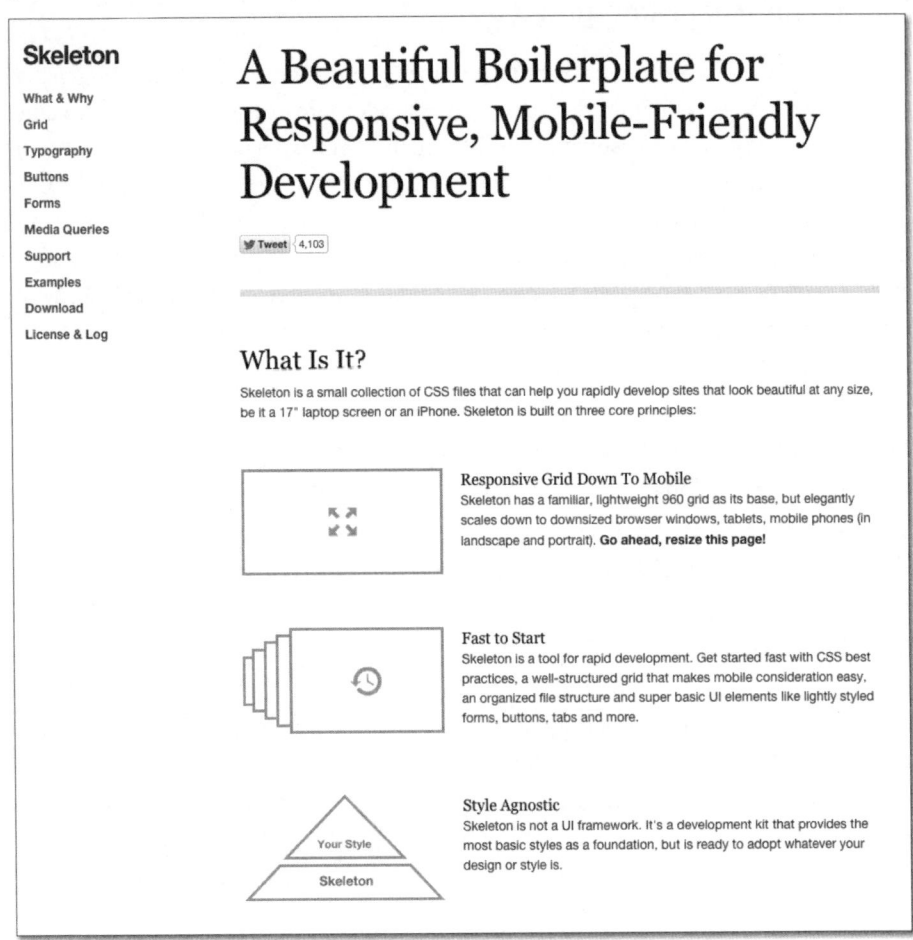

Abbildung 7.1 Das Skeleton-Gridsystem

Das Skeleton-Gridsystem ist ein sehr überschaubares Grid, das neben dem üblichen Gittersystem auch einige Standard-CSS-Styles bietet, wie typografische Elemente, Buttons und Formulare. Alles ist sehr schlicht und einfach gehalten, es soll einfach nur als eine gute Grundlage dienen und nicht zu viel vorgeben.

profoundgrid.com

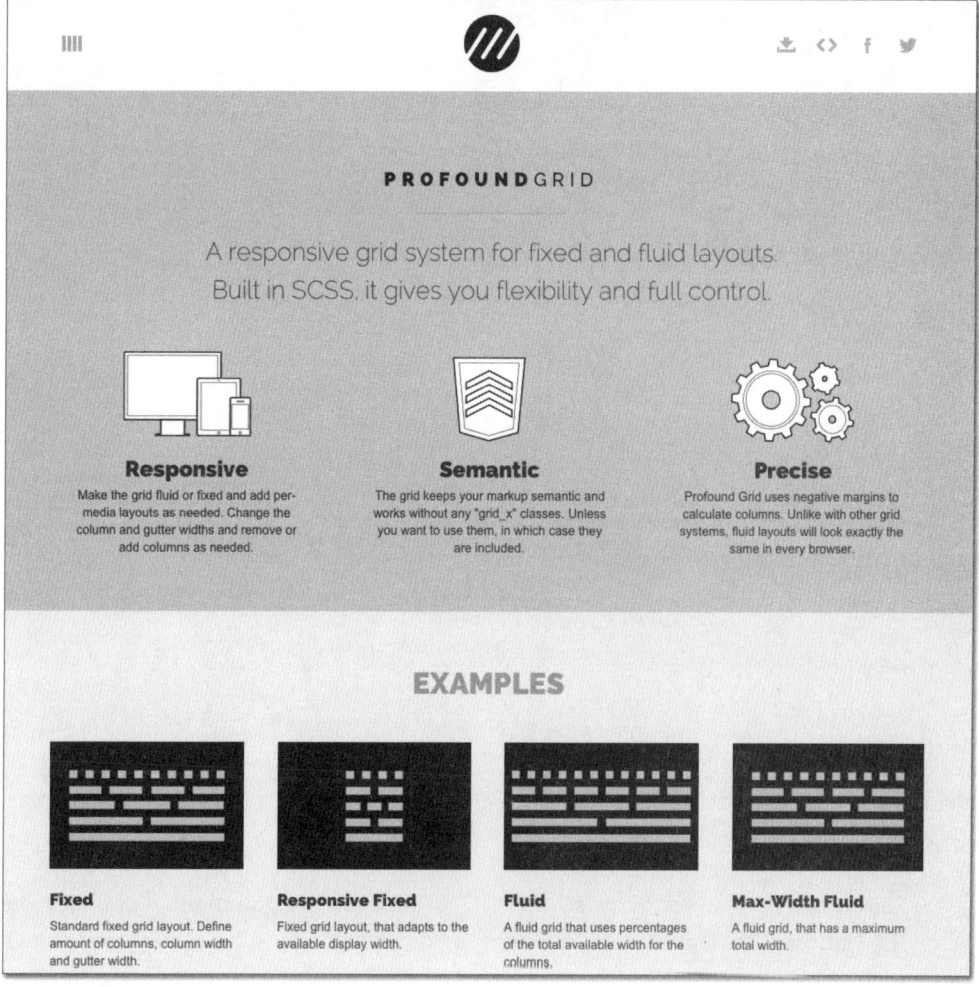

Abbildung 7.2 Das Profound-Gridsystem

Das Profound Grid bietet Ihnen verschiedene Umsetzungsmöglichkeiten, angefangen bei einem starren Webdesign über flexible Elemente bis hin zu verschachtelten Grids. Sie können also auch ein Grid im Grid anlegen, wenn Sie möchten. Die Elemente lassen sich auch anders anordnen, als sie im Quelltext vorkommen. So können Sie die Hauptinhalte im Quelltext nach oben stellen (gut für die Suchmaschinenoptimierung), die im Browser trotzdem weiter unten erscheinen.

thisisdallas.github.io/Simple-Grid/

Abbildung 7.3 Das Simple Grid

Simple Grid ist, wie der Name schon sagt, ein simples Gridsystem mit nicht allzu vielen Optionen. Es eignet sich vor allem für diejenigen, die schnell starten und sich nicht lange einlesen möchten. Das Grid ist auf 1140 px große Desktop-Designs ausgerichtet, was gemessen an der Anzahl großer Monitore auch durchaus Sinn ergibt, und auf 12 Spalten aufgeteilt.

csswizardry.com/csswizardry-grids/

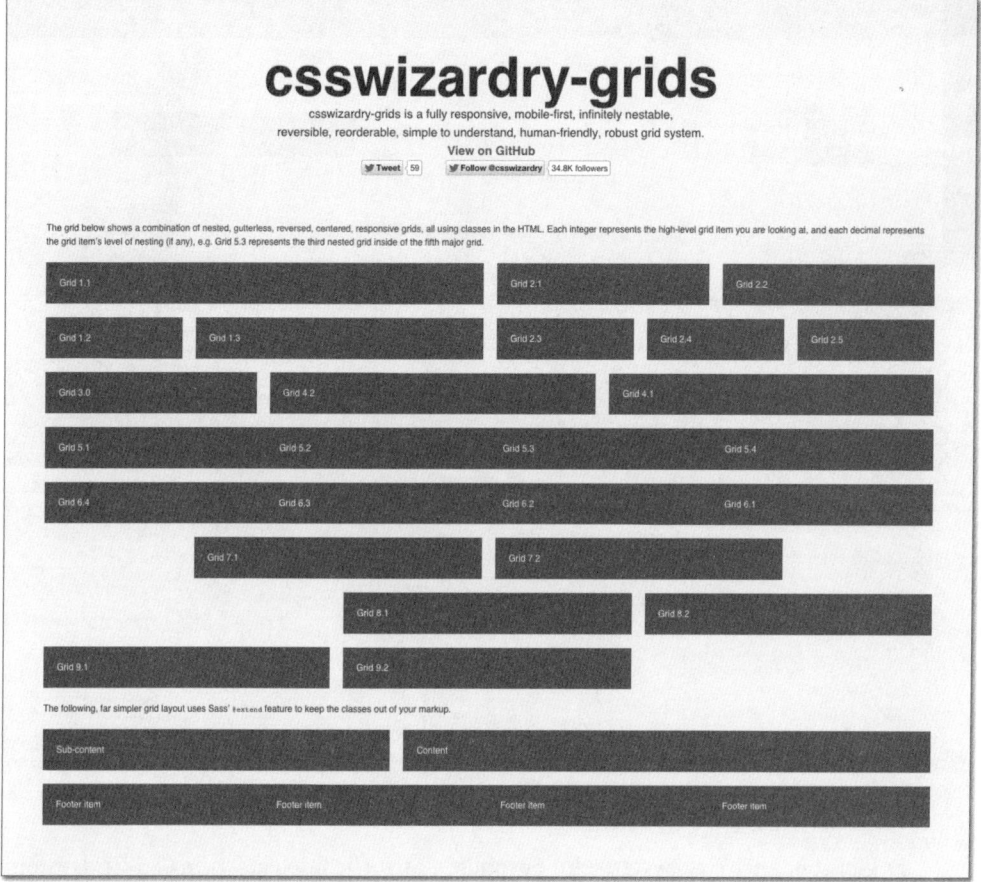

Abbildung 7.4 Das CSSWizardry-Gridsystem

CSSWizardry bietet ein Gridsystem, das den Mobile-First-Ansatz verfolgt und sehr einfach zu bedienen ist. Sie können das Gitter sogar komplett entfernen (um keine Abstände zwischen den Elementen zu haben). Auch bietet es die Möglichkeit, die Elemente anders anzuordnen, als sie im Code erscheinen.

neat.bourbon.io

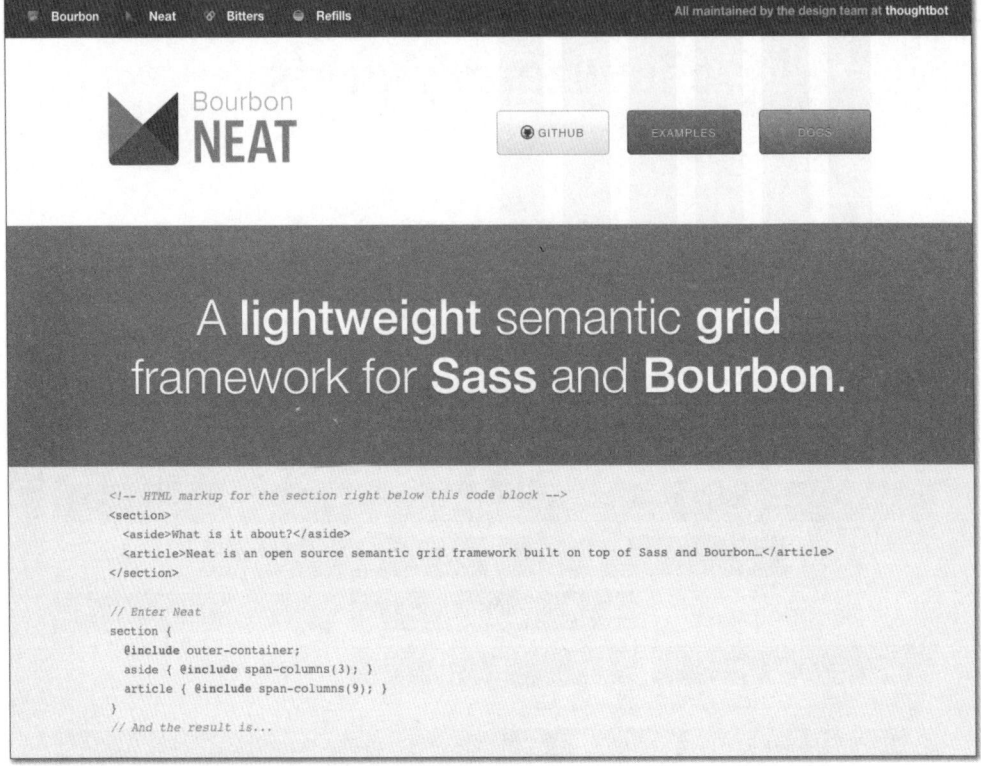

Abbildung 7.5 Das Neat-Gridsystem

Es gibt aber auch Gridsysteme für besondere Ansprüche. Neat ist ein CSS-Gridsystem, das auf SASS und der Bourbon-Bibliothek für SASS aufbaut. *SASS* ist eine Erweiterung zu CSS, die hilft, die Programmierzeit zu verkürzen, indem es beispielsweise verschachtelte Regeln ermöglicht und die Nutzung von Variablen erlaubt. Die *Bourbon-Bibliothek* baut darauf auf und ist ebenfalls Voraussetzung für die Nutzung von Neat. Wer SASS und Bourbon für die Entwicklung einsetzt, wird Neat als Gridsystem zu schätzen wissen.

7.5   Responsive Frameworks

Gridsysteme sind das eine, Frameworks das andere. Während Grids sich vor allem darauf beschränken, möglichst simpel und einfach Gitter für die Entwicklung von Websites zur Verfügung zu stellen, gehen Frameworks einige Schritte weiter. Sie bieten neben Grids noch unzählige andere Elemente, die man als Webdesigner immer wieder benötigt und so schneller zur Verfügung hat. Sie sind in den wichtigsten

Browsern getestet und bieten damit eine recht sichere Art der Website-Programmierung. Allerdings muss man aufpassen, dass mit Frameworks programmierte Websites sich nicht gleichen wie ein Ei dem anderen. Man sollte die Motivation mitbringen, auch all die vordefinierten Elemente mit eigenen Designs zu versehen, auch wenn es verlockend ist, einfach darauf zu verzichten.

Die Frameworks ähneln sich übrigens alle recht stark, die Funktionen überschneiden sich natürlich. Es geht also vielmehr darum, ein Framework zu finden, das zur eigenen Denkweise passt und möglichst einfach zu erlernen ist. Jeder findet zu einem anderen Framework einen besseren Zugang, es gibt nicht *die* Empfehlung.

getbootstrap.com

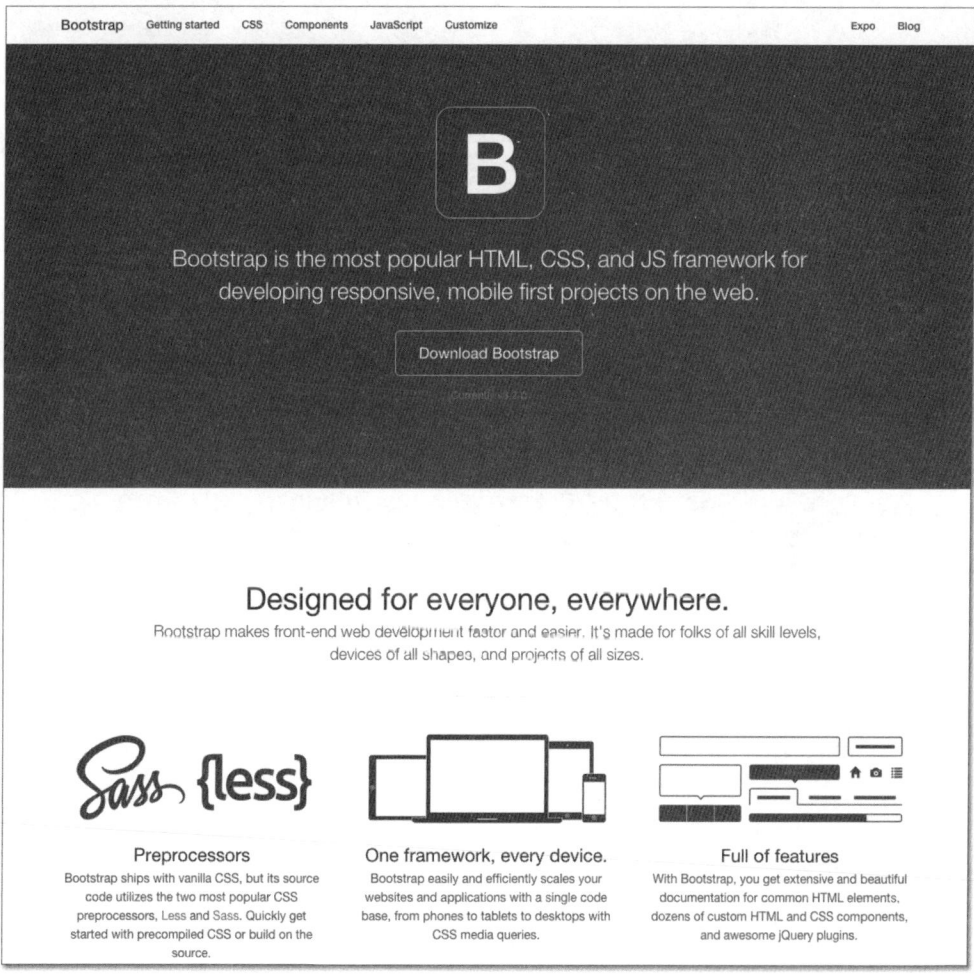

Abbildung 7.6 Das Bootstrap-Framework

Sie glauben nicht, auf wie vielen Websites Sie schon waren, die auf Bootstrap aufbauen. Es ist das Nonplusultra-Framework schlechthin, das ursprünglich für Twitter entwickelt worden ist. Man hat sich aber entschieden, es der Öffentlichkeit bereitzustellen, und es ist wirklich ein mächtiges Werkzeug. Sie können sowohl mit CSS als auch mit SASS oder LESS arbeiten. Die vordefinierten Elemente erstrecken sich von simplen Buttons über Formulare bis hin zu Paginierungen, Brotkrumennavigationen, Fortschrittsbalken und Hinweisboxen.

html5boilerplate.com

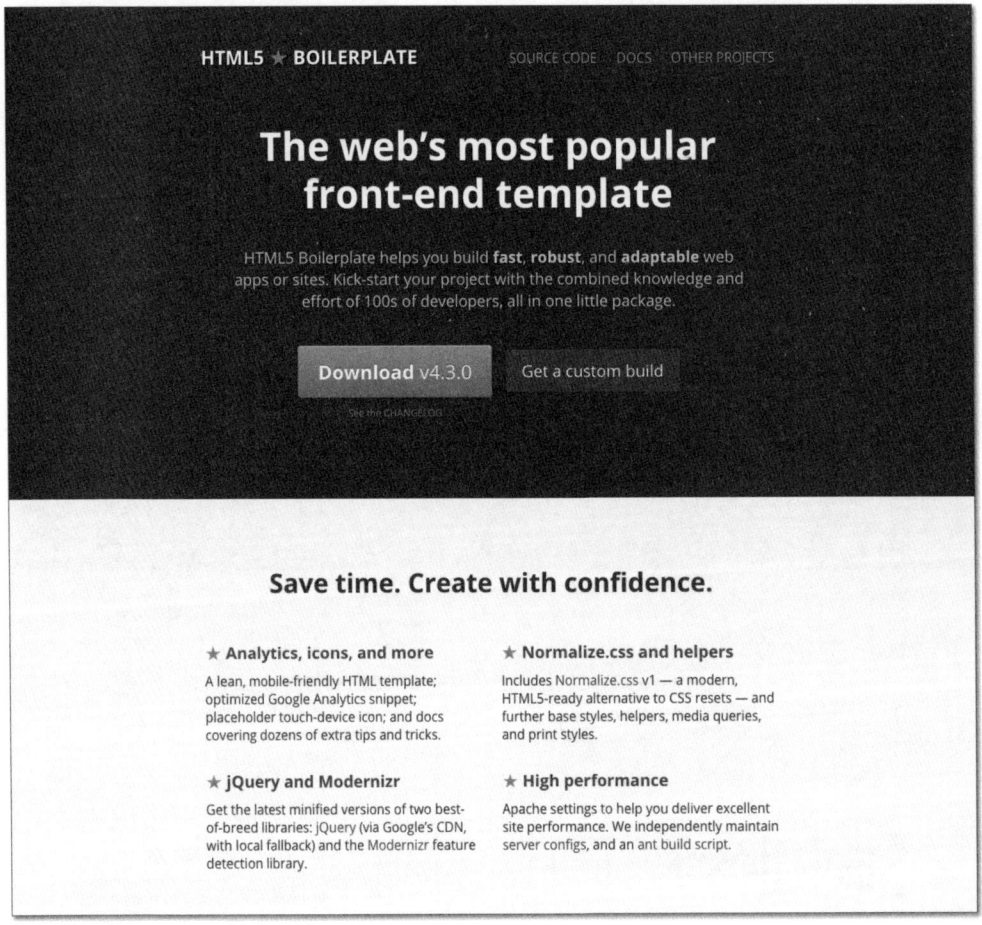

Abbildung 7.7 HTML5 Boilerplate

HTML5 Boilerplate ist ein solides Gerüst für Ihre Website, das neben einem Responsive-HTML-Template auch eine jQuery- und Modernizr-Integration sowie *normalize.css* mitbringt, das wie eine *reset.css* die CSS-Werte der Browser zurücksetzt.

gumbyframework.com

Abbildung 7.8 Gumby Framework

Gumby bietet neben einem umfangreichen Gridsystem, das auch verschachtelte Grids erlaubt, bereits diverse vordefinierte Elemente sowie Toggles bzw. Switches, die auch sehr gut über Touchscreens funktionieren. Es bringt optisch ansprechende Kacheln mit, wie sie heute in sehr vielen modernen Layouts verwendet werden. Außerdem werden Bilder nicht einfach herunterskaliert, sondern in der passenden Größe an die Endgeräte ausgeliefert, um Bandbreite zu sparen.

foundation.zurb.com

Abbildung 7.9 Foundation Framework

Foundation ist neben Bootstrap das andere Framework, das schon eine gefühlte Ewigkeit da ist. Es ist ebenfalls sehr umfangreich ausgestattet und nutzt Technologien wie *fastclick.js* und *GPU-Acceleration*, um Ihre Website für Besucher schneller und flüssiger wirken zu lassen. Es verfolgt außerdem den Mobile-First-Ansatz.

groundworkcss.github.io/groundwork/

Das GroundworkCSS 2 Framework bietet neben dem obligatorischen Gridsystem auch einige Optionen, um die Website barrierefrei zu machen. Es baut auf SASS auf und bietet die üblichen Elemente wie Navigationen, Buttons, Hinweisboxen und Tabellen (siehe Abbildung 7.10).

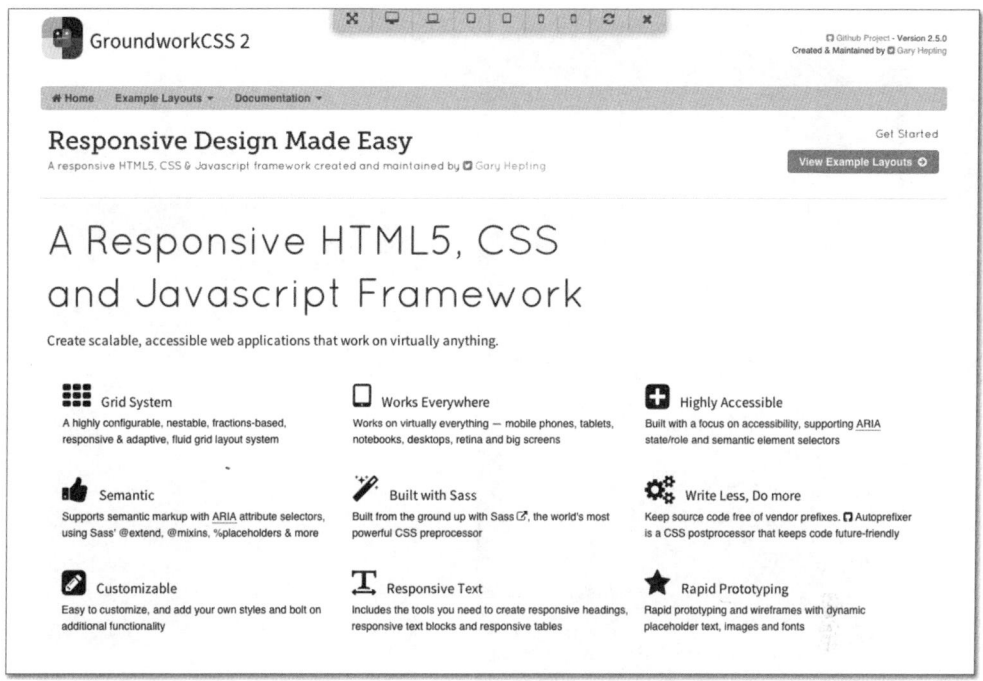

Abbildung 7.10 GroundworkCSS 2 Framework

7.6   Mobile Navigation

Responsive Webdesign bringt natürlich auch eine neue Form der Navigation mit sich. Aktuell sind vor allem solche Menüs beliebt, die verborgen sind, bis man sie über einen Button (meist oben rechts) freischaltet. Dann fährt das Menü von links, rechts, oben oder unten ein und ist auf Knopfdruck wieder weg.

Sie können solche Menüs bei WordPress-Themes genauso umsetzen wie jedes andere Menü auch, indem Sie einen Menü- oder Widget-Bereich an der jeweiligen Stelle implementieren.

Es gibt aber auch Plugins für diesen Job, z. B. *ShiftNav* von Chris Mavricos (*http://shiftnav.io*).

Das Plugin ermöglicht Ihnen die Integration eines solchen mobilen Menüs, das auf die grafischen Effekte natürlich nicht verzichten muss. Die Implementierung ist dann natürlich einfacher, als alles selbst zu programmieren (siehe Abbildung 7.11).

385

Abbildung 7.11 Das Plugin ShiftNav in Aktion

Nach Installation und Aktivierung des Plugins werden Sie zuerst aufgefordert, ein WordPress-Menü anzulegen und dieses mit dem Bereich ShiftNav [Main] zu verknüpfen (Abbildung 7.12).

Gehen Sie hierzu einfach auf DESIGN • MENÜS und dort auf POSITIONEN VERWALTEN, um ein Menü mit diesem Bereich zu verknüpfen (Abbildung 7.13).

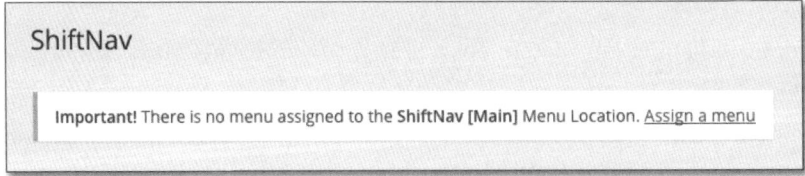

Abbildung 7.12 Verknüpfen Sie zunächst ein Menü mit dem Bereich »ShiftNav [Main]«.

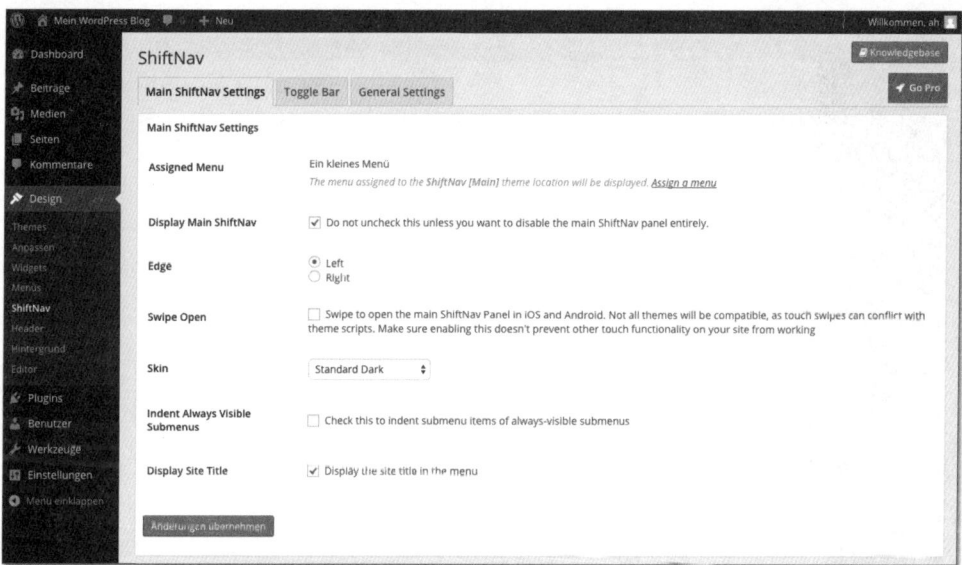

Abbildung 7.13 Das können Sie ganz leicht über den Abschnitt »Positionen verwalten« machen.

Abbildung 7.14 Die Grundeinstellungen des Plugins

Über DESIGN • SHIFTNAV gelangen Sie zu den Grundeinstellungen des Plugins (Abbildung 7.14). Dort haben Sie folgende Optionen:

Option	Beschreibung
DISPLAY MAIN SHIFTNAV	Den Haken hier sollten Sie nur dann entfernen, wenn Sie die ShiftNav-Hauptnavigation vollständig deaktivieren möchten.

Tabelle 7.1 Die Grundeinstellungen von ShiftNav

Option	Beschreibung
EDGE	Soll das Menü am linken oder rechten Rand angebracht sein?
SWIPE OPEN	Möchten Sie, dass das Menü auch über eine Wischgeste zu öffnen ist oder nur über den Button?
SKIN	Wählen Sie Ihr gewünschtes Theme für die Menügestaltung aus.
INDENT ALWAYS VISIBLE SUBMENUS	Sollen die Einträge von Untermenüs eingerückt werden, die dauerhaft sichtbar sind?
DISPLAY SITE TITLE	Soll der Seitentitel im Menü angezeigt werden?

Tabelle 7.1 Die Grundeinstellungen von ShiftNav (Forts.)

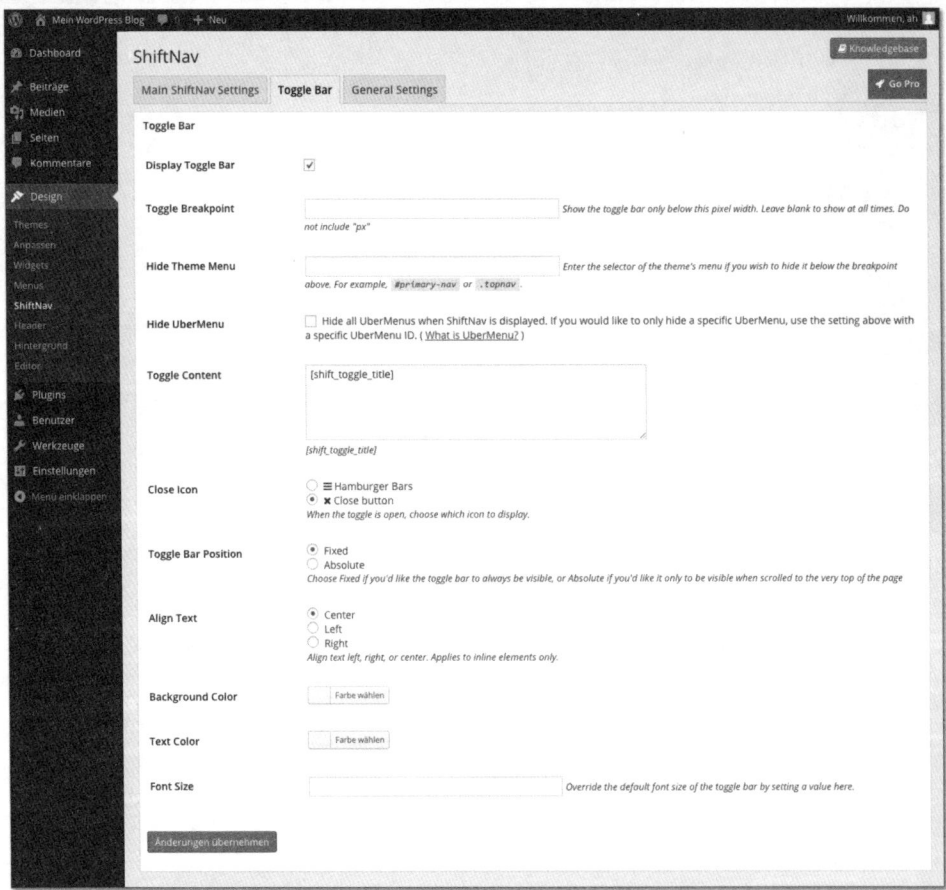

Abbildung 7.15 Die Toggle-Bar-Optionen

Die *Toggle Bar* ist nichts anderes als die kleine Leiste, die oberhalb der Website in der mobilen Ansicht angezeigt wird und auf der sich der Button befindet, um das Menü zu »togglen«, also »auf« und »zu« zu schalten. Auf der entsprechenden Unterseite in den Optionen können Sie diese Toggle Bar näher bestimmen (Abbildung 7.15) Hier haben Sie folgende Optionen:

Option	Beschreibung
DISPLAY TOGGLE BAR	Soll die Leiste überhaupt angezeigt werden?
TOGGLE BREAKPOINT	Soll die Leiste nur unterhalb einer bestimmten Pixel-breite angezeigt werden, also z. B. erst, wenn die Displaybreite 300 px oder weniger beträgt? Tragen Sie hier nur die Zahl ein, nicht die px-Angabe.
HIDE THEME MENU	Wie ist der CSS-Selektor Ihres eigentlichen Menüs, das statt der Leiste angezeigt wird, bis die Pixelbreite erreicht ist? Zum Beispiel: #primary-nav oder .primary-nav
HIDE UBERMENU	Wenn Sie UBERMENU verwenden, können Sie es über diese Option deaktivieren, solange ShiftNav eingeblendet wird.
TOGGLE CONTENT	Welcher Text soll in der Leiste angezeigt werden?
CLOSE ICON	Wie soll das Icon aussehen, über das das Menü wieder geschlossen werden kann?
TOGGLE BAR POSITION	Soll die Leiste immer sichtbar sein (FIXED) oder soll sie nur dann sichtbar sein, wenn der Besucher auf der Seite nach oben gescrollt ist (ABSOLUTE)?
ALIGN TEXT	Bestimmen Sie die Ausrichtung des Textes.
BACKGROUND COLOR	Legen Sie eine Hintergrundfarbe fest.
TEXT COLOR	Suchen Sie sich eine Textfarbe aus.
FONT SIZE	Wählen Sie die Schriftgröße.

Tabelle 7.2 Die Einstellmöglichkeiten der Toggle Bar

Darüber hinaus bietet ShiftNav noch eine weitere Unterseite mit spezifischeren Optionen namens GENERAL SETTINGS (Abbildung 7.16). Sie bietet die folgenden Möglichkeiten aus Tabelle 7.3.

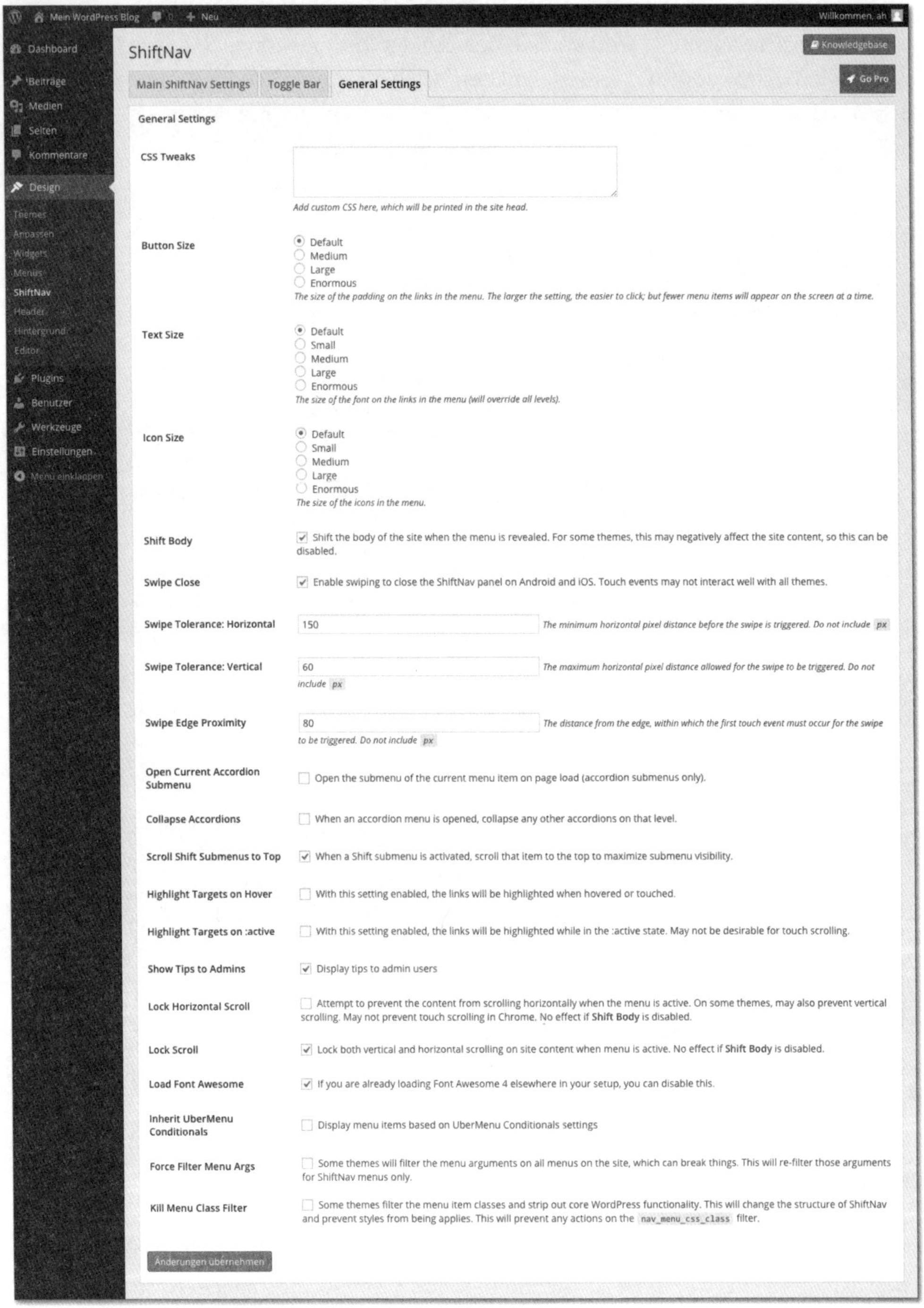

Abbildung 7.16 Die »General Settings« von ShiftNav

Option	Beschreibung
CSS TWEAKS	Hierüber können Sie eigene CSS-Angaben hinzufügen.
BUTTON SIZE	Wie groß sollen die Buttons sein?
TEXT SIZE	Wie groß wünschen Sie sich den Text?
ICON SIZE	Welche Größe dürfen die Icons haben?
SHIFT BODY	Soll der Inhaltsbereich Ihrer Website verschoben werden, wenn das Menü geöffnet wird? Bei manchen Themes kann das zu Darstellungsproblemen führen, weshalb Sie die Funktion natürlich auch deaktivieren können.
SWIPE CLOSE	Dürfen Benutzer das Menü auch durch Wischen wieder schließen?
SWIPE TOLERANCE: HORIZONTAL	Über wie viele Pixel muss horizontal gewischt werden, damit es als Wischgeste interpretiert werden soll?
SWIPE TOLERANCE: VERTICAL	Über wie viele Pixel muss vertikal gewischt werden, damit es als Wischgeste interpretiert werden soll?
SWIPE EDGE PROXIMITY	Wie weit entfernt vom Rand darf die Wischgeste beginnen, um als solche erkannt zu werden?
OPEN CURRENT ACCORDION	Öffnet ein etwaiges Akkordeon-Untermenü des aktuell geöffneten Menüpunktes automatisch, wenn die Seite geladen wird.
COLLAPSE ACCORDIONS	Wenn ein Akkordeon-Menü geöffnet wurde, sollen dann andere Akkordeon-Menüs auf derselben Ebene zusammengeklappt werden?
SCROLL SHIFT SUBMENUS TO TOP	Soll ein Untermenü beim Auswählen nach oben gescrollt werden, damit die Sicht auf die Unterpunkte frei wird?
HIGHLIGHT TARGETS ON HOVER	Sollen Links, über die mit der Maus gefahren oder die berührt werden, markiert werden?

Tabelle 7.3 Die »General Settings« von ShiftNav in Übersicht

Option	Beschreibung
HIGHLIGHT TARGETS ON :ACTIVE	Sollen Links, auf die geklickt wird, während des Klickens markiert sein?
SHOW TIPS TO ADMINS	Sollen Administratoren Tipps angezeigt werden?
LOCK HORIZONTAL SCROLL	Soll horizontales Scrollen deaktiviert werden, solange das Menü geöffnet ist?
LOCK SCROLL	Soll sowohl horizontales als auch vertikales Scrollen deaktiviert sein, solange das Menü geöffnet ist?
LOAD FONT AWESOME	Soll Font Awesome explizit geladen werden? Deaktivieren Sie dies, wenn Sie Font Awesome bereits in Ihr Theme eingebunden haben.
INHERIT UBERMENU CONDITIONALS	Soll sich das Menü an UberMenu ausrichten, wenn Sie UberMenu nutzen?
FORCE FILTER MENU ARGS	Aktivieren Sie dies, wenn das Theme in die Menüparameter eingreift und es zu Darstellungsproblemen kommt.
KILL MENU CLASS FILTER	Wenn Themes auf die CSS-Klassen Ihrer Menüs automatisch einwirken, aktivieren Sie dies, um das zu unterbinden.

Tabelle 7.3 Die »General Settings« von ShiftNav in Übersicht (Forts.)

Die ShiftNav-Einstellungen sind sehr umfangreich für eine mobile Navigation und können sehr stark an Theme und Bedürfnisse angepasst werden. Hier kommt man aber um viel Ausprobieren leider nicht herum.

7.7   Responsive Slider

Eine weitere Baustelle bei der Verknüpfung von WordPress mit Responsive Webdesign sind die Slider. Es gibt zwar viele Slider, aber es gibt deutlich weniger Slider als WordPress-Plugins und noch weniger, die auch responsive sind.

Ein sehr nützliches Plugin, mit dem sich sehr leicht Slider in das Theme, aber auch in einzelne Beiträge oder Seiten integrieren lassen, ist *MetaSlider* von Matcha Labs.

Installieren und aktivieren Sie das Plugin und Sie finden anschließend einen eigenen Obermenüpunkt in Ihrer Backend-Navigation.

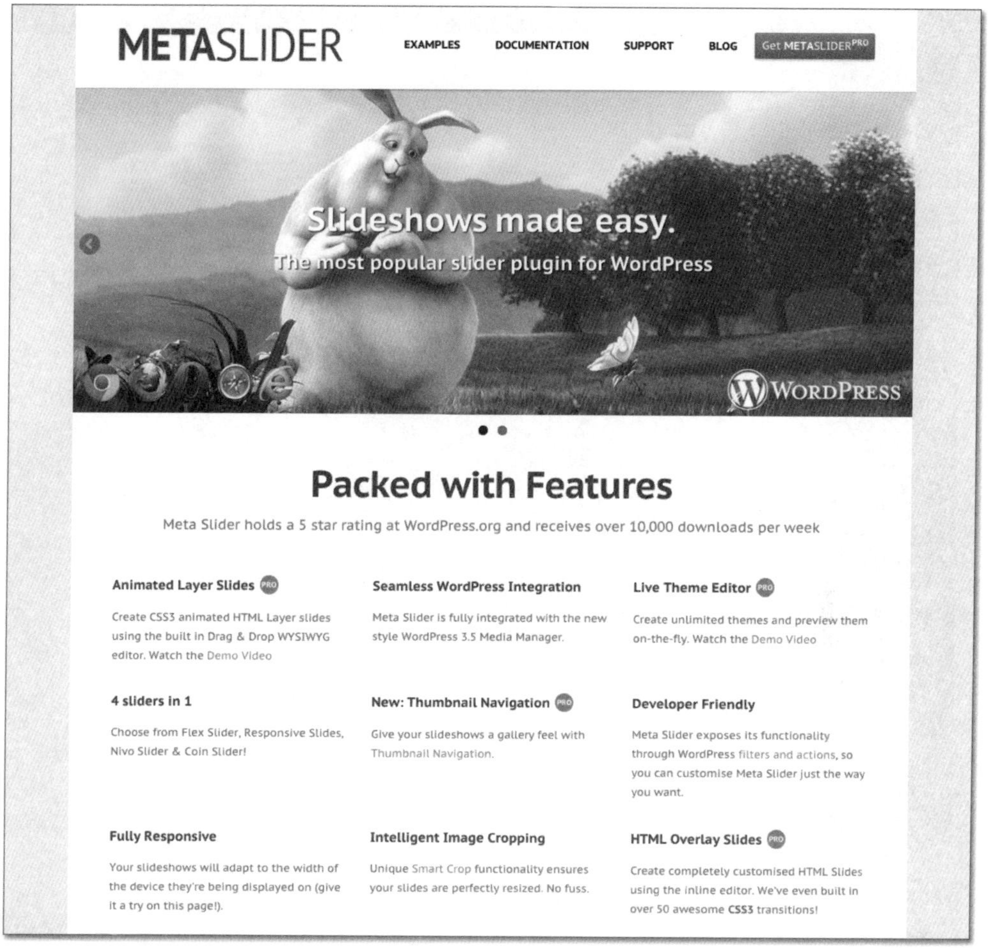

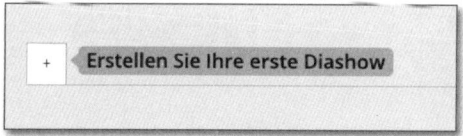

Abbildung 7.17 Der Hase weiß, wo er langläuft.

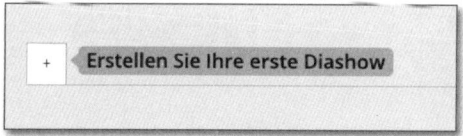

Abbildung 7.18 Erstellen Sie zuerst eine Diashow.

Um zu beginnen, müssen Sie zunächst eine Diashow erstellen (Abbildung 7.18). Jede Diashow entspricht einem Slider. Sie können also so viele erstellen, wie Sie möchten.

Nachdem Sie die erste Diashow erstellt haben, können Sie damit beginnen, zunächst die Bilder, also die Slides, hinzuzufügen (Abbildung 7.19).

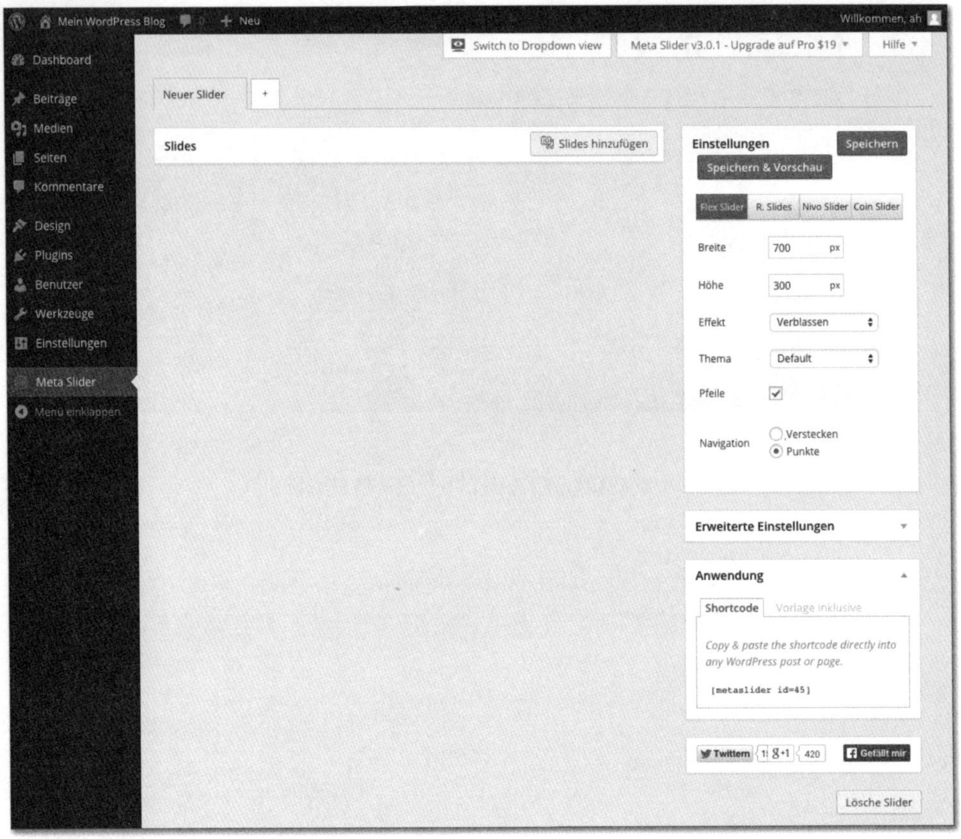

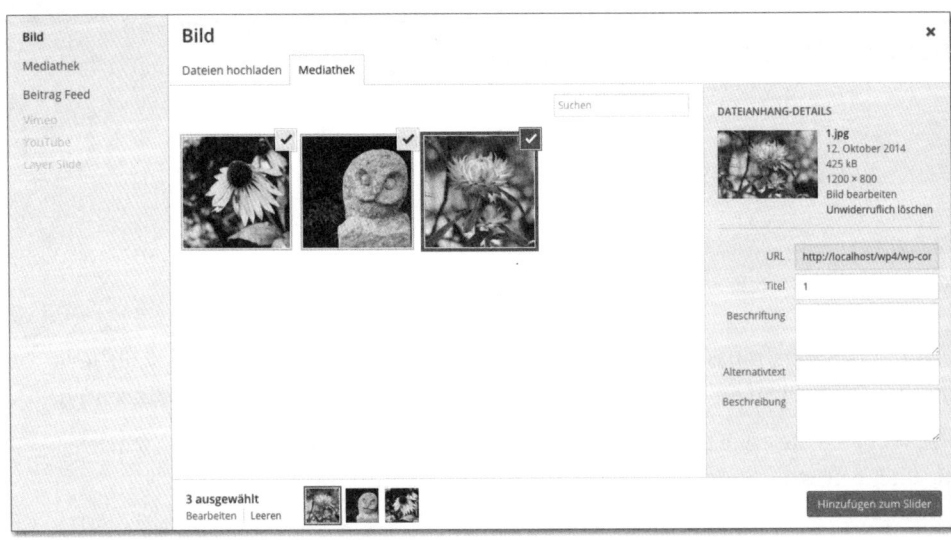

Abbildung 7.19 Danach können Sie Einstellungen vornehmen und Bilder hinzufügen.

Abbildung 7.20 Wählen Sie die Bilder aus Ihrer Mediathek aus oder laden Sie sie direkt hoch.

Sie können entweder Bilder aus Ihrer Mediathek auswählen oder neue hochladen und direkt integrieren (Abbildung 7.20).

Jedes hinzugefügte Bild hat mehrere Optionen, die auf drei Register aufgeteilt sind. Unter dem Registerreiter GENERAL können Sie sowohl eine Beschriftung des Bildes hinterlegen als auch eine URL, mit der das Bild verlinkt werden soll, und festlegen, ob dieser Link in einem neuen oder im bestehenden Fenster geöffnet werden soll (Abbildung 7.21).

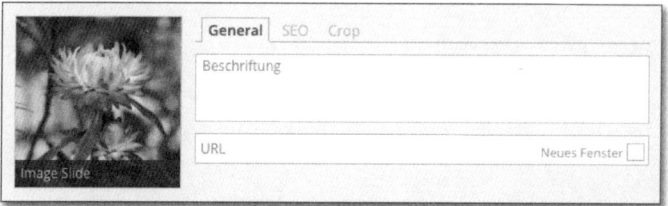

Abbildung 7.21 Legen Sie eine Beschriftung fest und eine URL für den Link.

Unter SEO können Sie bestimmen, wie der suchmaschinenrelevante Titel des Bildes und wie dessen alternativer Titel (Alt-Tag) heißen sollen (Abbildung 7.22).

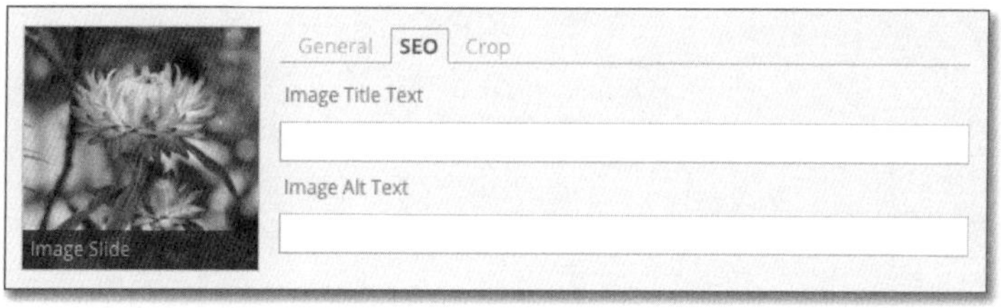

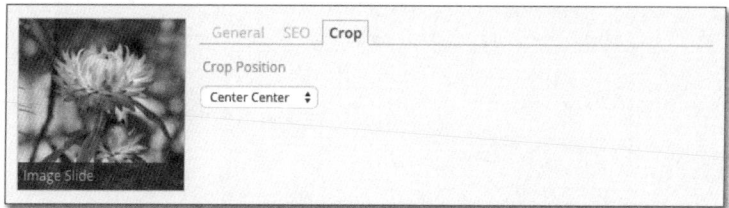

Abbildung 7.22 Wie sollen Titel und »Alt«-Tag des Bildes lauten?

Die Bilder werden nicht immer genau zur Slidergröße passen. Legen Sie über das Register CROP fest, nach welchem Schema die Bilder beschnitten werden sollen (Abbildung 7.23). Standard ist CENTER CENTER, also aus der Mitte heraus. Aber von oben links bis unten rechts sind alle Optionen denkbar.

Abbildung 7.23 Wie soll das Bild beschnitten werden?

Die Grundeinstellungen des Sliders sind übersichtlich (Abbildung 7.24). Neben der Art des Sliders können Sie dort natürlich auch Breite und Höhe bestimmen sowie den verwendeten Effekt für den Bildwechsel oder ein vordefiniertes Thema. Bestimmen Sie, ob Pfeile für die Navigation angezeigt werden sollen und ob es auch (zusätzlich) eine Navigation über Punkte am unteren Rand geben soll. Aus Gesichtspunkten der Benutzerfreundlichkeit ist beides empfehlenswert.

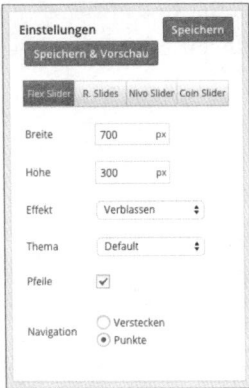

Abbildung 7.24 Legen Sie ein paar grundlegende Optionen fest.

Abbildung 7.25 Die erweiterten Einstellungen sind da schon etwas komplexer.

Die erweiterten Einstellungen aus Abbildung 7.25 bieten allerdings noch viel detailliertere Möglichkeiten, um Einfluss auf den Slider zu nehmen:

Option	Beschreibung
STRETCH	Soll der Slider 100 % der (im Container) zur Verfügung stehenden Breite einnehmen?
IM ZENTRUM AUSRICHTEN	Möchten Sie den Slider im Zentrum ausrichten?
AUTOMATISCHE WIEDERGABE	Soll die Wiedergabe automatisch starten?
IMAGE CROP	Legen Sie den Modus fest, nach dem der Beschnitt durchgeführt werden soll. SMART klingt gut.
KARUSSELL MODUS	Sollen wie bei einem Karussell mehrere Slides gleichzeitig sichtbar sein?
ZUFÄLLIG	Soll die Wiedergabe zufällig erfolgen?
SCHWEBEN PAUSE	Soll die Wiedergabe angehalten werden, solange der Nutzer mit dem Mauszeiger darüber fährt?
RÜCKWÄRTS	Möchten Sie die Reihenfolge der Animation umkehren?
SLIDE VERZÖGERUNG	Wie lange soll jeder Slide angezeigt werden?
ANIMATIONSGESCHWINDIGKEIT	Wie lang soll die Animation dauern?
SLIDE RICHTUNG	Sollen die Slides horizontal oder vertikal gewechselt werden?
BESCHLEUNIGUNG	Wünschen Sie einen speziellen Animationseffekt?
ZURÜCK (TEXTEINGABE)	Text für vorheriges Bild
VORWÄRTS (TEXTEINGABE)	Text für nächstes Bild
CSS KLASSEN	Möchten Sie eigene CSS-Klassen zum Slider hinzufügen?
ZEIGE CSS	Wenn Sie ausschließlich eigene CSS-Styles verwenden möchten, deaktivieren Sie hier das CSS des Plugins.
PRINT JS	Deaktivieren Sie hierüber die JavaScripts des Plugins, wenn Sie eigene verwenden möchten.

Tabelle 7.4 Die erweiterten Einstellungen für den Slider

Option	Beschreibung
NO CONFLICT MODE	Wenn andere Plugins/Themes die Klasse flexsli- der verwenden, kann es zu Konflikten kommen. Hierdurch wird diese Klasse mittels JavaScript erst dann dem Slider hinzugefügt, wenn MetaSlider geladen wird.

Tabelle 7.4 Die erweiterten Einstellungen für den Slider (Forts.)

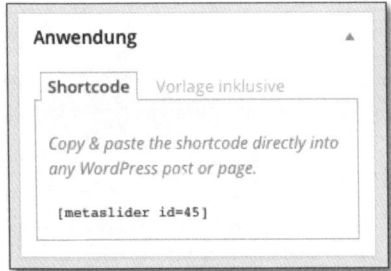

Abbildung 7.26 Binden Sie den Slider über den Shortcode in Beiträge und Seiten ein.

Um den Slider nun endlich einzubinden, haben Sie zwei Möglichkeiten: Entweder Sie nehmen den Weg über den Shortcode (Abbildung 7.26) oder über einen Code (Abbildung 7.27). Der Shortcode ist dann sinnvoll, wenn Sie den Slider in Ihre Beiträge oder Seiten integrieren möchten. Soll der Slider jedoch fest ins Theme integriert werden, steht Ihnen dafür auch ein Code zur Verfügung, der für jeden Slider natürlich passend generiert wird.

Abbildung 7.27 Oder Sie fügen den Slider über einen Code in das Theme ein.

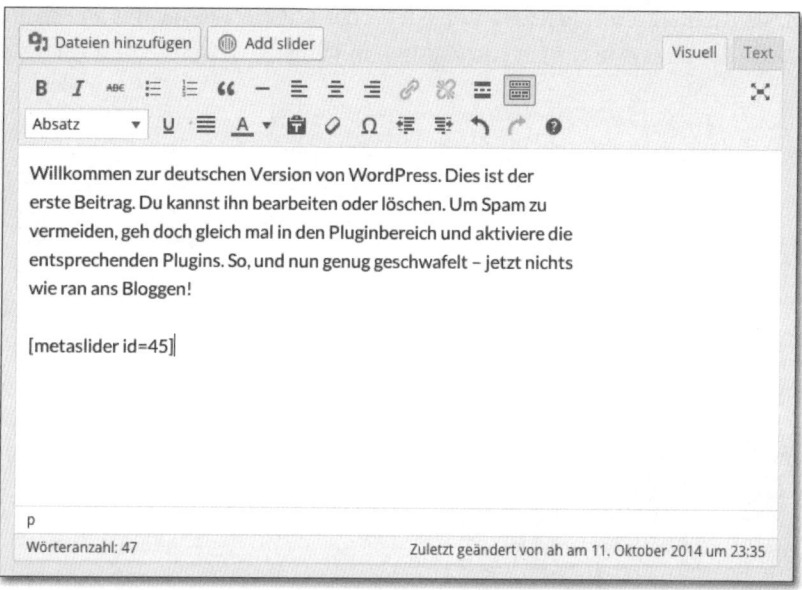

Abbildung 7.28 Fügen Sie den Shortcode direkt in Beiträge ein.

Wenn Sie den Shortcode beispielsweise in einen Beitrag einfügen (Abbildung 7.28), dann wird der Slider auch nur in diesem Beitrag und nur in der für den Beitrag zur Verfügung stehenden Breite angezeigt (Abbildung 7.29).

Abbildung 7.29 So sieht das Ganze dann in Aktion aus.

Und wenn Sie die Breite des Fensters anpassen oder auf ein Mobilgerät wechseln, wird die Größe des Sliders natürlich automatisch mit angepasst (Abbildung 7.30).

Abbildung 7.30 So sieht es dann in der mobilen Ansicht aus.

7.8   Retina-Bilder

Ein dem Responsive Design verwandtes Problem betrifft die Retina-Bilder. Seit Apple die Retina-Bildschirme bei Smartphones, Tablets und MacBooks eingeführt hat, wollen alle Website-Betreiber natürlich, dass ihre Bilder auch auf diesen Monitoren absolut scharf aussehen.

Das Prinzip ist recht einfach: Da diese Bildschirme eine höhere Pixeldichte darstellen können, benötigen Sie nun für dieselbe Darstellungsgröße wie früher die doppelte Bildgröße. Das bedeutet: Hatten Sie vorher ein Bild in der Größe 400 × 200, benötigen Sie für Retina-Bildschirme nun ein Bild in der Größe 800 × 400, das allerdings nur in 400 × 200 angezeigt wird. Für HTML und CSS bedeutet das: Das Bild wird zwar in 800 × 400 hinterlegt, aber es wird nur in der Größe 400 × 200 eingebunden.

Um sich die Arbeit ein wenig zu erleichtern, gibt es das Plugin *WP Retina 2x* von Jordy Meow. Das Plugin hinterlegt alle Bilder, die Sie über die Mediathek hochladen, automatisch auch in der jeweils doppelten Größe mit dem Namenszusatz *@2x*. Bei der Verwendung von retina-fähigen Geräten wird dann diese Version ausgeliefert.

Abbildung 7.31 Das Plugin »WP Retina 2x«

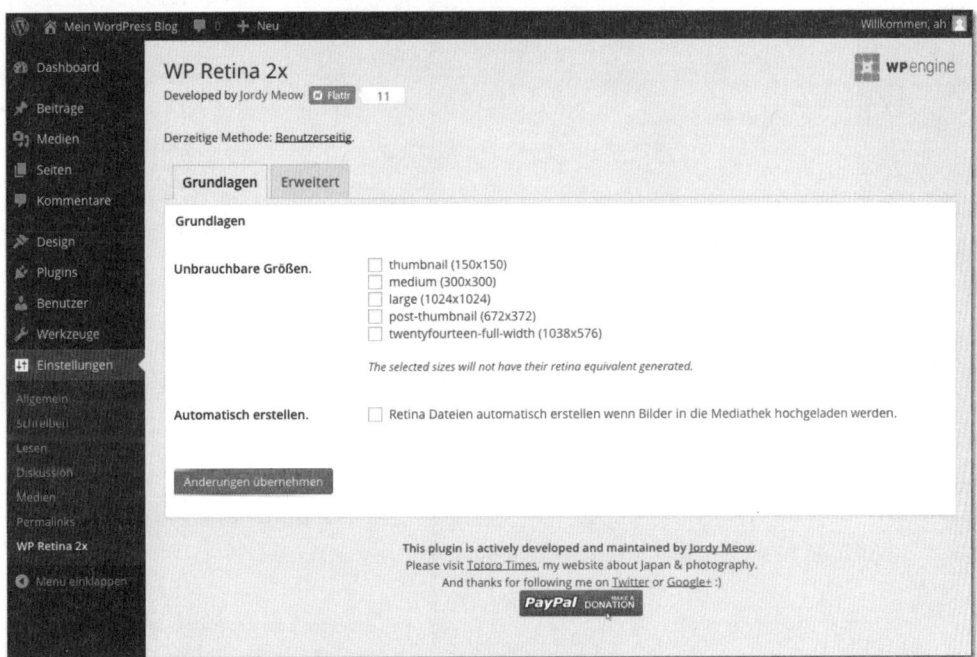

Abbildung 7.32 Die Grundeinstellungen von WP Retina 2x

Die Plugin-Optionen finden Sie unter EINSTELLUNGEN • WP RETINA 2x. Dort finden Sie zunächst das Register GRUNDLAGEN vor (Abbildung 7.32). Dort können Sie unter der etwas seltsam übersetzten Bezeichnung UNBRAUCHBARE GRÖSSEN diejenigen Bildgrößen festlegen, die vom Plugin nicht berücksichtigt werden sollen, für die also keine @2x-Versionen erstellt werden. Sie können auch festlegen, dass die Retina-Grafiken automatisch erstellt werden, sobald ein neues Bild über die Mediathek hochgeladen wird.

Unter ERWEITERT finden Sie dann auch noch ein paar ausführlichere Optionen (Abbildung 7.33). Die Option erklärt Tabelle 7.5.

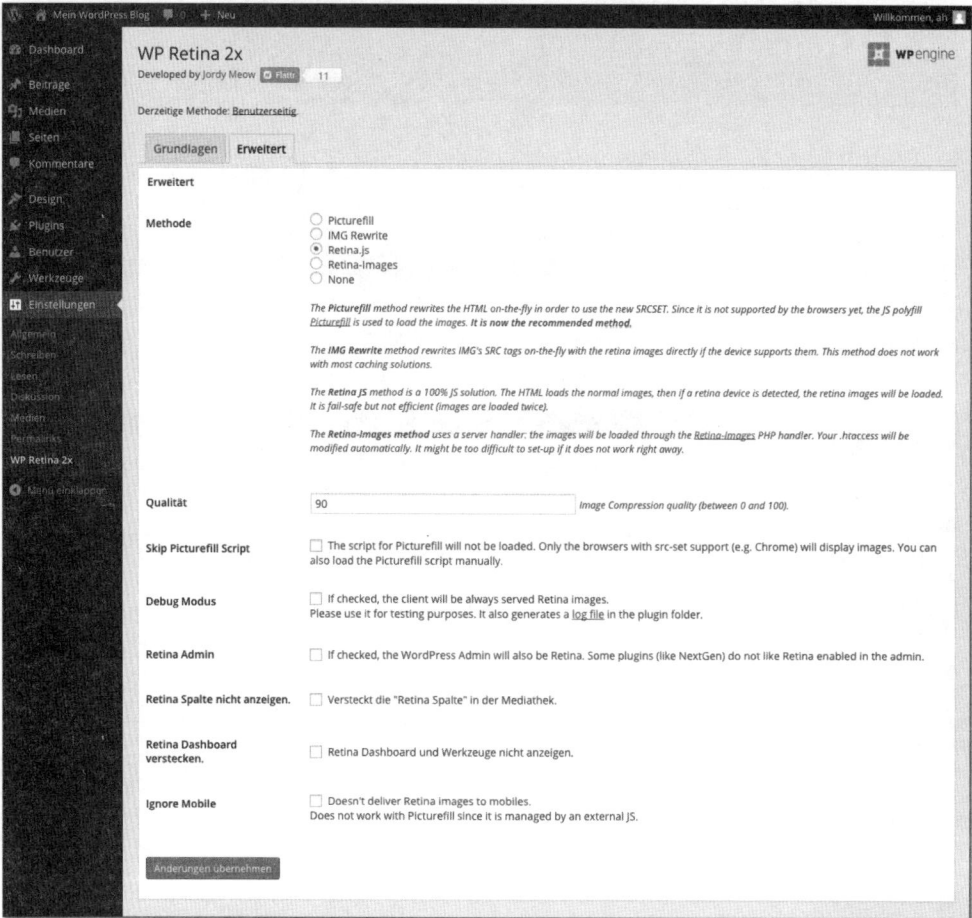

Abbildung 7.33 Die erweiterten Einstellungen von WP Retina 2x

Option	Beschreibung
METHODE	Mit welcher Methode sollen die Bilder ausgeliefert werden?

Tabelle 7.5 Die Optionen für Retina-Bilder im Menu »Erweitert«

Option	Beschreibung
METHODE (Forts.)	Bei PICTUREFILL wird das neue HTML-Attribut srcset verwendet, das allerdings von den Browsern noch nicht gänzlich unterstützt wird. Das Polyfill sorgt dafür, dass diese Funktion zur Verfügung steht.
	IMG REWRITE überschreibt die IMG-Tags der Bilder, macht aber Probleme mit Cache-Plugins.
	Die RETINA.JS-Methode basiert zu 100 % auf JavaScript und lädt zuerst die normale Bilddatei und dann zusätzlich die Retina-Datei, wenn erforderlich. Das ist allerdings nicht sehr effizient, weil zwei Bilder geladen werden.
	Die Methode RETINA-IMAGES verwendet einen PHP-Handler, um die Dateien zu laden, wofür allerdings Änderungen durch das Plugin an der .htaccess-Datei vorgenommen werden müssen.
	Die empfehlenswerte Methode laut Plugin-Autor ist aktuell PICTUREFILL.
QUALITÄT	Legen Sie fest, in welcher Qualität zwischen 0 bis 100 die Retina-Bilder hinterlegt werden sollen (Komprimierung).
SKIP PICTUREFILL SCRIPT	Wenn Sie srcset verwenden, aber auf Polyfill verzichten möchten, um nur die ganz aktuellen Browserversionen zu unterstützen, setzen Sie hier einen Haken.
DEBUG MODUS	Diese Option nur zum Testen aktivieren, denn hierdurch werden ausschließlich die Retina-Bilder ausgeliefert, unabhängig vom Gerät.
RETINA ADMIN	Soll die Administrationsoberfläche auch die Retina-Bilder verwenden?
RETINA SPALTE NICHT ANZEIGEN	Soll die Retina-Spalte in der Mediathek versteckt werden? (Tabellarische Ansicht)
RETINA DASHBOARD VERSTECKEN	Retina-Dashboard und Werkzeuge ausblenden
IGNORE MOBILE	Aktivieren, wenn an Mobilgeräte generell keine Retina-Bilder ausgeliefert werden sollen. Funktioniert allerdings nicht mit der Picturefill-Methode.

Tabelle 7.5 Die Optionen für Retina-Bilder im Menu »Erweitert« (Forts.)

403

Kapitel 8
Seitentypen

Seitentypen sind neu in WordPress und versetzen Sie in die Lage, beliebige Seitentypen selbst als Vorlage zu kreieren und stets darauf zurückzugreifen.

Wenn man davon spricht, dass WordPress nun ein taugliches *CMS* ist, dann hat das viele Gründe. Ein besonders wichtiger ist die Einführung der *Seitentypen* (*Custom Post Types*) in Version 3.0. Auf kaum ein Feature wurde so sehnsüchtig gewartet. Warum? Ganz einfach. Bislang waren Sie bei WordPress darauf angewiesen, entweder einen Blogbeitrag oder eine statische Seite anzulegen. Das ist ein ziemlich starres Konzept für die vielfältigen Webprojekte, die darauf warten, von uns umgesetzt zu werden. Erst das neue Feature ermöglicht nun das Erstellen ganz eigener Seitentypen, die Sie an die Bedürfnisse Ihrer Website anpassen können.

8.1 Was sind Seitentypen?

Wie der Name schon vermuten lässt, sind Seitentypen eigene Beitragstypen. Sie sind also nicht mehr darauf angewiesen, einen Blogbeitrag oder eine Seite anzulegen, sondern können einen ganz eigenen *Post Type* hinzufügen. Dieser lässt sich beliebig ausgestalten.

Zum Beispiel können Sie dem Seitentyp eigene Formularfelder zuweisen, die der Autor dann bei der Erstellung ausfüllen muss oder kann. Das erleichtert die Arbeit mit mehreren Autoren enorm, da man ihnen das Schema nicht mehr erklären muss, sondern die Vorlage einfach die erforderlichen Eingaben abfragt. Haben Sie einen Unterbereich namens »Portfolio« auf Ihrer Website, dann können Sie Ihre Mitarbeiter über die Vorlage genau die einzelnen Informationen eingeben lassen, die bei jedem Projekt dort auftauchen sollen. Über die *Themes* können Sie diese Informationen dann einmalig gestalten – in Zukunft werden sie dann automatisch auf diese Weise formatiert.

Auch können Sie ganz eigene *Taxonomien* erstellen. Das sind im Prinzip Kategorisierungen, die übrigens in ihrem Umfang nicht begrenzt sind. So können Sie also auch festlegen, dass ein Seitentyp in vielerlei Form kategorisiert werden kann. Nehmen wir als Beispiel einen Shop für Computer. Stellen wir uns der Einfachheit halber vor, ein Computer lässt sich auf drei Wege kategorisieren: einmal über die Leistung des

Prozessors, einmal über die Menge des Arbeitsspeichers und einmal über die Größe des beigefügten Monitors. Ja, das ist sehr banal, aber als Beispiel dürfte es genügen.

Nun könnten Sie festlegen, dass jede Seite, die über den Seitentyp »Computer« erstellt wird, auf dreierlei Weise kategorisiert werden kann. Wie bei einem Blogbeitrag haben Sie dann die Möglichkeit, für jedes Produkt auszuwählen, wie hoch z. B. die Prozessorleistung des Computers ist. Im Gegensatz zum Blogbeitrag haben Sie aber neben der einen Kategorisierung noch mehrere, nämlich in unserem Fall die Einordnung nach Arbeitsspeicher und die nach Monitorgröße. Und wenn Sie wollen, können Sie gern noch 500 weitere Taxonomien hinzufügen – auch wenn das nur mäßig sinnvoll erscheint.

Außerdem sind Seitentypen leichter zu implementieren, als ein Konstrukt aus statischen Seiten und Beiträgen zu generieren. Bislang war man darauf angewiesen, für alles Beiträge zu erstellen, diese dann zu kategorisieren und eben für jeden Bereich einer Website nur bestimmte Kategorien anzuzeigen. Je nachdem, wie komfortabel das Ganze für den Besucher sein sollte, war dies mit erheblichem Aufwand verbunden oder auch gar nicht möglich.

Sie können sich Seitentypen also wie einen großen Baukasten vorstellen, mit dem Sie die Administrationsoberfläche für bestimmte Beiträge so gestalten können, wie Sie möchten. Sie brauchen keinen Editor? Raus damit. Sie brauchen aber noch drei zusätzliche Eingabefelder und einige Kategorisierungen? Rein damit. So einfach ist das Prinzip der Seitentypen.

8.2   Anwendungsbereiche

Nun fragen Sie sich vielleicht, wofür Sie Seitentypen benötigen. Oder ob das überhaupt für Ihre Zwecke geeignet ist, wo Sie doch vielleicht ohnehin der Einzige sind, der Ihre Website pflegt.

Grundsätzlich kann man sagen, dass Seitentypen immer nützlich sind. Auch wenn Sie Ihre Website ganz allein verwalten, müssen Sie sich nur einmal in die Registrierung dieser Seitentypen hineinarbeiten und können fortan immer von der erstellten Vorlage profitieren. Je umfangreicher die Anforderungen Ihrer Website sind, desto interessanter werden Seitentypen. Denn viele Bereiche einer Website werden nicht ständig gepflegt. Wenn Sie später noch einmal diesen einen vernachlässigten Bereich überarbeiten möchten, wissen Sie vielleicht nicht mehr, nach welchem Schema Sie bei den Beiträgen dazu vorgegangen sind. Seitentypen erleichtern diese Arbeit ungemein. Außerdem sind sie, wie gesagt, oft leichter zu implementieren, als einen *Workaround* über die Blogbeiträge zu schaffen.

Der Anwendungsbereich für Seitentypen ist praktisch unbegrenzt. Aber lassen Sie sich dieses Feature durch ein paar Beispiele schmackhaft machen.

8.2.1   Ein FAQ-Bereich

Wenn Sie nun einen Bereich für die am häufigsten gestellten Fragen Ihrer Kunden mit WordPress umsetzen wollten, wie würden Sie das tun? Sie werden vermutlich nicht gleich auf eine Lösung kommen; die ist nämlich alles andere als leicht. Sie könnten eine statische Seite erstellen, auf der Sie alle Fragen auflisten. Für jede der Fragen müssten Sie dann eine eigene Seite erstellen, die Sie dieser Hauptseite unterordnen, und dort dann die Frage wiederholen und die entsprechende Antwort geben. Das ist schon ziemlich umständlich.

Viel einfacher wäre da die Lösung über Seitentypen. Sie erstellen einen Seitentyp namens »FAQ«. Die Vorlage besteht ganz banal nur aus »Frage« und »Antwort«. Sie erstellen eine statische Seite, auf der alle Fragen ausgegeben und mit den Antworten verlinkt werden. Das Ganze machen Sie ein einziges Mal. Von nun an müssen Sie in Ihrer Administrationsoberfläche nur auf FAQ • ERSTELLEN klicken und eine Frage samt Antwort eingeben. WordPress übernimmt den Rest.

Diesen Seitentyp könnten Sie später noch durch ein paar raffinierte Funktionen ergänzen, z. B. Sprungmarken, die es dem Leser erlauben, über ein Inhaltsverzeichnis mit einem Klick zur gewünschten Antwort zu gelangen. Ebenfalls wäre eine Kategorisierung denkbar, wenn Ihr FAQ-Bereich droht, aus allen Nähten zu platzen. Dabei wäre dann wieder vorstellbar, auf der Startseite kategorieübergreifend die Top Ten der häufigsten Fragen vorzustellen. Und so weiter und so fort. Seitentypen – gerade auch in Verbindung mit Plugins – bieten Ihnen unendliche Möglichkeiten.

8.2.2   Ein Event-Bereich

Sie sind Ausrichter verschiedenster Events. Sie möchten gerne eine Sektion auf Ihrer Website haben, auf der alle diese Events samt Informationen aufgelistet werden. Nun könnten Sie ähnlich vorgehen wie schon beim FAQ-Bereich und erst eine Hauptseite für alle Events erstellen, die Sie dann alle per Hand mit der jeweiligen Unterseite des jeweiligen Events verknüpfen mussen.

So ein Event hat aber die Eigenart, dass es ziemlich viele Informationen darüber zu veröffentlichen gibt. Die sind bei den meisten Events aber immer von der gleichen Art. Sie müssten also nun jedes Mal all diese Informationen von Hand eingeben: Veranstaltungsort, Anfangszeit, Endzeit, Beschreibung, Wegbeschreibung und vieles, vieles mehr. Sie werden sich vermutlich insofern schon Arbeit ersparen, indem Sie so eine Unterseite einmal erstellen, den Inhalt kopieren und für das nächste Event weiterverwenden. Sie müssen aber jedes Mal alle Daten entfernen und wieder neu einfügen. Das ist nicht nur sehr unprofessionell, sondern auch mühsam.

Seitentypen schaffen hier Abhilfe, indem sie für alle diese Daten eigene Felder zur Verfügung stellen, die Sie nur noch auszufüllen brauchen.

8.2.3 Fachartikel

Wenn Sie eine Website erstellen und sich für WordPress entschieden haben, dann darf ich bei Ihnen wohl auch ein gewisses Interesse an der Veröffentlichung eigener Artikel vermuten. Führen Sie lediglich ein Blog, ist dort meist alles gemischt: Alltägliche Ereignisse und Neuigkeiten paaren sich mit Fachartikeln zu bestimmten Themen und mit lustigen oder nervigen You-Tube-Videos. Das ist auch gut so, das macht ein echtes Blog aus.

Haben Sie aber vor, eine »richtige« Website (sorry, liebe Blogger, ihr wisst, was ich meine) zu erstellen, dann finden Besucher diesen Mix vielleicht etwas befremdlich. Auf vielen Websites sieht man daher einen Bereich für das Blog und einen für Fachartikel.

Diese Fachartikel sind aber ein wenig kompliziert umzusetzen. Es sind keine statischen Seiten, weil sie kategorisiert werden wollen und allgemein auch eher an Blogbeiträge erinnern. Blogbeiträge verwenden wir aber schon für das Blog.

Mögliche Lösungen sind hier entweder wieder das Erstellen einer statischen Seite mit ganz vielen Unterseiten – das ist ziemlich mühselig und langweilig. Oder Sie erstellen Blogbeiträge in einer bestimmten Kategorie, die dann ausschließlich unter Fachartikeln ausgegeben werden. Schon etwas besser, aber immer noch mühselig, und es bleibt der plagende Gedanke, ob das nicht noch besser geht. Und es geht natürlich besser. Zumindest jetzt.

Sie erstellen einfach einen Seitentyp für Fachartikel. Dort können Sie dann beliebige Kategorisierungen festlegen und auch ansonsten das *Look and Feel* genauso gestalten wie bei einem Blogbeitrag. Nur haben Sie jetzt eine eigene Sektion in Ihrer Administrationsoberfläche dafür, wo Sie nach Herzenslust Fachartikel erstellen können, die WordPress dann unabhängig von den Blogbeiträgen verarbeitet.

Sie sehen, man kann fast alles mit Seitentypen machen. Immer wenn Sie der Meinung sind, dass Sie nicht wissen, wie Sie einen bestimmten Bereich Ihrer Website umsetzen sollen, oder dass dieser Bereich sich weder in statische Seiten noch in Blogbeiträge quetschen lässt, dürften Seitentypen die Lösung sein. Schauen wir uns nun an, wie man so etwas in die Tat umsetzt.

8.3 Seitentypen registrieren

Die wahren Möglichkeiten der Seitentypen werden Sie vor allem dann erkennen, wenn Sie sie selbst einmal ausprobieren. Das werden wir nun gemeinsam tun. Ein neuer Seitentyp muss erst einmal im System registriert werden, damit Sie diesen nutzen können. Interessanterweise ist das auch die einzige »Magie«, die dahintersteckt. Sofort nach der Registrierung können Sie im *Backend* bereits damit beginnen, den Seitentyp mit Inhalten zu füllen. Als Beispiel habe ich mich für den Seitentyp »Produkte« entschieden, da dieser sehr häufig benötigt wird und man daran die Eigenheiten sehr gut erläutern kann.

Wie jeder Code, der unser Theme in das System eingreifen lässt, kommt auch der folgende in unsere *functions.php*. Ich zeige Ihnen nun einmal den »Brocken« Code, der dort hineingehört (Listing 8.1), und erkläre ihn wie üblich im Anschluss:

```
01   add_action( 'init', 'add_cpt_produkte' );

02   function add_cpt_produkte() {

03   $labels = array(
04       'name' => _x('Produkte', 'post type general name'),
05       'singular_name' => _x('Produkt',
         'post type singular name'),
06       'add_new' => _x('Hinzufügen', 'Produkt'),
07       'add_new_item' => __('Neues Produkt hinzufügen'),
08       'edit_item' => __('Produkt bearbeiten'),
09       'new_item' => __('Neues Produkt'),
10       'view_item' => __('Produkt ansehen'),
11       'search_items' => __('Nach Produkten suchen'),
12       'not_found' => __('Keine Produkte gefunden'),
13       'not_found_in_trash' =>
14       __('Keine Produkte im Papierkorb'),
15       'parent_item_colon' => ''
16   );

17   $supports = array( 'title',
18                      'editor',
19                      'thumbnail',
20                      'excerpt');

21   $args = array(
22       'labels' => $labels,
23       'public' => true,
24       'publicly_queryable' => true,
25       'show_ui' => true,
26       '_builtin' => false,
27       'show_in_menu' => true,
28       'query_var' => true,
29       'rewrite' => array("slug" => "produkte"),
30       'capability_type' => 'post',
31       'hierarchical' => false,
```

```
32      'has_archive' => true,
33      'hierarchical' => false,
34      'menu_position' => 20,
35      'supports' => $supports
36  );

37  register_post_type('produkt',$args);

38  }
```

Listing 8.1 Registrierung eines Seitentyps in der »functions.php«

Die eigentliche »Magie«, von der ich eben sprach, vollzieht sich wie so häufig wieder nur in wenigen Zeilen. In Zeile 01 teilen wir WordPress zunächst mit, es möge beim Start bitte unsere Funktion add_cpt_produkte() aufrufen, die wir dann auch gleich in den restlichen Zeilen des Listings näher spezifizieren werden. Am Ende, in Zeile 37, registrieren wir dann erst den Seitentyp mithilfe der Funktion register_post_type(). Dieser übergeben wir zwei Parameter: als Erstes den Namen unseres Seitentyps, danach die Argumente in Form eines *Arrays*.

Arrays

In diesem Abschnitt ist immer wieder von Arrays die Rede. Wie Sie sich denken können, sind diese ein Konstrukt in PHP, und zwar stellen sie erweiterte Variablen dar. Während Sie in Variablen immer nur einen Wert speichern können, sind Arrays hier unbegrenzt. Es gibt numerische und assoziative Arrays. Die assoziativen bestehen aus Schlüssel-Wert-Paaren, die numerischen nur aus Werten.

Numerisches Array: $array = array('Wert_1', 'Wert_2‹);

Assoziatives Array: $array = array('Schluessel_1' => 'Wert_1', 'Schluessel_2' => 'Wert_2');

Wo wir gerade bei Arrays sind: Um die Werte auszulesen, reicht es natürlich nicht aus, wie bei Variablen einfach nur den Namen des Arrays zu schreiben, also hier $array. Sie müssen bei den numerischen Arrays mithilfe von Indizes auf die Werte zugreifen: $array[0], $array[1], $array[2] etc. Bedenken Sie, dass die numerischen Arrays in ihrer Zählweise bei 0 beginnen und nicht bei 1. Hier kommt man am Anfang schnell durcheinander.

Die assoziativen Arrays werden wie folgt abgerufen: $array['Schluessel_1'], $array['Schluessel_2'], $array['Schluessel_3'] etc.

Das sollte als Einstieg in die Welt der Arrays vorerst genügen.

Der Sprung gleich zu Anfang in die letzte Zeile war nötig, um den ganzen vorangegangenen Code zu verstehen. Dieses Array $args, das wir dort übergeben, wird von

Zeile 03 bis einschließlich Zeile 36 definiert – wir machen dort nichts anderes. Das eigentliche Array wird zwar erst ab Zeile 21 definiert, davor erstellen wir aber schon zwei andere Arrays mit Parametern, die wir dann später in das $args-Array einbinden werden. Das ist nicht zwingend nötig – wir könnten die Informationen auch direkt in $args festlegen –, aber es ist übersichtlicher, auch wenn es sich gerade sehr unübersichtlich anhört.

Nehmen wir uns als Erstes das $labels-Array in den Zeilen 03 bis 16 vor. WordPress kennt den Begriff, den wir für unseren Seitentyp verwenden, natürlich nicht. Zumal die Muttersprache der Software ohnehin Englisch ist. Daher müssen wir der Software mitteilen, wie sie den Begriff verwenden soll. Die entsprechenden Schlüssel-Wert-Paare dürften selbsterklärend sein. Wenn nicht, ersetzen Sie doch einfach in meinen Vorformulierungen den Namen des Seitentyps durch Ihren eigenen. Die Werte bezeichnen immer nur einzelne Schaltflächen oder andere Ausgaben im Backend, die Sie schon von den Beiträgen oder statischen Seiten her kennen.

Im Array $supports – Zeilen 17 bis 20 – legen wir fest, welche Funktionen der Seitentyp unterstützen soll. Hier gibt es praktisch für jedes Modul, das Sie auch vom Anlegen der Seiten bzw. Beiträge her kennen, eine Entsprechung. Nutzen Sie Tabelle 8.1 als Referenz und ändern Sie das Array nach Ihren Wünschen ab.

Parameter	Beschreibung
title	Feld für den Titel
editor	der Editor
author	Auswahlfeld für den Autor
thumbnail	Möglichkeit, ein Beitragsbild festzulegen
excerpt	Textauszug
trackbacks	Trackback-Funktion
custom-fields	benutzerdefinierte Felder (Custom Fields)
comments	Kommentarfunktion
revisions	Speicherung von Revisionen
page-attributes	Möglichkeit, ein Template festzulegen und die Menüreihenfolge zu bestimmen

Tabelle 8.1 Parameter für das »$supports«-Array

In den Zeilen 21 bis 36 folgt nun, wie bereits angekündigt, das eigentliche $args-Array, das wir dann später bei der Registrierung übergeben. In den Zeilen 22 und 35 können

Sie sehen, dass wir dort die beiden zuvor erstellten Arrays – $labels und $supports – einbetten. Wie gesagt, tun wir dies nur der Übersichtlichkeit halber. Sie könnten theoretisch die Werte auch einfach dort direkt einbinden. Was die einzelnen Parameter bedeuten, schlüsselt am besten Tabelle 8.2 auf. Darin finden Sie auch noch ein paar weitere Parameter, die für Sie nützlich sein könnten.

Parameter	Beschreibung
label (Standard: Name des Seitentyps)	der Name Ihres Seitentyps in der Mehrzahl
labels	die Bezeichnung im Backend, Übergabe des $labels-Arrays
description	eine kurze Beschreibung, worum es bei dem Seitentyp geht
public (Standard: false)	Legt den Standardwert für die noch folgenden vier Parameter fest: publicly_queryable show_ui show_in_nav_menus exclude_from_search mögliche Werte: true oder false
publicly_queryable (Standard: entspricht public)	Legt fest, ob die Inhalte des Seitentyps vom Frontend aus abgefragt werden können.
exclude_from_search (Standard: entspricht dem Gegenteil von public)	Soll der Seitentyp bei der Suche ausgeschlossen werden?
show_ui (Standard: entspricht public)	Soll dieser Seitentyp über das Administrationsmenü erreichbar sein?
show_in_menu (Standard: null)	Soll dieser Seitentyp im Menü der Administrationsoberfläche auftauchen?
menu_position (Standard: null, direkt unter »Kommentare«)	Wenn er im Menü auftauchen soll, wo genau? 5 – direkt unter »Beiträge« 10 – direkt unter »Mediathek« 20 – direkt unter »Seiten« 60 – unter dem ersten Trennstrich 100 – unter dem zweiten Trennstrich

Tabelle 8.2 Parameter für das »$args«-Array

Parameter	Beschreibung
menu_icon (Standard: null, Beitrags-Icon wird verwendet)	Pfad zum Icon, das im Menü neben der Bezeichnung angezeigt werden soll
hierarchical (Standard: false)	Legt fest, ob es Eltern- und Kindelemente geben kann, ob der Seitentyp also hierarchisch aufgebaut ist.
supports	Welche Funktionen unterstützt der Seitentyp? (Hier wird das $support-Array übergeben.)
taxonomies	Übergeben Sie hier ein Array für die Registrierung eigener Taxonomien (darum kümmern wir uns in einem der folgenden Abschnitte noch).
has_archive (Standard: false)	Ermöglicht das Führen eines Archivs für den Seitentyp.
rewrite	Hier legen Sie das Format für die Permalinks innerhalb des Seitentyps fest. Übergeben Sie ein Array mit den folgenden Parametern: slug – Trennwort in der URL (z. B. .../produkte/...) with_front – wenn Sie Ihrer Permalink-Struktur eine Bezeichnung vorangestellt haben, z. B. /blog/, dann wird diese bei diesem Seitentyp ebenfalls vorangestellt, sofern Sie hier true wählen.
show_in_nav_menus (Standard: entspricht public)	Kann der Seitentyp als Menüpunkt ausgewählt werden, wenn Sie ein dynamisches Menü festlegen?
_builtin	Ist der Seitentyp ein natives Element? Das sollten Sie entweder weglassen oder mit false belegen, da ein Seitentyp ja eigentlich nie nativ ist.

Tabelle 8.2 Parameter für das »$args«-Array (Forts.)

Das soll nur eine Auflistung der wichtigsten Parameter sein. Die anderen werden Sie mit allergrößter Wahrscheinlichkeit nicht benötigen. Unter *http://codex.wordpress.org/Function_Reference/register_post_type* finden Sie bei Interesse eine aktuelle und vollständige Aufzählung.

Das war auch schon alles, was Sie für die Registrierung eines neuen Seitentyps tun müssen. Wenn Sie nun einen Blick auf Ihre Administrationsoberfläche werfen, werden Sie folgenden Menüeintrag entdecken (siehe Abbildung 8.1):

Abbildung 8.1 Der neue Menüeintrag Ihres Seitentyps im Backend

Wenn Sie auf Produkte klicken, sehen Sie wie üblich zunächst eine Auflistung aller angelegten Inhalte. Zu Testzwecken habe ich dort schon einmal einen Eintrag angelegt (siehe Abbildung 8.2).

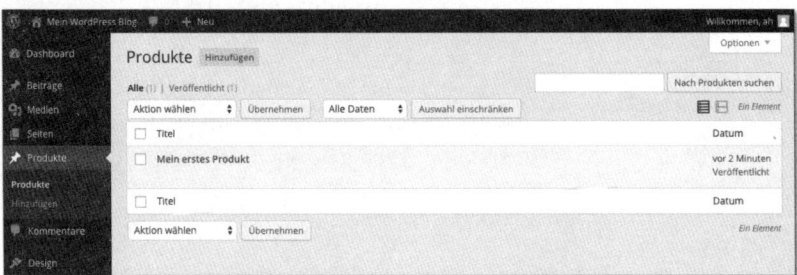

Abbildung 8.2 Die Produktübersicht

Ein ebenfalls gewohntes Bild bietet sich Ihnen, wenn Sie nun auf Hinzufügen klicken (siehe Abbildung 8.3). Dort sehen Sie jetzt allerdings nur die Bereiche, die Sie zuvor im $support-Array festgelegt haben.

In den folgenden Abschnitten erfahren Sie, wie Sie Ihren Seitentyp noch weiter ausbauen können. Sie lernen, wie Sie eigene Datenfelder einbinden, Taxonomien festlegen und wie Sie das Ganze am Ende in Ihrem Theme ausgeben.

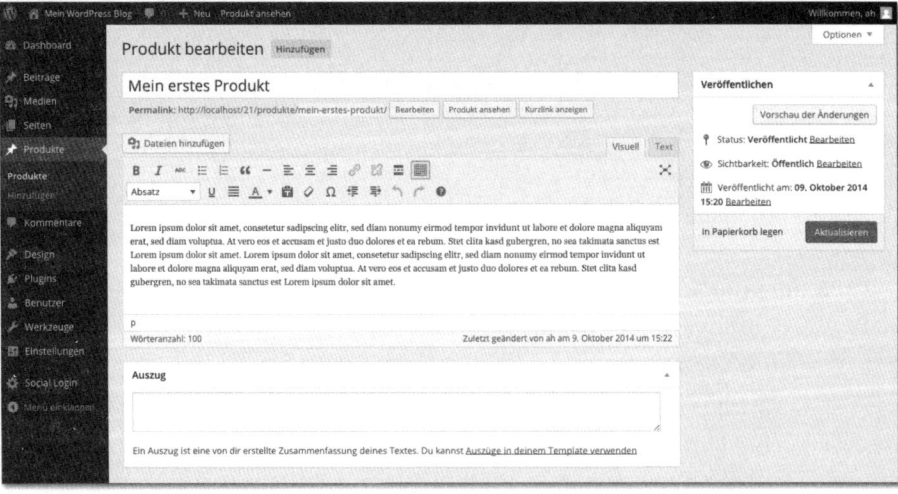

Abbildung 8.3 Das Hinzufügen eines neuen Produkts funktioniert problemlos und, wie Sie sehen, auch unsere Permalinks.

8.4   Den Seitentyp mit Datenfeldern bestücken

Seitentypen wären ziemlich langweilig, wenn Sie das Eingabeformular nicht um eigene Datenfelder erweitern könnten. In unserem Produktbeispiel bietet es sich an, ein eigenes Feld für den Preis zu haben. Außerdem möchten wir dem Produkt noch eine eigene Kurzbeschreibung hinzufügen, die wir dann später im Theme als *Teaser* verwenden können. Ja, Sie haben recht, dafür könnten wir theoretisch auch das Exzerpt nehmen, aber Sie möchten mir ja nicht mein Beispiel kaputt machen, oder?

Wir arbeiten weiterhin ausschließlich in der *functions.php* (siehe Listing 8.2):

```
01    add_action("admin_init", "cpt_produkt_meta_boxen");
02    add_action('save_post', 'cpt_produkt_daten_speichern');

03    function cpt_produkt_meta_boxen(){
04        add_meta_box("preis-meta", "Preis",
          "cpt_produkt_feld_preis", "produkt", "side", "high");
05        add_meta_box("kurzbeschreibung-meta", "Kurzbeschreibung",
          "cpt_produkt_feld_kurzbeschreibung", "produkt", "side",
          "high");
06    }

07    function cpt_produkt_feld_preis(){
08        global $post;
09        $custom = get_post_custom($post->ID);
10        $preis = $custom["preis"][0];
11        echo '<input name="preis" value="' . $preis . '" />
          &euro;';
12    }

13    function cpt_produkt_feld_kurzbeschreibung(){
14        global $post;
15        $custom = get_post_custom($post->ID);
16        $kurzbeschreibung = $custom["kurzbeschreibung"][0];
17        echo '<textarea name="kurzbeschreibung">
          ' . $kurzbeschreibung . '
          </textarea>';
18    }

19    function cpt_produkt_daten_speichern(){
20        global $post;
21        update_post_meta($post->ID, "preis", $_POST["preis"]);
```

8

```
22      update_post_meta($post->ID, "kurzbeschreibung",
        $_POST["kurzbeschreibung"]);
23  }
```

Listing 8.2 Zwei neue Datenfelder für den Seitentyp – »functions.php«

In den ersten beiden Zeilen binden wir zunächst zwei add_action()-*Hooks* ein. Der erste übergibt die Funktion cpt_produkt_meta_boxen(), die bei jedem Aufruf der Administrationsoberfläche ausgeführt werden soll (admin_init). Der zweite übergibt die Funktion cpt_produkt_daten_speichern(), die schließlich beim Speichern des Beitrags (save_post) berücksichtigt werden soll. Im Folgenden werden diese Funktionen dann logischerweise definiert. Sie erinnern sich: Diese Funktionen nennt man Hooks, weil sie sich an bestimmten Stellen im System einhaken.

In den Zeilen 3 bis 6 fügen wir dann unter dem Mantel der Funktion cpt_produkt_meta_boxen() zwei Metaboxen mithilfe der Funktion add_meta_box() hinzu. Eine Metabox ist praktisch ein Kästchen oder ein Modul im Formular zum Hinzufügen eines Produkts. Diese Funktion erwartet folgende Parameter (in einer Zeile):

```
add_meta_box ( $id, $title, $callback, $page, $context, $priority, $callback_
args );
```

Eine kurze Erläuterung der möglichen Parameter:

▶ $id – einzigartiges HTML-ID-Attribut für das Backend

▶ $title – der angezeigte Titel der Metabox

▶ $callback – Funktion, die das HTML (für die Felder) ausgibt

▶ $page – Name des Seitentyps

▶ $content – Platz, an dem die Box angezeigt werden soll (normal, advanced oder side)

▶ $priority – welche »Platzpriorität« hat die Box gegenüber den anderen Boxen (high oder low)?

▶ $callback_args – hier können Sie Ihrer Callback-Funktion, wenn erwünscht, weitere Parameter übergeben.

In den Zeilen 07 bis 12 folgt dann die Deklaration einer Funktion für unsere erste Metabox, nämlich cpt_produkt_feld_preis(). Sie gibt lediglich das HTML-Feld aus, das dann in der entsprechenden Metabox im Backend angezeigt wird. Die Zeilen 08 bis 10 sorgen lediglich dafür, den Inhalt dieses Feldes der Variablen $preis zuzuweisen, sofern dieser zuvor gespeichert wurde. In Zeile 11 geben wir dann schließlich das Feld selbst aus.

Genau das Gleiche passiert nun noch einmal in den Zeilen 13 bis 18, dieses Mal allerdings im Rahmen der Funktion cpt_produkt_feld_kurzbeschreibung() und mit etwas abgeänderten Werten. Außerdem geben wir dieses Mal eine textarea anstelle eines input-Feldes aus, um optisch ein wenig mehr Platz zu haben.

Die Zeilen 19 bis 23 beinhalten schließlich noch die zweite Funktion, die wir ganz am Anfang per Hook eingebunden haben. Diese soll die eingegebenen Daten speichern. Das geschieht mithilfe der Funktion update_post_meta(), der wir jeweils die drei Parameter Beitrags-ID, Name des Feldes und Inhalt des Feldes übergeben.

Durch diese verhältnismäßig wenigen Zeilen Code haben wir unserem Seitentyp zwei brandneue Felder hinzugefügt (siehe Abbildung 8.4).

Abbildung 8.4 Nun können Sie jedem Produkt einen Preis und eine eigene Kurzbeschreibung hinzufügen. Der Preis ist Verhandlungssache.

8.5   Eigene Taxonomien entwerfen

Zu guter Letzt werden wir unseren neuen Seitentyp nun noch um zwei Kategorisierungen erweitern. Die Produkte sollen später sowohl nach Leistungen als auch nach ihrer Preisklasse sortiert werden können. Dazu gehen wir wieder in die *functions.php* (siehe Listing 8.3):

```
01    add_action( 'init', 'cpt_reg_tax' );

02    function cpt_reg_tax() {

03    register_taxonomy( "Leistungen",
04        array( "produkt" ),
05        array(  "hierarchical"      => true,
06                "label"             => "Leistungen",
07                "singular_label"    => "Leistung",
08                "rewrite"           => true));
09    register_taxonomy( "Preisklasse",
10        array( "produkt" ),
```

```
11      array( "hierarchical"      => true,
12             "label"             => "Preisklasse",
13             "singular_label"    => "Preisklasse",
14             "rewrite"           => true));

15   }
```

Listing 8.3 Registrierung der Taxonomien – »functions.php«

Eine neue Kategorisierung wird immer über die Funktion register_taxonomy() angelegt. Diese führt zumindest in der WordPress-Version, die Grundlage dieses Buches
ist, gelegentlich zu Problemen, wenn sie direkt aufgerufen wird. Daher schalten wir
einen sogenannten *init*-Hook davor, der dieses Problem beseitigt. Es mag sein, dass
die Entwickler dieses Problem in einer zukünftigen Version gelöst haben; es kann
aber genauso gut passieren, dass dies zur offiziellen Lösung avanciert.

Mit dieser Vorgehensweise sollten Sie aber auf der sicheren Seite sein. Um den Hook
nutzen zu können, müssen wir die beiden register_taxonomy()-Funktionen in eine
eigene Funktion einbetten (siehe Zeile 02).

Die Funktion register_taxonomy() erwartet schließlich drei Parameter:

1. den Namen der Kategorisierung
2. ein Array oder einen String für die Seitentypen, die davon unterstützt werden
   sollen
3. ein Array mit weiteren Parametern

Die wichtigsten Einstellungen für den dritten Parameter treffen wir bereits in unserem Beispiel:

▶ hierarchical – darf die Taxonomie hierarchisch aufgebaut sein, wie es für eine
  Kategorie üblich ist, oder sollen alle Elemente auf einer Ebene stehen wie bei Tags?

▶ label – Name der Taxonomie in der Mehrzahl

▶ singular_label – Name der Taxonomie in der Einzahl

▶ rewrite – den Rewrite-Mechanismus ein- oder ausschalten, der für die lesefreundliche Generierung der URL zuständig ist

So leicht lässt sich eine neue Kategorisierung zu unserem Seitentyp hinzufügen. In
Aktion sieht das Ganze dann so aus wie in Abbildung 8.5.

Abbildung 8.5 Zwei neue Taxonomien für unsere Produkte

8.6   Die Übersichtsseite anpassen

Mit einigen Zeilen Code können Sie sogar die Übersichtsseite der Produkte anpassen. In der Übersicht der Blogartikel werden uns bislang Autor, Kategorien und Tags angezeigt. Alles Dinge, mit denen wir bei unseren Produkten wenig oder gar nichts anfangen können. Viel zielführender wäre es doch, könnten wir uns den Preis des Produkts sowie seine Kurzbeschreibung anzeigen lassen – also praktisch die beiden neu hinzugefügten Felder. Nichts leichter als das, Sie werden schon schen (siehe Listing 8.4):

```
01    add_filter("manage_edit-produkt_columns",
02    "cpt_produkt_spalten");
03    add_action("manage_posts_custom_column",
04    "cpt_produkt_neue_spalte");
05    function cpt_produkt_spalten($columns){
06        $columns = array(
07                    "cb" => "<input type=\"checkbox\" />",
08                    "title" => "Produktname",
09                    "preis" => "Preis",
10                    "kurzbeschreibung" => "Kurzbeschreibung",
```

```
11                    "date" => "Hinzugefügt"
12        );

13        return $columns;
14    }

15    function cpt_produkt_neue_spalte($column){
16        global $post;

17        if ("preis" == $column) {
18            $custom = get_post_custom();
19            echo $custom["preis"][0];
20        }

21        elseif ("kurzbeschreibung" == $column) {
22            $custom = get_post_custom();
23            echo $custom["kurzbeschreibung"][0];
24        }
25    }
```

Listing 8.4 Anpassen der Übersichtsseite in der »functions.php«

In den Zeilen 01 bis 04 teilen wir WordPress zunächst wieder einmal mit, dass wir mit den folgenden Funktionen in sein System eingreifen wollen, dass wir die Ausgabe der Übersichtsseite für die Produkte also selbst gestalten möchten. Der Filter-Hook heißt manage_edit-[name-ihres-seitentyps]_columns und ist für die Anzeige der Spalten des jeweiligen Seitentyps zuständig. Sollte Ihr Seitentyp nicht »produkt« heißen, dann ändern Sie dies im Filter-Hook einfach ab. Ich habe den Seitentyp aus didaktischen Gründen »produkt« und nicht »produkte« genannt, um den Namen vom *Slug*, also der Kurzform, abzugrenzen. Der Filter ruft schließlich die Funktion cpt_produkt_spalten() auf. Der Action-Hook hingegen lässt uns neue Spalten festlegen, auf die wir für die Übersicht zugreifen können, und ruft die Funktion cpt_produkt_neue_spalte() auf.

Von Zeile 05 bis 14 definieren wir die Funktion cpt_produkt_spalten(), die die Ausgabe der Spalten auf der Übersichtsseite steuert. Darin befüllen wir ein Array namens $columns mit den einzelnen Spalten. Der Schlüssel steht für die interne Bezeichnung, der Wert wird mit dem gefüllt, was auf der Seite später angezeigt werden soll, er entspricht also dem Titel. Der Schlüssel cb steht dabei für die Checkbox, die sich stets am Anfang jeder Zeile befindet. Die Schlüssel title und date sind ebenfalls bekannt und auch für unsere Produktseite sehr nützlich. Neu hingegen sind preis und kurzbeschreibung, die wir ja bereits als Felder angelegt haben.

Die Zeilen 15 bis 25 befassen sich schließlich mit der Funktion cpt_produkt_neue_spalte(), die dafür sorgt, dass die Inhalte für die Spalten preis und kurzbeschreibung überhaupt existieren und für die Funktion cpt_produkt_spalten() zur Verfügung stehen. Dazu wird per *if-clause* abgefragt, ob es sich jeweils um den Preis oder um die Kurzbeschreibung handelt, deren Inhalt nun in der Tabelle ausgegeben werden soll. Danach wird das Feld ausgelesen und per echo ausgegeben. Dahinter steckt kein großer Zauber, aber es funktioniert einwandfrei (siehe Abbildung 8.6).

Abbildung 8.6 So sieht die Produktübersicht aus, wenn sie fertig ist.

8.7   Das Theme anpassen

So ein Seitentyp bringt uns bis zum jetzigen Zeitpunkt aber erst einmal gar nichts – schließlich können wir ihn noch nicht auf unserer Website anzeigen lassen. Das werden wir nun ändern, indem wir unser Theme entsprechend anpassen. In unserem Fall sind dazu fünf Schritte nötig:

1. eine Seite anlegen, auf der alle Produkte angezeigt werden (Produktübersicht)

2. einen Menüpunkt zur Produktübersicht anlegen

3. die Einzelansicht für ein Produkt entwerfen

4. eine Kategorieseite für die Leistungen erstellen

5. eine Kategorieseite für die Preisklassen erstellen

8.7.1   Die Produktübersicht anlegen

Um eine Anlaufstelle zu haben, von der wir auf alle Produkte über das Frontend zugreifen können, bietet es sich an, zuerst eine Produktübersichtsseite anzulegen (Listing 8.5), die wir dann im nächsten Schritt auch noch im Menü verlinken werden. Aber eins nach dem anderen.

```
01   <?php get_header(); ?>
02   <div id="content">
03   <h2 class="entry-title">Unsere Produkte</h2>
04   <ul>
05   <?php
06   query_posts('post_type=produkt&post_status=publish');

07   if ( have_posts() ) : while ( have_posts() ) : the_post();
08   ?>
09   <li><?php the_date('d.m.Y'); ?> -
10   <a href="<?php the_permalink(); ?>" title="Lesen Sie
11   &quot;<?php the_title(); ?>&quot;"><strong>
12   <?php the_title(); ?></strong></a></li>
13   <?php endwhile; endif; wp_reset_query(); ?>
14   </ul>
15   </div>
16   <?php get_sidebar(); ?>
17   <?php get_footer(); ?>
```

Listing 8.5 Die vollständige »archive-produkt.php«

Legen Sie zunächst eine Datei namens *archive-produkt.php* in Ihrem Theme-Verzeichnis an. Die Seitentypenfunktion von WordPress ist so intelligent, diese Datei
automatisch für die Übersichtsseite über Ihre Produkte zu verwenden. Mit anderen
Worten, diese Datei wird immer dann aufgerufen, wenn Sie im Browser *http://
www.ihre-domain.de/produkte* eingeben. Für die Bestimmung der URL wird nämlich
das Slug verwendet, das Sie beim Registrieren des Seitentyps weiter oben festgelegt
haben (hier also »produkte«). Der Dateiname muss, damit das funktioniert, eine
Zusammensetzung aus dem Wort »archive« und dem Namen des Seitentyps (hier
»produkt«) sein, verbunden durch einen Bindestrich.

Die meisten Elemente dürften Ihnen aus den früheren Theme-Dateien bekannt vorkommen. Ich möchte bei dem Beispiel-Theme auch nicht unnötig kompliziert vorgehen. Spannend wird es erst wieder ab Zeile 07, wo sich die eigentliche Programmlogik
befindet. Mittels der Funktion query_posts() können wir uns unsere ganz eigene
Loop basteln. Damit suchen wir nun ausschließlich nach Beiträgen, deren Seitentyp
»produkt« ist und die bereits veröffentlicht worden sind. Letzterer Parameter ist sehr
wichtig und wird oft vergessen; dies hätte dann zur Folge, dass auch Ihre unfertigen
Beiträge der breiten Leserschaft in all ihrer fehlenden Perfektion angezeigt werden
würden. Das kann niemand ernstlich wollen.

Von Zeile 07 bis 13 wird die gebastelte Loop schließlich ausgegeben. In den Zeilen 09
bis 12 erkennen Sie schon unser typisches Archivlistenlayout wieder: Pro Listenpunkt wird einfach nur das Datum des Beitrags samt verlinktem Titel ausgegeben.

In Zeile 13 endet die Loop, gefolgt von einem wp_reset_query(). Diese Funktion rufen wir zur Sicherheit auf, um die aktuelle Query zu zerstören, damit diese nicht andere Querys beeinträchtigt. Damit ist die Erstellung der Übersichtsseite abgeschlossen.

Wenn Sie die Produktübersicht hingegen lieber unter einer anderen bzw. zusätzlichen URL erreichbar machen möchten, können Sie dafür natürlich auch ein entsprechendes Template anlegen, z. B. über den folgenden PHP-Kommentar am Beginn der Datei:

```php
<?php /* Template Name: Produktübersicht */ ?>
```

Dann erstellen Sie im Backend einfach nur eine neue Seite, weisen dieses Template zu und legen die von Ihnen gewünschte URL im Permalink fest, z. B. */produkte-ueber- sicht*. Wie das aussehen könnte, zeigt Abbildung 8.7. Das ist aber natürlich vollkommen optional und in der Regel nicht notwendig. Bestimmte Umstände könnten es aber einmal erforderlich machen, dass die Übersichtsseite derart ausgelagert wird.

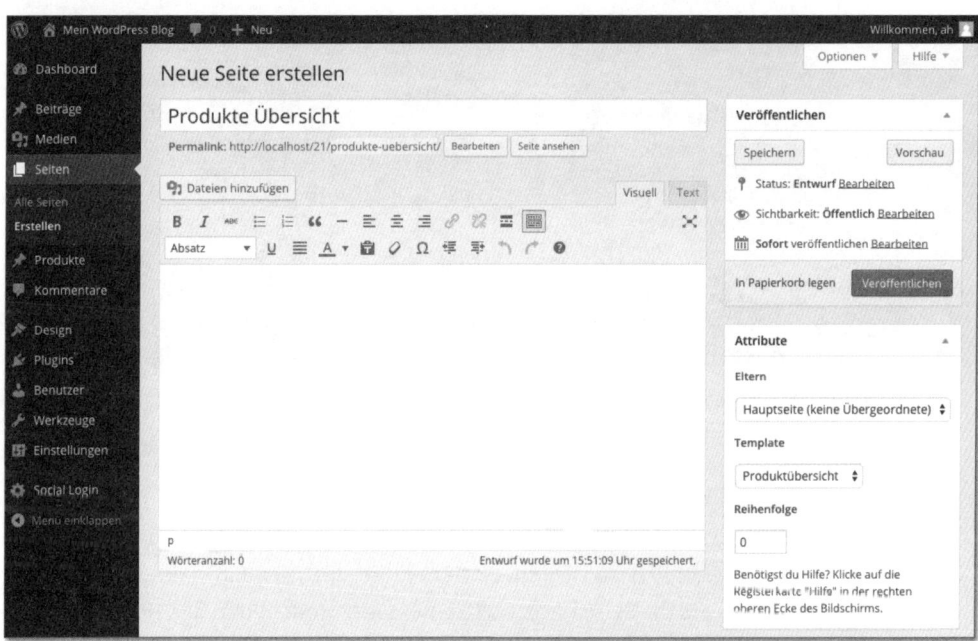

Abbildung 8.7 Hier sehen Sie die alternative Übersichtsseite, die aber im Backend eigens angelegt werden muss.

Über die URL *http://www.ihre-domain.de/produkte/* (oder Ihre Alternativ-URL, falls Sie ein Template genutzt haben) können Sie nun auf die Übersicht zugreifen. Ich habe schon einmal ein Produkt hinzugefügt, deshalb sieht das Beispiel bei mir wie in Abbildung 8.8 aus.

Abbildung 8.8 Eine Auflistung aller Produkte in der Produktübersicht

8.7.2   Einen Menüpunkt zur Produktübersicht anlegen

Legen wir noch kurz einen Menüpunkt an, um den Weg zur Produktübersicht so komfortabel wie möglich zu gestalten. Gehen Sie dazu im Backend auf DESIGN • MENÜS und fügen Sie die Seite PRODUKTE ÜBERSICHT (oder eben den Punkt mit dem Titel Ihrer Übersichtsseite) per Klick auf ZUM MENÜ HINZUFÜGEN Ihrem Hauptmenü hinzu (siehe Abbildung 8.9). Passen Sie gegebenenfalls den angezeigten Namen des Menüpunkts noch an, indem Sie mit einem Klick auf den Pfeil daneben die weiteren Optionen öffnen. Klicken Sie anschließend auf MENÜ SPEICHERN.

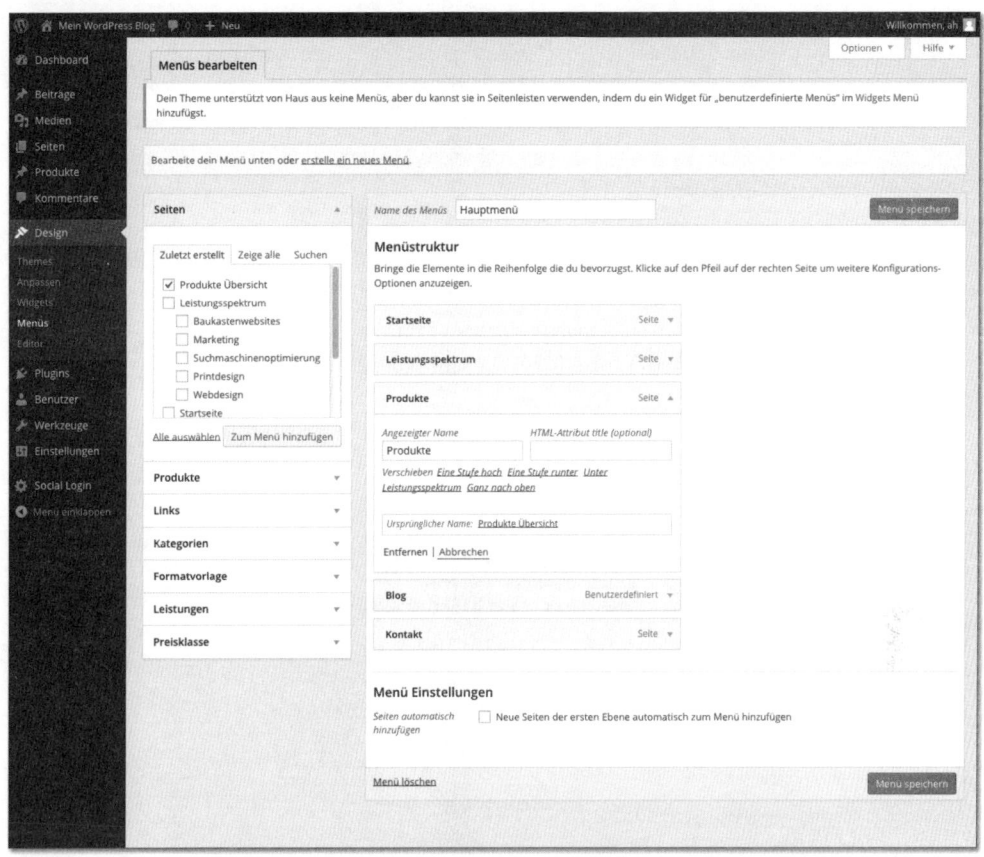

Abbildung 8.9 So leicht binden Sie Ihre neue Produktübersicht in Ihr Hauptmenü ein.

8.7.3   Die Einzelansicht eines Produkts programmieren

Kümmern wir uns nun darum, dass die einzelnen Produkte nach einem Klick darauf auch vernünftig angezeigt werden (siehe Listing 8.6). Wenn Sie nichts weiter tun, wird einfach die *single.php* zur Anzeige verwendet. Das ist in den meisten Fällen schon einmal besser als gar nichts, aber für unseren Fall nicht zweckdienlich. Wozu haben wir schließlich diese atemberaubenden neuen Felder programmiert, wenn sie nun nicht angezeigt werden?

```
01   <?php get_header(); ?>
02   <div id="content">
03   <?php if ( have_posts() ) :
     while ( have_posts() ) : the_post(); ?>

04   <?php $custom_fields = get_post_custom( $post->ID ); ?>
```

```
05    <h2><?php the_title(); ?>
      (<?php echo $custom_fields["preis"][0]; ?> &euro;)</h2>

06    <?php
07    if ( function_exists('has_post_thumbnail') &&
      has_post_thumbnail() ) {
08      the_post_thumbnail();
09    }
10    ?>
11    <p><strong>Kurzbeschreibung:</strong><br /><em>
      <?php echo $custom_fields["kurzbeschreibung"][0];
      ?></em></p>

12    <?php the_content(); ?>

13    <?php
14    $leistungen = get_the_term_list( $post->ID, 'Leistungen' );
15    $preisklasse = get_the_term_list( $post->ID, 'Preisklasse'
      );
16    ?>
17    <p>Leistungen: <?php echo $leistungen; ?></p>
18    <p>Preisklasse: <?php echo $preisklasse; ?></p>

19    <?php endwhile; endif; ?>
20    </div>
21    <?php get_sidebar(); ?>
22    <?php get_footer(); ?>
```

Listing 8.6 Die vollständige »single-produkt.php«

Damit WordPress die richtige Datei für die Anzeige der Einzelprodukte wählt, müssen Sie den Dateinamen nach einem bestimmten Schema anlegen: *single-[name-des-seitentyps].php* – in unserem Fall also *single-produkt.php*. Grundsätzlich bedienen Sie sich zwar des üblichen Gerüstes der *single.php*, jedoch nicht ohne einige wichtige Modifikationen.

In Zeile 04 – innerhalb der Loop – speichern wir alle Werte der benutzerdefinierten Felder dieses Produkts (dazu zählen auch unsere angelegten Felder »Preis« und »Kurzbeschreibung«) in der Variablen $custom_fields. Diese wird automatisch zu einem Array umgewandelt, da die Funktion get_post_custom() ein solches zurückgibt.

In der Zeile 05 greifen wir nämlich bereits das erste Mal auf eines unserer Felder zurück, und zwar auf den Preis. Dieser versteckt sich in $custom_fields["preis"][0].

Sie sehen schon, dass der erste Index der Name des Feldes und der zweite Index eine 0 ist, für das erste (und einzige) Element dieses Feldes.

Das Gleiche machen wir in Zeile 11 noch einmal, nur dass wir nun auf unser Feld namens »Kurzbeschreibung« zurückgreifen.

Nach der Ausgabe der Kurzbeschreibung und des Produkttextes geben wir in den Zeilen 13 bis 18 noch die Taxonomien namens »Leistungen« und »Preisklasse« aus. Das geschieht mithilfe der Funktion get_the_term_list(), die als Parameter mindestens die ID des Produkts und den Namen der Taxonomie beinhaltet. (Achten Sie auf Groß- und Kleinschreibung!)

So schnell kann es gehen, und wir haben eine Vorlage für die Einzelansicht aller unserer Produkte. Wie das nun aussieht, fragen Sie sich? Das zeige ich Ihnen gerne (siehe Abbildung 8.10).

Abbildung 8.10 Die Einzelansicht unseres unschlagbaren SEO-Komplettpakets. Da bekommt der Begriff »Kampfpreis« eine ganz neue Bedeutung …

8.7.4   Die Anzeige der Leistungen-Taxonomie gestalten

Wie Sie in Abbildung 8.10 sehen können, sind sowohl die Leistungskategorie als auch die Preisklasse anklickbar. Lassen Sie uns nun gemeinsam die Seite gestalten, die nach einem Klick darauf angezeigt werden soll (Listing 8.7):

```
01   <?php get_header(); ?>
02   <div id="content">

03   <?php $term = get_term_by( 'slug', get_query_var( 'term' ),
     get_query_var( 'taxonomy' ) ); ?>

04   <h2 class="page-title"><?php echo $term->name; ?></h2>
05   <?php if (have_posts()) : ?>
06   <ul><?php query_posts(
     'post_type=produkt&post_status=publish&
     leistungen=' . $term->slug . ''); ?>
07   <?php while (have_posts()) : the_post(); ?>

08   <li><?php the_date('d.m.Y'); ?> -
     <a href="<?php the_permalink(); ?>" title="Lesen Sie
     &quot;<?php the_title(); ?>&quot;">
     <strong><?php the_title(); ?></strong></a></li>
09   <?php endwhile; endif; ?></ul>

10   </div>
11   <?php get_sidebar(); ?>
12   <?php get_footer(); ?>
```

Listing 8.7 Die vollständige »taxonomy-leistungen.php«

Auch für den Dateinamen der Taxonomie-Datei gibt es ein spezielles Schema: *taxonomy-[name-der-taxonomie].php*, in unserem Beispiel entsprechend *taxonomy-leistungen.php*.

In Zeile 03 speichern wir in der Variablen $term ein Objekt, das einige Informationen über die jeweilige Kategorie enthält. Dazu nutzen wir die Funktion get_term_by(). Am Namen der Funktion können Sie vielleicht schon erkennen, dass wir als ersten Parameter angeben müssen, nach welchem Feld (by) die Suche nach der Kategorie aufgeschlüsselt werden soll. Wir haben hier die Wahl zwischen slug, name oder id. Wir wählen hier slug. Der zweite Parameter ist dann der Slug der Kategorie (z. B. suchmaschinenoptimierung), der dritte Parameter ist der Name der Taxonomie (z. B. leistungen). Diese beiden letzten Werte bekommen wir über die Funktion get_query_var() direkt aus der *Query*.

Dieses Objekt $term können wir nun flexibel nutzen. In Zeile 04 geben wir mit $term->name den Namen der Kategorie aus.

In den Zeilen 05 bis 09 basteln wir uns dann wieder unsere ganz eigene Loop. In Zeile 06 übergeben wir wieder einmal der Funktion query_posts() all die Eigenschaften, die unsere Suche ausmachen. Zuerst übergeben wir den Namen des Seitentyps und die Voraussetzung, dass das Produkt veröffentlicht worden sein muss. Danach hängen wir einfach den Namen der Taxonomie an (hier `leistungen`), gefolgt von dem Slug der Kategorie, den wir uns aus dem $term-Objekt holen.

Denken Sie daran, hier keinesfalls auf `$term->name`, sondern immer auf `$term->slug` zurückzugreifen. Zwar funktioniert die Anfrage auch häufig mit dem Namen, aber das ist gerade das Fatale daran. Es funktioniert nämlich nur so lange, wie der Name und das Slug identisch sind und dieser keine Sonderzeichen oder Leerzeichen enthält. Bei unseren Leistungen würde es also zum aktuellen Zeitpunkt noch funktionieren, spätestens gleich bei der Preisklasse würden wir mit dem €-Zeichen und den ganzen Leerzeichen aber einige Probleme bekommen. Wählen Sie hier also immer das Slug, das ist nicht nur die einzig korrekte Variante, sondern erspart Ihnen auch viel Ärger.

In Zeile 08 haben wir dann wieder unsere übliche Archivlistenausgabe der einzelnen Produkte. Und so wie in Abbildung 8.11 sieht das Ganze jetzt im Frontend aus.

Abbildung 8.11 Klickt nun jemand auf die Leistungskategorie, erhält er eine ordentliche Auflistung aller relevanten Produkte.

8.7.5   Die Anzeige der Preisklassen-Taxonomie gestalten

So weit, so gut. Die Ansicht für die Produkte einer Leistung haben wir nun erfolgreich umgesetzt. Was jetzt noch fehlt, ist die Ansicht für Produkte einer Preisklasse. Wie Sie sich vermutlich denken können, ist diese fast identisch mit dem Beispiel aus dem vorangegangenen Abschnitt, lediglich ein kleiner Parameter darin muss abgewandelt werden. Und wir benötigen natürlich eine neue Datei, die hier den Namen *taxonomy-preisklasse.php* trägt.

Kopieren Sie am besten die Datei *taxonomy-leistungen.php* und nennen Sie diese entsprechend um. Passen Sie dann die Zeile 06 wie in Listing 8.8 an:

```
06   <ul><?php query_posts(
       'post_type=produkt&post_status=publish&
       preisklasse=' . $term->slug . ''); ?>
```

Listing 8.8 Die Zeile 06 der »taxonomy-preisklasse.php«

Abbildung 8.12 Wenn Sie wollen, dann können Sie der Preisklassen-Ansicht nun noch ein ganz anderes Layout verpassen als der Leistungen-Ansicht.

Sie müssen nur das Wörtchen leistungen in preisklasse ändern und schon haben Sie eine funktionierende Ansicht aller Produkte einer Preisklasse (siehe Abbildung 8.12).

Damit sind wir am Ende des Überblicks über die Seitentypen angelangt – allerdings nur am Ende des Kapitels. Denn es gibt praktisch unendlich viele Möglichkeiten und Varianten, in denen Sie Seitentypen nutzen können. Bedienen Sie sich Ihrer Fantasie und probieren Sie einfach drauflos.

Funktioniert etwas nicht?

Dann probieren Sie doch einmal, im Backend unter EINSTELLUNGEN • PERMALINKS eben jene zu aktualisieren. Dadurch verschwinden vielerlei Probleme auf wundersame Weise. Versuchen Sie es.

8.8   Seitentypen mithilfe von Plugins registrieren

Wem das Registrieren der Seitentypen von Hand zu aufwendig ist, der kann hierfür auch ein Plugin einsetzen. Idealerweise setzen Sie dabei auf eines, das Ihnen den Code für Ihre Seitentypen zusätzlich ausliefert, so dass Sie ihn direkt in die *functions.php* schreiben können. Dadurch sind Sie nicht abhängig vom Plugin und haben eine dauerhafte Lösung.

Ein solches Plugin ist *Custom Post Type UI* von Brad Williams, Michael Beckwith und WebDevStudios.

Sobald Sie das Plugin installiert und aktiviert haben, können Sie in der Menüleiste einen ganz neuen Oberpunkt sehen: CPT UI. Dieser schaltet die einzelnen Unterseiten des Plugins frei.

Über ADD NEW (Abbildung 8.13) können Sie neue Seitentypen (linke Hälfte), aber auch Taxonomien (rechte Hälfte) erstellen. Das geht übrigens auch unabhängig von einem neuen Seitentyp. Ich zeige Ihnen zunächst, wie wir mittels dieses Plugins den Seitentyp »Häufige Fragen« erstellen und danach die Taxonomie »Hilfethemen«, um die Fragen vernünftig sortieren zu können.

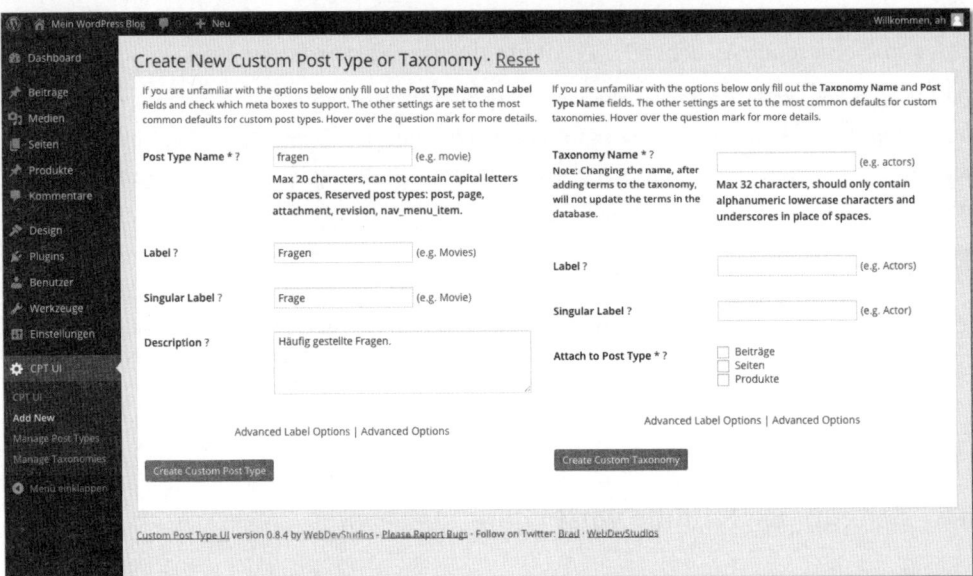

Abbildung 8.13 Über »Add New« können Sie sowohl Seitentypen als auch Taxonomien erstellen.

Füllen wir zunächst gemeinsam die linke Seite aus, um den neuen Seitentyp zu registrieren. Die Felder haben die folgende Bedeutung:

Feldname	Beschreibung
POST TYPE NAME	Hier geben Sie zunächst den Namen des Seitentyps an, allerdings lediglich in Kleinbuchstaben und ohne Leerzeichen. Dieser ist lediglich für die interne Verarbeitung wichtig und wird für die Öffentlichkeit nicht sichtbar.
LABEL	Der eigentliche Name des Seitentyps, nun dürfen auch Großbuchstaben und Leerzeichen verwendet werden.
SINGULAR LABEL	Üblicherweise hat der Name des Seitentyps eine Bezeichung im Plural (»Fragen«) – wie heißt er in der Einzahl (»Frage«)?
DESCRIPTION	Geben Sie eine kurze Beschreibung des Seitentyps an.

Tabelle 8.3 Registrierung eines neuen Seitentyps

Das waren die wichtigsten Felder, grundsätzlich könnten Sie den Seitentyp nun schon registrieren. Allerdings bietet das Plugin noch viel mehr Einstellungsmöglichkeiten, die wir über ADVANCED LABEL OPTIONS sowie ADVANCED OPTIONS freischalten können. Betrachten wir diese Option genauer.

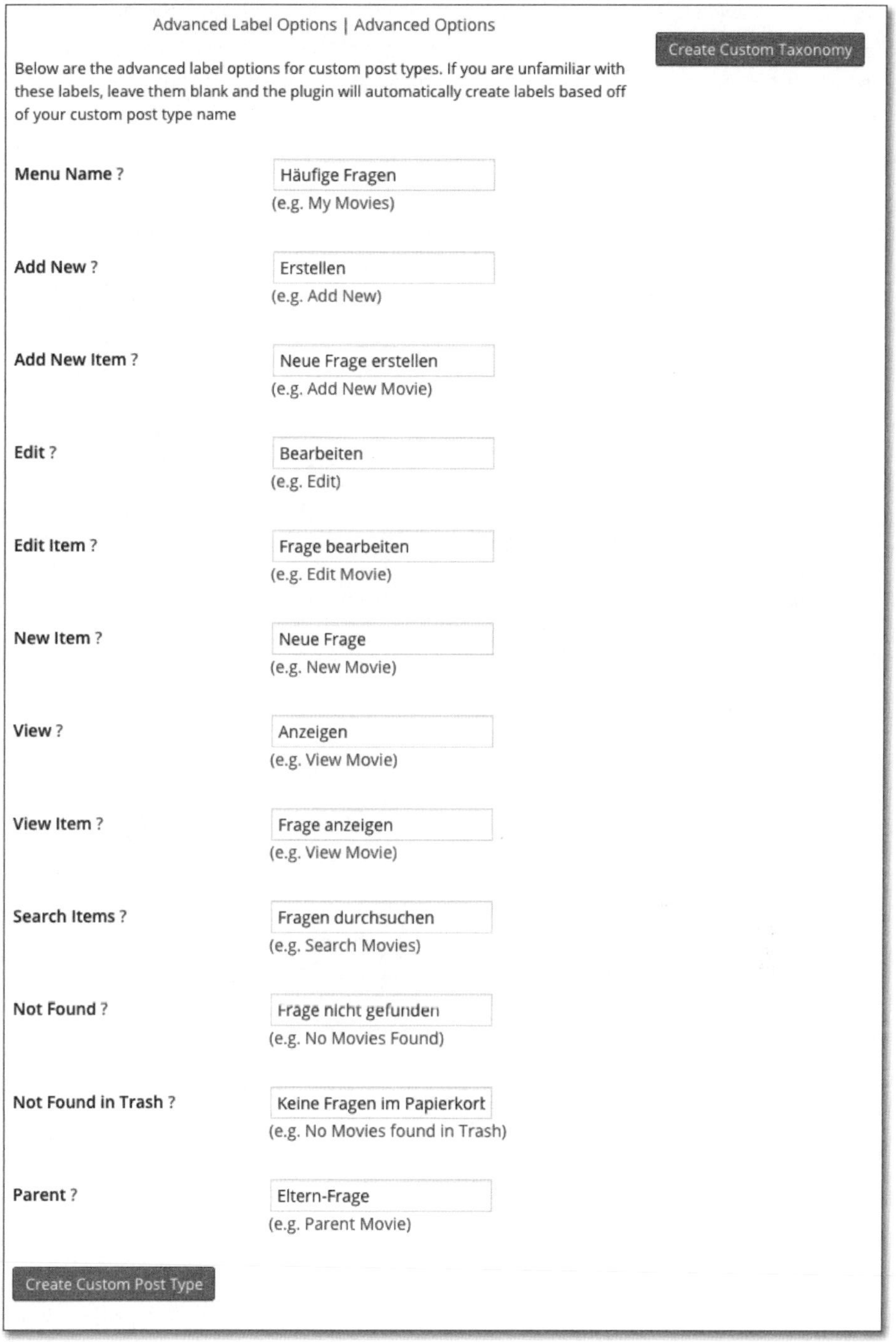

Advanced Label Options | Advanced Options

Create Custom Taxonomy

Below are the advanced label options for custom post types. If you are unfamiliar with these labels, leave them blank and the plugin will automatically create labels based off of your custom post type name

Menu Name ?

Häufige Fragen
(e.g. My Movies)

Add New ?

Erstellen
(e.g. Add New)

Add New Item ?

Neue Frage erstellen
(e.g. Add New Movie)

Edit ?

Bearbeiten
(e.g. Edit)

Edit Item ?

Frage bearbeiten
(e.g. Edit Movie)

New Item ?

Neue Frage
(e.g. New Movie)

View ?

Anzeigen
(e.g. View Movie)

View Item ?

Frage anzeigen
(e.g. View Movie)

Search Items ?

Fragen durchsuchen
(e.g. Search Movies)

Not Found ?

Frage nicht gefunden
(e.g. No Movies Found)

Not Found in Trash ?

Keine Fragen im Papierkort
(e.g. No Movies found in Trash)

Parent ?

Eltern-Frage
(e.g. Parent Movie)

Create Custom Post Type

Abbildung 8.14 Die Advanced Label Options

8

Über die ADVANCED LABEL OPTIONS (siehe Abbildung 8.14) haben Sie die Möglichkeit, sehr granular und manuell die einzelnen verwendeten Bezeichnungen anzupassen, damit dies nicht lediglich automatisch passiert. Tabelle 8.4 erklärt die einzelnen
Felder.

Feldname	Beschreibung
MENU NAME	Wie soll der Menüpunkt im Backend heißen? Zum Beispiel: »Häufige Fragen«.
ADD NEW	Bezeichnung Erstellen-Schaltfläche, z. B. »Erstellen«.
ADD NEW ITEM	Titelbezeichnung bei Erstellen eines neuen Eintrags, z. B. »Neue Frage erstellen«.
EDIT	Bearbeiten-Schaltfläche, z. B. »Bearbeiten«.
EDIT ITEM	Titelbezeichnung bei Bearbeitung eines bestehenden Eintrags, z. B. »Frage bearbeiten«.
NEW ITEM	Bezeichnung für einen neuen Eintrag, z.B. »Neue Frage«.
VIEW	Bezeichnung der Anzeigen-Schaltfläche, z. B. »Anzeigen«.
VIEW ITEM	Bezeichnung der Anzeigen-Schaltfläche unterhalb des Permalinks, z. B. »Frage anzeigen«.
SEARCH ITEMS	Bezeichnung der Suchen-Schaltfläche, z. B. »Fragen durchsuchen«.
NOT FOUND	Hinweis, wenn kein Eintrag gefunden werden konnte, z. B. »Frage nicht gefunden«.
NOT FOUND IN TRASH	Hinweis, wenn keine Einträge im Papierkorb gefunden wurden, z. B. »Keine Fragen im Papierkorb gefunden«.
PARENT	Wie sollen Elternelemente kategorisch bezeichnet werden? Zum Beispiel: »Elternfrage« oder »Überge-ordnete Frage«.

Tabelle 8.4 Die Advanced Label Options für den Seitentyp in der Übersicht

Neben den Advanced Label Options gibt es auch noch die Advanced Options (siehe
Abbildung 8.15), die erweiterte Funktionen für den Seitentyp selbst festlegen. In
Tabelle 8.5 finden Sie die Beschreibungen im Detail.

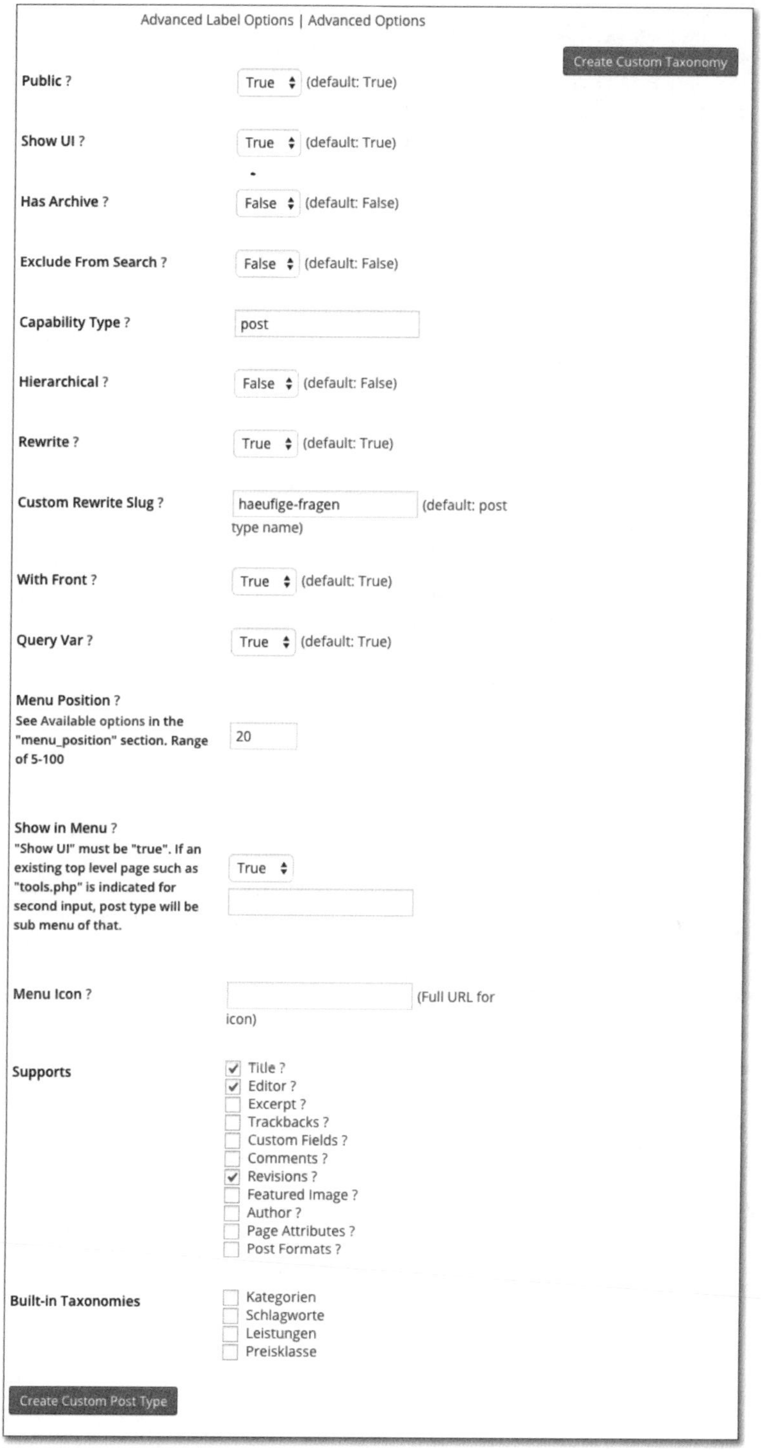

Abbildung 8.15 Die Advanced Options

Feldname	Beschreibung
PUBLIC	Soll der Seitentyp z. B. für Autoren im Adminbereich sichtbar sein?
SHOW UI	Soll eine Benutzeroberfläche im Backend angezeigt werden?
HAS ARCHIVE	Soll es für den Seitentyp ein Archiv geben, wie z. B. bei Blogbeiträgen?
EXCLUDE FROM SEARCH	Soll der Seitentyp von der Suchfunktion Ihrer Website ausgeschlossen werden?
CAPABILITY TYPE	An welchem Seitentyp ("post" oder »page«) soll sich WordPress wegen der Funktionen Lesen, Editieren und Löschen richten?
HIERARCHICAL	Ist dieser Seitentyp hierarchisch aufgebaut, darf es Eltern- und Kindeinträge geben?
REWRITE	Sollen die URLs für diesen Seitentyp umgeschrieben werden?
CUSTOM REWRITE SLUG	Wenn ja, welches Slug soll verwendet werden? Bei »*http://www.ihre-domain.de/haeufige-fragen/wie-hoch-sind-die-versandkosten/*« wäre es das Slug »haeufige-fragen«, das dem jeweiligen Beitrag vorangestellt wird.
WITH FRONT	Soll Ihre Permalink-Struktur ebenfalls in die URL aufgenommen werden? Lautet diese bspw. */blog/*, dann würde das zu URL-Konstrukten wie »*http://www.ihre-domain.de/blog/haeufige-fragen/*...« führen, die gegebenenfalls unerwünscht sind. Bitte auf False setzen, wenn die Permalinkstruktur nicht angewendet werden soll.
QUERY VAR	Darf der Seitentyp über eine URL wie beispielsweise *http://www.ihre-domain.de/?haeufige-fragen=wie-hoch-sind-die-versandkosten/* erreichbar sein? Wählen Sie False, um das zu deaktivieren.

Tabelle 8.5 Die Advanced Options für den Seitentyp in der Übersicht

Feldname	Beschreibung
MENU POSITION	An welcher Position im Backend-Menü soll Ihr Seitentyp stehen? 5 – unter Beiträge 10 – unter Medien (15 – unter Links) 20 – unter Seiten 25 – unter Kommentare 60 – unter dem ersten Platzhalter 65 – unter Plugins 70 – unter Benutzer 75 – unter Werkzeuge 80 – unter Einstellungen 100 – unter dem zweiten Platzhalter
SHOW IN MENU	Soll der Seitentyp im Backend-Menü als Hauptmenüpunkt angezeigt werden? Soll es ein Untermenüpunkt sein, tragen Sie das jeweilige Obermenü (in Form der PHP-Datei) in das freie Feld ein, z. B. »tools.php«, um es unter »Werkzeuge« einzuordnen.
MENU ICON	Sie können ein eigenes Menüsymbol bestimmen, indem Sie den direkten Link hier hinterlegen.
SUPPORTS	Wählen Sie aus, welche Funktionen der Seitentyp bereitstellen soll. Sie kennen diese von der Erstellung bzw. Bearbeitung der Beiträge und Seiten. Entfernen Sie alles, was nicht benötigt wird, um den Zweck des Seitentyps zu erfüllen.
BUILT-IN TAXONOMIES	Welche bislang eingebauten Taxonomien soll der Seitentyp unterstützen bzw. welche sollen angezeigt werden?

Tabelle 8.5 Die Advanced Options für den Seitentyp in der Übersicht (Forts.)

Anschließend klicken Sie auf CREATE CUSTOM POST TYPE, um den Seitentyp mit Ihren gewählten Einstellungen zu registrieren.

Abbildung 8.16 Die Übersichtsseite der Einträge unseres neuen Seitentyps

Nach dem Erstellen können Sie sich über den Menüpunkt HÄUFIGE FRAGEN unsere neue Übersichtsseite anschauen (siehe Abbildung 8.16), auf der alle Einträge gesammelt werden.

Sie können über den Untermenüpunkt ERSTELLEN nun neue Einträge hinzufügen, so wie Sie es auch von Blogbeiträgen oder Seiten kennen (siehe Abbildung 8.17).

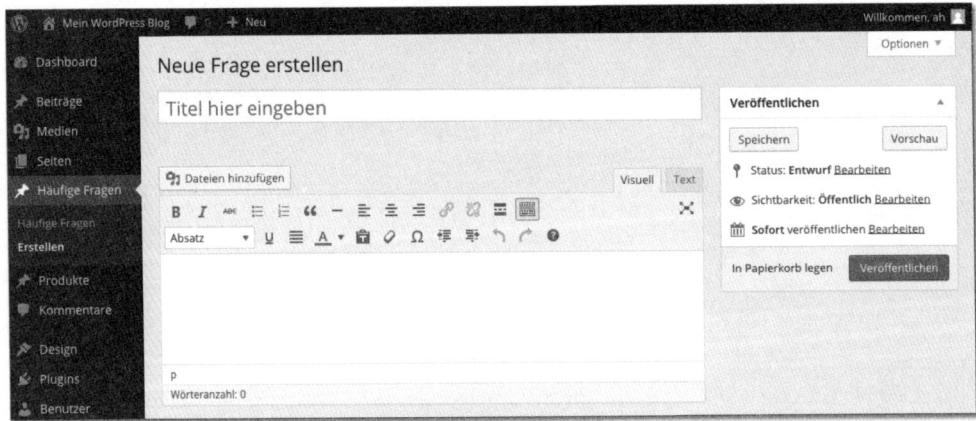

Abbildung 8.17 Erstellen eines neuen Eintrags

Nun erstellen wir noch eine eigene Taxonomie für den neuen Seitentyp. Klicken Sie dazu erneut auf CPT UI · ADD NEW (siehe Abbildung 8.18). Um eine Taxonomie zu erstellen, füllen Sie aber dieses Mal die rechte Seite aus.

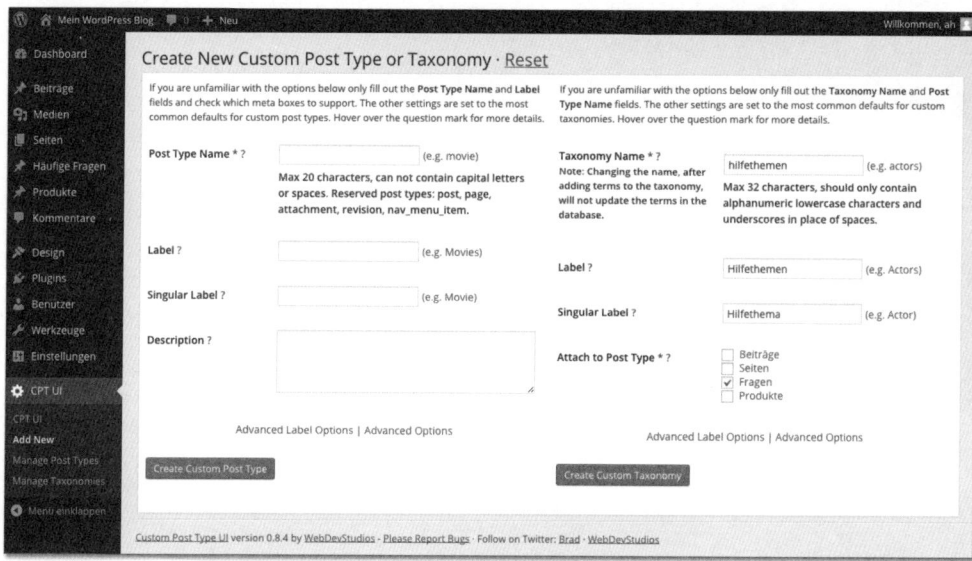

Abbildung 8.18 Zurück zum Plugin, um eine Taxonomie zu erstellen

Dort geben Sie zunächst ein paar grundlegende Dinge über die Taxonomie an:

Feldname	Beschreibung
TAXONOMY NAME	Wie soll die Kategorie heißen? Hier geben Sie wieder einen intern zu verarbeitenden Namen ein, also keine Großbuchstaben und Leerzeichen, z. B. »hilfethemen«.
LABEL	die eigentliche Bezeichnung der Kategorie, in unserem Fall »Hilfethemen«
SINGULAR LABEL	Wie ist die Einzahl dieser Bezeichnung? Also z. B. »Hilfethema«.
ATTACH TO POST TYPE	Welchem Seitentyp oder welchen Seitentypen soll die Taxonomie zugeordnet werden?

Tabelle 8.6 Eine neue Taxonomie erzeugen

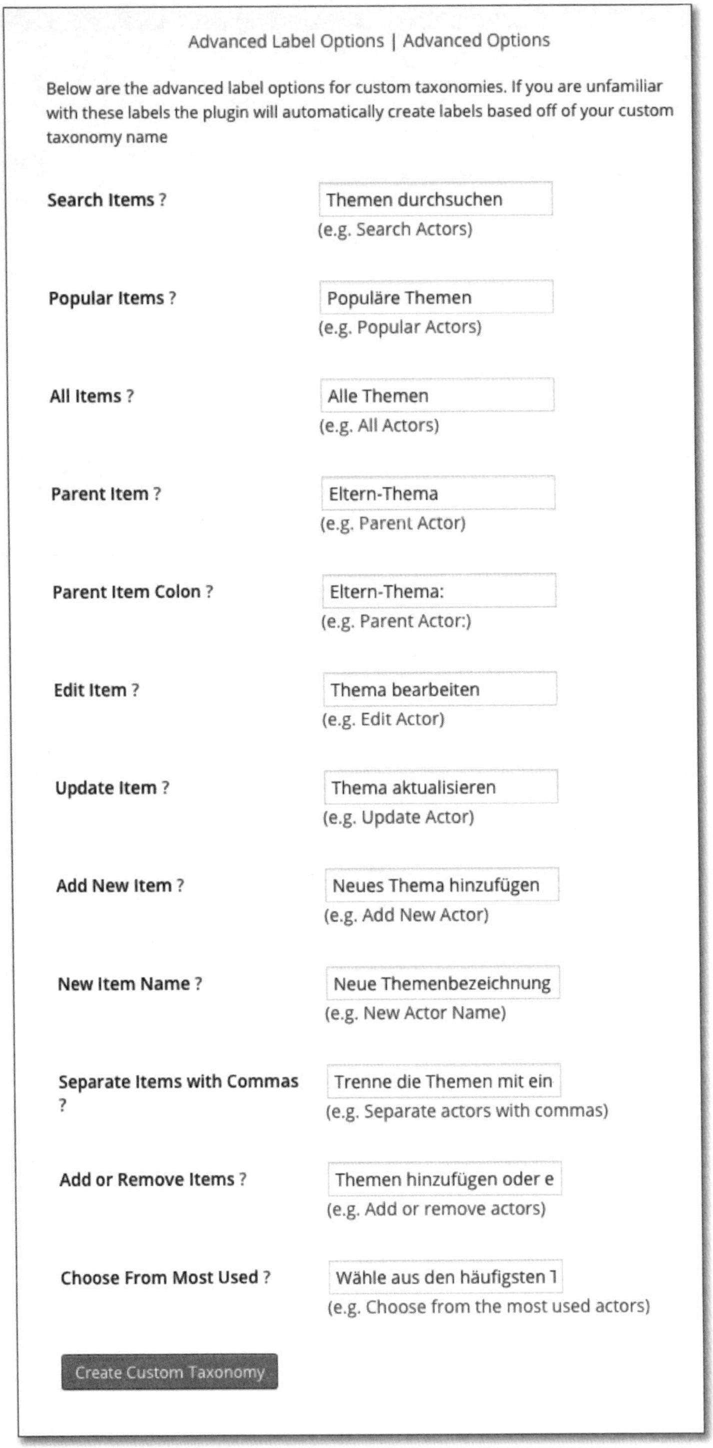

Advanced Label Options | Advanced Options

Below are the advanced label options for custom taxonomies. If you are unfamiliar with these labels the plugin will automatically create labels based off of your custom taxonomy name

Search Items ?

Themen durchsuchen

(e.g. Search Actors)

Popular Items ?

Populäre Themen

(e.g. Popular Actors)

All Items ?

Alle Themen

(e.g. All Actors)

Parent Item ?

Eltern-Thema

(e.g. Parent Actor)

Parent Item Colon ?

Eltern-Thema:

(e.g. Parent Actor:)

Edit Item ?

Thema bearbeiten

(e.g. Edit Actor)

Update Item ?

Thema aktualisieren

(e.g. Update Actor)

Add New Item ?

Neues Thema hinzufügen

(e.g. Add New Actor)

New Item Name ?

Neue Themenbezeichnung

(e.g. New Actor Name)

Separate Items with Commas ?

Trenne die Themen mit ein

(e.g. Separate actors with commas)

Add or Remove Items ?

Themen hinzufügen oder e

(e.g. Add or remove actors)

Choose From Most Used ?

Wähle aus den häufigsten 1

(e.g. Choose from the most used actors)

Create Custom Taxonomy

Abbildung 8.19 Die Advanced Label Options für die Taxonomie

Natürlich gibt es auch für die Taxonomie wieder die ADVANCED LABEL OPTIONS (siehe Abbildung 8.19), mit denen Sie die Bezeichnungen noch etwas detaillierter anpassen können (siehe Tabelle 8.7).

Feldname	Beschreibung
SEARCH ITEMS	Bezeichnung für die Suchen-Schaltfläche, z. B. »Themen durchsuchen«
POPULAR ITEMS	Bezeichnung für populäre Einträge, z. B. »Populäre Themen«
ALL ITEMS	Bezeichnung für alle Einträge, z. B. »Alle Themen«
PARENT ITEM	Bezeichnung für Elterneinträge (= übergeordnete Einträge), z. B. »Elternthema«
PARENT ITEM COLON	Das Gleiche noch mal mit einem Doppelpunkt, z. B.: »Elternthema:«
EDIT ITEM	Titel der Bearbeiten-Seite, z. B. »Thema bearbeiten«
UPDATE ITEM	Bezeichnung für »Eintrag aktualisieren«, z. B. »Thema aktualisieren«
ADD NEW ITEM	Titel der Erstellen-Seite, z. B. »Neues Thema hinzufügen«
NEW ITEM NAME	Bezeichnung für Namen des neuen Eintrags, z. B. »Neue Themenbezeichnung«
SEPARATE ITEMS WITH COMMAS	Hinweis, die Einträge mit Kommata zu trennen, z. B.: »Trenne die Themen mit einem Komma«, o. Ä.
ADD OR REMOVE ITEMS	Bezeichnung, Einträge hinzuzufügen oder zu entfernen, z. B.: »Themen hinzufügen oder entfernen«
CHOOSE FROM MOST USED	Bezeichnung, aus den am häufigsten verwendeten Einträgen zu wählen, z. B.: »Wähle aus den häufigsten Themen«, o. Ä.

Tabelle 8.7 Die Advanced Level Options für die Taxonomie in der Übersicht

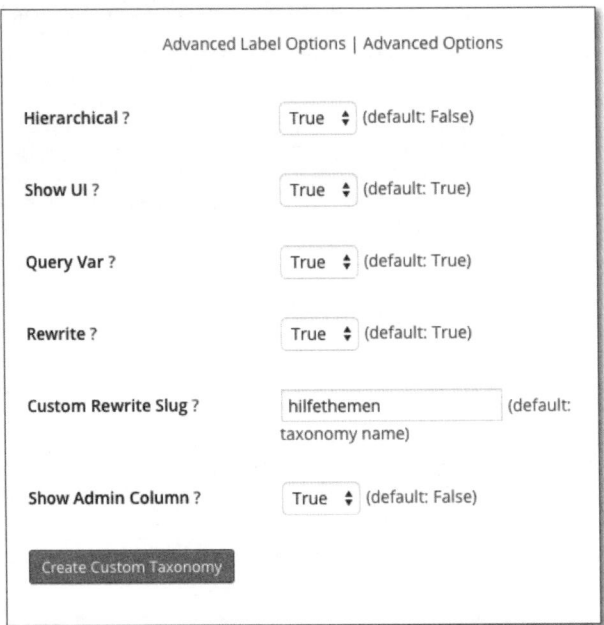

Abbildung 8.20 Die Advanced Options der Taxonomieerstellung

Die ADVANCED OPTIONS (siehe Abbildung 8.20) im Rahmen der Taxonomieerstellung sind dabei schon fast überschaubar. Sie bieten die folgenden Einstellungsmöglichkeiten:

Feldname	Beschreibung
HIERARCHICAL	Darf die Taxonomie hierarchisch sein, soll es also über- und untergeordnete Einträge geben?
SHOW UI	Soll es im Backend eine Administrationsoberfläche für die Taxonomie geben?
QUERY VAR	Darf die Taxonomie über eine URL wie beispielsweise *http://www.ihre-domain.de/?hilfethemen=marketing* erreichbar sein? Wählen Sie False, um das zu deaktivieren.
REWRITE	Sollen die URLs für diese Taxonomie umgeschrieben werden?
CUSTOM REWRITE SLUG	Wenn ja, welches »Slug« soll verwendet werden? Bei »*http://www.ihre-domain.de/hilfethemen/marketing/*« wäre es das Slug »hilfethemen«, das dem jeweiligen Thema vorangestellt wird.

Tabelle 8.8 Die Advanced Options für die Taxonomie in der Übersicht

Feldname	Beschreibung
SHOW ADMIN COLUMN	Soll bei assoziierten Seitentypen eine eigene Spalte in der Übersicht der Einträge mit dem Inhalt dieser Taxonomie angezeigt werden, also z. B. eine Spalte »Hilfethemen« auf der Übersichtsseite des Seitentyps »Fragen«?

Tabelle 8.8 Die Advanced Options für die Taxonomie in der Übersicht (Forts.)

Klicken Sie anschließend auf CREATE CUSTOM TAXONOMY, um die Taxonomie zu erstellen.

Wenn Sie die Taxonomie Ihrem neuen Seitentyp zugeordnet haben, finden Sie diese dort als Untermenüpunkt und können die Einträge bearbeiten (siehe Abbildung 8.21).

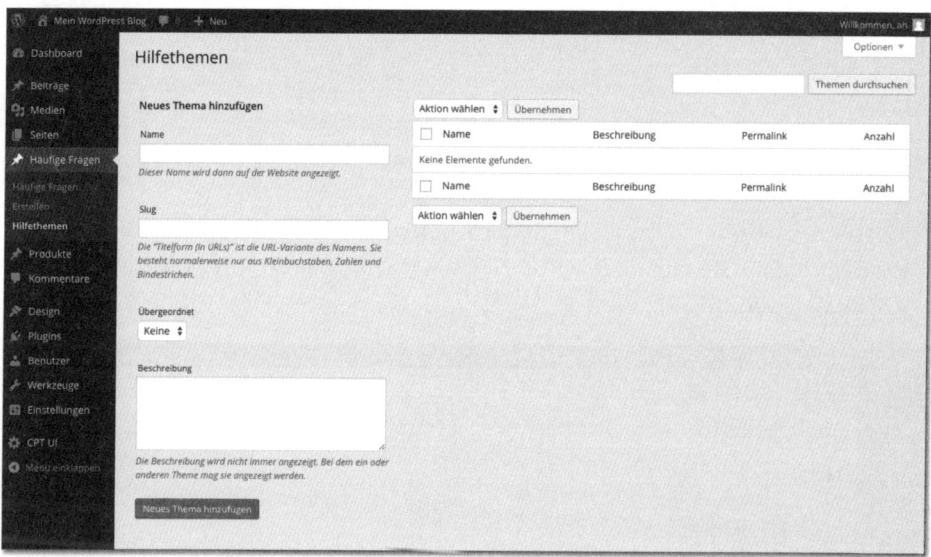

Abbildung 8.21 So sieht die Administrationsoberfläche Ihrer neuen Taxonomie aus.

Abbildung 8.22 Beim Seitentyp gibt es eine neue Spalte.

Haben Sie SHOW ADMIN COLUMN auf »True« gesetzt, dann finden Sie auf der Übersichtsseite Ihres Seitentyps eine neue Spalte, die die Taxonomie repräsentiert (siehe Abbildung 8.22).

Editieren Sie nun eine Frage oder fügen sie hinzu, haben Sie die Möglichkeit, ein Thema auszuwählen, ähnlich einer Kategorie bei einem Blogbeitrag (siehe Abbildung 8.23).

Abbildung 8.23 Eine neue Frage braucht ein Thema.

Sie können Ihre erstellten Seitentypen übrigens auch jederzeit bearbeiten oder löschen, indem Sie zur Übersicht CPT UI • MANAGE POST TYPES wechseln (siehe Abbildung 8.24).

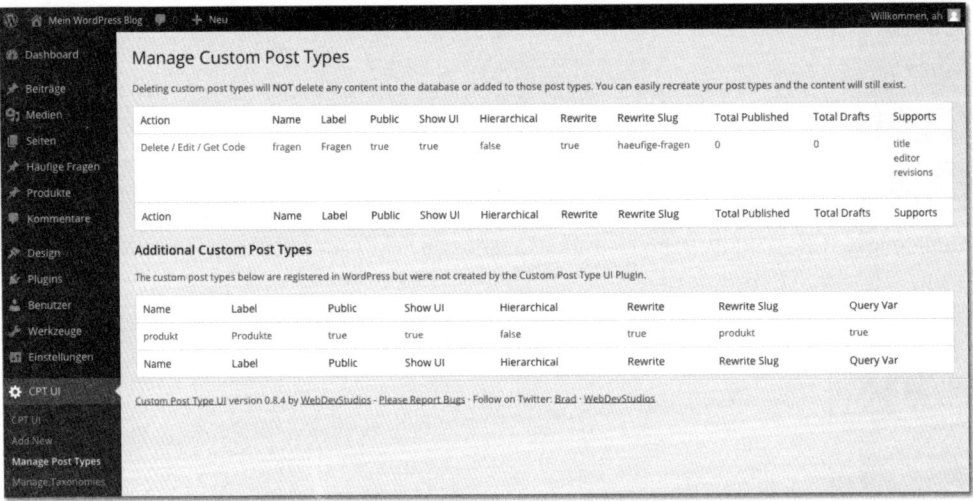

Abbildung 8.24 Manage Custom Post Types

Dort können Sie sich aber auch den Code Ihrer Seitentypen anzeigen lassen (siehe Abbildung 8.25). Diesen wiederum können Sie in die *functions.php* eines Themes kopieren und so den Seitentyp fest mit dem Theme verbinden, ohne dass Sie sich Sorgen um die Weiterentwicklung oder Funktionsfähigkeit des Plugins machen müssten. Das können Sie danach theoretisch sogar deinstallieren.

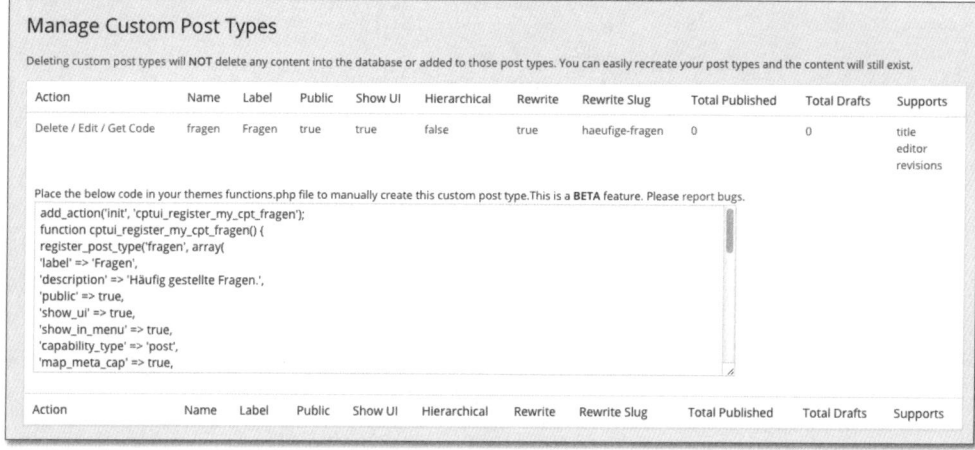

Abbildung 8.25 Den Code können Sie sich ebenfalls anzeigen lassen.

Eine ähnliche Übersichtsseite gibt es auch für die Taxonomien, Sie finden sie unter CPT UI • MANAGE TAXONOMIES (siehe Abbildung 8.26). Auch diese können Sie bearbeiten oder löschen.

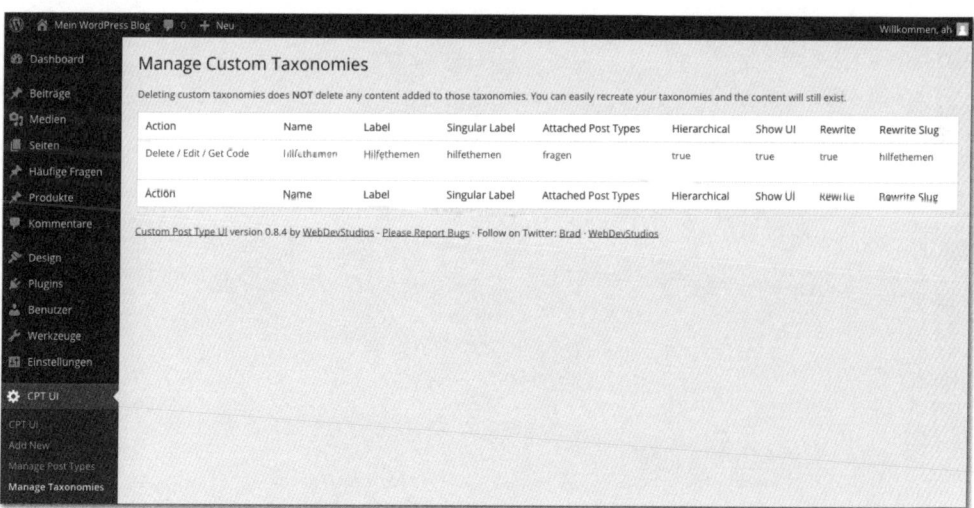

Abbildung 8.26 Manage Custom Taxonomies

Aber nicht nur das. Sie können sich auch für die Taxonomien einen Code anzeigen lassen (siehe Abbildung 8.27) und diese ebenfalls in der *functions.php* »hart codieren«. Sie sind dann vollkommen unabhängig vom Plugin.

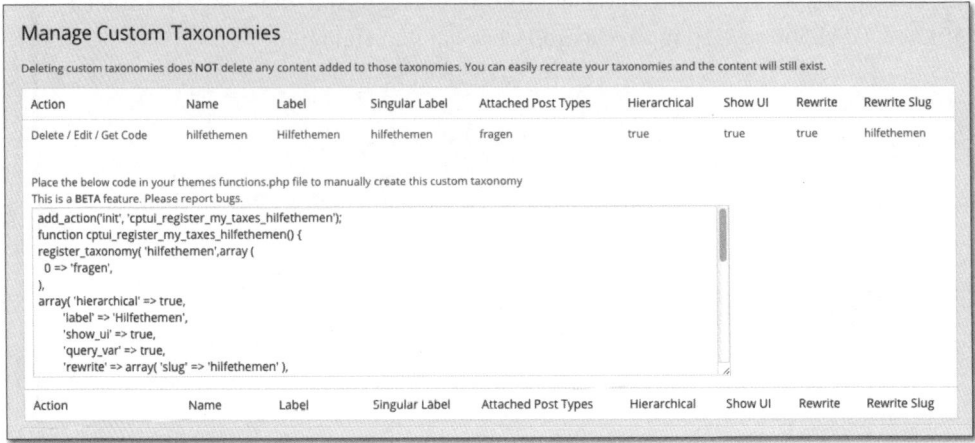

Abbildung 8.27 Und auch für die Taxonomien gibt es einen Code.

So ein Plugin erstellt allerdings immer nur den Seitentyp und die Taxonomie im System, fügt Ihrem Theme aber keine besonderen Templates hinzu (das könnte ein Plugin auch gar nicht leisten). Für das Frontend sind Sie immer selbst zuständig. In Abschnitt 8.7 haben Sie bereits erfahren, wie man das Theme an den Seitentyp anpasst.

Kapitel 9
Plugins

Plugins sind eine wunderbare Möglichkeit, um Ihr Theme um beliebige Funktionen zu erweitern. Eine gute Auswahl an Plugins kann Ihre Website erheblich aufwerten. Eine schlechte Auswahl hingegen kann teils katastrophale Folgen haben.

Es gibt so viele Plugins für WordPress, dass Sie es vermutlich niemals schaffen werden, alle von ihnen auszuprobieren. Das ist aber auch nicht schlimm, denn nicht alle Plugins sind auch wirklich gut. Ich werde Ihnen im Rahmen dieses Kapitels die Vor- und Nachteile von Plugins näherbringen und Ihnen ein Gespür dafür vermitteln, woran Sie ein gutes Plugin erkennen.

9.1   Was sind Plugins?

Plugins sind nichts anderes als Erweiterungen für WordPress. Diese können Sie in die unterschiedlichsten Kategorien einteilen. So gibt es Plugins, die ausschließlich ihre Arbeit im Backend verrichten. Andere machen das Kommentieren Ihrer Beiträge komfortabler. Wieder andere bekämpfen Spam oder erweitern Ihre Blogartikel um eine Liste ähnlicher Beiträge, die den Leser vielleicht interessieren könnten.

WordPress bringt logischerweise von Haus aus nur ein Grundgerüst mit. Denn die Anforderungen an ein Content-Management-System sind von Projekt zu Projekt verschieden. Würden alle häufig genutzten Plugins mit aufgenommen werden, wäre WordPress dermaßen aufgebläht, dass es kaum noch verwendbar wäre.

Es ist also wichtig, eine gute Auswahl zu treffen. Nicht jedes Plugin ist automatisch auch gut oder erfüllt Ihre Anforderungen. Drei gute Plugins sind mehr wert als zehn schlechte.

9.2   Vor- und Nachteile von Plugins

Der große Vorteil von Plugins ist, dass sie unglaublich flexibel sind. Es gibt bereits für fast jede Anforderung eines, und falls nicht, kann es eigenhändig programmiert werden. Plugins sind die Schnittstelle von WordPress, um Nutzer in den Systemcode eingreifen zu lassen. Dort, wo die Möglichkeiten von Themes enden, beginnt die Funktion der Plugins. Manchmal überschneiden sich diese aber auch. So gibt es einige Plugins, die vor allem für Nutzer gedacht sind, die selbst nicht am Theme herumbasteln können oder wollen. Ein Beispiel dafür ist eine Leiste von Social-Media-Buttons. Diese könnten Sie ganz leicht selbst in Ihr Theme integrieren. Oder Sie nutzen einfach eines der vielen Plugins.

Hier wird auch zugleich einer der größten Nachteile von Plugins deutlich. Jedes Plugin bedeutet zusätzliche Rechen- und Ladezeit. Je mehr Plugins Sie verwenden, desto langsamer wird auch Ihre Website. Unter anderem deshalb sprach ich am Anfang von katastrophalen Folgen. Es gibt Blogger, die an die 100 Plugins verwenden und sich später wundern, weshalb ihr Blog so langsam ist. Das muss wohl am Hosting-Paket liegen ...

Auch ist nicht automatisch jedes Plugin vertrauenswürdig. Die Installation geschieht auf eigene Gefahr. Natürlich würden schwarze Schafe aufgrund des öffentlich einsehbaren Codes schnell entlarvt werden. Das heißt aber nicht, dass alle Plugins frei von Schadcode sind.

Wahrscheinlicher ist allerdings, dass Plugins einfach nur schlecht programmiert sind. Nicht jeder ist ein professioneller PHP-Entwickler. Die meisten entwickeln Plugins hobbymäßig. So kann es passieren, dass Plugins Ihre Website nicht nur unnötig verlangsamen, sondern sogar für Fehler sorgen. Daher ist es ratsam, Plugins zunächst in der eigenen Entwicklungsumgebung und nicht live auf dem Server zu testen.

Sie sollten ein Plugin ohnehin erst einmal anpassen, bevor Sie es den Nutzern zugänglich machen. Die wenigsten Plugins funktionieren »einfach so«. Viele müssen zumindest an einer Stelle in irgendeiner Weise angepasst werden. In den angenehmsten Fällen geschieht dies direkt über das Backend. Häufig müssen Sie aber auch Anpassungen am Theme vornehmen. Schlimmstenfalls müssen Sie den Code des Plugins selbst editieren, um die Einstellungen vorzunehmen.

Plugins können Ihnen viel Arbeit abnehmen, sie können Ihnen aber auch sehr viel Arbeit machen. Wägen Sie also die Vor- und Nachteile eines jeden Plugins gut ab, bevor Sie es einsetzen.

9.3   Die richtige Auswahl eines Plugins

Nicht jedes Plugin benötigen Sie auch wirklich. Fragen Sie sich, ob die Funktion des Plugins entweder für Sie oder für Ihre Besucher von erheblichem Nutzen ist. Spielereien sind zwar ganz nett, sollten aber immer auch zielführend sein. Sind sie es nicht, verlangsamen sie die Website unnötig und stellen nur eine weitere Fehlerquelle dar.

Können Sie die Funktion des Plugins reproduzieren, ohne es selbst einsetzen zu müssen? Viele Dinge können Sie auch einfach direkt in Ihr Theme programmieren, ohne dazu auf ein Plugin zurückgreifen zu müssen.

Hat das Plugin viele Downloads und gute Bewertungen? Nun gut, das ist nicht immer ein ausschlaggebendes Kriterium. An Kommentaren und Bewertungen von Nutzern können Sie aber häufig schon gut ablesen, ob das Plugin etwas taugt, und vor allem, ob es für Ihre Anforderungen geeignet ist. Ein Plugin, das für Sie nur einen Kompromiss darstellt, ist oft nicht für Ihre Zwecke geeignet.

Wenn Sie nun immer noch der Meinung sind, dass Sie das Plugin unbedingt benötigen, dann testen Sie es vor dem Einsatz auf Ihrem Server möglichst erst in Ihrer Entwicklungsumgebung. Oder schalten Sie Ihre Website zumindest in den Wartungsmodus. (Dazu stelle ich Ihnen im folgenden Abschnitt noch ein nützliches Plugin vor.) Nichts ist unprofessioneller als eine Website, an der live herumgeschraubt wird.

Im folgenden Abschnitt stelle ich Ihnen zehn Plugins vor, die sich in der Vergangenheit als sehr nützlich erwiesen haben. Aber auch hier gilt: Installieren Sie nicht bedenkenlos all diese Plugins. Fast alle unterliegen einem Wandel, sie werden ständig gepflegt und erweitert. Das heißt, was heute noch funktioniert, kann morgen schon wieder zu Problemen führen.

9.4   10 Plugins für den WordPress-Alltag

Ja, ich gebe es zu, der Titel dieses Abschnitts ist möglicherweise etwas irreführend. Schließlich kann ich unmöglich wissen, welche Plugins für Ihr Projekt am wichtigsten sind. Aber diese Auflistung soll Ihnen als Inspiration dienen und Ihnen gleichzeitig die Einrichtung dieser Plugins nahebringen.

Die Installation aller folgenden Plugins ist denkbar einfach. Gehen Sie im Backend einfach auf PLUGINS • INSTALLIEREN und suchen Sie dort nach dem Titel des jeweiligen Plugins. Mit einem Klick auf JETZT INSTALLIEREN ist das Plugin installiert und kann nun von Ihnen aktiviert und konfiguriert werden.

9.4.1   Akismet – Anti-Spam-Tool für Ihre Kommentare

Akismet von *Automattic* hat eine sehr einfache und zugleich sehr komplexe Aufgabe: Es schützt Ihre Blogkommentare vor Spam. Dazu gleicht es alle auf Ihrer Website abgegebenen Kommentare mit seiner riesigen Datenbank ab und verschiebt die kritischen Kommentare in Ihren Spam-Ordner. Dabei lernt die Software jedes Mal dazu, wenn irgendwo irgendein Blog einen neuen Spam-Kommentar erhält.

Nachdem Sie das Plugin aktiviert haben, benötigen Sie einen sogenannten Akismet API-Key. Diesen erhalten Sie kostenfrei unter *http://akismet.com/wordpress/*. Akismet ist nämlich kostenfrei, solange Sie es für private Zwecke einsetzen. Was viele nicht wissen, ist, dass es bei kommerzieller Nutzung kostenpflichtig wird. Das liegt wohl daran, dass kaum jemand die Akismet-Website besucht, nachdem er sich irgendwann einmal vor vielen, vielen Jahren einen solchen Key erstellt hat. Denn installiert ist es ja von Haus aus bereits.

Diesen Key müssen Sie nur noch eintragen. Dieser Pflicht können Sie unter PLUGINS • AKISMET nachkommen. Geben Sie dort den Key ein, und schon ist Akismet bereit, den Spam-Kommentaren auf Ihrem Blog den Kampf anzusagen (siehe Abbildung 9.1).

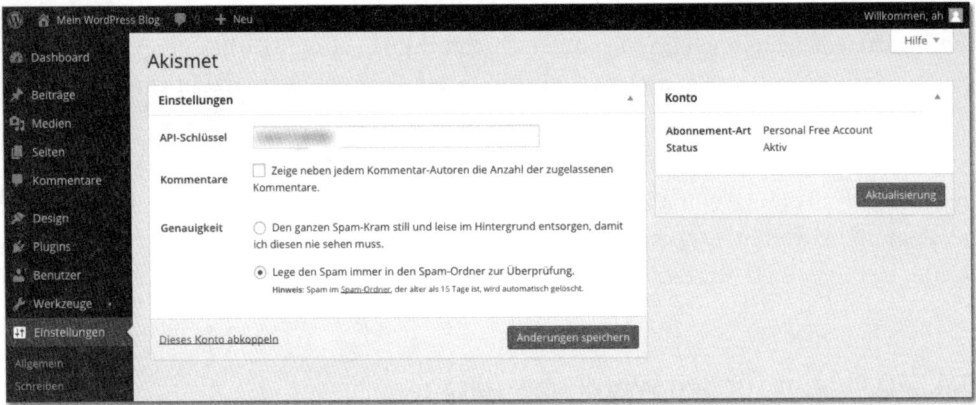

Abbildung 9.1 Nach Eingabe Ihres Keys ist Akismet sofort einsatzbereit. Weiter unten sehen Sie den derzeitigen Serverstatus.

> **Hinweis**
>
> Bitte beachten Sie die Hinweise zu Akismet und Datenschutz in Abschnitt 3.8, »Weitere Funktionen mit Plugins«.

9.4.2   Contact Form 7 – komfortabel Kontaktformulare erstellen

Contact Form 7 von *Takayuki Miyoshi* ermöglicht es Ihnen, Kontaktformulare in allen erdenklichen Variationen auf Ihrer Website zu veröffentlichen. Von Textfeldern über Radiobuttons bis hin zu Captchas oder gar Datei-Uploads lässt dieses Plugin keine Wünsche offen.

Nach der Aktivierung des Plugins finden Sie im Backend-Menü einen eigenen Punkt namens FORMULAR. Darüber können Sie Ihre Formulare administrieren (siehe Abbildung 9.2).

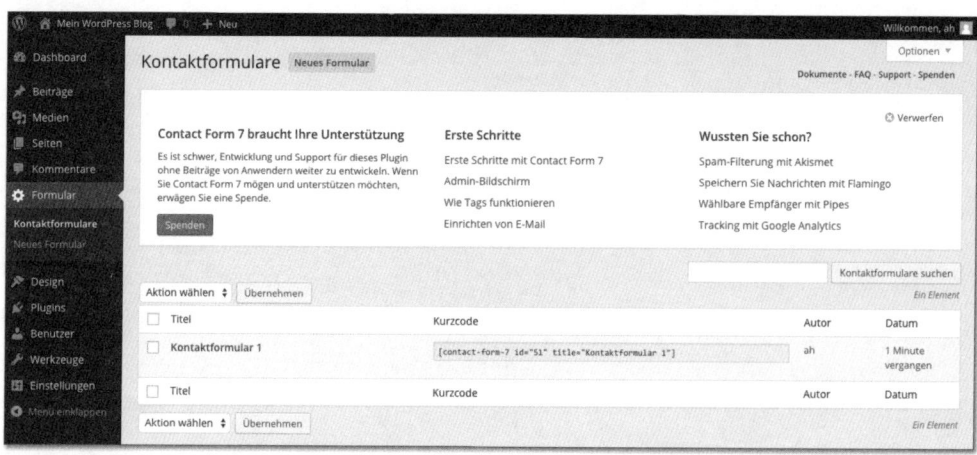

Abbildung 9.2 Hier bietet Ihnen das Plugin eine Übersicht über alle angelegten Formulare.

Nach einem Klick auf den Titel eines bestehenden Formulars oder auf NEUES FORMU-
LAR gelangen Sie zur Einzelansicht.

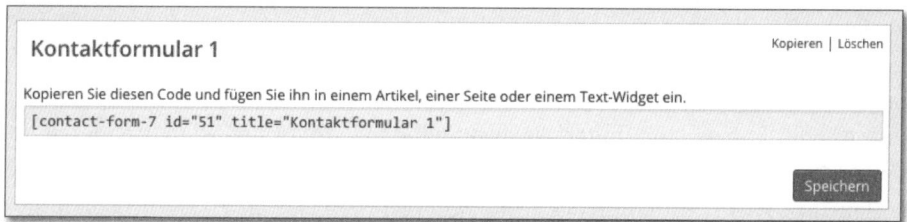

Abbildung 9.3 Den Formularkopf bearbeiten

In der ersten Box eines neuen Formulars können Sie den Titel durch einen Klick darauf bearbeiten. Darunter finden Sie ein etwas gewöhnungsbedürftiges braunes Feld
(siehe Abbildung 9.3). Den Text in diesem Feld müssen Sie in eine statische Seite
(oder auch einen Blogbeitrag) kopieren, damit das Formular dort angezeigt wird.

In der nächsten Box nehmen Sie die spezifischen Einstellungen für das Formular vor
(siehe Abbildung 9.4). Links können Sie den Quelltext des Formulars samt den Platzhaltern für die Felder editieren. Rechts oben haben Sie ein kleines Dropdown-Menü,
aus dem heraus Sie ein neues Feld erstellen können. Nach der Auswahl öffnen sich
die weiteren Optionen darunter. Dabei gilt immer das gleiche Prinzip: Nach dem Ausfüllen der Optionen kopieren Sie den Code aus dem braunen Feld in die Maske auf
der linken Seite – dort, wo das Feld später im Formular erscheinen soll. Den Text aus
dem grünen Feld benötigen wir im nächsten Schritt.

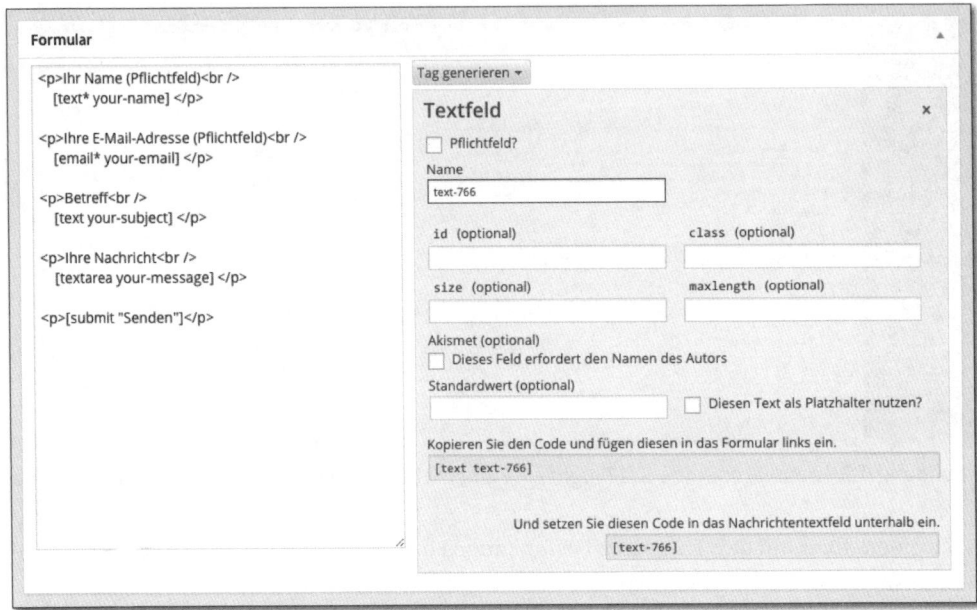

Abbildung 9.4 Das Formular anpassen

In der folgenden Box können Sie die E-Mail-Einstellungen anpassen (siehe Abbildung 9.5). Auf der linken Seite finden Sie allgemeine Informationen wie Absender, Empfänger, Betreff und vieles mehr. Auf der rechten Seite befindet sich ein Feld für den E-Mail-Text. Hier kommt nun das grüne Feld von eben ins Spiel. Dessen Text können Sie nämlich dort hineinkopieren. An der Stelle erscheint dann der Inhalt, den der Absender des Formulars übermittelt hat – also z. B. sein Name.

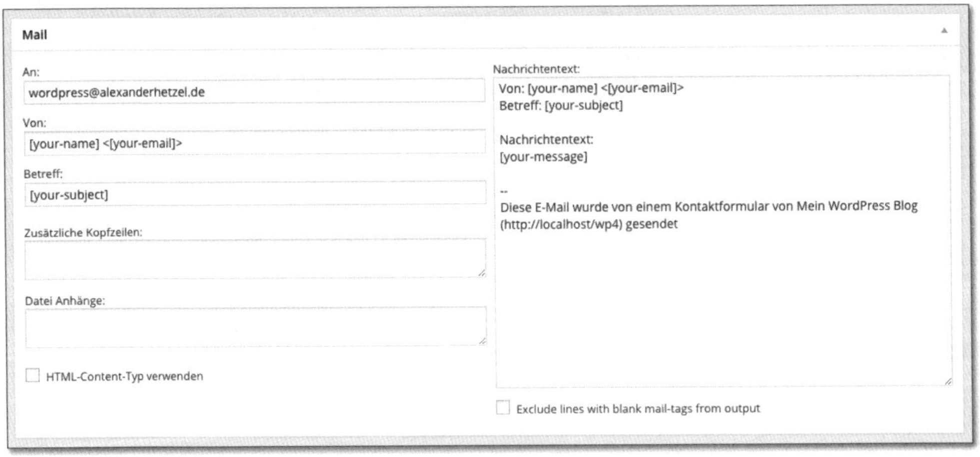

Abbildung 9.5 Die E-Mail-Einstellungen anpassen

Abbildung 9.6 Weitere E-Mails versenden

Sie können mit Contact Form 7 natürlich nicht nur eine einzige E-Mail pro Formular versenden. Sollen mehrere E-Mails des gleichen Formats an mehrere Adressen versendet werden, bietet es sich an, nur eines der Formulare zu verwenden und einfach mehrere Empfängeradressen, mit einem Komma separiert, einzutragen. Möchten Sie hingegen zwei gänzlich verschiedene E-Mails versenden, dann eignet sich dazu das Formular MAIL (2) sehr gut (siehe Abbildung 9.6). Ein Beispiel für dessen Verwendung gebe ich Ihnen auch gerne. Angenommen, Sie haben ein ganz normales Anfrage-Kontaktformular erstellt, über das potenzielle Kunden Kontakt mit Ihnen aufnehmen können. Dann bietet es sich an, zunächst eine E-Mail mit Informationen über den Absender an Sie selbst zu senden. Das ist die Grundfunktion des Formulars. Sie können nun aber noch das zweite Formular nutzen, um dem Absender auch eine E-Mail zukommen zu lassen. Zum Beispiel könnten Sie ihm mitteilen, dass die Anfrage angekommen ist und dass Sie sich so schnell wie möglich darum kümmern werden.

Das Formular MAIL (2) funktioniert genauso wie das erste, darum erspare ich mir weitere Ausführungen dazu. Denken Sie nur daran, ein Häkchen bei VERWENDE MAIL (2) zu machen.

Was wäre ein Kontaktformular wert, das keine Erfolgs- oder Misserfolgsmeldungen an den Nutzer ausgibt? Nicht viel. Die jeweiligen Meldungen können Sie in der Box MELDUNGEN konfigurieren (siehe Abbildung 9.7). Für jeden möglichen Fall gibt es dort schon eine Vorauswahl, die Sie dann an Ihre Vorlieben anpassen können. Die Eingaben dürften selbsterklärend sein.

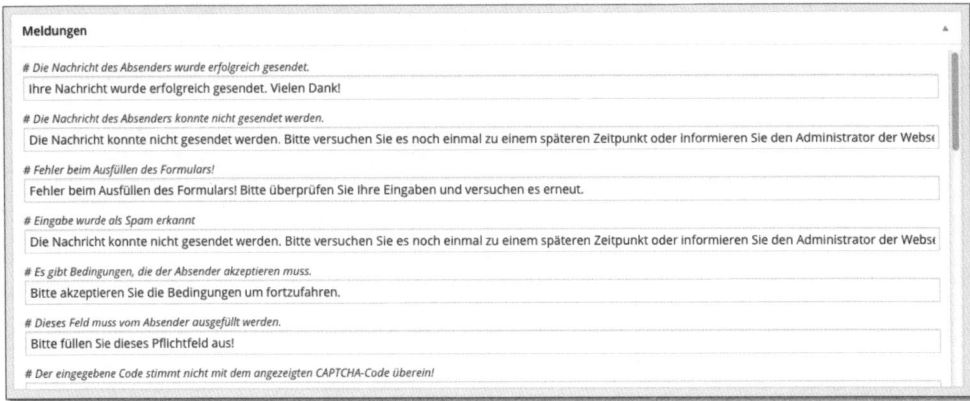

Abbildung 9.7 Die Meldungen konfigurieren

Am Ende speichern Sie das Formular noch mit einem Klick auf – wer hätte das gedacht – SPEICHERN. Vergessen Sie nicht, das Formular noch in eine Seite oder einen Artikel einzubinden. Das geht, wie oben beschrieben, ganz leicht. Sie kopieren einfach den Code aus dem braunen Textfeld am Anfang der Einzelansicht und fügen ihn auf einer beliebigen Seite in der Text-Ansicht (!) ein (siehe Abbildung 9.8).

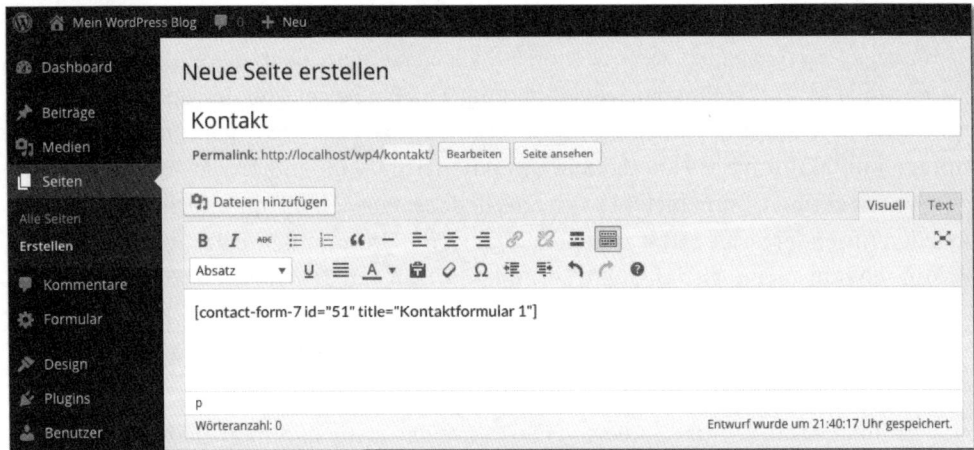

Abbildung 9.8 So einfach binden Sie das Formular in eine Seite ein.

> **Tipp**
>
> Es kann vorkommen, dass Sie ein Kontaktformular direkt in Ihr Theme integrieren möchten. Dies würde allerdings nicht funktionieren, indem Sie den Text aus dem braunen Feld einfach in Ihr Theme kopieren. Dafür gibt es aber eine andere Lösung – nutzen Sie einfach die Funktion do_shortcode():

```
<?php
echo do_shortcode( '[contact-form-7 id="63" title="Kontaktformular 1"]' );
?>
```

Der Funktion do_shortcode() übergeben Sie einfach den entsprechenden Parameter nach folgendem Schema:

```
[contact-form-7 id="<ID>" title="<Titel>"]
```

9.4.3   Antispam Bee – die Alternative zu Akismet

Das Plugin Akismet ist einiger Kritik ausgesetzt. Die eine ist datenschutzrechtlicher Natur, denn Akismet speichert Daten auf ausländischen Servern. Die andere rührt von den Kosten her, denn Akismet ist zumindest für den kommerziellen Gebrauch gebührenpflichtig. Eine tolle Alternative ist *Antispam Bee* vom bekannten Plugin-Autor *Sergej Müller*. Das Plugin ist kostenfrei und in der Anzahl seiner Funktionen sehr umfangreich, wie Sie gleich sehen werden. Funktionen, die datenschutzrechtlich bedenklich sind, können mit nur einem Klick deaktiviert werden.

Die Einstellungen zum Plugin finden Sie unter EINSTELLUNGEN • ANTISPAM BEE (siehe Abbildung 9.9).

Unter dem Registerreiter ANTISPAM-REGELN finden Sie die ersten groben Einstellungen des Plugins (siehe Abbildung 9.9).

Genehmigten Kommentatoren vertrauen

Kommentatoren, die bereits freigeschaltete Kommentare aufweisen können, werden gar nicht mehr kontrolliert. Wenn Sie sorgfältig bei der Freischaltung Ihrer Kommentare arbeiten, bietet sich diese Option an. Auf Dauer wird dadurch die Spam-Erkennung immer genauer (bzw. gibt es weniger falschen Alarm).

BBCode als Spam einstufen

BBCode ist eine Formatierung, die Sie vielleicht aus Foren kennen. Mittels [b]Text [/b] wird ein Text in Fettschrift gesetzt. Üblicherweise wird in WordPress-Kommentaren kein sogenannter BBCode verwendet, weshalb davon auszugehen ist, dass es sich in diesem Fall um Spam handelt. Solange Sie nicht, z. B. über ein Plugin, die Möglichkeit, BBCode zu nutzen, für Ihre Nutzer explizit freigeschaltet haben, können Sie diese Option ruhig aktivieren.

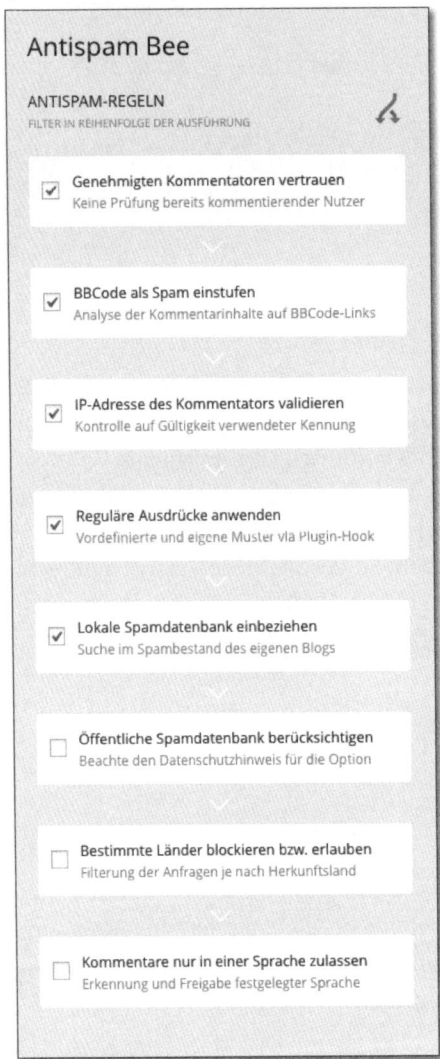

Abbildung 9.9 Die Optionsseite »Allgemein« von Antispam Bee

IP-Adresse des Kommentators validieren

Hier wertet das Plugin die verfügbaren Netzwerkinformationen des Kommentators aus und prüft, ob diese in irgendeiner Form verdächtig, weil üblich für Kommentar-Spam, sind. Diese Prüfung findet ausschließlich auf Ihrem Server statt, es werden laut Plugin-Autor keine Daten an externe Server weitergeleitet.

Reguläre Ausdrücke verwenden

Spam-Kommentare haben ganz oft ein verblüffend ähnliches Muster. Über reguläre Ausdrücke versucht das Plugin, diese Muster zu erkennen und den Kommentar herauszufiltern. Sie können sogar eigene reguläre Ausdrücke anhand Ihres persönlichen Spam-Aufkommens entwickeln. Allerdings muss ich dazu sagen, dass das nicht ganz leicht ist, wenn man sich vorher nie mit regulären Ausdrücken beschäftigt hat. Die »Sprache«, die reguläre Ausdrücke sprechen, ist am Anfang sehr gewöhnungsbedürftig und erschließt sich erst mit der Zeit. Dann aber können sie sehr mächtig und nützlich sein.

Eigene reguläre Ausdrücke hinterlegen Sie nach dem folgenden Schema in der *functions.php* Ihres Themes (Achtung: Das ist wirklich optional und eher für Fortgeschrittene und Profis interessant!):

```
add_action(
    'init',
    'antispam_bee_patterns'
);


function antispam_bee_patterns() {
    add_filter(
        'antispam_bee_patterns',
        'antispam_bee_add_custom_patterns'
    );
}
function antispam_bee_add_custom_patterns($patterns) {
    /* Pattern for evil email address */
    $patterns[] = array(
        'email' => '@spam-mail.com$'
    );

    /* Pattern with more properties ...
    $patterns[] = array(
        'ip' => '^200\.',
        'host' => '^\d+\w+\.com$',
        'body' => '^\w+\s\d+$',
        'email' => '@gmail.com$',
        'author' => 'www\.\w+\.\w{2,}'
    ); */

    return $patterns;
}
```

Listing 9.1 Beispiel des Plugin-Autors Sergej Müller,
https://gist.github.com/sergejmueller/4242142

Lokale Spam-Datenbank einbeziehen

Das ist eine Grundfunktion des Plugins: Der Datenbestand von Kommentaren, die bereits als Spam markiert wurden, wird herangezogen, um neue Spam-Kommentare zu ermitteln. Eine E-Mail-Adresse, die schon einmal bei einem Spam-Kommentar verwendet wurde, wird nun wieder dazu führen, dass ein neuer Kommentar als Spam behandelt wird.

Je größer der Datenbestand, desto nützlicher ist diese Funktion. Daher sollten Sie die Option ERKANNTEN SPAM KENNZEICHNEN, NICHT LÖSCHEN (dazu kommen wir gleich) unbedingt aktivieren.

Öffentliche Spam-Datenbank berücksichtigen

Wenn Sie datenschutzkonform arbeiten wollen, was dringend zu empfehlen ist, sollten Sie diese Funktion deaktivieren. Hier wird die IP-Adresse jedes Kommentators mit einer externen (!) Datenbank von Stop Forum Spam abgeglichen. Obwohl das sehr effektiv erscheinen mag, ist es hierzulande nicht mit unserem Datenschutz vereinbar, da IP-Adressen vollständig übertragen werden. Aktivieren Sie diese Option also keinesfalls.

Bestimmte Länder blockieren bzw. erlauben

Das Plugin bietet Ihnen sogar die Möglichkeit, Kommentare aus bestimmten Ländern explizit zu verbieten oder zu erlauben. Dazu wird die anonymisierte IP-Adresse des Kommentators an den Service MaxMind weitergeleitet. (Achtung: Das kann unter Umständen datenschutzrechtlich bedenklich sein!) Sobald Sie die Option aktivieren, werden darunter weitere Optionen freigeschaltet (siehe Abbildung 9.10).

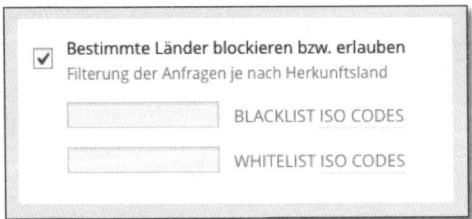

Abbildung 9.10 Bestimmte Länder blockieren/erlauben

Sie haben nun die Möglichkeit, entweder eine Blacklist mit verbotenen Ländern oder eine Whitelist mit erlaubten Ländern zu füllen. Achtung: Erlaubt ist nur die Befüllung eines der beiden Felder! Eingetragen wird jedoch nicht der Name des Landes, sondern der jeweilige ISO-Code, den Sie zum einen über den angebrachten Link oder unter der Adresse *http://www.iso.org/iso/country_names_and_code_elements* erreichen.

Kommentare nur in einer Sprache zulassen

Englische Kommentare auf deutschen Blogs sind nicht selten Spam. Das Plugin kann diese herausfiltern (siehe Abbildung 9.11), muss dazu aber den Kommentartext an Google Übersetzer weiterleiten. Achtung: Hier kann es datenschutzrechtlich unter Umständen Probleme geben!

Abbildung 9.11 Kommentare nur in einer Sprache zulassen

Die nächste Gruppe von Einstellungen finden Sie im Abschnitt ERWEITERT (siehe Abbildung 9.12).

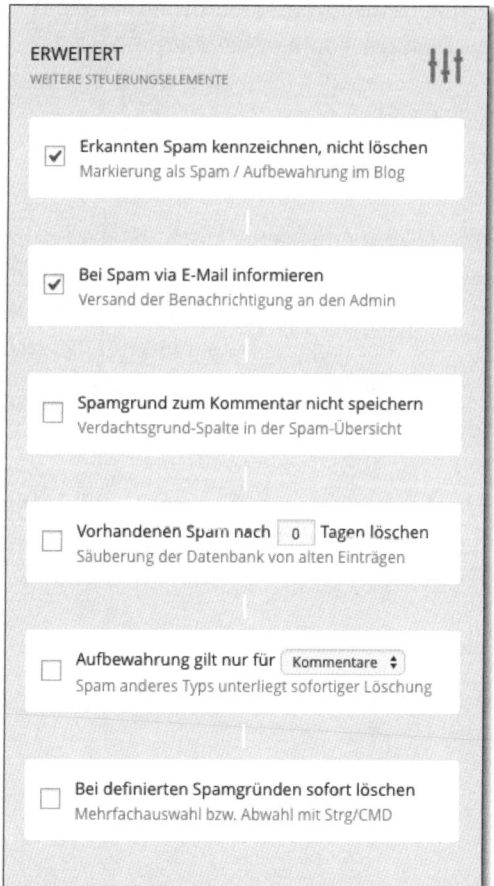

Abbildung 9.12 Weitere Einstellungen im Bereich »Erweitert«

Die folgenden Optionen stehen zur Verfügung:

Erkannten Spam kennzeichnen, nicht löschen

Aktivieren Sie diese Option, werden potenzielle Spam-Kommentare und -Trackbacks nicht direkt gelöscht, sondern nur als Spam markiert. Diese Option sollten Sie unbedingt aktivieren, allein um nicht die Wirkung anderer Funktionen dieses Plugins zu unterwandern. Die im Folgenden vorgestellten Funktionen sind nur verfügbar (und sinnvoll), wenn diese Option aktiviert ist.

Bei Spam via E-Mail informieren

Wenn Sie bei jedem Spam-Kommentar eine Nachricht per E-Mail erhalten möchten, sollten Sie diese Option aktivieren.

Spamgrund zum Kommentar nicht speichern

Sie können den Verdachtsgrund für jeden einzelnen Kommentar speichern und in der Kommentartabelle ausgeben lassen. Dadurch können Sie überprüfen, ob die Mechanismen richtig greifen, und sie gegebenenfalls justieren. Wenn Sie diese Option aktivieren, wird kein (!) Grund gespeichert.

Vorhandenen Spam nach [0] Tagen löschen

Um Ihnen die Administration zu erleichtern, können Sie eine Löschung der Spam-Kommentare nach X Tagen aktivieren. So müssen Sie nicht auf jeden neuen Spam-Kommentar reagieren, sondern können einfach nur dann eingreifen, wenn es falschen Alarm gab. Bedenken Sie aber, dass der eigene Datenbestand dadurch schrumpft und manche Funktionen nur eingeschränkt funktionieren können.

Aufbewahrung gilt nur für [Kommentare]

Sie können die Aufbewahrung auf eine bestimmte Art von Spam limitieren. Wenn Sie dort TRACKBACKS auswählen, dann würden z. B. Kommentare direkt gelöscht werden, Trackbacks aber nur als Spam markiert.

Bei definierten Spamgründen sofort löschen

Antispam Bee unterscheidet nach Verdachtsgründen:

- ▶ CSS-Hack
- ▶ leere Daten
- ▶ Server-IP
- ▶ lokale Spam-Datenbank
- ▶ Ländercode

- ► DNSBL-Spam
- ► BBCode
- ► Sprache
- ► regulärer Ausdruck

Diese Einteilung können Sie sich zunutze machen, um sich selbst die Administration zu erleichtern. Wenn Sie einem oder mehreren (Mehrfachauswahl durch $\boxed{\text{Strg}}$) dieser Gründe vertrauen, dann können Sie über diese Option festlegen, dass Kommentare, die aus einem der aktivierten Gründe als Spam eingestuft wurden, direkt gelöscht und nicht nur als Spam markiert werden.

Die letzte Gruppe von Optionen finden Sie im Bereich SONSTIGES (siehe Abbildung 9.13).

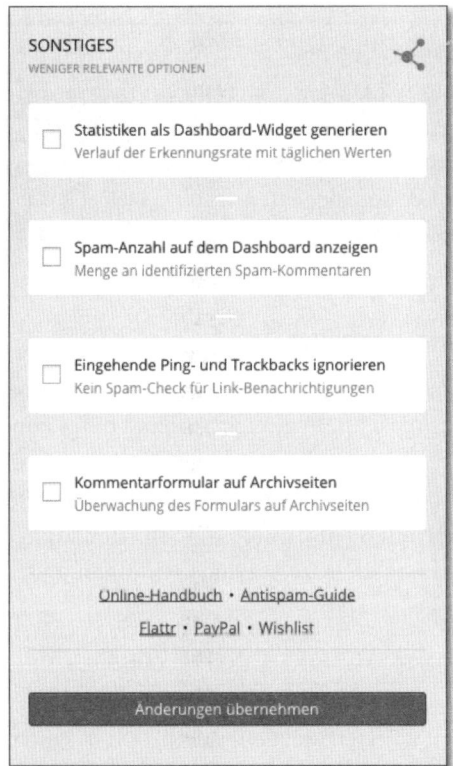

Abbildung 9.13 Die Optionen im Bereich »Sonstiges«

Statistiken als Dashboard-Widget generieren

Um einen schnellen Überblick über Ihr Spam-Aufkommen zu gewinnen, können Sie hier über ein Häkchen ein Widget aktivieren, das Ihnen im Dashboard eine Statistik anzeigt.

Spam-Anzahl auf dem Dashboard anzeigen

Diese Option ergänzt das Dashboard-Widget um die Anzahl der Spam-Kommentare.

Eingehende Ping- und Trackbacks ignorieren

Standardmäßig werden alle eingehenden Ping- und Trackbacks von Antispam Bee überprüft. Wünschen Sie das nicht, können Sie dieses Verhalten hier deaktivieren.

Kommentarformular auf Archivseiten

Antispam Bee überwacht grundsätzlich nur die Kommentarformulare unter Beiträgen und statischen Seiten. Haben Sie aber noch andere Seiten, z. B. ein Archiv, in dem Sie auch ein Kommentarformular implementiert haben, müssen Sie diese Option aktivieren, damit auch solche Formulare überprüft werden.

> **Wichtiger Hinweis zur Nutzung von Antispam Bee**
>
> Überprüfen Sie nach der Aktivierung des Plugins unbedingt die Funktionstüchtigkeit aller Kommentarformulare! Wenn Sie Antispam Bee löschen, gehen die Daten für das Dashboard-Widget und den Dashboard-Zähler verloren. Wenn Sie Plugins wie Jetpack-Comments und Disqus installiert haben, funktioniert Antispam Bee ebenso wenig wie bei AJAX-getriebenen Kommentarformularen.

9.4.4   Google XML Sitemaps – SEO-Sitemaps erstellen

Google XML Sitemaps von *Arne Brachhold* ist ein fantastisches Plugin, das vollautomatisch eine Sitemap Ihrer Website für Suchmaschinen erstellt. Anhand derer können Google & Co. später Ihre Unterseiten indexieren, ohne dass diese zwingend auf Ihrer Website verlinkt sein müssen. Sie dient also dazu, dass die Suchmaschinen auf jeden Fall über die Existenz all Ihrer Unterseiten informiert werden. Heutzutage kommen Sie um eine solche Sitemap kaum noch herum, weshalb ich Ihnen dieses Plugin näher vorstellen werde.

Konfigurieren können Sie es nach dem Aktivieren unter EINSTELLUNGEN • XML-SITEMAP.

Gleich zu Anfang können Sie Ihre Sitemap zum ersten Mal generieren, falls das nicht schon automatisch geschehen ist (siehe Abbildung 9.14). Danach finden Sie in dieser Box Informationen zur erstellten Sitemap.

Die grundlegende Konfiguration Ihrer Sitemap nehmen Sie unter ALLGEMEINE EINSTELLUNGEN vor (siehe Abbildung 9.15). Dort können Sie selbst festlegen, welche Suchmaschinen über Ihre Sitemap benachrichtigt werden sollen, sobald sich etwas ändert. Sollten Sie Probleme mit dem Plugin haben, können Sie versuchen, in den ERWEITERTEN EINSTELLUNGEN das Speicherlimit oder das Zeitlimit zu erhöhen (mögliche Werte werden in Klammern hinter der Option angezeigt). Des Weiteren können Sie das Komprimieren der Sitemap deaktivieren, wenn es zu Problemen führt, und auch festlegen, ob Sie eine Sitemap im HTML-Format wünschen, die man sich im Browser anschauen kann.

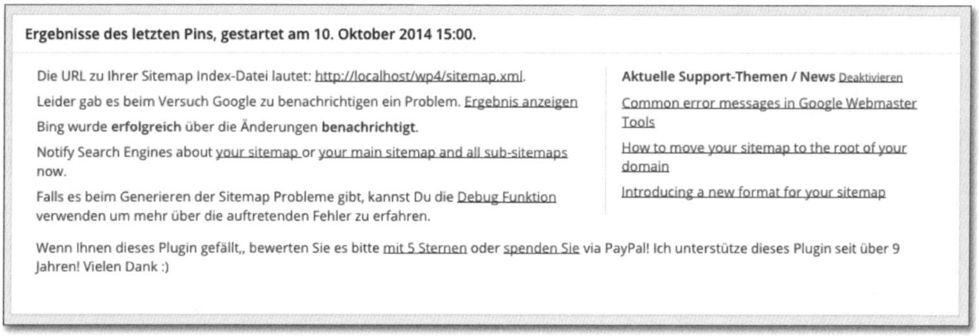

Abbildung 9.14 Generieren Sie Ihre erste Sitemap.

WordPress ist nicht überall. Und so kann es auch auf Ihrer Website vorkommen, dass Sie einzelne Teile ausgelagert haben, z. B. eine nette kleine Applikation. Diese Seiten, die nicht schon automatisch zur Sitemap hinzugefügt werden, können Sie unter ZUSÄTZLICHE SEITEN angeben (siehe Abbildung 9.16). Der Generator übernimmt sie dann bei der nächsten Erstellung.

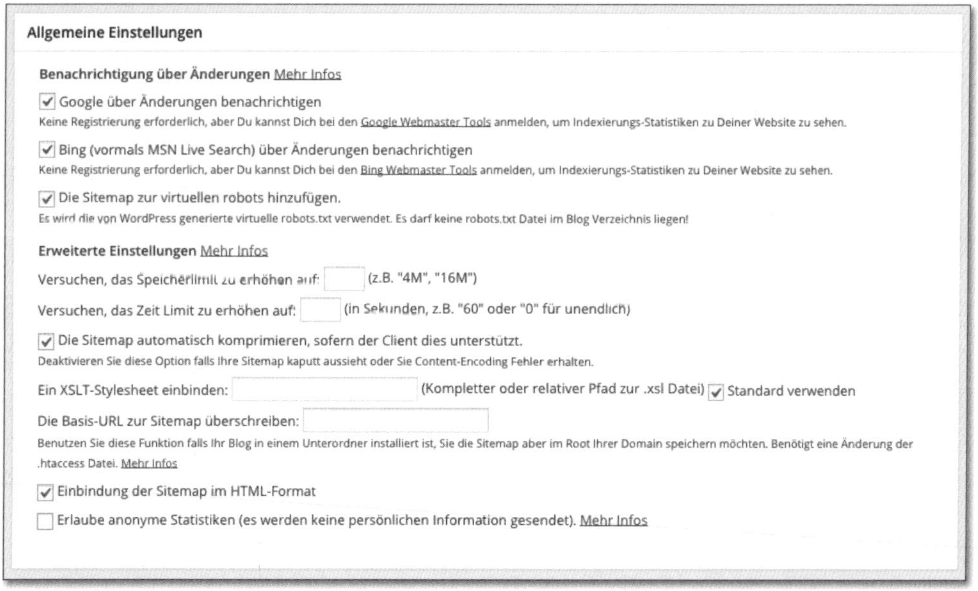

Abbildung 9.15 Allgemeine Einstellungen zur Sitemap

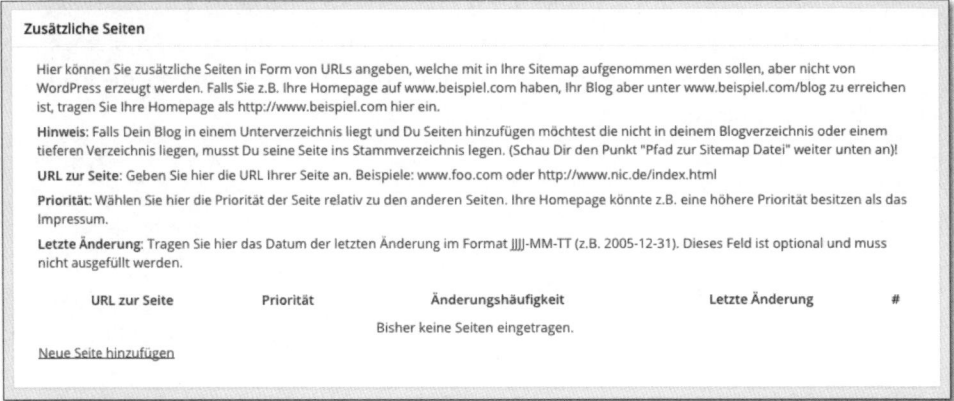

Abbildung 9.16 Zusätzliche Seiten zur Sitemap hinzufügen

Sie können einzelnen Beiträgen automatisch eine gewisse Priorität zuweisen. Unter PRIORITÄT DER BEITRÄGE legen Sie fest, wie die Popularität der Beiträge bestimmt oder ob auf eine automatische Berechnung verzichtet werden soll (siehe Abbildung 9.17). In diesem Fall haben alle Beiträge die gleiche Priorität. Standardmäßig wird auf die Anzahl der Kommentare abgestellt.

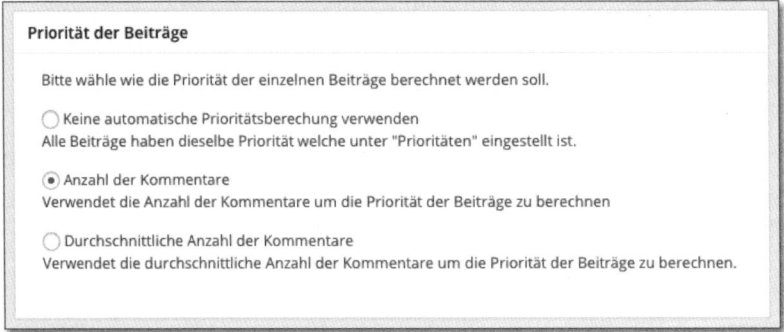

Abbildung 9.17 Priorität der Beiträge bestimmen

Über den Menüpunkt INHALT DER SITEMAP können Sie einzelne Bereiche Ihrer Website bewusst aus der Sitemap heraushalten (siehe Abbildung 9.18). Außerdem haben Sie die Möglichkeit, automatisch das letzte Änderungsdatum hinzufügen zu lassen, sodass die Suchmaschinen erkennen können, wann ein Inhalt das letzte Mal geändert worden ist.

Sie sind der Meinung, Google muss nicht alles wissen? Dann schließen Sie spezielle Kategorien, Seiten oder Beiträge einfach aus (siehe Abbildung 9.19). Kreuzen Sie dazu entweder die entsprechenden Kategorien an oder geben Sie eine kommaseparierte Auflistung aller IDs von Seiten und Beiträgen, die Sie ausschließen möchten, in das Feld darunter ein.

Abbildung 9.18 Inhalte der Sitemap definieren

Abbildung 9.19 Seiten explizit von der Sitemap ausschließen

Zudem haben Sie die Möglichkeit, eine ÄNDERUNGSFREQUENZ für Inhaltstypen festzulegen (siehe Abbildung 9.20). Sie können der Suchmaschine also mitteilen, wie oft
Beiträge oder andere Seiten grundsätzlich geändert werden, um der Suchmaschine
einen Richtwert für das erneute Crawling Ihrer Website zu liefern. Ob das funktioniert, ist fraglich. Es ist nicht sicher, ob sich Suchmaschinen an derartige Vorgaben
halten. Schaden dürfte es aber nicht.

Änderungsfrequenz

Hinweis: Bitte beachten Sie dass diese Einstellung nur als Tipp und nicht als Kommando gesehen wird. Suchmaschinen könnten diesen Tipp beachten, müssen sich aber nicht daran halten. Sie können Seiten die als stündlich markiert wurden weniger häufig besuchen und Seiten die als niemals markiert wurden trotzdem überprüfen.

Täglich ⬍	Startseite
Monatlich ⬍	Beiträge
Wöchentlich ⬍	Statische Seiten
Wöchentlich ⬍	Kategorien
Täglich ⬍	Das Archive des aktuellen Monats (Sollte den gleichen Wert haben wie Ihre Startseite)
Jährlich ⬍	Archive der vergangenen Monate
Wöchentlich ⬍	Tag Seiten
Wöchentlich ⬍	Autoren Seiten

Abbildung 9.20 Die Änderungsfrequenz angeben

Eben haben Sie schon festgelegt, wie die Priorität der Beiträge innerhalb der Sitemap bestimmt werden soll. Über den Menüpunkt Prioritäten können Sie nun Prioritäten für sämtliche Inhaltstypen festlegen (siehe Abbildung 9.21). Nach einem Klick auf Änderungen speichern sind Sie auch schon fertig.

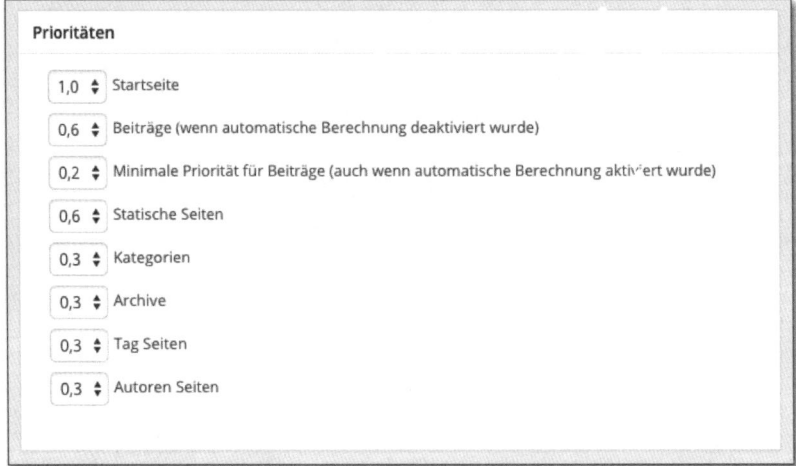

Prioritäten

1,0 ⬍	Startseite
0,6 ⬍	Beiträge (wenn automatische Berechnung deaktiviert wurde)
0,2 ⬍	Minimale Priorität für Beiträge (auch wenn automatische Berechnung aktiviert wurde)
0,6 ⬍	Statische Seiten
0,3 ⬍	Kategorien
0,3 ⬍	Archive
0,3 ⬍	Tag Seiten
0,3 ⬍	Autoren Seiten

Abbildung 9.21 Prioritäten für die Inhaltstypen festlegen

Ihre Sitemap können Sie unter *www.ihre-domain.de/sitemap.xml* aufrufen. Das sieht dann z. B. so aus wie in Abbildung 9.22.

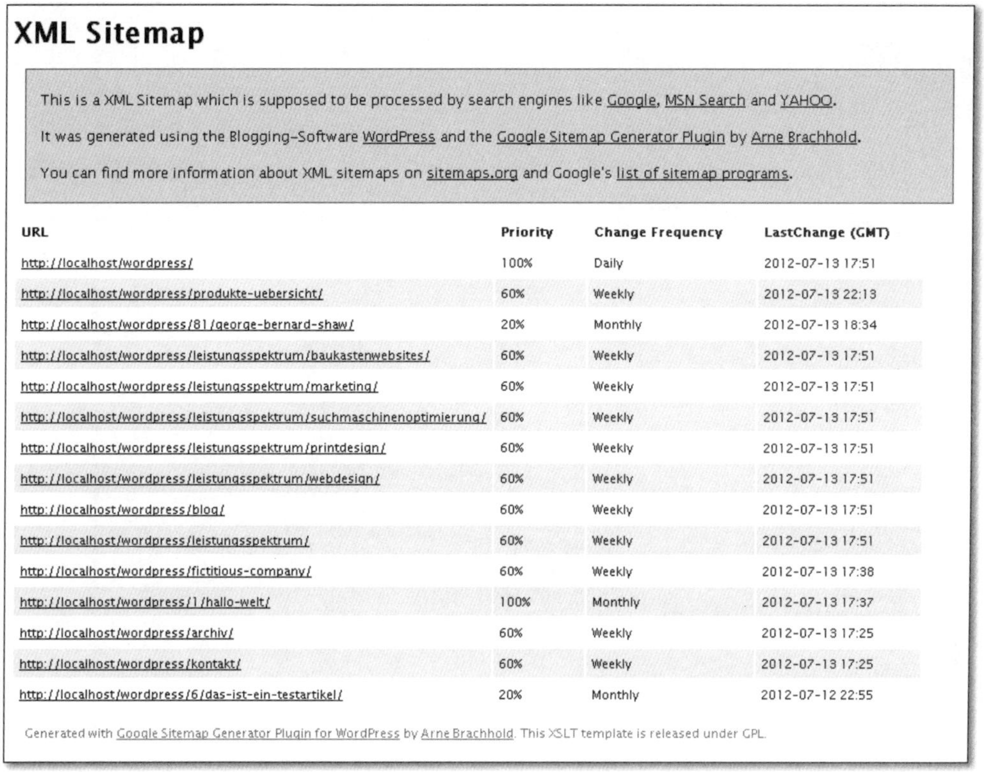

XML Sitemap

This is a XML Sitemap which is supposed to be processed by search engines like Google, MSN Search and YAHOO.

It was generated using the Blogging-Software WordPress and the Google Sitemap Generator Plugin by Arne Brachhold.

You can find more information about XML sitemaps on sitemaps.org and Google's list of sitemap programs.

URL	Priority	Change Frequency	LastChange (GMT)
http://localhost/wordpress/	100%	Daily	2012-07-13 17:51
http://localhost/wordpress/produkte-uebersicht/	60%	Weekly	2012-07-13 22:13
http://localhost/wordpress/81/george-bernard-shaw/	20%	Monthly	2012-07-13 18:34
http://localhost/wordpress/leistungsspektrum/baukastenwebsites/	60%	Weekly	2012-07-13 17:51
http://localhost/wordpress/leistungsspektrum/marketing/	60%	Weekly	2012-07-13 17:51
http://localhost/wordpress/leistungsspektrum/suchmaschinenoptimierung/	60%	Weekly	2012-07-13 17:51
http://localhost/wordpress/leistungsspektrum/printdesign/	60%	Weekly	2012-07-13 17:51
http://localhost/wordpress/leistungsspektrum/webdesign/	60%	Weekly	2012-07-13 17:51
http://localhost/wordpress/blog/	60%	Weekly	2012-07-13 17:51
http://localhost/wordpress/leistungsspektrum/	60%	Weekly	2012-07-13 17:51
http://localhost/wordpress/fictitious-company/	60%	Weekly	2012-07-13 17:38
http://localhost/wordpress/1/hallo-welt/	100%	Monthly	2012-07-13 17:37
http://localhost/wordpress/archiv/	60%	Weekly	2012-07-13 17:25
http://localhost/wordpress/kontakt/	60%	Weekly	2012-07-13 17:25
http://localhost/wordpress/6/das-ist-ein-testartikel/	20%	Monthly	2012-07-12 22:55

Generated with Google Sitemap Generator Plugin for WordPress by Arne Brachhold. This XSLT template is released under GPL.

Abbildung 9.22 Eine beispielhafte Sitemap

9.4.5   WP Maintenance Mode – die Website in den Wartungsmodus versetzen

Eines der wichtigsten Plugins, vor allem am Anfang, ist definitiv *WP Maintenance Mode* von Designmodo. Es hat eigentlich nur eine ganz leichte Aufgabe, löst diese aber mit Bravour: Ihre Website in einen Wartungsmodus zu versetzen.

Das ist nicht nur nützlich, wenn Sie gerade Updates durchführen oder Änderungen vornehmen, sondern vor allem auch dann, wenn Sie Ihre Website gerade online stellen. So können Sie all diejenigen aussperren, die Sie zu diesem Zeitpunkt noch nicht auf Ihrer Website sehen möchten.

WP Maintenance Mode bringt diverse Einstellungsmöglichkeiten mit. Die wichtigsten finden Sie im Register ALLGEMEIN (siehe Abbildung 9.23). In Tabelle 9.1 finden Sie eine Beschreibung der Optionen.

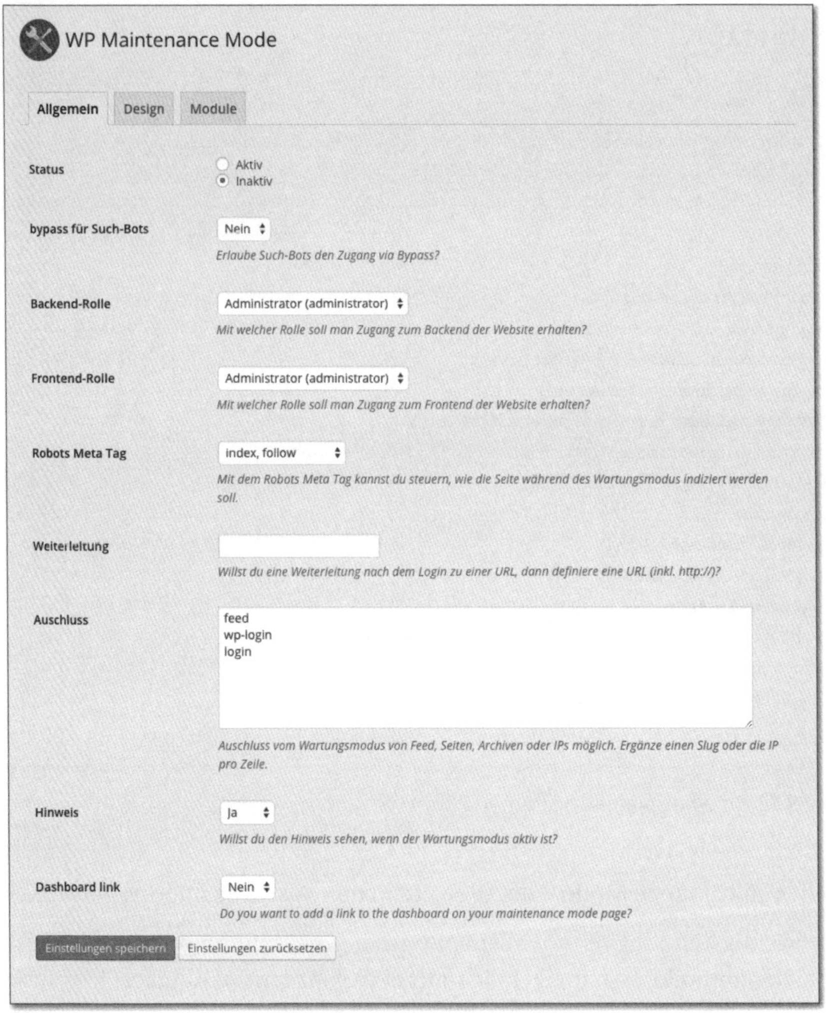

Abbildung 9.23 Die allgemeinen Einstellungen von Maintenance Mode

Option	Beschreibung
STATUS	den Wartungsmodus an- oder ausschalten
BYPASS FÜR SUCH-BOTS	Dürfen Suchmaschinen weiterhin auf die Website zugreifen?
BACKEND-ROLLE	Welche Rolle benötigt ein Benutzer, um auf die Administrationsoberfläche zugreifen zu dürfen?
FRONTEND-ROLLE	Welche Rolle benötigt ein Benutzer, um das Frontend der Website anzeigen zu dürfen?

Tabelle 9.1 Die allgemeinen Einstellungen für den WP Maintenance Mode

Option	Beschreibung
ROBOTS META TAG	Legen Sie den Inhals des Robots-Meta-Tags fest: index, follow oder noindex, nofollow?
WEITERLEITUNG	Definieren Sie eine URL, wenn Sie wünschen, dass Benutzer nach dem Login zu dieser weitergeleitet werden sollen.
AUSSCHLUSS	Welche Seiten, Archive oder IPs dürfen während des Wartungsmodus nicht aufgerufen werden?
HINWEIS	Soll ein Hinweis im Backend angezeigt werden, solange der Wartungsmodus aktiv ist? Denken Sie daran, dass Sie als Administrator sonst selbst kaum merken, dass Ihre Website gar nicht erreichbar ist.
DASHBOARD LINK	Soll ein Link zum Dashboard auf der Wartungsseite platziert werden?

Tabelle 9.1 Die allgemeinen Einstellungen für den WP Maintenance Mode (Forts.)

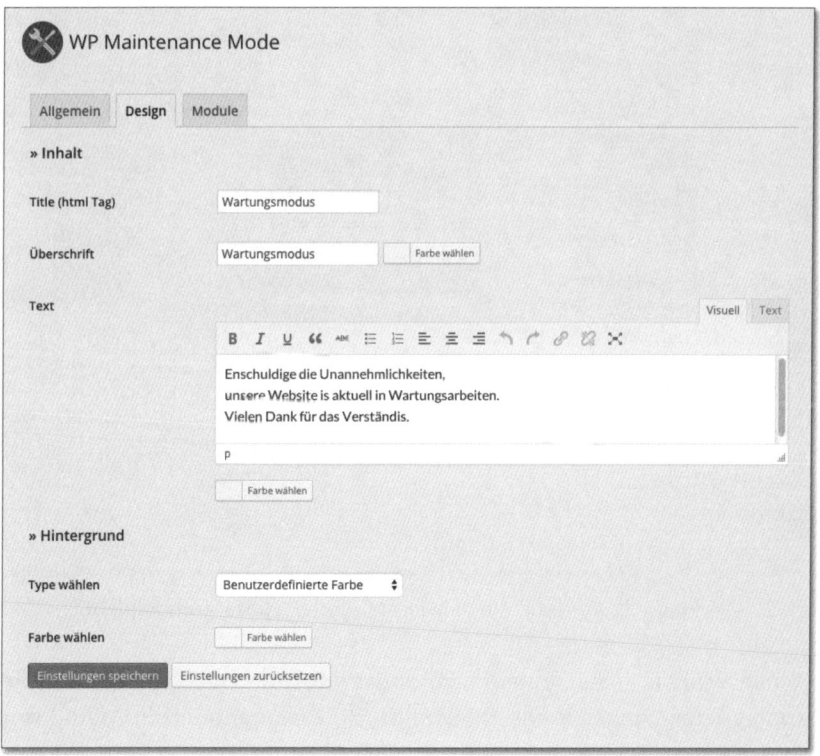

Abbildung 9.24 Die Design-Einstellungen von Maintenance Mode. Passen Sie die Texte an Ihre Wünsche an, am besten ohne die Rechtschreibfehler des Pluginübersetzers.

Im Bereich DESIGN (siehe Abbildung 9.24) legen Sie vor allem fest, welcher Text auf der Wartungsseite angezeigt werden soll. Sie können einen TITEL bestimmen, der im Browser-Tab angezeigt wird. Danach legen Sie eine Überschrift sowie einen Text fest. Hierfür steht Ihnen der übliche Texteditor zur Verfügung.

Interessant ist vor allem der Abschnitt HINTERGRUND (siehe Abbildung 9.25). Hier können Sie zwar auch eigene Hintergründe hochladen, es stehen aber auch einige sehr ansprechende zur Verfügung.

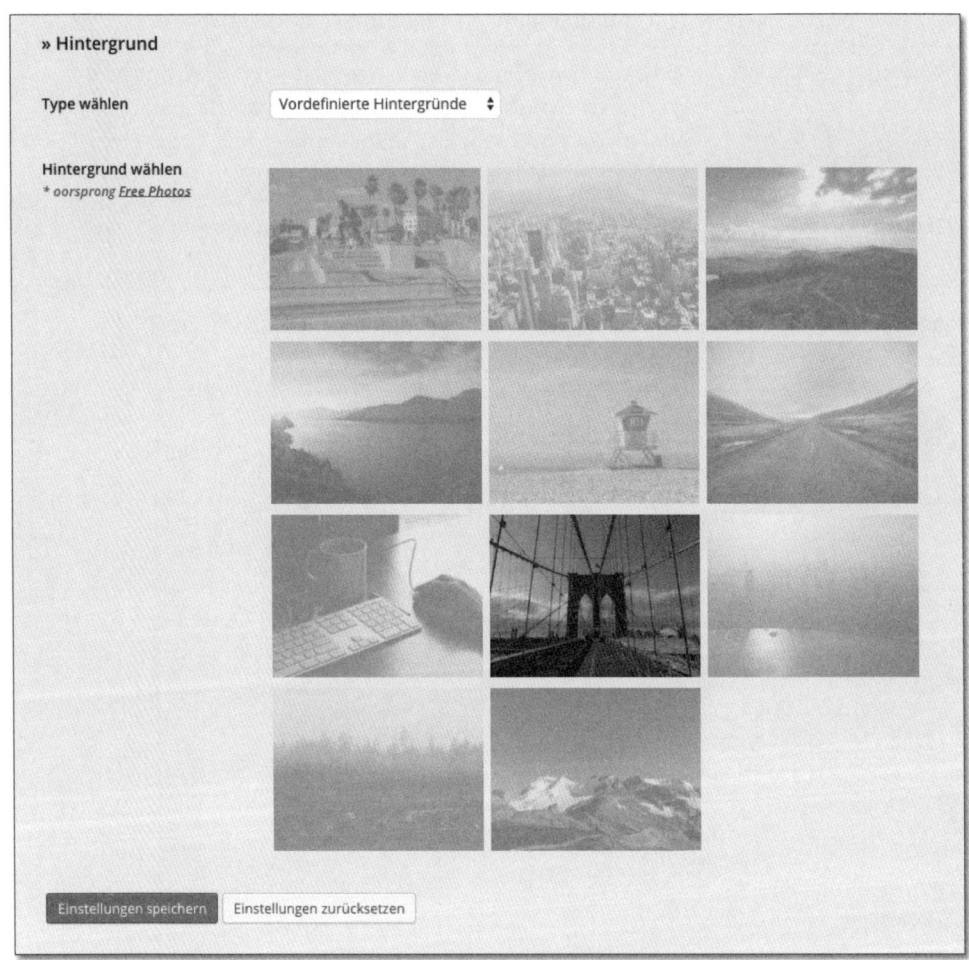

Abbildung 9.25 Das Plugin kommt mit einigen vordefinierten Hintergrundbildern.

WP Maintenance Mode bietet Ihnen auch einige MODULE, die Sie auf der Wartungsseite integrieren können (siehe Abbildung 9.26). Dazu gehören ein Countdown, eine E-Mail-Benachrichtigung über die Fertigstellung der Wartungsarbeiten (Abonniere), Social-Media-Buttons, Kontaktangaben und eine Integrationsmöglichkeit für Google Analytics in die Wartungsseite.

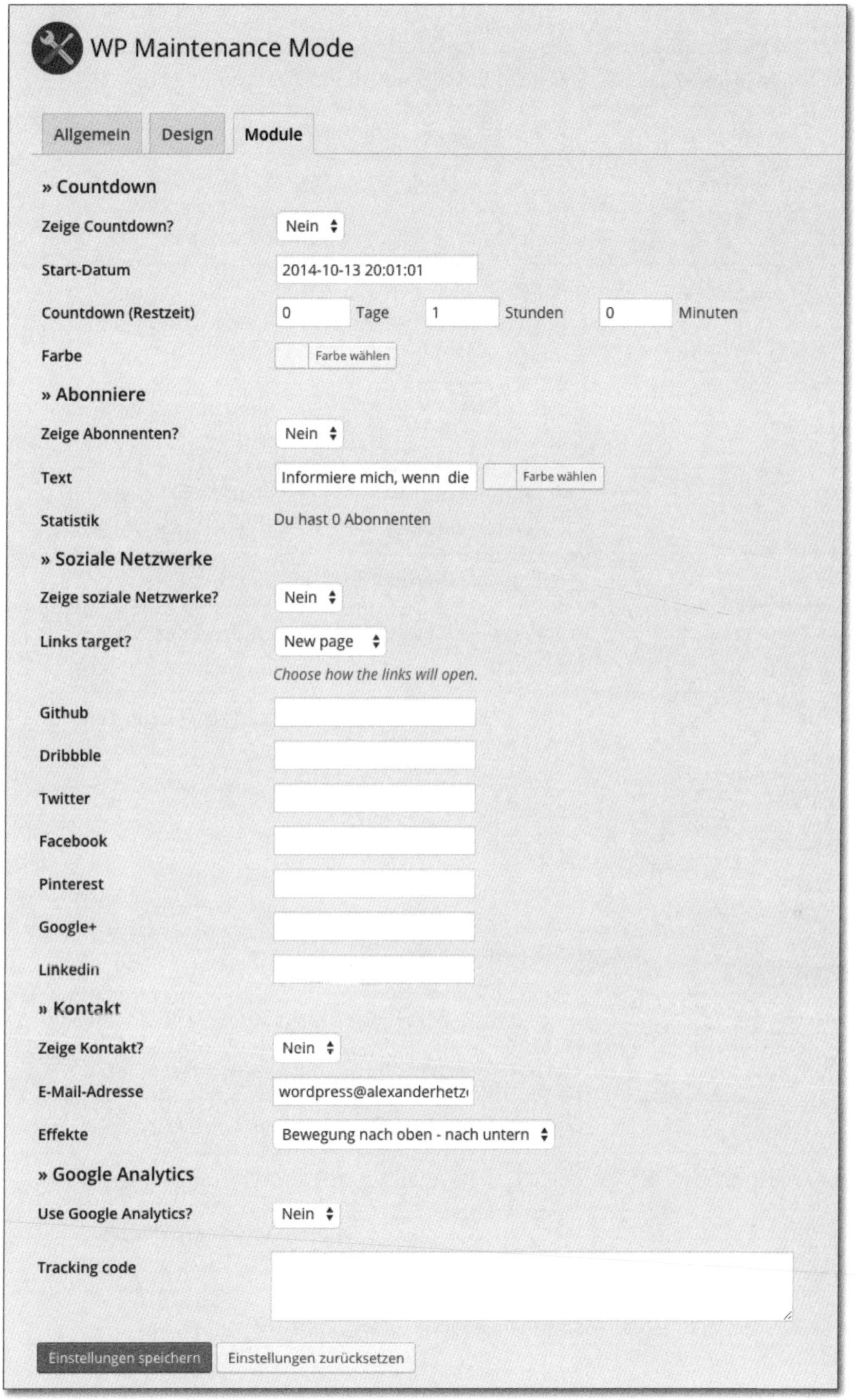

Abbildung 9.26 Die Module von Maintenance Mode

Option	Beschreibung
ZEIGE COUNTDOWN?	Soll ein Countdown angezeigt werden?
START-DATUM	Wann ist das Startdatum?
COUNTDOWN (RESTZEIT)	Wie viel Restzeit benötigen Ihre Wartungsarbeiten?
FARBE	Welche Farbe soll der Countdown haben?
ZEIGE ABONNENTEN	Sollen Ihre Besucher einen Newsletter abonnieren können, der sie über das Ende der Wartungsarbeiten informiert?
TEXT	Wie soll der Text heißen, der Benutzer auf die Möglichkeit eines solchen Newsletters hinweist?
STATISTIK	Zeigt Ihnen an, wie viele Personen den Newsletter abonniert haben.
ZEIGE SOZIALE NETZWERKE?	Sollen Social-Media-Buttons angezeigt werden?
LINKS TARGET?	Sollen die Links in einem neuen Tab/Fenster geöffnet werden?
GITHUB DRIBBBLE TWITTER FACEBOOK PINTEREST GOOGLE+ LINKEDIN	Geben Sie hier die URLs zu Ihren Profilen bei den diversen Diensten ein.
ZEIGE KONTAKT?	Soll eine Kontaktmöglichkeit eingeblendet werden?
E-MAIL-ADRESSE	Welche E-Mail-Adresse soll angezeigt werden?
EFFEKTE	Wählen Sie einen Effekt für das Kontaktmodul.
USE GOOGLE ANALYTICS?	Soll Google Analytics auf der Wartungsseite eingebunden werden?
TRACKING CODE	Wie lautet Ihr Google-Analytics-Tracking-Code?

Tabelle 9.2 Die Module von Maintenance Mode in der Übersicht

Wenn Sie die Einrichtung abgeschlossen und den Wartungsmodus aktiviert haben, bekommen Ihre Besucher etwas Ähnliches wie in Abbildung 9.27 zu sehen.

Abbildung 9.27 So könnte der Wartungsmodus bei Ihnen aussehen.

9.4.6   Broken Link Checker – keine toten Links mehr

Das Plugin *Broken Link Checker* von *Janis Elsts* ist unglaublich praktisch, um tote Links auf Ihrer Website aufzuspüren. So werden Suchmaschinen nicht mehr fehlgeleitet, und Besucher gelangen auch an die richtige Stelle. Unbezahlbar ist das Plugin auch bei einem Relaunch der alten Website.

Die Einstellungen des Plugins finden Sie unter EINSTELLUNGEN • LINK CHECKER. Die Optionen verstecken sich hinter diversen Registerreitern. Beginnen wir mit dem ersten.

Unter dem Registerreiter ALLGEMEIN (siehe Abbildung 9.28) finden Sie zunächst allgemeine Informationen zu den derzeit gefundenen Links: Wie viele sind auf Ihrer Website, wie viele davon sind fehlerhaft?

Darüber hinaus können Sie festlegen, in welchen Zeitabständen jeder Link überprüft werden soll und wann Sie E-Mail-Benachrichtigungen erhalten möchten.

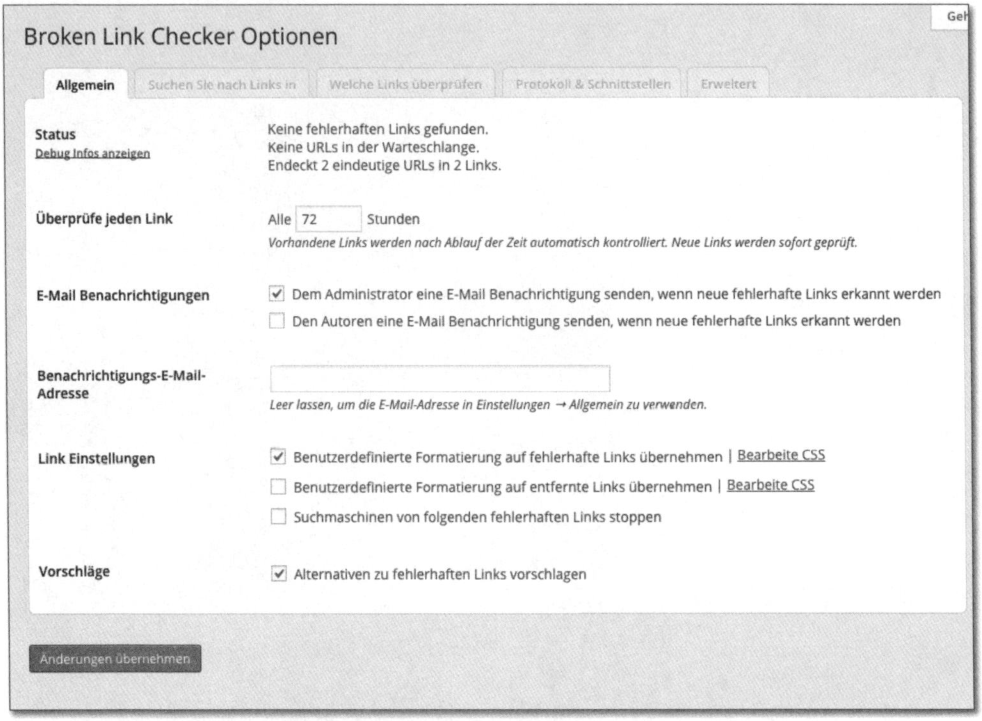

Abbildung 9.28 Das Register »Allgemein« von Broken Link Checker

Im Übrigen haben Sie die Möglichkeit, die Formatierung defekter oder entfernter Links anzupassen (siehe Abbildung 9.29).

Allerdings rate ich Ihnen, das Plugin eher bei Bedarf zuzuschalten. Es verbraucht einiges an Ressourcen und muss bei den meisten Websites nicht ständig aktiviert sein, vor allem wenn diese nur von einem einzigen Autor mit Inhalten bestückt werden. Deaktivieren Sie es am besten, solange Sie es nicht benötigen, und überprüfen Sie von Zeit zu Zeit manuell, ob es defekte Links findet.

Wann immer das Plugin einen fehlerhaften Link findet, versieht es diesen mit einer bestimmten CSS-Klasse. Die Style-Angaben dazu können Sie durch einen Klick auf BEARBEITE CSS verändern. Standardmäßig wird der Text einfach durchgestrichen. Bei fehlerhaften Links bleibt die Verlinkung erhalten, bei gelöschten wird der Link entfernt, der Link-Text aber durchgestrichen. Passen Sie die Angaben an Ihre Vorlieben an.

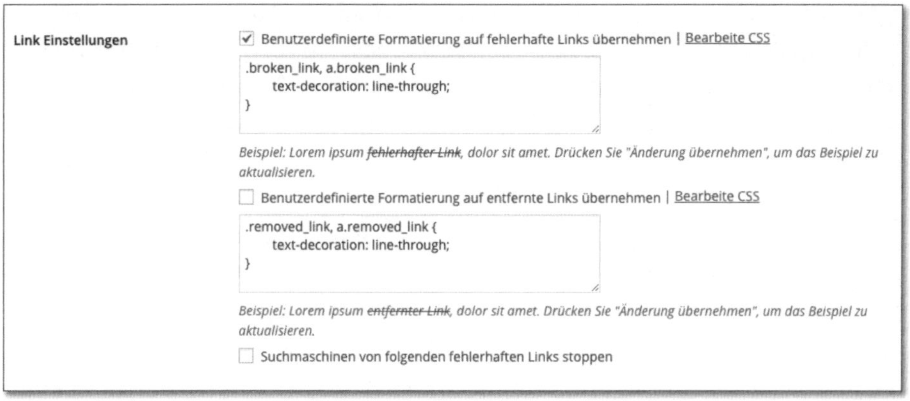

Abbildung 9.29 Passen Sie die Formatierung von defekten oder entfernten Links mittels CSS an.

Mittels der Option STOPPE SUCHMASCHINEN AUS FOLGENDEN FEHLERHAFTEN LINKS ist gemeint, dass fehlerhafte Links mit einem `nofollow`-Attribut versehen werden, sodass Suchmaschinen ihnen nicht folgen.

Neuerdings gibt es sogar die Möglichkeit, sich Alternativen für fehlerhafte Links vorschlagen zu lassen.

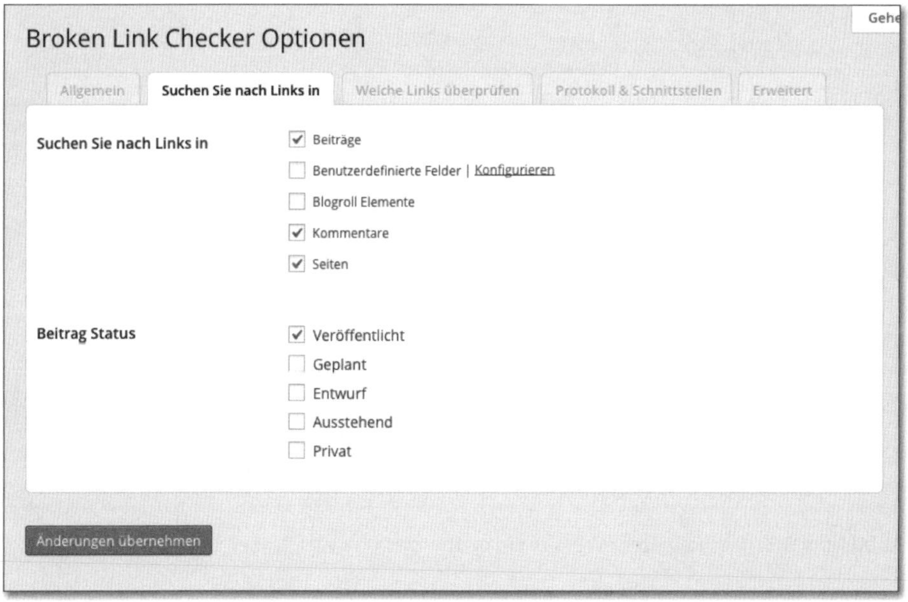

Abbildung 9.30 Das Register »Suchen Sie nach Links in« von Broken Link Checker

Im nächsten Register – SUCHEN SIE NACH LINKS IN (siehe Abbildung 9.30) – können Sie festlegen, wo genau das Plugin nach Links suchen darf und wo nicht. Einerseits können Sie dies nach Inhaltstypen festlegen (Beiträge, Seiten, Kommentare etc.), andererseits nach dem Status der Beiträge (wenn Sie BEITRÄGE bei der vorangegangenen Option aktiviert haben). So können z. B. im Entwurf befindliche Beiträge von der Überprüfung ausgeschlossen werden.

Darüber hinaus können Sie im Register WELCHE LINKS ÜBERPRÜFEN (siehe Abbildung 9.31) festlegen, welche Arten von Links überprüft werden dürfen. Standardmäßig werden HTML LINKS und HTML BILDER durchsucht; es ist aber auch möglich, KLARTEXT URLS sowie die Adresse von EINGEBETTETEN YOUTUBE VIDEOS und vieles andere ebenfalls auf Richtigkeit hin überprüfen zu lassen. Außerdem gibt es eine AUSSCHLUSSLISTE, über die Sie URLs von der Prüfung ausschließen können, die bestimmte Wörter beinhalten (fügen Sie bitte ein Wort pro Zeile ein).

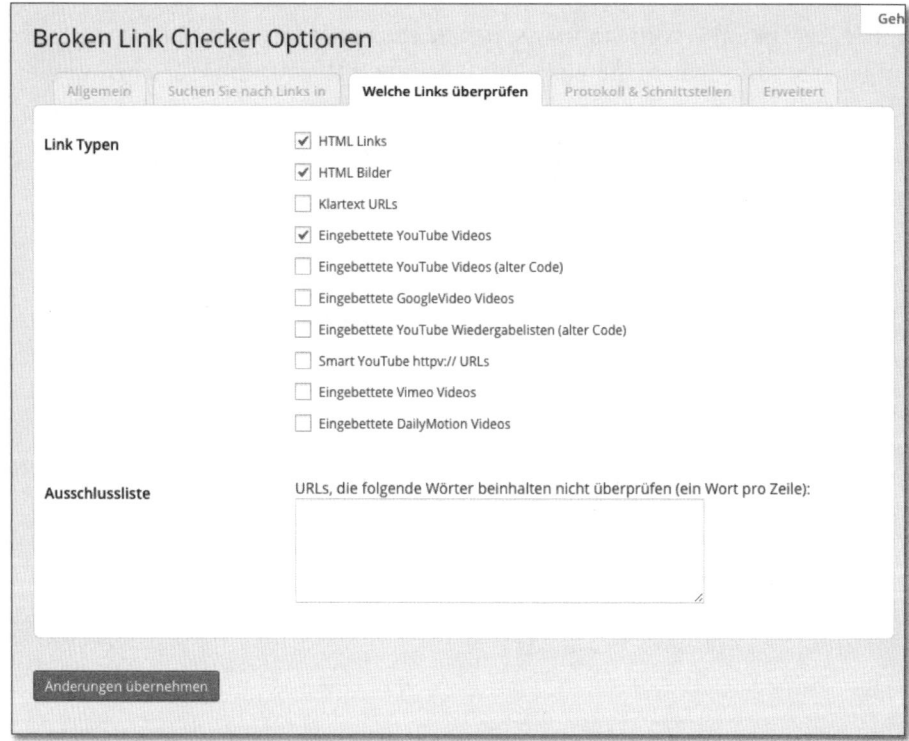

Abbildung 9.31 Das Register »Welche Links überprüfen« von Broken Link Checker

Unter dem Registerreiter PROTOKOLL UND SCHNITTSTELLEN (siehe Abbildung 9.32) können Sie zwischen verschiedenen Formen der Überprüfung wählen. Zunächst ist standardmäßig HTTP aktiviert. So ist es aber auch möglich, defekte Links über die entsprechenden API-Schnittstellen z. B. von YouTube oder RapidShare zu erkennen.

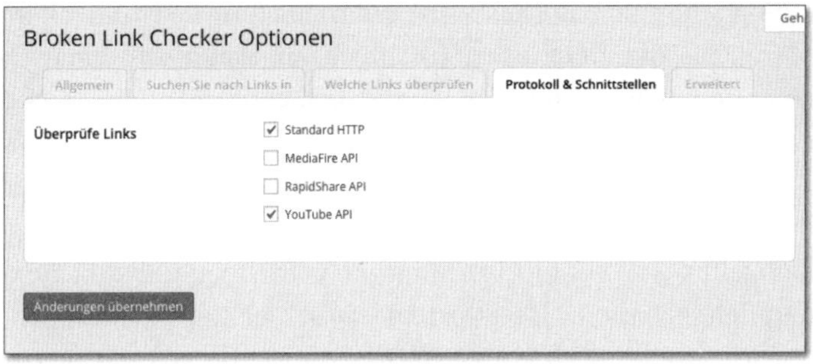

Abbildung 9.32 Das Register »Protokoll & Schnittstellen« von Broken Link Checker

Und schließlich gibt es noch, wie so oft, die erweiterten Einstellungen unter dem Reiter ERWEITERT (siehe Abbildung 9.33). Legen Sie bei ZEITÜBERSCHREITUNG die Zeit fest, die ein normaler Link zum Laden benötigen darf, bevor er als defekt deklariert wird. Außerdem können Sie bei LINK MONITOR einstellen, wann Links überprüft werden dürfen.

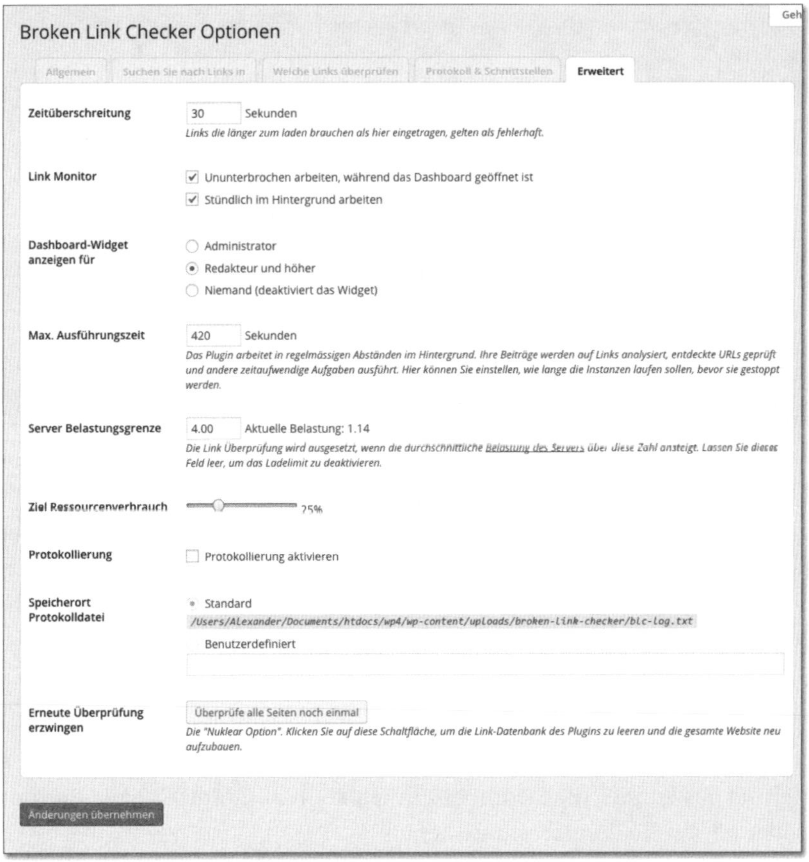

Abbildung 9.33 Das Register »Erweitert« von Broken Link Checker

Das erfolgt standardmäßig, während das Dashboard geöffnet ist, sowie stündlich im Hintergrund. Deaktivieren Sie diese Optionen entsprechend, wenn dies zulasten Ihrer Server-Performance geht. (Sie können das Plugin auch ganz deaktivieren und nur bei Bedarf wieder aktivieren; das wäre sicherlich die ressourcenschonendste Vorgehensweise.) Legen Sie auch fest, wer das DASHBOARD-WIDGET sehen darf. Um die Performance zu stabilisieren, können Sie auch die MAX. AUSFÜHRUNGSZEIT des Plugins reduzieren. Die SERVER BELASTUNGSGRENZE hingegen wird Ihnen nur auf Linux-Systemen angezeigt, auf denen /proc/Loadavg vorhanden ist. Bei ZIEL RESSOURCEN-VERBRAUCH können Sie festlegen, wie viele Leistungsressourcen prozentual auf das Plugin entfallen dürfen. Außerdem können Sie auch einen alternativen Speicherort für die Protokolldatei bestimmen. Und wenn Sie schließlich den Drang verspüren sollten, die ganze Datenbank von Broken Link Checker einmal komplett zu leeren und alle Links erneut zu überprüfen, können Sie auch eine ERNEUTE ÜBERPRÜFUNG ERZWINGEN.

Für den schnellen Überblick über die Gesundheit Ihrer Links können Sie übrigens das passende Widget im Dashboard heranziehen (siehe Abbildung 9.34).

Abbildung 9.34 Das Widget im Dashboard gibt schnell Auskunft über den derzeitigen Status der Links Ihrer Website.

9.4.7 TinyMCE Advanced: Tabellen und mehr für den Editor

Der Editor von WordPress ist nicht schlecht. Aber es mangelt ihm an manchen Funktionen, die für viele Website-Betreiber essenziell sind. Dazu zählen für mich vor allem Tabellen. Denn bislang ist es nur über HTML möglich, diese in WordPress hinzuzufügen. Dabei sind sie ein hervorragendes visuelles Darstellungsmittel. Da der HTML-Code für Tabellen für Anfänger zunächst nicht ganz einfach nachzuvollziehen ist, werde ich Ihnen zeigen, wie Sie mit *TinyMCE Advanced* von Andrew Ozz Ihren Editor erweitern und insbesondere Tabellen anlegen können.

Wenn Sie TinyMCE anpassen möchten, klicken Sie auf EINSTELLUNGEN • TINYMCE ADVANCED (siehe Abbildung 9.35). Achten Sie zunächst darauf, dass das Häkchen bei ENABLE THE EDITOR MENU gesetzt ist. Darunter sehen Sie fünf Zeilen, das sind die Werkzeugleisten des Editors, die Sie frei bestücken können. Ordnen Sie die Buttons anders an oder werfen Sie uninteressante heraus.

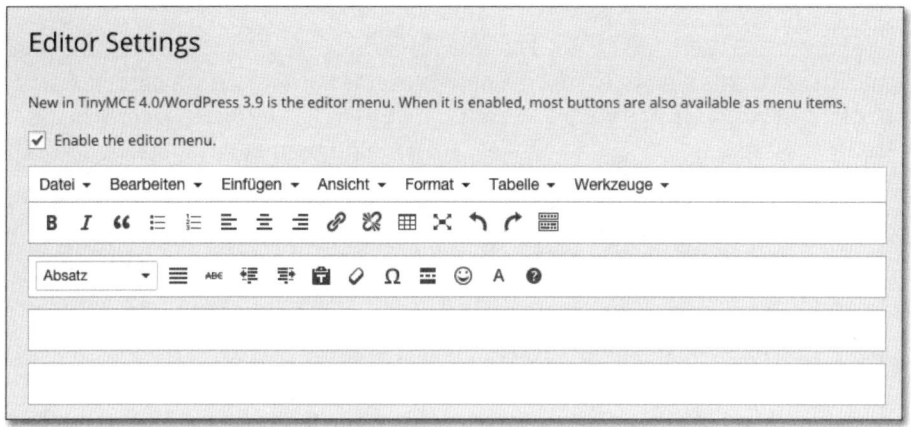

Abbildung 9.35 In den Einstellungen von TinyMCE Advanced können Sie die Anordnung des Editors genau festlegen.

Darunter befindet sich ein Archiv mit ungenutzten Buttons (siehe Abbildung 9.36), die Sie per Drag & Drop nach oben in die Leisten ziehen können, sofern Sie sie benötigen.

Abbildung 9.36 Aus diesem Fundus von Buttons können Sie wählen.

In den ADVANCED OPTIONS können Sie natürlich noch ein paar erweiterte Optionen festlegen (siehe Abbildung 9.37 und Tabelle 9.3):

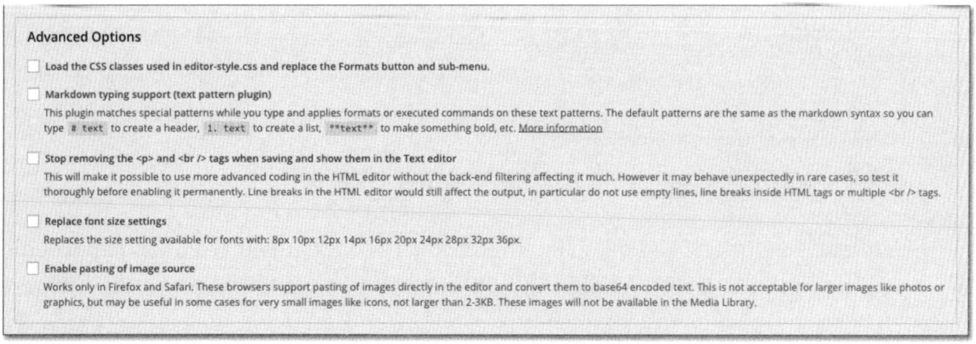

Abbildung 9.37 Die »Advanced Options« von TinyMCE Advanced

Option	Beschreibung
LOAD THE CSS CLASSES USED IN EDITOR-STYLE.CSS AND REPLACE THE FORMATS BUTTON AND SUB-MENU	Sollen lieber die CSS-Klassen aus der *editor-style.css* von WordPress geladen werden und den FORMAT-Button samt Untermenü ersetzen?
MARKDOWN TYPING SUPPORT	Wenn Sie gerne die Markdown-Syntax zum Schreiben Ihrer Texte verwenden, aktivieren Sie diese Option, dann kann TinyMCE Advanced den Text umwandeln.
STOP REMOVING THE <P> AND TAGS WHEN SAVING AND SHOW THEM IN THE TEXT EDITOR	Wenn es Sie stört, dass WordPress Absätze (<p>) und Zeilenumbrüche ( ) automatisch entfernt und nicht mehr im Editor anzeigt, aktivieren Sie diese Option.
REPLACE FONT SIZE SETTINGS	Wenn Sie detaillierte Schriftgrößen möchten, dann aktivieren Sie diese Option und wählen in Zukunft die Pixelgröße selbst aus.
ENABLE PASTING OF IMAGE SOURCE	Kleine Dateien, die nur wenige KB groß sind, können so direkt in den Editor eingefügt und vom Plugin in base64-codierten Text umgewandelt werden (dann wird keine Datei hinterlegt, sondern nur ein Code, der für die Darstellung des Bildes genügt; nützlich für Listenpunkte o. Ä.). Für Fotos oder Grafiken ist das aufgrund der Dateigröße aber nicht empfehlenswert. Funktioniert nur in Firefox und Safari.

Tabelle 9.3   Die »Advanced Options« von TinyMCE Advanced in der Übersicht

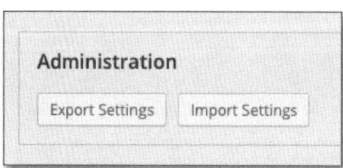

Abbildung 9.38   Die Einstellungen exportieren und importieren

Schließlich können Sie die Einstellungen von TinyMCE Advanced auch exportieren und importieren (siehe Abbildung 9.38). Das ist sehr nützlich, wenn Sie mehrere WordPress-Websites mit ähnlichen Einstellungen betreiben wollen, so sparen Sie sich wenigstens etwas Arbeit.

Wenn Sie nun in den Editor wechseln, z. B. bei einem neuen Beitrag, können Sie TinyMCE Advanced in Aktion sehen (siehe Abbildung 9.39).

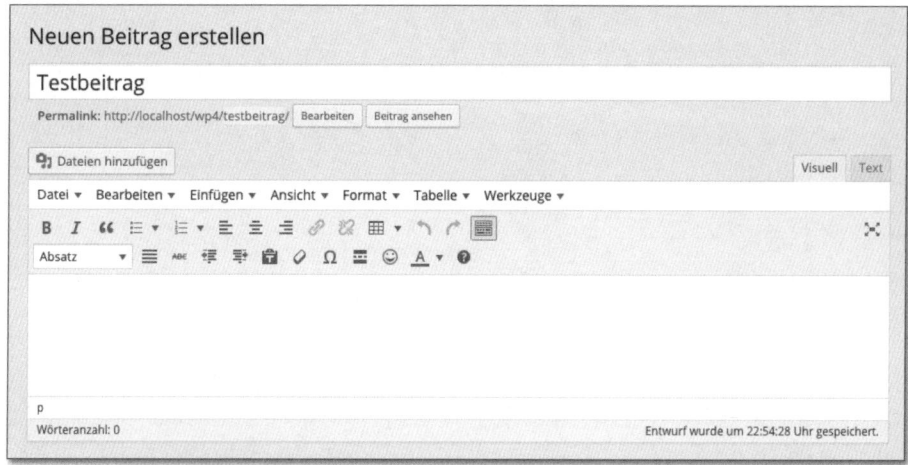

Abbildung 9.39 So sieht der neue Editor nun aus.

Über TABELLE können Sie eben jene in den Editor einfügen (siehe Abbildung 9.40). Das geht genauso leicht wie bei Word.

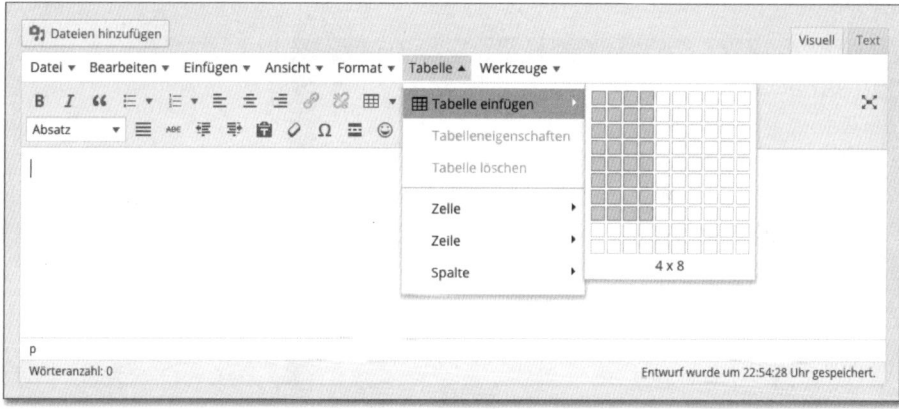

Abbildung 9.40 Tabellen hinzuzufügen ist kinderleicht.

Nach dem Einfügen ziehen Sie die Tabelle auf die gewünschte Größe und füllen diese aus (siehe Abbildung 9.41).

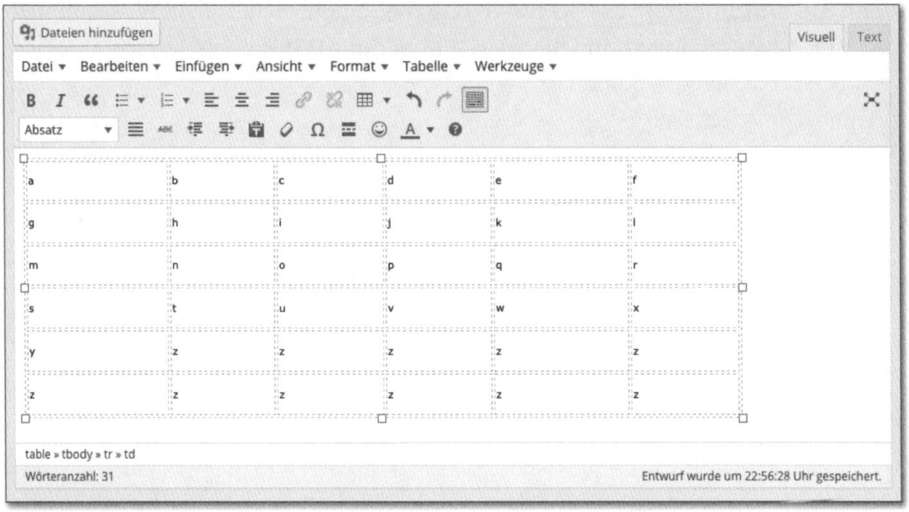

Abbildung 9.41 Ziehen Sie die Tabelle auf die richtige Größe und füllen Sie sie mit Inhalt.

Über TABELLE • TABELLENEIGENSCHAFTEN können Sie auf detaillierte Optionen für diese spezielle Tabelle zugreifen (siehe Abbildung 9.42). Dort können Sie die Breite und Höhe in Pixeln festlegen, aber auch Zellenabstände, Rand, Beschriftung und Ausrichtung.

Abbildung 9.42 Sie können auch die Tabelleneigenschaften anpassen …

Das Register FORTGESCHRITTEN hält noch die Möglichkeit bereit, eigene CSS-Stile sowie eine Rahmen- und Hintergrundfarbe zu hinterlegen (siehe Abbildung 9.43).

Wenn Ihr Theme Tabellen unterstützt, sollten diese nun bereits korrekt im Frontend angezeigt werden (siehe Abbildung 9.44).

Abbildung 9.43 ... und fortgeschrittene Stile festlegen.

Abbildung 9.44 So sieht das Ganze dann in Twenty Fourteen aus.

9.4.8   User Role Editor: Rollen & Rechte anpassen

WordPress ist zwar ein Content-Management-System, der Software wird aber häufiger vorgeworfen, dass sie dafür eigentlich ein ausgeklügelteres Rechtesystem mitbringen müsste. Die Diskussion ist eigentlich nicht nötig, denn WordPress lässt sich ja ohne Probleme erweitern. Und so gibt es ein Plugin namens *User Role Editor* von Vladimir Garagulya. Über dieses können die einzelnen Rollen nicht nur angepasst, sondern es können auch ganz neue Rollen erstellt werden. Außerdem können einzelne Nutzer in ihren Rechten erweitert oder beschnitten werden.

Der User Role Editor taucht an zwei Stellen in WordPress auf. Kümmern wir uns zuerst um die allgemeinen Optionen unter EINSTELLUNGEN • USER ROLE EDITOR (siehe Abbildung 9.45). Im Reiter GENERAL können Sie den Administrator zum User Role Editor hinzufügen. wenn Sie planen, auch dessen Rechte anzupassen. Sie können die einzelnen Rechte in lesbarer Form anzeigen lassen (im Prinzip ändert das aber nicht viel, außer dass die Unterstriche entfernt werden ...). *Deprecated*, also mittlerweile nicht mehr gültige Rechte, müssen eigentlich nicht angezeigt werden und können deaktiviert bleiben.

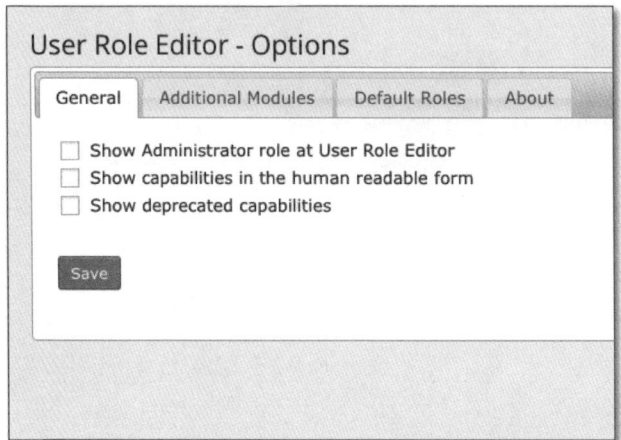

Abbildung 9.45 Die Einstellungen des User Role Editor: »General«

Im Register ADDITIONAL MODULES (siehe Abbildung 9.46) gibt es nur eine Option: Sollen Nutzer ohne Rolle angezeigt werden? Das ist lediglich für die Benutzerübersicht relevant. Wenn Sie Tausende von Nutzern haben, dann kann die Anzeige durch diese Option verzögert werden. Wenn Sie aber ohnehin keine Nutzer ohne Rechte haben, dann können Sie die Option trotzdem deaktiviert lassen.

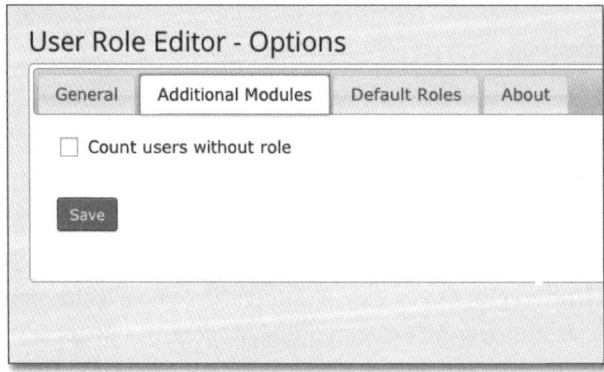

Abbildung 9.46 Die Einstellungen des User Role Editor: »Additional Modules«

Unter DEFAULT ROLES (siehe Abbildung 9.47) können Sie die Standardrolle für Benutzer festlegen bzw. weitere Standardrollen für neu registrierte Benutzer hinzufügen.

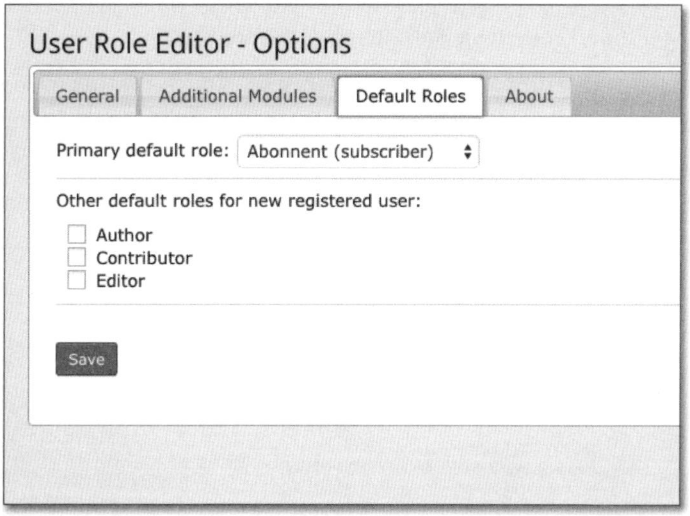

Abbildung 9.47 Die Einstellungen des User Role Editor: »Default Roles«

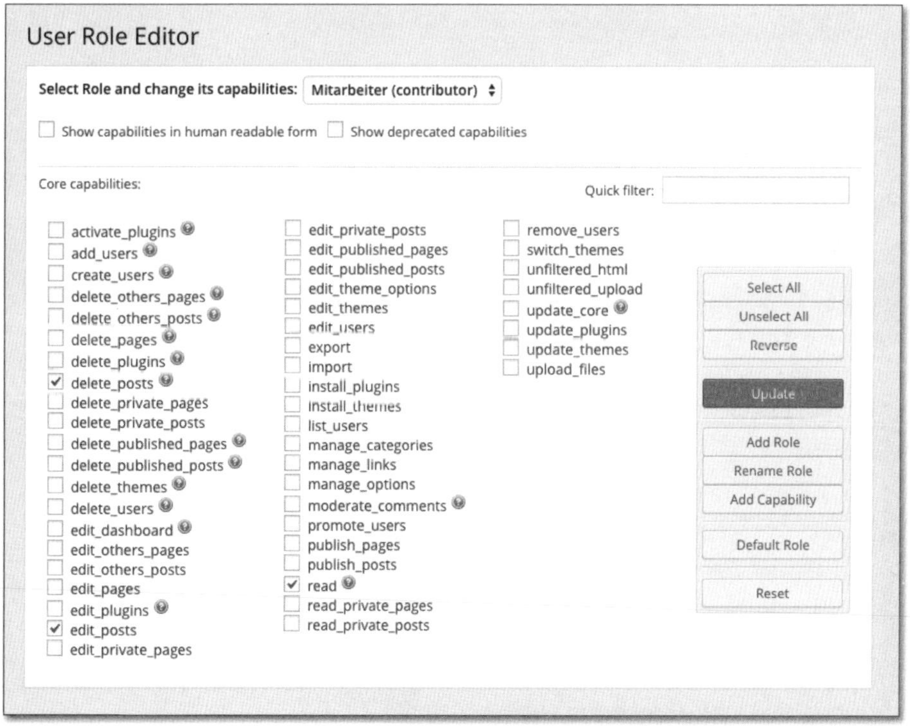

Abbildung 9.48 Bearbeiten Sie die Rechte einer bestimmten Rolle.

Um die Rechte nun aber zu bearbeiten, müssen Sie auf BENUTZER · USER ROLE EDITOR klicken. Dort können Sie die einzelnen Rollen bearbeiten (siehe Abbildung 9.48) und ihnen entweder weitere Rechte zugestehen, indem Sie einen Haken setzen, oder ihnen Rechte wegnehmen, indem Sie den Haken entfernen.

Wenn Sie die Rechte in lesbarer Form anzeigen möchten, gibt es auch hier noch eine praktische Option dafür: SHOW CAPABILITIES IN HUMAN READABLE FORM (siehe Abbildung 9.49).

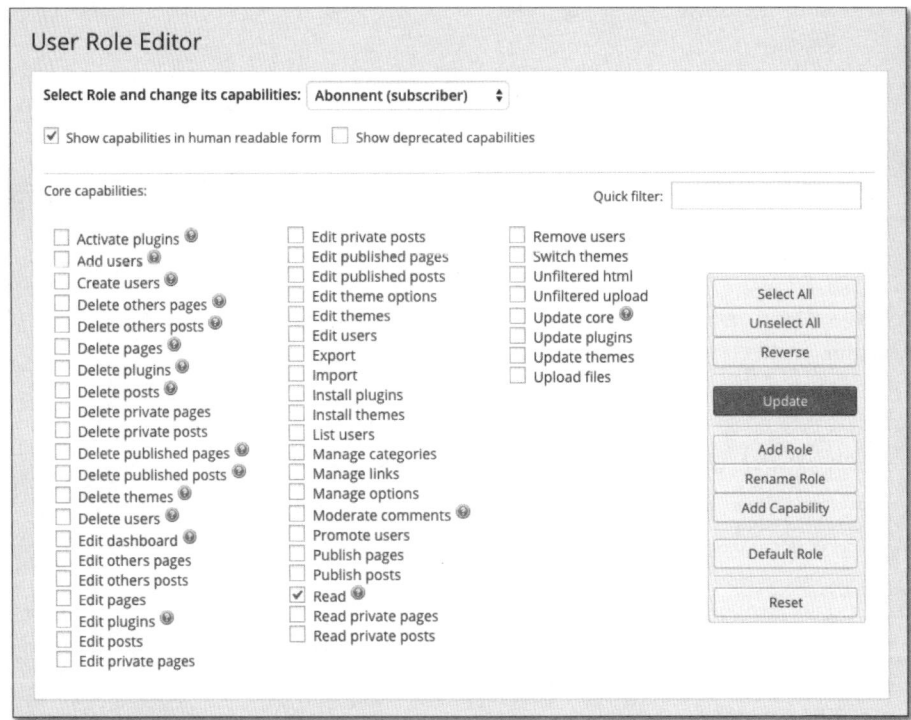

Abbildung 9.49 Lassen Sie die Rechte in lesbarer Form anzeigen.

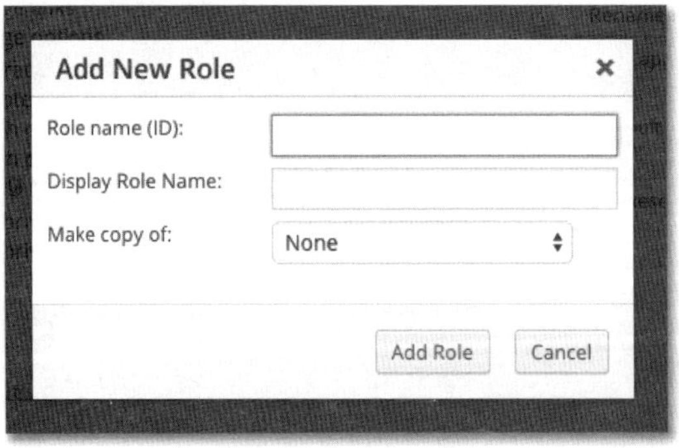

Abbildung 9.50 Fügen Sie eine ganz neue Rolle hinzu.

Sie können aber genauso gut einfach eine neue Rolle hinzufügen und diese mit einem ganz eigenen Mix aus Rechten ausstatten (siehe Abbildung 9.50).

Wenn Sie auf die Benutzerübersicht gehen, finden Sie nun bei allen Benutzern neben BEARBEITEN und LÖSCHEN die weitere Option CAPABILITIES (siehe Abbildung 9.51). Darüber ist es möglich, die Rechte nur dieses einen Benutzers anzupassen (siehe Abbildung 9.52).

Abbildung 9.51 Bearbeiten Sie die Rechte eines speziellen Benutzers.

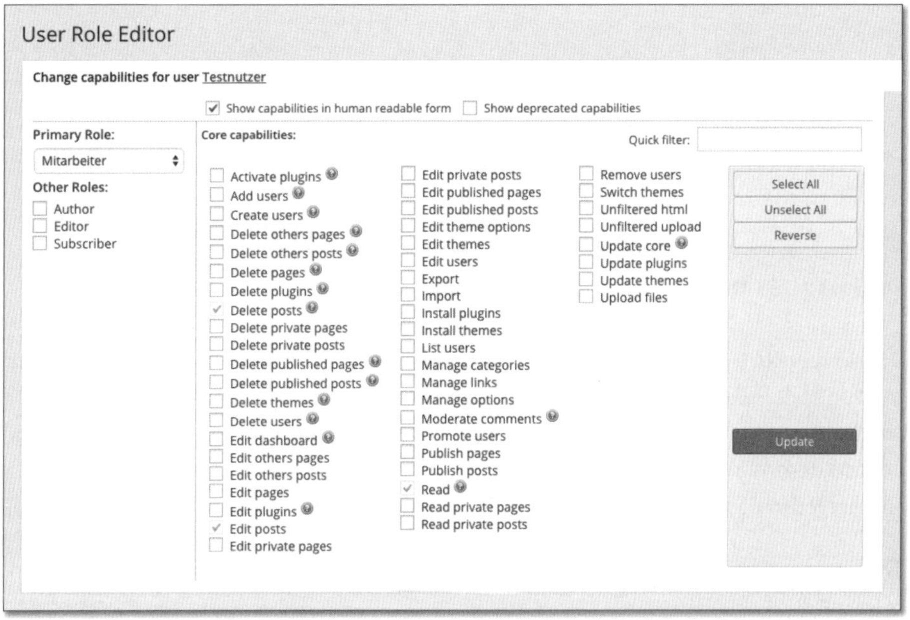

User Role Editor

Change capabilities for user Testnutzer

☑ Show capabilities in human readable form ☐ Show deprecated capabilities

Primary Role:

Mitarbeiter ⬍

Other Roles:
☐ Author
☐ Editor
☐ Subscriber

Core capabilities:

Quick filter:

☐ Activate plugins ⓘ
☐ Add users ⓘ
☐ Create users ⓘ
☐ Delete others pages ⓘ
☐ Delete others posts ⓘ
☐ Delete pages ⓘ
☐ Delete plugins ⓘ
✓ Delete posts ⓘ
☐ Delete private pages ⓘ
☐ Delete private posts
☐ Delete published pages ⓘ
☐ Delete published posts ⓘ
☐ Delete themes ⓘ
☐ Delete users ⓘ
☐ Edit dashboard ⓘ
☐ Edit others pages
☐ Edit others posts
☐ Edit pages
☐ Edit plugins ⓘ
✓ Edit posts
☐ Edit private pages

☐ Edit private posts
☐ Edit published pages
☐ Edit published posts
☐ Edit theme options
☐ Edit themes
☐ Edit users
☐ Export
☐ Import
☐ Install plugins
☐ Install themes
☐ List users
☐ Manage categories
☐ Manage links
☐ Manage options
☐ Moderate comments ⓘ
☐ Promote users
☐ Publish pages
☐ Publish posts
✓ Read ⓘ
☐ Read private pages
☐ Read private posts

☐ Remove users
☐ Switch themes
☐ Unfiltered html
☐ Unfiltered upload
☐ Update core ⓘ
☐ Update plugins
☐ Update themes
☐ Upload files

[Select All]
[Unselect All]
[Reverse]

[Update]

Abbildung 9.52 Erweitern oder beschneiden Sie die Rechte des Benutzers.

9.4.9   Simple Lightbox – Ihre Bilder schön eingerahmt

Eine Lightbox ist fast schon Standard auf jeder Website. Wenn Sie auf ein Bild klicken, wird es vergrößert, ein Rahmen darum gelegt und der Hintergrund abgedunkelt. Das Ganze sieht dann aus wie eine Lichtbox, in der sich das Bild befindet. Das ist mit einem Plugin wie *Simple Lightbox* von Archetyped sehr leicht nachzurüsten.

In den Einstellungen finden Sie diverse Optionen, um die Darstellung an Ihre Wünsche anzupassen. Der Abschnitt ACTIVATION (siehe Abbildung 9.53) beschäftigt sich vor allem damit, ob und wo die Lightbox aktiviert sein soll, z. B. nur in der Einzelansicht Ihrer Beiträge oder auch auf der Startseite?

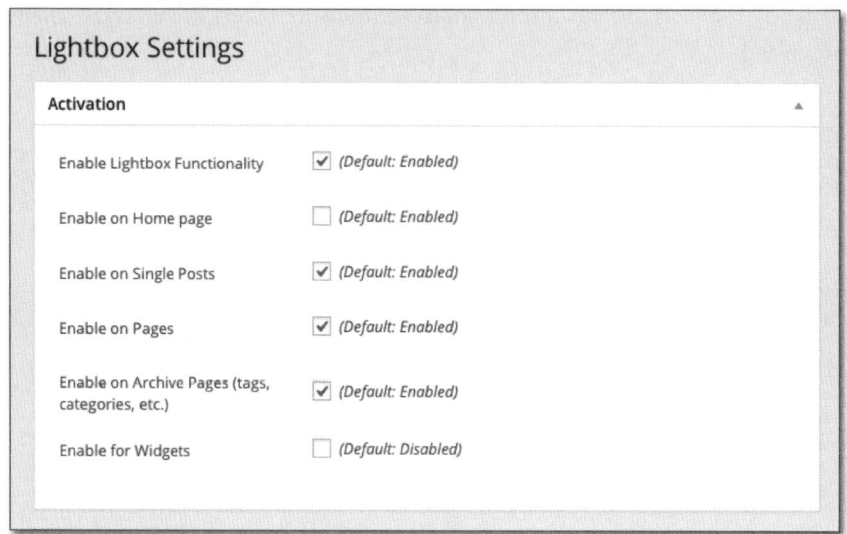

Abbildung 9.53 Die Lightbox-Optionen: »Activation«

Der Abschnitt GROUPING (siehe Abbildung 9.54) legt fest, wie die Bilder gruppiert werden sollen. Denn bei einer Lightbox können Sie auch das nächste oder vorige Bild anschauen, deshalb ist es wichtig, sinnvolle Gruppen zu bilden, so dass vielleicht Bilder aus dem Widget-Bereich sich nicht zwischen die Beitragsbilder mischen. Klicken Sie hier jedes Kästchen an, für dessen Option eine eigene Gruppe erstellt werden soll.

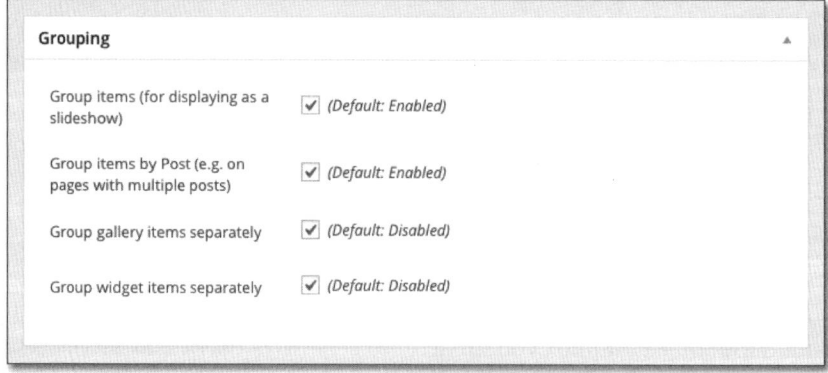

Abbildung 9.54 Die Lightbox-Optionen: »Grouping«

Unter UI können Sie das Aussehen der Lightbox bestimmen (siehe Abbildung 9.55):

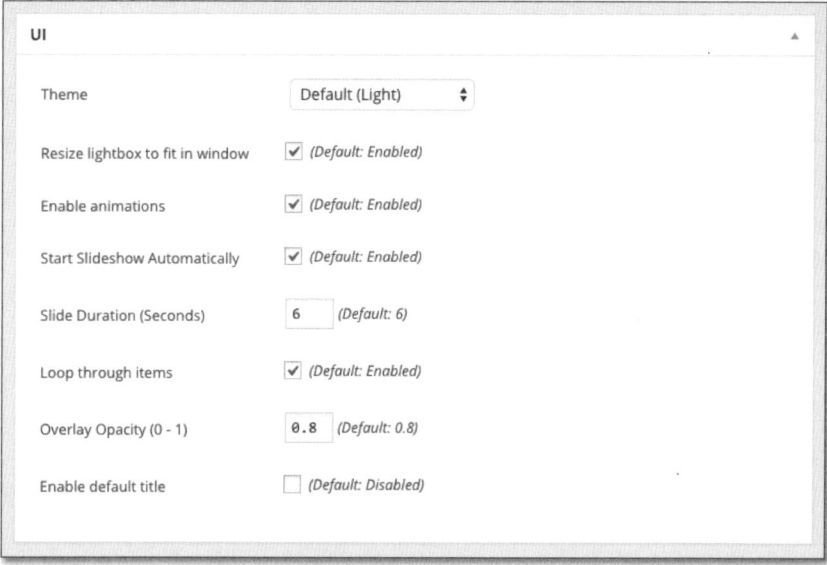

Abbildung 9.55 Die Lightbox-Optionen: »UI«

Option	Beschreibung
THEME	Wählen Sie ein anderes Design aus.
RESIZE LIGHTBOX TO FIT IN WINDOW	Soll sich die Lightbox automatisch an die Fenstergröße anpassen?
ENABLE ANIMATIONS	Soll die Lightbox animiert werden?
START SLIDESHOW AUTOMATICALLY	Soll die Slideshow automatisch starten?
SLIDE DURATION (SECONDS)	Wie lange soll ein Bild angezeigt werden, bis das nächste kommt (in Sekunden)?
LOOP THROUGH ITEMS	Soll nach dem letzten Bild wieder von vorn angefangen werden?
OVERLAY OPACITY	Wie hoch soll die Transparenz der Abdunkelung sein? Geben Sie einen Wert von 0 bis 1 ein, Dezimalzahlen sind erlaubt, sofern Sie als Dezimalzeichen einen Punkt statt eines Kommas verwenden.
ENABLE DEFAULT TITLE	Soll statt der Beschriftung der Titel eingeblendet werden?

Tabelle 9.4 Die Einstellungen für die Lightbox unter »UI«

Schließlich können Sie die LABELS (siehe Abbildung 9.56), also die Beschriftungen, anpassen. Hier bietet es sich vielleicht an, diese noch ins Deutsche zu übersetzen, wenn Sie möchten.

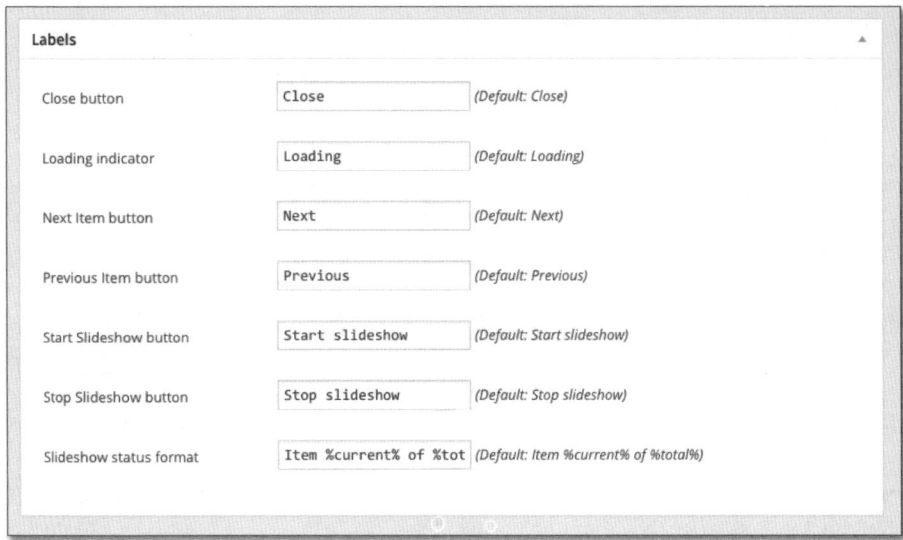

Abbildung 9.56 Die Lightbox-Optionen: »Labels«

Abbildung 9.57 Fügen Sie Bilder in den Editor ein und achten Sie darauf, dass diese mit der Mediendatei verlinkt werden.

Die Nutzung der Lightbox ist denkbar einfach. Fügen Sie einfach Bilder in Ihre Beiträge und Seiten ein (siehe Abbildung 9.57) und stellen Sie sicher, dass das Bild mit
der Mediendatei verlinkt wird – und nicht mit der Anhang-Seite oder einer anderen
Option. Den Rest erledigt das Plugin vollautomatisch.

Wenn Sie nun im Frontend auf BILDER klicken, öffnet sich die Lightbox vollautomatisch (siehe Abbildung 9.58). Das sieht doch ästhetischer aus als ein leeres Tab, das
nur die Zieldatei enthält.

Abbildung 9.58 Schon wird jedes Bild in einer sehr ansprechenden Lightbox geöffnet.

9.4.10   ImageMagick Engine – die besseren Bilder für Ihre Website

ImageMagick ist ein Softwarepaket, mit dem sich auf dem Server Bilder bearbeiten
und verarbeiten lassen. Dafür ist zwar eigentlich die *GD Library* standardmäßig
zuständig, aber ImageMagick macht es besser. Zum Beispiel werden die Farbprofile
aus den Bildern nicht entfernt, was dafür sorgt, dass die Browser diese auch richtig
darstellen können.

Mit dem Plugin *ImageMagick Engine* von Orangelab können Sie ImageMagick in
WordPress nutzen.

Unter EINSTELLUNGEN • IMAGEMAGICK ENGINE finden Sie die Optionen des Plugins (siehe Abbildung 9.59). Dort können Sie die Engine zunächst aktivieren. Wichtig ist, dass Ihr Server bzw. Webspace ImageMagick unterstützt. Auf dem eigenen Rechner ist das oft nicht der Fall, weshalb das Plugin dort einen Fehler anzeigt. Sprechen Sie notfalls mit Ihrem Serverprovider, ob er die Funktion nachrüsten kann. Sie können auch auswählen, ob ImageMagick über die Kommandozeile oder ein PHP-Modul ausgeführt werden soll, und Sie können den Pfad bestimmen, wo sich ImageMagick auf dem Server befindet.

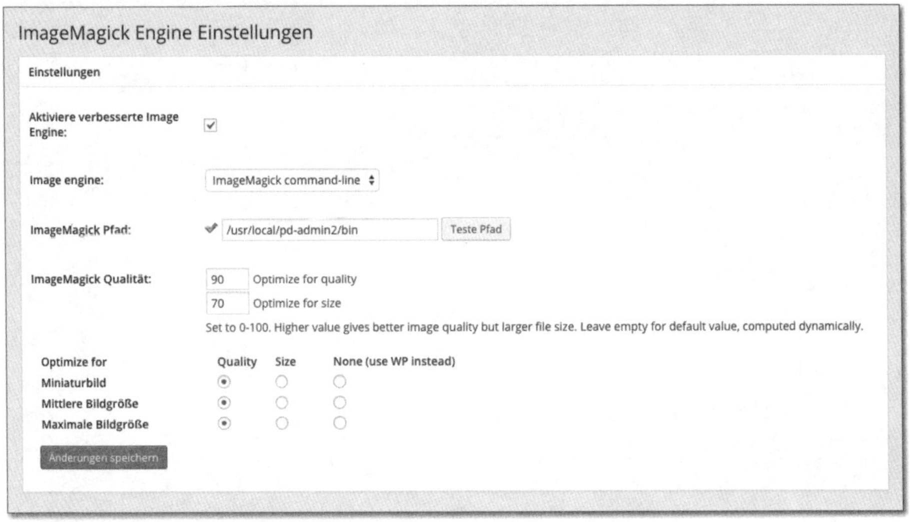

Abbildung 9.59 Richten Sie ImageMagick nach Ihren Wünschen ein.

Legen Sie fest, welche Qualität ImageMagick bei der Komprimierung verwenden soll. Es gibt zwei Kategorien: optimiert für Qualität und optimiert für Größe. Diesen können Sie einen Wert von 0 bis 100 zuweisen, je nachdem, mit welcher Qualität Sie noch zufrieden sind.

Darunter können Sie dann den jeweiligen Bildgrößen in WordPress die Qualitätsstufe zuweisen, die Sie vorher definiert haben. Sollen Miniaturbilder, weil sie so klein sind, lieber auf Größe optimiert werden, damit sie noch weniger Platz wegnehmen? Sollen große Bilder auf Qualität optimiert werden, weil man jedes Artefakt sehen kann?

An der rechten Seite befindet sich noch eine kleine Box (Abbildung 9.60), über die Sie die bisher in WordPress verwendeten und erstellten Bilder mit ImageMagick neu generieren lassen können. Das kann je nach Anzahl der Bilder aber durchaus eine Weile dauern.

Abbildung 9.60 Lassen Sie bestehende Bilder neu generieren.

9.4.11   Weitere Plugins

Es gibt unzählige Plugins für WordPress. Neben den 10 Plugins in diesem Kapitel habe ich durch das Buch hindurch weitere Plugins eingestreut, wo sie gerade nützlich erschienen. Probieren Sie aber ruhig andere aus, denn das sind nur subjektive Empfehlungen. Die Alternativen sind reichhaltig und sollten auch Beachtung finden. Manchmal kommt man aus unerfindlichen Gründen mit Plugin B besser zurecht als mit dem, das alle anderen verwenden.

9

Kapitel 10
Plugins & Widgets selbst programmieren

Wenn Sie sich bis hierhin durchgekämpft haben, dann dürften Sie nun bereit sein, eigene Plugins für WordPress zu programmieren. In diesem Kapitel programmieren wir gemeinsam ein kleines, aber nützliches Plugin.

Hat man sich erst einmal eine Weile mit WordPress beschäftigt, eigene *Themes* gebastelt und Hunderte *Plugins* verwendet, dann möchte man irgendwann einmal in die Königsklasse aufsteigen. Ich spreche (oder schreibe) hier von dem eigenhändigen Programmieren eines Plugins. Dass Sie dazu gewisse *PHP-Kenntnisse* mitbringen müssen, dürfte Ihnen vermutlich bekannt sein.

In diesem Kapitel biete ich Ihnen eine Einführung in die Programmierung von Plugins. Zunächst vermittle ich Ihnen einige Grundkenntnisse, bevor wir uns dann gemeinsam an die Erstellung Ihres ersten richtigen Plugins machen. Ich konnte mich selbst immer am besten motivieren, etwas zu lernen, wenn ich danach etwas Sinnvolles mit dem Produkt anfangen konnte. Daher werde ich mit Ihnen gleich ein »richtiges« Plugin programmieren, eines, das Sie danach durchaus auf Ihrer Website verwenden oder als Basis für eine Weiterentwicklung nutzen könnten. Es ist keine herausragende programmiertechnische Leistung, aber es funktioniert. Was das ist, werden Sie gleich noch erfahren. Zudem werden wir für dieses Plugin am Ende ein *Widget* programmieren.

10.1 Vorkenntnisse und Vorwissen

PHP-Kenntnisse sind ab diesem Punkt unabdingbar. Dass HTML- und CSS-Kenntnisse vorliegen müssen, dürfte damit auch auf der Hand liegen. Dieses Kapitel ist das einzige in diesem Buch, für das zwingend PHP-Kenntnisse erforderlich sind. Wenn Sie diese nicht mitbringen, ist das kein Beinbruch, überspringen Sie dieses Kapitel dann besser und verwenden Sie lieber Plugins, die andere programmiert haben, denn davon gibt es für fast jeden Anwendungsfall schon etwas.

Apropos: Wenn Sie sich an die Erstellung eines Plugins wagen, dann bietet es sich an, zuvor im *Plugin-Archiv* von *www.wordpress.org* nachzuschauen, ob es ein solches Plugin vielleicht schon gibt. Das Rad müssen Sie nicht unbedingt neu erfinden. Manchmal bleibt einem allerdings auch das leider nicht erspart ...

Bevor Sie mit dem Programmieren eines Plugins beginnen, sollten Sie sich zudem einen Plan machen. Der kann alles sein von der Planung auf einer Serviette bis hin zu einem umfangreichen *UML-Diagramm*. Wichtig ist nur, dass Sie grob wissen, was Sie eigentlich programmieren wollen und welche Anforderungen Sie an das Produkt stellen.

10.1.1   Was Sie vor der Erstellung wissen sollten

Ein Plugin muss sich stets in Ihrem *Plugin-Verzeichnis (/wp-content/plugins/)* oder einem Unterverzeichnis davon befinden, sonst wird es von WordPress nicht erkannt. Verzichten Sie aber, wenn möglich, darauf, die Plugin-Datei einfach in das Plugin-Hauptverzeichnis zu legen, weil dadurch die Übersichtlichkeit beeinträchtigt werden könnte. Es spricht nichts dagegen, grundsätzlich für jedes Plugin einen eigenen Ordner zu erstellen. Die Hauptdatei sollte den Namen des Plugins haben – Leerzeichen ersetzen Sie einfach durch Bindestriche – und selbstverständlich auf *.php* enden.

Sie werden nicht umhinkommen, Ihrem Plugin einen Namen zu geben, und auch innerhalb des Codes werden Sie Ihre Klassen und Funktionen auf irgendeine Weise benennen müssen. Achten Sie dabei darauf, dass die Namensdeklaration möglichst eindeutig ist. Möchten Sie ein Plugin programmieren, das »Just An Awesome Plugin« heißen soll, bietet es sich an, alle Funktionen mit »jaap_« zu beginnen, als Abkürzung für den Plugin-Namen. Sollte Ihnen das nicht genügen, können Sie Ihre Initialen noch voranstellen. Hans-Walter Schröder könnte seine Funktionen also stets mit »hws_jaap_« beginnen; das scheint mir auf den ersten Blick ziemlich sicher vor einer Namenskollision zu sein.

Bevor Sie mit der Programmierung beginnen, sollten Sie unbedingt in Ihrer *wp-config.php* (in Ihrem WordPress-Hauptverzeichnis) `define('WP_DEBUG', false);` in `define('WP_DEBUG', true);` ändern. So ist gewährleistet, dass Sie alle Fehlermeldungen angezeigt bekommen, sollten welche hervorgerufen werden. Nach der Programmierung sollten Sie dies allerdings wieder rückgängig machen; für den Livebetrieb ist diese Einstellung keinesfalls geeignet.

10.1.2   Einige WordPress-Grundkenntnisse

Dreh- und Angelpunkt der Plugin-Programmierung ist die *WordPress Plugin API* – die offizielle Schnittstelle für Plugins. Die Dokumentation dazu – zu finden unter *http://codex.wordpress.org/Plugin_API* – sollten Sie sich unbedingt zu Gemüte führen, um das System besser kennenzulernen.

Im Rahmen dieser API können Sie zwischen *Filter-* und *Action-Hooks* unterscheiden. Mittels dieser Hooks nehmen Sie Kontakt zur Schnittstelle auf. Mithilfe von Filter-Hooks können Sie Daten filtern; das können z. B. Texte sein. Wenn Sie also von einem Plugin aus auf die Ausgabe von Inhalten zugreifen möchten, dann ist ein Filter-Hook die richtige Wahl. Der Action-Hook hingegen sorgt dafür, dass in bestimmten Bereichen eine neue Funktion zur Verfügung steht. Möchten Sie also entweder im Rahmen Ihres Plugins oder über Ihr Theme auf eine Funktion zugreifen, sollten Sie diese mit dem Action-Hook initialisieren.

Die Syntax des Hooks ist ziemlich simpel (Listing 10.1):

```
01   add_filter( $filter, $callback_function, $prioritaet,
     $parameter );
02   add_action( $action, $callback_function, $prioritaet,
     $parameter );
```

Listing 10.1 Die Syntax der Hooks in der WordPress-API

Die Platzhalter `$filter` und `$action` sind jeweils festgelegte Bereiche innerhalb von WordPress. Wollen Sie z. B. auf den Inhalt von Beiträgen zugreifen, dann ist der Filterbereich `the_content()` (ähnlich dem Namen der Funktion in Ihrem Theme). Möchten Sie im Kopfbereich Ihres Themes eine neue Funktion zur Verfügung stellen, dann ist der Action-Bereich dafür `wp_head()`. Es gibt unzählige weitere Bereiche, die Sie frei verwenden können. Eine aktuelle Auflistung finden Sie unter *http://codex.wordpress.org/Plugin_API/Filter_Reference* bzw. unter *http://codex.wordpress.org/Plugin_API/Action_Reference.*

Über die `$prioritaet` legen Sie fest, wann die Funktion im Verhältnis zu anderen Funktionen aufgerufen wird. Der Standardwert ist hier 10. Der Wert 9 würde früher, der Wert 11 später ausgeführt werden.

`$parameter` legt die Anzahl der Argumente fest, die der Funktion übergeben werden können. Diese Zahl und die tatsächliche Anzahl der Argumente dieser Funktion müssen zwingend übereinstimmen.

10.1.3   Zugriff auf die Datenbank

WordPress verfügt über ein Datenbankobjekt, das Sie innerhalb Ihres Plugins verfügbar machen müssen, um es nutzen zu können. Dies geschieht über `global $wpdb;` und ermöglicht Ihnen den Zugriff auf diverse Eigenschaften und Methoden. In Tabelle 10.1 finden Sie die wichtigsten Methoden.

Methode	Code
normale Query	`$wpdb->query()`
einen Wert auslesen	`$wpdb->get_var()`
eine Zeile auslesen	`$wpdb->get_row()`
eine Spalte auslesen	`$wpdb->get_col()`
mehrere Zeilen auslesen	`$wpdb->get_results()`
neue Zeile einfügen	`$wpdb->insert()`
Zeile aktualisieren	`$wpdb->update()`
Prepare-Syntax verwenden	`$wpdb->prepare()`
Informationen über Spalte bekommen	`$wpdb->get_col_info()`

Tabelle 10.1 Methoden für den Zugriff auf die Datenbank

Sie können auf die Tabellennamen von WordPress übrigens sehr leicht zugreifen (siehe Tabelle 10.2).

Tabelle	Code
Beiträge	`$wpdb->posts`
Benutzer	`$wpdb->users`
Kommentare	`$wpdb->comments`
Links	`$wpdb->links`
Optionen	`$wpdb->options`
Metadaten-Beitrag	`$wpdb->postmeta`
Metadaten-Benutzer	`$wpdb->usermeta`
Kategorien/Tags	`$wpdb->terms`
Taxonomien	`$wpdb->term_taxonomy`
Beziehung zwischen Beitrag und Kategorie/Tag	`$wpdb->term_relationships`

Tabelle 10.2 Zugriff auf die Tabellennamen in WordPress

Jedenfalls sollten Sie aber das `$wpdb->prefix` jedem Tabellenaufruf voranstellen, da dies von Benutzer zu Benutzer variieren kann.

10.1.4   Der Kopf der Plugin-Datei

Eine Plugin-Datei beginnt immer auf die gleiche Weise; andernfalls würde WordPress diese Datei nicht als Plugin erkennen und schlichtweg ignorieren. Der Kopf besteht aus einem großen Kommentarblock, der einige Informationen über das Plugin selbst enthält (siehe Listing 10.2):

```
01   <?php
02   /*
03   Plugin Name: <Name Ihres Plugins>
04   Plugin URI: <Website des Plugins>
05   Description: <Beschreibung des Plugins>
06   Version: <Version des Plugins>
07   Author: <Name des Autors>
08   Author URI: <Website des Autors>
09   Update Server: <URL zum Update-Server>
10   Min WP Version: <Minimale WP-Version, mit der es funktioniert>
11   Max WP Version: <Maximale WP-Version, mit der es funktioniert>
12   */
13   ?>
```

Listing 10.2 Kopf einer Plugin-Datei

Die drei letzten Eigenschaften Update Server, Min WP Version und Max WP Version sind nur nötig, wenn Sie eine automatische Installation bereitstellen möchten. Alle Versionsbezeichnungen haben immer das Format 1.0 oder 1.1.1 – als Update-Server wird ein vollständiger Pfad benötigt.

10.2   Ihr erstes Plugin: My Greatest Posts

Wir wollen uns nicht lange mit der Theorie aufhalten, denn Theorie ist bekanntlich langweilig. Stattdessen stürzen wir uns nun direkt in die Erstellung unseres allerersten Plugins. Viele Blogbetreiber möchten auf ihrem Blog gerne eine Auflistung der beliebtesten Beiträge haben. Zu Recht, schließlich haben diese ja schon einmal viele Besucher angezogen und sollen es natürlich weiterhin tun. Daher schreiben wir ein einfaches Plugin, das genau diese Aufgabe erfüllt.

Zuvor möchte ich allerdings noch erwähnen, dass dieses Plugin keinesfalls der Weisheit letzter Schluss ist und dass es auch viele ähnliche Plugins bereits gibt, die auch noch wesentlich leistungsfähiger sind. Es geht mir hier nur darum, Ihnen an einem praktischen Beispiel die Plugin-Programmierung näherzubringen. Das Plugin zu verbessern, zu erweitern und ökonomischer zu machen wird dann Ihre Aufgabe für die Zukunft sein.

10.2.1   Vorüberlegungen

Wie könnten wir so ein Plugin nun genau realisieren? Die Anforderungen sind glasklar: Das Plugin soll die Aufrufe aller Blogbeiträge (und nur die der Blogbeiträge) zählen, in der Datenbank speichern und anhand dieser Werte eine Liste ausgeben. Zudem soll es ein *Widget* geben, das sich einfach einbinden lässt. Für dieses Widget soll der Benutzer den Titel und die Anzahl der angezeigten Beiträge frei bestimmen können.

Mein Ansatz für dieses Problem ist folgender: Wir erstellen eine eigene Tabelle nur für die *Pageviews*. Die Daten könnte man zwar auch in der Tabelle für die *Metadaten* der Beiträge speichern, ich möchte Ihnen aber gerne zeigen, dass man auch sehr einfach neue Tabellen anlegen kann. Bei jedem Aufruf eines Blogbeitrags wird überprüft, ob bereits eine Zeile für diesen Beitrag besteht. Ist eine vorhanden, wird der Wert der Pageviews um 1 erhöht. Ist noch keine Zeile da, wird sie mit einem Pageview-Wert von 1 erstellt. Die Tabelle hat nur zwei Spalten: post_id und post_views.

Anhand dieser Tabelle erstellen wir dann eine Funktion, die in der Lage ist, die Einträge nach den post_views zu sortieren und die entsprechenden Informationen über den jeweiligen Beitrag herauszusuchen und am Ende eine Liste dieser Beiträge auszugeben.

Das Widget schließlich soll zwei Optionen haben: ein Feld, um den Titel anzupassen, und eines, um die Anzahl der angezeigten Beiträge zu ändern.

10.2.2   Los geht's

Zunächst erstellen Sie einen Ordner *my-greatest-posts* innerhalb von */wp-content/ plugins/*. Darin erstellen Sie eine Datei namens *my-greatest-posts.php* – Ihre einzige benötigte Datei.

Der Kopf dieser Datei sieht in meinem Beispiel wie in Listing 10.3 aus:

```
01   <?php
02   /*
03   Plugin Name: My Greatest Posts
04   Plugin URI: http://www.alexanderhetzel.de
05   Description: Zählt die Pageviews jedes Blogbeitrags und gibt
06   die meistbesuchten aus
07   Version: 1.0
08   Author: Alexander Hetzel
09   Author URI: http://www.alexanderhetzel.de
10   */
11   ?>
```

Listing 10.3 Kopf der »my-greatest-posts.php«

Wenn Sie möchten, können Sie das Plugin jetzt schon aktivieren. Es hat allerdings noch keine Funktion.

10.2.3   Die Action-Hooks hinzufügen

Unsere Datei beginnt mit der Deklarierung der Action-Hooks. Wie Sie gelernt haben, benötigen wir dazu mindestens eine Bestimmung des Bereichs und eine Funktion für diesen Bereich (siehe Listing 10.4):

```
12    <?php
13    add_action( 'widgets_init', 'mgp_widget_load' );
14    add_action( 'wp_footer', 'ah_mgp_counter' );
15    register_activation_hook( __FILE__, 'ah_mgp_install' );

16    // Wie viele Beiträge sollen angezeigt werden?
17    $default_number = 5;
```

Listing 10.4 Action-Hooks und Standardanzahl – »my-greatest-posts.php«

Der erste Action-Hook in Zeile 13 initialisiert das Widget, das wir gleich noch programmieren werden. Der zweite Hook ruft eine Funktion im Footer auf, die die Aufrufe eines Beitrags zählt. Der dritte und letzte Hook – register_activation_hook() – ist ein besonderer Hook, der nur bei der Aktivierung des Plugins aufgerufen wird. Dort findet nämlich die Erstellung der Datenbanktabelle statt.

Außerdem legen wir in Zeile 17 einen Standardwert für die Anzahl der angezeigten Beiträge fest. Noch haben wir ja kein Widget, und nicht jeder möchte oder kann das Plugin später über ein Widget einbinden.

10.2.4   Erstellen einer neuen Tabelle

Da das Plugin die Daten in einer ganz neuen Tabelle speichern soll, muss diese natürlich zuvor angelegt werden (siehe Listing 10.5). Dies soll immer dann geschehen, wenn das Plugin aktiviert wird. Aber natürlich nur dann, wenn die Tabelle nicht schon existiert.

```
18    function ah_mgp_install () {

19        global $wpdb;

20        // Tabellennamen bestimmen
21        $table_name = $wpdb->prefix . "my_greatest_posts";

22        // Existiert die Tabelle bereits?
```

10

```
23      if( $wpdb->get_var( "SHOW TABLES LIKE '$table_name'" ) !=
        $table_name ) {

24      // Wenn nein, Tabelle erstellen
25      $sql = "CREATE TABLE " . $table_name . " (
26              post_id bigint(11) NOT NULL,
27              post_views bigint(11) NOT NULL,
28              UNIQUE KEY post_id (post_id)
29              );";

30   require_once( ABSPATH . 'wp-admin/includes/upgrade.php' );
31   dbDelta( $sql );

32      }
33   }
```

Listing 10.5 Erstellung der Tabelle – »my-greatest-posts.php«

SQL

Listing 10.5 verwendet Formulierungen der Datenbanksprache SQL. Natürlich wäre es vermessen, Ihnen im Rahmen eines Exkurses die gesamte Sprache beibringen zu wollen. Ich gebe Ihnen aber gerne einen kurzen Überblick über die wichtigsten Befehle dieser Sprache. Diese sind CREATE, SELECT, INSERT und UPDATE.

CREATE erstellt eine neue Tabelle. Mithilfe von SELECT können Sie alle oder einzelne Felder einer oder mehrerer Tabellen auslesen. Über INSERT können Sie Datensätze in die Tabelle eintragen, und UPDATE ermöglicht es Ihnen, diese Datensätze später wieder zu verändern.

Unsere erste Funktion namens ah_mgp_install() beginnt in Zeile 18. Sie ist dafür zuständig, die gewünschte Tabelle zu erstellen. In Zeile 19 holen wir uns noch das Datenbankobjekt von WordPress, während wir in Zeile 21 den Tabellennamen bestimmen. In Zeile 23 folgt eine Prüfung, ob die Tabelle schon existiert. Falls nicht, wird sie in den Zeilen 24 bis 31 erstellt.

10.2.5   Der Counter für die Pageviews

Als Nächstes müssen wir die Funktion programmieren, die alle Aufrufe eines Blogbeitrags zählt und in der Datenbank ablegt (siehe Listing 10.6):

```
34   function ah_mgp_counter () {

35   // Nur bei Posts aufrufen
```

```
36    if ( is_single() ) {
37        global $wpdb;
38        global $post;
39        $post_id = $wpdb->escape( $post->ID );
40        $table_name = $wpdb->prefix . "my_greatest_posts";

41        // Folgenden Code nur ausführen,
42        // wenn die Tabelle auch existiert
43        if( $wpdb->get_var("SHOW TABLES LIKE '$table_name'") ==
          $table_name ) {

44            // Existiert die POST-ID bereits in der Datenbank?
45            $result = $wpdb->query( "SELECT * FROM " . $table_name .
              " WHERE post_id = '" . $post_id . "'" );

46            // Wenn ja, bestehenden Eintrag updaten
47            // und post_views +1 setzen
48            if ( $result ) {
49                $insert = $wpdb->query( "UPDATE " . $table_name .
                  " SET post_views = post_views + 1 WHERE post_id = '" .
                  $post_id . "'" );
50            }

51            // Wenn nein, Eintrag erstellen und auf 1 setzen
52            else {
53                $insert = $wpdb->query( "INSERT INTO " . $table_name .
                  " SET post_id = '" . $post_id . "', post_views = 1" );
54            }
55        }
56    }
57    }
```

Listing 10.6 Zählen und Speichern der Pageviews – »my-greatest-posts.php«

Die Funktion wird ja, wie wir oben schon deklariert haben, automatisch im Footer aufgerufen. Das bedeutet aber bei jeder Seite im Footer, ganz gleich ob es sich um einen Beitrag oder eine statische Seite handelt. Daher überprüfen wir in Zeile 36 zunächst, ob es sich um einen Blogbeitrag handelt. Nur wenn das der Fall ist, wird der ganze restliche Code dieser Funktion ausgeführt.

In Zeile 43 fragen wir sicherheitshalber ab, ob die Datenbanktabelle auch wirklich existiert – nicht, dass sie irgendein findiger Systemadministrator inzwischen gelöscht hat. In Zeile 45 prüfen wir dann, ob für die ID des aktuellen Beitrags schon eine Zeile in der Tabelle existiert.

Existiert sie, dann setzen wir ab Zeile 48 den Wert der Zeile in der Spalte post_views um einen nach oben. Existiert jedoch noch keine Zeile für den Beitrag, dann erstellen wir diese nun ab Zeile 52 und legen ihren Wert direkt auf 1 fest.

Mehr macht diese Funktion nicht. Sie schaut nur in der Tabelle nach, ob eine Zeile für den gerade aufgerufenen Beitrag existiert. Falls ja, wird der Pageviews-Wert um 1 erhöht. Falls nicht, wird eine neue Zeile mit einem Pageviews-Wert von 1 erstellt.

10.2.6   Liste der am häufigsten besuchten Beiträge ausgeben

Nun benötigen wir noch eine Funktion, mit deren Hilfe wir die am häufigsten besuchten Beiträge ermitteln und ausgeben können (siehe Listing 10.7):

```
58   function ah_mgp_get_top_posts ( $number = false ) {

59      global $wpdb;

60      // Wenn das Widget nicht genutzt wird,
61      // o. a. Standardwert setzen
62      if ( $number == false ) {
63         global $default_number;
64         $number = $default_number;
65      }

66      $table_name = $wpdb->prefix . "my_greatest_posts";

67      // Folgenden Code nur ausführen,
68      // wenn die Tabelle auch existiert
69      if( $wpdb->get_var( "SHOW TABLES LIKE '$table_name'" ) ==
         $table_name ) {

70         // Die x ($number) Posts mit den meisten Pageviews
71         // aus der Datenbank holen
72         $posts = $wpdb->get_results( "SELECT * FROM " .
            $table_name . " ORDER BY post_views DESC LIMIT " .
            $number, ARRAY_A );

73         // Die Posts als Liste zurückgeben
74         $output = "<ul>";
75         foreach ( $posts as $entry ) {
76            $the_post = $wpdb->get_row( "SELECT * FROM " .
               $wpdb->prefix . "posts WHERE ID = '" .
               $entry["post_id"] . "'" );
77a           $content = substr(htmlentities(
```

```
            $the_post->post_content), 0, 100);
77b         $content .= "...";
78          $output .= "<li><a href='" . get_permalink(
            $entry["post_id"] ) . "'><span class='pop-title'>" .
            $the_post->post_title . "</span> |
            <span class='pop-excerpt'>" . $content . "
            </span></a></li>";
79          }
80          output .= "</ul>";

81          return $output;

82          }
83      }
```

Listing 10.7 Ausgabe der Top-Liste – »my-greatest-posts.php«

In den Zeilen 62 bis 65 überprüfen wir kurz, ob der Funktion ein Parameter übergeben wurde (das geschieht hier nur beim Einbinden über das Widget, dazu kommen wir gleich noch). Ist dies nicht der Fall, dann verwenden wir als maximale Anzahl den oben in der Datei angegebenen Standardwert. Andernfalls wird automatisch der vom Widget übergebene Parameter verwendet.

In Zeile 69 findet wie immer die obligatorische Überprüfung statt, ob die Tabelle existiert. In Zeile 72 werden die am häufigsten besuchten Beiträge aus der Datenbank geholt. Überprüfung und Eingrenzung erfolgen dabei vollständig in der *SQL-Abfrage*. Zunächst werden die Beiträge nach der Anzahl ihrer Pageviews sortiert, von denen wir dann nur die ersten fünf Stück haben wollen (oder so viele, wie der Wert von $number eben vorgibt). Die Zeilen werden als *assoziatives Array* ausgegeben, was der Parameter ARRAY_A bezweckt.

In den Zeilen 74 bis 80 speichern wir die Liste schließlich in der Variablen $output und geben sie zurück. Dazu werden die Titel der jeweiligen Beiträge anhand der gerade eben ermittelten IDs aus der Beitragstabelle von WordPress geladen. Mithilfe der ID und der Funktion get_permalink() sind wir in der Lage, auch innerhalb des Plugins auf die Permalinks der Beiträge zurückzugreifen. Da nicht nur der Titel, sondern auch ein Teil des Inhalts ausgegeben werden soll, wird der Inhalt des Beitrags in Zeile 77a in der Variablen $content gespeichert, mittels der Funktion substr() auf 100 Zeichen gekürzt, und schließlich werden noch etwaige HTML-Tags per htmlentities() unscharf gemacht. (Es könnte sonst passieren, dass das Design der gesamten Website zerstört wird, wenn die ersten 100 Zeichen des Beitrags HTML-Code enthalten.) In Zeile 77b werden der Variablen $content schließlich noch Auslassungspunkte hinzugefügt, damit der Besucher später eindeutig erkennen kann, dass der Text hier abgeschnitten worden ist.

In den Zeilen 77 bis 79 werden dann die soeben erarbeiteten Einzelteile zur Ausgabe ($output) zusammengefügt, um in Zeile 80 per return-Anweisung zurückgegeben zu werden.

10.2.7   Das Plugin direkt in das Theme einbinden

Solange wir noch kein Widget haben, können wir das Plugin aber dennoch testen, indem wir es direkt in unser Theme einbinden, etwa in die *sidebar.php*. Im Rahmen unserer Beispiel-Website fügen wir der *sidebar.php* einfach die folgenden Zeilen aus Listing 10.8 an, direkt vor dem letzten schließenden div-Tag:

```
01   <div class="widgetbereich">
02   <h6>Die beliebtesten Beiträge</h6>

03   <?php if(function_exists('ah_mgp_get_top_posts')) {
04   echo ah_mgp_get_top_posts();
05   } ?>

06   </div>
```

Listing 10.8 Ergänzung der »sidebar.php«

Das könnte dann wie in Abbildung 10.1 aussehen.

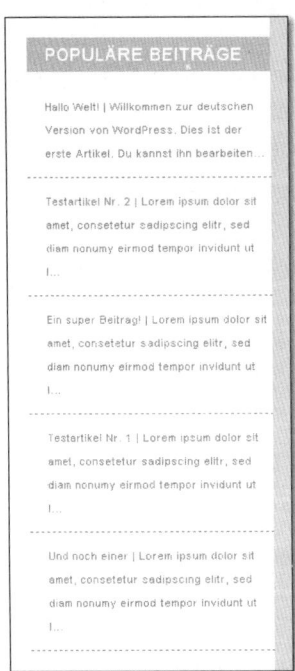

Abbildung 10.1 Es funktioniert: unsere fünf beliebtesten Beiträge!

10.3   Das Widget zum Plugin

Okay, okay, ich verstehe. Das ist Ihnen etwas zu holprig. Jetzt sollen Sie sich die Hände am Theme schmutzig machen und sogar noch in den Plugin-Code eingreifen, wenn Sie einmal die Anzahl der angezeigten Beiträge verändern möchten. Dann programmieren wir eben ein Widget; Sie haben es ja nicht anders gewollt.

Seit WordPress 2.8 können wir einfach eine bestehende *Widget-Klasse* aus WordPress migrieren, die schon die wichtigsten Voraussetzungen mit sich bringt, um uns einiges an Arbeit zu ersparen.

10.3.1   Das Widget registrieren

Erinnern Sie sich noch an den Anfang unserer Plugin-Datei? Dort haben wir die Funktion mgp_widget_load() per Action-Hook geladen, von der bislang aber noch jede Spur fehlt. Deshalb definieren wir diese nun schnell, sie hat auch nur eine einzige Anweisung (siehe Listing 10.9):

```
83    function mgp_widget_load () {
84        register_widget( 'MGP_Widget' );
85    }
```

Listing 10.9 Registrierung des Widgets – »my-greatest-posts.php«

Die Funktion registriert lediglich ein Widget namens MGP_Widget. Der Name wird jetzt gleich noch von Bedeutung sein.

10.3.2   Das Widget definieren

Zunächst müssen wir eine Klasse namens MGP_Widget von der bestehenden Klasse WP_Widget migrieren. Danach folgt die Definition einer Funktion, die allgemeine Optionen festlegt (siehe Listing 10.10):

```
86    class MGP_Widget extends WP_Widget
87    {

88    function MGP_Widget () {

89    $widget_options = array( 'classname' => 'mgpwidget',
      'description' => 'Ausgabe der beliebtesten Blog-Posts' );

90    $this->WP_Widget( 'my-greatest-posts', 'My Greatest Posts',
```

507

```
       $widget_options );

91     }
```

Listing 10.10 Klassendefinition und Funktion »MGP_Widget« – »my-greatest-posts.php«

Zunächst eröffnen wir die Klasse MGP_Widget in Zeile 86 und migrieren diese explizit von der Klasse WP_Widget, die WordPress netterweise für uns bereitstellt.

Danach legen wir eine Funktion an, die genauso heißt wie die Klasse, also auch MGP_Widget. Darin legen wir in Zeile 89 die wichtigsten Optionen fest – z. B. einen Klassennamen und eine Beschreibung.

In Zeile 90 wird dann das Widget mit einer eindeutigen ID, dem Titel des Widgets (nicht dem Anzeigetitel der Ausgabe) und der Einbindung der zuvor definierten Optionen angelegt.

> **Hinweis**
>
> Wundern Sie sich nicht, dass Sie in Zeile 91 nur eine schließende Klammer vorfinden, wo doch sowohl in Zeile 87 als auch in Zeile 88 eine öffnende Klammer zu sehen ist. Die Klammer der Klasse (Zeile 87) wird erst ganz am Ende der Datei wieder geschlossen, da alle folgenden Funktionen ihr zugehörig sind.

10.3.3   Ausgabe des Widgets

Die nächste Funktion bestimmt bereits, wie die Ausgabe des Widgets definiert sein soll. Es gibt also eine Überschrift und die Liste selbst aus. Sie erinnern sich, dass Sie festlegen können, wie sowohl das Widget selbst als auch die Überschrift in HTML eingekleidet werden sollen, also welche HTML-Tags diese Bereiche später umschließen? Auf diese Werte greifen wir nun mit $before_widget, $after_widget sowie $before_title und $after_title zurück (siehe Listing 10.11):

```
92     function widget ( $args, $instance ) {
93        extract( $args );

94        // Optionen, die der Nutzer festlegt
95        $title = apply_filters( 'widget_title',
           $instance['title'] );
96        $number = $instance['number'];

97        // Ausgabe vor dem Widget
98        echo $before_widget;
99        // Titel des Widgets ausgeben
100       if ( $title ) {
```

```
101      echo $before_title . $title . $after_title;
102      }

103      // Liste der Beiträge ausgeben
104      echo ah_mgp_get_top_posts( $number );

105      //  Ausgabe nach dem Widget
106      echo $after_widget;

107   }
```

Listing 10.11 Ausgabe des Widgets – »my-greatest-posts.php«

Die obige Funktion muss widget() heißen; ihr werden die Argumente $args und $instance übergeben. In den Zeilen 95 und 96 finden Sie die beiden Werte, die der Nutzer später angeben kann. Wie er das macht, werden wir gleich noch in einer anderen Funktion festlegen. Hier greifen wir – etwas unüblich – allerdings schon auf diese Werte zurück und tun so, als ob es diese bereits gäbe.

In Zeile 98 startet die Ausgabe. Zunächst geben wir die HTML-Tags vor dem Widget-Bereich aus, die der jeweilige Benutzer für Widgets festgelegt hat. Diese Tags schließen wir in Zeile 106 auf die gleiche Art und Weise wieder.

Dazwischen wird in den Zeilen 100 bis 102, sofern vorhanden, der Titel ausgegeben, umschlossen von den benutzerdefinierten HTML-Tags. In Zeile 104 greifen wir auf unsere Plugin-Funktion ah_mgp_get_top_posts() zurück, der wir die Anzahl der gewünschten Beiträge übergeben, wie sie der Benutzer für das Widget festgelegt hat.

10.3.4   Werte des Nutzers speichern

In der nun folgenden Funktion speichern wir die Werte, die der Nutzer eingegeben hat (siehe Listing 10.12). Die haben wir zwar immer noch nicht, aber dafür besitzen wir ja eine große Portion Vorstellungskraft.

```
108  function update ( $new_instance, $old_instance ) {

109      $instance = $old_instance;

110      // Nutzereingaben säubern
111      $instance['title'] =
         strip_tags( $new_instance['title'] );
112      $instance['number'] =
         strip_tags( $new_instance['number'] );
```

```
113      return $instance;

114  }
```

Listing 10.12 Update-Funktion des Widgets – »my-greatest-posts.php«

Sie haben nun schon häufiger gesehen, dass im Code offenbar immer wieder von *Instanzen* die Rede ist. Darin speichert WordPress die einzelnen Eigenschaften eines jeden Widgets.

Im Rahmen der Funktion update() säubern wir die Benutzereingaben zumindest rudimentär mit der Funktion strip_tags() von bösem Schadcode.

10.3.5   Das Widget-Formular

Zum Schluss geben wir dem Benutzer noch die Möglichkeit, die Eingaben, die wir in den Funktionen zuvor die ganze Zeit schon verwendet haben, auch endlich vorzunehmen (siehe Listing 10.13):

```
115  function form ( $instance ) {

116      // Standardwerte festlegen
117      $defaults = array( 'title' => 'My Greatest Posts',
         'number' => '5' );

118      $instance = wp_parse_args( (array) $instance,
         $defaults );

119      ?>

120      <p>
121      <label for="
         <?php echo $this->get_field_id( 'title' ); ?>">
         Titel:</label>
122      <input type="text" id="
         <?php echo $this->get_field_id( 'title' ); ?>"
         name="<?php echo $this->get_field_name( 'title' ); ?>"
         value="<?php echo $instance['title']; ?>" class="widefat"
         />
123      </p>

124      <p>
125      <label for="
         <?php echo $this->get_field_id( 'number' ); ?>">
```

```
       Anzahl der Artikel:</label>
126    <input type="text" id="
       <?php echo $this->get_field_id( 'number' ); ?>"
       name="<?php echo $this->get_field_name( 'number' ); ?>"
       value="<?php echo $instance['number']; ?>"
       class="widefat" style="width:20 ;" />
127    </p>
128  <?php
129  }
130  }
131  ?>
```

Listing 10.13 Die Form-Funktion des Widgets – »my-greatest-posts.php«

In Zeile 117 definieren wir zunächst einige Standardwerte, damit der Benutzer beim Konfigurieren des Widgets vorausgefüllte Felder hat und nicht zwingend etwas eingeben muss. In Zeile 118 werden diese Daten dann mit den Benutzereingaben über die Funktion wp_parse_args() verglichen. Eingaben des Nutzers werden übernommen, ansonsten wird auf die Standardwerte zurückgegriffen.

In den Zeilen 120 bis 127 sind sie dann endlich da, unsere Eingabefelder. Hier wird spätestens der Nutzen der Klasse WP_Widget deutlich: Die Methoden get_field_id() und get_field_name() liefern uns unmittelbar die passende ID bzw. den passenden Namen für das jeweilige Feld, ohne dass wir dies erst umständlich programmieren müssten. WordPress weiß also sofort, was es mit den Feldern anfangen soll.

Nun können wir das Widget bereits per Backend einbinden. Dazu müssen wir es aber zunächst einmal aus der *sidebar.php* entfernen, denn den hart codierten Aufruf benötigen wir ja nun nicht mehr.

Danach können Sie das Widget unter DESIGN • WIDGETS zu Ihrer *Sidebar* oder einem anderen Widget-Bereich hinzufügen (siehe Abbildung 10.2).

Abbildung 10.2 Das Einbinden des Widgets

10.4   Widgets ohne Plugin programmieren

Manchmal möchte man kein Plugin programmieren, um ein Widget zu einem Theme hinzuzufügen. Auch wenn es diverse Vorteile hat, z. B. dass das Plugin bei einem Theme-Wechsel erhalten bleibt, so kann gerade dies zuweilen nicht gewollt sein. Ab und an ist es vielleicht erforderlich, dass eine Funktion nur bei einem Theme zur Verfügung steht.

Es ist daher auch möglich, Widgets unabhängig von einem Plugin zu programmieren und den Code einfach in die *functions.php* zu integrieren. Ich werde Ihnen das an einem Beispiel erläutern. Wir bleiben beim Thema »Populäre Beiträge«, dieses Mal möchten wir da aber etwas mehr Eigeninitiative ergreifen. Uns stört, dass die Besucher (indirekt) festlegen, welche Beiträge in dieser Liste ganz oben stehen und welche ganz unten, indem sie die einen besuchen und die anderen meiden. Nun müssen wir aber mit dieser Auswahl nicht immer zufrieden sein. Es könnte z. B. passieren, dass von fünf Beiträgen ganze vier auf eine Kategorie entfallen, Sie aber drei Kategorien haben. Daher wäre es doch praktisch, wenn Sie den einen Eintrag aus der überrepräsentierten Kategorie gegen den besten aus der nicht repräsentierten Kategorie austauschen könnten: Soll heißen: Sie fälschen, was das Zeug hält.

Das ist übrigens gar nicht so verwerflich. Solange Sie den Abschnitt Ihrer Website nur »Populäre Beiträge« und nicht »Populärste Beiträge« nennen, ist formaljuristisch alles okay. Und seien wir ehrlich: Viele Blogger gehen so vor. Der berühmte amerikanische Blogger Michael Hyatt erzählt in seinem (sehr empfehlenswerten) Buch »Platform: Get Noticed in a Noisy World«, dass er seine populären Beiträge per Hand bestimmt. Denn bei manchen Beiträgen möchte man vielleicht gar nicht, dass sie so überpräsent sind, während man anderen gerne einen kleinen Schubs geben möchte.

So ein Widget ist relativ simpel programmiert. Wie gesagt, erstellen Sie dieses Mal keine Plugin-Datei, sondern fügen Sie den Code einfach der *functions.php* Ihres Themes hinzu. Ich gehe mit Ihnen gemeinsam den Code Schritt für Schritt durch.

```
01   class Custom_Popular_Posts extends WP_Widget {
02   public function __construct() {
03      parent::__construct(
04         'custom_popular_posts',
05         'Custom Popular Posts',
06         array(
07            'description' => 'Zeige populäre Beiträge nach
               festgelegten IDs an.'
08         )
```

```
09        );

10    }
```

Listing 10.14 Erster Teil – »functions.php«

Zunächst erweitern Sie die Klasse WP_Widget um Ihr Widget, das sich in diesem Fall
Custom_Popular_Posts nennt (Zeile 01). Danach definieren Sie die Methode __con-
struct(), die immer zuerst aufgerufen wird und den Widget-Namen festlegt (Zeilen
04 und 05) sowie die Beschreibung (Zeile 06 bis bis 08). Ersetzen Sie den Parameter in
Zeile 04 durch den Namen Ihres Widgets, aber verwenden Sie ausschließlich Kleinbuchstaben und keine Leerzeichen. In Zeile 05 können Sie den Namen dann in natür-
licher Schreibweise angeben. Die Beschreibung in Zeile 07 ersetzen Sie ebenfalls
durch eine geeignete.

```
11    public function form( $instance ) {
12        $defaults = array(
13            'title' => '',
14            'ids' => '',
15            'limit' => '5'
16        );

17        $instance = wp_parse_args((array)$instance, $defaults);

18        $title = $instance['title'];
19        $ids = $instance['ids'];
20        $limit = $instance['limit'];

21    ?>

22        <p>
23            <label for="<?php echo $this->get_field_id('title'); ?>">
                <?php echo 'Titel:'; ?></label>
24            <input class="widefat" id="<?php echo
                $this->get_field_id('title'); ?>" name="<?php echo
                $this->get_field_name('title'); ?>" type="text"
                value="<?php echo esc_attr($title); ?>" />
25        </p>

26        <p>
27            <label for="<?php echo $this->get_field_id('ids'); ?>">
                <?php echo 'IDs:'; ?></label>
28            <input class="widefat" id="<?php echo
```

```
            $this->get_field_id('ids'); ?>" name="<?php echo
            $this->get_field_name('ids'); ?>" type="text"
            value="<?php echo esc_attr($ids); ?>" />
29      </p>

30      <p>
31          <label for="<?php echo $this->get_field_id('limit'); ?>">
            <?php echo 'Anzahl:'; ?></label>
32          <input class="widefat" id="<?php echo
            $this->get_field_id('limit'); ?>" name="<?php echo
            $this->get_field_name('limit'); ?>" type="text"
            value="<?php echo esc_attr($limit); ?>" />
33      </p>
34  <?php
35  }
```

Listing 10.15 Zweiter Teil – »functions.php«

Weiter geht es mit der Methode form(), der wir als Parameter die Variable $instance übergeben (Zeile 11). Diese Methode bestimmt, wie das Widget im Backend letztlich aussehen soll, denn es ist ja im Prinzip nicht mehr als ein Formular. In den Zeilen 12 bis 16 legen wir ein paar Standardwerte fest, die wir nachher noch brauchen. Hier ist es an der Zeit, sich Gedanken zu machen, welche Variablen und Felder man eigentlich im Laufe des Widgets benötigt. Für unser Beispiel genügen drei: title, ids und limit. title ist, na klar, der Titel des Widgets, der auf Ihrer Website angezeigt wird. Die ids sind einfach nur die IDs der Beiträge, die Sie als populäre Beiträge deklarieren wollen. Und limit ist die Maximalanzahl an Beiträgen, nach der die Liste einfach abgeschnitten wird, selbst wenn Sie aus Versehen mehr IDs als nötig angegeben haben. limit weisen wir den Standardwert 5 zu, dem Rest nichts.

Zeile 17 führt die Werte, die der Methode über $instance übergeben werden, mittels der Funktion wp_parse_args() mit den Werten aus dem $defaults-Array zusammen. Diese zusammengeführten Werte speichern wir nun in den Zeilen 18 bis 20 in etwas leichter zu merkenden Variablen. Kaum bemerkt, wird in Zeile 21 der PHP-Bereich geschlossen. Denn nun folgt etwas HTML, das wir so nicht kompliziert über echo einfügen müssen.

In den Zeilen 22 bis 25 folgt das erste Eingabefeld, und zwar das für den Titel des Widgets. In den value-Attributen des Feldes wird dann genau auf die oben angelegten Variablen zugegriffen.

Genau das gleiche Spiel folgt in den Zeilen 26 bis 29 sowie 30 bis 33. Das zweite Eingabefeld repräsentiert dabei die IDs, das dritte Eingabefeld die maximale Anzahl an Beiträgen.

In den Zeilen 34 und 35 öffnen wir zunächst wieder den PHP-Bereich, um dann sogleich die Methode form() zu schließen.

```
36    public function update( $new_instance, $old_instance ) {

37        $instance = array();

38        $instance['title'] = strip_tags($new_instance['title']);
39        $instance['ids'] = strip_tags($new_instance['ids']);
40        $instance['limit'] = (int)$new_instance['limit'];

41        return $instance;

42    }
```

Listing 10.16 Dritter Teil – »functions.php«

Kommen wir zur Methode update() (Zeile 36). Diese ist dafür zuständig, die Eingaben zu säubern. Sie hat zwei Parameter: $new_instance mit den neuen Werten und $old_instance mit den bisherigen Werten aus der Datenbank.

Wir weisen nun dem neuen Array $instance (Zeile 37) die einzelnen Werte aus $new_instance zu, die wir natürlich vorher mit strip_tags() säubern. Dieses neue Array geben wir dann in Zeile 41 zurück.

```
43    public function widget( $args, $instance ) {

44        extract($args);

45        $title = apply_filters('widget_title', $instance['title']);
46        $allids = $instance['ids'];
47        $ids = explode(",",$allids);
48        $limit = $instance['limit'];

49        echo $before_widget;

50        if(!empty($title))
51        {
52            echo $before_title . $title . $after_title;
53        }

54        $query = new WP_Query( array( 'post_type' => 'post',
          'posts_per_page' => $limit, 'orderby' => 'post__in',
          'ignore_sticky_posts' => '1', 'post__in' => $ids ) );
```

10

```
55      echo "<ol>";

56      while ( $query->have_posts() ) {
57          $query->the_post();
58          echo '<li><a href="' . get_permalink() . '" title="' .
            get_the_title() . '">' . get_the_title() . '</a></li>';
59      }

60      echo "</ol>";

61      wp_reset_postdata();

62      echo $after_widget;

63  }
```

Listing 10.17 Vierter Teil – »functions.php«

Die letzte Methode ist die Methode widget() (Zeile 43). Ihr werden zwei Parameter übergeben: das Array $args sowie das Array $instance. Das erste Array enthält allgemeine Widget-Angaben, z. B. welcher HTML-Code vorher und nachher ausgegeben werden soll, das zweite unsere gespeicherten Werte. In Zeile 44 wird das Array $args automatisch extrahiert, sodass das assoziative Array nun in Form normaler Variablen des Schemas $schluessel = $wert vorliegt, so können wir später einfacher darauf zugreifen.

In Zeile 45 speichern wir den Titel des Widgets in $title ab und wenden zuvor den Filter für den Widget-Titel darauf an. In den Zeilen 46 und 47 kümmern wir uns um die IDs. Diese werden zunächst als String in $allids zwischengespeichert, um dann per explode() an den Kommata in einzelne Werte aufgespalten zu werden, die einzeln im Array $ids gespeichert werden. In Zeile 48 weisen wir noch $limit den entsprechenden Wert aus dem $instance-Array zu, dann haben wir das Dreierpack komplett.

In Zeile 49 geben wir den HTML-Code aus, der vor dem Widget stehen soll. Sie erinnern sich daran, dass wir zuvor $args extrahiert haben? Das ist der Grund, weshalb wir nun so einfach per Variable auf $before_widget zugreifen können. In Zeile 52 wird zunächst der Widget-Titel ausgegeben, sofern dieser nicht leer ist (Zeile 50).

In Zeile 54 finden Sie eine WordPress-Abfrage. Es werden nur Beiträge abgefragt, die den Seitentyp $post haben. Maximal so viele, wie $limit erlaubt. Zudem sollen sie nicht nach Datum oder Titel sortiert werden, sondern in der Reihenfolge herauskommen, in der sie auch abgefragt werden. Beiträge, die als *Sticky Post* gekennzeichnet sind, also auf Ihrem Blog unabhängig von ihrem Datum ganz oben »festkleben«

sollen, sollen in diesem Fall jedoch nicht an den Listenanfang gesetzt, sondern schlichtweg in ihrem Status ignoriert werden (d. h. nicht, dass sie ausgeschlossen werden, sondern nur, dass der Anfrage ihr Status egal ist). Zuletzt legen wir über den Schlüssel post_in fest, welche Beiträge wir haben wollen, indem wir ihm die IDs übergeben. Die Anfrage speichern wir in $query.

Der Anfang der geordneten Liste wird in Zeile 55 ausgegeben. In den Zeilen 56 bis 59 folgt dann die typische WordPress-Loop, die nun gemessen an $query die Beiträge ausgibt. Da wir auf Text und Metaangaben verzichten können, wird hier nur der mit dem jeweiligen Permalink verlinkte Beitragstitel ausgegeben.

In Zeile 60 wird die Liste wieder geschlossen, in Zeile 61 die Loop zurückgesetzt. Schließlich lassen wir in Zeile 62 noch den Code ausgeben, der üblicherweise nach dem Widget erscheinen soll, und schließen in Zeile 63 die Methode widget().

```
64   }
65   register_widget( 'Custom_Popular_Posts' );
66   ?>
```

Listing 10.18 Fünfter (und letzter Teil) – »functions.php«

Zum Abschluss schließen wir in Zeile 64 die Klasse und registrieren das Widget in Zeile 65. Zeile 66 schließt den PHP-Bereich, was nur gegebenenfalls nötig ist.

Abbildung 10.3 Die IDs der Beiträge geben Sie einfach mit Kommata getrennt (und ohne Leerzeichen) in der gewünschten Reihenfolge an.

Das Widget finden Sie nun im Backend und können es nach Belieben befüllen.

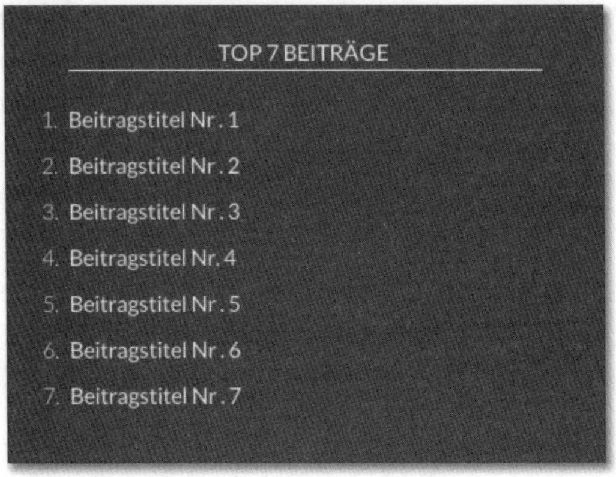

Abbildung 10.4 Sieben Top-Beiträge

Wenn Sie es per CSS noch ein wenig umstylen möchten, können Sie sich an der CSS-Klasse `widget_custom_popular_posts` orientieren, die als Container für das Widget fungiert. In ihr finden Sie u. a. eine geordnete HTML-Liste (`<ol>`), deren Listeneinträge aus dem verlinkten Beitragstitel bestehen.

Kapitel 11

Internationalisierung von Plugins und Themes

Als Plugin- oder Theme-Entwickler ist es sinnvoll, sich mit dem Thema Internationalisierung auseinanderzusetzen, um seine Plugins und Themes auch in anderen Sprachen anbieten zu können.

Ist Ihnen schon einmal die Abkürzung *i18n* begegnet? Sie steht für *internationalization*, zu Deutsch *Internationalisierung*. Die 18 steht für die 18 Buchstaben zwischen dem »i« und dem »n«. Damit haben wir dann auch die abgedroschene Anekdote zum Thema abgehakt.

Internationalisierung ist eine tolle Möglichkeit, um Plugins und Themes einer breiteren Masse zur Verfügung zu stellen. Sie selbst oder andere können dann Übersetzungen erstellen, und so verbreitet sich Ihr Werk stetig weiter. Auch Sie können Übersetzungen für andere Plugins oder Themes erstellen oder Ihr eigenes Projekt zweisprachig betreiben. Denn eine Website, die auf den ersten Blick multilingual ist, bei der man aber sofort sieht, dass nur ihre Texte und nicht ihre Bedienelemente in beiden Sprachen zur Verfügung stehen, wirkt schnell unprofessionell. Übrig bleiben zwei Optionen: Sie lassen es sein oder Sie lernen die Internationalisierungsfunktion von WordPress. Da Sie schon mal hier sind ...

> **Voraussetzungen für das Verständnis**
>
> Internationalisierung ist ein fortgeschrittenes Thema. Ich gehe davon aus und setze voraus, dass Sie sich mit der Erstellung von Themes und/oder Plugins bereits beschäftigt haben und zumindest grundlegende Kenntnisse in PHP mitbringen (insbesondere über Variablen, Ausgabe, Funktionen und im Speziellen über die Funktion printf()). Ich habe dennoch versucht, alles so einfach wie möglich zu erklären. Wer die entsprechenden Vorkenntnisse nicht umfassend mitbringt, wird aber vermutlich mit ein wenig Nachblättern bei Google keine Probleme bei der Internationalisierung haben.

Ihre Besucher sind nun gezwungen, die einzelnen Buttons erst über die kleinen Schalter links daneben freizuschalten. So ist sichergestellt, dass vorher kein Datenverkehr zu den Diensten entsteht, sondern erst dann, wenn der jeweilige Besucher es explizit veranlasst.

11.1   Themes & Plugins übersetzungsfähig machen

Grundsätzlich kann man sagen: Jeder Satz und jedes Wort, das Sie im Rahmen Ihrer Themes oder Plugins an irgendeiner Stelle ausgeben lassen, sollte übersetzbar sein. Das gilt für das Frontend und für das Backend. Üblicherweise denkt man daran anfangs beim Programmieren noch nicht. Der Text wird zunächst als Klartext geschrieben und auch so ausgegeben. Das ist für das Testen und den privaten Einsatz auch durchaus legitim. Doch immer dann, wenn Sie Plugins oder Themes veröffentlichen (ganz gleich ob kostenpflichtig oder kostenfrei), dann sollten Sie es sich zur Pflicht machen, Texte übersetzbar zu machen. In diesem Abschnitt zeige ich Ihnen, wie aus Klartext übersetzbarer Text wird, und zwar mit den Internationalisierungsfunktionen von WordPress.

11.1.1   Die WordPress-Funktionen

Um einen Satz übersetzbar zu machen, übergeben Sie ihn einfach als Parameter an die Funktion __(), z. B.:

```
__('Der Apfel fällt nicht weit vom Stamm.');
```

Es kann vorkommen, dass Sie in einem Programm mehrere voneinander trennbare und einzeln übersetzbare Module haben. Daher ist es sinnvoll, diesen einen Bereich, eine Domain, zuzuweisen. Für jede Domain gibt es später eine Übersetzungsdatei. Bei Themes und Plugins ist es sogar **unabdingbar**, eine Domain festzulegen und diese bei jedem Funktionsaufruf mit zu übergeben. Merken Sie sich also am besten gleich, dass zum Aufruf der Übersetzungsfunktionen immer ein zweiter Parameter gehört: die Domain. Aus dem Beispiel von gerade wird also nun:

```
__('Der Apfel fällt nicht weit vom Stamm.', 'apfelbaum');
```

Und wie benennen Sie nun diese Domain? Ganz einfach. Ihr Plugin besteht aus einer einzelnen Datei namens *apfelbaum.php* oder liegt in einem Ordner namens *apfelbaum*? Dann wählen Sie als Domain ebenfalls »apfelbaum«. Bei einem Theme gilt das Gleiche; nehmen Sie einfach den Namen des Theme-Ordners.

Die Funktion __() hat übrigens die Eigenart, dass sie nicht ausgegeben wird. Sie können sie daher z. B. in einer Variablen speichern. Zum Ausgeben müssen Sie allerdings ein echo davorsetzen.

Da dies etwas mühsam ist, gibt es die äquivalente Funktion _e(), in der die Ausgabe gleich mit eingebaut ist:

```
_e('Der Apfel fällt nicht weit vom Stamm.', 'apfelbaum');
```

11.1.2   Umgang mit Platzhaltern

Nun haben Sie es aber nicht immer nur mit Fließtext zu tun. Ganz oft werden Sie auch Variablen ausgeben wollen. Würden Sie diese einfach in die Funktion _e() schreiben, würde dies nicht funktionieren. Daher bedienen Sie sich einfach der printf()- oder sprintf()-Funktion, die Sie schon von PHP her kennen.

```
printf(__('Der %s fällt nicht weit vom Stamm.', 'apfelbaum'), $obst);
```

Die _e()-Funktion brauchen Sie hier nicht, da printf() ja bereits den übergebenen Parameter ausgibt. Bei mehreren Variablen sollten Sie auf das sogenannte *Argument Swapping* zurückgreifen. Denn wenn Sie der Funktion printf() einfach nur (neben dem String selbst) zwei weitere Parameter übergeben und diese über die Platzhalter aufrufen würden, wären Sie ja an die Reihenfolge gebunden. Es gibt aber Sprachen, die anders aufgebaut sind als die, die Sie verwenden. Und so kann es nötig sein, die Sätze umzustellen und die Variablen an andere Stellen zu setzen. Das geht so:

```
printf('__('Der %1$s fällt nicht weit vom %2$s.', 'apfelbaum')', $obst,
$baumteil);
```

Nun wurden zwei Variablen bzw. Platzhalter gesetzt. Allerdings wurde aus dem einen %s ein %1$s und aus dem anderen %s ein %2$s. Das ist kein Tippfehler! Um dem Platzhalter klarzumachen, zu welcher Variablen er gehört, setzt man zwischen das % und den Buchstaben (hier s) ein 1$, 2$, 3$ etc. Auf diese Weise können Sie die Platzhalter ganz leicht umstellen:

```
printf('__('Nicht weit vom %2$s fällt der %1$s.', 'apfelbaum')', $obst,
$baumteil);
```

11.1.3   Einzahl oder Mehrzahl?

Singular oder Plural, wie viel hätten Sie gerne? Mitunter kommt es vor, dass Ihr Text auf eine bestimmte Mengenangabe reagieren muss. So fällt vielleicht nicht immer nur ein Apfel vom Stamm, sondern manchmal auch zwei oder drei. Wo der Satz »Ein Apfel fällt nicht weit vom Stamm.« orthografisch nicht zu beanstanden wäre, könnte ein Satz wie »Zwei Apfel fällt nicht weit vom Stamm.« nur noch unbemerkt im RTL2-Nachmittagsprogramm gesagt werden. Es ist also nötig, für den Fall der Fälle gerüstet zu sein. Und auch dafür gibt es eine einfache Lösung, die uns die Funktion _n() in Verbindung mit printf() beschert (printf() brauchen wir natürlich wieder, da wir ja weiterhin mit Platzhaltern arbeiten müssen):

```
printf('_n('%d Apfel fällt nicht weit vom Stamm.', '%d Äpfel fallen nicht
weit vom Stamm.', $anzahl, 'apfelbaum')', $anzahl);
```

Der Funktion _n() werden also vier Parameter übergeben:

1. der Satz im Singular
2. der Satz im Plural
3. die Anzahl der Objekte, an der festgemacht wird, ob die Singular- oder Pluralform zurückgegeben werden soll
4. die Domain

11.1.4   Ein Wort – mehrere Bedeutungen

Ein Problem bleibt nun allerdings noch, und dem dürfte genügend Aufmerksamkeit gebühren. Oder Gebühren? Wörter haben, trotz gleicher Schreibweise, manchmal unterschiedliche Bedeutungen. Je nach Kontext kann z. B. das Wörtchen »Beitrag« schlicht den Artikel meinen oder einen »Beitrag zum Wohle der Menschen leisten«, oder es steht ganz einfach synonym für das Wort »Gebühr«. Im Englischen etwa kann das Auswirkungen haben. Während »Beitrag« im Sinne von »Beitrag leisten« oder »Gebühr« noch frei mit *contribution* übersetzt werden kann (in Form der Gebühr genauer eigentlich mit *due*), so steht fest, dass der textliche Beitrag wohl eher mit *article* übersetzt wird.

Doch auch das ist kein Problem für WordPress. Es hat ja noch eine Funktion im Ärmel, nämlich _x():

```
_x('Beitrag', 'article', 'apfelbaum');
_x('Beitrag', 'contribution', 'apfelbaum');
_x('Beitrag', 'due', 'apfelbaum');
```

Die Funktion x_() erhält als zweiten Parameter also den Kontext des Wortes. Durch die Kontextfunktion bieten Sie den Übersetzern nun die Möglichkeit, für jeden Kontext eine eigene Übersetzung festzulegen. Natürlich gibt es die _x()-Funktion auch in der Variante mit eingebauter Ausgabe:

```
_ex('Beitrag', 'article', 'apfelbaum');
_ex('Beitrag', 'contribution', 'apfelbaum');
_ex('Beitrag', 'due', 'apfelbaum');
```

11.1.5   Beschreibungen

Schließlich können Sie den Übersetzern auch noch einige Informationen in Form eines Kommentars mit an die Hand geben. Setzen Sie dazu unmittelbar vor den Aufruf der Übersetzungsfunktion, deren Inhalt Sie kommentieren möchten, einen Kommentar, und beginnen Sie ihn mit translators: (denken Sie an den Doppelpunkt!):

```
/* translators: Übersetzen Sie die Redewendung bitte nicht wörtlich,
sondern verwenden Sie, wenn möglich, ein korrespondierendes Sprichwort
aus der jeweiligen Sprache. */
_e('Ein Apfel fällt nicht weit vom Stamm.', 'apfelbaum');
```

11.1.6 Best Practices

Natürlich können Sie tun und lassen, was Sie wollen. Wenn Sie allerdings möchten, dass Ihr Theme oder Ihr Plugin möglichst breit und möglichst gut übersetzt wird, sollten Sie sich an ein paar Spielregeln halten. Die machen den Übersetzern das Leben nämlich viel leichter. In aller Regel machen die ihre Arbeit nämlich kostenlos; sorgen Sie durch Einhaltung der folgenden Best Practices dafür, dass sie es umsonst tun:

► Schreiben Sie auf Englisch. Die Chance, dass jemand neben seiner Muttersprache Englisch beherrscht, ist um ein Vielfaches größer, als dass er zufällig Deutsch kann. (Diese schöne Sprache hat sich international leider noch nicht so richtig durchgesetzt.)

► Schreiben Sie vernünftiges Englisch. Klar, Slang ist cool. Aber Slang ist oftmals auch ungenau. Und Slang wird von den meisten auch gar nicht in seiner vollen Tragweite beherrscht. Außerdem möchten viele Anwender Ihr Theme oder Ihr Plugin möglicherweise professionell einsetzen und können dann allzu flapsige Formulierungen eher weniger gebrauchen. Tipp: Erstellen Sie doch zusätzlich noch Ihre eigene Slang-Übersetzungsdatei und ärgern Sie Ihre Besucher.

► Bilden Sie nicht ganze Absätze in einem Funktionsaufruf ab. Es klingt verlockend, aber es macht die Sache für Übersetzer nicht leichter und den Code nicht übersichtlicher. Wenn zwei Sätze zusammengehören, dann sollten Sie sie natürlich auch nicht trennen. Üblicherweise sollten aber nicht mehr als ein Wort, ein Satz bis hin zu maximal wenigen Sätzen pro Funktionsaufruf untergebracht werden. Es gilt: Zusammen kommt nur, was zusammengehört.

► Selbstverständlich können Sie in bester PHP-Manier einzelne Funktionsaufrufe und Variablenausgaben mit Punkten zusammenbinden. Nutzen Sie doch lieber die printf()-Funktionen. Das ist für Sie und die Übersetzer übersichtlicher. Denn die müssen sonst einen Satz in zwölf getrennten Bausteinen übersetzen. Das macht wirklich keinen Spaß.

► Lassen Sie Code und URLs außen vor. Es ist nicht nötig, <h2> und </h2> der Übersetzungsfunktion hinzuzufügen. Was machen Sie, wenn der Übersetzer vergisst, diese seiner Übersetzung wieder anzufügen? Auch URLs müssen Sie nicht übergeben, außer Sie wollen, dass die Übersetzer hier die URL in einen übersetzten Text einfügen.

► Achten Sie darauf, dass Sie am Anfang und am Ende eines Strings keine Leerzeichen stehen lassen. Der Übersetzer könnte diese übersehen und bei seiner Übersetzung vergessen. Und schon kleben die Sätze aneinander.

11.2   Themes und Plugins internationalisieren

Erinnern Sie sich daran, dass Sie allen Funktionsaufrufen eine Domain übergeben sollten? Diese Domain müssen Sie nun noch in Ihrem Plugin bzw. Theme »laden«. Das geschieht auf unterschiedliche Weise, je nachdem, was Sie programmieren.

11.2.1   Themes

Bei Themes ist es am einfachsten. Öffnen Sie Ihre *functions.php* und fügen Sie ihr am Anfang folgende Zeile hinzu:

```
load_theme_textdomain('apfelbaum');
```

Natürlich passen Sie den Parameter an, wenn Ihr Theme bzw. Ihre Domain nicht »apfelbaum« heißt. Ich weiß, dass Sie das ohnehin getan hätten. Das wollte ich nur der Vollständigkeit halber erwähnen.

Der Aufruf geht davon aus, dass in Ihrem Theme-Ordner eine Datei namens *en_US.mo* oder *de_DE.mo* oder *it_IT.mo* liegt – also eine Datei mit der Endung *.mo*, deren Name die Lokalisierungsbezeichnung der Sprache ist, in die übersetzt wurde. Wie Sie diese Datei erstellen, erfahren Sie gleich.

11.2.2   Plugins

Ein ganz klein wenig komplizierter wird das Laden der Sprachdatei bei Plugins. Aber nur ein bisschen. Hier ist es erforderlich, dass die Sprachdatei vor der Action plugins_loaded geladen wird. Hier ein Beispiel (beachten Sie den leicht abgewandelten Funktionsnamen):

```
function apfelbaum_init() {
    $plugin_dir = basename(dirname(__FILE__));
    load_plugin_textdomain( 'apfelbaum', false,
    $plugin_dir );
}
add_action('plugins_loaded', 'apfelbaum_init');
```

Die Funktion heißt also jetzt load_plugin_textdomain() und erwartet drei Parameter:

1. die Domain
2. den relativen Pfad zum Plugin-Ordner, von ABSPATH ausgehend (nur für WordPress-Versionen niedriger als 2.6 interessant, daher können Sie beruhigt false übergeben)
3. den relativen Pfad zum Plugin-Ordner relativ zum Hauptverzeichnis aller Plugins (*/plugins/*)

WordPress sucht nun in Ihrem Plugin-Ordner nach einer Datei namens *domain-loka-lisierung.mo*, also etwa nach *apfelbaum-de_DE.mo* oder *apfelbaum-en_US.mo* oder auch nach *apfelbaum_it_IT.mo* etc. Das Prinzip haben Sie sicher verstanden. Wie Sie eine solche Datei erstellen, dazu kommen wir gleich.

11.2.3   Widgets

Zunächst muss ich Ihnen noch sagen, wie Sie vorgehen, wenn Sie die Inhalte von Widgets übersetzen lassen wollen. Dazu ist ein anderer bzw. zusätzlicher Funktions-aufruf nötig (Achtung, erst ab WP-Version 2.8). Die Sprachdatei wird dabei erst gela-den, nachdem das Widget registriert wurde. Ein Beispiel:

```
function apfelbaum_widget_init() {
    return register_widget( 'apfelbaum_widget' );
}
add_action( 'widgets_init', 'apfelbaum_widget_init' );

$plugin_dir = basename( dirname( __FILE__ ) );
load_plugin_textdomain( 'apfelbaum_widget', null,
$plugin_dir );
```

WordPress sucht nun in Ihrem Plugin-Verzeichnis nach einer Datei namens *apfel-baum_widget-de_DE.mo* oder auch *apfelbaum_widget-en_US.mo*. Und jetzt kommen wir auch endlich dazu, diese Datei zu erstellen.

11.3   Erstellen der Übersetzungsvorlage

Sie haben nun all Ihre Theme- oder Plugin-Dateien übersetzungsfähig gemacht, indem Sie alle Sätze und Wörter durch Funktionen ersetzt haben, die eine Überset-zung ermöglichen. Aus dieser Voraussetzung kann WordPress nun eine Vorlage erstellen, mit der Übersetzer arbeiten können. Diese wird die Endung *.pot* haben. Nun gut, seien wir ehrlich. WordPress kann das nicht ganz allein, es benötigt ein wenig Hilfe.

11.3.1   Installation der Software

Für das Erstellen einer Vorlage benötigen Sie zunächst einmal Software. Genauso benötigen Sie Software für das spätere Bearbeiten (Übersetzen) der Vorlage. Insge-samt installieren Sie dafür bitte die folgenden drei Programme auf Ihrem Rechner (falls Sie XAMPP aus Kapitel 2, »WordPress installieren«, noch nicht installiert haben sollten, tun Sie dies bitte spätestens jetzt, denn Sie benötigen zwingend PHP):

1. gettext (»Complete Package«)

http://gnuwin32.sourceforge.net/packages/gettext.htm

2. POEdit

http://www.poedit.net/download.php

3. TortoiseSVN

http://tortoisesvn.net/downloads.html

11.3.2   Gettext und PHP dem Windows-Pfad hinzufügen

Wenn Sie die Software installiert haben, müssen Sie nun noch einen Pfad zu Gettext und PHP in Windows einrichten, damit alles korrekt funktioniert. Der Ort dieser Einstellung ist abhängig von der Version des Betriebssystems.

Windows 7: Unter Windows 7 verwenden Sie SYSTEMSTEUERUNG • SYSTEM UND SICHERHEIT • SYSTEM • ERWEITERTE SYSTEMEINSTELLUNGEN (Abbildung 11.1).

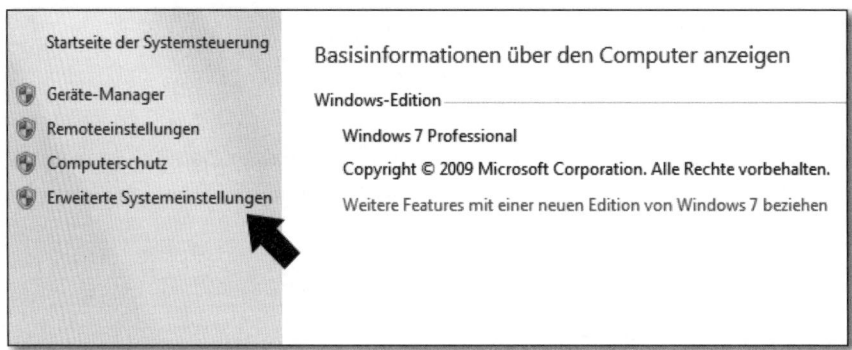

Abbildung 11.1 Klicken Sie auf »Erweiterte Systemeinstellungen«.

Windows XP: Unter Windows XP klicken Sie auf SYSTEMSTEUERUNG • SYSTEM.

Von nun an dürften die Schritte unabhängig von Ihrer Windows-Version sein. Klicken Sie im sich öffnenden Fenster auf den Registerreiter ERWEITERT und dort auf den Button UMGEBUNGSVARIABLEN (Abbildung 11.2).

Es öffnet sich ein weiteres Fenster. Dort scrollen Sie im Feld SYSTEMVARIABLEN etwas nach unten, bis die Variable PATH erscheint (Abbildung 11.3).

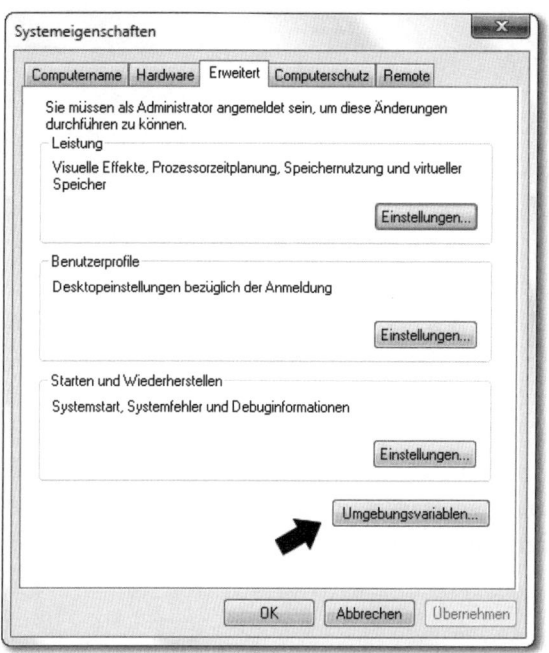

Abbildung 11.2 Klicken Sie im Register »Erweitert« auf »Umgebungsvariablen…«.

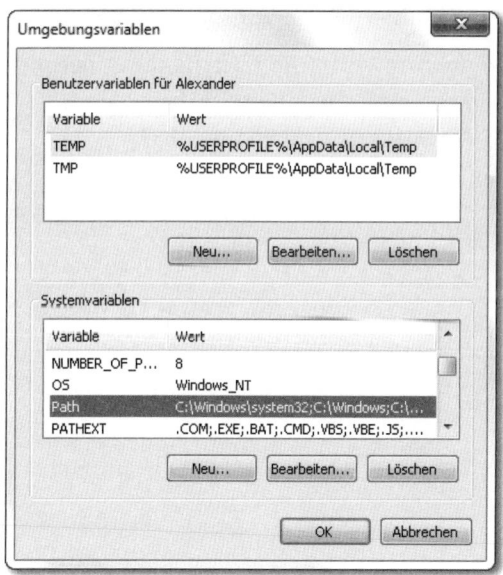

Abbildung 11.3 Suchen Sie »Path«.

Klicken Sie doppelt auf PATH, und es öffnet sich (Sie ahnten es sicher schon) ein weiteres Fenster (Abbildung 11.4). Hier sind wir nun aber richtig.

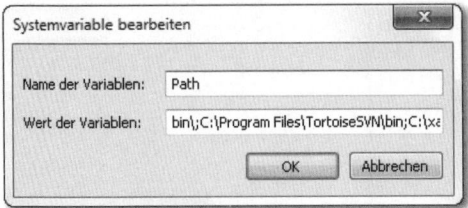

Abbildung 11.4 Bearbeiten Sie den Wert der Systemvariablen.

Klicken Sie in das Feld WERT DER VARIABLEN und scrollen Sie bis ans Ende (oder drücken Sie einfach ⌈Ende⌉ auf Ihrer Tastatur). Fügen Sie nun am Ende ein Semikolon (;) ein, falls dort noch keines steht, und geben Sie dann den Pfad zum */bin/*-Verzeichnis Ihrer Installation von TortoiseSVN ein, etwa *C:\Program Files\TortoiseSVN\bin* oder auch *C:\Programme\TortoiseSVN\bin*. Schauen Sie in Abbildung 11.4, wie man es genau anfügt, wenn Sie sich unsicher sind. Danach schreiben Sie wieder ein Semikolon und fügen noch den Pfad zu dem PHP-Verzeichnis Ihrer XAMPP-Installation an, z. B. *C:\xampp\php*.

11.3.3 Download des WordPress SVN-Trunks

Nun downloaden wir den WordPress SVN-Trunk (das Basisverzeichnis). Wir benötigen diesen, da er unter anderem eine Datei enthält, die die Vorlage erstellen kann.

Dazu erstellen Sie z. B. direkt unter *C:* irgendein Verzeichnis. Ich nenne es beispielhaft *SVN*. Klicken Sie nun mit der rechten Maustaste darauf und wählen Sie aus dem Kontextmenü die neu erstellte Option SVN CHECKOUT (Abbildung 11.5).

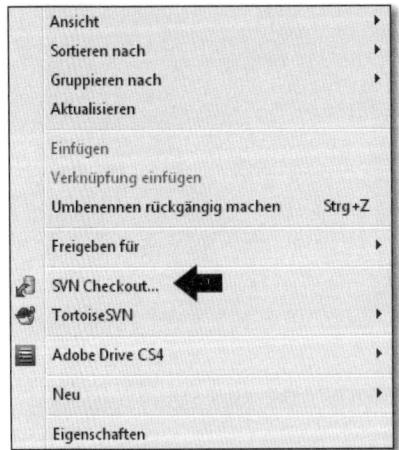

Abbildung 11.5 Klicken Sie mit rechts auf den Ordner und wählen Sie »SVN Checkout«.

Im folgenden Fenster tragen Sie bitte die folgenden Pfade in die entsprechenden Felder ein (gegebenenfalls an Ihre Ordnerstruktur angepasst; siehe Abbildung 11.6):

▶ URL OF REPOSITORY: *http://i18n.svn.wordpress.org/tools/trunk*

▶ CHECKOUT DIRECTORY: *C:\SVN*

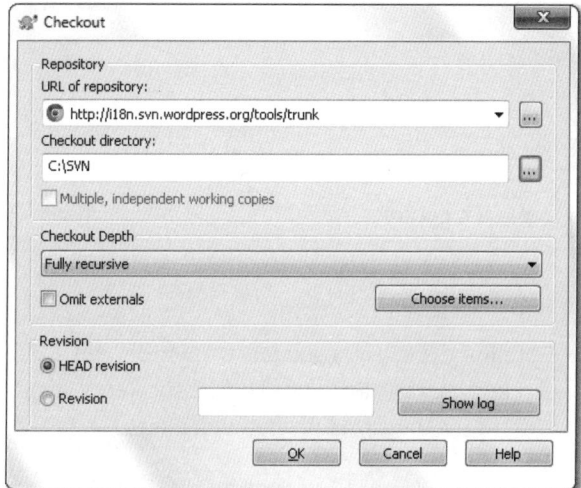

Abbildung 11.6 Füllen Sie die Felder aus und klicken Sie anschließend auf »OK«.

Nun werden automatisch alle Entwicklerwerkzeuge heruntergeladen, was einen Moment dauern kann (siehe Abbildung 11.7).

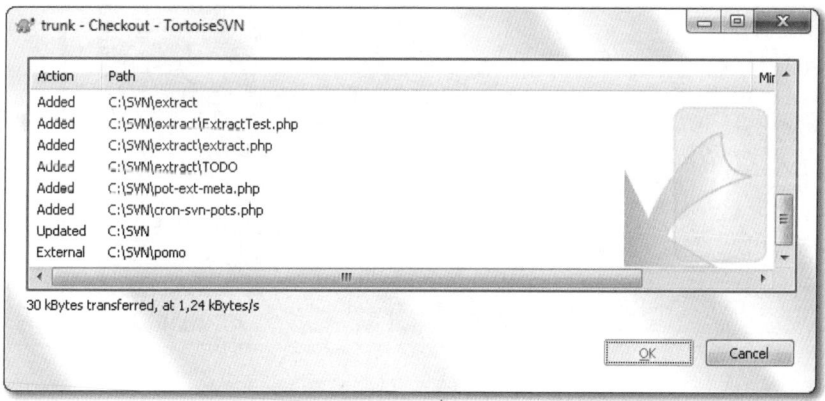

Abbildung 11.7 Download der Entwicklerwerkzeuge

Sofern der Download abgeschlossen ist, wird die Schaltfläche OK aktiv. Schauen Sie testweise einmal in Ihrem *SVN*-Ordner nach, ob der Download korrekt funktioniert hat. Das müsste dann aussehen wie in Abbildung 11.8.

Name
.svn
extract
pomo
t
add-textdomain.php
cron-svn-pots.php
importers-i18n.php
makepot.php
not-gettexted.php
pot-ext-meta.php
setup_locale

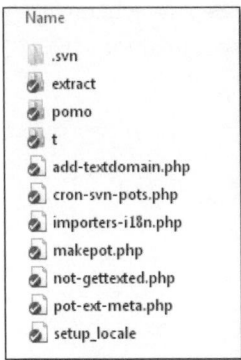

Abbildung 11.8 Der Download des Trunks hat geklappt.

11.3.4 Die Vorlage (*.pot) erstellen

Nun kommen wir endlich zur Erstellung der Vorlagedatei. Öffnen Sie ein Kommandozeilenfenster (START • Feld: PROGRAMME/DATEIEN DURCHSUCHEN • »cmd« eingeben). Wechseln Sie in den *SVN*-Ordner, den Sie eben erstellt haben:

```
cd C:\SVN
```

Geben Sie nun nacheinander die Befehle `xgettext` und `php -v` ein, um zu überprüfen, ob das Setzen der Pfade geklappt hat (Abbildung 11.9). Falls nicht, wiederholen Sie die Schritte aus Abschnitt 16.3.2, »Die Datenbankeinträge suchen und ersetzen (lassen)«.

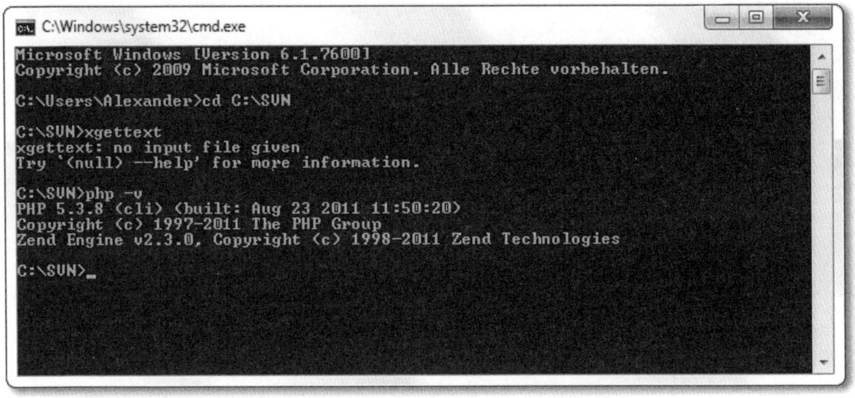
C:\Windows\system32\cmd.exe
Microsoft Windows [Version 6.1.7600]
Copyright (c) 2009 Microsoft Corporation. Alle Rechte vorbehalten.
C:\Users\Alexander>cd C:\SVN
C:\SVN>xgettext
xgettext: no input file given
Try `(null) --help' for more information.
C:\SVN>php -v
PHP 5.3.8 (cli) (built: Aug 23 2011 11:50:20)
Copyright (c) 1997-2011 The PHP Group
Zend Engine v2.3.0, Copyright (c) 1998-2011 Zend Technologies
C:\SVN>_

Abbildung 11.9 Die Pfade sind offenbar korrekt gesetzt worden.

Die Erstellung der Vorlage richtet sich nun danach, ob Sie ein Theme oder ein Plugin übersetzen wollen. Entsprechend geben Sie bitte einen der folgenden Befehle in die Konsole ein:

Plugins:

```
php makepot.php wp-plugin <Pfad zum Plugin-Verzeichnis>
```

Themes:

php makepot.php wp-theme <Pfad zum Theme-Verzeichnis>

Ein Beispiel:

php makepot.php wp-theme C:\XAMPP\htdocs\wordpress\wp-content\themes\apfelbaum

Hat alles geklappt, sollte sich nun eine POT-Datei mit dem Namen Ihres Themes oder Plugins in Ihrem *SVN*-Ordner befinden (Abbildung 11.10).

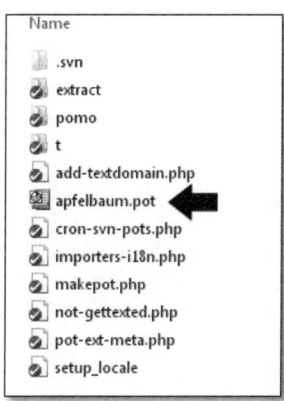

Abbildung 11.10 Die POT-Datei ist endlich da.

Diese Datei ist nun Ihre Vorlage. Sie kann von Übersetzern bearbeitet werden. Nach dem Abspeichern wird daraus eine MO-Datei. Darum kümmern wir uns jetzt.

11.4 Übersetzen einer Vorlage

Doch eine Vorlage bringt Ihnen erst einmal nicht viel. Sie können sie zwar an Übersetzer weiterreichen und sollten sie, wenn Ihr Theme oder Plugin öffentlich erreichbar ist, auch zum Archiv hinzufügen und mit hochladen. Eine Übersetzung haben Sie dadurch aber noch nicht.

11.4.1 Datei in POEdit öffnen

Öffnen Sie nun zunächst die Software *POEdit* und darin die gerade erstellte POT-Datei. Im Öffnen-Dialogfenster ist es wichtig, dass Sie als Dateityp ALL FILES (*.*) auswählen.

11.4.2   Übersetzungen eintragen

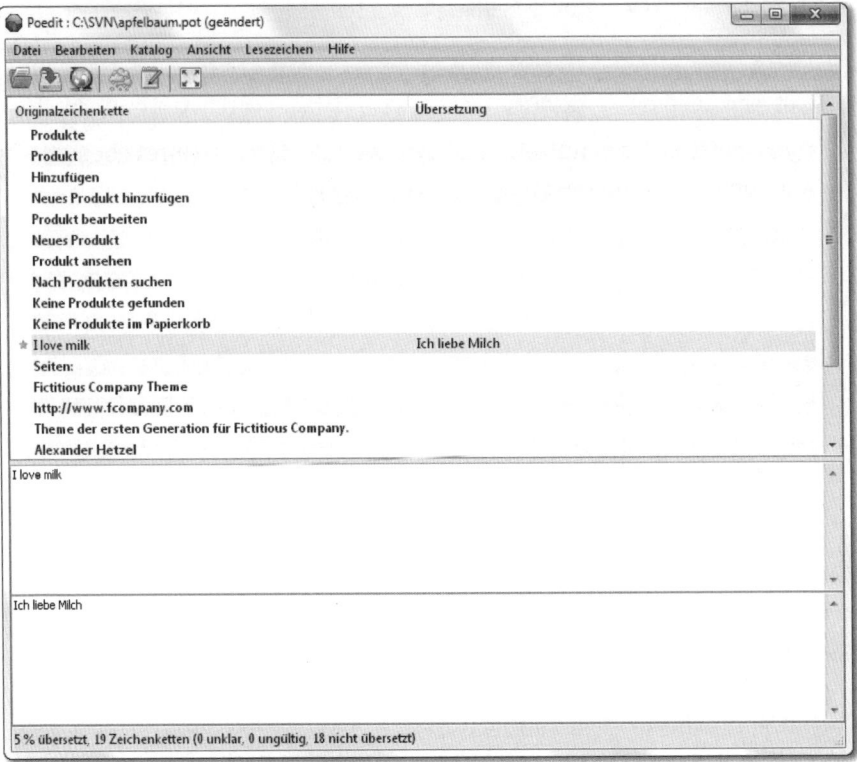

Abbildung 11.11 Die geöffnete POT-Datei

Oben haben Sie ein Feld mit diversen Einträgen (Abbildung 11.11). Hier sind all Ihre Sätze und Wörter aufgelistet, die Sie zur Übersetzung via Funktionen freigegeben haben. Darunter befinden sich zwei Felder. Das erste enthält die zu übersetzende Phrase. Das zweite ist leer und darf nun mit der Übersetzung gefüllt werden.

11.4.3   Katalogoptionen anpassen

Wenn Sie alle Übersetzungen abgeschlossen haben, klicken Sie noch im Menü auf KATALOG • OPTIONEN (Abbildung 11.12).

Tragen Sie hier nun bitte die wichtigsten Informationen ein:

- ▶ ÜBERSETZERTEAMS
- ▶ SPRACHE (in die übersetzt wird)
- ▶ LAND (in dessen Sprache übersetzt wird)
- ▶ ZEICHENSATZ (UTF-8)
- ▶ ZEICHENSATZ DES QUELLCODES (UTF-8)

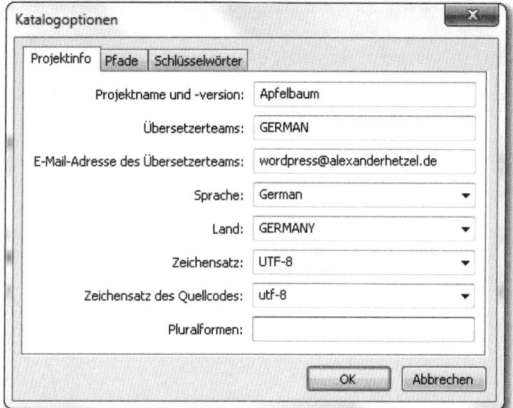

Abbildung 11.12 Tragen Sie die Projektinfos ein, insbesondere den Namen des Übersetzerteams, die Sprache, das Land und die Zeichensätze.

11

11.4.4   MO-Datei erstellen

Bestätigen Sie mit OK und speichern Sie danach den Katalog. Die Software erstellt automatisch eine gleichnamige MO-Datei in Ihrem *SVN*-Verzeichnis, in dem auch die POT-Datei lag. Diese Datei kann WordPress nun lesen und verarbeiten.

11.5   Einbinden und Testen einer Übersetzung

Nun möchten Sie sicher sehen, ob Ihre Bemühungen Früchte tragen und ob alles funktioniert. Hierzu muss die Datei umbenannt und in das entsprechende Verzeichnis Ihrer WordPress-Installation kopiert werden. Außerdem müssen Sie WordPress mitteilen, dass es fortan Ihre Lokalisation einsetzen soll.

11.5.1   Die MO-Datei umbenennen und in das Theme oder Plugin integrieren

Je nachdem, ob Sie nun ein Theme oder ein Plugin übersetzt haben, müssen Sie die Datei unterschiedlich benennen:

- ▶ **Themes**: *lokalisierung.mo* (z. B. *de_DE.mo*)
- ▶ **Plugins**: *pluginname-lokalisierung.mo* (z. B. *apfelbaum-de_DE.mo*)
- ▶ **Widgets**: *widgetname-lokalisierung.mo* (z. B. *apfelbaum-widget-de_DE.mo*)

Kopieren Sie die Theme-Datei in das Verzeichnis des übersetzten Themes und die Plugin- bzw. Widget-Datei in das Verzeichnis der übersetzten Plugins.

11.5.2   Die Übersetzung in WordPress testen

Das Testen der Übersetzung ist sehr leicht. Öffnen Sie einfach die *wp-config.php* aus Ihrem WordPress-Hauptverzeichnis und passen Sie folgende Zeile an Ihre vorgenommene Lokalisierung an:

```
define('WPLANG', 'de_DE');
```

Wenn Sie nun Ihr Frontend oder Backend aufrufen (je nachdem, was Sie übersetzt haben), werden Sie die Übersetzung sehen können.

11.6   Quellen

Eine großartige Unterstützung und Inspiration beim Verfassen dieses Kapitels waren zum einen der sehr gut ausgearbeitete Artikel zur Internationalisierung in Word-Press aus dem offiziellen Codex (*http://codex.wordpress.org/I18n_for_WordPress_Developers*) sowie ein hervorragender Artikel zu der verwendeten Software von Leo Eibler auf nullpointer.at (*http://www.nullpointer.at/2012/04/08/mehrsprachigkeit-wordpress-plugins/*). Beide Artikel sind auch ergänzend zu der Lektüre dieses Kapitels sehr lesenswert.

Kapitel 12
WordPress sicherer machen

*WordPress wird zwar ständig verbessert und sicherer gemacht, aber
100%ige Sicherheit bietet Ihnen keine Software. In diesem Kapitel gebe
ich Ihnen einige Tipps, wie Sie diesem Traum zumindest einige Schritte
näher kommen.*

Solange Sie WordPress regelmäßig updaten, sind Sie grundsätzlich schon einmal auf
einem guten Weg, was die Sicherheit betrifft. Das heißt aber nicht, dass man Word-
Press nicht noch ein Stückchen sicherer machen könnte. In diesem Kapitel werde ich
Ihnen gerne einige Möglichkeiten aufzeigen, mit denen Sie die Sicherheit auf Ihrer
Website erhöhen und sich vor feindlichen Übernahmen weitestgehend schützen
können. Gegen einen professionellen Hacker werden Sie allerdings noch ganz andere
Geschütze auffahren müssen; so etwas sollten Sie dann aber auch Ihrem System-
administrator überlassen.

12.1 WordPress per Hand absichern

Ihr eigenes Verhalten beeinflusst sehr stark die Sicherheit Ihrer Website und Ihrer
Daten. Im Folgenden gebe ich Ihnen darum einige Grundregeln zur sicheren Konfiguration und Administration an die Hand.

12.1.1 Wählen Sie einen sicheren Admin-Benutzernamen

Mit einem Benutzernamen verhält es sich ähnlich wie mit einem Passwort: Er sollte
leicht zu merken sein. Allerdings bringt Ihnen dieser einprägsame Name wenig,
wenn Hacker ihn schnell erraten können. Namen wie »Admin«, »Administrator«, Ihr
Vor-, Spitz- oder Nachname sind schlichtweg tabu.

Wählen Sie stattdessen etwas völlig anderes, am besten etwas, was mit Ihnen oder
einem Administratorkonto so gut wie gar nichts zu tun hat. Seit WordPress 3.0 können Sie den Admin-Benutzernamen nun auch endlich bei der Installation ändern;
das war vorher nicht möglich.

Den Benutzernamen einer bestehenden WordPress-Installation zu ändern gestaltet
sich schon etwas schwieriger – ist aber bei Weitem nicht unmöglich. Sie haben zwei

Möglichkeiten: Entweder Sie greifen mit *phpMyAdmin* auf Ihre WordPress-Datenbank zu und wechseln in die Tabelle users, wo Sie im Feld user_login den Benutzernamen ändern können. Oder Sie erstellen ganz einfach einen neuen Administrator-Account im Backend, löschen den alten und lassen Ihrem neuen Account alle Beiträge zuordnen.

12.1.2   Wählen Sie ein sicheres Passwort

So bequem »123«, »qwe« oder »Sonnenschein86« auch sind, so sicher ist auch ihre Untauglichkeit als Passwort. Geben Sie sich keinesfalls der Leichtfertigkeit eines solchen Passwortes hin; die Folgen können fatal sein. Ein sicheres Passwort sollte mindestens acht Zeichen haben und aus einem bunten Mix folgender Zeichen bestehen:

▶ Großbuchstaben

▶ Kleinbuchstaben

▶ Ziffern

▶ Sonderzeichen

Nur so können Sie eine möglichst hohe Passwortsicherheit gewährleisten. Natürlich sind auch diese Passwörter nicht unüberwindbar, es wird aber schon sehr, sehr schwer. Achten Sie darauf, dass Ihr Passwort nie ein Wort oder eine gängige Buchstaben- bzw. Zahlenkombination enthält. Sie können davon ausgehen, dass sich diese dann auch in den sogenannten *Hacker-Wörterbüchern* findet, mit denen diese versuchen werden, Ihr Passwort zu knacken. Es ist im Übrigen sinnvoll, das Passwort in unregelmäßigen Abständen zu ändern. Nur so können Sie eine gleichbleibend hohe Sicherheit gewährleisten.

Tipp

Wenn Sie Probleme haben, sich derartig komplizierte Passwörter zu merken, kann Ihnen vielleicht folgender Ratschlag helfen: Nehmen Sie sich einen Satz, der unter anderem Substantive, Zahlen und Sonderzeichen enthält, z. B.: »Mein erster Fisch hat einmal 25 € gekostet!« Aus diesem Satz können Sie nun ein sicheres Passwort machen, indem Sie die Anfangsbuchstaben, Zahlen und Sonderzeichen extrahieren: »MeFhe25€g!« Das ist nun wirklich nicht mehr schwer zu merken, oder?

12.1.3   Schützen Sie die Administrationsoberfläche

Um Ihre Administrationsoberfläche zu schützen, sollten Sie sich nicht bloß auf das von WordPress bereitgestellte Login-Formular verlassen. Es ist sicherer, weitere Schutzmaßnahmen zu treffen. Ein Beispiel dafür ist der Einsatz des Plugins *AskApache Password Protect*.

Es sorgt dafür, dass Sie vor dem Zugriff auf die Administrationsoberfläche bzw. den Ordner *wp-admin/* zusätzliche Zugangsdaten eingeben müssen, und zwar auf der Ebene des *Apache-Servers*. Das heißt, die Abfrage der Zugangsdaten erfolgt *vor* dem Aufruf von PHP.

Das Schöne an dem Plugin ist, dass es WordPress selbst weitestgehend unberührt lässt. Die Änderungen finden lediglich in den beiden *.htaccess*-Dateien in Ihrem WordPress-Hauptverzeichnis und in */wp-admin/* statt. Falls Sie sich also einmal ausgeschlossen haben sollten – und das kann auch den Besten passieren –, dann haben Sie nur die Möglichkeit, diese beiden Dateien zu editieren und den AskApache-Bereich daraus zu entfernen. Ein Deaktivieren des Plugins, während Sie ausgeschlossen sind, oder ähnliche Ansätze haben keinerlei Einfluss. Erinnern Sie sich also an diesen Absatz, wenn es so weit ist.

12.1.4   Schalten Sie alle Login-Fehlermeldungen ab

Sosehr ich WordPress auch mag, eine Sache kann ich nicht ganz nachvollziehen. Ist Ihnen schon einmal aufgefallen, dass WordPress Ihnen dabei hilft, *Admin-Accounts* zu hacken? Nun gut, das ist vielleicht etwas überspitzt formuliert. Aber achten Sie einmal darauf, was passiert, wenn Sie zwar Ihren korrekten Benutzernamen eingeben, aber ein falsches Passwort. WordPress wird Ihnen sagen, dass das Passwort falsch ist.

Okay, mögen Sie nun denken, aber was soll daran denn so schlimm sein? Schlimm daran ist, dass WordPress Ihnen damit im Umkehrschluss mitteilt, dass der Benutzername schon einmal richtig war. Für einen Hacker ist dies keine unbedeutende Erleichterung, hat er es zu Anfang schließlich mit zwei unbekannten Variablen zu tun. WordPress verkürzt die Anzahl auf diese Weise allerdings auf nur noch eine, die dann auch noch irgendwie zu knacken sein dürfte.

Glücklicherweise gibt es eine ganz einfache Abhilfe. Sie können WordPress anweisen, gar keine Fehlermeldung mehr auszugeben. Das ist vielleicht nicht besonders benutzerfreundlich; aber eben auch nicht besonders hackerfreundlich.

Editieren Sie dazu einfach die Datei *functions.php* Ihres Themes und fügen Sie folgende Zeile hinzu:

```
add_filter('login_errors',create_function('$a', "return null;"));
```

12.1.5   Entfernen Sie die WordPress-Version aus Ihrem Quelltext

Eine weitere »Sicherheitslücke«, die leider in vielen Themes vorhanden ist, ist das Präsentieren der aktuellen WordPress-Version im Quelltext der Seite. Auch wenn es natürlich sehr nett ist, andere über die von Ihnen verwendete WordPress-Version zu informieren, ist diese Information u. U. auch für Hacker interessant.

Jede WordPress-Version hat so ihre kleinen oder großen Sicherheitsmängel, die üblicherweise recht schnell behoben werden. Das heißt aber noch lange nicht, dass jeder auch seine WordPress-Installation auf dem neuesten Stand hält. Und so vergehen einige Versionssprünge, ohne dass man sie selbst miterlebt hätte. Findige Hacker können dann an dieser Statusmeldung im Quelltext erkennen, welche Version Sie nutzen, und schauen dann nach, welche Sicherheitslücken es in dieser Version gab. Und ehe Sie sichs versehen, sind sie auch schon im System.

Bei älteren Themes müssen Sie zunächst einmal das entsprechende Meta-Tag aus der *header.php* Ihres Themes entfernen; es sieht so aus:

```
<meta content="WordPress <?php bloginfo('version'); ?>" name="generator" />
```

In neueren Themes dürfte dieses Meta-Tag allerdings nicht mehr direkt vorhanden sein – aber indirekt. WordPress gibt es nämlich einfach automatisch aus, und zwar über die Funktion wp_head(), die sich in praktisch jedem Theme befindet. Bevor Sie nun anfangen, diese Funktion aus all Ihren Themes herauszureißen, fügen Sie lieber nur die folgende kleine Zeile der Datei *functions.php* in Ihrem Theme-Ordner hinzu:

```
remove_action('wp_head', 'wp_generator');
```

Diese Zeile entfernt die Versionsanzeige aus der Funktion wp_head(), sodass Sie diese Funktion weiterhin verwenden können (was Sie auch unbedingt tun sollten).

12.1.6   Verhindern Sie den Zugriff auf Ihre Ordner

Zudem sollte es nicht möglich sein, dass Hacker Zugriff auf die Inhalte Ihrer Ordner haben. Ein Zugriff darauf sollte unbedingt unterbunden werden, was auch gar nicht so schwierig ist. Entweder legen Sie in jedem Ordner eine leere *index.html* an oder – viel einfacher – Sie fügen einfach die folgende Zeile Ihrer *.htaccess*-Datei hinzu:

```
Options All -Indexes
```

12.1.7   Schützen Sie Ihre »wp-config.php«

Auch Ihre *wp-config.php* sollten Sie besonders schützen, da diese Ihre sensiblen Datenbankzugangsdaten enthält. Das können Sie ganz leicht tun, indem Sie folgende Zeile Ihrer *.htaccess*-Datei hinzufügen:

```
<FilesMatch ^wp-config.php$>deny from all</FilesMatch>
```

12.1.8   Ändern Sie das Tabellen-Präfix

Um Angriffe auf Ihre Datenbank zu verhindern, sollten Sie zudem auch das *Tabellen-Präfix* ändern. Standardmäßig ist dies bei allen WordPress-Installationen wp_, falls Sie nicht explizit etwas anderes angegeben haben. Das ist also ziemlich durchschaubar. Bei einer neuen Installation geben Sie einfach vor der Installation (!) ein anderes Präfix in Ihrer *wp-config.php* an:

```
$table_prefix = 'wp_';
```

Bei einer bestehenden Installation wird das Ganze schon ein wenig schwieriger. Es ist aber nach wie vor möglich, wenn Sie folgende Schritte beherzigen.

Anpassen der »wp-config.php«

Auch bei einer bestehenden Installation passen Sie zunächst die *wp-config.php* entsprechend an:

```
$table_prefix = 'wp_';
```

Sie dürfen dabei allerdings nur Zahlen, Kleinbuchstaben oder Unterstriche verwenden. Es bietet sich an, das wp_ beizubehalten, danach eine zufällige Zeichenfolge anzugeben und diese wieder mit einem Unterstrich abzuschließen, also z. B.: wp_verkw4qgb_.

Ändern der Präfixe aller Tabellen

Führen Sie nun die folgende SQL-Anweisung (z. B. direkt in phpMyAdmin) aus und passen Sie zuvor das Präfix so an, wie Sie es zuvor in Ihrer *wp-config.php* geschrieben haben (Listing 12.1):

```
RENAME table wp_commentmeta TO wp_verkw4qgb_commentmeta;
RENAME table wp_comments TO wp_verkw4qgb_comments;
RENAME table wp_links TO wp_verkw4qgb_links;
RENAME table wp_options TO wp_verkw4qgb_options;
RENAME table wp_postmeta TO wp_verkw4qgb_postmeta;
RENAME table wp_posts TO wp_verkw4qgb_posts;
RENAME table wp_terms TO wp_verkw4qgb_terms;
RENAME table wp_term_relationships TO wp_verkw4qgb_term_relationships;
RENAME table wp_term_taxonomy TO wp_verkw4qgb_term_taxonomy;
RENAME table wp_usermeta TO wp_verkw4qgb_usermeta;
RENAME table wp_users TO wp_verkw4qgb_users;
```

Listing 12.1 Führen Sie diese SQL-Anweisung aus.

Ändern Sie zuvor unbedingt alle Vorkommen von wp_verkw4qgb_ in Ihr eigenes Präfix. Überprüfen Sie außerdem zuvor in phpMyAdmin, ob es noch weitere Tabellen gibt, z. B. von Plugins. Fügen Sie diese dem obigen Listing einfach nach dem gleichen Schema hinzu. Danach sollten Sie in phpMyAdmin noch überprüfen, ob alle Tabellennamen korrekt geändert worden sind.

Anpassen der »options«- und »usermeta«-Tabelle

Es gibt aber noch weitere Vorkommen des Präfixes in Ihrer Datenbank, die geändert werden müssen, und zwar in der options- und in der usermeta-Tabelle. Durchsuchen Sie die beiden Tabellen mit den folgenden SQL-Anweisungen aus Listing 12.2 nach dem Präfix und ändern Sie es entsprechend ab:

```
SELECT * FROM wp_verkw4qgb_options WHERE option_name LIKE '%wp_%'
SELECT * FROM wp_verkw4qgb_usermeta WHERE meta_key LIKE '%wp_%'
```

Listing 12.2 Suche nach Präfixen in den Tabellen »options« und »usermeta«

Führen Sie die beiden Zeilen einzeln aus und ändern Sie die Suchergebnisse gemäß Ihrem Tabellen-Präfix ab. So stellen Sie sicher, dass Sie auch alle Plugin-Einträge sicher ändern.

Nach diesem Schritt sollten alle Präfixe geändert sein. Überprüfen Sie nun Ihr Frontend und Ihr Backend, ob noch alles richtig funktioniert. Wenn nicht, können Sie sich denken, was nun kommt: Gehen Sie auf Fehlersuche oder machen Sie die oben genannten Schritte rückgängig.

12.1.9   Halten Sie Suchmaschinen von Ihren Verzeichnissen fern

Damit Suchmaschinen es sich nicht einfach in Ihren WordPress-Verzeichnissen bequem machen, können Sie deren Zugriff durch einen kleinen Eintrag in Ihrer *robots.txt* unterbinden (siehe Listing 12.3):

```
User-agent: *
Disallow: /wp-*
Disallow: /feed/
Disallow: /trackback/
```

Listing 12.3 Eintrag in Ihrer »robots.txt«

Über den Befehl Disallow können Sie Suchmaschinen-Spidern verbieten, bestimmte Verzeichnisse zu besuchen.

12.1.10   Schalten Sie die Registrierung aus

In der Vergangenheit gab es Sicherheitslücken bei der Registrierung neuer Nutzer. Zwar sind diese wohl mittlerweile behoben, aber das trifft selbstverständlich nur auf die bekannten zu. Ob nicht noch irgendwo eine Lücke schlummert, weiß niemand. Wenn es auf Ihrer Website nicht nötig ist, dass Benutzer die Möglichkeit haben, sich selbst zu registrieren, schalten Sie diese Option einfach ab.

Gehen Sie dazu im Backend auf EINSTELLUNGEN • ALLGEMEIN und entfernen Sie dort das Häkchen bei JEDER KANN SICH REGISTRIEREN.

12.1.11   Updaten Sie WordPress regelmäßig

Halten Sie WordPress auf dem aktuellsten Stand! Man kann es nicht oft genug sagen. Es schwirren so viele Websites mit veralteten WordPress-Versionen im Netz herum, dass es Zeit wird, etwas dagegen zu tun. Fast jede neue Version bringt Sicherheits-updates, die Sie nicht ignorieren sollten.

Updaten Sie außerdem auch Ihre Plugins (und gegebenenfalls Ihre Themes) regelmä-ßig. Auch dort können sich Sicherheitslücken verstecken, die möglicherweise mit einem neuen Update geschlossen worden sind.

12.1.12   Machen Sie regelmäßige Backups

Genauso wichtig wie eine aktuelle WordPress-Version sind regelmäßige Backups. Wenn es einem Hacker wirklich einmal gelingen sollte, Ihre Website mutwillig zu verunstalten, müssen Sie in der Lage sein, diese in kürzester Zeit wiederherzustellen.

Ein Backup ist ziemlich unkompliziert, wenn Sie dafür ein Plugin verwenden, wie z. B. das in Kapitel 7, »Responsive Webdesign mit WordPress«, vorgestellte *WP-DB-Backup*. Außerdem sollten Sie immer eine aktuelle Version Ihres WordPress-Ver-zeichnisses (insbesondere *themes*, *uploads* und *wp-config.php*) auf Ihrem PC haben, schließlich kann auch dieses kompromittiert werden.

12.1.13   Zwingen Sie WordPress zu einer sicheren SSL-Verbindung

Falls Ihr Webhostingpaket oder Server SSL unterstützt, sollten Sie auch davon Gebrauch machen. Sie können WordPress in wenigen Sekunden beibringen, in Zukunft eine sichere *SSL-Verbindung* für die Administrationsoberfläche zu nutzen. Dazu muss SSL allerdings auf Ihrem Apache-Webserver eingerichtet sein. Fügen Sie einfach nur die folgende Zeile aus Listing 12.4 Ihrer *wp-config.php* hinzu:

```
define('FORCE_SSL_ADMIN', true);
```

Listing 12.4 SSL in Ihrer »wp-config.php« aktivieren

12.1.14   Nutzen Sie SFTP anstelle von FTP

FTP ist ein ziemlich veraltetes Protokoll. Ihre Zugangsdaten werden dabei unver-schlüsselt übertragen und können von »jedem« mitgelesen werden. Die meisten Webhoster bieten daher mittlerweile schon einen Zugang über *SFTP* an. Kein

Wunder, schließlich profitieren sie selbst auch von einer erhöhten Sicherheit. Fragen Sie also bei Ihrem Webhoster nach einem sicheren SFTP-Zugang und nutzen Sie fortan dieses Protokoll in Ihrer FTP-Software.

12.1.15   Beobachten Sie Ihre Server-Logs

Hilfreich kann es zudem sein, regelmäßig einen Blick auf die *Server-Logs* zu werfen. Dort können Sie Häufungen von Zugriffen auf Dateien und Ordner, auf die eigentlich niemand außer Ihnen zugreifen sollte, frühzeitig erkennen und gegebenenfalls weitere Sicherheitsvorkehrungen treffen. Das Durchsehen von Logdateien ist nicht die schönste Freizeitbeschäftigung, sie hat aber viele Website-Betreiber schon vor Schlimmerem bewahrt.

12.2   WordPress mit Sucuri Security absichern

Eine Alternative zur Absicherung per Hand besteht darin, ein Plugin wie *Sucuri Security* einzusetzen. Das sichert nicht nur Ihre WordPress-Installation mit den gängigsten Methoden ab, sondern bringt auch noch einige weitere sicherheitsrelevante Features mit.

> **Wichtig**
> Bevor Sie mit diesem Plugin irgendetwas anpassen, erstellen Sie bitte ein vollständiges Backup Ihrer Website, falls etwas schiefgeht. Das Plugin greift sehr tief in Ihre WordPress-Installation ein, da ist immer eine gewisse Vorsicht geboten.

12.2.1   Dashboard

Nach der Installation und Aktivierung des Plugins müssen Sie zunächst einen API-Schlüssel generieren, damit das Plugin korrekt funktionieren kann. Darauf weist es Sie auch unaufhörlich hin. In Ihrer lokalen Entwicklungsumgebung wird das allerdings nicht funktionieren, dafür muss Ihre Website online sein.

Das Dashboard (siehe Abbildung 12.1) zeigt Ihnen aktuelle Informationen an, z. B. ob es Dateien in Ihrer WordPress-Installation gibt, die sich im Vergleich zu den Originaldateien unterscheiden. Das kann darauf hindeuten, dass jemand Schadcode dort eingefügt hat – muss es aber nicht.

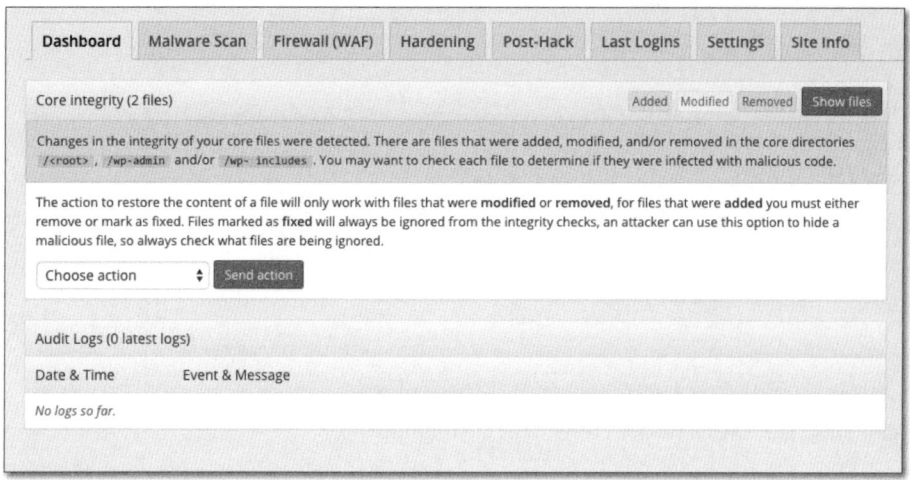

Abbildung 12.1 Das Dashboard

12.2.2   Malware Scan

Sucuri bietet auch einen MALWARE SCAN an (siehe Abbildung 12.2), der in Ihrer Installation nach Schadcode sucht. Natürlich bietet Sucuri auch ein kostenpflichtiges Antivirentool an, das Sie für dieses Plugin aber nicht zwingend benötigen. Hinweisen möchte man Sie aber verständlicherweise trotzdem darauf.

Abbildung 12.2 Sie können Sucuri nach Malware suchen lassen.

12.2.3   Firewall

Die FIREWALL (siehe Abbildung 12.3) hingegen ist wirklich nur dann verfügbar, wenn Sie dafür bezahlen. Das soll uns aber nicht weiter stören, denn deswegen haben wir das Plugin nicht installiert. Wenn Sie allerdings für den Dienst zahlen möchten, könnten Sie hier den API-Schlüssel eintragen, der die Firewall aktiviert.

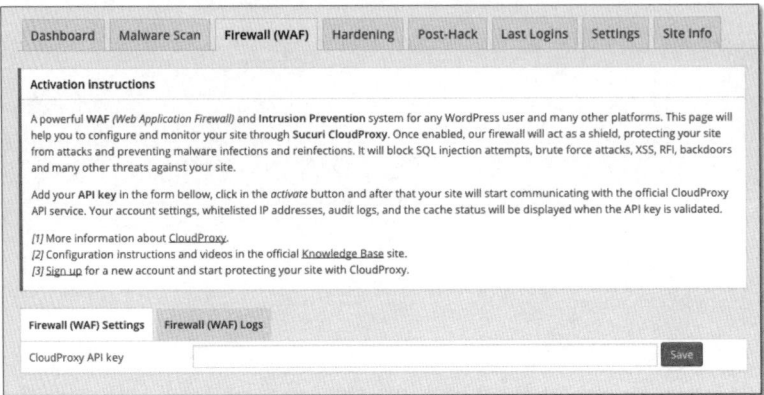

Abbildung 12.3 Die Firewall ist allerdings kostenpflichtig.

12.2.4   Hardening

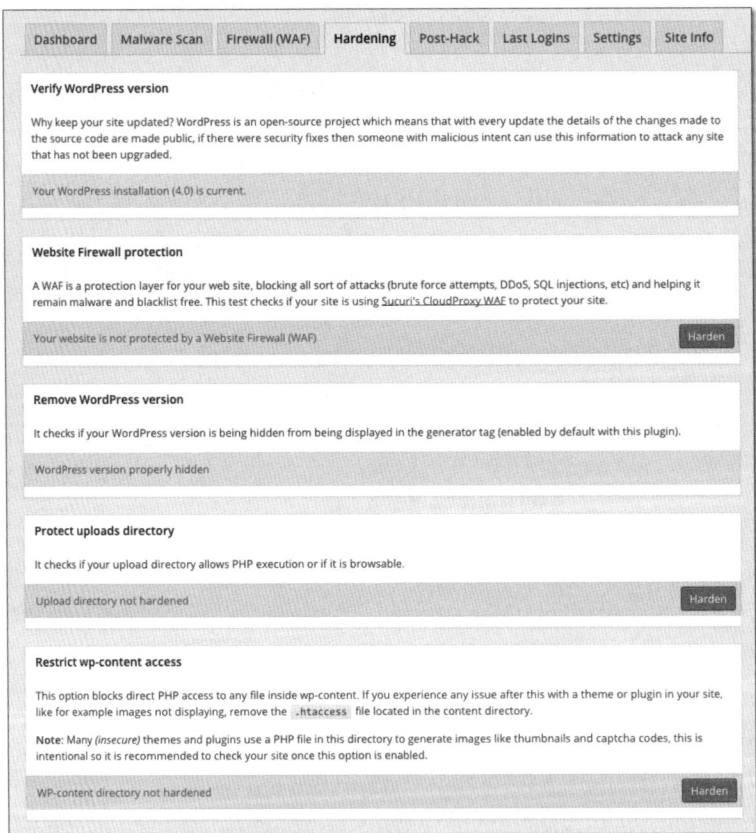

Abbildung 12.4 Beim »Hardening« werden typische sicherheitsrelevante Probleme Ihrer Website behoben.

Jetzt kommt erst der Hauptgrund, dieses Plugin zu installieren: das HARDENING (siehe Abbildung 12.4). Hier werden einige Einstellungen und Gegebenheiten überprüft, die WordPress sicherer machen können. Allerdings müssen Sie dies nicht alles per Hand umsetzen, sondern können mit einem Klick auf den HARDEN-Button das vom Plugin erledigen lassen. Das Plugin zeigt Ihnen hier natürlich auch die Dinge an, die schon sicher sind.

Das Plugin überprüft zuerst, ob Ihre WordPress-Version aktuell ist. Die Firewall wird auch noch einmal überprüft, aber wir haben ja schon herausgefunden, dass man dafür etwas bezahlen soll. Also geben wir uns damit zufrieden, dass ein Punkt wahrscheinlich rot bleiben wird. Das Plugin überprüft außerdem, ob Ihre WordPress-Version aus dem Quelltext entfernt wurde, ob Ihr *uploads*-Ordner geschützt ist und ob eine direkte Ausführung von PHP-Dateien in *wp-content* möglich ist.

Es gibt aber noch mehr Optionen (siehe Abbildung 12.5). Ebenso wie *wp-content* muss auch *wp-includes* insoweit abgesichert werden, dass keine PHP-Dateien direkt ausgeführt werden können. Sucuri kann auch feststellen, ob Ihre PHP-Version aktuell ist. Erörtert wird auch, ob Sie die Sicherheitsschlüssel in der *wp-config.php* durch neue ersetzt und die *readme.html* entfernt haben, denn die kann Ihre WordPress-Version preisgeben.

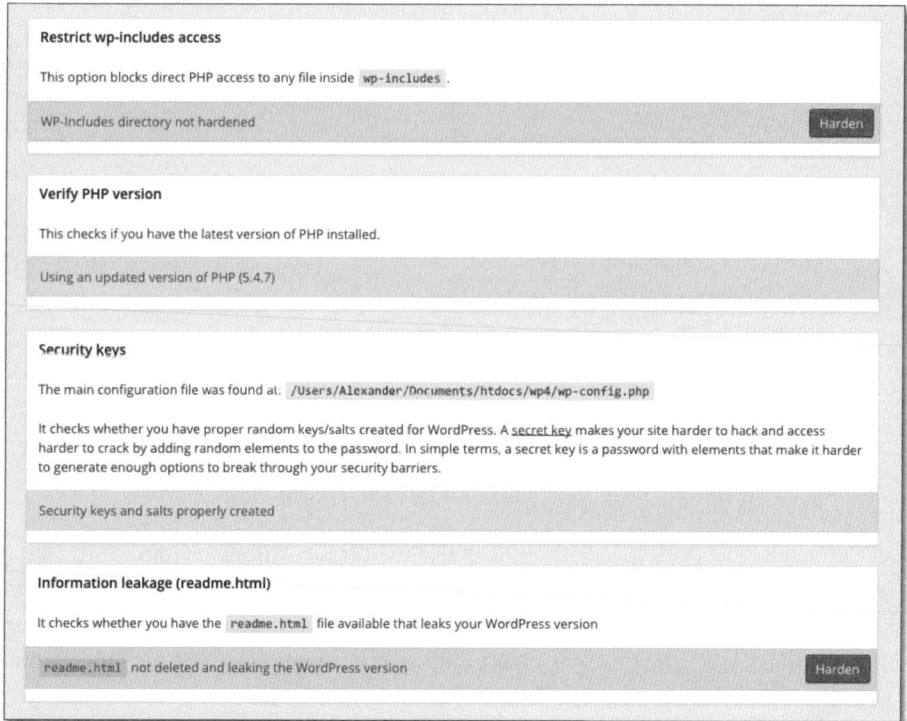

Abbildung 12.5 Teil 2 des »Hardening«

Der letzte Teil der Hardening-Optionen (siehe Abbildung 12.6) überprüft noch, ob auch kein Account mit dem Namen »admin« angelegt wurde (das wäre zu durchschaubar), dass der Editor für Plugin- und Theme-Dateien deaktiviert wurde, ob Sie das Standardpräfix für Datenbanktabellen verwenden oder ein eigenes, sichereres und, schließlich, ob irgendwelche Log-Dateien existieren, die sicherheitsrelevante Informationen preisgeben könnten.

Sorgen Sie dafür, dass möglichst viele dieser Punkte grün markiert sind, um eine möglichst große Sicherheit Ihrer WordPress-Installation zu gewährleisten.

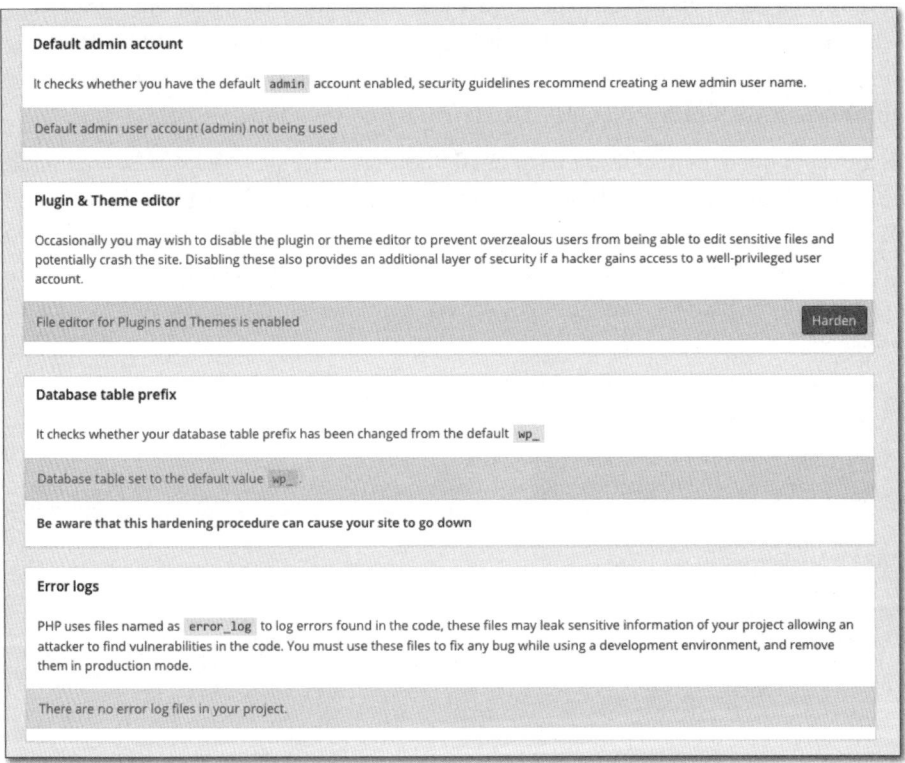

Abbildung 12.6 Und Teil 3 des »Hardening«. Es gibt viel abzusichern.

12.2.5   Post-Hack

Der Bereich POST-HACK (siehe Abbildung 12.7) ist für die Zeit nach einem möglichen Hack Ihrer Website gedacht. Dort finden Sie einerseits Ihre Sicherheitsschlüssel samt Statusbewertung, die sie neu generieren lassen können. Andererseits können Sie in diesem Bereich auch die Passwörter der Benutzer zurücksetzen und die Plugins neu installieren (in diese könnte Schadcode eingeschleust worden sein).

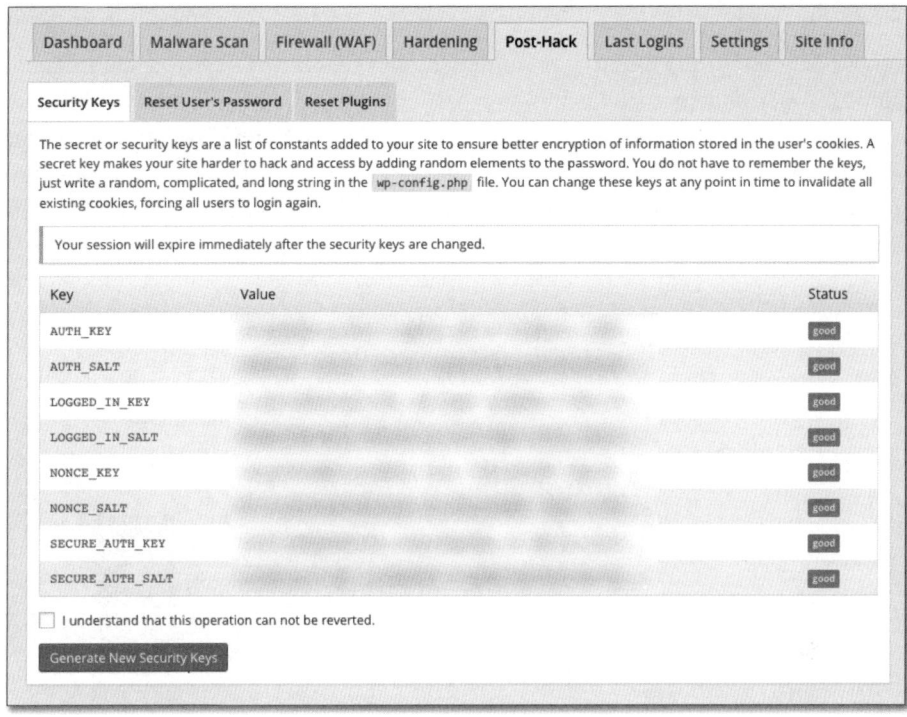

Abbildung 12.7 Nach dem Hack: Security Keys erneuern, Passwörter ändern, Plugins neu installieren

12.2.6   Last Logins

Im Bereich LAST LOGINS (siehe Abbildung 12.8) können Sie überprüfen, wer sich zuletzt eingeloggt hat und ob es fehlgeschlagene Logins gab.

Abbildung 12.8 Wer hat zuletzt versucht, sich einzuloggen?

12.2.7   Settings

Nun zu den SETTINGS. Genau genommen zu den GENERAL SETTINGS (siehe Abbildung 12.9), den allgemeinen Einstellungen. Hier können Sie beispielsweise festlegen, an wen E-Mails mit Sicherheitsinformationen gesendet werden sollen, wie oft das pro Stunde maximal passieren darf und ab wie vielen fehlgeschlagenen Logins pro Stunde eine sogenannte *Brute-Force-Attacke* (auch Wörterbuchangriff genannt) als solche erachtet wird.

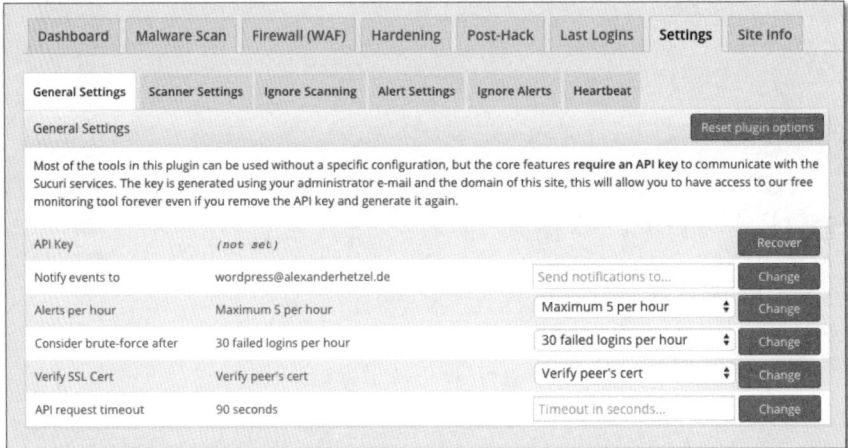

Abbildung 12.9 Die »General Settings«

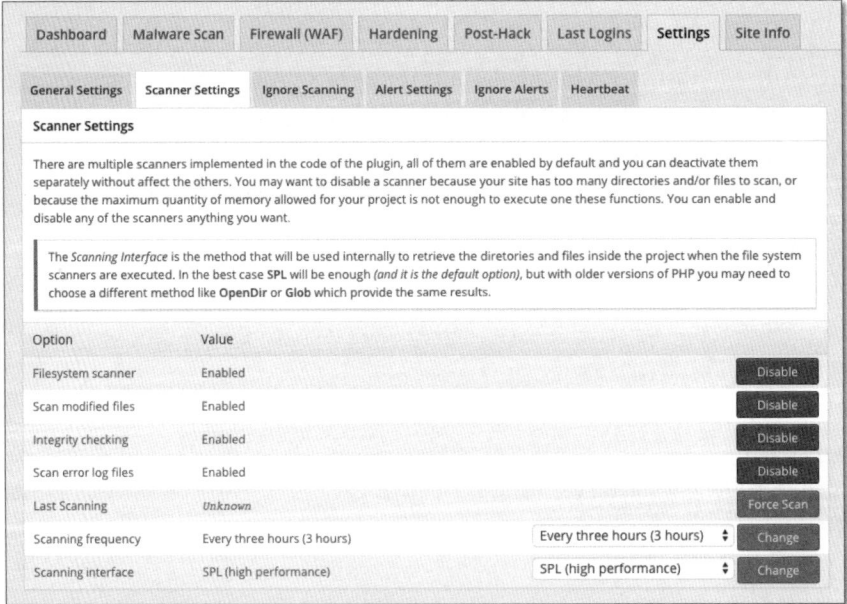

Abbildung 12.10 Die »Scanner Settings«

Sucuri bringt diverse Scanner mit. Im Register SCANNER SETTINGS (siehe Abbildung 12.10) können Sie diese aktivieren bzw. deaktivieren. Sie können auch bestimmen, wie oft gescannt werden darf und über welche Schnittstelle. Aktivieren Sie alle Scanner und passen Sie die Frequenz nur an, wenn Sie bemerken, dass Ihr Server die Last nicht gut tragen kann.

Sucuri kann aber nicht unendlich lange scannen, weshalb es bei vielen Ordnern und Dateien gezwungen sein kann, einige davon zu überspringen. Unter IGNORE SCANNING (siehe Abbildung 12.11) können Sie selbst festlegen, welche das sein sollen.

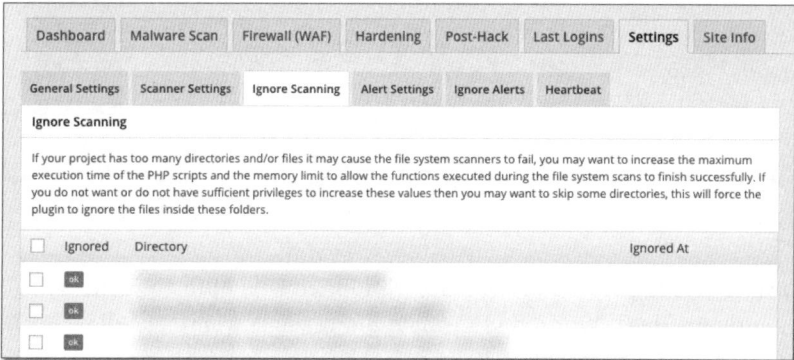

Abbildung 12.11 »Ignore Scanning«

Sucuri sendet E-Mails an Sie, wenn es Probleme gibt. Über das Register ALERT SETTINGS (siehe Abbildung 12.12) können Sie festlegen, bei welchen Problemen das Plugin Sie darauf hinweisen darf.

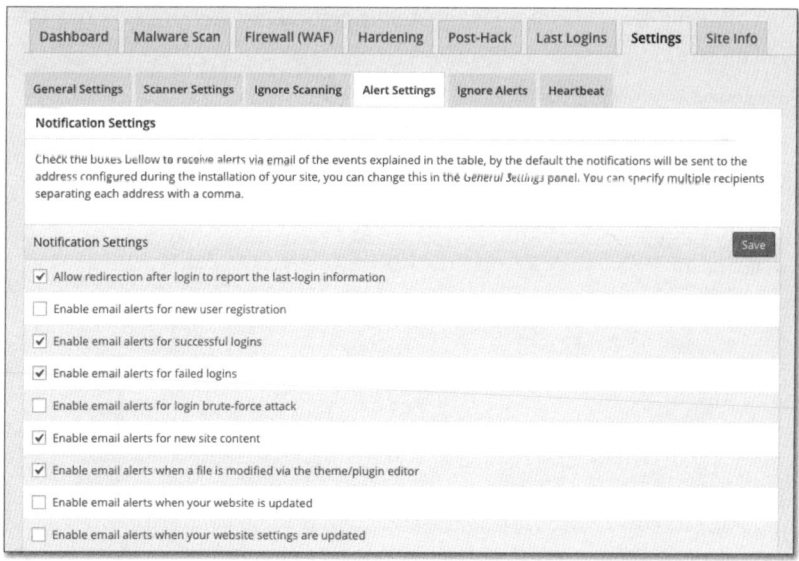

Abbildung 12.12 Die »Alert Settings«

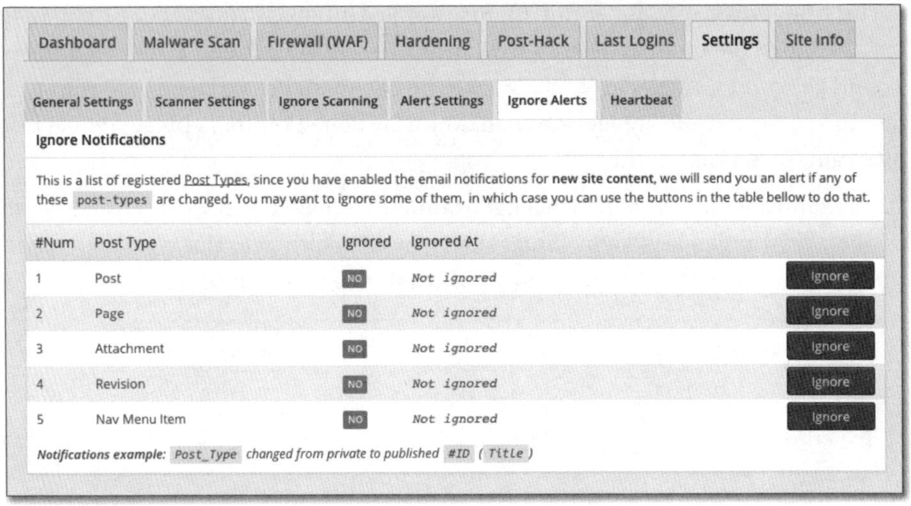

Abbildung 12.13 »Ignore Alerts«

Unter IGNORE ALERTS (siehe Abbildung 12.13) wird Ihnen eine Auflistung der derzeit aktiven Seitentypen Ihrer WordPress-Installation gezeigt, wenn Sie die E-Mail-Benachrichtigung für neue Seiteninhalte angeschaltet haben. Hier können Sie diese Benachrichtigung für bestimmte Seitentypen deaktivieren, wenn Sie das möchten.

Heartbeat ist eine WordPress-API, die dazu gedacht ist, eine zweigleisige Kommunikation zwischen Browser und Server zu ermöglichen. Zum Beispiel wird darüber festgestellt, ob Sie gerade einen Beitrag bearbeiten, während jemand anders versucht, darauf zuzugreifen, um diesen für die zweite Person zu sperren. Im Register HEART-BEAT (siehe Abbildung 12.14) können Sie Einstellungen hierzu treffen, z. B. mit welchem Intervall diese arbeiten soll.

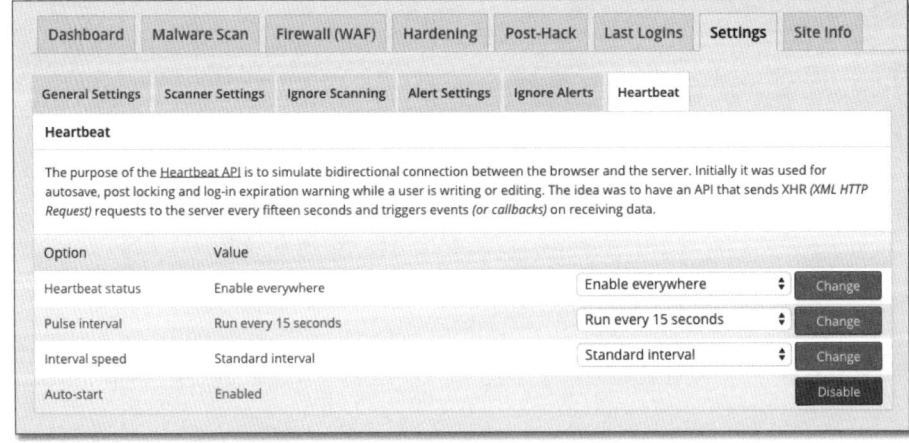

Abbildung 12.14 »Heartbeat«

12.2.8   Site Info

Schließlich bietet Ihnen Sucuri über SITE INFO noch einige Informationen über Ihre Website und Ihren Server. Zunächst zeigt es Ihnen Details zu PLUGINS UND SERVER (siehe Abbildung 12.15).

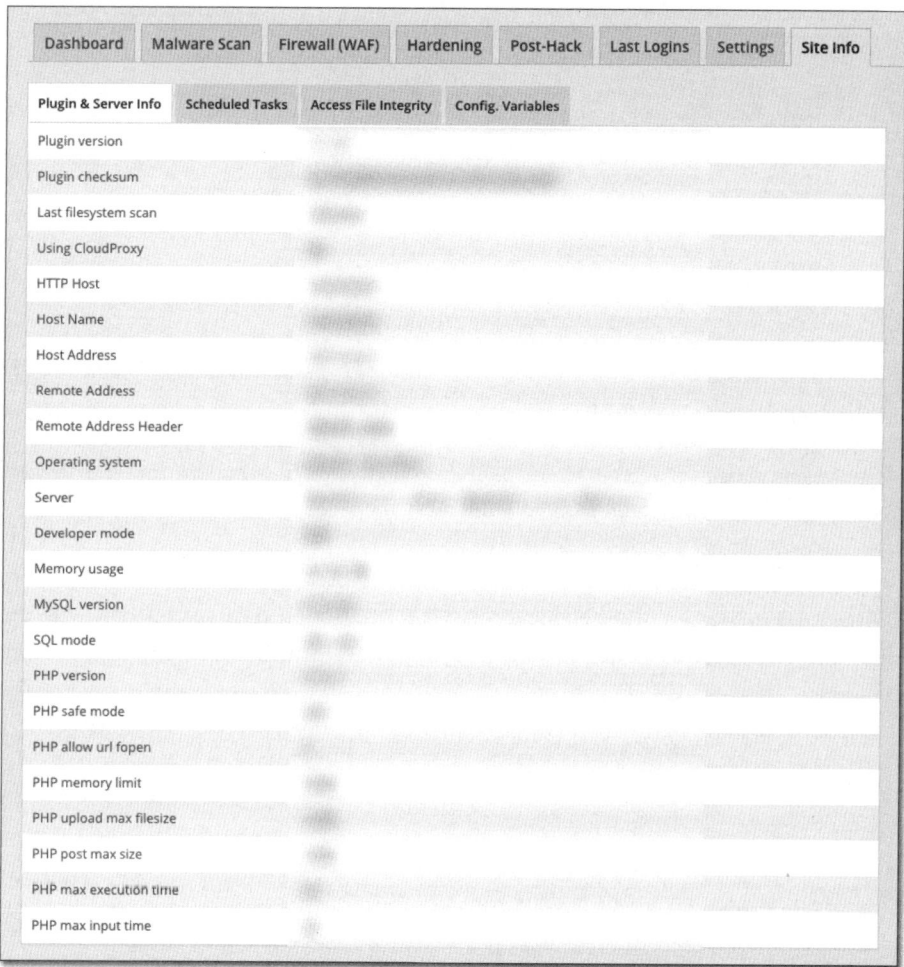

Abbildung 12.15 Infos zu Ihrem Server und Ihren Plugins

Das Register SCHEDULED TASKS (siehe Abbildung 12.16) zeigt Ihnen alle Aufgaben an, die in WordPress terminiert sind. Das betrifft z. B. das Überprüfen, ob eine neue WordPress-Version vorliegt oder ob es Aktualisierungen für Plugins oder Themes gibt. Sie können einsehen, wie oft diese Aufgaben ausgeführt werden sollen, wann der nächste Termin ist, und Sie können sogar Einfluss darauf nehmen, z. B. sofort ausführen oder umplanen.

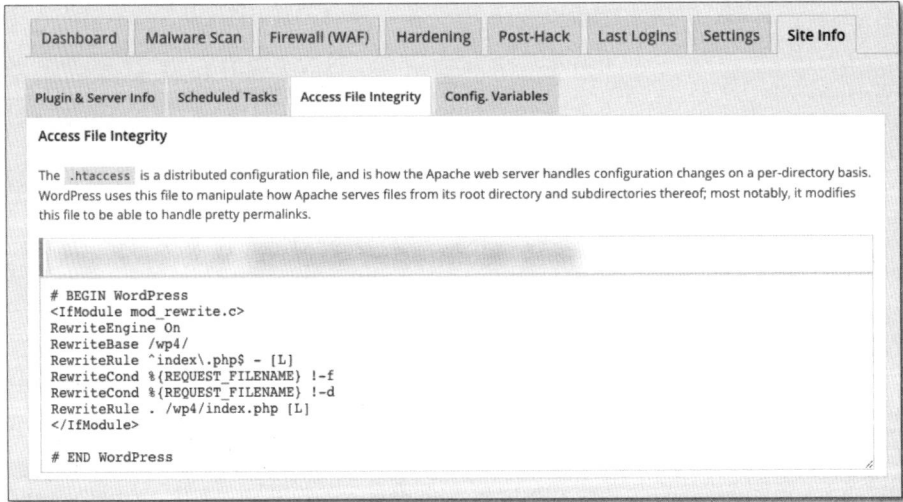

Abbildung 12.16 Alle in WordPress geplanten Aufgaben

Der Punkt ACCESS FILE INTEGRITY (siehe Abbildung 12.17) lässt Sie einen Blick auf Ihre *.htaccess*-Datei werfen, die beispielsweise Informationen darüber enthält, wie die URLs umgeleitet werden oder welche Zugriffe auf bestimmte Bereiche gesperrt sind.

Dashboard	Malware Scan	Firewall (WAF)	Hardening	Post-Hack	Last Logins	Settings	**Site Info**

Plugin & Server Info	Scheduled Tasks	Access File Integrity	Config. Variables

Access File Integrity

The `.htaccess` is a distributed configuration file, and is how the Apache web server handles configuration changes on a per-directory basis. WordPress uses this file to manipulate how Apache serves files from its root directory and subdirectories thereof; most notably, it modifies this file to be able to handle pretty permalinks.

```
# BEGIN WordPress
<IfModule mod_rewrite.c>
RewriteEngine On
RewriteBase /wp4/
RewriteRule ^index\.php$ - [L]
RewriteCond %{REQUEST_FILENAME} !-f
RewriteCond %{REQUEST_FILENAME} !-d
RewriteRule . /wp4/index.php [L]
</IfModule>

# END WordPress
```

Abbildung 12.17 Die ».htaccess« überprüfen

Schließlich können Sie unter CONFIG. VARIABLES (siehe Abbildung 12.18) noch alle in WordPress verwendeten Konfigurationsvariablen einsehen, und das betrifft bis auf das Passwort auch die Zugangsdaten zu Ihrer Datenbank.

Sucuri ist ein sehr komplexes Plugin, wie Sie sicher festgestellt haben. Lassen Sie sich von den Optionen aber bitte nicht erschlagen. Das Wichtigste ist, den HARDENING-Bereich durchzuarbeiten und WordPress so abzusichern. Sucuri sendet Ihnen Benachrichtigungen, wenn einmal etwas nicht stimmen könnte, und überprüft dauerhaft Ihre Website. Das alles bietet keinen 100%igen Schutz, aber es dürfte es um einiges schwieriger machen, Ihrer Website Schaden zuzufügen.

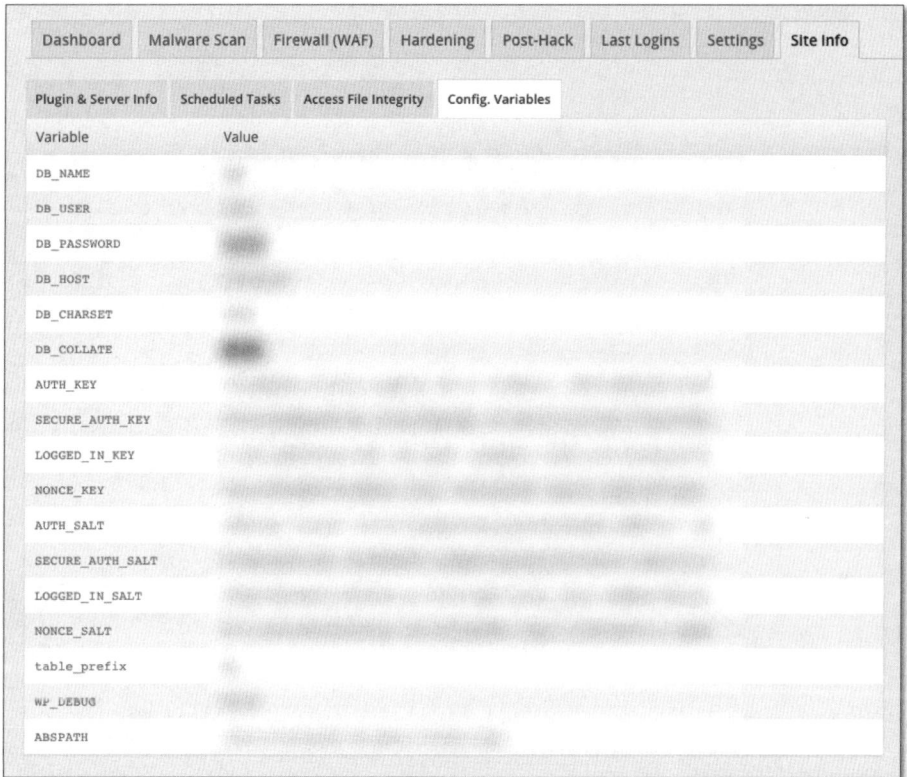

Abbildung 12.18 Die WordPress-Konfigurationsvariablen einsehen

Kapitel 13
WordPress-Wartung

WordPress-Websites sollten wie alle Websites regelmäßig gewartet werden. Dazu gehören Updates, Sicherungen, aber auch der Test und die Erhaltung aller implementierten Funktionalitäten.

Ich würde nicht so weit gehen, zu behaupten, dass Websites dem Verschleiß unterliegen, aber einer Wartung sollte man sie trotzdem von Zeit zu Zeit unterziehen. Insbesondere Updates und Backups sind das A und O einer verantwortungsvoll betriebenen Website. Regelmäßig die Website auf ihre Funktionsweise zu testen ist etwas, was oft noch stiefmütterlicher behandelt wird, aber Sie vor bösen Überraschungen schützen kann.

13.1 Updates – immer auf dem neuesten Stand

Es ist absolut erforderlich, WordPress stets auf dem aktuellsten Stand zu halten. Natürlich profitieren Sie dabei auch von neuen Funktionen sowohl von WordPress selbst als auch von Ihren Themes und Plugins. Das Wichtigste ist aber: Es werden Sicherheitslücken gestopft. Solange Sie eine alte Version verwenden, ist Ihre Website mitunter deutlich verwundbarer.

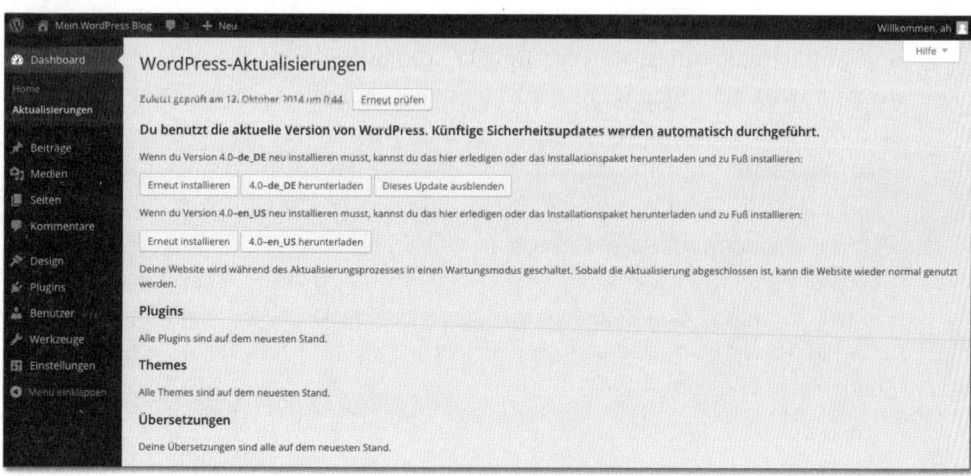

Abbildung 13.1 Die Updates in WordPress könnten einfacher nicht sein.

Auch wenn Updates immer eine gewisse Gefahr mit sich bringen, dass danach etwas nicht funktioniert, sollte man das auf jeden Fall in Kauf nehmen. Normalerweise dauern Updates nur wenige Sekunden, und der Nutzen ist es allemal wert.

WordPress, die Themes, Plugins und Übersetzen upzudaten ist absolut einfach. Sie begeben sich zur Administrationsoberfläche und klicken dort auf DASHBOARD · AKTUALISIERUNGEN (Abbildung 13.1). WordPress bietet dort die Möglichkeit, sich selbst sowie alles andere mit einem Knopfdruck zu aktualisieren.

13.2   Backups per Hand durchführen

Weiterhin ist es unabdingbar, regelmäßig Backups zu machen. Ja, ich weiß, das klingt wie Papas Ermahnung damals, regelmäßig Hausaufgaben zu machen. Backups sind aber tatsächlich zu etwas zu gebrauchen. Es kann jederzeit passieren, dass Sie eine Sicherungskopie Ihrer Website benötigen: Ein Update könnte schiefgehen, Sie machen einen Fehler, oder – ja, es kommt vor – Ihre Website wird gehackt. Es wird diesen Moment irgendwann geben, an dem Sie sich wünschen, Sie hätten ein Backup gemacht. Mehr als Sie eindringlich darauf hinzuweisen kann ich nicht.

Die komplizierteste Methode, ein Backup zu machen, ist das manuelle Backup von Hand. Trotzdem wird es ab und an vorgezogen. Man weiß einfach, dass wirklich etwas passiert ist und ein etwaiges Plugin nicht vielleicht einen Fehler verursacht hat.

Um ein Backup durchzuführen, müssen Sie zunächst Ihre Dateien sichern. Begeben Sie sich dazu in Ihr WordPress-Hauptverzeichnis (Abbildung 13.2). Dort sichern Sie zunächst den kompletten Ordner *wp-content*. Danach sichern Sie vor allem die Datei *wp-config.php* und die *.htaccess*. Außerdem können Sie noch weitere Dateien aus dem Hauptverzeichnis, die Sie für wichtig erachten, sichern. Vielleicht haben Sie dort eine Authentifizierungsdatei der Google Webmaster Tools, eine *favicon.ico* oder etwas anderes, das Ihnen wichtig ist. Von den WordPress-Dateien selbst müssen Sie allerdings dort nichts weiter sichern.

Tipp

Richtig, eigentlich müssten Sie nicht Ihren kompletten *wp-content*-Ordner sichern. Darin befinden sich vielleicht ein paar Themes, die Sie gar nicht unbedingt benötigen, oder Sicherungsdateien. Es geht aber bedeutend schneller, das nicht alles auszusortieren, weil es, wie man so schön sagt, den Kohl nicht fett macht. Sichern Sie *wp-content* daher ruhig komplett.

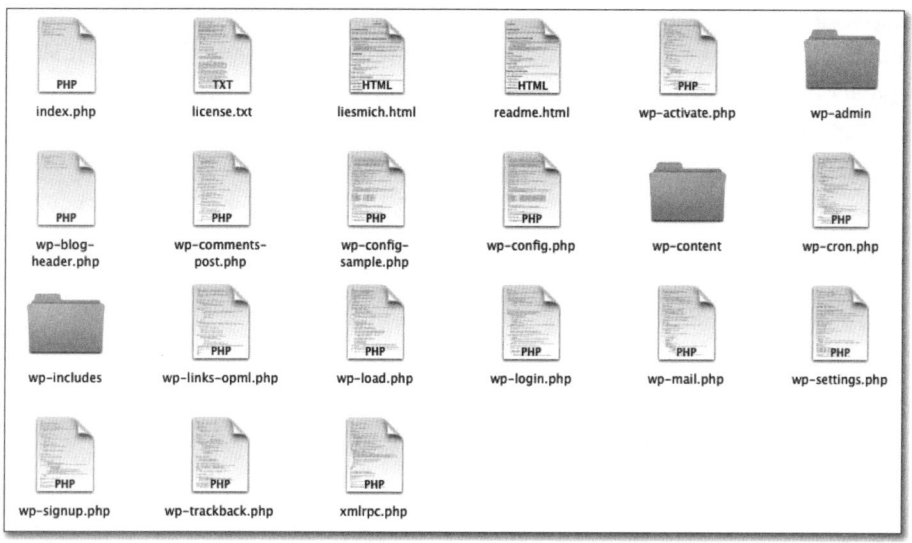

Abbildung 13.2 So etwa sollte Ihr WordPress-Hauptverzeichnis aussehen.

13

Die Dateien sind aber nur die halbe Miete. Zusätzlich müssen Sie auch zwingend Ihre Datenbank sichern, dort sind sogar die wichtigeren Informationen enthalten, wie die Einstellungen und Inhalte.

Rufen Sie hierzu *phpMyAdmin* auf und wählen Sie die Datenbank aus, in die Sie WordPress installiert haben (Abbildung 13.3). Es ist wichtig, dass Sie diesen Schritt zuerst ausführen und nicht sofort auf EXPORTIEREN klicken.

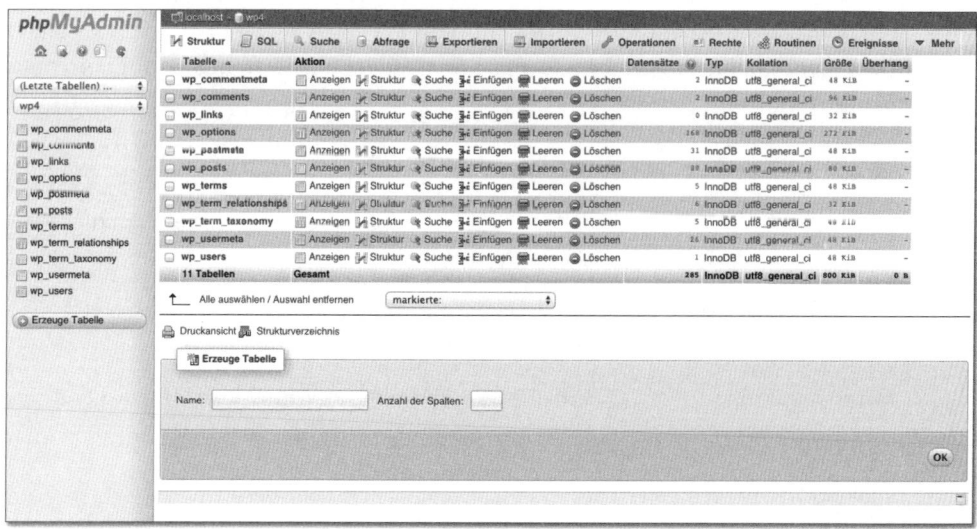

Abbildung 13.3 Rufen Sie in phpMyAdmin zunächst Ihre Datenbank auf ...

Nachdem Sie die Datenbank ausgewählt haben, können Sie allerdings auf EXPORTIE-REN klicken und ruhig die Schnellsicherung wählen (Abbildung 13.4). Wählen Sie in jedem Fall als FORMAT SQL aus und klicken Sie auf OK. Die Datenbank wird dann heruntergeladen.

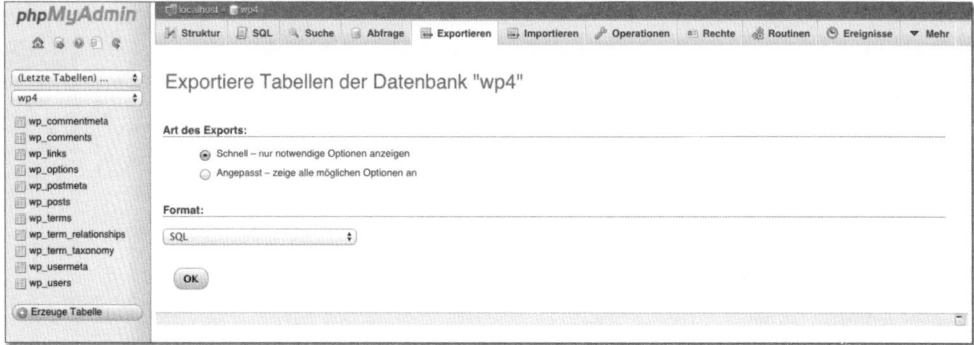

Abbildung 13.4 … und klicken Sie erst danach auf »Exportieren«.

Die Sicherung ist nun vollständig. Bewahren Sie die Dateien gut auf, am besten an mehreren verschiedenen Orten, wenn Sie ganz sichergehen wollen.

13.3   Backups mit einem Plugin durchführen

Die viel weniger arbeitsintensive Alternative zum Backup per Hand ist das Backup via Plugin. Hier gibt es natürlich eine große Auswahl verschiedener Erweiterungen, vom Funktionsumfang sticht aber *BackWPup* von der Inpsyde GmbH heraus. Es bietet Ihnen nicht nur automatische Backups Ihrer Dateien und Datenbank, sondern auch die Integration von Diensten wie Dropbox.

Option	Beschreibung
ADMINBAR	Soll ein Link zum Plugin direkt oben in der Admin-Leiste angezeigt werden?
VERZEICHNISGRÖSSEN	Soll die Größe der Ordner im Tab DATEIEN angezeigt werden? Das kann die Ladezeit erhöhen.
ORDNER SCHÜTZEN	Sollen die BackWPup-Verzeichnisse via *.htaccess* und *index.php* geschützt werden?

Tabelle 13.1 Die allgemeinen BackWPup-Einstellungen in der Übersicht

Auf dem Dashboard des Plugins (Abbildung 13.5) finden Sie eine grobe Übersicht über anstehende Backup-Aufträge und Logs, aber auch einige Hinweise für die ersten Schritte.

Springen wir direkt zu den Einstellungen und damit zu dem ersten Register ALLGEMEIN (Abbildung 13.6). Dort können Sie die Optionen aus Tabelle 13.1 festlegen.

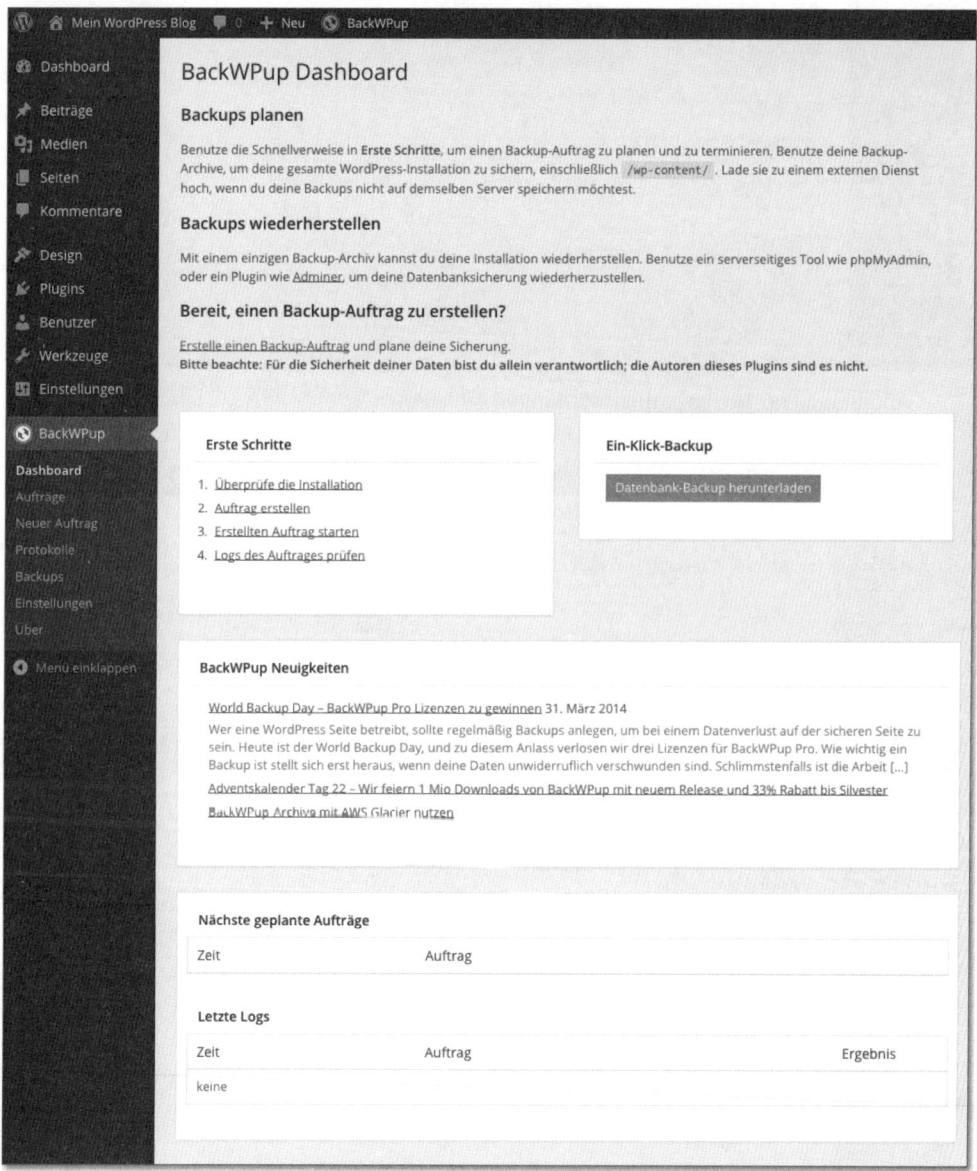

Abbildung 13.5 Das Dashboard von BackWPup

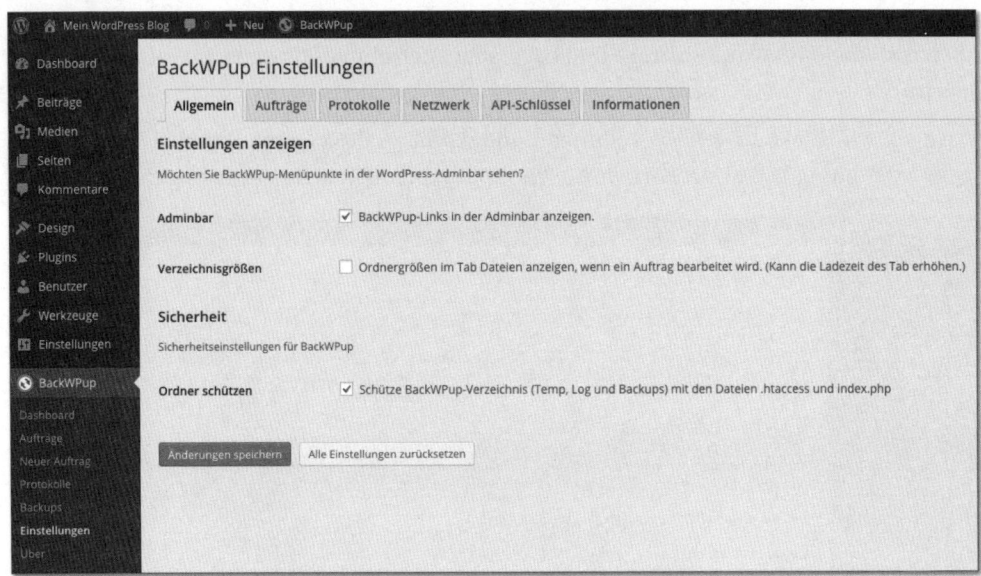

Abbildung 13.6 Die Backup-Einstellungen: »Allgemein«

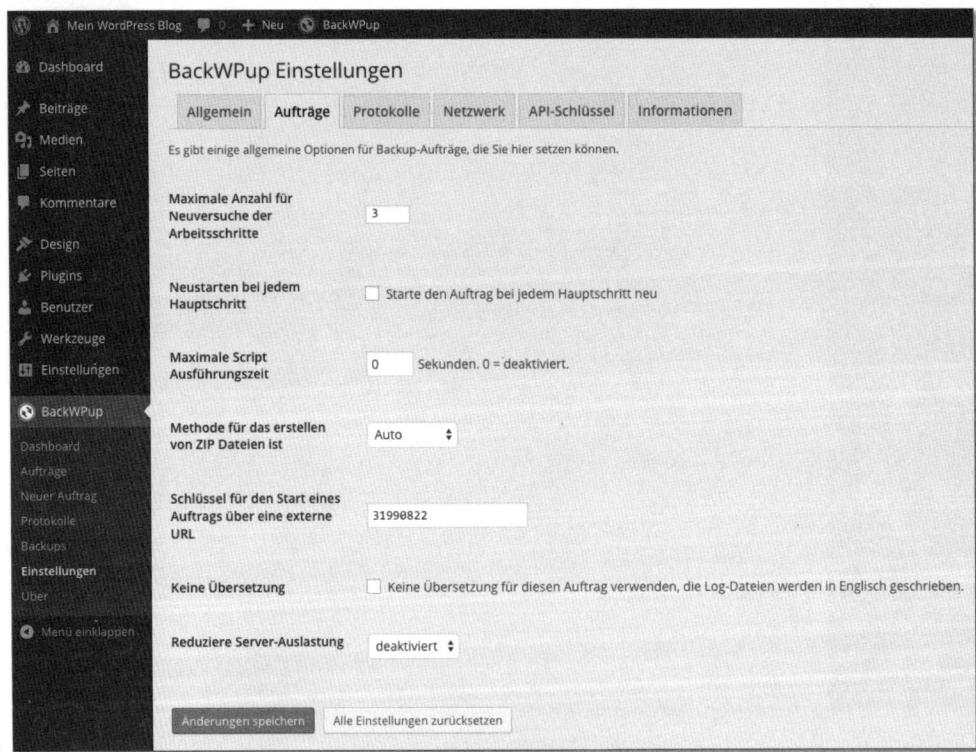

Abbildung 13.7 Die Backup-Einstellungen: »Aufträge«

Weiter geht es mit den Einstellungen für AUFTRÄGE (Abbildung 13.7). Dort können Sie folgende Anpassungen vornehmen:

Option	Beschreibung
MAXIMALE ANZAHL FÜR NEUVERSUCHE DER ARBEITSSCHRITTE	Wie oft darf das Plugin die Arbeitsschritte erneut versuchen, bevor abgebrochen wird?
NEUSTARTEN BEI JEDEM HAUPTSCHRITT	Soll der Auftrag nach jedem Hauptschritt neu gestartet werden?
MAXIMALE SKRIPT AUSFÜHRUNGSZEIT	Möchten Sie eine maximale Ausführungszeit (in Sekunden) festlegen? 0 deaktiviert diese Option.
METHODE FÜR DAS ERSTELLEN VON ZIP-DATEIEN IST …	Wenn Sie die Methode für das Erstellen von ZIP-Dateien nicht automatisch wählen lassen möchten, können Sie hier selbst eine auswählen.
SCHLÜSSEL FÜR DEN START EINES AUFTRAGS ÜBER EINE EXTERNE URL	Geben Sie hier einen geheimen Schlüssel an, über den es später möglich ist, das Update über einen Link zu starten.
KEINE ÜBERSETZUNG	Wenn Sie hier einen Haken machen, werden Aufträge nicht übersetzt und die Logdateien in Englisch geschrieben.
REDUZIERE SERVER-AUSLASTUNG	Aktivieren Sie diese Option, wenn die Server-Auslastung reduziert werden soll. Dadurch werden kurze Pausen in den Auftrag eingefügt. Sie können auch die Länge der Pausen wählen.

Tabelle 13.2 Die Einstellungen für »Aufträge« in der Übersicht

Kommen wir nun zu den Einstellungen für PROTOKOLLE (Abbildung 13.8). Diese sind recht überschaubar:

Option	Beschreibung
PROTOKOLLDATEIEN-ORDNER	Wählen Sie hier das Verzeichnis aus, in dem Protokolldateien gespeichert werden sollen.
ANZAHL DER DATEIEN, DIE IM ORDNER BEHALTEN WERDEN	Wie viele Dateien dürfen in diesem Ordner behalten werden, bis das Plugin beginnt, die ältesten zu löschen?
KOMPRIMIERUNG	Sollen die Logdateien mit GZip komprimiert werden?

Tabelle 13.3 Die Einstellungen für »Protokolle« in der Übersicht

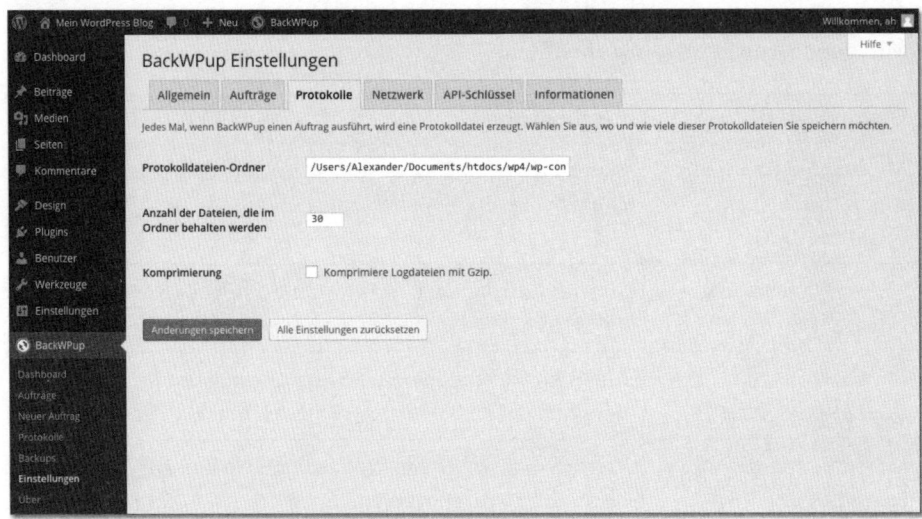

Abbildung 13.8 Die Backup-Einstellungen: »Protokolle«

Das Register NETZWERK (Abbildung 13.9) ist nur für diejenigen interessant, die ihre Website möglicherweise per *.htaccess* mit Benutzername und Passwort geschützt haben. Geben Sie die Zugangsdaten einfach dort ein, damit das Plugin trotzdem seinen Dienst verrichten kann.

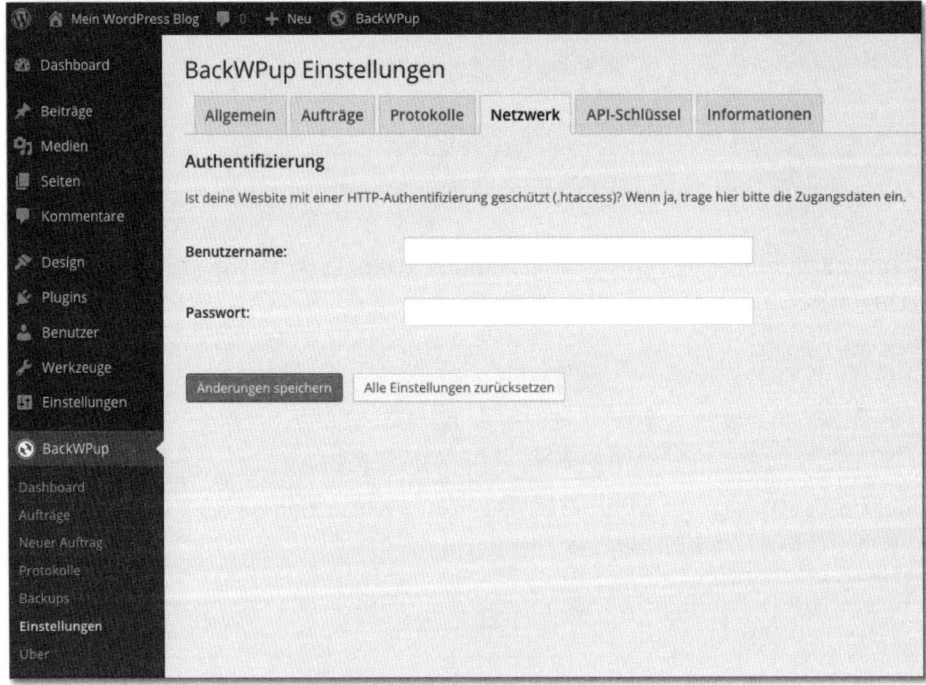

Abbildung 13.9 Die Backup-Einstellungen: »Netzwerk«

Klicken Sie nun auf NEUER AUFTRAG (Abbildung 13.10), um einen solchen anzulegen.
Dort legen Sie den Namen und ein paar grundlegende Einstellungen fest (Tabelle 13.4):

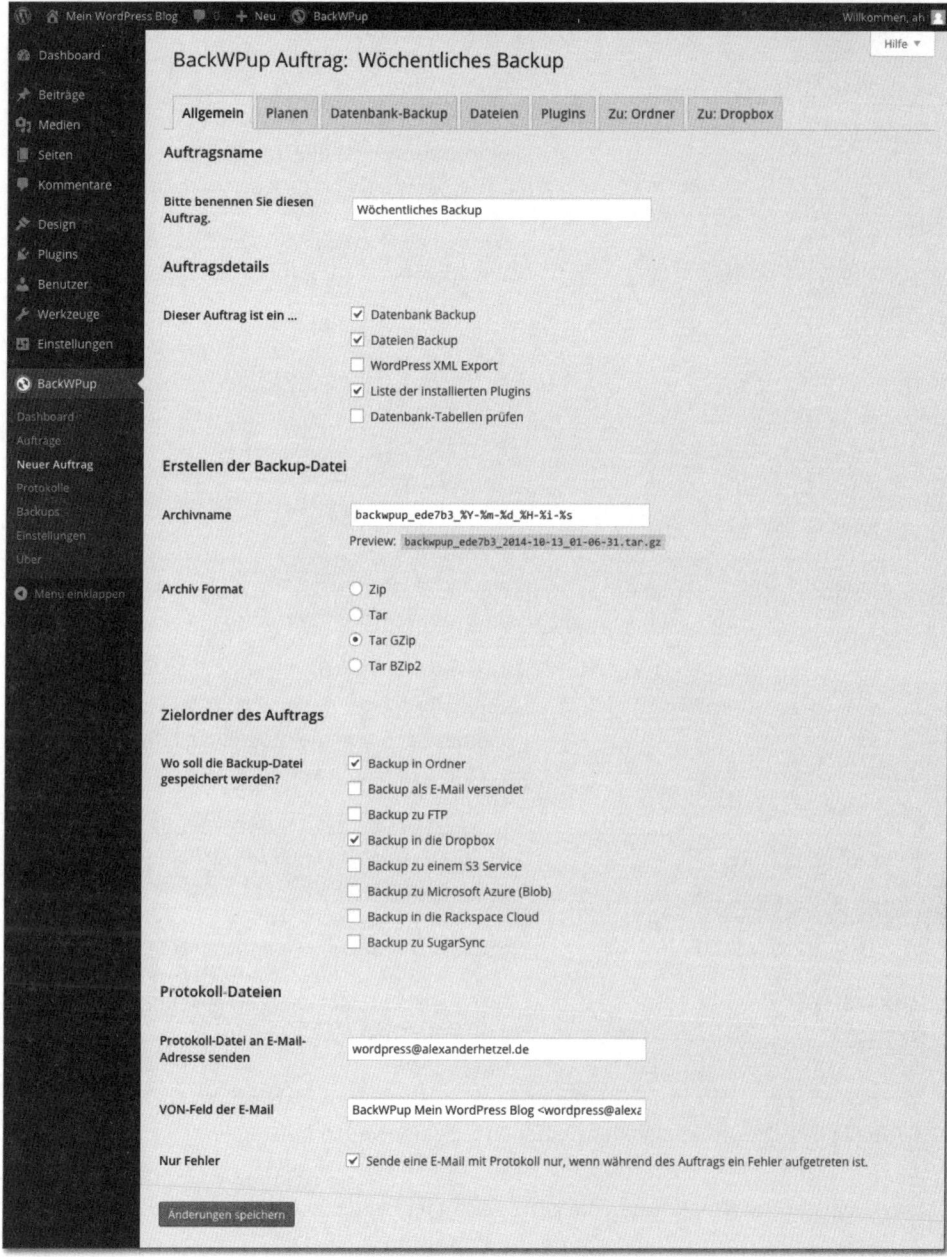

Abbildung 13.10 Einen neuen Auftrag anlegen: »Allgemein«

Option	Beschreibung
BITTE BENENNEN SIE DIESEN AUFTRAG.	Geben Sie einen eindeutigen Namen für den neuen Auftrag an.
DIESER AUFTRAG IST EIN …	Was möchten Sie sichern? Die Datenbank, die Dateien, eine WordPress-XML-Datei oder auch eine Liste der installierten Plugins? Sollen die Datenbanktabellen geprüft werden?
ARCHIVNAME	Wie soll der Name des Archivs lauten? Sie können Platzhalter für das Datum verwenden: %Y = Jahr %m = Monat %d = Datum %H = Stunden %i = Minuten %s = Sekunden
ARCHIV FORMAT	In welchem komprimierten Format soll das Archiv gespeichert werden?
WO SOLL DIE BACKUP-DATEI GESPEICHERT WERDEN?	Wo möchten Sie die Backups speichern? Neben einem Ordner und dem E-Mail-Versand haben Sie hier vor allem die Möglichkeit, Ihr Backup auch bei Diensten wie Dropbox, Amazon S3 und ähnlichen zu speichern.
PROTOKOLL-DATEI AN E-MAIL-ADRESSE SENDEN	An welche E-Mail-Adresse soll die Protokolldatei gesendet werden?
VON-FELD DER E-MAIL	Wie soll das Betreff-Feld dieser E-Mail lauten?
NUR FEHLER	Soll die Nachricht nur dann gesendet werden, wenn ein Fehler während des Auftrags aufgetreten ist?

Tabelle 13.4 Die grundlegenden Optionen für einen neuen Auftrag

Im Register PLANEN können Sie ganz genau festlegen, wie, wann und wie oft der Auftrag ausgeführt wird (siehe Abbildung 13.11 und Tabelle 13.5).

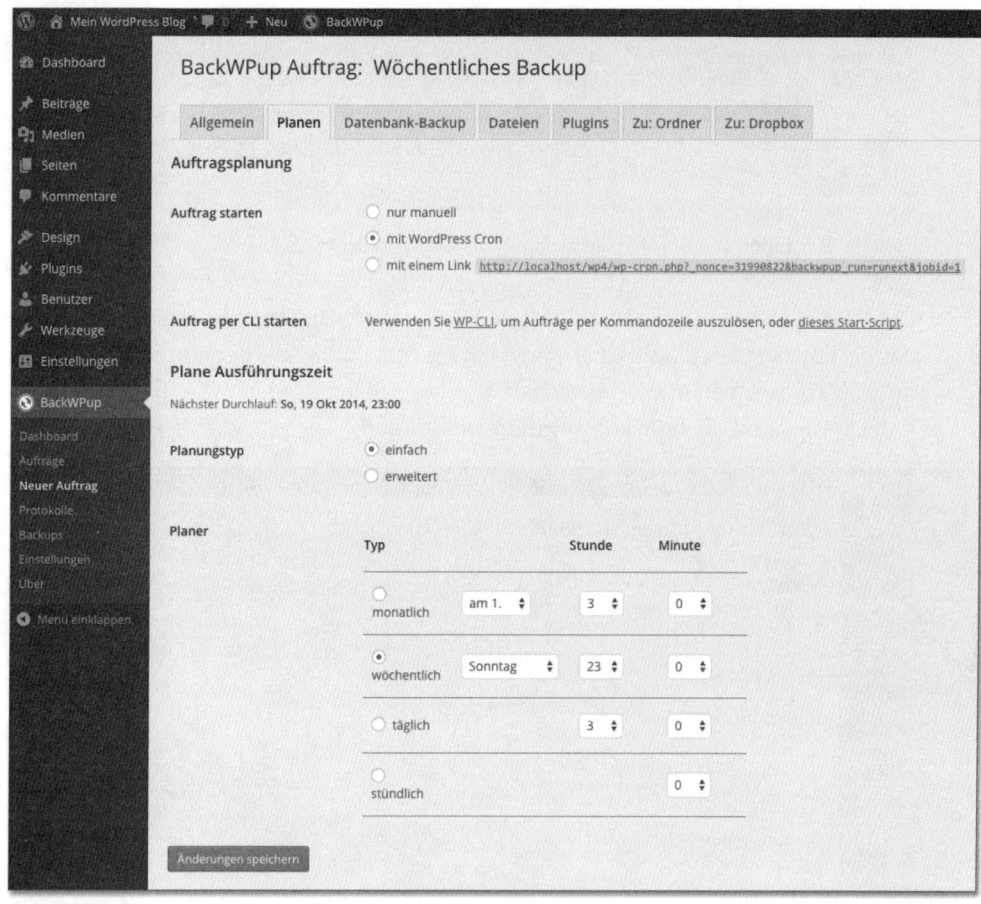

Abbildung 13.11 Einen neuen Auftrag anlegen: »Planen«

Option	Beschreibung
AUFTRAG STARTEN	Soll der Auftrag nur manuell gestartet oder lieber automatisch durch einen Cronjob ausgeführt werden? Sie können diesen auch über einen externen Link ausführen, der Ihnen anbei zur Verfügung gestellt wird.
AUFTRAG PER CLI STARTEN	Möchten Sie Backups über die Kommandozeile auslösen, ist diese Option für Sie interessant, die Sie auf die Verwendung von *WP-CLI* hinweist.
PLANUNGSTYP	Haben Sie oben den Cronjob ausgewählt, können Sie hier nun zwischen einfachem und erweitertem Planungstyp wählen.

Tabelle 13.5 Einen neuen Auftrag anlegen: »Planen«

Option	Beschreibung
PLANER	Wählen Sie den Rhythmus, den Tag und die Uhrzeit aus, zu der ein Backup erstellt werden soll. Die erweiterte Ansicht bietet hier noch deutlich feinere Einstellungsmöglichkeiten.

Tabelle 13.5 Einen neuen Auftrag anlegen: »Planen« (Forts.)

Das Register DATENBANK-BACKUP lässt Sie genauere Optionen festlegen, wie genau das Backup der Datenbank zu erfolgen hat (Abbildung 13.12). Hier können Sie sowohl auswählen, welche Tabellen gesichert werden sollen, als auch, wie die Datenbankdatei heißen und ob diese komprimiert werden soll.

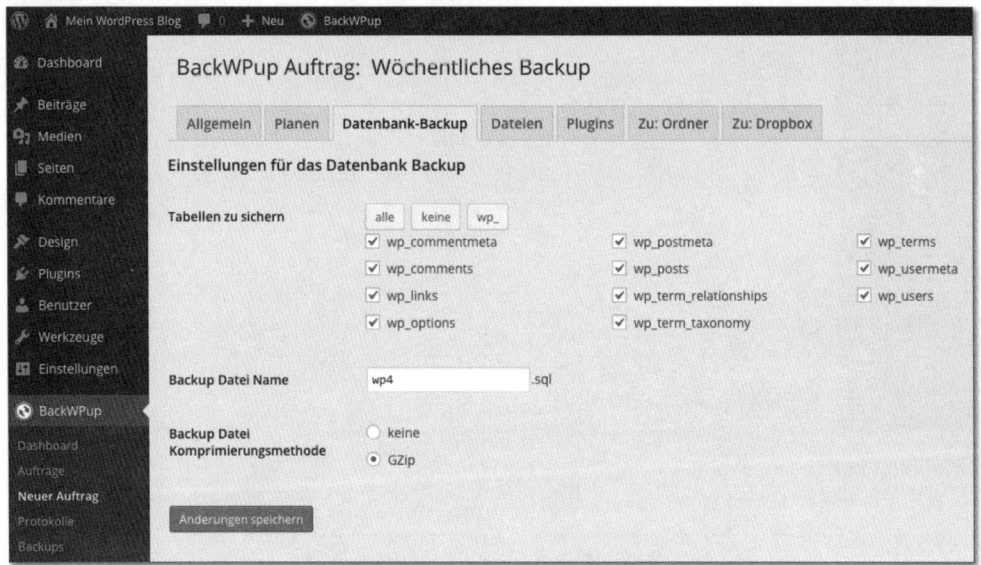

Abbildung 13.12 Einen neuen Auftrag anlegen: »Datenbank-Backup«

Das Register DATEIEN erlaubt Ihnen, zu bestimmen, welche Dateien mitgesichert und welche ausgeschlossen werden sollen. Das hilft, die Dateigrößen klein zu halten. Schließen Sie also alles aus, was Sie nicht unbedingt benötigen. Die Einstellungsmöglichkeiten sehen Sie in Abbildung 13.13 und Tabelle 13.6 dargestellt.

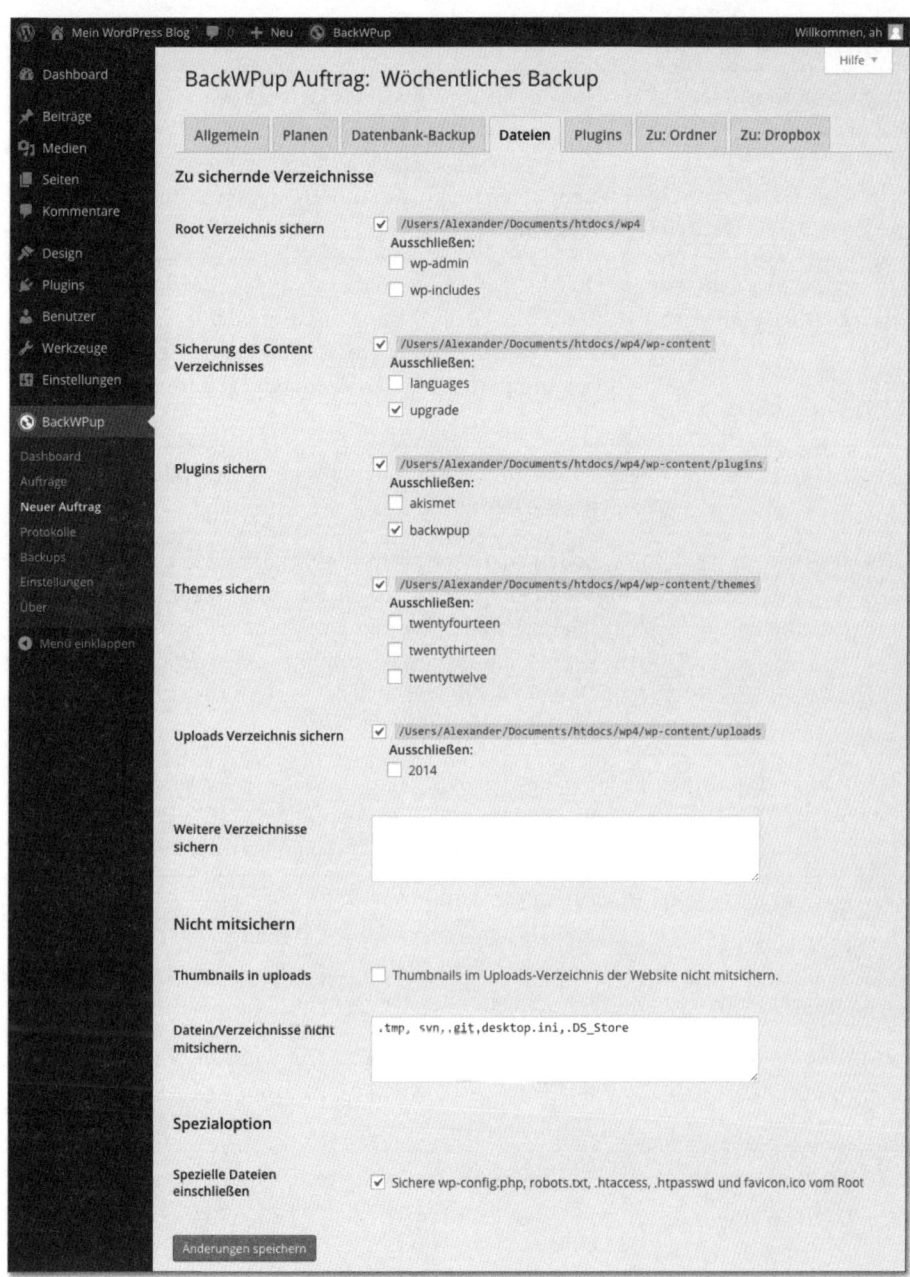

Abbildung 13.13 Einen neuen Auftrag anlegen: »Dateien«

Option	Beschreibung
ROOT-VERZEICHNIS SICHERN	Soll das Hauptverzeichnis gesichert werden? Möchten Sie *wp-admin* und *wp-includes* ausschließen? Diese enthalten keine persönlichen Dateien und können jederzeit über einen Download von WordPress wiederhergestellt werden.
SICHERUNG DES CONTENT VERZEICHNISSES	Soll das Verzeichnis *wp-content* gesichert werden? Möchten Sie die Verzeichnisse *languages* und *upgrade* davon ausschließen? Der Ordner *upgrade* enthält lediglich temporäre Dateien, *languages* aber Ihre Sprachdateien.
PLUGINS SICHERN	Sollen Ihre Plugins ebenfalls gesichert werden? Möchten Sie einzelne ausschließen?
THEMES SICHERN	Sollen auch Ihre Themes gesichert werden? Schließen Sie diejenigen aus, die Sie entweder nicht benötigen oder die zu den WordPress-Standard-Themes gehören. Diese können Sie jederzeit über einen WordPress-Download wiederherstellen, sofern Sie nichts an ihnen geändert haben.
UPLOADS VERZEICHNIS SICHERN	Soll das *uploads*-Verzeichnis mit Ihren Medieninhalten wie Bildern und Videos ebenfalls gesichert werden? Möchten Sie einzelne Ordner davon ausschließen?
WEITERE VERZEICHNISSE SICHERN	Wenn Sie weitere Verzeichnisse sichern möchten, können Sie diese hier angeben. Geben Sie diese mit ihrem absoluten Pfad an und trennen Sie sie entweder per Komma oder durch eine neue Zeile.
THUMBNAILS IN UPLOADS	Sollen die Thumbnails aus dem *uploads*-Verzeichnis ausgeschlossen werden? In diesem Fall setzen Sie hier einen Haken.
DATEIEN/VERZEICHNISSE NICHT MITSICHERN	Geben Sie hier all die Dateien, Verzeichnisse und Dateiendungen an, die auf keinen Fall mitgesichert werden sollen.
SPEZIELLE DATEIEN EINSCHLIESSEN	Möchten Sie, dass einige Sonderdateien wie *.htaccess*, *robots.txt*, *wp-config.php* und *favicon.ico* aus dem Hauptverzeichnis ebenfalls mitgesichert werden?

Tabelle 13.6 Einen neuen Auftrag anlegen: Das Register »Dateien«

Über die Seite PLUGINS (Abbildung 13.14) können Sie dann noch festlegen, welchen Namen die Liste der aktivierten Plugins haben soll und ob Sie wünschen, dass diese komprimiert wird.

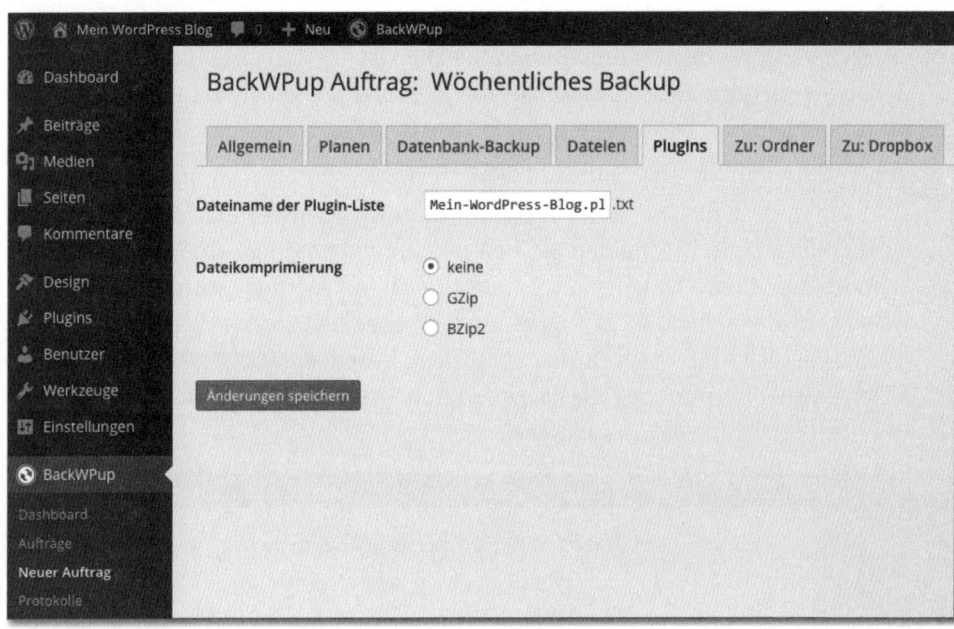

Abbildung 13.14 Einen neuen Auftrag anlegen: »Plugins«

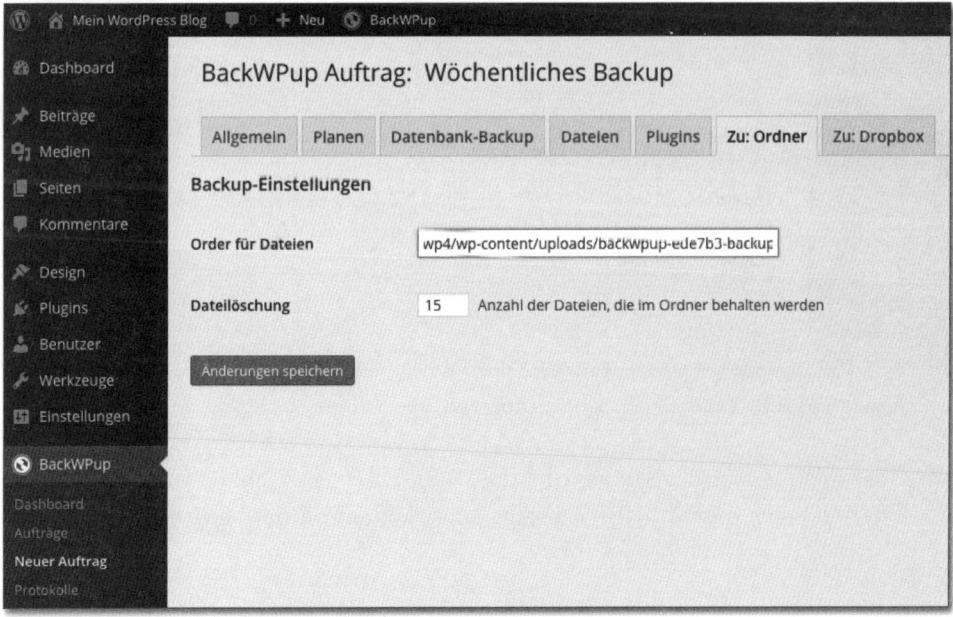

Abbildung 13.15 Einen neuen Auftrag anlegen: »Zu: Ordner«

Abhängig davon, welche Zielordner Sie unter dem Reiter ALLGEMEIN ausgewählt haben, finden Sie nun weitere Register für jeden ausgewählten Zielordner. Im Beispiel habe ich einerseits die Sicherung in einen Ordner und andererseits die Sicherung in die Dropbox gewählt.

Die Sicherung in einen Ordner (Abbildung 13.15) ist die simpelste Form des Backups. Geben Sie hier nur einen Ordner auf Ihrem Server an, wo die Dateien gespeichert werden sollen. Und wählen Sie aus, wie viele Backups dort gespeichert werden dürfen, bis das Plugin damit beginnt, die ältesten zu löschen.

Die Sicherung in die Dropbox (Abbildung 13.16) ist ebenso einfach, aber auch sehr komfortabel. Zunächst müssen Sie sich mit Dropbox authentifizieren. Oder, wenn Sie noch kein Konto haben, ein solches erstellen. Als Methode würde ich SANDBOX wählen, um dem Plugin nicht Zugriff auf die komplette Dropbox zu erteilen. Danach können Sie sich noch einen Ordner aussuchen, in dem die Dateien gesichert werden sollen, sowie ein Limit, wie viele Backups dort gesichert werden dürfen, bis das Plugin beginnt, die ältesten davon zu löschen.

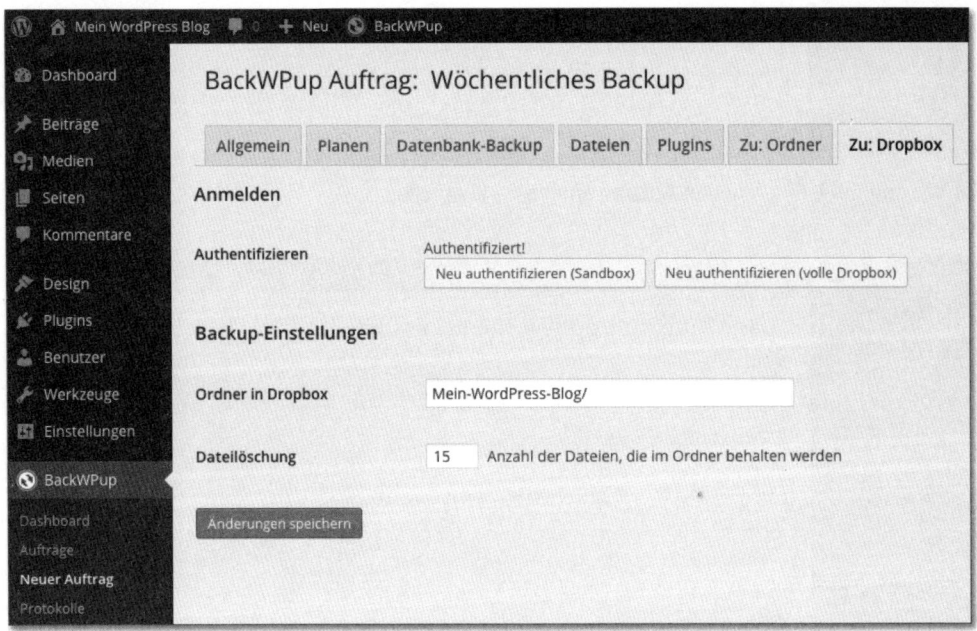

Abbildung 13.16 Einen neuen Auftrag anlegen: »Zu: Dropbox«

Über den Menüpunkt AUFTRÄGE (Abbildung 13.17) gelangen Sie jederzeit zu einer Übersicht über Ihre aktuellen Aufträge. Diese können Sie dort auch anpassen.

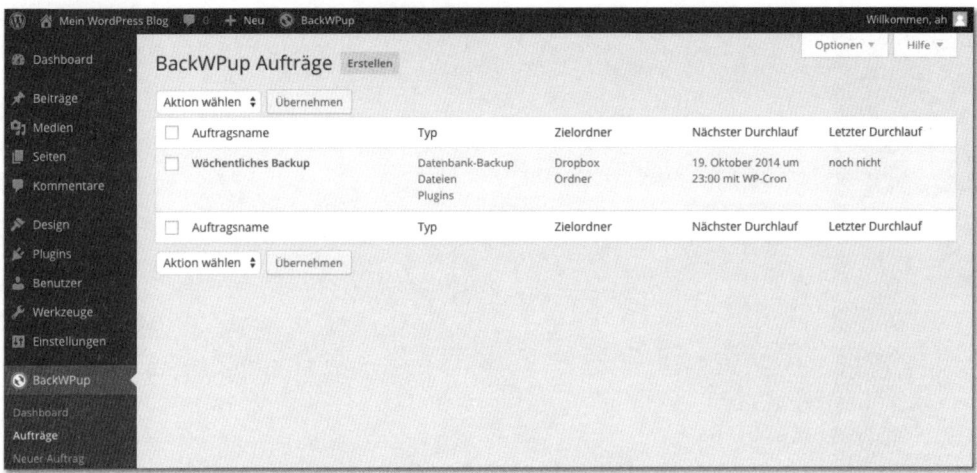

Abbildung 13.17 Aufträge einsehen

Der Menüpunkt PROTOKOLLE (Abbildung 13.18) bietet die gleiche Möglichkeit, aber eben für Protokolle. Sie erhalten dort eine Übersicht und können die Protokolle ansehen und herunterladen.

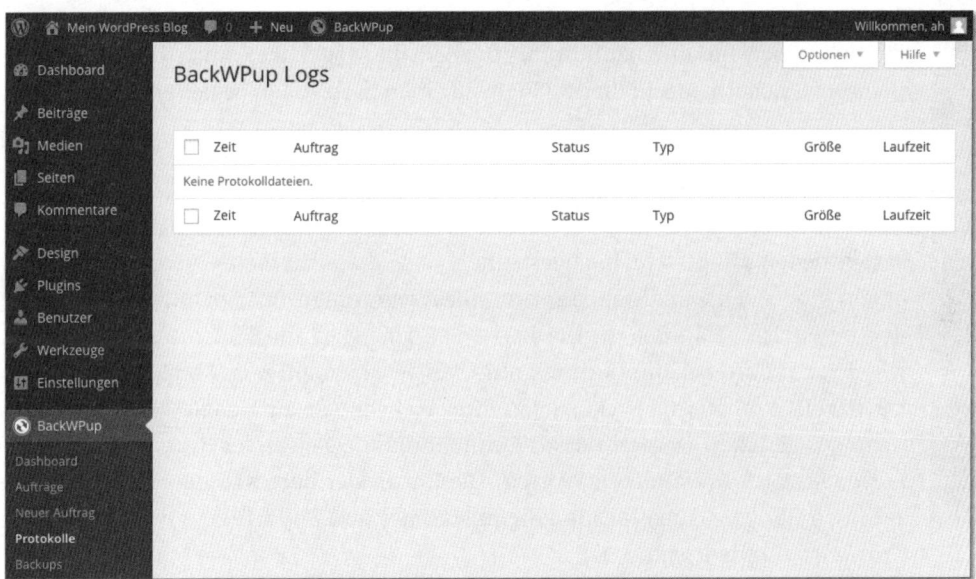

Abbildung 13.18 Protokolle einsehen

Die BACKUPS (Abbildung 13.19) finden Sie unter dem gleichnamigen Menüpunkt. Sie können diese natürlich alle bei Bedarf herunterladen und deren Dateigröße einsehen.

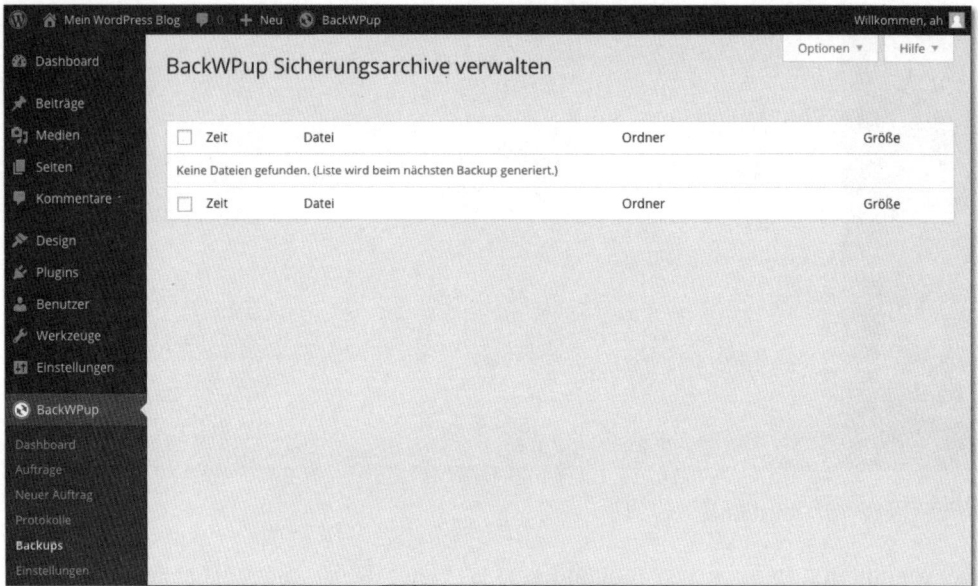

Abbildung 13.19 Backups einsehen

Das Plugin BackWPup bietet Ihnen eine wirklich funktionsreiche Möglichkeit, um WordPress-Backups durchzuführen. Vor allem die Möglichkeit, auch direkt an Cloud-Dienste zu sichern, macht dieses Plugin zu einem wertvollen Begleiter.

13.4   Seelenfrieden: Backups mit VaultPress

Seelenfrieden klingt sehr hochgestochen, aber die Sicherheit einer Website kann einem schon den Schlaf rauben, zumindest wenn man finanziell davon abhängig und potenziell gefährdet ist. Die Backup-Plugins sind alle sehr praktisch, aber als wirklich komfortabel empfinde ich nur Dienste wie *VaultPress* (Abbildung 13.20). Es bietet vollautomatische Backups von Ihrer Website, die auf den Servern des Unternehmens gesichert werden, dessen Gründer und CEO auch der Gründer von WordPress selbst ist. Mit anderen Worten: Die Entwickler dort wissen, was sie tun. Sie zeichnen übrigens auch für die Plugins *Akismet* und *BuddyPress* sowie den Dienst *Gravatar* verantwortlich.

Die Software VaultPress läuft extern und verbindet sich mittels eines Plugins mit Ihrer WordPress-Installation. Das Backup findet auf den Servern von VaultPress statt, ist allerdings nicht kostenfrei (Abbildung 13.21).

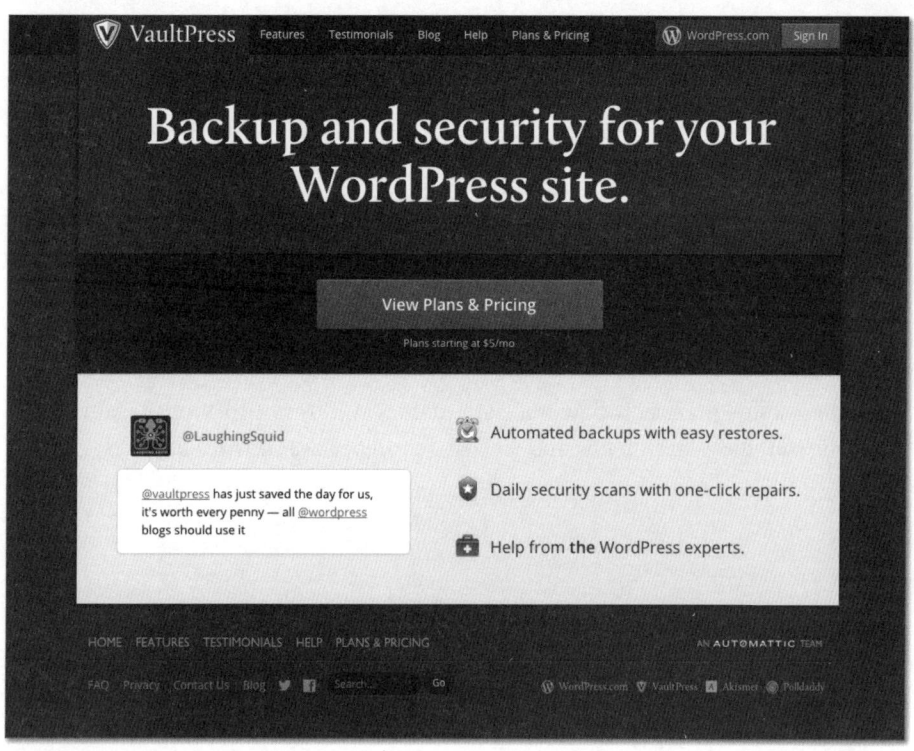

Abbildung 13.20 Wenn Sie sich keine Gedanken mehr über Backups machen wollen, empfehle ich Ihnen VaultPress.

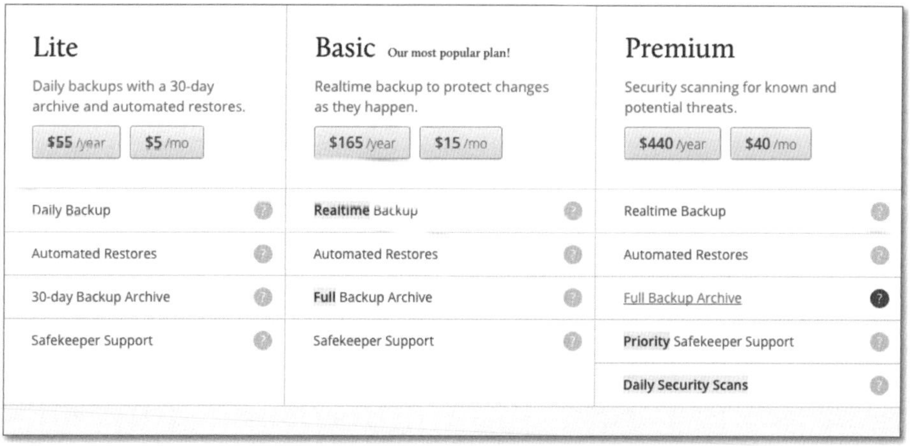

Lite		Basic Our most popular plan!		Premium	
Daily backups with a 30-day archive and automated restores.		Realtime backup to protect changes as they happen.		Security scanning for known and potential threats.	
$55 /year **$5** /mo		**$165** /year **$15** /mo		**$440** /year **$40** /mo	
Daily Backup	⑦	**Realtime** Backup	②	Realtime Backup	⑦
Automated Restores	②	Automated Restores	②	Automated Restores	②
30-day Backup Archive	⑦	**Full** Backup Archive	②	Full Backup Archive	❷
Safekeeper Support	②	Safekeeper Support	⑦	**Priority** Safekeeper Support	②
				Daily Security Scans	②

Abbildung 13.21 Die aktuellen Tarife für die Dienstleistung

Das günstigste Paket bekommen Sie für 5 $ pro Monat, gemessen am aktuellen Umrechnungskurs also für deutlich unter 5 € pro Monat. Dafür macht der Dienst jeden Tag (!) ein vollständiges Backup Ihrer Website, das Sie übrigens mit nur einem

Klick jederzeit wiederherstellen können. Sie müssen nichts herunterladen, das passiert ganz automatisch. Sie haben ein 30-tägiges Backup-Archiv, aus dem Sie schöpfen können. Ältere Backups werden automatisch gelöscht. Meiner Meinung nach ist dieses Paket für die meisten Websites ausreichend und eine wirklich gute Investition in ein ruhiges Gewissen.

Die anderen Pakete sind mit 15 $ pro Monat und 40 $ pro Monat schon bedeutend teurer. Sie bieten dann aber auch ein Realtime Backup, also ein Backup, sobald sich irgendetwas an Ihrer Website ändert, und ein vollständiges Archiv mit allen jemals erstellten Backups. Die Premium-Version hat dann auch noch tägliche Sicherheitsscans und bevorzugten Support im Gepäck.

Allerdings sollte man sich bewusst sein, dass VaultPress pro Website abrechnet. Wenn Sie fünf Blogs betreiben, sind Sie also schon bei 25 $ pro Monat.

Abbildung 13.22 So sieht ein typisches Backup-Archiv in VaultPress aus.

Im Backup-Archiv können Sie jederzeit alle Backups einsehen und mit einem Klick wiederherstellen (Abbildung 13.22). Dabei wird Ihnen übersichtlich angezeigt, wie viele Beiträge, Seiten, Kommentare, Themes, Plugins und Uploads beim jeweiligen gesichert worden sind.

13.5 Wichtige Funktionen regelmäßig testen

Websites haben manchmal die unangenehme Angewohnheit, aus nahezu unerfindlichen Gründen nicht mehr vollständig zu funktionieren. Schuld kann irgendeine geänderte Datei sein, ein neues Plugin oder ein automatisches Update. Gerade bei kommerziellen Seiten kann es fatal sein, wenn etwas wie ein Bestell- oder Kontaktformular plötzlich nicht mehr funktioniert. Oder das Impressum. Plötzlich sind Abmahnungen Tür und Tor geöffnet.

Es lohnt sich also, wenigstens einmal im Monat die Funktionen der Website zu überprüfen. Je wichtiger die Website ist, desto öfter sollte man dies tun. Testen Sie alle wichtigen Unterseiten und Funktionen auf ihre Funktionstüchtigkeit. Rufen Sie Formulare nicht nur auf, sondern senden Sie sie auch testweise ab. Führen Sie Bestellvorgänge vollständig aus. Testen Sie die Kommentarformulare.

Es bietet sich natürlich an, hierfür eine Checkliste zu entwickeln, die an die Funktionen und Unterseiten der eigenen Website angepasst ist. So ein Test dauert je nach Umfang der Website meist nur wenige Minuten, kann Ihnen aber viel Frust ersparen.

13

Kapitel 14

30 WordPress-Probleme und ihre Lösungen

Auch WordPress kann Fehler verursachen. Genau wie die Umgebung, in der die Software eingesetzt wird. Die Fehler, die am häufigsten auftreten, finden Sie in diesem Kapitel. Und natürlich die Lösungen.

WordPress ist auch nur eine Software. Und obwohl diese Software so häufig aktualisiert wird, kann sie trotzdem Fehler verursachen. Das hängt vor allem davon ab, wo und wie sie eingesetzt wird. Denn in der Regel ist sie auch nur ein Glied einer Kette, die reißen kann, obwohl WordPress stark ist.

Im Folgenden finden Sie einige typische Fehler, die im Zusammenhang mit WordPress auftreten können. Passend dazu finden Sie einige Patentlösungen, die hoffentlich auch Ihnen helfen, das Problem zu beseitigen.

14.1 White Screen

Der ominöse White Screen, also der weiße Bildschirm, ist eines der häufigsten Probleme, die bei WordPress auftreten können. Der Fehler wird dabei aber meist nicht durch WordPress selbst, sondern durch ein Theme oder Plugin verursacht.

14.1.1 Probleme mit einem Plugin

Wenn Sie das Gefühl haben, dass ein Plugin schuld an der Misere ist, dann probieren Sie, es zu deaktivieren. Sollten Sie nicht mehr auf die Administrationsoberfläche zugreifen können, ist das kein Beinbruch. Greifen Sie via FTP auf Ihren Server zu (oder gehen Sie in Ihr *htdocs*-Verzeichnis, wenn Sie WordPress lokal verwenden) und suchen Sie das Verzeichnis */wp-content/*. Darin befindet sich ein Ordner namens *plugins*. Benennen Sie diesen um – in irgendetwas anderes. Dadurch werden alle Plugins deaktiviert und das White-Screen-Problem sollte gelöst sein.

Wenn ein Plugin tatsächlich der Auslöser war, dann loggen Sie sich nun ein und benennen den Ordner wieder in *plugins* um. Reaktivieren Sie nun alle Plugins nacheinander und überprüfen Sie, wann der Fehler auftritt. So finden Sie das fehlerhafte Plugin und können es aussortieren.

14.1.2   Probleme mit einem Theme

Der Fehler kann aber auch von einem Theme herrühren. In diesem Fall gehen Sie fast genauso vor wie bei den Plugins: Wenn Sie sich nicht mehr einloggen können, um das fehlerhafte Theme zu deaktivieren, begeben Sie sich auf Ihren Server (oder in *htdocs*) und öffnen das Verzeichnis */wp-content/themes/*. Darin befindet sich der Theme-Ordner Ihres aktuellen Themes, den Sie bitte nun in irgendetwas anderes umbenennen. Schon ist wieder Ihr Standard-Theme aktiviert, und der Fehler sollte behoben sein.

14.2   Interner Serverfehler

Es gibt eine Reihe von Gründen, aus denen der interne Serverfehler auftreten kann. Gehen Sie diese der Reihe nach durch, um das Problem zu lokalisieren.

Der Fehler kann durch eine fehlerhafte *.htaccess*-Datei hervorgerufen werden. Greifen Sie via FTP auf Ihren Server zu (oder gehen Sie lokal in *htdocs*) und suchen Sie die Datei *.htaccess* in Ihrem Hauptverzeichnis. Löschen Sie die Datei und schauen Sie nach, ob die Website nun funktioniert. Anschließend gehen Sie im Backend zu EIN-STELLUNGEN • PERMALINKS und speichern Ihre Einstellungen erneut ab – dadurch wird eine neue *.htaccess*-Datei angelegt.

Es kann aber auch ein Plugin schuld sein. Deaktivieren Sie alle Plugins, um zu sehen, ob der Fehler dadurch verschwindet. Wenn Sie nicht mehr auf Ihre Administrations-oberfläche zugreifen können, dann suchen Sie das Verzeichnis *wp-content* und benennen den darin befindlichen Ordner *plugins* in irgendetwas anderes um – das deaktiviert alle Plugins. Lag der Fehler daran, benennen Sie das Verzeichnis wieder um und reaktivieren nach und nach alle Plugins, bis Sie das schuldige gefunden haben.

Auch das Theme kann schuld sein. Deaktivieren Sie es über die Administrationsober-fläche oder – wenn Sie nicht mehr darauf zugreifen können – suchen Sie das Verzeichnis */wp-content/themes/* und benennen Sie das Verzeichnis Ihres Themes in etwas anderes um, das wird es deaktivieren.

Sollte all das nicht geholfen haben, bleibt noch die Möglichkeit, das *PHP Memory Limit* zu erhöhen. Das müssen Sie allerdings bei Ihrem Server machen. Fragen Sie gegebenenfalls Ihren Serveranbieter, ob er dies für Sie erledigen kann. Setzen Sie das Limit zuerst auf 40, dann auf 64 und zuletzt auf 96 MB.

Als letzte Maßnahme kann es helfen, die Verzeichnisse *wp-admin* und *wp-includes* erneut hochzuladen, aber von einer frischen WordPress-Installation. Laden Sie das Paket also erneut herunter und ersetzen Sie nur diese beiden Verzeichnisse – das hat keinen Einfluss auf Ihre Inhalte oder Einstellungen, da dort nichts gespeichert wird.

14.3   Fehler beim Aufbau einer Datenbankverbindung

Ein Fehler beim Aufbau einer Datenbankverbindung deutet fast immer darauf hin, dass die Zugangsdaten zur Datenbank nicht (mehr) korrekt sind. Überprüfen Sie Ihre *wp-config.php* auf mögliche Fehler.

Sollte dort alles korrekt sein, überprüfen Sie, ob Ihr Server möglicherweise down ist oder ob Ihre Datenbank möglicherweise ihre Kapazität erreicht hat. Dabei kann Ihnen Ihr Serverprovider behilflich sein.

Schließlich kommt auch noch in Betracht, dass Ihre Website gehackt worden ist. Überprüfen Sie das über folgende Website: *http://sitecheck.sucuri.net*.

14.4   Fehlerhaftes Auto-Update

Es kann schon einmal vorkommen, dass ein Auto-Update schiefgeht. Sie können dann aber einfach Ihre Website manuell updaten:

▸ Laden Sie die aktuellste Version von WordPress herunter und

▸ entpacken Sie die ZIP-Datei.

▸ Deaktivieren Sie alle Plugins.

▸ Löschen Sie die beiden Verzeichnisse *wp-admin* und *wp-includes* von Ihrem Server.

▸ Laden Sie die neuen Ordner *wp-admin* und *wp-includes* hoch.

▸ Laden Sie alle einzelnen Dateien aus dem neuen *wp-content*-Verzeichnis in das gleichnamige Verzeichnis auf Ihrem Server (neue sollten alte ersetzen).

▸ Laden Sie alle einzelnen Dateien aus dem neuen WordPress-Hauptverzeichnis in selbiges auf Ihrem Server (neue sollten alte ersetzen).

▸ Vergleichen Sie Ihre *wp-config.php* mit der neuen *wp-config-sample.php* und suchen Sie nach Neuerungen. Kopieren Sie diese gegebenenfalls in Ihre *wp-config.php*.

Anschließend können Sie noch eine etwaig existierende *.maintenance*-Datei aus Ihrem Hauptverzeichnis löschen. Loggen Sie sich anschließend wie gewohnt ein. Sollte WordPress Sie auffordern, ein Datenbank-Upgrade durchzuführen, dann folgen Sie den Anweisungen.

14.5   Timeout der Verbindung

Bei einem Timeout der Verbindung ist der Server schuld, weil er die Last nicht handeln kann. Probieren Sie Folgendes:

▸ Deaktivieren Sie alle Plugins. Haben Sie keinen Zugriff auf Ihre Administrationsoberfläche, dann benennen Sie den Ordner *Plugins* im Verzeichnis *wp-content* in irgendetwas anderes um.

▸ Wechseln Sie zum Standard-Theme. Sollten Sie keinen Zugriff auf das Backend haben, benennen Sie den Ordner Ihres aktuellen Themes in irgendetwas um – Sie finden ihn in */wp-content/themes/*.

▸ Erhöhen Sie das *PHP Memory Limit* Ihres Servers, fragen Sie hierzu gegebenenfalls bei Ihrem Serverprovider nach. Erhöhen Sie es zunächst auf 40, dann auf 64 und schließlich auf 96 MB, wenn möglich.

▸ Erhöhen Sie die *maximum execution time* in der *php.ini* Ihres Servers. Fragen Sie am besten Ihren Provider, ob er die Änderung für Sie durchführt.

14.6   Passwort vergessen

Wenn Sie Ihr Passwort vergessen haben, probieren Sie als Allererstes, es über die Password-vergessen-Funktion auf der Login-Seite wiederherzustellen.

Sollte das nicht helfen, greifen Sie über phpMyAdmin auf Ihre Datenbank zu. Suchen Sie die WordPress-Datenbank und dort die Tabelle »wp_users«. Suchen Sie nach Ihrem Benutzernamen und klicken Sie in der Zeile auf BEARBEITEN. Bei der Spalte user_pass wählen Sie dann unter FUNKTION MD5 aus und tippen in das Feld WERT Ihr neues Passwort ein. Speichern Sie ab, das Passwort ist nun geändert.

14.7   Probleme bei Foto-Upload oder dem Erstellen von Dateien durch WordPress

Manchmal muss WordPress Dateien erstellen, bei einem Foto-Upload z. B. oder wenn ein Plugin installiert wird. Wenn das nicht funktioniert, sind oft falsch gesetzte Dateirechte schuld daran.

Diese können Sie über Ihre FTP-Software bearbeiten, suchen Sie dort nach einer Funktion wie »Dateirechte bearbeiten«, »Change File Attributs« oder »CHMOD«. Passen Sie die Dateien und Verzeichnisse wie folgt an:

▸ Alle Verzeichnisse sollten auf 755 oder 750 gesetzt sein.

▸ Alle Dateien sollten auf 644 oder 640 gesetzt sein.

▸ *wp-config.php* jedoch sollte auf 440 oder 400 sein.

14.8   Administrationsoberfläche sieht seltsam aus

Wenn Ihre Administrationsoberfläche ein wenig zerstreut und zerstört wirkt, kann ein Proxy oder eine Firewall schuld daran sein. Deaktivieren Sie beides nach Möglichkeit kurz, um herauszufinden, ob es daran liegt. Falls ja, müssen diese gegebenenfalls korrekt konfiguriert werden.

Oder setzen Sie vielleicht Plugins ein, die die Administrationsoberfläche verändern? Deaktivieren Sie am besten alle Plugins und reaktivieren Sie diese Stück für Stück, um das schuldige Plugin zu finden.

Hilft das alles nichts, laden Sie das WordPress-Paket noch einmal neu herunter und laden den *wp-admin*-Ordner auf Ihren Server. Laden Sie dann den neuen hoch. Machen Sie das aber nur, wenn Ihre WordPress-Installation auch dieselbe Version hat. Und die sollte immer (!) auf dem neuesten Stand sein.

14.9   »Cannot Modify Header Information ...«

Wenn Sie diese Fehlermeldung sehen, nachdem Sie WordPress installiert haben, liegt das vermutlich an einem Fehler in der *wp-config.php*. Achten Sie darauf, vor dem `<?php` und nach `?>` keine Leerzeichen in der Datei zu haben und alle Anweisungen mit einem Semikolon (;) abzuschließen. Vergleichen Sie die Datei mit einer *wp-config-sample.php* aus einem neu heruntergeladenen WordPress-Paket.

Hilft das nicht, war vielleicht eine andere Datei schuld: Die Fehlermeldung wird eine Referenz auf eine Datei angeben. Überprüfen Sie diese Datei auf Leerzeichen vor `<?php` oder nach `?>`.

14.10   »Fatal Error: Allowed Memory Size ... exhausted«

Diese Fehlermeldung bedeutet, dass WordPress nicht genügend Speicher zur Verfügung steht. Probieren Sie, das *memory limit* in Ihrer *wp-config.php* heraufzusetzen. Hilft das nicht, muss das memory limit in der *php.ini* Ihres Servers raufgesetzt werden. Fragen Sie gegebenenfalls bei Ihrem Serverprovider nach, ob dieses erhöht werden kann.

14.11   Wartungsmodus bleibt nach Update bestehen

WordPress erstellt eine *.maintenance*-Datei in Ihrem WordPress-Hauptverzeichnis während des Updates. Es kann passieren, dass diese nicht entfernt werden kann. Loggen Sie sich per FTP auf Ihrem Server ein (bzw. gehen Sie in *htdocs* auf Ihrem Rechner) und löschen Sie die Datei.

14.12   Das Stylesheet fehlt

Wenn bei Ihrem Theme das Stylesheet fehlt, hat die Installation wahrscheinlich nicht korrekt geklappt. Am besten wiederholen Sie diese, aber manuell. Laden Sie das Theme herunter und entpacken Sie die ZIP-Datei. Wenn sich darin mehrere Ordner befinden, suchen Sie nach dem, der die *style.css* enthält. Das ist Ihr Theme-Ordner – der Rest ist nur Verpackung. Laden Sie Ihren Theme-Ordner in das Verzeichnis */wp-content/themes/* auf Ihrem Server und aktivieren Sie das Theme.

14.13   Fehler beim Datenimport

Wenn Sie Daten in WordPress über die integrierte Funktion importieren, kann es zu Problemen kommen. Zum Beispiel könnten Einträge oder Taxonomien eines Seitentyps geladen werden, den das Theme nicht unterstützt. Überprüfen Sie, ob das Theme wirklich alle Seitentypen unterstützt, für die Sie Inhalte importieren möchten, und ob sich die hierfür nötigen Dateien im Theme-Verzeichnis befinden.

14.14   Das Theme sieht nicht so aus wie in der Vorschau

Es kann unterschiedliche Gründe haben, warum Ihr neues Theme nicht so aussieht wie in der Vorschau. Zunächst einmal: Das ist fast immer der Fall. Denn es fehlen noch Bilder und Inhalte. Richten Sie die Website am besten genau so her, wie es in der Vorschau gezeigt wird, also auch mit Inhalten und Bildern. Danach können Sie immer noch Anpassungen vornehmen.

Es kann auch sein, dass Ihr Theme für die Homepage eine statische Seite verwendet. Ändern Sie dies unter EINSTELLUNGEN • LESEN. Überprüfen Sie, ob das Theme ein spezielles Homepage-Template für die Startseite verwendet, indem Sie die Seite editieren und dort nachschauen, ob es unter TEMPLATE etwaige Auswahlmöglichkeiten gibt.

14.15   Mein Theme sieht zerstört aus (Widgets)

WordPress speichert die Widgets, die Sie aktiviert haben, auch nach dem Theme-Wechsel. Dieses Problem betrifft vor allem diejenigen, die WordPress zum ersten Mal verwenden und ihr erstes Theme installieren. Plötzlich sind überall noch die standardmäßig von WordPress aktivierten Widgets, die für das Theme möglicherweise nicht vorgesehen sind. Begeben Sie sich zu DESIGN • WIDGETS im Backend und werfen Sie alles raus, was unerwünscht ist. Anschließend bestücken Sie die Widget-Bereiche so, wie Sie sich das wünschen.

14.16   Meine URLs sehen unattraktiv aus

Wenn Ihre URLs aussehen wie *www.domain.de/?p=574*, dann sieht das nicht nur unschön aus, sondern ist auch schlecht für die Suchmaschinenoptimierung Ihrer Website. Es könnte daran liegen, dass Sie noch keine Permalink-Optionen in den Einstellungen im Backend vorgenommen haben. Wenn Sie das nachholen und sich nichts ändert, dann ist *mod_rewrite* wahrscheinlich auf Ihrem Server nicht aktiviert. Sprechen Sie mit Ihrem Serverprovider und bitten Sie ihn, mod_rewrite anzuschalten. Das sollte heute eigentlich absoluter Standard sein.

14.17   Die Links auf meiner Website funktionieren nicht

Wenn die Links auf Ihrer Website plötzlich nicht mehr funktionieren, probieren Sie bitte Folgendes: Begeben Sie sich im Backend zu EINSTELLUNGEN • PERMALINKS und speichern Sie die Einstellungen dort einfach nur ab. Anschließend sollte alles wieder funktionieren.

14.18   Alte Beiträge haben kein Beitragsbild, das Theme setzt es aber voraus

Sehr viele Themes nutzen heute Beitragsbilder, um vor allem die Beitragsübersichten attraktiver zu gestalten. Problematisch wird das erst, wenn Sie nun ein solches Theme verwenden möchten, aber eine große Menge Ihrer Beiträge keine Beitragsbilder hat. Geht es nur um 10 oder 20, haben Sie kein Problem. Fügen Sie einfach die Beitragsbilder per Hand hinzu.

Handelt es sich aber um deutlich mehr, dann kann Ihnen ein Plugin wie *Easy Add Thumbnails* helfen. Dieses legt für Ihre Beiträge automatisch dasjenige Bild als Beitragsbild fest, das Sie als Erstes in diesen Beitrag eingebunden haben. Helfen kann es Ihnen allerdings dann nicht, wenn der Beitrag bisher gar keine Bilder enthält. Dann müssen Sie wohl oder übel per Hand nachhelfen.

14.19   Error 145: Ihre Datenbank ist beschädigt

Der Error 145 bedeutet, dass Ihre Datenbank vermutlich beschädigt ist. Sie haben die Möglichkeit, diese über phpMyAdmin zu reparieren. Vorher sollten Sie aber unbedingt ein Backup machen!

Begeben Sie sich anschließend über phpMyAdmin zu Ihrer WordPress-Datenbank und machen Sie bei allen Tabellen ein Häkchen. Wählen Sie dann bei dem Feld, das die Bezeichnung MARKIERTE: trägt, REPARIERE TABELLE aus. Über diese Funktion sollte sich der Fehler beseitigen lassen.

14.20   Aktueller Webspace unterstützt WordPress nicht

Ich würde Ihnen an dieser Stelle gerne eine Lösung präsentieren, die darin besteht, irgendeine Datei abzuändern, so dass WordPress trotzdem auf Ihrem alten Webspace läuft. Die gibt es nur leider nicht.

Wenn Sie wirklich so alten Webspace haben, dass WordPress davon nicht unterstützt wird, ist es schleunigst Zeit, entweder mit Ihrem Provider zu sprechen und um eine Aktualisierung zu bitten – oder gleich das Paket und am besten auch den Provider zu wechseln. Eine einfachere Lösung gibt es leider nicht.

14.21   404 – Seite nicht gefunden

Wenn Ihre Website lauter 404-Fehler hervorbringt, also Ihre Seiten nicht finden kann, dann speichern Sie die Optionen unter EINSTELLUNGEN • PERMALINKS im Backend erneut ab. Danach sollte es funktionieren.

14.22   Ihre Änderungen zeigen sich nicht auf der Website

Wenn Sie etwas an Ihrer Website verändern, aber sich im Browser partout nichts tun will, dann ist wahrscheinlich der Browsercache schuld. Ihr Browser verwendet dann abgespeicherte Informationen statt der neuen. Leeren Sie einfach den Cache Ihres Browsers (meist in einer Option in den Einstellungen zu finden), und alles sollte wie gewohnt funktionieren.

14.23   »Ein weiterer WordPress-Blog«

Wenn auf Ihrer Website »Ein weiterer WordPress-Blog« als Text angezeigt wird und Sie sich fragen, wo das herkommt, ist dieses Problem nicht allzu schwierig zu beseitigen. Begeben Sie sich im Backend zu EINSTELLUNGEN • ALLGEMEIN. Dort sollte genau dieser Text im Feld UNTERTITEL stehen. Ersetzen Sie ihn durch etwas Passendes oder löschen Sie ihn ganz.

14.24 Google indexiert die Website nicht (mehr)

Wenn Google Ihre Website nicht oder nicht mehr indexiert, kann das u. a. daran liegen, dass Sie möglicherweise gegen die Google-Richtlinien verstoßen. Prüfen Sie auf jeden Fall akribisch, ob Sie sich irgendetwas vorwerfen lassen können und – wenn ja – beseitigen Sie diese Störquelle umgehend. Falls Sie auf *Black-Hat-SEO-Methoden* gestoßen sind: Sie lohnen sich nicht. Tun Sie alles, damit Ihre Besucher auf Ihrer Website zufrieden sind und alles finden, was sie sich wünschen. Dann wird Google Sie belohnen. Mit Black-Hat-Methoden erzielen Sie nur so lange Erfolg, bis Google das Vergehen entdeckt. Und danach war es das dann meist mit der Freundschaft.

Es kann aber auch ganz andere Gründe haben, warum Ihre Website nicht im Index auftaucht. Der simpelste: Haben Sie im Backend unter EINSTELLUNGEN • LESEN einen Haken bei SICHTBARKEIT FÜR SUCHMASCHINEN gemacht? Entfernen Sie diesen.

Vielleicht haben Sie die Seiten aber auch auf die Sichtbarkeit »Privat« gesetzt. Überprüfen Sie alle betroffenen Seiten.

Lag es daran nicht, kann es einmal passieren, dass man einzelne Unterseiten mit dem Vermerk noindex versieht. Hierfür ist in der Regel ein Plugin verantwortlich. Begeben Sie sich auf die Unterseiten, die nicht indexiert werden, und lassen Sie den Quelltext anzeigen. Suchen Sie per Suchfunktion nach dem Wort »noindex«. Kommt es vor, überprüfen Sie Ihre Plugins. Deaktivieren Sie alle und reaktivieren Sie sie nach und nach. Welches verursacht den Eintrag? Bei Plugins wie *WordPress SEO* kann man als Nutzer selbst bestimmen, welche Seiten auf noindex gesetzt werden. Verwenden Sie ein solches Plugin, überprüfen Sie die problematischen Seiten.

Ist Ihre Website noch neu, kann es übrigens etwas dauern, bis sie im Index ist. Warten Sie einmal eine Woche ab. Für einzelne Unterseiten gilt das Gleiche. Je aktiver und populärer Ihre Website ist, desto länger dauert es jedoch in der Regel.

14.25 Beiträge auf der Startseite werden im Volltext angezeigt

Wenn Beiträge auf der Startseite und auf Archivseiten im Volltext angezeigt werden, haben Sie vermutlich nur vergessen, einen Weiterlesen-Link zu setzen. Gehen Sie in die Bearbeitungsansicht der betroffenen Beiträge und fügen Sie über die Werkzeugleiste am Editor an die gewünschte Stelle (meist nach dem ersten oder zweiten Absatz) ein sogenanntes Weiterlesen-Tag ein.

14.26   Die Sidebar ist plötzlich unter dem Inhalt

Überprüfen Sie, ob ein Widget schuld an der Misere ist. Entfernen Sie alle Widgets aus der Sidebar und überprüfen Sie, ob es nun funktioniert.

Selten kann auch ein Plugin schuld sein. Deaktivieren Sie alle und schauen Sie, ob die Sidebar ihren rechtmäßigen Platz gefunden hat. Falls ja, reaktivieren Sie nun alle Plugins nach und nach und schauen Sie, welches die Probleme verursacht hat.

Schließlich kann ein Problem am Theme schuld sein. Wenn Sie es selbst programmiert haben, dann schauen Sie einmal, ob vielleicht ein <div> bzw. </div> zu viel oder zu wenig vorhanden ist. Das hat schon viele Designs um ihr gutes Aussehen gebracht. Andernfalls müssen Sie notfalls den Theme-Autor kontaktieren oder auf ein Update warten.

14.27   In der URL erscheint die »index.php«

In Ihrer URL kann »index.php« dann vorkommen, wenn Sie dies in Ihren Permalink-Einstellungen so festgelegt haben. Das können und sollten Sie auch ändern.

14.28   Einige JavaScript-Funktionen sind gestört

Wenn Tabs und Akkordeons und Ähnliches nicht mehr funktionieren, kann das an einem fehlerhaften Plugin liegen. Deaktivieren Sie daher alle Plugins und überprüfen Sie, ob es daran lag. Reaktivieren Sie dann alle nach und nach, um das Problem-Plugin zu finden.

Es kann auch am Theme liegen. Aktivieren Sie in diesem Fall das Standard-Theme und schauen Sie, ob das Problem dadurch gelöst wurde.

14.29   Es tritt ein Syntax-Error auf

Syntaxfehler können aus verschiedensten Gründen auftreten. In der Regel ist bei der Fehlermeldung eine fehlerhafte Datei angegeben. Suchen und öffnen Sie diese (nicht mit Word, sondern mit Notepad, Notepad++, Textedit oder Brackets). Suchen Sie die angegebene Zeile. Irgendwo in der Nähe (nicht zwingend in exakt dieser Zeile) befindet sich ein Syntaxfehler. Der kann z. B. in Folgendem liegen:

▶ Ein Semikolon (;) am Ende einer Zeile oder Anweisung fehlt.

▶ Es wurden falsche Anführungszeichen verwendet, weil etwas von einer Website kopiert wurde. Setzen Sie die Anführungszeichen in einem Editor per Hand neu.

▶ Eine geschweifte Klammer ({ oder }) wurde vergessen. Meist ist es die schließende, die fehlt. Sorgen Sie dafür, dass es für jede geöffnete auch eine geschlossene Klammer gibt.

14.30 Es tritt ein Unexpected-Error auf

Wenn eine solche Fehlermeldung auftritt, dann haben Sie vermutlich vergessen, in der bezeichneten Datei ein bestimmtes Zeichen zu setzen. Dieser Fehler kann z. B. auf folgende fehlende Zeichen hindeuten:

▶ UNEXPECTED '=': Sie haben ein $-Zeichen bei einer Variable vergessen.

▶ UNEXPECTED ')': Sie haben eine geöffnete Klammer vergessen.

▶ UNEXPECTED '(': Sie haben eine schließende Klammer vergessen.

▶ UNEXPECTED T_STRING: Sie haben ein Anführungszeichen oder ein Semikolon am Ende der Zeile/Anweisung vergessen.

▶ UNEXPECTED T_ELSE: Sie haben eine ELSE-Anweisung geöffnet, aber keine IF-Schleife geöffnet.

14

14.31 Ich habe ein anderes Problem: Wo finde ich Hilfe?

Wenn Sie ein anderes Problem haben, dessen Lösung Sie hier nicht finden, hilft Google meist am ehesten weiter. Geben Sie dort die genaue Fehlermeldung oder eine kurze Problembeschreibung ein, am besten alternativ auch auf Englisch.

Außerdem gibt es noch eine Seite im WordPress-Codex, die weitere typische Fehler auflistet (*https://codex.wordpress.org/Common_WordPress_Errors*).

Finden Sie dort nichts Hilfreiches, könnte Ihnen die Support-Seite von WordPress (*https://wordpress.org/support*) möglicherweise weiterhelfen. Dort finden Sie die Foren, wo Ihnen sicherlich jemand behilflich sein wird.

14.32 Quellen

Folgende Quellen haben bei der Erstellung dieses Kapitels geholfen:

▶ *https://codex.wordpress.org/Common_WordPress_Errors*

▶ *http://www.wpexplorer.com/fix-common-wordpress-theme-issues*

▶ *http://www.copyblogger.com/wordpress-user-errors-infographic*

Kapitel 15
Suchmaschinenoptimierung

In diesem Kapitel lernen Sie, was Suchmaschinenoptimierung aus heutiger Sicht bedeutet und wie Sie eine WordPress-Website professionell für Suchmaschinen optimieren.

Was für ein phänomenales Thema war *Suchmaschinenoptimierung* – auch kurz *SEO* genannt – in den vergangenen Jahren. Jeder wollte seine Website auf Platz 1 bei Google & Co. sehen, koste es, was es wolle. Dabei war und ist es vielen egal, ob sie dabei wirklich eine hilfreiche Website für den Besucher schaffen oder ob sie die hohen Platzierungen durch zwielichtige Methoden erreichen. Manchen Firmen war es so wichtig, in Suchmaschinenoptimierung zu investieren, dass sie darüber hinaus die Erstellung einer Website vollends vergaßen.

Doch Suchmaschinenoptimierung hat sich grundlegend gewandelt. Mittlerweile spricht man daneben auch noch von *Suchmaschinen-Marketing* (SEM) oder von *User Experience Optimization* (UXO). Um das Ganze zu vereinfachen, spreche ich im Folgenden einfach nur von *SEO* und meine dabei alles, was damit zusammenhängt.

15.1 SEO aus heutiger Sicht

Nicht Wenige sind mittlerweile der Ansicht, dass Suchmaschinenoptimierung, wie es sie früher gab, heute nicht mehr existiert. Das mag daran liegen, dass sich vor allem die Suchmaschinen einem enormen Wandel unterzogen haben. Nehmen wir Google als Beispiel. Mittlerweile blendet Google neben den klassischen Suchergebnissen auch Ergebnisse aus der Bilder- und Videosuche ein, außerdem suchwortoptimierte Werbung oder auch aktuelle *Twitter-Diskussionen*. Es gibt heute also mehr als nur einen Weg, um in den Suchergebnissen sichtbar zu werden.

15.1.1 Google Instant

Zudem hat der Suchmaschinengigant mit *Google Instant* eine ganz neue Form des Sucherlebnisses geschaffen. Dabei müssen Sie nur noch Teile des gewünschten Suchbegriffs eingeben, und schon lädt Google automatisch die Seite mit den entsprechenden Ergebnissen. Je nach Tippgeschwindigkeit wird so bei jedem neuen Buchstaben eine neue Ergebnisseite angezeigt. Unterstützt wird das Prozedere von den schon seit Längerem eingesetzten *Google Suggestions*, also Vorschlägen auf Basis der bislang eingegebenen Suchphrase. Diese Kombination macht die Suche wesentlich schneller und in der Regel auch zielführender. Vor allem wenn Sie noch nicht genau wissen, wonach Sie eigentlich suchen.

15.1.2 Neue Herausforderungen

Diese Änderungen haben vor allem für Suchmaschinenoptimierer und Website-Betreiber drastische Konsequenzen. Während die einen nur ihre Inhalte auf *Keywords* hin optimieren, sind andere schon längst mit Bildern, Videos, *Twitter-Kurznachrichten* und Werbeanzeigen bei Google vertreten. In den Mittelpunkt rückt also vielmehr eine ganzheitliche Optimierung der Website fernab vom bloßen Einbinden relevanter Keywords.

Mehr und mehr rückt auch die Optimierung für Google Suggestions ins Rampenlicht. Es wird nach Methoden gesucht, um relevante Suchbegriffe in den Vorschlägen zu platzieren, die zwangsläufig zur eigenen Website als erstem Ergebnis führen. Haben Sie also den ersten Platz für »Bio-Shampoo aus Weizengras« inne, dann möchten Sie natürlich, dass dieser Suchbegriff vorgeschlagen wird, sobald jemand auch nur das Wörtchen »Bio« in die Suchmaske eintippt.

15.1.3 Personalisierte Suchergebnisse

Suchmaschinenoptimierung ist also facettenreicher geworden, aber auch schwieriger. Hinzu kommen die personalisierten Suchergebnisse. Google arbeitet nicht für Ihr Unternehmen, sondern für den Suchenden. Das bedeutet, dass Google nicht allzu viel daran gelegen ist, dass ein Unternehmen sich gegen seine Konkurrenz durchsetzen und auf die vordersten Plätze der Suchergebnisse gelangen kann. Google möchte dem Nutzer die relevantesten Informationen liefern, die es zu seiner Suchanfrage im Netz gibt. Daher testet Google seit einiger Zeit personalisierte Suchergebnisse.

Abhängig von den Informationen, die Google über Sie hat – also auch bislang eingegebene Suchphrasen –, liefert es Ihnen unter Umständen andere Ergebnisse als Ihrem Kollegen. Diese Unterschiede können marginal sein, und das sind sie oft auch nur. Dennoch kann es vorkommen, dass die Website, die beim einen auf Platz 1 ist, beim anderen erst auf der zweiten Ergebnisseite auftaucht. Für Suchmaschinenoptimierer ist das ein Graus, der eine vernünftige Optimierung verhindert.

15.1.4 Trend: Konversionsoptimierung

Der Trend geht also zunehmend weg von der Suchmaschinenoptimierung hin zur *Konversionsoptimierung*. Dabei geht es nicht mehr nur darum, möglichst viele (irrelevante) Besucher auf seine Website zu locken, sondern lediglich wenige relevante, von denen dann möglichst viele die gewünschte Aktion durchführen (das nennt man *Konversion*).

Ein Beispiel: Ihr Unternehmen bietet deutschlandweite Dienstleistungen, z. B. das Portieren eines Designs in eine HTML/CSS-Vorlage. Klassische Suchmaschinenoptimierung würde – überspitzt gesagt – versuchen, das Unternehmen bei den Suchbegriffen »HTML« und »CSS« unterzubringen. Bei einem Erfolg hätte dies eine sehr hohe Besucherzahl zur Folge; die wenigsten davon würden sich aber für Ihre Dienstleistungen interessieren. Dennoch sind 1 % von 1.000.000 natürlich auch ein großer Interessentenkreis; es wird aber auf Masse statt auf Klasse gesetzt.

Die Konversionsoptimierer würden einen anderen Ansatz verfolgen. Sie würden zwar auch versuchen, die Website vernünftig zu positionieren, aber bei anderen, eventuell sogar einfacher zu erreichenden Suchbegriffen, z. B. »HTML-Vorlage aus Photoshop« oder Ähnlichem. Über derartige Suchbegriffe würden nun hauptsächlich relevante Besucher kommen, die sich zumindest schon einmal für die Portierung einer Photoshop-Datei in eine HTML-Vorlage interessieren. Der Kern guter Konversionsoptimierung liegt nun aber darin, so viele dieser Besucher wie möglich dazu zu bringen, Kontakt mit Ihrem Unternehmen aufzunehmen. Die Kontaktaufnahme ist also die zu erreichende Konversion bei dieser speziellen Website.

Wir haben also entweder eine hohe Anzahl an Besuchern und eine niedrige Konversionsrate (klassische Suchmaschinenoptimierung) oder eine geringe Anzahl an Besuchern, aber eine umso höhere Konversionsrate (Konversionsoptimierung). Letztere ist der aktuelle Trend, und man lehnt sich, denke ich, nicht zu weit aus dem Fenster, wenn man behauptet, dass diese Methode in den nächsten Jahren das Internet nachhaltig prägen wird.

15.1.5 Was das für Sie bedeutet

Doch wofür sollten Sie sich nun entscheiden? Lieber klassisch optimieren mit möglichst vielen Besuchern oder doch lieber Qualität vor Quantität mit der Konversionsoptimierung? Das hängt vor allem von Ihrer Zeit und Ihrem Budget ab. Wenn Sie grundsätzlich in der Lage sind, Ihre Website bei heiß umkämpften Keywords zu platzieren, spricht nichts gegen die konventionelle Optimierung. Das kostet allerdings viel Zeit und meistens auch viel Geld. Sind Sie dann noch in der Lage, auf dieser Basis eine gute Konversionsoptimierung vorzunehmen, haben Sie vermutlich das beste Ergebnis aus beiden Methoden.

Für alle anderen – und das dürften die meisten sein – bietet sich ein Schwerpunkt auf der Konversionsoptimierung an. Sprechen Sie gezielt die Nutzer an, die auf der Suche nach den Informationen sind, die Sie ihnen bieten. Lassen Sie sich nicht von monatlichen *Pageviews-Auswertungen* beeindrucken. Am Ende zählt einzig und allein, wie viele Konversionen Sie erzielt haben – übrigens auch bei großen Unternehmen. Die Tage, in denen allein auf die Anzahl der Seitenaufrufe geschaut wurde, sind buchstäblich gezählt. Sie kommen um eine Konversionsoptimierung also ohnehin nicht herum. Machen Sie es Ihren Besuchern daher leicht, die gewünschten Informationen auf Ihrer Seite schnell zu finden und die von Ihnen gewollte Aktion durchzuführen (Kontaktaufnahme, Warenkorb etc.). Kümmern Sie sich dann um eine ausreichende Streuung Ihres Angebots in den Suchergebnissen, und zwar bei relevanten Keywords. So können Sie mit einem überschaubaren Aufwand die gleichen Ergebnisse erzielen, wie die klassische Suchmaschinenoptimierung sie nur mit weitaus höherem Aufwand erreichte.

15.2   WordPress ist ein guter Anfang

Mit der Entscheidung für WordPress haben Sie zumindest aus Sicht der Suchmaschinenoptimierung schon einmal alles richtig gemacht. Ja, WordPress bietet einige Vorteile, die nur schwer von der Hand zu weisen sind.

Zum Beispiel sind hier die großartigen Plugins zu nennen, die die Suchmaschinenoptimierung unterstützen. Ob Sie nun *wpSEO*, das *All in One SEO Pack* oder *Headspace 2* einsetzen – es gibt viele Möglichkeiten, Ihre Website sichtbar zu machen.

Außerdem wird durch *Ping-Dienste* und *Trackbacks* die Kommunikation gestärkt. News-Seiten werden über Ihre neuen Beiträge informiert, während Sie auf anderen Blogs einen kleinen Hinweis hinterlassen können, dass Sie etwas Ähnliches beizutragen haben. Diese kleinen Gimmicks können die Vernetzung schon ein ganzes Stück vorantreiben.

WordPress bietet Ihnen außerdem von Haus aus suchmaschinenfreundliche *Permalinks*; in anderen *Content-Management-Systemen* müssen Sie eine solche Funktion erst noch aufwendig nachrüsten.

Ein weiterer Vorteil von WordPress ist die Liebe von Google zu dieser Software. Okay, das lässt sich nicht beweisen. Aber gänzlich leugnen lässt es sich auch nicht, dass Google eine gewisse Affinität zu Websites auf WordPress-Basis hat. Vielleicht liegt es daran, dass diese viel öfter guten Content bieten, als dass sie schädliche Inhalte bereithalten. Für Spammer ist WordPress nicht gerade die erste Wahl. Man kann also gut und gerne behaupten, dass der Einsatz dieser Software das Vertrauen von Google in Ihre Website stärkt – wenn auch nur ein klein wenig.

15.3   Grundlegende SEO-Techniken

Doch wie können Sie Ihre Website nun am besten für Suchmaschinen optimieren? Sie haben jetzt sehr viel Theorie gelesen, jetzt möchten Sie selbstverständlich gern ein wenig Praxisluft schnuppern.

Grundsätzlich ist nicht nur die Wahl von WordPress wichtig, sondern auch die Wahl, ein Blog einzusetzen. Im Laufe des Buches habe ich ja öfter erwähnt, dass WordPress ebenfalls ein tolles CMS darstellt, auch für Websites ohne Blog. Ich möchte Ihnen aber dringend raten, dennoch eines zu führen.

15.3.1   Führen Sie ein Blog!

Aus dem Blickwinkel der Suchmaschinenoptimierung schlägt ein Blog gleich mehrere Fliegen mit einer Klappe. Google möchte von Ihnen viele hochwertige Inhalte und das am besten regelmäßig. Außerdem ist es Google wichtig, dass viele andere Websites auf Sie verweisen und dass Ihre *interne Verlinkung* gut ist – dass also die Seiten Ihrer Website untereinander sinnvoll verlinkt sind. Ein Blog ist dazu viel besser als ein statischer Bereich Ihrer Website.

Mal ehrlich: Wen interessiert schon eine Unternehmensphilosophie? Oder anders gefragt: Haben Sie schon einmal etwas gegoogelt und sind schließlich in einer Unternehmensphilosophie oder Ähnlichem fündig geworden? Vermutlich nicht. Diese Bereiche sind ganz nett, um potenzielle Interessenten mit Informationen zu erschlagen; sie sind zumeist aber nicht nützlich. Blogartikel hingegen können sogar sehr nützlich sein, vorausgesetzt, Sie produzieren interessante oder hilfreiche Inhalte. Sind Sie dazu in der Lage, dann freut es nicht nur Google, dass viele Menschen auf Ihrer Seite nützliche Informationen finden. Auch andere Websites und Blogs werden auf Ihre Artikel verlinken. Sie bekommen also Googles guten Willen gleich zweimal mit nur einer Strategie. Zudem ist bei Blogartikeln – entsprechende Plugins oder Fleißarbeit vorausgesetzt – die interne Verlinkung sehr gut. Übrigens: Ein Blog zu führen ist manchmal viel effektiver als das Optimieren einzelner Seiten auf bestimmte Suchbegriffe hin. Natürlich sollten Sie Ihre Blogartikel möglichst immer auf einige wichtige Keywords hin optimieren – das Beste daran sind aber die zufälligen Suchbegriffe. Durch die immer neuen Artikel, die auf Ihrem Blog entstehen, sucht Google sich aus der Vielzahl der Wörter eine Unmenge an Suchbegriffen heraus, solche, die Ihnen vermutlich niemals eingefallen wären, nach denen aber tatsächlich Menschen suchen. Bei meinen Kunden kommt die Masse der Besucher üblicherweise über genau diese zufälligen Keywords. Sofern Sie sich ein sinnvolles, relevantes Thema gesucht haben, fließen die richtigen Keywords ganz von allein in den Text ein.

15

15.3.2   Optimieren Sie Ihre Texte

Zusätzlich zu den zufälligen Keywords sollten Sie Ihre Texte aber noch ganz gezielt auf bestimmte Wörter oder Phrasen hin optimieren. Nutzen Sie dazu Tools wie das kostenlose *Google Keyword Tool* (*https://adwords.google.com/select/KeywordTool-External*) oder eine kostenpflichtige *Keyword-Datenbank* (z. B. *www.keyword-datenbank.de*). Nehmen Sie sich pro Text zwischen einem und maximal drei Keywords vor, die Sie häufiger darin einfließen lassen. Lassen Sie aber die Finger von irgendwelchen Theorien über Keyword-Dichte; die sind ganz schön veraltet. Je nach Länge des Textes sollte das Keyword mindestens drei- bis höchstens sechsmal darin vorkommen, zudem auch in Form üblicher Synonyme. Glauben Sie mir, das genügt. Google ist nicht auf den Kopf gefallen, wenn man das so sagen kann. Die Suchmaschine merkt bereits nach der ersten Nennung, dass es sich bei Ihrer Website um das Keyword dreht. Die zweite und dritte Nennung unterstreichen dies zusätzlich. Und bei langen Texten sind auch fünf bis sechs Nennungen noch natürlich. Danach wird es aber kritisch, und es kann sein, dass Ihr Text überoptimiert ist und gar nicht erst von Google gelistet wird.

Keyword-Optimierung wird ohnehin überbewertet; sie ist nur ein kleiner Faktor. Viele gute *Backlinks* tragen auch einiges zu einer guten Platzierung bei. Meiner Erfahrung nach scheinen auch das Klicken der Nutzer auf den Link zu Ihrer Website von der Suchergebnisseite aus sowie deren Verweildauer eine wesentliche Rolle zu spielen. Aber das ist ja das Schöne an SEO, es gibt eigentlich nur Theorien und kaum Fakten. Halten Sie sich also am besten immer über aktuelle Strömungen auf dem Laufenden.

15.3.3   Der Titel Ihrer Seite

Der Titel jeder einzelnen Unterseite ist enorm wichtig. Dabei geht es nicht nur um den Titel, der im `<title>`-Tag festgelegt wird, sondern auch um das `<h1>`-Tag, das Ihre Hauptüberschrift definiert. Google legt auf beides sehr viel Wert (mittlerweile auch auf `<h2>`-Tags). Sorgen Sie also dafür, dass dort immer unterstützende Informationen zu finden sind.

Der *HTML-Titel* Ihrer Seite sollte entweder mit dem Namen Ihrer Website (bzw. Ihres Unternehmens) oder dem Thema der Seite beginnen. Wenn Ihnen eine Stärkung Ihres Unternehmensnamens wichtig ist, dann sollten alle statischen Seiten damit beginnen, gefolgt von der Bezeichnung der Seite, z. B. »ABC Company – unsere Philosophie«. Blogbeiträge sollten hingegen immer mit dem Beitragstitel beginnen, denn Google legt mehr Wert auf die Wörter des Titels, die am weitesten vorne stehen. Zudem werden von Suchmaschinen nur etwa die ersten 60 Zeichen angezeigt – danach wird rigoros abgeschnitten.

In Ihrem `<h1>`-Tag sollte sich zudem nicht einfach nur der Name Ihrer Website befinden, wie dies auf vielen Websites der Fall ist. Das `<h1>`-Tag ist die Hauptüberschrift einer jeden Seite und benötigt daher auch überall eine individuelle Bezeichnung. Verschenken Sie keine wertvollen Punkte, indem Sie hier nur Ihre Firma wiederholen.

15.3.4   Die Meta-Description

Es gibt eine Vielzahl an *Meta-Tags* – doch nur eines ist für die Suchmaschinenoptimierung wirklich relevant. Nicht einmal das *Meta-Keywords-Tag* bringt Ihnen einen Vorteil bei den großen Suchmaschinen; diese ignorieren es gänzlich. Das Einzige, was Sie dadurch erreichen, ist, Ihre Konkurrenten über die von Ihnen verwendeten Keywords zu informieren. Das kann man gut und gerne als Wettbewerbsnachteil bezeichnen.

Das einzige Meta-Tag, das Sie wirklich benötigen, ist die *Meta-Description* (Listing 15.1). Die ist dafür umso wichtiger. Google verwendet diese nämlich üblicherweise als Beschreibungstext in seinen Suchergebnissen. Wenn Sie keine Meta-Description angeben, bastelt Google sich selbst eine aus dem Inhalt Ihrer Seite. Das ist meist aber eher schlecht als recht. Nutzen Sie die Meta-Description als Werbebotschaft für den Inhalt der Unterseite, um potenzielle Besucher davon zu überzeugen, sich diese Seite anzusehen. Ein wenig Werbepsychologie ist hier durchaus erlaubt.

```
<meta name="description" content="Beschreibung Ihrer Seite...">
```

Listing 15.1 Syntax der Meta-Description

15.3.5   Permalinks

Nutzen Sie die Macht der Permalinks. WordPress bietet so eine fantastische Unterstützung für suchmaschinenfreundliche Permalinks, diese sollten Sie unbedingt nutzen. Welche Syntax Sie dabei verwenden, bleibt natürlich Ihnen überlassen.

Das Wichtigste ist, dass der Titel der Seite darin Platz findet. Die Struktur sollten Sie kurz überdenken: Wenn Sie nur auf den Titel setzen, ist das zwar gut lesbar, aber möglicherweise dann problematisch, wenn Sie viele Beiträge veröffentlichen und nicht immer sicherstellen können, dass nicht der ein oder andere identische Titel dabei ist. In solchen Fällen kann es sinnvoll sein, eine ID oder ein Datum voranzustellen. Die ID ist neutral, jedoch kann der Nutzer nicht viel damit anfangen. Das Datum bietet ihm mehr Informationen, gibt aber auch eine möglicherweise empfindliche Information über Ihren Beitrag schon in den Suchergebnissen preis (ob der Artikel aktuell oder eventuell veraltet ist). Nutzer klicken ungern auf Beiträge, die schon ein paar Jahre alt sind, unabhängig davon, ob diese an Aktualität nichts eingebüßt haben. Für die meisten Blogs ist es deshalb sinnvoll, rein auf den Beitragsnamen zu setzen.

15

Mithilfe der folgenden Platzhalter in Tabelle 15.1 können Sie Ihre Permalink-Struktur nach Ihren Wünschen selbst gestalten.

Platzhalter	Bedeutung
%year%	das Erscheinungsjahr des Beitrags in vier Ziffern (2011)
%monthnum%	der Erscheinungsmonat in zwei Ziffern (08)
%day%	der Erscheinungstag (16)
%hour%	Stunde der Erscheinungsuhrzeit
%minute%	Minute der Erscheinungsuhrzeit
%second%	Sekunde der Erscheinungsuhrzeit
%post_id%	ID des Beitrags
%postname%	Titel des Beitrags
%category%	Slug der Kategorie
%tag%	Slug des Tags
%author%	Autor des Beitrags

Tabelle 15.1 Platzhalter für die Permalink-Struktur

Auch wenn Sie die in Tabelle 15.1 genannten Platzhalter gerne beliebig verwenden dürfen, so empfiehlt es sich dennoch, aus Performancegründen die Struktur nicht mit einem der folgenden Platzhalter zu *beginnen*:

▶ %postname%

▶ %category%

▶ %tag%

▶ %author%

15.3.6   Sorgen Sie für Backlinks!

Backlinks sind Links, die andere auf Ihre Website setzen. Diese sind besonders wertvoll, da Google daran Ihre Popularität bemisst, Ihren sogenannten *Page Rank*. Bekommen Sie hochwertige Backlinks (also Links von aus Googles Sicht bedeutenden Websites) und eine gewisse Anzahl davon, kann sich das sehr positiv auf Ihre Suchmaschinenpositionierungen auswirken.

Um Backlinks zu bekommen, gibt es mindestens so viele Strategien, wie es Websites gibt. Leider funktionieren nur die wenigsten davon. Grundsätzlich gilt: Guter Inhalt generiert gute Links. Doch gerade am Anfang lassen diese doch eine beträchtliche Zeit auf sich warten. Zögern Sie also nicht, andere Blogbetreiber direkt auf sich aufmerksam zu machen und ihnen Ihre Artikel nahezulegen. Dies sollten Sie stets freundlich machen und die Blogger nicht belästigen. Nur wenn Sie wirklich einen interessanten Beitrag haben, der auch für den entsprechenden Blogger und vor allem für dessen Leser von Interesse ist, sprechen Sie ihn ruhig an. Mit ein wenig Glück verlinkt er ihn. Wer nicht fragt, bekommt auch keine Antwort.

Sie können auch *Social-Media-Tools* wie z. B. Twitter oder Facebook nutzen, um auf Ihre Website aufmerksam zu machen. Auch Google-AdWords-Werbung, klassische Zeitungsanzeigen oder Flyer-Werbung können funktionieren; das hängt sehr von Ihrer Zielgruppe ab. Wichtig ist aber, dass Sie überhaupt Menschen auf Ihre Website aufmerksam machen – vor allem solche, die auch eine eigene Website betreiben. Wenn Sie dann noch gute Inhalte aufweisen können, dürften dabei auch ein paar Backlinks herausspringen. Zumindest haben Sie aber ein paar Leser mehr.

Schließlich bleibt Ihnen noch *Linkbait*, also *virales Marketing*. Erregen Sie (positive oder negative) Aufmerksamkeit, und die Links kommen von ganz allein. So leicht sich das zunächst anhört, so schwer ist es tatsächlich. Nicht wenige versuchen Tag für Tag, für Skandale zu sorgen, ohne dass es ihnen gelingt. Denken Sie dran: Wenn Sie oder ich Tabus brechen, ist das möglicherweise noch nicht so interessant, als wenn Madonna Tabus bricht. Im schlimmsten Fall kann also selbst der größte Skandal niemanden interessieren. Besser sind ohnehin virale Kampagnen, die ein positives Licht auf Sie werfen, auch wenn vielfach propagiert wird, dass es ja eigentlich gar keine schlechte Publicity gäbe, denn Publicity sei schließlich Publicity.

Vermeiden Sie außerdem Backlinks aus sogenannter »schlechter Nachbarschaft«, das bedeutet von *Linkfarmen* oder ähnlichen Websites, die einfach nur eine große Anzahl an Links, aber keine Inhalte bereitstellen. Auch das Kaufen von Links ist nicht gerade ratsam, da es zum einen sehr kostspielig werden kann und Google auch solche Strategien recht schnell entlarvt, wenn man dabei nicht aufpasst.

15.3.7   Nutzen Sie Web Analytics

Suchmaschinenoptimierung bringt Ihnen nicht allzu viel, wenn Sie nicht wissen, was auf Ihrer Website vor sich geht. Denn dann erfahren Sie nie, welche Ihrer Aktionen tatsächlich zu erhöhtem Besucheraufkommen geführt hat. Nutzen Sie also eine gute *Web-Analytics-Software*.

Google Analytics kann ich aus mehreren Gründen nicht empfehlen. Zum einen ist es zumindest zum aktuellen Zeitpunkt, während ich dieses Buch schreibe, datenschutzrechtlich sehr bedenklich. Zum anderen sind die Statistiken (noch) nicht sekundengenau. Sie werden erst später aktualisiert, sodass Sie nie erfahren, was jetzt gerade in diesem Moment auf Ihrer Website los ist.

Alternativen gibt es viele, doch die sind zumeist kostenpflichtig. Ich persönlich setze gerne *etracker* ein, das ich Ihnen auch empfehlen kann. Es ist in der kleinsten Variante schon für einen überschaubaren monatlichen Obolus zu haben, bietet aktuell 100%ige Datenschutzkonformität (laut Aussage der etracker GmbH) und ist zudem sekundengenau und sehr übersichtlich. Sie können es ja einmal kostenlos drei Wochen unter *www.etracker.com/de/* ausprobieren. Alternativen sind z. B. *Nedstat* (*www.nedstat.de*), *Sitemeter* (*www.sitemeter.com*) oder *Piwik* (*www.piwik.org*). Letzteres installieren Sie auf Ihrem eigenen Server und sind daher unabhängig von fremden Servern; es ist zudem kostenlos.

15.4   WordPress SEO Plugin by Yoast – die optimale Suchmaschinenoptimierung

Das Plugin *WordPress SEO* von *Yoast* ist wirklich eines der besten Plugins, das Sie Ihrer WordPress-Website spendieren können. Es ist zwar kostenlos, doch das tut seiner Qualität keinen Abbruch. Ganz im Gegenteil. Neben den üblichen Features hat Yoast dort auch einige nette Ideen eingebaut, wie z. B. eine Beitragsvorschau, die Ihnen anzeigt, wie diese spezielle Unterseite später bei Google als Listing aussehen wird, wenn Sie diese oder jene Einstellung vornehmen. Wenn Sie sich für WordPress SEO entscheiden, benötigen Sie auch kein weiteres Sitemap-Plugin mehr. Das ist alles schon integriert.

Damit das Plugin seine Wirkung entfalten kann, müssen Sie sicherstellen, dass zwei Dinge in Ihrem Theme (in der *header.php*) enthalten sind. Zum einen muss vor dem schließenden `</head>`-Tag der Aufruf `<?php wp_head(); ?>` enthalten sein. Zum anderen muss das `<title>`-Tag wie folgt aussehen:

```
<title><?php wp_title(''); ?></title>
```

15.4.1   Dashboard

Nach der Installation finden Sie unter dem eigenen Menüpunkt SEO zunächst ein eigenes Dashboard nur für dieses Plugin vor (Abbildung 15.1).

Neben ein paar Infos und Werbung enthält es auch bereits die ersten Einstellungsmöglichkeiten. So können Sie sich mittels einer Tour durch das Plugin führen lassen oder die Grundeinstellungen später wiederherstellen, falls Sie mal einen Fehler gemacht haben sollten. Schon zu Beginn werden Sie gefragt, ob Sie dem Tracking zustimmen, ob das Plugin Ihre Nutzung also aufzeichnen darf, damit der Autor es verbessern kann. Das ist natürlich Geschmackssache – ich bin kein Fan davon, solange ich nicht genau weiß, was dort aufgezeichnet wird. Außerdem lassen sich unter dem Punkt SICHERHEIT auch die erweiterten Optionen für Autoren und

Redakteure entfernen (dazu kommen wir am Ende dieses Abschnitts). Sollten Sie Ihren Autoren also eher weniger vertrauen, bietet es sich an, ihnen hier Grenzen zu setzen. Schließlich können Sie, falls Sie sie zur Hand haben, auch gleich die Verifizierungsschlüssel für die wichtigsten Suchmaschinen und Tools hinterlegen, z. B. für die *Google Webmaster Tools*.

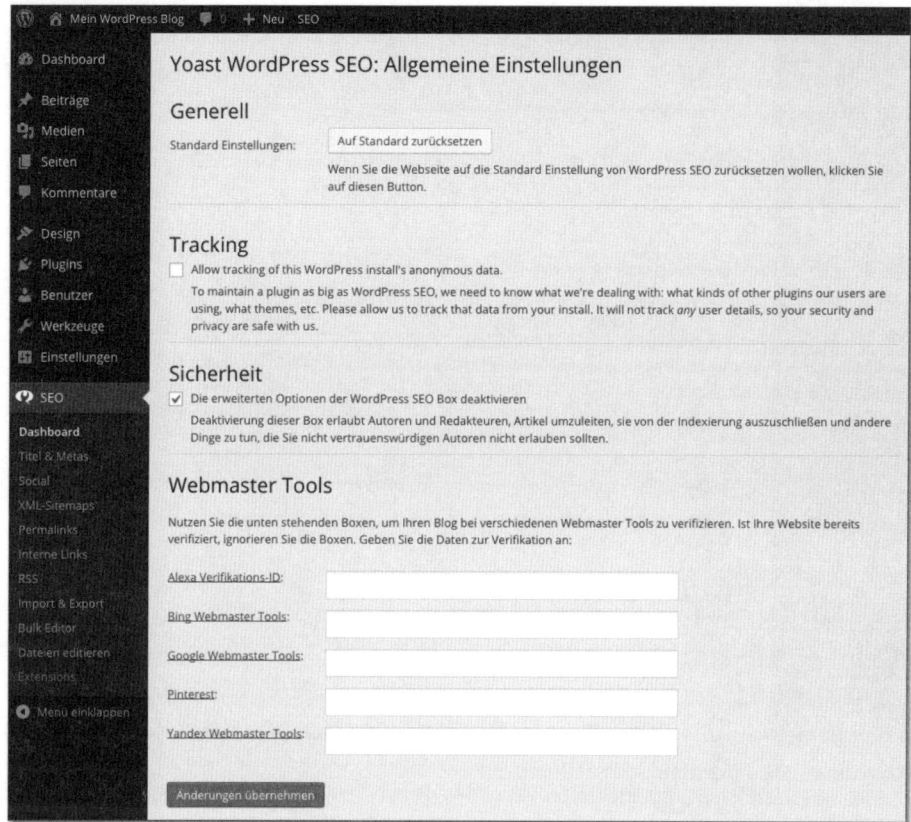

Abbildung 15.1 Das Dashboard von WordPress SEO

15.4.2   Titles & Metas

Unter dem Menüpunkt TITLES & METAS finden Sie mehrere Registerreiter. Bei GENE-RELL (Abbildung 15.2) legen Sie zunächst fest, ob Sie ein Überschreiben der Titel erzwingen wollen. Sollte Ihr Theme also nicht den entsprechenden Hook in der *header.php* mitbringen, wie am Anfang dieses Abschnitts erwähnt, dann können Sie das Überschreiben hier dennoch erzwingen.

Unter TITLE SEPARATOR können Sie ein Symbol wählen, das später dazu verwendet werden soll, um beispielsweise den Titel der Seite vom Titel der Website abzugrenzen. Das hat allerdings nur einen Effekt, wenn Sie im Folgenden auch den entsprechenden Platzhalter (%%sep%%) verwenden und nicht selbst Symbole in die Eingabefelder einfügen.

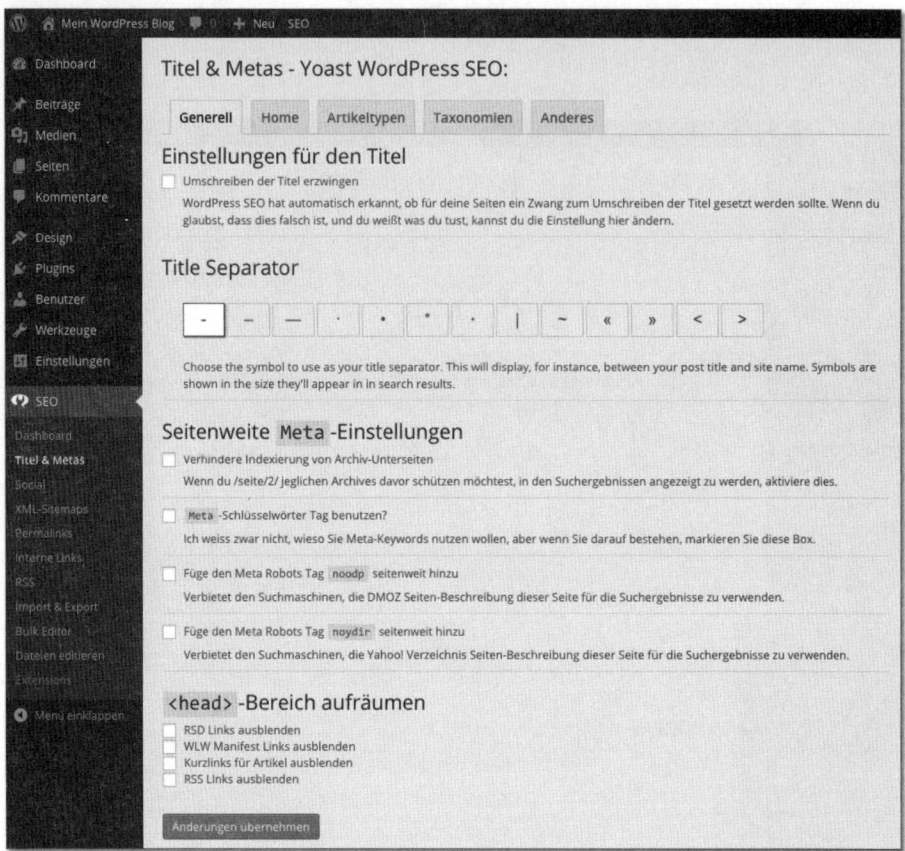

Abbildung 15.2 Allgemeine Einstellungen

Im Abschnitt SEITENWEITE META-EINSTELLUNGEN gibt es vier Optionen:

Verhindere Indexierung von Archiv-Unterseiten

Wenn Ihre Archive mehrere Unterseiten haben und Sie nicht möchten, dass diese in den Suchergebnissen angezeigt werden, dann aktivieren Sie diese Option.

Meta-Schlüsselwörter Tag benutzen?

Die Meta-Keywords werden heute nachweislich von kaum einer Suchmaschine mehr ausgewertet. Google, Bing und Yahoo! überlesen die Angaben, die dort stehen. Es gibt nur vereinzelte Metasuchmaschinen, die diese Angaben noch verwenden, und auf die können Sie in 99,9 % der Fälle getrost verzichten, wenn Sie nicht gerade in einer ganz bestimmten Nische, deren Leser diese Suchmaschinen verwenden, unterwegs sind. Nur falls Sie dennoch Meta-Keywords verwenden wollen, aktivieren Sie diese Option.

Füge den Meta Robots Tag noodp seitenweit hinzu

Wenn Sie diese Option aktivieren, verbieten Sie den Suchmaschinen, für Ihre Website eine Beschreibung des DMOZ-Archivs anzuzeigen.

Füge den Meta Robots Tag noydir seitenweit hinzu

Hier gilt das Gleiche wie bei der Option zuvor, nur dass hier auf das Yahoo! Directory zurückgegriffen wird.

Im Abschnitt <HEAD>-BEREICH AUFRÄUMEN können Sie wählen, welche versteckten Angaben WordPress weiterhin im <head>-Bereich Ihrer Website unterbringen darf:

▶ RSD LINKS AUSBLENDEN: Wenn Sie keine externen Editoren verwenden, um Artikel für Ihr Blog zu verfassen, können Sie dies ruhig anklicken.

▶ WLW MANIFEST LINKS AUSBLENDEN: Wenn keiner der Autoren Windows Live Writer verwendet, können Sie hier ebenfalls ein Häkchen machen.

▶ KURZLINKS FÜR ARTIKEL AUSBLENDEN: Entfernt den Shortlink eines Beitrags.

```
<link rel='shortlink' href='http://localhost/wordpress/?p=32' />
```

▶ RSS LINKS AUSBLENDEN: Wenn Sie sich wirklich sicher sind, dass Sie keine RSS-Feeds nutzen oder nutzen möchten, können Sie diese hier ebenfalls deaktivieren.

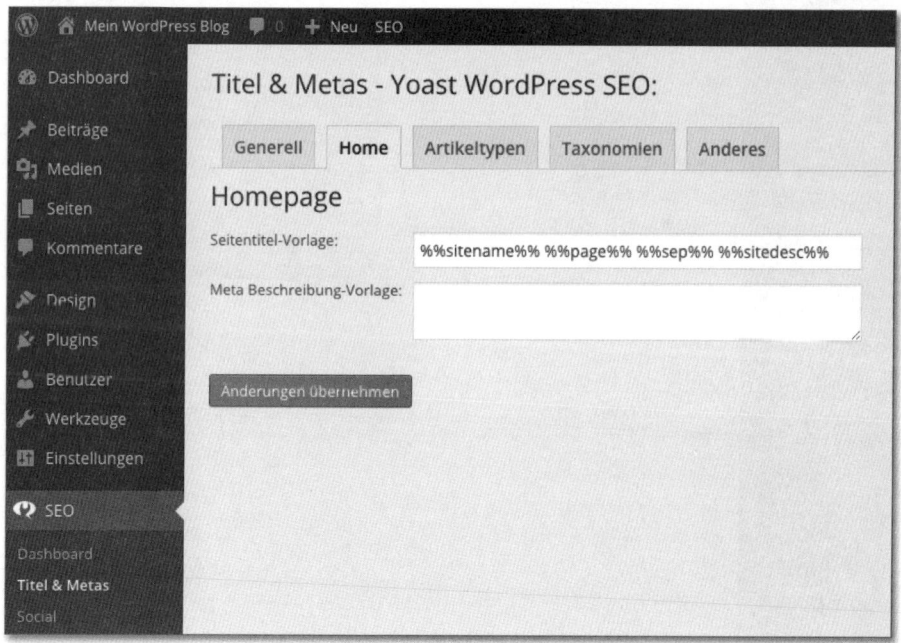

Abbildung 15.3 Startseite

Jede Seite braucht einen Titel, der sich im <title>-Tag befindet, und eine Beschreibung, die sich in der Meta-Description befindet. Diese beiden Faktoren sind absolut grundlegend für jede Form der Suchmaschinenoptimierung. Das Plugin hilft Ihnen über die folgenden Registerreiter dabei, diese beiden Angaben zu generieren. Sie können für den Titel abhängig vom Seitentyp eine Vorlage generieren, die Sie dann nur in Einzelfällen einmal überschreiben müssen, sollte diese ausnahmsweise nicht passen. Und genauso können Sie auch eine Vorlage für die Meta-Description hinterlegen, auf die zurückgegriffen wird, wenn keine separate angelegt wurde (das ist immer noch besser, als gar keine Description zu verwenden).

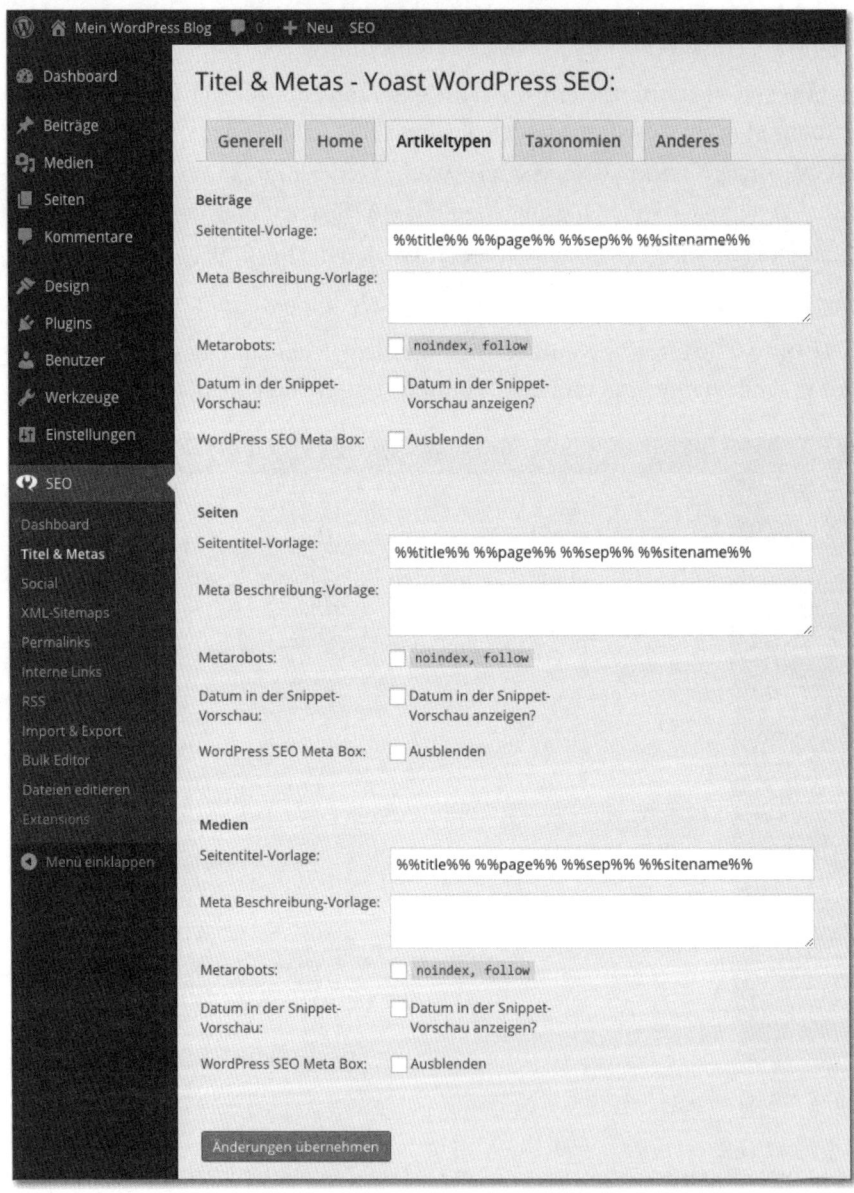

Abbildung 15.4 Legen Sie Seitentitel, Descriptions und mehr für Ihre Seitentypen fest.

Ich rate Ihnen aber dennoch dringend dazu, dass Sie bei jeder Unterseite eine individuelle Meta-Description angeben und sich nur in Ausnahmefällen auf die Vorlage
verlassen. Google sieht es gar nicht gern, wenn mehrere Unterseiten sich dieselbe
Description teilen. Außerdem: Versetzen Sie sich doch einmal in die Lage eines
Suchenden, der die Description im Rahmen der Suchergebnisse liest. Verleitet ihn
wirklich eine allgemeine Vorlage dazu, gerade Ihre Seite anzuklicken?

Das Register HOME ist recht überschaubar (Abbildung 15.3). Hier können Sie lediglich
den Seitentitel für Ihre Startseite sowie eine Meta-Description hinterlegen.

Im Register ARTIKELTYPEN (Abbildung 15.4) legen Sie dann die Seitentitel und Meta-
Descriptions für Beiträge, Seiten, Medien und etwaige selbst erstellte Seitentypen
(etwa »Produkte« oder »FAQ«) fest.

Um die Seitentitel-Vorlage anzupassen, können Sie die folgenden Platzhalter aus
Tabelle 15.2 verwenden.

Platzhalter	Bedeutung
%%date%%	Datum des Beitrags/der Seite
%%title%%	Titel des Beitrags/der Seite
%%sitename%%	Name Ihres Blogs
%%sitedesc%%	Beschreibung Ihres Blogs
%%excerpt%%	Auszug des Beitrags/der Seite (mit Auto-Generierung, wenn keine existiert)
%%excerpt_only%%	Auszug des Beitrags/der Seite (ohne Auto-Generierung)
%%tag%%	Name des Tags
%%category%%	Name der Kategorie
%%category_description%%	Beschreibung der Kategorie
%%tag_description%%	Beschreibung des Tags
%%term_description%%	Beschreibung der Taxonomie
%%term_title%%	Titel der Taxonomie
%%pt_single%%	das Label für den Namen Ihres Custom Post Type in der Einzahl

Tabelle 15.2 Platzhalter für die Seitentitel

Platzhalter	Bedeutung
%%pt_plural%%	das Label für den Namen Ihres Custom Post Type in der Mehrzahl
%%modified%%	Datum der letzten Bearbeitung eines Beitrags/einer Seite
%%id%%	ID des Beitrags/der Seite
%%name%%	Name des Autors
%%userid%%	ID des Autors
%%searchphrase%%	Suchbegriff
%%currenttime%%	aktuelle Uhrzeit
%%currentdate%%	aktuelles Datum
%%currentmonth%%	aktueller Monat
%%currentyear%%	aktuelles Jahr
%%page%%	derzeitige Seitenzahl (z. B. page 2 of 4)
%%pagetotal%%	Anzahl der Seiten
%%pagenumber%%	derzeitige Seitenzahl (nur Zahl)
%%caption%%	Beschreibung des hochgeladenen Anhangs (des Bildes, der Datei)
%%focuskw%%	Focus Keyword
%%cf_<custom-field-name>%%	Wird durch den Wert eines benutzerdefinierten Feldes ersetzt (Beispiel: %%cf_anmerkungen%%).
%%ct_<custom-tax-name>%%	Falls Sie eine benutzerdefinierte Taxonomie verwenden, wird damit die Kategorie bzw. werden die Kategorien des Beitrags ausgegeben (Beispiel: %%ct_preise%%). (Beachten Sie, dass im Gegensatz zum vorangegangenen Platzhalter hier ein »ct« am Anfang steht und kein »cf«.)
%%ct_desc_<custom-tax-name>%%	Wird durch die Beschreibung der jeweiligen benutzerdefinierten Taxonomie ersetzt (Beispiel: %%ct_desc_preise%%).
%%sep%%	der »Separator«, den Sie in Ihrem wp_title()-Tag im <head> Ihrer Website als Parameter festgelegt haben

Tabelle 15.2 Platzhalter für die Seitentitel (Forts.)

Nehmen wir einmal an, Sie möchten, dass bei statischen Seiten immer zuerst der Name Ihrer Website genannt wird, gefolgt von einem Separator (meist ein Trennstrich) und dann dem Titel der Seite. Dann sähe das im Text so aus:

Porsche | Modelle

Übersetzt in Platzhaltersprache hieße das:

`%%sitename%% %%sep%% %%title%%`

Nehmen wir jetzt einmal weiter an, bei Ihren Blogbeiträgen soll dies genau andersherum sein, also zunächst der Titel des Beitrags und dann erst der Separator sowie der Titel Ihrer Website. Im Text sähe das dann so aus:

VW schluckt Porsche: Bald Passat Panamera? | Porsche

Die passende Platzhalterreihenfolge wäre dann:

`%%title%% %%sep%% %%sitename%%`

Haben Sie alle Seitentitel angepasst, dann können Sie noch eine vorgefertigte Meta-Description festlegen, bestimmen, ob Suchmaschinen Seiten dieses Seitentyps auch indexieren dürfen, und Sie können die SEO-Box für jeden einzelnen Seitentyp verstecken. Diese werde ich Ihnen in Abschnitt 15.4.2 noch vorstellen.

Auch spezielle Meta-Angaben lassen sich für jeden Bereich festlegen. Über `noindex, follow` können Sie die Suchmaschinen anweisen, den Links auf der Seite zwar zu folgen, sie aber nicht in ihren Index aufzunehmen. Das ist nur dann sinnvoll, wenn Sie befürchten, dieselben Inhalte auf mehreren Seiten wiederzufinden. Über das Attribut `rel=»author«` kann der Autor der Inhalte im Quellcode hinterlegt werden und ist damit für die Suchmaschinen einfacher zugänglich. Wünschen Sie das nicht, entfernen Sie das entsprechende Häkchen. Außerdem können Sie noch festlegen, ob unterhalb des Editors eines Beitrags, einer Seite oder eines anderen Artikeltyps ein Datum in der Snippet-Vorschau oder die SEO-Meta-Box überhaupt angezeigt werden soll. Was das genau ist, werden Sie gleich noch sehen.

> **Hinweis**
>
> Seien Sie im Übrigen vorsichtig bei der Option `noindex, follow`. Das Aktivieren dieser Option veranlasst Google und andere Suchmaschinen, die Seiten nicht in den Index aufzunehmen (den Links auf der Seite wird allerdings trotzdem gefolgt). Überlegen Sie sich bei der Suchmaschinenoptimierung Ihrer Website genau, welche Bereiche indexiert werden sollen und welche nicht. Aus Sicht des Problems *Duplicate Content* kann es tatsächlich sinnvoll sein, Bereiche von der Indexierung auszuschließen. Wenn das Blogarchiv die gleichen Inhalte anzeigt wie das Datumsarchiv und das Autorenarchiv, sollten Sie die letzten beiden womöglich nicht indexieren lassen, damit Google nicht den Eindruck gewinnt, Sie wollten mit demselben Inhalt unter mehreren URLs

15

gelistet sein. Ein ähnliches Problem bietet sich beim Kategorie- und Tag-Archiv. Eines davon sollten Sie gegebenenfalls von der Indexierung ausschließen.

Unter dem Registerreiter Taxonomien (Abbildung 15.5) können Sie die Seitentitel, Descriptions und sonstigen Einstellungen für Kategorien und Schlagworte, aber auch für Formatvorlagen und eigens erstellte Taxonomien (wie wir das für die Produkte mit »Leistungen« und »Preisklasse« getan haben) verwalten. Das Prinzip ist aber dasselbe wie unter Artikeltypen.

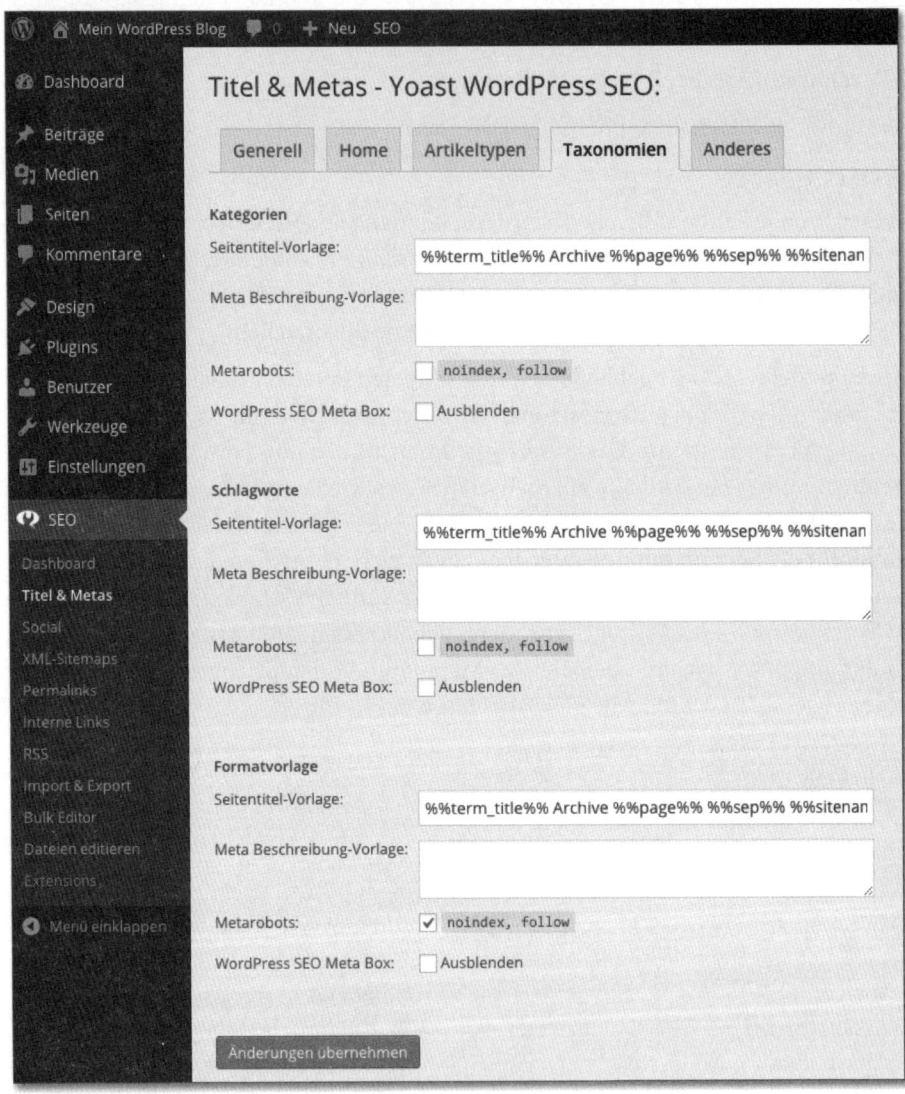

Abbildung 15.5 Taxonomien: Kategorien, Schlagworte und mehr

Jetzt bleiben natürlich noch ein paar Seiten übrig. Archive, Such- und Fehlerseiten haben weder Seitentitel noch Descriptions spendiert bekommen. Diese editieren Sie unter dem Registerreiter ANDERES (Abbildung 15.6).

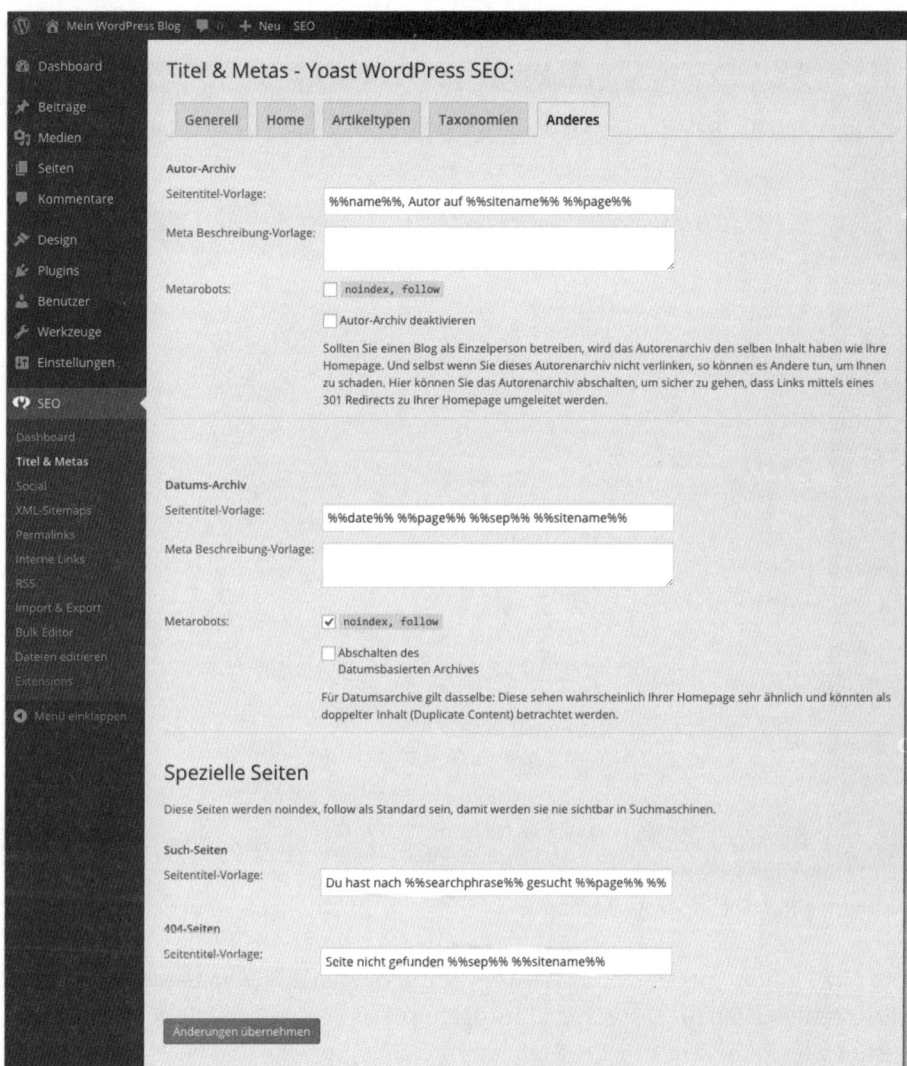

Abbildung 15.6 Anderes: Seitentitel und Descriptions für den Rest

Das Autor- und Datumsarchiv können Sie übrigens auch gänzlich deaktivieren. Das hat ebenfalls den Zweck, Duplicate Content zu vermeiden. Im Gegensatz zur Option noindex, follow wird aber den Suchmaschinen nicht einfach nur mitgeteilt, dass sie die Indexierung unterlassen sollen, sondern das Archiv wird komplett deaktiviert und ist somit auch für Ihre Besucher nicht erreichbar.

15.4.3   Social

WordPress SEO ermöglicht Ihnen, dass Ihre Beiträge in der Facebook-Timeline gepostet werden. Auch eine Twitter- und Google+-Integration wurde umgesetzt (Abbildung 15.7, Abbildung 15.8 und Abbildung 15.9).

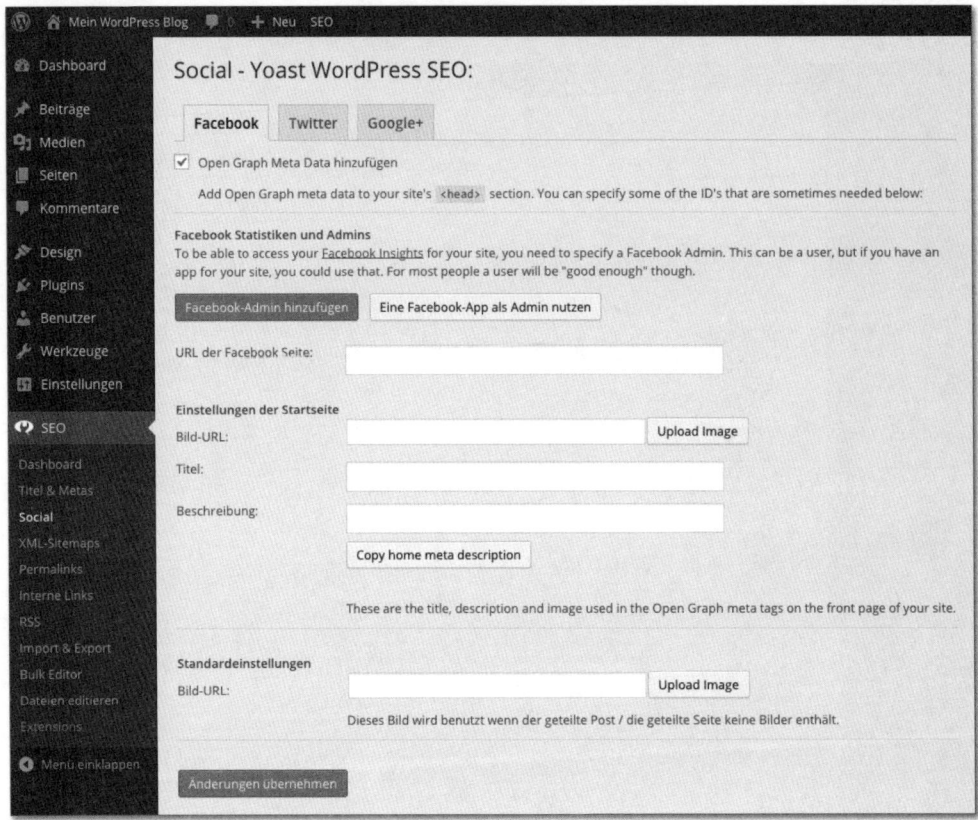

Abbildung 15.7 Social Media: Facebook

Über die Option ADD OPEN GRAPH META DATA werden dem Kopfbereich Ihrer Website die Metadaten für *OpenGraph* hinzugefügt. Das sind Informationen wie z. B. Art der Inhalte, Name der Website, Titel der Unterseite, Sprache und vieles mehr. Damit ist es für Facebook leichter, Ihre Inhalte zu verarbeiten und korrekt darzustellen, falls sie dort jemand teilen möchte.

Wenn Sie auch die Statistiken zu Ihrer Website via *Facebook Insights* abrufen möchten, müssen Sie einen FACEBOOK-ADMIN HINZUFÜGEN oder wahlweise auch eine FACEBOOK-APP ALS ADMIN NUTZEN. Das geschieht ganz einfach über einen Klick auf den jeweiligen Button, der Sie automatisch zu Facebook weiterleitet.

Für Ihre Startseite können Sie sowohl eine eigene BILD-URL (mindestens 200 × 200 Pixel) als auch einen TITEL sowie eine BESCHREIBUNG hinterlegen, die in den Open-Graph-Meta-Angaben gespeichert werden. Sollte ein Beitrag oder eine Seite einmal kein Bild enthalten, können Sie sogar ein Standardbild dafür hinterlegen. Achten Sie darauf, dass dieses Standardbild Ihre Website unabhängig vom Inhalt der Unterseite gut repräsentiert.

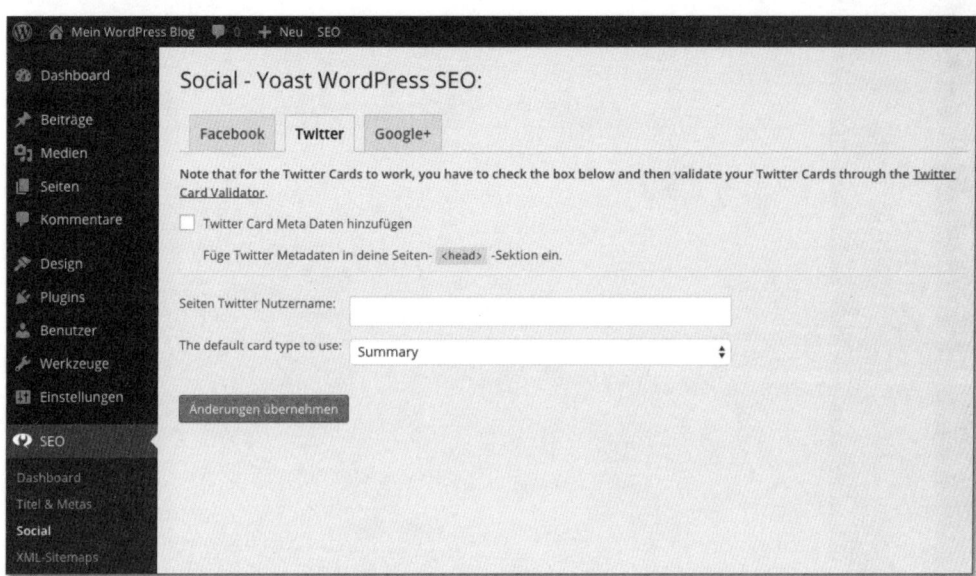

Abbildung 15.8 Social Media: Twitter

Twitter greift bei der Medienimplementierung im Rahmen der »erweiterten Tweets« ebenfalls auf OpenGraph-Daten zurück. Sie können aber zusätzlich eigene Twitter-Card-Metadaten hinzufügen. Aktivieren Sie dazu die entsprechende Option und geben Sie den Twitter-Benutzernamen, der zu Ihrer Website gehört, in das Feld darunter ein. Sie können auch wählen, welcher Card-Typ verwendet werden soll. Bislang stehen »Zusammenfassung« und »Zusammenfassung mit großem Bild« zur Verfügung.

Neu hinzugekommen ist Google+, das anfangs niemand auf dem Zettel hatte, das sich aber erstaunlich gut hält. Als Website-Betreiber kann es sich lohnen, auch dort die eigenen Inhalte zu verbreiten. Die kleinen Bildchen in den Suchergebnissen, die auf Google+-Profile verwiesen, hat Google mittlerweile herausgeworfen, um die Ansicht zu vereinheitlichen. Ihr Name und ein Link zu Ihrem Profil bleiben aber weiterhin erhalten. Wählen Sie oben einen Nutzer aus, der standardmäßig in den Suchergebnissen bei den Ergebnissen erscheinen soll. Dafür müssen Sie aber sicherstellen, dass dieser auf seiner Profilseite einen Link zu seinem Google+-Profil hinterlegt hat.

Haben Sie eine Unternehmensseite bei Google+, hinterlegen Sie unterhalb die URL dazu. Verknüpfen Sie diese Seite auf Ihrer Über-mich-Seite in Ihrem Google+-Profil.

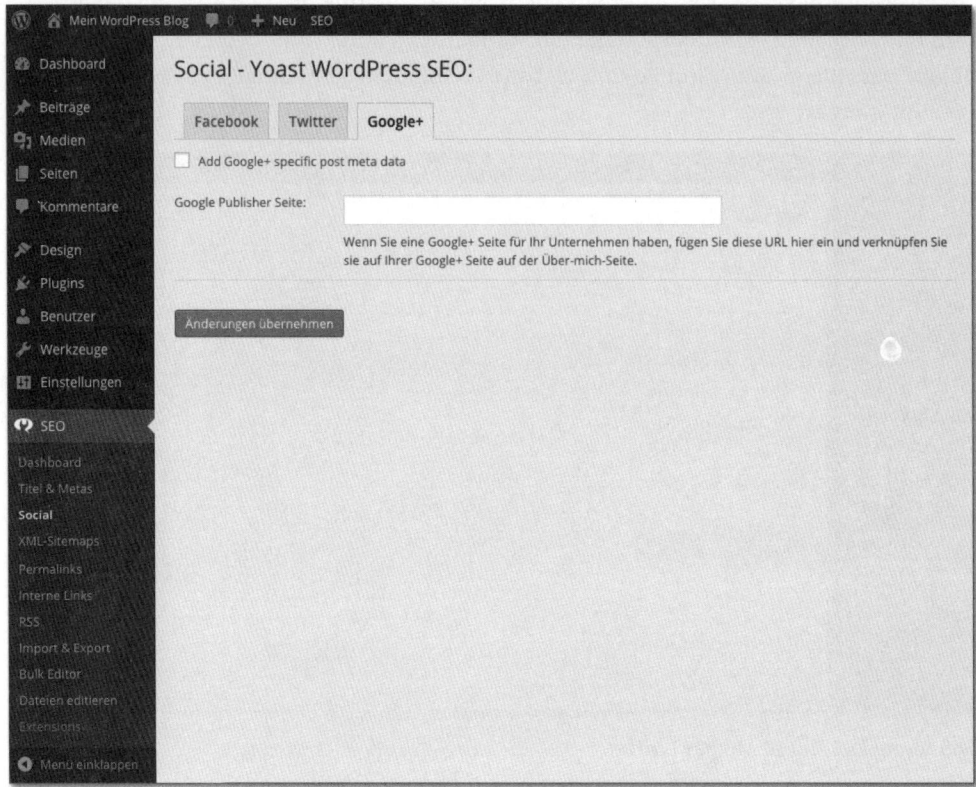

Abbildung 15.9 Social Media: Google

15.4.4   XML-Sitemaps

WordPress SEO bietet Ihnen unter dem Menüpunkt XML-SITEMAPS ein eigenes Sitemap-Feature (Abbildung 15.10). Ein weiteres Sitemap-Plugin wird dadurch also überflüssig.

Zunächst müssen Sie die Funktion überhaupt aktivieren. Dann können Sie einstellen, ob Sie eine eigene Sitemap für jeden Autor lieber deaktivieren möchten und ob Yahoo! und Ask.com automatisch benachrichtigt werden sollen, falls Ihre Sitemap aktualisiert wurde. Unter ARTIKELFORMATVORLAGEN AUSSCHLIESSEN haben Sie die Möglichkeit, bestimmte Seitentypen von der Indexierung in der Sitemap auszuschließen. Ähnlich verfahren Sie unter TAXONOMIEN AUSSCHLIESSEN mit den Kategorisierungen und Formatvorlagen auf Ihrer Website. Schließlich können Sie auch noch die Anzahl der Einträge pro Seite beschränken oder erweitern (Standard: 1000).

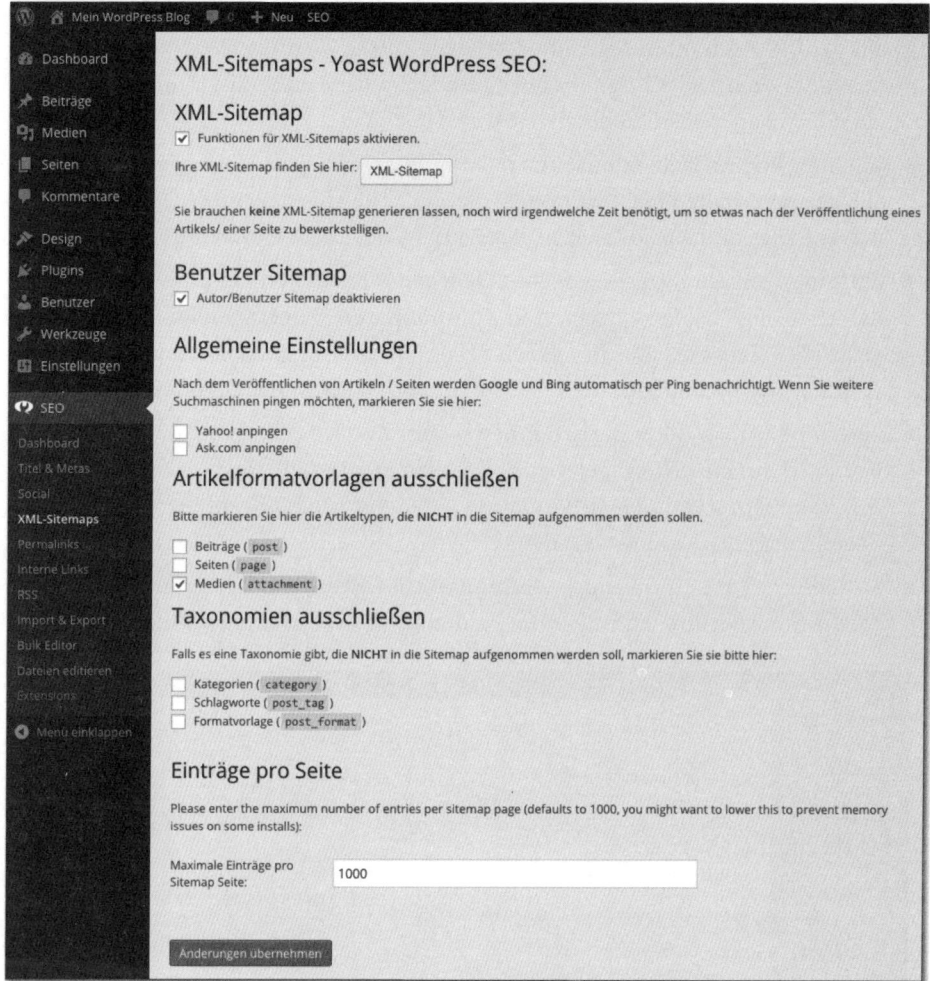

Abbildung 15.10 XML-Sitemap

15.4.5   Permalinks

Mit dem Plugin können Sie auch einige spezifische Einstellungen hinsichtlich Ihrer Permalinks vornehmen. Diese finden Sie unter dem Menüpunkt PERMALINKS (Abbildung 15.11).

Die folgenden Optionen stehen zur Auswahl:

▶ Entfernen Sie auf Wunsch die Kategorie-Basis (zum Beispiel /kategorie/) aus der Adresse Ihrer Kategorien.

▶ Zudem können Sie einen abschließenden Slash (/) am Ende Ihrer URLs erzwingen (die Option sollten Sie allerdings nicht aktivieren, wenn Sie festgelegt haben, dass Ihre Beiträge auf .html oder eine andere Endung ohne Slash enden sollen).

▸ REMOVE STOP WORDS FROM SLUGS bedeutet, dass kleine Füllwörter automatisch aus der URL entfernt werden, um den Fokus auf die wichtigen Keywords zu lenken. Das funktioniert allerdings nur in englischer Sprache und sollte dementsprechend auf deutschen Websites deaktiviert werden.

▸ Anhänge von Artikeln oder Seiten bekommen eine eigene URL zugewiesen. Wenn Sie dieses Verhalten nicht wünschen, dann können Sie über diese Option die URLs der Anhänge einfach auf die URL des Beitrags oder der Seite weiterleiten.

▸ Entfernen Sie die ?replytocom-Variablen, wenn Sie die Effizienz des Suchmaschinen-Crawlings bei verschachtelten Kommentaren steigern wollen. Dies ist sinnvoll für größere Websites mit vielen Kommentaren. Es hat aber den Nachteil, dass verschachtelte Kommentare für Nutzer ohne JavaScript nicht mehr funktionieren.

▸ Sie können Links, die andere zu Ihnen setzen, durch das Plugin säubern lassen; sie werden dann korrekt umgeleitet. Sollte es aber zu Problemen (mit anderen Plugins) kommen, sollten Sie diese Option als Erstes wieder deaktivieren, da sie sich noch in der Entwicklung befindet.

▸ Schließlich können Sie noch die Canonical-URL entweder zu *http* oder *https* erzwingen, falls Ihre Website unter beiden Protokollen laufen sollte.

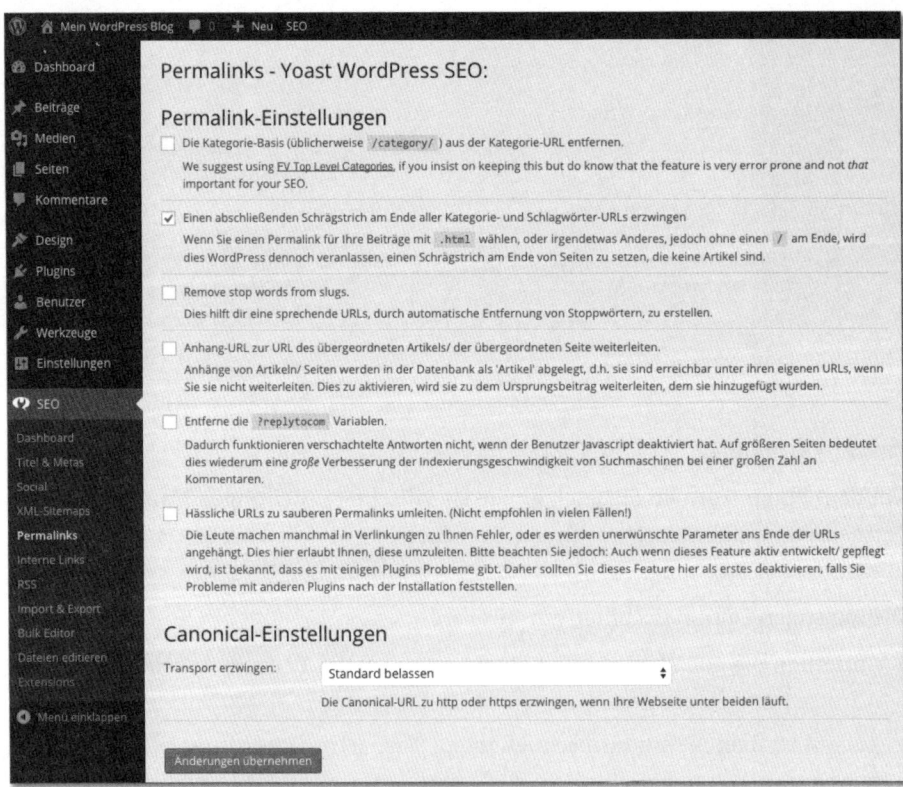

Abbildung 15.11 Permalinks

15.4.6   Interne Links

Unter dem Menüpunkt INTERNE LINKS (Abbildung 15.12) versteckt sich eine eigene *Breadcrumb-* oder *Brotkrümel-Funktion*. Breadcrumbs weisen dem Nutzer den Weg durch Ihre Website, indem (meist oben) der Pfad eingeblendet wird. Beispiel:

»Startseite » Leistungen » Webdesign » WordPress » Blogdesign«

Der Nutzer hat dann die Möglichkeit, darüber mehrere Ebenen gleichzeitig zurückzuspringen und zu erkennen, wo genau er sich befindet.

Aktivieren Sie zunächst die Breadcrumb-Funktion. Legen Sie dann ein Trennzeichen fest (z. B. •). Bei ANKERTEXT DER WEBSEITE legen Sie fest, wie die Startseite benannt werden soll (z. B. ganz einfach »Startseite«). Falls Sie möchten, dass etwaige Zeichen dem Breadcrumb-Pfad vorangeschaltet werden sollen, fügen Sie diese in das nächste Feld ein. Sie können auch ein eigenes Präfix für Archiv- und Suchseiten und eine Breadcrumb-Bezeichnung für 404-Fehlerseiten festlegen (»Seite nicht gefunden«). Außerdem steht es Ihnen frei, die Startseite des Blogs komplett aus der Breadcrumb-Navigation zu entfernen.

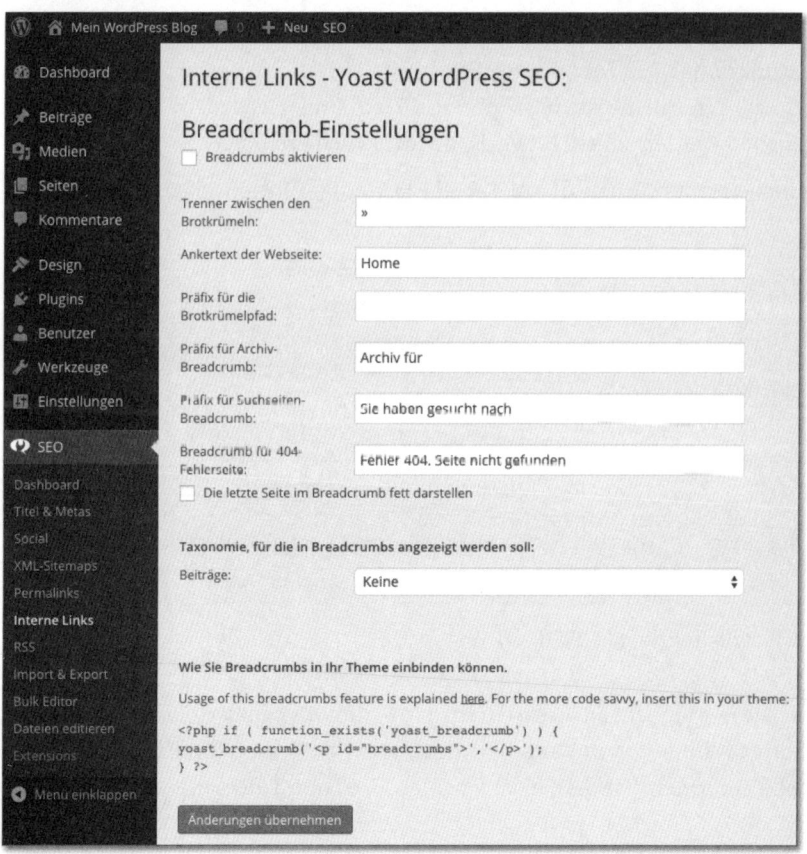

Abbildung 15.12 Interne Links

Legen Sie im Folgenden fest, welche Taxonomie angezeigt werden soll, wenn ein Blogbeitrag aufgerufen wird. Da sowohl Kategorie als auch Schlagworte dem Beitragstitel schlecht vorangestellt werden sollten, müssen Sie sich für eins entscheiden. Das dürfte in den meisten Fällen die Kategorie sein.

Die Breadcrumbs fügen Sie wie in Listing 15.2 an die entsprechende Stelle Ihres Themes (vorzugsweise in der *header.php*) ein:

```
01   <?php if ( function_exists('yoast_breadcrumb') ) {
02   yoast_breadcrumb('<p id="breadcrumbs">','</p>');
03   } ?>
```

Listing 15.2 Fügen Sie den Code dort ein, wo die Breadcrumb-Navigation eingebunden werden soll.

Passen Sie, wenn Sie möchten, den HTML-Code an, der per Parameter übergeben wird.

15.4.7   RSS

Über den Menüpunkt RSS (Abbildung 15.13) lässt sich die Ausgabe Ihres RSS-Feeds anpassen. So können Sie Inhalte bestimmen, die vor und nach jedem Eintrag im RSS-Feed ausgegeben werden sollen. HTML ist ausdrücklich erlaubt.

Darüber hinaus stehen Ihnen die in Tabelle 15.3 aufgeführten Platzhalter zur Verfügung.

Platzhalter	Beschreibung
%%AUTHORLINK%%	Link zum Archiv des jeweiligen Autors (Link-Text ist der Name des Autors)
%%POSTLINK%%	Link zum Beitrag mit dem Titel als Link-Text
%%BLOGLINK%%	Link zu Ihrer Website mit deren Namen als Link-Text
%%BLOGDESCLINK%%	Link zu Ihrer Website mit deren Namen und der Beschreibung als Link-Text

Tabelle 15.3 Platzhalter für den RSS-Feed-Text

Nutzen Sie diese Möglichkeit kreativ. Ein Link zum Originalartikel ist fast schon Pflicht. Aber erwähnen Sie in dem Text doch auch besonders interessante Inhalte oder aktuelle Aktionen. Sie haben ein cooles YouTube-Tutorial gedreht oder ein

Imagevideo? Weisen Sie ruhig im RSS-Feed darauf hin. So stellen Sie sicher, dass auch Ihre RSS-Leser davon etwas mitbekommen.

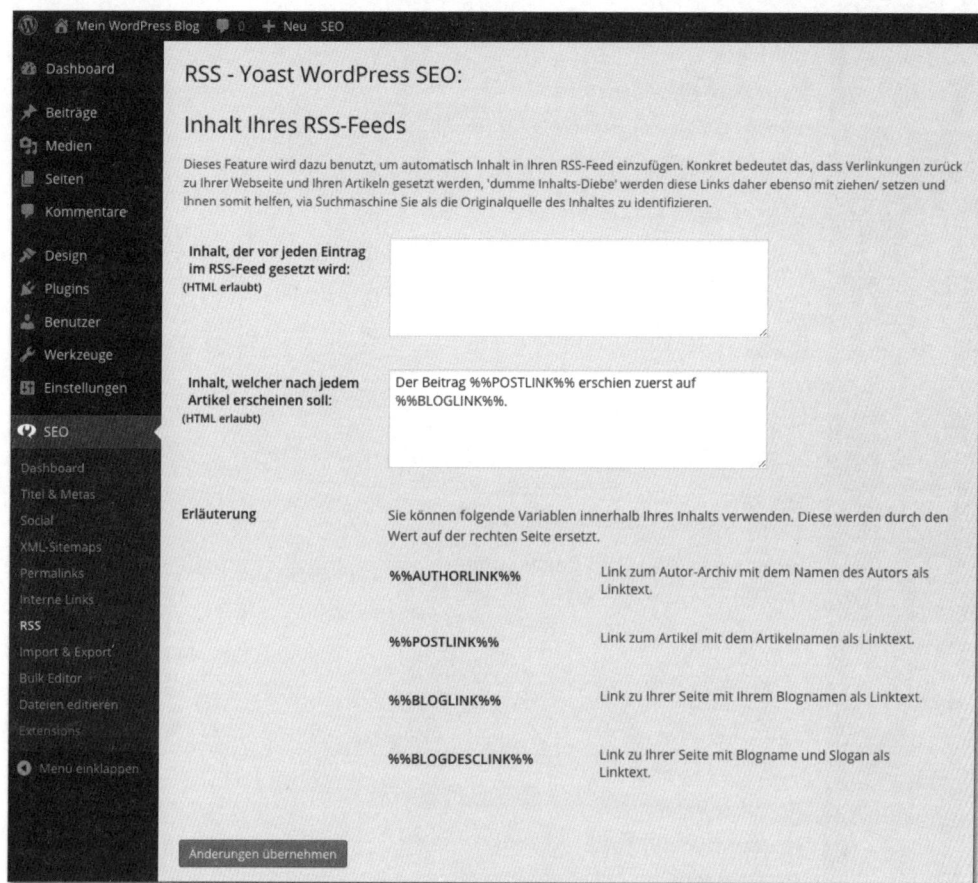

Abbildung 15.13 RSS

15.4.8   Import & Export

Haben Sie schon andere Plugins zur Suchmaschinenoptimierung verwendet? Unter dem Menüpunkt IMPORT (Abbildung 15.14) können Sie die Einstellungen importieren.

Natürlich haben Sie auch die Möglichkeit, Ihre WordPress-SEO-Einstellungen zu exportieren, um sie bei einem anderen Projekt zu importieren.

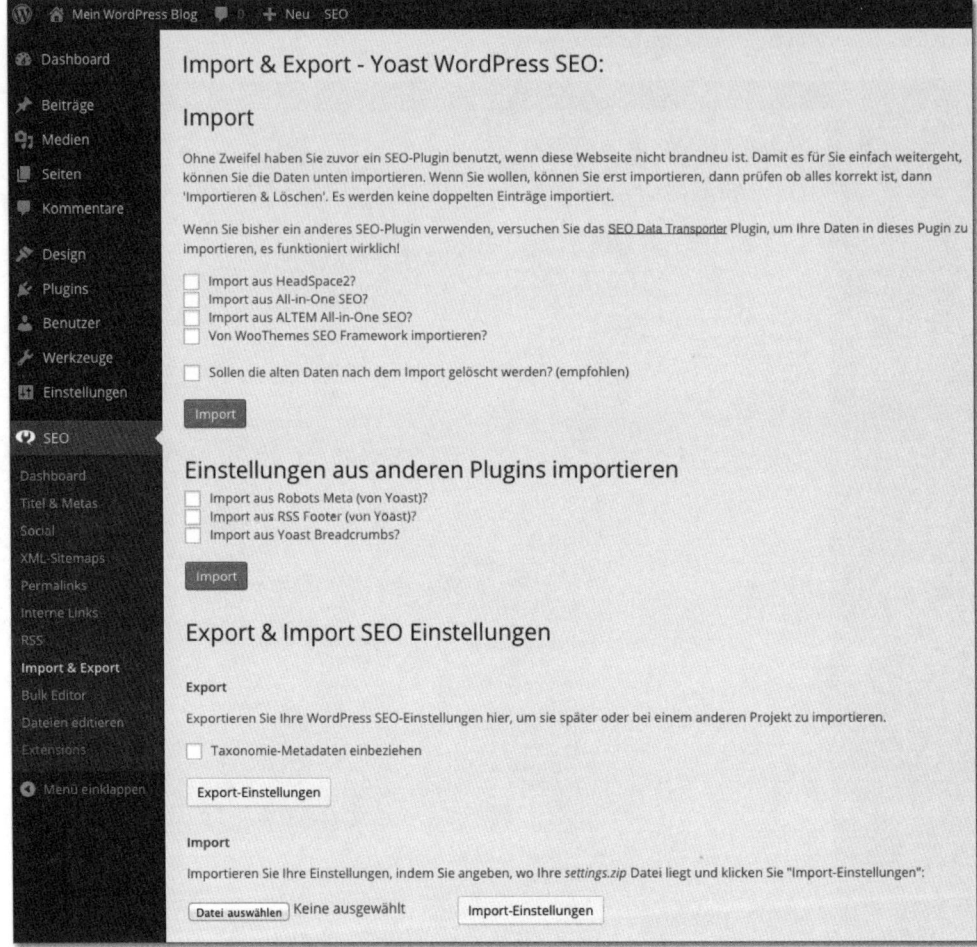

Abbildung 15.14 Import & Export

15.4.9   Bulk Editor

Eine neue, sehr praktische Funktion ist der sogenannte *Bulk Editor*. Er lässt Sie sowohl Titel (Abbildung 15.15) als auch Beschreibungen (Abbildung 15.16) aller Beiträge und Unterseiten sehr viel schneller ändern, als würden Sie das bei jedem Beitrag per Hand in der Bearbeitungsansicht machen müssen.

Wählen Sie einfach den entsprechenden Registerreiter oben aus und tippen Sie den neuen Titel bei NEW YOAST SEO TITLE bzw. die neue Beschreibung bei NEW YOAST META DESCRIPTION ein. Sie können dann entweder nur einzelne Bearbeitungen speichern oder gleich alle auf einmal. Die tabellarische Auflistung lässt sich übrigens auch nach vielen Kriterien sortieren, indem Sie auf den Titel im Tabellenkopf klicken.

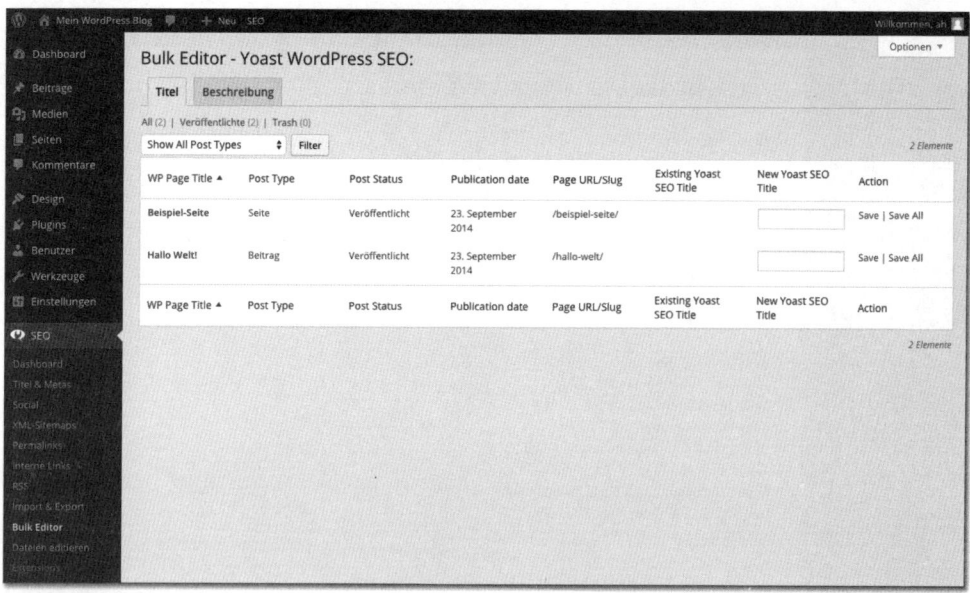

Abbildung 15.15 Alle Titel auf einmal bearbeiten

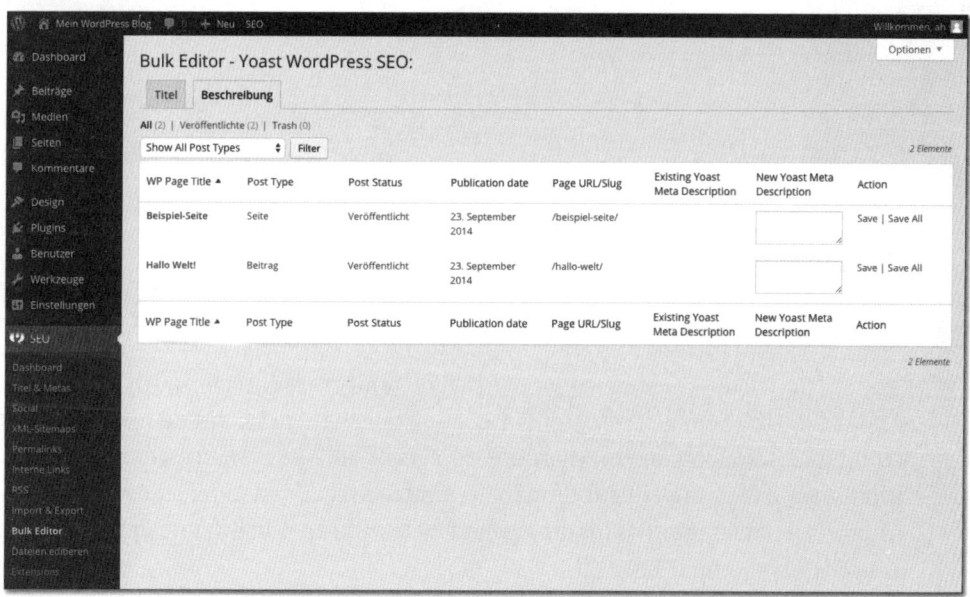

Abbildung 15.16 Alle Beschreibungen (= meta descriptions) auf einmal bearbeiten

15.4.10   Dateien editieren

Zu guter Letzt können Sie unter dem Menüpunkt FILES (Abbildung 15.17) den Inhalt Ihrer *.htaccess*-Datei bearbeiten. Dabei sollten Sie aber definitiv wissen, was Sie tun.

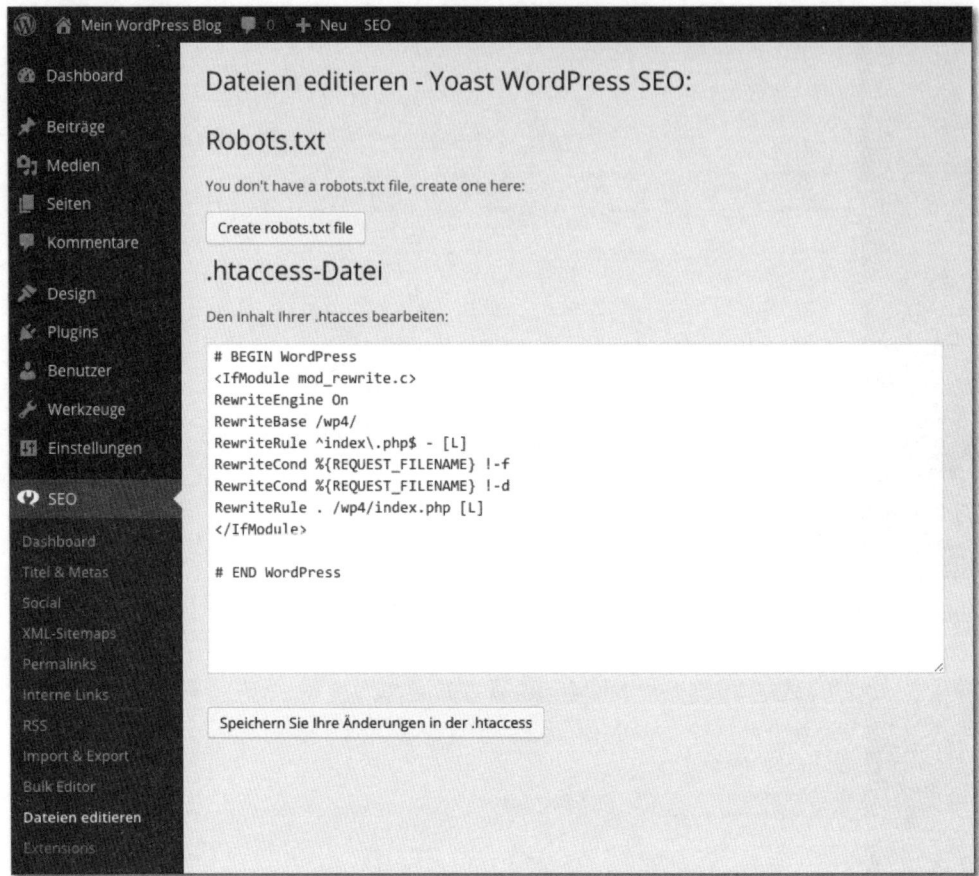

Abbildung 15.17 Dateien bearbeiten

15.4.11 Extensions

Die umfangreiche Arbeit an so einem Plugin kann man übrigens auch entlohnen. Yoast stellt dafür einige Premium-Funktionen zur Verfügung, die Sie nach erfolgter Zahlung verwenden können. Hierfür wird derzeit allerdings mindestens ein Betrag von 89 $ pro Website fällig. Dafür sollte, finde ich, bei den Extensions dann auch schon etwas dabei sein, das für die eigenen Ziele wirklich nützlich und den Preis wert ist (siehe Abbildung 15.18).

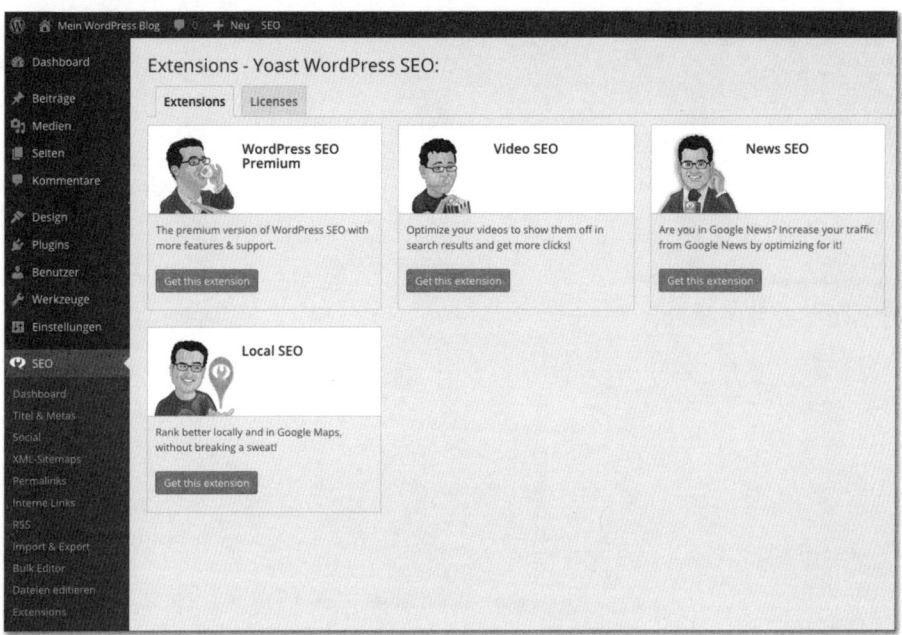

Abbildung 15.18 Die Premium-Funktionen von WordPress SEO

15

15.4.12   WordPress SEO in der Artikelerstellung

Sie werden immer mal wieder auf Bestandteile von WordPress SEO in Ihrem Backend treffen. Ich werde Ihnen aber kurz exemplarisch am Erstellen eines neuen Beitrags erklären, wie man es sinnvoll einsetzt.

Denn bisher haben Sie ja ausschließlich allgemeine Einstellungen für die Website getroffen. Sie haben das allgemeine Verhalten des Plugins hinsichtlich genereller Funktionen der Website bestimmt. Sie haben Vorlagen für bestimmte Arten von Unterseiten festgelegt. Aber Sie haben noch nicht das Verhalten einzelner, bestimmter Unterseiten angepasst. Immer dann, wenn eine Unterseite von der Vorlage abweichen soll, kommen die SEO-Optionen der Artikelerstellung ins Spiel. Dafür finden Sie im Backend nun einen eigenen SEO-Abschnitt unter jedem Beitrag und unter jeder Seite.

WordPress SEO bietet Ihnen bei der Erstellung eines neuen Beitrags eine enorme Fülle an Einstellungsmöglichkeiten. Im Register GENERELL finden Sie zunächst die allgemeineren davon (Abbildung 15.19). Dort können Sie die hervorragende SNIPPET VORSCHAU sehen, die ich schon angesprochen hatte. Darunter können Sie ein soge-nanntes FOKUS KEYWORD festlegen. Das sollte das Keyword sein, auf das sich dieser Beitrag spezialisiert. Das Plugin überprüft dann eigenständig, ob es in den wichtigen Bereichen vorhanden ist und – wenn ja – wie oft. Darunter können Sie sogar das <title>-Tag nur für diesen speziellen Beitrag anpassen und eine eigene META DESCRIPTION vergeben.

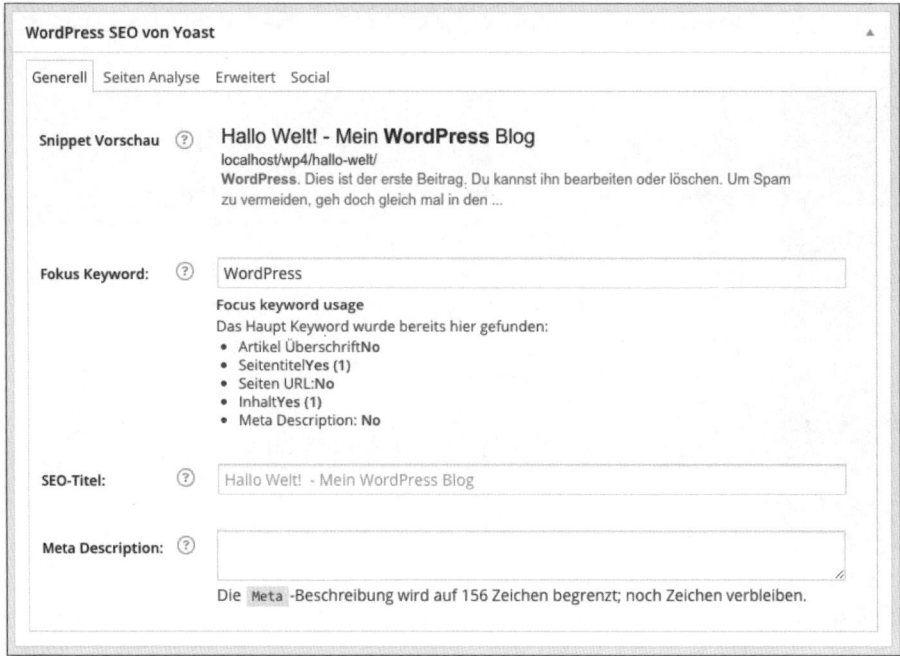

Abbildung 15.19 Allgemeine Einstellungen

Hinter dem unscheinbaren Reiter SEITEN ANALYSE versteckt sich ein mächtiges Analysewerkzeug namens *Linkdex*, das Ihnen Aufschluss über die Qualität Ihres Beitrags hinsichtlich der SEO gibt (Abbildung 15.20). Die Auswertung funktioniert allerdings erst, wenn Sie ein Fokus Keyword im Reiter GENERELL hinterlegt und den Beitrag danach wenigstens einmal abgespeichert haben. Dann aber wird anhand des Fokus Keywords ermittelt, wie effizient Sie es eingebunden haben. Weitere SEO-Aspekte werden ebenfalls berücksichtigt.

Wenn Ihnen das noch immer nicht genug ist, finden Sie unter dem Reiter ERWEITERT noch weitere Einstellungsmöglichkeiten (Abbildung 15.21). So können Sie eigens für diesen Beitrag ein noindex- oder nofollow-Tag vergeben. Außerdem können Sie weitere Meta-Robot-Tags wie noodp, noydir, noarchive oder nosnippet hinzufügen. Bestimmen Sie darüber hinaus, ob die Seite oder der Beitrag Einzug in die Sitemap halten darf und welche Priorität die Seite bzw. der Beitrag innerhalb der Sitemap haben soll. Und Sie können eine eigene CANONICAL URL bestimmen oder eine 301 WEITERLEITUNG einrichten.

Seien Sie nur bitte – wie immer – vorsichtig mit der noindex/nofollow-Einstellung. Mit der falschen Einstellung können Sie wichtige Inhalte Ihrer Website von der Indexierung durch die Suchmaschinen ausschließen. Überprüfen Sie diese Einstellung also immer noch einmal auf Korrektheit, sobald Sie fertig sind.

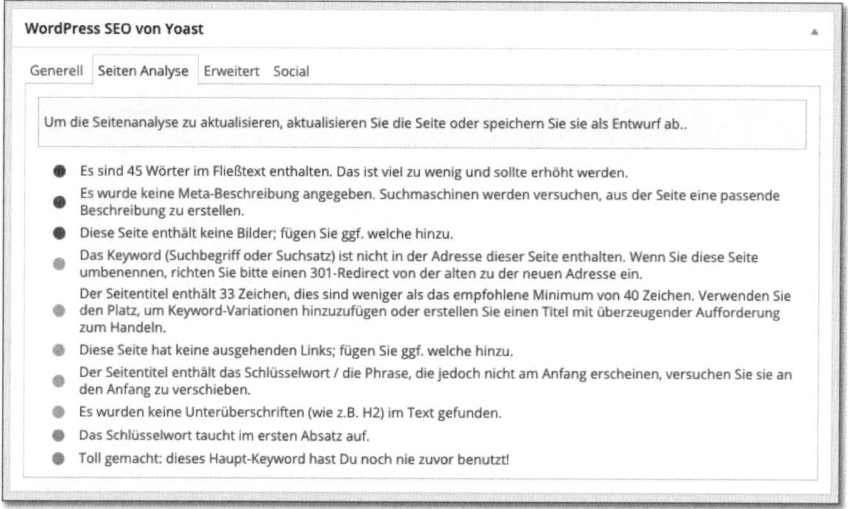

WordPress SEO von Yoast ▲

Generell   **Seiten Analyse**   Erweitert   Social

Um die Seitenanalyse zu aktualisieren, aktualisieren Sie die Seite oder speichern Sie sie als Entwurf ab..

● Es sind 45 Wörter im Fließtext enthalten. Das ist viel zu wenig und sollte erhöht werden.

● Es wurde keine Meta-Beschreibung angegeben. Suchmaschinen werden versucht, aus der Seite eine passende Beschreibung zu erstellen.

● Diese Seite enthält keine Bilder; fügen Sie ggf. welche hinzu.

◐ Das Keyword (Suchbegriff oder Suchsatz) ist nicht in der Adresse dieser Seite enthalten. Wenn Sie diese Seite umbenennen, richten Sie bitte einen 301-Redirect von der alten zu der neuen Adresse ein.

◐ Der Seitentitel enthält 33 Zeichen, dies sind weniger als das empfohlene Minimum von 40 Zeichen. Verwenden Sie den Platz, um Keyword-Variationen hinzuzufügen oder erstellen Sie einen Titel mit überzeugender Aufforderung zum Handeln.

◐ Diese Seite hat keine ausgehenden Links; fügen Sie ggf. welche hinzu.

◐ Der Seitentitel enthält das Schlüsselwort / die Phrase, die jedoch nicht am Anfang erscheinen, versuchen Sie sie an den Anfang zu verschieben.

◐ Es wurden keine Unterüberschriften (wie z.B. H2) im Text gefunden.

● Das Schlüsselwort taucht im ersten Absatz auf.

● Toll gemacht: dieses Haupt-Keyword hast Du noch nie zuvor benutzt!

Abbildung 15.20 Die Analyse Ihres Beitrags

WordPress SEO von Yoast ▲

Generell   Seiten Analyse   **Erweitert**   Social

Meta Robots Index: Standard für den Artikeltyp, aktuell: index ♦

Meta Robots Follow   ⊙ Follow ○ Nofollow

Meta Robots Erweitert:
Site-wide default: Keine
Keine
Kein ODP
Kein YDIR
No Image Index
Kein Archiv
Kein Snippet

Erweiterte `Meta` Robots Einstellungen für diese Seite.

In Sitemap einbinden: Automatisch erkennen ♦
Soll diese Seite immer in der XML Sitemap sein, unabhängig der Robots Meta Einstellungen?

Sitemap Priorität: Automatische Priorisierung ♦
Priorität dieser Seite in der XML Sitemap

Canonical URL:
Die canonical URL auf die diese Seite zeigen soll, für den Permalink lassen Sie das Feld leer. Cross Domain canonical wird ebenfalls unterstützt.

301 Weiterleitung:
Die URL auf die Seite weiterleiten soll.

Abbildung 15.21 Erweiterte Einstellungen

Der Reiter SOCIAL (Abbildung 15.22) führt die Implementierung von Social Media in WordPress SEO fort. Geben Sie für den Artikel oder die Seite eine eigene Titel, Beschreibungen und Bilder sowohl für Facebook als auch Google+ an.

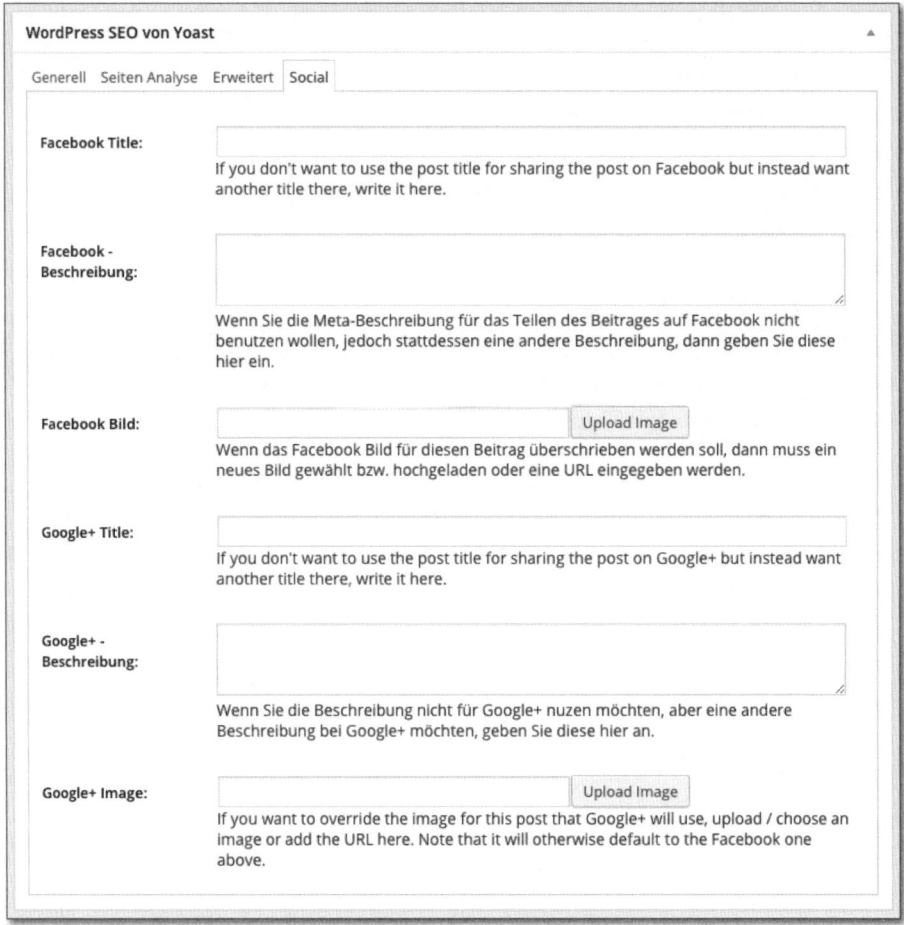

Abbildung 15.22 Social

Übrigens: Eine kleine Ampel zeigt Ihnen vor dem Veröffentlichen, ob Ihr Beitrag schon fit für die Suchmaschinen ist (Abbildung 15.23).

Wie das mit automatisierten Prozessen aber häufig der Fall ist, kann eine Ampel allein nicht die Qualität Ihrer SEO-Maßnahmen bestimmen. Verlassen Sie sich lieber auf Ihren Menschenverstand als auf ein grünes oder rotes Blinklicht. Denn das gibt auch nur wieder, wie intensiv Sie die Funktionen des Plugins genutzt haben.

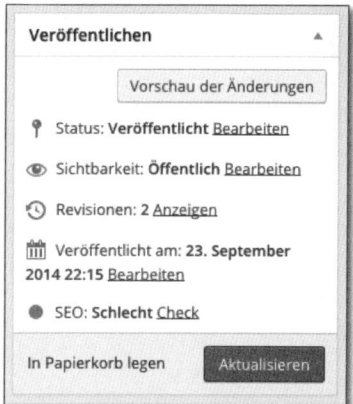

Abbildung 15.23 Der kleine SEO-Check

Sie sehen, mit dem WordPress-SEO-Plugin von Yoast bleiben keine SEO-Wünsche offen. Es ist so nahtlos in WordPress integriert, wie man es von Yoast kennt, und vor allem sehr durchdacht. Anderen Plugins fehlen hier einige wichtige Funktionen. Dafür haben sie wiederum andere, die nicht besonders sinnvoll sind. Für die gute Mischung und die hervorragende Umsetzung gibt es eine 1+.

Es gibt neben WordPress SEO von Yoast natürlich noch weitere SEO-Plugins wie z. B. Stallion WordPress SEO oder SEO Ultimate. Das aktuell am weitesten verbreitete ist jedoch das Plugin von Yoast, außerdem wird es erstaunlich oft aktualisiert und ständig erweitert. Aber probieren Sie auch die anderen Plugins ruhig aus, vielleicht ist etwas dabei, was noch stärker auf Ihre Bedürfnisse zugeschnitten ist.

15

Kapitel 16

20 WordPress-Tipps für alle Fälle

Diese Sammlung kleiner WordPress-Tipps soll Ihnen bei Problemen und Fragen helfen, die sich im Laufe der WordPress-Nutzung häufiger stellen und meist mit einer kleinen Zeile Code schnell gelöst werden können.

Nicht alle »Optionen«, die WordPress zu bieten hat, sind über die Administrations-oberfläche zu finden. Es wäre einerseits zwar schön, all das, was man benötigt, auch dort vorzufinden – bei dem vielfältigen Wünschen der Nutzer würde das aber in einem reinen Chaos enden, und die Software wäre alles, nur nicht mehr benutzer-freundlich.

Ich werde Ihnen im Folgenden einige Funktionen vorstellen, die Sie meist mit weni-gen Codezeilen integrieren können. Selbst wenn Sie mit dem Programmieren nicht viel am Hut haben, müssen Sie jetzt keinesfalls das Handtuch werfen. Die Tipps sind wirklich leicht umzusetzen, und ich erläutere Ihnen jeweils ganz genau, wie und wo Sie die Änderungen vornehmen müssen.

16.1 E-Mail-Adressen vor Spam schützen

Immer wenn Sie Ihre E-Mail-Adresse angeben, laufen Sie Gefahr, Spam-Mails zu erhalten. Das Problem gibt es mittlerweile schon so lange, dass man es kaum noch wahrnimmt. Vor allem aufgrund immer besser funktionierender und umfassender trainierter Spam-Filter, beispielsweise von Google Mail, werden wir zum Glück bereits weitestgehend von diesem Müll verschont.

Nichtsdestotrotz sollten wir Spam bereits von vornherein zu vermeiden versuchen. Das gilt auch und insbesondere auf der eigenen Website, die genauso wie jede andere von Spiders heimgesucht werden, die diese E-Mail-Adressen sammeln.

16.1.1 E-Mail-Adressen im Code

WordPress bringt eine integrierte Funktion mit, die es erlaubt, wenigstens die E-Mail-Adressen zu codieren, die sich direkt im Quelltext befinden. Wenn Sie also eine E-Mail-Adresse direkt in den Code Ihres Themes implementieren (sei es in der Sidebar oder im Footer), dann gibt es einen ganz einfachen Weg, es den Spiders schwerer zu machen:

```php
<?php echo antispambot( 'ihre@email.de' ); ?>
```

Listing 16.1 E-Mail-Adressen im Code absichern

Hierfür ist die PHP-Funktion `antispambot()` zuständig. Sie wandelt jedes Zeichen Ihrer E-Mail-Adresse in ein HTML-Sonderzeichen um. Der Browser kann das lesen und stellt Ihren Besuchern eine ganz normale E-Mail-Adresse dar, die auch problemlos kopierbar ist. Im Quelltext Ihrer Website findet sich hingegen ein Salat aus HTML-Sonderzeichen, mit denen die Spiders in der Regel nicht allzu viel anfangen können (Abbildung 16.1).

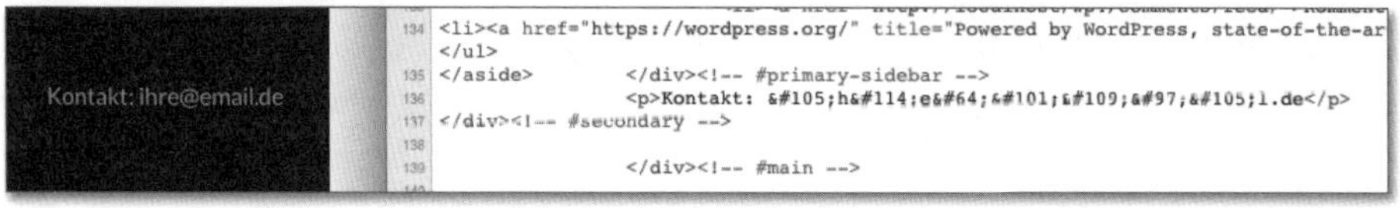

Abbildung 16.1 Links sehen Sie die E-Mail-Adresse, wie der Browser sie anzeigt, rechts dieselbe Stelle, allerdings im Quelltext.

Jedes Mal, wenn Sie eine E-Mail-Adresse direkt in den Code Ihres Themes (oder Plugins) integrieren möchten, kopieren Sie den obigen Code und ersetzen dabei die E-Mail-Adresse durch Ihre eigene.

Hinweis

Das garantiert natürlich keine 100%ige Sicherheit. Die Funktion ist aber trotzdem nicht ganz so simpel gestrickt, wie sie auf den ersten Blick erscheint. Denn nicht alle Zeichen der E-Mail-Adresse werden umgewandelt, und jedes Mal, wenn Sie die Seite neu laden, ist die Zusammensetzung eine andere. Durch diesen Zufallseffekt wird die Sicherheit noch etwas mehr gestärkt. Fakt bleibt aber, dass Sie Ihre E-Mail-Adressen nie vollständig von Spam abschotten können. Doch ein bisschen weniger Spam schadet ja bekanntlich auch nicht ...

16.1.2   E-Mail-Adressen in Beiträgen und Seiten

Nun ist es zwar nett, dass WordPress eine Funktion bietet, diejenigen E-Mail-Adressen zu codieren, die Sie im Code unterbringen. Aber was ist mit den Inhalten von Beiträgen und Seiten? Die PHP-Funktion können Sie nicht so ohne Weiteres im Editor verwenden, WordPress würde diesen Code aus Sicherheitsgründen nicht ausführen.

Doch auch hierfür gibt es einen Weg. Auch dieser führt über die Funktion antispam-
bot(). Diese integrieren wir als Shortcode, sodass Sie sie auch im Editor verwenden
können. Fügen Sie dafür folgenden Codeschnipsel in die *functions.php* in Ihrem
Theme-Verzeichnis ein:

```php
function email_encode_function( $atts, $content ){
    return '<a href="'.antispambot("mailto:".$content).'">'
.antispambot($content).'</a>';
}
add_shortcode( 'email', 'email_encode_function' );
```

Listing 16.2 E-Mail-Adressen in Seiteninhalten absichern

Hierüber wird WordPress ein ganz simpler Shortcode hinzugefügt. Jedes Mal, wenn
Sie nun im Editor eine E-Mail-Adresse codieren wollen, notieren Sie diese wie folgt
(Abbildung 16.2):

```
[email]ihre@email.de[/email]
```

Abbildung 16.2 Notieren Sie Ihre E-Mail-Adressen in Zukunft so, und sie werden codiert
sowie automatisch verlinkt.

Schon werden auch die E-Mail-Adressen in Ihren Seiteninhalten codiert (Abbildung
16.3), und Sie müssen sich etwas weniger mit der Müllbeseitigung beschäftigen.

HALLO WELT!

⏱ 23. SEPTEMBER 2014   💬 1 KOMMENTAR   ✏ BEARBEITEN

Willkommen zur deutschen Version von WordPress. Dies ist der erste Beitrag. Du kannst ihn bearbeiten oder löschen. Um Spam zu vermeiden, geh doch gleich mal in den Pluginbereich und aktiviere die entsprechenden Plugins. So, und nun genug geschwafelt – jetzt nichts wie ran ans Bloggen!

ihre@email.de

```
96
97              <div class="entry-content">
98                  <p>Willkommen zur deutschen Version von WordPress.
Dies ist der erste Beitrag. Du kannst ihn bearbeiten oder löschen. Um
Spam zu vermeiden, geh doch gleich mal in den Pluginbereich und
aktiviere die entsprechenden Plugins. So, und nun genug geschwafelt –
jetzt nichts wie ran ans Bloggen!</p>
99      <a
href="&#109;&#97;&#105;lto&#58;i&#104;&#114;e&#64;&#101;&#109;a&#105;
&#108;.&#100;&#101;">&#105;h&#114;&#101;&#64;&#101;mail.&#100;e</a>
100                 </div><!-- .entry-content -->
101
102         </article><!-- #post-## -->
103
104             </div><!-- #content -->
105         </div><!-- #primary -->
106         </div><!-- #main-content -->
107
108  <div id="secondary">
109                 <h2 class="site-description">Eine weitere WordPress-
Seite</h2>
```

Abbildung 16.3 Links der Beitrag, rechts derselbe Teil in der Seitenquelltext-Ansicht des Browsers

16.2   Google Maps einbinden

Sie haben das sicher schon auf Tausenden von Websites gesehen: Vor allem Unternehmen binden gerne einen kleinen Kartenausschnitt von *Google Maps* in ihre Kontaktseite ein, um dem Besucher auch visuell zu zeigen, wie sie zu erreichen sind. Vor allem lässt sich über so eine direkte Verlinkung mit Google Maps auch ganz schnell eine persönliche Route erstellen.

Auch in Ihre WordPress-Website können Sie so eine Karte kinderleicht und ganz schnell einbinden, ohne dafür irgendwelche Programmierkenntnisse mitbringen zu müssen. Sie können die Karte in jede Seite und jeden Beitrag einfügen, praktisch überall dort, wo ein Editor zur Verfügung steht. Und natürlich gilt das Gleiche für den Fall, dass Sie die Karte direkt in den Code Ihres Themes integrieren möchten.

Rufen Sie zunächst Google Maps (*https://www.google.de/maps*) auf und geben Sie Ihre Wunschadresse ein. In unserem Beispiel ist das die Anschrift von Galileo Press in Bonn (an die Sie selbstverständlich gerne handgeschriebene Briefe senden können, wie hervorragend Ihnen dieses Buch gefallen hat).

Sobald der Kartenausschnitt geladen ist, suchen Sie in der unteren rechten Ecke des Fensters nach einem kleinen Zahnrad, über das sich weitere Funktionen ansteuern lassen (Abbildung 16.4). Dort gibt es auch den Punkt KARTE TEILEN UND EINBETTEN, auf den Sie bitte nun klicken.

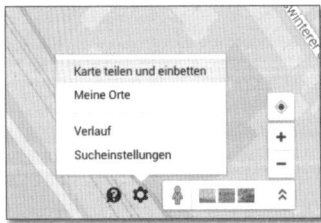

Abbildung 16.4 Klicken Sie auf »Karte teilen und einbetten«, um die Karte in Ihre Website zu integrieren.

Anschließend öffnet sich ein kleines Fenster (Abbildung 16.5), in dem Sie oben zwei Registerreiter finden. Angewählt wird wahrscheinlich der Reiter LINK TEILEN sein, daher klicken Sie auf den anderen: KARTE EINBETTEN.

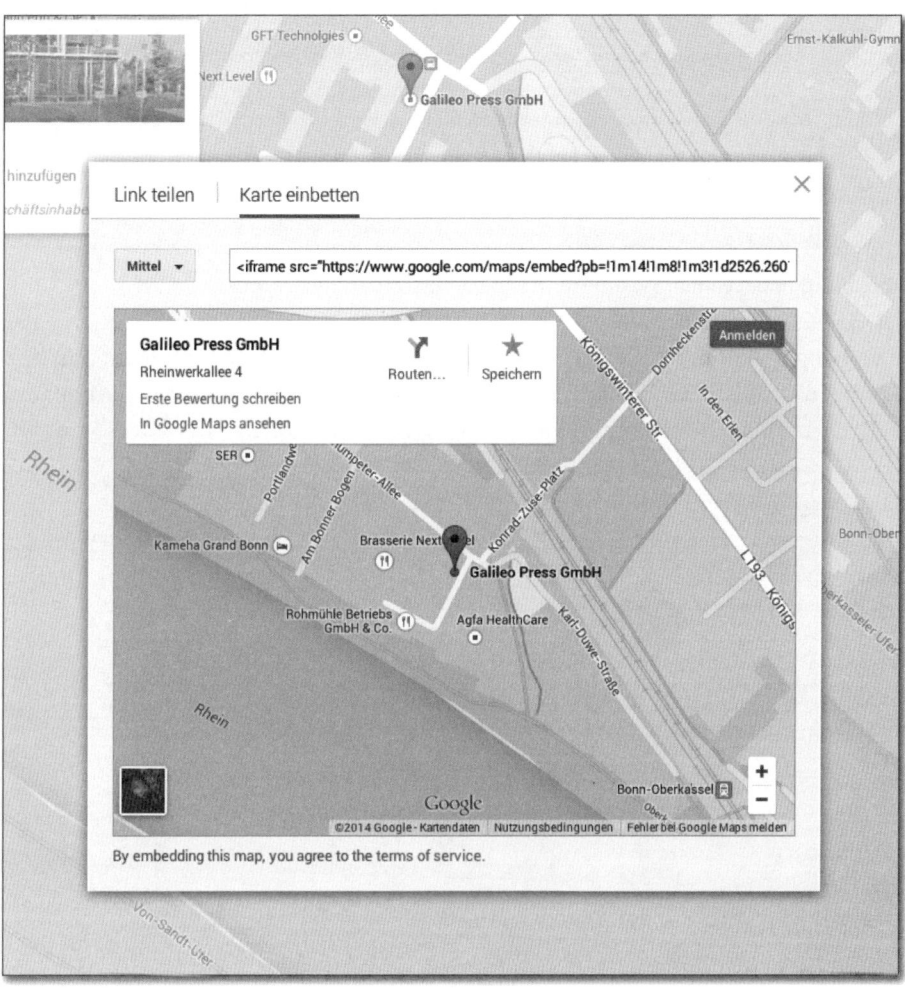

Abbildung 16.5 Im Register »Karte einbetten« wird Ihnen ein Code angezeigt und darunter Ihr gewünschter Kartenausschnitt.

Um diesen Ausschnitt nun einbetten zu können, wählen Sie links vom Code zunächst die Größe aus, die das Fenster haben soll. Dort haben Sie sogar die Möglichkeit, über BENUTZERDEFINIERTE GRÖSSE eine Größe in Pixel zu wählen (Abbildung 16.6).

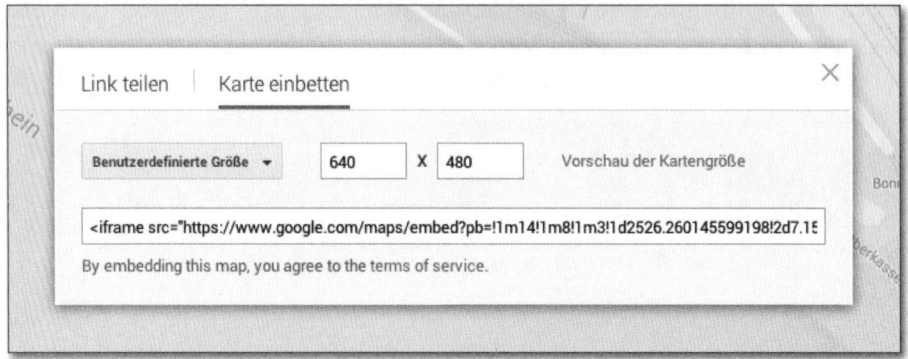

Abbildung 16.6 Wählen Sie alternativ eine benutzerdefinierte Größe.

Unabhängig davon, für welche Größe Sie sich entscheiden: Kopieren Sie anschließend den Code und fügen Sie ihn in die Text-Ansicht (!) Ihres Editors ein (Abbildung 16.7). Ob bei einer Seite oder einem Beitrag, spielt keine Rolle.

Abbildung 16.7 Der eingefügte Code im Hallo-Welt-Beitrag. Achten Sie unbedingt darauf, die Text-Ansicht und nicht die visuelle Ansicht zu wählen!

Nach dem Speichern ist die Karte auf Ihrer Website auch schon sichtbar (Abbildung 16.8).

HALLO WELT!

⏱ 23. SEPTEMBER 2014   💬 1 KOMMENTAR   ✏ BEARBEITEN

Willkommen zur deutschen Version von WordPress. Dies ist der erste Beitrag. Du kannst ihn bearbeiten oder löschen. Um Spam zu vermeiden, geh doch gleich mal in den Pluginbereich und aktiviere die entsprechenden Plugins. So, und nun genug geschwafelt – jetzt nichts wie ran ans Bloggen!

Abbildung 16.8 Schöner kann man niemanden darauf hinweisen, dass man einsam ist und besucht werden möchte.

16.3   Mit der Website umziehen

Wenn Sie mit Ihrer Website auf eine neue Domain umziehen müssen (oder die Website, die Sie auf Ihrem Rechner entwickelt haben, online stellen möchten), gibt es ein paar Dinge zu beachten, damit alles möglichst reibungslos abläuft.

Nachdem Sie Ihre WordPress-Installation an den neuen Ort hochgeladen, die Datenbank exportiert und importiert sowie die Datenbankinformationen in der wp-config.php angepasst haben (wie das alles geht, erfahren Sie in Abschnitt 2.5 am Beispiel des Uploads vom Rechner), tun sich in der Regel zwei Problemfelder auf. Zum einen benötigt WordPress selbst Informationen darüber, wo sich Ihre Website befindet. Zum anderen gibt es in der Datenbank vielleicht schon Hunderte von Referenzen auf Ihre alte Adresse, und die sollten ebenfalls aktualisiert werden. In jedem Fall gilt:

Machen Sie ein vollständiges Backup von Ihrer Website. Das, was Sie im Folgenden tun werden, kann schiefgehen, und das ist nicht mit der Wahrscheinlichkeit eines Lottogewinns gleichzusetzen. Seien Sie also abgesichert.

16.3.1   WordPress mitteilen, wie Ihre Website nun erreichbar ist

Im Backend gibt es unter EINSTELLUNGEN • ALLGEMEIN zwei Felder, in denen Sie die URL zu Ihrer WordPress-Website festlegen (Abbildung 16.9). Sobald Sie umgezogen sind, kommen Sie in den Admin-Bereich aber nicht hinein, eben weil WordPress Ihre neue Adresse noch nicht kennt. Das hört sich nach einem Dilemma an. Lässt sich aber leicht lösen.

| WordPress-Adresse (URL) | http://www.meine-wordpress-website.de |
| Seiten-Adresse (URL) | http://www.meine-wordpress-website.de |

Wenn die Startseite in einem anderen Verzeichnis liegen soll als die WordPress-Installation, dann gehört diese Adresse hier hinein.

Abbildung 16.9 Die Eingabefelder für Ihre URL im Backend

Fügen Sie einfach der *wp-config.php* in Ihrem WordPress-Hauptverzeichnis die beiden folgenden Zeilen hinzu:

```
define('WP_HOME', 'http://www.ihre-neue-url.de');
define('WP_SITEURL', 'http://www.ihre-neue-url.de');
```

Listing 16.3 Eine neue URL in »wp-config.php« eintragen

Diese beiden Zeilen repräsentieren die beiden Felder auf der Einstellungen-Unterseite. Tragen Sie dort Ihre neue URL ein, speichern Sie die Datei ab und laden Sie sie hoch. Anschließend können Sie Ihre Administrationsoberfläche wieder betreten. Rufen Sie nun als Erstes EINSTELLUNGEN • PERMALINKS auf und speichern Sie die Optionen einfach noch einmal ab.

16.3.2   Die Datenbankeinträge suchen und ersetzen (lassen)

Das ist aber noch nicht alles. In der Datenbank befinden sich noch zahlreiche Verweise auf Ihre alte Adresse, die können durch WordPress selbst, aber auch durch Plugins und Themes angelegt worden sein. Damit Sie die Datenbank nicht direkt editieren müssen, empfiehlt es sich, dafür ein Plugin zu verwenden, z. B. *Velvet Blues Update URLs* von VelvetBlues.com.

Nach der Installation und Aktivierung dieses Plugins finden Sie es unter WERKZEUGE • UPDATE URLS (Abbildung 16.10).

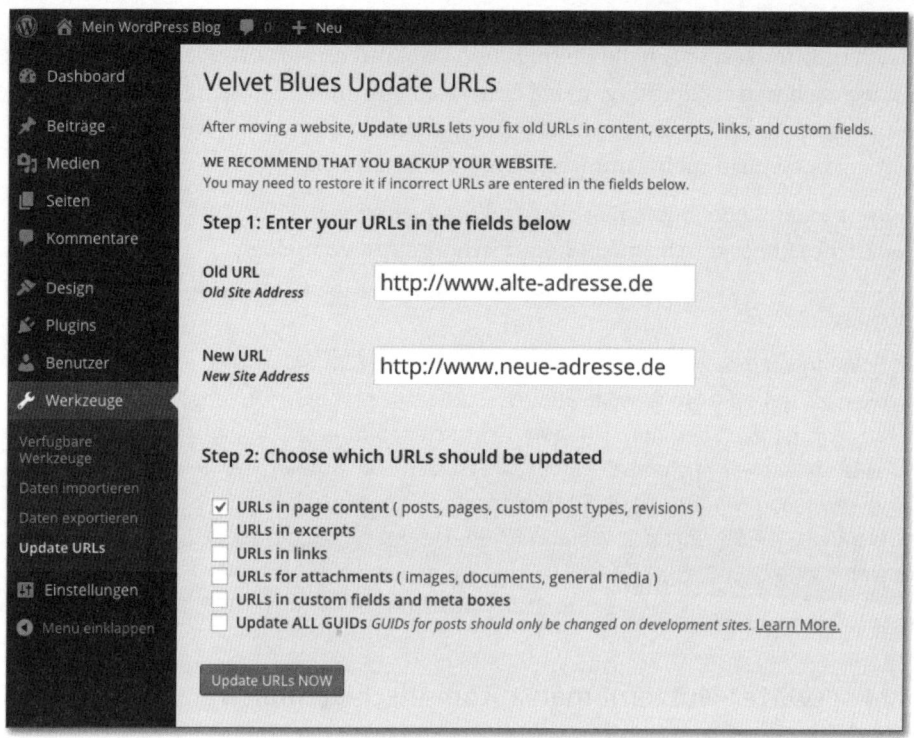

Abbildung 16.10 Das Plugin Velvet Blues Update URLs hilft Ihnen, die alten URLs in der Datenbank zu ersetzen.

Geben Sie in das erste Eingabefeld Ihre alte Adresse ein und in das zweite Feld Ihre neue. Darunter finden Sie einige Einstellungsmöglichkeiten. Diese beziehen sich darauf, welche Art von Einträgen angepasst werden sollen.

Sie können dann z. B. wählen, dass nur Beiträge, Seiten, Seitentypen und Revisionen aktualisiert werden sollen. Oder vielleicht auch Exzerpte, Links, Medien, benutzerdefinierte Felder oder GUIDs.

Hier ist entscheidend, aus welchen Inhalten sich Ihre Website zusammensetzt. Grundsätzlich würde ich möglichst viele dieser Optionen aktivieren, um die alten URLs möglichst restlos zu entfernen. Wenn etwas gegen bestimmte Bereiche spricht, dann aktivieren Sie die jeweilige Option einfach nicht.

Eine besondere Option sind die GUIDs. Diese sollten Sie wirklich nur dann ersetzen, wenn Sie Ihre Website bislang offline entwickelt haben und nun online stellen möchten, mit anderen Worten: Sie möchten sich der ganzen *localhost*-Adressen entledigen. Ansonsten kann eine Aktivierung dieser Option fatale Folgen haben. Ein Beispiel: RSS-Reader beziehen sich in der Regel auf diese GUID, um zu überprüfen, ob sie einen Artikel bereits angezeigt haben und ob dieser bereits vom Leser gelesen worden ist. Ändern Sie die GUIDs, tauchen plötzlich all Ihre Artikel wieder in den RSS-Readern Ihrer Leser als neue Beiträge auf, selbst wenn sie schon Jahre alt sind. Das klingt nach netter Werbung, nervt Leser aber nur und sorgt ganz sicher für Missgunst. Aktivieren Sie dieses Häkchen also ausschließlich dann, wenn Ihre Website bislang noch nicht online unter anderer Adresse erreichbar war.

Entfernen Sie das Plugin anschließend am besten ganz aus WordPress, um versehentliches Chaos durch andere Administratoren zu vermeiden.

> **Hinweis**
>
> Es kann vorkommen, dass sich in Ihren Theme-Dateien hart codierte URLs befinden, die noch auf Ihre alte Website verweisen. Hier bleibt Ihnen nur übrig, alle Dateien zu öffnen und nach der alten URL zu durchsuchen, um diese dann zu ersetzen. Sind es viele URLs, bietet sich die Suchen-und-Ersetzen-Funktion an, die viele Dateieditoren wie Notepad++ mitbringen. Editieren Sie Dateien keinesfalls in Word, sondern verwenden Sie entweder das Windows Notepad, Mac TextEdit oder eine Software wie Notepad++ oder Brackets (Mac).

16.4   Twitter-Nutzernamen automatisch verlinken

Wer häufig Twitter-Nutzernamen in seinen Beiträgen erwähnt, der kann diese auch automatisch verlinken lassen. Jedes Mal, wenn ein @Benutzername mit @-Zeichen davor in einen Beitrag eingefügt wird, verlinkt folgender Code diesen automatisch mit dem dazugehörigen Twitter-Profil:

```
function twtreplace($content) {
    $twtreplace = preg_replace('/([^a-zA-Z0-9-_&])@([0-9a-zA-Z_]+)/',
"$1<a href=\"http://twitter.com/$2\" target=\"_blank\" rel=\"nofollow\">@$2</a>",
$content);
    return $twtreplace;
}

add_filter('the_content', 'twtreplace');
add_filter('comment_text', 'twtreplace');
```

Listing 16.4 Twitter-Profile automatisch verlinken

Fügen Sie den Code einfach in die *functions.php* in Ihrem Theme-Verzeichnis ein; schon wird aus @Benutzername im Editor (Abbildung 16.11) ein Link zum Twitter-Profil auf der Website (Abbildung 16.12).

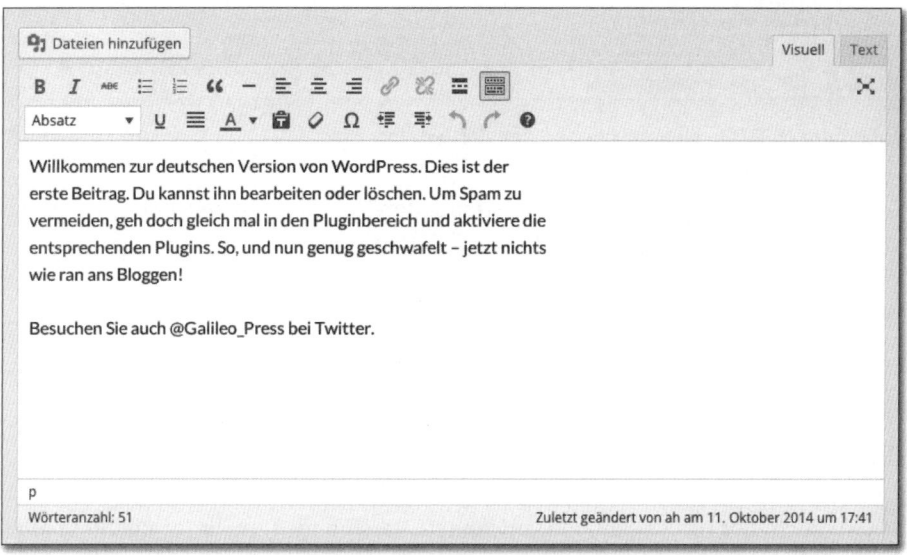

Abbildung 16.11 Erwähnen Sie einfach einen Twitter-Benutzernamen mit einem @-Zeichen davor ...

Abbildung 16.12 ... und er wird auf magische Weise mit dem Twitter-Profil verlinkt.

16.5   WP-Version ohne Plugin aus Quelltext entfernen

Die verwendete WordPress-Version, die standardmäßig im Quelltext Ihrer Website angezeigt wird (Abbildung 16.13), kann Angreifern helfen, Ihre Website zu kompromittieren. Da sie ansonsten keinerlei sinnvollen Aussagegehalt hat, sollte sie entfernt werden.

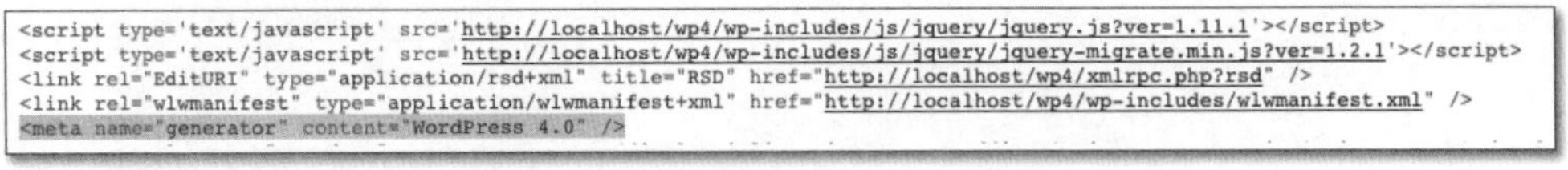

```
<script type='text/javascript' src='http://localhost/wp4/wp-includes/js/jquery/jquery.js?ver=1.11.1'></script>
<script type='text/javascript' src='http://localhost/wp4/wp-includes/js/jquery/jquery-migrate.min.js?ver=1.2.1'></script>
<link rel="EditURI" type="application/rsd+xml" title="RSD" href="http://localhost/wp4/xmlrpc.php?rsd" />
<link rel="wlwmanifest" type="application/wlwmanifest+xml" href="http://localhost/wp4/wp-includes/wlwmanifest.xml" />
<meta name="generator" content="WordPress 4.0" />
```

Abbildung 16.13 Ein kleiner Hinweis, der viel verraten kann

Dafür benötigen Sie kein Plugin, sondern nur den folgenden kleinen Code in der *functions.php* in Ihrem Theme-Verzeichnis:

```
function remove_wp_version() {
    return '';
}
add_filter('the_generator', 'remove_wp_version');
```

Listing 16.5 Die verwendete WordPress-Version entfernen

Schon taucht der Hinweis auf die verwendete Version nicht mehr im Quelltext auf.

16.6   Eigene Texte im Backend platzieren

Kennen Sie das? Manche Autoren halten sich einfach nicht an Vorgaben. Dann kann es sinnvoll sein, ihnen vielleicht einen kleinen Hinweis zukommen zu lassen, z. B. zur Beachtung des Styleguides.

Sie können an verschiedenen Stellen auf der Bearbeitungsseite neuer Beiträge und Seiten eigene Texte hinterlegen. Damit die Autoren ihn gut sehen, hinterlegen wir nun einen Text direkt über dem Editor, also unter dem Titelfeld (Abbildung 16.14). Fügen Sie dazu diesen Code der *functions.php* in Ihrem Theme-Verzeichnis hinzu:

```
add_action( 'edit_form_after_title', 'add_styleguide_notice' );

function add_styleguide_notice() {

    echo '<p style="color: #cc3333;"><strong>Lesen Sie bitte unseren
        <a href="http://www.beispiel.de/styleguide/"
        target="_blank">Styleguide</a>!</strong></p>';

}
```

Listing 16.6 So fügen Sie Text im Backend ein

Um Ihren eigenen Text zu hinterlegen, passen Sie einfach den Text, der nach echo in den Anführungszeichen steht, entsprechend an.

Abbildung 16.14 So könnte der Hinweistext aussehen.

Wohin dieser Text geschrieben wird, entscheidet sich allein in der ersten Zeile. Bei der Funktion add_action() können Sie den ersten Parameter auch wie folgt ersetzen:

Parameter	Ort
edit_form_after_title	nach dem Titelfeld
edit_form_after_editor	nach dem Editor
edit_form_advanced	vor den Optionsbereichen, die zu den erweiterten Optionen zählen; üblicherweise nach dem Exzerpt

Tabelle 16.1 Die Parameter für verschiedene Anzeigeorte

16.7   Eigene Texte zur Login-Seite hinzufügen

Möchten Sie denjenigen, die sich auf Ihrer Website einloggen, einen Willkommens-Text oder wichtigen Hinweis mitgeben? Nichts leichter als das. Durch folgenden Code in der *functions.php* in Ihrem Theme-Verzeichnis können Sie der Login-Seite einen Hinweistext hinzufügen:

```
function wps_login_message( $message ) {
    if ( empty($message) ){
        return "<p class=
'message'>Herzlich Willkommen. Bitte loggen Sie sich ein.</p>";
    } else {
        return $message;
    }
}
add_filter( 'login_message', 'wps_login_message' );
```

Listing 16.7 Einen Hinweistext auf der Login-Seite platzieren

Ersetzen Sie einfach den Text in der dritten Zeile durch Ihren eigenen, und die Nachricht erscheint allen Besuchern, die sich einloggen möchten (Abbildung 16.15).

Abbildung 16.15 Eine kleine Begrüßung für die Mitarbeiter

16.8   Das URL-Feld aus Kommentarformularen entfernen

Wer viel mit Spam-Kommentaren zu kämpfen hat, möchte gegebenenfalls das URL-Feld (Abbildung 16.16) ganz aus seinem Kommentarformular verbannen.

Hierzu genügt folgender Code in der *functions.php* in Ihrem Theme-Verzeichnis:

```
function remove_comment_fields($fields) {
    unset($fields['url']);
    return $fields;
}
add_filter('comment_form_default_fields', 'remove_comment_fields');
```

Listing 16.8 So entfernen Sie das Feld »Website«

Dadurch wird das URL-Feld vollständig entfernt und ist für niemanden mehr ausfüllbar (Abbildung 16.17).

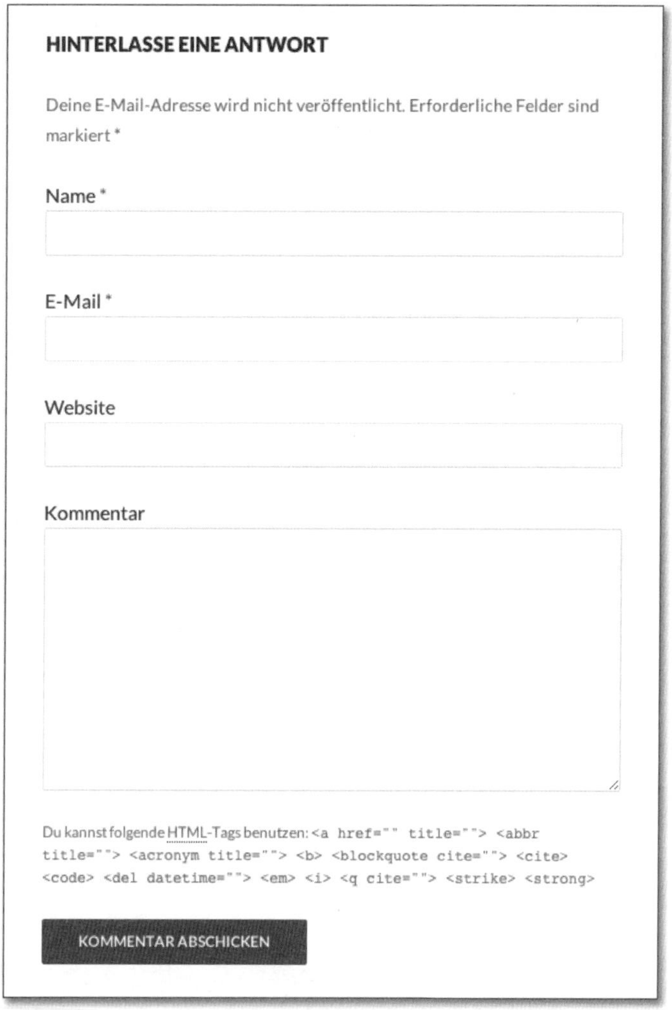

HINTERLASSE EINE ANTWORT

Deine E-Mail-Adresse wird nicht veröffentlicht. Erforderliche Felder sind markiert *

Name *

E-Mail *

Website

Kommentar

Du kannst folgende HTML-Tags benutzen: `<a href="" title=""> <abbr title=""> <acronym title=""> <b> <blockquote cite=""> <cite> <code> <del datetime=""> <em> <i> <q cite=""> <strike> <strong>`

KOMMENTAR ABSCHICKEN

Abbildung 16.16 So sieht das Kommentarformular üblicherweise aus, alle Felder sind noch vorhanden.

Hinweis

Ich kann Sie verstehen, wenn Sie das Feld entfernen wollen, ich habe selbst mit Spam-Aufkommen in den Kommentarbereichen zu kämpfen. Aber überlegen Sie sich diesen Schritt bitte noch einmal. Er kann viele »echte« Nutzer ebenfalls davon abhalten, auf Ihrer Website zu kommentieren. Besser, die Leser kommentieren, um (auch) auf ihre Website aufmerksam zu machen, als gar nichts zu schreiben. Die Spam-Kommentare muss man dann anders bekämpfen, z. B. mit dem Plugin *Antispam Bee* von Sergej Müller.

HINTERLASSE EINE ANTWORT

Deine E-Mail-Adresse wird nicht veröffentlicht. Erforderliche Felder sind
markiert *

Name *

E-Mail *

Kommentar

Du kannst folgende HTML-Tags benutzen: `<a href="" title=""> <abbr
title=""> <acronym title=""> <b> <blockquote cite=""> <cite>
<code> <del datetime=""> <em> <i> <q cite=""> <strike> <strong>`

KOMMENTAR ABSCHICKEN

Abbildung 16.17 Und schon ist das URL-Feld auf und davon.

16.9   Minimale Zeichenanzahl für Kommentare setzen

Eine weitere Möglichkeit, um Spam oder einfallslose Kommentare zu bekämpfen,
liegt darin, die minimale Zeichenanzahl für einen Kommentartext festzulegen. So
werden auch all diejenigen herausgefiltert, die einfach nur »Toll!« schreiben, um mal
wieder auf sich aufmerksam zu machen. Allzu strikt sollte man das aber auch nicht
handhaben, sonst hat man eine Problematik wie bei Amazon: Diejenigen, die sich
schon bereit erklärt haben, eine Rezension zu verfassen, sind gezwungen, die fehlen-
den Zeichen mit Punkten aufzufüllen, um die Anforderungen zu erfüllen. So etwas
passiert, wenn die minimale Zeichenanzahl auf einen zu hohen Wert gesetzt wird.

Wer es einmal ausprobieren möchte, fügt folgenden Code in die *functions.php* in sei-
nem Theme-Verzeichnis ein:

```
add_filter( 'preprocess_comment', 'minimal_comment_length' );

function minimal_comment_length( $commentdata ) {
    $minimalCommentLength = 20;

    if ( strlen( trim( $commentdata['comment_content'] ) ) )
    < $minimalCommentLength )
        {
        wp_die( 'Ein Kommentar muss mindestens ' . $minimalCommentLength .
        ' Zeichen lang sein.' );
        }
    return $commentdata;
}
```

Listing 16.9 Eine Mindestlänge für Kommentare festlegen

Passen Sie in der dritten Zeile die Variable $minimalCommentLength noch an Ihre Wünsche an, und die Sperre ist eingerichtet.

16.10   Wartungsmodus einschalten

Ich habe im Laufe dieses Buches schon öfter angesprochen, dass es manchmal erforderlich ist, einen Wartungsmodus einzuschalten, z. B. wenn Ihre Website noch neu ist und erst vollständig eingerichtet werden muss oder wenn Sie gerade etwas umfangreichere Änderungen vornehmen. Man wird gegebenenfalls etwas unruhig, wenn man weiß, dass andere sehen könnten, was man da gerade für einen Unsinn fabriziert. Ein Wartungsmodus beruhigt also die Nerven ein wenig.

Dabei brauchen Sie dafür nicht unbedingt ein Plugin. Durch folgenden Code wird allen, die nicht als Administrator eingeloggt sind, eine Wartungsmitteilung angezeigt, wenn sie auf die Website zugreifen möchten. Die Login-Seite funktioniert weiterhin, und Administratoren können natürlich trotzdem wie gewohnt auf alles zugreifen.

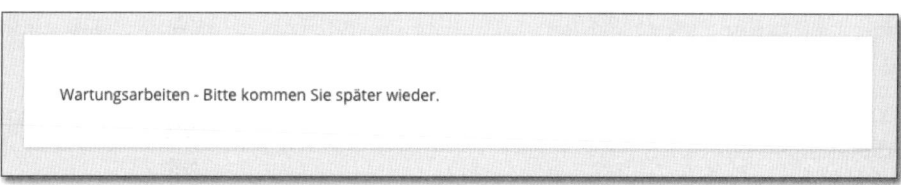

Abbildung 16.18 Der Wartungsmodus ist schlicht und effektiv.

Fügen Sie den folgenden Code einfach in die *functions.php* in Ihrem Theme-Verzeichnis ein, aber denken Sie daran, ihn nach den Arbeiten auch wieder zu entfernen. Als Administrator merkt man nämlich von der Änderung nichts, bis man sich ausgeloggt hat.

```
function wp_maintenance_mode() {

    if (!current_user_can('edit_themes') || !is_user_logged_in()) {

        wp_die('Wartungsarbeiten - Bitte kommen Sie später wieder.',
'Wartungsarbeiten - Bitte kommen Sie später wieder.', array('response' => '503'));

    }

}

add_action('get_header', 'wp_maintenance_mode');
```

Listing 16.10 Den Wartungsmodus in der »functions.php« aktivieren

Sie können den Text, der wp_die() übergeben wird, natürlich noch anpassen. Wundern Sie sich nicht, dass dort zweimal derselbe Text steht. Die erste Version ist für den Text auf der Seite, die zweite Version für den Titel, der z. B. im Browser-Tab angezeigt wird. Die beiden müssen nicht identisch sein.

Alternativ können Sie den Code übrigens auch mit /* ... */ auskommentieren. Wenn Sie das nächste Mal schnell umschalten möchten, müssen Sie den Code nicht erst suchen. Oder schlimmer: abtippen.

16.11   Beitragstitel statt »Vorheriger Beitrag«/»Nächster Beitrag«

Es ist durchaus sinnvoll, auf der Einzelansichtsseite eines Blogartikels sowohl den vorigen als auch den nachfolgenden Beitrag zu verlinken, um eine lückenlose Navigation für die Besucher zu ermöglichen. Allerdings sind Bezeichnungen wie »Vorheriger Beitrag« und »Nächster Beitrag« nicht unbedingt das, worauf Besucher sofort klicken. Besser wäre es doch, stattdessen den Beitragstitel einzublenden.

Im Theme *Twenty Fourteen* gibt es eine eigene Funktion, die so etwas macht (siehe Abbildung 16.19).

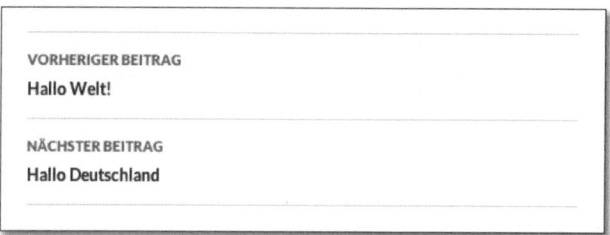

Abbildung 16.19 So sieht eine ähnliche Funktion im Theme Twenty Fourteen aus – dort wurden allerdings auch schon einige theme-spezifische Styleangaben hinterlegt.

Wenn Sie auch so eine Funktion umsetzen wollen, können Sie den folgenden Code z. B. in die *single.php* Ihres Themes integrieren:

```
$p = get_adjacent_post(false, '', true);
if(!empty($p)) echo '<div class="prev"><a href="' .
get_permalink($p->ID) . '" title="' . $p->post_title . '">' .
$p->post_title . '</a></div>';

$n = get_adjacent_post(false, '', false);
if(!empty($n)) echo '<div class="next"><a href="' .
get_permalink($n->ID) . '" title="' . $n->post_title . '">' .
$n->post_title . '</a></div>';
```

Listing 16.11 So fügen Sie Beitragstitel ein

Die Links kommen ganz nackt, ohne weitere Styleangaben. Wenn Sie sie stylen möchten (und das sollten Sie wirklich tun), können Sie sie über die CSS-Klassen "prev" und "next" ansprechen.

16.12 Bei nur einem Suchergebnis automatisch den Beitrag öffnen

Manche Suchphrasen sind so präzise, dass nur ein einziges Suchergebnis gefunden wird. Standardmäßig wird dieses aber zunächst auf der Suchergebnisseite angezeigt, man muss also noch darauf klicken, um den vollständigen Beitrag anzuzeigen. Sie können Ihren Besuchern dieses Prozedere vereinfachen, indem Sie automatisch diesen Beitrag öffnen lassen, wenn die Suche nur ein einziges Ergebnis hervorgebracht hat.

Fügen Sie dazu diesen Code in die *functions.php* in Ihrem Theme-Verzeichnis ein:

```
add_action('template_redirect', 'redirect_single_post');
function redirect_single_post() {
    if (is_search()) {
```

```
        global $wp_query;
        if ($wp_query->post_count == 1 && $wp_query->max_num_pages == 1) {
            wp_redirect( get_permalink( $wp_query->posts['0']->ID ) );
            exit;
        }
    }
}
```

Listing 16.12 Ein einzelnes Suchergebnis sofort öffnen

16.13   Seiten aus den Suchergebnissen ausschließen

Wenn Sie ein Blog oder eine Website mit starkem Fokus auf das zugehörige Blog betreiben, kann es möglicherweise sinnvoll sein, Seiten komplett aus der Suche ausschließen. Denn in solchen Konstellationen suchen Besucher oft ohnehin nur nach Beiträgen mit den gewünschten Inhalten, aber nicht nach statischen Seiten, auf die der Suchbegriff vielleicht auch zutrifft.

Beispiel: Sie sind Webdesigner und bieten auch Marketing an, d. h., Sie haben einige Unterseiten, die Ihre Leistungen präsentieren. Aber Sie haben auch ein richtig gut laufendes Blog, das sich sehr intensiv mit Marketingthemen auseinandersetzt. Ihre Besucher werden, wenn sie »Marketing« in das Suchfeld eingeben, vermutlich eher nach Blogbeiträgen zu diesem Thema suchen als nach Ihren Leistungen. Denn zu denen gelangt man eher selten über die Suche, sondern häufiger über die Seite »Leistungsspektrum«. Sie müssen an dieser Stelle selbst entscheiden, ob Sie den zusätzlichen Werbeeffekt Ihrer Leistungen in den Suchergebnissen wünschen oder ob es Ihnen wichtiger ist, dass Ihre Besucher sofort zu relevanten Blogbeiträgen gelangen.

Um statische Seiten generell aus Ihren Suchergebnissen zu verbannen, fügen Sie den folgenden Code in die *functions.php* in Ihrem Theme-Verzeichnis ein:

```
function filter_search($query) {
    if ($query->is_search) {
        $query->set('post_type', 'post');
    }
    return $query;
}
add_filter('pre_get_posts', 'filter_search');
```

Listing 16.13 Suchergebnisse filtern

16.14   Autorenseite zur Über-uns-Seite weiterleiten

WordPress geht davon aus, dass mehrere Autoren an einer Website arbeiten können. Deshalb ist der Name des Autors eines Beitrags immer mit einer Übersichtsseite verlinkt, die alle Beiträge des jeweiligen Autors als eigenes Archiv auflistet. Das ist bei Bloggern, die einzeln agieren, oder bei Unternehmen vielleicht nicht immer gewünscht. Besser wäre es doch, wenn in diesem Fall der Autoren-Link einfach auf die Über-mich-Seite oder die Über-uns-Seite zeigt. Das können Sie erreichen, indem Sie folgenden Code in die *functions.php* in Ihrem Theme-Verzeichnis einfügen:

```
add_filter( 'author_link', 'my_author_link' );

function my_author_link() {
    return home_url( 'ueber-uns/' );
}
```

Listing 16.14 Eine einfache Weiterleitung von »Autor« zu »Über uns«

Der Parameter, der home_url() übergeben wird, muss gegebenenfalls von Ihnen angepasst werden. Die Funktion ergänzt bereits automatisch die URL zu Ihrer WordPress-Website. Das Einzige, was sie braucht, ist das sogenannte *Slug*, das danach kommt und auf Ihre Über-uns-Seite verweist.

Beispiel: Wenn Ihre URL *http://www.domain.de* ist und der Slug zu Ihrer Unterseite *ueber-mich* heißt, dann übergegeben Sie einfach nur ueber-mich/, und WordPress fügt alles automatisch zu *http://www.domain.de/ueber-mich/* zusammen. Den Slash am Ende können Sie optional auch weglassen.

16.15   Revisionen anpassen oder entfernen

Revisionen können einem das Leben erleichtern. Wenn wir unsere Beiträge einmal zerstören sollten, können wir immer noch hoffen, dass WordPress eine Revision gespeichert hat und wir die Zeit zurückdrehen können. Aber Revisionen häufen sich, und die Datenbank sieht nach einiger Zeit aus wie eine Müllhalde (Abbildung 16.20).

Sie können aber die Anzahl der Revisionen reduzieren, die gespeichert werden. Das geht über folgenden Code, den Sie in die *wp-config.php* in Ihrem Hauptverzeichnis einfügen:

```
define( 'WP_POST_REVISIONS', 3 );
```

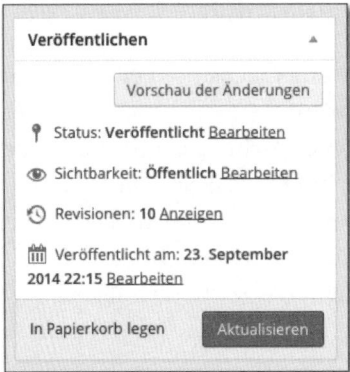

Abbildung 16.20 Zehn Revisionen pro Beitrag sind keine Seltenheit.

Ersetzen Sie die 3 durch die Anzahl an Revisionen, die Sie zulassen möchten. Wenn Sie Revisionen gar nicht benötigen, dann können Sie sie auch deaktivieren. Dazu ersetzen Sie die 3 einfach durch ein false:

```
define( 'WP_POST_REVISIONS', false );
```

16.16   Den ersten Absatz eines jeden Beitrags umgestalten

Sie kennen das vielleicht von einigen Blogs oder News-Seiten: Der erste Absatz wird etwas anders gestaltet als die folgenden, um die Aufmerksamkeit darauf zu lenken. Außerdem enthalten gerade journalistische Beiträge zunächst eine Zusammenfassung der wichtigsten Informationen im ersten Absatz. Ganz oft wird dieser erste Absatz einfach in Fettdruck gesetzt (Abbildung 16.21).

Abbildung 16.21 So sieht das z. B. auf »tagesschau.de« aus.

Im Archiv oder auf Suchergebnisseiten sieht das hingegen nicht so gut aus, weil die Beiträge meist nach nur einem Absatz abgeschnitten werden. Es gibt aber eine Möglichkeit, nur in der Einzelansicht den ersten Absatz des Blogartikels anders zu stylen – und das sogar unabhängig von der Browserversion des Besuchers:

```
function first_paragraph($content) {
    if(is_single()) {
        return preg_replace('/<p([^>]+)?>/', '<p$1 class="first_para">',
$content, 1);
    }
    else {
        return $content;
    }
}
add_filter('the_content', 'first_paragraph');
```

Listing 16.15 Elegant: dem ersten Absatz eine eigene Klasse zuweisen

Wenn Sie diese Funktion in die *functions.php* in Ihrem Theme-Verzeichnis einfügen, erhält der erste Absatz jedes Beitrags die CSS-Klasse .first_para, allerdings nur in der Einzelansicht. Diese Klasse können Sie dann mittels CSS so gestalten, wie Sie es wünschen.

16.17   Alle Seitentypen in den Suchergebnissen

Wenn Ihre Website neben Beiträgen und Seiten noch weitere Seitentypen verwendet, die Sie gerne von der Suchfunktion eingeschlossen sehen möchten, dann fügen Sie den folgenden Code Ihrer *functions.php* hinzu:

```
function pippin_include_post_types_in_search($query) {

    if(is_search() && is_main_query()) {

        $post_types = get_post_types(array('public' => true, 'exclude_from_
search' => false), 'objects');
        $searchable_types = array();

        if($post_types) {

            foreach( $post_types as $type) {

                $searchable_types[] = $type->name;

            }
```

```
    }

    $query->set('post_type', $searchable_types);

  }

  return $query;

}
```

```
add_action('pre_get_posts', 'pippin_include_post_types_in_search');
```

Listing 16.16 Die Suche nach Seitentypen in der »functions.php« ändern

Nun werden auch die anderen Seitentypen bei der Suche berücksichtigt.

16.18   Den Papierkorb anpassen oder deaktivieren

Der Papierkorb in WordPress ist eine sinnvolle Funktion, um versehentlich gelöschte Inhalte wiederherstellen zu können. Allerdings mag man unterschiedlicher Ansicht sein, wie lange der Zeitraum sein sollte, in dem WordPress die Papierkorbeinträge aufbewahrt. Wenn Sie den Zeitraum z. B. auf sieben Tage verkürzen möchten, fügen Sie einmal Folgendes in die *wp-config.php* in Ihrem Hauptverzeichnis ein:

```
define ('EMPTY_TRASH_DAYS', 7);
```

Ersetzen Sie die Ziffer 7 einfach durch die Anzahl der Tage, die für Sie geeignet erscheint. Ich persönlich halte 1 für eine gute Zahl. So kann ich Inhalte, die ich wirklich versehentlich gelöscht habe, sofort wiederherstellen, muss mich aber am nächsten Tag nicht mehr mit Altlasten auseinandersetzen. Möchten Sie die Papierkorbfunktion gänzlich deaktivieren, hilft folgender Code:

```
define ('EMPTY_TRASH_DAYS', 0);
```

16.19   Das Beitragsbild zum RSS-Feed hinzufügen

Beitragsbilder finden sich leider standardmäßig nicht in der RSS-Feed-Version Ihres Beitrags wieder. Dabei wäre es doch praktisch, auch für Ihre RSS-Feed-Leser ein Einstiegsbild in den Text anzubieten.

Damit Ihr Beitragsbild auch automatisch in Ihrem RSS-Feed erscheint, binden Sie den folgenden Code in die *functions.php* in Ihrem Theme-Verzeichnis ein:

```
function featuredtoRSS($content) {

    global $post;

    if ( has_post_thumbnail( $post->ID ) ){
        $content = '<div>' . get_the_post_thumbnail( $post->ID,
'medium', array( 'style' => 'margin-bottom: 15px;' ) ) . '</div>'
. $content;
    }

    return $content;

}


add_filter('the_excerpt_rss', 'featuredtoRSS');
add_filter('the_content_feed', 'featuredtoRSS');
```

Listing 16.17 Beitragsbilder im RSS-Feed anzeigen

16.20 Werkzeugleiste nur für Administratoren anzeigen

Die Werkzeugleiste ist bei neuen WordPress-Nutzern standardmäßig aktiviert. Das ist aber nicht immer gewünscht, weil sie ja schließlich auch das Aussehen der Website ändert. Wenn Sie möchten, dass diese Leiste nur noch Administratoren angezeigt wird, fügen Sie folgenden Code der *functions.php* in Ihrem Theme-Verzeichnis hinzu:

```
add_action('after_setup_theme', 'remove_admin_bar');

function remove_admin_bar() {

    if (!current_user_can('administrator') && !is_admin()) {

        show_admin_bar(false);

    }

}
```

Listing 16.18 Dieser Code entfernt die Admin-Leiste für Nicht-Admins

16.21   Quellen

Folgende Quellen haben zur Erstellung dieses Kapitels beigetragen:

- *http://bavotasan.com/2012/shortcode-to-encode-email-in-wordpress-posts*
- *http://snipplr.com/view/70977/automatically-link-twitter-usernames-in-word-press*
- *http://torquemag.io/top-10-snippets*
- *https://make.wordpress.org/core/2012/12/01/more-hooks-on-the-edit-screen*
- *http://wpsnippy.com/how-to-add-custom-text-to-wordpress-login-page*
- *http://www.paulund.co.uk/set-minimal-comment-limit-in-wordpress*
- *https://www.wpkb.com/wordpress-code-snippets*
- *http://www.elegantthemes.com/blog/tips-tricks/eight-useful-code-snippets-for-wordpress*
- *http://designbump.com/quick-tip-bold-first-paragraph-content-wordpress*
- *http://justwp.org/best-20-must-wordpress-snippets*
- *http://okaymarketing.com/show-featured-image-wordpress-rss-feed*
- *http://www.wpbeginner.com/wp-tutorials/how-to-disable-wordpress-admin-bar-for-all-users-except-administrators*

Kapitel 17
Marketing und Tracking

Eine Website zu bauen ist nicht schwer, sie erfolgreich zu machen hingegen sehr. Lernen Sie die effektivsten Marketing- und Tracking-Methoden kennen und führen Sie Ihre Website schon bald zum gewünschten Erfolg.

Es wäre zu schön, um wahr zu sein, würden Besucher ganz von allein eine neue Website entdecken und Ihre Produkte kaufen oder Ihre Dienstleistungen in Anspruch nehmen. Oder würden sie doch einfach nur freiwillig Ihr Blog lesen. In den Anfangszeiten des Internets war dieses Szenario gar nicht so unrealistisch. Heute hingegen wird das Netz tagtäglich von Websites überflutet, leider sind die meisten davon auch wirklich nicht zu gebrauchen.

Um aus dieser Masse von Websites hervorzustechen, müssen Sie nicht nur die Suchmaschinen, sondern in erster Linie andere Menschen darauf aufmerksam machen. Dazu bedient man sich heutzutage eines Dreiklangs aus *Marketing*, *Tracking* und *Analyse*.

Im Rahmen des Marketings wird zunächst versucht, überhaupt erst einmal Besucher auf die Website zu lotsen. Unterschieden wird zwischen *Online-* und *Offline-Marketing*, die sich wiederum in viele Einzelwerkzeuge unterteilen lassen. Es gibt schier unendlich viele Möglichkeiten, auf die eigene Website aufmerksam zu machen. Sie lernen nun die gängigsten Maßnahmen des Marketings kennen. Ein Schwerpunkt liegt dabei auf *Google AdWords*, da dies für das Website-Marketing in aller Regel am einfachsten und effektivsten ist.

Damit Sie Ihre Marketing-Aktionen überprüfen können, gibt es das Tracking. Mithilfe einer Software werden die Daten Ihrer Besucher genauestens gespeichert. Nie war es so einfach, die Auswirkungen von Marketing-Aktionen derart genau zu messen. Früher ließ sich nur feststellen, wie viele Produkte gekauft oder Dienstleistungen in Anspruch genommen worden sind. Aber von denen, die vielleicht noch unschlüssig waren oder die sich gar gegen den Kauf entschieden haben, hat man in aller Regel nie erfahren. Dadurch, dass sich das Marketing aber nun auf den Besuch Ihrer Website richtet, erfahren Sie auch von denjenigen, die sich letztlich nicht für Ihre Produkte oder Dienstleistungen entscheiden konnten. Ich zeige Ihnen in diesem Kapitel, wie Tracking funktioniert, welche Software sich dazu eignet, und beleuchte für Sie den datenschutzrechtlichen Brennpunkt aus aktueller Sicht.

Das Aufzeichnen Ihrer Besucher allein ist aber noch nicht genug. Sie müssen die Daten schon analysieren und anhand dieser Analyse Ihre Website verbessern. Nur so hat das Tracking auch einen Sinn. Wie Sie auch ohne Vorkenntnisse Nutzen aus den Tracking-Statistiken ziehen können, erfahren Sie ebenfalls hier.

17.1   Wie vermarkte ich meine Website?

Es gibt verschiedene Formen des Marketings. Früher hatten Sie ausschließlich die Möglichkeiten des Offline-Marketings – damals, als es noch gar kein Internet gab. Da war die Trickkiste noch sehr klein, und jeder bediente sich der gleichen Mittel. Gerade das Marketing des kleinen Geldbeutels war damals nicht besonders effektiv.

Heute hingegen gibt es das Online-Marketing, und endlich scheint die Zeit der kleinen Marketing-Budgets gekommen zu sein. Jeder hat eine Website, auf der er verschiedene Aktionen veranstalten kann, wo jeder Autor und Verlag zugleich sein und wofür jeder sogar zielgruppengenaue Anzeigen schalten kann, die sich auf wirklich jedes Budget zuschneiden lassen. Das klingt alles sehr einfach, nur leider ist es das nicht. Die Realität sieht anders aus. Jeder Ihrer Konkurrenten wird bereits eine Website haben, ein Blog führen und bei Google AdWords Anzeigen schalten – wenn Sie Pech haben.

Das bedeutet aber nicht, dass Sie dies nicht besser machen können als Ihre Kollegen. Zum einen gibt es viele Möglichkeiten im Online-Marketing, die diese vielleicht noch gar nicht entdeckt haben. Zum anderen gibt es einen großen Unterschied zwischen Anzeigen bei Google AdWords und Anzeigen bei Google AdWords, d. h.: Man kann dabei sehr, sehr viele Fehler machen. Und die meisten, die sich damit weder näher beschäftigt noch eine Agentur beauftragt haben, begehen eben diese Fehler am laufenden Band. Damit Ihnen das nicht passiert, lesen Sie diesen Abschnitt zum Thema Marketing.

Ich werde Ihnen in diesem Kapitel einige Denkanstöße geben, wie Sie Ihre Website, aber auch Ihre Produkte sinnvoll vermarkten können. Seien wir ehrlich, die meisten von uns benötigen keine umfangreichen Marktanalysen und müssen sich keine Gedanken über ihr *Social Responsibility Marketing* machen. Es soll im Rahmen dieses Buches nur darum gehen, Ihnen einige Möglichkeiten aufzuzeigen, die sich für nahezu jede Website lohnen und einfach umsetzbar sind.

17.1.1   Website oder Blog?

Wenn Sie Ihre Website vermarkten möchten, stellt sich zunächst eine grundlegende Frage nach der Beschaffenheit Ihrer Internetpräsenz: Führen Sie ein Blog bzw. ein Artikelverzeichnis oder bieten Sie Ihren Lesern (nur) eine Unternehmenspräsentation, also eine schlichte Website? Die Unterscheidung ist deshalb wichtig, da Besucher grundsätzlich nach einem Mehrwert im Internet suchen. Die wenigsten interessieren sich dafür, wie herzergreifend die Geschichte Ihres Unternehmens ist oder welche Philosophie Sie bei der Fertigung Ihrer Produkte verfolgen (auch wenn die Sympathie für ein Unternehmen heute eine immer größere Rolle spielt). Diese Dinge sind zwar wichtiger Bestandteil einer umfassenden Internetpräsenz – Besucher locken Sie damit aber noch lange nicht an. Sie müssen sich daher klarmachen, worin der Nutzen Ihrer Website für den Besucher liegt. Und diesen müssen Sie schließlich vermarkten. Ein Blog oder Artikelarchiv kann hier wahre Wunder bewirken. Sehr detaillierte Produktinformationen erfüllen diesen Zweck aber manchmal auch.

Ein Blog vermarktet man immer ein klein wenig anders als eine reine Unternehmens-Website. Für Blogs bieten sich häufig viel umfangreichere Möglichkeiten – etwa die Veröffentlichung eigener Artikel in sogenannten Artikelarchiven, das Verfassen von Gastbeiträgen auf fremden Blogs oder ganz allgemein die viel offenere Aufnahme Ihrer Website durch die Internetgemeinde. Kaum ein gestandener Blogger wird seine Leser mit einem Hinweis auf eine ganz schlichte Unternehmenspräsenz langweilen; erwartet diese aber dort ein interessanter Artikel, sind Ihnen die Links anderer Blogs praktisch sicher. Und dass sich das sehr positiv auf Ihre Position in den Suchergebnissen auswirken kann, haben Sie ja spätestens in Kapitel 9, »Plugins«, gelernt.

Im Gegensatz zu einer »normalen« Website vermarktet sich ein Blog oft ganz von selbst, wenn man die nötige Geduld mitbringt. Ein Jahr sollten Sie Ihrem Blog aber mindestens geben, bevor dieses nennenswerten Traffic einfährt. Das ist ein häufiges Missverständnis zwischen Webdesigner und Kunden. Der Kunde erwartet, dass er mit dem vom Webdesigner groß angepriesenen Blog – einer Innovation sondergleichen – unmittelbar eine gut besuchte Website hat. Diese Fehleinschätzung liegt zum Teil an den völlig überzogenen Vorstellungen, welche Macht das Internet hat, zum Teil aber auch an einer möglicherweise etwas zu überschwänglichen Meinung des Webdesigners zum Thema Blogs. Fakt ist, dass es einige Blogs gibt, die praktisch von 0 auf 100 geschossen sind. Betrachtet man die Geschichte aber ganz genau, so wird man oft auf weitere Faktoren stoßen, die den Erfolg dieser Blogs maßgeblich mit beeinflusst haben. Grundsätzlich gilt: Es gibt Millionen von Blogs, warum sollte Ihres also gleich auf Platz 1 landen? Geben Sie Ihrem Blog die Zeit, zu wachsen, die es benötigt. Und nutzen Sie stets mehrere verschiedene Wege, Ihre Website zu vermarkten.

Sollten Sie sich für ein Blog entschieden haben, haben Sie sich automatisch der Qualität verpflichtet. Denn eines kann ich Ihnen fast garantieren: Mit schnell dahingeschriebenen Artikeln, die dem Nutzer weder interessante Einblicke ermöglichen noch ihm irgendeinen Nutzen bringen, werden Sie nicht einmal langfristig Erfolge erzielen. Dies ist selbstverständlich auch wieder der enormen Masse von Blogs im World Wide Web geschuldet. Es gibt immer ein anderes Blog, das zu Ihrem Themengebiet im Zweifel interessantere Artikel schreibt – behalten Sie das stets im Hinterkopf. Achten Sie also bei jedem einzelnen Artikel darauf, dass er Ihrem Publikum einen echten Mehrwert bietet. Dieser kann durchaus auch im Zeitvertreib stecken; zeigen Sie Ihrem Leser aber auch dann die Mühe, die Sie darin investiert haben. Fragen Sie sich immer: Würde ich diesen Artikel selbst voller Interesse verschlingen, nachdem ich die Headline gelesen habe?

Haben Sie lediglich eine Unternehmenspräsenz ohne Blog, dann ist das natürlich kein Grund zur Verzweiflung. Ganz im Gegenteil: Die Zeit, die Sie andernfalls in das Schreiben von Blogartikeln investieren müssten, können Sie nun in andere Marketing-Maßnahmen stecken. Und davon gibt es sehr, sehr viele. Irgendwie müssen Sie es schaffen, Ihren Besuchern trotzdem einen Mehrwert zu bieten. Nehmen Sie die Deutsche Bahn als Beispiel. Sie bietet ihren Besuchern an, sich nach Zugfahrplänen zu erkundigen. Das ist auch der naheliegende Verwendungszweck ihrer Website. Wenn Sie also ein Produkt oder eine Dienstleistung anbieten, die sich auf diese Weise bewerben lassen, dann sollte das Ihre erste Maßnahme sein. Sie können aber auch regelmäßig Gewinnspiele oder Rabattaktionen auf Ihrer Website anbieten. Diese gelten gemeinhin als guter Besuchermagnet. Voraussetzung ist aber auch hier, dass diese attraktiv sind. Sie sehen schon, dass es gerade im Internet darauf ankommt, dass Sie Ihren Kunden gegenüber ehrlich sind. Das sollte zwar die Grundvoraussetzung eines jeden Unternehmens sein, die Realität sieht aber anders aus.

Früher musste man seine Kunden vielleicht nicht so ernst nehmen, da ihr Sprachrohr noch nicht allzu groß war. Heute werden Meinungen über Produkte schon im Internet diskutiert, bevor das Produkt überhaupt auf dem Markt ist (siehe Amazon.de-Kundenrezensionen). Seitdem das Internet seinen Siegeszug angetreten hat, hat man unweigerlich das Gefühl, dass negative Eigenschaften eines Unternehmens viel schneller ans Licht kommen. Dieser Schein trügt nicht. Behandeln Sie Ihre Kunden also auch im Internet als ernst zu nehmendes Gegenüber. Dies ist eine wesentliche Voraussetzung nicht nur für Ihren Unternehmenserfolg im Allgemeinen, sondern auch für Ihren Erfolg im Internet im Besonderen.

Jedenfalls sollten Sie Ihren Besuchern umfangreiche und besonders detaillierte Produktinformationen anbieten, die diese anderswo nicht bekommen. Denn auch in Zeiten von Onlineshops gilt noch die Devise: Die meisten und aktuellsten Informationen bekomme ich direkt auf der Website des Herstellers. Setzen Sie sich dies als Ziel und informieren Sie Ihre Kunden umfangreich über Ihre Produkte und Dienstleistungen. Bringen Sie Ihren Kunden den Spaß an Ihren Produkten näher, so wie z. B. Apple dies ständig zeigt. Werfen Sie etwa mal einen Blick auf die Werbespots für das iPad. So vermittelt man dem Kunden ein unmittelbares Gefühl von »Das muss ich unbedingt haben«. Nach einem Besuch auf Ihrer Website muss Ihr Kunde Ihr Produkt verehren und idealerweise all sein Erspartes aufwenden, um es zu bekommen. Dann haben Sie die idealen Produktinformationen geboten.

Auch eine schlichte Website lässt sich also grundsätzlich vermarkten. Behalten Sie auf den folgenden Seiten stets im Auge, welches Ziel Ihre Internetpräsenz verfolgt.

17.1.2   Omnipräsenz

Marketing macht man nicht, man lebt es. Nicht selten wird Marketing als ein weiterer lästiger Punkt auf der ohnehin schon langen To-do-Liste betrachtet, als etwas, das man abhaken kann. Und so beschränkt sich gerade bei vielen kleineren Unternehmen die ganze Werbung auf die Verteilung einiger Flyer. Eigenes Briefpapier, individuelle Briefumschläge oder Visitenkarten? Fehlanzeige. Und genau da liegt ein großes Problem. Wenn Sie Werbung für Ihr Unternehmen und für Ihre Website machen möchten, dann muss Ihre Marke omnipräsent sein. Sie müssen jede sinnvolle Möglichkeit in Betracht ziehen, die sich Ihnen bietet, um auf Ihre Marke aufmerksam zu machen. Ich schreibe bewusst »sinnvoll«, da man es auch übertreiben kann. Werbung auf Autos ist so ein Beispiel. Ein edler Schriftzug aus silberfarbenen Edelstahllettern auf einer BMW-Limousine ist für einen Herrenausstatter auf der Düsseldorfer Kö mit hochwertigen Waren vielleicht noch interessant. Aber der gleiche Herrenausstatter tut sich wiederum keinen Gefallen, wenn er einen ähnlichen Schriftzug als billigen Folienaufkleber auf seinem Opel Vectra mit Erstzulassung 1994 anbringt. Nichts gegen den Opel Vectra, er bringt einen (vermutlich) auch ans Ziel – aber Sie sehen die Diskrepanz zwischen der beworbenen Marke und der Art der Werbung. Genauso verbieten sich minderwertige Flyer für hochwertige Waren. Menschen schließen von der Qualität der Werbung mindestens unterbewusst auf die Qualität der dahinter stehenden Produkte. Sie könnten also auch gleich Folgendes in die Produktbeschreibung setzen: sehr teures Produkt, taugt aber nichts.

Omnipräsenz ist also wichtig, aber nur, wenn sie eine entsprechende Professionalität aufweist. Und die Qualität, an der Sie Ihre Werbemaßnahmen messen sollten, ist die Qualität Ihrer Produkte. Und da packen Sie noch einmal 50 % obendrauf – denn wer bewirbt seine Produkte denn nicht besser, als sie eigentlich sind?

Setzen Sie Ihr Logo auf sämtliche Briefe, die Ihr Haus verlassen; idealerweise auch gleich auf die Briefumschläge. Lassen Sie sich professionelle Visitenkarten anfertigen. Werben Sie mit hochwertigen Kugelschreibern, auf denen Ihre Werbung prangt. Zeigen Sie überall, dass es Sie gibt. Aber vermitteln Sie dabei stets einen positiven Eindruck. Ein Kugelschreiber, der nicht vernünftig schreibt, wird immer »der blöde Kuli von der XYZ-Versicherung« bleiben.

17.1.3   Klassisches Marketing

Den ersten Gedanken an Marketing verbindet man sofort mit klassischer Werbung: Flyer, Direktmarketing, Zeitungsannoncen, ein Eintrag in den Gelben Seiten und

17

vieles mehr. Vielleicht sogar ein Fernsehwerbespot. Diese Werbemaßnahmen haben immer funktioniert und funktionieren meistens auch heute noch. Das hängt ganz davon ab, was für ein Unternehmen oder was für eine Website Sie haben und wie Ihre Zielgruppe beschaffen ist.

Flyer sind eine sehr kostengünstige Möglichkeit, um möglichst schnell und lokal ein wenig Aufsehen zu erregen. Glauben Sie aber nicht, dass Ihnen das unmittelbar neue Kunden bringt. Ein Laden in der Innenstadt mag recht schnell von Flyern profitieren. Wird von den Interessenten aber mehr verlangt, als eine Straße weiter in das entsprechende Geschäft zu gehen, wird es schon schwieriger. Wenn Sie Glück haben, nehmen die Menschen Ihre Flyer mit nach Hause, das zeugt grundsätzlich schon einmal von Interesse. Aber dort haben sie erst einmal sehr viel Zeit, über Ihr Angebot nachzudenken. Oder um Sie gänzlich zu vergessen. Denn nicht jeder Flyer landet am Ende fein säuberlich in der Wiedervorlage auf dem Schreibtisch; meistens landen sie im Papierkorb. Daher müssen Sie, um einen neuen Kunden zu gewinnen, gut und gerne 100 Flyer verteilen – je nach Qualität und Preis Ihrer Produkte. Eine Website hingegen lässt sich wunderbar mit Flyern bewerben. Wenn Sie wirklich interessante Informationen auf Ihrer Website bieten und sich ein Besucheraufkommen noch nicht so recht einstellen mag, dann sind Flyer durchaus eine Alternative. Drucken Sie Ihre Website-URL und die einzigartigen Vorteile Ihrer Website möglichst professionell auf einige Hundert oder Tausend Flyer und verteilen Sie diese vornehmlich an Ihre Zielgruppe. Je interessanter und vielleicht auch mysteriöser dieser Flyer ist, desto größeren Zulauf werden Sie haben. Denn das Eingeben einer Internetadresse kostet grundsätzlich erst einmal nichts und ist gerade heute auch schnell erledigt; manche werden die Adresse möglicherweise gleich schon auf ihrem iPhone eingeben (oder auf dem Android, BlackBerry oder Windows Phone – um niemanden wegen seiner Vorlieben zu diskriminieren).

Direktmarketing ist die Form von Marketing, die uns Konsumenten am meisten nervt – deren Effektivität aber nicht zu leugnen ist. Ich spreche von Telefon-, E-Mail- und Werbebrief-Marketing. Wer kennt sie nicht, die freundlichen Anrufe am Nachmittag? Man denkt nichts Böses und hofft, dass sich hinter dem Anruf ein neuer Kunde verbirgt, der noch heute für sein Land eine Million Waschmaschinen bestellen möchte. Und tatsächlich verbirgt sich dahinter ein Inkasso-Unternehmen, das Ihnen seine natürlich vollkommen gewaltfreien Lösungen vorstellen möchte. Doch auch beim Direktmarketing gilt: Nehmen Sie Ihre Zielgruppe ins Visier. Je feiner Sie diese bestimmen können, desto effektiver sind derartige Werbemaßnahmen. Bedenken Sie die Rechtslage in Deutschland. Sie können nicht einfach das Telefonbuch durchgehen und wahllos Leute anrufen; das Gleiche gilt für Werbemails. Sie erhalten im Gegenzug unter Umständen horrende Abmahnungen. Bei Werbebriefen ist man da nicht so streng. Sicherheitshalber sollten Sie aber vor derartigen Werbemaßnahmen immer einen Rechtsanwalt konsultieren. Der rät Ihnen auch, welche Pflichtangaben

Sie möglicherweise einzuhalten haben. Nach der Konsultation ist zwar vermutlich Ihr gesamtes Werbebudget aufgebraucht, aber wenigstens bekommen Sie keine Abmahnungen.

Zeitungsannoncen sind, wie so vieles im Marketing, ein zweischneidiges Schwert. Manche machen sehr gute Erfahrungen, andere sehr schlechte. Das hängt natürlich maßgeblich davon ab, wie zielgruppenorientiert und kostspielig diese Werbung war. Eine ganzseitige Anzeige über Wochen in der FAZ ist zwar teuer, kann aber je nach Zielgruppe sehr effektiv sein. Eine kleine einmalige Anzeige in der Lokalzeitung könnte Ihnen hingegen nicht einen einzigen neuen Kunden bringen. Leider können Sie nur ausprobieren, ob diese Form von Werbung für Sie funktioniert. Um die Schwelle für die potenziellen Kunden möglichst gering zu halten, sollten Sie erst einmal nur Ihre Website und noch nicht zwingend einzelne Produkte bewerben. Denn, wie oben schon angesprochen, geht man als Kunde schneller auf eine Website, bevor man Geld ausgibt (Ausnahmen bestätigen die Regel.). Entscheiden Sie sich aber grundsätzlich lieber gegen eine einmalige größere Anzeige und lieber für eine dauerhafte kleinere. Lassen Sie sich von den Verlagen nicht über den Tisch ziehen. Diese ringen derzeit und wahrscheinlich auch in Zukunft um Kunden und sind meistens sehr kulant, wenn es um Rabatte geht.

Die Gelben Seiten waren früher die Anlaufstelle Nummer 1, wenn es um Werbung für das eigene Unternehmen ging. Schade nur, dass diesen Platz nun das Internet eingenommen hat und den Gelben Seiten heutzutage kaum noch eine nennenswerte Bedeutung zukommt. Als Arzt oder Restaurantinhaber lohnt es sich womöglich nach wie vor, da diese auch die ältere Kundschaft ansprechen, die gerne noch schnell einen Blick in die Gelben Seiten wirft. Aber Sie können sich schon denken, dass diese Zielgruppe von Jahr zu Jahr kleiner wird. Wenn Sie die Kosten für einen Eintrag in den Gelben Seiten nicht scheuen, probieren Sie ruhig, dort Ihre Website zu vermarkten. Es wird keine Wunder bewirken, aber der eine oder andere mag doch zu Ihnen durchdringen. Eine klare Empfehlung stellt dies allerdings nicht dar.

Fernseh und Kinowerbung ist ideal, um Ihre Zielgruppe sowohl visuell als auch auditiv anzusprechen. Auch *Radiowerbung* ist sehr interessant, da die Menschen sich davor meist nicht so sehr schützen (können). Wenige zappen beim Radiohören so häufig wie beim Fernsehen. Und in der Regel erreichen Sie auch mehr Menschen als mit Kinowerbung. Dafür ist Letztere wiederum spottbillig. Fernsehwerbung dürfte für die meisten Budgets allerdings nicht infrage kommen. Es genügt grundsätzlich schon eine kurze Werbeeinblendung, die neugierig auf Ihre Website macht. Auch hier gilt wieder: lieber häufiger und kürzer als seltener und länger.

Sie sehen, es gibt viele verschiedene Möglichkeiten, um auf Ihr Unternehmen oder Ihre Website aufmerksam zu machen. Wichtig ist nun, die Pfade zu entdecken, die Ihre Konkurrenz noch nicht beschritten hat. Andernfalls können Sie sich nur abheben, wenn Sie in die gleichen Kommunikationswege mehr Zeit, Mühe und Geld investieren. Probieren Sie also ruhig etwas aus. Klassisches Marketing ist noch lange nicht überholt; auch wenn die Onlinewerbung moderner und effektiver wirkt, ist sie es im Einzelfall nicht immer.

17.1.4   Gastbeiträge

Lesen Sie häufig Blogs? Dann werden Ihnen mit Sicherheit schon einmal *Gastbeiträge* begegnet sein. Blogger nutzen das Werbemittel Gastbeiträge gerne und häufig, da es ein exzellentes Mittel darstellt, seine Leser gegenseitig weiterzuempfehlen. Okay, so weit nichts Neues, werden Sie sich denken. Gastbeiträge auf Blogs sind so alt wie Blogs selbst. Aber haben Sie auch schon an Gastbeiträge im Printbereich gedacht? Dort wird diese Form des Marketings naturgemäß schon wesentlich länger betrieben, nur fällt sie nicht so stark auf wie im Internet. Es gibt unzählige Zeitungen, Zeitschriften und Blätter, die um (gute) Autoren ringen. Suchen Sie sich Medien aus, die von Ihrer Zielgruppe gelesen werden und mit denen Sie thematisch zumindest in irgendeiner Form Kontakt haben. Überlegen Sie sich vielleicht sogar eine eigene Rubrik, in der Sie regelmäßig veröffentlichen können. Wichtig ist nur, dass am Ende jedes Beitrags eine Kurzbiografie über Sie mit einem weiterführenden Link auf Ihre Website folgt. Je interessanter und hilfreicher Ihre Artikel sind, desto mehr Leser werden sich auch auf Ihre Website wagen. Bieten Sie Informationen, die es so noch nicht gibt, die vielleicht sogar das Attribut innovativ verdienen, und teilen Sie sie mit einem ausgewählten Leserkreis – er wird es Ihnen danken.

Übrigens: Warum nicht mal einen Gastbeitrag für einen stark frequentierten Newsletter schreiben? In der Regel besteht gerade bei Newslettern die größte Not, an gute Artikel zu kommen. Und es ist für Sie leichter, vielleicht sogar als neuer Autor eine der vorderen, höher frequentierten Headlines zu ergattern.

17.1.5   Onlineverzeichnisse

Onlineverzeichnisse sind sogenannte Webkataloge, die Websites kategorisch auflisten. In aller Regel werden diese von Hand gepflegt, weshalb ihnen zumindest in der Vergangenheit eine hohe Relevanz für Suchmaschinen zugeschrieben wurde. Die bekanntesten sind wohl das *Open Directory Project* von Mozilla (DMOZ) (*http://www.dmoz.de*) oder das (kostenpflichtige) *Yahoo! Directory* (*http://dir.yahoo.com*).

Über diese Verzeichnisse kommen einerseits direkt Besucher, die dort nach einem speziellen Anbieter oder Hersteller oder einfach einer themenrelevanten Website gesucht haben. Andererseits sehen Suchmaschinen, wie eine Website thematisch einzuordnen ist und dass diese offenbar eine gewisse Relevanz hat, wenn sie in einem von Hand gepflegten (!) Verzeichnis auftaucht. Denn Spam-Websites sind dort in der Tat eher selten (je nach Qualität des Verzeichnisses). Ob Google diesen Faktor tatsächlich (noch) mit in die Ermittlung der Suchergebnisse einbezieht, ist aber fraglich. In das Yahoo! Directory kommen Sie nämlich nicht, indem Sie Aufnahmekriterien erfüllen, sondern indem Sie bezahlen, obwohl das natürlich auch eine Form der Auslese ist.

Es gibt zahlreiche Verzeichnisse im Internet – deren Nutzen müssen Sie aber für sich selbst herausfinden. So hängt es von Ihrer Zielgruppe ab, ob diese regelmäßig derartige Verzeichnisse nutzt, um auf neue Websites aufmerksam zu werden. Grundsätzlich liefern heute Suchmaschinen aber einfach die aktuelleren und relevanteren Websites. Und die Relevanz für die Suchmaschinenbetreiber dürfte auch eher von geringer Bedeutung sein. Manche Webdesigner schwören aber auf einen Eintrag im DMOZ. Testen Sie, was für Sie funktioniert.

Gerade im DMOZ ist die Aufnahme nicht ganz leicht. Viele berichten von sehr schwer zu erfüllenden Aufnahmekriterien. Glaubt man den Beiträgen in den einschlägigen Foren, scheitern die meisten Anmeldungen. Dabei sind die Anforderungen, die das Anmeldeformular stellt, nicht allzu hoch. Wichtig ist nur, dass Sie es sich gut durchlesen und exakt entsprechend der Anleitung ausfüllen. Ist etwas falsch ausgefüllt, kann es sehr gut passieren, dass Ihr Antrag abgelehnt wird. Das Gemeine daran: Sie werden darüber in der Regel nicht informiert. Tun Sie sich aber selbst einen Gefallen und warten Sie einige Monate, bevor Sie den Antrag erneut stellen. »Anmeldungs-Spammer« landen nämlich schnell auf der schwarzen Liste. Bedenken Sie, dass das DMOZ ein freiwilliges Projekt ist und nicht für jede Kategorie genügend Moderatoren zur Verfügung stehen. Es werden aber regelmäßig neue Moderatoren gesucht, vielleicht auch für Ihre »Lieblingskategorie« (Wink mit dem Zaunpfahl). Der wichtigste Tipp, den ich zum Thema DMOZ-Anmeldung einmal gelesen habe, ist eigentlich offensichtlich, wenn man darüber nachdenkt: Melden Sie Ihre Website nicht sofort an, wenn sie fertig ist. Und schon gar nicht, wenn sie noch Baustellenbereiche enthält. Dieser Tipp meint vielmehr: Warten Sie einige Monate. Schreiben Sie einige Artikel, lassen Sie die Website wachsen, zeigen Sie, dass sie schon ein wenig länger im Netz ist – z. B. durch aktuelle Nachrichten oder Aktionen. Und lassen Sie diese zuvor umfangreich von Google indexieren. Denn wenn einer der Moderatoren sieht, dass Ihre Website praktisch noch keine Inhalte und keine Leser hat, wird er sie auch nicht guten Gewissens in das Verzeichnis aufnehmen können. Denn dann spricht noch nichts für ihre Relevanz. Melden Sie Ihre Website also erst an, wenn sie schon einen gewissen »Used-Look« aufweist.

17.1.6   Google AdWords

Google AdWords ist der erste Begriff, der uns heute zu Online-Marketing einfällt. AdWords ist so simpel wie genial: Ihre Werbeanzeigen werden dem Suchenden passend zu seinen Suchergebnissen angezeigt, während Sie für jeden Klick auf Ihre

Website eine gewisse Gebühr an Google entrichten. Profitabel ist diese Vorgehensweise natürlich in allererster Linie für Google selbst: Denn Sie konkurrieren um die besten Werbeplätze mit anderen Website-Betreibern; die Plätze werden dann häufig an die Meistbietenden vergeben. Wie relevant Ihre Anzeige ist, spielt bei dem Kampf um die beste Anzeigenposition aber ebenfalls eine große Rolle.

Der Preis pro Klick kann sich von wenigen Cent bis hin zu ein paar Euro bewegen. Das summiert sich schnell zu einer größeren Summe, wenn man dabei nicht effektiv wirtschaftet. Es gilt Keywords zu finden, auf die das Augenmerk Ihrer Konkurrenten noch nicht gefallen ist und die demnach noch sehr günstig zu haben sind. Relevant sollten sie aber dennoch sein, denn ansonsten werden Sie nicht durch (relevante) Klicks auf Ihre Website belohnt.

Doch nicht nur neben den offiziellen Google-Suchergebnissen kann Ihre Werbung erscheinen, sondern auch auf Websites Dritter. Denn Google bietet grundsätzlich jedem Website-Betreiber an, mit Werbeeinblendungen Geld zu verdienen. In diesem Fall streicht Google nicht den gesamten Gewinn ein, sondern gibt dem Einblendenden ein wenig davon ab. Um die wirtschaftliche Gesundheit von Google müssen Sie sich deshalb aber keine Sorgen machen. Diese Anzeigen können entweder in der üblichen Form von Text-Links auf fremden Websites erscheinen oder als Banner. Wenn Sie z. B. eine Anzeige für Zeitmanagement-Kurse schalten, werden Sie aber vermutlich nicht auf einer Website geschaltet, die sich offenbar mit dem Handwerk der Metzgerei beschäftigt. Google analysiert die einblendende Website und sucht anhand dieser Auswertung nach Werbung, die die dortigen Besucher interessieren könnte. Und Google wird darin von Tag zu Tag besser.

Da Google AdWords zugleich eine beliebte, aber auch (durch den Funktionsumfang) abschreckende Werbeform darstellt und es für einen Anfänger mitunter nicht ganz leicht ist, seine erste Anzeige zu erstellen, habe ich mir diese Werbeform herausgepickt und erkläre sie Ihnen im Folgenden ein wenig genauer. Bitte haben Sie Verständnis dafür, dass ich im Rahmen eines WordPress-Buches nicht jede Werbeform derart detailliert darstellen kann.

Account erstellen

Damit Sie bei Google AdWords eigene Anzeigen einstellen und schalten können, benötigen Sie zuallererst einen eigenen Google-Account. Diesen können Sie ganz bequem unter der folgenden URL anlegen:

https://www.google.com/accounts/NewAccount?hl=DE

Füllen Sie das dortige Formular einfach entsprechend Abbildung 17.1 aus; ich bin mir sicher, dass Ihnen dies keinerlei Probleme bereiten wird. Es empfiehlt sich, das Häkchen bei WEBPROTOKOLL AKTIVIEREN aus Datenschutzgründen zu deaktivieren. Andernfalls zeichnet Google in Zukunft munter all Ihre Aktivitäten auf.

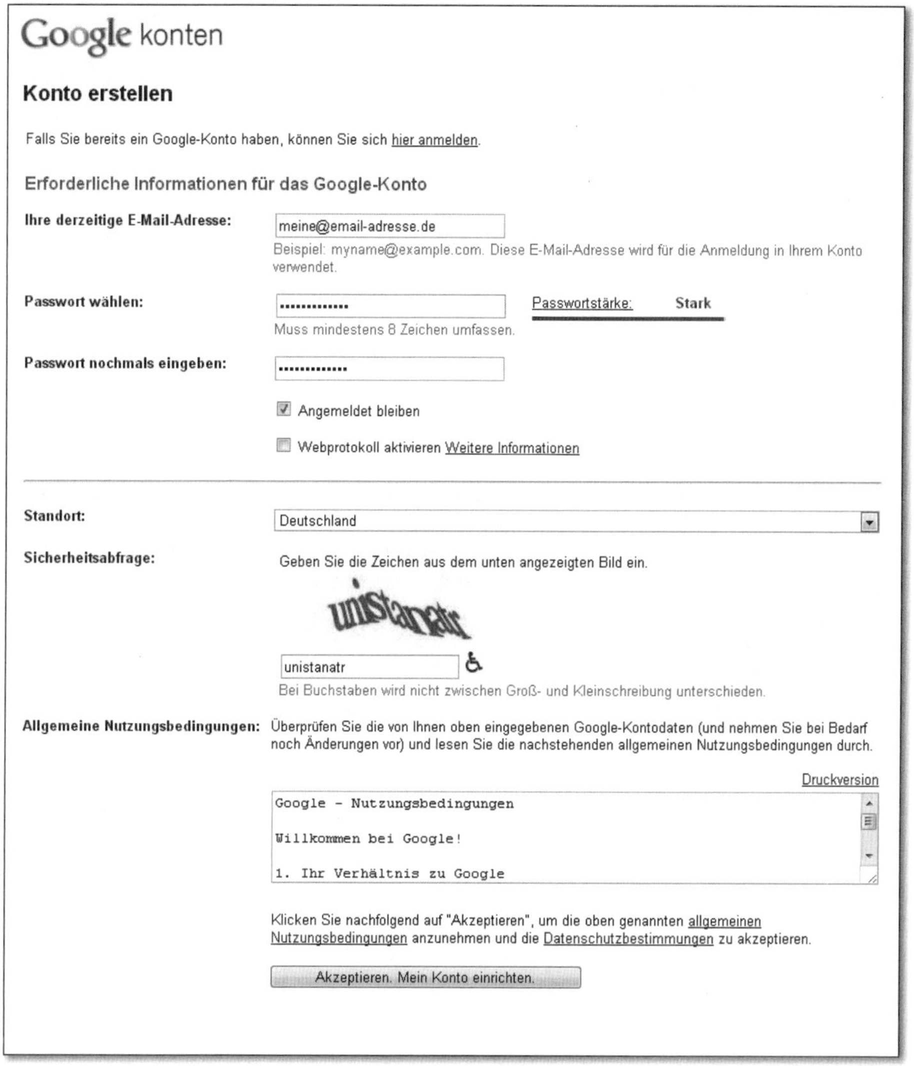

Google konten

Konto erstellen

Falls Sie bereits ein Google-Konto haben, können Sie sich hier anmelden.

Erforderliche Informationen für das Google-Konto

Ihre derzeitige E-Mail-Adresse: meine@email-adresse.de
Beispiel: myname@example.com. Diese E-Mail-Adresse wird für die Anmeldung in Ihrem Konto verwendet.

Passwort wählen: ············   Passwortstärke: Stark
Muss mindestens 8 Zeichen umfassen.

Passwort nochmals eingeben: ············

☑ Angemeldet bleiben

☐ Webprotokoll aktivieren Weitere Informationen

Standort: Deutschland

Sicherheitsabfrage: Geben Sie die Zeichen aus dem unten angezeigten Bild ein.

unistanatr
Bei Buchstaben wird nicht zwischen Groß- und Kleinschreibung unterschieden.

Allgemeine Nutzungsbedingungen: Überprüfen Sie die von Ihnen oben eingegebenen Google-Kontodaten (und nehmen Sie bei Bedarf noch Änderungen vor) und lesen Sie die nachstehenden allgemeinen Nutzungsbedingungen durch.

Druckversion

Google - Nutzungsbedingungen

Willkommen bei Google!

1. Ihr Verhältnis zu Google

Klicken Sie nachfolgend auf "Akzeptieren", um die oben genannten allgemeinen Nutzungsbedingungen anzunehmen und die Datenschutzbestimmungen zu akzeptieren.

[Akzeptieren. Mein Konto einrichten.]

Abbildung 17.1 In zehn Sekunden zum Google-Account

Bestätigen Sie die Account-Erstellung anschließend noch mit einem Klick auf den Link in der E-Mail, die Sie umgehend von Google erhalten werden. Danach können Sie sich unter der Adresse *http://adwords.google.de* mit Ihren neuen Kontodaten einloggen, wie Abbildung 17.2 zeigt.

Obwohl Sie sich ja gerade erst mit Ihrem Google-Account angemeldet haben, möchte Google von Ihnen jetzt erst wissen, ob Sie überhaupt einen Google-Account haben und ob dieser für Google AdWords verwendet werden soll. Der Einfachheit halber bejahen Sie diese Fragen und geben schließlich noch einmal Ihre Account-Daten an (siehe Abbildung 17.3).

Abbildung 17.2 Die Anmeldemaske für Google AdWords

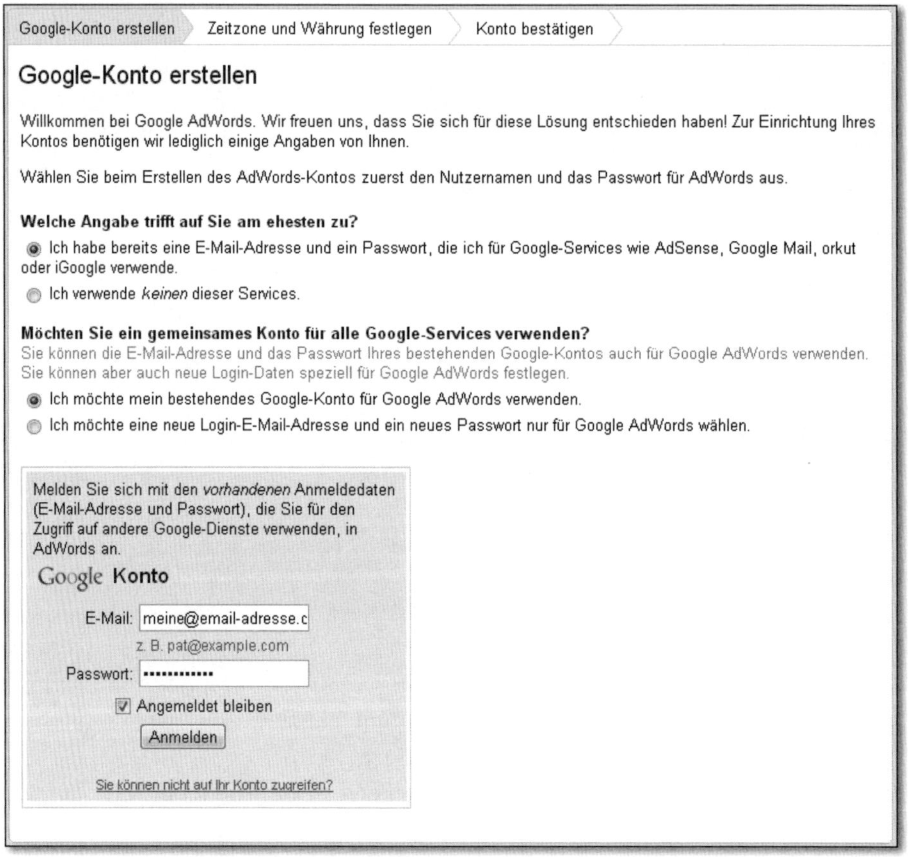

Google-Konto erstellen	Zeitzone und Währung festlegen	Konto bestätigen

Google-Konto erstellen

Willkommen bei Google AdWords. Wir freuen uns, dass Sie sich für diese Lösung entschieden haben! Zur Einrichtung Ihres Kontos benötigen wir lediglich einige Angaben von Ihnen.

Wählen Sie beim Erstellen des AdWords-Kontos zuerst den Nutzernamen und das Passwort für AdWords aus.

Welche Angabe trifft auf Sie am ehesten zu?

◉ Ich habe bereits eine E-Mail-Adresse und ein Passwort, die ich für Google-Services wie AdSense, Google Mail, orkut oder iGoogle verwende.

○ Ich verwende *keinen* dieser Services.

Möchten Sie ein gemeinsames Konto für alle Google-Services verwenden?
Sie können die E-Mail-Adresse und das Passwort Ihres bestehenden Google-Kontos auch für Google AdWords verwenden. Sie können aber auch neue Login-Daten speziell für Google AdWords festlegen.

◉ Ich möchte mein bestehendes Google-Konto für Google AdWords verwenden.

○ Ich möchte eine neue Login-E-Mail-Adresse und ein neues Passwort nur für Google AdWords wählen.

> Melden Sie sich mit den *vorhandenen* Anmeldedaten (E-Mail-Adresse und Passwort), die Sie für den Zugriff auf andere Google-Dienste verwenden, in AdWords an.
>
> **Google Konto**
>
> E-Mail: meine@email-adresse.c
> z. B. pat@example.com
>
> Passwort: ••••••••••••
>
> ☑ Angemeldet bleiben
>
> Anmelden
>
> Sie können nicht auf Ihr Konto zugreifen?

Abbildung 17.3 Google will sich noch einmal vergewissern, ob Sie das, was Sie da tun, auch wirklich möchten. Google denkt nicht immer logisch.

Es folgen einige Einstellungen zu Ihrer Zeitzone und Währung (siehe Abbildung 17.4). Hier sollten Sie nicht aus Versehen etwas Falsches angeben, da diese Angaben später nicht mehr geändert werden können.

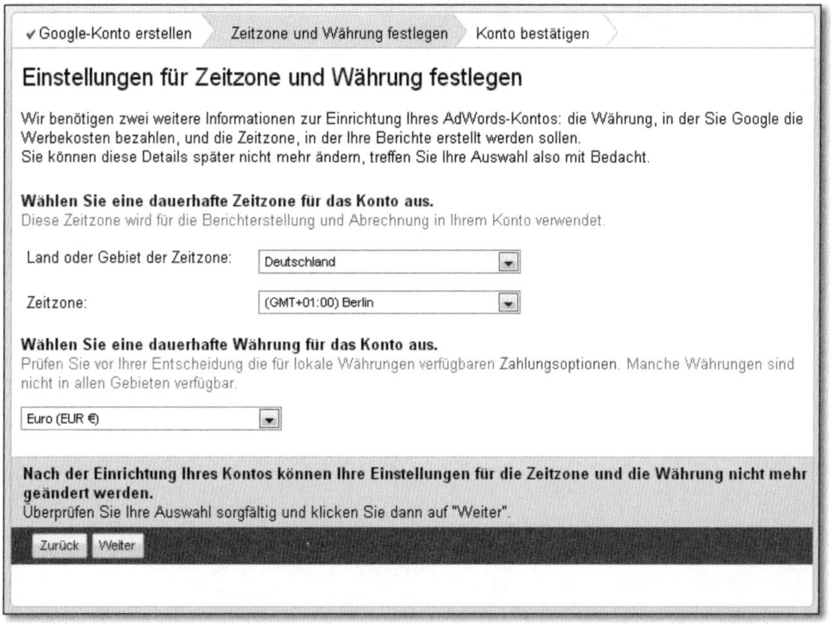

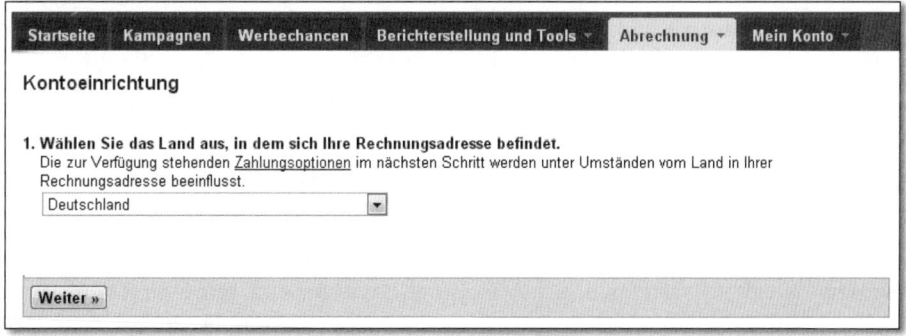

Abbildung 17.4 Google AdWords: Zeitzonen- und Währungsinformationen

Zahlungsverkehr einrichten

Ihr Konto ist nun erstellt, und Sie können sich bei Google AdWords anmelden. Bevor Sie mit dem Geldausgeben (und hoffentlich auch Geldeinnehmen) loslegen können, benötigt Google von Ihnen allerdings noch Zahlungsinformationen. Diese können Sie unter dem Menüpunkt ABRECHNUNG · ABRECHNUNGSEINSTELLUNGEN eingeben.

Abbildung 17.5 Bitte nennen Sie Google als Erstes das Land Ihrer Rechnungsadresse.

Dort geben Sie zunächst Ihr Land (siehe Abbildung 17.5) und danach einige personen- bzw. unternehmensbezogenen Daten an – etwa die Anschrift und gegebenenfalls Ihre Umsatzsteuer-Identifikationsnummer (siehe Abbildung 17.6).

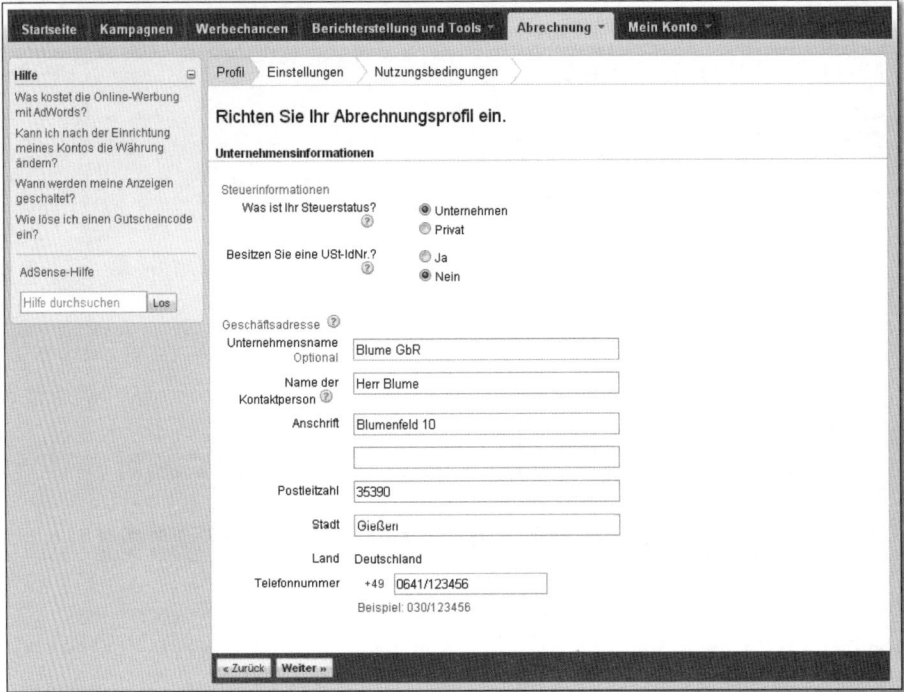

Abbildung 17.6 Im nächsten Schritt geben Sie noch spezifischere Daten für Ihre Rechnungsadresse an.

Nun folgen die Zahlungsoptionen (siehe Abbildung 17.7). Dort haben Sie zunächst einmal die Wahl zwischen der automatischen und der manuellen Zahlung. Bei der automatischen Zahlung werden die entstandenen Kosten einfach von Ihrem Bankkonto oder von Ihrer Kreditkarte abgebucht (natürlich können Sie dafür ein Tageshöchstlimit festlegen). Bei der manuellen Zahlung hingegen liegt es an Ihnen, eine Überweisung durchzuführen, bevor Sie die Anzeigen mit eben diesem Budget schalten können. Die automatische Zahlung ist natürlich um einiges komfortabler und auch schneller.

Bei der automatischen Zahlung können Sie sich außerdem für Bankeinzug oder Kreditkarte entscheiden. Bedenken Sie, dass Sie, wenn Sie sich für den Bankeinzug entscheiden, noch einige Tage warten müssen, bis Sie endlich Anzeigen schalten können. Google erwartet nämlich von Ihnen, dass Sie dorthin eine eigenhändig unterschriebene Einzugsermächtigung per Post, Fax oder E-Mail senden. Selbst bei E-Mail-Versand dauert die Freischaltung fünf bis zehn Tage. Schneller geht es (derzeit) nur bei Zahlung per Kreditkarte. Damit können Sie sofort Anzeigen schalten.

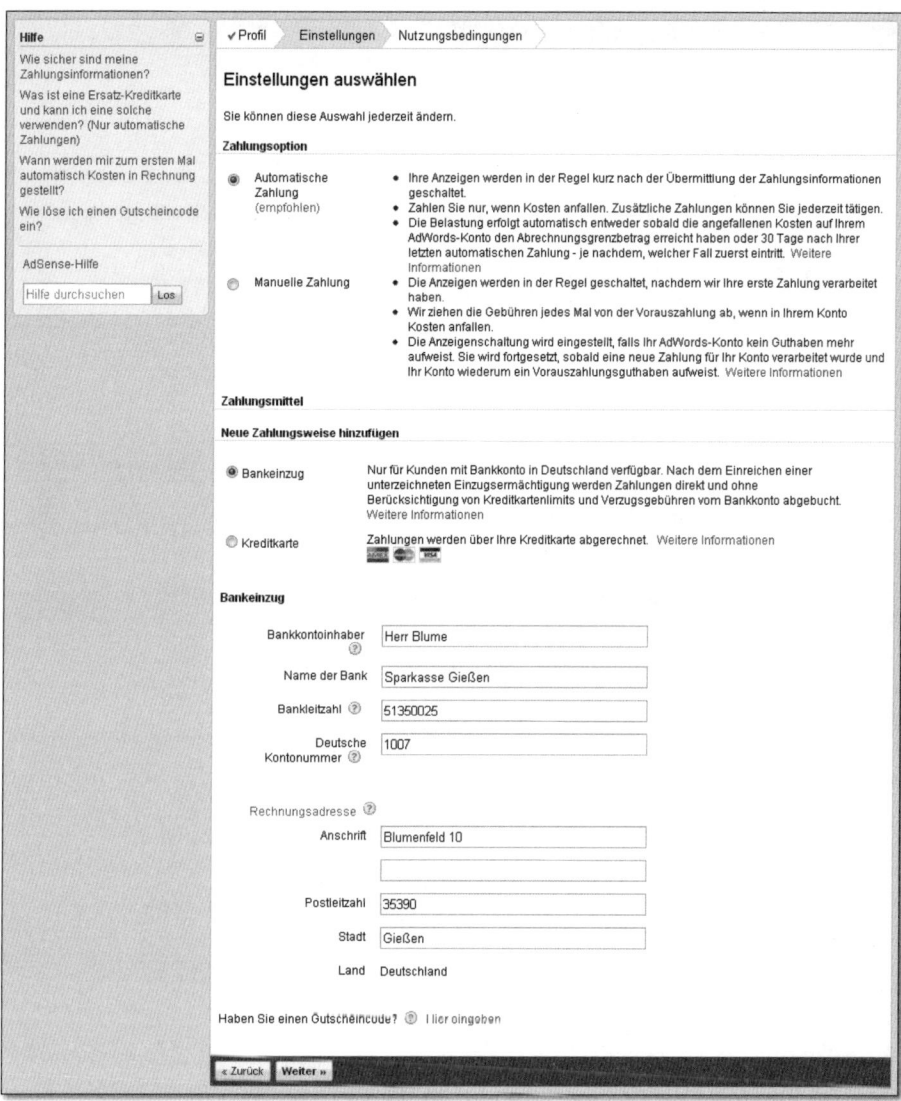

Abbildung 17.7 Wie würden Sie gerne zahlen?

Anschließend bestätigen Sie – natürlich erst nach der aufmerksamen Lektüre – Googles Nutzungsbedingungen (siehe Abbildung 17.8). Auf der folgenden Seite werden Sie dann noch, sollten Sie sich für den Bankeinzug entschieden haben, darüber belehrt, wie Sie denn die Einzugsermächtigung drucken und versenden können (siehe Abbildung 17.9). Andernfalls können Sie nun direkt mit dem Kreieren und Schalten Ihrer Anzeigen beginnen. (Das geht auch, wenn Ihr Bankkonto noch nicht freigeschaltet wurde; Sie können diese Anzeigen dann zwar noch nicht schalten, aber bereits erstellen.)

Abbildung 17.8 Bestätigen Sie anschließend noch die Nutzungsbedingungen von Google.

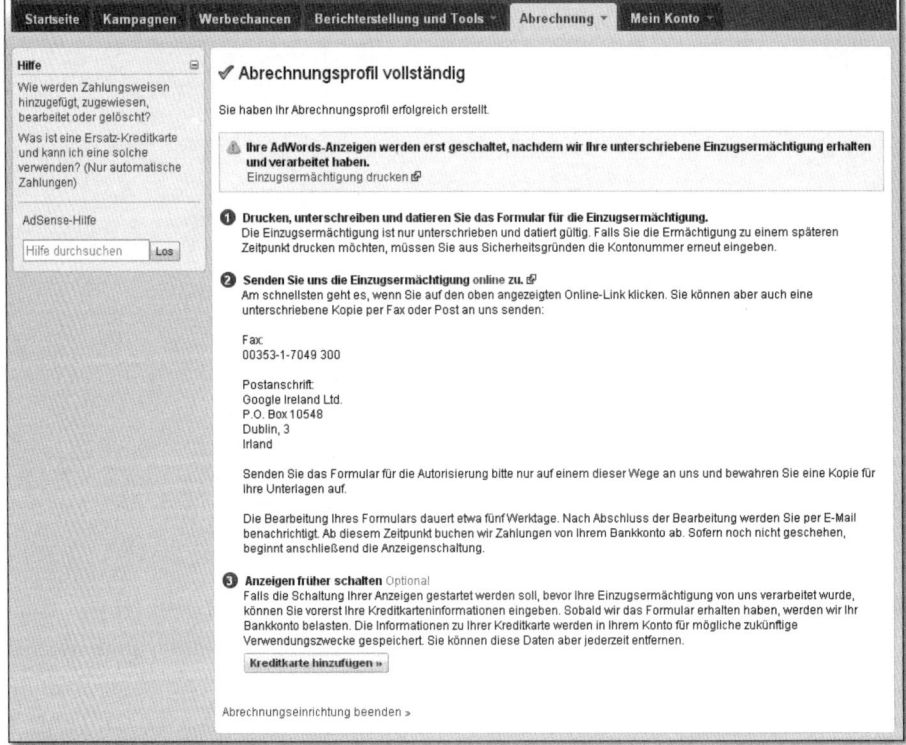

Abbildung 17.9 Sie sind fertig. Eventuell benötigt Google nun noch eine Einzugsermächtigung von Ihnen.

Ihre erste Kampagne erstellen

Nun möchten Sie mit Sicherheit Ihre erste eigene Kampagne erstellen. Dazu sollten Sie sich, im Gegensatz zu mir, vorher überlegen, welches Produkt, welche Dienstleistung oder welche Website Sie eigentlich bewerben möchten, wie Sie das tun möchten und bei welchen Keywords Ihre Anzeigen auftauchen sollen.

Im Folgenden zeige ich Ihnen ein ganz einfaches Beispiel, wie Sie eine solche Kampagne anlegen können. Dabei gehe ich bewusst nicht auf alle Feinheiten von Google AdWords ein – dafür gibt es weitaus speziellere Literatur. Eine funktionsfähige Anzeige soll aber dennoch am Ende dabei herauskommen. Fangen Sie am besten gleich an!

Über den Menüpunkt KAMPAGNEN • NEUE KAMPAGNE ERSTELLEN • NEUE KAMPAGNE gelangen Sie zur ersten Seite der Kampagnenerstellung (siehe Abbildung 17.10). Lassen Sie sich nicht durch eventuell auftretende rote Warnboxen irritieren, die vor dem eigentlichen Formular auftreten können. Diese dienen nur der Warnung, dass Sie (im Falle des Bankeinzugs) noch kein freigeschaltetes Konto besitzen. Die Kampagne können Sie aber, wie gesagt, auch ohne ein Konto erstellen, nur eben nicht schalten.

Wählen Sie zunächst einen KAMPAGNENTYP aus, z. B. nur das Such-Werbenetzwerk, wenn Sie Ihre Kampagne ausschließlich neben den passenden Suchergebnissen präsentieren möchten.

Zudem können Sie einen KAMPAGNENNAMEN und einen STANDORT wählen. Je spezifischer Ihr Standort ist, desto kleiner ist logischerweise auch die Anzahl der Suchenden, die Ihre Anzeige zu Gesicht bekommen. Wenn Sie eine sehr genaue (geografische) Kenntnis über Ihre Zielgruppe haben, kann diese Einstellung aber die Effektivität Ihrer Anzeigen drastisch erhöhen. Wählen Sie schließlich noch aus, welche Sprache Ihre Kunden sprechen.

Als Empfänger sollten Sie zunächst ALLE VERFÜGBAREN GERÄTE auswählen, um niemanden wegen seiner Peripherie auszuschließen – außer Sie haben gewichtige Gründe, dies zu tun.

Unter GEBOTE UND BUDGET können Sie nun einstellen, wie viel Ihnen diese Anzeige bzw. ein Klick auf Ihre Website wert ist. CPC bedeutet dabei *Cost Per Click* und beschreibt den Preis, den Sie gewillt sind, pro Klick auf eine Anzeige zu bezahlen. Am einfachsten ist es, wenn Sie die CPC-GEBOTE AUTOMATISCH EINSTELLEN. Legen Sie dann sinnvollerweise ein CPC-Gebotslimit fest. Beim Bieten um die besten Plätze können Sie Google so genaue Vorgaben machen, was Sie maximal gewillt sind, für einen Klick zu bezahlen. Google schöpft das Limit dabei natürlich nur aus, wenn die anderen Gebote entsprechend hoch sind. Das Wichtigste ist aber Ihr BUDGET. Legen Sie hier fest, wie viel Euro Sie maximal pro Tag in Ihre Kampagne investieren möchten. Andernfalls kann es passieren, dass Ihnen horrende Kosten entstehen; das möchte Google vermeiden. In meinem Beispiel habe ich ein CPC-Gebotslimit von 0,10 € festgelegt sowie ein Budget von 10 €. Google bietet nun automatisch um die (später) von mir definierten Keywords, bietet aber pro Keyword nie mehr als 0,10 € pro Klick. Und insgesamt gibt Google für mich nicht mehr als 10 € pro Tag aus.

Diese Einstellungen reichen bereits für eine Kampagne aus. Aber probieren Sie ruhig auch die erweiterten Einstellungen aus, damit können Sie unter Umständen beeindruckende Ergebnisse erzielen. Bis zum Google-AdWords-Profi ist es aber ein weiter Weg.

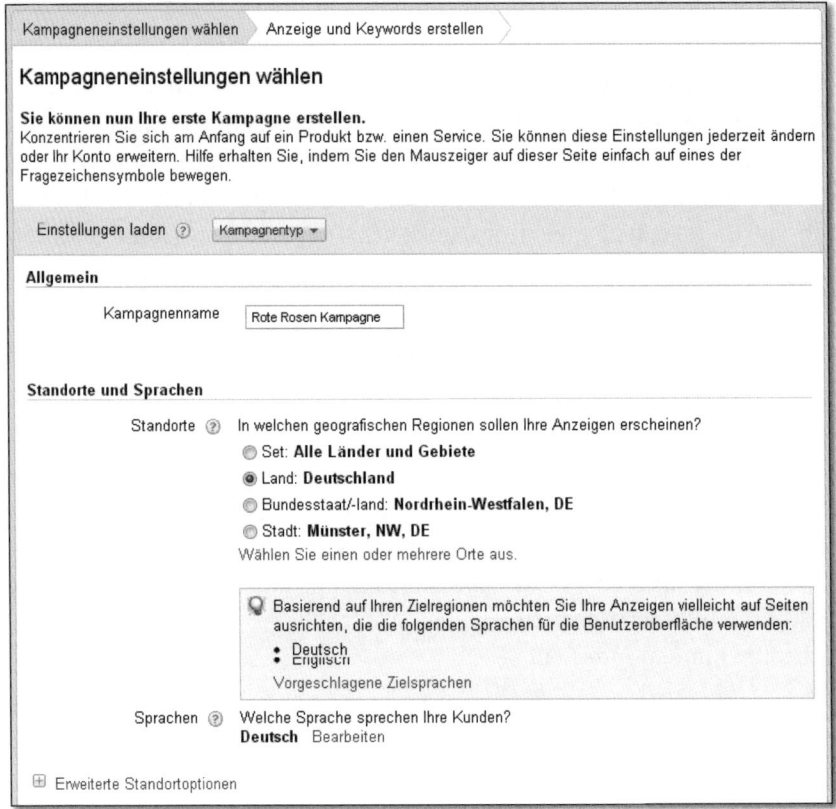

Abbildung 17.10 Erstellen Sie Ihre erste Kampagne.

Nach dem Speichern können Sie Ihre Anzeige näher ausgestalten (siehe Abbildung 17.11). Ich habe mich für eine klassische Textanzeige entschieden, wie sie Ihnen vermutlich schon von den Google-Suchergebnissen her bekannt sein dürfte.

Ihnen stehen eine Überschrift, zwei Textzeilen sowie eine angezeigte URL zur Verfügung, um Ihre Anzeige zu gestalten. Dank der Vorschau sehen Sie sofort, wie sich Ihr Text auf die Darstellung der Anzeige auswirkt.

Direkt darunter können Sie die Keywords festlegen, bei denen Ihre Anzeige erscheinen soll – falls jemand das Suchwort eingibt und Sie zu den Bietenden gehören, die einen Platz ergattern konnten. Dies ist neben dem Anzeigentext der wichtigste Punkt in der Kampagnenerstellung. Machen Sie sich sorgfältig Gedanken darüber, bei welchen Suchergebnissen Ihre Anzeige einen Kaufanreiz auslösen oder Interesse wecken könnte. Sie können Ihre Keywords auch schätzen lassen. Aufschlussreicher ist hier aber das *Google Keyword Tool*, das speziell für Google AdWords entwickelt worden ist und für die Suchmaschinenoptimierung eigentlich nur zweckentfremdet wird:

https://adwords.google.com/select/KeywordToolExternal

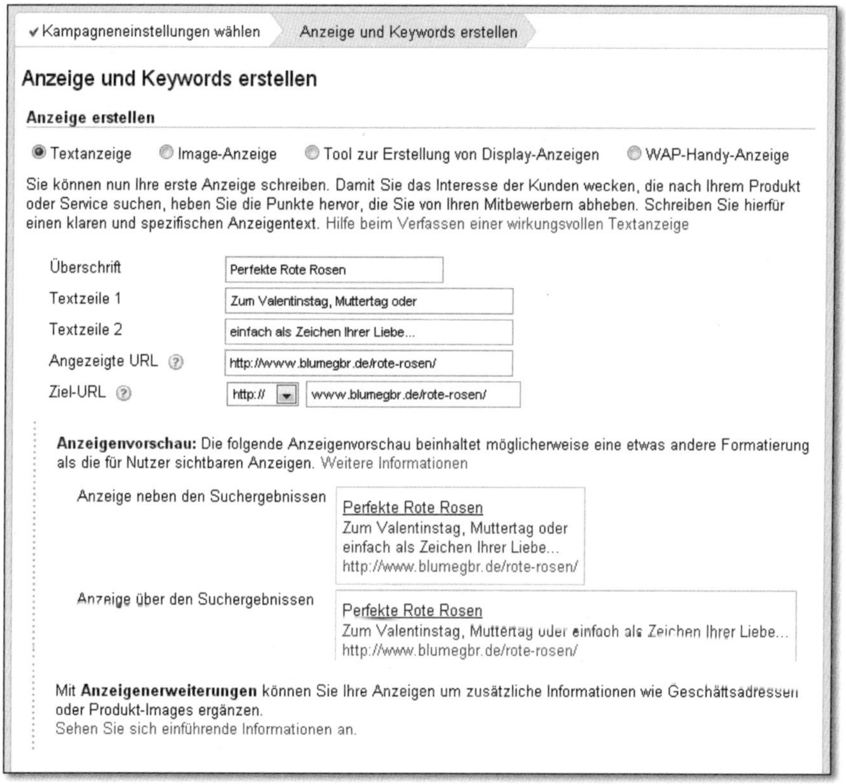

Abbildung 17.11 Gestalten Sie Ihre Anzeige nach Ihren Wünschen.

Speichern Sie nun Ihre Anzeige, wird diese automatisch aktiviert, und Ihnen wird eine Übersicht angezeigt, die zum jetzigen Zeitpunkt noch aus lauter Nullen bestehen sollte (siehe Abbildung 17.12). Nach einiger Zeit finden Sie hier aber mehr oder weniger aufschlussreiche Statistiken, mit denen Sie Ihre Kampagne überwachen und verbessern können.

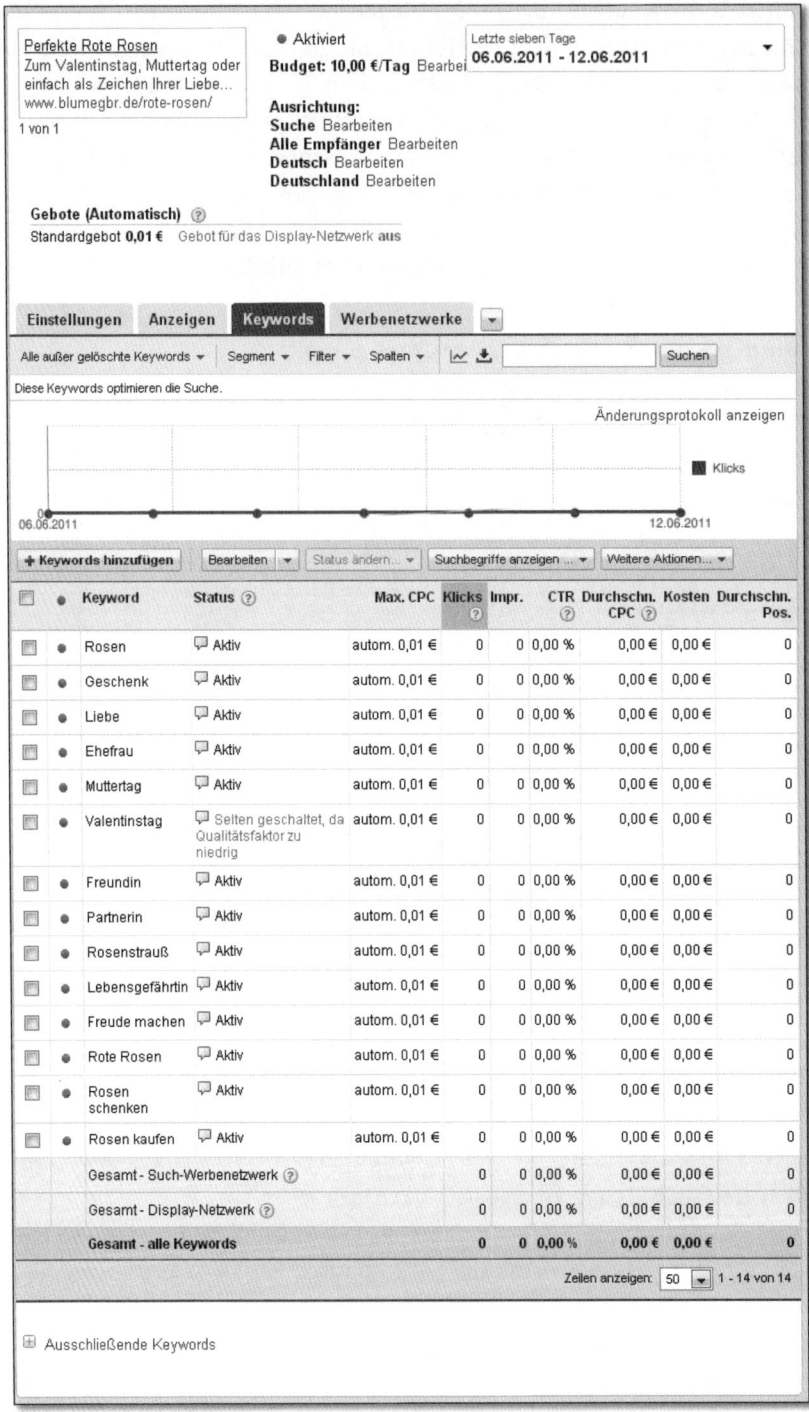

		Keyword	Status ⑦	Max. CPC	Klicks ⑦	Impr.	CTR ⑦	Durchschn. CPC ⑦	Kosten ⑦	Durchschn. Pos.
☐	●	Rosen	▢ Aktiv	autom. 0,01 €	0	0	0,00 %	0,00 €	0,00 €	0
☐	●	Geschenk	▢ Aktiv	autom. 0,01 €	0	0	0,00 %	0,00 €	0,00 €	0
☐	●	Liebe	▢ Aktiv	autom. 0,01 €	0	0	0,00 %	0,00 €	0,00 €	0
☐	●	Ehefrau	▢ Aktiv	autom. 0,01 €	0	0	0,00 %	0,00 €	0,00 €	0
☐	●	Muttertag	▢ Aktiv	autom. 0,01 €	0	0	0,00 %	0,00 €	0,00 €	0
☐	●	Valentinstag	▢ Selten geschaltet, da Qualitätsfaktor zu niedrig	autom. 0,01 €	0	0	0,00 %	0,00 €	0,00 €	0
☐	●	Freundin	▢ Aktiv	autom. 0,01 €	0	0	0,00 %	0,00 €	0,00 €	0
☐	●	Partnerin	▢ Aktiv	autom. 0,01 €	0	0	0,00 %	0,00 €	0,00 €	0
☐	●	Rosenstrauß	▢ Aktiv	autom. 0,01 €	0	0	0,00 %	0,00 €	0,00 €	0
☐	●	Lebensgefährtin	▢ Aktiv	autom. 0,01 €	0	0	0,00 %	0,00 €	0,00 €	0
☐	●	Freude machen	▢ Aktiv	autom. 0,01 €	0	0	0,00 %	0,00 €	0,00 €	0
☐	●	Rote Rosen	▢ Aktiv	autom. 0,01 €	0	0	0,00 %	0,00 €	0,00 €	0
☐	●	Rosen schenken	▢ Aktiv	autom. 0,01 €	0	0	0,00 %	0,00 €	0,00 €	0
☐	●	Rosen kaufen	▢ Aktiv	autom. 0,01 €	0	0	0,00 %	0,00 €	0,00 €	0
		Gesamt - Such-Werbenetzwerk ⑦			0	0	0,00 %	0,00 €	0,00 €	0
		Gesamt - Display-Netzwerk ⑦			0	0	0,00 %	0,00 €	0,00 €	0
		Gesamt - alle Keywords			**0**	**0**	**0,00 %**	**0,00 €**	**0,00 €**	**0**

Abbildung 17.12 Google generiert für Sie Statistiken zu Ihren Kampagnen. Das ist auch das Mindeste, was es für Sie tun kann.

Grundsätzlich gilt, dass eine Kampagne niemals fertig ist. Man bastelt und schraubt immer wieder daran herum im festen Glauben, dass das eine oder andere Wörtchen im Anzeigentext oder ein neues, vielversprechendes Keyword einen wahren Besucheransturm auslösen wird. Das kann auch tatsächlich passieren – aber nicht von heute auf morgen. Geben Sie sich selbst Zeit, Google AdWords kennenzulernen und dieses mächtige Werkzeug beherrschen zu lernen. Und geben Sie Ihrer Anzeige die Zeit, die sie braucht, um Gewinne einzufahren. Im Folgenden bekommen Sie genau dafür noch einige Tipps, damit Sie nicht am heutigen Tag schon das nächste Buch kaufen müssen.

Tipps für erfolgreiche Anzeigen bei Google AdWords

Es ist wirklich nicht ganz leicht, gute AdWords-Kampagnen zu erstellen. Das Thema ist viel komplexer, als man am Anfang meinen mag. Dabei spielt nicht nur der gekonnte Umgang mit den zahlreichen Funktionen eine Rolle, sondern vor allem auch ein solides Marketing-Wissen. Im Gegensatz zu externen Marketing-Profis haben Sie aber einen entscheidenden Vorteil: Sie kennen Ihr Unternehmen/Ihre Website und damit Ihre Stärken einfach besser. Und auf die Kenntnis dieser kommt es entscheidend an, wenn Sie auf sich aufmerksam machen möchten. Im Folgenden gebe ich Ihnen einige grundlegende Tipps, mit denen Sie in das Thema AdWords starten können.

Überlegen Sie sich als Erstes ein Ziel. Welches Produkt, welche Dienstleistung, welche Website möchten Sie bewerben? Wie viele Zugriffe versprechen Sie sich von Ihrer Kampagne? Und wie viele der Besucher sollen am Ende eine bestimmte Aktion durchführen, z. B. einen Kauf? Definieren Sie Ihr Ziel möglichst genau, denn nur so steuern Sie von Anfang an in die richtige Richtung. Es kommt dabei nicht darauf an, das Ziel perfekt zu formulieren; das können Sie später immer noch anpassen. Eine Marschrichtung sollten Sie aber haben.

Erstellen Sie nun zu diesem Ziel eine passende Keyword-Liste. Seien Sie dabei nicht sparsam. Überlegen Sie sich alle möglichen Kombinationen von Suchbegriffen, die jemand eingeben könnte, der sich für Sie, Ihr Produkt oder Ihre Website interessiert. Vor allem zusammengesetzte Suchbegriffe sind sinnvoll, da sie in der Regel günstiger sind.

Sie sollten auch eine Liste mit negativen Keywords erstellen. Bei Eingabe dieser Begriffe wird Ihre Anzeige dem Suchenden gerade nicht angezeigt. Wenn Sie z. B. ein kostenpflichtiges Produkt bewerben möchten, sollten Sie womöglich Begriffe wie »gratis« oder »kostenlos« auf Ihre Negativliste setzen. Denn die Menschen, die danach suchen, werden in den seltensten Fällen kaufen – sie kosten Sie aber im Zweifel viel Geld dadurch, dass sie auf die Anzeige klicken.

Beziehen Sie auch Rechtschreibfehler und ungewöhnliche Schreibweisen in Ihre Keyword-Liste mit ein. Menschen machen Fehler, vor allem bei der Google-Suche. Die einen wissen es nicht besser, den anderen ist es in der Hektik schlichtweg egal, denn Google korrigiert die Fehler eigenständig schon ziemlich gut, sodass auf übertriebenen Perfektionismus verzichtet werden kann. Lassen Sie falsch geschriebene Suchbegriffe außen vor, schneiden Sie sich aber unter Umständen wichtige Kundschaft ab.

Eine höhere Anzeigeposition bedeutet in der Regel auch ein höheres Besucheraufkommen auf Ihrer Website. Diese Positionen sind also zumeist erstrebenswert, allerdings auch nicht ganz billig. Neben dem Preis, den Sie gewillt sind, für die Anzeige zu zahlen, spielt auch die Relevanz Ihres Angebots für diesen Suchbegriff eine Rolle. Versuchen Sie also besser nicht, bei Suchbegriffen zu landen, die mit Ihrem Angebot inhaltlich wenig zu tun haben. Dann wird Google eine Relevanz verneinen und Sie trotz Zahlungsbereitschaft auf die unteren Plätze verbannen.

In Ihrer Anzeige sollten Sie generell lösungsorientiert und nicht problemorientiert sein. Schildern Sie lieber, wie Sie die Probleme Ihrer Kunden lösen können, anstatt deren Probleme zu umschreiben. Wecken Sie in Ihren potenziellen Kunden ein Verlangen, gerade Ihr Produkt kaufen zu wollen.

Bringen Sie das vom Suchenden eingegebene Keyword in der Titelzeile Ihrer Anzeige unter. Dadurch wirkt sie automatisch relevanter, was durch den automatischen Fettdruck dieser Wörter zusätzlich verstärkt wird. Auf so eine Anzeige wird eher geklickt, als wenn das Keyword nicht darin auftaucht. Um das entsprechende Keyword automatisch durch Google einbinden zu lassen, verwenden Sie den Platzhalter {Keyword:Alternativtext}. Für Alternativtext fügen Sie einfach einen Textbaustein ein, der erscheinen soll, wenn kein derartiges Keyword eingegeben worden ist, z. B.: {Keyword:Rote Rosen}.

Erwähnen Sie am besten auch den Preis für Ihr Produkt direkt in der Anzeige. Das schreckt unter Umständen die »Kostenlossucher« ab, die nicht von Ihrer Negativliste erfasst wurden, da sie schlicht nicht zielgerichtet mit dem Begriff »kostenlos« gesucht haben. Auch diejenigen, deren Geldbeutel augenscheinlich für Ihre Produkte nicht ausreicht, können Sie auf diese Weise recht gut ausschließen. Vermeiden Sie diese Strategie aber, wenn Sie Ihr Produkt auch in einer günstigen oder kostenlosen Version anbieten oder der Meinung sind, dass auch diese Kunden schon irgendwann kaufen werden. Hier ist Feingefühl gefragt.

Beginnen Sie nun mit dem Erstellen Ihrer ersten Kampagne und beherzigen Sie die oben genannten Tipps. Lassen Sie sich aber nicht entmutigen, wenn sich anfangs noch nicht der gewünschte Erfolg einstellt. Basteln Sie so lange an Ihrer Anzeige, bis sie perfekt ist, und eignen Sie sich bei Bedarf umfassenderes AdWords-Wissen an, z. B. durch entsprechende Literatur.

17.1.7 Social-Media-Marketing

Ein weiteres vielversprechendes Marketing-Feld ist das der Social Media. Dazu zählen z. B. Facebook und auch Twitter. Je nach Zielgruppe eignen sich diese Werkzeuge hervorragend, um Ihre Website zu vermarkten. Social-Media-Marketing sollten Sie immer dann einsetzen, wenn ein überwiegender Teil Ihrer Zielgruppe diese Kanäle nutzt, um zu kommunizieren.

Facebook eignet sich wunderbar, um (potenzielle) Kunden darüber zu binden, dass sie Fan Ihres Unternehmens werden. Sie können Gewinnspiele oder Rabattaktionen veranstalten oder besondere Informationen veröffentlichen, die nur Ihre Facebook-Gemeinde lesen kann.

Twitter hingegen dient eher der unkomplizierten Informationsweitergabe. Sie benötigen keinen Account, um dort Nachrichten zu lesen. Und auch die Bedienung ist wesentlich weniger komplex als bei Facebook. Sie können Neuigkeiten über Ihr Unternehmen twittern, Ihre Leser (Follower) über frisch veröffentlichte Beiträge informieren und diesen mit Tipps und Tricks zu Ihren Produkten zur Seite stehen.

Die Einfachheit von Twitter ist der Vorteil dieses Netzwerks. Während Sie sich bei Facebook schon etwas Besonderes einfallen lassen müssen, um mit den anderen Unternehmen konkurrieren zu können, können Sie bei Twitter gleich loslegen. Denn hier kommt es wirklich nur auf Ihre Inhalte an – und nicht darauf, wer die schönste Unternehmensseite gestaltet oder die beste App programmiert hat. Bei Twitter haben Sie diese Möglichkeiten gar nicht. Das macht es für Sie und für Ihre Interessenten einfacher. Alles läuft über einen einzigen Kanal. Und Gewinnspiele können Sie hier ebenfalls veranstalten.

Für welches Instrument Sie sich letztlich entscheiden – für Twitter, Facebook oder beide –, ist allein Ihre Entscheidung. Machen Sie sich mit beiden vertraut und finden Sie heraus, welche von Ihrer Zielgruppe besser angenommen wird. Stimmen Sie Ihre Social-Media-Aktivitäten auch darauf ab, was Sie dort bieten möchten und wie viel Zeit Sie haben. Social Media lohnt sich fast immer. Es ist aber, genau wie ein Blog, eine Geduldsprobe: Denn kurzfristige Ergebnisse dürfen Sie hier nicht erwarten, wenn Sie dies nicht mit anderen Werbemaßnahmen verknüpfen.

17.2 Volkszählung: Tracking ist unabdingbar

Tracking-Software zeichnet sowohl die Anzahl der Besucher Ihrer Website als auch deren Verhalten auf. So werden über jeden Besucher nicht nur geografische oder technische Daten (z. B. welchen Browser dieser benutzt) erfasst, sondern auch, welche einzelnen Seiten er besucht hat und wie lange er sich auf Ihrer Website insgesamt aufgehalten hat. Durch diese und noch viel mehr Informationen lässt sich schon ein recht genaues Bild Ihrer Besucher zeichnen.

Die Entscheidung, sich zuerst mit Marketing oder mit Tracking zu beschäftigen, ist wie die Frage »Wer war zuerst da, Henne oder Ei?«. Sie benötigen für das Tracking schon eine gewisse Anzahl an Zugriffen auf Ihre Website – ein Besucher pro Tag lässt sich nur sehr mäßig analysieren. Oft ist das dann noch ein Querschläger aus den USA, der Ihre Website sofort verlässt, nachdem er bemerkt hat, dass Sie gar nicht seine Sprache sprechen. Andererseits benötigen Sie das Tracking, um Ihre Marketing-Maßnahmen zu verbessern.

In jedem Fall benötigen Sie eine Tracking-Software. Eine Website ohne Tracking-Software wäre in etwa so, als würden Sie sich mit Wettkampfabsicht auf einen 100-Meter-Lauf vorbereiten, ohne die Zeit zu stoppen. Sie können aus Besuchern immer nur dann wiederkehrende Besucher oder gar Kunden machen, wenn Sie wissen, was diesen gefallen und was ihnen nicht gefallen hat. Installieren Sie also von Anfang an eine derartige Software, selbst wenn Ihre Website noch ganz neu ist. Wirklich verwerten können Sie diese Daten aber erst, wenn auch eine nennenswerte Anzahl an Besuchern regelmäßig dort zu verzeichnen ist. Aber jeder fängt einmal klein an.

Es gibt viele verschiedene Tracking-Systeme, und Sie müssen wirklich nicht alle kennen. Wenn man von den Spitzenreitern sprechen möchte, dann muss man wohl drei Namen nennen: *etracker*, *Google Analytics* und *Piwik*. Alle drei sind grundverschieden und bieten doch in etwa die gleichen Leistungen.

Die Software etracker der etracker GmbH ist die einzige kommerzielle Variante der oben genannten. Dafür ist sie laut Unternehmen aber auch zu 100 % datenschutzkonform – vorausgesetzt, man wählt entsprechende Sicherheitseinstellungen. Google Analytics ist kostenlos und die am weitesten verbreitete Software in diesem Bereich. Allerdings hadert sie zumindest in Deutschland ein wenig mit dem hiesigen Datenschutz. Wobei dies aktuell wieder relativiert wurde. Das Problem mit dem Datenschutz in Deutschland ist, dass er sehr undurchsichtig ist und Sie daher im Zweifel professionellen Rechtsbeistand zurate ziehen sollten, bevor Sie derartige Systeme installieren. Beiden Systemen ist gemein, dass sie auf fremden Servern laufen und so Ihren eigenen nicht belasten. Sie müssen in Ihre Website lediglich einen kleinen Codeschnipsel einbauen, und schon beginnt das Zählen. Piwik ist da etwas anders. Diese Software ist auch kostenlos, aber Sie betreiben sie auf Ihrem eigenen Server.

Eines kann ich vorwegnehmen: Die Entscheidung fällt schwer. Schließlich müssen Sie neben Handhabung und Kosten auch die Datenschutzkonformität beachten – zumindest wenn Sie Ihre Website in Deutschland betreiben.

17.2.1 Vorneweg: die Datenschutzproblematik

Im Land der Gesetze und Verordnungen ist es nicht gleichgültig, auf welches System Sie derzeit setzen. So wichtig der Datenschutz auch ist, so schrecklich ist aber auch die damit einhergehende Rechtsunsicherheit. Google Analytics wird allseits gescholten, die hiesigen Datenschutzbestimmungen nicht einzuhalten. etracker schmückt sich gerne damit, im Gegensatz zu Google genau das zu schaffen, ist dafür aber kostenpflichtig. Und Piwik hängt ein wenig dazwischen.

Hinweis

Ich kann und darf Ihnen hier keine Rechtsauskunft erteilen. Dieser Abschnitt beschäftigt sich zwar grundsätzlich mit der rechtlichen Problematik von Tracking-Software. Eine korrekte Betrachtung und vor allem eine individuelle Beratung kann aber nur ein Rechtsanwalt für Sie vornehmen. Die hier genannten Informationen können aufgrund der bislang ungeklärten Rechtslage bereits veraltet sein, wenn Sie dieses Buch lesen, oder Fehler enthalten. Dieser Abschnitt soll Sie lediglich für die Problematik sensibilisieren. Bevor Sie eine Tracking-Software einsetzen, sollten Sie in jedem Fall einen kompetenten Rechtsanwalt hinzuziehen.

Ein Streit konzentrierte sich auf die Speicherung von IP-Adressen, die jede Software unterschiedlich handhabt. Über diese Adresse lässt sich, zumindest mithilfe des Providers, eindeutig feststellen, welche Person sich hinter dem Anschluss verbirgt. Auch ist es möglich, durch die Speicherung der vollständigen Adresse wiederkehrende Besucher zu erkennen. Für die Website-Betreiber ist diese Information Gold wert. Datenschützern ist sie ein Dorn im Auge. Schließlich könnte der Nutzer so zum gläsernen Bürger werden, dessen Internetverhalten praktisch alles über ihn verrät. Insgesamt könnte man die Debatte in einer Zeit, in der so viele Menschen alles über sich auf Facebook preisgeben, als müßig betrachten. Dennoch sind Gesetze dazu da, die Allgemeinheit zu schützen; auf den Schutz kann nicht allein deshalb verzichtet werden, weil eine Gruppe (und sei sie auch noch so groß) auf ihr Recht auf Datenschutz verzichtet. Die Debatte ist also definitiv ernst zu nehmen.

Google und die Hamburgische Datenschutz-Aufsichtsbehörde erreichten nach drei Jahren eine Einigung. Seitdem kommen Verpflichtungen auf den Website-Betreiber zu. Sie müssen dazu einen Vertrag zur Auftragsdatenverarbeitung mit Google abschließen. Dann müssen Sie Ihre Datenschutzerklärung ergänzen und drittens Ihren Tracking-Code entsprechend anpassen.

Weitere Informationen finden Sie unter *http://www.zdnet.de/magazin/41556436/ google-analytics-datenschutzkonform-einsetzen.htm*.

etracker arbeitet laut eigenen Aussagen datenschutzkonform, wenn Sie die entsprechend höchste Sicherheitseinstellung wählen. Und Piwik wurde vom *Unabhängigen Landeszentrum für Datenschutz Schleswig-Holstein* als Alternative zu Google Analytics bezeichnet, die rechtlich einwandfrei sei und ebenfalls kostenlos ist.

Besprechen Sie diese Problematik mit Ihrem Rechtsanwalt und entscheiden Sie sich dann nach der Beratung für eines dieser Tools.

17.2.2   etracker – kostenpflichtig und erste Klasse

Wenn Sie bereit sind, für Tracking Geld auszugeben, dann sollten Sie sich einmal die Produkte der etracker GmbH (*www.etracker.com/de*) anschauen. Für die Aufzeichnung des Besucherverhaltens ist insbesondere das Produkt *Web-Controlling Suite* für Sie interessant. Je nach Umfang der Seitenaufrufe Ihrer Website bietet es unterschiedliche Pakete für fast jeden Geldbeutel.

Die Installation

Registrieren Sie sich zunächst für einen Account bzw. für die Testversion unter *http://www.etracker.com* und wählen Sie das Paket Web-Controlling Suite für den Anfang aus. Im Laufe der Einrichtung zeigt etracker Ihnen einen Tracking-Code. Diesen fügen Sie, wie in der Anleitung beschrieben, zwischen <body> und </body> auf jeder einzelnen Unterseite ein. Üblicherweise sollte es bei Ihrem WordPress-Theme genügen, wenn Sie die *header.php* Ihres Themes bearbeiten und dort den Code direkt nach dem öffnenden <body>-Tag einfügen. Sollten Sie aus irgendeinem Grund darauf verzichtet haben, das öffnende <body>-Tag in der *header.php* unterzubringen, dann müssen Sie selbstverständlich jede Datei mit diesem Code bestücken, die ein solches Tag enthält.

Die Anwendung

Die Software zeichnet sich vor allem durch Übersichtlichkeit und ein hohes Maß an Professionalität aus. Sie können, wie bei den konkurrierenden Systemen auch, verschiedene Widgets zum Dashboard (siehe Abbildung 17.13) hinzufügen und sich so Ihr eigenes Portfolio an Informationen zusammenstellen. So haben Sie die für Sie wichtigsten Informationen immer auf einen Blick parat.

Der Umfang an Funktionen ist im Standardpaket schon ausreichend groß (siehe Abbildung 17.14). Sie können sich alle Informationen nach Besuchern, Nutzung, Herkunft oder Technik aufschlüsseln lassen, wobei bei Letzterem noch zwischen mobiler und herkömmlicher Nutzung unterschieden wird. Dabei bietet die Software neben den üblichen Daten wie letzte Besucher, Besucher pro Tag/Woche/Monat/Jahr oder Nutzung pro Seite/Bereich/Domain auch so nützliche Tools wie Klickpfade und Website-Overlays.

etracker wirkt auf den ersten Blick ein wenig aufgeräumter als beispielsweise Google Analytics. Für Anfänger kann das von Vorteil sein, da sie die wichtigsten Kennzahlen schneller erfassen können. Die richtige Software finden Sie aber nur, indem Sie möglichst viele Produkte einmal selbst ausprobieren und eine Zeit lang testen.

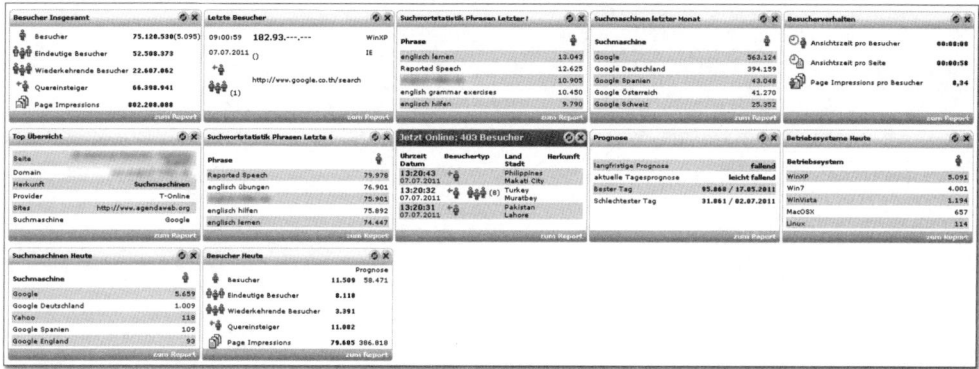

Abbildung 17.13 Das Dashboard von etracker

Abbildung 17.14 Das bietet Ihnen etracker Web Analytics.

Die wichtigsten Informationen werden Ihnen auf dem Dashboard bereits angezeigt. Man ertappt sich aber vor allem dabei, sich LETZTE BESUCHER genauer anzuschauen (siehe Abbildung 17.15). Hier können Sie nämlich (in Echtzeit) Rückschlüsse auf einzelne Personen ziehen.

So sehen Sie neben dem Zeitpunkt des Besuchs auch die Herkunft (Land, Stadt) sowie die etwaige Website bzw. den etwaigen Suchbegriff, der den Nutzer hergeführt hat, gepaart mit einzelnen Informationen über die technische Ausstattung des Nutzers.

Die Ansicht über die letzten Besucher ist aber in der Regel ohnehin nur bei einer frischen Website spannend. Bei einer gut frequentierten Seite haben Sie so viele Zugriffe, dass Sie die Personen ohnehin kaum noch auseinanderhalten und Ihre Schwester oder Ihre Katze nicht mehr so schnell erwischen können.

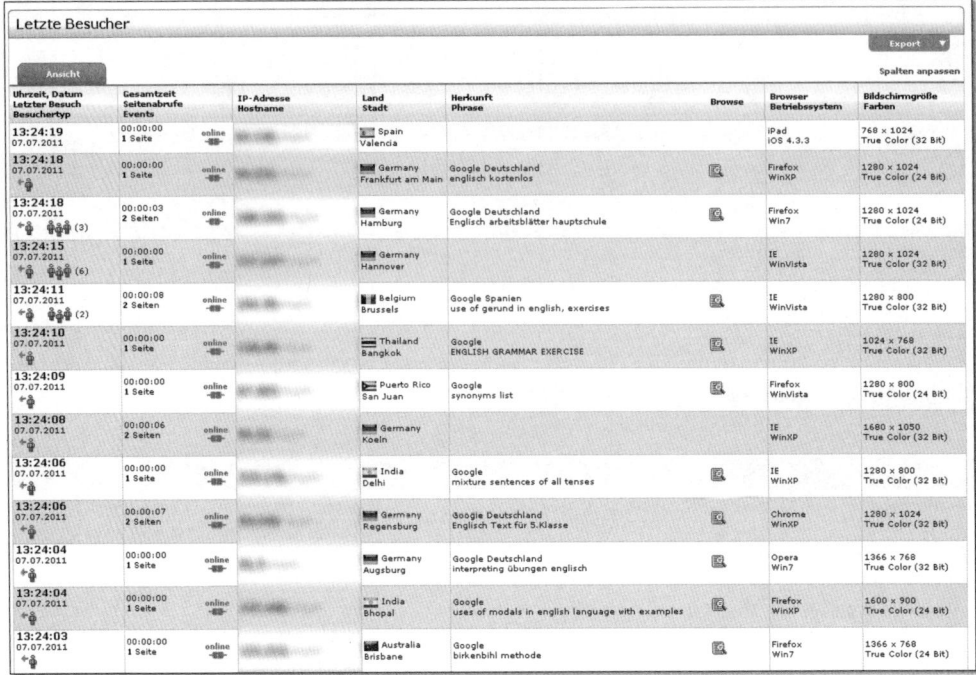

Abbildung 17.15 Die letzten Besucher (etracker)

Links neben dem Ausschnitt der IP-Adresse finden Sie ein graues bzw. grünes Steckersymbol (siehe Abbildung 17.16). Ein Klick darauf bringt Sie zur Einzelansicht des Nutzers, die Ihnen weitere Informationen über diesen offenbart – insbesondere die einzelnen besuchten Seiten und die (vermutete) Verweildauer auf ihnen. Vermutet deshalb, weil sich diese natürlich nicht eindeutig feststellen lässt. Ist jemand eine Stunde lang auf einer einzelnen Unterseite, deutet das – je nach Website – eher darauf hin, dass derjenige das Browserfenster offen gelassen und sich Kaffee geholt hat. Denn etracker kann selbstverständlich nicht erfassen, ob der Besucher sich gerade mit der Website beschäftigt oder nicht. Die Zeit wird erst gestoppt, wenn der Nutzer eine weitere Unterseite aufruft.

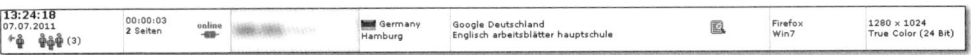

Abbildung 17.16 Der grüne Stecker führt Sie zu weiteren Informationen.

Aufschlussreich sind vor allem die KLICKPFADE (siehe Abbildung 17.17). Hier wird sehr übersichtlich dargestellt, wie die Besucher durch die einzelnen Unterseiten Ihrer Website navigieren. In der Mitte (gelb dargestellt) befindet sich eine beliebige Ausgangsseite. Auf der linken Bildschirmseite sehen Sie jeweils einzelne Unterseiten und Prozentwerte, die anzeigen, wie viel Prozent der Nutzer von der besagten Unterseite zur Ausgangsseite gelangt sind. Auf der rechten Seite verhält es sich ähnlich; nur dass hier angezeigt wird, wie viel Prozent der Besucher der Ausgangsseite jeweils eine spezielle weitere Unterseite besucht haben.

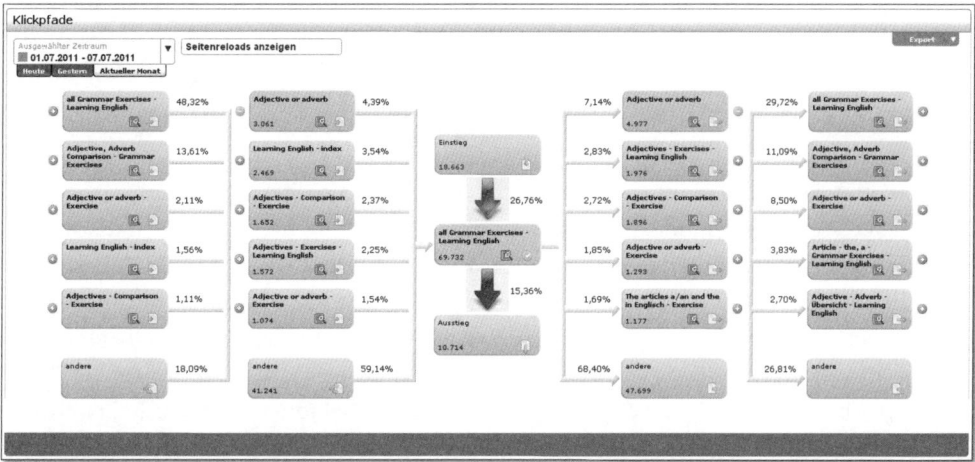

Abbildung 17.17 Die Klickpfade bei etracker

Die Grafik lässt sich durch einen Klick auf das Plussymbol links oder rechts neben einem Seitenkästchen beliebig weit ausfahren. So können Sie auch sehen, wie die Besucher üblicherweise auf die Seite gelangen, die sie vor der Ausgangsseite besuchen etc. In der mittleren Spalte finden Sie zudem noch Informationen darüber, wie vielen Besuchern die Ausgangsseite als Einstiegsseite diente und wie viele von dort Ihre Website ganz verlassen haben.

Abbildung 17.18 Auf diese Unterseite haben sich noch 2,83 % der Besucher der Ausgangsseite gewagt. (etracker)

Die Zahl auf dem Pfeil neben einer Unterseite stellt logischerweise den prozentualen Anteil der Nutzer dar (siehe Abbildung 17.18). Diese Information finden Sie allerdings auch noch einmal in der unteren linken Ecke des Kastens, allerdings dieses Mal als absolute Zahl. Rechts davon befindet sich noch ein Icon in Form eines Textdokuments mit Lupe. Durch einen Klick darauf besuchen Sie die ausgewählte Unterseite direkt. Interessanter ist hier schon der Button mit dem orangefarbenen Pfeil auf dem Dokument rechts daneben: Dadurch befördern Sie diese spezielle Unterseite in die Mitte der Anzeige, und es werden folglich alle ein- und ausgehenden Seiten dazu ermittelt.

Wenn Sie einmal das Verhalten Ihrer Besucher nachvollziehen möchten, bietet sich die Clickmap an (siehe Abbildung 17.19 und Abbildung 17.20). Dabei wird eine wählbare Unterseite Ihrer Website angezeigt, aber durch einen speziellen Filter. Dieser zeigt Ihnen farblich an, wie viel Prozent der Besucher dieser Unterseite an eine spezielle Stelle geklickt haben. Das kann sehr aufschlussreich sein, wenn Sie die Benutzerfreundlichkeit Ihrer Website optimieren möchten. So können Sie herausfinden, welche Links besonders gut funktionieren und welche nicht – z. B. weil sie zu versteckt oder schlecht sichtbar sind.

Es gibt sogar einige Informationen, die Ihnen nur die Clickmap liefert. Auf nahezu jeder Website befinden sich Links zu externen Seiten. Die normale Statistik zeigt Ihnen nicht an, wie oft diese angeklickt werden bzw. auf welcher Seite sie besonders häufig angeklickt werden. In Abbildung 17.19 sehen Sie z. B. einen Button für den beliebten Dienst *Instapaper*, der es Lesern ermöglicht, Artikel für später (in einem gut lesbaren Format) abzuspeichern. Über die Clickmap erfahren Sie nun, wie viele Besucher bei der jeweiligen Seite von dieser Funktion Gebrauch gemacht haben. Ähnliches gilt für Links zu Twitter, zum RSS-Feed oder anderen externen Diensten.

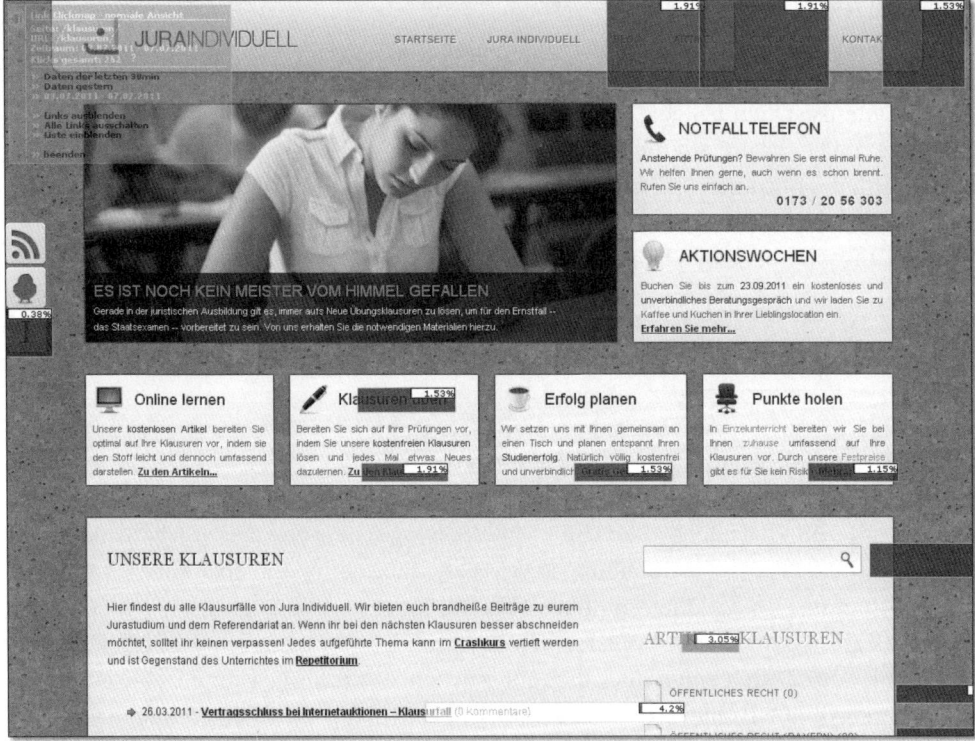

Abbildung 17.19 Die Clickmap von etracker in Aktion

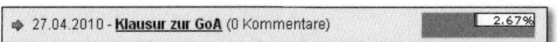

Abbildung 17.20 Immerhin 2,67 % interessierten sich für den Klausurfall zum Thema »GoA«. Und niemand von ihnen hat einen Kommentar hinterlassen. Schade! (etracker)

Durch die farbliche Kennzeichnung (warme Farben = viele Klicks, kalte Farben = wenige) können Sie sehr schnell erfassen, welche Links das größte Potenzial haben und welche möglicherweise optimierungsbedürftig sind.

Selbstverständlich können Sie durch das Buchen weiterer oder umfangreicherer Pakete Ihre Website noch zielführender optimieren. Diese können aber auch schnell kostspielig werden. Das Paket Web Analytics Basic bietet für den Anfang alles, was Sie benötigen, sowie bereits einige sehr komfortable Funktionen. Ob es überhaupt ein kostenpflichtiger Anbieter sein soll, müssen Sie entscheiden. Probieren Sie doch einfach die kostenlose 21-tägige Testversion aus und lesen Sie zudem die folgenden Ausführungen zu den kostenlosen Alternativen.

17.2.3   Piwik

Eine kostenlose Alternative zu etracker ist die Software Piwik. Diese läuft nicht auf externen Servern, sondern ausschließlich auf Ihrem eigenen. Daher sollten Sie in Ihren Berechnungen für einen ausreichend leistungsfähigen Server auch diese Tatsache berücksichtigen. Wie oben bereits geschrieben, wird sie unter bestimmten Voraussetzungen als datenschutzkonform betrachtet. Wie Sie Piwik entsprechend absichern, finden Sie in der folgenden Broschüre des Unabhängigen Landeszentrums für Datenschutz Schleswig-Holstein unter:

https://www.datenschutzzentrum.de/tracking/piwik/20110315-webanalyse-piwik.pdf

Installation

Ihr Server sollte mindestens die PHP-Version 5.1.3, MySQL 4.1 oder jeweils höher verwenden. Außerdem benötigt Piwik die Erweiterungen *pdo, pdo_mysql* oder *mysqli*. Diese sollten aber standardmäßig aktiviert sein.

Laden Sie zunächst die aktuelle Piwik-Version von der offiziellen Website *http://piwik.org* herunter. Entpacken Sie das ZIP-Archiv auf Ihren Computer; herauskommen sollte ein Verzeichnis mit dem Namen *piwik*. Dieses laden Sie im Binärmodus (nähere Informationen entnehmen Sie bitte der Dokumentation Ihrer FTP-Software) auf Ihren Webserver – der Einfachheit halber direkt in das Verzeichnis Ihrer WordPress-Installation.

Rufen Sie nun die entsprechende URL in Ihrem Browser auf, z. B. *http://www.ihrewebsite.de/piwik/*. Dort angekommen, folgen Sie einfach den Schritten des Installationsassistenten. Halten Sie dazu die Zugangsdaten zu Ihrer MySQL-Datenbank bereit (diese sollten Sie im Vorfeld bereits angelegt haben). Schließlich präsentiert auch Piwik Ihnen einen Code, den Sie bitte in die *header.php* Ihres WordPress-Themes direkt vor dem schließenden </body>-Tag einfügen.

Anwendung

Im Gegensatz zu etracker wirkt das Dashboard auf den ersten Blick ein wenig überladen (siehe Abbildung 17.21). Das legt sich aber, wenn Sie die Software erst einmal einige Zeit eingesetzt haben. Auch bei Piwik können Sie einzelne Widgets hinzufügen und entfernen.

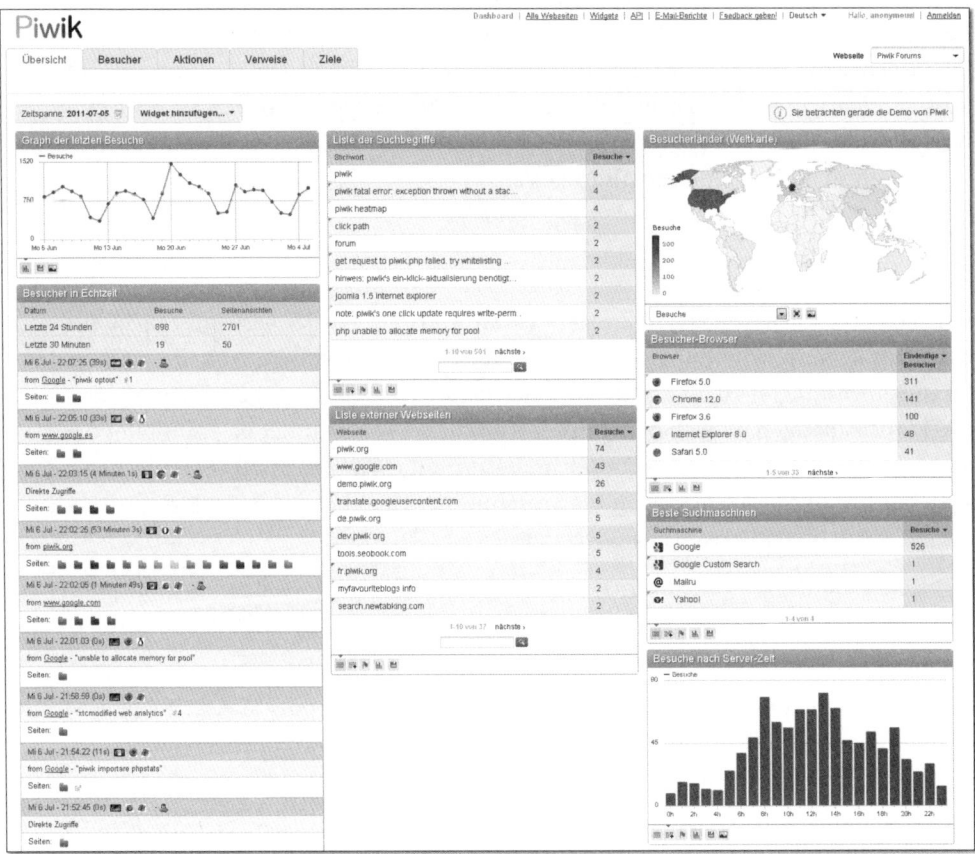

Abbildung 17.21 Das Dashboard von Piwik

Die Software bietet dafür, dass sie kostenlos angeboten wird, wirklich recht viele Funktionen. Dazu zählen u. a. die Anzeige der letzten Besucher im BESUCHER-LOG, Eingangsseiten, Ausstiegsseiten, Suchmaschinen und Suchbegriffe sowie die Möglichkeit, Ziele festzulegen und diese zu tracken.

Im BESUCHER-LOG finden Sie die Auflistung der letzten Besucher (siehe Abbildung 17.22). Im Gegensatz zu etracker sehen Sie hier sogar ohne weiteren Klick, auf welchen Unterseiten die Besucher sich noch befunden haben.

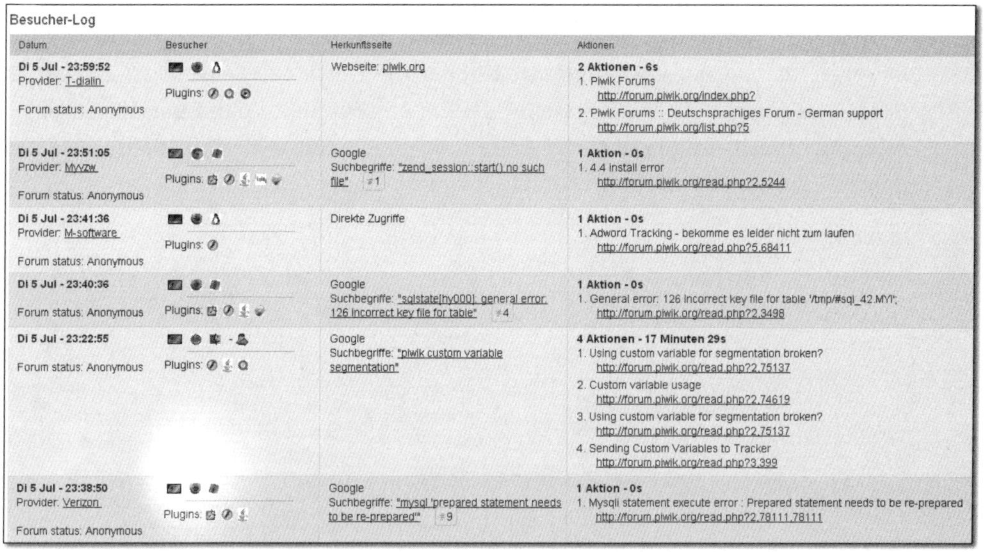

Abbildung 17.22 Das Besucher-Log von Piwik

Doch nicht nur die üblichen Kurzinfos finden sich hier, sondern sogar einige ausführlichere Hinweise auf die verwendete Technik, die bei anderen Statistik-Tools oft erst durch weitere Klicks erreicht werden können (siehe Abbildung 17.23). Allerdings fehlt mir hier eine genauere Lokalisierung des Besuchers; zu sehen ist leider nur das Herkunftsland.

Abbildung 17.23 Jeder Besucher auf einen Blick (Piwik)

Daran sehen Sie vor allem den größten Unterschied zwischen all den vorgestellten Programmen: Sie unterscheiden sich überwiegend im (Informations-)Design. Daher ist es wichtig, dass Sie sich jedes einmal anschauen und schließlich entscheiden, bei welchem Sie das beste Gefühl haben. Eine Website optimieren können Sie mit jeder vorgestellten Software – wenn Sie wissen, wie.

Über die Ein- und Ausstiegsseiten können Sie herausfinden, über welche Unterseiten die Besucher Ihre Website am häufigsten betreten und über welche sie diese wieder verlassen (siehe Abbildung 17.24). So können Sie zum einen herausfinden, welche Seiten Sie noch besser in den Suchergebnissen oder durch Werbung positionieren können; aber Sie finden auch heraus, welche Seiten den Nutzer womöglich abgeschreckt oder zumindest nicht zum Weitersurfen eingeladen haben. Aber dabei ist natürlich Vorsicht geboten. Ist es z. B. Ihr Ziel, den Besucher zum Anruf oder zum Download zu bewegen, dann sollte die Kontaktseite oder die Download-Seite sogar unbedingt unter den häufigsten Ausstiegsseiten zu finden sein; denn dann hat der Besucher sein Ziel erreicht und beschäftigt sich im Folgenden entweder mit dem Download oder mit dem Telefonat. Beides dürfte ja von Ihnen gewollt sein.

Eingangsseiten					Ausstiegsseiten			
Seiten-URL	Eingänge ▼	Absprünge	Absprungsrate		Seiten-URL	Ausstiege ▼	Einmalige Seitenansichten	Ausstiegsrate
/index	150	34	23%		/list.php?2	63	160	39%
/list.php?2	35	18	51%		/index	43	176	24%
/index.php	16	2	13%		/list.php?5	27	66	41%
/list.php?5	15	6	40%		/read.php?5,56981	10	11	91%
/read.php?5,56981	8	7	88%		/read.php?2,4210	8	8	100%
/read.php?2,4210	7	6	86%		/read.php?2,76296	8	14	57%
/read.php?2,71460,78876	7	1	14%		/index.php	7	56	13%
/read.php?2,73759	7	4	57%		/list.php?3	6	26	23%
/profile.php?0,41551	6	6	100%		/profile.php?0,41551	6	6	100%
/read.php?2,11571	6	6	100%		/read.php?2,1814	6	7	86%
/read.php?3,399	6	4	67%		/read.php?2,11571	6	6	100%
/read.php?3,4538	6	4	67%		/read.php?3,399	6	8	75%
/read.php?3,31481	6	4	67%		/read.php?3,1965	6	7	86%
/read.php?2,829	5	5	100%		/control.php?0,panel=summary	5	8	63%
/read.php?2,1814	5	4	80%		/pm.php?2	5	6	83%
/read.php?2,76296	5	4	80%		/read.php?2,829	5	5	100%
/read.php?3,1965	5	4	80%		/read.php?2,63811,page=1	5	6	83%
/read.php?5,71096	5	2	40%		/read.php?2,73486	5	17	29%
/pm.php?2	4	2	50%		/read.php?2,73759	5	7	71%
/read.php?2,61	4	1	25%		/read.php?3,4538	5	6	83%
/read.php?2,228	4	2	50%		/read.php?2,973	4	4	100%
/read.php?2,3610	4	3	75%		/read.php?2,5415	4	4	100%
/read.php?2,5415	4	4	100%		/read.php?2,17251	4	5	80%
/read.php?2,17251	4	3	75%					

Abbildung 17.24 Die Ein- und Ausstiegsseiten bei Piwik

Bei Piwik können Sie Ziele definieren (siehe Abbildung 17.25), z. B. den Besuch eines Kontaktformulars oder die Registrierung als neuer Nutzer. Auf diese Weise können Sie Ihre Konversionen kontrollieren und optimieren.

Auf einen Blick sehen Sie, wie viele Konversionen im von Ihnen vorgegebenen Zeitraum entstanden sind und, vor allem, wie hoch die Konversionsrate ist – also wie viel Prozent Ihrer Besucher letztlich zum Ziel gelangt sind (siehe Abbildung 17.26).

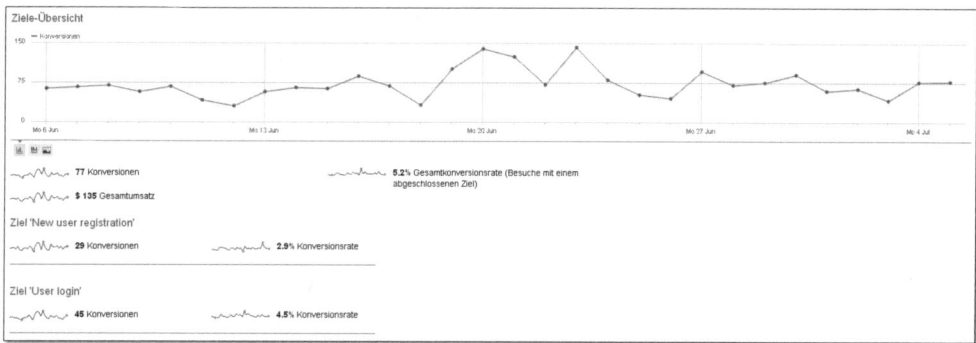

Abbildung 17.25 Die Ziele-Übersicht (Piwik)

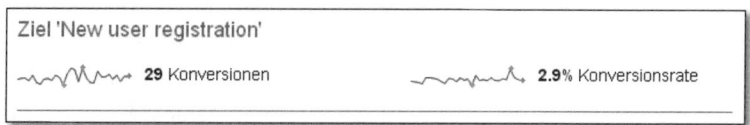

Abbildung 17.26 Das Ziel: als neuer Benutzer registrieren (Piwik)

Piwik ist im Großen und Ganzen eine gute Alternative zu etracker. Sofern es datenschutzrechtlich unbedenklich ist, hat es auch (derzeit) einen Vorteil gegenüber Google Analytics. Einzig an der Übersichtlichkeit könnten die Entwickler noch ein klein
wenig feilen.

17.2.4   Google Analytics

Google Analytics ist der Platzhirsch unter den Analyseprogrammen. Keine Tracking-
Software ist derart stark verbreitet und erfreut sich größerer Beliebtheit. Das liegt
natürlich zum einen am namhaften Hersteller Google. Zum anderen arbeitet die
Software sehr akkurat und ist zudem recht übersichtlich und dennoch funktions-
reich. Einen Haken hat sie aber: Die Statistiken werden nicht in Echtzeit, sondern nur
einmal täglich aktualisiert. Wen das nicht stört, der sollte sich Google Analytics ruhig
einmal anschauen.

Installation

Loggen Sie sich einfach unter *http://www.google.com/intl/de/analytics* mit Ihrem
Google-Account ein. Wenn Sie noch keinen solchen haben sollten, können Sie diesen
schnell und kostenlos anlegen, und zwar unter der Adresse *https://www.google.com/
accounts/NewAccount*.

Legen Sie im Folgenden eine neue Website (unter ADD WEBSITE PROFILE) an, die Sie tracken möchten. Google zeigt Ihnen dann auch einen Code, den Sie vor dem schließenden </head>-Tag in der *header.php* Ihres WordPress-Themes einfügen. Fertig.

Anwendung

Während Piwik oder etracker auch sehr gut für Anfänger geeignet sind, richtet sich Google – trotz der großen Nutzerbasis – eher an Fortgeschrittene. Ihnen stehen grundsätzlich viel detailliertere Einstellungsmöglichkeiten zur Verfügung, während andere Tools hier häufig auf vorkonfigurierte Vorlagen setzen. Das bedeutet aber nicht, dass ein Anfänger damit nicht zurechtkäme. Er kann die Software wahrscheinlich nur nicht in allen Zügen auskosten.

Schon im Dashboard merkt man: Die neue Version von Google Analytics wirkt sehr aufgeräumt (siehe Abbildung 17.27). Die Übersicht kann man hier gar nicht verlieren. Im Kontrast zu etracker verwendet Google hier allerdings sehr viel Raum für recht wenige Informationen. Das Design wirkt dadurch zwar sehr aufgelockert, ein Minus an Informationen bleibt aber weiterhin bestehen. Doch auch hier können Sie problemlos neue Widgets zum Dashboard hinzufügen (siehe Abbildung 17.28).

Abbildung 17.27 Das Dashboard von Google Analytics

Wenn Sie ein neues Widget hinzufügen, sehen Sie sofort, was ich zuvor mit »fortgeschritten« ausdrücken wollte. Einen Anfänger können die Einstellungsmöglichkeiten für ein simples Widget schon einmal ins Schwitzen bringen. Wenn Sie sich die Auswahlmöglichkeiten hingegen einmal genauer ansehen und ein wenig herumprobieren, werden Sie schnell beeindruckende Ergebnisse erzielen können. Denn hier liegt ein Vorteil gegenüber anderen Statistik-Tools: Derart individuell ist kaum eines.

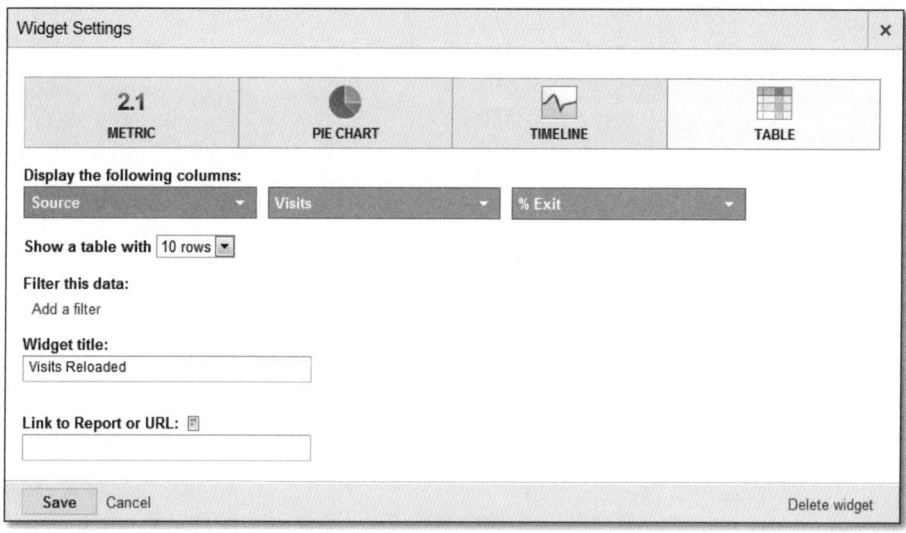

Abbildung 17.28 Ein neues Widget bei Google Analytics hinzufügen

In Abbildung 17.28 sehen Sie Einstellungen für ein Widget, das uns alle Quellen der Website in einer Tabelle nach Anzahl der Besuche und Menge der direkt wieder aussteigenden Besucher aufschlüsseln soll. Sie wählen oben zunächst das Medium aus, also metrische Werte, Diagramm, Graph oder Tabelle. Danach können Sie je nach Medium festlegen, was genau angezeigt werden soll.

Und innerhalb von Millisekunden erstellt uns Google Analytics eine simple und übersichtliche Tabelle, die alles enthält, was wir uns gewünscht haben (siehe Abbildung 17.29). Sie sehen nun sofort, wie viele Besucher über welche Quelle auf Ihre Website gekommen sind und wie viel Prozent dieser Besucher diese auch gleich wieder verlassen haben. So können Sie u. U. Rückschlüsse darauf ziehen, ob Nutzer einer bestimmten Quelle etwas anderes auf Ihrer Website erwartet haben.

In Abbildung 17.30 sehen Sie, wie Informationen bei Google Analytics üblicherweise dargestellt werden. Die Einleitung macht eine Grafik, meistens ein Graph, darunter finden Sie einige detailliertere Informationen, die Sie über die Seitenleiste noch weiter anpassen können. Die Abbildung zeigt, wie viele Besuche über Suchmaschinen, über andere Websites und direkt auf Ihre Internetpräsenz entfallen. Direkt darunter finden Sie eine Auflistung der häufigsten Suchbegriffe. Frei nach dem Motto »Kennen Sie eine, kennen Sie alle« werden Sie sich nach der umfassenden Betrachtung einer einzelnen Informationsseite auch auf den restlichen gut zurechtfinden. Google hat hier sehr viel Wert auf Konsistenz gelegt.

Visits Reloaded   ⚙

Source	Visits	% Exit
google	6,591	62.31%
(direct)	745	60.37%
studienservice.de	185	74.49%
google.de	113	49.56%
facebook.com	50	74.63%
bing	34	58.62%
search	26	72.22%
suche.t-online.de	21	47.73%
suche.web.de	11	21.15%
studivz.net	10	62.50%

Abbildung 17.29 So sieht unser Google-Analytics-Widget aus.

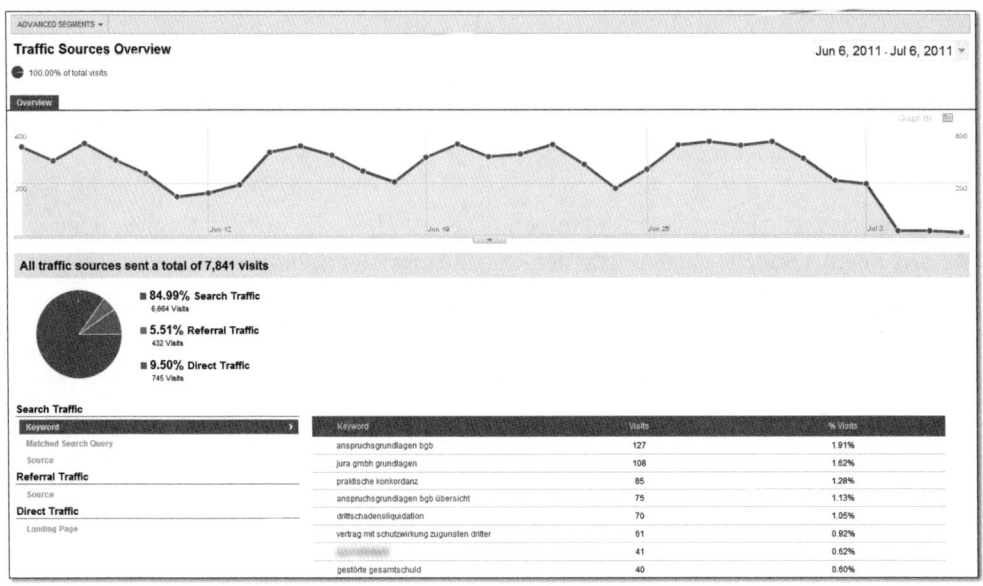

Abbildung 17.30 Woher kommen meine Nutzer? (Google Analytics)

Das Widget, das wir zuvor im Dashboard angelegt haben, finden Sie in Abbildung 17.31 nun in detaillierterer Ausführung. In der Tabelle wird auch dargestellt, wie viele Seiten pro Besucher aufgerufen werden, wenn dieser von einer bestimmten Quelle kommt. Außerdem finden Sie hier die durchschnittliche Besuchszeit und eine Spalte, die kennzeichnet, wie viele neue Besucher über die jeweilige Quelle auf Ihre Website gelangen.

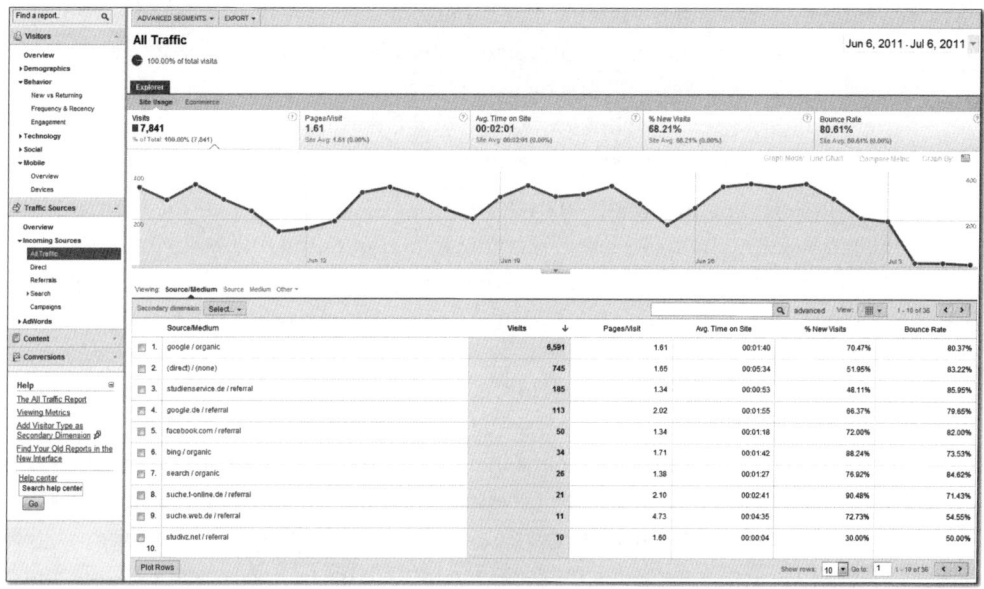

Abbildung 17.31 Auflistung nach Quellen bei Google Analytics

Natürlich bietet Ihnen auch Google Analytics die Möglichkeit, bestimmte Ziele festzulegen (siehe Abbildung 17.32), z. B. den Aufruf eines Kontaktformulars. Machen Sie
von dieser Funktion reichlich Gebrauch. Es genügt nicht, nur die Anzahl der Besucher
und der Seitenaufrufe zu kennen. Ihre Website verfolgt mit an Sicherheit grenzender
Wahrscheinlichkeit ein Ziel. Betrachten Sie alle Statistiken immer im Lichte dieses
Ziels. Google Analytics hilft Ihnen dabei.

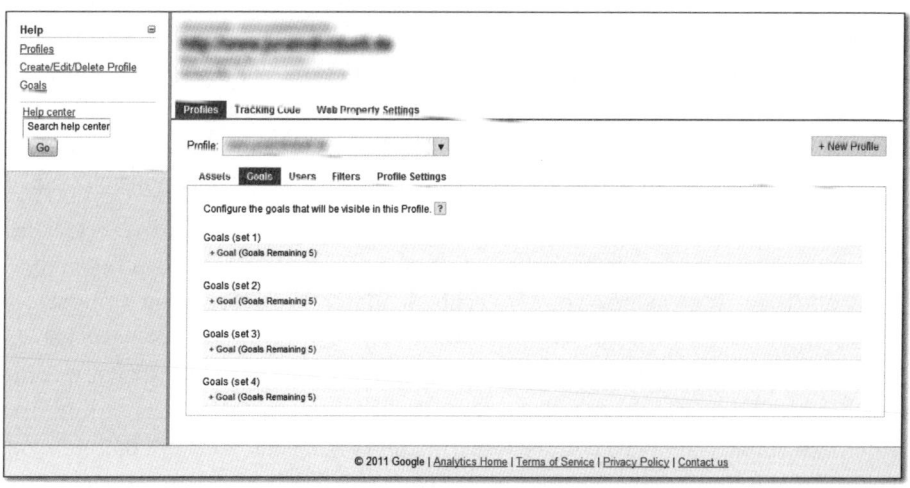

Abbildung 17.32 Ziele festlegen (Google Analytics)

Nachdem Sie nun einige Fakten gelesen und einige Screenshots gesehen haben, werden Sie für sich vermutlich schon einen Kandidaten ausmachen können. Es lohnt sich aber dennoch, einmal verschiedene Programme auszuprobieren. Google Analytics und Piwik sind ohnehin kostenfrei; und etracker bietet Ihnen 21 Tage, um die angebotene Software ausgiebig zu testen.

Die neue Version von Google Analytics wirkt noch ausgereifter als die vorherige. Sie ist übersichtlich und lässt sich sehr granular konfigurieren. Das kann Anfänger allerdings abschrecken, da sie u. U. etwas schwieriger an die gewünschten Informationen kommen. Auch datenschutzrechtliche Aspekte spielten lange Zeit bei Google Analytics eine Rolle. Piwik bietet, wenn man den Aussagen des Unabhängigen Landeszentrums für Datenschutz Schleswig-Holstein Glauben schenken darf, datenschutzrechtlich nun ebenfalls wenig Anlass zur Sorge. Es bietet alle Funktionen, die Sie benötigen, und ist auch für Anfänger geeignet. Einzig die Übersichtlichkeit lässt noch ein wenig zu wünschen übrig; die Entwickler arbeiten aber ständig daran, sodass man dieses Problem in Zukunft wahrscheinlich auch beseitigen wird. Einen guten Kompromiss stellt etracker dar. Neben der laut Unternehmen umfangreichen Datenschutzkonformität ist es übersichtlich und für Anfänger leicht zugänglich. Allerdings ist es kostenpflichtig, und umfangreichere Funktionen verlangen schnell einen etwas tieferen Griff in den Geldbeutel. Es gibt also nicht *die* Statistiksoftware, sondern nur *den* Nutzer, der für eine bestimmte Software eher infrage kommt. Entscheiden Sie also selbst.

17.2.5 Den Tracking-Code in WordPress einbinden

Unabhängig davon, welches Tool Sie nun zur Besucherzählung einsetzen, es beginnt immer mit der Implementierung eines sogenannten Tracking-Codes, der Ihnen von dieser Software zur Verfügung gestellt wird. Dieser muss in jede einzelne Unterseite Ihrer Website eingebunden werden. Zum Glück ist das mit WordPress kein allzu großes Problem, da die Themes modular aufgebaut sind und Dinge wie Kopfbereich oder Fußbereich in einer Datei festgelegt sind und dann in alle Seiten eingebunden werden. Sie müssen in der Regel also nur Änderungen an einer Datei vornehmen.

Die Software, die Sie einsetzen, gibt Ihnen in der Regel Hinweise, wohin der Tracking-Code muss. Meist finden Sie bei dem Code eine Angabe, die besagt: »vor dem schließenden </body>-Tag«, oder: »vor dem schließenden </head>-Tag«. Der Unterschied ist der: Bei Variante 1 wird der Website-Aufruf erst gezählt, wenn der Besucher die Seite vollständig geladen hat. Bei Variante 2 genügt bereits der Kopfbereich, es kann also gegebenenfalls zu ein paar Besuchern mehr kommen. Ja, ich dachte mir, dass Ihnen das gefällt. Dennoch sollten Sie sich an die Vorgabe der Software halten.

Wenn Sie den Code direkt vor das </head>-Tag setzen sollen, suchen Sie in Ihrem Theme-Verzeichnis (z. B. */wp-content/themes/twentyfourteen/*) also nach der Datei *header.php*. Dort befindet sich in aller Regel das gesamte <head>-Tag. Suchen Sie nun das Ende, also </head>, und fügen Sie den kompletten Code direkt davor ein. Speichern Sie ab und laden Sie die Datei gegebenenfalls hoch.

Sollen Sie den Code hingegen vor dem schließenden </body>-Tag einfügen, dann benötigen Sie aus demselben Verzeichnis die *footer.php*. Üblicherweise finden Sie dort das Ende Ihres Website-Codes und damit auch </body>. Fügen Sie den Code unmittelbar davor ein, speichern Sie ab und laden Sie die Datei gegebenenfalls hoch.

Nun werden alle Zugriffe auf Ihre Website getrackt. Es bietet sich an, in der Analysesoftware die eigenen Zugriffe mit einem Cookie auszuschließen. Bedenken Sie dabei aber: Cookies müssen in Ihrem Browser aktiviert sein. Wenn Sie die Cookies löschen, müssen Sie jedes Mal wieder ein neues setzen. Und jeder Browser auf jedem Rechner, den Sie dafür verwenden, auf Ihre Website zuzugreifen, benötigt ein solches Cookie. Denken Sie dabei auch an Ihr Smartphone und Tablet. Bei großen Besucheraufkommen dürften Sie selbst die Statistiken zwar kaum verfälschen, aber gerade am Anfang kann das die Ergebnisse schon erheblich verzerren.

17.2.6   Zehn Tipps für Tracking-Anfänger

Website-Tracking hört sich so einfach an: Code einbinden, ein wenig warten und schauen, wie viele Besucher auf Ihre Website strömen. Oder auch nicht. Und dann? Was bringt Ihnen dieses Wissen? Gut, u. U. können Sie vor Freunden und Kollegen damit angeben. Das dürfte anfangs aber eher selten der Fall sein. Um Tracking effektiv zu nutzen, müssen Sie wissen, was Sie mit den Daten anfangen. Im Folgenden finden Sie zehn Tipps, wie Sie als Anfänger im Bereich Web Analytics mehr aus Ihrer Website herausholen. Für Fortgeschrittene gibt es umfangreiche Literatur zu diesem Thema; eine nähere Behandlung würde jedoch den Rahmen dieses Buches sprengen.

Tipp Nr. 1: Welches Tracking-Tool Sie wählen, spielt (fast) keine Rolle

Ob Google Analytics, etracker oder Piwik – welche Software Sie wählen, hat keinen Einfluss auf die Zugriffe auf Ihre Website. Alle bieten im Großen und Ganzen die gleichen Daten und unterscheiden sich häufig nur marginal in ihrem Funktionsumfang. Und selbst wenn Sie eine Software finden, die Ihnen atemberaubend tolle Features bietet: Sie müssen diese auch nutzen. Feuer können Sie mit einem handelsüblichen Streichholz machen. Und Sie können mit jedem der oben genannten Programme (und übrigens vielen, vielen weiteren) Ihre Website optimieren. Ein Flammenwerfer ist cool, aber oft überdimensioniert und auf jeden Fall nicht nötig.

Tipp Nr. 2: Sie benötigen Daten

Zwar sollten Sie möglichst von Anfang an eine Tracking-Software installieren. Das heißt aber nicht, dass Sie nach insgesamt 100 bis 1.000 Zugriffen bereits ernsthafte Rückschlüsse ziehen können. Vor allem wenn sich diese auf einen größeren Zeitraum erstrecken. Warten Sie mit der Analyse, bis Sie wenigstens 50 bis 100 Besucher pro Tag verzeichnen können. Ab diesem Zeitpunkt lässt sich zumindest ungefähr ein durchschnittliches Besucherverhalten ableiten.

Tipp Nr. 3: Visits oder Pageviews?

Also Besuche oder Seitenaufrufe? Das ist die große Frage. Lange Zeit haben sich die Website-Betreiber immer mit der Zahl der *Page Impressions* geschmückt, weil sie üblicherweise höher ist. Klar, rufen doch die meisten Besucher mehr als eine Unterseite einer Website auf. Es lässt sich aber nicht pauschal sagen, auf welche Zahl Sie setzen sollten; das hängt vom Kontext ab. Den Effekt von Werbemaßnahmen etwa messen Sie am besten durch die Anzahl der Besuche. Kommt es Ihnen aber dagegen darauf an, wie gut Ihre Seiten untereinander verlinkt sind, wie benutzerfreundlich sie sind und wie interessant Ihre Inhalte für den Besucher, dann ist wohl die Anzahl der Seitenaufrufe (vor allem der Seitenaufrufe pro Besucher) aufschlussreicher. Schmücken Sie sich aber nicht mit Pageviews, nur weil die Zahl höher ist. Das war 1999.

Tipp Nr. 4: Werten Sie die Suchbegriffe aus

Jedes Statistik-Tool bietet Ihnen die Möglichkeit, die Suchbegriffe, die am häufigsten zu einem Besuch Ihrer Website geführt haben, auszuwerten. Auf diese Weise können Sie erkennen, bei welchen Keywords es schon gut läuft und bei welchen Ihre Website bzw. das Ranking noch optimierungsfähig ist. Außerdem offenbaren sich Ihnen unter Umständen tiefe Einblicke in das Verhalten Ihrer Nutzer. Diese werden Suchbegriffe eingeben, die Sie sich nie erträumt hätten, und schon gar nicht, dass Ihre Website dort einmal unter den Suchergebnissen gelistet sein würde. Schauen Sie, ob Sie das Ranking bei diesen Begriffen noch verbessern können und ob sich daraus nicht vielleicht weitere Suchphrasen ableiten lassen, die Sie noch nicht bedacht haben und für die Ihre Website noch nicht gelistet wird.

Tipp Nr. 5: Einstiegsseiten nicht außen vor lassen

Über die Übersicht Ihrer Einstiegsseiten können Sie zunächst einmal herausfinden, welche Unterseiten noch nicht so häufig direkt aufgerufen werden, obwohl Sie diese vielleicht sogar intensiv bewerben. Hier lassen sich Marketing-Fehler aufspüren. Sie sollten aber auch einen Blick auf Ihre besten Einstiegsseiten werfen. Um sich ein gutes Gefühl zu verschaffen? Zum Teil ja. Aber in erster Linie geht es darum, herauszufinden, welche Ihrer Unterseiten es sind, die Ihre Besucher zuerst zu Gesicht bekommen. Überprüfen Sie diese Seiten: Sind sie attraktiv? Findet der Besucher interessante Inhalte? Gelangt er zu allen Konversionszielen ohne Mühe (z. B. Kontaktformular, Warenkorb etc.)? Oder sorgt die eine oder andere davon eher dafür, dass er die Flucht ergreift?

Tipp Nr. 6: Die Ausstiegsseiten optimieren

Wenn die häufigsten Einstiegsseiten auch gleichzeitig die häufigsten Ausstiegsseiten sind, machen Sie vermutlich noch etwas falsch. Das würde nämlich bedeuten, dass ein Großteil Ihrer Besucher Ihre Website gleich wieder verlässt, nachdem er sie betreten hat, wie eine unaufgeräumte Wohnung z. B. Das kann im Einzelfall gewollt sein (etwa wenn Ihre Website nur aus einer einzigen Webseite besteht oder Sie gar keine weiteren Aktionen Ihres Nutzers wünschen).

Eines ist aber offensichtlich: Sie müssen die Ausstiegsseiten optimieren. Denn es gab einen Grund, weshalb gleich mehrere Benutzer auf die Idee kamen, das Weite zu suchen. Das gilt natürlich nicht, wenn Ihre Ausstiegsseite mit Ihrem Konversionsziel übereinstimmt. Ist die Kontaktseite ganz oben bei den Ausstiegsseiten gelistet und zugleich Ihr Konversionsziel Nummer 1, dann ist das kein schlechtes Zeichen. Wahrscheinlich hat der Besucher Ihnen bereits eine E-Mail geschrieben oder Sie angerufen; dann haben Sie ja, was Sie wollten. Bei einem Warenkorb als Ziel trifft das aber schon wieder nicht zu, da hier ja noch der Abschluss des Bestellvorgangs folgen sollte. Fragen Sie sich also bei jeder Ausstiegsseite: War das so gewollt? Wenn nein, dann suchen Sie nach Dingen, die Ihre Besucher möglicherweise abgeschreckt haben könnten, und beseitigen Sie diese. Dazu gehört auch ein schlechter Inhalt.

Tipp Nr. 7: Welche Technik verwenden Ihre Besucher?

Sie lieben *jQuery* und vor allem die damit möglichen Animationen? Aber ohne jQuery ist Ihre Website ziemlich langweilig? Dann haben Sie lieber ein Auge darauf, ob bei Ihren Besuchern auch überwiegend JavaScript aktiviert ist. Denn es gibt nach wie vor Menschen, die ohne JavaScript-Unterstützung surfen. Für diese sollte Ihre Seite deshalb zumindest nicht gänzlich an Bedeutung verlieren.

Schauen Sie aber auch, ob gegebenenfalls viele Besucher mit einem veralteten Browser auf Ihrer Website surfen. Diese werden häufig noch in Unternehmen eingesetzt, die veraltete Intranetapplikationen verwenden. Testen Sie Ihre Website besonders in diesen Browserversionen. Es passiert nicht selten, dass die Website buchstäblich auf dem Kopf steht oder vollkommen zerrissen aussieht. Da wundert man sich dann nicht mehr, dass die Startseite zu den höchsten Ausstiegsseiten zählt.

Tipp Nr. 8: Legen Sie Ziele fest

Steigende Besucherzahlen sind grundsätzlich schon mal ein gutes Zeichen. Aber steigt auch Ihre Konversionsrate? Die meisten Tracking-Programme lassen Sie Ziele oder Events festlegen. Diese werden dann gesondert getrackt, und in der Regel wird Ihnen auch eine Konversionsrate ausgegeben. Diese ist entscheidend. Denn wenn Ihre Besucherzahlen zwar steigen, genauso schnell Ihre Konversionsrate aber auch abnimmt, ist das kein gutes Zeichen. Ergreifen Sie Mittel, um diesem Negativwachstum entgegenzuwirken. Es geht heute nicht mehr darum, möglichst viele Besucher auf eine Website zu lotsen. Man hat sich mittlerweile eingestanden, dass es immer noch auf die Konversionen ankommt. Und wenn Sie von 1.000 Besuchern 100 zu Kunden machen, ist das einfach besser, als wenn von 10.000 Besuchern ebenfalls nur 100 Kunden oder gar weniger kaufen. Mehr Besucher schaden nie – verlieren Sie aber nie Ihre Konversionsziele aus den Augen. Und vergleichen Sie regelmäßig die Konversionsraten.

Tipp Nr. 9: Woher kommen Ihre Besucher?

Viele Statistik-Tools bieten Ihnen die Möglichkeit, die Region Ihrer Besucher relativ genau zu bestimmen (zumindest so genau, wie der derzeitige Stand der Technik es zulässt). Nutzen Sie diese Informationen. Wenn Sie z. B. ein lokales Geschäft haben und Ihre Produkte nicht deutschlandweit anbieten, sondern eigentlich nur auf Ihr Geschäft hinweisen und dieses bewerben möchten, dann bringen Ihnen Kunden, die viele Hundert Kilometer entfernt sind, nicht sonderlich viel. Natürlich werden diese Sie vielleicht auch einmal besuchen, und wenn derjenige zufällig zu den reichsten Personen des Landes gehört, kann sich das mitunter lohnen. Grundsätzlich gilt aber: Verschwenden Sie keine Ressourcen. Wenn Sie sehen, dass Ihre Nutzer zu oft aus Regionen kommen, die gar nicht zu Ihrer Zielgruppe gehören, dann ist es an der Zeit, die Marketing-Strategie umzustellen.

Tipp Nr. 10: Es gibt noch etwas anderes als Tracking

Ehrlich: Tracking kann süchtig machen. Wenn Sie sich dabei erwischen, dass Sie jede halbe Stunde Ihre Zugriffe checken und unterwegs ständig von Ihrem Smartphone aus auf Google Analytics, etracker oder Piwik zugreifen, dann gehören Sie zumindest zur Risikogruppe. Machen Sie sich bewusst, dass nicht deshalb mehr Besucher auf Ihre Website kommen, weil Sie das ständig kontrollieren. Dieser Tipp hilft Ihnen zwar nicht, Ihre Website zu optimieren (pardon), aber er wird Ihre Produktivität erhöhen. Machen Sie sich nichts daraus, ich gehöre selbst zur Risikogruppe.

Kapitel 18
WordPress für Blogger

Als ehemals reine Blogging-Plattform wird WordPress nach wie vor gerne für diesen Zweck eingesetzt. Erfahren Sie in diesem Kapitel, was Sie als Betreiber tun können, um noch mehr aus Ihrem Blog herauszuholen.

WordPress wird nicht nur als Content-Management-System geschätzt, sondern ist immer noch eine der besten Blogging-Plattformen der Welt. Das wissen nicht nur Blogger, sondern auch immer mehr Unternehmen. Blogs gehören heute zu den beliebtesten Onlinewerkzeugen, um die eigene Bekanntheit zu steigern.

Im Netz ist es entscheidend, Traffic, also Besucherzustrom, zur eigenen Website zu erzeugen – so weit ist das Prinzip jedem klar. Nur wie das funktionieren soll, darüber scheiden sich die Geister. Die einen setzen auf große Werbebudgets und werden nicht unbedingt enttäuscht, denn mit Anzeigen lässt sich einiges erreichen. Der organische Traffic, also der natürlich durch Suchmaschinen oder geteilte Links gewachsene, ist aber ebenfalls nicht zu unterschätzen, er ist meiner Ansicht nach auch deutlich wertvoller.

Eine Werbeanzeige verpufft. Für Werbung müssen Sie ständig immer mehr Geld nachwerfen, um weiterhin von ihr zu profitieren. Wenn Sie aber Inhalte auf Ihrer Website haben, die z. B. über Suchmaschinen oder weil sie online geteilt werden, Besucher anlocken, dann ist das in der Regel ein bleibender Effekt.

Deshalb kann ich den meisten Website-Betreibern nur raten, zumindest einmal ein Jahr lang ein Blog zu testen, um die eigene Popularität zu steigern. Die Zeit oder das Geld, das Sie in einen Blogbeitrag investieren, ist üblicherweise eine dauerhafte Investition. Der Beitrag bleibt, auch ohne dass Sie weiter Geld investieren. Aktive Blogs werden von Google gerne gelistet, sofern sie relevante und hochwertige Inhalte bieten, und sie werden ebenso gerne bei Facebook, Twitter & Co. geteilt.

Zugegeben, auch Blogger haben es heute nicht leicht. Damit Ihr Blog wirklich bekannt wird, braucht es Zeit, Fleiß und einige Kenntnisse. Auch einige strategische Überlegungen sind wichtig. Ein Blog über Technik allgemein wird sich kaum durchsetzen können, ein Nischenblog ausschließlich über Smartwatches könnte derzeit (!) noch eine realistische Chance haben.

18

Ich werde Ihnen im Folgenden einige Tipps geben, wie Sie Ihr Blog aufbauen können. Es sind längst keine Geheimtipps mehr, aber sie haben sich als solide erwiesen und schaden definitiv nicht. Sie verbessern, wenn richtig eingesetzt, das Erlebnis Ihrer Besucher auf Ihrem Blog, und das ist es ja letztlich, was zählt.

18.1   Content is King

Der am häufigsten erteilte Ratschlag, den Sie zum Bloggen finden werden, lautet »Content is King«. Dieser Satz hat mehrere Bedeutungen. Zuerst einmal besagt er, dass es bei Blogs und Websites im Allgemeinen auf die Inhalte ankommt. Dabei geht es aber nicht nur um Qualität, sondern auch um Aktivität, es geht außerdem um Anziehungskraft und Teilbarkeit.

18.1.1   Qualität

Veröffentlichen Sie niemals einen Beitrag, von dem Sie nicht überzeugt sind. Eine gute Leitfrage ist: Würde ich den Artikel selbst lesen und wäre ich am Ende damit zufrieden? Realistischerweise wird sich diese Frage nicht immer klar mit einem Ja beantworten lassen können. Seien Sie sich bewusst, dass Sie nicht einen Top-Beitrag nach dem anderen publizieren können, aber es sollte zumindest das Ziel sein. Man wird zwangsläufig noch oft genug Kompromisse eingehen müssen, dann sollte man diese nicht schon bei der eigenen Vorstellung machen.

Streben Sie eine höchstmögliche Qualität an, und sowohl Besucher als auch Suchmaschinen werden Ihnen das danken. Google kann an verschiedenen Dingen erkennen, ob Ihre Beiträge hochwertig sind oder nicht und ob sie nur abgekupfert oder einzigartig sind. Google erkennt auch, ob Ihre Inhalte nicht das einhalten, was sie versprechen. Und Besucher riechen den Braten ohnehin oft auf den ersten Blick.

18.1.2   Aktivität

Die Tage von »1 Artikel pro Tag« sind vorbei. Natürlich schadet es nicht per se, viel zu veröffentlichen (siehe Abbildung 18.1), aber es wird sich negativ auswirken, wenn dann die Qualität nicht mehr stimmt. Früher galt tatsächlich, dass viel auch viel hilft, aber das hat sich zum Glück geändert.

Das bedeutet aber nicht, dass Sie nun mit einem Beitrag pro Monat Erfolg haben werden. Sehen Sie immer die Summe der Artikel pro Jahr: Das wären gerade einmal 12. Wenn Sie einen Beitrag pro Woche veröffentlichen, dann sind das ja schon rund 50. Auch das ist keine wirklich große Zahl, aber meiner Ansicht nach das Minimum, das man anstreben sollte. Nicht weil es sonst nicht funktioniert, aber weil es sonst so lange dauert, bis sich Erfolg einstellt.

Wenn Sie eine Empfehlung möchten, wie viele Beiträge sinnvoll sind, dann rate ich Ihnen zwei pro Woche. Das lässt genügend Zeit, um sie zu schreiben, ohne in Stress zu geraten, aber am Ende des Jahres haben Sie auch rund 100 Beiträge hinzugewonnen. Die Erfolge stellen sich deutlich schneller ein, weil auch schneller etwas für die Suchmaschinen zur Indexierung zur Verfügung steht. Sie werden schneller bei mehr Suchbegriffen gefunden, weil Sie einfach mehr Inhalte zu mehr Themen produzieren. Gleichzeitig sind es auch mehr Inhalte, die Menschen in sozialen Netzwerken teilen können.

Es gibt aber keine Pauschalempfehlung. Nehmen Sie den Wert daher als Richtlinie. Denn er hängt ganz stark von Ihnen, von Ihrer Zielgruppe, Ihrer Sparte und Ihren Erwartungen ab. Unterschätzen Sie nur nicht, was regelmäßige Aktivität bewirken kann, auch bei Ihren regelmäßigen Lesern. Würden Sie etwa nie eine Folge einer TV-Serie verpassen, die nur zweiwöchentlich ausgestrahlt wird?

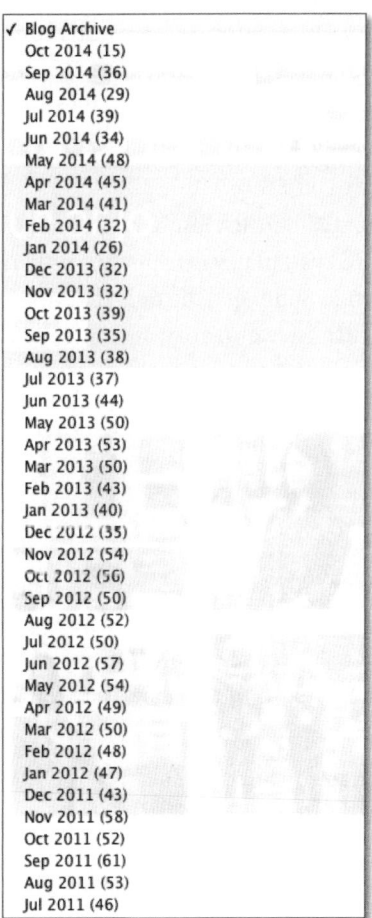

Abbildung 18.1 Auf diesem Blog herrscht reges Treiben. Ich hätte Ihnen gerne die ganze Liste gezeigt, aber sie passt nicht ins Buch. (joannagoddard.blogspot.de)

18.1.3   Anziehungskraft

Ihre Inhalte können noch so gut sein und in noch so großer Anzahl vorliegen: Wenn sie keine Anziehungskraft ausüben, haben sie es trotzdem schwer. Anziehungskraft bedeutet, dass Ihre Beiträge Leser anziehen müssen. Und das beginnt schon bei der Überschrift.

Wenn Ihr Titel langweilig ist, dann wird niemand den Beitrag lesen. Orientieren Sie sich an der Werbebranche oder an aufmerksamkeitsstarken Zeitungen und Zeitschriften. Denken Sie einmal an die große deutsche Tageszeitung mit dem roten Logo, die Sie auffordert, sich eine Meinung zu bilden: Man kann von den Inhalten halten, was man will, aber die Titelzeilen erzeugen Aufmerksamkeit. Das bedeutet nicht, dass Sie nun in den Boulevardbereich wechseln müssen, es geht vielmehr um das Prinzip.

Schauen Sie sich erfolgreiche Blogs in Ihrer Branche an: Wie arbeiten diese mit Beitragstiteln, um Aufmerksamkeit auf sich zu ziehen? Orientieren Sie sich auch ruhig an amerikanischen Blogs. Auch wenn es nichts bringt, die Titel einfach stur zu übersetzen, man kann sich der Elemente und rhetorischen Mittel bedienen. Viele amerikanische Blogs sind hervorragend darin, Aufmerksamkeit zu erzeugen, selbst wenn die Inhalte das Versprechen nicht halten können.

Auch der Beitrag selbst sollte aber Anziehungskraft ausüben. Ich lese sehr gerne, aber mit Beiträgen, die aus reinem Text über 30 Absätze bestehen, verbringe ich ungern meine Freizeit. Streuen Sie interessante und passende Bilder ein, die den Text unterbrechen. Kürzen Sie den Artikel so weit wie es möglich ist, wenn er zu ausschweifend wurde. Nutzen Sie Zwischenüberschriften, die ebenfalls Aufmerksamkeit erzeugen, aber auch beschreiben, was den Leser in den folgenden Absätzen erwartet. Nutzen Sie Elemente wie Listen und Zitate, um Beiträge inhaltlich aufzulockern.

18.1.4   Teilbarkeit

Nun schreiben Sie regelmäßig Blogbeiträge, die einen wirklichen Mehrwert haben, einzigartig sind und sogar Aufmerksamkeit erzeugen. Das sind zwar alles hervorragende Voraussetzungen, um darüber Besucher anzuziehen, aber wenn Sie möchten, dass Ihre Beiträge (in sozialen Netzen) geteilt werden, dann müssen sie auch teilbar sein.

Nicht teilbar im Sinne einer Torte (Kuchen sollte man sowieso niemals mit irgendjemandem teilen), sondern im Sinne von: Würde ich meinen eigenen Beitrag wirklich mit anderen teilen, weil er so nützlich, witzig, interessant ist?

Es ist spannend, zu beobachten, was von Menschen geteilt wird. Wenn Sie keine Videos mit Kätzchen oder kleinen Welpen anbieten, die von Wickelkommoden fallen, steht Ihnen grundsätzlich schon einmal etwas weniger Aufmerksamkeit der

Masse zur Verfügung. Was möglicherweise amüsant klingt, ist dennoch Realität. Schauen Sie sich einmal diese YouTube-Videos an: Sie sind tatsächlich zum Schmunzeln, aber die Qualität? Oft schlechter als aus den Amateurvideos der 1990er-Jahre. Das ist kein Vorwurf an die Filmer, sondern nur ein interessanter Effekt: Die Videos werden nicht geteilt, weil sie hochwertig im Sinne eines professionell gefilmten HD-Videos sind – sie sind einfach nur teilbar.

Es gehört also mehr dazu, um geteilt zu werden, als nur Qualität und aufmerksamkeitserregende Titel. Und das wiederum ist abhängig von Ihrer Zielgruppe. Wer sind die Menschen, die Sie lesen sollen, die sich für Ihre Inhalte interessieren? Was teilen diese Menschen? Das ist ein wenig Rechercheaufwand, zugegeben, aber er kann sich lohnen. Sie müssen nicht diversifizieren und nun lustige Videos in einem an sich seriösen Blog posten, aber Sie können herausfinden, welche Inhalte Ihre Zielgruppe sonst noch teilt. Mit Kätzchen können Sie nicht konkurrieren, aber vielleicht mit den Dingen, die Ihre potenziellen Leser am zweitliebsten verbreiten.

18.2 Magazin- oder Bloglayout?

Blogs werden größer. Deshalb gibt es auch kaum noch jemand, der sie als Tagebücher bezeichnet. Manche Blogs sehen eher aus wie die Website von Magazinen wie GQ oder Vogue. Und das ist gut, denn die wissen in der Regel, wie man Leser bindet.

Wenn Sie bloggen möchten, stehen Ihnen viele verschiedene Themes zur Verfügung. Grob einteilen lassen diese sich aber in typische Blog-Themes, die Beiträge einfach in chronologisch umgekehrter Reihenfolge nacheinander präsentieren, und in Magazinlayouts, auf deren Startseite sich für jede Kategorie ein Bereich finden lässt, der die letzten drei bis fünf neuesten Artikel der jeweiligen Kategorie abbildet. Bei dem einen haben Sie also die fünf bis zehn neuesten Beiträge aller Kategorien in einer Liste auf der Startseite, bei dem anderen können es gut und gerne 50 bis 70 Beiträge sein, die nach Kategorien geordnet sind.

Das Bloglayout (siehe Abbildung 18.2) hat diverse Vorteile. Es ist für die meisten Besucher einfach zu überschauen und zu bedienen. Man weiß stets, welcher Beitrag der neueste ist, und damit, welche man schon gelesen hat. Der Nachteil ist aber, dass nur ein sehr kleiner Teil Ihrer Inhalte gleichzeitig angezeigt wird. Gelangt ein Nutzer zum ersten Mal auf Ihr Blog und fühlt sich von den letzten drei, vier oder fünf Beiträgen nicht sonderlich angezogen, gibt er Ihr Blog wahrscheinlich recht schnell auf, selbst wenn sich eine Seite dahinter deutlich bessere Beiträge verbergen.

18

Sample Post With Comments

October 1, 2013 by Brian Gardner — 8 Comments

Wintersong

Mobile responsive theme.
Hand-crafted with HTML5.
Minimalism at its best.
About / **Blog** / **Contact**

Powered by Genesis

This is an example of a WordPress post, you could edit this to put information about yourself or your site so readers know where you are coming from. You can create as many posts as you like in order to share with your readers what is on your mind.

This is an example of a WordPress post, you could edit this to put information about yourself or your site so readers know where you are coming from. You can create as many posts as you like in order to share with your readers what is on your mind. This is an example of a WordPress post, you could edit this to put information about yourself or your site so readers know where you are coming from. You can create as many posts as you like in order to share with your readers what is on your mind.

This is an example of a WordPress post, you could edit this to put information about yourself or your site so readers know where you are coming from. You can create as many posts as you like in order to share with your readers what is on your mind.

This is an example of a WordPress post, you could edit this to put information about yourself or your site so readers know where you are coming from. You can create as many posts as you like in order to share with your readers what is on your mind. This is an example of a WordPress post, you could edit this to put information about yourself or your site so readers know where you are coming from. You can create as many posts as you like in order to share with your readers what is on your mind.

Abbildung 18.2 Ein typisches Bloglayout (Genesis Wintersong-Pro-Theme)

Das Magazinlayout (siehe Abbildung 18.3) hingegen bietet einen sehr guten Überblick über Ihre Beitragsvielfalt. Selbst wenn einzelne Kategorien für einen potenziellen Leser uninteressant sind, so entdeckt er trotzdem die Beiträge der anderen Kategorien. Außerdem können diese Layouts auch visuell punkten, da sie in der Regel mit einer Menge unterschiedlicher Beitragsbilder ausgestattet sind. Nachteil: Um so ein Blog zu starten, benötigen Sie eine gewisse Menge an Beiträgen, und zweiwöchentlich zu posten würde die Leser vermutlich enttäuschen. Hier geht es um Aktivität und gute Headlines, aber auch um hervorragende Bilder. Wenn Ihr Blog eher textbasiert ist oder die Bilder nicht ganz so aufmerksamkeitserregend sind, entscheiden Sie sich lieber gegen ein Magazinlayout.

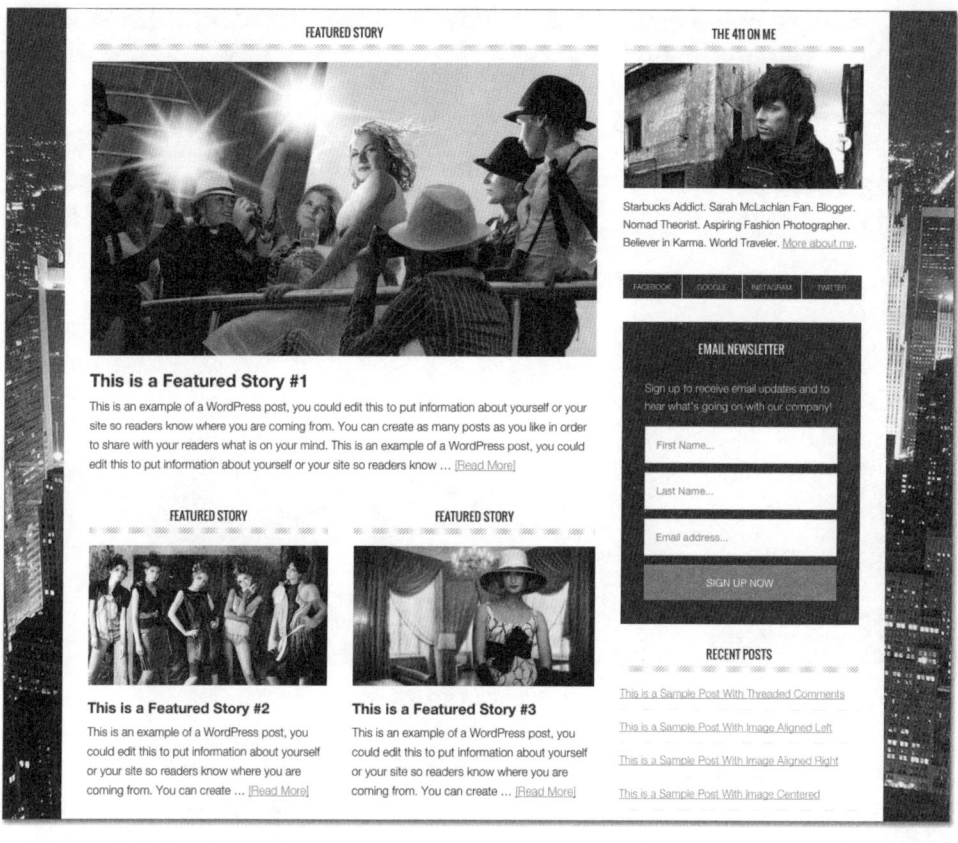

Abbildung 18.3 Das sieht schon sehr nach einem Magazin aus. (Genesis Metro-Pro-Theme)

18.3   Permalinks richtig einsetzen

WordPress bietet Ihnen verschiedene Optionen, um die Struktur Ihrer URLs an Ihre Bedürfnisse anzupassen. Diese finden Sie unter EINSTELLUNGEN • PERMALINKS im Backend.

Doch trotz all dieser Möglichkeiten gibt es eigentlich nicht allzu viele Strukturen, die in Frage kommen. Die einfachste und am häufigsten verwendete besteht ausschließlich aus dem Beitragstitel. Dieser sagt Ihren Lesern schon durch die URL, worum es inhaltlich geht, und enthält die für Suchmaschinen wichtigen Keywords. Sie machen damit grundsätzlich nichts falsch.

Eine Alternative besteht darin, zusätzlich noch die Kategorie vorzuschalten. Das kann Lesern helfen, den Beitrag richtig einzuordnen, und stellt ein zusätzliches Keyword für Suchmaschinen dar. Aber: Die Keywords des Beitrags erscheinen dadurch etwas weiter hinten, was sich aus SEO-Sicht auch negativ auswirken kann, jedoch nicht muss.

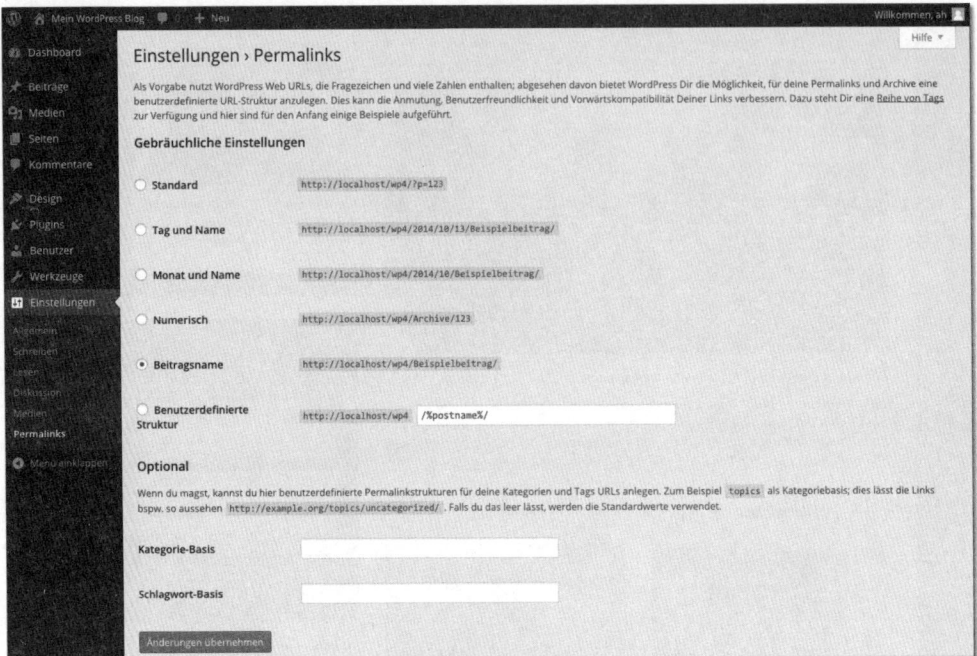

Abbildung 18.4 Die Permalink-Einstellungen im Backend

Schließlich können Sie auch noch das Datum voranstellen. Hiervon würde ich Ihnen abraten. Niemand klickt gern auf Beiträge, die aus dem vergangenen Jahr oder einem noch früheren stammen. Was in diesem Jahr noch super funktioniert, ist im nächsten Jahr schon nicht mehr lesenswert. Sie müssen und sollten Ihren Lesern das Datum nicht verschweigen, denn es ist oft wichtig für die Orientierung, aber Sie müssen es ihnen auch nicht auf dem Silbertablett servieren.

18.4   Die Kommentarfunktion durch Disqus erweitern

Blogbeiträge leben von Kommentaren. Sie sind in der Regel bereichernd und erzeugen auch selbst wieder Aufmerksamkeit. Viele Leser orientieren sich auch an der Anzahl der Kommentare, wenn sie einschätzen wollen, wie aktiv das Blog besucht ist. In Deutschland hat das weniger Bedeutung als in den USA, wo dreistellige Kommentarzahlen bei Beiträgen nicht nur bei den absoluten Top-Blogs vorkommen. Hierzulande gibt es gute Blogs, die Beiträge mit null Kommentaren haben. Das liegt daran, dass nur ein geringer Bruchteil der Leser eines Beitrags diesen auch kommentiert. Und zuweilen ist es sogar nötig, sie am Ende des Beitrags aufzufordern, weil sonst gar nichts passiert. Nur durch die Kommentarzahl auf die Qualität zu schließen ist daher gefährlich. Denn es gibt auch kleine Blogs, die einige Kommentare unter jedem

Beitrag haben, weil sich eine eingeschworene Gruppe dort gegenseitig liest und die Beiträge kommentiert. Man kann hier also leicht fehlgeleitet werden.

Wenn Sie Ihre Kommentarfunktion in WordPress noch etwas erweitern möchten, dann werfen Sie einmal einen Blick auf *Disqus* (*https://disqus.com*). Dieses auch mit WordPress kompatible Kommentarsystem (siehe Abbildung 18.5) ersetzt dasjenige von WordPress. Je nach Zielgruppe kann es dafür sorgen, dass mehr Leute kommentieren, weil sie die Oberfläche gewohnt sind und dort bereits einen Account haben, den sie zum Kommentieren nutzen können.

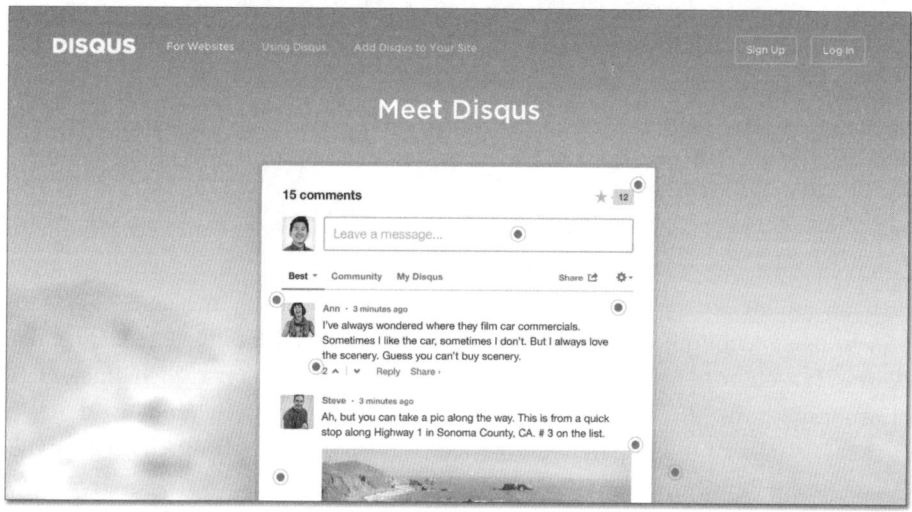

Abbildung 18.5 Disqus ist eine Erweiterung Ihrer Kommentarfunktion durch viele nützliche Funktionen.

Die Kommentare sind übersichtlich angeordnet und lassen sich auch sortieren, z. B. nach den besten. Diese werden wiederum an Sternen festgemacht, die andere Leser den einzelnen Kommentaren zuteilen können, wenn sie ihnen gefallen.

Um Disqus zu installieren, genügt es, dort einen Account zu erstellen und das Word-Press-Plugin (*https://wordpress.org/plugins/disqus-comment-system*) zu installieren. Bringen Sie aber vorher in Erfahrung, ob das wirklich das Richtige für Ihre Zielgruppe ist.

18.5 Social-Media-Buttons und RSS-Feeds anbieten

Verknüpfen Sie sich. Wem Ihr Blog gefällt, der möchte vielleicht auch Ihre Beiträge bei Twitter und Facebook lesen oder sich Ihre Bilder bei Instagram anschauen. Wenn Sie zusätzlich soziale Dienste aktiv nutzen, dann weisen Sie auf Ihrem Blog darauf hin (siehe Abbildung 18.6).

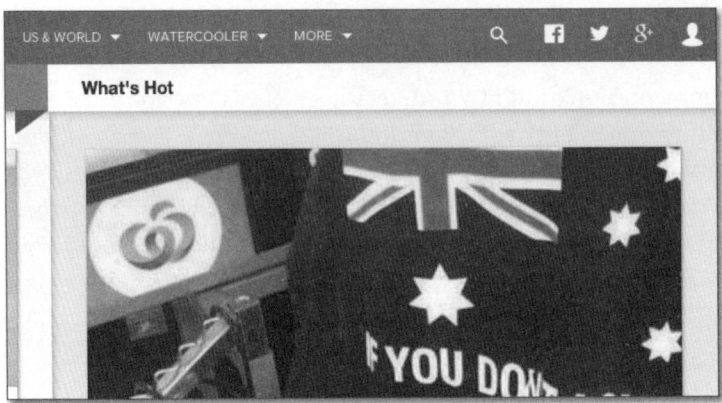

Abbildung 18.6 Die Website Mashable.com weist prominent darauf hin, bei welchen sozialen Diensten sie zu finden ist.

Wenn Sie ein Blog haben, sollten Sie zudem unbedingt ein RSS-Feed prominent anbieten. Jedes WordPress-Blog hat so eines automatisch, Sie erreichen es unter *http://www.ihre-domain.de/feed/*. Die einen tendieren dazu, riesige RSS-Buttons anzubringen, nicht nur in der Seitenleiste, sondern zusätzlich unter jedem einzelnen Beitrag. Wie eindringlich Sie darauf hinweisen möchten, bleibt natürlich Ihnen überlassen. Übergroße RSS-Buttons wirken ein wenig nostalgisch, und mittlerweile suchen Besucher ohnehin ziemlich gezielt danach. Es ist also durchaus sinnvoll, Social-Media-Buttons und RSS-Feed-Buttons zu gruppieren.

Ein Plugin, das dabei helfen kann, ist *Simple Social Icons* (siehe Abbildung 18.7) von Nathan Rice. Es hält, was es verspricht, denn es bietet eine wirklich simple, aber ästhetische und klare Auflistung der wichtigsten Social-Media-Dienste. Auch ein RSS-Feed-Icon ist natürlich dabei.

Abbildung 18.7 Das Plugin Simple Social Icons mit einem
Teil der unterstützten Social-Media-Buttons

Nachdem Sie es installiert und aktiviert haben, finden Sie allerdings keine Einstellungen-Seite vor, denn es ist ein reines Widget. Begeben Sie sich daher direkt zu DESIGN • WIDGETS und fügen Sie es Ihrem gewünschten Widget-Bereich hinzu.

Abbildung 18.8 Das Widget Simple Social Icons

Sie können nun zunächst bestimmen, wie die Icons aussehen bzw. wie sie sich verhalten sollen (siehe Abbildung 18.8). Die Größe der Icons und den Radius des Rahmens können Sie genauso bestimmen wie die verwendeten Farben.

Anschließend müssen Sie nur noch die URLs zu Ihren Profilen in die dafür vorgesehenen Eingabefelder des jeweiligen Dienstes einfügen (siehe Abbildung 18.9). Fertig.

18

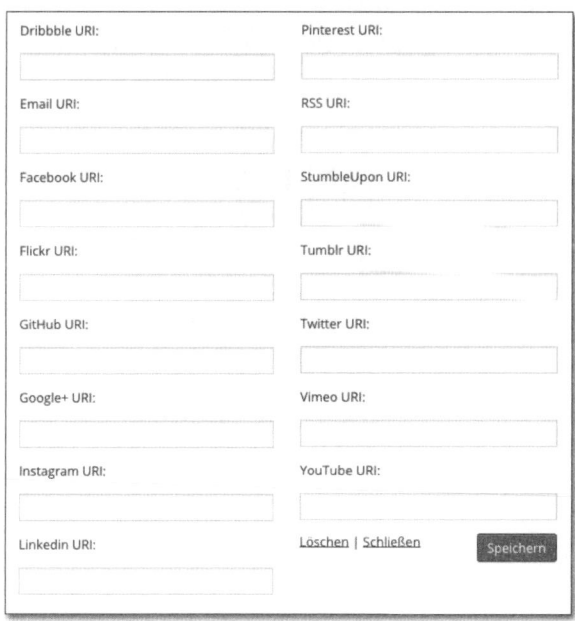

Abbildung 18.9 Fotomontage: Das sind die derzeit verfügbaren Icons. Im Widget sind diese allerdings alle untereinander angeordnet, das hätte jedoch die Buchseite gesprengt.

18.6   Instagram-Widgets einbauen

Instagram ist ein toller Fotodienst mit einer aktiven Community. Im Gegensatz zu manchen anderen Fotodiensten bringt es einen gewissen Coolnessfaktor mit, der von manchen Fotoliebhabern auch als ein wenig unprofessionell empfunden wird. Das liegt daran, dass Bilder bei Instagram nur über das Smartphone hochgeladen werden können, d. h., Fotos mit professionellen Kameras können Sie dort nur über einen Umweg hochladen. Außerdem werden alle Bilder in einem quadratischen Format angezeigt, und die Bildmaße sind auch begrenzt. Für echte Fotografieliebhaber ist das zu wenig, aber dennoch erfreut sich der Dienst auch hierzulande großer Beliebtheit, die man nicht von der Hand weisen kann. Kern von Instagram ist die sehr aktive Community, weshalb sich dieser Dienst auch gut eignet, um Aufmerksamkeit zu erzeugen.

Wenn Sie auf Instagram aktiv sind, möchten Sie vielleicht Ihre Bilder direkt in Ihre WordPress-Website integrieren. Dafür gibt es den Dienst *intagme.com* (siehe Abbildung 18.10), der genau solche Widgets generiert und zur Verfügung stellt. Diese können Sie ohne Anmeldung für jeden beliebigen Nutzer erstellen und einbinden.

Abbildung 18.10 Die Website intagme.com bietet einfache und schnelle Instagram-Widgets.

Anschließend können Sie sich über den Button PREVIEW eine Vorschau anzeigen lassen (siehe Abbildung 18.11) oder über den Button GET CODE den Code generieren (siehe Abbildung 18.12) und z. B. per Text-Widget in Ihre Website einbauen.

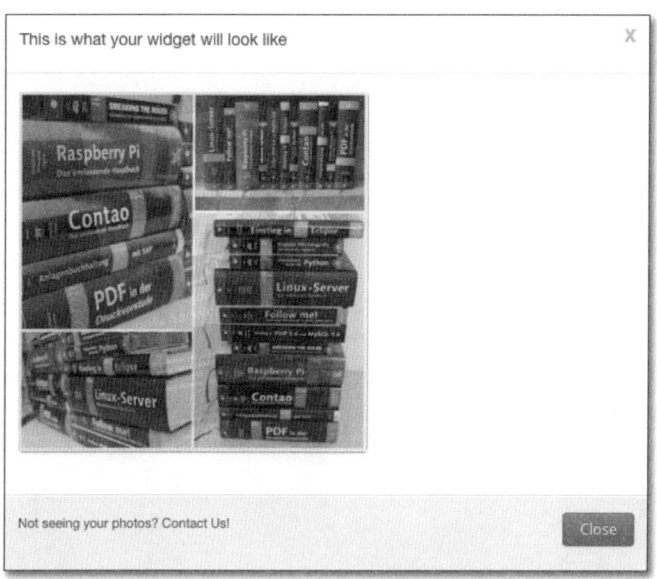

Abbildung 18.11 Die Vorschau von intagme.com

Abbildung 18.12 Den Code können Sie z. B. in ein Text-Widget einfügen und beliebig platzieren.

18.7 Twitter-Timelines einbinden

Was mit Instagram funktioniert, das geht auch mit Twitter. Der beliebte Social-Media-Dienst bietet diese Funktion sogar selbst an, Sie müssen sich dafür allerdings einloggen.

Sie können eine Timeline für jeden beliebigen Nutzer erstellen und diese nach Ihren Vorlieben konfigurieren (siehe Abbildung 18.13).

Abbildung 18.13 Konfigurieren Sie die Timeline nach Ihren Wünschen.

Anschließend bekommen Sie einen Code (siehe Abbildung 18.14), den Sie beispielsweise über ein Text-Widget in Ihre Website integrieren können.

Abbildung 18.14 Der Code befindet sich unterhalb des Bildes.

18.8   Facebook-Seiten integrieren

Auch Facebook bietet eine komfortable Möglichkeit, um Seiteninhalte direkt in die Website zu integrieren. Dazu müssen Sie sich nur auf die Seite *https://develo-pers.facebook.com/docs/plugins/like-box-for-pages* begeben (siehe Abbildung 18.15) und das Formular entsprechend ausfüllen, u. a. mit der vollständigen URL zur gewünschten Facebook-Seite und einigen Angaben zum Aussehen des Widgets.

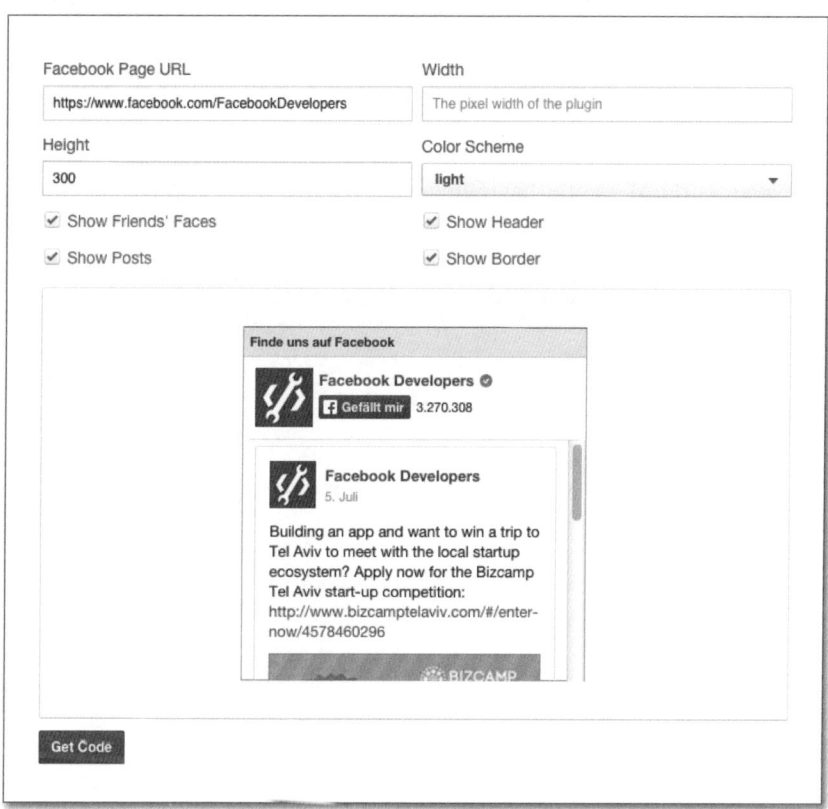

Abbildung 18.15 So könnte Ihr Facebook-Widget bald aussehen.

Über den Button GET CODE erhalten Sie dann, wie Sie sicher schon vermutet hatten, einen Code für Ihre Website. Dieser lässt sich, wie auch schon bei Instagram und Twitter, über ein Text-Widget in Ihre Website integrieren.

18.9   Blogverzeichnisse nutzen

Irgendwie klingen Blogverzeichnisse ja ein wenig nostalgisch. Gänzlich unbedeutend sind sie aber nach wie vor nicht. Gerade für neue Blogs bieten sie die ersten Backlinks auf die eigene Seite. Man darf die Wirkung nicht überschätzen, aber Google scheint ausgewählten Diensten eine gewisse Aufmerksamkeit zukommen zu lassen. Denn die Suchmaschine kann davon profitieren.

Es gibt eine Vielzahl unseriöser Verzeichnisse, die keinerlei Auswahlkriterien haben und Anmeldungen automatisch durchlassen. Diese sind für Google irrelevant. Gute Blogverzeichnisse aber werden von Hand gepflegt und übernehmen eine Aufgabe, die Suchmaschinen nicht leisten können: Sie überprüfen Websites durch Menschen. Bei Verzeichnissen, die diese Aufgabe ernst nehmen und streng ihre Richtlinien verfolgen, weiß die Suchmaschine, dass die Website nicht ganz schlecht sein kann.

Natürlich ist der Eintrag in solchen Verzeichnissen kein Qualitätsnachweis, aber es hat zumindest schon mal ein Mensch entschieden, dass Ihre Website z. B. nicht vor Spam oder anderer nicht gern gesehener Elemente strotzt, sondern eine gewisse inhaltliche Qualität, Relevanz und Aktualität hat. Ein solcher Eintrag kann also das natürliche Misstrauen einer Suchmaschine gegenüber neuen Websites mindern helfen.

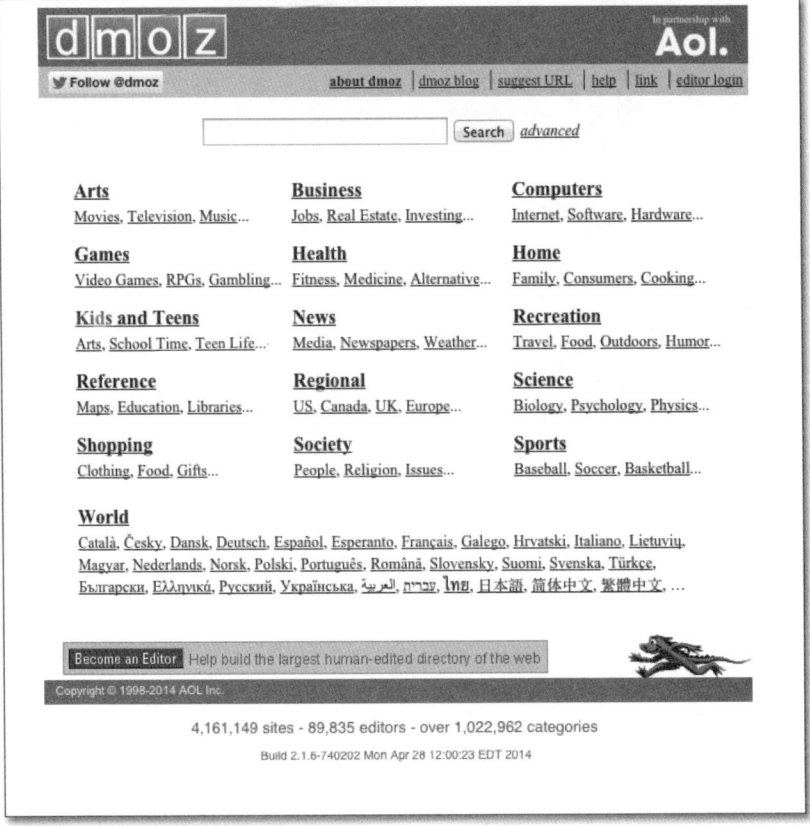

Abbildung 18.16 DMOZ ist das wahrscheinlich berühmteste und wichtigste Verzeichnis.

Das vermutlich wichtigste Verzeichnis ist *DMOZ.org* (siehe Abbildung 18.16). Ja, es ist nicht gerade ein Eyecatcher, aber es existiert schon seit Ewigkeiten, hat eine sehr gute

Reputation und wird üblicherweise mit strenger Hand kontrolliert. Ein Eintrag in diesem Verzeichnis ist kostenlos, aber erstrebenswert.

Strenge Kontrolle bedeutet auch, dass es nicht einfach ist, dort hineinzukommen. Wenn Ihr Blog ganz neu ist und sich dort erst zwei Beiträge befinden, lassen Sie es. Unter zehn Beiträgen, die mit großer Regelmäßigkeit erschienen sind, würde ich es nicht probieren, und selbst das ist schon unwahrscheinlich. Es bietet sich an, lieber etwas zu warten, denn ständige Neuanmeldungen sind dort nicht gern gesehen. Sie sollten auch etwa drei Monate warten, bis Sie es noch einmal probieren. Daher lohnt es sich, lieber vorher auf Nummer sicher zu gehen.

Achten Sie darauf, alle Angaben absolut korrekt zu machen (siehe Abbildung 18.17) und in jedem Fall die am allerbesten passende Kategorie für Ihre Website zu finden. Selbst kleine Rechtschreibfehler können zur Ablehnung führen. Betreiben Sie keine Werbung und versuchen Sie nicht dadurch herauszustechen, dass Sie alles in Großbuchstaben schreiben. Seien Sie zurückhaltend, auch in der Formulierung. Es geht nicht darum, auf dieser einen Unterseite das auffälligste Blog zu sein, sondern darum, aufgenommen zu werden.

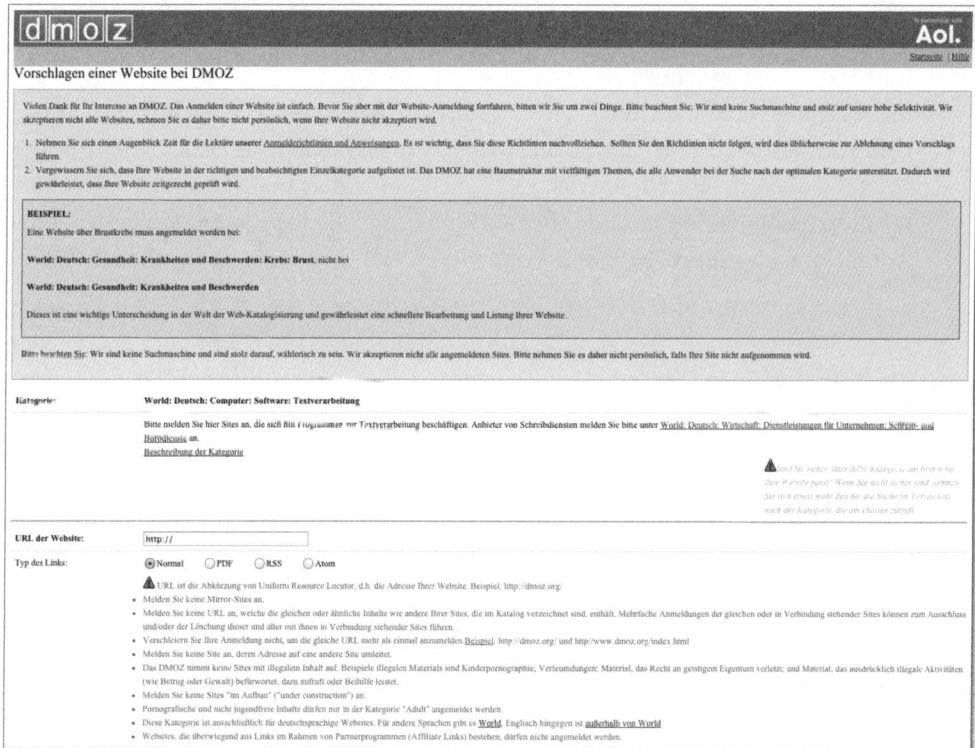

Abbildung 18.17 Das Anmeldeformular füllt man nicht in zwei Minuten aus.

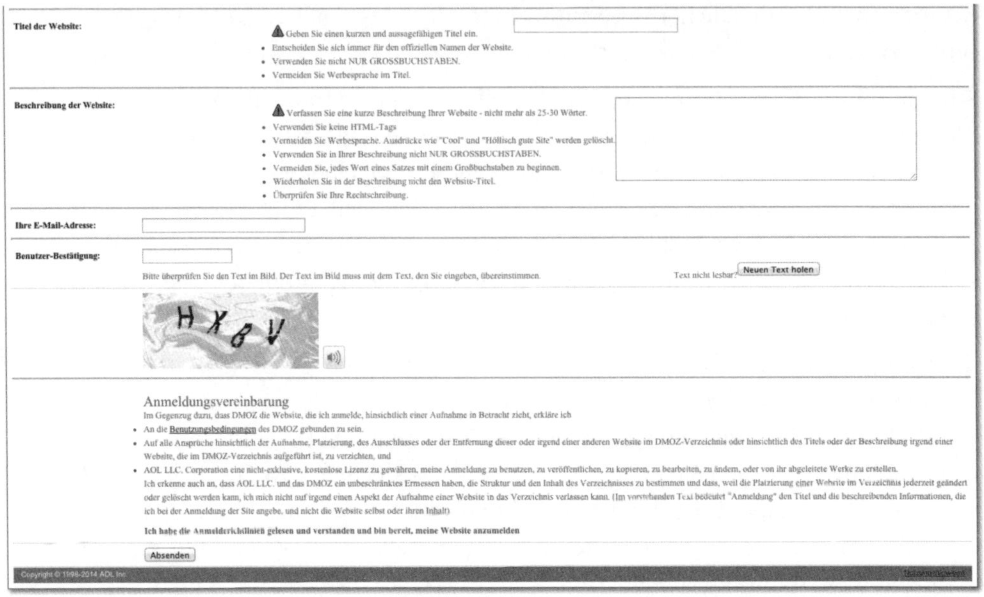

Abbildung 18.17 Das Anmeldeformular füllt man nicht in zwei Minuten aus. (Forts.)

Im Netz gibt es Gerüchte, dass manche Editoren dort nur Blogs zulassen, die nicht zu ihren eigenen in Konkurrenz stehen. Natürlich kann man das nicht ausschließen, es sind auch nur Menschen, die andere Menschen aussuchen, die sie nicht einmal persönlich kennen (Sie können sich dort auch anmelden und als Editor mithelfen), ebenso können diese Gerüchte aber auch nur von dem Frust einer unzureichenden Anmeldung herrühren. Solche Aussagen sollte man also mit Vorsicht genießen.

Es gibt aber nicht nur DMOZ, sondern auch einige rein deutschsprachige Verzeichnisse. Eines davon ist *Bloggerei.de* (siehe Abbildung 18.18). Hier kommen Sie allerdings nur rein, wenn Sie selbst auch einen kleinen Button anbringen, der zur Website zurückführt. Als bloßen Link-Tausch würde ich es aber trotzdem nicht abstempeln, denn die Einträge werden trotzdem geprüft. Wenn Ihr Blog zu wenige Inhalte hat oder eine halbe Baustelle ist, wird er nicht aufgenommen – Link hin oder her. Sie können sich den Eintrag dort also ebenso wenig erkaufen. Allerdings ist es trotzdem nicht ganz so anspruchsvoll, bei der Bloggerei aufgenommen zu werden, als bei DMOZ und geht in der Regel auch viel schneller, meist innerhalb eines Tages.

Abbildung 18.18 Ein weiteres bekanntes, rein deutschsprachiges Archiv ist das der Bloggerei.

Eine Alternative stellt *BloggerAmt.de* dar (Abbildung 18.19). Hier ist kein Backlink nötig, und der Anmeldeprozess ist auch nicht so schwierig wie bei DMOZ. Die Einträge werden in der Regel nach ein paar Stunden freigeschaltet, es ist lediglich ein kleiner Code im Quelltext erforderlich, damit BloggerAmt erkennt, dass Sie auch tatsächlich Betreiber der Website sind.

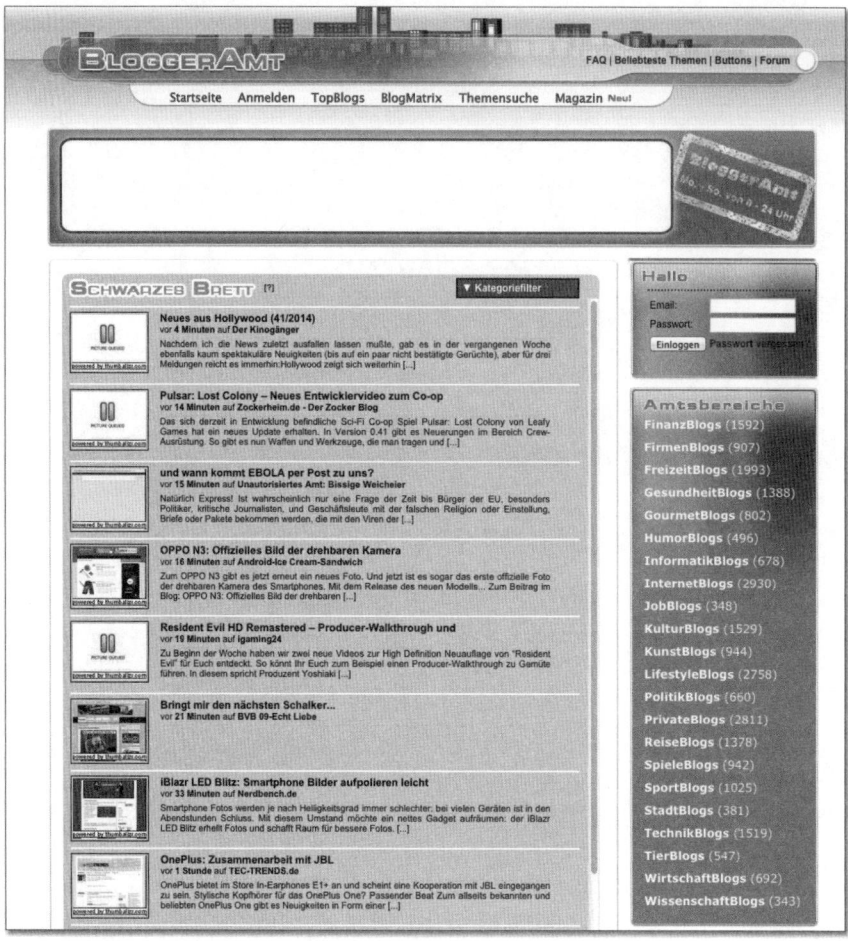

Abbildung 18.19 Die Website von BloggerAmt

18.10   Mit Blogs Geld verdienen

Etwas weiter oben habe ich noch über aufmerksamkeitserregende Headlines geschrieben. »Mit Blogs Geld verdienen« dürfte eine solche sein, was zumindest die Tausende Beiträge im Netz zu diesem Thema belegen. Das macht es nur leider nicht einfacher.

Hierzulande ist es nach wie vor schwierig, mit Blogs etwas zu verdienen, außer Leser und Anerkennung. Die sechsstelligen Jahresgehälter amerikanischer Top-Blogger sind hier derzeit nicht erreichbar. Das liegt vor allem daran, dass die deutsche Sprache bei Weitem nicht so verbreitet ist wie die englische. Die potenzielle Zielgruppe ist also um ein Vielfaches größer – dafür ist es aber auch schwieriger, sich durchzusetzen.

Die Grundvoraussetzung, um Geld mit einem Blog zu verdienen, ist eine große Leserschaft. Ohne die geht es nicht, ganz egal was für (unseriöse) Angebote Ihnen manche unterbreiten mögen. Wenn Sie diese Leserschaft allerdings haben, dann können Sie beginnen, sie zu monetarisieren. Das wird zwar in Deutschland manchmal noch als verwerflich angesehen, warum man die ganze Arbeit (und das sind bei nicht wenigen mehrere Stunden pro Tag) allerdings jahrelang kostenlos betreiben sollte, konnte auch noch niemand fundiert begründen.

Ein Weg, etwas zurückzubekommen, ist das Schalten von Werbeanzeigen. Manche werden pro Klick, andere pro Einblendung bezahlt. Sie können sowohl Werbenetzwerke nutzen als auch Verträge mit Werbepartnern direkt abschließen. Allerdings wird Werbung nicht gern gesehen. Bei manchen reift das Verständnis, dass man Blogs auch irgendwie bezahlen muss, und sie deaktivieren ihre Werbeblocker für ausgewählte Blogs. Rechnen Sie aber immer damit, dass Sie einen Teil Ihrer Leserschaft durch Werbung verlieren werden und dass ein nicht unbedeutender Teil Werbeblocker einsetzt, gegen die Sie nicht viel ausrichten können.

Ein anderer und meiner Ansicht nach empfehlenswerter Weg ist die Verknüpfung des Blogs mit kostenpflichtigen Inhalten. Nein, es geht nicht um eine *Paywall*, dafür müssten Sie schon eine enorm große und zahlungswillige Leserschaft haben. Es geht vielmehr darum, entweder einzelne Premiumartikel anzubieten oder – besser – kostenlose E-Books oder andere digitale Downloads. Alternativ bieten sich auch kostenpflichtige Onlinekurse an, falls Sie anderen etwas beibringen können.

Die Bereitschaft, für solche Inhalte zu zahlen, ist im Allgemeinen größer, als Werbebanner zu ertragen oder Sie generell für alle Inhalte bezahlen zu müssen. Wenn Sie andere Produkte haben, können Sie diese im Blog natürlich auch bewerben. Für jede Werbung gilt aber: Übertreiben Sie es nicht. Wenn die Seitenleiste voll ist mit Anzeigen auf eigene Produkte, kann man Ihnen das mitunter auch übel nehmen.

Wenn Sie jedoch gute Inhalte bieten, für die Ihre Leserschaft dankbar ist, dann wird sich zumindest ein Teil sicher auch erkenntlich zeigen wollen. Geben Sie ihnen Gelegenheit dazu.

18

Kapitel 19

Autor sein: 30 Tipps für bessere Blogartikel

Wie schreibt man eigentlich gute Blogartikel? Das ist eine gute Frage. Nach der Lektüre dieses Kapitels wissen Sie hoffentlich eine Antwort darauf.

So viele Bücher beschäftigen sich damit, wie man eine Website erstellt. All die feinen Details werden Ihnen erklärt: Von HTML und CSS über den richtigen Einsatz von Photoshop und diverse Programmiersprachen bis zur Einbindung eines Content-Management-Systems wie WordPress erfahren Sie alles. Haben Sie sich schon einmal gefragt, warum Ihnen keines dieser Bücher erklärt, wie man denn eigentlich gute Texte für diese Websites schreibt? Das Design ist schließlich nur das eine, der Inhalt das andere. Mir ist auch keine gute Antwort darauf eingefallen. Darum werde ich Ihnen in diesem Kapitel einige Tipps mit auf den Weg geben, wie Sie Ihre Blogartikel verbessern können (selbst wenn Sie bereits ein Schreibtalent sind).

19.1 Allgemeine Tipps

Ich werde mit ein paar ganz allgemeinen Tipps beginnen, die Sie stets im Hinterkopf behalten sollten, wenn Sie Blogartikel (oder auch andere Texte) schreiben.

19.1.1 Was wollen Sie eigentlich sagen?

Nicht jeder Blogger macht sich vor dem Schreiben eines Blogartikels eingehend Gedanken darüber, was er eigentlich damit sagen möchte. Doch ohne eine Botschaft ist Ihr Artikel nur ein weiterer Text im World Wide Web. Sie müssen Ihren Lesern eine klare Botschaft vermitteln, auch wenn Sie über Ihren Alltag schreiben. Zwar scheint seit Twitter selbst das Kaffeekochen interessant zu sein – das gilt aber nur, wenn Sie ein Star sind. Als normaler Mensch wird das kaum jemanden interessieren (außer vielleicht, wenn Sie *Latte Art* beherrschen). Vor, während und nach jedem Blogbeitrag sollten Sie sich also fragen: Was ist meine Botschaft, und wie gut bringe ich sie rüber?

19.1.2   Schreiben Sie einfach

Sie können sich für komplizierte Schachtelsätze à la Cäsar entscheiden. Oder Sie lassen es einfach bleiben. Das Internet ist schnelllebig, und die Besucher verweilen nicht besonders lange. In den meisten Fällen wirkt ein komplizierter Text eher kontraproduktiv. Es gibt ja schließlich so viele andere Blogs oder Websites, wo das, was Sie schreiben, noch etwas einfacher erklärt ist.

Bei der Lektüre einer Zeitung oder eines Buches ist das unter Umständen etwas anderes. Und auch wenn Sie eine ganz besonders gehobene Zielgruppe ansprechen: Die Zielgruppe der meisten Blogger ist aber ein durchschnittlich gebildeter Mensch. Und bedenken Sie: Auch sehr gebildete Menschen brauchen ab und an eine gedankliche Pause, anders lässt sich nicht erklären, weshalb selbst unter ihnen einige mitunter der Boulevardpresse verfallen. Wenn Sie am Ende Ihren Blogbeitrag noch einmal durchgehen, prüfen Sie ihn also auch auf Einfachheit hin.

19.1.3   Veröffentlichen Sie regelmäßig

Ein Blog lebt von regelmäßigen Blogbeiträgen. Geben Sie sich nicht der Illusion hin, dass ein Artikel pro Monat genügt. Wirklich, das geht nicht. Das wäre so, als würde die FAZ nur monatlich erscheinen. Das absolute Minimum ist ein Beitrag pro Woche. Stellen Sie sich darauf ein, dass Sie nun Publizist sind. Sie publizieren ein regelmäßig erscheinendes Medium. Veröffentlichen Sie also oft und regelmäßig. Je leichter sich Ihre Leser auf die Intervalle einstellen können, desto besser. Überlegen Sie sich mal, Ihre Lieblingsserie im TV würde nur alle zwei Wochen und dann immer an einem anderen Wochentag laufen. Wie groß ist die Chance, dass Sie daran denken, sie zu schauen?

19.1.4   Schreiben Sie authentisch

Ihre Stimme müssen Sie erst finden. Das geht am einfachsten, wenn Sie so authentisch wie möglich bleiben. Natürlich können Sie sich von anderen Autoren etwas abschauen und so Ihren Schreibstil verbessern. Aber bleiben Sie bitte Ihrem Stil treu. Denn das ist oft das Einzige, was die eigenen Beiträge von den fremden unterscheidet. Wirklich einzigartiger Inhalt ist aufgrund der Fülle von existierenden Artikeln nämlich kaum noch möglich. Daher sollte wenigstens Ihre Stimme klarer, schöner, besser oder einfach nur anders als die der anderen sein.

19.1.5   Lieber viele kleine Blogbeiträge

Manche Blogger tendieren zu unglaublich langen Blogbeiträgen. Sie umfassen viele Tausend Wörter, und der durchschnittliche Leser benötigt mindestens eine halbe

Stunde, um diese auch zu lesen. Tun Sie Ihren Lesern so etwas nicht an! Das Internet ist, wie gesagt, ein sehr schnelllebiges Medium. Die Leser lesen nicht, sie scannen. Und je länger Ihr Text ist, desto weniger werden sich Ihre Leser damit beschäftigen. Wenn Sie Glück haben, wird er überflogen. Wahrscheinlich wird er aber gar nicht erst gelesen werden. Darum ist es meist sinnvoller, einen großen Beitrag in mehrere kleine aufzuteilen und diese nacheinander zu veröffentlichen. Das hat einen zusätzlichen Vorteil: Sie haben ganz nebenbei schon die nächsten Beiträge fertig.

19.1.6   Wohin sollen die Links?

Eine große Frage stellt sich stets bei der Platzierung von Links. Soll ich gleich alles Wichtige im Text verlinken und – wenn ja – wie oft? Oder soll ich lieber am Ende des Artikels eine Link-Sammlung anbieten? Das ist Geschmackssache. Beides hat natürlich Vor- und Nachteile. Wenn Sie die Links direkt in den Text einbinden, dann können Ihre Leser schneller zu den relevanten Inhalten vorstoßen. Dafür kann es aber auch passieren, dass sie nach dem ersten Absatz bereits weg sind. Wenn Sie die Links hingegen erst am Ende auflisten, kann es passieren, dass Ihre Leser frustriert sind (und ebenfalls nicht weiterlesen), weil Sie ihnen die Links vorenthalten. Die meisten werden aber vermutlich den Artikel zu Ende lesen und abwarten, ob sich die Links noch an einer anderen Stelle verstecken. Ich bin der Meinung, dass man Links ruhig weiterhin direkt in den Text einflechten sollte, aber nur jeweils ein einziges Mal. Denn ein Leser, der wirklich an Ihrem Text interessiert ist, wird die Links ohnehin in einem Hintergrund-Tab öffnen und sich zunächst (oder später) wieder Ihrem Beitrag zuwenden. Auf die anderen können Sie doch auch getrost verzichten, oder?

19.1.7   Verlinken Sie Ihre Beiträge untereinander per Hand

Die interne Verlinkung ist nicht nur aus Sicht der Suchmaschinenoptimierung interessant. Auch Ihre Leser werden froh sein, wenn sie während des Lesens eines Artikels auf viele weitere interessante Artikel hingewiesen werden. So sammelt sich schnell eine ganze Menge an Hintergrund-Tabs an, wenn die Artikel intern gut verlinkt sind. Und genau das ist das Stichwort: »gut« verlinkt. Verlassen Sie sich bitte nicht auf automatische Aggregations-Plugins, die nach irgendeinem Algorithmus relevante Artikel suchen. Der Einzige, der weiß, was für Ihre Leser wirklich relevant ist, sind Sie. Deshalb sollten Sie sich die Mühe machen und alle thematisch zusammenhängenden Artikel miteinander verlinken. Die Arbeit lohnt sich wirklich.

19.1.8   Seien Sie einzigartig

Dieser Tipp ist ein wenig daran angelehnt, seine eigene Stimme zu finden. Er ist aber noch etwas mehr. Wenn ich Ihnen rate, einzigartig zu sein, dann nicht nur in der

19

Form, wie Sie schreiben. Kreieren Sie ein einzigartiges Blog, schreiben Sie Artikel über einzigartige Themen und schreiben Sie (natürlich) auf einzigartige Weise. Suchen Sie sich eine Nische – nicht zu klein, nicht zu groß –, in der Sie sich wohlfühlen und von der Sie meinen, dass Sie sie durch Ihre Artikel bereichern können. Versuchen Sie, Ihren ganz eigenen Weg zu finden. Sie werden dann als Ergebnis auch eine ganz eigene Leserschaft ernten.

19.1.9   Schreiben Sie humorvoll

Wenn Sie nicht gerade eine Doktorarbeit oder eine andere wissenschaftliche Schrift anfertigen, vergessen Sie Ihren Humor nicht. Das gilt auch und gerade für Unternehmensblogs. Denn eine Aufgabe der Blogs ist es, das Unternehmen sympathischer wirken zu lassen. Und Humor ist dafür ein guter Weg. Denken Sie stets daran, dass Sie schreiben, um zu unterhalten.

19.1.10   Schreiben Sie jeden Tag

Schreiben Sie jeden Tag *etwas*. Das muss kein Blogartikel sein. Es kann auch ein Tagebuch, ein Kommentar zu einem Blogbeitrag oder gar ein Buch sein. Wichtig ist nur, dass Sie sich jeden Tag mit dem Schreiben beschäftigen. Denn die meisten Menschen müssen sich erst daran gewöhnen, regelmäßig zu schreiben. Ein Sprung ins kalte Wasser kann da nicht schaden. Es wird Ihnen guttun und Ihren Schreibstil stetig verbessern. Zum vielen Schreiben gehört aber natürlich auch, viel zu lesen. Denn ein guter Stil kann sich nur entwickeln, wenn man sieht, wie andere es bereits gut machen.

19.1.11   Führen Sie eine Ideenliste

Am Anfang ist man noch der Meinung, man hat keine guten oder nicht genügend Ideen für Artikel. Das liegt oft nur daran, dass man sich noch nicht daran gewöhnt hat, ständig nach Ideen für Artikel zu suchen. Trainieren Sie Ihr Gehirn dahingehend, dass Sie immer und überall darüber nachdenken, wie Sie etwas in einen interessanten Blogartikel verwandeln könnten. Dafür sollten Sie eine Ideenliste führen. Man ist zwar oft der Meinung, man merkt sich die paar guten Ideen schon, aber das ist ein Trugschluss. Da fallen Ihnen plötzlich noch das Brot und die Milch ein, die Sie besorgen müssen, Ihr Partner ist in Eile und bittet Sie um ein paar zusätzliche Aufgaben im Haushalt – und schon haben Sie alle Ideen vergessen. Oder sogar vergessen, dass Sie überhaupt Ideen hatten. Eine konsequent geführte Ideenliste kann da Wunder wirken.

19.2 Die Vorbereitung

Die folgenden Tipps beziehen sich auf die Vorbereitung Ihrer Blogartikel. Eine gute Vorbereitung ist nämlich mindestens genauso wichtig wie gutes Schreiben.

19.2.1 Machen Sie eine Gliederung

Ihre Idee steht? Super. Dann machen Sie als Erstes eine Gliederung. Ja, Blogartikel zu schreiben macht Spaß, aber niemand sagt, dass es keine Arbeit ist. Nur gut gegliederte Blogartikel nehmen ihre Leser mit und führen sie bis ans Ende. Gehen Sie dabei wie folgt vor: Leiten Sie von Ihrer Hauptidee zunächst einige grobe Thesen ab – das sind Ihre Überschriften zweiter Ordnung. Dazu fallen Ihnen dann sicher jeweils noch ein paar weitere Unterüberschriften ein. Und schon ist die Gliederung fertig.

19.2.2 Nicht zu viele Ideen pro Artikel

Eine Idee pro Artikel ist ein guter Maßstab. Verfallen Sie nicht der Versuchung, möglichst viel in einem Artikel unterzubringen. Das ist weder nötig noch ratsam. Schließlich können Sie daraus doch ganz viele kleinere Artikel machen, mit denen Sie jeweils wieder in den Suchergebnissen von Google landen können. Außerdem wird es für die Konzentration Ihrer Leser von Vorteil sein, wenn sie nicht so viele Ideen gleichzeitig verarbeiten müssen, sondern alle Absätze konsequent auf ein Thema gerichtet sind.

19.2.3 Überlegen Sie sich eine gute Headline

Die Headline ist der Eyecatcher des Artikels. Sie macht vielleicht nicht 100 % aus, aber etwa 99 % (gut, das ist ein wenig übertrieben). Gute Redakteure verwenden den Großteil ihrer Zeit nicht auf das Schreiben des Textes, sondern auf die Formulierung der Headline. Kleine Veränderungen können hier schon eine große Wirkung haben. Schreiben Sie klar und auf den Punkt. Verkürzen und vereinfachen Sie die Headline. Übertreiben Sie. Erregen Sie Aufmerksamkeit. Verwenden Sie konkrete Zahlen. Stellen Sie sich vor, Sie würden diese Headline irgendwo in der Sidebar eines Blogs lesen: Würden Sie sofort darauf klicken? Nein? Dann schreiben Sie sie neu. Sofort.

19.2.4 Aller guten Dinge sind drei

Das menschliche Gehirn kann sieben (+/– zwei) Dinge gleichzeitig verarbeiten. Wie viel genau, hängt von der Person ab. Forscher haben aber auch herausgefunden, dass es uns die Zahl Drei besonders angetan hat. Auch wenn Sie rein theoretisch mehr verarbeiten können, sind drei Dinge immer am eingängigsten und am leichtesten zu behalten. Berücksichtigen Sie das auch beim Schreiben. Drei Ideen, drei Tipps, drei Überschriften, drei Absätze, drei Listenpunkte, drei, drei, drei.

19.2.5   Befriedigen Sie die Bedürfnisse Ihrer Leser

Wenn jemand Ihr Blog besucht, hat er ein bestimmtes Bedürfnis. Manchmal ist es nur das Bedürfnis, Langeweile zu vertreiben. Je nach Themengebiet sucht der Nutzer aber vielleicht etwas ganz Bestimmtes, z. B. Antworten darauf, wie man so unglaublich tolle Blogartikel schreibt, dass die Leser nur so hereinstürmen. Machen Sie sich diese Bedürfnisse bewusst und fragen Sie sich vor, während und nach jedem einzelnen Beitrag: Erfülle ich gerade die Bedürfnisse meiner Leser oder schreibe ich am Thema vorbei? Sechs, setzen.

19.3   Das Verfassen

Schreiben ist ein Handwerk, es will gelernt sein. Seitdem es Blogs gibt, publiziert allerdings jeder. Auch die, die gar nicht schreiben können. Es gibt schließlich keine Hürden. Dabei ist Schreiben gar nicht so schwer, wenn man ein paar Tricks beherrscht. Es verlangt ja auch niemand von Ihnen, dass Sie der nächste Goethe werden. Hemingway genügt ja auch.

19.3.1   Der erste Absatz muss den Leser mitreißen

Legen Sie all Ihr Können in den ersten Absatz. Er ist so unglaublich wichtig, denn schließlich ist er oft der einzige, der gelesen wird. Außer er ist wirklich gut. Denn nur dann ist er in der Lage, die Leser in die Tiefen des Artikels zu reißen. Genau wie die Headline sollten Sie diesen überarbeiten, überarbeiten, überarbeiten. Bis Sie der Meinung sind, dass Sie es nicht mehr besser schreiben können.

19.3.2   Schreiben Sie das Wichtigste im ersten Absatz

Der erste Absatz sollte nicht nur unglaublich mitreißend sein, er sollte auch bereits die wichtigsten Informationen beinhalten. Blogartikel schreibt man oft nach dem Stil der umgekehrten Pyramide: Man beginnt mit dem Wichtigsten und wird in den folgenden Absätzen etwas weniger wichtig, aber dafür detaillierter. Leser im Internet bekommen Sie nur über den ersten hervorragenden Absatz.

19.3.3   Machen Sie Zwischenüberschriften

Idealerweise haben Sie Ihren Text ja zuvor gegliedert. Nun nutzen Sie diese Zwischenüberschriften aber auch! Wie gesagt, scannen Leser die Blogartikel zunächst. Erst wenn das Scannen etwas Relevantes zutage fördert, wird das auch gelesen. Machen Sie sich diesen Umstand zunutze und legen Sie besonders viel Wert auf interessante Zwischenüberschriften, die zum Weiterlesen einladen.

19.3.4   Verwenden Sie Bilder

Beim Scannen eines Artikels erspäht der Leser vor allem Bilder. Diese scannt er übrigens nicht, sondern gönnt ihnen die eine oder andere Sekunde. Je besser Ihre Bilder thematisch zum Artikel passen und je interessanter sie für den Leser sind, desto eher wird er Ihren Artikel lesen. Sie sollten dann aber auch auf die Bilder eingehen, ansonsten könnte er enttäuscht sein.

19.3.5   Lockern Sie Ihre Texte auf

Zwischenüberschriften und Bilder sind schon ein guter Anfang. Es gibt aber weitaus mehr Möglichkeiten, um einen Text aufzulockern. Sie können z. B. auch Listen, Tabellen, Infokästen oder Zitate verwenden. All das macht den Text weniger starr und lädt zum Verweilen ein. Ihr Artikel sollte zwar am Ende nicht aussehen wie ein Schweizer Käse, aber die eine oder andere Unterbrechung alle paar Absätze tut ihm sicherlich ganz gut.

19

19.3.6   Wiederholen Sie sich nicht

Wiederholen Sie sich nicht. Wenn Sie sich ständig wiederholen, dann wiederholt sich die Gefahr der Wiederholung insofern, dass wiederholte Wörter wiederholt aufeinandertreffen und am Ende die Kette der Wiederholungen nicht abzureißen scheint. Im Ernst, schreiben Sie abwechslungsreich. Wenn Sie merken, dass Sie bestimmte Wörter zu oft verwenden, dann streichen Sie diese oder finden Sie Synonyme. Das gilt sowohl für einzelne Wörter als auch für ganze Satzglieder. Und übrigens nicht nur innerhalb eines Absatzes. Wenn Sie mehrere Absätze immer wieder auf die gleiche Weise beginnen, ist das ebenfalls eine unzulässige Wiederholung. Ich wiederhole mich ja nur ungern, aber bitte wiederholen Sie sich nicht.

19.3.7   Kurze Sätze

Schreiben Sie kurze Sätze. Sie sind einfacher zu verstehen und können schneller überflogen werden. Übertriebene Schachtelsätze sind meist nur ein Zeichen, dass man nicht in der Lage ist, prägnant zu schreiben. Das zeigt sich vor allem dann, wenn

Sie einen Hauptsatz beginnen und drei Nebensätze einstreuen, bevor Sie den Hauptsatz zu Ende gebracht und dessen Verb genannt haben. Schreiben Sie kurz. Und schreiben Sie gut.

19.3.8   Schreiben Sie positiv

Niemand mag negative Schlagzeilen. Bei diesem Tipp geht es aber um Ihren Schreibstil. Verwenden Sie positive, kraftvolle Wörter anstelle negativer. Vermeiden Sie Verneinungen. Die Wörter, die Sie benutzen, bestimmen die Emotionen, die bei Ihren Lesern ankommen. Und die sollten doch positiver Natur sein, oder?

19.3.9   Schreiben Sie aktiv

Dieser Text ist von mir geschrieben worden. Ich habe diesen Text geschrieben. Welcher Satz klingt eingängiger? Vermutlich der letzte. Beide sagen das Gleiche aus, der erste ist aber passivisch, der zweite aktivisch formuliert. Wann immer möglich, sollten Sie versuchen, aktivisch zu formulieren. Dies bindet Ihre Leser stärker mit in den Text ein und macht Ihre Sätze im Allgemeinen wesentlich verständlicher. Die passive Formulierung verlangt unserem Gehirn jedes Mal einen Umweg ab.

19.3.10   Das Ende muss in Erinnerung bleiben

Nicht nur der erste Absatz ist wichtig, sondern auch der letzte. Gut, wenn der erste nicht hervorragend ist, wird den letzten niemand lesen. Aber gehen wir mal davon aus, Sie haben alles richtig gemacht. Was soll Ihren Lesern im Gedächtnis bleiben? Fassen Sie Ihren Text noch einmal zusammen, nennen Sie die wichtigsten Gedanken und Stichworte. Der letzte Absatz muss im Kopf des Lesers nachhallen wie ein guter Ohrwurm.

19.3.11   Fordern Sie Ihre Leser zur Diskussion auf

Es spricht nichts dagegen, wenn Sie Ihre Leser am Ende eines Blogartikels dazu aufrufen, einen Kommentar zu verfassen. Dies sollte aber nicht über eine plumpe automatische Nachricht geschehen. Formulieren Sie diesen Aufforderungstext für jeden Blogbeitrag neu. Wenn Sie z. B. einen Blogbeitrag zum Thema Weihnachtsgeschenke schreiben, dann fragen Sie Ihre Leser doch einmal direkt, was sie sich dieses Jahr zu Weihnachten wünschen oder wann sie anfangen, Geschenke zu besorgen. Geben Sie Ihren Lesern gleich ein Thema oder am besten eine konkrete Fragestellung an die Hand, über die sie diskutieren können.

19.3.12   Entfernen Sie Füllwörter

Füllwörter sind unnötig. Sie blähen die Sätze unnötig auf. Und bei Blogartikeln gilt nun mal: je kürzer und knackiger, desto besser. Wenn Sie mit dem Schreiben fertig sind, sollten Sie den Text noch einmal gezielt auf solche Füllwörter hin durchgehen und diese am besten ersatzlos streichen.

19.3.13   Formatieren Sie Ihren Text sinnvoll

Formatierung ist im Internet besonders wichtig, da der Text ja häufig nur überflogen wird. Setzen Sie Fettdruck und Kursivschrift sinnvoll ein – nicht zu häufig, nicht zu selten. Überfliegen Sie den Text am Ende und schauen Sie, ob Sie durch die Hervorhebungen alle wichtigen Gedanken des Textes in kürzester Zeit aufnehmen konnten. Übrigens: Verwenden Sie im Internet keine Unterstreichungen! Dass es diese Möglichkeit im Editor von WordPress überhaupt gibt, ist hanebüchen! Denn was ist im Internet fast immer unterstrichen? Genau, ein Link. Und damit werden viele Ihrer Leser ein unterstrichenes Wort verwechseln. Das ist frustrierend.

19.3.14   Prüfen Sie Rechtschreibung und Grammatik

Ich kann immer noch nicht so ganz verstehen, wie man einen Text veröffentlichen kann, der vor Rechtschreib- und Grammatikfehlern nur so wimmelt. Ich habe zwar nun gut reden, schließlich kann ich sämtliche Fehler auf das Lektorat schieben. Aber wenn niemand Ihre Texte Korrektur liest, dann sollten Sie das besser selbst einige Male tun. Denn derartige Fehler wirken einfach nur unprofessionell. Sie können passieren, keine Frage. Niemand wird Ihnen für ein paar Fehler den Kopf abreißen. Aber überlegen Sie doch einmal selbst. Würden Sie die Produkte eines Unternehmens kaufen, das es nicht für nötig gehalten hat, seine Texte auf Fehler hin durchzusehen? Hat dieses Unternehmen bei der Produktion womöglich genauso schlampig gearbeitet?

19

Kapitel 20
Netzwerken mit WordPress Multisite

Möchten Sie ein ganzes Netzwerk von WordPress-Websites aufbauen,
dann könnte WordPress Multisite die Lösung dafür sein. Lernen Sie,
wie Sie ein Netzwerk ohne Plugins einrichten und verwalten.

WordPress kann viel mehr, als es auf den ersten Eindruck preisgibt. Wenn Sie nicht nur eine Website mit WordPress betreiben möchten, sondern ein ganzes Netzwerk, gibt es dafür das Multisite-Feature. Sie können mit Bordmitteln, also ganz ohne Plugins, mehrere Sites mit einer Installation einrichten. Das hat viele Vor-, aber auch ein paar Nachteile. Überlegen Sie sich also gut, ob Multisite genau das ist, was Sie gesucht haben.

20.1   Für wen eignet sich Multisite?

Bei Netzwerk werden Sie nun vielleicht an die typischen Website-Netzwerke denken, bei denen von einem Inhaber mehrere voneinander unabhängige Blogs betrieben werden. Das jedoch ist schwierig mit Multisite, da es nur den Betrieb mehrerer Websites über Unterordner oder Subdomains erlaubt – aber nicht mehrere eigenständige Domains.

WordPress Multisite ist für diejenigen, die unter der Schirmherrschaft einer Domain mehrere Sites betreiben möchten, z. B. ein Blognetzwerk (siehe Abbildung 20.1). Stellen Sie sich vor, Sie möchten ein Blognetzwerk zum Thema Apps aufbauen. Dann würde es sich durchaus anbieten, über Multisite mehrere Blogs einzurichten: z. B. *android.meinappblog.de*, *ios.meinappblog.de* usw. oder eben *meinappblog.de/ios/* und *meinappblog.de/android/*. In der Variante mit den Unterordnern sieht es so aus, als könnte man doch auch einfach verschiedene Kategorien für die Beiträge verwenden. Das steht Ihnen natürlich frei, hat aber mit Multisite nicht viel zu tun. Denn Multisite errichtet vollständige WordPress-Sites unter dieser Adresse. Das heißt, Ihnen steht auch ein ganz eigenes System zur Verfügung mit eigenen Benutzern, eigenem Theme, eigenen Kategorien usw.

20

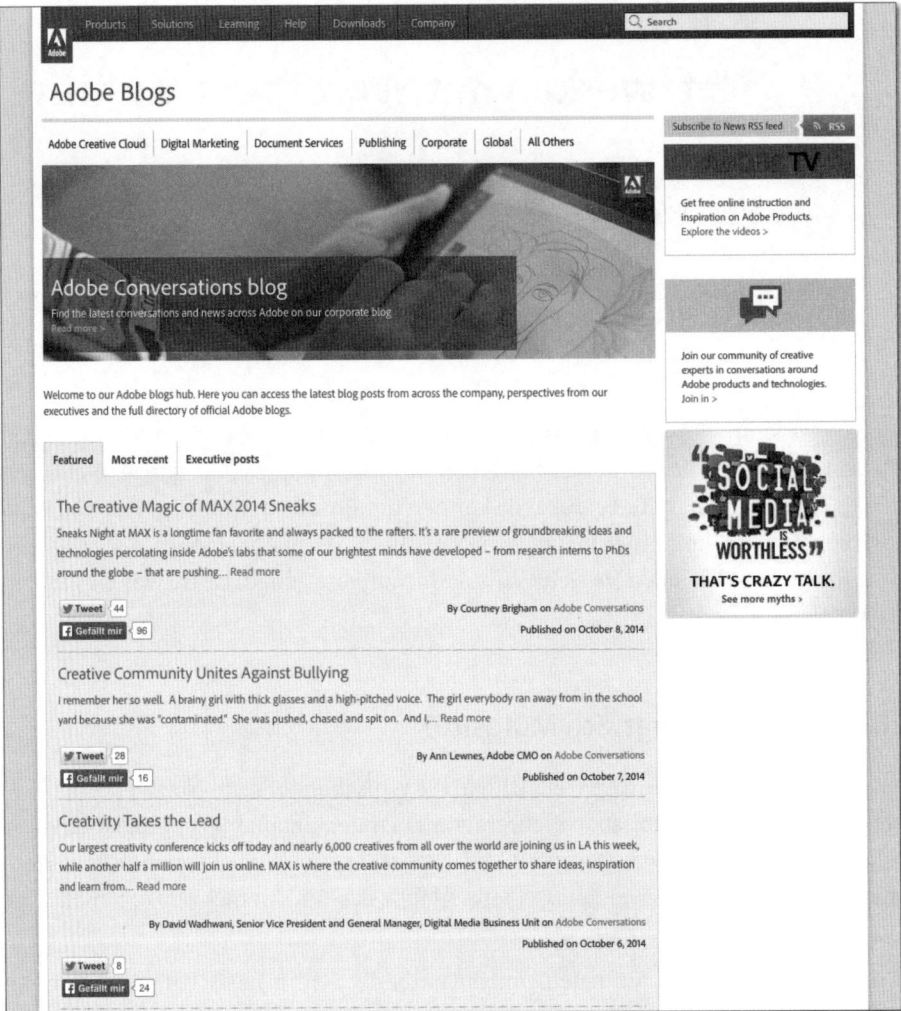

Abbildung 20.1 Adobe verwaltet eine große Anzahl an Blogs mit Multisite.

Es geht aber auch ganz anders. Wenn Ihr Unternehmen aus mehreren eigenständigen Bereichen besteht, bietet sich eine Multisite ebenso an. Sie können dann für jeden Unternehmensbereich eine eigene WordPress-Site errichten und dort eine eigene Gruppe von Mitarbeitern errichten und einen eigenen Administrator errichten. So kann dieser über diesen Teil des Netzwerks bestimmen, ist Ihnen als *Super Administrator* aber trotzdem noch untergeordnet und hat auch keinen Zugriff auf das gesamte Netzwerk.

Falls Sie planen, eine eigene Blogplattform bereitzustellen, also so etwas wie *wordpress.com*, dann können Sie das übrigens auch mit Multisite machen.

20.2   Vorteile und Nachteile von Multisite

Multisite bringt natürlich einige Vorteile mit. Anstatt einzelne Bereiche mühsam über Unterseiten und Kategorien zu verwalten, haben Sie hier ein viel mächtigeres Werkzeug zur Hand. Da jeder Bereich eine eigene WordPress-Site mit fast voller Funktionalität ist, kann jeder Bereich eigene Seiten, eigene Kategorien und eigene Beiträge haben. Sie können einzelne Teams für jeden Bereich festlegen und Sie können dabei immer noch selbst bestimmen, welche Themes diese Netzwerke verwenden dürfen und welche Plugins aktiviert sein sollen.

Darüber hinaus macht Multisite die Arbeit mit mehreren Installationen einfacher: Zuerst einmal handelt es sich nur noch um eine Installation, d. h., Änderungen an etwaigen Dateien wirken sich gleich auf alle aus und müssen nicht wiederholt werden. Aber auch Updates müssen nur noch einmal eingespielt werden anstatt beispielsweise zehnmal. Multisite bringt also, sofern erst einmal eingerichtet, eine gewisse Zeitersparnis mit sich.

Die Nachteile von Multisite ergeben sich zum Teil aus den Vorteilen: Weil es sich nur noch um eine Installation handelt, sind auch alle Sites von Fehlern betroffen. Ist eine Site nicht erreichbar, sind es die anderen im Zweifel auch nicht. Geht ein Update schief, geht es für alle schief. Das Gleiche gilt für den Fall, dass Ihre Website gehackt wird. Zudem müssen Sie bei Plugins in Zukunft darauf achten, dass sie auch multisite-fähig sind.

20.3   Multisite installieren

Im Prinzip ist Multisite nichts, was man installieren müsste, es ist bereits in WordPress enthalten. Aber es muss aktiviert werden. Dazu öffnen Sie die Datei *wp-config.php* in Ihrem WordPress-Hauptverzeichnis und fügen folgende Zeile hinzu, und zwar vor die Zeile That's all, stop editing! Happy blogging. (siehe Abbildung 20.2):

```
define( 'WP_ALLOW_MULTISITE', true );
```

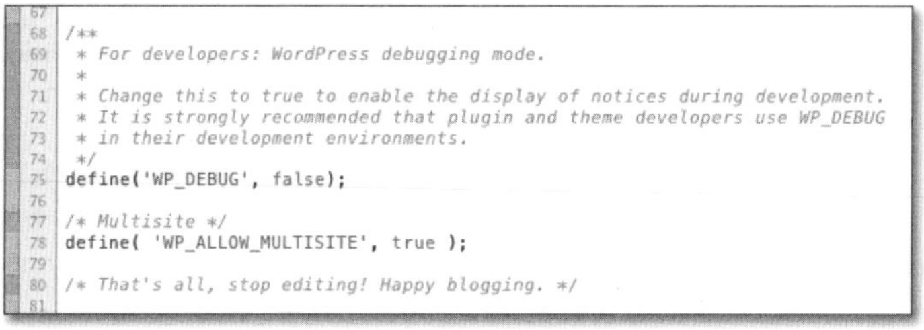

```
67
68  /**
69   * For developers: WordPress debugging mode.
70   *
71   * Change this to true to enable the display of notices during development.
72   * It is strongly recommended that plugin and theme developers use WP_DEBUG
73   * in their development environments.
74   */
75  define('WP_DEBUG', false);
76
77  /* Multisite */
78  define( 'WP_ALLOW_MULTISITE', true );
79
80  /* That's all, stop editing! Happy blogging. */
81
```

Abbildung 20.2 Fügen Sie die Zeile an die richtige Stelle in der »wp-config.php« ein.

Anschließend laden Sie Ihre Administrationsoberfläche neu bzw. rufen sie auf. Unter dem Menüpunkt WERKZEUGE finden Sie nun NETZWERK-EINRICHTUNG (siehe Abbildung 20.3). Klicken Sie darauf.

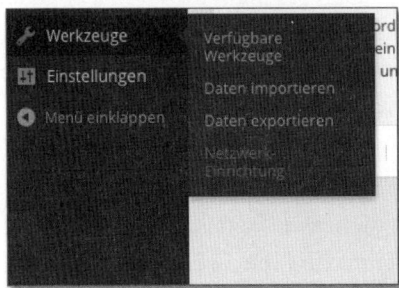

Abbildung 20.3 Es gibt einen neuen Menüpunkt unter »Werkzeuge«.

Das führt Sie zu der Einrichtungsseite für Multisite (siehe Abbildung 20.4). Dort müssen Sie lediglich einen Titel für Ihr Netzwerk sowie die E-Mail-Adresse des Administrators angeben.

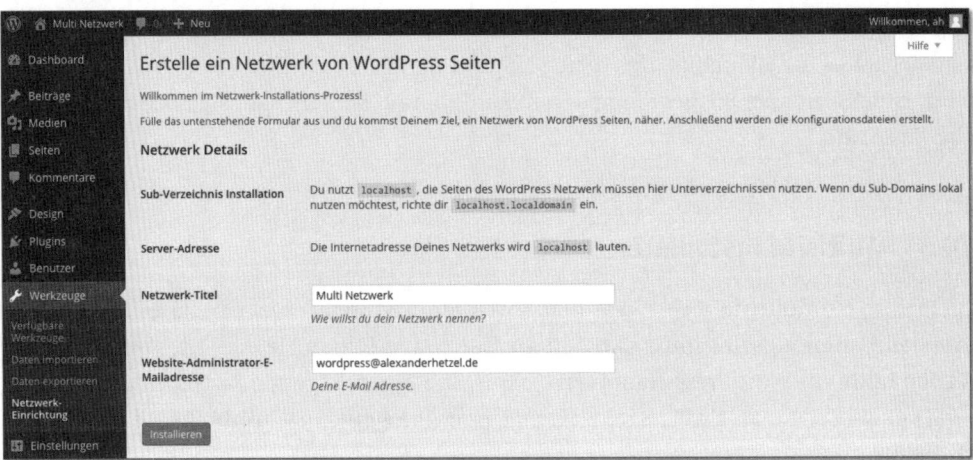

Abbildung 20.4 Richten Sie WordPress Multisite ein.

Nach einem Klick auf INSTALLIEREN werden Sie aufgefordert (siehe Abbildung 20.5), einige Anpassungen an zwei bestimmten Dateien vorzunehmen.

Diese betreffen sowohl die *wp-config.php* als auch die *.htaccess*. Während Sie bei der *wp-config.php* jedoch Angaben hinzufügen sollen (und zwar wieder direkt über der Zeile `That's all, stop editing! Happy blogging.`), sollen Sie den Inhalt der *.htaccess* vollständig durch die neuen Anweisungen ersetzen.

> **Hinweis**
>
> Wenn Sie Multisite lokal auf Ihrem Rechner installieren, dann können Sie nur Unterverzeichnisse als Ort für Ihre Sites wählen, aber keine Subdomains. Sie müssten hierfür erst eigene *localhost*-Domains einrichten.
>
> Sollten Sie die Website online einrichten und Subdomains bevorzugen, müssen Sie diese zuerst bei Ihrem Server oder Webspacepaket einrichten. Idealerweise erstellen Sie eine sogenannte Wildcard-Subdomain mittels eines Asterisk (*) anstelle des Namens. So kann WordPress beliebige Subdomains ohne weitere Einrichtung verwenden. Sollte das bei Ihrem Server nicht funktionieren, können Sie auch alle Subdomains einzeln einrichten und diese später in WordPress nutzen.
>
> Das mit den Subdomains müssen Sie allerdings klären, bevor Sie auf INSTALLIEREN klicken. Nur dann wird Ihnen auf dieser Seite eine Wahlmöglichkeit angezeigt.

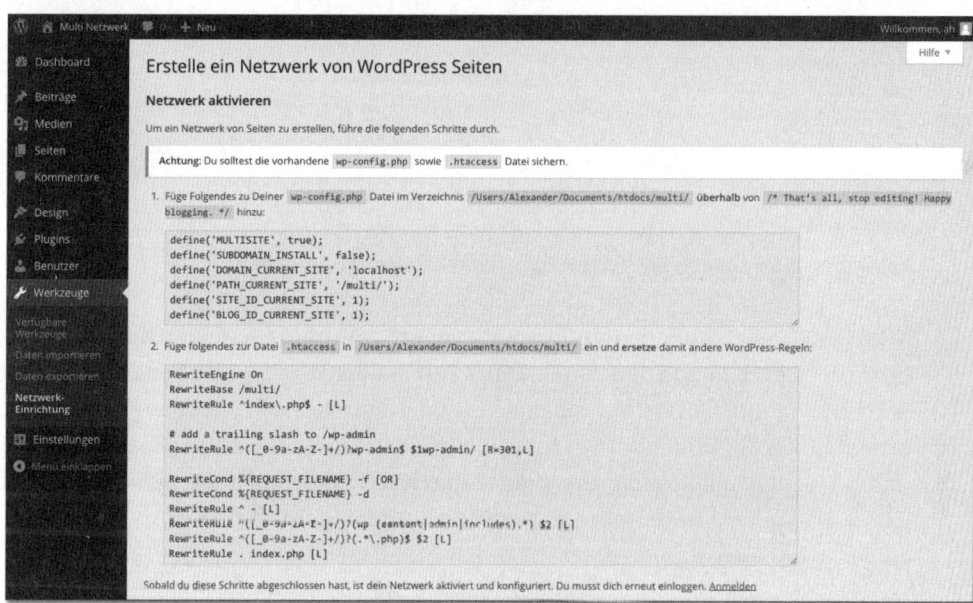

Abbildung 20.5 Anpassungen der »wp-config.php« und der ».htaccess«

20.4   Multisite konfigurieren und verwalten

Um Ihre neue Multsite konfigurieren und nutzen zu können, müssen Sie sich zunächst neu anmelden (siehe Abbildung 20.6).

Abbildung 20.6 Loggen Sie sich neu ein, dann kann es weitergehen.

Nach dem Login wird Ihre Administrationsoberfläche etwas verändert aussehen. Die Leiste oben enthält nun den Punkt MEINE SEITEN. Von dort aus können Sie entweder die NETZWERKVERWALTUNG wählen (das ist die Zentrale; siehe Abbildung 20.7) oder die einzelnen Sites (hier: MULTI NETZWERK; siehe Abbildung 20.8). Die erste Site ist schon hinzugefügt, also die Site, die Sie durch die Neuinstallation bereits errichtet haben. Haben Sie eine bestehende Website multifähig gemacht, ist diese als erste Site aufgelistet.

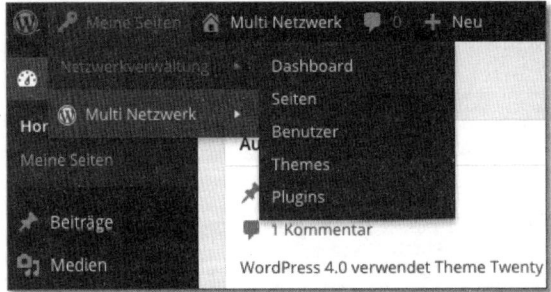

Abbildung 20.7 Sie haben die Wahl zwischen der »Netzwerkverwaltung« ...

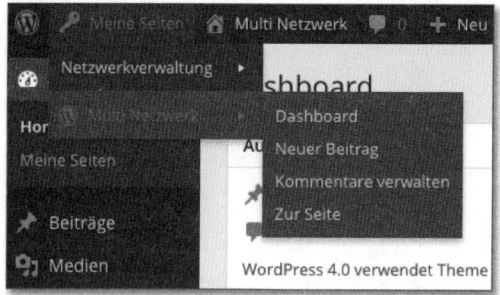

Abbildung 20.8 … und der Verwaltung Ihrer einzelnen Sites.

Wenn Sie also nun etwas Generelles an Ihrem Netzwerk ändern möchten, wie z. B. Sites verwalten oder hinzufügen, Themes freigeben oder Plugins verwalten, dann wählen Sie die Netzwerkverwaltung. Für alle sitespezifischen Änderungen sowie neue Beiträge und Ähnliches sind jeweils die Site-Einstellungen relevant.

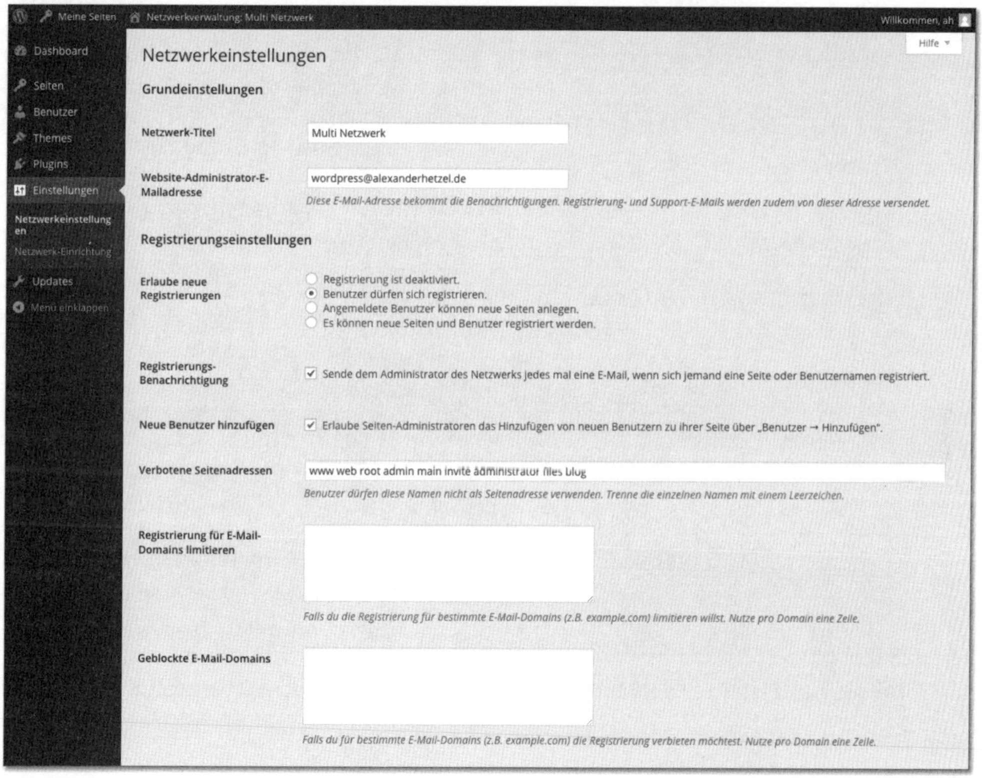

Abbildung 20.9 Die »Netzwerkeinstellungen« in der »Netzwerkverwaltung«

Sie müssen übrigens keinen Unterpunkt wählen, Sie können auch direkt auf das Wort NETZWERKVERWALTUNG oder den Namen der Site klicken, um zum jeweiligen Dashboard zu gelangen.

Wir beginnen mit der NETZWERKVERWALTUNG. Wählen Sie dort unter EINSTELLUNGEN den Punkt NETZWERKEINSTELLUNGEN. Dort können Sie einige grundlegende Einstellungen für das Netzwerk treffen (siehe Abbildung 20.9). Diese sind allerdings äußerst umfangreich, deshalb gehen wir abschnittsweise vor:

Option	Beschreibung
NETZWERK-TITEL	Passen Sie den Titel Ihres Netzwerks an.
WEBSITE-ADMINISTRATOR-E-MAILADRESSE	Passen Sie die E-Mail-Adresse des Administrators an.
ERLAUBE NEUE REGISTRIERUNGEN	Welche Art von Registrierung möchten Sie erlauben? Sie können diese komplett deaktivieren oder erlauben. Sie können sogar angemeldeten Benutzern erlauben, eigene Sites anzulegen. Oder Sie erlauben sehr weitgehend, dass sich Benutzer registrieren UND neue Seiten anlegen dürfen. Dessen sollten Sie sich aber wirklich sicher sein.
REGISTRIERUNGSBENACHRICHTIGUNG	Möchten Sie eine E-Mail erhalten, wenn sich jemand registriert?
NEUEN BENUTZER HINZUFÜGEN	Dürfen Seitenadministratoren neue Benutzer hinzufügen?
VERBOTENE SEITENADRESSE	Geben Sie hier verbotene Seitenadressen an.
REGISTRIERUNG FÜR E-MAIL-DOMAINS LIMITIEREN	Limitieren Sie die Registrierung für bestimmte E-Mail-Domains (z. B. nur @*ihre-domain.de*). Geben Sie eine Domain ohne @-Zeichen pro Zeile ein.
GEBLOCKTE E-MAIL-DOMAINS	Möchten Sie bestimmte E-Mail-Domains komplett blocken (z. B. @gmx.de)? Geben Sie eine Domain ohne @-Zeichen pro Zeile ein.

Tabelle 20.1 Erster Teil der Multisite-Einstellungen unter »Netzwerkverwaltung«

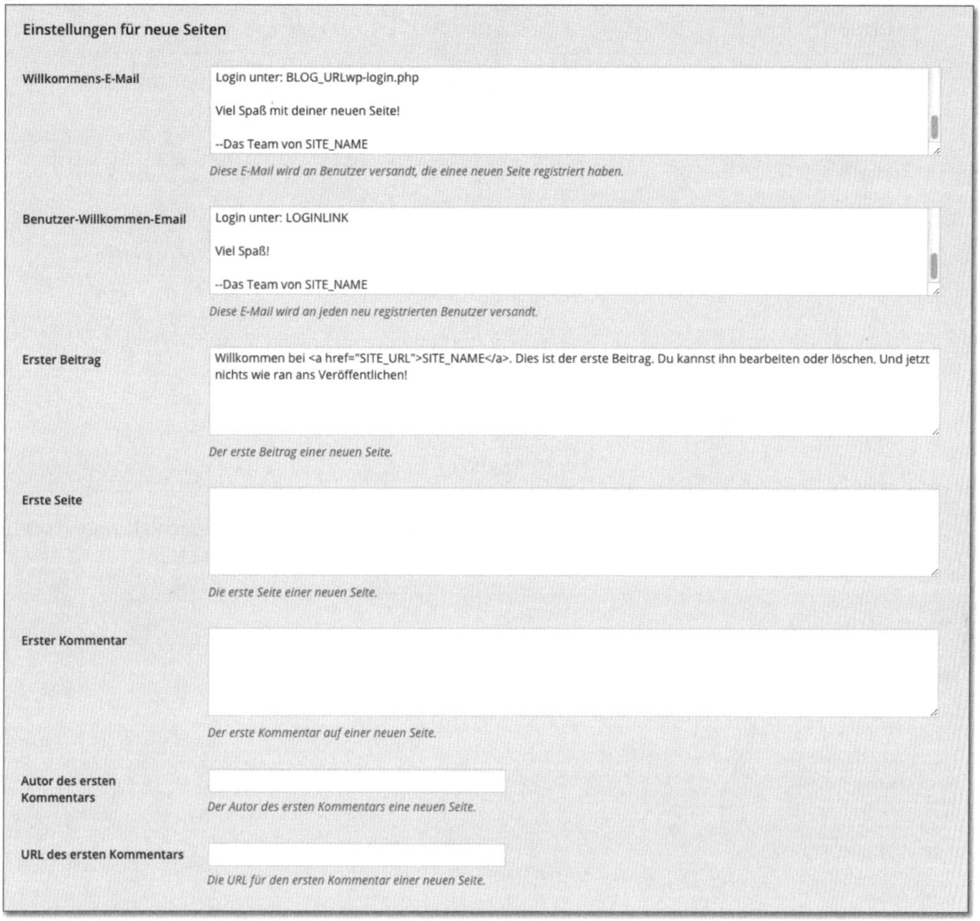

Einstellungen für neue Seiten	
Willkommens-E-Mail	Login unter: BLOG_URLwp-login.php Viel Spaß mit deiner neuen Seite! --Das Team von SITE_NAME *Diese E-Mail wird an Benutzer versandt, die einee neuen Seite registriert haben.*
Benutzer-Willkommen-Email	Login unter: LOGINLINK Viel Spaß! --Das Team von SITE_NAME *Diese E-Mail wird an jeden neu registrierten Benutzer versandt.*
Erster Beitrag	Willkommen bei <a href="SITE_URL">SITE_NAME</a>. Dies ist der erste Beitrag. Du kannst ihn bearbeiten oder löschen. Und jetzt nichts wie ran ans Veröffentlichen! *Der erste Beitrag einer neuen Seite.*
Erste Seite	*Die erste Seite einer neuen Seite.*
Erster Kommentar	*Der erste Kommentar auf einer neuen Seite.*
Autor des ersten Kommentars	*Der Autor des ersten Kommentars eine neuen Seite.*
URL des ersten Kommentars	*Die URL für den ersten Kommentar einer neuen Seite.*

Abbildung 20.10 Netzwerkeinstellungen zweiter Teil

Der nächste Abschnitt derselben Seite beschäftigt sich vor allem mit Optionen für neue Sites (siehe Abbildung 20.10).

Option	Beschreibung
WILLKOMMENS-E-MAIL	Legen Sie hier einen E-Mail-Text fest, der an Benutzer versandt wird, die eine neue Site angelegt haben.
BENUTZER-WILLKOMMEN-EMAIL	Legen Sie hier einen E-Mail-Text fest, der an neu registrierte Benutzer gesendet wird.

Tabelle 20.2 Zweiter Teil der Multisite-Einstellungen unter »Netzwerkverwaltung«

Option	Beschreibung
ERSTER BEITRAG	Welchen Inhalt soll der erste Blogbeitrag einer neuen Site haben?
ERSTE SEITE	Welchen Inhalt soll die erste statische Seite einer neuen Site haben?
ERSTER KOMMENTAR	Welchen Inhalt soll der erste Testkommentar auf der neuen Site haben?
AUTOR DES ERSTEN KOMMEN-TARS	Wie soll dessen Kommentator heißen?
URL DES ERSTEN KOMMENTARS	Welche URL soll dieser erste Kommentator angeben?

Tabelle 20.2 Zweiter Teil der Multisite-Einstellungen unter »Netzwerkverwaltung« (Forts.)

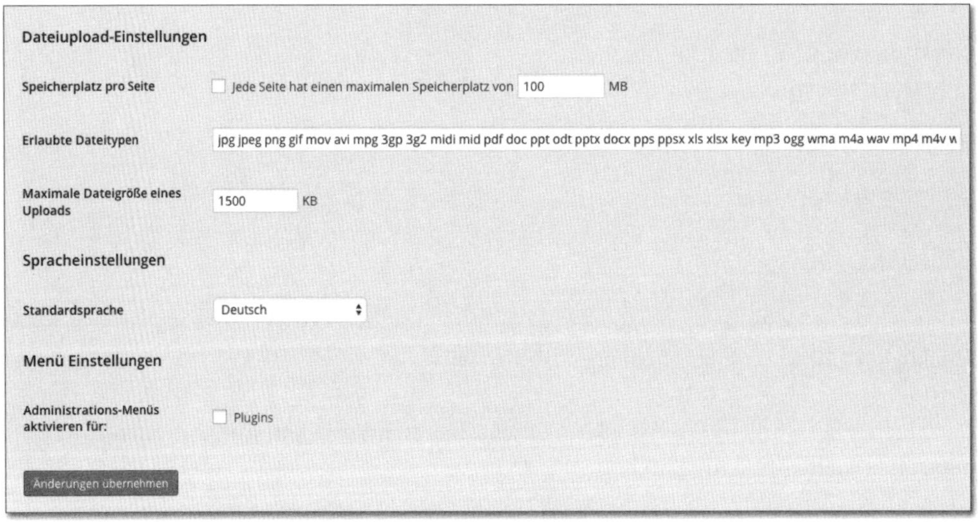

Abbildung 20.11 Netzwerkeinstellungen dritter und letzter Teil

Der dritte Abschnitt stellt Optionen für den Datei-Upload sowie die verwendete Sprache und Menüs bereit (siehe Abbildung 20.11):

Option	Beschreibung
SPEICHERPLATZ PRO SEITE	Sie können jeder Site einen maximalen Speicherplatz in MB zuweisen.

Tabelle 20.3 Dritter Teil der Multisite-Einstellungen unter »Netzwerkverwaltung«

Option	Beschreibung
ERLAUBTE DATEITYPEN	Welche Dateitypen dürfen Benutzer hochladen?
MAXIMALE DATEIGRÖSSE EINES UPLOADS	Wie viel KB darf so ein Dateianhang maximal groß sein?
STANDARDSPRACHE	Welche Standardsprache soll auf neuen Sites gelten?
ADMINISTRATIONS-MENÜS AKTIVIEREN FÜR:	Möchten Sie die Administrationsmenüs für spezielle Bereiche, z. B. Plugins, aktivieren?

Tabelle 20.3 Dritter Teil der Multisite-Einstellungen unter »Netzwerkverwaltung« (Forts.)

Nachdem wir nun die wichtigsten Einstellungen für das Netzwerk getroffen haben, können wir die Sightseeingtour starten. Wir beginnen mit dem Dashboard der Netzwerkverwaltung (siehe Abbildung 20.12). Hier haben Sie nun die Möglichkeit, gezielt nach einzelnen Benutzern oder Sites zu suchen. Das ist allerdings wohl nur für diejenigen interessant, die so eine große Menge an Benutzern und Sites verwalten, dass sie andernfalls den Überblick verlieren würden.

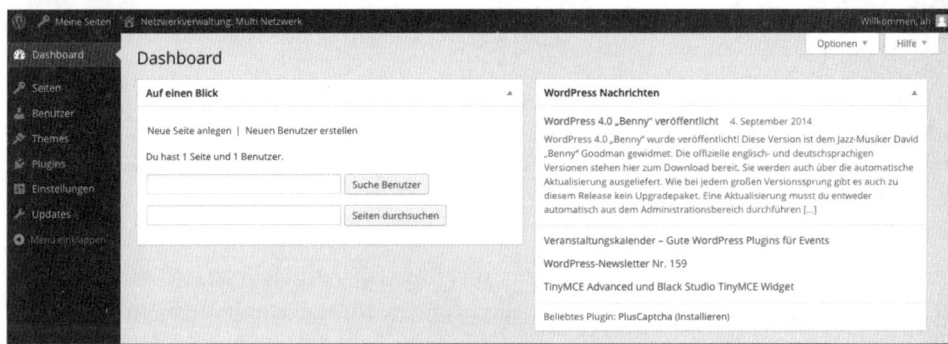

Abbildung 20.12 Das Dashboard der Netzwerkverwaltung

Abbildung 20.13 Die Siteverwaltung

Wenn Sie Ihre Sites verwalten möchten, klicken Sie im Menü einfach auf Seiten. Dort finden Sie eine Auflistung aller Sites, die bisher erstellt wurden (siehe Abbildung 20.13).

Hinweis

Leider verwendet die deutsche Übersetzung von WordPress den Begriff »Seite« ungenau. Während im Englischen zwischen Pages für statische Seiten und Sites für einzelne Sites innerhalb des Multisite-Netzwerks unterschieden wird, hat man sich in der deutschsprachigen Version leider dafür entschieden, für beides den Begriff »Seiten« zu verwenden. Wenn also im Rahmen der Netzwerkverwaltung von Seiten die Rede ist, dann sind Sites gemeint. So oft wie möglich werde ich jedoch weiterhin die Begrifflichkeit Site verwenden, um Unstimmigkeiten zu vermeiden.

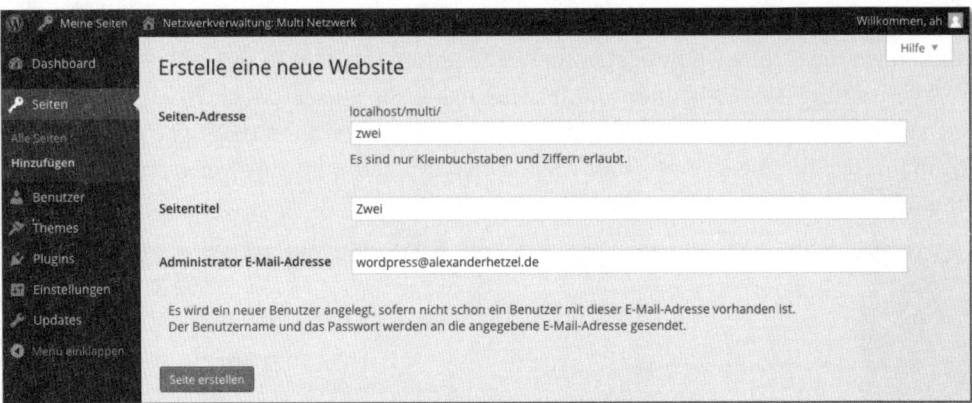

Abbildung 20.14 Eine neue Site hinzufügen

Wenn Sie nun eine neue Site anlegen möchten, wählen Sie Seiten • Hinzufügen (siehe Abbildung 20.14). Wählen Sie den Namen für das Unterverzeichnis bzw. die Subdomains aus (nur Kleinbuchstaben und Ziffern sind erlaubt), anschließend den Seitentitel und die E-Mail-Adresse des Administrators. Falls Sie bereits einen Benutzer angelegt haben, den Sie für diese Site als Administrator festlegen möchten, dann wählen Sie hier unbedingt dieselbe E-Mail-Adresse, mit der er bisher angemeldet ist.

Hinweis

Ob Sie hier einen Namen für die Subdomain oder für das Unterverzeichnis bestimmen können, hängt davon ab, ob Sie bei der Einrichtung des Netzwerks die Subdomain- oder Unterverzeichnis-Option gewählt haben. In unserem Beispiel ist es die Unterverzeichnis-Variante.

Nachdem Sie die Site erstellt haben, landet diese ebenfalls im Menü der Adminleiste (siehe Abbildung 20.15).

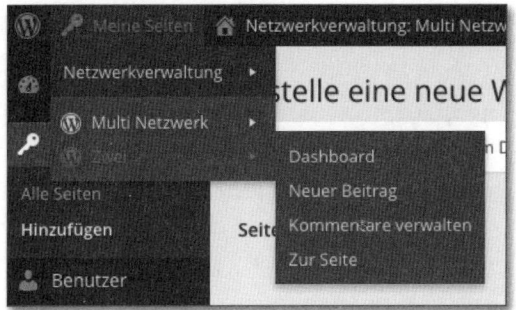

Abbildung 20.15 Und eine weitere Site findet sich im Leistenmenü wieder.

Wenn Sie auf den Titel der Site klicken, dann werden Sie automatisch zu ihrem eigenen Dashboard weitergeleitet (siehe Abbildung 20.16). Das sieht dann auch wieder so aus, wie Sie es von WordPress kennen.

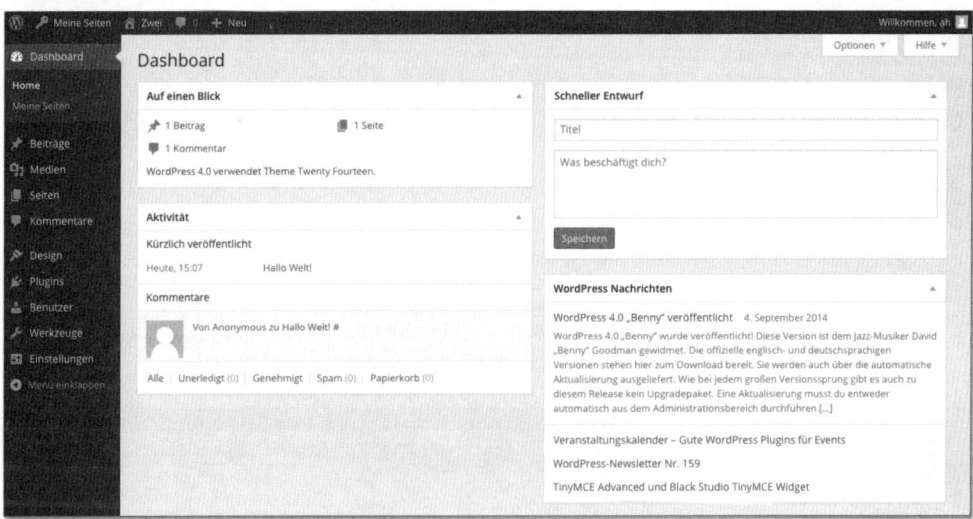

Abbildung 20.16 So sieht das Dashboard der neuen Site aus.

Machen wir wieder einen Sprung zur Netzwerkverwaltung (wir müssen bei Multisite leider immer etwas springen) und dort noch einmal zum Menüpunkt Seiten (siehe Abbildung 20.17). Dort werden Sie sehen, dass Ihre neue Site auch dort auftaucht und verwaltet werden kann. Sie können diese sogar als Spam markieren, was vor allem dann sinnvoll ist, wenn Sie die Benutzerregistrierung und Seitenerstellung zuvor für alle geöffnet haben.

20

Abbildung 20.17 Die Verwaltung Ihrer Sites hat ebenfalls Zuwachs bekommen.

Abbildung 20.18 Verwalten Sie die Benutzer.

Über den Menüpunkt BENUTZER können Sie alle Benutzer Ihres Netzwerks einsehen und verwalten (siehe Abbildung 20.18).

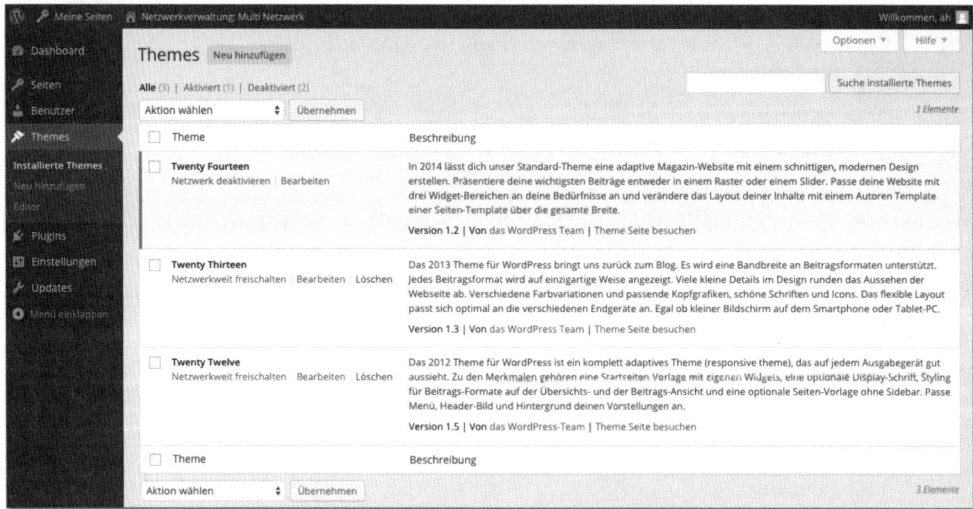

Abbildung 20.19 Die Theme-Verwaltung für das gesamte Netzwerk

Wenn Sie nun auf THEMES klicken – innerhalb der Netzwerkverwaltung – können Sie dort alle Themes sehen, die insgesamt installiert sind (siehe Abbildung 20.19). Das heißt aber nicht, dass diese auch allen Sites zur Verfügung stehen. Das sind nur diejenigen, bei denen Sie auf NETZWERKWEIT FREISCHALTEN klicken. Das können Sie über NETZWERK DEAKTIVIEREN auch wieder rückgängig machen. Wenn Sie kurz zu der Theme-Verwaltung Ihrer Sites wechseln, können Sie dort sehen, dass bislang nur ein Theme freigeschaltet ist (siehe Abbildung 20.20).

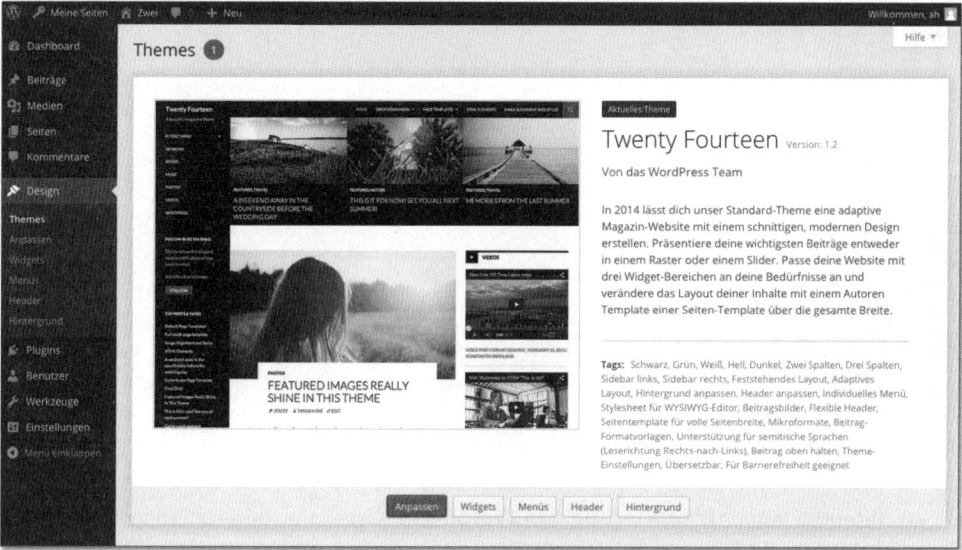

Abbildung 20.20 Bislang ist nur ein Theme freigegeben, obwohl im Netzwerk drei installiert sind.

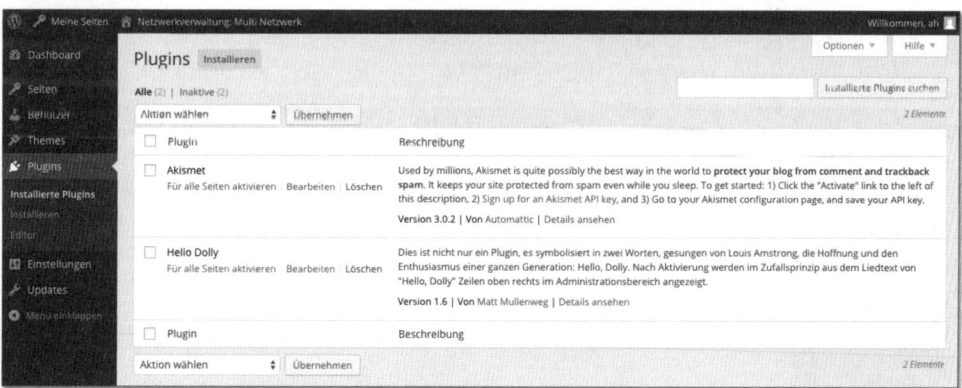

Abbildung 20.21 Die zentrale Plugin-Verwaltung

Bei den PLUGINS (siehe Abbildung 20.21) verhält es sich etwas anders. Alle installierten Plugins können auch von allen Sites selbstständig aktiviert und deaktiviert werden. Außer Sie bestimmen auf der Plugins-Seite der Netzwerkverwaltung, dass ein bestimmtes Plugin auf allen Sites aktiviert sein muss. Dann kann ein Site-Administrator daran auch nichts ändern.

Durch einen Klick auf UPDATES landen Sie auf der Unterseite VERFÜGBARE UPDATES (siehe Abbildung 20.22). Dort können Sie Ihre WordPress-Installation und alle Plugins, Themes und Übersetzungen aktualisieren. Das gilt immer für alle Sites gleichermaßen.

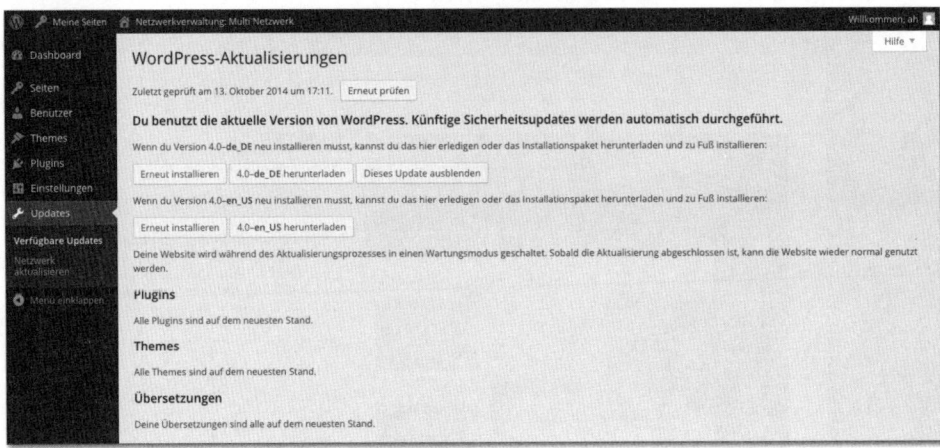

Abbildung 20.22 WordPress aktualisieren

Sollten Sie eine Aktualisierung von WordPress vorgenommen haben, müssen diese Änderungen in der Datenbank noch für die einzelnen Sites übernommen werden. Klicken Sie dazu zunächst im Menü auf UPDATES • NETZWERK AKTUALISIEREN und dort dann auf den gleichnamigen Button NETZWERK AKTUALISIEREN (siehe Abbildung 20.23). Sie werden dann Schritt für Schritt durch die Aktualisierung der Sites geführt. Sollte es passieren, dass der Vorgang abbricht, ist das nicht schlimm. Er wird dann ausgeführt, wenn sich irgendein Benutzer auf seiner Site anmeldet.

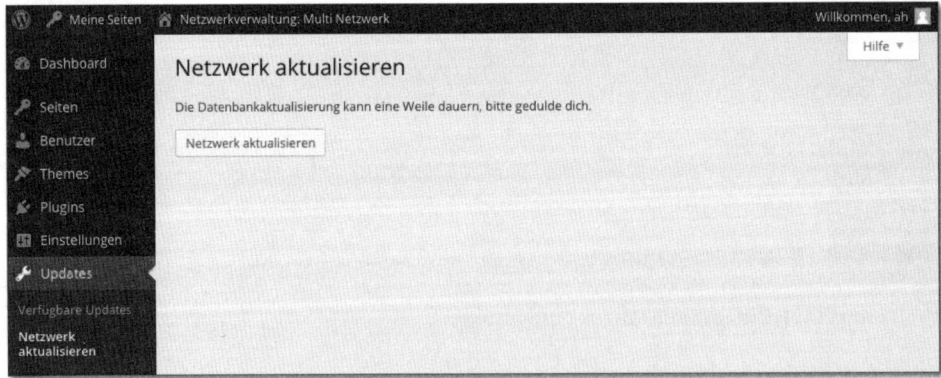

Abbildung 20.23 Das Netzwerk aktualisieren

Kapitel 21
Praxisbeispiele

In diesem Kapitel lernen Sie, die verschiedensten Arten von Websites mit eigenen Themes auf Basis von WordPress umzusetzen.

Nach den bisherigen Kapiteln dürften Sie nun schon einen reichen Wissensschatz zum Thema WordPress haben. Sie wissen nun, wie Sie WordPress installieren und konfigurieren, wie Sie ein eigenes Theme erstellen und mithilfe von *Custom Post Types* ganz eigene Seitentypen kreieren. Nun folgt die knallharte Praxis. Denn wenn Sie sich dieses Buch gekauft haben, dann vermutlich deshalb, weil Sie ein konkretes Projekt mit WordPress umsetzen möchten. Daher habe ich im Folgenden eine kleine Auswahl typischer Websites getroffen, die heutzutage regelmäßig benötigt werden. Und in diesem Kapitel erfahren Sie, wie Sie diese Schritt für Schritt umsetzen können. Das sind selbstverständlich nur Vorschläge, und Sie können Ihrer Kreativität hier freien Lauf lassen; die Beispiele sollen Ihnen aber als Anregung dienen, wie man es machen könnte.

Ich habe mich bemüht, die Beispiele so verständlich wie möglich zu beschreiben. Denn Ziel dieses Kapitels ist auch, dass Sie ohne viel Theorie direkt einsteigen können. Das hat zum einen den Vorteil, dass Sie sich nicht zwingend durch die vorangegangenen Kapitel kämpfen müssen (auch wenn ich es Ihnen ausdrücklich empfehle). Zum anderen kommt es im Rahmen eines solchen Buches leider vor, dass man die eine oder andere Sache noch nicht gänzlich verstanden hat. Sie können dann diese Wissenslücken schließen, indem Sie die Theorie noch einmal anhand von konkreten Praxisbeispielen nachvollziehen. Auf mangelnde HTML- und CSS-Kenntnisse kann ich, wie in den vorangegangenen Kapiteln auch, leider keine Rücksicht nehmen. Denn die Erstellung von Themes setzt diese Kenntnisse zumindest in Grundzügen voraus. Alternativ können Sie sich der zahlreichen kostenfreien und kostenpflichtigen Themes bedienen, die im Netz in vielen Facetten erhältlich sind.

Sollten Sie Version 3.3 von WordPress einsetzen, beachten Sie bitte unbedingt den Hinweis zu Beginn von Kapitel 6 im Kasten.

21.1   Die Kanzlei-Website – WordPress als CMS

Beginnen wir die Reihe der Praxisbeispiele mit einer »echten« Website. Echt deshalb, weil wir uns nun ausnahmsweise nicht mit der Integration eines Blogs beschäftigen wollen, sondern WordPress als CMS verwenden – mit überwiegend statischen Seiten. Sie erfahren in diesem Abschnitt, wie Sie eine ganz normale Business-Website für ein kleines Unternehmen mithilfe von WordPress umsetzen können. Wenn Sie bislang noch keine Website mit WordPress umgesetzt haben, empfehle ich Ihnen, unbedingt mit diesem Beispiel zu beginnen, um ein Gefühl für das Erstellen von Themes zu bekommen.

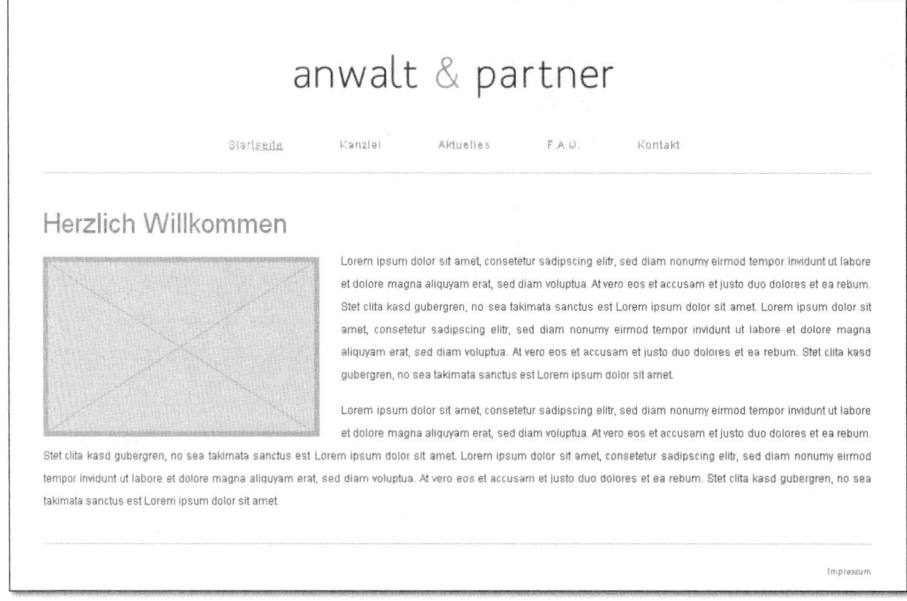

Abbildung 21.1 Eine schlichte Website für eine kleine, fiktive Anwaltskanzlei mit allen Grundfunktionen

Die Website ist bewusst sehr einfach gehalten (siehe Abbildung 21.1). Dieses Praxisbeispiel soll diejenigen ansprechen, die nun »auf die Schnelle« eine Business-Website umsetzen möchten oder müssen und nicht so viel Zeit haben, sich in die kompliziertesten Plugins einzuarbeiten.

Was Sie in diesem Abschnitt lernen:

▶ WordPress im Schnelldurchgang installieren

▶ WordPress als CMS konfigurieren

▶ das HTML-Layout in ein Theme umwandeln

▶ zwei Menüs in WordPress anlegen

▶ das Plugin *Contact Form 7* konfigurieren und ein Kontaktformular erstellen

▶ einen einfachen Custom Post Type (FAQ-Bereich) anlegen

▶ eine einfache Sektion »Aktuelles« anlegen

21.1.1   Die WordPress-Installation kurz und bündig

Laden Sie sich die aktuellste WordPress-Version unter *http://de.wordpress.org* herunter und entpacken Sie die Datei auf Ihren Desktop. Die Inhalte des Ordners kopieren Sie nun in das Hauptverzeichnis Ihrer Website entweder auf Ihrem Webserver oder auf Ihrem lokalen Rechner (z. B. in einer XAMPP-Umgebung). Legen Sie nun – z. B. mittels phpMyAdmin – eine MySQL-Datenbank im UTF8-Zeichensatz an (siehe Abbildung 21.2).

Abbildung 21.2 Legen Sie eine Datenbank im UTF8-Zeichensatz an.

Nun starten Sie die Installation von WordPress, indem Sie das Hauptverzeichnis Ihrer Website aufrufen, in das Sie zuvor die WordPress-Dateien kopiert haben, z. B. über *http://localhost/meine-website/*. Klicken Sie dort auf den Button ERSTELLE DIE KONFIGURATIONSDATEI und auf der darauffolgenden Seite direkt auf LOS GEHTS.

Befüllen Sie das Formular aus Abbildung 21.3 mit den entsprechenden Benutzerdaten für Ihre Datenbank. Bei TABELLEN-PRAFIX steht standardmäßig wp_, was Sie auch grundsätzlich so lassen können. Ein wenig mehr Sicherheit verleihen Sie Ihrer Installation aber, wenn Sie noch eine zufällige Zeichenkette aus Kleinbuchstaben und Zahlen anhängen und diese ebenfalls mit einem Unterstrich abschließen. Wenn alles gut gegangen ist, sollten Sie WordPress nach einem Klick auf SENDEN erfolgreich installiert haben. Geben Sie noch Titel, Benutzernamen, Passwort und E-Mail-Adresse an, und schon kann es losgehen.

21

Abbildung 21.3 Dieses Formular erstellt eine Konfigurationsdatei für WordPress.

21.1.2 Das Theme erstellen

Voraussetzung für die Erstellung Ihres Themes ist, dass Sie Ihre Website bereits in HTML und CSS umgesetzt haben. Legen Sie nun einen neuen Unterordner in Ihrem Theme-Ordner (*/meine-website/wp-content/themes/*) an, z. B. *kanzlei*. Alle Dateien, die Sie im Folgenden erstellen, müssen Sie in diesen Ordner legen, soweit ich nichts Abweichendes im Text kenntlich gemacht habe. Kopieren Sie als Erstes Ihre Stylesheet-Datei(en) in diesen Ordner.

In Listing 21.1 sehen Sie die HTML-Version der Beispiel-Website in verkürzter Form:

```
01    <!DOCTYPE html PUBLIC "-//W3C//DTD XHTML 1.0
      Transitional//EN" "http://www.w3.org/TR/xhtml1/DTD/xhtml1-
      transitional.dtd">
02    <html xmlns="http://www.w3.org/1999/xhtml">
03    <head>
04    <title><?php wp_title(''); ?></title>
05    <meta http-equiv="Content-Type" content="text/html;
```

```
        charset=utf-8" />
06   <link rel="Stylesheet" type="text/css" href="
     <?php echo get_stylesheet_directory_uri(); ?>/reset.css" />
07   <link rel="Stylesheet" type="text/css" href="
     <?php echo get_stylesheet_directory_uri(); ?>/style.css" />
08   <link rel="pingback" href="<?php bloginfo('wpurl'); ?>
     /xmlrpc.php" />
09   <link rel="alternate" type="application/rss+xml"
     title="RSS-Feed" href="<?php bloginfo('wpurl'); ?>/feed/" />
10   <?php wp_head(); ?>
11   </head>
12   <body>
13   <div id="page">
14       <div id="logo"></div>
15       <div id="menu"></div>
16       <div id="content">
17           <div id="inner-content">
18
19           </div>
20       </div>
21       <div id="footer"></div>
22   </div>
23   <?php wp_footer(); ?>
24   </body>
25   </html>
```

Listing 21.1 Die Rohfassung des Themes in HTML

In Zeile 18 von Listing 21.1 sehen Sie eine leere Zeile. Diese ist gewollt, denn an dieser Stelle »brechen« Sie die Datei, um diese Teile anschließend in zwei verschiedenen Theme-Dateien unterzubringen. Die Zeilen 01 bis einschließlich 17 kopieren Sie in eine neue Datei namens *header.php*. Die Zeilen 19 bis einschließlich 25 fügen Sie in die Datei *footer.php* ein. Was Sie dadurch bewirkt haben? Nun, diesen Rumpf Ihrer Website benötigen Sie für jede einzelne Unterseite. WordPress wird nun am Anfang jeder Theme-Datei immer die *header.php* und am Ende die *footer.php* laden. Fast alle der nun noch folgenden Dateien beschäftigen sich nur mit dem, was dazwischen liegt, also praktisch in Zeile 18, wenn Sie das Listing 21.1 heranziehen möchten.

Das Ganze sollte dann bei Ihnen so aussehen wie in Listing 21.2 und Listing 21.3:

```
01   <!DOCTYPE html PUBLIC "-//W3C//DTD XHTML 1.0
     Transitional//EN" "http://www.w3.org/TR/xhtml1/DTD/xhtml1-
     transitional.dtd">
02   <html xmlns="http://www.w3.org/1999/xhtml">
```

```
03    <head>
04    <title><?php wp_title(''); ?></title>
05    <meta http-equiv="Content-Type" content="text/html;
      charset=utf-8" />
06    <link rel="Stylesheet" type="text/css" href="
      <?php echo get_stylesheet_directory_uri(); ?>/reset.css" />
07    <link rel="Stylesheet" type="text/css" href="
      <?php echo get_stylesheet_directory_uri(); ?>/style.css" />
08    <link rel="pingback" href="<?php bloginfo('wpurl'); ?>
      /xmlrpc.php" />
09    <link rel="alternate" type="application/rss+xml"
      title="RSS-Feed" href="<?php bloginfo('wpurl'); ?>/feed/" />
10    <?php wp_head(); ?>
11    </head>
12    <body>
13    <div id="page">
14        <div id="logo"></div>
15        <div id="menu"></div>
16        <div id="content">
17            <div id="inner-content">
```

Listing 21.2 Die vollständige »header.php« (wird später noch erweitert)

```
01            </div>
02        </div>
03        <div id="footer"></div>
04    </div>
05    <?php wp_footer(); ?>
06    </body>
07    </html>
```

Listing 21.3 Die vollständige »footer.php« (wird später noch erweitert)

Da wir hier ja WordPress als CMS nutzen möchten, wird unsere Website vornehmlich aus statischen Seiten bestehen. Wie diese aussehen sollen, regelt einzig und allein die *page.php*. Erstellen Sie diese nun (siehe Listing 21.4):

```
01    <?php get_header(); ?>
02        <?php if ( have_posts() )
          while ( have_posts() ) : the_post(); ?>
03        <h1><?php the_title(); ?></h1>
04        <?php the_content(); ?>
05        <?php endwhile; ?>
06    <?php get_footer(); ?>
```

Listing 21.4 Die vollständige »page.php«

In den Zeilen 01 und 06 sehen Sie, was ich eben bereits angesprochen hatte: Am Anfang und am Ende werden die soeben erstellten *header.php* und *footer.php* eingebunden; der Inhalt findet nur dazwischen Platz. In Zeile 02 beginnt eine Abfrage, ob Beiträge (in diesem Fall eine Seite) vorhanden sind, die angezeigt werden könnten. Diese Abfrage ist typisch für WordPress und wird Ihnen so oder so ähnlich noch häufiger begegnen. Die Abfrage endet in Zeile 05. Zwischen diesen beiden Zeilen finden sich lediglich eine Überschrift (Zeile 03) sowie die Ausgabe der Inhalte dieser Seite mittels der Funktion the_content() in Zeile 04. Auf einer statischen Seite werden also zukünftig lediglich eine Überschrift erster Ordnung und der Inhalt ausgegeben. Mehr muss eine statische Seite doch auch gar nicht können, oder?

Prinzipiell wäre Ihr Theme nun schon »lauffähig«, sofern Sie keine besonderen Anforderungen daran stellen. Denn statische Seiten kann es nun problemlos darstellen. Wir wollen aber noch ein wenig mehr. Zwar soll die Website kein umfangreiches Blog enthalten, aber jedes Unternehmen hat eine Sektion, in der es über »Aktuelles« aus dem Unternehmensgeschäft berichtet. Für diese Sektion benötigen Sie eine Seite (siehe Listing 21.5), die alle aktuellen Informationen listenartig anzeigt (*index.php*), und eine Seite, die die Einzelansicht eines solchen Beitrags bestimmt (*single.php*):

```
01   <?php get_header(); ?>
02       <h1>Aktuelles</h1>
03       <p>Hier geht es zum <a href="./archiv/">Archiv</a>.</p>
04       <?php if ( have_posts() ) :
         while ( have_posts() ) : the_post(); ?>
05       <div class="blog-entry">
06           <h2><a href="<?php the_permalink(); ?>" title="Lesen
             Sie &quot;<?php the_title(); ?>&quot;
             vollständig"><?php the_title(); ?></a></h2>
07           <p class="blogmeta"><?php the_time("l, d.m.Y");
             ?></p>
08           <?php the_content('Weiterlesen ...'); ?>
09       </div>
10       <?php endwhile; else: ?>
11       <p><?php _e('Es wurden leider keine Beiträge
         gefunden.'); ?></p>
12       <?php endif; ?>
13   <?php get_footer(); ?>
```

Listing 21.5 Die vollständige »index.php«

Wie Sie in Listing 21.5 sehen können, haben wir die Überschrift erster Ordnung (die es logischerweise nur ein einziges Mal pro Dokument geben kann) vor die Abfrage der Beiträge in Zeile 04 gezogen. Die News-Beiträge werden jeweils mit einer Überschrift

21

zweiter Ordnung eingeleitet (Zeile 06). Danach folgen die Ausgabe des Datums in Zeile 07 sowie die Inhaltsausgabe in Zeile 08. Die Schleife endet schließlich in Zeile 10 und sieht in Zeile 11 noch eine rudimentäre Ausgabe vor, falls keine Beiträge gefunden worden sind, bevor die Abfrage dann in Zeile 12 endet.

Nun widmen Sie sich der Einzelansicht eines Beitrags, die erscheint, sobald ein Besucher auf die Headline der Nachricht oder auf das kleine Wörtchen »Weiterlesen« klickt. Die Ansicht wird in der Datei *single.php* geregelt (siehe Listing 21.6):

```
01   <?php get_header(); ?>
02           <?php if ( have_posts() )
             while ( have_posts() ) : the_post(); ?>
03           <h1><?php the_title(); ?></h1>
04           <p class="blogmeta"><?php the_time("l, d.m.Y");
             ?></p>
05           <?php the_content(); ?>
06           <?php endwhile; ?>
07   <?php get_footer(); ?>
```

Listing 21.6 Die vollständige »single.php«

Sie finden, die *single.php* ähnelt doch sehr stark der *page.php*? Das muss nicht so sein; in diesem Beispiel ist es aber tatsächlich so. Bis auf die Kleinigkeit, dass sich in Zeile 04 noch die Ausgabe eines Datums findet. Es besteht hier kein Grund, weshalb die Einzelansicht von der Ansicht einer Unterseite abweichen sollte. Bei einem richtigen Blog werden sich diese beiden Ansichten schon allein deshalb unterscheiden, weil dort viel mehr Informationen untergebracht werden müssen; ich bleibe bei dieser News-Sektion bewusst weit unter den Möglichkeiten von WordPress.

Denken Sie daran, dass ein solcher News-Bereich stetig umfangreicher wird. Da auf der Hauptseite nur eine bestimmte Anzahl an Beiträgen angezeigt wird, benötigen Sie zwangsläufig ein Archiv, damit die alten Beiträge weiterhin erreichbar sind. Legen Sie dazu die Datei *archive.php* an (siehe Listing 21.7):

```
01   <?php /* Template Name: Archiv */ ?>
02   <?php get_header(); ?>
03       <h1>Blogarchiv</h1>
04       <?php if (have_posts()) : ?>
05       <ul>
06           <?php query_posts('&showposts=-1&
             post_status=publish'); ?>
07           <?php while (have_posts()) : the_post(); ?>
08               <li><?php the_time('d.m.Y'); ?> - <a href="<?php
                 the_permalink(); ?>" title="Lesen Sie &quot;
                 <?php the_title(); ?>&quot;"><strong><?php
```

```
               the_title(); ?></strong></a></li>
09             <?php endwhile; endif; ?>
10         </ul>
11     <?php get_footer(); ?>
```

Listing 21.7 Die vollständige »archive.php«

Ausnahmsweise platzieren Sie doch etwas vor der Einbindung des Headers. Wie in diesem Fall in Zeile 01 kann es u. U. nötig sein, einen derartigen PHP-Kommentar zu setzen. Der sorgt hier schlicht und einfach dafür, dass diese Datei auch als Template verwendet werden kann. So können Sie später eine statische Seite erstellen und dieses Template dafür als Designgrundlage festlegen. Praktisch.

Die Abfrage der Beiträge in Zeile 04 gestaltet sich dieses Mal ein wenig anders, da eine handgeschriebene Query dafür sorgen soll, dass die Ausgabe keiner Beschränkung (maximale Beiträge pro Seite) unterworfen ist. Daher findet in Zeile 04 zunächst die bekannte if-Abfrage statt, gefolgt von einer spezifischen Query in Zeile 06 mithilfe der Funktion query_posts() und schließlich der while-Schleife in Zeile 07. Die Query wurde also exakt zwischen die if-Abfrage und die while-Schleife geschrieben, um die übliche Ausgabe anzupassen. Der Parameter showposts=-1 sorgt dafür, dass wirklich alle vorhandenen Beiträge ausgegeben werden. Der Parameter post_status=publish hingegen beschränkt diese Auswahl auf all die Beiträge, die auch reif für die Veröffentlichung sind. In Zeile 08 erfolgt dann lediglich noch die Formatierung der Ausgabe in Form einer Liste.

Was passiert eigentlich, wenn ein Nutzer eine Seite aufruft, die gar nicht existiert? Oder nicht mehr existiert? Dann kommt die Datei *404.php* ins Spiel (Listing 21.8). Diese wird in genau diesen Fällen aufgerufen.

```
01     <?php get_header(); ?>
02         <h1>Seite nicht gefunden</h1>
03         <p>leider konnte die angeforderte Seite nicht gefunden
           werden. Beginnen Sie mit Ihrer Suche doch noch einmal
           auf unserer <a href="<?php bloginfo('url'); ?>">
           Startseite</a>?</p>
04     <?php get_footer(); ?>
```

Listing 21.8 Die vollständige »404.php«

Die simpelste Datei in diesem Praxisbeispiel ist eindeutig die Fehlerseite. Hier können Sie den ganzen Inhalt gleich in die Datei schreiben. Auf Wunsch können Sie diese Seite natürlich noch ein wenig ausstaffieren und dem Nutzer Empfehlungen geben, welche Bereiche Ihrer Website besonders interessant sind, und vieles mehr. Die Anatomie einer guten Fehlerseite ist fast eine eigene Wissenschaft.

751

21.1.3   Das Theme aktivieren

Sie können das Theme jetzt bereits aktivieren, um während der Entwicklung die einzelnen Schritte überprüfen zu können. Dazu wechseln Sie einfach im Backend zu dem Menüpunkt DESIGN • THEMES. Dort aktivieren Sie das soeben von Ihnen erstellte Theme mit einem Klick auf AKTIVIEREN (siehe Abbildung 21.4).

Abbildung 21.4 Ihr Theme ist nun aktiv und wird von WordPress von jetzt an verwendet.

21.1.4   Die Unterseiten anlegen

Das Theme ist nun grundsätzlich fertig. Grundsätzlich deshalb, weil ja noch die Erstellung des Custom Post Type fehlt, damit die Website später auch eine FAQ-Sektion aufweisen kann. Doch dazu später mehr. Legen Sie nun zunächst die folgenden Unterseiten im Backend an (siehe Abbildung 21.5):

▶ Aktuelles

▶ Archiv

▶ Herzlich willkommen (Startseite)

▶ Impressum

▶ Kanzlei

▶ Kontakt

Sie haben richtig gesehen: Wir erstellen hier noch keine FAQ-Seite; das ist nicht nötig, da wir diese später als Custom Post Type programmieren werden. Die Seite »Archiv« legen Sie am besten als Unterseite der Seite »Aktuelles« an (siehe Abbildung 21.6). So findet der Besucher das Nachrichtenarchiv später unter *http://www.ihre-website.de/*

aktuelles/archiv/ und nicht unter *http://www.ihre-website.de/archiv/*. Dies ist für den Besucher vermutlich etwas leichter nachvollziehbar, da im Internet Teilbereiche eines Abschnitts dadurch kenntlich gemacht werden, dass sie in der Ordnerhierarchie untergeordnet sind.

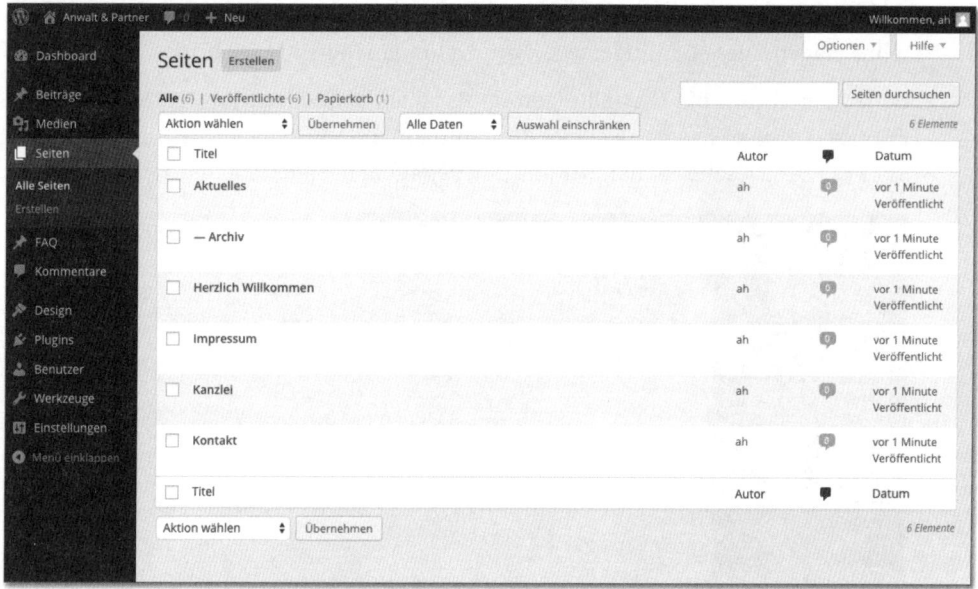

Abbildung 21.5 Ein paar Unterseiten benötigen Sie für den Anfang, um gleich ein Menü zu erstellen.

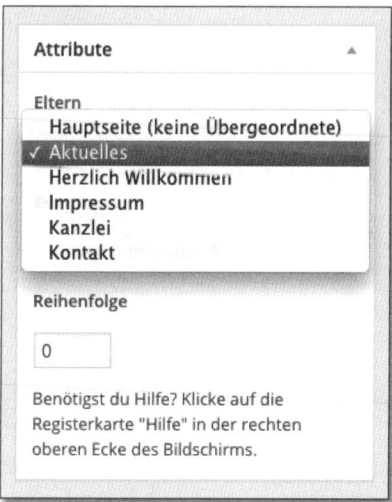

Abbildung 21.6 Im Abschnitt »Attribute« können Sie die Elternseite wählen. Im Fall der Seite »Archiv« wählen Sie hier einfach »Aktuelles« aus.

21.1.5   WordPress zum CMS konvertieren

Wie Sie wissen, ist WordPress als Blogplattform geboren worden. Da für diese Website aber gerade seine CMS-Funktionalität entscheidend ist, müssen Sie einen kleinen Hebel umlegen. Im letzten Schritt haben Sie ja bereits alle wichtigen Unterseiten angelegt. Unabdingbar waren dabei die Startseite sowie die Seite mit den Nachrichtenbeiträgen. Diese benötigen wir nämlich für den folgenden Schritt.

Gehen Sie nun in die Einstellungen im Backend, genauer gesagt, zum Menüpunkt EINSTELLUNGEN • LESEN. Der erste Abschnitt am Anfang der Seite nennt sich schlicht STARTSEITE. Diesen schauen wir uns nun genauer an (siehe Abbildung 21.7).

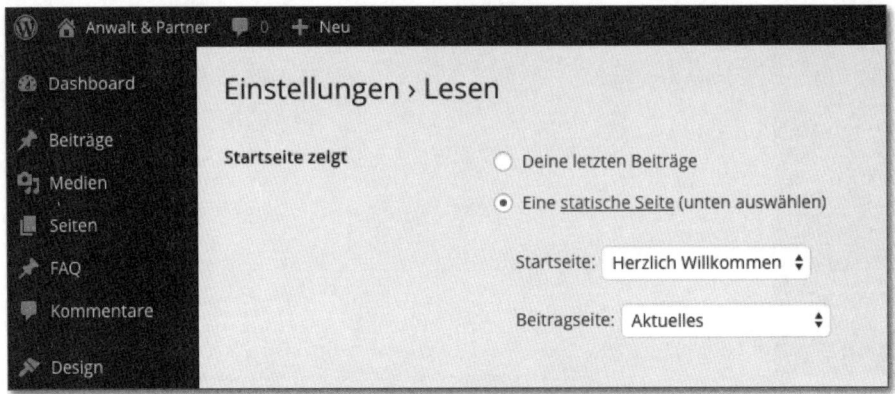

Abbildung 21.7 Hier findet die Umstellung vom Blog zum CMS statt.

Die Standardeinstellung ist hier die Option DEIN LETZTER BEITRAG. Solange diese aktiviert ist, fungiert WordPress lediglich als Blog. Dann wird Ihren Besuchern immer die Nachrichtenseite als Startseite angezeigt. Dies ändern wir nun, möchten wir doch eine statische Seite (»Herzlich willkommen«) als Startseite. Wählen Sie dazu einfach die Option EINE STATISCHE SEITE aus. Nur wenn Sie zuvor die entsprechenden Seiten angelegt haben, können Sie diese im Folgenden auswählen. Als STARTSEITE wählen Sie HERZLICH WILLKOMMEN. Als BEITRAGSEITE fungiert dabei AKTUELLES. Nach dem Speichern ist WordPress endlich ein CMS. Zumindest im Prinzip.

21.1.6   Die Seitennavigation anlegen

Das Seitenlayout ist fertig, das Theme ist aktiviert. Alle zunächst erforderlichen Seiten wurden eingerichtet, und WordPress fungiert nun als CMS. Was fehlt, ist eine Seitennavigation. Diese anzulegen ist zunächst relativ aufwendig, aber ohne Weiteres machbar. Dazu müssen Sie erneut in Ihren Theme-Ordner wechseln und eine weitere Datei anlegen, und zwar die *functions.php*. Diese Datei stellt das Funktionssammelsurium eines jeden Themes dar. Damit Sie Menüs einrichten können, hinterlegen Sie den folgenden Code aus Listing 21.9 in der *functions.php*:

```
01    <?php
02    function register_my_menus() {
03      register_nav_menus(
04        array( 'header-menu' => __( 'Header Menu' ),
          'footer-menu' => __( 'Footer Menu' ))
05      );
06    }
07    add_action( 'init', 'register_my_menus' );
08    ?>
```

Listing 21.9 Dieser Baustein in der »functions.php« lässt Sie Menüs erstellen.

Die neu angelegte Funktion register_my_menus() hat lediglich die Aufgabe, Menübereiche zu registrieren. Auf der Beispiel-Website wird es zwei Seitennavigationen geben: eine oben in der Mitte, das ist die Hauptnavigation, und eine Fußnavigation wird sich unten rechts befinden, z. B. für das Impressum oder die Nutzungsbedingungen. Dazu wird an die Funktion register_nav_menus() ein Array übergeben, das die gewünschten Bereiche enthält und das Sie natürlich nach Belieben erweitern können (siehe Listing 21.10):

```
01    array(
02        'header-menu' => __( 'Header Menu' ),
03        'footer-menu' => __( 'Footer Menu' )
04    )
```

Listing 21.10 Das Array unter der Lupe

Der erste Teil des Arrays vor dem =>, der Schlüssel, ist der eindeutige und einzigartige interne Name der Navigation. Rechts davon befindet sich erst der Wert, also der offiziell verwendete Name des Menüs. Wie gesagt, Sie können dieses Array beliebig um Schlüssel-Wert-Paare erweitern, wenn Sie weitere Navigationsbereiche benötigen.

WordPress weiß nun, dass Sie (in diesem Fall) zwei Navigationsbereiche angelegt haben, die Sie sogleich schon mit Menüpunkten füllen werden. Was noch fehlt, ist ein Hinweis darauf, an welcher Stelle im Theme diese Bereiche und damit auch die Menüs angezeigt werden sollen. Bei der Beispiel-Website platzieren Sie das Hauptmenü in der *header.php*, das Fußmenü in der *footer.php*.

Dazu passen Sie zunächst die *header.php* wie in Listing 21.11 an:

```
01    <div id="menu">
02        <?php wp_nav_menu(
          array( 'theme_location' => 'header-menu' )
          ); ?>
03    </div>
```

Listing 21.11 Das Menü in die »header.php« einfügen

21

Der Funktion wp_nav_menu() übergeben Sie ein Array mit der Bezeichnung des Navigationsbereichs. Es enthält den zwingenden Schlüssel theme_location und einen Wert in Form der internen Bezeichnung des Navigationsbereichs, in diesem Fall header-menu.

Das Gleiche machen Sie auch noch einmal in der *footer.php* (siehe Listing 21.12):

```
01   <div id="footer-menu">
02       <?php wp_nav_menu(
         array( 'theme_location' => 'footer-menu' )
         ); ?>
03   </div>
```

Listing 21.12 Das Menü in die »footer.php« einfügen

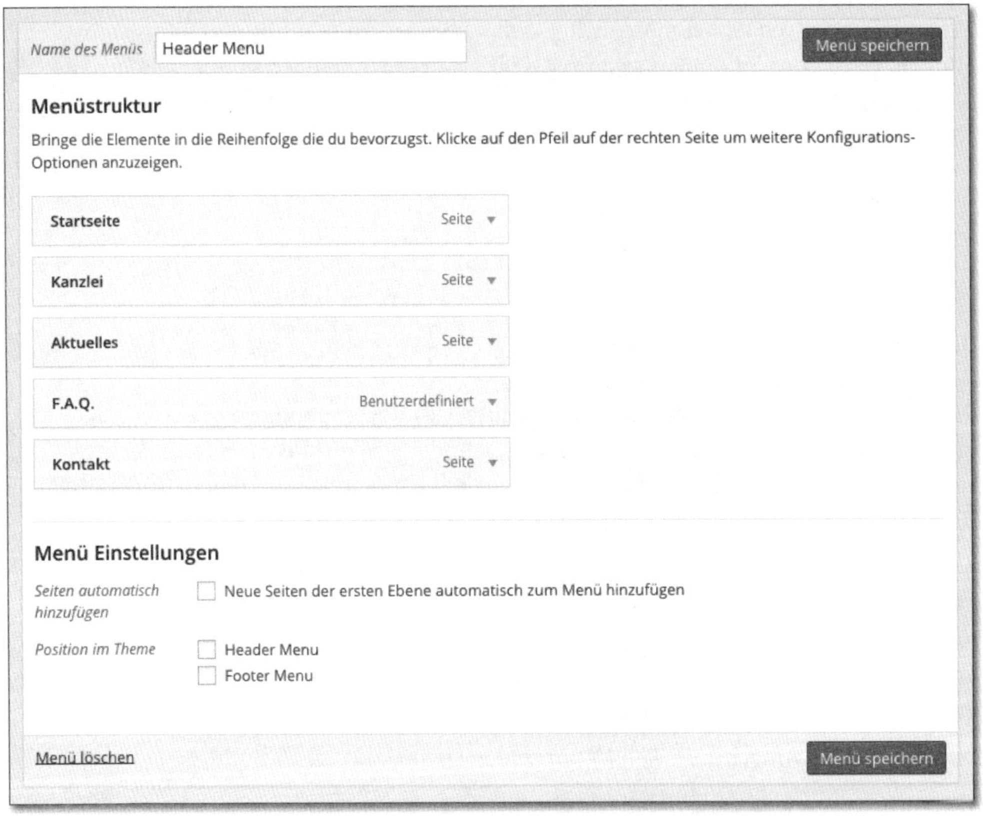

Abbildung 21.8 Das Header-Menü anpassen

Nachdem Sie die Datei *functions.php* in der oben genannten Form erstellt haben, finden Sie in Ihrem Backend endlich auch den Menüpunkt DESIGN • MENÜS. Hier können Sie nun weitere Einstellungen vornehmen.

Erstellen Sie (durch Klick auf das Pluszeichen) das erste Menü, z. B. mit dem Namen »Header Menu« (siehe Abbildung 21.8). Fügen Sie über den Abschnitt SEITEN diesem Menü alle Unterseiten hinzu, die dort erscheinen sollen – von der Startseite bis hin zum Kontakt (siehe Abbildung 21.9).

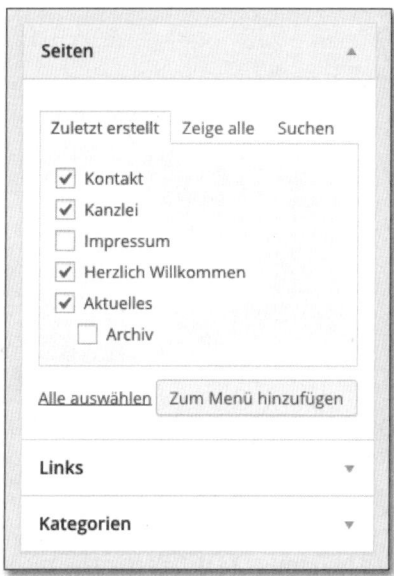

Abbildung 21.9 Fügen Sie hier der Hauptnavigation alle Seiten hinzu, die zu ihr gehören sollen.

Damit in Ihrer Hauptnavigation aber nicht »Herzlich willkommen« steht (das soll ja nur die Überschrift der Startseite sein), können Sie in WordPress die Bezeichnung dieses Menüpunkts unabhängig von dessen offiziellem Titel noch einmal gesondert festlegen, nachdem Sie die Seite zum Menü hinzugefügt haben (siehe Abbildung 21.10).

In Abbildung 21.8 sehen Sie bereits den Menüpunkt F.A.Q., dabei haben Sie noch gar keine Unterseite hier angelegt, geschweige denn, das entsprechende Custom Post Type erstellt. Ihnen ist auch sicher aufgefallen, dass rechts neben dem Menüpunkt das kleine Wort BENUTZERDEFINIERT steht, während bei allen anderen SEITE steht. Dies liegt daran, dass die F.A.Q.-Seite mangels Existenz noch nicht verlinkt werden konnte. Was Sie vermutlich noch nicht wissen, ist, dass diese auch niemals verlinkbar sein wird.

In der WordPress-Version, die diesem Buch zugrunde liegt, fehlt leider die Möglichkeit, die Archivseite eines Custom Post Type (letztlich in den meisten Fällen gleichbedeutend mit der Hauptseite des CPT) als Menüpunkt hinzuzufügen. Also auch, wenn Sie das CPT bereits angelegt hätten, gäbe es keine Möglichkeit, dieses dem Menü hinzuzufügen. Bis die Entwickler von WordPress hier nachgebessert haben, können Sie das Problem aber relativ leicht umgehen.

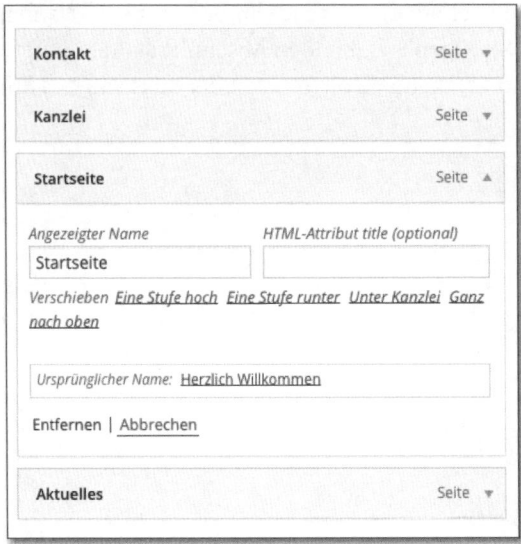

Abbildung 21.10 Die Optionen schalten Sie durch einen Klick auf das Pfeilsymbol rechts von dem hinzugefügten Menüpunkt frei.

Solange dieses Feature noch fehlt, können Sie einfach einen benutzerdefinierten Link über den Abschnitt Links hinzufügen (siehe Abbildung 21.11). Das ist zwar nicht die eleganteste Lösung, aber immer noch besser, als nur dafür ein Plugin zu installieren (was in meinem Test im Übrigen auch nicht funktionierte), das Ihre Website zusätzlich verlangsamt. Dass die F.A.Q. letztlich auch unter genau dieser Adresse zu erreichen sind, darum kümmern wir uns gleich beim Custom Post Type.

Abbildung 21.11 Einen benutzerdefinierten Link zum Menü hinzufügen

Nach dem gleichen Schema können Sie nun verfahren, um auch die Fußnavigation noch anzulegen (siehe Abbildung 21.12). Dazu ist bislang allerdings lediglich der Menüpunkt »Impressum« vorgesehen; aber das können Sie natürlich noch nach

Belieben ausschmücken. Datenschutzerklärungen werden übrigens auch immer sehr gerne gelesen.

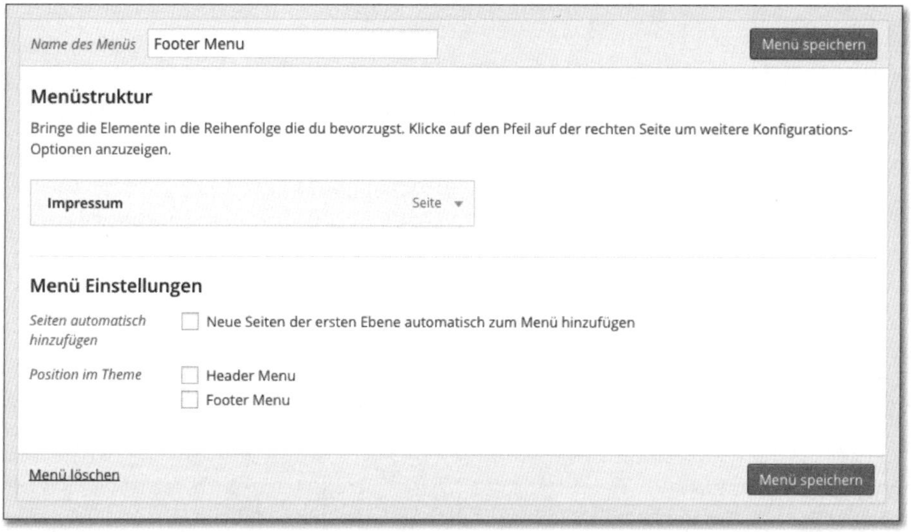

Abbildung 21.12 Die Fußnavigation sollten Sie trotz ihres einzigen Menüpunkts nicht vergessen.

Jetzt fehlt nur noch ein Schritt, der allerdings nötig ist, damit die Menüs an der korrekten Stelle angezeigt werden. Über den Registerreiter POSITIONEN VERWALTEN können (und sollten) Sie festlegen, welches der eben erstellten Menüs in welchem Bereich angezeigt werden soll. In Abbildung 21.13 sehen Sie, dass die Zuordnung sehr leicht ist, wenn Bereich und Menü sich denselben Namen teilen.

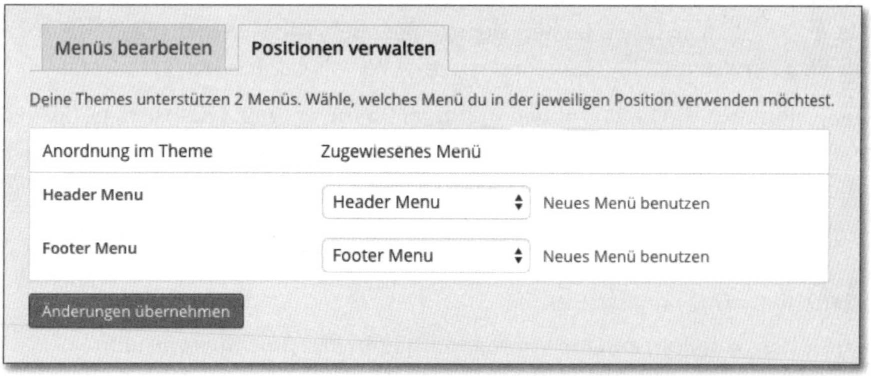

Abbildung 21.13 Kopf zu Kopf und Fuß zu Fuß

Die Beispiel-Website sollte bei Ihnen bereits fertig aussehen, auch wenn sie es noch nicht ist. Die wesentlichen Elemente wie das Theme, (fast) alle Unterseiten und die Menüs sind vorhanden, wie Sie in Abbildung 21.14 sehen.

Abbildung 21.14 Auf den ersten Blick eine voll funktionsfähige Website

21.1.7 Die FAQ-Sektion mithilfe von Custom Post Types erstellen

FAQ-Bereiche sind herrlich. Sie liefern Ihnen in der Regel viel einzigartigen Inhalt und – wenn sie gut gemacht sind – bieten auch Ihren Besuchern einen absoluten Mehrwert. Außerdem kann ein gut gepflegter FAQ-Bereich Ihrem Unternehmen viel Arbeit dadurch sparen, dass Sie Kunden gegebenenfalls zuerst auf Ihre Website verweisen können. Ein solcher Bereich ist aber keine bloße Unterseite und schon gar kein Blogartikel. Sie können sich aber der mächtigen Custom Post Types bedienen, um dieses Problem zu lösen. Lernen Sie im Folgenden, wie Sie einen eigenen Seitentyp als FAQ-Bereich erstellen und diesen in Ihre Website einbinden.

Ausgangspunkt ist die *functions.php* in Ihrem Theme-Ordner. Hier ist es nötig, den Seitentyp zunächst zu registrieren, und das bedeutet einige Zeilen Code. Danach erstellen Sie noch eine eigene Theme-Seite für die Auflistung der Beiträge, gefolgt von deren Einzelansicht.

Den Seitentyp »FAQ« registrieren

Bauen Sie den Seitentyp anhand von Listing 21.13 in Ihre *functions.php* ein:

```
01   add_action( 'init', 'add_cpt_faq' );
02   function add_cpt_faq() {
03   $labels = array(
04           'name' => _x('FAQ', 'post type general name'),
05           'singular_name' => _x('FAQ',
```

```
              'post type singular name'),
06            'add_new' => _x('Hinzufügen', 'faq'),
07            'add_new_item' => __('Neue FAQ hinzufügen'),
08            'edit_item' => __('FAQ bearbeiten'),
09            'new_item' => __('Neue FAQ'),
10            'view_item' => __('FAQ ansehen'),
11            'search_items' => __('Nach FAQ suchen'),
12            'not_found' => __('Keine FAQ gefunden'),
13            'not_found_in_trash' =>
                    __('Keine FAQ im Papierkorb')
14   );
15   $supports = array(
16            'title',
17            'editor',
18   );
19   $args = array(
20            'labels' => $labels,
21            'public' => true,
22            'publicly_queryable' => true,
23            'show_ui' => true,
24            '_builtin' => false,
25            'show_in_menu' => true,
26            'query_var' => true,
27            'rewrite' => array("slug" => "faq",
                  "with_front" => false),
28            'capability_type' => 'post',
29            'hierarchical' => false,
30            'has_archive' => true,
31            'menu_position' => 20,
32            'supports' => $supports
33   );
34   register_post_type('faq', $args);
35   }
```

Listing 21.13 Der vollständige Code des Seitentyps in der »functions.php«

Der Code des Seitentyps beginnt in Zeile 01 zunächst mit dem Einbinden der Funktion, die erst ab Zeile 02 definiert wird und für die Registrierung des Seitentyps zuständig ist:

```
add_action( 'init', 'add_cpt_faq' );
```

Die Funktion ab Zeile 02 besteht aus vier Elementen. Zunächst wird ein $labels-Array erstellt, das die semantischen Bezeichnungen innerhalb des Custom Post Type fest-

21

legt. Es folgt ein $supports-Array, das die Funktionen, die der Seitentyp aufweisen soll, näher spezifiziert. Das $args-Array bindet die beiden erstgenannten Arrays schließlich ein und legt noch weitere allgemeine Optionen für den Seitentyp fest. Das vierte Element finden Sie schließlich in Zeile 34. Dort wird der zuvor definierte Seitentyp im System registriert.

Werfen Sie zunächst einen Blick auf das $labels-Array (siehe Tabelle 21.1). WordPress zieht daraus die Bezeichnungen, die es (überwiegend) im Backend zur Verwaltung dieses Seitentyps verwendet.

Schlüssel	Beschreibung	Wert
name	Name des Seitentyps	FAQ
singular_name	Name des Seitentyps in der Einzahl	FAQ
add_new	Bezeichnung für das Hinzufügen eines neuen Eintrags auf dem Button/im Menü	Hinzufügen
add_new_item	Titel der Seite, auf der Sie einen neuen Eintrag hinzufügen	neue FAQ hinzufügen
edit_item	Link-Text für das Bearbeiten von Einträgen	FAQ bearbeiten
new_item	Bezeichnung eines neuen Eintrags ohne Verb	neue FAQ
view_item	Link-Text für das Ansehen eines Eintrags	FAQ ansehen
search_items	Text für den Suchen-Button	nach FAQ suchen
not_found	Text, der angezeigt wird, wenn keine Einträge gefunden werden konnten	keine FAQ gefunden
not_found_in_trash	Text, der angezeigt wird, wenn im Papierkorb keine Einträge gefunden werden konnten	keine FAQ im Papierkorb

Tabelle 21.1 Erläuterung des »$labels«-Arrays

Das $supports-Array ist sehr überschaubar. Für einen FAQ-Bereich brauchen Sie im Prinzip nicht viel. Sie müssen lediglich eine Frage und eine Antwort eingeben können. Dazu dienen uns die Funktionen title und editor – auf alles andere können Sie getrost verzichten (siehe Listing 21.14):

```
01   $supports = array(
02              'title',
03              'editor',
04   );
```

Listing 21.14 Das »$supports«-Array

Da das $args-Array das einzige ist, das bei der Registrierung des Seitentyps der Funktion übergeben wird, muss es notwendigerweise die beiden anderen Arrays einbinden. Außerdem lassen sich hier noch einige allgemeine Optionen festlegen, z. B. wie die URLs des Seitentyps ausgestaltet sein sollen oder an welcher Menüposition er sich im Backend befindet (siehe Tabelle 21.2).

Schlüssel	Beschreibung	Wert
labels	Einbinden des $labels-Arrays	$labels
public	Legt die Standardwerte für die folgenden Parameter fest: show_ui, publicly_queryable, exclude_from_search, show_in_menu.	true
publicly_queryable	Legt fest, ob der Seitentyp aus dem Frontend über Querys angesprochen werden kann.	true
show_ui	Soll der Seitentyp aus dem Backend administrierbar sein?	true
_builtin	Ist der Seitentyp fest in WordPress integriert (nein, denn sonst würden wir keinen erstellen)?	false
show_in_menu	Soll der Seitentyp im Menü des Backends angezeigt werden?	true
query_var	nur auf false setzen, wenn keine Querys durch das Frontend erlaubt sein sollen	true
rewrite	Wie sollen die Permalinks des Seitentyps aussehen? slug steht in der URL vor jedem Eintrag. with_front setzt dem Permalink die Struktur voran, die Sie unter den Permalink-Einstellungen festgelegt haben (z. B. /blog/).	array("slug" => "faq", "with_front" => false)

Tabelle 21.2 Erläuterung des »$supports«-Arrays

Schlüssel	Beschreibung	Wert
capability_type	Welche Rechte muss jemand haben, um auch diesen Seitentyp administrieren zu können?	'post'
hierarchical	Ist der Seitentyp hierarchisch, kann er also über- und untergeordnete Einträge haben?	false
has_archive	Soll es eine Seite geben, auf der alle Einträge dieses Seitentyps angezeigt werden?	true
menu_position	An welcher Position soll der Seitentyp im Menü angezeigt werden (20 = nach »Seiten«)?	20
supports	Einbinden des $supports-Arrays	$supports

Tabelle 21.2 Erläuterung des »$supports«-Arrays (Forts.)

In Zeile 34 folgt, wie schon angekündigt, die Registrierung des Seitentyps:

```
register_post_type('faq', $args);
```

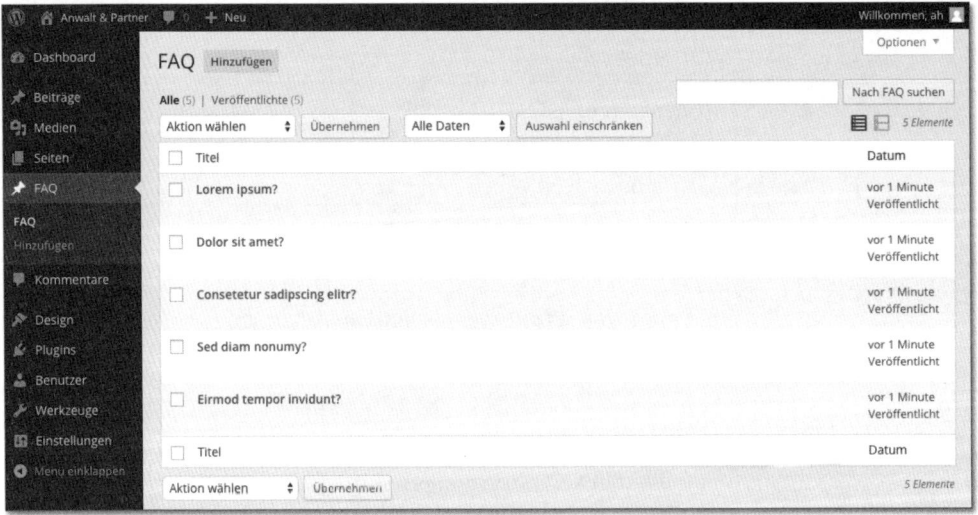

Abbildung 21.15 So sieht die neue FAQ-Sektion im Backend aus, sogar schon mit einigen Einträgen gefüllt. Dazu kommen wir aber später.

Die Bezeichnung, die Sie hier wählen, ist ausschlaggebend dafür, wie Sie den Seiten-typ später im Code ansprechen können. Merken Sie sich daher, dass er in diesem Fall faq heißt. Dies ist z. B. relevant, wenn Sie auf einer Seite nur die Beiträge eines bestimmten Seitentyps ausgeben möchten und dort eine Query erstellen, wo Sie den Seitentyp über genau diese Bezeichnung definieren müssen. Abbildung 21.15 zeigt Ihnen die neue FAQ-Sektion.

Die ersten FAQ-Einträge anlegen

Was wäre ein FAQ-Bereich ohne Fragen? Und ohne Antworten? Genau, nicht viel. Daher sollten Sie nun schon damit beginnen, einige Einträge anzulegen. So können Sie während der folgenden Schritte leichter überprüfen, ob alles korrekt funktioniert.

Das Hinzufügen einer neuen Frage ist noch einfacher, als eine Unterseite zu erstellen. Geben Sie Ihre Frage in die Titelzeile und Ihre Antwort in den Editor ein (siehe Abbil-dung 21.16) und publizieren Sie das Ganze. Erstellen Sie ein paar mehr Fragen, um das Layout gleich – wenn nötig – richtig anpassen zu können.

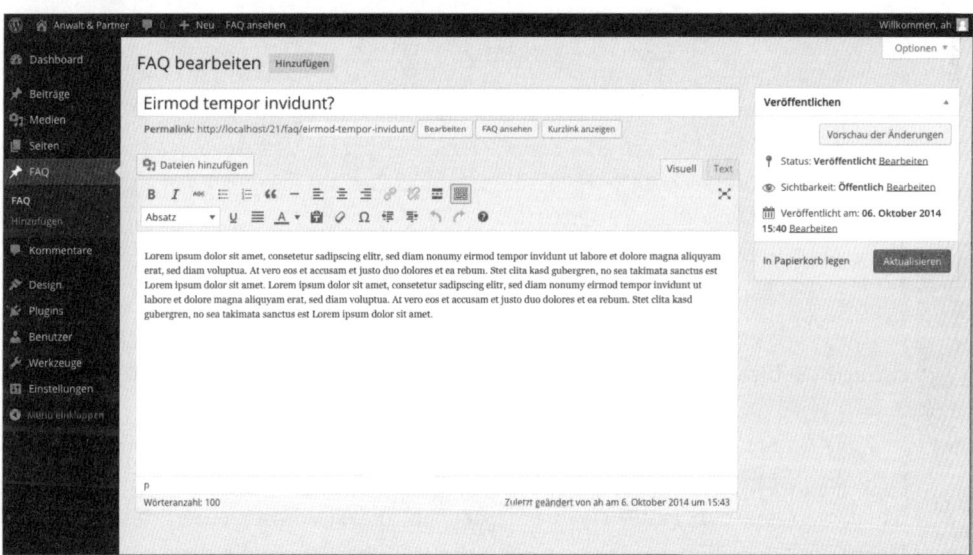

Abbildung 21.16 Fügen Sie der Datenbank einige Fragen samt Antworten zum Testen hinzu.

Die FAQ-Seite erstellen

Zu diesem Zeitpunkt existiert der Seitentyp »FAQ« samt einigen Einträgen zwar, er wird Ihren Besuchern aber noch nicht angezeigt. Dazu müssen Sie zunächst eine Archivseite erstellen, die alle FAQ-Einträge auflistet. Der Einfachheit halber beschränke ich mich hier auf eine ganz simple Seite, die alle Einträge zeigt. Sie kön-nen dem Seitentyp aber auch gerne noch Kategorien hinzufügen und die Einträge dann auf der FAQ-Seite entsprechend unterteilen. Das wäre für diese kleine Website aber ein wenig zu komplex.

Legen Sie zunächst eine neue Datei in Ihrem Theme-Ordner an, die Sie *archive-faq.php* nennen. Wie immer hat dieser Name bzw. der Aufbau des Dateinamens eine existenzielle Bedeutung. Wäre keine solche Datei vorhanden, würde WordPress nämlich auf die *archive.php* zurückgreifen, weil es dann diese für am geeignetsten hielte. Da die Auflistung der Einträge in diesem Fall aber abweichen soll, benötigen Sie speziell für diesen Seitentyp eine eigene Archivdatei. Um WordPress beizubringen, dass es diese nutzen soll, hängen Sie an den Dateinamen einfach einen Bindestrich an, gefolgt von der Bezeichnung des jeweiligen Seitentyps. Der Inhalt dieser Datei könnte z. B. so aussehen wie in Listing 21.15:

```
01  <?php get_header(); ?>
02      <h1>Häufig gestellte Fragen (FAQ)</h1>
03      <?php query_posts('post_type=faq&
        post_status=publish&showposts=-1'); ?>
04      <?php if ( have_posts() )
        while ( have_posts() ) : the_post(); ?>
05      <div class="faq">
06          <h2><a href="<?php the_permalink(); ?>"
            title="Lesen Sie &quot;<?php the_title(); ?>&quot;
            vollständig"><?php the_title(); ?></a></h2>
07          <?php the_content(); ?>
08      </div>
09      <?php endwhile; wp_reset_query(); ?>
10  <?php get_footer(); ?>
```

Listing 21.15 Die vollständige »archive-faq.php«

In Zeile 03 erstellen Sie eine benutzerdefinierte Query, also eine Abfrage an die Datenbank. Mittels der Funktion query_posts() können Sie sich alle Beiträge ausgeben lassen, die den Parametern entsprechen, die Sie dieser Funktion übergeben. Durch post_type=faq werden nur die Einträge ausgegeben, die dem Seitentyp FAQ zugeordnet sind (das dachten Sie sich sicher schon). Der Parameter post_status=publish sorgt dafür, dass dabei nur diejenigen berücksichtigt werden, die Sie als »veröffentlicht« gekennzeichnet haben, während showposts=-1 die Beschränkung, nur eine bestimmte Anzahl von Einträgen pro Seite anzuzeigen, einfach umgeht und alle Einträge darstellt.

In den Zeilen 04 bis 09 folgt die Ausgabe dieser Query. In Zeile 09 wird die Query sicherheitshalber noch durch die Funktion wp_reset_query() zurückgesetzt, um andere Abfragen nicht zu beeinträchtigen.

Die Übersichtsseite sollte bei Ihnen nun aussehen wie in Abbildung 21.17.

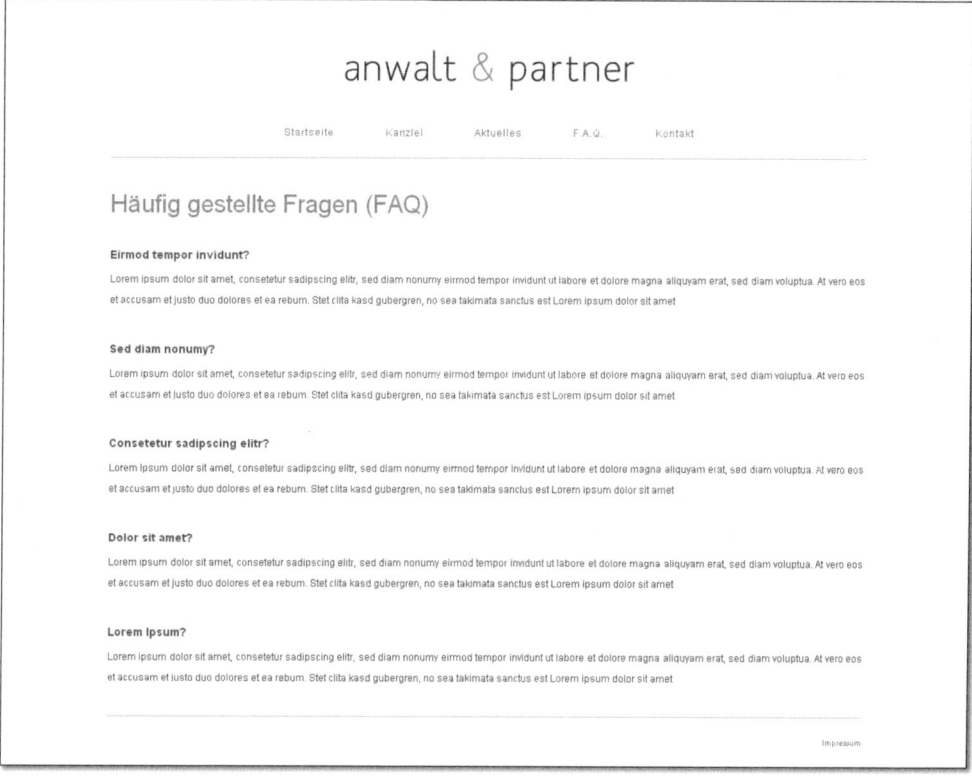

Abbildung 21.17 Die Anzeige aller FAQ-Beiträge

Eine FAQ-Einzelansicht programmieren

So ein FAQ-Bereich kann schnell unübersichtlich werden; gerade wenn alle Beiträge auf einer zentralen Seite gesammelt werden. Daher ist es sinnvoll, zumindest eine Einzelansicht einer jeden Frage einzubauen, sodass Sie später die Antworten auf die Fragen nach ein oder zwei Absätzen mittels *more-Tag* abschneiden können. Außerdem ist es hervorragend für Ihre Suchmaschinenoptimierung, da Sie so zahlreiche Unterseiten generieren können, die ebenfalls in den Suchmaschinen auftauchen.

Zu diesem Zweck legen Sie einfach eine Datei namens *single-faq.php* an. Die Struktur des Dateinamens funktioniert ähnlich wie schon bei *archive-faq.php*. Fügen Sie den Code aus Listing 21.16 in die *single-faq.php* ein:

```
01    <?php get_header(); ?>
02    <?php if ( have_posts() )
      while ( have_posts() ) : the_post(); ?>
03        <h1>Frage: <?php the_title(); ?></h1>
04        <p><strong>Antwort:</strong></p>
```

```
05        <?php the_content(); ?>
06    <?php endwhile; ?>
07    <?php get_footer(); ?>
```

Listing 21.16 Die vollständige »single-faq.php«

Die Datei ist sehr stark angelehnt an die *single.php* mit dem einzigen Unterschied, dass der Titel durch das Wort »Frage« und der Inhalt durch das Wort »Antwort« eingeleitet wird. So ist für den Besucher etwas leichter zu erkennen, dass es sich dabei um einen Frage-Antwort-Beitrag handelt und nicht um eine Nachricht. Wie Sie das auf Ihrer Website ausgestalten, bleibt aber natürlich vollständig Ihnen überlassen. Abbildung 21.18 ist nur eine Anregung.

Bedienen Sie sich doch z. B. einmal des Codes der zuvor angelegten *archive-faq.php* und lassen Sie unter der Frage in der Einzelansicht noch die letzten fünf Fragen in Kurzform ausgeben. Oder legen Sie eigene Taxonomien für die FAQ-Sektion an und lassen Sie unter der einzelnen Frage nur weitere Fragen der entsprechenden Kategorie ausgeben. Vielleicht hilft Ihnen dabei ja Kapitel 8 zum Thema Seitentypen weiter.

Abbildung 21.18 Die Einzelansicht einer Frage

21.1.8   Ein Kontaktformular mit Contact Form 7 einbauen

Ein Kontaktformular bietet WordPress von Haus aus leider nicht. Allerdings können Sie dieses sehr leicht durch das Plugin *Contact Form 7* nachrüsten. Es ist sehr leicht zu bedienen und bietet alles, was das Formularnutzerherz erfreut.

Um das Plugin direkt aus WordPress heraus zu installieren, klicken Sie auf den Menüpunkt PLUGINS • INSTALLIEREN und geben im folgenden Fenster »Contact Form 7« in das Suchfeld ein (siehe Abbildung 21.19). Wenn das Plugin gefunden wurde, klicken Sie in der entsprechenden Zeile schließlich noch auf JETZT INSTALLIEREN. Aktivieren Sie das Plugin auch direkt im folgenden Fenster.

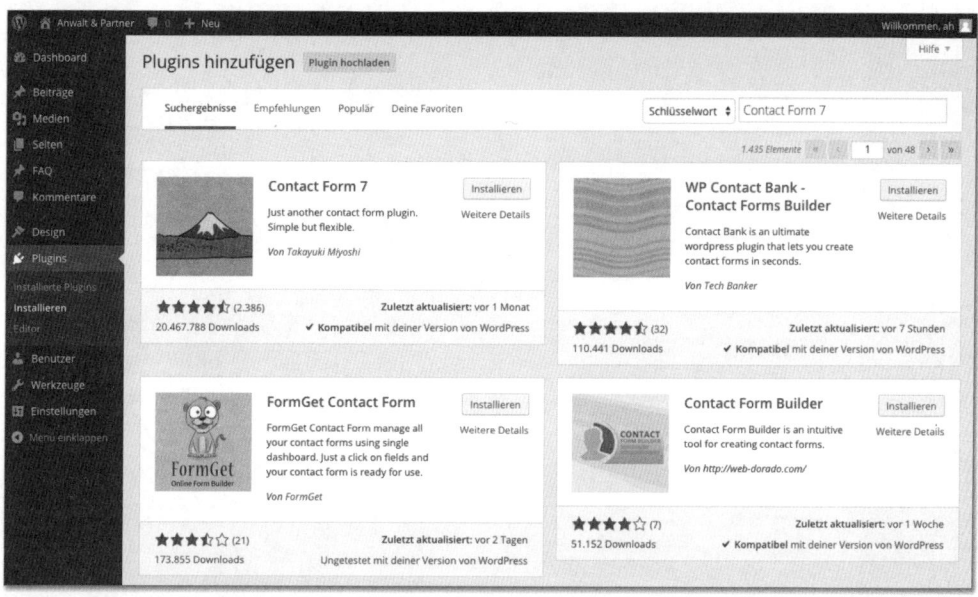

Abbildung 21.19 Installieren Sie das Plugin direkt aus WordPress heraus.

Um auf die Einstellungen des Plugins zuzugreifen, finden Sie im Backend einen eigenen Menüpunkt namens FORMULAR. Dort steht schon das erste Formular bereit, das Sie direkt nutzen können (siehe Abbildung 21.20). Hier befinden sich insgesamt sechs Bereiche. Der erste Bereich beschäftigt sich nur mit dem Titel des Formulars sowie dem Code, den Sie später noch in eine Unterseite einbauen müssen (braunes Feld). Es folgt der Abschnitt FORMULAR, der im linken Teil ein Feld vorsieht, in dem Sie das komplette Formular erstellen können. Auf der rechten Seite ist ein kleiner Feldgenerator. Der Abschnitt MAIL legt die Einstellungen für die E-Mail fest, die durch das Formular ausgelöst wird. Darunter befindet sich noch der Abschnitt MAIL (2), der mit MAIL identisch ist. Dieser lässt sich nutzen, um eine gänzlich andere E-Mail zu versenden. Zum Beispiel ist diese zweite E-Mail geeignet, um einem Besucher eine Bestätigung seiner Kontaktanfrage zukommen zu lassen. Darunter finden Sie noch die beiden Abschnitte MELDUNGEN sowie ZUSÄTZLICHE EINSTELLUNGEN, von denen Sie den letzten vollständig ignorieren können. Unter MELDUNGEN können Sie sehr genau festlegen, welche Meldungen dem Besucher angezeigt werden, z. B. nach dem Absenden des Formulars oder bei Fehlern.

Wichtig ist gleich zu Anfang das braune Feld: Darin befindet sich der Code, den Sie gleich noch in eine Unterseite (oder einen anderen Beitrag) einfügen müssen, damit das Formular dort erscheint (siehe Abbildung 21.21). Sie können dabei dasselbe Formular mehrmals auf verschiedenen Seiten verwenden. Denken Sie daran: Wenn Sie den Titel des Formulars ändern, ändert sich auch der Code. Hier ist also Vorsicht geboten.

21

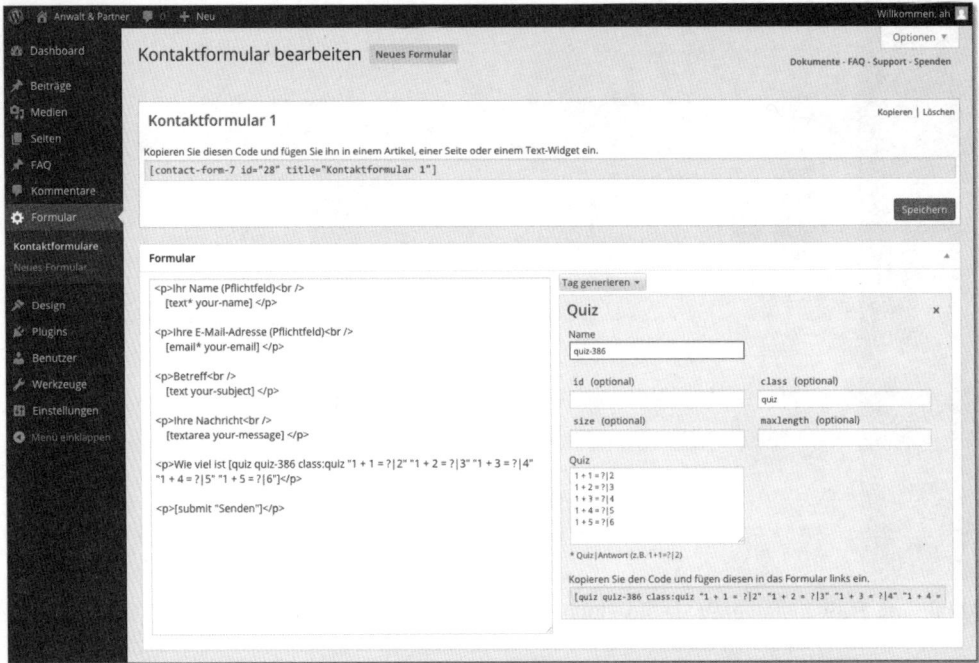

Abbildung 21.20 Ein neues Kontaktformular bei Contact Form 7

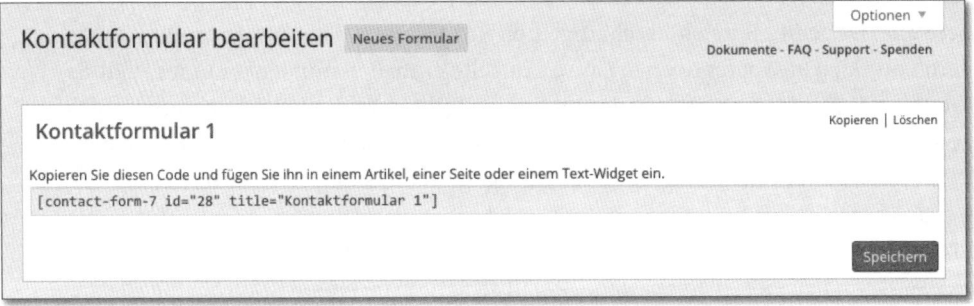

Abbildung 21.21 Der Titel des Formulars und der einzubindende Code

Im Abschnitt FORMULAR können Sie im linken Bereich das Formular nach Ihren Wünschen gestalten. Sie können hier problemlos HTML verwenden, um die Semantik Ihres Formulars festzulegen. Die vom Plugin generierten Felder stehen dabei aber jeweils in eckigen Klammern. Am Beginn steht die Art des Feldes, gefolgt von dem eindeutigen Feldnamen. Für dieses Kontaktformular genügen einige wenige Felder. Name und E-Mail sowie ein Betreff und eine Nachricht sollten das Minimum sein. Sinnvoll ist auch eine Anti-Spam-Funktion, z. B. das in Abbildung 21.22 gezeigte *Quiz*.

Auf der rechten Seite können Sie ein ebensolches Quiz-Feld in wenigen Schritten selbst anlegen. Klicken Sie dazu einfach auf TAG GENERIEREN (siehe Abbildung 21.23).

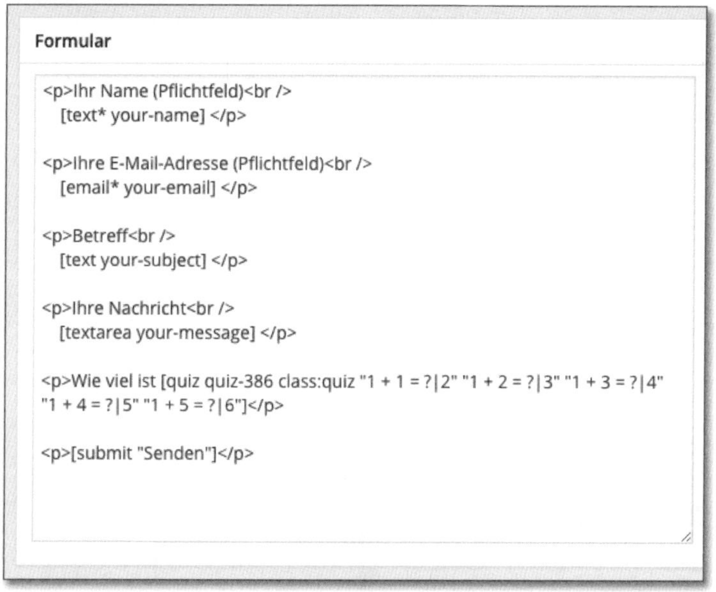

Formular

```
<p>Ihr Name (Pflichtfeld)<br />
   [text* your-name] </p>

<p>Ihre E-Mail-Adresse (Pflichtfeld)<br />
   [email* your-email] </p>

<p>Betreff<br />
   [text your-subject] </p>

<p>Ihre Nachricht<br />
   [textarea your-message] </p>

<p>Wie viel ist [quiz quiz-386 class:quiz "1 + 1 = ?|2" "1 + 2 = ?|3" "1 + 3 = ?|4"
"1 + 4 = ?|5" "1 + 5 = ?|6"]</p>

<p>[submit "Senden"]</p>
```

Abbildung 21.22 Das Kontaktformular als Code

Abbildung 21.23 Erstellen Sie ein Quiz für Ihr Kontaktformular.

Tragen Sie in das QUIZ-Feld einfach die einzelnen Fragen ein (siehe Abbildung 21.24). Pro Frage ist eine Zeile vorgesehen. Das Schema ist nicht kompliziert, Frage und Antwort werden durch ein sogenanntes Pipe-Symbol (Alt Gr + <) getrennt: »Frage|Antwort«. Kopieren Sie den generierten Code (braunes Feld) danach einfach nach links direkt in das Formular.

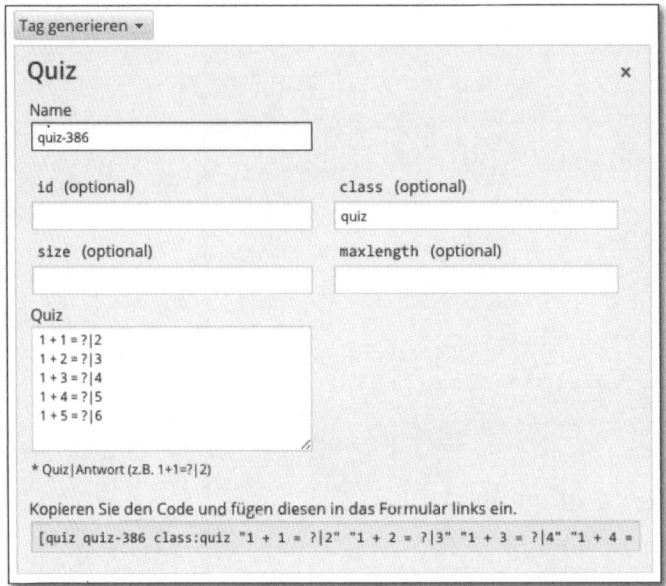

Abbildung 21.24 Ein Anti-Spam-Quiz mit simplen mathematischen Fragen

Im Abschnitt MAIL können Sie nun festlegen, wohin und auf welche Weise das obige Formular gesendet werden soll (siehe Abbildung 21.25). Im linken Teil legen Sie die Einstellungen fest, im rechten den Inhalt. Sie können der E-Mail sogar zusätzliche Kopfzeilen oder gar Dateianhänge hinzufügen. Dies ist allerdings für dieses simple Kontaktformular nicht nötig.

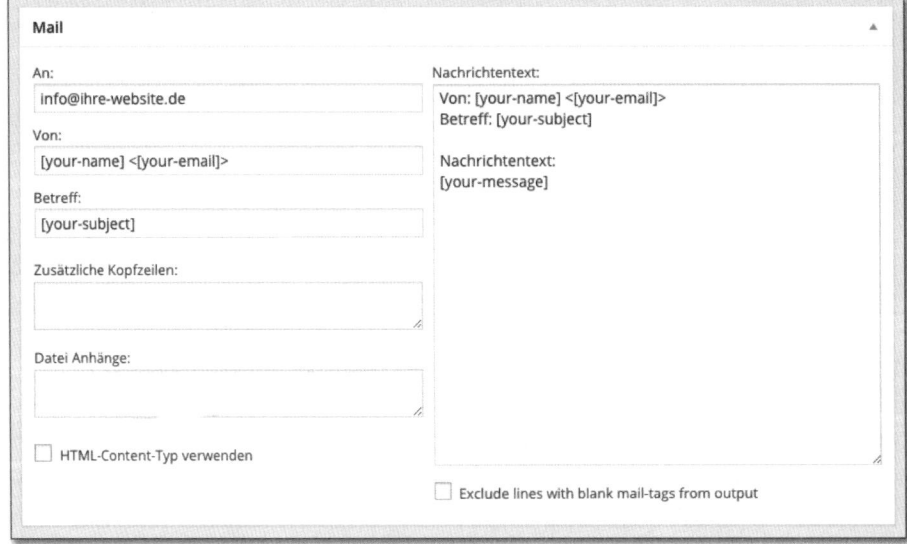

Abbildung 21.25 Wohin soll die E-Mail gehen, und was soll in ihr stehen?

Den vollständigen Inhalt fügen Sie in das Textfeld auf der rechten Seite ein. Die Position für die Inhalte der Felder können Sie dabei durch Platzhalter markieren; diese bestehen immer aus der eindeutigen Bezeichnung des Feldes (siehe obiges Formular) in eckigen Klammern. Kopieren Sie aber nicht einfach die Felder aus dem Formular. Als E-Mail-Inhalt wäre [TEXT* YOUR-NAME] falsch, es darf hier nur [YOUR-NAME] stehen, da der Feldtyp keine Rolle spielt. Verwenden Sie ruhig HTML. Denken Sie aber daran, in diesem Fall ein Häkchen bei HTML-CONTENT-TYP VERWENDEN zu setzen.

Nach dem gleichen Konzept arbeitet auch der Abschnitt MAIL (2), den Sie in Abbildung 21.26 sehen. Damit können Sie eine zusätzliche E-Mail versenden, die vom Inhalt der ersten abweicht – im Beispielfall, um dem Anfragenden eine automatische Bestätigung mit dem Inhalt seiner Anfrage zu senden. Denken Sie unbedingt daran, ein Häkchen bei VERWENDE MAIL (2) zu setzen, da sonst leider keine E-Mail versendet werden kann.

Abbildung 21.26 Das zweite E-Mail-Formular verwenden Sie z. B. für eine automatische Bestätigungs-E-Mail.

Zu guter Letzt können Sie sogar noch die Meldungen anpassen, die Contact Form 7 dem Benutzer ausgibt. Im Grunde können Sie die Standardeinstellung so belassen bis auf einige Rechtschreibfehler, die Sie korrigieren sollten (siehe Abbildung 21.27).

Das Kontaktformular ist jetzt einsatzbereit. Nun müssen Sie es nur noch einbauen, damit es seine Wirkung auch entfalten kann. Dazu editieren Sie noch einmal Ihre Kontaktseite und fügen den Code des Kontaktformulars (braunes Feld) als Inhalt in Ihre Kontaktseite ein, wie Sie es in Abbildung 21.28 sehen. Benutzen Sie dazu die Text-Ansicht des Editors.

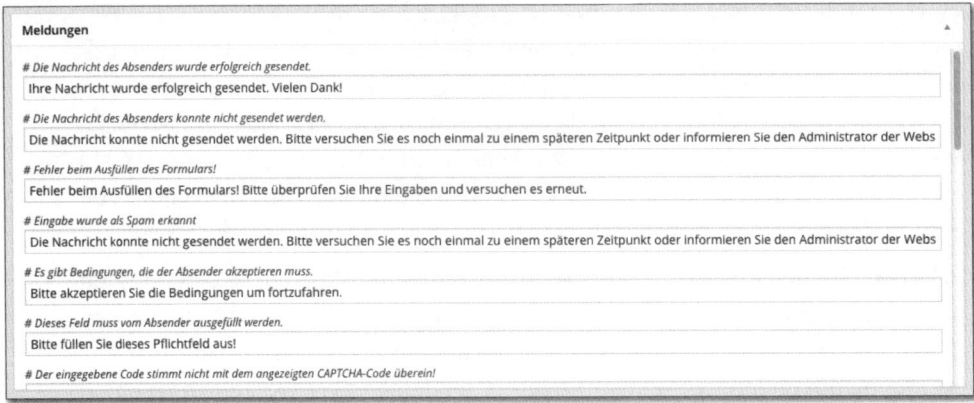

Abbildung 21.27 Passen Sie die Meldungen entsprechend Ihren Bedürfnissen an (einige Fehler finden sich in der deutschen Übersetzung leider immer noch).

Abbildung 21.28 Fügen Sie den Platzhalter direkt in den Editor ein.

Ein Blick auf die Website (siehe Abbildung 21.29) verrät Ihnen: Es funktioniert! Testen Sie das Formular nun noch mit verschiedenen Eingaben, bevor Sie es veröffentlichen.

Hinweis

Arbeiten Sie, z. B. in einer XAMPP-Entwicklungsumgebung, zunächst noch lokal auf Ihrem PC? Dann wundern Sie sich nicht, wenn das Absenden des Formulars fehlschlägt. Sie müssen XAMPP erst beibringen, wie es E-Mails verschicken kann. Da das nicht ganz leicht ist, empfiehlt es sich, das Formular erst online zu testen. Sie müssen es zu diesem Zweck ja nicht zwingend veröffentlichen.

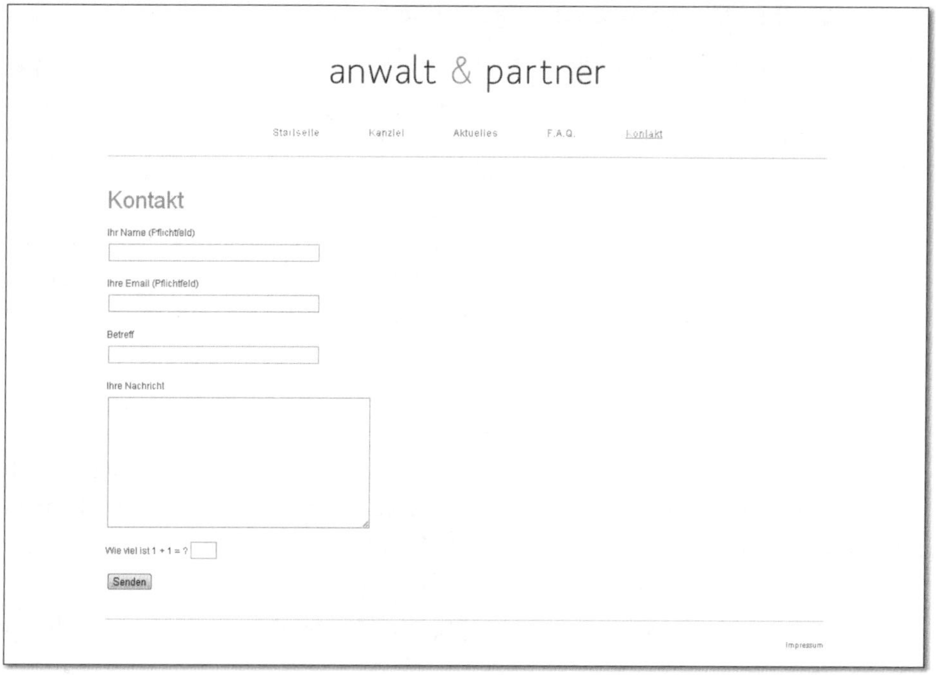

Abbildung 21.29 Schlicht, aber es erfüllt seinen Zweck: Ihr neues Kontaktformular.

21.2   Das Blog – ein Heimspiel für WordPress

Das erste Beispiel – die Kanzlei-Website – war zugegebenermaßen nicht besonders schwer umzusetzen. Das war auch das Ziel: der schnelle Erfolg. Jetzt wird es ein klein wenig komplizierter. Sie werden es mit dieser Anleitung aber dennoch schaffen, auch wenn Sie noch gar keine oder wenig Erfahrung mit WordPress gesammelt haben. Das Blog ist der Grund, weshalb es WordPress überhaupt gibt. Manche sagen auch, es sei andersherum. In diesem Abschnitt werde ich Ihnen zeigen, wozu WordPress in der Lage ist und wie Sie ein richtiges professionelles Blog erstellen, so wie Sie es im Netz häufig finden, mit allen wichtigen Funktionen.

Sie lernen anhand dieses Beispiels:

▶ worauf Sie bei Themes für ein Blog achten müssen

▶ wie Sie WordPress als Blogging-Plattform nutzen

▶ wie Sie eine Kommentarfunktion mit Gravataren einbauen

▶ wie Sie die populärsten Beiträge anzeigen

▶ wie Sie Ihren Besuchern weiterführende Beiträge empfehlen

▶ wie Sie Werbung in Ihrem Blog mittels Google AdSense schalten

▶ und vieles, vieles mehr

21

21.2.1   Vor dem Design: worauf Sie achten sollten

Ein Blog kann ziemlich komplex sein. Je nach Funktionsvielfalt sollte es sehr gut geplant sein, bevor Sie sich an Ihr Zeichenbrett setzen. Üblicherweise hat ein Blog einen Inhaltsbereich und eine Seitenleiste. Dieses Modell hat sich bei zahlreichen Blogs bewährt. In die Seitenleiste kommen Suchfunktion, Menü, Kategorien und üblicherweise auch noch einige hervorgehobene Beiträge. Manche Blogs setzen zudem auch noch einen Fußbereich ein, in dem sie z. B. Informationen über den Autor sowie besonders interessante Artikel, Kategorien oder Tags unterbringen. So etwas sollte von vornherein genau geplant werden.

Auch sollten Sie sich im Vorfeld überlegen, ob Sie jemals Werbung schalten werden. Das müssen Sie nicht von Anfang an machen. Aber sofern Sie es nicht ausschließen können, sollte es im Design berücksichtigt werden. Denn meist sieht etwas, das später »hineingebastelt« wird, auch dementsprechend aus. Lassen Sie sich etwas einfallen, wie Sie Werbung dort unterbringen, sodass Sie sie auch wieder entfernen können oder gar nicht nutzen müssen, ohne dass es das Design zerreißt.

Im Inhaltsbereich sollten Sie von vornherein Platz für die Metadaten eines Artikels einplanen: Name des Autors, Datum, Uhrzeit, Kommentare, Kategorie, vielleicht sogar Tags.

Für manche vielleicht noch etwas ungewohnt, aber mittlerweile üblich: Designen Sie auch gleich das Kommentarformular sowie die einzelnen Kommentare mit. So stellen Sie sicher, dass alles am Ende wie aus einem Guss wirkt. Für das Formular benötigen Sie die Felder NAME, E-MAIL und WEBSITE sowie ein Textfeld und einen Button zum Absenden. Die Kommentare bestehen mindestens aus Autor, Datum und Text, können idealerweise aber um einen Gravatar ergänzt werden.

Setzen Sie das Design dann 1:1 in HTML, CSS und eventuell JavaScript um. Glauben Sie mir, dass sich das lohnt. Es ist zwar verführerisch, die Website erst einmal grob umzusetzen und später die Formulare, Kommentare etc. einzubauen, sobald Sie diese benötigen. Aber es ist wirklich sehr mühselig, wenn Sie dazu wieder aus Ihrem Word-Press-Workflow herausgerissen werden. Das Design wird wahrscheinlich ohnehin nicht perfekt sein, bevor Sie WordPress integriert haben. Irgendetwas vergisst man immer, das man dann noch nachbessern oder umgestalten muss. Da nehme ich mich keinesfalls aus. Aber das hält meistens schon genug auf. Die meiste Zeit können Sie sparen, wenn Sie konsequent das vollständige Design umsetzen. Der Rest ist dann schon (fast) ein Kinderspiel.

Hier eine (durchaus erweiterbare) Checkliste für Ihre Designüberlegungen:

▶ alle Seiten
▶ Menü
▶ Seitenleiste
▶ Informationen über den Autor

- ▶ Fußbereich
- ▶ Kategorien
- ▶ Tag-Cloud
- ▶ Suchfeld
- ▶ Social-Media-Buttons & RSS-Feeds
- ▶ beliebte Artikel
- ▶ letzte Kommentare
- ▶ Social-Media-Widgets (Twitter-Stream, Facebook-Timeline etc.)
- ▶ Werbeeinblendungen
- ▶ Blog
- ▶ mehrere Beiträge auf einer Seite
- ▶ Metadaten (Autor, Datum, Kategorie, Tags)
- ▶ Darstellung von Formatvorlagen (»Post Formats«)
- ▶ Seitennavigation
- ▶ Blogartikel
- ▶ ein Beitrag pro Seite, detailliert
- ▶ Metadaten (Autor, Datum, Kategorie, Tags)
- ▶ Bewertung von Beiträgen (Likes, +1 etc.)
- ▶ Teilen von Artikeln (E-Mail, Facebook, Twitter, Google+ etc.)
- ▶ Kommentarformular
- ▶ einzelne Kommentare (verschachtelt?, Gravatare?)
- ▶ ähnliche/empfohlene Artikel
- ▶ Werbeeinblendungen
- ▶ weitere Seitenansichten
- ▶ Autorenseite (Übersicht & Einzelansicht)
- ▶ Kategorieseite (Übersicht & Einzelansicht)
- ▶ Tag-Seite (Übersicht & Einzelansicht)
- ▶ Archiv
- ▶ Suchergebnisseite
- ▶ Fehlerseite (Seite nicht gefunden)
- ▶ Anhänge
- ▶ mögliche individuelle Seitentypen

Sie müssen keinesfalls alle genannten Elemente unterbringen oder gar alle Seitenansichten (z. B. Suchergebnisseite oder Archiv) extra in Photoshop designen. Es ist durchaus legitim, dafür die Einzelansicht eines Artikels abzuwandeln. Wenn Sie ein wirklich individuelles, aufwendig gestaltetes Blog bevorzugen, sollten Sie allerdings auch diese »besonderen« Seiten einzigartig gestalten.

21.2.2 Es geht los: das Gerüst theme-fähig machen

Ich gehe davon aus, dass Sie WordPress mittlerweile entpackt, eine Datenbank eingerichtet und beides mittels Installation miteinander verknüpft haben. Sie haben nun
also eine frische WordPress-Installation auf Ihrem PC oder Server und können gleich
mit der Erstellung des Themes loslegen.

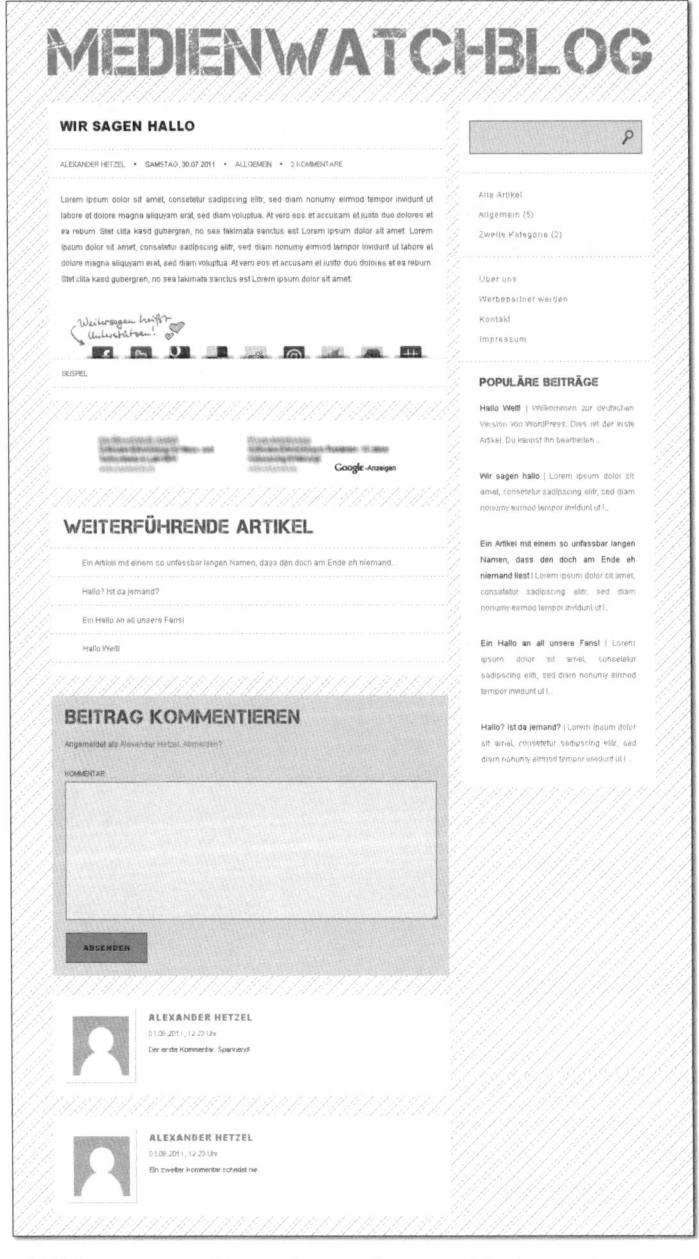

Abbildung 21.30 So könnte Ihr »Medienwatchblog« aussehen.

Zuerst möchte ich Ihnen das Theme vorstellen, das Sie gleich als Praxisbeispiel entwickeln werden – oder von dem Sie zumindest lesen werden, wie man es entwickelt. Sie dürfen das Theme nach Belieben für Ihre eigenen Projekte verwenden, das ist mein »Geschenk« an Sie dafür, dass Sie bis zu dieser Seite durchgehalten haben. (Das haben Sie doch, oder?) Das gilt übrigens für alle Themes auf der Buch-Website. Eines ist Ihnen allerdings nicht erlaubt, und zwar das Theme als Ihr eigenes zu verkaufen. Teilen Sie Kunden mit, wenn Sie dieses Theme als Grundlage verwenden, und verkaufen Sie das Theme bitte nicht über die entsprechenden Plattformen weiter.

Das Gerüst des Webdesigns, das Sie in Abbildung 21.30 sehen, übertragen Sie nun in ein theme-fähiges Format. Legen Sie dazu schon einmal einen Ordner in Ihrem Theme-Verzeichnis an, z. B. mit dem Namen *medienwatchblog*. Kopieren Sie die CSS-Dateien (wichtig: Denken Sie daran, dass Sie zwingend eine Datei namens *style.css* benötigen!) sowie den Ordner mit den Grafiken dort hinein und erstellen Sie die folgenden Dateien: *header.php*, *index.php*, *sidebar.php* und *footer.php*. Diese bilden das Grundgerüst für die Startseite Ihres Blogs.

Zunächst füllen Sie die *header.php* mit Inhalt; hier kommt wieder all der Code hinein, der vor dem Inhaltsbereich steht. Im Beispiel sieht die *header.php* so aus wie in Listing 21.17:

```
04   <?php echo tag_description(); ?>
     <?php bloginfo('name'); ?></title>
05   <meta http-equiv="Content-Type" content="text/html;
     charset=utf-8" />
06   <link rel="Stylesheet" type="text/css" href="
     <?php echo get_stylesheet_directory_uri() ?>/reset.css" />
07   <link rel="Stylesheet" type="text/css" href="
     <?php echo get_stylesheet_directory_uri() ?>/style.css" />
08   <link rel="pingback" href="<?php bloginfo('wpurl'); ?>
     /xmlrpc.php" />
09   <link rel="alternate" type="application/rss+xml"
     title="RSS-Feed" href="<?php bloginfo('wpurl'); ?>/feed/" />
10   <?php wp_head(); ?>
11   </head>
12   <body>
13   <div id="page">
14       <div id="logo">
         <a href="<?php echo bloginfo('url'); ?>" />
         <img src="
         <?php echo get_stylesheet_directory_uri() ?>
         /images/logo.png" /></a></div>
15       <div id="content">
16           <div id="innercontent">
```

Listing 21.17 Die vollständige »header.php«

In die *header.php* schreiben Sie all die Elemente, die auf jeder einzelnen Seite Ihres Blogs angezeigt werden sollen und die vor dem Content stehen. Das heißt, Dinge wie Werbeeinblendungen gehören dann nicht in die *header.php*, wenn diese z. B. nur in der Einzelansicht eines Blogbeitrags oder erst nach dem Inhalt angezeigt werden sollen. In diesem Praxisbeispiel befindet sich allerdings zwischen dem HTML-Kopf und dem Content-Bereich keinerlei weiteres Element, was die Entscheidung sichtlich erleichtert.

In Listing 21.17 können Sie sehen, dass in den Zeilen 15 und 16 bereits die Container für den Content beginnen. Sie können diese ruhigen Gewissens mit in die *header.php* übernehmen, solange jede Ihrer Unterseiten gleich aufgebaut ist, was bei den meisten Blogs der Fall sein dürfte. So sparen Sie sich, diese Container in jeder weiteren Datei erneut zu öffnen. Schließen können Sie diese dann z. B. in der *sidebar.php* oder der *footer.php*. Auf diese Weise beinhalten alle Inhaltsdateien wirklich nur den für sie typischen Code. Das ist nicht nur aus der Perspektive der Dateigröße relevant; zwei bis vier Zeilen Code dürften hier keine große Rolle spielen. Diese Vorgehensweise ist aber schlicht sauberer. Außerdem können Sie so leichter das Grundgerüst Ihrer Website verändern. Möchten Sie später z. B. einmal etwas an den Anfang des Containers #content setzen, müssen Sie so nur die *header.php* bearbeiten und nicht fast alle anderen Dateien ebenfalls.

Es folgt die Erstellung der *index.php* (siehe Listing 21.18):

```
01    <?php get_header(); ?>
02        <h1>Medienwatchblog – Alles aus den Medien. Hier, heute
          und morgen.</h1>
03    <?php if ( have_posts() ) :
      while ( have_posts() ) : the_post(); ?>
04    <div id="content-single">
05        <h2><a href="<?php the_permalink(); ?>" title="Lesen Sie
          &quot;<?php the_title(); ?>&quot;
          vollständig"><?php the_title(); ?></a></h2>
06        <p id="blogmeta"><?php the_author_posts_link(); ?>
          &bull; <span><?php the_time("l, d.m.Y"); ?></span>
          &bull; <?php the_category(', '); ?> &bull;
          <?php comments_popup_link('Keine Kommentare',
          '1 Kommentar','% Kommentare','','none'); ?></p>
07        <?php the_content('Weiterlesen ...'); ?>
08    </div>
09    <?php endwhile; else: ?>
10    <p><?php _e('Es wurden leider keine Beiträge
      gefunden.'); ?></p>
```

```
11    <?php endif; ?>
12    <?php get_sidebar(); ?>
13    <?php get_footer(); ?>
```

Listing 21.18 Die vollständige »index.php«

Die *index.php* stellt, wie Sie wissen, die Startseite des Blogs dar, also eine Auflistung der aktuellen Beiträge. Die Schleife für die Ausgabe der Artikel beginnt in Zeile 03 und endet in Zeile 09. Alles, was dazwischen geschrieben steht, steuert die Ausgabe eines einzelnen Blogartikels. Der Code wird später einfach dupliziert und aneinandergereiht. Es ist sinnvoll, jeden Blogartikel in einen div-Container einzukleiden (Zeile 04); so können Sie diesen besser in CSS formatieren und ihn z. B. mit einem Außenabstand versehen, um die einzelnen Artikel optisch voneinander abzugrenzen. In Zeile 05 folgt der Titel des Beitrags, eingekleidet in ein <h2>-Tag. In Zeile 06 finden Sie die Anzeige der Metadaten des Artikels, also Autor, Datum, Kategorie und Kommentare. Der Inhalt wird schließlich in Zeile 07 ausgegeben. So weit keine Rocket-Science.

Als Nächstes kümmern Sie sich um die *sidebar.php* (siehe Listing 21.19):

```
01        </div> <!-- / #innercontent -->
02    </div> <!-- / #content -->
03    <div id="sidebar">
04        <div id="innersidebar">
05            <div id="sidebar-search">
06            <form role="search" method="get" id="searchform"
              action="<?php bloginfo('url'); ?>">
07            <input type="text" name="s" id="search-field" />
08            <input type="submit" value="suchen"
              id="search-button" />
09            <div class="clear"></div>
10            </form>
11            </div>
12            <div id="sidebar-categories">
13                <ul>
14                <?php $args = array(
15                'show_option_all'    => '',
16                'orderby'            => 'name',
17                'order'              => 'ASC',
18                'show_last_update'   => 0,
19                'style'              => 'list',
20                'show_count'         => 1,
21                'hide_empty'         => 0,
22                'use_desc_for_title' => 1,
23                'child_of'           => 0,
```

21

```
24                  'feed'              => '',
25                  'feed_type'         => '',
26                  'feed_image'        => '',
27                  'exclude'           => '',
28                  'exclude_tree'      => '',
29                  'include'           => '',
30                  'hierarchical'      => true,
31                  'title_li'          => '',
32                  'show_option_none'  => __('Keine Kategorien'),
33                  'number'            => NULL,
34                  'echo'              => 1,
35                  'depth'             => 0,
36                  'current_category'  => 0,
37                  'pad_counts'        => 0,
38                  'taxonomy'          => 'category',
39                  'walker'            => '' ); ?>
40                  <li><a href="<?php bloginfo('url');
                    ?>/archiv/">Archiv</a></li>
41                  <?php wp_list_categories( $args ); ?>
42                  </ul>
43              </div>
44              <div id="sidebar-menu">
45              </div>
46              <div id="sidebar-popular">
47                  <h6>Populäre Beiträge</h6>
48              </div>
49          </div>
50      </div>
```

Listing 21.19 Die vollständige »sidebar.php« (wird später noch erweitert)

In den Zeilen 01 und 02 können Sie sehen, dass hier nun die beiden Container wieder geschlossen werden, die zuvor in der *header.php* geöffnet worden sind. Die Zeilen 05 bis 11 beschreiben das Suchformular näher. Dieses besteht immer aus einem Suchfeld und einem entsprechenden Button und natürlich auch aus dem alles umschließenden form-Tag. Dieses sollte jedenfalls die Attribute role="search", method="get" sowie action="<?php bloginfo('url'); ?>" enthalten.

Von Zeile 12 bis 43 erstreckt sich eine verhältnismäßig große Menge an Code, der einzig und allein die Ausgabe aller Kategorien bewirkt. Zunächst wird in Zeile 14 ein $args-Array begonnen, das alle Einstellungsmöglichkeiten für diese Ausgabe enthalten wird. Dieses Array wird in Zeile 41 an die Funktion wp_list_categories() übergeben, die schließlich die Kategorien als Liste ausgibt. Zuvor können Sie noch in Zeile

40 sehen, dass dort bereits ein Listeneintrag zu finden ist. Dieser dient später lediglich als Link zum Archiv. Sie könnten ihn aber auch überall sonst unterbringen oder einfach an das Ende der Liste setzen. In Tabelle 21.3 können Sie sehen, was die einzelnen Einstellungen bewirken.

Schlüssel	Beschreibung	Wert
show_option_all	Soll ein Link zur Startseite Ihres Blogs angezeigt werden? Dann geben Sie den Link-Text hier ein. Soll kein Link erscheinen, lassen Sie den Wert leer (bis auf die Anführungszeichen).	' '
orderby	Wonach sollen die Kategorien sortiert werden? Mögliche Werte: ID, name, slug, count, term_group	name
order	aufsteigende (ASC) oder absteigende (DESC) Sortierung	ASC
show_last_update	Soll angezeigt werden, wann das letzte Mal ein Beitrag in der jeweiligen Kategorie veröffentlicht bzw. bearbeitet wurde?	0
style	Wie soll die Ausgabe formatiert werden? Wählen Sie list für eine klassische Bullet-Point-Liste und none für gar keine Formatierung.	list
show_count	Anzeige der Anzahl aller Beiträge der jeweiligen Kategorie	1
hide_empty	Sollen leere Kategorien versteckt werden, bis Sie den ersten Beitrag hinzufügen?	0
use_desc_for_ title	Soll im title-Attribut des Link-Tags, das jede Kategorie umgibt, die benutzerdefinierte Beschreibung der Kategorie angezeigt werden, sofern vorhanden?	1
child_of	Hier können Sie die ID einer Kategorie einsetzen, wenn Sie nur die Kindelemente (Kindkategorien) einer Oberkategorie einblenden möchten, andernfalls 0.	0

Tabelle 21.3 Funktion der einzelnen Einstellungsschlüssel

21

Schlüssel	Beschreibung	Wert
feed	Soll ein Link zum RSS-Feed der Kategorie angezeigt werden?	' '
feed_type	Legen Sie fest, welchen Typs der verlinkte Feed sein soll.	' '
feed_image	Alternativ zu einem Text-Link können Sie hier für den RSS-Feed-Link einen URI angeben, der zu einem entsprechenden Icon führt.	' '
exclude	eine kommaseparierte Liste von IDs derjenigen Kategorien, die Sie von der Auflistung ausschließen möchten	' '
exclude_tree	Hier können Sie ganze Kategoriestämme von der Auflistung ausschließen.	' '
include	Wenn Sie nur einige ganz bestimmte Kategorien in die Auflistung aufnehmen möchten, tragen Sie deren IDs hier durch Kommata getrennt ein.	' '
hierarchical	Sollen Unterkategorien angezeigt werden?	true
title_li	Hier können Sie einen Titel für die Liste eingeben. Das machen wir lieber direkt in HTML.	' '
show_option_none	Was soll angezeigt werden, wenn noch keine Kategorien vorhanden sind?	__('Keine-Kategorien')
number	Soll die Ausgabe der Kategorien auf eine bestimmte Anzahl beschränkt werden? Wenn nicht, wählen Sie hier NULL.	NULL
echo	Soll die Anzeige direkt ausgegeben (1) oder nur in einer Variablen gespeichert werden (0)?	1
depth	Wie viele Ebenen der Kategorienhierarchie sollen eingeblendet werden? 0 = alle Kategorien und deren Kinder, −1 = alle Kategorien ohne Einrückung, 1 = nur die Kategorien der ersten Ebene, • = nur bis zur Ebene n	0

Tabelle 21.3 Funktion der einzelnen Einstellungsschlüssel (Forts.)

Schlüssel	Beschreibung	Wert
current_category	Wenn Sie möchten, können Sie der aktuell angezeigten Kategorie die Klasse current-cat zuweisen lassen, um diese entsprechend zu formatieren. Das geschieht allerdings bei der Anzeige eines Kategorie-Archivs ohnehin.	0
pad_counts	Sollen bei der Zählung der Beiträge einer jeweiligen Kategorie auch die Beiträge der Unterkategorien berücksichtigt werden?	0
taxonomy	Welche Taxonomie soll angesprochen werden? Wählen Sie category für die üblichen Blogkategorien oder eine benutzerdefinierte, die Sie z. B. im Rahmen von Custom Post Types festgelegt haben.	category
walker	Wenn Sie keine eigene Walker-Klasse geschrieben haben, dann lassen Sie den Wert leer. (Das sind PHP-Klassen, die die Walker-Klasse von WordPress erweitern, sie »laufen« in diesem Fall über die Kategorie-Funktion.)	

Tabelle 21.3 Funktion der einzelnen Einstellungsschlüssel (Forts.)

In den Zeilen 44 und 45 bzw. 46 bis 48 befindet sich das Skelett für das Menü und die Anzeige der populären Beiträge, die an späterer Stelle eingebaut werden sollen.

Schließlich folgt die Erstellung der *footer.php* (siehe Listing 21.20):

```
01    </div>
02    <?php wp_footer(); ?>
03    </body>
04    </html>
```

Listing 21.20 Die vollständige »footer.php«

Nun gut, ich gebe zu, dass es für die *footer.php* nicht unbedingt eines eigenen Listings bedurft hätte. Hier schließt sich der Kreis, also der page-Container aus der *header.php* sowie das body- und html-Tag. Der Aufruf wp_footer() sorgt dafür, dass sowohl Word-Press als auch Plugins korrekt funktionieren. Damit haben Sie das Grundgerüst Ihrer Blog-Website vollständig abgebildet, und die Startseite ist nun bereits aufrufbar.

Aktivieren Sie das Theme im Backend unter DESIGN • THEMES (siehe Abbildung 21.31).

21

Abbildung 21.31 Aktivieren Sie nun das Theme.

Das Frontend sollte derzeit in etwa so aussehen wie in Abbildung 21.32.

Abbildung 21.32 Noch nicht viel los auf dem Blog, aber wenigstens steht schon einmal das Grundgerüst.

21.2.3   Die restlichen Inhaltsdateien anlegen

Bislang funktioniert bei dem Praxisbeispiel nur die Startseite. Das ist schon gut, aber bei Weitem nicht gut genug. Sie möchten mehr. Sie möchten auch Unterseiten anzeigen können genauso wie einzelne Blogartikel, das Archiv, Suchergebnisse, Kategorien oder auch Fehlerseiten. Kein Problem. In diesem Abschnitt erfahren Sie, wie Sie genau das bewerkstelligen.

Als Nächstes legen Sie die Datei *page.php* in Ihrem Theme-Ordner an (siehe Listing 21.21). Diese steuert bekanntlich das Aussehen Ihrer Unterseiten.

```
01   <?php get_header(); ?>
02   <?php if ( have_posts() ) :
     while ( have_posts() ) : the_post(); ?>

03   <div id="content-single">
04       <h1 class="pagetitle"><?php the_title(); ?></h1>

05       <?php the_content(); ?>

06   </div>

07   <?php endwhile; endif; ?>
08   <?php get_sidebar(); ?>
09   <?php get_footer(); ?>
```

Listing 21.21 Die vollständige »page.php«

Der Aufbau der *page.php* ist gewohnt simpel, verglichen mit dem der *index.php*. Sie benötigen lediglich die Ausgabe des Titels (Zeile 04) und die Ausgabe des Inhalts (Zeile 05). Der Rest ist bekannt. So wie in Abbildung 21.33 könnte es aussehen.

Abbildung 21.33 Eine einfache Beispiel-Seite

Als Nächstes ist die *single.php* dran – denn schließlich sollen die Blogbeiträge ja auch in der Einzelansicht glänzen (siehe Listing 21.22):

```
01   <?php get_header(); ?>
02   <?php if ( have_posts() ) :
     while ( have_posts() ) : the_post(); ?>
03   <div id="content-single">
04       <h1 class="pagetitle"><?php the_title(); ?></h1>
05       <p id="blogmeta"><?php the_author_posts_link(); ?>
         &bull; <span><?php the_time("l, d.m.Y"); ?></span>
         &bull; <?php the_category(', '); ?> &bull;
         <?php comments_popup_link('Keine Kommentare',
         '1 Kommentar','% Kommentare','','none'); ?></p>
06       <?php the_content(); ?>
07       <p id="blogmeta">
         <?php the_tags( '', '&bull;', '' ); ?></p>
08   </div>
09   <?php endwhile; endif; ?>
10   <div id="content-adsense">
11       <p>AdSense</p>
12   </div>
13   <div id="content-articles">
14       <h6>Weiterführende Artikel</h6>
15       <ul>
16           <li><a href="">Artikel</a></li>
17       </ul>
18   </div>
19   <?php comments_template(); ?>
20   <?php get_sidebar(); ?>
21   <?php get_footer(); ?>
```

Listing 21.22 Die vollständige »single.php« (wird später noch erweitert)

Die *single.php* ist häufig ein Mix aus *page.php* und *index.php*: Das grobe Layout orientiert sich eher an der Einzelansicht einer Unterseite, während meist ein paar Elemente mehr benötigt werden als in der *page.php*, z. B. die Metadaten des Artikels, die bei der Unterseite häufig weggelassen werden. Hinzu kommen üblicherweise noch eine Anzeige der Tags sowie die Kommentarplattform. In diesem Beispiel sollen in der *single.php* zusätzlich noch Werbung eingeblendet und dem Besucher Vorschläge für weitere interessante Artikel gemacht werden.

In den Zeilen 04, 05 und 06 werden der Titel des Beitrags, dessen Metadaten sowie der Inhalt ausgegeben – also nichts Unbekanntes. Danach, in Zeile 07, folgt die Ausgabe der Tags dieses Beitrags (hier in der gleichen Formatierung wie die der Blogartikel-Metadaten). Von Zeile 10 bis 12 ist ein Platzhalter für die Anzeige der Werbung definiert; etwas Ähnliches finden Sie von Zeile 13 bis 18 für die weiterführenden

Artikel. Diese beiden Bereiche werden Sie in einem späteren Abschnitt noch mit Leben füllen. Für den Moment soll eine grobe Definition der Bereiche genügen.

In Zeile 19 können Sie bereits das Kommentar-Template einfügen. Dieses sorgt später für die Ausgabe des Kommentarformulars sowie die Anzeige der einzelnen Kommentare. Die Formatierung dieses Templates folgt etwas später. Wundern Sie sich also nicht, dass das Ergebnis zunächst noch ein wenig, nun ja, sagen wir unstrukturiert aussieht (siehe Abbildung 21.34). Alles Überflüssige beseitigen wir noch.

Abbildung 21.34 Oben sieht die Einzelansicht der Artikel schon ganz gut aus. Um den unteren Bereich kümmern wir uns später. Betrachten Sie es bis dahin als Beitrag gegen den zunehmenden Perfektionismus.

Das Artikelarchiv bei diesem Praxisbeispiel wird aus zwei Dateien bestehen, denen jeweils unterschiedliche Funktionen zukommen. Die Datei *archives.php* zeigt dem Besucher eine Auflistung aller Monate, in denen ein Blogbeitrag veröffentlicht worden ist. Durch einen Klick auf den jeweiligen Monat gelangt der Nutzer zur Anzeige der *archive.php*, die ihm schließlich alle Beiträge des ausgewählten Monats anzeigt. Wichtig ist, dass Sie diese beiden Dateien (eine mit »s« und eine ohne) streng auseinanderhalten.

Die *archives.php* sieht aus wie in Listing 21.23:

```
01   <?php
02   /*
03   Template Name: Archiv
04   */
05   ?>
06   <?php get_header(); ?>
07   <?php if ( have_posts() ) :
     while ( have_posts() ) : the_post(); ?>
08   <div id="content-single">
09       <h1 class="pagetitle">Archiv</h1>
10       <ul class="archiv">
11           <?php wp_get_archives('type=monthly'); ?>
12       </ul>
13   </div>
14   <?php endwhile; endif; ?>
15   <?php get_sidebar(); ?>
16   <?php get_footer(); ?>
```

Listing 21.23 Die vollständige »archives.php«

Wichtig ist auch, dass Sie die *archives.php* mit einem PHP-Kommentar beginnen, wie er in Listing 21.23 in den Zeilen 01 bis 05 zu sehen ist. Dadurch erkennt WordPress diese Datei als Template, sodass wir sie in einem weiteren Schritt einer Unterseite zuweisen können. Interessant wird es dann erst wieder in Zeile 11. Hier erfolgt nämlich die Ausgabe des Archivs mithilfe der Funktion wp_get_archives(), der der Parameter type=monthly übergeben wird, also der Wunsch nach einem monatlichen Archiv.

Nun legen Sie eine neue Seite mit dem Namen »Archiv« an und wählen dort als Template ARCHIV aus. Das hat den Zweck, dass beim Aufruf dieser Seite die soeben erstellte *archives.php* aufgerufen wird. Dies veranschaulicht Ihnen Abbildung 21.35 noch einmal genauer.

Übrigens: So können Sie auch in ganz vielen anderen Situationen verfahren. Immer wenn Sie eine Seite gänzlich von der Norm abweichend gestalten wollen, legen Sie eine Template-Datei in Ihrem Theme-Ordner an (natürlich mit dem entsprechenden Kommentar am Anfang) und schon können Sie diese für jede beliebige Unterseite als Vorlage auswählen. Wir belassen es an dieser Stelle aber erst einmal bei der #.

Abbildung 21.35 Wählen Sie hier das Archiv-Template aus.

Sie können die gerade erstellte Seite nun einmal testweise aufrufen. Sie sollte ungefähr so aussehen wie in Abbildung 21.36.

Abbildung 21.36 Noch ist nicht viel los auf der Archivseite.

Erstellen Sie nun die Geschwisterdatei, namentlich *archive.php* (ohne »s«), wie Sie sie in Listing 21.24 sehen. Diese Datei ruft WordPress immer dann auf, wenn der Software per URL Parameter übergeben werden, die auf ein Archiv hindeuten. Das ist z. B. der Fall, wenn Sie oder Ihre Besucher auf einen der oben erstellten monatlichen Archiv-Links klicken.

```
01    <?php get_header(); ?>
02    <h1 class="pagetitle">Archiv:
      <?php single_month_title( ' ', true ); ?></h1>
03    <?php if ( have_posts() ) :
      while ( have_posts() ) : the_post(); ?>
04    <div id="content-single">
05        <h2><a href="<?php the_permalink(); ?>"
          title="Lesen Sie  &quot;<?php the_title(); ?>&quot;
          vollständig"><?php the_title(); ?></a></h2>
06        <p id="blogmeta"><?php the_author_posts_link(); ?>
          &bull; <span><?php the_time("l, d.m.Y"); ?></span>
          &bull; <?php the_category(', '); ?> &bull; <?php
          comments_popup_link('Keine Kommentare','1 Kommentar',
          '% Kommentare','','none'); ?></p>
07        <?php the_content('Weiterlesen ...'); ?>
08    </div>
09    <?php endwhile; else: ?>
10    <p><?php _e('Es wurden leider keine Beiträge
      gefunden.'); ?></p>
11    <?php endif; ?>
12    <?php get_sidebar(); ?>
13    <?php get_footer(); ?>
```

Listing 21.24 Die vollständige »archive.php«

Wie Sie sicherlich bemerkt haben, sieht die *archive.php* der *index.php* sehr ähnlich. Im Prinzip soll die Datei ja auch nur dafür sorgen, dass die entsprechenden Artikel ausgegeben werden. Warum nicht in dem Format der Startseite Ihres Blogs? Wie immer können Sie diese Ansicht natürlich Ihren Wünschen anpassen.

Der einzige Unterschied zur *index.php* liegt in Zeile 02. Dort werden mithilfe der Funktion single_month_title() zuerst der Name des Monats sowie das entsprechende Jahr ausgegeben, aus dem die folgenden Beiträge stammen. Der erste Parameter legt das Präfix fest, das vor jede Ausgabe gesetzt wird. In diesem Fall ist es ein Leerzeichen. Würden Sie es weglassen, würde zwischen Monat und Jahr gar kein Leerzeichen stehen, im Sinne von »Juli2011«. Bedenken Sie (falls Sie ein anderes Zeichen wünschen), dass das Präfix auch vor dem Monatsnamen steht. Ein Bullet Point (•) würde also eine Anzeige wie »•Juli•2011« hervorrufen. Achten Sie also darauf, bei dieser Funktion als ersten Parameter unbedingt ein Leerzeichen innerhalb der Anführungszeichen zu übergeben. Der zweite Parameter legt im Prinzip nur fest, dass der Name auch ausgegeben (true) und nicht nur in einer Variablen gespeichert werden soll.

In Abbildung 21.37 sehen Sie, wie das Archiv in Aktion aussieht.

Abbildung 21.37 Bereits zwei Beiträge wurden im Juli veröffentlicht. Wow!

Zudem benötigen wir noch eine Abwandlung des Archivs: ein Autorenarchiv. Die Besucher Ihres Blogs haben so die Möglichkeit, auf den Autor des Beitrags zu klicken, und gelangen so zu einem Archiv, das ausschließlich dessen Beiträge enthält. Der Code dafür gehört in die Datei *author.php* (Sie können die *archive.php* auch einfach kopieren). Der Vollständigkeit halber sehen Sie in Listing 21.25 aber den gesamten Code:

```
01   <?php get_header(); ?>
02   <?php $curauth = (isset($_GET['author_name'])) ?
     get_user_by('slug', $author_name) :
     get_userdata(intval($author)); ?>
03   <h1>Beiträge von <?php echo $curauth->display_name;
     ?></h1>
04   <?php if ( have_posts() ) :
     while ( have_posts() ) : the_post(); ?>
05   <div id="content-single">
06       <h2><a href="<?php the_permalink(); ?>" title="Lesen Sie
         &quot;<?php the_title(); ?>&quot; vollständig">
         <?php the_title(); ?></a></h2>
07       <p id="blogmeta"><?php the_author_posts_link(); ?>
         &bull; <span><?php the_time("l, d.m.Y"); ?></span>
         &bull; <?php the_category(', '); ?> &bull; <?php
```

```
          comments_popup_link('Keine Kommentare','1 Kommentar',
          '% Kommentare','','none'); ?></p>
08        <?php the_content('Weiterlesen ...'); ?>
09    </div>
10    <?php endwhile; else: ?>
11    <p><?php _e('Es wurden leider keine Beiträge
      gefunden.'); ?></p>
12    <?php endif; ?>
13    <?php get_sidebar(); ?>
14    <?php get_footer(); ?>
```

Listing 21.25 Die vollständige »author.php«

Im Gegensatz zur *archive.php* soll oben auf der Seite nicht das Datum ausgegeben
werden, sondern der Name des Autors. Das ist außerhalb der Loop leider etwas komplizierter. In Zeile 02 wird dazu eine Abfrage nach den Autorendaten initiiert; diese
Daten werden in der Variablen $curauth gespeichert. Da dies ein Objekt ist, müssen
Sie auch entsprechend darauf zugreifen. Für diese Datei wird ausschließlich der
Anzeigename benötigt, den WordPress hinter $curauth->display_name; versteckt
(siehe Zeile 03).

Abbildung 21.38 Auf dieser Seite werden nun ausschließlich die Beiträge eines bestimmten
Autors ausgegeben.

Sie können über diese Variable auf alle Daten bezüglich des Autors zugreifen. So besteht auch die Möglichkeit, einen kleinen Steckbrief vor die Beiträge zu setzen, wenn Sie das möchten. Unser Beispiel kommt noch ohne aus (Abbildung 21.38).

Nun möchten Sie Ihre Artikel womöglich nicht nur nach Datum bzw. Autor sortiert ausgeben, sondern vielleicht auch nach Kategorien oder Tags. Dafür sind die beiden Dateien *category.php* und *tag.php* verantwortlich, die Sie nun erstellen.

Die Kategorien werden – genau wie die Tags – automatisch verlinkt (siehe Listing 21.26). Bei den Kategorien führt ein Klick auf diesen Link dazu, dass WordPress die Seite *category.php* aufruft.

```
01    <?php get_header(); ?>
02    <div id="content-single">
03    <h1 class="pagetitle"><?php single_cat_title(); ?></h1>
04    <?php echo category_description(); ?>
05    </div>
06    <?php if ( have_posts() ) :
      while ( have_posts() ) : the_post(); ?>
07    <div id="content-single">
08        <h2><a href="<?php the_permalink(); ?>" title="Lesen Sie
          &quot;<?php the_title(); ?>&quot;
          vollständig"><?php 10   the_title(); ?></a></h2>
09        <p id="blogmeta"><?php the_author_posts_link(); ?>
          &bull; <span><?php the_time("l, d.m.Y"); ?></span>
          &bull; <?php the_category(', '); ?> &bull; <?php
          comments_popup_link('Keine Kommentare','1 Kommentar',
          '% Kommentare','','none'); ?></p>
10        <?php the_content('Weiterlesen ...'); ?>
11    </div>
12    <?php endwhile; else: ?>
13    <p><?php _e('Es wurden leider keine Beiträge
      gefunden.'); ?></p>
14    <?php endif; ?>
15    <?php get_sidebar(); ?>
16    <?php get_footer(); ?>
```

Listing 21.26 Die vollständige »category.php«

Schon wieder Parallelen? Genau. Sie können sich hier – wie ich auch – nah an der bereits erstellten Datei *archive.php* anlehnen. Denn auch hier sollen schließlich nur die passenden Blogartikel ausgegeben werden. Dieses Mal habe ich die Zeilen 02 bis 05 ein wenig erweitert. Nun finden Sie dort zunächst die Ausgabe der Kategorie mittels der Funktion single_cat_title(), danach folgt dann unmittelbar die Ausgabe der

21

Kategoriebeschreibung, wie sie durch die Funktion category_description() bereitgestellt wird. Voraussetzung ist natürlich, dass Sie im Backend auch eine Beschreibung dafür angegeben haben. So können Sie aber eine schöne Unterscheidung vom tristen Archiv erreichen und Ihren Lesern schon einmal ungefähr mitteilen, welche Artikel hier einsortiert werden (siehe Abbildung 21.39).

Abbildung 21.39 So übersichtlich können Kategorien sein.

Jetzt wird es noch einfacher. Die *tag.php* ist nichts anderes als die *category.php* – außer Sie wünschen sich ein ganz spezielles Layout (siehe Listing 21.27). Die Theme-Erstellung in WordPress ist insofern gar nicht so aufwendig, wie man oft denken mag. Denn viel kann übernommen und kopiert werden. Allein die Anzahl der Dateien mag einen anfangs abschrecken.

```
01   <?php get_header(); ?>
02   <div id="content-single">
03   <h1 class="pagetitle"><?php single_tag_title(); ?></h1>
04   <?php echo tag_description(); ?>
05   </div>
06   <?php if ( have_posts() ) :
     while ( have_posts() ) : the_post(); ?>
07   <div id="content-single">
08       <h2><a href="<?php the_permalink(); ?>" title="Lesen Sie
         &quot;<?php the_title(); ?>&quot;
```

```
        vollständig"><?php the_title(); ?></a></h2>
09      <p id="blogmeta"><?php the_author_posts_link(); ?>
        &bull; <span><?php the_time("l, d.m.Y"); ?></span>
        &bull; <?php the_category(', '); ?> &bull; <?php
        comments_popup_link('Keine Kommentare','1 Kommentar',
        '% Kommentare','','none'); ?></p>
10      <?php the_content('Weiterlesen ...'); ?>
11  </div>
12  <?php endwhile; else: ?>
13  <p><?php _e('Es wurden leider keine Beiträge
    gefunden.'); ?></p>
14  <?php endif; ?>
15  <?php get_sidebar(); ?>
16  <?php get_footer(); ?>
```

Listing 21.27 Die vollständige »tag.php«

Das grenzt schon ans Plagiieren. (Oder ist es das schon?) Im Gegensatz zur *category.php* haben sich nur zwei kleine Funktionsnamen geändert: Aus single_cat_title() wurde single_tag_title(), und aus category_description() wurde tag_description() – das war es auch schon. Entsprechend ähnlich ist das Ergebnis (siehe Abbildung 21.40).

Abbildung 21.40 Das ist übrigens eine Tag-Seite.

Wenn Sie möchten, können Sie die Kategorieseite und die Tag-Seite optisch noch ein wenig voneinander abgrenzen. Prinzipiell ist es für den Nutzer egal, wo er die Artikel findet. Sie könnten aber unter der Tag-Seite z. B. noch eine sogenannte *Tag-Cloud* ausgeben, wie sie viele Plugins bereits fertig anbieten.

Wo werden denn nun eigentlich die Suchergebnisse angezeigt? Das regelt die *search.php* (siehe Listing 21.28). Auch dabei können wir uns wieder an eine bereits erstellte Datei anlehnen. Vom Layout her eignet sich, finde ich, die *archive.php* ganz gut. Sie könnten auch die *category.php* oder *tag.php* wählen, das Layout ist aber hier darauf ausgerichtet, dass eine Beschreibung vorliegt.

```
01    <?php get_header(); ?>
02    <h1>Suchergebnisse:
      &quot;<?php echo get_search_query(); ?>&quot;</h1>
03    <?php if ( have_posts() ) :
      while ( have_posts() ) : the_post(); ?>
04    <div id="content-single">
05        <h2><a href="<?php the_permalink(); ?>"
          title="Lesen Sie &quot;<?php the_title(); ?>&quot;
          vollständig"><?php the_title(); ?></a></h2>
06        <p id="blogmeta"><?php the_author_posts_link(); ?>
          &bull; <span><?php the_time("l, d.m.Y"); ?></span>
          &bull; <?php the_category(', '); ?> &bull; <?php
          comments_popup_link('Keine Kommentare','1 Kommentar',
          '% Kommentare','','none'); ?></p>
07        <?php the_content('Weiterlesen ...'); ?>
08    </div>
09    <?php endwhile; else: ?>
10    <p><?php _e('Es wurden leider keine Beiträge
      gefunden.'); ?></p>
11    <?php endif; ?>
12    <?php get_sidebar(); ?>
13    <?php get_footer(); ?>
```

Listing 21.28 Die vollständige »search.php«

Auch hier werden wieder lediglich einzelne Blogartikel ausgegeben – aber nur die, die laut dem Algorithmus von WordPress der Suchphrase entsprechen. In Zeile 02 wird mittels der Funktion get_search_query() genau diese Suchphrase angezeigt. So sieht der Besucher gleich, dass die neue Seite geladen wurde und auch seine gewünschten Suchergebnisse darstellt (siehe Abbildung 21.41).

Abbildung 21.41 So sehen die Suchergebnisse für »Hallo« aus.

Zu guter Letzt benötigen Sie nur noch eine weitere Inhaltsseite: die *404.php* (siehe Listing 21.29). Denn irgendetwas Sinnvolles sollte Ihren Besuchern schließlich angezeigt werden, wenn die Seite schon nicht gefunden werden konnte.

```
01    <?php get_header(); ?>
02    <div id="content-single">
03        <h1 class="pagetitle">Seite nicht gefunden</h1>
04        <p>Es tut uns leid, wir konnten die von Ihnen
           angeforderte Seite nicht finden. Es kann schon einmal
           vorkommen, dass eine Unterseite wieder von der Website
           entfernt wird; beispielsweise weil sie veraltet ist oder
           nicht in unser Konzept passt.</p>
05        <p>Als Wiedergutmachung erhalten Sie hier einige
           <strong>Links, mit denen Sie fortfahren
           können:</strong></p>
06        <ul>
07            <li>Vorschlag 1</li>
08            <li>Vorschlag 2</li>
09            <li>Vorschlag 3</li>
10        </ul>
11    </div>
12    <?php get_sidebar(); ?>
13    <?php get_footer(); ?>
```

Listing 21.29 Die vollständige »404.php«

Die *404.php* ist rein statisch. Hier besteht auch keine Notwendigkeit, automatischen Content anzuzeigen. Geben Sie Ihrem Besucher einen freundlichen Hinweis (vielleicht sogar mit einer kurzen Erklärung), dass die von ihm angeforderte Seite nicht gefunden werden konnte. Idealerweise bieten Sie ihm auch noch einige Links an, über die er zu den wichtigsten Bereichen Ihres Blogs gelangt. Das hält fehlgeleitete Nutzer auf Ihrer Website.

21.2.4   Die Kommentarfunktion einbauen

Ihre Besucher sollen Ihre Beiträge natürlich auch kommentieren können. Diese Funktion steuern Sie über zwei Dateien: die *comments.php* und die *functions.php*. Die *comments.php* ist die Datei, die Sie bereits in Ihre *single.php* über die Funktion comments_template() eingebunden haben. Die *comments.php* bindet wiederum eine sogenannte *Callback-Funktion* ein, die sich in der *functions.php* befindet. Diese Funktion steuert die Ausgabe der einzelnen Blogbeiträge. Die Ausgabe des Formulars wird dagegen direkt in der *comments.php* festgelegt.

Zunächst sollten Sie die *comments.php* in Angriff nehmen (siehe Listing 21.30):

```
01   <div id="comments">
02   <?php if ( post_password_required() ) : ?>
03   <p class="nopassword">Bitte geben Sie das Passwort ein, um
     Kommentare zu lesen.</p>
04   </div>
05   <?php return; endif; ?>

06   <div id="content-form">
07   <?php
08   $fields =  array(
09       'author' => '<p class="comment-form-author">' .
         '<label for="author">' .
         __( 'Ihr Name <em>(erforderlich)</em>' ) .
         '</label>
         <input id="author" name="author" type="text" value="' .
         esc_attr( $commenter['comment_author'] ) . '" size="30"'
         . $aria_req . ' /></p>',
10       'email'  => '<p class="comment-form-email">
         <label for="email">' . __( 'Ihre E-Mail-Adresse
         <em>(erforderlich, wird aber nicht
         veröffentlicht)</em>' ) . '</label>
         <input id="email" name="email" type="text" value="' .
         esc_attr(  $commenter['comment_author_email'] ) . '"
```

```
         size="30"' . $aria_req . ' /></p>',
11       'url'    => '<p class="comment-form-url">
         <label for="url">' . __( 'Ihre Website' ) . '</label>' .
         '<input id="url" name="url" type="text" value="' .
         esc_attr( $commenter['comment_author_url'] ) . '"
         size="30" /></p>',
12    );
13    comment_form(array('fields' => apply_filters(
      'comment_form_default_fields', $fields ),
      'comment_notes_before' => '', 'comment_notes_after' => '',
      'title_reply' => __( '<h6>Beitrag kommentieren</h6>' )));
14    ?>
15    </div>

16    <?php if ( have_comments() ) : ?>
17    <?php if ( get_comment_pages_count() > 1 &&
      get_option( 'page_comments' ) ) : ?>
18    <div class="navigation">
19    <div class="nav-previous"><?php previous_comments_link(
      '&laquo; ältere Kommentare' ); ?></div>
20    <div class="nav-next"><?php next_comments_link( 'Neuere
      Kommentare &raquo;' ); ?></div>
21    </div>
22    <?php endif; ?>
23    <div id="content-comments">
24        <ul>
25    <?php
26    wp_list_comments('type=all&callback=callback_comment');
27    ?>
28        </ul>
29    </div>
30    <?php if ( ! comments_open() ) : ?>
31    <p class="nocomments">Die Kommentarfunktion ist leider
      deaktiviert.</p>
32    <?php endif; ?>
33    <?php endif; ?>
34    </div>
```

Listing 21.30 Die vollständige »comments.php«

Der Code der *comments.php* wirkt auf den ersten Blick ziemlich überwältigend, vor allem im Gegensatz zu Dateien wie der *page.php*. Er kann aber leicht in fünf mehr oder weniger kleine Teile aufgeteilt werden. In den Zeilen 01 bis 05 findet sich zunächst eine obligatorische Abfrage, ob der Beitrag möglicherweise passwortgeschützt ist. In diesem Fall wird die Eingabe des Passwortes vom Nutzer erbeten. In den Zeilen 06 bis 15 folgt die Ausgabe des Formulars, was wohl am komplexesten ist. Dagegen wird in den Zeilen 16 bis 22 lediglich eine Vorbereitung getroffen, falls die Kommentare einmal auf mehrere Seiten verteilt werden sollen. Die Zeilen 23 bis 29 rufen die oben schon kurz angesprochene Callback-Funktion auf, die sich schon bald in der *functions.php* finden lässt und die Ausgabe der einzelnen Kommentare steuert. Schließlich wird in den Zeilen 30 bis 34 abgefragt, ob die Kommentarfunktion möglicherweise deaktiviert worden ist; in diesem Fall wird folglich eine entsprechende Nachricht ausgegeben.

Die meisten Bereiche sind selbsterklärend, darum möchte ich damit Ihre Zeit nicht verschwenden. Wenden Sie sich gleich den beiden wichtigen Komplexen zu: der Ausgabe des Formulars und der Anzeige der Kommentare.

In den Zeilen 08 bis 12 wird zunächst ein Array namens $fields definiert. Das ist für die Ausgabe der einzelnen Formularfelder zuständig. Es besteht nur aus drei Schlüsseln, auch wenn das hinsichtlich der Menge an Code kaum zu glauben ist. Jedes befindet sich in jeweils einer eigenen Zeile: Autor, E-Mail und URL. Im Wert versteckt sich fast nur HTML-Code. Pro Feld werden hier, wie üblich, ein label- und ein input-Tag definiert. Lassen Sie sich von der Funktion esc_attr() nicht verunsichern. Diese gibt lediglich den ihr übergebenen Text aus, nachdem sie ihn HTML-konform codiert hat. Dies sollte bei Nutzereingaben (wie sie eben auch bei Formularfeldern vorkommen können) immer über diese Funktion geschehen, da Sie so vermeiden können, dass jemand Schadcode ausführt.

In Zeile 13 wird schließlich das Kommentarformular mittels der Funktion comment_ form() aufgerufen. Über die darin aufgerufene Funktion apply_filters() werden die standardmäßigen Formularfelder einfach mit dem oben angelegten Array $fields überschrieben. Außerdem werden noch drei Parameter übergeben: comment_notes_ before, comment_notes_after und title_reply. Darüber können Sie sowohl vor als auch nach dem Formular noch eigenen HTML-Code ausführen lassen. Über title_ reply können Sie zudem eine Überschrift für das Kommentarformular festlegen.

In Zeile 26 erfolgt dann endlich die Ausgabe der Kommentare über die Funktion wp_ list_comments(), der allerdings noch ein paar Parameter übergeben werden. Über type legen Sie fest, welche Art von »Kommentaren« angezeigt werden sollen. Der Wert kann all, comment, trackback, pingback oder pings sein, wobei pings für Trackbacks *und* Pingbacks steht. Über callback wird der Name der Callback-Funktion angegeben, wie er in der *functions.php* definiert wird, hier callback_comment().

In der *functions.php*, die Sie auch im Theme-Verzeichnis anlegen, definieren Sie nun die oben angesprochene Funktion namens callback_comment() – der Sie übrigens auch jeden beliebigen anderen Namen geben können, solange Sie diesen in der *comments.php* berücksichtigen (siehe Listing 21.31):

```
01   <?php
02   function callback_comment( $comment, $args, $depth ) {
03       $GLOBALS['comment'] = $comment; ?>
04       <li <?php comment_class(); ?>
         id="li-comment-<?php comment_ID() ?>">
05       <?php echo get_avatar( $comment, $size='90' ); ?>
06       <p class="comment-author">
07       <?php echo get_comment_author_link(); ?></p>
08       <p class="comment-meta">
09       <?php echo get_comment_date("d.m.Y"); ?>,
10       <?php echo get_comment_time(); ?> Uhr</p>
11       <?php comment_text(); ?>
12       <div class="clear"></div>
13   <?php
14   }
15   ?>
```

Listing 21.31 Die Kommentarfunktion in der« functions.php«

In Zeile 04 wird ein Listeneintrag definiert, der nicht geschlossen wird. Wundern Sie sich daher nicht, dass Sie kein schließendes </li>-Tag finden, das macht WordPress automatisch. In Zeile 05 wird zunächst der Gravatar des Autors über die Funktion get_avatar() eingebunden. Dieser Funktion übergeben Sie zum einen die Variable $comment, zum anderen die gewünschte Größe in Pixeln. WordPress erzeugt so ganz von selbst einen Gravatar, der anhand der E-Mail-Adresse des Autors ermittelt wird. Weitere Informationen, u. a. wie Sie auch einen solchen Gravatar bekommen können, erhalten Sie unter *http://de.gravatar.com*. Danach folgen dann nur noch die Aufrufe der einzelnen Daten des Kommentars, also:

▶ get_comment_author_link() (Name des Autors, verlinkt mit der angegebenen URL)

▶ get_comment_date("d.m.Y") (Datum des Kommentars)

▶ get_comment_time() (Uhrzeit des Kommentars)

▶ comment_text() (Inhalt des Kommentars)

Wenn Sie alles richtig gemacht haben, dürfte die Einzelansicht Ihrer Blogbeiträge nun etwas aufgeräumter aussehen als noch einige Abschnitte zuvor (siehe Abbildung 21.42).

21

Abbildung 21.42 Die Einzelansicht Ihres Blogs erstrahlt in neuem Glanz, ist aber noch nicht komplett.

Der Einzelansicht Ihrer Blogartikel fehlen damit nur noch Werbeeinblendungen und weiterführende Artikel. Wie Sie das einbauen, zeige ich Ihnen nun.

21.2.5   Google AdSense implementieren

Zunächst einmal benötigen Sie ein Google-AdSense-Konto. Dieses haben Sie nicht bereits automatisch dadurch, dass Sie ein Google-Konto besitzen. Sie müssen es vielmehr erst erstellen. Innerhalb etwa einer Woche (!) wird es geprüft und freigegeben. Vorher können Sie es nicht nutzen. Melden Sie sich daher rechtzeitig an. Gehen Sie dazu auf die Website *http://www.google.com/adsense/?hl=de*.

Falls Sie bereits ein geprüftes AdSense-Konto haben, loggen Sie sich damit ein. Andernfalls erstellen Sie ein Konto über den Button JETZT ANMELDEN (siehe Abbildung 21.43). Diese Anmeldung werde ich Ihnen im Folgenden kurz beschreiben.

Abbildung 21.43 Die Anmeldung zu Google AdSense

Das Formular nervt den Nutzer ein wenig mit vielen Checkboxen, durch die Google mögliche Missbrauch ausschließen möchte (siehe Abbildung 21.44). Sie werden nicht darum herumkommen, diese Boxen anzukreuzen, wenn Sie den Dienst nutzen möchten. Insbesondere sollten Sie auf der Website, auf der Sie die Anzeigen schalten, die Besucher nicht anweisen, auf die Anzeigen zu klicken. Genauso wenig, wie Sie die Anzeigen auf Websites einbinden dürfen, die pornografische Inhalte aufweisen. Auch möchte Google nicht, dass Sie selbst auf die Anzeigen klicken, um mehr Geld zu verdienen. Google ist mittlerweile recht gut im Erkennen solcher falschen Klicks, weshalb eine solche Vorgehensweise nicht unbedingt ratsam ist. Den Rest füllen Sie bitte ebenfalls ordnungsgemäß aus, da Google sämtliche Angaben nach Möglichkeit überprüft.

Schließlich werden Sie auf eine Seite weitergeleitet, die Ihnen noch einmal all die von Ihnen eingegebenen Daten anzeigt (siehe Abbildung 21.45). Hier ist es nun noch nötig, diese Angaben mit einem Google-Account zu verknüpfen. Diesen können Sie entweder gesondert für das AdSense-Konto erstellen oder Sie verwenden Ihren bisherigen Account dafür.

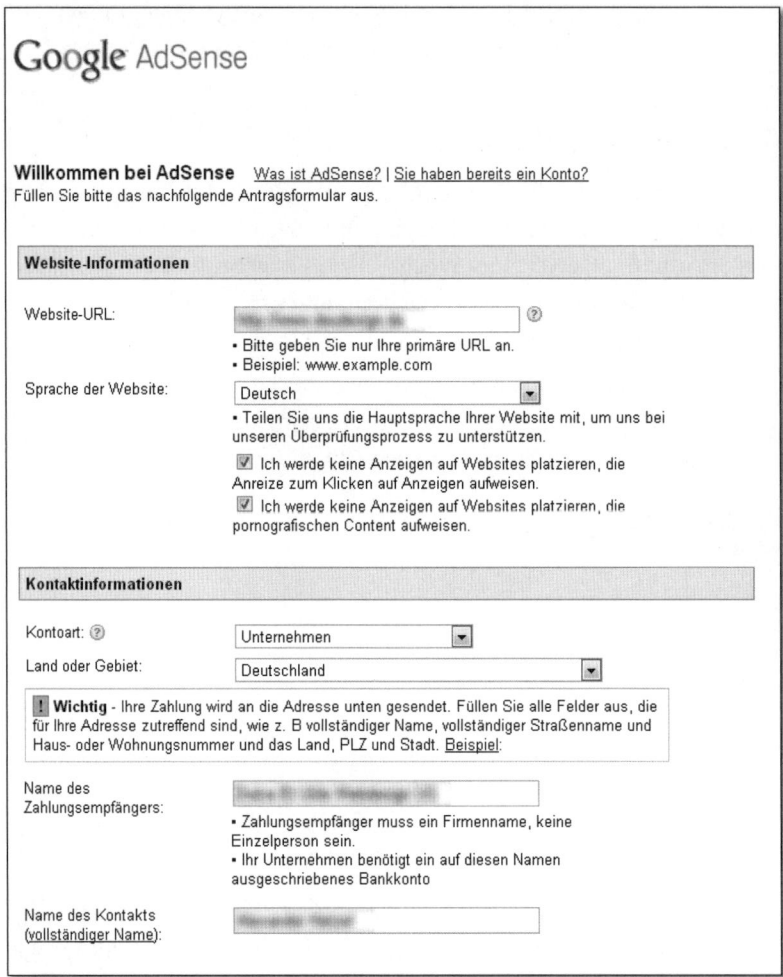

Abbildung 21.44 Füllen Sie zur Anmeldung dieses ellenlange Formular aus.

Sobald Ihr Konto freigeschaltet wurde, loggen Sie sich ein und bestätigen die Nutzungsbedingungen, die Ihnen gleich zu Anfang präsentiert werden. Daraufhin gelangen Sie zum Dashboard (siehe Abbildung 21.46).

Legen Sie nun einen neuen Anzeigenblock an. Dazu klicken Sie im obigen Menü zunächst auf MEINE ANZEIGEN. Dort gelangen Sie dann in die Verwaltung Ihrer Anzeigen, wo Sie auch bequem eine neue erstellen können.

Abbildung 21.45 Bestätigung Ihrer Eingaben

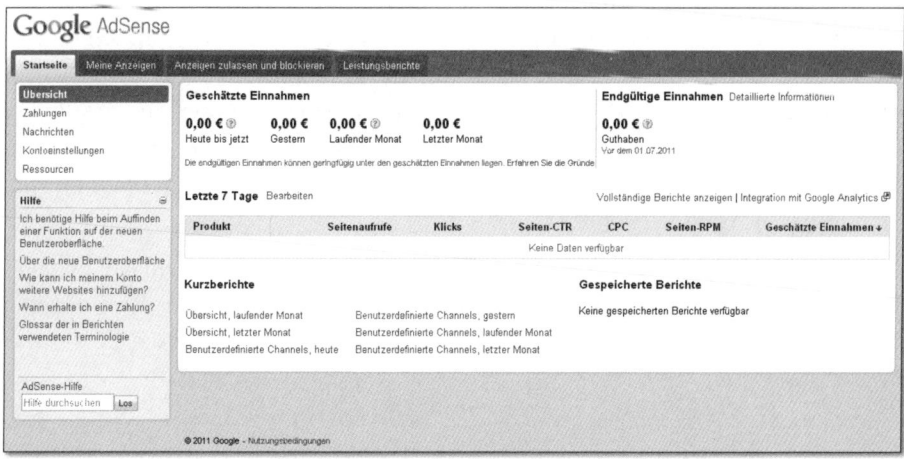

Abbildung 21.46 Das Dashboard von Google AdSense

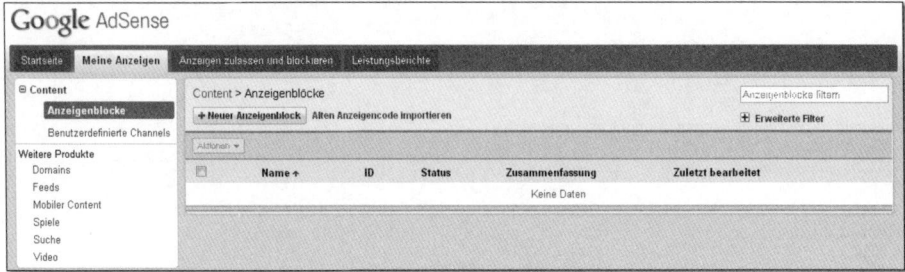

Abbildung 21.47 Hier können Sie eine neue Anzeige erstellen.

Klicken Sie auf den Button NEUER ANZEIGENBLOCK (siehe Abbildung 21.47), um zum Erstellungsformular zu gelangen (siehe Abbildung 21.48).

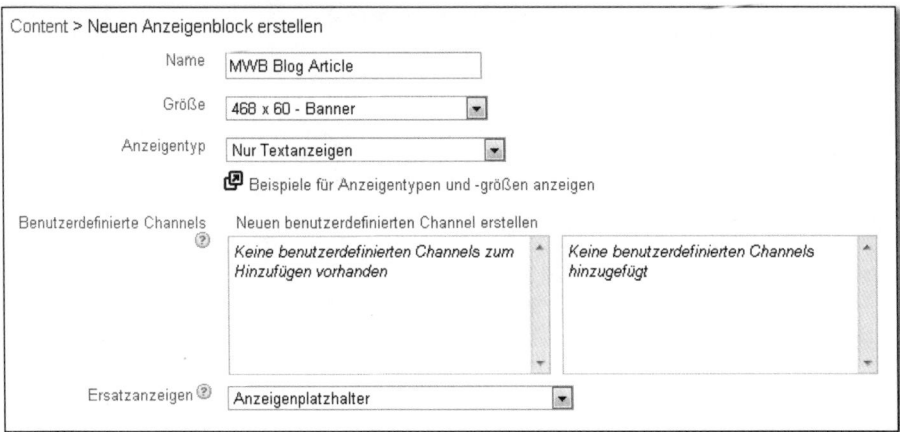

Abbildung 21.48 Der erste Teil des Erstellungsformulars

Geben Sie Ihrem Anzeigenblock einen aussagekräftigen NAMEN und legen Sie die GRÖSSE fest. In diesem Praxisbeispiel hat der vorgesehene Bereich eine Breite von 620 Pixeln – das ist ein wenig zu klein für das »Leaderboard« (728 Pixel). Darum wähle ich hier die nächstkleinere Variante, das klassische Banner mit 468 Pixeln Breite. Lassen Sie sich von dem Namen nicht irreführen; auch in dieser Größe lassen sich später ausschließlich Textanzeigen darstellen. Banner bezeichnet hier nur die bannertypische Größe von 468 × 60 Pixeln.

Direkt darunter können Sie den ANZEIGENTYP bestimmen. Da ich kein Fan blinkender Banner bin, habe ich hier NUR TEXTANZEIGEN ausgewählt. Das ist ein wenig dezenter und lässt sich besser ins Design einpassen. Bei Bannern wissen Sie nie, was Sie erwartet.

Die benutzerdefinierten Channels benötigen Sie an dieser Stelle noch nicht. Diese können Sie einmal nutzen, wenn Sie verschiedene Anzeigenplätze auf Ihrer Website haben und dazu wiederum verschiedene Anzeigen generieren möchten. Dann können Sie sie über diese Funktion gruppieren. Als Ersatzanzeige können Sie ruhig bei der Standardeinstellung ANZEIGENPLATZHALTER bleiben. Dieser kommt immer dann zum Einsatz, wenn keine passende Anzeige generiert werden konnte.

Im zweiten Teil des Formulars können Sie das Aussehen der Anzeige detaillierter beeinflussen (siehe Abbildung 21.49). Insbesondere den Anzeigentitel sollten Sie in Ihr Design eingliedern, da das Google-typische Blau vielleicht nicht überall perfekt hineinpasst. Sogar SCHRIFTART, SCHRIFTGRÖSSE und STIL DER ECKEN lassen sich Ihren Wünschen anpassen.

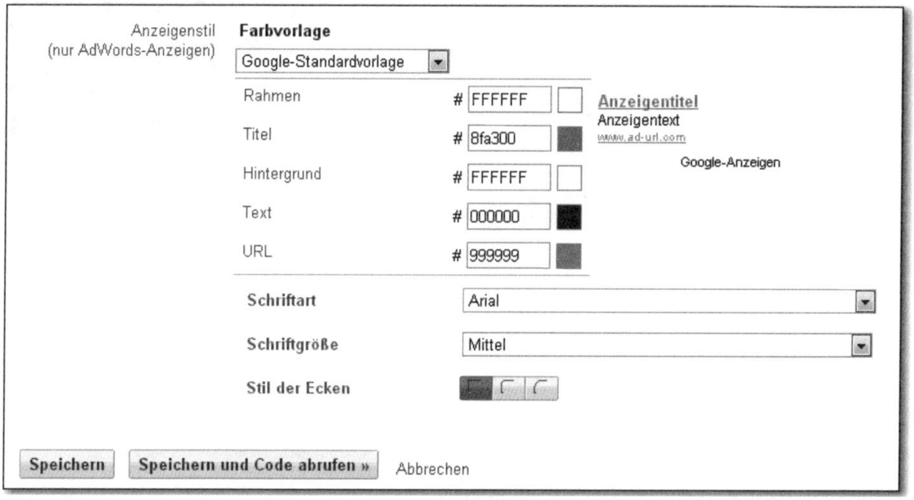

Abbildung 21.49 Teil 2 des Formulars zur Anzeigenblockerstellung

Nach oder sogar gleichzeitig mit dem Speichern können Sie den Anzeigencode abrufen (siehe Abbildung 21.50). Diesen dürfen Sie nun in Ihre Website integrieren – in diesem Praxisbeispiel also in die *single.php* (siehe Listing 21.32).

```
01   <div id="content-adsense">
02       <script type="text/javascript"><!--
03       google_ad_client = "********************";
04       /* MWB Blog Article */
05       google_ad_slot = "*************";
06       google_ad_width = 468;
07       google_ad_height = 60;
08       //-->
```

```
09        </script>
10        <script type="text/javascript"
          src="http://pagead2.googlesyndication.com/
          pagead/show_ads.js">
11        </script>
12    </div>
```

Listing 21.32 Der vollständige AdSense-Code für die »single.php«

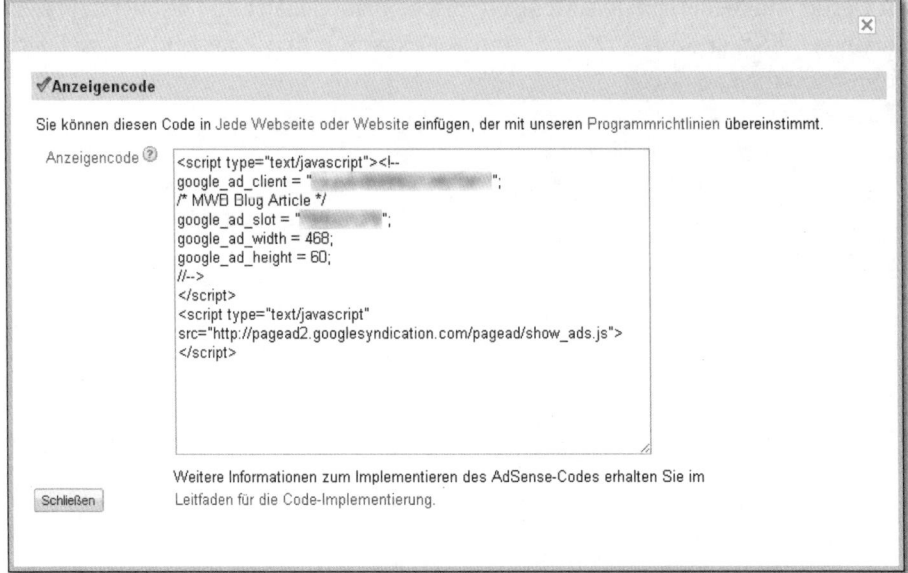

Abbildung 21.50 Abrufen des Anzeigencodes

Bauen Sie diesen Code nun in Ihr Theme ein – z. B. in den dafür vorgesehenen div-Bereich des Praxisbeispiels. Google wird automatisch mit der Auslieferung der Anzeigen beginnen (siehe Abbildung 21.51).

Hinweis

Google sieht es nicht gern, wenn man einfach selbst auf Anzeigen klickt. Tun Sie das auch nicht, während Sie den Code zu Testzwecken einblenden. Google scheint es zu dulden, dass der Code lediglich eingeblendet wird – das ist aber natürlich keine Garantie. Theoretisch könnte Google Ihren Account deswegen sperren. Denn in den Richtlinien wird u. a. von Ihnen verlangt, diesen Code eben nicht auf »Baustellenseiten« einzublenden. Sichergehen können Sie nur, indem Sie den Code erst auf der fertigen Website einbinden.

Abbildung 21.51 Sieht doch gar nicht so schlecht aus – dafür, dass es Werbung ist.

21.2.6   Weiterführende Artikel

Das Ziel jedes Blogs ist es u. a., die Besucher möglichst lange auf der Website zu beschäftigen. Sei es, damit sie nur die Artikel lesen und vielleicht einen Kommentar abgeben, sei es, damit sie auf die Werbung klicken. Dazu empfiehlt es sich, den Leser nach der Lektüre eines Artikels mit weiteren empfehlenswerten Artikeln zu konfrontieren. Es gibt nun mehrere Möglichkeiten, eine solche Liste an Artikeln zu generieren. Die eine ist, einfach ein Plugin zu installieren, z. B. das Plugin *Yet Another Related Posts*. Eine andere Möglichkeit ist, etwas Ähnliches einfach selbst zu programmieren. Dazu könnte man schlicht die aktuellsten Beiträge der Kategorie, in der sich auch der Ausgangsbeitrag befindet, auflisten. Das ist zwar sehr simpel, aber dafür etwas effizienter als die typischen Related-Posts-Plugins. Ich stelle Ihnen daher beide Wege vor, und Sie entscheiden sich dann einfach selbst.

Yet Another Related Posts

Installieren Sie das Plugin zunächst direkt über Ihr WordPress-Backend in dem Menü PLUGINS • INSTALLIEREN. Dort werden Sie nach Eingabe des Namens auch sehr schnell fündig (siehe Abbildung 21.52).

Klicken Sie auf JETZT INSTALLIEREN und im folgenden Fenster direkt auf AKTIVIERE DIESES PLUGIN. Wechseln Sie dann geradewegs in die Einstellungen des Plugins, die Sie unter EINSTELLUNGEN • YARPP finden.

21

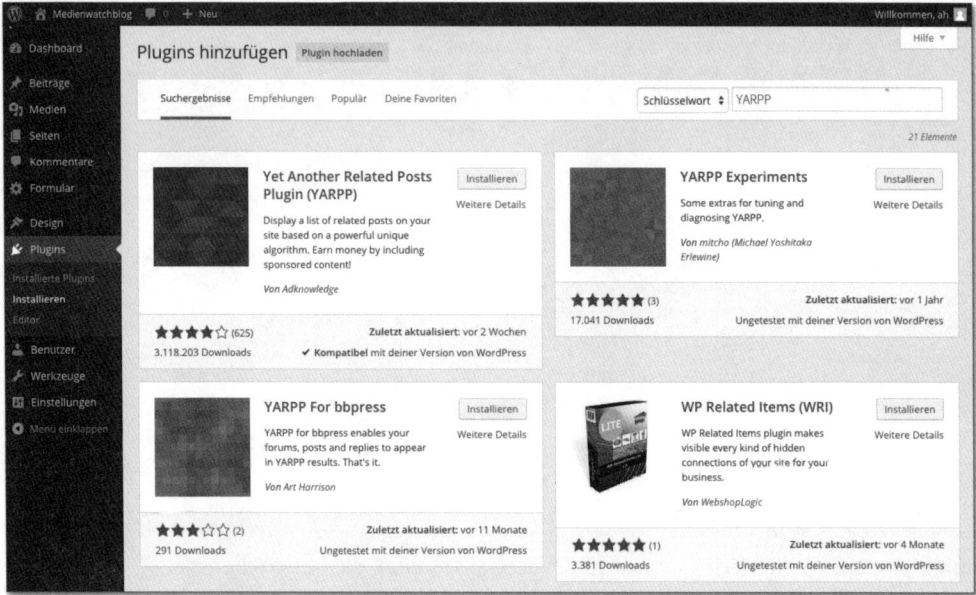

Abbildung 21.52 Installieren Sie das Plugin.

Dort wird Ihnen u. U. gleich eine Mitteilung begegnen, Ihre Datenbank benutze die falsche Engine. Solange dies so ist, können Sie zwei Features des Plugins nicht nutzen, nämlich das Suchen in Überschriften und das Suchen im Textkörper. Möchten Sie diese verwenden, müssen Sie (wirklich nur, wenn ein entsprechender Hinweis in den Einstellungen erscheint!) in phpMyAdmin die Datenbank der WordPress-Installation auswählen, auf den Reiter SQL klicken und dort den folgenden Code eingeben:

```
ALTER TABLE 'wp_posts' ENGINE = MyISAM;
```

Passen Sie den Namen der Tabelle gegebenenfalls an, je nachdem, ob Sie das Präfix bei der Installation geändert haben. Der Befehl wird Ihnen aber auch noch einmal in den Einstellungen – auf Ihre Datenbank zugeschnitten – angezeigt.

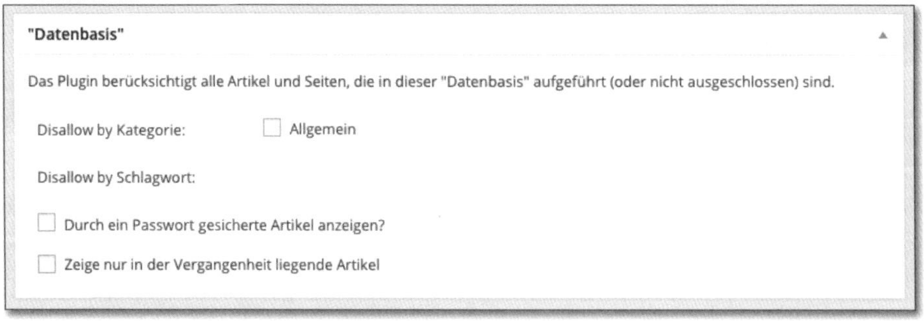

Abbildung 21.53 YARPP · Datenbasis

Angekommen in den Einstellungen, finden Sie zunächst den Abschnitt DATENBASIS vor (siehe Abbildung 21.53). Dort sehen Sie, welche Bereiche für die Ermittlung der ähnlichen Beiträge durchsucht werden. Sie können einzelne Kategorien oder Schlagwörter von der Suche ausschließen oder durch Passwort gesicherte Artikel einbeziehen. Wenn Sie möchten, können auch nur Artikel angezeigt werden, die vor dem aktuellen Beitrag erschienen sind.

Abbildung 21.54 YARPP · Ähnlichkeitseinstellungen

Bei den ÄHNLICHKEITSEINSTELLUNGEN können Sie, wie der Name schon vermuten lässt, bestimmen, wie ähnlich sich die gefundenen Artikel sein müssen, um angezeigt zu werden (siehe Abbildung 21.54). Wichtigste Stellschraube ist der RELEVANZ-Wert. Je höher er ist, desto weniger ähnliche Beiträge werden gefunden; Standardwert ist 5. Probieren Sie hier aber aus. Vor allem sollten Sie sich zu einem späteren Zeitpunkt, wenn Ihr Datenbestand größer geworden ist, noch einmal mit diesem Abschnitt befassen und Anpassungen vornehmen. Wählen Sie zudem aus, ob Überschriften, Textkörper, Kategorien und Schlagwörter bei der Suche berücksichtigt werden sollen. Darüber hinaus haben Sie die Möglichkeit, Ergebnisse aller Seitentypen anzuzeigen. Üblicherweise werden unter Beiträgen nur ähnliche Beiträge und unter Seiten nur ähnliche Seiten angezeigt. Aktivieren Sie diese Option, werden z. B. unter Beiträgen auch passende statische Seiten angezeigt.

Im Abschnitt DARSTELLUNG (WEBSITE) der Einstellungen des Plugins legen Sie fest, wie die weiterführenden Artikel auf Ihrer Website angezeigt werden (siehe Abbildung 21.55). Dort können Sie z. B. auswählen, ob ähnliche Beiträge automatisch angezeigt werden sollen oder ob Sie den Code lieber direkt in Ihr Template integrieren möchten. Letzteres dürfte auf viel frequentierten Websites ein klein wenig schneller laufen. Deaktivieren Sie dazu das entsprechende Kästchen und fügen Sie die Funktion related_posts() in Ihr Theme an der Stelle ein, wo die Beiträge erscheinen sollen (siehe Listing 21.33):

```
01    <div id="content-articles">
02        <h6>Weiterführende Artikel</h6>
03        <?php if(function_exists('related_posts')) {
04            related_posts();
05        }
06    </div>
```

Listing 21.33 Beispiel anhand der »single.php«

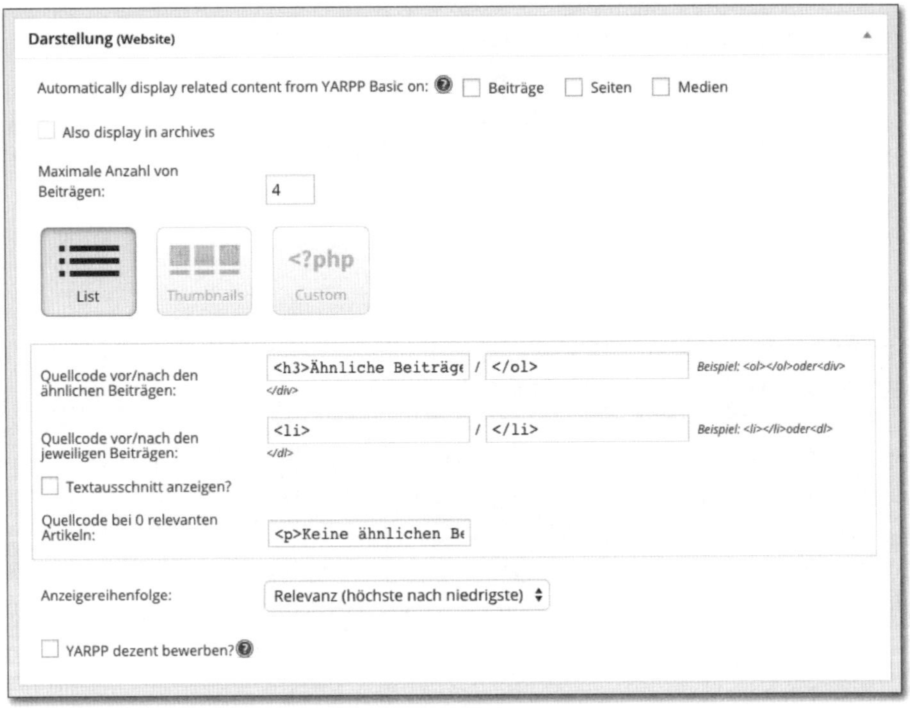

Abbildung 21.55 YARPP · Darstellung (Website)

Das Gleiche können Sie natürlich auch für Seiten und andere Medien machen, indem Sie die Funktion related_posts einfach durch related_pages bzw. related_entries ersetzen. Deaktivieren Sie bei AUTOMATICALLY DISPLAY die entsprechenden Bereiche, in denen Sie das Plugin über den Code einfügen oder gar nicht nutzen wollen. Überall, wo ein Häkchen ist, werden die ähnlichen Artikel automatisch eingeblendet.

Passen Sie anschließend noch die Anzahl von Beiträgen und das Aussehen der Beitragsdarstellung an Ihre Wünsche an. In diesem Beispiel bleiben wir bei der klassischen Liste. Den Code darunter passen wir natürlich an die deutsche Sprache an.

Grundsätzlich müsste das Plugin nun unter jedem Beitrag weiterführende Artikel anzeigen. Da Sie Ihr Blog aber gerade erst einrichten, mangelt es vermutlich an passendem Material. Selbst wenn Sie einige Testbeiträge anlegen, kann es passieren, dass das Plugin immer noch keine entsprechenden Beiträge findet. Das ist kein Fehler, sondern ganz normal. Und es lässt sich »beheben«.

Zu guter Letzt können Sie die weiterführenden Beiträge auch in Ihrem RSS-Feed anzeigen lassen. Die Einstellungen dazu nehmen Sie im Abschnitt DARSTELLUNG (RSS) vor (siehe Abbildung 21.56). Hier stehen Ihnen in etwa die gleichen Optionen zur Verfügung wie schon bei der Darstellung auf der Website. Das Ergebnis könnte dann so aussehen wie in Abbildung 21.57.

Abbildung 21.56 YARPP · Darstellung (RSS)

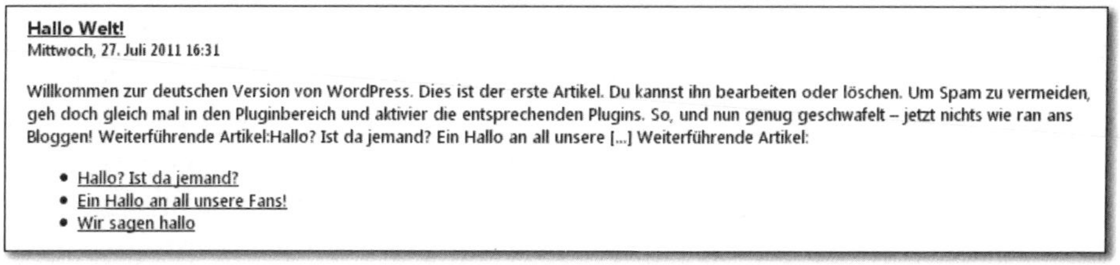

Hallo Welt!
Mittwoch, 27. Juli 2011 16:31

Willkommen zur deutschen Version von WordPress. Dies ist der erste Artikel. Du kannst ihn bearbeiten oder löschen. Um Spam zu vermeiden, geh doch gleich mal in den Pluginbereich und aktivier die entsprechenden Plugins. So, und nun genug geschwafelt – jetzt nichts wie ran ans Bloggen! Weiterführende Artikel:Hallo? Ist da jemand? Ein Hallo an all unsere [...] Weiterführende Artikel:

- Hallo? Ist da jemand?
- Ein Hallo an all unsere Fans!
- Wir sagen hallo

Abbildung 21.57 Aufgrund der steigenden Anzahl der RSS-Leser kann es mitunter sinnvoll sein, auch diesen weiterführende Beiträge anzuzeigen.

Übrigens: Sie müssen Ihre Beiträge nicht erst aufrufen, um zu sehen, welche anderen Artikel damit durch YARPP assoziiert werden. Das Plugin zeigt die ermittelten Beiträge bei der Bearbeitungsansicht jedes Artikels in einer eigenen kleinen Box an (siehe Abbildung 21.58). So sehen Sie auf einen Blick, ob die Auswahl thematisch passt, und können u. U. gleich durch eine Anpassung des Relevanzwertes oder der anderen Optionen gegensteuern. Damit diese Funktion zur Verfügung steht, müssen Sie den Beitrag jedoch mindestens einmal manuell speichern.

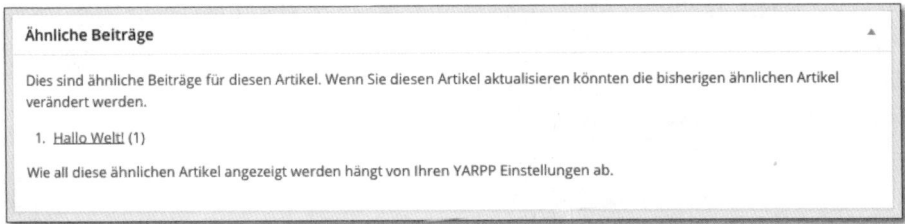

Ähnliche Beiträge

Dies sind ähnliche Beiträge für diesen Artikel. Wenn Sie diesen Artikel aktualisieren könnten die bisherigen ähnlichen Artikel verändert werden.

1. Hallo Welt! (1)

Wie all diese ähnlichen Artikel angezeigt werden hängt von Ihren YARPP Einstellungen ab.

Abbildung 21.58 Praktisch: YARPP zeigt die ähnlichen Beiträge schon während der Bearbeitung an.

Tipp

Falls Sie den Cache von YARPP einmal leeren möchten, geht auch das recht einfach. Wechseln Sie dazu in die Einstellungen von YARPP unter EINSTELLUNGEN • RELATED POSTS (YARPP). Fügen Sie dann der URL in der Adresszeile Ihres Browsers den folgenden Parameter hinzu: &action=flush – und schon startet YARPP wieder bei null.

Weiterführende Artikel anhand von Kategorien

Ein Plugin für einen gewissen Zweck zu installieren hat immer zwei Seiten. Zum einen ist es komfortabel und manchmal unumgänglich, es kann Ihre Website aber auch verlangsamen. So kann es mitunter besser sein, manche Features per Hand einzubauen. Bei einer umfangreichen SEO-Suite dürfte wohl der Komfort überwiegen. Bei einem Plugin wie YARPP hingegen könnte man die Performance des Blogs durchaus steigern, wenn man eine solche Funktion manuell integriert. Dazu muss man allerdings auf ein wenig Komfort verzichten.

YARPP liefert üblicherweise sehr passende Ergebnisse. Gerade wenn Überschriften und Textkörper bei der Suche nach ähnlichen Artikeln berücksichtigt werden, sind die Ergebnisse sehr zutreffend. Bei der eigenhändigen Lösung über Kategorien wird nicht nach Ähnlichkeiten zu bestimmten Artikeln gesucht. Es werden vielmehr nur aktuelle Artikel aus derselben Kategorie aufgelistet (siehe Listing 21.34). Das kann für Ihre Besucher schon durchaus zufriedenstellend sein. Der Vorteil ist, dass dabei weniger alte Artikel zum Vorschein kommen, sondern der Leser ausschließlich mit den neuesten Artikeln geködert wird – was allerdings zulasten der Relevanz geht. Die hängt nämlich wieder maßgeblich davon ab, wie fein Sie kategorisieren. Wenn es in Ihrem Blog um das Thema WordPress geht und es, überspitzt dargestellt, nur aus zwei Kategorien – »WordPress« und »Allgemein« – besteht, dürfte die Relevanz eher gering ausfallen. Je detaillierter Sie Ihre Artikel jedoch in Kategorien einsortieren, desto besser wird bei dieser manuellen Lösung auch das Ergebnis.

```
01    <div id="content-articles">
02        <h6>Weiterführende Artikel</h6>
03        <ul> <?php

04            if (have_posts()) :
05            $relevant_articles_count = 0;
06            $category = get_the_category();
07            $cur_post_id = $post->ID;
08            $length = 81;
09            query_posts('category_name=' . $category[0]->slug .
                '&showposts=5');

10            while (have_posts()) : the_post();
11            if ($cur_post_id != $post->ID) {

12                $the_title = get_the_title();

13                if (strlen($the_title) > $length) {
14                    $the_title = substr($the_title, 0, $length);
15                    $the_title .= "...";
16                }

17                $relevant_articles_count++;
18        ?>
19        <li><a href="<?php the_permalink(); ?>"
            title="Lesen Sie &quot;<?php the_title();
            ?>&quot;"><?php echo $the_title; ?></a></li>

20        <?php } endwhile; endif; wp_reset_query(); ?>
21        </ul>
22        <?php
23        if ($relevant_articles_count == 0) {
24        echo "<p>Es konnten leider keine ähnlichen
            Beiträge gefunden werden ...</p>";
25        }
26    </div>
```

Listing 21.34 Das vollständige Script, um weiterführende Artikel anzuzeigen

Das Script in Listing 21.34 arbeitet über eine zusätzliche Query, die in Zeile 04 beginnt. Dort finden Sie auch einige Variablendefinitionen. Anpassen können und sollten Sie den Wert der Variablen $length in Zeile 08. Das Script schneidet den Titel des angezeigten Beitrags nämlich nach exakt der in $length festgelegten Zeichenanzahl ab, sodass es nicht zu unschönen »Designfehlern« bei der Darstellung kommen kann; so bleibt alles schön gleichförmig. In diesem Praxisbeispiel ist das zwar fast nicht nötig, da der Platz recht großzügig bemessen ist – das muss aber in Ihrem speziellen Theme nicht unbedingt der Fall sein.

In Zeile 09 folgt schon die Query. Hier können Sie vor allem den letzten Wert – showposts – anpassen. Standardmäßig werden fünf ähnliche Beiträge angezeigt (sofern vorhanden). Ändern Sie diese Anzahl nach Ihren persönlichen Vorlieben ab.

In der while-Schleife ab Zeile 10 werden die Beiträge schließlich ausgegeben und vorher noch ein wenig formatiert. Die Abfrage in Zeile 11 stellt sicher, dass nicht aus Versehen der Beitrag, den Sie gerade geöffnet haben, unter den weiterführenden Artikeln zu finden ist. In den Zeilen 13 bis 16 folgt die Kürzung des Titels. Bei einer Kürzung werden dem Titel außerdem drei Pünktchen »...« angefügt, um die Auslassung deutlich zu machen.

Die Zeile 19 enthält die vollständige Formatierung des Listeneintrags. Hier können Sie natürlich noch Anpassungen an Ihrem Theme vornehmen. Grundsätzlich wird hier allerdings nur ein Listenpunkt ausgegeben, der den Titel samt umgebendem Link enthält. Schließlich findet in den Zeilen 23 bis 25 noch eine Abfrage statt, ob überhaupt ein einziger Artikel gefunden und ausgegeben wurde. Falls nicht, wird eine entsprechende Meldung erzeugt.

Erweitern Sie das Script ruhig nach Belieben. Es ist wahrscheinlich nicht perfekt, dient aber seinem Zweck und erlaubt Ihnen einen Einblick in die Alternative zu Plug-ins. Entscheiden Sie selbst, was Ihnen besser gefällt (siehe Abbildung 21.59).

Abbildung 21.59 Auch mit dem obigen Script werden Ihren Besuchern weiterführende Artikel angezeigt, und die Titel werden sogar nach einer bestimmten Zeichenanzahl gekürzt.

21.2.7   Social-Media-Buttons in Ihr Blog einbinden

Ein Blog ohne Social Media ist heutzutage fast nicht mehr als Blog zu bezeichnen. Soziale Netzwerke und Social-Bookmarking-Dienste in sein Blog einzubinden gehört zum guten Ton. Zum einen lassen sich darüber interessante Artikel speichern, aber eben auch wunderbar teilen. Und das dürfte letztlich ja auch in Ihrem Interesse sein.

Zum Glück gibt es für WordPress ein Plugin, das dies für Sie erledigt. Es ist nicht nur ungeheuer funktional, sondern sieht auch atemberaubend aus (ja, für ein Plugin, das Social-Media-Buttons einbindet). Es nennt sich *Shareaholic*.

Laden Sie das Plugin zunächst direkt im Backend über PLUGINS • INSTALLIEREN herunter. Suchen Sie nach »Shareaholic« und klicken Sie auf JETZT INSTALLIEREN (siehe Abbildung 21.60).

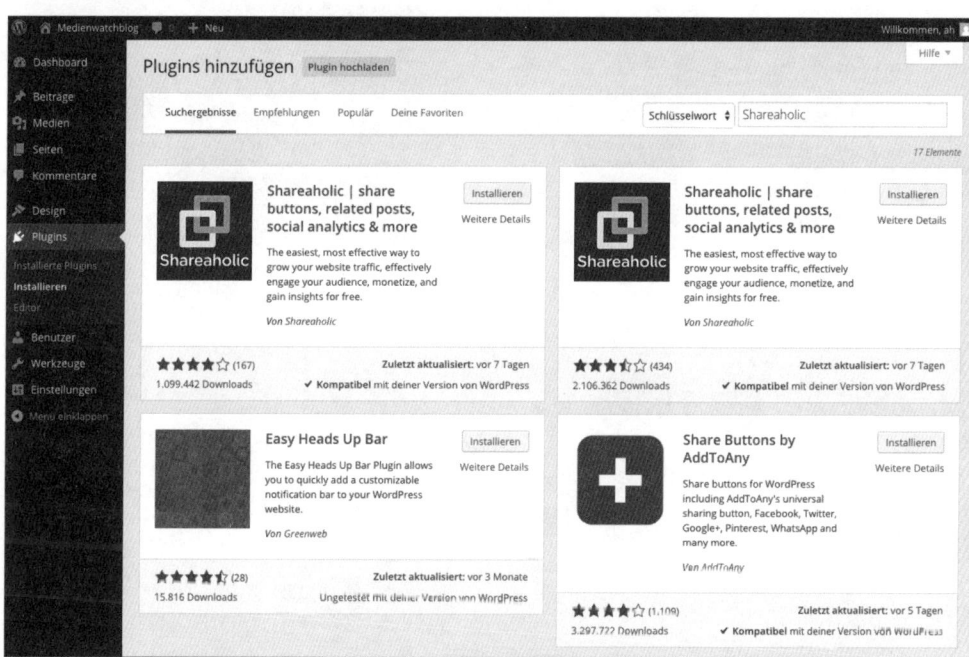

Abbildung 21.60 Installieren und aktivieren Sie das Plugin »Shareaholic«.

Nach der Installation können Sie es natürlich wieder umgehend aktivieren. Wechseln Sie dann in die Einstellungen des Plugins, die Sie in der Menüleiste als eigenen Oberpunkt namens SHAREAHOLIC finden.

Die Administrationsoberfläche des Plugins ist, verglichen mit früheren Versionen, deutlich übersichtlicher geworden. Zunächst finden Sie im Abschnitt TEILEN BUTTONS eine Auswahl an Bereichen Ihrer Website (siehe Abbildung 21.61), für die Sie die Buttons aktivieren können: Beiträge, Seiten, Blogindex, Kategorieseiten. Sie können jeweils festlegen, ob die Buttons oberhalb oder unterhalb des Beitrags eingeblendet werden sollen. Durch einen Klick auf den ANPASSEN-Button gelangen Sie zu den detaillierteren Einstellungen für den jeweiligen Anzeigebereich.

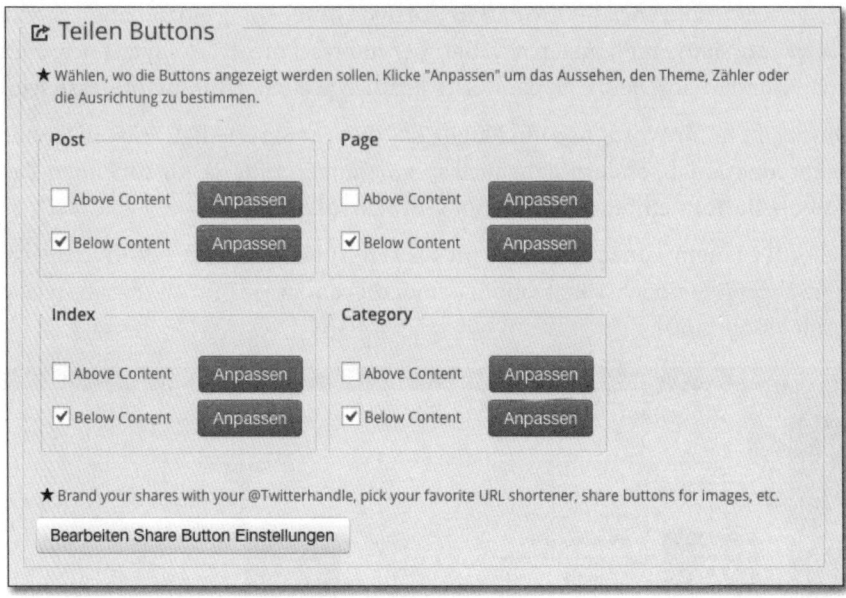

Abbildung 21.61 Shareaholic • Teilen Buttons

Abbildung 21.62 Shareaholic • Anpassen (Teil 1)

Legen Sie über ANPASSEN zunächst das Layout fest (siehe Abbildung 21.62). Sie können die Darstellung der einzelnen Buttons genauso anpassen wie den kleinen Text, der darüber eingeblendet wird. Außerdem können Sie sich aussuchen, ob die Buttons horizontal oder vertikal eingeblendet werden sollen, welche Größe besser zu Ihrem Design passt, ob ein Zähler für die Häufigkeit des Teilens angezeigt werden soll, und zuletzt auch, ob die ganze Ansicht linksbündig, zentriert oder rechtsbündig eingebunden werden soll.

Wenn Sie nach unten scrollen, können Sie auswählen, welche Dienste Sie gerne auf Ihrer Website angezeigt bekommen möchten (siehe Abbildung 21.63). Die Auswahl ist reichlich, wenn auch nicht abschließend. Die meisten der Dienste sind allerdings eher auf den amerikanischen bzw. englischsprachigen Markt zugeschnitten. Bedenkenlos einbinden können Sie aber insbesondere die folgenden:

▶ Facebook
▶ Twitter
▶ Google+
▶ Email This
▶ Delicious
▶ Reddit
▶ Google Mail
▶ LinkedIn
▶ Pinterest
▶ Evernote
▶ Mister-Wong
▶ Tumblr
▶ Diigo
▶ Read Later
▶ Instapaper
▶ Soup.io
▶ Buffer
▶ Flipboard
▶ Bit.ly
▶ Blogger Post
▶ TinyURL
▶ Pocket

Natürlich ist diese Auflistung keinesfalls vollständig und in jeder Hinsicht Geschmackssache. Hoffentlich hilft sie Ihnen aber bei der groben Orientierung und für den ersten Start. Einen Blick auf das Ergebnis können Sie in Abbildung 21.64 werfen.

21

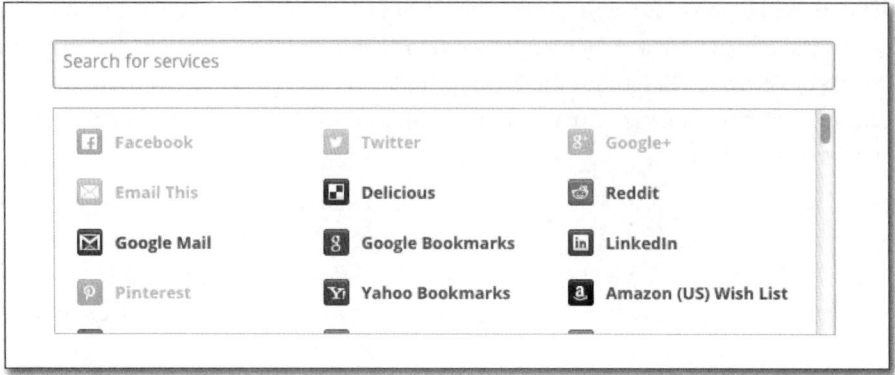

Abbildung 21.63 Shareaholic • Anpassen (Teil 2)

Abbildung 21.64 So sieht »Shareaholic« in Aktion aus.

21.2.8   Eine Navigation anlegen

Der Inhaltsbereich ist nun fertig gestaltet. Es fehlen aber noch ein paar Elemente in der Sidebar – u. a. die Navigation. Benötigt man so etwas für ein Blog überhaupt? Das ist wie so oft Geschmackssache. In Deutschland ist jedenfalls ein Impressum nötig – das könnten Sie allerdings auch noch an anderer, gegebenenfalls unauffälligerer Stelle platzieren. Die meisten Blogs bieten aber zumindest noch eine Seite, die die Hintergründe des Blogs ein wenig beleuchtet, und eine Kontaktseite an. Eine Navigation kann hier also durchaus sinnvoll sein.

Damit Sie Menüs in WordPress für Ihr Theme überhaupt verwenden können, ist ein weiterer kleiner Eintrag in der *functions.php* nötig. Fügen Sie an einer freien Stelle ober- oder unterhalb des restlichen Codes die folgenden Zeilen aus Listing 21.35 ein:

```
01   <?php
02   function register_my_menus() {
03       register_nav_menus(
04       array( 'sidebar-menu' => __( 'Sidebar Menu' ))
05       );
06   }
07   add_action( 'init', 'register_my_menus' );
08   ?>
```

Listing 21.35 Menüs aktivieren in der »functions.php«

Das Prozedere dürfte Ihnen, wenn Sie dieses Buch bis zu diesem Punkt durchgearbeitet haben, bereits bekannt sein. Für alle anderen hier noch einmal die Funktionsweise in Kurzform. In Zeile 07 finden Sie einen Action-Hook, der die Funktion register_my_menus() einbindet, die wiederum in den Zeilen 02 bis 06 zu finden ist. Im Rahmen dieser Funktion wird mithilfe einer weiteren Funktion – register_nav_menus() – ein Menübereich registriert, der sich sidebar-menu nennt, aber natürlich beliebig gewählt werden kann.

Diesen Menübereich, den Sie oben angelegt haben, müssen Sie nun in Ihrem Theme noch an der Stelle definieren, wo er später angezeigt werden soll. Gehen Sie daher ein weiteres Mal in Ihre *sidebar.php* und fügen Sie dem Menü eine Zeile hinzu (siehe Listing 21.36):

```
01   <div id="sidebar-menu">
02   <?php wp_nav_menu(
     array( 'theme_location' => 'sidebar-menu' ) ); ?>
03   </div>
```

Listing 21.36 Definition des Menübereichs in der »sidebar.php«

Achten Sie dabei unbedingt darauf, den gleichen Bereichsnamen wie in der *functions.php* zu wählen. Das versteht sich von selbst, da haben Sie recht, aber im Eifer des Copy & Paste geht so eine Kleinigkeit schnell unter.

Legen Sie zunächst einige Seiten an, damit Sie auch gleich etwas zum Befüllen haben (siehe Abbildung 21.65).

Nun wechseln Sie in Ihr Backend und dort zu dem Menüpunkt DESIGN • MENÜS.

Hier können Sie nun das Menü für die Sidebar, wie Sie es in Abbildung 21.66 sehen, anlegen.

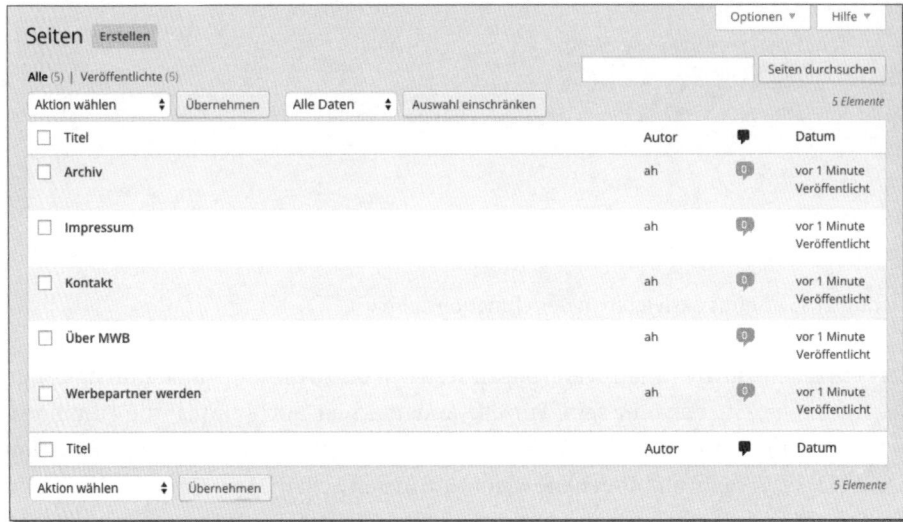

Abbildung 21.65 Ein paar Seiten für das Menü

Abbildung 21.66 Legen Sie das Sidebar-Menü an.

Zunächst sollten Sie Menü und Menübereich einander zuordnen. Bei einem Menü und einem Bereich ist das nicht sonderlich schwer, aber notwendig. Wählen Sie im Abschnitt ANORDNUNG IM THEME also einfach SIDEBAR MENU (bzw. den Namen Ihres Menüs) aus und speichern Sie ab (siehe Abbildung 21.67).

Wählen Sie im Abschnitt SEITEN all die Unterseiten aus, die Sie zum Menü hinzufügen möchten (siehe Abbildung 21.68).

Abbildung 21.67 Die Anordnung im Theme festlegen

Abbildung 21.68 Seiten hinzufügen

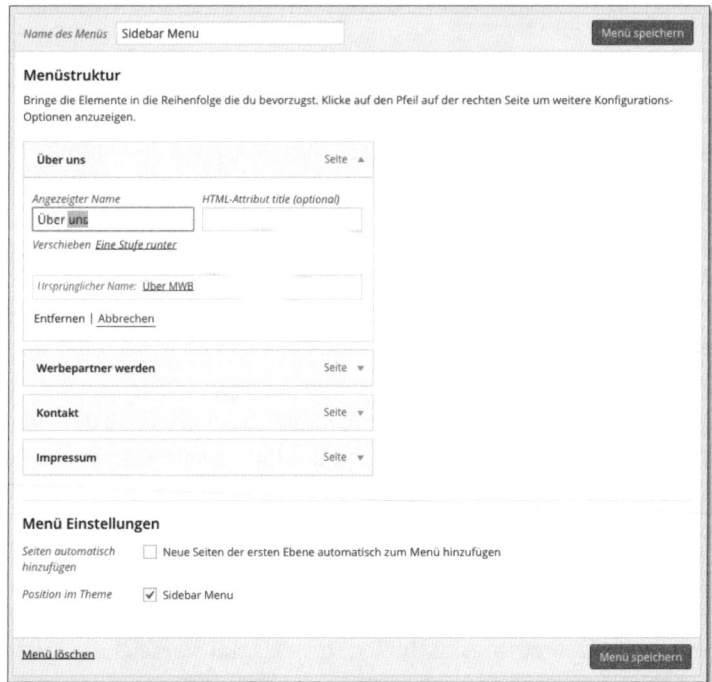

Abbildung 21.69 Die letzten Anpassungen vornehmen

Wie Sie in Abbildung 21.69 sehen, können Sie an dieser Stelle nun noch die Anordnung per Drag & Drop verändern und den Titel beliebig anpassen. Das Ergebnis sehen Sie dann in Abbildung 21.70.

Abbildung 21.70 Das fertige Menü

21.2.9 Populäre Beiträge in der Sidebar anzeigen

Erinnern Sie sich noch, was Sie in Kapitel 8, »Seitentypen«, gemacht haben? Ja, Sie haben ein eigenes Plugin programmiert. Und zwar eines, mit dem Sie die populärsten Beiträge Ihres Blogs ganz leicht anzeigen lassen können: My Greatest Posts. Es gibt viele Plugin-Alternativen auf dem Markt. Für dieses Projekt waren sie mir aber zu unflexibel: So genau, wie ich wollte, konnte die Ausgabe leider nicht gestaltet werden. Greifen Sie daher ruhig auf das selbst programmierte Plugin zurück (Sie finden es auch auf der Buch-Website). Im Folgenden werde ich Ihnen zeigen, wie Sie das Plugin ein klein wenig anpassen können, um dem Design des Praxisbeispiels gerecht zu werden. Ursprünglich gab das Plugin nämlich nur den Titel des jeweiligen Beitrags aus. Nun soll allerdings noch ein kurzer Ausschnitt des Textes hinzukommen, der nach 100 Zeichen abgeschnitten wird.

Kopieren Sie das gesamte Verzeichnis des Plugins (z. B. von der Buch-Website) direkt in den Ordner *wp-content/plugins/* Ihres aktuellen Projekts. Im Verzeichnis selbst befindet sich nur eine einzige Datei: *my-greatest-posts.php*. Öffnen Sie diese und nehmen Sie die folgenden Anpassungen vor.

Sie finden dort einen Abschnitt namens Die Posts als Liste zurückgeben (in Zeile 100, sofern Ihr Editor Zeilennummern anzeigt). Die Anpassungen finden ausschließlich in diesem Bereich statt. Bisher sieht der Code wie in Listing 21.37 aus:

```
01   $output = "<ul>";
02   foreach ( $posts as $entry ) {
03       $the_post = $wpdb->get_row( "SELECT * FROM
         " . $wpdb->prefix . "posts
         WHERE ID = '" . $entry["post_id"] . "'" );
04       $output .= "<li><a href='" . get_permalink(
         $entry["post_id"] ) . "'>" . $the_post->post_title .
         "</a></li>";
05   }
06   $output .= "</ul>";
07   return $output;
```

Listing 21.37 Ausgabe der Posts in der »my-greatest-posts.php«

Fügen Sie zunächst zwischen Zeile 03 und Zeile 04 die folgenden beiden Zeilen aus Listing 21.38 ein:

```
$content = substr($the_post->post_content, 0, 100);
$content .= "...";
```

Listing 21.38 Fügen Sie diese beiden Zeilen der »my-greatest-posts.php« hinzu.

Hier wird zunächst der Inhalt des Beitrags in der Variablen $content gespeichert und gleichzeitig mithilfe der Funktion substr() auf eine Länge von 100 Zeichen verkürzt. Schließlich werden noch drei Pünktchen angehängt, um die Auslassung zu verdeutlichen und den Leser zum Klicken zu veranlassen.

Danach ändern Sie die (vorangegangene) Zeile 04 aus Listing 21.37 gemäß Listing 21.39 ab:

```
$output .= "<li><a href='" . get_permalink( $entry["post_id"]
) . "'><span class='pop-title'>" . $the_post->post_title.
"</span> | <span class='pop-excerpt'>" . $content.
"</span></a></li>";
```

Listing 21.39 Änderungen an »$output« – »my-greatest-posts.php«

Hier werden lediglich einige span-Elemente hinzugefügt, die Sie später sehr gut über CSS ansprechen können. Außerdem wird auch die zuvor angelegte Variable $content ausgegeben.

Um möglichen Missverständnissen vorzubeugen, sehen Sie in Listing 21.40 noch einmal den vollständig angepassten Code der *my-greatest-posts.php* ab Zeile 100:

```
01   $output = "<ul>";
02   foreach ( $posts as $entry ) {
03       $the_post = $wpdb->get_row( "SELECT * FROM
         " . $wpdb->prefix . "posts
         WHERE ID = '" . $entry["post_id"] . "'" );
04       $content = substr($the_post->post_content, 0, 100);
05       $content .= "...";
06       $output .= "<li><a href='" . get_permalink(
         $entry["post_id"] ) . "'><span class='pop-title'>" .
         $the_post->post_title  . "</span> |
         <span class='pop-excerpt'>" . $content .
         "</span></a></li>";
07   }
08   $output .= "</ul>";
09   return $output;
```

Listing 21.40 Alle Änderungen in der »my-greatest-posts.php« ab Zeile 100

Aktivieren Sie das Plugin nun im Backend unter PLUGINS · PLUGINS ANZEIGEN. Damit die populären Beiträge auch angezeigt werden, sind nun noch weitere Änderungen am Theme notwendig. Bisher ist es nämlich nicht widget-fähig, da dies bislang nicht nötig war. Um das zu ändern, fügen Sie zunächst die folgenden Zeilen aus Listing 21.41 Ihrer *functions.php* hinzu:

```
01   <?php
02   if ( function_exists('register_sidebar') )
03       register_sidebar(array(
04           'before_widget' => '',
05           'after_widget' => '',
06           'before_title' => '',
07           'after_title' => '',
08   ));
09   ?>
```

Listing 21.41 Widgets aktivieren in der »functions.php«

Die Funktion register_sidebar() meldet genau einen Widget-Bereich im System an. Die Parameter sorgen letztlich nur dafür, dass WordPress keine unnötigen HTML-

Elemente um das Widget oder den Titel platziert, da diese im Praxisbeispiel nur stören würden.

Nun müssen Sie diesen Widget-Bereich noch in Ihrer *sidebar.php* definieren (siehe Listing 21.42):

```
01    <div id="sidebar-popular">
02        <h6>Populäre Beiträge</h6>
03        <?php if ( !function_exists('dynamic_sidebar')
          || !dynamic_sidebar() ) : endif; ?>
04    </div>
```

Listing 21.42 Anpassungen in der »sidebar.php«

Sie fügen also Ihrem bisherigen Sidebar-Code nur die Zeile 03 hinzu. So wird der restliche Code der Sidebar nicht angetastet und somit weiterhin angezeigt. Nur im div-Bereich namens sidebar-popular findet folglich die Ausgabe der Widgets statt. Da nur ein Widget benötigt wird, ist dies die komfortabelste Variante.

Im Backend können Sie nun unter DESIGN • WIDGETS die letzte Anpassung vornehmen.

Fügen Sie nun dem Bereich SIDEBAR 1 noch das Widget MY GREATEST POSTS hinzu (siehe Abbildung 21.71). Klappen Sie das Widget durch einen Klick auf den Pfeil aus. Im Praxisbeispiel würde ein weiterer Titel nur stören, da dieser bereits fest in HTML programmiert wurde. Die Anzahl der Artikel habe ich beim Standardwert 5 belassen.

Wenn Sie sich Ihr Blog nun anschauen, dann kann es sein, dass in der Sidebar noch keine Artikel zu finden sind. Das liegt wahrscheinlich daran, dass das Plugin noch keine Gelegenheit hatte, die Seitenaufrufe zu zählen.

21

Abbildung 21.71 Fügen Sie der Sidebar das Widget »My Greatest Posts« hinzu.

Das ist nun die Einladung an Sie, sich einmal wild durch die bislang angelegten Artikel zu klicken – oder überhaupt erst einmal einige Testartikel anzulegen, falls Sie dies
noch nicht getan haben. Dann sollte sich Ihnen aber in etwa ein Bild wie in Abbildung
21.72 bieten.

Abbildung 21.72 Die Anzeige der populärsten Beiträge in der Sidebar

Das Blog-Theme ist nun fertiggestellt (siehe Abbildung 21.73). Es ist ausgestattet mit
allen Funktionen, die ein erfolgreiches Blog heute benötigt. Das Einzige, was jetzt
noch fehlt, ist hochwertiger, einzigartiger Inhalt. Das überlasse ich an dieser Stelle
Ihnen.

MEDIENWATCHBLOG

MEDIENWATCHBLOG - ALLES AUS DEN MEDIEN. HIER, HEUTE UND MORGEN.

EIN ARTIKEL MIT EINEM SO UNFASSBAR LANGEN NAMEN, DASS DEN DOCH AM ENDE EH NIEMAND LIEST

ALEXANDER HETZEL • MONTAG, 01.08.2011 • ALLGEMEIN • KEINE KOMMENTARE

Lorem ipsum dolor sit amet, consetetur sadipscing elitr, sed diam nonumy eirmod tempor invidunt ut labore et dolore magna aliquyam erat, sed diam voluptua. At vero eos et accusam et justo duo dolores et ea rebum. Stet clita kasd gubergren, no sea takimata sanctus est Lorem ipsum dolor sit amet. Lorem ipsum dolor sit amet, consetetur sadipscing elitr, sed diam nonumy eirmod tempor invidunt ut labore et dolore magna aliquyam erat, sed diam voluptua. At vero eos et accusam et justo duo dolores et ea rebum. Stet clita kasd gubergren, no sea takimata sanctus est Lorem ipsum dolor sit amet.

NOCH EIN TESTARTIKEL

ALEXANDER HETZEL • MONTAG, 01.08.2011 • ZWEITE KATEGORIE • KEINE KOMMENTARE

Lorem ipsum dolor sit amet, consetetur sadipscing elitr, sed diam nonumy eirmod tempor invidunt ut labore et dolore magna aliquyam erat, sed diam voluptua. At vero eos et accusam et justo duo dolores et ea rebum. Stet clita kasd gubergren, no sea takimata sanctus est Lorem ipsum dolor sit amet. Lorem ipsum dolor sit amet, consetetur sadipscing elitr, sed diam nonumy eirmod tempor invidunt ut labore et dolore magna aliquyam erat, sed diam voluptua. At vero eos et accusam et justo duo dolores et ea rebum. Stet clita kasd gubergren, no sea takimata sanctus est Lorem ipsum dolor sit amet.

HALLO? IST DA JEMAND?

ALEXANDER HETZEL • SAMSTAG, 30.07.2011 • ALLGEMEIN • KEINE KOMMENTARE

Lorem ipsum dolor sit amet, consetetur sadipscing elitr, sed diam nonumy eirmod tempor invidunt ut labore et dolore magna aliquyam erat, sed diam voluptua. At vero eos et accusam et justo duo dolores et ea rebum. Stet clita kasd gubergren, no sea takimata sanctus est Lorem ipsum dolor sit amet. Lorem ipsum dolor sit amet, consetetur sadipscing elitr, sed diam nonumy eirmod tempor invidunt ut labore et dolore magna aliquyam erat, sed diam voluptua. At vero eos et accusam et justo duo dolores et ea rebum. Stet clita kasd gubergren, no sea takimata sanctus est Lorem ipsum dolor sit amet.

Alle Artikel
Allgemein (5)
Zweite Kategorie (2)

Über uns
Werbepartner werden
Kontakt
Impressum

POPULÄRE BEITRÄGE

Hallo Welt! | Willkommen zur deutschen Version von WordPress. Dies ist der erste Artikel. Du kannst ihn bearbeiten...

Ein Artikel mit einem so unfassbar langen Namen, dass den doch am Ende eh niemand liest | Lorem ipsum dolor sit amet, consetetur sadipscing elitr, sed diam nonumy eirmod tempor invidunt ut l...

Ein Hallo an all unsere Fans! | Lorem ipsum dolor sit amet, consetetur sadipscing elitr, sed diam nonumy eirmod tempor invidunt ut l...

Hallo? Ist da jemand? | Lorem ipsum dolor sit amet, consetetur sadipscing elitr, sed diam nonumy eirmod tempor invidunt ut l...

Noch ein Testartikel | Lorem ipsum dolor sit amet, consetetur sadipscing elitr, sed diam nonumy eirmod tempor invidunt ut l...

Abbildung 21.73 Vollständige Ansicht der Startseite des Blogs

21.3 Die Künstler-Website – Circle Designer

Das dritte Projekt, die Künstler-Website, soll Ihnen eine weitere Variante von Word-Press als CMS näherbringen. Anstatt die Website – wie beim ersten Praxisbeispiel – auf das Wesentliche zu beschränken, sollen dieses Mal einige aufwendigere Funktio-nen integriert werden. So soll es eine Galerie geben, in der der Künstler seine Bilder bewerben kann, sowie einen Ausstellungsplan, der anzeigt, wo die nächste Vernissage stattfinden wird. Auch sollen die Besucher an Abstimmungen teilnehmen können, z. B. um neue Vorschläge für künftige Bilder abzusegnen.

Die Künstler-Website legt ein wenig mehr Wert auf Individualität als die anderen Praxisbeispiele – darum erfahren Sie hier, wie Sie einzelne Unterseiten oder auch ein ganzes Blog komplett unabhängig vom Grundlayout gestalten. Ein sehr häufig genutztes Feature auf sehr, sehr vielen Websites sind wechselnde Header-Grafiken. So kann ein und dieselbe Website lediglich durch ein austauschbares Bild sehr viel frischer und dynamischer wirken.

Sie lernen anhand dieses Beispiels:

- ▶ Einbau wechselnder Header-Grafiken
- ▶ Einbindung einer Galerie
- ▶ Integration eines (öffentlichen) Kalenders
- ▶ Durchführen und Darstellen von Umfragen
- ▶ individuelle Gestaltung einzelner Seiten abweichend vom Hauptdesign der Website
- ▶ Umsetzung eines Gästebuches
- ▶ individuelle Gestaltung der gesamten Blogfunktion

Einen Vorgeschmack auf das Endprodukt bietet Abbildung 21.74.

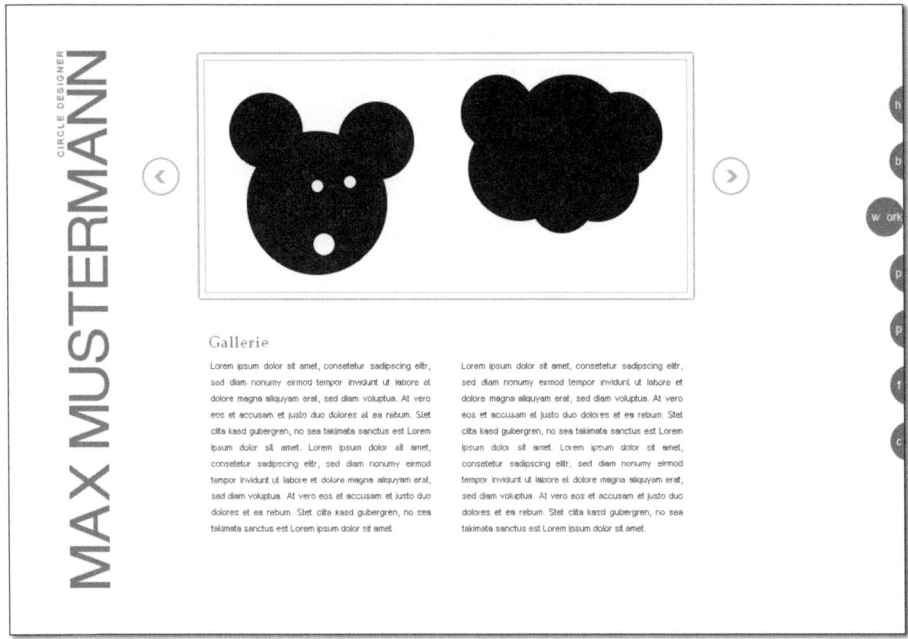

Abbildung 21.74 Das macht also ein »Circle Designer« den ganzen Tag. Auf der rechten Seite sehen Sie übrigens das Menü. Wirklich.

21.3.1   Erstellung des Grundgerüstes

Eine Datenbank haben Sie angelegt. WordPress ist installiert. Legen Sie nun in *wp-content/themes/* ein neues Verzeichnis an, z. B. *cd* (für Circle Designer). Alle im Folgenden angesprochenen Theme-Dateien erstellen Sie wie immer in diesem Ordner.

Das Grundgerüst der Website besteht dieses Mal aus *header.php*, *page.php* sowie *footer.php*. Da dieses Beispiel WordPress wieder seine CMS-Funktionalität abverlangt, ist *page.php* der Mittelpunkt der Website. Ein Blog werden Sie zwar später noch integrieren, das spielt aber eher eine Nebenrolle. Eine Sidebar wird zu Anfang nicht benötigt, erst später für das Blog, weshalb Sie diese nun noch nicht anlegen müssen.

> **Hinweis**
>
> Sie benötigen zwar derzeit keine *index.php*, erstellen Sie diese aber trotzdem, da WordPress sonst Ihr Theme nicht als solches erkennt. Es genügt, wenn Sie eine leere *index.php* erstellen. Sie werden diese später ohnehin noch für das »externe« Blog benötigen.

In die *header.php* kommt, wie üblich, all das, was sich auf allen Seiten wiederholen soll, also der Kopf der Seite. Im Praxisbeispiel sieht das aus wie in Listing 21.43:

```
01   <!DOCTYPE html PUBLIC "-//W3C//DTD XHTML 1.0
     Transitional//EN" "http://www.w3.org/TR/xhtml1/DTD/xhtml1-
     transitional.dtd">
02   <html xmlns="http://www.w3.org/1999/xhtml">
03   <head>
04   <title><?php wp_title('|', 1, 'right'); ?>
     <?php bloginfo('name'); ?></title>
05   <meta http-equiv="Content-Type" content="text/html;
     charset=utf-8" />
06   <link rel="Stylesheet" type="text/css" href="<?php echo
     get_stylesheet_directory_uri(); ?>/reset.css" />
07   <link rel="Stylesheet" type="text/css" href="<?php echo
08   get_stylesheet_directory_uri(); ?>/style.css" />
09   <link rel="pingback" href="<?php bloginfo('wpurl'); ?>
     /xmlrpc.php" />
10   <link rel="alternate" type="application/rss+xml"
     title="RSS-Feed" href="<?php bloginfo('wpurl'); ?>/feed/" />
11   <?php wp_head(); ?>
12   </head>
13   <body>
14   <div id="page">
15   <div id="logo"><img src="<?php echo
```

21

```
        get_stylesheet_directory_uri(); ?>/images/logo.gif" /></div>
16   <div id="main">
```

Listing 21.43 Die vollständige »header.php« (wird später ergänzt)

Die *header.php* endet dort, wo das main-div beginnt. Es enthält den gesamten Content-Bereich der Seite abgesehen vom Menü und dem Link zum Impressum. Der Bereich wird in der *footer.php* beendet.

Als Nächstes ist die *page.php* dran. Darin legen Sie fest, wie eine ganz normale statische Seite aussehen soll (siehe Listing 21.44):

```
01   <?php get_header(); ?>
02       <div id="content">
03       <?php if ( have_posts() )
         while ( have_posts() ) : the_post(); ?>
04       <h1><?php the_title(); ?></h1>
05       <?php the_content(); ?>
06       <?php endwhile; ?>
07       </div>
08   <?php get_footer(); ?>
```

Listing 21.44 Die vollständige »page.php«

In Zeile 02 können Sie sehen, dass das Beispiel dieses Mal nicht ganz ohne umschließendes div-Tag in den Inhaltsseiten auskommt. Das lässt sich konzeptionell leider nicht bewerkstelligen, wie Sie später noch sehen werden. Das ist aber nicht schlimm und bedeutet nur, dass Sie diesen div-Bereich in jeder der folgenden Inhaltsdateien wiederholen müssen. In Zeile 03 startet die Loop, um in Zeile 04 den Titel und in Zeile 05 den Inhalt der Seite auszugeben. Zeile 06 kennzeichnet das Ende der Loop. Eine Sidebar wird, wie Sie sehen, nicht eingebunden.

Zu guter Letzt folgt die *footer.php*, die dieses Mal ein klein wenig umfangreicher ist (siehe Listing 21.45):

```
01   </div> <!-- / #main -->
02   </div> <!-- / #page -->
03   <div id="impressum">
04       <a href="<?php bloginfo('url'); ?>/impressum/">
         Impressum</a>
05   </div>
06   <div id="menu">
07   <ul>
08       <li id="home">
09           <a href="<?php bloginfo('url'); ?>/">Home</a>
10       </li>
```

```
11        <li id="blog">
12            <a href="<?php bloginfo('url'); ?>/blog/">Blog</a>
13        </li>
14        <li id="work">
15            <a href="<?php bloginfo('url'); ?>/work/">Work</a>
16        </li>
17        <li id="plan">
18            <a href="<?php bloginfo('url'); ?>/plan/">Plan</a>
19        </li>
20        <li id="poll">
21            <a href="<?php bloginfo('url'); ?>/poll/">Poll</a>
22        </li>
23        <li id="fans">
24            <a href="<?php bloginfo('url'); ?>/fans/">Fans</a>
25        </li>
26        <li id="call">
27            <a href="<?php bloginfo('url'); ?>/call/">Call</a>
28        </li>
29    </ul>
30    </div>
31    <?php wp_footer(); ?>
32    </body>
33    </html>
```

Listing 21.45 Die vollständige »footer.php« (wird gleich noch ergänzt)

In den ersten beiden Zeilen enden die in der *header.php* begonnenen div-Bereiche page und main. Es folgen ein Link zum Impressum (Zeilen 03 bis 05) sowie das Menü (Zeilen 06 bis 30). Schließlich wird in Zeile 15 noch die Funktion wp_footer() aufgerufen, die WordPress (oder auch Plugins) die Möglichkeit gibt, selbst Elemente zum Fußbereich der Seite hinzuzufügen.

Das Menü ist bei dieser Website statisch. Sie haben recht, das ist nicht gerade »Best Practice«, aber Künstler dürfen das eben. Wenn Sie Webdesigner sind, werden Sie Kunden haben, die auf ein grafisches Menü bestehen. Ist dies der Fall, müssen Sie es wohl oder übel in einer Theme-Datei »hart codieren«. Das Menü beinhaltet zwar Text, der wird aber über CSS (text-indent: -9999px) vor dem Besucher versteckt. Der Text dient dazu, auch denen ein Menü zu bieten, die entweder CSS deaktiviert haben oder die aufgrund einer Sehschwäche auf Screenreader angewiesen sind.

Nachteil dieser Methode ist ganz klar, dass das Menü später viel schwieriger erweiterbar ist. Ein Kunde müsste sich praktisch immer wieder an seinen Webdesigner wenden (den das natürlich freut, da er dafür eine Rechnung schreiben kann). Sie sollten daher nach Möglichkeit auf solche Menüs verzichten. Einen Vorteil hat das Ganze aber auch: Sie können wesentlich ansprechendere und vielfältigere Menüs durch

Grafiken gestalten. Wenn Sie die Funktion `bloginfo('url');` verwenden, müssen Sie die Links später nicht aufwendig anpassen, bevor Sie die Website aus Ihrer Testumgebung auf den Server laden. So wie in Abbildung 21.75 sieht das Menü in Aktion aus.

> **Tipp**
>
> Warum sollte man keine relativen Links im Menü verwenden? Diebe kopieren gerne vollständige Websites und geben sie als ihre eigenen aus. Mit absoluten Links können Sie diesen zumindest ein Schnippchen schlagen. Denn jeder, der auf der gefälschten Website nun auf einen Link klickt, wird auf die echte weitergeleitet.

Abbildung 21.75 Das Menü besteht aus Kreisen, die an der rechten Bildschirmseite angeordnet und im Ausgangszustand nur etwa zur Hälfte zu sehen sind. Fährt der Nutzer mit dem Mauszeiger darüber, erscheinen sie vollständig.

21.3.2   Wechselnde Header-Grafiken

Standard auf den meisten Websites sind mittlerweile Header-Grafiken. Sie lassen die Website dynamischer wirken und können richtige Eyecatcher sein. Ein gut ausgewähltes Bild aus einem hochwertigen Fotoarchiv (z. B. *istockphoto.com*) kann eine Website unglaublich stark aufwerten – probieren Sie es aus. Damit aber nicht auf jeder Website stets das gleiche Bild zu sehen ist, müssen Sie WordPress beibringen, unterschiedliche Grafiken zu verwenden – je nachdem, welche Seite angezeigt wird.

Nun gibt es eine leichte und eine etwas weniger leichte Variante, um das umzusetzen. Das hängt vor allem von der Seitenstruktur ab. Im Praxisbeispiel ist es leicht:

Hier gibt es nur eine Ebene von Unterseiten und eben keine tiefe Hierarchie, wo auch die Unterseiten der Unterseiten noch Unterseiten haben. Existiert nur eine Ebene, dann können Sie jeder einzelnen Seite lediglich ein Bild zuweisen. Gibt es zu dieser Ebene aber noch tiefer liegende Ebenen, dann müssen Sie irgendwie dafür sorgen, dass diese immer das Bild der Elternseite anzeigen. Da die schwierige Variante die leichte praktisch beinhaltet, möchte ich Ihnen diese im Folgenden vorstellen.

Als Erstes benötigen wir eine Funktion, die herausfindet, ob eine Seite einer speziellen Oberseite zuzuordnen ist. Die kommt, wie so häufig, in die *functions.php* in Ihrem Theme-Verzeichnis (siehe Listing 21.46):

```php
01   <?php
02   function is_tree($pid) {
03       global $post;
04       if( is_page() && is_page($pid) ) {
05           return true;
06       }
07       else {
08           $parents = get_ancestors($post->ID, 'page');
09           if (is_page() && in_array($pid, $parents) ) {
10               return true;
11           }
12           else {
13               return false;
14           }
15       }
16   };
17   ?>
```

Listing 21.46 Die Funktion »is_tree()« für die »functions.php«

Die ursprüngliche Funktion habe ich unter der folgenden URL gefunden: *http://css-tricks.com/snippets/wordpress/if-page-is-parent-or-child/*. Allerdings musste ich diese abwandeln, da vorher nur die Oberseite selbst und eine Unterseitenebene erkannt wurden, aber nicht auch eine zweite oder dritte.

Der Funktion wird die $pid übergeben, das ist die ID einer Oberseite, von der überprüft werden soll, ob die aktuelle Seite entweder die Oberseite selbst ist oder eine Unterseite davon. Zunächst »holt« sich die Funktion in Zeile 02 die Daten der aktuell aufgerufenen Seite, die im Objekt $post stecken. In Zeile 04 wird dann als Erstes überprüft, ob die derzeit aufgerufene Seite auch wirklich eine statische Seite ist und ob sie sogar mit der Oberseite, die wir überprüfen wollten, übereinstimmt. Das wäre der einfachste Fall, und die Funktion würde true zurückgeben.

Ist es nicht so, wird der else-Bereich ab Zeile 07 aufgerufen. Dort wird nämlich überprüft, ob die aktuell aufgerufene Seite eine Unterseite derjenigen Oberseite ist, die der Funktion anfangs übergeben wurde. Dazu holt die Funktion get_ancestors() alle Seiten, die in der Hierarchie über der aktuellen Seite stehen, in ein Array. Die Abfrage in Zeile 09 prüft dann zunächst erneut, ob eine statische Seite vorliegt (was ja Grundvoraussetzung ist), um dann mit der Funktion in_array() zu prüfen, ob in diesem Array von Oberseiten denn auch exakt die Oberseite auftaucht, die der Funktion ursprünglich übergeben worden ist. Falls ja, wird wieder true zurückgegeben. Ist jedoch auch diese Abfrage ins Leere gelaufen, gibt die Funktion einfach false zurück.

Das klingt jetzt vielleicht ein wenig kompliziert. Wichtig ist nur, dass Sie verstehen, was diese Funktion macht. Sie prüft, ob die aktuelle Seite entweder die ID einer bestimmten Oberseite hat oder ob sie eine Unterseite dieser Oberseite ist. Beispiel: Die Website besteht aus einer Oberseite (ID 10) sowie einer Unterseite (ID 11), alle anderen Seiten sind unabhängig. Der Funktion wird die ID der Oberseite übergeben, also 10. Befinden Sie sich nun gerade auf der Seite mit der ID 10, wird true zurückgegeben. Ebenfalls wird true zurückgegeben, wenn Sie sich auf der Seite mit der ID 11 befinden. Es wird hingegen false zurückgegeben, wenn Sie sich auf irgendeiner anderen Seite befinden. Und damit lässt sich diese Funktion wunderbar verwenden, um wechselnde Header-Grafiken zu erstellen. Das Problem war es nicht, wechselnde Grafiken auf Oberseiten darzustellen; das Problem waren die Unterseiten.

Der nächste Schritt besteht darin, eine Abfrage in das Theme einzubauen, die je nach Seitenstruktur die Kopfgrafik auswechselt. Dies geschieht vollständig in der *page.php*, da diese ja ohnehin alle statischen Seiten darstellt. Dort platzieren Sie zudem einen div-Bereich, der die Kopfgrafik beinhaltet und dessen CSS-Klasse durch das Script beeinflusst wird.

Zunächst die Abfrage im Kopf der *page.php* (siehe Listing 21.47):

```
01    <?php
02    $style = "";
03    if ( is_tree(8) ) { $style = "work"; }
04    elseif ( is_tree(16) ) { $style = "plan"; }
05    elseif ( is_tree(18) ) { $style = "poll"; }
06    elseif ( is_tree(30) ) { $style = "fans"; }
07    elseif ( is_tree(22) ) { $style = "impressum"; }
08    else { $style = "home"; }
09    ?>
```

Listing 21.47 Seitenabfrage in der »page.php«

Die Abfrage aus dem obigen Listing ist recht spartanisch: Der neuen Funktion is_tree() werden nacheinander die IDs aller Oberseiten der Website übergeben. Dies sind bei Ihnen mit größter Wahrscheinlichkeit andere als im obigen Beispiel, passen Sie diese also entsprechend an. Um die ID einer Seite herauszufinden, gehen Sie wie folgt vor. In Ihrem Backend klicken Sie auf den Menüpunkt SEITEN. Nun haben Sie zwei Möglichkeiten, die ID herauszufinden. Entweder Sie fahren mit dem Mauszeiger über den Titel der Seite, deren ID Sie benötigen. Dann wird Ihnen in der Statusleiste Ihres Browsers (meist unten links) die Zieladresse angezeigt, in der sich die ID hinter dem Parameter post befindet (siehe Abbildung 21.76).

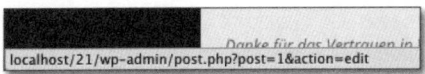

Abbildung 21.76 Die ID in der Statusleiste

Oder Sie klicken, z. B. wenn Ihr Browser aus irgendeinem Grund keine Statusleiste anzeigt, einfach auf den Titel der Seite, wodurch Sie zur Bearbeitung kommen. Dort steht diese ID dann folglich oben in der Adresszeile im gleichen Schema (siehe Abbildung 21.77).

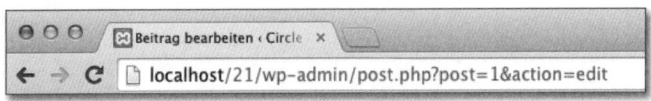

Abbildung 21.77 Die ID in der Adresszeile

Nun überprüft die Funktion, ob die gerade aufgerufene Seite mit der ID der Oberseite übereinstimmt oder eine Unterseite darstellt. Wenn ja, wird der Name der Seite in der Variablen $style gespeichert. Gibt es dagegen keine Übereinstimmung, wird vorsichtshalber der Stil der Startseite in $style gespeichert. Falls z. B. später eine Oberseite hinzukommt und Sie vergessen sollten, dieser Abfrage die ID hinzuzufügen und eine entsprechende Kopfgrafik zu erstellen, wird wenigstens das Bild der Startseite angezeigt; sozusagen ein »Catch-All«.

Direkt über dem div-Container #content platzieren Sie nun einen neuen div-Container mit der ID header; als Klasse geben Sie $style aus. Etwa wie in Listing 21.48:

```
<div id="header" class="<?php echo $style; ?>"></div>
```

Listing 21.48 Container für die Kopfgrafik

Nun wechselt die Klasse des Containers, je nachdem, welche Seite aufgerufen worden ist. Diese Konstruktion lässt sich nun wunderbar über CSS ansprechen und so beliebig stylen (siehe Listing 21.49):

```
<div id="header" class="home"></div>


.home {
    background: url(images/header/header_work.gif) no-repeat;
}
```

Listing 21.49 Beispiel für die Seite »Work« (HTML und CSS)

Die Abbildung 21.78 und die Abbildung 21.79 zeigen exemplarisch, wie dies in der Praxis aussehen könnte.

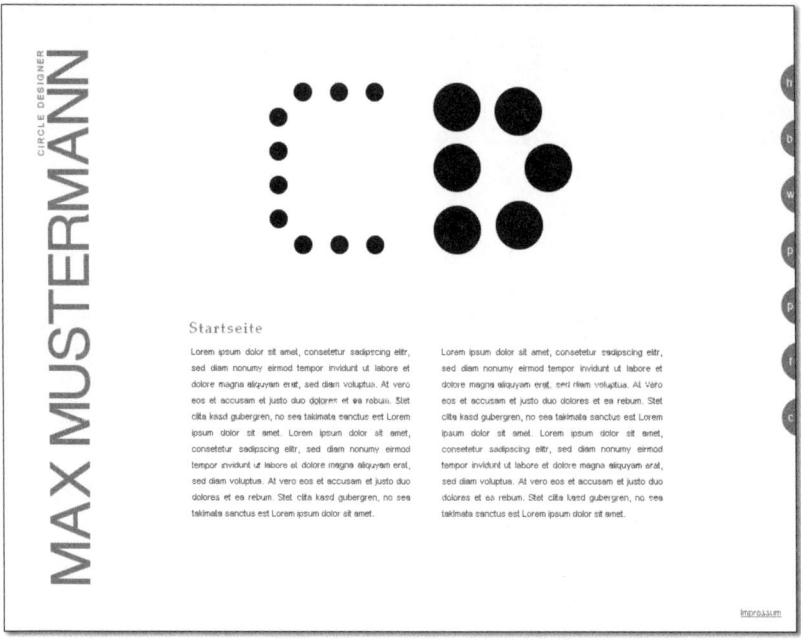

Abbildung 21.78 Die Startseite mit den Initialen »CD« als Kopfgrafik

Abbildung 21.79 Das Impressum mit einem Paragrafenzeichen als Kopfgrafik

21.3.3   Ein Galerie-Feature umsetzen

Die statischen Seiten sind nun grundsätzlich funktionsfähig und haben sogar wechselnde Header-Grafiken. Allerdings fehlt u. a. noch die versprochene Galerie, die den Besucher später unter dem Menüpunkt WORK erwartet und ihm eine Kostprobe der Werke des Künstlers bietet.

Der Galeriebereich wird die Kopfgrafik auf dieser Seite ablösen. Das bedeutet, der obige Code muss ein wenig abgewandelt werden. Um die folgende Zeile Code aus Listing 21.50 muss nun eine Konstruktion herumgebaut werden, die diese Zeile lediglich auf der Seite »work« nicht ausgibt, dafür aber die Galeriekonstruktion:

```
<div id="header" class="<?php echo $style; ?>"></div>
```

Listing 21.50 Der Header-Bereich, wie er sich bislang in der »page.php« befindet

Diese Zeile wird ersetzt durch das folgende Konstrukt aus Listing 21.51:

```
01   <?php if ("work" != $style) { ?>
02   <div id="header" class="<?php echo $style; ?>"></div>
03   <?php } else { ?>
04   <div id="gallery"></div>
05   <?php } ?>
```

Listing 21.51 Switch zwischen Header-Bereich und Galeriebereich in der »page.php«

Der div-Bereich mit der ID header wird nun lediglich dann ausgegeben, wenn der $style gerade nicht »work« entspricht. Ist dies doch der Fall, so wird stattdessen die Galeriekonstruktion in Zeile 04 eingebunden. Diese Konstruktion besteht aus der Anzeige eines Bildes in der Mitte der Seite; links und rechts davon befindet sich jeweils ein Vor- bzw. Zurück-Button, mit denen man zwischen den einzelnen Werken hin- und herschalten kann.

Für die Realisierung einer Galeriefunktion greifen Sie am besten auf die zahlreichen Plugins zurück. Am bekanntesten dürfte hier das Plugin *NextGEN Gallery* sein. Für dieses Plugin existieren zudem zahlreiche Erweiterungen anderer Nutzer. Hier greife ich zusätzlich auf die Erweiterung *NextGEN Scroll Gallery* zurück, da sie sich recht gut in das bisherige Design eingliedert. Installieren Sie nun beide Plugins und aktivieren Sie diese, am besten beginnen Sie mit NextGEN Gallery, da dieses das Basis-Plugin darstellt. Beide Plugins erstellen nach dem Aktivieren jeweils einen eigenen Menü-Oberpunkt. Nehmen Sie zuerst die Einstellungen für das Basis-Plugin unter dem Menüpunkt GALERIE vor. Dort finden Sie sogar ein ganz eigenes Dashboard vor.

Legen Sie nun eine neue Galerie über GALERIE • GALERIE / BILDER HINZUFÜGEN an.

21

Abbildung 21.80 Galerie • Galerie / Bilder hinzufügen

Daraufhin werden Sie auf eine Seite weitergeleitet (siehe Abbildung 21.80), über die Sie Bilder für diese Galerie hochladen können. Ziehen Sie Bilder einfach in Ihr Browserfenster und legen Sie sie im Upload-Bereich ab. Tragen Sie in das leere Feld oberhalb der Dateien den Namen der Galerie ein (hier »Werke«) und klicken Sie auf den Button UPLOAD BEGINNEN rechts daneben.

Wenn die Bilder hochgeladen worden sind, können Sie über GALERIE • GALERIEN VERWALTEN darauf zugreifen (siehe Abbildung 21.81). Links vom Namen der Galerie steht die ID (hier 1). Merken Sie sich diese Zahl schon einmal, wir brauchen sie gleich. Klicken Sie auf den Titel der Galerie, um die Einzelansicht (siehe Abbildung 21.82) aufzurufen.

Manage Galleries

	ID	Galerie	Beschreibung	Autor	Seiten-ID	Bilder
☐	1	Werke		ah	0	3
☐	ID	Galerie	Beschreibung	Autor	Seiten-ID	Bilder

Abbildung 21.81 Galerie • Galerien verwalten

Die Einzelansicht bietet zahlreiche Optionen. Die wichtigste davon ist wahrscheinlich der Button SORTIERE BILDER etwa auf der Hälfte der Seite. Damit können Sie ganz leicht per Drag & Drop die Reihenfolge verändern, was gerade für eine Slideshow, wie sie in das Praxisbeispiel eingebunden werden soll, unabdingbar ist (siehe Abbildung 21.83).

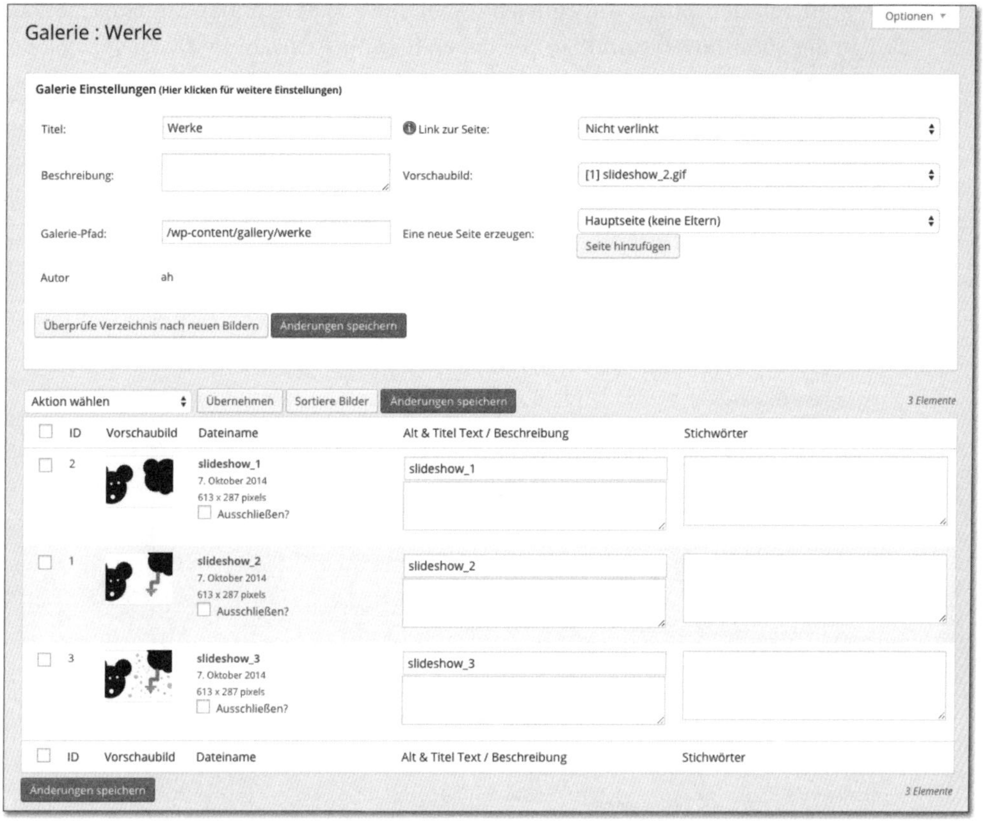

Galerie : Werke

Optionen ▾

Galerie Einstellungen (Hier klicken für weitere Einstellungen)

Titel:	Werke	ℹ Link zur Seite:	Nicht verlinkt ⬍
Beschreibung:		Vorschaubild:	[1] slideshow_2.gif ⬍
Galerie-Pfad:	/wp-content/gallery/werke	Eine neue Seite erzeugen:	Hauptseite (keine Eltern) ⬍ Seite hinzufügen
Autor	ah		

Überprüfe Verzeichnis nach neuen Bildern   Änderungen speichern

Aktion wählen ⬍   Übernehmen   Sortiere Bilder   Änderungen speichern   3 Elemente

	ID	Vorschaubild	Dateiname	Alt & Titel Text / Beschreibung	Stichwörter
☐	2		slideshow_1 7. Oktober 2014 613 x 287 pixels ☐ Ausschließen?	slideshow_1	
☐	1		slideshow_2 7. Oktober 2014 613 x 287 pixels ☐ Ausschließen?	slideshow_2	
☐	3		slideshow_3 7. Oktober 2014 613 x 287 pixels ☐ Ausschließen?	slideshow_3	
☐	ID	Vorschaubild	Dateiname	Alt & Titel Text / Beschreibung	Stichwörter

Änderungen speichern   3 Elemente

Abbildung 21.82 Einzelansicht Ihrer Galerie

Im nächsten Schritt können Sie direkt dazu übergehen, die Einstellungen für die Slideshow unter dem eigenen Menü-Oberpunkt SCROLLGALLERY vorzunehmen. Dort finden Sie auch den Code, den Sie zum Einbinden dieser Galerie benötigen werden.

21

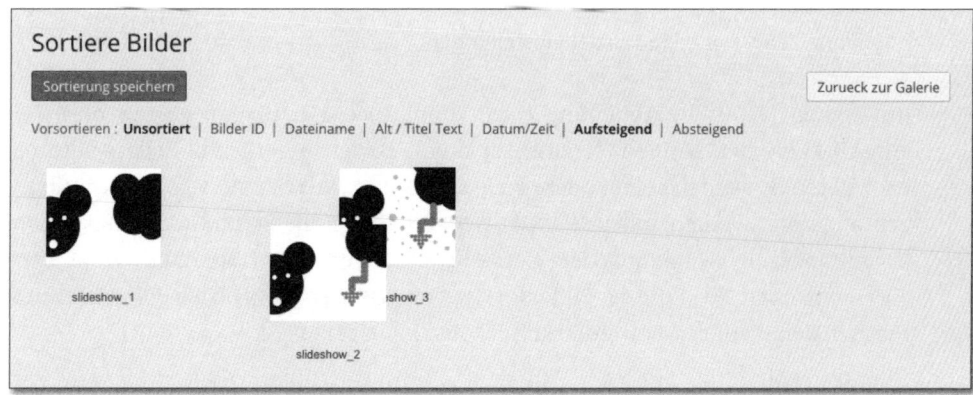

Abbildung 21.83 Die Bilder sortieren

Im ersten Teil der Einstellungen (siehe Abbildung 21.84) können Sie zunächst das Design der Slideshow bestimmen. Sie haben hier die Auswahl zwischen verschiedenen Designs. Das CSS3 SHADOW-DESIGN passt für unser Beispiel ganz gut.

In den folgenden Optionen können Sie noch festlegen, mit welchem Bild gestartet werden soll (START), wie breit der Bereich in Pixeln sein darf, der für die Scroll-Galerie zur Verfügung steht (AREA), sowie einige CSS-Klassen definieren, um das Design selbst anpassen oder erweitern zu können (THUMBAREA und IMAGEAREA), und schließlich können Sie noch bestimmen, wie schnell gescrollt wird (SPEED).

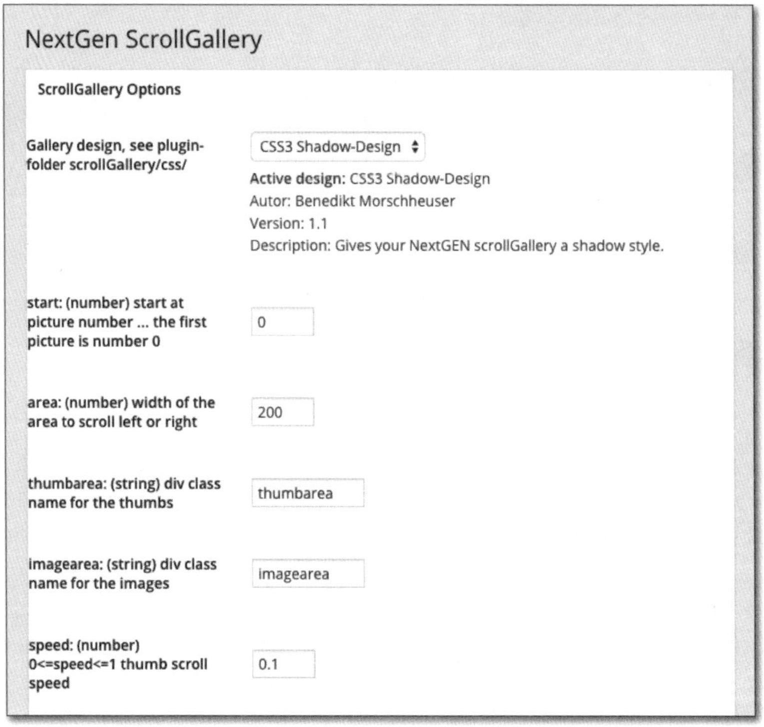

Abbildung 21.84 Der erste Teil der Einstellungen

Im zweiten Teil (siehe Abbildung 21.85) können Sie u. a. noch festlegen, ob Bilder angeklickt werden können (CLICKABLE), ob die Bilder in der Scroll-Galerie automatisch gescrollt werden sollen oder ob sie stillstehen (AUTOSCROLL), ob Beschreibungen angezeigt werden sollen (USECAPTIONS) oder ob die Scroll-Galerie unter dem jeweils angezeigten Bild platziert werden soll oder darüber (THUMBSDOWN). Legen Sie zudem noch die Maße der Bilder fest (WIDTH, HEIGHT) und ob die Bildgröße automatisch daran angepasst werden soll (ADJUSTIMAGESIZE).

Anpassen sollten Sie auf jeden Fall die Maße für die Bilder. Der Rest ist wie so oft Geschmackssache, hier gibt es kein Richtig oder Falsch. Probieren Sie ruhig ein wenig herum.

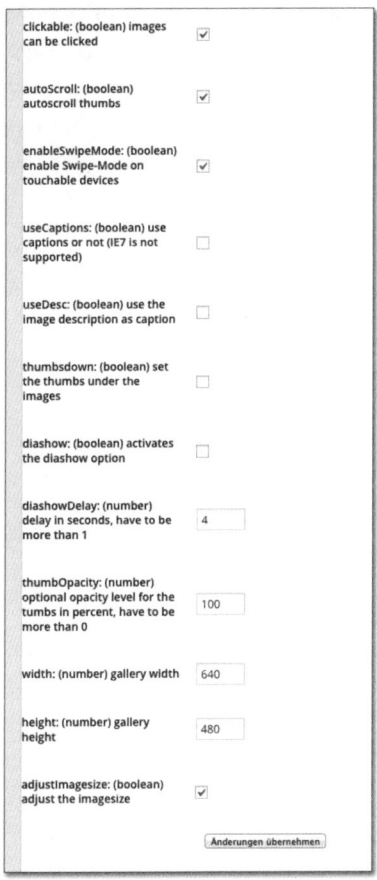

Abbildung 21.85 Der zweite Teil der Einstellungen

Die Slideshow wird durch einen anderen Code eingebunden als die Standardgalerie des Basis-Plugins (siehe Abbildung 21.86). Dafür bleibt die ID aber gleich (das ist die, die Sie sich vorhin merken sollten). Sie können die Slideshow nun über den Code [scrollGallery id=x] direkt in Ihren Beitrag oder in Ihre Seite einbauen, indem Sie diesen Shortcode in den Editor schreiben und abspeichern. Das x ersetzen Sie natürlich durch die ID Ihrer Galerie, die Sie sich bestimmt gemerkt haben.

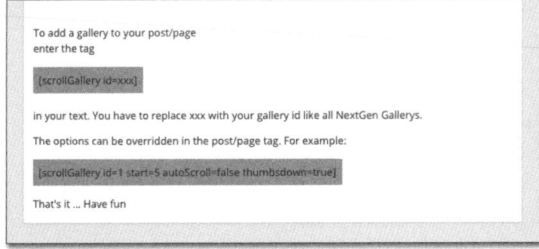

Abbildung 21.86 Der Code für das Einbinden der Slideshow

845

Sie können den Shortcode sogar noch um Einstellungen erweitern. Das kann sinnvoll sein, wenn Sie verschiedene Slideshows in Ihre Website einbinden möchten und sich nicht alle gleich verhalten sollen. Die Optionsseite bietet nämlich keine Möglichkeit, für verschiedene Galerien unterschiedliche Optionen festzulegen. Darum können Sie diese einfach in den Shortcode integrieren – immer nach dem Schema [scroll-Gallery id=x name-der-option=wert-der-option].

So weit, so gut. Was aber tun Sie, wenn Sie die Slideshow nun direkt in Ihr Theme integrieren wollen – so wie in diesem Praxisbeispiel? Auch dafür gibt es eine ganz einfache Lösung: die Funktion do_shortcode().

Passen Sie den div-Bereich mit der ID gallery in Ihrer *page.php* einfach wie in Listing 21.52 an (das x müssen Sie natürlich wieder durch die ID ersetzen):

```
01   <div id="gallery">
02       <?php echo do_shortcode('[scrollGallery id=x]'); ?>
03   </div>
```

Listing 21.52 Der Galeriebereich in der »page.php«

Wichtig ist, dass Sie vor der Funktion do_shortcode() unbedingt ein echo setzen, andernfalls wird die Galerie nicht angezeigt.

Das Ergebnis all Ihrer Bemühungen sehen Sie in Abbildung 21.87.

Abbildung 21.87 Die ScrollGallery im Stil »CSS3 Shadow-Design«

21.3.4   Integration eines Eventkalenders

Unter dem Menüpunkt PLAN soll es dem Besucher möglich sein, die kommenden Termine des Künstlers bzw. seiner Ausstellungen einzusehen. Dazu muss ein Kalender-Plugin in WordPress eingebaut und an das Design der Website angepasst werden.

Es gibt zahlreiche Plugins, um einen Kalender in WordPress zu integrieren. Im Rahmen dieses Abschnitts möchte ich Ihnen den *Ajax Event Calendar*vorstellen. Laden Sie sich das Plugin herunter und aktivieren Sie es.

Das Plugin finden Sie an verschiedenen Stellen im Backend. Zunächst erstellt es einen ganz eigenen Menüpunkt namens KALENDER; darüber können Sie sich den Kalender im Backend ansehen und Termine hinzufügen, Kategorien verwalten und sich sogar einen Aktivitätsreport anzeigen lassen. Allgemeine Einstellungen können Sie unter KALENDER · EINSTELLUNGEN vornehmen. Zudem können Sie eine eigene Benutzer-Rolle vergeben, indem Sie einen neuen Nutzer anlegen bzw. einen bestehenden bearbeiten.

Beschäftigen Sie sich idealerweise zunächst mit den allgemeinen Einstellungen, die Sie unter KALENDER · EINSTELLUNGEN finden (siehe Abbildung 21.88).

Sie haben nun die Möglichkeit, verschiedene Optionen festzulegen. So können Sie:

▶ Wochenenden im Kalender anzeigen lassen
▶ Benutzer vom Anlegen oder Ändern abgelaufener Termine abhalten
▶ einen Termin-hinzufügen-Button im Frontend anzeigen lassen
▶ einen Link zum Stadtplan in den Termindetails anzeigen lassen
▶ URLs im Beschreibungsfeld automatisch in anklickbare Links umwandeln
▶ Links zu Termindetails in einem neuen Browserfenster öffnen lassen
▶ das Blättern mit dem Mausrad ermöglichen

Zudem legen Sie fest, welchem Format die Adressausgabe folgen und in welchen Intervallen der Zeitenwähler die Minuten anzeigen soll.

Es folgt eine Auflistung von Feldern, die im Rahmen der Erstellung eines neuen Events angezeigt werden. Hier können Sie festlegen, welche davon erforderlich sein sollen, um ein neues Event anlegen zu dürfen.

Wenn das für Ihre Besucher interessant ist, können Sie auch Informationen zur Barrierefreiheit sowie einen Hinweis, den Veranstalter zu kontaktieren, ausgeben lassen. Schließlich setzen Sie das Plugin mit einem Klick auf die letzte Option auf die Werkeinstellungen zurück, falls dies einmal erforderlich sein sollte.

Bearbeiten Sie vor allem die lange Liste der erforderlichen Felder; sie wird für den üblichen Gebrauch zu detailliert sein. Nicht jeder Termin muss mit einer genauen Anschrift oder Kontaktinformationen versehen werden.

21

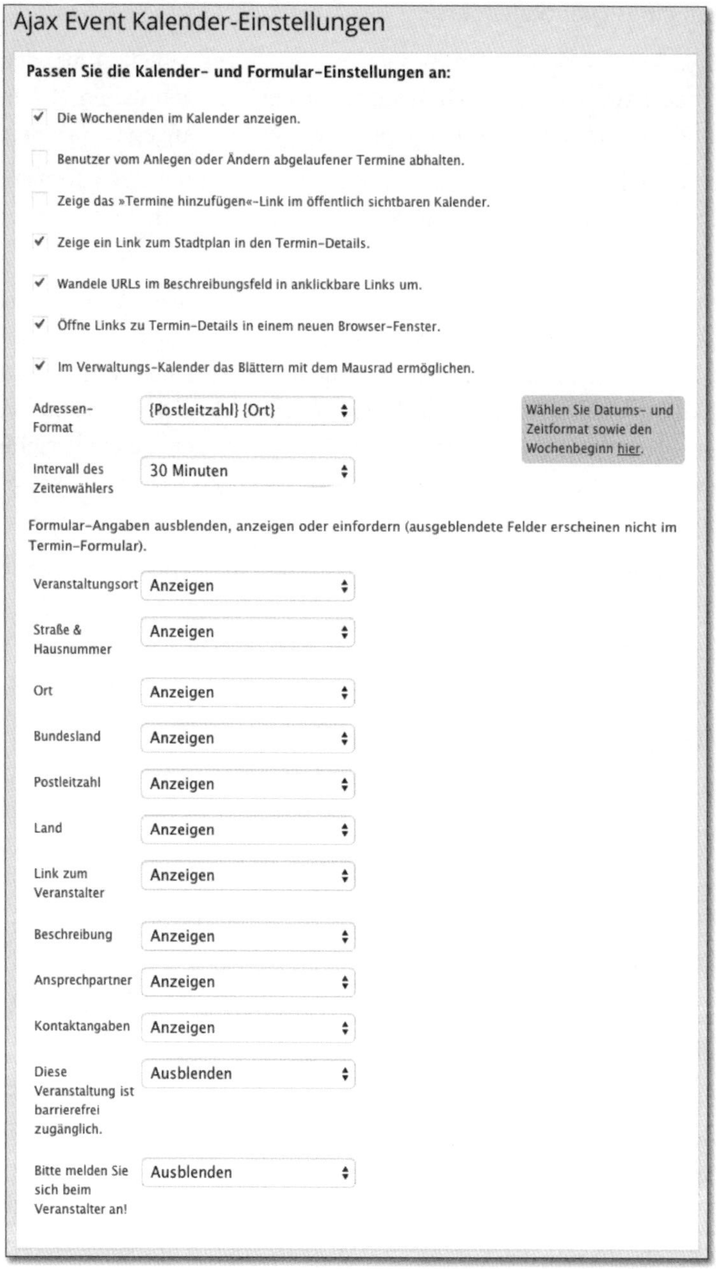

Ajax Event Kalender-Einstellungen

Passen Sie die Kalender- und Formular-Einstellungen an:

- ✓ Die Wochenenden im Kalender anzeigen.

- ☐ Benutzer vom Anlegen oder Ändern abgelaufener Termine abhalten.

- ☐ Zeige das »Termine hinzufügen«-Link im öffentlich sichtbaren Kalender.

- ✓ Zeige ein Link zum Stadtplan in den Termin-Details.

- ✓ Wandele URLs im Beschreibungsfeld in anklickbare Links um.

- ✓ Öffne Links zu Termin-Details in einem neuen Browser-Fenster.

- ✓ Im Verwaltungs-Kalender das Blättern mit dem Mausrad ermöglichen.

Adressen-Format	{Postleitzahl} {Ort} ⬍	Wählen Sie Datums- und Zeitformat sowie den Wochenbeginn hier.
Intervall des Zeitenwählers	30 Minuten ⬍	

Formular-Angaben ausblenden, anzeigen oder einfordern (ausgeblendete Felder erscheinen nicht im Termin-Formular).

Veranstaltungsort	Anzeigen ⬍
Straße & Hausnummer	Anzeigen ⬍
Ort	Anzeigen ⬍
Bundesland	Anzeigen ⬍
Postleitzahl	Anzeigen ⬍
Land	Anzeigen ⬍
Link zum Veranstalter	Anzeigen ⬍
Beschreibung	Anzeigen ⬍
Ansprechpartner	Anzeigen ⬍
Kontaktangaben	Anzeigen ⬍
Diese Veranstaltung ist barrierefrei zugänglich.	Ausblenden ⬍
Bitte melden Sie sich beim Veranstalter an!	Ausblenden ⬍

Abbildung 21.88 Die allgemeinen Einstellungen des Kalenders

Als nächsten Schritt sollten Sie den Kalender nun erst einmal in Ihre Website integrieren. Auch hier funktioniert das über einen Shortcode, den Sie allerdings dieses Mal getrost direkt in eine Seite einfügen können (siehe Abbildung 21.89). Der Shortcode lautet simpel [calendar].

Abbildung 21.89 Fügen Sie auf der Seite »Plan« einfach den Shortcode »[calendar]« ein und speichern Sie ab.

Nun empfiehlt es sich, zunächst die Kategorien zu verwalten, um die Termine gleich richtig eintragen zu können. Dies ist über den Menüpunkt KALENDER • KATEGORIEN möglich (siehe Abbildung 21.90).

Abbildung 21.90 Die äußerst einfache Kategorienverwaltung

Legen Sie neue Kategorien an oder bearbeiten Sie die bestehenden. Sie können jeder eine eigene Farbe zuweisen, die später im Kalender maßgebliche Verwendung finden wird.

Jetzt können Sie sich endlich an das Hinzufügen neuer Termine begeben. Dies geschieht über die Kalenderansicht im Backend, die Sie über KALENDER erreichen (siehe Abbildung 21.91).

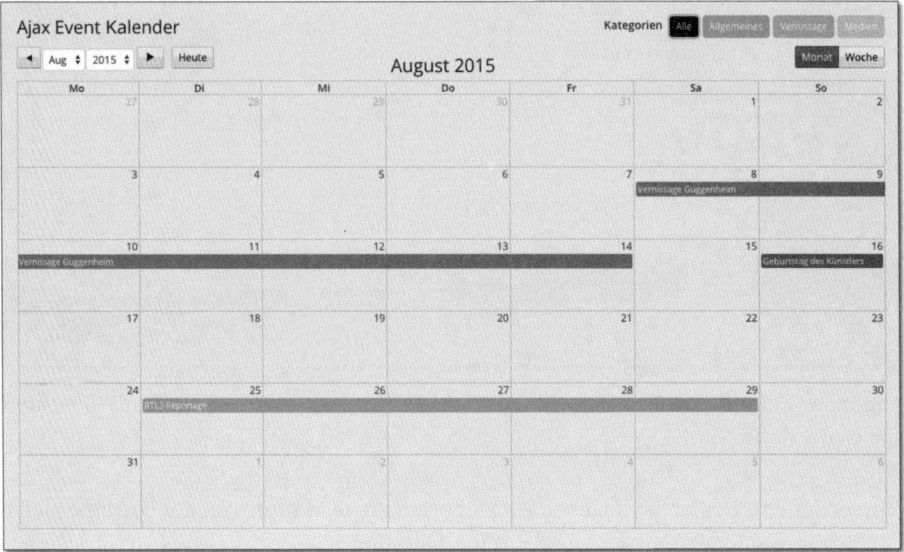

Abbildung 21.91 Das Hinzufügen und Bearbeiten neuer Termine ist kinderleicht.

Sie bedienen den Kalender ähnlich, wie Sie auch Google Kalender oder Outlook bedienen würden. Um einen neuen Termin hinzuzufügen, klicken Sie auf einen leeren Tag bzw. eine leere Fläche eines Tages. Sie können auch mehrere Tage auswählen, indem Sie bei gedrückter linker Maustaste über mehrere Tage fahren. Einen Termin bearbeiten Sie, indem Sie direkt auf den Termin selbst klicken.

Abbildung 21.92 Bearbeiten und Hinzufügen eines Termins sind identisch.

Wie Sie in Abbildung 21.92 sehen, bietet das Formular zahlreiche Einstellungsmöglichkeiten pro Termin. Neben den obligatorischen Mindesteinstellungen eines Termins können Sie eine genaue Anschrift angeben, eine URL hinzufügen oder sogar eine Kontaktperson samt Telefonnummer nennen. Welche Angaben dabei zwingend erforderlich sind, konnten Sie ja bereits unter KALENDER · EINSTELLUNGEN festlegen.

Nachdem Sie einige Termine eingetragen haben, schauen Sie sich den Kalender doch einmal im Frontend an und überprüfen Sie, ob er sich gut in Ihr Design eingliedert (siehe Abbildung 21.93).

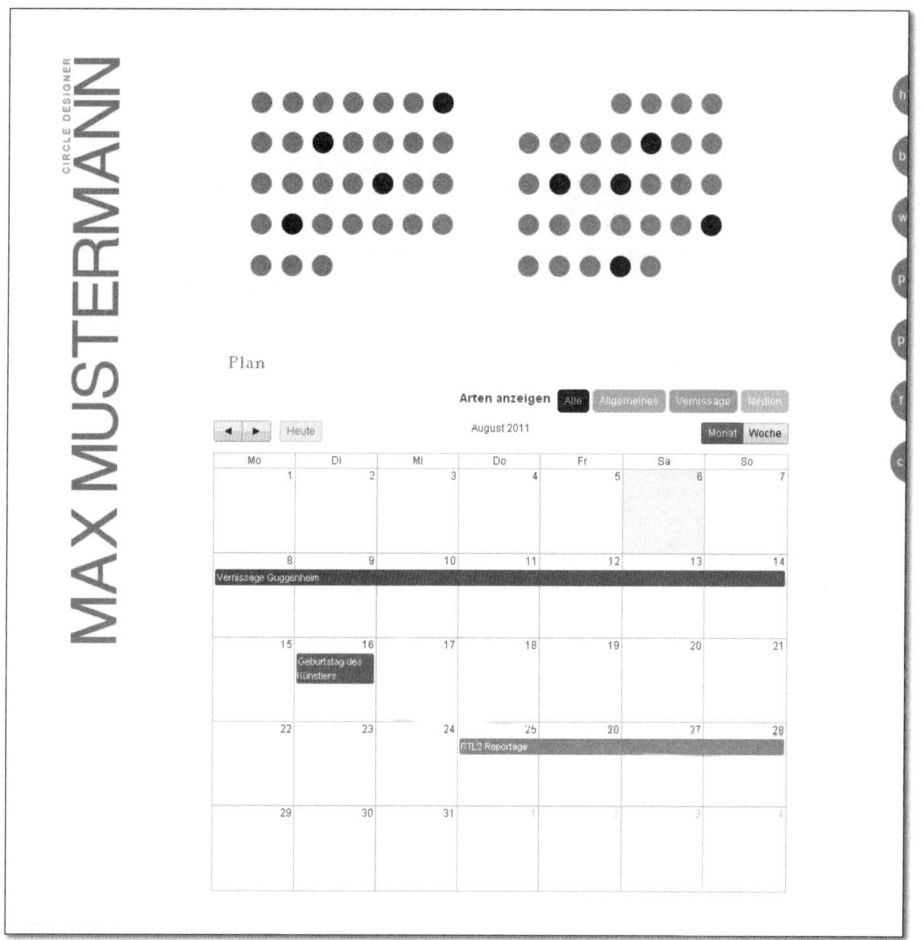

Abbildung 21.93 Der Kalender im Frontend

Sie sind nicht ganz zufrieden, wie Ihr Kalender sich darstellt? Offiziell bietet das Plugin leider keine Einstellungsmöglichkeiten. Dafür können Sie die einzelnen Elemente aber per CSS ansprechen. Hilfreich ist dabei, wenn Sie z. B. eine Erweiterung wie Firebug für Firefox (*https://addons.mozilla.org/de/firefox/addon/firebug*) oder gleich den Browser Chrome von Google (*http://www.google.com/chrome*) einsetzen. Dann können Sie den Quellcode direkt im Browser bearbeiten und Veränderungen sofort sehen.

Den gesamten Kalender sprechen Sie übrigens über die CSS-ID #aec-container an. Hier können Sie dann z. B. die Breite des Kalenders festlegen. Für dieses Praxisbeispiel habe ich zusätzlich auch noch einen Außenabstand nach unten festgelegt, da der Kalender zuvor unschön am unteren Bild klebte. In Listing 21.53 sehen Sie die einzigen CSS-Einstellungen, die ich für dieses Beispiel vorgenommen habe:

```
01    #aec-container {
02        width: 90%;
03        margin-bottom: 50px;
04    }
```

Listing 21.53 Anpassung des Kalenders in der »style.css«

Schließlich können Sie für den Kalender, wie angekündigt, sogar einzelne Benutzer zum CALENDAR CONTRIBUTOR ernennen, die dann Ihren Kalender pflegen können (siehe Abbildung 21.94). Das erledigen Sie über den Menüpunkt BENUTZER im Backend. Den Status können Sie sowohl bestehenden Benutzern verleihen als auch bei gänzlich neuen direkt festlegen.

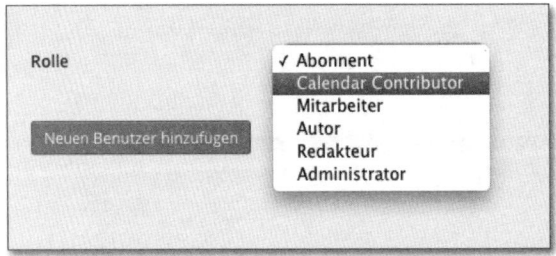

Abbildung 21.94 Den Benutzer zum Kalenderpfleger machen

Hinweis

Das Plugin verwendet die Zeit- und Datumseinstellungen, die Sie in WordPress ganz allgemein unter EINSTELLUNGEN • ALLGEMEIN festgelegt haben.

21.4   Die mobile Website

Der Trend geht hin zum mobilen Internet. Nur wenige sind derzeit noch ohne Smartphone und Internetflatrate, so scheint es. Und auch auf dem Webdesignmarkt werden mobile Websites mehr und mehr gehandelt. Unternehmen möchten auch im mobilen Internet erreichbar sein. Schließlich will man jederzeit und überall für seine Kunden bereitstehen. Eine Website, die auf ein mobiles Layout verzichtet, ist hier eher kontraproduktiv und könnte falsche Signale setzen.

Manche von ihnen gehen sogar so weit und bringen ihre Website direkt als App heraus. Ob das so sinnvoll ist, steht auf einem anderen Blatt. Schließlich sind die Bildschirme mittlerweile voll von App-Icons; wenn nun jede Website lieber eine App als eine mobile Website veröffentlicht, findet niemand mehr durch dieses Chaos hindurch. Wenn Sie sich also zu einer eigenen App entschließen sollten, dann sollte diese jedenfalls mehr bieten als Ihre mobile Website. Denn andernfalls wird sie schnell überflüssig. Und die Kosten für die App, die wirklich alles andere als gering sind, waren schlecht investiert.

In diesem Abschnitt werde ich Ihnen nicht zeigen, wie man eine App programmiert. Dazu gibt es andere Literatur, die das auch viel besser erklären kann. Das ist nichts, was man auf 15 Seiten unterbringen könnte. Ich werde Ihnen stattdessen zeigen, wie Sie Ihre WordPress-Website in eine mobile WordPress-Website verwandeln. Das Beste ist: Sie müssen dafür noch nicht einmal HTML oder CSS können. Eine solche mobile Website lässt sich in wenigen Minuten mittels eines Plugins erstellen: mit dem *WPtouch Mobile Plugin*. Es ist das derzeit berühmteste und wohl auch beste Plugin für diesen Zweck. Zudem ist es in einer kostenpflichtigen Pro-Version erhältlich, falls Sie sich noch mehr Möglichkeiten wünschen.

Sie lernen anhand dieses Beispiels, wie Sie aus Ihrer aktuellen Website im Handumdrehen eine ansehnliche und funktionierende mobile Website machen und wie Sie diese im Browser testen können, ohne das Smartphone in die Hand nehmen zu müssen.

21.4.1   WPtouch konfigurieren

WPtouch lässt sich relativ schnell konfigurieren, auch wenn es vielleicht erst einmal nach Arbeit aussieht. In den meisten Fällen können Sie die Vorauswahl an Optionen ruhig übernehmen. Dennoch gehe ich sie auf den folgenden Seiten mit Ihnen gemeinsam durch.

Die Einstellungen sind unterteilt in sogenannte *Haupt-*, *Themen-* und *Menü-Einstellungen*. Denn auch WPtouch kann, wie WordPress selbst, durch Themes erweitert werden. Eines ist in der kostenfreien Variante vorhanden, den Rest können Sie über die Pro-Version kostenpflichtig nachlösen. Die Core-Einstellungen betreffen das Verhalten des Plugins an sich unabhängig von irgendwelchen installierten Themes. Die Theme-Einstellungen hingegen sind bei den einzelnen Themes individuell.

Wir beginnen nun mit den Grundeinstellungen unter HAUPTEINSTELLUNGEN · ALLGEMEIN (siehe Abbildung 21.95). Ganz oben legen Sie zunächst den Titel Ihrer Website fest, den sich das Plugin aber wahrscheinlich schon aus den WordPress-Einstellungen geholt hat. Unter REGIONALISIERUNG können Sie einstellen, welche Sprache Ihren

21

Nutzern präsentiert werden soll, falls Sie der automatischen Erkennung nicht trauen. ANZEIGEMODUS steuert, wer (bislang) das mobile Theme sehen kann: alle mobilen Besucher, nur eingeloggte Administratoren oder niemand. Über die LANDING PAGE legen Sie fest, wo der Nutzer »landen« soll, wenn er auf Ihre Startseite surft. Üblicherweise soll das dieselbe Seite sein, die auch ein Desktop-Nutzer sehen würde. Aber Sie können auch jede beliebige WordPress-Seite auswählen oder sogar eine URL angeben. Wenn Sie eigenes HTML, JavaScript oder vielleicht einen Tracking-Code von Google Analytics in Ihre mobile Website einbetten möchten, können Sie diesen Code unter BENUTZERDEF. CODE hinterlegen. Und schließlich enthält die Seite noch eine Option, die alles plötzlich schwieriger macht: Wenn Sie den ADMIN-MODUS auf ERWEITERT stellen, werden Ihnen noch ein paar mehr Optionen dargestellt. Da die meisten diese wahrscheinlich nicht verwenden bzw. ändern werden, liste ich sie jeweils am Ende des Abschnitts zu einer Einstellungen-Seite auf – wie z. B. jetzt.

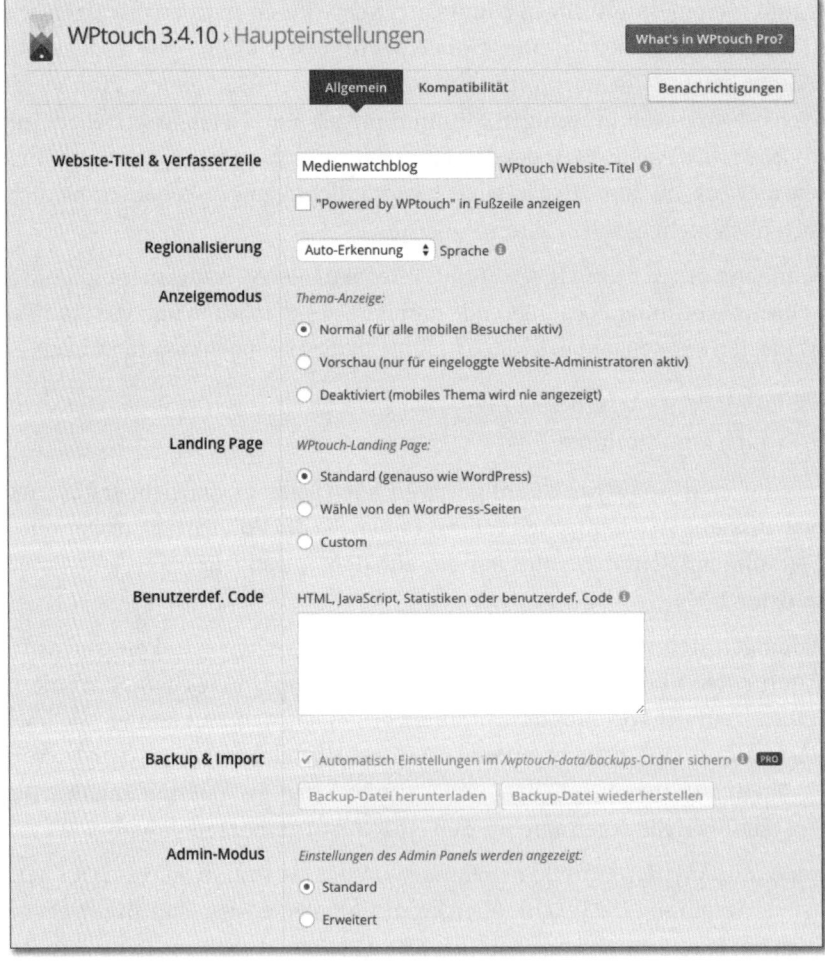

Abbildung 21.95 Haupteinstellungen • Allgemein

Erweiterte Optionen:

▶ TEXT DES ADMINISTRATION-PANELS ÜBERSETZEN (aktiv): Auch die Administrationsoberfläche wird übersetzt.

▶ ERSTMALIGE BESUCHER SEHEN DAS DESKTOP-THEMA (inaktiv): Neuen mobilen Besuchern wird nicht die mobile Website, sondern erst einmal die ganz normale Desktop-Version angezeigt.

▶ UMSCHALT-LINK IN DER MOBILEN ANSICHT ANZEIGEN (aktiv): In der mobilen Ansicht erhalten die Besucher die Möglichkeit, zwischen mobiler und klassischer Desktop-Ansicht hin- und herzuschalten.

▶ JQUERY 2.X IN THEMEN ANSTELLE DER WORDPRESS-VERSION VERWENDEN (inaktiv): jQuery 2.0 wird anstelle der Version geladen, die WordPress aktuell verwendet. Diese ist zwar schneller in der mobilen Ansicht, kann aber Probleme mit anderen Plugins hervorrufen. Hier ist also Vorsicht geboten und sorgfältiges Testen angesagt.

▶ LADEZEITEN UND ANFRAGEMENGE IN FUSSZEILE ANZEIGEN (inaktiv): Zeigt Ihnen in der Fußleiste die Seitenladezeiten und Datenbankabfragen an, damit Sie diese gegebenenfalls optimieren können.

▶ FEHLERPROTOKOLL AKTIVIEREN (inaktiv): Aktiviert eine Logdatei mit Debug-Informationen.

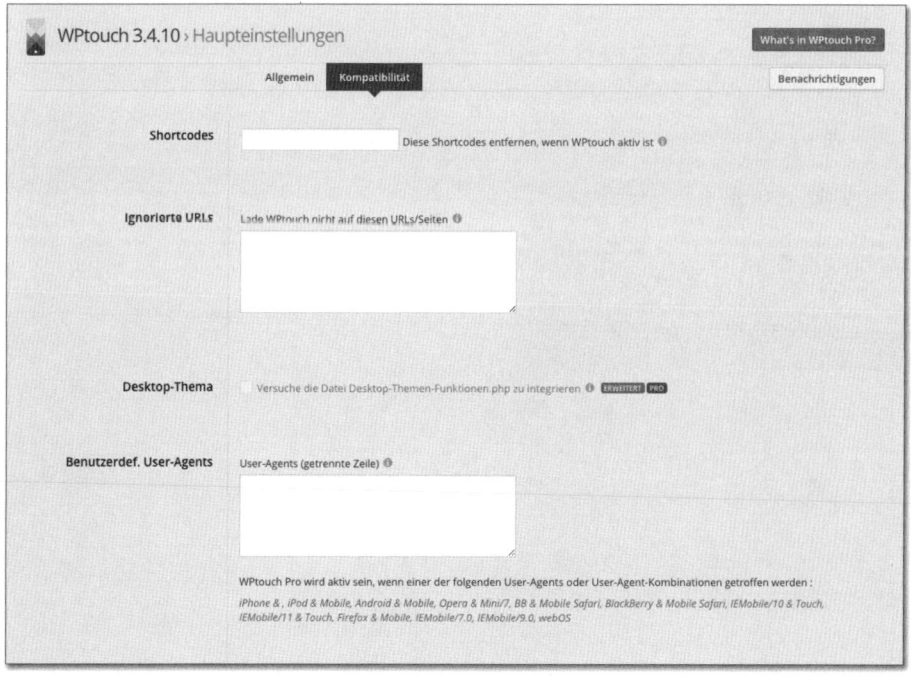

Abbildung 21.96 Haupteinstellungen • Kompatibilität

Über den Registerreiter KOMPATIBILITÄT erreichen Sie die zweite Seite der Haupteinstellungen (Abbildung 21.96). Hier erwarten Sie nur wenige Einstellungsmöglichkeiten. Wenn Sie SHORTCODES in WordPress verwenden (Ausdrücke in eckigen
Klammern, die z. B. ein Kontaktformular laden), können Sie im gleichnamigen Feld
eintragen, welche davon in der mobilen Ansicht ignoriert werden sollen. Das Gleiche
können Sie mit URLs machen. Alles, was mobil ignoriert werden soll, sortieren Sie in
diese beiden Felder ein. Zudem können Sie eigene USER-AGENTS festlegen, also
Erkennungszeichen von Browsern, bei denen die mobile Ansicht eingeschaltet werden soll. Unterhalb des Feldes finden Sie schon ein paar Beispiele: Beim iPhone wird
die mobile Ansicht z. B. eingeschaltet. Praktisch! Solange Sie aber kein bestimmtes
Gerät und keinen bestimmten Browser explizit freischalten möchten (abgesehen
von den ohnehin aktivierten), lassen Sie dieses Feld einfach leer.

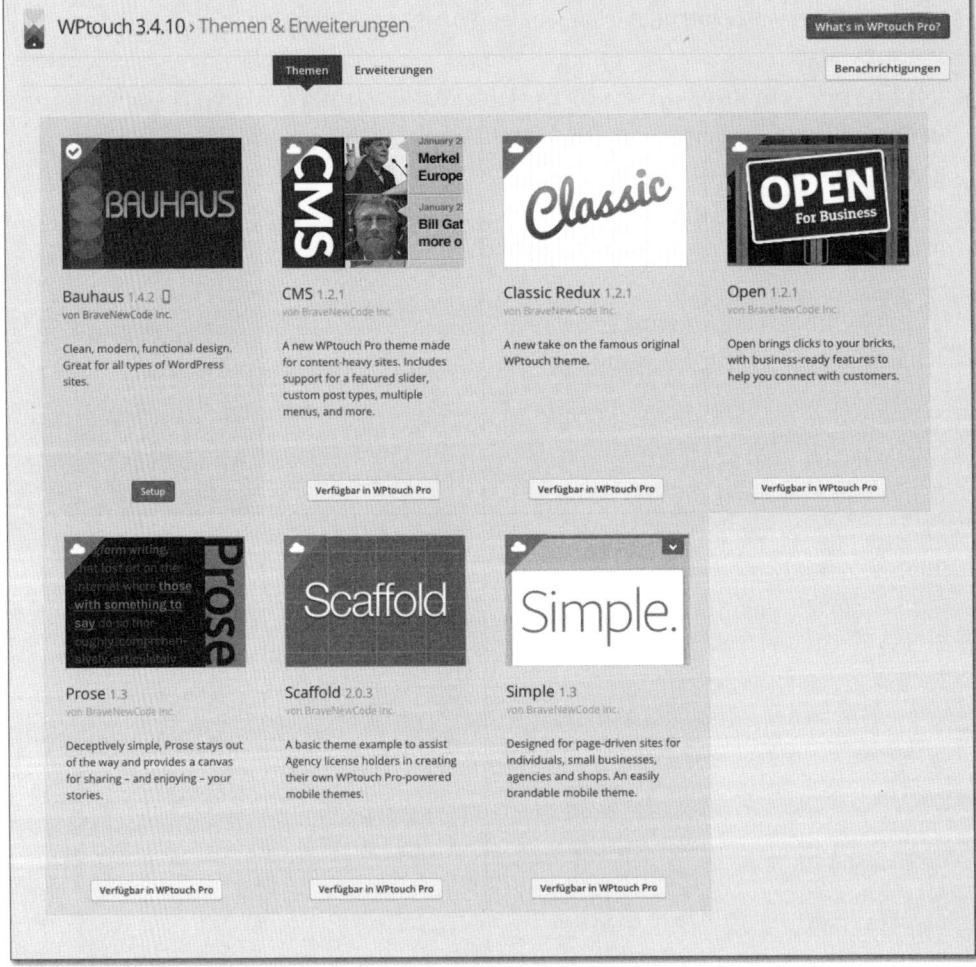

Abbildung 21.97 Themen & Erweiterungen • Themen

Wie oben bereits erwähnt, gibt es eigens für WPtouch programmierte Themes, auch wenn es noch nicht atemberaubend viele sind. Über THEMEN & ERWEITERUNGEN • THEMEN (siehe Abbildung 21.97) können Sie diese aktivieren – allerdings nur mit Pro-Mitgliedschaft. Das Gleiche gilt im Prinzip für die Erweiterungen, diese finden Sie unter THEMEN & ERWEITERUNGEN • ERWEITERUNGEN (siehe Abbildung 21.98). Ob Ihnen die Pro-Mitgliedschaft dafür das Geld wert ist, müssen Sie selbst entscheiden.

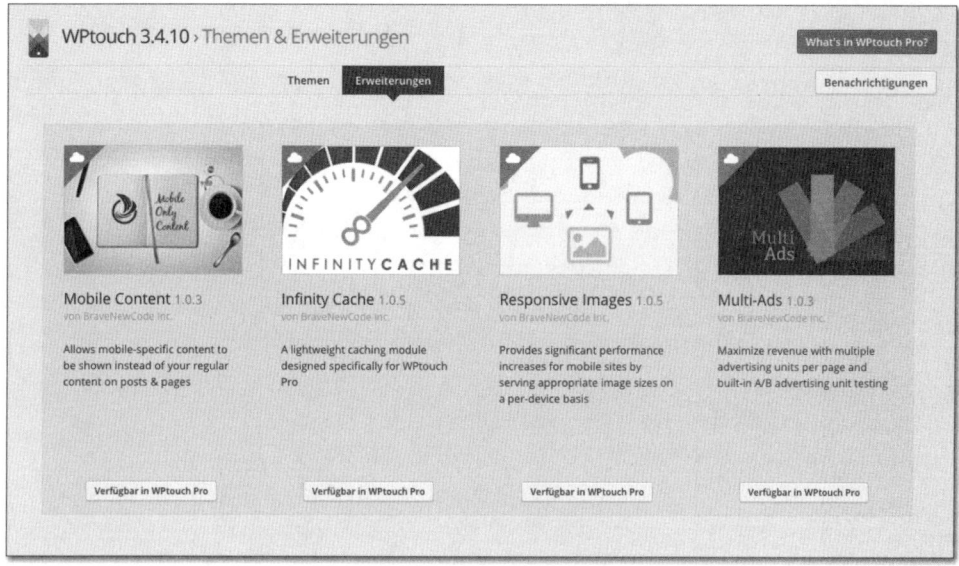

Abbildung 21.98 Themen & Erweiterungen • Erweiterungen

Kommen wir zu den Themen-Einstellungen. Zu diesen gelangen Sie über THEMEN-EINSTELLUNGEN. Sie starten auf der Seite ALLGEMEIN (siehe Abbildung 21.99). Die erste Einstellung kennen Sie schon von WordPress: Wie viele Beiträge sollen im Blog pro Seite angezeigt werden? Via AUSGESCHLOSSENE KATEGORIEN und AUSGESCHLOSSENE TAGS können Sie einzelne Kategorien und Schlagwörter ausschließen. Tragen Sie dort einfach die Begriffe ein und trennen Sie sie gegebenenfalls durch Kommata. Beantworten Sie dann die Frage, auf welchen Seiten die Miniaturbilder von Beiträgen angezeigt werden sollen. Die nächsten Optionen beschäftigen sich damit, welche Elemente sonst noch angezeigt oder ausgeblendet werden sollen – etwa Kategorien und Tags, das Datum eines Beitrags oder auch die Suchfunktion. Im Abschnitt SEITEN können Sie festlegen, ob auch unter Seiten Kommentare angezeigt werden sollen. Zudem können Sie sich unter ANMELDEFORMULAR für oder gegen ein sogenanntes *PopUp-Anmeldeformular* entscheiden; darüber können sich auch mobile Nutzer auf Ihrer Website anmelden. Das Theme bietet sogar einen eigenen Slider (SCHIEBER genannt) für Beitragsbilder an. Hier können Sie ihn aktivieren bzw. deaktivieren und festlegen, ob die Bilder automatisch durchgescrollt werden sollen und ob die Beiträge dazu auch in der darunter stehenden Beitragsliste erscheinen sollen.

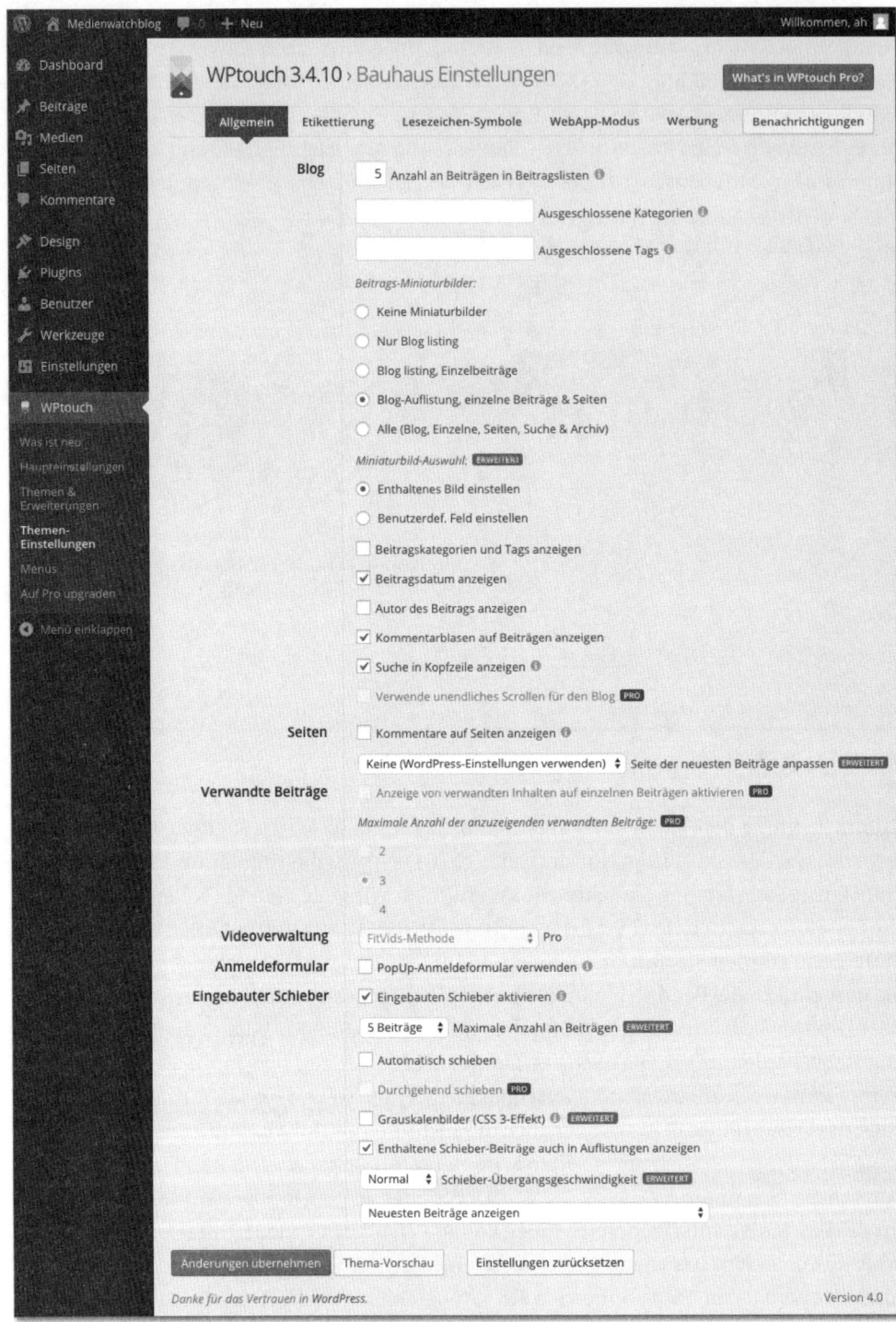

Abbildung 21.99 Themen-Einstellungen • Allgemein

Die nächste Seite – ETIKETTIERUNG – beschäftigt sich vornehmlich damit, dem Theme ein möglichst unverwechselbares Aussehen zu verleihen, angepasst an Ihren Webauftritt (siehe Abbildung 21.100). Sie können hier die Farben für einzelne Elemente bestimmen, ein eigenes LOGO hochladen, den Fußbereich der mobilen Website mit individuellem HTML-Code bestücken, Schriftarten auswählen und festlegen, ob Ihren Besuchern die Möglichkeit gegeben werden soll, die Inhalte zu teilen, und in welchem Farbschema die Buttons angezeigt werden sollen (siehe Abbildung 21.101). Wenn Sie Links zu Ihren Profilen bei Facebook, Twitter, Google+ und Co. im Footer platzieren möchten, sind entsprechende Felder am Ende der Seite dafür vorhanden.

Als erweiterte Einstellung können Sie noch auswählen, wo die TEILEN-Buttons erscheinen sollen: oberhalb oder unterhalb des Beitragstextes.

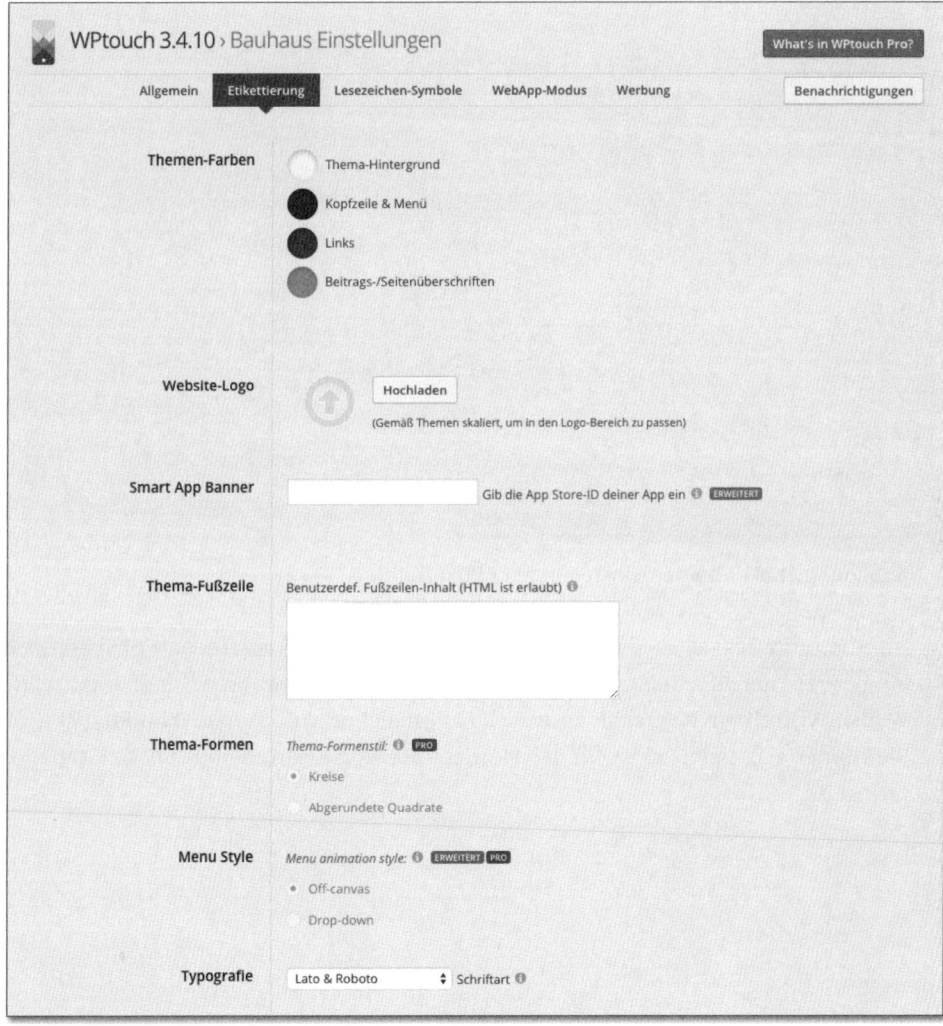

Abbildung 21.100 Themen-Einstellungen • Etikettierung (Teil 1)

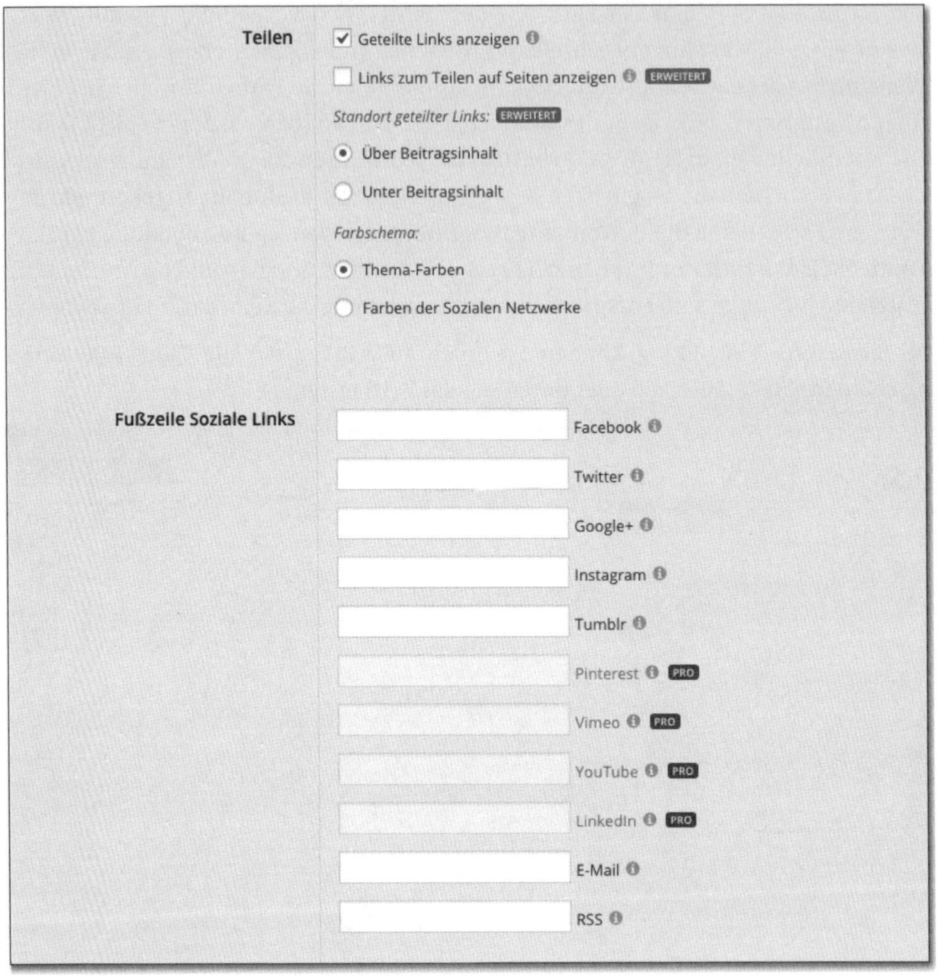

Abbildung 21.101 Themen-Einstellungen • Etikettierung (Teil 2)

Im Abschnitt LESEZEICHEN-SYMBOLE unter THEMEN-EINSTELLUNGEN bleiben noch ein paar kleinere Einstellungen übrig, die für den Fall relevant sind, dass Ihre mobile Website von einem Nutzer als Lesezeichen gespeichert wird (siehe Abbildung 21.102). Sie können z. B. eigene Icons für den Homescreen von Android- und iOS-Geräten hinterlegen.

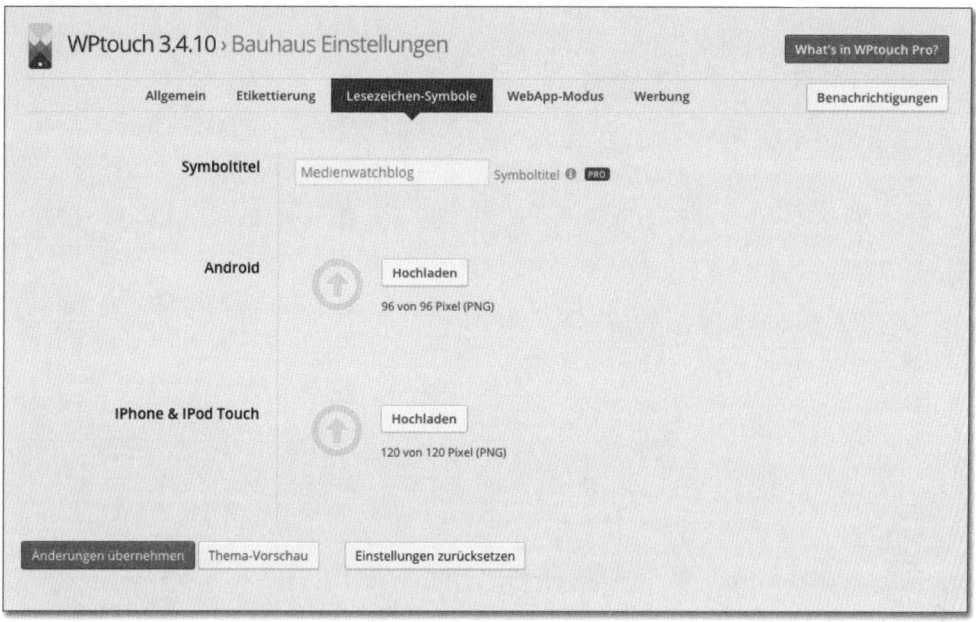

Abbildung 21.102 Themen-Einstellungen • Lesezeichen-Symbole

Unter dem Menüpunkt MENÜS lässt sich das Menü Ihrer mobilen Website individuell gestalten. Auf der Seite THEMA-MENÜS (siehe Abbildung 21.103) können Sie erst
einmal auswählen, aus welchen Inhalten das Menü bestückt werden soll.

Abbildung 21.103 Menüs • Thema-Menüs

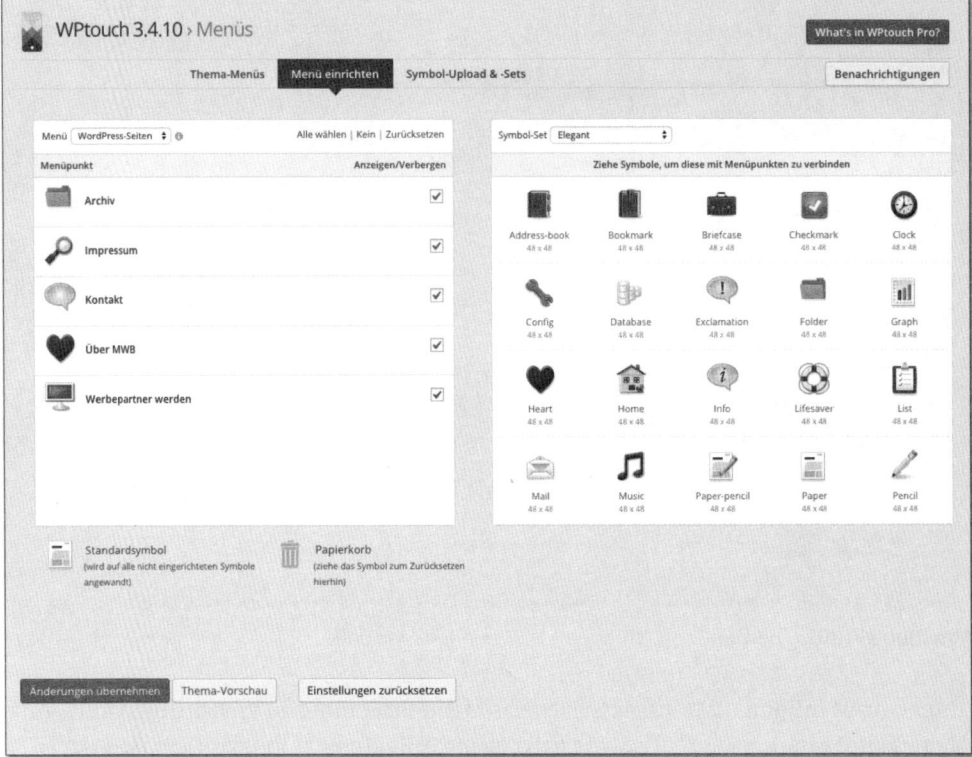

Abbildung 21.104 Menüs • Menü einrichten

Hier können Sie entweder festlegen, dass alle WordPress-Seiten angezeigt werden sollen, oder ein von Ihnen eigens erstelltes Menü (DESIGN • MENÜS) auswählen. Die Funktion ELTERNSEITENELEMENTE ALS LINKS AKTIVIEREN sorgt aktiviert dafür, dass Elternseiten im Menü direkt angeklickt werden können und nicht nur das Menü für die Unterseiten freilegen. Das ist immer dann sinnvoll, wenn Ihre Elternseiten nicht nur als Kategorisierung dienen, sondern auch eigene Inhalte haben. Als erweiterte Einstellung können Sie auch noch global bestimmen, ob neben den Menüpunkten Icons angezeigt werden sollen (die können Sie gleich noch näher bestimmen).

Die Seite MENÜ EINRICHTEN (siehe Abbildung 21.104) beschäftigt sich vor allem mit zwei Dingen: 1. welche Seiten des Menüs tatsächlich angezeigt werden sollen und 2. welche Icons Sie den einzelnen Menüpunkten zuweisen möchten. Ziehen Sie dafür das neue Icon einfach auf das schon vorhandene Icon links neben dem jeweiligen Menüpunkt.

Die Seite SYMBOL-UPLOAD & -SETS (siehe Abbildung 21.105) lässt Sie eigene Icons hochladen oder andere Icon-Sets installieren – und das dieses Mal sogar vollkommen kostenfrei.

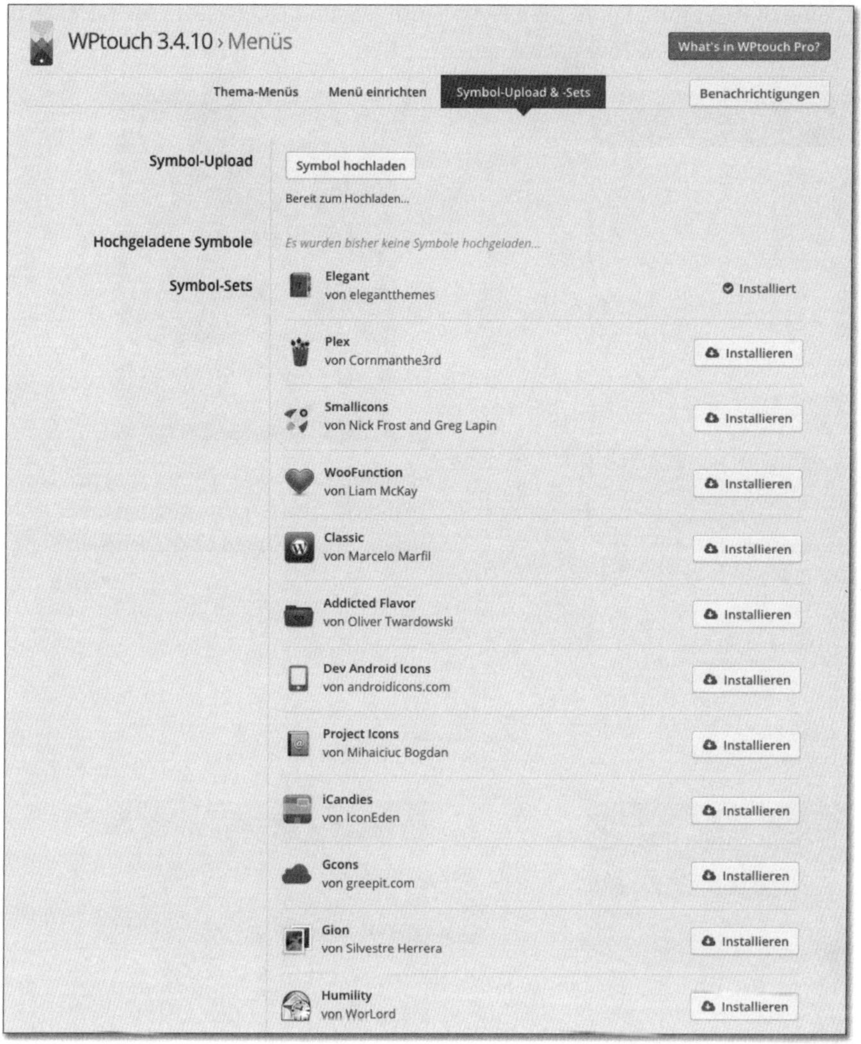

WPtouch 3.4.10 › Menüs

What's in WPtouch Pro?

Thema-Menüs   Menü einrichten   Symbol-Upload & -Sets   Benachrichtigungen

Symbol-Upload   Symbol hochladen

Bereit zum Hochladen...

Hochgeladene Symbole   *Es wurden bisher keine Symbole hochgeladen...*

Symbol-Sets   **Elegant**
von elegantthemes   ✓ Installiert

Plex
von Cornmanthe3rd   ☁ Installieren

Smallicons
von Nick Frost and Greg Lapin   ☁ Installieren

WooFunction
von Liam McKay   ☁ Installieren

Classic
von Marcelo Marfil   ☁ Installieren

Addicted Flavor
von Oliver Twardowski   ☁ Installieren

Dev Android Icons
von androidicons.com   ☁ Installieren

Project Icons
von Mihaiciuc Bogdan   ☁ Installieren

iCandies
von IconEden   ☁ Installieren

Gcons
von greepit.com   ☁ Installieren

Gion
von Silvestre Herrera   ☁ Installieren

Humility
von WorLord   ☁ Installieren

21

Abbildung 21.105 Menüs • Symbol-Upload & -Sets

21.4.2   Die Website im Browser testen

Die Website können Sie ganz leicht auch über Ihren Desktop-Browser testen. Auf vielen Seiten, z. B. HAUPTEINSTELLUNGEN, THEMEN-EINSTELLUNGEN oder MENÜS, finden Sie unten drei Buttons (siehe Abbildung 21.106). Der Button THEMA-VORSCHAU lädt eine Vorschau der mobilen Website.

Abbildung 21.106 Die Vorschau starten Sie über »Thema-Vorschau«.

Ich habe testweise einmal eine mobile Variante des Praxisbeispiels »Medienwatchblog« erstellt. Die Impressionen dazu sehen Sie hier.

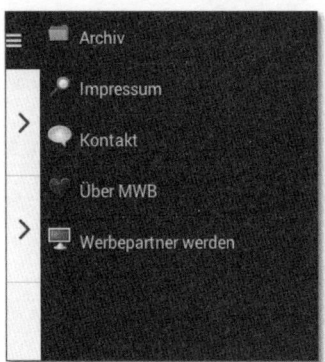

Abbildung 21.108 Das Menü klappen Sie
über das kleine Symbol mit den drei
waagerechten Linien oben rechts auf.

Abbildung 21.107 Die Startseite Ihrer
mobilen Website

Abbildung 21.109 Die Suchfunktion schalten Sie über die Lupe oben links frei.

Abbildung 21.110 Die Einzelansicht eines
Blogartikels in der mobilen Ansicht (Teil 1)

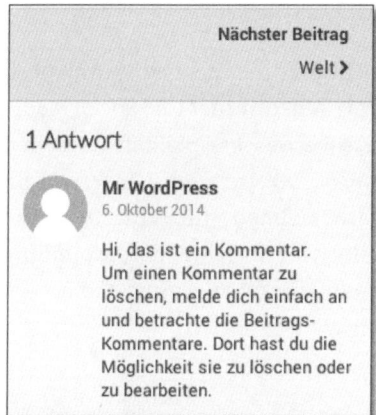

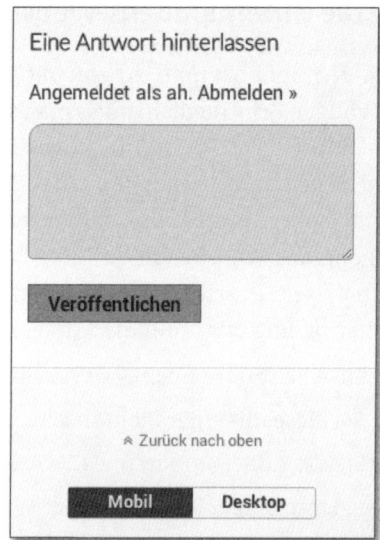

Abbildung 21.111 Unterhalb des Artikels finden sich auch hier natürlich die Kommentare (Teil 2).

Abbildung 21.112 Und natürlich können Sie auch eigene Kommentare verfassen (Teil 3).

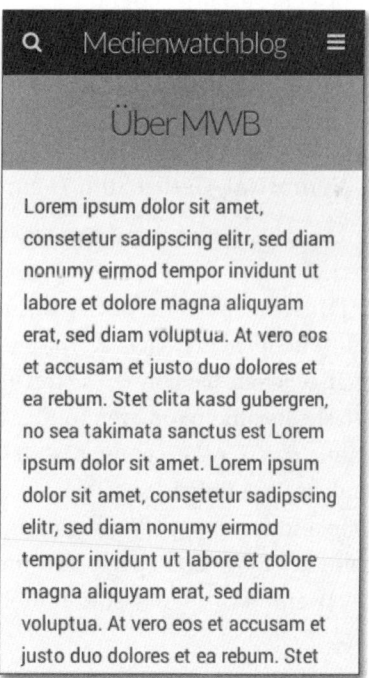

Abbildung 21.113 Die Blogartikel werden Ihnen auch nach Kategorie sortiert angezeigt.

Abbildung 21.114 So sieht die Einzelansicht einer statischen Seite aus.

21.5   Die Unternehmens-Website – Social Business

Als Unternehmer hat man es heute nicht leicht. Reichten früher noch ein paar Anzeigen in einigen Printmedien, muss man sich heute mit dem Internet und Social Media auseinandersetzen. Ich werde Ihnen zeigen, wie so etwas beispielhaft aussehen könnte. Es geht dabei weniger um das Erstellen einer 50.000-seitigen Konzern-Website mit eingescannten Broschürentexten, sondern vielmehr um eine moderne Unternehmens-Website, deren Fokus auf einem Blog mit Social-Media-Anbindung liegt. In diesem Praxisbeispiel gehe ich mit Ihnen ein Stückchen weiter, als nur ein paar Sharing-Buttons unter die Artikel zu setzen. Sie werden lernen:

- ▶ wie Sie eine seriöse Business-Website erstellen
- ▶ wie Sie diese mit einer Blogfunktion ausstatten
- ▶ wie Sie das Kommentieren via Twitter & Facebook ermöglichen
- ▶ wie Sie Ihre Blogbeiträge automatisch bei Twitter & Facebook »crossposten« können
- ▶ wie Sie einzelne Tweets oder YouTube-Videos ganz leicht mit *oEmbed* in Ihre Beiträge einfügen können
- ▶ wie Sie das Teilen von Artikeln bei Facebook, Twitter & Co. »datenschutz-konformer« gestalten können

Sie sehen, Social Media werden bei diesem Praxisbeispiel eine ganz große Rolle spielen.

21.5.1   Vom HTML-Gerüst zum Theme

WordPress haben Sie bereits entpackt, installiert und mit einer Datenbank verknüpft. Erstellen Sie nun einen neuen Ordner im Verzeichnis */wp-content/themes/*. Ich nenne ihn schlicht *sb* für Social Business. Alle Dateien, die Sie in den folgenden Abschnitten noch erstellen werden, kommen hier hinein, soweit nicht explizit anders angegeben. Sie können schon einmal den Ordner mit den Grafikdateien und die Stylesheets hineinkopieren (und etwaiges JavaScript etc.). Wir beginnen gemeinsam damit, das HTML-Grundgerüst der Website in ein WordPress-fähiges Theme zu verwandeln. Wie üblich erstellen Sie dafür zunächst eine *header.php*, *sidebar.php*, *page.php* und *footer.php*. Wir beginnen nicht mit einer *index.php*, da wir uns um die Startseite des Blogs erst später kümmern werden. Es soll ja eine richtige Business-Website werden, und die startet üblicherweise mit einer statischen Seite, also *page.php*.

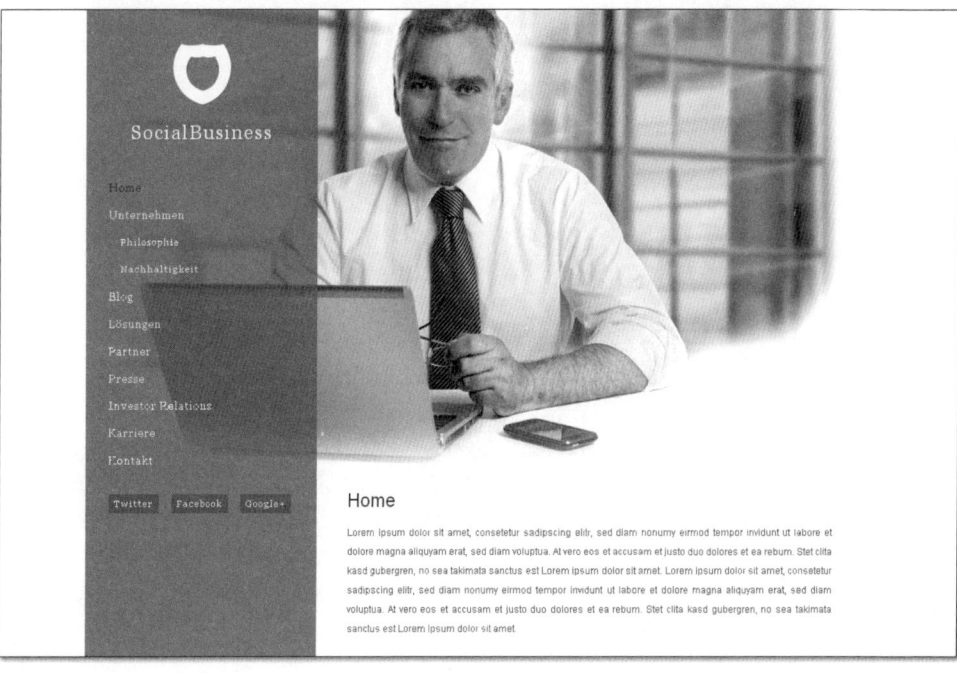

Abbildung 21.115 So sieht die Social-Business-Website einmal aus, wenn sie fertig ist.

Nachdem Sie das HTML-Grundgerüst erstellt haben, muss es nun in seine Einzelteile zerlegt werden, die in die oben genannten Dateien wandern (siehe Listing 21.54).

```
01   <!DOCTYPE html PUBLIC "-//W3C//DTD XHTML 1.0
     Transitional//EN" "http://www.w3.org/TR/xhtml1/DTD/xhtml1-
     transitional.dtd">
02   <html xmlns="http://www.w3.org/1999/xhtml">
03   <head>
04   <meta http-equiv="Content-Type" content="text/html;
     charset=utf-8" />
05   <title>Social Business</title>
06   <link rel="Stylesheet" type="text/css" href="style.css" />
07   </head>
08   <body>
09   <!-- Ende der header.php -->
10   <div id="page">
11   <div id="container">
12       <div id="sidebar">
13           <div id="inner-sidebar">
14               <div id="logo"><a href=""><img
                 src="images/logo.png" width="80" height="81" />
```

```
           </a></div>
15         <div id="title"><a href="">
           SocialBusiness</a></div>
16         <div id="menu">
17           <ul>
18             <li><a href="">Home</a></li>
19             <li><a href="">Unternehmen</a></li>
20             <li><a href="">Blog</a></li>
21             <li><a href="">Lösungen</a></li>
22             <li><a href="">Partner</a></li>
23             <li><a href="">Presse</a></li>
24             <li><a href="">Investor
               Relations</a></li>
25             <li><a href="">Karriere</a></li>
26             <li><a href="">Kontakt</a></li>
27           </ul>
28         </div>
29         <div id="socialbuttons">
30           <ul>
31             <li class="twitter"><a href=""
               target="_blank">Twitter</a></li>
32             <li class="facebook"><a href=""
               target="_blank">Facebook</a></li>
33             <li class="googleplus"><a href=""
               target="_blank">Google+</a></li>
34           </ul>
35         </div>
36       </div>
37     </div>
38 <!-- Ende der sidebar.php -->
39     <div id="content">
40       <div id="inner-content">
41         <h1>Eine Test Headline</h1>
42         <p>Lorem ipsum dolor sit amet...</p>
43         <h2>Unterüberschrift</h2>
44         <p>Lorem ipsum dolor sit amet...</p>
45       </div>
46     </div>
47 <!-- Ende der page.php -->
48     <div class="clear"></div>
49 </div>
```

```
50    </div>
51    </body>
52    </html>
53    <!-- Ende der footer.php -->
```

Listing 21.54 Die HTML-Vorlage der Website

Trennen Sie nun, wie in Listing 21.54 zu sehen, die HTML-Vorlage in die vier Teile Header, Sidebar, Content (*page.php* etc.) und Footer. In diesem Beispiel steht die Sidebar vor dem Inhalt, weil sie auf der linken Seite dargestellt werden soll. Der Header sollte möglichst viel vom Code am Anfang der Vorlage enthalten, sodass dort alles hineinkommt, was sich auf jeder einzelnen Seite (auch auf den Blogseiten) wiederholen wird – also alles bis zum Beginn der Sidebar. Das Gleiche gilt für den Footer. Dieser sollte vom Ende her so viel Code enthalten, wie möglich ist: alles, was sich für jede Seite wiederholt.

Erstellen Sie eine Datei in Ihrem Theme-Ordner namens *header.php* und fügen Sie den ersten Teil der Datei dort ein (siehe Listing 21.55):

```
01    <!DOCTYPE html PUBLIC "-//W3C//DTD XHTML 1.0
      Transitional//EN" "http://www.w3.org/TR/xhtml1/DTD/xhtml1-
      transitional.dtd">
02    <html xmlns="http://www.w3.org/1999/xhtml">
03    <head>
04    <meta http-equiv="Content-Type" content="text/html;
      charset=utf-8" />
05    <title><?php wp_title(''); ?></title>
06    <link rel="Stylesheet" type="text/css" href="<?php echo
      get_stylesheet_directory_uri(); ?>/style.css" />
07    <link rel="alternate" type="application/rss+xml"
      title="RSS-Feed" href="
      <?php bloginfo('wpurl'); ?>/feed/" />
08    <link rel="pingback" href="<?php bloginfo('wpurl');
      ?>/xmlrpc.php" />
09    <?php wp_head(); ?>
10    </head>
11    <body>
12    <div id="page">
13    <div id="container">
```

Listing 21.55 Die vollständige »header.php«

Der Code der *header.php* muss ein wenig an die Vorgaben von WordPress angepasst werden. Zunächst einmal soll der Titel dynamisch generiert werden. Dies geschieht in Zeile 05 mit der Funktion wp_title(). In Zeile 06 wird der Link zur *style.css* automatisch generiert, und zwar über get_stylesheet_directory_uri(). Diese Funktion gibt, wenn Sie ein echo davorsetzen, den direkten Pfad zu Ihrem Theme-Ordner aus, in dem sich die *style.css* befindet. In Zeile 07 sollten Sie zudem noch angeben, wo der RSS-Feed erreichbar sein wird. Der befindet sich immer unter *http://www.ihre-domain.de/feed/*. Um Ihre WordPress-URL automatisch einfügen zu lassen, verwenden Sie bloginfo() mit dem Parameter wpurl. Etwas Ähnliches folgt sogleich in Zeile 08. Dort ist ein Verweis auf die Datei nötig, die die Pingbacks und Trackbacks verwaltet. Sie heißt *xmlrpc.php* und befindet sich in Ihrem WordPress-Hauptverzeichnis. Über bloginfo() mit dem Parameter wpurl wird wieder Ihre WordPress-URL eingefügt. Abschließend ist es wichtig, direkt vor dem schließenden </head>-Tag noch den Hook wp_head() aufzurufen. So bekommen WordPress und Ihre Plugins die Möglichkeit, den Header Ihrer Website gegebenenfalls um weiteren Code zu erweitern.

Als Nächstes nehmen Sie sich die *sidebar.php* vor (Listing 21.56). Wie erwähnt, kommt diese vor die *page.php*, da die Sidebar auf der linken Seite dargestellt werden soll. In welcher Reihenfolge Sie die Dateien erstellen, bleibt natürlich vollkommen Ihnen überlassen. In dieser Reihenfolge werden wir die Dateien aber später zusammenführen.

```
01      <div id="sidebar">
02          <div id="inner-sidebar">
03              <div id="logo"><a href="
                <?php bloginfo('url'); ?>"><img src="
                <?php echo get_stylesheet_directory_uri();
                ?>/images/logo.png" width="80" height="81" />
                </a></div>
04              <div id="title"><a href="
                <?php bloginfo('url'); ?>">
                <?php bloginfo('name'); ?></a></div>
05              <div id="menu">
06                  <?php wp_nav_menu(
07                  array( 'theme_location' => 'main-menu' )
08                  ); ?>
09              </div>
10              <div id="socialbuttons">
11                  <ul>
12                      <li class="twitter"><a href=""
                        target="_blank">Twitter</a></li>
13                      <li class="facebook"><a href=""
```

```
14              target="_blank">Facebook</a></li>
                <li class="googleplus"><a href=""
                target="_blank">Google+</a></li>
15          </ul>
16      </div>
17      <?php if ( !function_exists (
        'dynamic_sidebar' ) || dynamic_sidebar
        ( 'Sidebar' ) ) : ?>
18      <?php endif; ?>
19   </div>
20  </div>
```

Listing 21.56 Die vollständige »sidebar.php«

Auch in der Sidebar müssen ein paar Dinge angepasst werden. In Zeile 03 befindet sich der Code des Logos. Der Pfad zur Grafikdatei wird nun durch WordPress über die Funktion get_stylesheet_directory_uri() erzeugt. Außerdem wurde das Logo mit dem Ziel der Startseite verlinkt, die Sie über bloginfo() mit dem Parameter url ausgeben lassen können. In Zeile 04 wird der Name des Unternehmens mithilfe der Funktion bloginfo() und des Parameters name ausgegeben. Sie können im Backend unter EINSTELLUNGEN • ALLGEMEIN diesen Namen als BLOGTITEL eintragen. Verlinkt wird wieder auf die Startseite in der gleichen Weise wie in Zeile 05. In den Zeilen 06 bis 08 wurde das HTML-Menü durch ein dynamisches Menü ersetzt. So haben Sie gleich noch die Möglichkeit, das Menü aus dem Backend heraus mit Seiten zu bestücken und dieses Ihren Wünschen später weiter anzupassen. Verantwortlich dafür ist die Funktion wp_nav_menu(). Diese erwartet ein Array mit dem Schlüssel-Wert-Paar theme_location und dem Namen des Menübereichs.

In den Zeilen 12 bis 14 werden die Social-Media-Buttons ausgegeben. Da diese nur aus Text bestehen, können Sie sie ganz leicht mit den Social-Media-Diensten Ihrer Wahl bestücken. Vergessen Sie nicht, in die leeren Link-Tags noch die URLs zu Ihren Profilen zu setzen.

Schließlich folgt in den Zeilen 17 und 18 noch die Definition eines Widget-Bereichs. Diesen benötigen Sie später, wenn Sie z. B. Ihre letzten Tweets oder Ihren derzeitigen Facebook-Status in der Sidebar ausgeben lassen wollen. Zunächst wird mittels function_exists() überprüft, ob die im Folgenden verwendete Funktion auch existiert. Das ist ein Sicherheitsmechanismus, der dafür sorgen soll, dass sich Ihre Website nicht in Fehlermeldungen ergießt, sollte die Funktion möglicherweise in WordPress 5.7 einmal wegfallen oder sollte sie aus einem anderen Grund nicht verfügbar sein. Mittels dynamic_sidebar() wird dann ein Widget-Bereich mit dem Namen Sidebar erstellt.

21

Der Menü- und der Widget-Code in der *sidebar.php* bedeuten aber erst einmal nur, dass ein etwaiges Menü oder ein etwaiger Widget-Bereich *an dieser Stelle* eingebunden werden soll. Sie kommen aber nicht umhin, beide für das Theme im Allgemeinen festzulegen, sie zu registrieren. Und immer wenn Sie etwas »allgemein« für das Theme festlegen wollen, dann schreiben Sie das in die *functions.php*. Die wird nämlich immer geladen.

Erstellen Sie nun eine *functions.php* in Ihrem Theme-Verzeichnis und fügen Sie ihr den folgenden Code aus Listing 21.57 hinzu:

```
01   <?php
02   function register_my_menus() {
03       register_nav_menus(
04           array( 'main-menu' => 'Main Menu' )
05       );
06   }
07   add_action( 'init', 'register_my_menus' );
08   ?>
```

Listing 21.57 Registrierung des Menüs in der »functions.php«

Der Code registriert nun zunächst das Menü. Achten Sie darauf, dass der Code immer zwischen <?php und ?> steht und dass es in der *functions.php* keinerlei Leerzeilen gibt, die sich nicht zwischen besagten Tags befinden. Dazu erstellen Sie eine eigene Funktion beliebigen Namens (hier register_my_menus()). Im Rahmen dieser Funktion wird die offizielle Funktion register_nav_menus() aufgerufen, sie ist für die Registrierung zuständig. Ihr übergeben Sie ein Array mit dem Schlüssel-Wert-Paar **Name des Menüs** (main-menu) und **Bezeichnung des Menüs** (Main Menu). Der Name ist dabei derjenige, den Sie am Anfang der *sidebar.php* schon dem Wert theme_location zugewiesen haben. Diese beiden müssen also identisch sein. Die Bezeichnung hingegen können Sie frei wählen, sie dient nur dazu, dem Ganzen einen offiziellen Namen zu geben, der im Backend angezeigt wird.

Die Funktion, die Sie gerade eben erstellt haben (register_my_menus()), muss nun mittels der Funktion add_action() noch in den Initialisierungsprozess von Word-Press geladen werden, damit das Menü zur Verfügung steht. Als ersten Parameter übergeben Sie add_action() daher den Parameter init, danach den Namen Ihrer selbst erstellten Funktion. Damit ist das Menü vollständig registriert und kann über das Backend mit Menüpunkten versehen werden.

Doch auch der Widget-Bereich muss registriert werden, damit er in der *sidebar.php* angezeigt werden kann. Gehen Sie also wieder in die *functions.php* und fügen Sie auch den folgenden Code noch hinzu (siehe Listing 21.58):

```
01    <?php
02    if ( function_exists ( 'register_sidebar' ) ) {
03        register_sidebar(
04        array(
05        'name' => 'Sidebar',
06        'description' => '',
07        'before_widget' => '<div class="widget">',
08        'after_widget' => '</div>',
09        'before_title' => '<h6>',
10        'after_title' => '</h6>',
11        ));
12    }
13    ?>
```

Listing 21.58 Registrierung des Widget-Bereichs in der »functions.php«

In Zeile 02 wird zunächst überprüft, ob die Funktion register_sidebar() überhaupt existiert. Dann wird sie in Zeile 03 aufgerufen, und es wird ihr ein Array übergeben, dessen Inhalt Sie in den Zeilen 05 bis 10 finden. In Tabelle 21.4 sehen Sie verschiedene Schlüssel-Wert-Paare, die dafür infrage kommen.

Schlüssel	Wert
name	Name des Widget-Bereichs (und zwar der, den Sie in der *sidebar.php* schon für die Einbindung des Widget-Bereichs verwendet haben)
description	eine Beschreibung des Widget-Bereichs (sie ist optional)
before_widget	Code, der vor dem Widget-Bereich im Quelltext stehen soll (Hier wird das Widget in einen <div>-Container gepackt, um es leichter per CSS ansteuern zu können.)
after_widget	Code nach dem Widget-Bereich
before_title	Code vor dem Titel des Widget-Bereichs (hier für eine Überschrift verwendet)
after_title	Code nach dem Titel des Widget-Bereichs

Tabelle 21.4 Verschiedene Schlüssel-Wert-Paare

Damit ist jetzt auch der Widget-Bereich registriert, und die Einbindung in der *sidebar.php* kann Früchte tragen.

Nun ist die *page.php* an der Reihe (siehe Listing 21.59). Sie steuert, wie gesagt, die Ausgabe der statischen Seiten. Da die Startseite eine statische Seite sein wird, ziehen wir sie an dieser Stelle der Startseite des Blogs in Form der *index.php* vor. Das Blog ist schließlich nur ein Unterbereich der Website.

```
01   <?php get_header(); ?>
02   <?php get_sidebar(); ?>
03       <div id="content">
04           <div id="inner-content">
05               <?php if ( have_posts() ) :
                 while ( have_posts() ) : the_post(); ?>
06                   <h1><?php the_title(); ?></h1>
07                   <?php the_content(); ?>
08               <?php endwhile; endif; ?>
09           </div>
10       </div>
11   <?php get_footer(); ?>
```

Listing 21.59 Die vollständige »page.php«

In den Zeilen 01 und 02 werden zunächst Header und Sidebar eingebunden. In Zeile 05 beginnt die altbekannte *Loop*. Sie endet in Zeile 08 mit der endwhile; endif;-Anweisung. Alles, was zwischen Zeile 05 und Zeile 08 steht, wird für jedes auszugebende Objekt wiederholt. Da eine statische Seite immer nur ein einziges Objekt sein kann, wird der Code also auch nur einmal ausgegeben. Bei der Startseite des Blogs wäre dies z. B. anders, vorausgesetzt, Sie haben mehr als einen Blogartikel geschrieben. In Zeile 06 wird im <h1>-Tag der Titel der Seite automatisch ausgegeben, und zwar mittels der Funktion the_title(). Das Gleiche passiert mit dem Inhalt der Seite in Zeile 07, dort allerdings über die Funktion the_content(). In Zeile 11 wird schließlich der Footer eingebunden, den wir noch gar nicht erstellt haben. Jetzt aber schnell.

Die *footer.php* sieht aus wie in Listing 21.60:

```
01       <div class="clear"></div>
02   </div>
03   </div>
04   <?php wp_footer(); ?>
05   </body>
06   </html>
```

Listing 21.60 Die vollständige »footer.php«

Die Datei ist ausnahmsweise einmal wirklich überschaubar. Am Code hat sich im Vergleich zur HTML-Vorlage nicht viel geändert. Hinzugekommen ist lediglich in Zeile 04 der Hook wp_footer(), der es WordPress (ähnlich wie wp_head() in der *header.php*) ermöglicht, noch weiteren Code im Footer unterzubringen. Der Aufruf sollte direkt vor dem schließenden </body>-Tag erfolgen.

Das Grundgerüst der Website ist nun vollständig. Das Theme ist derzeit in der Lage, eine statische Seite anzuzeigen. Doch würden Sie nun bei aktiviertem Theme auf die Website gehen, würde Ihnen zunächst einmal die Startseite des Blogs (*index.php*) angezeigt werden und zudem noch gar kein richtiges Menü.

Ein solches Verhalten ist bei einer echten Business-Website meist nicht erwünscht. Die wenigsten Besucher wüssten etwas mit einer Auflistung von Blogbeiträgen anzufangen. Stattdessen erwartet man hier eher einen Einleitungstext oder eine andere kurze Darstellung des Unternehmens. Manchmal tritt an diese Stelle auch eine Übersicht über alle Inhalte der Website. Wir werden das im Folgenden gemeinsam anpassen.

Aktivieren Sie das Theme im Backend unter DESIGN · THEMES (siehe Abbildung 21.116).

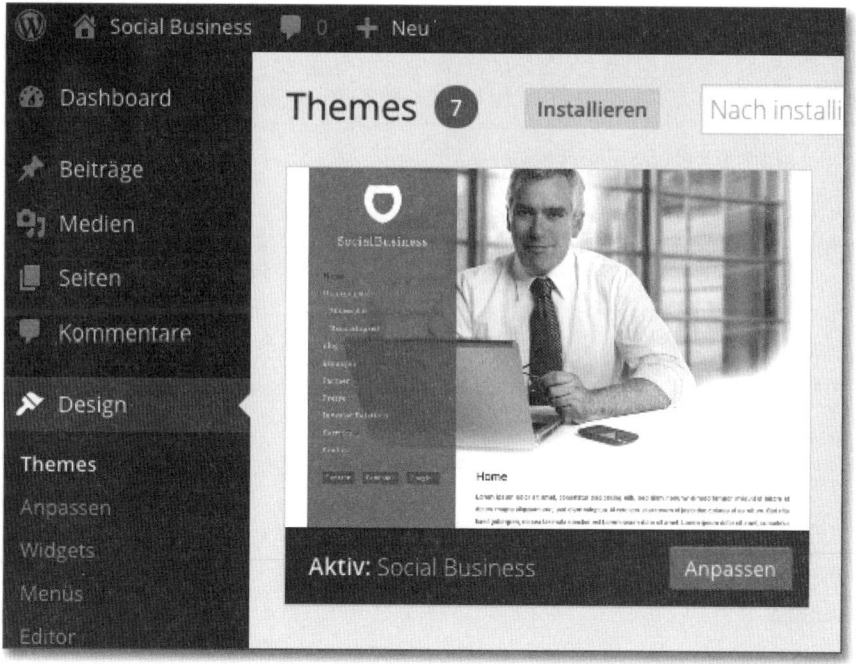

Abbildung 21.116 Aktivieren des Themes

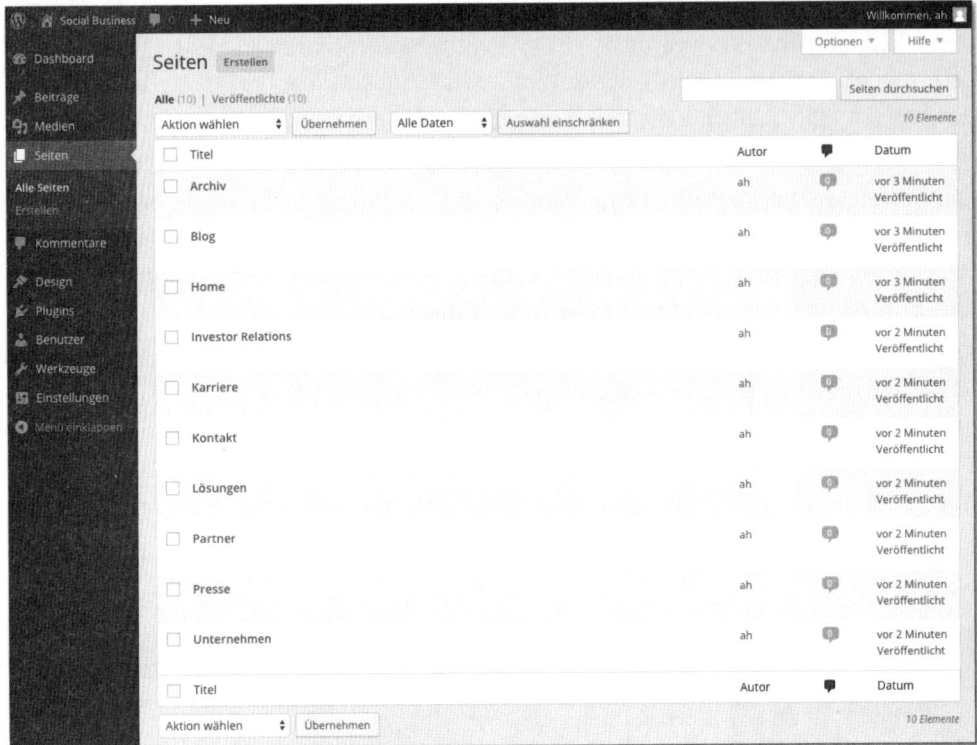

Abbildung 21.117 Erstellen Sie einige Seiten.

Erstellen Sie nun einige Seiten, die als Inhalt dienen sollen. Ich habe die folgenden erstellt (siehe Abbildung 21.117), von denen Sie mindestens die fett gedruckten ebenfalls erstellen:

- **Archiv**
- **Blog**
- **Home**
- Investor Relations
- Karriere
- Kontakt
- Lösungen
- Partner
- Presse
- Unternehmen

Damit nun nicht mehr die Startseite des Blogs angezeigt wird, sondern direkt eine statische Startseite, muss noch eine Einstellung im Backend vorgenommen werden:

Das ist der erste Schritt von WordPress in Richtung CMS. Unter EINSTELLUNGEN •
LESEN wählen Sie die Option EINE STATISCHE SEITE und dann, wie in Abbildung
21.118, die entsprechenden Seiten aus.

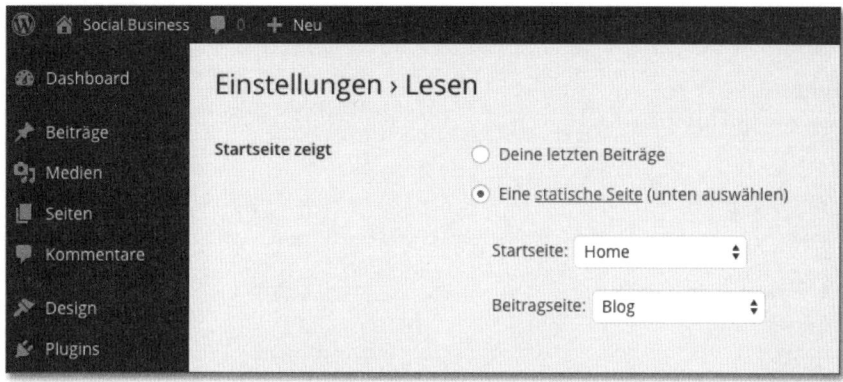

Abbildung 21.118 WordPress als CMS

Außerdem können Sie die Gelegenheit gleich nutzen, um den Permalinks eine halb-
wegs vernünftige Struktur zu verleihen (Abbildung 21.119). Gehen Sie dazu auf EIN-
STELLUNGEN • PERMALINKS und wählen Sie dort am besten die Struktur
BEITRAGSNAME.

Als Kategorie- und Schlagwortbasis habe ich kategorie und tag gewählt.

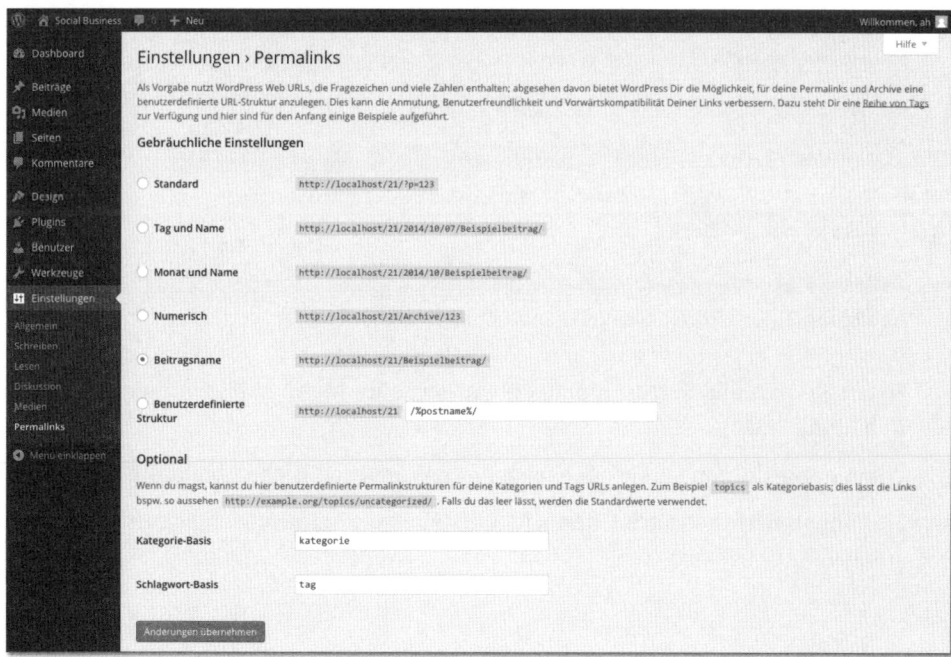

Abbildung 21.119 Die Permalinks anpassen

Als nächster Schritt empfiehlt sich das Erstellen eines Menüs (siehe Abbildung 21.120). Dazu gehen Sie zu DESIGN • MENÜS und tragen dort als Namen für ein neues Menü z. B. »Main Menu« ein. Speichern Sie es ab.

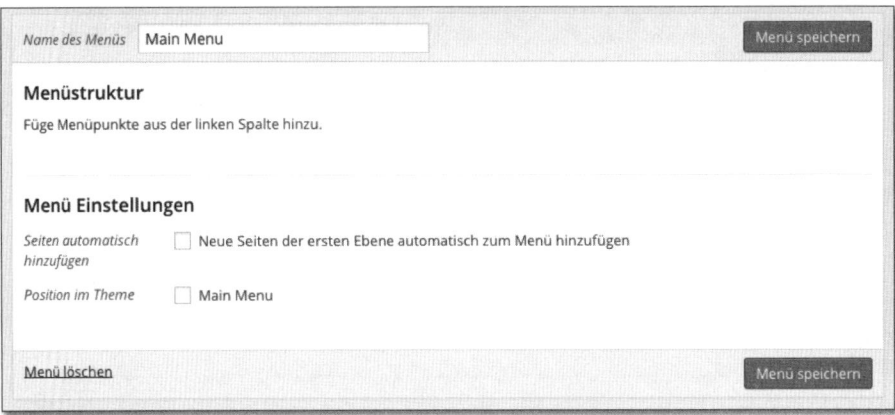

Abbildung 21.120 Erstellen des Menüs

Nun können Sie das Menü im Abschnitt ANORDNUNG IM THEME seinem Platz in der Sidebar zuordnen (siehe Abbildung 21.121). Da wir nun ein Menü registriert haben, gibt es hier auch nur eine Möglichkeit.

Abbildung 21.121 Ordnen Sie das Menü seinem Platz im Theme zu.

Fügen Sie nun alle SEITEN hinzu, die Sie gerne im Menü abbilden möchten (siehe Abbildung 21.122).

Wenn nötig, ordnen Sie sie noch nach Ihren Wünschen (siehe Abbildung 21.123).

Sie können natürlich auch Unterseiten erstellen und diese ebenfalls dem Menü hinzufügen.

Abbildung 21.122 Die Seiten hinzufügen

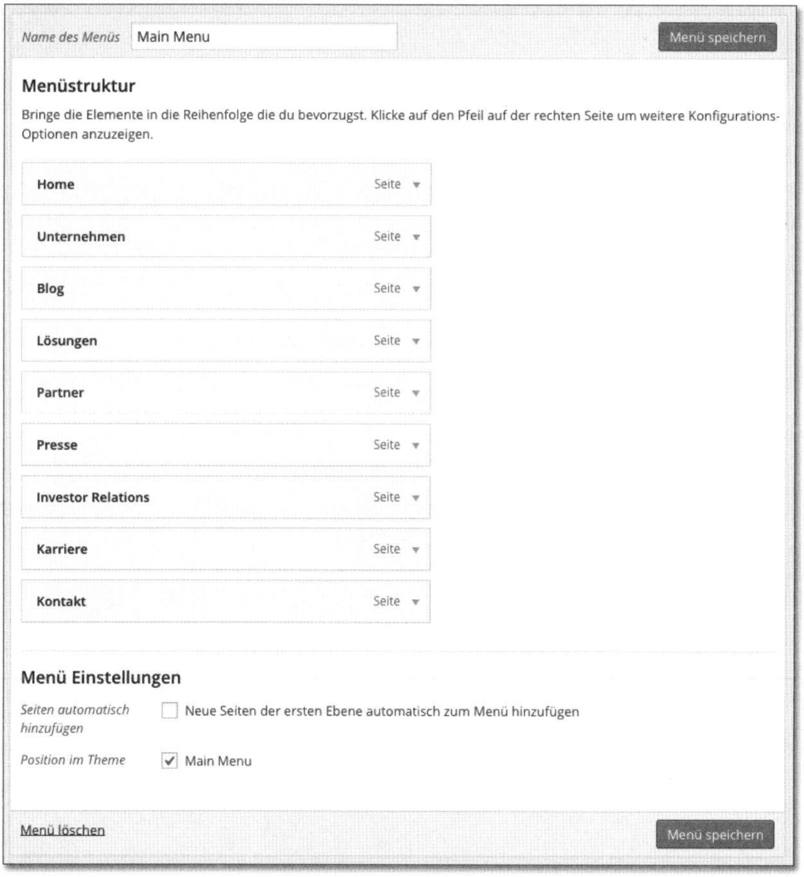

Name des Menüs Main Menu   Menü speichern

Menüstruktur

Bringe die Elemente in die Reihenfolge die du bevorzugst. Klicke auf den Pfeil auf der rechten Seite um weitere Konfigurations-Optionen anzuzeigen.

Home	Seite ▾
Unternehmen	Seite ▾
Blog	Seite ▾
Lösungen	Seite ▾
Partner	Seite ▾
Presse	Seite ▾
Investor Relations	Seite ▾
Karriere	Seite ▾
Kontakt	Seite ▾

Menü Einstellungen

Seiten automatisch hinzufügen   ☐ Neue Seiten der ersten Ebene automatisch zum Menü hinzufügen

Position im Theme   ☑ Main Menu

Menü löschen   Menü speichern

Abbildung 21.123 Die Seiten können Sie an dieser Stelle auf Wunsch noch ordnen.

Erstellen Sie eine neue Seite (SEITEN · ERSTELLEN) und wählen Sie im Abschnitt ATTRIBUTE die Elternseite aus (siehe Abbildung 21.124).

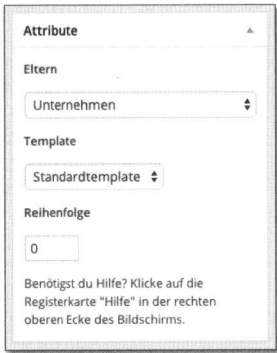

Abbildung 21.124 Die Seite als Unterseite definieren

Die Seiten erscheinen dann untergeordnet in der Seitenübersicht (siehe Abbildung 21.125).

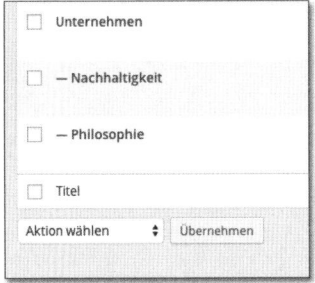

Abbildung 21.125 Die Unterseiten in der Übersicht

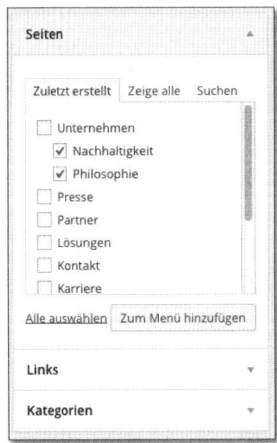

Abbildung 21.126 Die Unterseiten nachträglich hinzufügen

Fügen Sie unter DESIGN • MENÜS die Unterseiten dem Menü hinzu (siehe Abbildung 21.126).

Wenn Sie möchten, dass die Unterseiten auch im Menü als solche abgebildet werden, können Sie diese durch Verschieben dem jeweiligen Menüpunkt unterordnen (siehe Abbildung 21.127).

Abbildung 21.127 Einsortieren als Unterseite

Damit haben Sie nun das Theme aktiviert, alle Seiten erstellt, WordPress grundlegend zu einem CMS umfunktioniert, die Permalinks angepasst und schließlich noch das Menü mit Seiten ausgestattet. Das Ergebnis im Frontend sollte nun aussehen wie in Abbildung 21.128.

Abbildung 21.128 Der erste Schritt ist getan: So sollte die Startseite nun aussehen.

21.5.2   Die Startseite des Blogs (»index.php«)

Eine Datei haben wir bislang vermieden: die *index.php*. Sie steuert die Ausgabe der Startseite des Blogs, gibt also alle Blogartikel, angefangen bei dem neuesten, aus, jeweils x pro Seite. Der Code der *index.php* sieht so aus wie in Listing 21.61:

```
01    <?php get_header(); ?>
02    <?php get_sidebar(); ?>
03        <div id="content">
04            <div id="inner-content">
05                <h1>Blog</h1>
06            <?php if ( have_posts() ) : while ( have_posts() ) :
05            the_post(); ?>
08            <div class="entry">
09                <h2><a href="<?php the_permalink(); ?>"
                   title="Lesen Sie &quot;<?php the_title();
                   ?>&quot; vollständig"><?php the_title(); ?>
                   </a></h2>
10                <div class="entrymeta"><a href="
                   <?php bloginfo('url'); ?>/archiv/">
                   <?php the_time("l, d. F Y"); ?></a> &bull;
                   <?php the_category(', ') ?> &bull;
                   <?php comments_popup_link('Diese Meldung
                   kommentieren','1 Kommentar',
                   '% Kommentare','','/'); ?></div>
11                <?php the_content('<span
                   class="readmore">Weiterlesen ...</span>'); ?>
12                <div class="clear"></div>
13            </div>
14            <?php endwhile; else: ?>
15            <p>Es wurden leider keine Beiträge gefunden.</p>
16            <?php endif; ?>
17            <p><?php posts_nav_link(' | ', '&laquo; Ältere
               Artikel', 'Neuere Artikel &raquo;'); ?></p>
18            </div>
19        </div>
20    <?php get_footer(); ?>
```

Listing 21.61 Die vollständige »index.php«

Nachdem Header und Sidebar eingebunden wurden, sehen Sie in Zeile 05 zunächst die Überschrift. Sie ist hart codiert, da sich der Titel der Blogseite nicht ändert. Es bleibt die Übersichtsseite über Blogartikel. In Zeile 06 beginnt dann die Loop, die in Zeile 14 endet. Was dazwischen steht, wird für jeden Blogbeitrag wiederholt. In Zeile

09 steht im <h2>-Tag der Titel des Blogbeitrags, der durch the_title() ausgegeben wird. Er ist verlinkt mit dem Permalink der Seite, ausgegeben durch the_permalink(). In Zeile 10 finden Sie verschiedene Meta-Angaben zum Artikel, die auch automatisch durch WordPress ausgegeben werden. So ist dort das Datum des Beitrags (the_time("l, d. F Y")) im Format »Sonntag, 01. Januar 2012« verlinkt mit dem Archiv, das Sie gleich noch erstellen werden. Außerdem werden in der Zeile noch die Kategorie des Beitrags (the_category()) und die Anzahl der Kommentare (comments_popup_link()) ausgegeben. Letztere Funktion erwartet insbesondere drei Parameter: den Text bei keinem Kommentar, bei einem Kommentar und bei mehreren Kommentaren.

In Zeile 11 wird mittels der Funktion the_content() bereits der Inhalt des Beitrags bis zum *more*-Tag ausgegeben. Als Parameter wird dieser Funktion der Link-Text für den Weiterlesen-Link übergeben. Sie können dort auch HTML anfügen, um ihn besser per CSS ansprechen zu können.

In Zeile 15 wird noch ein Text definiert für den Fall, dass gar keine Beiträge vorhanden sind. In Zeile 17 wird eine kleine Navigation über die Funktion posts_nav_link() ausgegeben, mit der die Nutzer durch die einzelnen Seiten der Startseite des Blogs navigieren können. Als ersten Parameter erwartet die Funktion einen Separator, der zwischen den beiden Links für die älteren Artikel (Parameter 2) und die neueren Artikel (Parameter 3) angezeigt wird.

Die *index.php* endet mit dem Aufruf des Footers in Zeile 20. Im Frontend sieht die Startseite des Blogs dann aus wie in Abbildung 21.129.

Abbildung 21.129 Die Startseite des Blogs sieht doch gar nicht so übel aus, oder?

21.5.3   Die Einzelansicht eines Beitrags (»single.php«)

Nach einem Klick auf den Titel des Beitrags bzw. auf den Weiterlesen-Button werden Sie zur Einzelansicht des Artikels weitergeleitet, also zur *single.php*. Diese versehen Sie mit folgendem Code (siehe Listing 21.62):

```
01    <?php get_header(); ?>
02    <?php get_sidebar(); ?>

03    <?php if ( have_posts() ) : while ( have_posts() ) :
      the_post(); ?>
04        <div id="content">
05            <div id="inner-content">
06                <h1><?php the_title(); ?></h1>
07                <div class="postmeta"><a href="
                  <?php bloginfo('url'); ?>/archiv/">
                  <?php the_time("l, d. F Y"); ?></a> &bull;
                  <?php the_author_posts_link(); ?> &bull;
                  <?php the_category(', ') ?> &bull;
                  <?php comments_popup_link('Keine Kommentare',
                  '1 Kommentar','% Kommentare','','/'); ?></div>
08                <?php the_content(); ?>
09                <p class="tags">Tags:</p>
10                <div class="posttags">
                  <?php the_tags('', '', '') ?></div>
11        <?php endwhile; endif; ?>
12        <?php comments_template(); ?>
13            </div>
14        </div>
15    <?php get_footer(); ?>
```

Listing 21.62 Die vollständige »single.php«

Die *single.php* ist im Prinzip eine abgewandelte Version der *index.php*, Sie benötigen daraus nur die Dinge, die Sie auch in der Einzelansicht darstellen wollen. Den Rest können Sie weglassen. Und Sie können selbstverständlich auch Dinge ergänzen.

In der Loop werden in Zeile 06 der Titel und in Zeile 07 die schon bekannten Meta-Angaben des Artikels ausgegeben. Hinzugekommen ist hier lediglich der Name des Autors, der wird in der *index.php* nicht angezeigt. Die Funktion the_author_posts_link() übernimmt sowohl die Ausgabe des Autorennamens als auch seine Verlinkung mit der Autorenseite *author.php*, die Sie gleich noch erstellen werden.

Nach der Ausgabe des Inhalts in Zeile 08 werden in Zeile 10 zudem noch die Tags des Artikels ausgegeben. Das übernimmt die Funktion the_tags(), der Sie als Parameter die folgenden Angaben übergeben: erstens, was vor den Tags steht (in unserem Fall soll da nichts stehen; standardmäßig würde »Tags:« ausgegeben werden), zweitens, wie der Separator zwischen den einzelnen Tags aussehen soll, und drittens, was nach den Tags steht.

Nach dem Ende der Loop binden wir in Zeile 12 noch das `comments_template()` ein, das im nächsten Schritt noch etwas genauer ausgestaltet wird. Hier legen Sie nur die Stelle fest, an der es eingebunden werden soll. Das Ergebnis sehen Sie in Abbildung 21.130.

Abbildung 21.130 Die Einzelansicht eines Blogartikels

21.5.4   Das Kommentar-Template (»comments.php« & »functions.php«)

Das Kommentar-Template hatten Sie ja gerade schon in die *single.php* eingebunden. Es befindet sich in der *comments.php*, die Sie nun erstellen (siehe Listing 21.63):

```
01    <div id="comments">
02    <?php if ( post_password_required() ) : ?>
03    <p class="nopassword">Bitte geben Sie das Passwort ein, um
      Kommentare zu lesen.</p>
```

```
04  </div>
05  <?php return; endif; ?>
06  <div id="content-form">
07  <?php
08  $fields =  array(
09      'author' => '<p class="comment-form-author">
10                      <label for="author">Ihr Name
                        <em>(erforderlich)</em></label>
11                      <input id="author" name="author"
                        type="text" value="' .
                        esc_attr( $commenter['comment_author'] )
                        . '" size="30"' . $aria_req . ' /></p>',
12      'email'  => '<p class="comment-form-email">
13                      <label for="email">Ihre E-Mail-Adresse
                        <em>(erforderlich, wird aber nicht
                        veröffentlicht)</em></label>
14                      <input id="email" name="email"
                        type="text" value="' . esc_attr(
                        $commenter['comment_author_email'] ) .
                        '" size="30"' . $aria_req . ' /></p>',
15      'url'    => '<p class="comment-form-url">
16                      <label for="url">Ihre Website</label>
17                      <input id="url" name="url" type="text"
                        value="' . esc_attr(
                        $commenter['comment_author_url'] ) .
                        '" size="30" /></p>',
18  );
19  comment_form( array(
20      'fields' => apply_filters(
21          'comment_form_default_fields', $fields ),
22          'label_submit' => 'Beitrag kommentieren',
23          'title_reply' => 'Beitrag kommentieren',
24          'comment_notes_before' => '',
25          'comment_notes_after' => ''
26      ) );
27  ?>
28  </div>
29  <?php if ( have_comments() ) : ?>
30  <?php if ( get_comment_pages_count() > 1 &&
    get_option( 'page_comments' ) ) : ?>
31  <div class="navigation">
32  <div class="nav-previous"><?php previous_comments_link(
    '&laquo; ältere Kommentare' ); ?></div>
```

```
33    <div class="nav-next"><?php next_comments_link( 'Neuere
      Kommentare &raquo;' ); ?></div>
34    </div>
35    <?php endif; ?>
36    <div id="content-comments">
37        <h3>Alle Kommentare</h3>
38        <ul>
39        <?php
40        wp_list_comments('type=all&callback=cb_comment');
41        ?>
42        </ul>
43    </div>
44    <?php if ( ! comments_open() ) : ?>
45    <p class="nocomments">Die Kommentarfunktion ist leider
      deaktiviert.</p>
46    <?php endif; ?>
47    <?php endif; ?>
48    </div>
```

Listing 21.63 Die vollständige »comments.php«

Die *comments.php* fällt vollkommen aus dem Rahmen, den Sie von den anderen Inhaltsdateien her kennen. In den Zeilen 02 bis 05 wird zunächst überprüft, ob der Beitrag passwortgeschützt ist; dann sollen nämlich keine Kommentare angezeigt und stattdessen eine Warnung ausgegeben werden. Die Zeilen 07 bis 27 legen das Aussehen des Kommentarformulars fest. Das $fields-Array, das ab Zeile 08 erstellt wird, soll schließlich in die Funktion comment_form() in Zeile 19 eingebunden werden. Es enthält die einzelnen auszufüllenden Felder des Formulars.

Die Funktion comment_form() in Zeile 19 ruft eigentlich erst das Formular auf. Ihr wird ein Array mit den in Tabelle 21.5 genannten Schlüssel-Wert-Paaren übergeben.

Schlüssel	Wert
fields	Die Funktion apply_filters() wird als Wert übergeben, um die bisherigen Felder zu überschreiben, und zwar mit den Feldern, die Sie zuvor im $fields-Array festgelegt haben. Ihr werden zwei Parameter übergeben: zum einen comment_form_default_fields (die sollen ja überschrieben werden) und zum anderen das $fields-Array selbst.
label_submit	die Beschriftung des Absende-Buttons
title_reply	die Überschrift über dem Formular

Tabelle 21.5 Mögliche Schlüssel-Wert-Paare

Schlüssel	Wert
comment_notes_before	etwaiger Text vor dem Formular
comment_notes_after	etwaiger Text nach dem Formular

Tabelle 21.5 Mögliche Schlüssel-Wert-Paare (Forts.)

In den Zeilen 29 und 30 wird überprüft, ob Kommentare vorliegen und ob diese – je nach Ihren Einstellungen – auf mehrere Seiten verteilt werden müssen. Für den Fall werden in den Zeilen 32 und 33 mithilfe der Funktionen previous_comments_link() und next_comments_link() kleine Navigationslinks eingeblendet, um zwischen den Seiten hin- und herzublättern.

Die Ausgabe der Kommentare selbst findet erst in Zeile 40 statt. Und wiederum auch nicht. Schauen wir uns die Zeile etwas näher an:

```
wp_list_comments('type=all&callback=cb_comment');
```

Die Funktion wp_list_comments() sorgt dafür, dass die Kommentare ausgegeben werden. Ihr wird aber ein Parameter übergeben. Dieser enthält wiederum selbst einige Parameter wie type (welche Art von Kommentaren soll ausgegeben werden, Trackbacks z. B. auch) oder callback. Das letzte Argument, callback, ist entscheidend. Hier wird eine andere Funktion übergeben, die Sie gleich selbst erstellen werden, sie hat den Namen cb_comment(). Im Rahmen dieser Funktion können Sie genau festlegen, wie die Ausgabe der Kommentare beschaffen sein soll. Ich komme sofort darauf zurück.

Für den Fall, dass die Kommentarfunktion deaktiviert wurde (Zeile 44), wurde in Zeile 45 noch ein entsprechender Text hinterlegt, der den Besucher darüber informiert.

Noch einmal zurück zur Callback-Funktion. Diese müssen Sie in die *functions.php* schreiben, z. B. so wie in Listing 21.64:

```
01   <?php
02   function cb_comment( $comment, $args, $depth ) {
03     $GLOBALS['comment'] = $comment; ?>
04     <li <?php comment_class(); ?>
       id="li-comment-<?php comment_ID() ?>">
05     <p class="comment-author"><?php echo
       get_avatar( $comment, $size='50' ); ?>
       <strong><?php echo get_comment_author_link(); ?>
       </strong>
       <span><?php echo get_comment_date("d.m.Y"); ?>,
       <?php echo get_comment_time(); ?> Uhr</span></p>
06     <div class="clear"></div>
```

```
07      <?php comment_text(); ?>
08    <?php
09    }
10    ?>
```

Listing 21.64 Die Callback-Funktion in der »functions.php«

Die Funktion cb_comment() legt also fest, wie die einzelnen Kommentare aussehen sollen, sodass Sie das Ganze mit CSS später gestalten können. Übergeben müssen Sie ihr die drei Variablen $comment, $args und $depth.

In Zeile 05 findet die eigentliche Ausgestaltung statt. Die Funktion get_avatar() gibt den Avatar oder Gravatar des Nutzers in der Größe 50 aus (die Größe übergeben Sie als zweiten Parameter). Der Name des Kommentators samt etwaigem Link zu seiner Website wird durch get_comment_author_link() angezeigt, danach folgen Datum und Uhrzeit durch get_comment_date() bzw. get_comment_time(). Den Inhalt des Kommentars gibt schließlich comment_text() aus.

Das Kommentar-Template ist damit vollständig. Sind Sie dem Praxisbeispiel gefolgt, sollte das Formular nun aussehen wie in Abbildung 21.131 und der einzelne Kommentar wie in Abbildung 21.132.

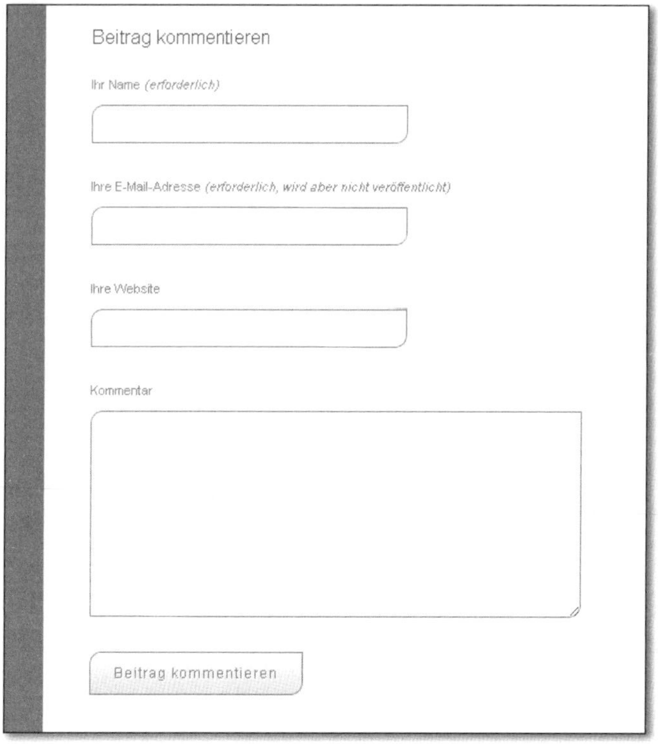

21

Abbildung 21.131 Das Kommentarformular

Abbildung 21.132 Einzelne Kommentare

21.5.5 Die Kategorieseite (»category.php«)

Die Artikel können auf unterschiedliche Art und Weise durch die Besucher gefunden werden. Ein Weg erfolgt über die Kategorie. Im Folgenden zeige ich Ihnen, wie Sie die Kategorieseite (*category.php*) erstellen, die alle Artikel einer jeweiligen Kategorie anzeigt (siehe Listing 21.65):

```
01    <?php get_header(); ?>
02    <?php get_sidebar(); ?>
03        <div id="content">
04            <div id="inner-content">
05                <h1 class="category"><span>Kategorie</span>
                   <?php single_cat_title(); ?></h1>
06                <p><?php echo category_description(); ?></p>
07            <?php if ( have_posts() ) : while ( have_posts() ) :
               the_post(); ?>
08            <div class="entry">
09                <h2><a href="<?php the_permalink(); ?>"
                   title="Lesen Sie &quot;<?php the_title();
                   ?>&quot; vollständig"><?php the_title(); ?>
                   </a></h2>
10                <div class="entrymeta"><a href="
                   <?php bloginfo('url'); ?>/archiv/">
                   <?php the_time("l, d. F Y"); ?></a> &bull;
                   <?php the_category(', ') ?> &bull;
                   <?php comments_popup_link('Diese Meldung
                   kommentieren','1 Kommentar','% Kommentare',
                   '','/'); ?></div>
```

```
11              <?php the_content('<span
                class="readmore">Weiterlesen ...</span>'); ?>
12              <div class="clear"></div>
13          </div>
14          <?php endwhile; else: ?>
15          <p>Es wurden leider keine Beiträge gefunden.</p>
16          <?php endif; ?>
17          <p><?php posts_nav_link(' | ', '&laquo; Ältere
                Artikel', 'Neuere Artikel &raquo;'); ?></p>
18          </div>
19      </div>
20  <?php get_footer(); ?>
```

Listing 21.65 Die vollständige »category.php«

Die *category.php* ist fast ein Abbild der *index.php*. Kopieren ist erlaubt. Lediglich der Kopf ändert sich ein wenig. Denn hier soll ja zum einen der Titel der Kategorie ausgegeben werden (Zeile 05), zum anderen die Beschreibung der Kategorie (Zeile 06), falls eine solche angegeben worden ist. Neu sind also nur zwei Funktionen: single_cat_title() gibt den Titel der Kategorie aus und category_description() die Beschreibung (Achtung, Letztere benötigt ein echo vor ihrem Aufruf!). Das sind schon alle Unterschiede gegenüber der *index.php*. Das Ergebnis sehen Sie in Abbildung 21.133.

Abbildung 21.133 Die Auflistung aller Artikel meiner Lieblingskategorie »Allgemein«

21.5.6 Die Tag-Seite (»tag.php«)

Die Tag-Seite (*tag.php*) verhält sich fast genauso wie die *category.php* (siehe Listing 21.66):

```
01   <?php get_header(); ?>
02   <?php get_sidebar(); ?>
03       <div id="content">
04           <div id="inner-content">
05               <h1 class="tag"><span>Tag</span> <?php
                 single_tag_title(); ?></h1>
06               <p><?php echo tag_description(); ?></p>
07           <?php if ( have_posts() ) : while ( have_posts() ) :
             the_post(); ?>
08           <div class="entry">
09               <h2><a href="<?php the_permalink(); ?>"
                 title="Lesen Sie &quot;<?php the_title();
                 ?>&quot; vollständig"><?php the_title();
                 ?></a></h2>
10               <div class="entrymeta"><a href="<?php
                 bloginfo('url'); ?>/archiv/">
                 <?php the_time("l, d. F Y"); ?></a> &bull;
                 <?php the_category(', ') ?> &bull;
                 <?php comments_popup_link('Diese Meldung
                 kommentieren','1 Kommentar',
                 '% Kommentare','','/'); ?></div>
11               <?php the_content('<span
                 class="readmore">Weiterlesen ...</span>'); ?>
12               <div class="clear"></div>
13           </div>
14           <?php endwhile; else: ?>
15           <p>Es wurden leider keine Beiträge gefunden.</p>
16           <?php endif; ?>
17           <p><?php posts_nav_link(' | ', '&laquo; Ältere
             Artikel', 'Neuere Artikel &raquo;'); ?></p>
18           </div>
19       </div>
20   <?php get_footer(); ?>
```

Listing 21.66 Die vollständige »tag.php«

Geändert im Gegensatz zur *category.php* haben sich wieder nur die Ausgabe des Tag-Namens und die Ausgabe der Beschreibung des Tags (Zeilen 05 und 06). Dieses Mal kommen dafür die Funktionen single_tag_title() und tag_description() zum Einsatz. Das Ganze sieht dann in etwa so aus wie in Abbildung 21.134.

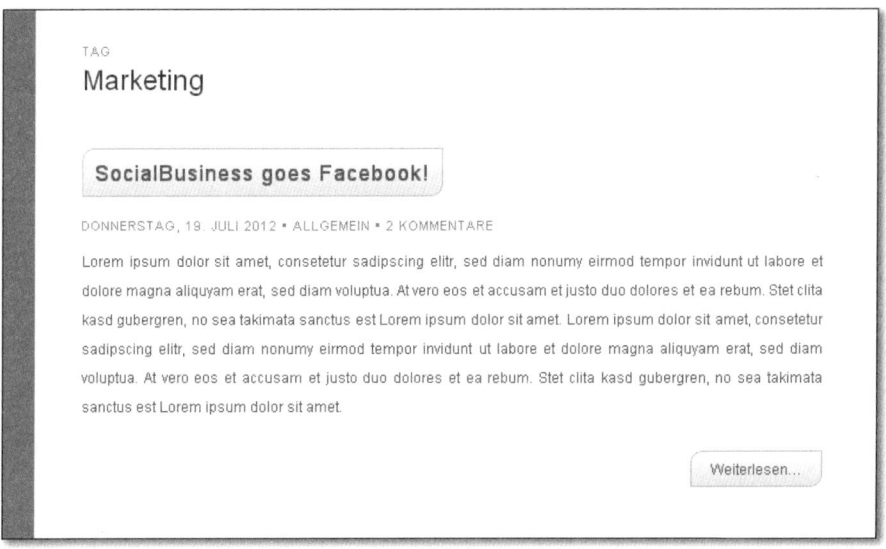

TAG

Marketing

SocialBusiness goes Facebook!

DONNERSTAG, 19. JULI 2012 • ALLGEMEIN • 2 KOMMENTARE

Lorem ipsum dolor sit amet, consetetur sadipscing elitr, sed diam nonumy eirmod tempor invidunt ut labore et dolore magna aliquyam erat, sed diam voluptua. At vero eos et accusam et justo duo dolores et ea rebum. Stet clita kasd gubergren, no sea takimata sanctus est Lorem ipsum dolor sit amet. Lorem ipsum dolor sit amet, consetetur sadipscing elitr, sed diam nonumy eirmod tempor invidunt ut labore et dolore magna aliquyam erat, sed diam voluptua. At vero eos et accusam et justo duo dolores et ea rebum. Stet clita kasd gubergren, no sea takimata sanctus est Lorem ipsum dolor sit amet.

Weiterlesen…

Abbildung 21.134 Die Tag-Seite des Tags »Marketing«

21.5.7   Die Autorenseite (»author.php«)

Ähnlich wie eine Kategorie- und Tag-Seite benötigen Sie auch eine, die die einzelnen Artikel eines Autors auflistet. Dazu dient die *author.php* (siehe Listing 21.67):

```
01   <?php get_header(); ?>
02   <?php get_sidebar(); ?>
03       <div id="content">
04           <div id="inner-content">
05           <?php $curauth = (isset($_GET['author_name']))
             ? get_user_by('slug', $author_name) :
             get_userdata(intval($author)); ?>
06           <h1 class="author"><span>Autor</span> <?php echo
             $curauth->display_name; ?></h1>
07           <p><?php echo $curauth->description; ?></p>
08           <?php if ( have_posts() ) : while ( have_posts() ) :
             the_post(); ?>
09           <div class="entry">

10               <h2><a href="<?php the_permalink(); ?>"
                 title="Lesen Sie &quot;<?php the_title();
                 ?>&quot; vollständig"><?php the_title();
                 ?></a></h2>
```

```
11          <div class="entrymeta"><a href="<?php
            bloginfo('url'); ?>/archiv/">
            <?php the_time("l, d. F Y"); ?></a> &bull;
            <?php the_category(', ') ?> &bull;
            <?php comments_popup_link('Diese Meldung
            kommentieren','1 Kommentar',
            '% Kommentare','','/'); ?></div>
12          <?php the_content('<span
            class="readmore">Weiterlesen ...</span>'); ?>
13          <div class="clear"></div>
14      </div>
15      <?php endwhile; else: ?>
16      <p>Es wurden leider keine Beiträge gefunden.</p>
17      <?php endif; ?>
18      <p><?php posts_nav_link(' | ', '&laquo; Ältere
            Artikel', 'Neuere Artikel &raquo;'); ?></p>
19      </div>
20   </div>
21 <?php get_footer(); ?>
```

Listing 21.67 Die vollständige »author.php«

Sie haben vielleicht am Anfang des Codes schon gesehen, dass sich hier gegenüber der Kategorie- bzw. Tag-Seite etwas mehr getan hat. Bevor der Name des Autors und eine Beschreibung ausgegeben werden können, müssen wir einen kleinen Umweg in Kauf nehmen, um an die Daten zu gelangen.

In Zeile 05 wird das Objekt $curauth angelegt, das mittels der Funktion get_user-data() mit den Daten über den Autor befüllt wird. Alle Informationen können nun direkt als Eigenschaft des Objekts $curauth abgefragt werden. So geschieht es auch in den Zeilen 06 und 07 mit dem Namen des Autors und seiner Beschreibung.

Über $curauth->display_name greifen Sie also auf den Namen des Autors zu, über $curauth->description auf die Beschreibung. Bedenken Sie, dass hier unbedingt ein echo vor der Eigenschaft stehen muss, damit diese ausgegeben wird.

Die Autorenseite sieht aber trotz des Umstands ähnlich aus wie ihre gleichartigen Kollegen – das beweist auch Abbildung 21.135.

Abbildung 21.135 Die Autorenseite von ... oh, von mir.

21.5.8   Das Archiv (»archives.php« und »archive.php«)

Das (datumsbasierte) Archiv der Blogartikel besteht aus zwei Dateien. Zum einen aus der *archives.php*, die zunächst eine Datumsübersicht für den Besucher bereitstellt. Entscheidet er sich dann für einen Datumsbereich, dann wird er auf die *archive.php* weitergeleitet, die ihm schließlich alle Blogbeiträge, die zu diesem Datum passen, anzeigt. Beginnen Sie zunächst damit, die *archives.php* (mit »s« am Ende) anzulegen (siehe Listing 21.68):

```
01   <?php
02   /*
03   Template Name: Archiv
04   */
05   ?>
06   <?php get_header(); ?>
07   <?php get_sidebar(); ?>
08      <div id="content">
09         <div id="inner-content">
10         <h1>Blogarchiv</h1>
11   <?php if ( have_posts() ) : while ( have_posts() ) :
     the_post(); ?>
12         <?php the_content(); ?>
13         <ul class="archiv">
14            <?php wp_get_archives('type=monthly'); ?>
15         </ul>
16   <?php endwhile; endif; ?>
```

```
17                </div>
18           </div>
19    <?php get_footer(); ?>
```

Listing 21.68 Die vollständige »archives.php«

Die *archives.php* startet ganz anders, als Sie es gewohnt sind. Hier wird nämlich zunächst im PHP-Kommentar eine Template-Bezeichnung festgelegt. Diese dient dazu, diese Template-Datei später einer Seite zuzuweisen. Den Namen »Archiv« können Sie ersetzen, der Rest muss so bleiben, wie er ist. In Zeile 11 folgen dann die Loop und ein Aufruf von the_content() – und das, obwohl ja gar keine Blogbeiträge an dieser Stelle ausgegeben werden sollen. Wie gesagt, werden Sie dieses Template aber später einer statischen Seite zuweisen. Und falls Sie sich entscheiden sollten, dort noch ein paar Sätze zur Erläuterung hineinzuschreiben, dann werden diese auch durch den Aufruf von the_content() ausgegeben.

Kernstück der *archives.php* ist die Funktion wp_get_archives() in Zeile 14. Sie ruft das datumsbasierte Archiv auf. Sie können ihr als Parameter z. B. übergeben, welche Art (type) von Archiv ausgegeben werden soll:

▶ yearly (jährlich)

▶ monthly (monatlich)

▶ daily (täglich)

▶ weekly (wöchentlich)

▶ postbypost (Beiträge nach Datum sortiert)

▶ alpha (genau wie postbypost, aber nach Titel sortiert)

Es ist erforderlich, dass Sie dieses Template nun noch im Backend einer Seite Ihrer Wahl zuweisen (siehe Abbildung 21.136). Dazu hatten Sie ja zu Beginn schon die Seite »Archiv« erstellt.

Abbildung 21.136 Weisen Sie das Template einer statischen Seite zu.

Das Ergebnis sieht dann z. B. aus wie in Abbildung 21.137 (Sie sehen meine zwischen-zeitlich kreative Phase).

Blogarchiv

DEZEMBER 2012   NOVEMBER 2012   OKTOBER 2012

SEPTEMBER 2012   AUGUST 2012   JULI 2012   JUNI 2012

MAI 2012   APRIL 2012   MÄRZ 2012   FEBRUAR 2012

JANUAR 2012

Abbildung 21.137 So sieht das Datumsarchiv aus (»archives.php«).

Die *archive.php* (ohne »s«; siehe Listing 21.69) stellt nun, wie bereits angedeutet, die einzelnen Artikel dar, nachdem jemand auf einen Datumsbereich geklickt hat:

```
01   <?php get_header(); ?>
02   <?php get_sidebar(); ?>
03       <div id="content">
04           <div id="inner-content">
05               <h1 class="archive"><span>Archiv</span> <?php
                 single_month_title( ' ', true ); ?></h1>
06           <?php if ( have_posts() ) : while ( have_posts() ) :
             the_post(); ?>
07           <div class="entry">
08               <h2><a href="<?php the_permalink(); ?>"
                 title="Lesen Sie &quot;<?php the_title(); ?>
                 &quot; vollständig"><?php the_title();
                 ?></a></h2>
09               <div class="entrymeta"><a href="
                 <?php bloginfo('url'); ?>/archiv/">
                 <?php the_time("l, d. F Y"); ?></a> &bull;
                 <?php the_category(', ') ?> &bull;
                 <?php comments_popup_link('Diese Meldung
                 kommentieren','1 Kommentar',
                 '% Kommentare','','/'); ?></div>
```

```
10              <?php the_content('<span
                class="readmore">Weiterlesen ...</span>'); ?>
11              <div class="clear"></div>
12          </div>
13          <?php endwhile; else: ?>
14          <p>Es wurden leider keine Beiträge gefunden.</p>
15          <?php endif; ?>
16          <p><?php posts_nav_link(' | ', '&laquo; Ältere
                Artikel', 'Neuere Artikel &raquo;'); ?></p>
17          </div>
18      </div>
19  <?php get_footer(); ?>´
```

Listing 21.69 Die vollständige »archive.php«

Die *archive.php* hat doch schon wieder deutliche Ähnlichkeit mit der *category.php* oder *tag.php*. Der Unterschied besteht nur darin, dass für die Ausgabe des Titels (also des Datums) die Funktion single_month_title() verwendet und eine Beschreibung logischerweise gänzlich weggelassen wird. Übergeben Sie der single_month_title()-Funktion ein Leerzeichen als ersten Parameter, denn dieses wird dann als Trennzeichen der Datumsangabe verwendet. Sonst steht dort plötzlich »Juni2012« und nicht »Juni 2012«. Beispielhaft sehen Sie die Umsetzung in Abbildung 21.138.

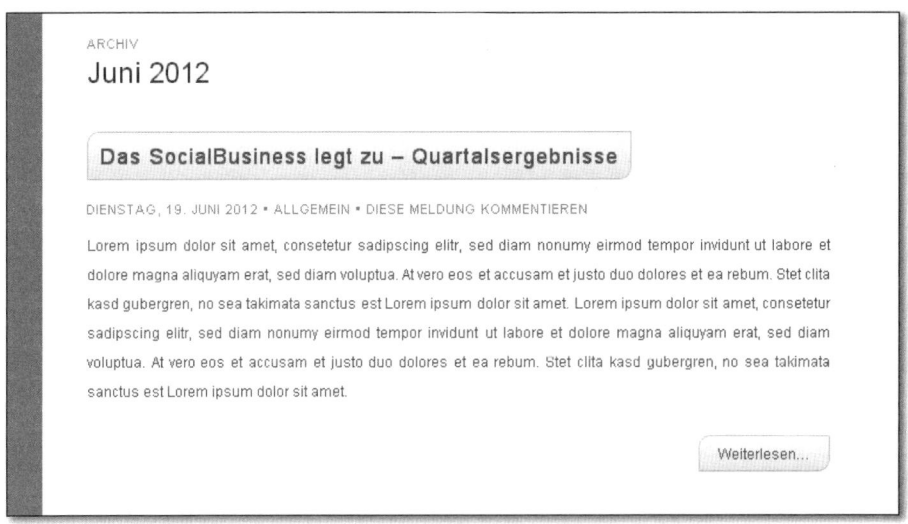

Abbildung 21.138 Die einzelnen Artikel des jeweiligen Datums werden aufgelistet.

21.5.9   Seite nicht gefunden (»404.php«)

Das Beste (und Einfachste) kommt wie immer zum Schluss: die 404-Fehlerseite, falls mal eine Seite Ihrer Website nicht gefunden werden konnte. Einfach deshalb, weil sie aus fast gar keinem Code besteht. Erstellen Sie eine Datei namens *404.php* (siehe Listing 21.70):

```
01   <?php get_header(); ?>
02   <?php get_sidebar(); ?>
03       <div id="content">
04           <div id="inner-content">
05                   <h1>Seite nicht gefunden</h1>
06                   <p>Lorem ipsum dolor sit amet...<p>
07           </div>
08       </div>
09   <?php get_footer(); ?>
```

Listing 21.70 Die vollständige »404.php«

Sie sehen, die Datei besteht nur aus der Einbindung von Header, Sidebar und Footer – und dazwischen befindet sich ein Text, den Sie nach Belieben anpassen dürfen. Zum Beispiel könnten Sie die verlorenen Besucher auf Seiten verweisen, die besonders interessant sind, oder Ihnen einen (humorvollen) Einleitungstext anbieten. Wie in Abbildung 21.139 sollten Sie es hingegen nicht machen.

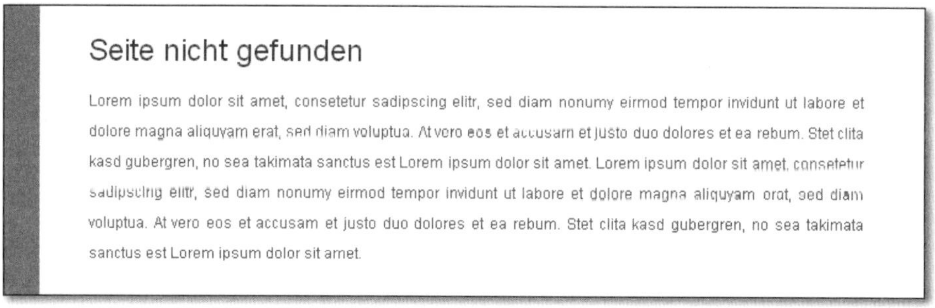

Abbildung 21.139 Die (unkreative) 404-Fehlerseite

Das Theme ist nun vollständig, herzlichen Glückwunsch! Aber wir sind noch nicht fertig. Denn, wie angekündigt, soll es ja um Social Media gehen, und davon war wahrlich noch nicht allzu viel zu sehen. In den folgenden Abschnitten geht es aber (fast) nur darum. Sie können die folgenden Anleitungen natürlich auch für jedes andere Theme verwenden.

21.5.10   Soziale Dienste zur Anmeldung nutzen

Die Besucher Ihrer Seite dazu zu bekommen, Ihre Blogartikel zu kommentieren, ist eine Königsdisziplin. Vor allem die ersten Mitglieder einer Community sind sehr schwer zu ergattern, schließlich traut sich niemand, etwas zu schreiben, weil er gar nicht weiß, ob es gelesen wird oder gar eine Diskussion entstehen könnte. Hinzu kommen noch weitere Barrieren. Eine davon wollen wir nun beseitigen: die Anmeldung für das Kommentarformular. Ganz gleich, ob man sich auf Ihrer Website erst anmelden oder nur ein Formular ausfüllen muss: Das kostet Zeit, die niemand hat. Was aber fast jeder hat, ist entweder ein Facebook- oder ein Twitter-Account. Und damit Ihre Nutzer sich damit einloggen können und kein Formular ausfüllen müssen, integrieren wir nun gemeinsam eine Lösung, die das Login über soziale Dienste möglich macht. Ich warne Sie aber vor: Das kann ein paar Minuten dauern …

Ein Plugin soll uns dabei helfen, es heißt *Social Login* und stammt von *Claude Schlesser*. Dieses Plugin übernimmt einen Teil der Arbeit, indem es über eine eigene Website die Schnittstellen der sozialen Netze bedient. Sie verknüpfen einmalig alle gewünschten Dienste mit der Website des Plugins und schon kommen Sie in den Genuss sozialer Logins.

Wichtig

Von nun an muss Ihre Website online sein. Ab diesem Zeitpunkt ist eine Entwicklung unter XAMPP nicht mehr ohne Weiteres möglich, da eine Verbindung zu den sozialen Netzen und zur Website des Plugins aufgebaut werden muss. Am einfachsten ist es, Sie laden Ihre Website nun auf Ihren Server hoch (wie das geht, erfahren Sie in Abschnitt 2.5, »WordPress vom Rechner auf den Server hochladen«).

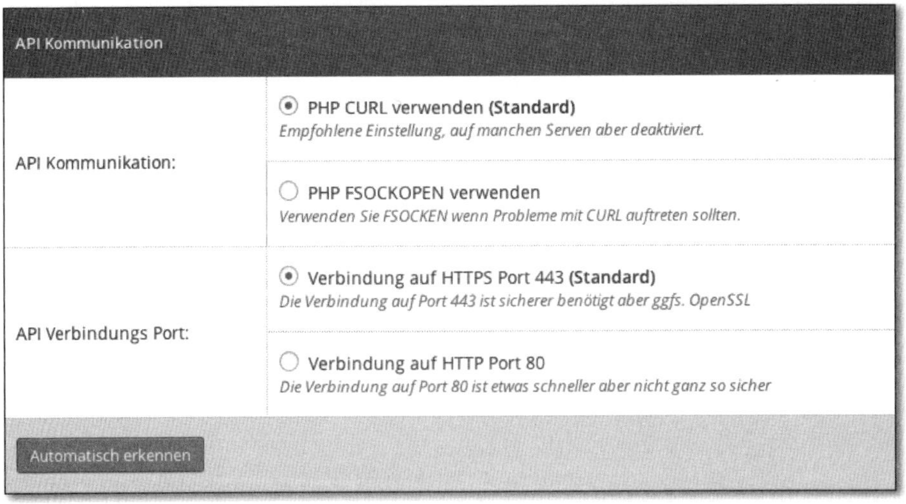

Abbildung 21.140 Social Login · Einrichten

Nachdem Sie das Plugin installiert und aktiviert haben, finden Sie unter SOCIAL LOGIN • EINRICHTEN die wichtigste Seite (siehe Abbildung 21.140). Sie können später auch etwas auf der Extraseite mit den EINSTELLUNGEN anpassen, die lasse ich aber bewusst außen vor, weil sie durch eine recht gute deutsche Übersetzung für sich selbst spricht und nicht unbedingt angepasst werden muss.

Der erste Abschnitt, der Ihnen begegnet, nennt sich API KOMMUNIKATION. Klicken Sie einmal auf AUTOMATISCH ERKENNEN, dann sehen Sie, ob Ihr Server die nötigen Voraussetzungen erfüllt und welche Einstellungen in Ihrem Fall sinnvoll sind.

Der nächste Abschnitt beschäftigt sich mit den API-Einstellungen. Dazu ist es nötig, dass Sie sich auf der Website des Plugins unter *https://app.oneall.com/signup/* einen Account einrichten (siehe Abbildung 21.141).

Abbildung 21.141 Erstellen Sie einen neuen Account.

Dafür sind nur einige rudimentäre Angaben nötig (siehe Abbildung 21.142).

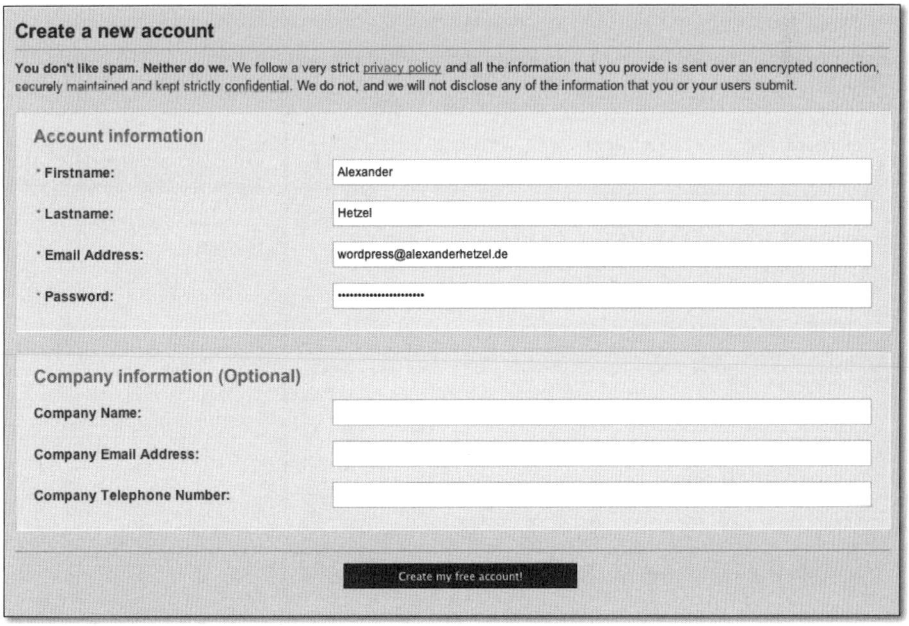

Abbildung 21.142 Machen Sie nur die nötigsten Angaben.

Nach der Anmeldung werden Sie aufgefordert, zunächst eine neue OneAll-Site zu erstellen (siehe Abbildung 21.143). Klicken Sie dazu auf den Button oben in der Mitte.

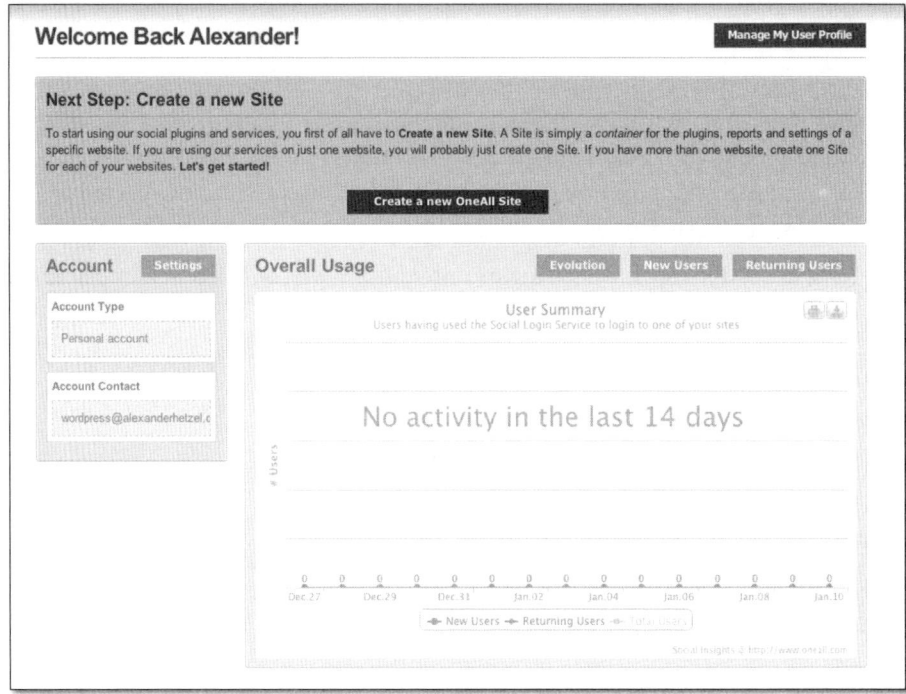

Abbildung 21.143 Erstellen Sie eine neue OneAll-Site.

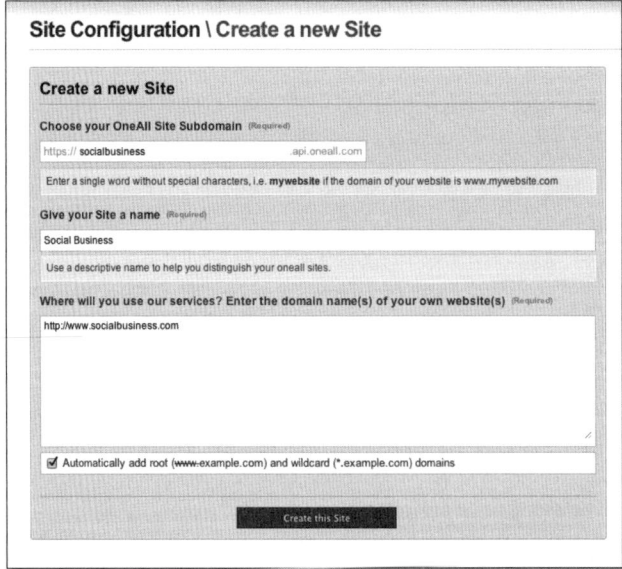

Abbildung 21.144 Domainwunsch, Name und Adresse Ihrer Website, bitte.

Für die Erstellung einer neuen Site benötigen Sie nur eine Wunsch-URL für Ihre App – dieser Link wird später noch häufiger benötigt – sowie einen Namen und die Adresse zu Ihrer Website (siehe Abbildung 21.144).

Unmittelbar danach werden Ihnen Ihre SUBDOMAIN, Ihr PUBLIC KEY und Ihr PRIVATE KEY angezeigt (siehe Abbildung 21.145). Diese drei Daten brauchen Sie nun, wenn Sie – wieder zurück in den Einstellungen des Plugins – (unter EINRICHTEN) den Abschnitt API EINSTELLUNGEN (siehe Abbildung 21.146) ausfüllen wollen.

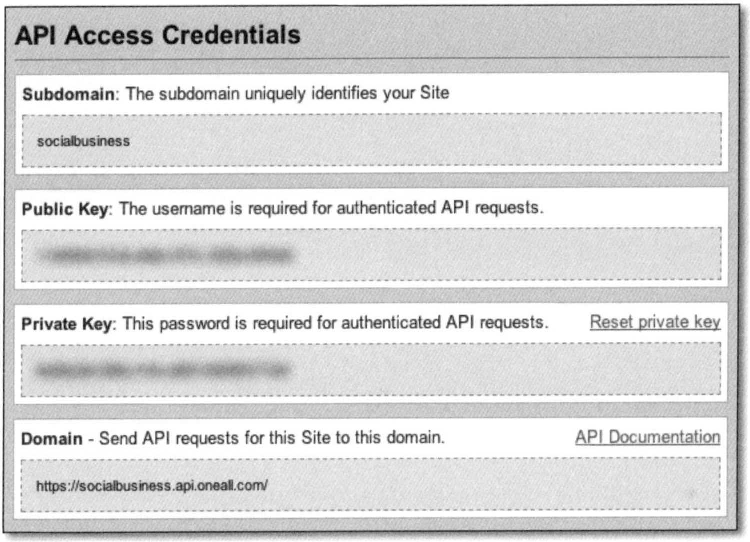

Abbildung 21.145 Ihre API-Daten

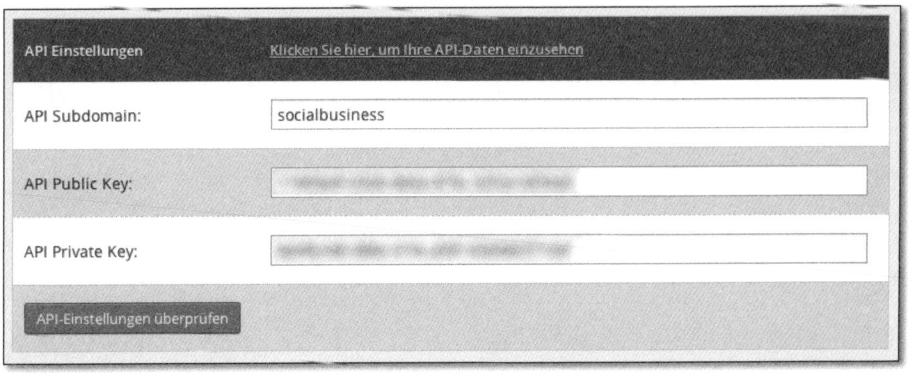

Abbildung 21.146 Tragen Sie die Daten bitte im Abschnitt »API-Einstellungen« ein.

Als Nächstes wählen Sie die sozialen Netze aus, die Sie gerne als Login-Möglichkeit hinzufügen möchten (siehe Abbildung 21.147). In unserem Beispiel sind das Facebook und Twitter. Speichern Sie ab.

Abbildung 21.147 Wählen Sie die sozialen Netze aus, in unserem Fall Facebook und Twitter.

Und nun noch einmal zurück zur OneAll-Website. Klicken Sie dort bitte zunächst auf SITE CONFIGURATION, dann auf den Namen Ihrer Site und anschließend auf SOCIAL NETWORKS (siehe Abbildung 21.148). Dort werden Ihnen alle Dienste angezeigt, deren Integration möglich ist. Klicken Sie zunächst auf FACEBOOK, um die Verknüpfung vorzunehmen.

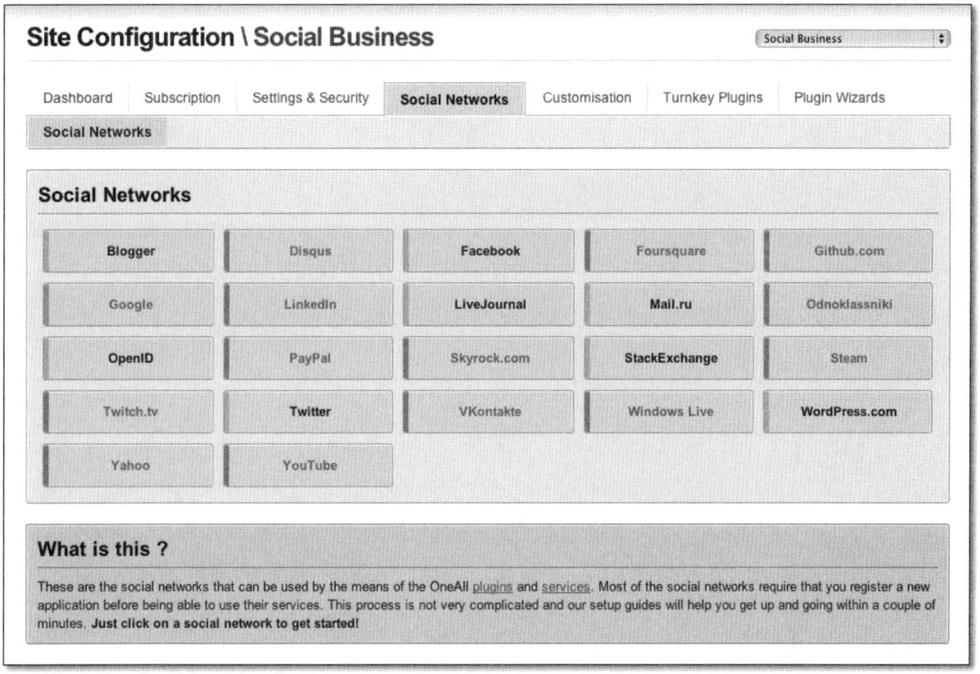

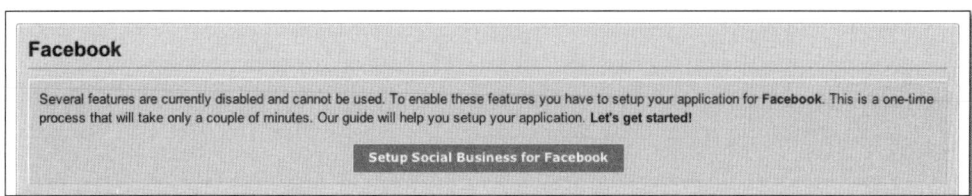

Abbildung 21.148 Site Configuration · Social Networks

Dort angekommen, werden Sie von einer Meldung begrüßt, die Sie bittet, die Konfiguration für Facebook vorzunehmen (siehe Abbildung 21.149). Sie können die Anleitung, die Sie dort erhalten, auch einfach befolgen – oder Sie lesen hier weiter.

Facebook

Several features are currently disabled and cannot be used. To enable these features you have to setup your application for **Facebook**. This is a one-time process that will take only a couple of minutes. Our guide will help you setup your application. **Let's get started!**

> Setup Social Business for Facebook

Abbildung 21.149 Nach einem Klick auf den Button werden Ihnen noch einmal alle nötigen Schritte angezeigt.

Zunächst ist es nötig, dass Sie eine Facebook-Applikation erstellen. Ich erspare Ihnen die Details meines Kampfes mit den Guerillamethoden von Facebook und sage

Ihnen nur: Planen Sie ein wenig Zeit dafür ein. Sollten Sie keinen Facebook-Account haben, dann müssen Sie diesen natürlich zuerst erstellen und außerdem verifizieren lassen (!), z. B. per Telefonnummer und/oder Kreditkarte. Und trotzdem kann es 48 Stunden (oder länger) dauern, bis Ihr Account tatsächlich verifiziert ist und Sie eine Applikation erstellen dürfen. Notfalls müssen Sie sogar eine Kopie Ihres Personalausweises an die Mitarbeiter von Facebook senden. Wenn Sie dieses Schlaraffenland hinter sich gelassen haben und endlich einen verifizierten Facebook-Account besitzen, dann können Sie unter *https://developers.facebook.com/apps* eine App erstellen. (Nur zum Vergleich: Bei Twitter dauert die gleiche Prozedur keine fünf Minuten.)

Ist Ihr Account bereit und sind Sie es auch, können Sie beginnen, Ihre erste App zu erstellen (siehe Abbildung 21.150).

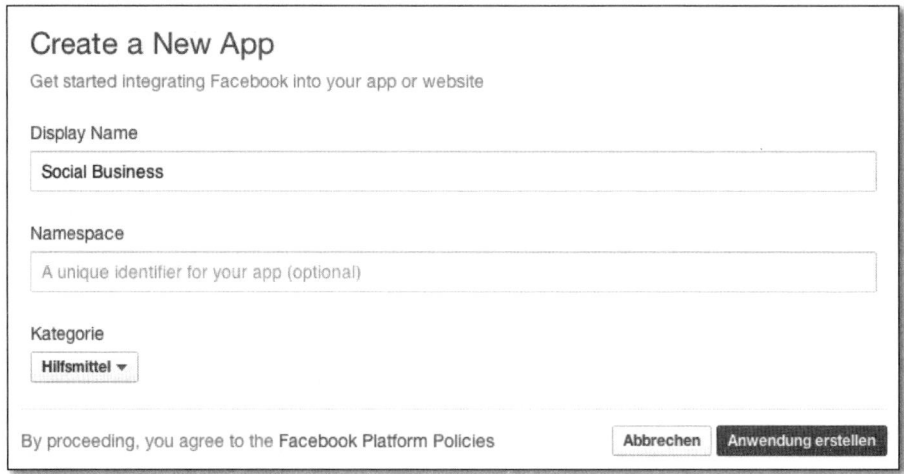

Abbildung 21.150 Erstellen Sie eine neue App.

Geben Sie ihr einen Namen und eine Kategorie. Und schon kann es losgehen.

In der Konsole (siehe Abbildung 21.151) finden Sie zunächst einmal Ihre APP-ID und Ihren GEHEIMCODE. Die beiden Daten benötigen Sie gleich noch.

In den Einstellungen (siehe Abbildung 21.152) können Sie nun über den großen Button PLATTFORM HINZUFÜGEN genau dies tun. Es öffnet sich ein kleines Modalfenster (siehe Abbildung 21.153), hier wählen Sie WEBSITE aus.

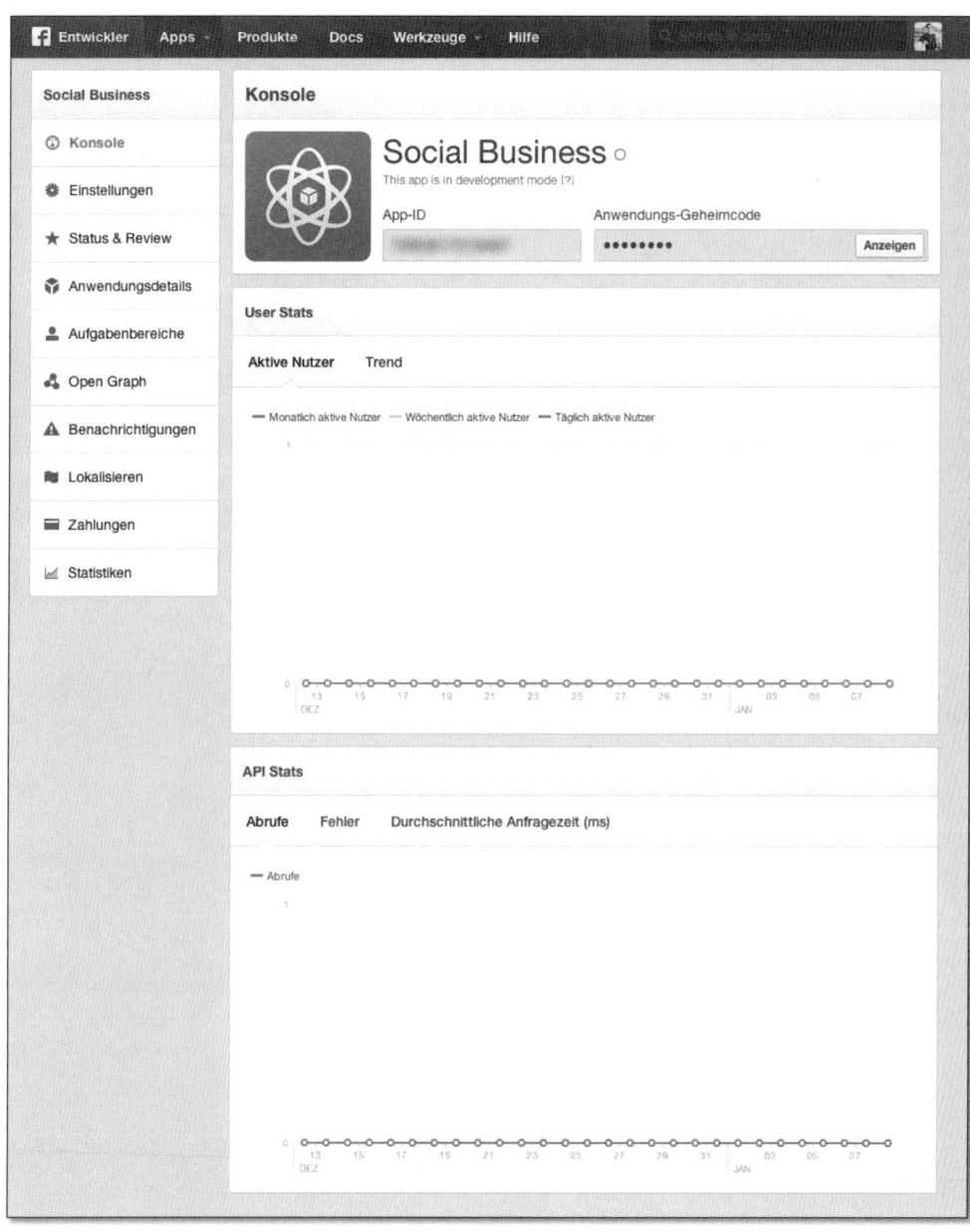

Abbildung 21.151 Das Dashboard. Pardon, die Konsole.

Anschließend füllen Sie das neue Miniformular aus, das für Sie erstellt worden ist (siehe Abbildung 21.154). Die SITE URL ist die Wunsch-URL, die Sie eben bei OneAll angelegt haben. Diese wird Ihnen aber z. B. auch in der Facebook-Anleitung ange-zeigt. Sie lautet immer nach dem gleichen Schema: *http://<ihrname>.api.oneall.com.* Mehr als diese URL müssen Sie nicht eingeben.

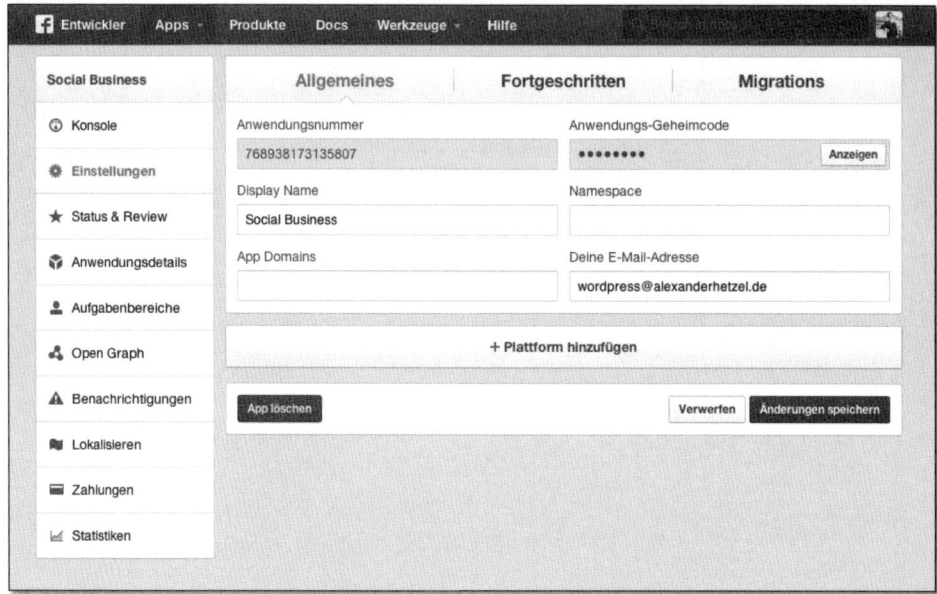

Abbildung 21.152 Ab in die Einstellungen!

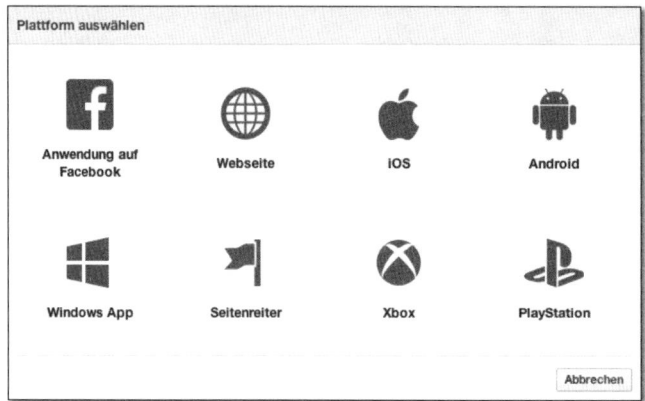

Abbildung 21.153 Wählen Sie hier »Webseite« aus.

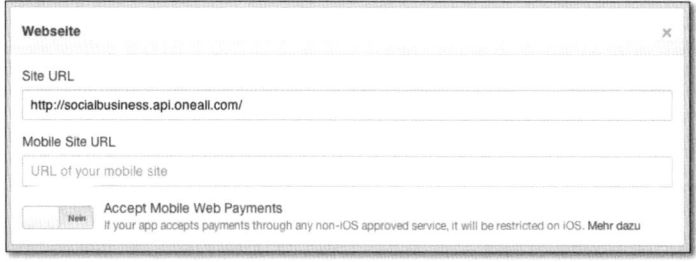

Abbildung 21.154 Die Daten der Website

Kehren Sie zur Facebook-Anleitung von OneAll zurück (siehe Abbildung 21.155). Dort können Sie nun die App-ID und den Geheimcode von der Konsole Ihrer Facebook-App eingeben – Sie erinnern sich an Abbildung 21.151?

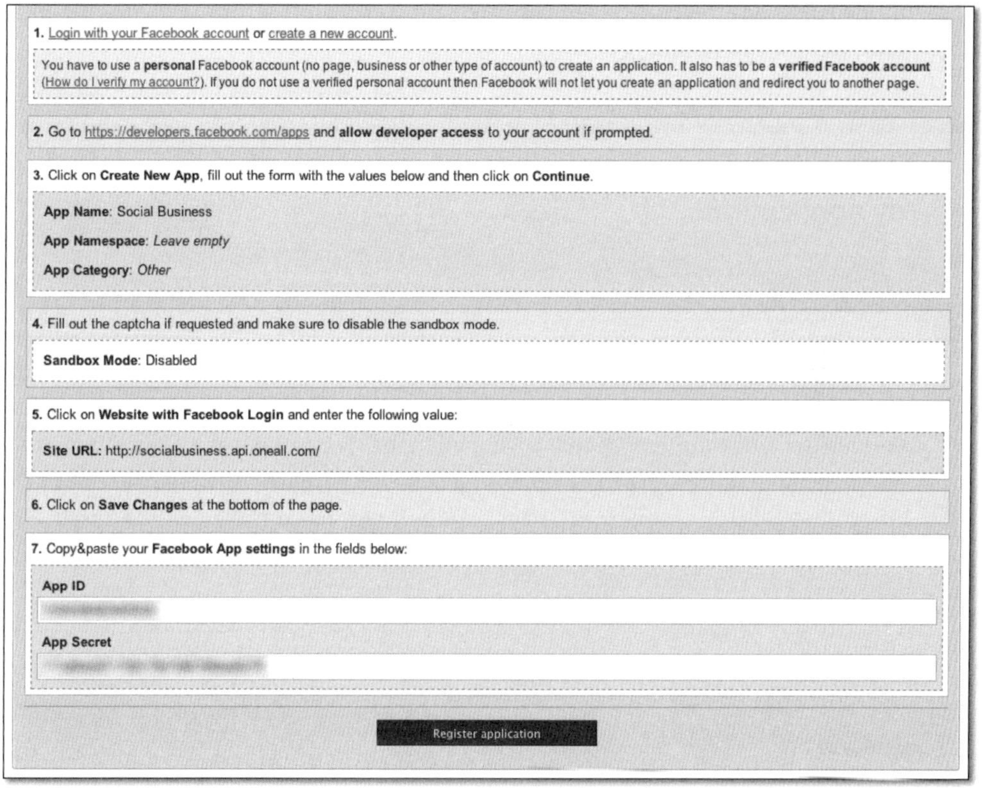

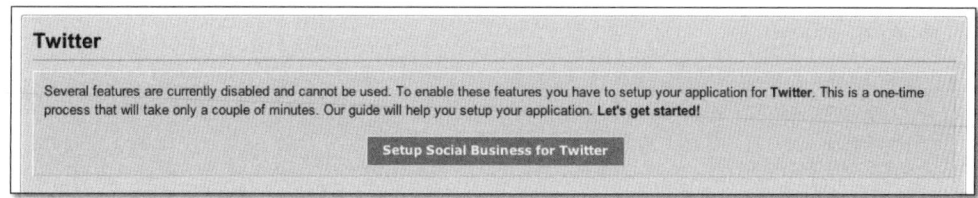

1. Login with your Facebook account or create a new account.

You have to use a **personal** Facebook account (no page, business or other type of account) to create an application. It also has to be a **verified Facebook account** (How do I verify my account?). If you do not use a verified personal account then Facebook will not let you create an application and redirect you to another page.

2. Go to https://developers.facebook.com/apps and **allow developer access** to your account if prompted.

3. Click on **Create New App**, fill out the form with the values below and then click on **Continue**.

App **Name**: Social Business

App **Namespace**: *Leave empty*

App **Category**: *Other*

4. Fill out the captcha if requested and make sure to disable the sandbox mode.

Sandbox Mode: Disabled

5. Click on **Website with Facebook Login** and enter the following value:

Site **URL**: http://socialbusiness.api.oneall.com/

6. Click on **Save Changes** at the bottom of the page.

7. Copy&paste your **Facebook App settings** in the fields below:

App **ID**

App **Secret**

Register application

Abbildung 21.155 Zurück zur Facebook-Integration bei OneAll

Klicken Sie auf REGISTER APPLICATION und Sie sind fertig. Zumindest mit Facebook.

Twitter

Several features are currently disabled and cannot be used. To enable these features you have to setup your application for **Twitter**. This is a one-time process that will take only a couple of minutes. Our guide will help you setup your application. **Let's get started!**

Setup Social Business for Twitter

Abbildung 21.156 Konfigurieren Sie Twitter.

Nun beginnt die Einrichtung von Twitter, die ähnlich, aber einfacher und schneller ablaufen dürfte. Wechseln Sie wieder zur SITE CONFIGURATION bei OneAll, klicken Sie dann auf SOCIAL NETWORKS und anschließend auf TWITTER. Ihnen präsentiert sich ein ähnliches Bild wie bei der Konfiguration von Facebook (siehe Abbildung 21.156). Klicken Sie auf den grünen Button und beginnen Sie die Konfiguration.

Wechseln Sie nun auf *https://dev.twitter.com/apps* und loggen Sie sich, wenn nötig, ein. Erstellen Sie auf der Folgeseite über den Button CREATE A NEW APPLICATION eine neue App (siehe Abbildung 21.157).

Developers
API Health
Blog
Discussions
Documentation
Search
Home
My applications
Create a new application
Looks like you haven't created any applications yet!

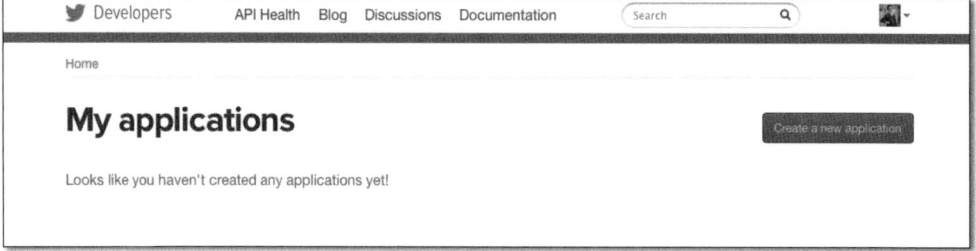

Abbildung 21.157 Eine neue Applikation bei Twitter erstellen

Anschließend bekommen Sie mal wieder ein neues Formular, das Sie ausfüllen müssen (siehe Abbildung 21.158). Die Anleitung von OneAll macht hier ein paar optionale Vorschläge, wichtig ist aber nur, dass Sie die Ihnen bekannte OneAll-Wunsch-URL (*http://<ihrname>.api.oneall.com*) sowohl als WEBSITE als auch als CALLBACK-URL eintragen.

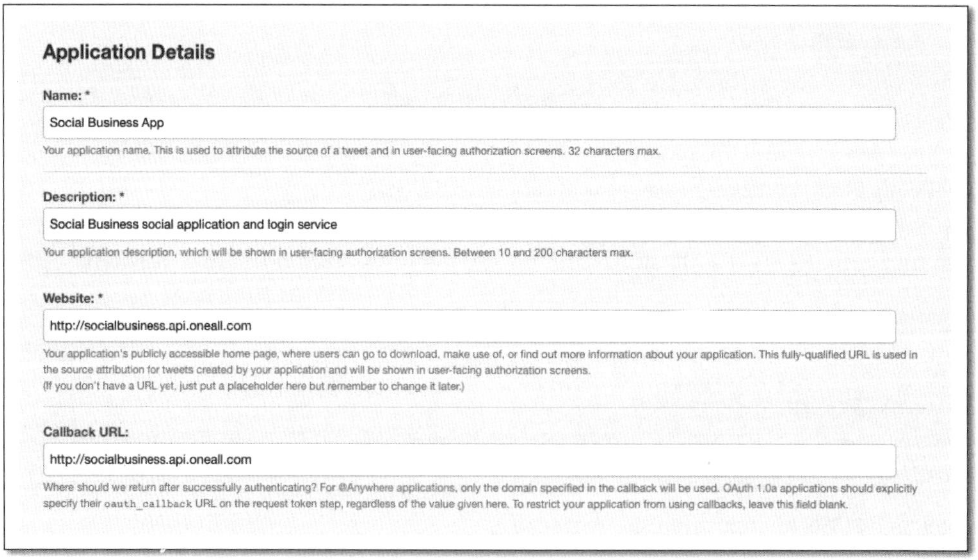

Application Details
Name: *
Social Business App
Your application name. This is used to attribute the source of a tweet and in user-facing authorization screens. 32 characters max.
Description: *
Social Business social application and login service
Your application description, which will be shown in user-facing authorization screens. Between 10 and 200 characters max.
Website: *
http://socialbusiness.api.oneall.com
Your application's publicly accessible home page, where users can go to download, make use of, or find out more information about your application. This fully-qualified URL is used in the source attribution for tweets created by your application and will be shown in user-facing authorization screens.
(If you don't have a URL yet, just put a placeholder here but remember to change it later.)
Callback URL:
http://socialbusiness.api.oneall.com
Where should we return after successfully authenticating? For @Anywhere applications, only the domain specified in the callback will be used. OAuth 1.0a applications should explicitly specify their oauth_callback URL on the request token step, regardless of the value given here. To restrict your application from using callbacks, leave this field blank.

Abbildung 21.158 Füllen Sie das App-Formular aus.

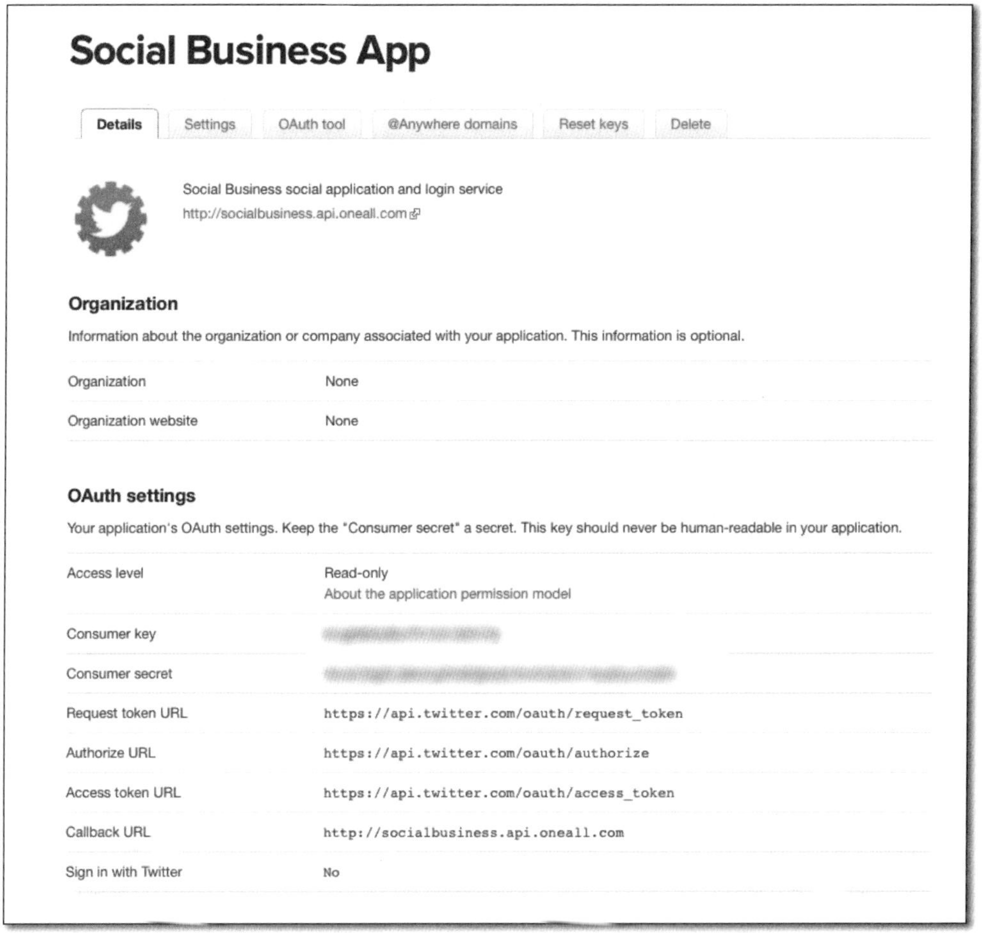

Social Business App

Details	Settings	OAuth tool	@Anywhere domains	Reset keys	Delete

Social Business social application and login service
http://socialbusiness.api.oneall.com

Organization

Information about the organization or company associated with your application. This information is optional.

Organization	None
Organization website	None

OAuth settings

Your application's OAuth settings. Keep the "Consumer secret" a secret. This key should never be human-readable in your application.

Access level	Read-only
	About the application permission model
Consumer key	
Consumer secret	
Request token URL	https://api.twitter.com/oauth/request_token
Authorize URL	https://api.twitter.com/oauth/authorize
Access token URL	https://api.twitter.com/oauth/access_token
Callback URL	http://socialbusiness.api.oneall.com
Sign in with Twitter	No

Abbildung 21.159 Die App ist schnell erstellt. Die Übersicht zeigt Ihnen wichtige API-Daten.

Nun gelangen Sie zur Übersicht Ihrer App (siehe Abbildung 21.159). Dort finden Sie auch Ihre API-Daten, die Sie nun als CONSUMER KEY und CONSUMER SECRET in der Twitter-Anleitung (siehe Abbildung 21.160) von OneAll eintragen können. Ein Klick auf PROCEED TO THE NEXT STEP bringt Sie einen Schritt weiter.

Gehen Sie nun bitte noch einmal zurück zu der Übersicht Ihrer App bei Twitter (siehe Abbildung 21.159) und klicken Sie dort im Menü oben auf SETTINGS. Auf dieser Seite muss nun noch der Abschnitt APPLICATION TYPE angepasst werden (siehe Abbildung 21.161).

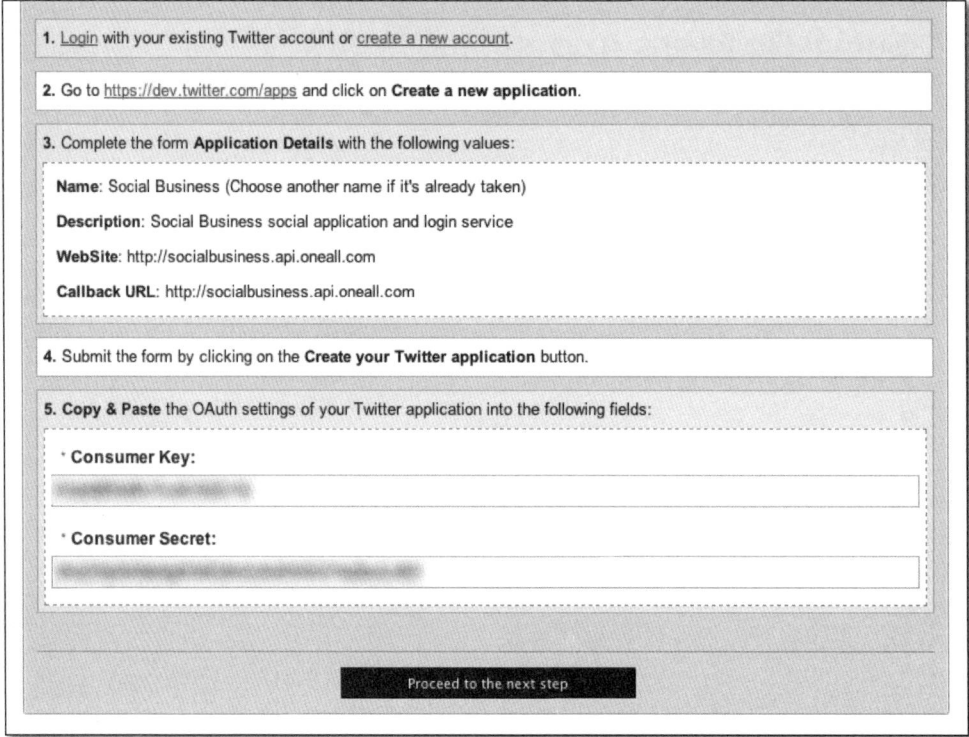

Abbildung 21.160 Tragen Sie hier »Consumer Key« und »Consumer Secret« Ihrer Twitter-App ein.

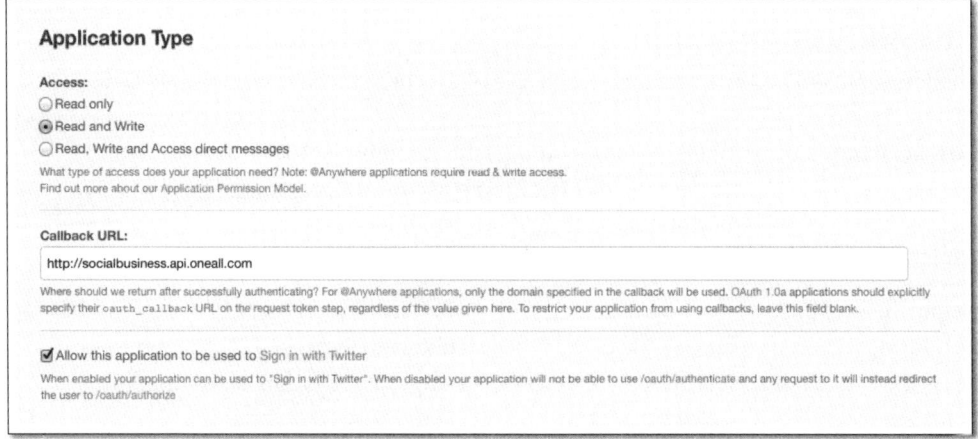

Abbildung 21.161 »Application Type«: Hier müssen noch zwei Dinge angepasst werden.

Wählen Sie bitte zum einen die Option READ AND WRITE aus und setzen Sie zum anderen unten bei ALLOW THIS APPLICATION TO BE USED TO SIGN IN WITH TWITTER ein

Häkchen. Wenn Sie das getan haben, kehren Sie noch ein letztes Mal zu OneAll zurück und schließen die Konfiguration mit einem Klick auf REGISTER APPLICATION ab.

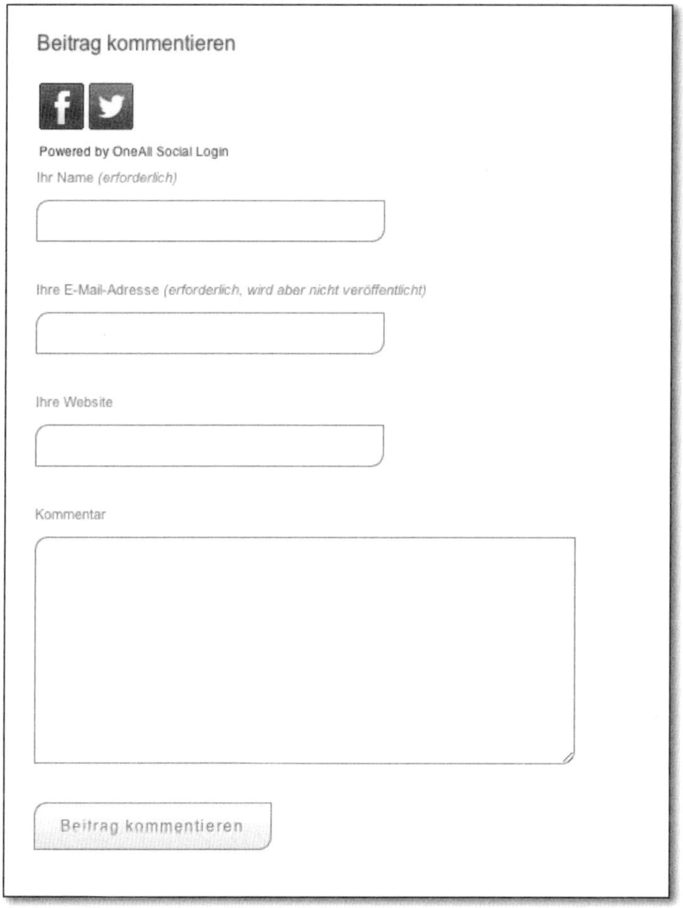

Beitrag kommentieren

Powered by OneAll Social Login

Ihr Name *(erforderlich)*

Ihre E-Mail-Adresse *(erforderlich, wird aber nicht veröffentlicht)*

Ihre Website

Kommentar

Beitrag kommentieren

Abbildung 21.162 Über die Social-Media-Icons können Ihre Besucher nun den Login des jeweiligen Dienstes nutzen.

Endlich fertig! Ich weiß, dass das ein ganz schönes Hin und Her zwischen den einzelnen Websites war, aber dieser Prozess ist leider ziemlich kompliziert. Nun werden Sie aber auch damit belohnt, dass Ihre Besucher sich endlich auch über Facebook und Twitter für einen Kommentar anmelden können (siehe Abbildung 21.162) und auf diese Weise hoffentlich öfter von sich hören lassen. Die gleichen Icons sehen Sie übrigens auch, wenn Sie sich das nächste Mal in Ihre Administrationsoberfläche einloggen (siehe Abbildung 21.163); denn hierüber sind Registrierung und Login fortan auch möglich.

Abbildung 21.163 Die Icons begegnen Ihnen auch beim Login in Ihre Administrationsoberfläche.

21.5.11 Beiträge automatisch in sozialen Netzen teilen

Heute ist das sogenannte *Crossposting*, also das Veröffentlichen von Beiträgen über mehrere Kanäle, sehr einfach geworden, denn es gibt eine Web-App namens IFTTT: If this then that (*http://ifttt.com*). Daher ist es gar nicht mehr nötig, für so etwas unnötige WordPress-Plugins zu installieren, die Ihr System nur belasten. Erstellen Sie sich auf der Website einen Account, richten Sie die für Sie wichtigen Channels ein (in jedem Fall WordPress und vielleicht noch Facebook, Twitter oder auch tumblr) und erstellen Sie dann Rezepte. Rezepte sind immer nach folgendem Muster aufgebaut: Wenn das passiert (TRIGGER CHANNEL), dann löse Folgendes aus (ACTION CHANNEL). Als TRIGGER CHANNEL wählen Sie also z. B. WordPress aus und dass IFTTT jedes Mal eingreifen soll, wenn ein neuer Beitrag erscheint. Als ACTION CHANNEL können Sie dann anschließend z. B. Twitter auswählen und einen Tweet nach dem von Ihnen vorgegebenen Muster absenden. Die Plattform ist sehr intuitiv zu bedienen, weil sie Sie Schritt für Schritt durch den Prozess führt. Probieren Sie sie einmal aus, sie ist noch für sehr viel mehr hervorragend geeignet. Eine Alternative stellt *twitter-feed.com* dar. Hier wird Ihr RSS-Feed regelmäßig gescannt, um die Beiträge dann vollautomatisch zu Twitter und Facebook weiterzuleiten. Der Name der App ist insofern etwas irreführend, als dass nicht ausschließlich Twitter abgedeckt wird.

21.5.12   Medien per oEmbed einfügen

WordPress bietet seit Version 3.4 die Möglichkeit, Tweets ganz leicht per *oEmbed* in Ihre Beiträge einzufügen. Mit YouTube-Videos z. B. geht das schon viel länger. Wenn Sie also einen Tweet in Ihren Beitrag einbinden wollen, gehen Sie einfach in die Text-Ansicht und fügen dort an die entsprechende Stelle nur den direkten Link zum Tweet ein (siehe Abbildung 21.164).

Abbildung 21.164 Fügen Sie den direkten Link zum Tweet in Ihren Beitrag ein (bitte in der Text-Ansicht).

Der Tweet wird nach dem Speichern automatisch eingebunden, ohne dass Sie noch etwas formatieren müssten (siehe Abbildung 21.165).

Abbildung 21.165 So chic sieht die automatische Einbindung des Tweets aus.

Mehr ist nicht erforderlich. Einfacher kann es gar nicht sein. Das Gleiche können Sie übrigens mit YouTube-Videos machen. Fügen Sie wieder den Direkt-Link zum Video per Text-Ansicht in Ihren Beitrag ein (siehe Abbildung 21.166).

Abbildung 21.166 Fügen Sie den Direkt-Link zum YouTube-Video in Ihren Beitrag ein.

Je nach Video sieht das Ganze dann aus wie in Abbildung 21.167. Auch hier ist kein weiteres Styling notwendig.

Abbildung 21.167 Cat Content

Das geht übrigens mit zahlreichen anderen Medien ebenfalls, derzeit laut offizieller Liste im Codex (*http://codex.wordpress.org/Embeds*) mit folgenden:

- ▶ Animoto
- ▶ Blip
- ▶ CollegeHumor
- ▶ DailyMotion
- ▶ Flickr
- ▶ FunnyOrDie.com
- ▶ Huli
- ▶ Imgur
- ▶ Instagram
- ▶ Issuu
- ▶ Meetup.com
- ▶ EmbedArticles
- ▶ Mixcloud
- ▶ Photobucket
- ▶ PollDaddy
- ▶ Rdio
- ▶ Revision3
- ▶ Scribd
- ▶ SlideShare
- ▶ SmugMug
- ▶ SoundCloud
- ▶ Spotify
- ▶ TED
- ▶ Twitter
- ▶ Vimeo
- ▶ WordPress.tv
- ▶ YouTube
- ▶ iSnare

21.5.13   Social-Media-Buttons »datenschutzkonformer« einsetzen

Zum Abschluss des Praxisbeispiels zeige ich Ihnen noch eine andere Art der Einbindung von Social-Media-Buttons. Diese ist »datenschutzkonformer« als bisherige Lösungen. Es geht um die *2-Klick-Lösung* von *Heise*. Sofern ein Facebook- oder auch Twitter-Button zum Teilen von Inhalten eingeblendet wird, werden automatisch Daten an die Server der Anbieter (in den USA) gesendet. Aus Datenschutzsicht ist dies mindestens bedenklich. Bei der Heise-Lösung werden die Buttons noch nicht gleich geladen, sondern zunächst eigene Buttons, die nicht vom Anbieter stammen. Diese sind ausgegraut und müssen zunächst aktiviert werden (1. Klick). Erst danach werden die »echten« Buttons der Anbieter geladen, und Sie können (mit einem 2. Klick) den Artikel teilen. Das Ganze ist nicht zwingend 100%ig datenschutzkonform, aber zumindest ein Schritt in die richtige Richtung. Rechtsberatung diesbezüglich erhalten Sie (wie immer) von Ihrem Rechtsanwalt.

Zum Glück gibt es auch dafür ein Plugin. Es heißt *2-Click Social Media Buttons* und stammt von *H.-Peter Pfeufer* (siehe Abbildung 21.168).

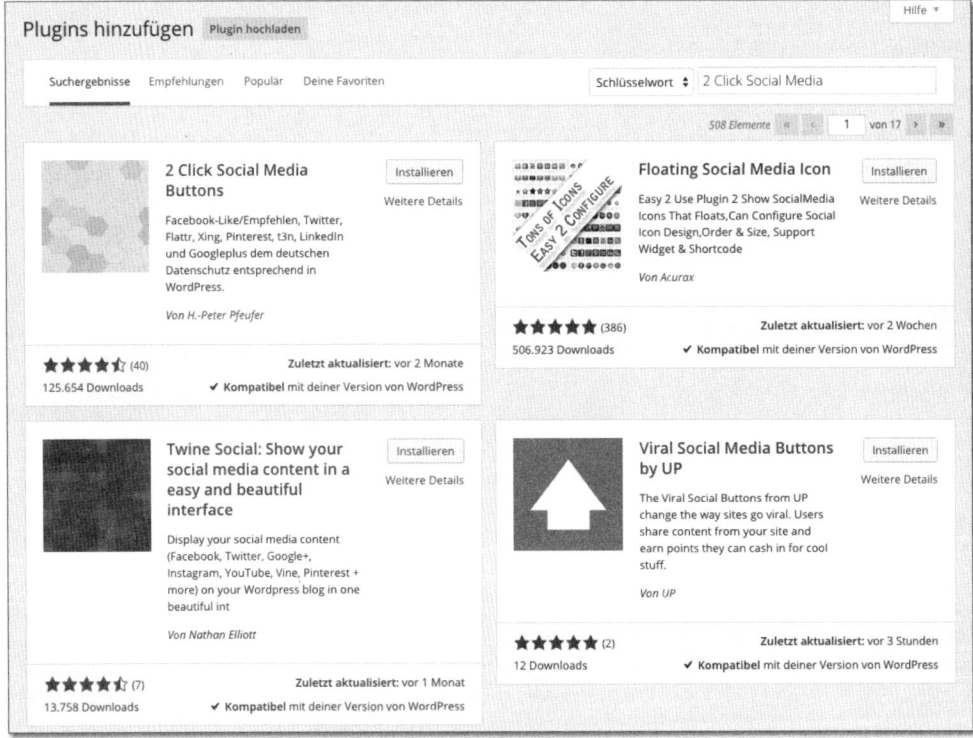

Abbildung 21.168 Das Plugin 2-Click Social Media Buttons installieren

Die Einstellungen dazu finden Sie unter EINSTELLUNGEN • 2-CLICK-BUTTONS. Im ersten Abschnitt – GENERELL (siehe Abbildung 21.169) – können Sie zunächst erst einmal festlegen, welche Buttons der entsprechenden Dienste angezeigt werden sollen und ob der Nutzer die Möglichkeit erhalten soll, die Dienste für Ihre Website permanent zu aktivieren. Darunter legen Sie fest, auf welchen Seiten diese angezeigt werden dürfen. Wir wollen sie allerdings nur in der Einzelansicht des Beitrags anbringen.

Abbildung 21.169 Wählen Sie Ihre gewünschten Buttons aus.

Im Abschnitt POSITION können Sie bestimmen, wie die Buttons eingebunden werden sollen. Da wir kein Problem damit haben, einen kleinen Codeschnipsel im Theme unterzubringen, wählen Sie hier MANUELL (TEMPLATE) aus (siehe Abbildung 21.170).

Abbildung 21.170 Als Option können Sie an dieser Stelle »Manuell (Template)« wählen und einen kleinen Codeschnipsel im Theme anbringen.

Der Code lautet wie folgt (siehe Listing 21.71).

```php
<?php
    if(function_exists('get_twoclick_buttons'))
    {get_twoclick_buttons(get_the_ID());}
?>
```

Listing 21.71 Der Plugin-Code

Fügen Sie ihn überall dort ein, wo er Ihnen sinnvoll erscheint. Für das Praxisbeispiel bringen Sie ihn lediglich in der Sidebar an, und zwar unterhalb des Artikels, z. B. hier (siehe Listing 21.72):

```php
...
<?php endwhile; endif; ?>

<?php if(function_exists('get_twoclick_buttons'))
{get_twoclick_buttons(get_the_ID());}?>
```

```
<?php comments_template(); ?>
...
```

Listing 21.72 Der Code, eingebaut in die »single.php«

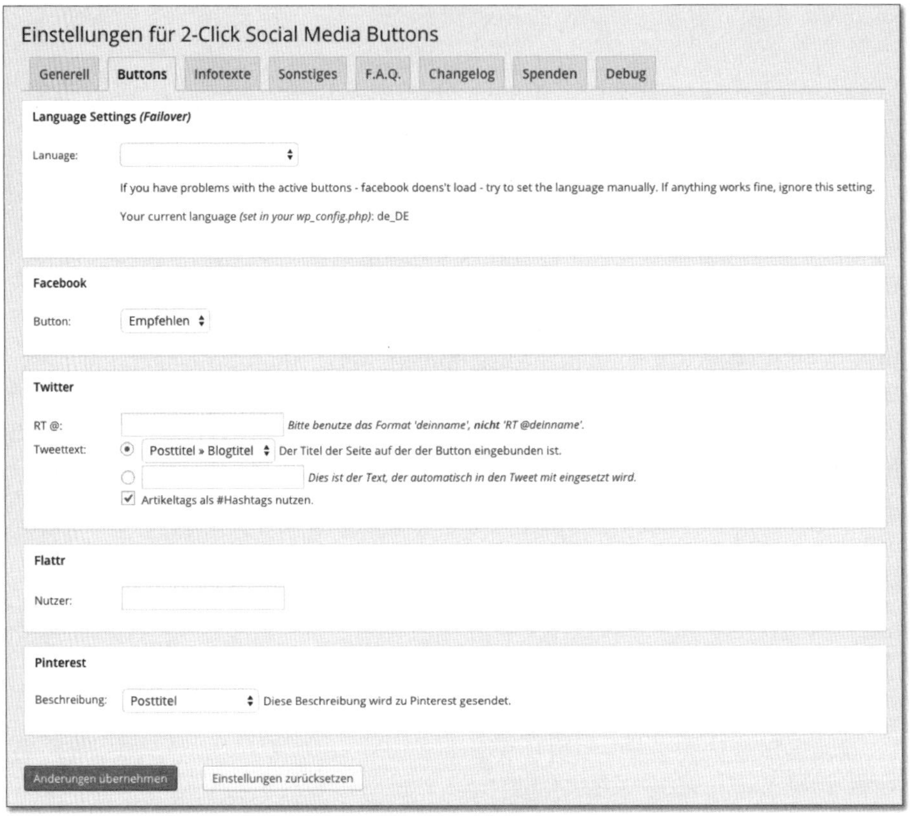

Abbildung 21.171 Passen Sie Sprache und Buttons an Ihre Wünsche an.

Die Unterseite BUTTONS (siehe Abbildung 21.171) erlaubt es Ihnen, die Sprache manuell festzulegen und die Buttons bestimmter Dienste, z. B. Facebook und Twitter, ein wenig genauer zu bestimmen. Für Twitter können Sie auch Ihren Benutzernamen hinterlegen. Zudem können Sie optional auch noch INFOTEXTE unter dem gleichnamigen Menüpunkt für die einzelnen Dienste anlegen (siehe Abbildung 21.172).

Wenn Ihr Beitrag bei Facebook, Google+ oder Pinterest geteilt wird und kein Bild enthält, können Sie unter SONSTIGES für diesen Fall ein Standardbild hinterlegen (siehe Abbildung 21.173), das stattdessen verwendet wird.

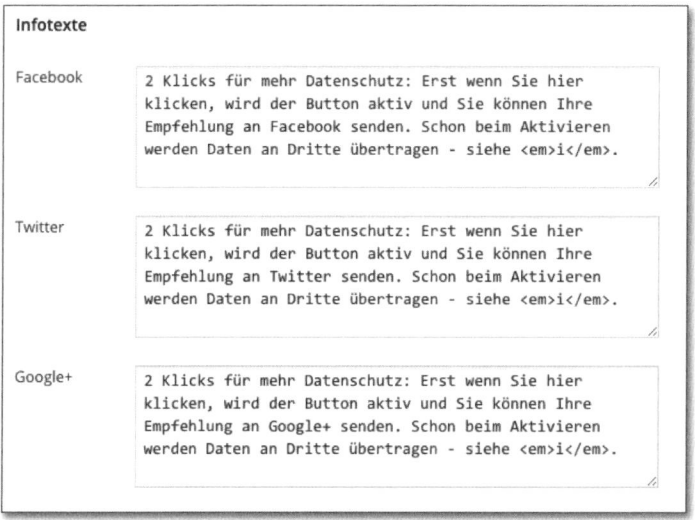

Abbildung 21.172 Legen Sie Infotexte für die Dienste an, die dann als Tooltip über den Icons angezeigt werden.

Artikelbild (Optional)

URL: [   ]   [Bild hochladen]

Links beginnen im Übrigen mit http://

Dieses Bild wird für Facebook, Google+ und Pinterest hergenommen, falls im Artikel oder der Seite kein Artikelbild oder sonstiges Bild im Artikel gefunden wurde. Bleibt diese Zeile leer, wird kein Bild verwendet und der Pinterest-Button wird in diesem Artikel nicht angezeigt.

Abbildung 21.173 Wählen Sie ein Standardartikelbild aus.

Das Plugin bietet zahlreiche feinere Einstellungen, die optional sind. Speichern Sie nun ab. Die Einbindung der Buttons unter dem Artikel sieht dann z. B. so aus wie in Abbildung 21.174.

21

Abbildung 21.174 So sieht die Einbindung der Buttons schließlich aus.

Sie haben das Praxisbeispiel »Social Business« nun erfolgreich umgesetzt. Wenn Sie das Beispiel nachgebaut haben, sollte Ihre Website nun in etwa aussehen wie in Abbildung 21.175.

Abbildung 21.175 So sieht die fertige Social-Business-Website aus.

Sollten Sie sich direkt in das Kapitel der Praxisbeispiele gestürzt haben, empfiehlt es sich nun, das neu erworbene Wissen mithilfe der restlichen Kapitel zu vertiefen.

Anhang A
Verwendete Themes, Plugins & Codebeispiele

Auf der Website des Buchs *https://www.galileocomputing.de/3704* finden Sie alle im Buch erstellten Themes, Plugins sowie Codebeispiele in dem Kasten »Materialien zum Buch«. Sämtliche Downloadseiten der im Buch verwendeten Software sowie aller vorgestellten Plugins sind in diesem Anhang verlinkt.

A.1   WordPress

Die aktuelle Version von WordPress können Sie hier herunterladen:

▶ Deutsche Version: *https://de.wordpress.org*
▶ Englische Version: *https://wordpress.org*

A.2   Software

Für die Arbeit mit WordPress empfiehlt es sich, die richtige Software einzusetzen. Die hier verlinkten Programme stellen eine Empfehlung dar. Es bedeutet nicht, dass es keine Alternativen gibt. Die verlinkte Software soll lediglich eine Vorauswahl darstellen, damit Sie sofort loslegen können.

▶ 7-Zip: *http://www.7-zip.de*
▶ Brackets: *http://brackets.io/?lang=de*
▶ Coda2: *http://panic.com/coda*
▶ Gettext: *https://www.gnu.org/software/gettext*
▶ Google Chrome: *https://www.google.de/intl/de/chrome/browser*
▶ Irfanview: *http://www.irfanview.de*
▶ MAMP: *http://www.mamp.info/de*
▶ Mozilla Firefox: *https://www.mozilla.org/de/firefox/new*
▶ Mozilla Firefox Firebug: *https://addons.mozilla.org/de/firefox/addon/firebug*
▶ Notepad++: *http://notepad-plus-plus.org*

- Piwik: *http://piwik.org*
- POEdit: *http://poedit.net*
- TortoiseSVN: *http://tortoisesvn.net/index.de.html*
- XAMPP: *https://www.apachefriends.org/de/index.html*

A.3   Themes & Codebeispiele

Selbstverständlich stehen alle Themes und Codebeispiele, die im Rahmen dieses Buches programmiert bzw. verwendet wurden, auf der Buch-Seite zum Download bereit.

- **Kapitel 6, »Ein eigenes Theme programmieren«**
  - *kapitel_6_html_vorlage.zip*
  - *kapitel_6_fictitious_company_theme.zip*
- **Kapitel 8, »Seitentypen«**
  - *kapitel_8_seitentypen.zip*
- **Kapitel 10, »Plugins selbst programmieren«**
  - *kapitel_10_plugin_my_greatest_posts.zip*
  - *kapitel_10_widget_custom_popular_posts.zip*
- **Kapitel 16, »20 WordPress-Tipps für alle Fälle«**
  - *kapitel_16_codebeispiele.zip*
- **Kapitel 21, »Praxisbeispiele«**
  - *kapitel_21_theme_kanzlei.zip*
  - *kapitel_21_theme_medienwatchblog.zip*
  - *kapitel_21_theme_circledesigner.zip*
  - *kapitel_21_theme_social_business.zip*

Die **Themes** können Sie installieren, indem Sie den Themeordner (der Ordner, in dem sich die style.css befindet) in das Verzeichnis *wp-content/themes/* Ihrer WordPress-Installation kopieren und im Backend unter DESIGN • THEMES aktivieren.

Die Dateien aus **Kapitel 8** gehören in den Themeordner von Kapitel 6, die Inhalte der functions.php müssen der bestehenden functions.php hinzugefügt werden.

Die Codebeispiele aus **Kapitel 16** müssen in unterschiedliche Dateien integriert werden, die im Buchkapitel näher erläutert werden.

A.4   Plugins

Sofern in diesem Buch von Plugins Gebrauch gemacht worden ist oder diese zumindest erwähnt worden sind, können Sie diese hier herunterladen:

▶ 2 Click Social Media Buttons: *https://wordpress.org/plugins/2-click-socialmedia-buttons*

▶ Ajax Event Calendar: *https://wordpress.org/plugins/ajax-event-calendar*

▶ Akismet: *https://wordpress.org/plugins/akismet*

▶ Antispam Bee: *https://wordpress.org/plugins/antispam-bee*

▶ AskApache Password Protect: *https://wordpress.org/plugins/askapache-password-protect*

▶ BackWPup: *https://wordpress.org/plugins/backwpup*

▶ Broken Link Checker: *https://wordpress.org/plugins/broken-link-checker*

▶ Contact Form 7: *https://wordpress.org/plugins/contact-form-7*

▶ Custom Post Type UI: *https://wordpress.org/plugins/custom-post-type-ui*

▶ Disqus: *https://wordpress.org/plugins/disqus-comment-system*

▶ Easy Add Thumbnail: *https://wordpress.org/plugins/easy-add-thumbnail*

▶ Google XML Sitemaps: *https://wordpress.org/plugins/google-sitemap-generator*

▶ ImageMagick Engine: *https://wordpress.org/plugins/imagemagick-engine*

▶ jQuery Image Lazy Load WP: *https://wordpress.org/plugins/jquery-image-lazy-loading*

▶ Lightbox Plus Colorbox: *https://wordpress.org/plugins/lightbox-plus*

▶ Meta Slider: *https://wordpress.org/plugins/ml-slider*

▶ My Greatest Posts (Bonus-Seite; selbst erstelltes Plugin aus Kapitel 10)

▶ NextGEN Gallery: *https://wordpress.org/plugins/nextgen-gallery*

▶ NextGEN Scroll Gallery: *https://wordpress.org/plugins/nextgen-scrollgallery*

▶ Shareaholic: *https://wordpress.org/plugins/shareaholic*

▶ ShiftNav: *https://wordpress.org/plugins/shiftnav-responsive-mobile-menu*

▶ Simple Lightbox: *https://wordpress.org/plugins/simple-lightbox*

▶ Simple Social Icons: *https://wordpress.org/plugins/simple-social-icons*

▶ Social Login: *https://wordpress.org/plugins/oa-social-login*

▶ Subscribe to Comments: *https://wordpress.org/plugins/subscribe-to-comments*

▶ Sucuri Security: *https://wordpress.org/plugins/sucuri-scanner*

▶ TinyMCE Advanced: *https://wordpress.org/plugins/tinymce-advanced*

▶ User Role Editor: *https://wordpress.org/plugins/user-role-editor*

- ▶ Velvet Blues Update URLs: *https://wordpress.org/plugins/velvet-blues-update-urls*
- ▶ WordPress SEO: *https://wordpress.org/plugins/wordpress-seo*
- ▶ WP Maintenance Mode: *https://wordpress.org/plugins/wp-maintenance-mode*
- ▶ WP Retina 2x: *https://wordpress.org/plugins/wp-retina-2x*
- ▶ WPtouch: *https://wordpress.org/plugins/wptouch*
- ▶ Yet Another Related Posts Plugin: *https://wordpress.org/plugins/yet-another-related-posts-plugin*

Um die heruntergeladenen Plugins zu installieren, gehen Sie entweder im Backend auf PLUGINS • INSTALLIEREN • HOCHLADEN und wählen direkt die ZIP-Datei aus, oder Sie kopieren den entpackten Plugin-Ordner einfach in das Verzeichnis *wp-content/plugins/* Ihrer WordPress-Installation. Aktivieren Sie das Plugin anschließend im Backend unter dem Menüpunkt PLUGINS. Idealerweise installieren Sie die Plugins aber direkt über Ihre WordPress-Installation, indem Sie im Backend auf PLUGINS • INSTALLIEREN und den Namen des Plugins als Suchbegriff eingeben – dann sparen Sie sich unnötige Downloads.

> **Hinweis**
>
> Jegliche Software, Themes, Plugins oder Codebeispiele verwenden Sie auf eigene Gefahr. Weder der Verlag noch der Autor dieses Buches haften für etwaige Schäden, die durch den jeweiligen Gebrauch entstehen. Dies gilt in den meisten Fällen auch für die Programmierer der entsprechenden Software oder der anderen Inhalte.

Sie benötigen im Übrigen nicht zwingend einen der oben verlinkten Browser, um dieses Buch durchzuarbeiten und WordPress zu nutzen. Die Auswahl stellt lediglich eine Empfehlung dar.

Index

Sebastian Erlhofer

Suchmaschinen-Optimierung
Das umfassende Handbuch

Das bewährte Standardwerk von Sebastian
Erlhofer in siebter Auflage: alles zu den
Grundlagen, mit Erklärungen zu den
Funktionsweisen von Suchmaschinen und
praktischen Tipps zur Ranking-Optimierung.
Eine in vielen Auflagen bewährte Mischung
aus Theorie und Praxis – aktuell zum neuen
Hummingbird-Algorithmus

915 Seiten, gebunden, 39,90 Euro
ISBN 978-3-8362-2882-4
7. Auflage 2014
www.galileo-press.de/3611

Markus Vollmert, Heike Lück

Google Analytics
Das umfassende Handbuch

Lernen Sie mit diesem Buch, wie Sie die
vielfältigen Funktionen von Google Analytics
professionell einsetzen können. Von der
Konzeption und Strukturierung des
Webanalyse-Systems bis zur optimalen
Implementierung und Monitoring aller
Online-Aktivitäten. Damit können Sie
aussagekräftige Berichte generieren, um Ihre
Website und Ihre Online-Marketing-
Aktivitäten zu optimieren.

679 Seiten, gebunden, 39,90 Euro
ISBN 978-3-8362-2731-5
erschienen April 2014
www.galileo-press.de/3520

Galileo Press

DVD, Windows, Mac und Linux,
11 Stunden Spielzeit, 39,90 Euro
ISBN 978-3-8362-3464-1
erschienen Oktober 2014
www.galileo-press.de/3750

Birgit Olzem, René Reimann

WordPress 4
Das umfassende Training

Der perfekte Lernkurs für WordPress!
Erstellen Sie mit den WordPress-Experten
René Reimann und Birgit Olzem Schritt für
Schritt eine komplette Website mit
WordPress. Einsteiger und Fort-
geschrittene finden in diesem Training
zahlreiche Tipps für jeden Anwendungs-
fall, von der Einrichtung bis zu eigenen
Themes.

DVD, Mac, Windows und Linux,
12 Stunden Spielzeit, 39,90 Euro
ISBN 978-3-8362-3027-8
erschienen Juli 2014
www.galileo-press.de/3691

Jonas Hellwig

Modernes Webdesign mit Jonas Hellwig

Webdesign-Experte Jonas Hellwig erklärt
Schritt für Schritt, wie Sie hochattraktive
Websites gestalten, die auf allen Geräten
perfekt funktionieren. Konzepte wie
Responsive Webdesign, Rapid
Prototyping,   oder Multi-Screen-Layout
liefern zahreiche Inspirationen für Ihre
Projekte.